C++ 자료구조론

2nd Edition

C++ 자료구조론

2nd Edition

HOROWITZ / SAHNI / MEHTA

이 석 호 譯

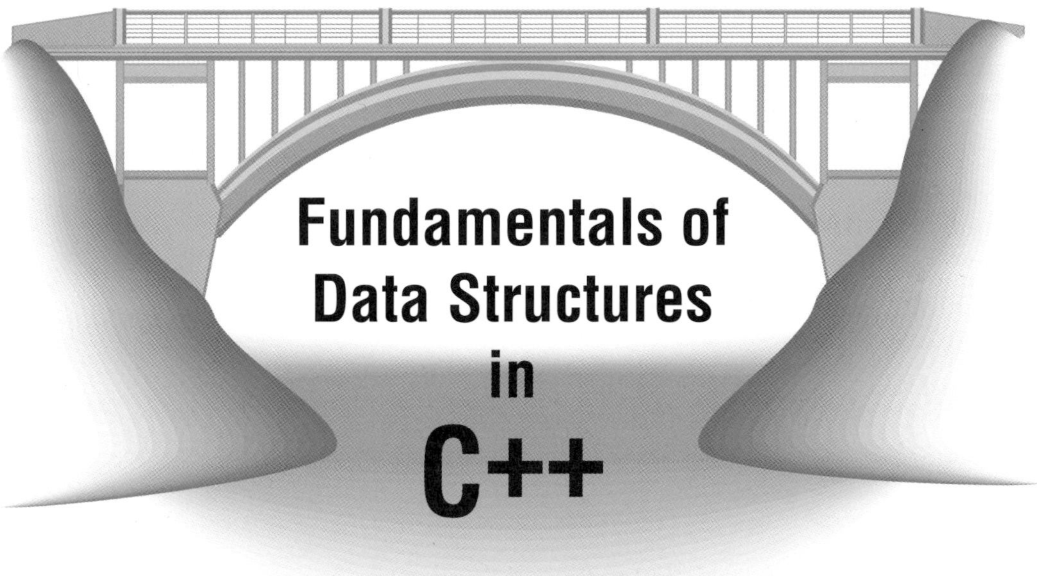

Fundamentals of Data Structures in C++

INFINITYBOOKS
인 피 니 티 북 스

Silicon Press
Summit, NJ 07901
USA

Second Edition
Printing 9 8 7 6 5 4 3 2 1 Year 09 08 07 06

Library of Congress Cataloging-in-Publication Data

Horowitz, Ellis
Fundamentals of Data Structures C++ / Ellis Horowitz, Sartaj Sahni, Dinesh P. Mehta.–2nd ed.
p. cm.
ISBN 0-929306-37-6 (alk. paper)
1. C++ (computer program language)
2. Data structures (Computer science)
I. Sahni, Sartaj. II. Mehta, Dinesh III. Title.
QA76.73.C153H667 2006
005.13'3--dc22 2006000541

저자 서문

C++ 언어는 1995년 이 책의 초판이 발행된 이래 많이 변환되어 왔다. 이러한 변천으로 이 책 전체에 많은 수정을 하게 되었다. 예를 들어 예외(exception)와 템플릿(template)이 보다 완전하게 전체적으로 포함되었다. 또한 제한적이긴 하지만 표준 템플릿 라이브러리(STL: standard template library)를 사용하였다. Boost와 LEDA 같은 다른 라이브러리와 함께 이 STL의 인기는 자료 구조가 어떻게 보여져야 하는가 하는 흥미있는 문제를 제기하고 있다. 분명히 소프트웨어 생산성의 견지에서는 자료 구조의 STL 구현을 이용하는 것이 자신이 직접 자료 구조를 구현하는 것보다 훨씬 타당하다. 이런 견지에서만 본다면 오늘날 어셈블리 프로그래밍과 같이, 즉 언어/컴파일러에 의해 처리되는 것으로 취급되는 것과 같은 식으로 나중에는 자료 구조를 프로그래머의 활동 범위 밖에 있는 것으로 취급하게 될 수 있을 것이다.

그러나 교육적인 견지에서 보면, '자료 구조'는 컴퓨터 과학의 기본 기술을 표현하는 것으로 간단히 취급하거나 '우습게' 봐서는 안 된다는 것이 분명하다. 그러기 때문에 이 개정판을 준비하면서 우리는 학생들이 효율적인 자료 구조가 어떻게 구현되고 분석되는지를 철저하게 이해하는 것이 중요하다고 믿고 있다. 이러한 철학을 견지하면서 이 책은 자료 구조에 대한 연산의 구체적인 구현과 이론적 복잡도 분석을 계속 강조하고 있다.

C++ 언어와 관련된 변경에 추가하여, 이 개정판은 자료 구조 내용에 대한 변경과 개선도 포함하고 있다. 2장 배열(array)에서는 원소가 삽입되고 삭제될 때 연산의 복잡도를 나쁘게 하지 않으면서 배열 크기를 조절하는 기법에 대한 설명을 포함하고 있다. 이 기법은 동적 배열을 필요로 할 때마다 계속 사용되었다. 3장 스택(stack)과 큐(queue)는 큐 추상 데이타 타입의 배열 구현에 대해 보다 자세히 다루었다. 4장 연결 리스트(linked list)는 반복자에 대한 설명을 개선하였다. 5장 트리(tree)와 6장 그래프(graph)는 개념적으로 변경되지 않았다. 7장에서는 O(1) 합병에 대한 설명을 삭제하였다. 8장에서는 안전 해시 함수를 추가하고 동적 해싱 부분을 축소하였다. 특별히 여기서는 배열 확장과 비교하였다. 또한

블룸 필터(Bloom filter) 절을 이곳으로 이동시켰다. 9장 우선순위 큐(priority queue)에서는 여러 사항이 변경되었다. 높이 편향 좌향 트리와 가중치 편향 좌향 트리, 피보나치 히프의 대체 기법으로 페어링 히프(pairing heap)가 추가되었다. 그리고 최소-최대 히프와 디프를 보다 효율적인 대칭 최소-최대 히프와 구간 히프로 대체하였다.

초판의 10장 탐색 구조(search structure)는 확장되어 효율적인 이원 탐색 트리(10장), 다원 탐색 트리(11장), 디지털 탐색 구조(12장)로 분할하였다. 초판에서 레드-블랙 트리는 2-3-4 트리로 설명하고 이 2-3-4 트리는 2-3 트리로 설명하였다. 그러나 이 2-3 트리나 2-3-4 트리는 B-트리의 특수 경우로 볼 수 있는 구조이기 때문에 개정판에서는 이들을 삭제하고 이 2-3 트리나 2-3-4 트리를 이용하지 않고 기본 원리로부터 레드-블랙 트리를 정의할 수 있도록 하였다. 또한 이 10장에 기존의 상향식 스플레이 트리에 더하여 하향식 스플레이 트리를 다루는 절을 추가하였다. 11장은 B-트리를 설명하고 있다. 또한 데이타베이스에서 많이 사용되고 있는 B^+-트리에 대한 자세한 설명을 추가하였다. 끝으로 12장에서는 초판에서 강조한 디지털 탐색 트리, 이진 트라이, 그리고 패트리샤를 간략하게 설명하였다. 대신 이 개정판에서는 보다 일반적인 다원 트라이에 대해 더 강조하였다. 그리고 트라이의 여러 변형과 구현에 대해서도 고찰하였다. 이 장은 또한 접미 트리(suffix tree)와 인터넷 패킷 전송을 위한 트라이 응용에 대한 절들을 포함하고 있다.

URL http://www.mines.edu/~dmehta/FDS_CPP/에는 이 책에 대한 프로그램 코드, 정오표, 그리고 초판에서 삭제된 절들의 pdf 화일이 포함되어 있다.

강의 교재로 사용하는 방법

이 책을 사용하여 한 학기 동안 강의를 하려고 하는 교수는 보통의 진도와 빠른 진도의 2가지 방식으로 강의할 수 있다. 보통의 진도로 강의하는 것은 전산학을 전공하는 학생 중 초심자를 위한 교과과정상의 두 번째나 세 번째 과목으로 알맞을 것이다. 저자를 포함한 많은 사람들은 보통의 진도로 강의를 받는 것이 적당하다. 아래에 나타낸 개요는 ACM의 특정 강좌 C2(교과과정 78, CACM 3/79, CACM 8/85)에서 추천한 교과과정에 따라 작성한 것이다.

학기 스케줄—보통 진도

주	주제	읽기 과제
1	C++와 알고리즘에 대한 소개	1장
2	C++와 배열	2장
3	배열(문자열)	첫 번째 프로그램 제출
4	스택과 큐	3장
5	연결 리스트(단순 및 이중 연결)	4장
6	연결 리스트	두 번째 프로그램 제출
7	트리(기본 사항, 이진 트리)	5장
8	트리(탐색, 히프)	

9	중간고사	
10	그래프(기본 사항, 표현)	6장
11	그래프(최단 경로, 신장 트리, 위상 정렬)	세 번째 프로그램 제출
12	내부 정렬(삽입, 퀵, 합병)	7장
13	내부 정렬(히프, 기수)	네 번째 프로그램 제출
14	해싱	8장
15	고급 선택 토픽	9~12장
16	고급 선택 토픽	9~12장

강의가 진행되는 학기 전체에 걸쳐 적당한 간격으로 몇 개의 프로그래밍 과제를 부여하는 것이 좋다. 첫 번째 프로그램의 목적은 학생들을 컴퓨팅 환경과 친숙하게 만드는 데 있다. 두 번째 프로그램에서는 4장에서 논의된 리스트 구조를 익히는 데 중점을 두는데, 4장의 연습문제 마지막 부분에 몇 개의 프로그래밍 과제가 제안되어 있다. 다루지 않는 주제는 외부 정렬인데, 가장 중요한 기법 중의 하나인 해싱을 위한 시간을 할애하기 위한 것이다. 이 주제는 교과과정상 나중에 여러 과목에서 사용되는 것이기 때문에 이 학기에 다루는 것이 중요하다. 강의를 진행하다 보면 탐색 구조를 강의할 시간이 없을지도 모른다. 이때는 한 가지 혹은 두 가지 토픽만 선택해서 강의하면 된다.

이 책이 대학원 1학년생 또는 학부 상급 학년생을 위해 사용될 경우에는 보다 빠른 진도의 강의가 적당할 것이다. 저자가 제시하는 강의 일정은 다음과 같다.

학기 스케줄—빠른 진도

주	주제	읽기 과제
1	C++와 알고리즘에 대한 소개	1장
2	C++와 배열	2장
3	스택과 큐	3장
		첫 번째 프로그램 제출
4	연결 리스트	4장
5	트리	5장
6	트리(계속)	두 번째 프로그램 제출
7	중간고사	
8	그래프	6장
9	그래프(계속)	세 번째 프로그램 제출
10	내부 정렬	7장
11	외부 정렬	7장
12	해싱	8장
13	우선순위 큐(선택 토픽)	9장
		네 번째 프로그램 제출

14	효율적인 이진 탐색 트리(선택 토픽)	10장
15	다원 탐색 트리(선택 토픽)	11장
16	디지털 탐색 트리(선택 토픽)	12장

프로그래밍 과제와 중간고사는 보통 진도의 경우와 같으나 강의는 더 빠른 속도로 진행한다. 빠른 진도로 9장부터 12장까지 강의하는 데는 4주를 할애하였다. 이때는 각 장에서 몇 가지 토픽만을 선택하여 강의할 수 있을 것이다.

마지막으로 고급 자료 구조 과정을 위한 교과과정을 제시한다. 이 과정은 이미 기본적인 교과 내용 특히 리스트, 트리, 그래프에 대한 내용을 알고 있는 학생을 대상으로 하는 것을 가정하며, 고급 자료 구조를 위한 4주는 관련된 토픽 모두를 깊이 있게 다룰 수 있을 것이다.

고급 자료 구조 과정

주	주제	읽기 과제
1	트리에 대한 복습	5장
2	그래프에 대한 복습	6장
3	외부 정렬	7장
4	외부 정렬(계속)	
5	해싱(기본 해싱 복습, 블룸 필터, 동적 해싱)	8장 첫 번째 프로그램 제출
6	우선순위 큐(좌향 트리, 대칭 최소-최대 히프, 구간 히프)	9장
7	우선순위 큐(상환된 복잡도, 이항 히프)	9장
8	우선순위 큐(피보나치 히프, 페어링 히프)	두 번째 프로그램 제출
9	효율적인 이진 탐색 트리(최적 BST, AVL 트리)	10장
10	중간고사	
11	효율적인 이진 탐색 트리 (레드-블랙 트리, 스플레이 트리)	
12	다원 탐색 트리(B-트리, B^+-트리)	11장
13	디지털 탐색 구조(디지털 탐색 트리, 이진 트라이, 패트리샤)	12장 세 번째 프로그램 제출
14	다원 트라이	
15	접미 트리	네 번째 프로그램 제출
16	트라이와 인터넷 패킷 전송	

4학기제의 학교에서는 다음과 같이 2학기에 걸친 교과과정이 가능하다. 이 과정에서는 고급 프로그래밍 과정을 통해 기본 자료 구조와 알고리즘 분석 방법에 대해 일정 수준에 도달해 있다고 가정한다.

1학기

주	주제	읽기 과제
1	알고리즘과 배열의 복습	1~2장
2	스택과 큐	3장
3	연결 리스트(스택, 큐, 다항식)	4장
4	연결 리스트	
5	트리(순회, 집합 표현)	5장
		첫 번째 프로그램 제출
6	트리(히프, 탐색)	중간고사
7	그래프(순회, 구성 요소)	6장
8	그래프(최소 신장 트리)	
9	그래프(최단 경로)	두 번째 프로그램 제출
10	그래프(작업 네트워크)	

2학기

주	주제	읽기 과제
1	내부 정렬(삽입, 퀵, 하단 바운드, 합병 정렬)	7장
2	정렬(히프, 기수, 리스트, 테이블)	
3	외부 정렬	7장
4	해싱	8장
5	중간고사	첫 번째 프로그램 제출
6	우선순위 큐(좌향 트리, 대칭 최소-최대 히프, 구간 히프)	9장
7	우선순위 큐(피보나치 히프)	
8	효율적인 이진 탐색 트리(AVL 트리, 레드-블랙 트리, 스플레이 트리)	10장
9	다원 탐색 트리 (B-트리, B^+-트리)	11장 두 번째 프로그램 제출
10	디지털 탐색 트리(트라이, 접미 트리)	12장

초판에 대하여

왜 「C++로 쓴 자료 구조론(*Fundamentals of Data Structures in C++*)」인가? 여러 가지 대답이 있다. 그 중 가장 중요한 이유는 C++ 언어를 사용하여 자료 구조 강의를 진행하는 교수가 점차 늘어나고 있다는 것이다. 추상 데이타 타입(클래스)의 계층 구조를 표현할 수 있는 C++ 언어의 능력을 감안한다면 자료 구조의 표현이나 조작을 설명하는 가장 이상적인 언어로 C++ 언어를 선택하는 것이 그다지 놀라운 일은 아닐 것이다. C++ 언어에는 정보 은닉이나 데이타 추상화, 그리고 계승과 같은 객체 지향 프로그래밍의 중요한 특징들이 모두 포함되어 있다.

사용된 C++ 컴파일러와 성질들: 이 책에서는 ANSI C++ 표준을 사용하여 프로그램을 작성하였다. 이 표준 언어는 Ellis와 Stroustrup이 쓴 *The Annotated C++ Reference Manual*에 자세히 설명되어 있다. 이 책의 모든 프로그램과 알고리즘은 컴파일하여 시험해 본 것으로서, Intel/386 기계의 DOS/Windows 3.1 환경에서 Borland C/C++ 3.1 컴파일러를 사용하여 프로그램을 시험해 보았고, 또 SUNOS 4.x 환경에서 동작하는 SUN Sparcstation 상의 GNU C++ 컴파일러로도 시험해 보았다. C++는 계속 진화하는 언어로 템플릿이나 중첩 클래스와 같은 성질들은 몇 년 전까지만 해도 포함되지 않았던 것들이다. 우리가 사용한 상용 C++ 컴파일러들은 이러한 새로운 성질들을 제대로 지원하지 못한다. 따라서 이 책에서는 본문의 프로그램에 크게 영향을 주지 않는 중첩 클래스에 대해서는 사용을 최소화하였다. 그러나 템플릿은 프로그램의 재사용성을 향상시키므로 사용하였다. 만일 현재 사용하는 컴파일러가 템플릿을 지원하지 않는다면(또는 지원하기는 하지만 정확히 동작하고 있지 않다면) 템플릿에 관계된 문장들을 수정 또는 삭제하여 코드를 쉽게 수정할 수 있을 것이다.

C++ 강좌: 이 책은 C 언어에는 친숙하지만 C++ 언어에는 그렇지 못한 독자들을 대상으로 하고 있다. 따라서 이 책의 처음 네 장에서 C++ 언어에 대한 강좌를 포함하여 관련된 성질들을 요약하였다. 1.4절에서는 클래스나 계승과 같이 C 언어와 다른 성질들을 소개하였고, 2.1절에서는 C++ 클래스에 대해 설명하였다. 3.1절에서는 템플릿 함수나 클래스들에 대해서, 3.4절에서는 간단한 계승에 대해 설명하고 두 개의 자료 구조를 이용하여 사용 예를 제시하였다. 4.11절에서는 동적 타입과 가상 함수들에 대해 자세히 설명하였다.

객체 지향 프로그래밍: 이 책에서는 C++ 언어를 단순히 본문의 자료 구조를 프로그래밍하는 도구로서 이용하는 것에서 그치지 않고 C++ 언어의 성질들이 바람직한 객체 지향 프로그래밍의 원리에 맞게 사용됨을 보이고 본문에서 왜 그러한 방식으로 사용되었는가를 설명하려고 노력하였다. 예를 들어 4장에서는 연결 리스트 자료 구조의 설계 과정을 기술하고 이것이 반복자 클래스와 템플릿을 이용하여 재사용될 수 있음을 설명하였다. 이 설계 과정이 강조된 이유는 노드와 포인터를 사용하는 모든 구조에 대해 적용될 수 있기 때문이다. 데이타 추상화와 정보 은닉의 개념은 이 책 전체에서 강조되고 있으며, 개개 자료 구조가 이 개념과 연관되어 설명되었다. 가장 결정하기 힘든 문제 중의 하나는 자료 구조의 구현에 계승 개념을 이용할 것인가에 관한 것이다. 자료 구조를 강의할 때 각 자료 구조가 다른 자료 구조들과 계승을 통해 어떻게 연관될 수 있는지에 관한 설명을 함께 할 경우 자료 구조와 객체 지향 패러다임 모두에 익숙하지 못한 학생들에게는 학습에 어려움을 줄 것이다. 한편, 만일 계승을 이용한 객체 지향 패러다임의 중요성을 설명하지 않는다면, C++로 쓴 자료 구조에 대한 본문 내용이 불완전해질 것이다. 우리는 이러한 문제를 해결하기 위하여 먼저 개개의 자료 구조에 대하여 설명하였다. 이때 설명이 복잡해지지 않도록 각 자료 구조와 객체 지향 시스템과의 관련성에 대한 설명은 제외하였다. 다음으로 자료 구조의 집합에 대해 설명하고 난 후에, 개개 자료 구조가 객체 지향의 틀 안에서 구현되는 방식을 독립된 절에서(혹은 연습문제에서) 설명하였다. 이러한 구성으로 교수들은 객체 지향 패러다임에 대한 학생들의 친숙도에 따라 계승 개념에 대한 강의를 포함시키거나 제외시킬 수 있을 것이다.

마지막으로 C++ 언어의 동적 타이핑을 이용하면 노드 포인터가 다른 노드 구조들을 가리킬 수 있도록 정의할 수 있다. 이는 파스칼이나 C와 같은 언어에서는 불가능했던 기능이다. 4.12절의 이질 리스트에 대한 내용에서 이 성질에 관해 설명하고 있다. 「C로 쓴 자료 구조론」이나 「파스칼로 쓴 자료 구조론」을 교재로 사용했던 교수의 경우 이 책에서는 알고리즘이나 시간 복잡도에 관해 보다 심층적으로 논의하고 있음을 알 수 있을 것이다. 또한 필요한 경우에는 이전 책의 장(chapter) 구성과 표현 형태를 유지하려고 하였다.

감사의 글(초판)

이 책을 준비하는 데 도움을 준 많은 분들께 감사를 드린다. 원고의 오류를 지적해 준 Knoxville의 Tennessee 대학과 Tennessee Space Institute 대학의 고급 자료 구조 수강 학생들에게 감사하고, 특히 George Blust와 Anjanjyoti Das의 조언에 감사한다. 또한 원고를 교정해 주고 조언을 해 준 Remedy Corporation의 Ketan Doshi와 Denver 대학의 Derek Ealy와 Mario Lopez 교수, Arrowsmith Technologies사의 Sudhir Shetty, 그리고 Minnesota 대학의 Rose Tsang에게 감사를 표한다. 또한 GNU C++ 컴파일러를 이용하여 프로그램들을 검사해 준 Southern California 대학의 Ying Shu에게 감사한다. 특히 초기 편집에 참여해 준 Barbara와 Art Friedman에게 감사하며, W.H. Freeman사의 임원들이 베풀어 준 지원과 격려에 대해 감사하고 싶다. 또한 출판사의 부편집장 Penny Hull에게 감사한다. 그녀의 열정이 이 저작 작업에 큰 도움이 되었다.

감사의 글(개정판)

이 책의 원고를 개선하는 데 제안을 해 준 Narain Gehani 박사에게 감사를 표한다.

2006년 3월

Ellis Horowitz
Sartaj Sahni
Dinesh P. Mehta

역자 서문

자료 구조를 다년간 강의하면서 이 저자들의 원서를 네 번째 번역하고 있다. 자료 구조는 설계가 끝나면 프로그래밍 언어로 구현된다. 처음 번역한 책에서 사용된 언어는 SPARKS라는 추상 언어이다. 특정 프로그래밍 언어로 변환되기 직전의 자료 구조를 기술하는 언어로서 자료 구조의 원리를 이해하고 설계하는 데 중점을 둔 책이다. 개인적으로 지금까지 그 철학을 좋아하고 있다. 두 번째 번역한 책은 C로 구현한 자료 구조를 강조하고 있는데, 이 C 언어는 시스템 프로그래밍과 응용 프로그래밍에 많이 사용되는 프로그래밍 언어이기 때문에 프로그래밍 기법을 실험하는 것과 동시에 자료 구조를 공부하는 데 유용하다. 세 번째 책은 객체 지향 프로그래밍의 대표적 언어라 할 수 있는 C++로 자료 구조를 표현하는 것이 특징이다. 앞으로 상당한 기간 동안 소프트웨어 분야에 객체 지향 개념이 크게 영향을 미치리라 예상되어, 이에 대비하는 데 좋은 책이라고 생각한다. 물론 이 책들의 저변에 깔려 있는 기본 골격은 크게 변하지 않았다. 이 네 번째 책은 저자가 서문에서 밝혔듯이 C++ 언어의 새로운 내용을 보완하고 고급이면서 전문적인 자료 구조를 첨가함으로써 차원 높은 개정판으로 만든 것이다.

우리나라 학기제로는 이 책에 있는 내용을 전부 강의하기는 어렵다. 지금까지의 경험으로는 6장 그래프나 7장의 정렬 일부까지를 한 학기에 다루고, 나머지 부분은 화일 구조나 알고리즘 과목에서 다루는 것이 현실적으로 적절하다고 본다. 자료 구조는 설계와 구현이 모두 중요하게 다루어져야 하기 때문에 적당한 프로그래밍 숙제와 병행해서 강의를 한다면 책의 내용을 전부 다룬다는 것은 무리이기 때문이다.

이 네 번째 번역본이 완성되기까지는 여러 제자 교수들의 도움이 있었다. 홍봉희 박사, 김성기 박사, 이규철 박사, 황수찬 박사, 나연묵 박사, 송병호 박사, 용환승 박사 들이 도와 주었고, 서울대학교 데이타베이스 연구실의 대학원생들이 수고를 많이 하여 주었다. 특별히 이 개정판을 번역하는 데는 서울대학교 데이타베이스 연구실의 박규호 군이 많은 수고를 해 주었다. 번역은 원문에 충실하면서 어색하지 않도록 출판사와 함께 노력을 하였지만, 잘못된 곳이나 부족한 점이 있다면 그것은 오로지 역자의 탓이라는 것을 밝혀 두고 싶다. 다만 완전하지는 못하겠지만 열성 있는 독자에게 도움이 되기를 바랄 뿐이다.

2007년 7월
서울대 관악 캠퍼스에서
이 석 호

차례

1장
기본 개념

1.1 개요: 시스템 생명 주기

먼저 이 책을 공부하는 사람은 일반적으로 기본적인 프로그래밍 과정을 통해 구조화 프로그래밍에 대해 상당한 지식을 가지고 있다고 믿는다. 그러한 기초 과정에서는 프로그래밍 언어의 구문(문법)을 습득하고 언어를 통해 비교적 작은 문제를 해결할 수 있도록 언어의 응용을 강조하는 것이 보통이다. 이 책에서는 여러 가지 유형의 도구와 꼭 필요한 기법들을 제공함으로써 초보 단계에서 대형 컴퓨터 시스템을 설계하고 구현할 수 있도록 유도하고자 한다. 우리는 데이타 추상화, 알고리즘 명세, 그리고 성능 분석과 측정의 확고한 기초가 대형 컴퓨터 시스템을 설계하고 구현하는 데 필요한 방법론을 제공한다고 믿는다. 이 장에서는 이러한 분야들 각각에 대하여 상세히 다루겠다. 또한 순환 프로그래밍에 대해서도 간략히 알아보려고 하는데, 그 이유는 학생 대부분이 이 중요한 기법에 대해 자세히 모르고 있기 때문이다. 그렇지만 시작에 앞서 프로그래밍이 프로그램 코드를 기술하는 것 이상이라는 관점에서 이러한 도구들에 대하여 먼저 소개하고자 한다. 훌륭한 프로그래머는 대형 컴퓨터 프로그램들을 매우 복잡하게 상호작용하는 부품들로 구성된 시스템으로 생각한다. 시스템과 마찬가지로 이러한 프로그램들은 시스템 생명 주기(system life cycle)라고 하는 개발 단계를 거친다. 이러한 주기는 요구사항, 분석, 설계, 코딩, 그리고 검증 단계를 거치게 되어 있다. 비록 이러한 단계를 독립적으로 고려한다 할지라도 이 단계들은 상호 밀접한 관계를 가지고 있다. 참고문헌에는 시스템 생명 주기와 여러 단계에 관한 추가적인 정보를 제공할 여러 문헌들을 열거하였다.

(1) 요구사항(requirement): 대부분의 대형 프로그래밍 프로젝트들은 그 프로젝트들의 목적을 정의한 명세들의 집합으로부터 시작한다. 이러한 요구사항들은 프로그래머에게 주어진 데이타의 입력과 프로

그래머가 만들어 내야 하는 결과(출력)에 관한 정보를 기술한다. 종종 이 초기 명세가 모호하게 정의되어 모든 경우에 대한 입력과 출력 명세를 정밀하게 작성하여야 되는 경우가 많다.

(2) 분석(analysis): 시스템의 요구사항을 기술하고 나면 분석 단계가 본격적으로 시작된다. 이 단계에서는 문제들을 실제로 다룰 수 있을 정도의 작은 단위들로 나눈다. 이 분석 단계는 두 가지 방법이 있는데 그것은 상향식(bottom-up)과 하향식(top-down) 접근 방법이다. 상향식 접근 방법은 오래전에 제안된 방법으로 코딩에 주안점을 둔 비구조적 방법이다. 프로그래머는 프로젝트에 대한 기본 계획을 갖고 있지 못하기 때문에 결과 프로그램은 연관성이 작거나 오류를 수반하는 부분들을 가지게 되는 경우가 많다. 상향식 분석은 먼저 벽, 지붕, 배관, 난방 시설 등의 각 부분을 설계하고 나서 이들을 합쳐서 건물을 축조하려는 것과 같다. 빌딩을 축조하는 실제 목적은 이러한 접근 방법에서는 고려되지 않는다. 우리들 대부분이 이런 기술로 건축된 집에서 살려고 하지 않음에도 불구하고 많은 프로그래머들, 특히 초보자들은 그러한 방법론이 사전 계획 없이도 완벽하고 오류 없는 프로그램을 만들 수 있다고 믿는다.

반면에 하향식 접근 방법은 프로그램을 우리가 다룰 수 있을 정도의 프로그램 단위로 분리하기 위한 고수준의 계획을 작성하는 일부터 시작하여 이 계획을 하위 수준의 세부 사항을 고려하는 수준까지 세분화한다. 이러한 기술은 시스템을 설계하는 데 사용되는 다이어그램을 생성한다. 그리고 프로그래밍 문제에 대한 여러 가지 대안으로서의 해결책들이 만들어져서 이 단계에 서로 비교가 되곤 한다. 하향식 접근 방법은 복잡한 소프트웨어 시스템을 개발하기 위한 접근 방법으로 선호되고 있다.

(3) 설계(design): 이 설계 단계는 분석 단계에서 완료된 작업들을 계속한다. 설계자는 프로그램이 필요로 하는 데이타 객체들과 이들 위에서 수행될 연산들의 관점에서 시스템에 접근한다. 그 첫 번째 관점은 추상 데이타 타입(abstract data type)의 생성이지만, 두 번째 관점은 알고리즘의 명세와 그 알고리즘 설계 기법의 고려를 요구한다. 예를 들어 우리가 대학의 일정(scheduling) 시스템을 설계한다고 하자. 통상적인 데이타 객체로는 학생, 과목, 교수가 포함되고 일반적인 연산들로는 각각의 객체나 객체들 간의 삽입, 삭제, 그리고 검색 연산들이 포함된다. 즉 대학 강의 과목 리스트에 새로운 과목을 추가하거나 어떤 특정한 교수가 담당하는 과목이 무엇인지를 검색하기를 원할 것이다.

추상 데이타 타입과 알고리즘 명세는 사용 언어와는 별개이기 때문에 구현을 위한 결정 사항들은 뒤로 미루어 둔다. 개개 데이타 객체가 요구하는 정보를 명세해야 하는 것은 당연하지만 코딩의 세부 사항들은 무시한다. 예를 들어 학생 데이타 객체에는 이름, 주민등록번호, 전공, 전화번호 등이 포함된다는 것을 결정할 수 있다. 그러나 명기된 학생 리스트의 구체적 구현을 결정하지는 않는다. 나중에 알게 되겠지만 구현에는 배열이나, 연결 리스트, 또는 트리 등 여러 가지 방법이 있을 수 있다. 구현에 관한 사항을 가능한 한 뒤로 미루면 여러 가지 언어로 구현할 수 있게 시스템을 생성할 수 있을 뿐만 아니라 선택한 언어의 범주 내에서 가장 효과적인 구현을 택할 수 있는 시간을 가질 수 있다.

(4) 정제와 코딩(refinement and coding): 이 단계에서는 데이타 객체에 대한 표현을 선택하고 그 위에 수행되는 연산에 대한 알고리즘을 작성한다. 이것을 수행하는 작업의 순서는 아주 중요한데 그 이유는 데이타 객체의 표현 방법이 그와 연관된 알고리즘의 효율성을 결정하기 때문이다. 일반적으로 이것은

데이타 객체와는 독립적인 알고리즘을 먼저 기술해야 한다는 것을 의미한다.

이 시점에서 종종 우리는 훨씬 나은 시스템을 생성할 수도 있었다는 것을 실감하게 될 때가 있다. 가령 유사한 프로젝트를 수행했던 친구와 이야기를 나눈 적이 있다거나, 또는 다른 여러 설계들 중에 어느 하나가 더 우수한 것을 알았을 경우 등이다. 만약 우리의 처음 설계가 훌륭하다면 그 설계는 이러한 변화들을 쉽게 수용할 수 있다. 이것이 사실상 상세한 코딩 단계의 조기 수용을 기피하는 이유의 하나이다. 만일 전체 작업에 대한 내용을 정리해 두었다면 좀더 빠르고 좀더 오류 없이 새로운 시스템을 기술하기가 어렵지 않을 것이다.

(5) 검증(verification): 이 단계는 프로그램의 정확성 증명, 다양한 입력 데이타를 이용한 프로그램 테스트, 그리고 오류 제거로 구성된다. 각각의 분야들은 이미 심도 있는 연구가 진행되어 왔기 때문에 이들을 전부 설명하는 것은 이 책의 범위 밖이 된다. 따라서 각 분야에 중요한 사항들만을 간략히 정리하겠다.

정확성 증명(correctness proof): 프로그램의 정확성은 보통 수학에서 사용하는 기법들을 이용해서 증명할 수 있다. 그러나 불행하게도 이러한 증명은 굉장히 많은 시간을 필요로 하고 또 대형 프로젝트에 대해서는 매우 어렵다. 대부분의 경우 계획된 시간 제약으로 인해 대형 시스템의 완벽한 증명을 할 수 없다. 그러나 정확성이 증명된 알고리즘을 선택함으로써 오류를 줄일 수 있다. 이 책에서는 여러분에게 많은 알고리즘들을 제공하려고 하는데 그들 중에 일부는 공식적 기법을 이용하여 정확성이 증명된 것이기 때문에 많은 프로그래밍 문제에 적용할 수 있을 것이다.

테스트(testing): 알고리즘은 특정 프로그래밍 언어로 기술될 필요가 없기 때문에 코딩 단계에서나 그 이전 단계에서 정확성 증명을 해낼 수 있다. 하지만 테스트는 테스트 데이타와 실제로 수행 가능한 코드를 필요로 한다. 이러한 데이타는 모든 가능한 경우들이 포함되어야 하므로 신중히 만들어져야 한다. 종종 초보 프로그래머들은 구문 오류 없이 수행되는 프로그램을 정확하다고 간주한다. 그리고는 입력 데이타에 대해 별로 개의치 않고 한 가지 데이타만을 테스트에 사용하곤 한다. 훌륭한 테스트 데이타는 모든 프로그램 단위들이 정확히 수행되는가를 검증할 수 있어야 한다. 예를 들어 프로그램에 **switch**라는 명령문을 가지고 있다면 테스트 데이타 역시 **switch** 문 내에서 각 **case**를 점검할 수 있도록 선택되어야 한다.

초기 시스템 테스트는 프로그램이 정확히 수행되는가를 검증하는 데 초점을 맞춘다. 이러한 테스트가 매우 결정적이긴 하지만 프로그램의 실행 시간 역시 매우 중요하다. 오류가 없는 프로그램이더라도 매우 느리게 실행된다면 별반 가치가 없다. 많은 알고리즘에 대해 실행 시간의 이론적 추산 방법들이 존재하며, 새로운 알고리즘을 소개할 때 이러한 추산을 유도할 것이다. 또한 부분적 코드의 성능을 추산하여 결과를 집계한다. 이러한 실행 시간에 대한 테스트는 이 장의 뒷부분에서 다룰 주제이다.

오류 제거(error removal): 적절히 수행만 된다면 정확성 증명과 시스템 테스트는 오류가 발생할 수 있는 코드를 알려 준다. 이러한 오류 제거의 용이성은 그 시스템의 설계와 코딩 결정 사항의 영향을 많이 받는다. 설명문이 전혀 들어 있지 않은 소위 '스파게티' 코드로 작성된 대형 프로그램은 프로그래머들에게 악몽과도 같다. 이러한 프로그램의 오류를 수정할 때면 가끔 정정된 오류가 또 다른 새로운 오류를 만들 수도 있다. 한편 설명이 잘 기술되어 있고 매개 변수를 통해 독립적인 단위로 구성된 프로그램들은 그 수정 작업이 훨씬 쉽다. 특히 이런 프로그램 단위들을 별도로 테스트하고 난 뒤에 전체 시스템으로 통합한다면 매우 효과적이다.

1.2 객체 지향 설계

객체 지향 설계는 구조적 프로그래밍 설계 방법과 근본적인 차이점을 갖는다. 분할-정복 기법으로 복잡한 시스템을 개발한다는 점에서 두 방법은 유사하다. 분할-정복 기법은 복잡한 소프트웨어 설계 작업을 여러 개의 보다 단순한 부분 작업으로 나누어 각각을 개별적으로 해결하는 방법이다. 두 방법은 주어진 과제를 어떻게 분할할 것인가에서 차이가 난다.

1.2.1 알고리즘적 분해와 객체 지향적 분해

고전적인 프로그래밍 기법에서는 알고리즘적 분해 기법을 사용해 왔다. 알고리즘적 또는 함수적 분해는 소프트웨어를 프로세스로 보고 소프트웨어를 프로세스의 스텝을 나타내는 모듈로 분해한다. 이러한 모듈은 Pascal의 프로시저, FORTRAN의 서브프로그램, C의 함수와 같은 언어 구문으로 구현된다. 프로그램을 구현하기 위한 자료 구조는 이차적인 관심사이며, 프로젝트를 기능적 모듈로 나눈 다음에야 고려한다.

객체 지향적 분해는 소프트웨어를 응용 분야의 개체를 모델링하는 잘 정의된 객체의 집합으로 본다. 이러한 객체는 서로 상호작용하여 소프트웨어 시스템을 형성한다. 기능적인 분해는 시스템이 객체로 분해된 다음 고려한다.

객체 지향적 분해의 주된 장점은 소프트웨어의 재사용을 조장한다는 점이다. 이를 통해 시스템의 요구사항이 바뀜에 따라 변화, 발전할 수 있는 유연한 소프트웨어 시스템이 가능하다. 또한 프로그래머들이 객체 지향 프로그래밍 언어를 효과적으로 사용할 수 있게 한다. 객체가 응용 분야의 개체를 자연스럽게 모델링하므로, 객체 지향적 분해는 알고리즘적 분해보다 직관적이다.

1.2.2 객체 지향 프로그래밍의 기본 정의와 개념

먼저 객체 지향 패러다임에서 사용되는 기본적인 용어를 정의하도록 하자. 여기서의 정의는 Grady Booch의 「객체 지향 설계와 응용(*Object-Oriented Design with Applications*)」에서 따온 것이다.

정의: 객체(object)는 계산을 수행하고 상태를 갖는 개체이다. 따라서 객체는 데이타와 절차적 요소의 결합으로 볼 수 있다.

정의: 객체 지향 프로그래밍(object-oriented programming)은 다음과 같은 구현 방법이다.

(1) 객체는 기본적인 구성 단위(building block)이다.

(2) 각 객체는 어떤 타입(또는 클래스)의 인스턴스(instance)이다.

(3) 클래스는 상속(inheritance) 관계에 의해 서로 연관되어 있다.(상속을 사용하지 않는 프로그래밍

기법은 객체 지향 기법으로 간주되지 않는다.)

정의: 어떤 언어가 다음과 같은 기능을 가질 경우 객체 지향 언어(object-oriented language)라 한다.

(1) 객체를 지원한다.

(2) 모든 객체는 클래스에 속한다.

(3) 상속을 지원한다.

앞의 두 기능을 지원하되 상속 기능을 지원하지 않는 언어들도 있는데, 이들은 객체 기반 언어(object-based language)라 한다. C++는 객체 지향 언어인 반면 JavaScript는 객체 기반 언어이다.

1.2.3 프로그래밍 언어의 발전과 C++의 역사

고급 프로그래밍 언어들은 다음과 같이 네 개의 세대로 구분할 수 있다.

(1) 1세대 언어: FORTRAN을 예로 들 수 있다. 1세대 언어의 두드러진 특징은 수식을 계산할 수 있다는 점이다.

(2) 2세대 언어: Pascal과 C를 예로 들 수 있다. 이들 언어는 알고리즘을 효과적으로 표현하는 데 중점을 두었다.

(3) 3세대 언어: Modula를 예로 들 수 있는데 이들 언어는 추상 데이타 타입 개념을 도입하였다.

(4) 4세대 언어(객체 지향 언어): Smalltalk, Objective-C, C++ 등을 예로 들 수 있다. 이들 언어는 상속을 이용하여 추상 데이타 타입 간의 관계를 표현하는 데 중점을 두었다.

C++는 AT&T 벨 연구소의 Bjarne Stroustrup에 의해 1980년대 초에 설계되었다. 이 C++는 C 프로그래밍 언어에 객체 지향 개념을 도입하기 위해 설계되었다. C는 다음과 같은 이유로 업계에서 널리 사용되고 있다.

(1) 효율성(efficient): C는 다른 언어에 비해 하드웨어를 더 활용할 수 있는 저급 기능들을 가지고 있다.

(2) 유연성(flexible): C는 대부분의 응용 분야의 문제를 풀기 위해 사용될 수 있다.

(3) 가용성(available): 거의 모든 컴퓨터에 C 컴파일러가 존재한다.

C++의 설계에 영향을 미친 것으로는 Simula67과 Algol68이 있다.

C를 개선하기 위한 많은 기능이 C++에 있지만 데이타 추상화나 상속과 관계없는 것도 있다. 이러한 기능들은 이 장의 뒷부분에서 다룬다. 데이타 추상화를 구현하는 C++ 클래스는 2장에서 다룬다. C++ 함수와 클래스는 템플릿에 첨가시켜 더욱 강력하게 만들 수 있다. 템플릿은 3장에서 다룬다. C++에서의 간단한 상속도 3장에서 다루고, 상속과 다형성에 대한 고급 개념은 4장에서 다룬다.

1.3 데이타 추상화와 캡슐화

추상화(abstraction)와 캡슐화(encapsulation)의 개념은 인간-기계 상호작용에서 주로 사용되며, 현재의 기술 지향적인 세계에서는 이미 널리 보급된 개념이다. 예를 들어 이미 많은 가정에 보급된 디지털 비디오 플레이어(DVD)를 고려해 보자. 이 DVD 플레이어가 어떻게 패키징되어 사용되는지 두 가지 점을 살펴보자.

(1) 인간과 DVD 플레이어와의 모든 상호작용은 제어판에 있는 PLAY, STOP, PAUSE 등의 버튼을 통해 이루어진다. DVD 플레이어는 우리가 내부 회로와 직접 상호작용할 수 없도록 패키징되어 있다. 따라서 DVD 플레이어의 내부 표현은 사용자로부터 감추어져 있다. 이것이 캡슐화의 원칙이다.

(2) DVD 플레이어를 구입할 때 따라오는 사용 설명서는 우리가 어떤 버튼을 누르면 DVD 플레이어가 어떤 동작을 하는지 알려 준다. 사용 설명서는 DVD 플레이어 내부에서 그런 동작이 어떻게 구현되어 있는지는 알려 주지 않는다. 예를 들어 PLAY 버튼을 누를 경우 내부에서 어떤 전자적, 기계적인 일련의 동작이 일어나는지 알려 주지 않는다. 따라서 사용 설명서는 DVD 플레이어가 무엇을 하는지와, 어떻게 그것을 수행하는지를 명확하게 구별한다. 이러한 구별이 추상화의 원칙이다.

이러한 원칙을 컴퓨터 프로그램 내의 데이타를 패키징하고 구조화하는 데에 똑같이 적용하면 다음과 같은 데이타 캡슐화, 데이타 추상화의 개념이 된다.

정의: 데이타 캡슐화(data encapsulation) 또는 정보 은닉(information hiding)은 외부 세계로부터 데이타 객체의 자세한 구현을 감추는 것이다.

정의: 데이타 추상화(data abstraction)는 데이타 객체의 명세(specification)와 구현(implementation)을 분리하는 것이다.

우리는 뒤에서 이러한 개념들을 사용하면 고품질의 프로그램과 보다 효과적인 프로그래밍 기법이 되기 때문에 소프트웨어 개발에서 매우 중요하다는 것을 알게 될 것이다. 또한 이러한 개념들은 소프트웨어 시스템을 개발하기 위해 필요한 인력과 시간을 줄여 주며 결과적으로 최종 소프트웨어 제품의 전체 비용을 줄여 준다.

먼저 C++의 기본적인 데이타 타입부터 살펴보자. 여기에는 **char**, **int**, **float**, **double** 등이 있다. 이 데이타 타입들은 **short**, **long**, **signed**, **unsigned** 등의 키워드를 사용하여 수정되는 경우도 있다. 이 키워드 **short**와 **long**은 수정하고자 하는 기본 타입에 할당되는 저장 장소의 크기를 명시한다. **signed**와 **unsigned**는 정수의 이진 표현에서 최상위 비트(MSB)가 부호를 나타내는지 여부를 명시한다. C++는 앞에서 열거한 기본 데이타 타입으로부터 파생된 타입도 지원한다. 여기에는 포인터 타입과 참조(reference) 타입이 있다. 결국 우리가 다루고자 하는 실세계에 대한 추상화는 이러한 데이타 타입을 사용하여 표현한다. 이러한 타입들 외에도 C++는 데이타를 묶어 주는 세 가지 구조인 배열(array), 구조(struct), 클래스(class)를 제공한다. 배열은 데이타 타입이 같은 원소들의 모임이다. 반면에 구조와 클래스는 각 요소의 데이타 타입이 다를 수도 있는 원소들의 모임이다.

모든 프로그래밍 언어는 적어도 최소한의 미리 정의된 데이타 타입들과, 추가적으로 새로 사용자 정의 타입을 생성할 수 있는 기능을 제공한다.

정의: 데이타 타입(data type)은 객체(object)들과 이 객체들에 동작하는 연산(operation)의 집합이다. □

작성한 프로그램이 미리 정의된 데이타 타입을 다루든지 사용자 정의 데이타 타입을 다루든지, 두 가지 측면, 즉 객체와 연산은 반드시 고려되어야 한다. 예를 들어 정수를 나타내는 **int**라는 데이타 타입은 {0, +1, −1, +2, −2, ..., MAXINT, MININT}와 같은 객체들로 구성된다. 여기서 MAXINT와 MININT는 특정 기계에서 **int** 타입으로 표시될 수 있는 가장 큰 수와 가장 작은 수이다. 정수에 대한 연산은 많이 있으며, 아마도 +, −, *, /와 같은 산술 연산은 틀림없이 포함될 것이다. 또한 값이 같은지 여부를 검사하는 연산과 정수를 변수에 대입하는 연산도 있을 것이다.

정의: 추상 데이타 타입(ADT: abstract data type)은 객체의 명세와 이들 객체에 대한 연산의 명세가 객체의 표현과 연산의 구현으로부터 분리된 방식으로 구성된 데이타 타입이다. □

이 책에서는 전체적으로 명세와 구현의 구별을 강조할 것이다. 이를 위해 먼저 학습하고자 하는 객체의 ADT 정의부터 시작할 것이다. 이렇게 함으로써 독자는 객체의 표현과 연산의 실제 구현에 대한 복잡한 설명 없이 객체의 필수적인 요소를 이해할 수 있을 것이다. ADT 정의를 충분히 설명한 다음에 표현 방식과 구현에 대해 알아보도록 할 것이다. 이러한 방식은 자료 구조의 학습에서 매우 중요하다. 이러한 목표를 달성하기 위해서 ADT를 표현하기 위한 표기법을 도입하기로 한다. 이 표기법은 C++ 언어의 문법과는 관계가 없다. 나중에 C++ 클래스의 문법이 ADT를 표현하기 위해 어떻게 사용될 수 있는지 살펴보겠다.

ADT *NaturalNumber* is

　객체: 정수의 순서가 있는 부분 범위로서 0부터 해당 컴퓨터의 최대 정수(MAXINT)까지 값을 갖는다.

　함수:

　　모든 *x*, *y* ∈ *NaturalNumber*, TRUE, FALSE ∈ *Boolean*이고

　　+, −, <, ==, = 는 일반적인 정수 연산에 대해

Zero():*NaturalNumber*	::=	0
IsZero(*x*)*Boolean*	::=	**if**(*x*==0)*IsZero*=**true** **else** *IsZero*=**false**
Add(*x*,*y*):*NaturalNumber*	::=	**if**(*x*+*y*<=MAXINT)*Add*=*x*+*y* **else** *Add*=MAXINT
Equal(*x*,y):*Boolean*	::=	**if**(*x*==*y*)*Equal*=TRUE **else** *Equal*=FALSE

Successor(*x*):*NaturalNumber* ::= **if**(*x*==MAXINT) *Successor*=*x*
else *Successor*=*x*+1
Subtract(*x*, *y*):*NaturalNumber* ::= **if**(*x*<*y*) *Subtract*=0
else *Subtract*=*x*−*y*

end *NaturalNumber*

ADT 1.1: 자연수(*NaturalNumber*) 추상 데이타 타입

예제 1.1 [추상 데이타 타입 *NaturalNumber*]: 이것이 ADT의 첫 번째 예제이므로 표기법부터 설명하도록 하자. ADT 1.1은 *NaturalNumber* ADT의 정의를 보여 주고 있다. 정의는 추상 데이타 타입의 이름부터 시작한다. 정의는 객체와 함수 부분으로 크게 나뉜다. 객체는 정수를 이용하여 정의되지만 표현 방법을 명시적으로 이용하지는 않는다. 함수의 정의는 좀더 복잡하다. 정의에서 *x*와 *y*라는 기호는 자연수 집합의 두 원소를 나타내며, TRUE와 FALSE는 *Boolean* 집합의 원소이다. 또한 정수 집합에서 정의된 덧셈(+), 뺄셈(−), 같음(=), 작음(<) 등의 함수가 사용된다. 즉 하나의 데이타 타입을 정의하기 위해서는 또 다른 데이타 타입의 연산이 필요하다. 각 함수는 함수 이름 오른쪽에 결과 값의 타입이 오고 그 다음에 함수의 정의가 온다. '::=' 기호는 '~의 정의는 다음과 같다' 라는 뜻이다.

첫 번째 함수 *Zero*는 인자가 없으며 자연수 0을 반환한다. *Successor*(*x*)는 순서에 따른 다음 자연수를 반환한다. 만약 순서에 따른 다음 수가 없는 경우, 즉 *x* 값이 이미 MAXINT인 경우 *Successor*는 MAXINT를 반환하도록 정의한다. 어떤 프로그래머는 이런 경우에 오류를 반환하게 할 수도 있다. 그렇게 해도 아무런 문제가 없다. 다른 함수로는 *Add*와 *Subtract*가 있다. 이들도 여기서는 자연수 집합의 요소를 반환하도록 했지만, 오류를 반환하게 할 수도 있다. □

다음에는 데이타 추상화와 데이타 캡슐화의 원칙이 잘 설계된 프로그램을 효율적으로 개발하는 데 어떤 도움을 주는지 살펴보도록 하자.

(1) 소프트웨어 개발의 간소화: 데이타 추상화의 주된 이점은 소프트웨어 시스템을 개발하는 복잡한 작업을 부분 작업들로 분해할 수 있도록 돕는다는 점이다. 다음과 같은 경우를 고려해 보도록 하자. 어떤 문제가 프로그래머 한 명이나 프로그래머 팀에 할당되었다. 하향식 접근 방법으로 문제를 검토하여 *A*, *B*, *C* 세 개의 데이타 타입과, 이들 데이타 타입 간의 상호작용을 용이하게 하기 위한 [접착 코드(glue)라고 불리는] 추가적인 코드가 필요하다고 결정했다. 또한 각 데이타 타입을 위한 명세가 초기에 제공되었다. 즉 각 데이타 타입이 지원해야 하는 연산이 이미 완전히 명시되었다.

(a) 시나리오 1—네 명의 프로그래머 팀: 부분 작업은 다음과 같이 네 명의 프로그래머로 이루어진 팀의 각 구성원에게 할당될 수 있다. 각 프로그래머가 세 개의 데이타 타입을 하나씩 맡는다. 각 프로그래머의 임무는 이전에 동의한 명세에 따라 그가 맡은 데이타 타입을 구현하는 것이다. 네 번째 프로그래머는 각 데이타 타입이 명세에 따라 구현되었다고 가정하고 접착 코드를 작성한다. 프로그

래머들은 다른 프로그래머가 맡은 부분의 코드를 어떻게 구현했는지 알 필요가 없다. 따라서 각 프로그래머는 그가 맡은 부분의 코드에만 집중할 수 있으며 다른 프로그래머가 무슨 일을 어떻게 하는지, 그것이 그가 하는 작업에 어떻게 영향을 줄 것인가에 신경 쓸 필요가 없다.

(b) 시나리오 2—한 명의 프로그래머: 이 경우 데이타 추상화는 프로그래머가 어느 한 순간에 명심해야 할 것들을 줄여 준다. 예를 들어 프로그래머는 각 데이타 타입을 명세에 따라서 하나씩 구현할 수도 있다. 프로그래머가 *A*라는 데이타 타입을 구현할 때는 *B*나 *C* 데이타 타입과 상호작용을 하기 위한 코드에 신경 쓸 필요가 없다. 각 데이타 타입을 구현한 다음 프로그래머는 접착 코드를 작성하면 된다. 이때 프로그래머는 세 개의 데이타 타입의 구현에 대해서는 고려할 필요 없이, 원하는 목적을 이루기 위해 각각을 어떻게 사용할지만 고려하면 된다.

(2) 테스트와 디버깅: 복잡한 작업을 여러 개의 쉬운 부분 작업들로 분해하는 것은 테스트와 디버깅도 간단하게 만든다. 위의 예에서 각 데이타 타입은 독자적으로 테스트하고 디버깅할 수 있다. 각 데이타 타입을 테스트하고 디버깅한 다음에 전체 프로그램을 테스트할 수 있다. 이 단계에서 버그가 발견되면 그림 1.1(a)에서 회색 부분인 *A*, *B*, *C* 각 데이타 타입은 이미 테스트되었으므로 버그가 있을 가능성은 거의 없다. 그래서 버그는 그림 1.1(a)의 회색이 아닌 접착 부분에 있기 쉽다. 이 경우를 그림 1.1(b)의 데이타 추상화를 사용하지 않은 경우와 비교해 보면 데이타 추상화를 소프트웨어 개발에 도입하는 것이 효율적인 테스트와 디버깅을 가능하게 한다는 것을 알 수 있다.

그림 1.1 회색이 아닌 부분이 버그를 검사해야 할 부분을 나타냄: (a)에서는 데이타 추상화가 사용되었고 (b)에서는 데이타 추상화가 사용되지 않았음

(3) 재사용성: 데이타 추상화와 캡슐화는 자료 구조가 소프트웨어 시스템에서 별개의 개체로 구현될 수 있게 한다. 이것은 소프트웨어 시스템으로부터 자료 구조에 대한 코드와 연산을 추출하여 다른 소프트웨어 시스템에서 사용하는 것이 원래의 소프트웨어 시스템에 뒤엉켜서 통합된 경우보다 더 쉽다. 뒤에

서 소프트웨어 재사용성을 높이기 위해 C++에서 사용될 수 있는 기법을 알아볼 것이다.

(4) 데이타 타입의 표현에 대한 수정: 정보 은닉의 중요한 결과로서 데이타 타입의 구현은 프로그램에서 데이타 타입 밖의 다른 부분에는 보이지 않는다. 특히 프로그램의 나머지 부분에서는 데이타 타입의 내부 표현에 직접 접근할 수 없으며 데이타 타입이 제공한 연산들을 통해서만 데이타 타입을 다룰 수 있다. 따라서 데이타 타입 내부 구현에 대한 변경은 데이타 타입이 계속 똑같은 연산을 제공하고, 이들 연산이 계속 같은 기능을 하는 한 프로그램의 나머지 부분에는 아무런 영향을 주지 않는다. 변경할 필요가 있는 것은 데이타 타입의 내부 구현에 직접 접근하는 연산들의 구현뿐이다.

데이타 캡슐화를 도입하지 않은 경우의 결과를 검토해 보면 데이타 캡슐화의 이점을 쉽게 알 수 있다. 데이타 타입의 내부 표현을 직접 다루는 프로그램이 있는 상황에서, 데이타 타입의 구현이 변경되었다고 하자. 프로그래머는 먼저 프로그램의 어디에서 데이타 타입의 내부 표현에 직접 접근하는지 찾아내기 위해 프로그램 코드를 살펴보아야 하고, 이어서 적절한 수정을 해야 한다. 이 작업은 프로그램이 데이타 타입의 내부 표현에 여러 번 접근하는 경우 매우 고된 일이 될 것이다.

연습문제

다음 연습문제들에 대해 ADT 1.1의 양식을 이용하여 추상 데이타 타입을 정의하라.

1. *NaturalNumber* ADT에 다음 연산을 추가하라: *Predecessor, IsGreater, Multiply, Divide.*
2. *Set* ADT를 정의하라. 표준 수학 정의를 사용하고 다음 연산을 포함시키라: *Create, Insert, Remove, IsIn, Union, Intersection, Difference.*
3. *Bag* ADT를 정의하라. 수학에서 *Bag*은 원소가 중복되는 것이 허용된다는 사실을 제외하면 집합과 유사하다. 연산으로는 최소한 *Create, Insert, Remove,* 그리고 *IsIn*을 포함해야 한다.

1.4 C++의 기초

C++ 언어를 '보다 나은 C' 라는 표현으로 자주 묘사하는데, 이는 다음과 같은 의미를 가지고 있다.

(1) C와 C++는 공통적인 기능을 많이 가지고 있다.

(2) C++는 C를 개선하는 데이타 추상화나 상속과 무관한 많은 기능을 가지고 있다.

이 절에서는 C++ 언어의 기능들을 살펴보고 C와의 유사점과 상이점을 알아보겠다. 여기서는 독자들이 C 언어를 잘 안다고 가정하였다.

1.4.1 C++ 프로그램의 구성

C에서와 마찬가지로 C++ 프로그램은 여러 화일에 분산되어 있다. C++에서는 헤더 화일과 소스 화일의 두 종류의 화일이 사용된다. 헤더 화일은 .h 접미사를 가지며 선언을 저장하기 위해 사용된다. 어떤

헤더 화일(<iostream>과 같은)은 시스템 정의 화일이다. 시스템 정의 화일에서는 .h 접미사가 생략된다. 그 밖에 다른 것들은 사용자가 정의한다. 소스 화일은 C++의 소스 코드를 저장하기 위해 사용된다. 소스 화일 이름에 사용되는 접미사는 컴파일러에 따라 다르다. 여기서는 소스 화일에 .C 접미사를 사용할 것이다. 헤더 화일은 전처리기 명령인 #include를 사용하여 적절한 화일에 포함시킨다.

C++ 프로그램이 실행되기 위해서는 각 소스 화일은 개별적으로 컴파일되고, 링크되고, 적재되어야 한다. C++ 프로그램은 일반적으로 많은 소스 화일과 헤더 화일로 구성되므로, 한 헤더 화일이 여러 번 중복되게 포함되어 컴파일 오류를 발생시킬 수 있다. 한 헤더 화일이 두 번 이상 중복되지 않게 보장하기 위해서는 헤더 화일의 내용을 다음과 같은 전처리기 명령 안에 포함시키면 된다.

```
#ifndef FILENAME_H
#define FILENAME_H
// 헤더 화일의 내용을 여기에 삽입
.
.
.
#endif
```

여러 소스 화일을 사용함으로 인해 프로그램을 고쳐서 재컴파일할 때마다 컴파일 명령을 타이핑하는 것도 따분한 일이다. 따라서 C++ 프로그램을 관리하기 위하여 UNIX의 *make*와 같은 명령을 사용하거나 이와 동등한 명령을 사용하길 권한다. *make*는 컴파일 명령을 반복해서 타이핑하는 수고를 덜어 줄 뿐만 아니라 다른 화일의 수정으로 영향을 받지 않은 소스 화일은 재컴파일하지 않기 때문에 컴파일 시간을 줄여 준다.

1.4.2 C++에서의 영역

한 프로그램이 여러 화일로 구성될 경우에 한 화일에서 선언된 변수가 다른 화일에서 사용되는 경우 이 변수의 가시적 영역(scope)이 문제가 된다. 이를 고려하여 C++의 프로그램 영역을 간단히 살펴보기로 한다. C++ 프로그램은 다음과 같은 네 가지 영역 중의 하나에 속한다.

화일 영역: 함수 정의에 속하지 않은 선언, 클래스 정의, 네임스페이스는 화일 영역에 속한다.

네임스페이스 영역: 네임스페이스(namespace)는 논리적으로 연관된 변수나 함수를 한 그룹으로 만드는 기법이다. 예를 들어 표준 라이브러리는 **std**라는 네임스페이스 안에 정의된다. 그 네임스페이스 밖에서 네임스페이스 안에 정의된 개체에 접근하기 위해서는 영역 정보를 제공해야 한다. 예를 들어 표준 라이브러리에 있는 **cout** 연산자는 **std::cout**로 접근된다. 영역 정보를 반복적으로 사용할 때는 **using std**와 같이 **using** 선언을 사용하면 된다.

지역 영역: 블록 안에서 선언된 이름은 그 블록의 지역 영역(local scope)에 속한다.(블록은 { }로 둘러

싸인 코드 구역이다.) 이 이름은 자기가 선언된 블록 안에 포함된 서브블록 안에서도 사용될 수 있다.

클래스 영역: 클래스 정의에 관련된 선언들은 그 클래스 영역에 속하게 된다. 각 클래스는 서로 다른 클래스 영역을 갖는다. 클래스에 대해서는 2장에서 아주 자세히 살펴볼 것이다.

각 변수는 영역 또는 문맥(context)을 갖는다. 변수는 자신의 영역과 이름으로 유일하게 식별된다. 변수는 자신의 영역 내에서만 유일하게 식별된다. 예를 들어 블록 내에서 정의된 변수는 그 블록 내에서만 접근될 수 있다. 그러나 화일 영역으로 정의된 변수(전역 변수)는 프로그램 어디에서나 접근이 가능하다. 이렇게 되면 다음과 같은 질문이 나올 수 있다.

(1) 블록 안에서 전역 변수의 이름을 지역 변수로 다시 사용했을 때, 전역 변수에 접근하려면 어떻게 해야 하는가?
답: 영역 연산자 **::**를 사용하면 전역 변수에 접근할 수 있다.

(2) 어떤 전역 변수가 file1.C에서 정의되고 file2.C에서 사용되었다. 이 전역 변수를 file2.C에서 어떻게 선언해야 하는가? 일반적인 변수를 정의하듯이 file2.C에서 정의하면 컴파일러는 이 변수가 중복해서 정의되었다고 할 것이다. 선언하지 않으면 컴파일러는 이 변수가 정의되지 않았다고 할 것이다!
답: file2.C에서 이 변수를 **extern**으로 선언하면 된다.

(3) 한 프로그램에서 file1.C와 file2.C가 같은 이름의 전역 변수를 정의하였다. 그러나 이 두 변수는 서로 다른 개체이다. 어떻게 하면 어느 한 화일도 전역 변수의 이름을 바꾸지 않고 프로그램이 컴파일되게 할 수 있을까?
답: 두 화일에서 모두 변수 선언에 **static**을 사용하면 된다.

더 자세한 내용은 이 장 끝의 참고문헌에 있는 C++ 입문서를 참고하기 바란다.

1.4.3 C++ 명령문과 연산자

C++ 명령문은 C와 같은 문법과 의미를 가지고 있다. C++ 명령문은 이 장의 뒷부분에서 성능 분석과 평가를 다루면서 간단히 살펴볼 것이다.

C++ 연산자는 **new**와 **delete**를 제외하고는 C의 연산자와 모두 동일하다. **new**와 **delete**는 C++에서의 동적 메모리 관리를 다루면서 간단히 살펴볼 것이다. 또 다른 차이점은 C++는 입력과 출력을 위해 왼편 시프트(<<)와 오른편 시프트(>>) 연산자를 사용한다는 점이다. 이들에 대해서는 C++에서의 입출력을 다루면서 간단히 살펴볼 것이다. C와 C++의 중요한 차이점은 C++가 연산자 다중화(operator overloading)를 허용한다는 점이다. 즉 연산자가 그것이 적용되는 피연산자 타입에 따라 상이한 기능을 가질 수 있으며, 이러한 기능은 프로그래머에 의해 정의된다. 연산자 다중화에 대해서는 2장에서 자세

히 살펴볼 것이다.

1.4.4 C++의 데이타 선언

데이타 선언은 한 데이타 타입을 어떤 이름에 연결시키는 것이다. 이미 1.3절의 데이타 추상화와 캡슐화에서 C++가 제공하는 기본 데이타 타입을 열거한 바 있다. 이제 C++에서 데이타 선언을 위해 사용할 수 있는 다양한 선택 사양을 열거하겠다. 이런 선택 사양은 참조 타입을 제외하고는 모두 C에서도 사용하고 있는 것이다.

(1) 상수 값: 5, 'a', 4.3과 같은 글자로 구성된다.

(2) 변수: 데이타 타입의 인스턴스로서 프로그램의 실행중에 변경될 수 있다.

(3) 상수 변수: 자신의 일생 동안 어떤 값도 지정될 수 없는 변수이다. 따라서 이들은 반드시 초기화되어야 한다. 즉 이들의 내용은 선언 시에 고정되어야 한다. 상수 타입은 선언에다 **const**라는 키워드를 첨가하여 선언된다(**const int** MAX = 500;).

(4) 열거 타입: 일련의 정수 상수를 선언하는 또 다른 기법이다. 또한 열거 타입에 이름을 지정하여 새로운 데이타 타입을 만들기 위해 사용된다.

```
enum semester{SUMMER, FALL, SPRING};
```

SUMMER, FALL, SPRING은 *semester* 타입의 정수 상수이다. 이들의 값은 기정 값으로서 각각 0, 1, 2이다.

(5) 포인터: 객체의 메모리 주소를 저장한다. 예를 들어

```
int i = 25;
int *np;
np = &i;
```

여기에서 *np*는 정수에 대한 포인터로 선언되었고, 다음에 정수 변수 *i*의 주소가 지정되었다. 그래서 이제 *np*는 변수 *i*에 저장된 정수(이 경우 25)에 대한 포인터인 것이다.

(6) 참조 타입: 이것은 C에 없는 C++의 기능이다. 이 참조 타입은 객체에 대한 또 다른 이름을 제공하는 기법이다. 타입 *T*의 한 객체에 대한 참조는 *T*에 &를 첨가시킴으로써(즉 *T*&) 선언된다. 예를 들어

```
int i = 5;
int& j = i;
i = 7;
printf("i=%d, j=%d", i, j);
```

이 예에서 *j*는 참조 타입이다. 이것은 *i*에 대한 또 다른 이름을 나타낸다. *i*의 값이 바뀌면 *j*의 값도 따라서 바뀐다. printf 문이 실행될 때, *i*와 *j*의 최종 값은 7이 된다.

1.4.5 C++의 주석문

C++의 주석문은 두 가지 방법으로 명시된다.

(1) 복수 행 주석문: 이것은 C의 주석문과 동일하다. 구분 기호 /*와 */로 둘러싸인 모든 텍스트는 컴파일러에 의해 무시된다.
(2) 단일 행 주석문: 이것은 C++에만 있다. 한 행에서 // 뒤의 모든 텍스트는 컴파일러에 의해 무시된다.

C++의 단일 행 주석문 형식은 C의 복수 행 주석문의 다음과 같은 단점을 극복했다. 복수 행 주석문이 또 다른 복수 행 주석문에 포함되는 경우 내부 주석문과 외부 주석문의 끝 구분 기호 사이에 있는 텍스트는 컴파일러에 의해 무시되지 않는다. 이런 경우 주석문으로 만들었다고 프로그래머가 믿었던 부분이 프로그램 안에 코드로 포함되는 결과가 된다.

1.4.6 C++에서의 입출력

C++에서 입출력을 수행하기 위해서는 시스템이 정의한 헤더 화일 iostream을 포함시키는 것이 필수적이다. 키워드 **cout**는 표준 출력 장치로 출력하기 위해 사용된다. 이 **cout** 키워드와 출력될 각 개체는 << 연산자로 분리된다. 출력될 개체는 표준 출력 장치에 왼쪽에서 오른쪽으로 출력된다.

```
#include <iostream>

main()
{
    int n = 50; float f = 20.3;
    cout << "n:" << n << endl;
    cout << "f:" << f << endl;
}
```

프로그램 1.1: C++에서의 출력

프로그램 1.1은 표준 출력 장치에 다음을 출력한다.

n:50
f:20.3

키워드 **cin**은 C++에서 입력을 위해 사용된다. 연산자 >>은 입력될 변수들을 구분하기 위해 사용된다. 표준 입력 장치에서 서로 다른 변수에 대응되는 항목을 구분하기 위해서는 여백 문자(즉 탭, 개행, 공백 문자)가 사용된다.

프로그램 1.2가 실행되면 표준 입력 장치에 다음과 같은 두 입력은 모두 변수 a에 5, b에 10을 지정한다.
입력1:

5 10 <Enter>

입력2:
5 <Enter>
10 <Enter>

```
#include <iostream>

main()
{
    int a, b;
    cin >> a >> b;
}
```

프로그램 1.2: C++에서의 입력

C++에서의 입출력의 장점은 자유 형식이라는 점이다. 즉 프로그래머는 입출력되는 항목의 타입과 순서를 명세하기 위한 포맷 기호를 써 줄 필요가 없다. 또 다른 이점은, 다른 C++ 연산자와 같이 입출력 연산자들을 다중화할 수 있다는 점이다.

C++에서의 화일 입출력은 프로그램 1.3이 보여 주는 것과 같이 헤더 화일 *fstream*를 포함시키면 수행된다. 파일스트림 변수(이 예에서는 *outFile*)는 화일 이름(여기서는 my.out)을 나타내는 스트링과, 화일이 사용될 모드를 명기하는 두 번째 인자(예를 들어 ios::out은 화일이 출력을 위해 사용된다는 것을 명세한다)로 초기화된다. 화일이 개방되지 않으면 *outFile* = 0이 된다. 만일 *outFile*이 성공적으로 개방되면 화일 my.out으로 출력을 하도록 **cout** 대신 이것이 사용된다.

1.4.7 C++의 함수

C++에는 정규 함수와 멤버 함수 두 가지 종류가 있다. 멤버 함수는 특정 C++ 클래스와 연관되어 있는 함수이다. 멤버 함수에 대한 자세한 논의는 2장으로 미룬다. 여기서는 두 가지 함수 모두에 공통적인 함수의 기능만 알아보겠다.

함수는 함수 이름, 인자 리스트 또는 시그너처(입력), 반환 타입(출력), 몸체(함수를 구현한 코드)로 구성된다. 프로그램 1.4에서 *Max*는 함수 이름이고, **int** *a*, **int** *b*는 인자 리스트, **int**는 반환 타입, { 와 } 사이의 명령문은 함수의 몸체인 것이다.

```
#include <iostream>
#include <fstream>

main()
```

```
{
    ofstream outFile("my.out", ios::out);
    if (!outFile) {
        cerr << "cannot open my.out" << endl; //표준 오류 장치
        return;
    }
    int n = 50; float f = 20.3;
    outFile << "n: " << n << endl;
    outFile << "f: " << f << endl;
}
```

프로그램 1.3: C++에서 화일 입출력

```
int Max(int a, int b)
{
    if (a > b) return a;
    else return b;
}
```

프로그램 1.4: 함수의 예

C++의 모든 함수는 값을 반환한다. 만일 함수가 아무것도 반환하지 않도록 되어 있다면 이런 반환 타입을 나타내기 위해서 **void**를 사용한다. 함수는 **return** 문을 사용하여 값을 반환한다. **return** 문은 함수의 반환 타입과 같거나 그 타입으로 변환될 수 있는 타입의 값을 반환해야 한다. 함수는 **return** 문을 만나면 끝난다. 함수는 실인자를 제공함으로써 기동된다[예, *Max*(*x*, 100)은 *x*와 100 가운데서 큰 값을 반환한다].

1.4.8 C++의 매개변수 전달

C++에서 인자는 값(value)으로 전달된다. 이것은 기본 인자 전달 방식이다. 한 객체가 값으로 전달되면 그것은 그 함수의 지역 저장소에 복사된다. 함수는 이 지역 복사본에 접근한다. 따라서 함수에 값으로 전달된 매개변수에 대한 변경은 오직 그 지역 복사본만 변경시킨다. 바꿔 말하면 값에 의한 전달은 실인자에 영향을 주지 않는다.

인자는 또한 참조(reference)로 전달할 수도 있다. 이렇게 하려면 인자를 참조 타입으로 명시적으로 선언해야 한다. 이것은 타입 명세자에 &를 붙이면 된다. 프로그램 1.4에서 함수의 인자 리스트에 **int&** *a*로 선언하면 참조 타입으로 *a*를 전달할 수 있다. 한 객체가 참조로 전달되면 그 위치의 주소만 함수의 지역 저장 장소에 복사된다. 객체 자체는 함수의 지역 저장소에 복사되지 않는다. 따라서 함수는 주소로 참조되는 객체, 즉 실인자에 접근한다.

값에 의한 전달의 이점은 함수에 실인자로 제공되는 변수가 함수에 의해 부주의하게 변경되지 않

는다는 것이다. 참조에 의한 전달의 이점은 전달된 객체가 그 주소보다 더 큰 메모리를 요구하는 경우에, 함수는 더 빨리 수행할 수 있다는 것이다. 이는 주소를 복사하는 오버헤드보다 실인자를 복사하는 오버헤드가 더 크기 때문이다. 하지만 **char**와 같이 주소보다 더 작은 기억 장소를 차지하는 인자 타입에 대해서는 참조에 의한 호출이 더 느리다. 참조 매개변수를 사용하는 또 다른 이유는 함수로 하여금 실인자를 변경하게 할 필요가 있기 때문이다. 이런 방법은 함수가 호출 함수에 둘 이상의 아이템을 반환해야 될 때 사용한다. 이들 중 하나는 **return** 문으로 반환한다. 나머지는 참조 타입 인자를 사용해서 반환한다.

이 두 매개변수 전달 방법의 이점을 이용하는 한 가지 방법은 **const** *T*& *a*처럼 상수 참조(constant reference)를 전달하는 것이다. 여기에서 *T*는 인자의 타입이다. 함수 몸체에 있는 **const** 인자를 변경하려는 어떤 시도도 컴파일 시간 오류를 유발할 것이다. 함수에서 변경되어서는 안 될 인자를 나타내기 위해서는 **const** 키워드를 사용하는 것이 좋다. 왜냐하면 이것은 함수 사용자에게 이런 정보를 알려 주기 때문이다. 매개변수 전달 방법과 이들이 사용되어야 할 환경에 대한 더 자세한 설명은 이 장 끝의 참고문헌에 나열된 Scott Meyers의 *Effective C++*를 보면 된다.

C++에서 묵시적 매개변수 전달 방법이 값에 의한 전달이 아닌 경우가 한 가지 있다: 바로 배열 타입은 참조로 전달된다. 즉 배열은 함수의 지역 저장소에 복사되지 않는다. 그러므로 함수 안에서 배열에 대한 변경은 실제 배열에 반영된다. 한 배열 인자 *a*로 함수가 호출되면[예, *f*(*a*)], 실제로는 배열 *a*의 첫 번째 원소에 대한 포인터(즉 &*a* [0])가 전달된다. 그 이유는 함수 정의에서 배열은 보통 해당 타입[예, *f*(**int** **a*)]에 대한 포인터로 표현되기 때문이다. 배열이 이러한 방법으로 전달되기 때문에 함수는 그 배열의 크기를 알 수 없다. 이것은 통상 함수의 한 독립된 매개변수로 배열의 크기를 명시적으로 전달함으로써 해결하고 있다.

1.4.9 C++의 함수 이름 다중화

마지막으로 C++의 함수 이름 다중화에 대해 설명하겠다. 함수 다중화(function overloading)는 함수의 시그너처(인자 리스트)가 다르기만 하면 같은 이름을 가진 함수가 둘 이상 존재할 수 있다는 뜻이다. 예를 들면 C++에서 *Max*라는 똑같은 이름의 함수가 다음과 같이 여러 개 존재하는 것이 허용된다.

```
int Max(int, int);
int Max(int, int, int);
int Max(int*, int);
int Max(float, int);
int Max(int, float);
```

1.4.10 인라인 함수

인라인 함수는 다음과 같이 함수 정의에 키워드 **inline**을 첨가함으로써 선언된다.

```
inline int Sum(int a, int b)
{
```

```
    return a + b;
}
```

이 **inline** 키워드는 *Sum*에 대한 모든 호출이 *Sum*의 몸체로 대체되어야 한다는 것을 컴파일러에게 알린다. 이는 프로그램이 수행될 때 함수를 호출하고 인자를 복사하는 오버헤드를 없앤다. 그래서 *i* = *Sum*(*x*, 12); 라는 명령문은 *i* = *x* + 12;로 대체된다.

inline과 **const** 키워드는 매크로 치환을 위해 전통적으로 사용되어 온 #define 같은 전처리기 지시자가 필요 없게 하는 것이다. 전처리기 지시자를 많이 사용하면 디버거나 프로파일러와 같은 프로그래밍 도구를 효율적으로 사용하기가 어렵다.

1.4.11 C++에서의 동적 메모리 할당

객체는 실행 시간에 **new**와 **delete** 연산자를 사용하여 자유 저장소를 할당받거나 반환된다. **new** 연산자는 원하는 타입의 객체를 생성하고 생성한 데이타 타입에 대한 포인터를 반환한다. 원하는 객체를 생성할 수 없으면 예외를 발생시킨다. **new** 연산자로 생성된 객체는 **delete** 연산자가 이 객체의 포인터에 적용되어 명시적으로 삭제되지 않는 한 프로그램 수행 동안 존재한다.

```
int *ip = new int;
  .
  .
delete ip;
```

연산자 **new**와 **delete**는 또한 다음과 같이 객체의 배열을 생성하고 삭제하는 데 사용될 수 있다.

```
int *jp = new int[10]; // jp는 정수 배열
  .
  .
delete [ ]jp; // 배열 jp를 삭제
```

연산자([ ])는 생성되거나 삭제되는 객체가 배열이라는 것을 컴파일러에 알려 주기 위해 사용된다.

1.4.12 예외

예외 발생

예외는 오류와 다른 특별한 조건이 발생했다는 것을 알리기 위해 사용된다. 예를 들어 식 $a + b * c + b / c$를 $a = 2$, $b = 1$, $c = 0$로 전개하면 0으로 나누어야만 하기 때문에 오류가 된다. 이 오류는 C++ 컴파일러에 의해 탐지되지는 않지만 하드웨어가 오류를 탐지해서 예외를 발생시킨다.

우리는 C++ 프로그램을 작성해서 예외적 조건을 검사하고 이런 조건이 탐지되면 예외를 발생시키게 할 수 있다. 예를 들어 *a*, *b*, *c*가 0보다 클 때만 식 $a + b * c + b / c$를 계산하는 함수 *DivZero*를 작성하기를 원할 수 있다. 이런 함수는 먼저 *a*, *b*, *c*가 실제로 0보다 큰지 검사를 할 것이다. 만일 이 중에 어

느 하나가 0보다 크지 않으면 프로그램 1.5에서 하는 것과 같이 예외를 발생시킴으로써 예외 조건을 알릴 수 있다.이 프로그램에서 발생시킨 예외는 **char*** 타입이고 이때 반환 수식은 실행되지 않는다.

만일 다양한 예외(예, 0으로 나누는 경우, 불법적 인자 값, 불법 입력 값, 범위 밖의 배열 인덱스) 각각에 대해 예외 클래스(또는 타입)를 정의하면 예외를 처리하는 데 있어서 보다 융통성을 가질 수 있다. 예를 들어 동적 메모리 할당을 하는 C++ 연산자 **new**는 요청받은 메모리를 할당할 수 없을 때 *bad_alloc* 타입의 예외를 발생시킨다.

```
int DivZero(int a, int b, int c)
{
    if (a <= 0 || b <= 0 || c <= 0)
        throw "All parameters should be > 0";
    return a + b * c + b / c;
}
```

프로그램 1.5: char* 타입의 예외 발생

예외 처리

프로그램 코드에 의해 발생될 수 있는 예외는 **try** 블록에 이것을 포함시킴으로써 처리할 수 있다. 이 **try** 블록 뒤에는 0개 이상의 **catch** 블록이 온다. 각 **catch** 블록은 하나의 매개변수나 인자를 가지고 있는데 그 타입은 **catch** 블록이 잡을 예외 타입을 결정한다. 예를 들어 블록

```
catch (char* e){}
```

는 **char*** 타입의 예외를 잡고 블록

```
catch (bad_alloc e){}
```

는 *bad_alloc* 타입의 예외를 잡는다. 그러나 블록

```
catch (...){}
```

는 타입에 관계없이 모든 예외를 잡는다.

catch 블록은 통상 예외에서 회복시킬 수 있는 코드를 포함하고 있는데 만일 회복이 불가능하면 오류 메시지를 출력하는 코드를 포함하고 있다. 프로그램 1.6은 **try-catch** 구문의 예를 보여 주고 있다.

```
int main()
{
    try(cout << DivZero(2,0,4) << endl;}
    catch (char* e)
    {
```

```
        cout << "The parameters to DivZero were 2,0,4" << endl;
        cout << "An exception has been thrown" << endl;
        cout << e << endl;
        return 1;
    }
    return 0;
}
```

프로그램 1.6: char* 타입의 예외 처리

비록 프로그램 1.6은 **try** 블록 뒤에 하나의 **catch** 블록만 가지고 있지만 여러 개의 **catch** 블록을 갖게 할 수도 있다. **try** 블록 내에 있는 코드가 예외를 발생시키지 않고 끝나면 **catch** 블록은 그냥 통과하게 된다. 그러나 예외가 발생되면 **try** 블록의 정상적인 실행은 종료되고 발생된 예외 타입과 매치되는 첫 번째 **catch** 블록으로 들어간다. 이 **catch** 블록에 있는 코드의 실행이 끝나면 나머지 **catch** 블록은 그냥 통과하게 된다. 만일 아무런 **catch** 블록이 발생된 예외 타입과 매치되지 않으면 예외는 **try** 블록을 포함하고 있는 중첩 계층을 따라 이 예외를 처리할 수 있는 계층의 첫 번째 **catch** 블록으로 파급된다. 만일 예외가 **catch** 블록으로 처리되지 않으면 프로그램은 비정상적으로 종료된다.

프로그램 1.6이 실행되면 *DivZero*는 **char*** 타입의 예외를 발생시킨다. 이 예외는 *DivZero*가 수식을 실행하지 않고 종료하게 만든다. 또한 **try** 블록도 바로 종료한다(**try** 블록의 **cout**는 완료되지 않는다). *DivZero*가 발생시킨 예외 타입이 **catch** 블록의 매개변수 *e*의 타입과 같기 때문에 예외는 이 **catch** 블록에 의해 처리된다. *e*는 발생된 예외가 지정되어 **catch** 블록으로 들어간다. 그림 1.2는 프로그램 1.6이 생성한 출력을 보여 주고 있다.

```
The parameters to DivZero were 2,0, and 4
An exception has been thrown
All parameters should be > 0
```

그림 1.2 프로그램 1.6의 출력

연습문제

1. 프로그램 1.5를 수정해서 *int* 타입의 예외를 발생시키도록 해 보라. 만일 *a*, *b*, *c*가 모두 0보다 작으면 발생된 예외 값은 1이어야 하고 만일 셋이 모두 0이면 예외 값은 2가 되어야 한다. 만일 이 두 조건 중에 아무것도 충족되지 않으면 예외는 발생되지 않는다. 수정된 코드를 사용하고, 발생된 예외는 처리하고, 발생된 예외 값에 따라 메시지를 출력하는 *main* 함수를 작성하라. 작성한 코드를 테스트해 보라.
2. 정수 배열 *a*에 있는 처음 *n* 수의 합을 반환하는 C++ 함수를 작성해 보라. 작성한 함수는 $n < 0$인 경우에 예외를 발생시켜야 한다. 작성한 코드를 테스트해 보라.

1.5 알고리즘 명세

1.5.1 개요

알고리즘이라는 개념은 전산학에 기반을 두고 있다. 알고리즘은 여러 문제에 대해 존재하고, 효율적인 알고리즘을 디자인하는 일은 대규모 컴퓨터 시스템을 개발하는 데 매우 결정적인 역할을 하고 있다. 그러므로 이 책을 더 진행하기 전에 이 개념에 대해 더 완전히 논의할 필요가 있다. 알고리즘은 다음과 같이 정의할 수 있다.

정의: 알고리즘(algorithm)이란 특정 작업을 수행하는 명령어들의 유한 집합이다. 또한 모든 알고리즘은 다음과 같은 조건들을 만족시켜야 한다.

(1) **입력**: 외부에서 제공되는 데이타가 0개 이상 있다.
(2) **출력**: 적어도 한 가지 이상의 결과를 생성한다.
(3) **명확성**: 각 명령은 명확하고 모호하지 않아야 한다.
(4) **유한성**: 알고리즘의 명령대로 수행하면 어떤 경우에도 한정된 수의 단계 뒤에는 반드시 종료한다.
(5) **유효성**: 원칙적으로 모든 명령들은 종이와 연필만으로 수행할 수 있도록 기본적인 것이어야 한다. 각 연산이 (3)에서처럼 명확하기만 해서는 안 되고 반드시 실행 가능해야 한다. □

엄밀한 의미로 전산학에서는 알고리즘과 프로그램을 구별한다. 프로그램은 반드시 위에서 기술한 유한성의 조건을 만족시키는 것은 아니다. 이러한 무한한 프로그램의 한 예로서 운영 체제를 들 수 있다. 운영 체제는 시스템이 붕괴하기 전에는 종료하지 않고 다른 작업이 입력될 때까지 계속 '대기' 루프를 돌고 있다. 그러나 이 책에서는 항상 종료되는 프로그램만을 다룰 것이기 때문에 프로그램과 알고리즘이라는 용어를 같은 뜻으로 사용할 것이다.

알고리즘은 여러 가지 방법으로 기술할 수 있다. 국어나 영어와 같은 자연어를 사용할 수 있으나 이 경우에 명령어는 명확성(조건 3)을 유지해야 한다. 자연어를 그대로 사용하는 것보다 좀더 개선된 방법인 흐름도(flowchart)라고 하는 그래프 표현법도 사용할 수 있지만 이것은 알고리즘이 작고 단순한 경우에만 잘 작동한다. 이 책에서 대부분의 알고리즘은 C++ 언어로 표현하였고 가끔 명세를 위해서 C++ 언어와 자연어를 혼용하여 표현하였다. 아래 두 예제는 문제를 알고리즘으로 번역하는 과정을 보여 주고 있다.

예제 1.2 [선택 정렬(selection sort)**]**: $n \geq 1$개의 서로 다른 정수의 집합을 정렬하는 프로그램을 작성한다고 하자. 간단한 방법 가운데 하나는 다음과 같다.

정렬되지 않은 정수들 중에서 가장 작은 값을 찾아서 정렬된 리스트 다음 자리에 놓는다.

이 명령문은 정렬 문제를 적절히 기술하고 있긴 하지만 이것은 알고리즘이 아니다. 왜냐하면 해답이 없는 몇 개의 질문을 남겨 놓고 있기 때문이다. 예를 들어 이것은 정수가 처음에 어디에 어떻게 저장되어 있고 또 결과를 어디에 저장할 것인가에 대해서는 설명이 없다. 우리는 정수들이 배열 a에 저장된다고 가정하자. 즉 i번째 정수는 i번째 배열 위치 $a[i-1]$ $(1 \le i \le n)$에 저장되는 것이다. 이 문제를 해결하기 위한 첫 번째 시도는 프로그램 1.7과 같다. 이것은 일부가 C++로 작성되고 일부는 자연어로 작성된 것임에 유의하라.

```
for (int i = 0; i < n; i++) {
    a[i]에서부터 a[n-1]까지의 정수 값을 검사한 결과 a[j]가 가장 작은 값이라 하자;
    a[i]와 a[j]를 서로 교환;
}
```

프로그램 1.7: 선택 정렬 알고리즘

프로그램 1.7을 실제 C++ 프로그램으로 변환하기 위해서는 두 가지 작업이 필요하다. 즉 최소 정수를 찾는 작업과 이 최소 정수 값을 $a[i]$ 값과 교환하는 작업이다. 두 번째 작업을 처리하기 위해서는 다음 코드를 사용한다.

$$temp = a[i];\ a[i] = a[j];\ a[j] = temp;$$

이것은 인자가 참조로 전달되는 표준 C++ 함수 *swap*($a[i]$, $a[j]$)를 호출하는 것으로 구현할 수 있다. 첫 번째 작업에서는 먼저 최소 값이 $a[i]$라 가정하고, $a[i]$를 $a[i+1]$, $a[i+2]$, ...와 비교하여 작은 값이 나타날 때마다 그 값을 새로운 최소값으로 간주한다. 마지막으로 $a[n-1]$을 현재의 최소값과 비교하면 종료된다. 이런 과정을 모두 종합하면 함수 *SelectionSort*(프로그램 1.8)를 얻을 수 있다.

```
void SelectionSort(int *a, const int n)
{// n개의 정수 a[0]부터 a[n-1]까지 비감소 순으로 정렬한다.
    for (int i = 0; i < n; i++)
    {
        int j = i;
        // a[i]와 a[n-1] 사이에서 가장 작은 정수를 찾는다
        for (int k = i + 1; k < n; k++)
            if (a[k] < a[j]) j = k;
        swap(a[i], a[j]);
    }
}
```

프로그램 1.8: 선택 정렬

여기에서 던져 보아야 할 분명한 질문은 "이 함수가 정확히 수행될 것인가?"이다.

정리 1.1: 함수 *SelectionSort*(a,n)은 $n \ge 1$개의 정수를 정확하게 정렬한다. 그 결과는 $a[0] \cdots a[n-1]$

로 되고 여기서 $a[0] \le a[1] \le \cdots \le a[n-1]$이다.

증명: 먼저 $i = q$인 i에 대해 5~9행이 수행되면 $a[q] \le a[r]$, $q < r \le n-1$이 된다. 또한 i가 q보다 커지면 $a[0] \cdots a[q]$가 변경되지 않는다. 그러므로 이 행들을 마지막으로 수행하면(즉 $i = n-1$), $a[0] \le a[1] \le \cdots \le a[n-1]$이 된다. □

여기에서 행 3에 있는 **for** 루프의 상한은 알고리즘의 정확성을 해치지 않고 $n-1$로 바꿀 수 있다.

예제 1.3 [이원 탐색]: $n \ge 1$개의 서로 다른 정수가 이미 정렬되어 배열 $a[0] \cdots a[n-1]$에 저장되어 있다. $x = a[j]$인 x가 존재하면 j를 반환하고 그렇지 않으면 -1을 반환한다. 이 집합이 정렬되어 있다는 사실을 이용해서 다음과 같은 효율적인 방법을 생각할 수 있다.

left, *right*는 탐색하고자 하는 리스트의 왼쪽, 오른쪽 끝 지점을 가리킨다. 초기 값으로 *left* = 0, *right* = $n-1$로 하고 리스트의 중간 위치 *middle* = (*left* + *right*) / 2로 설정한다. *a*[*middle*]과 x를 비교할 경우 다음과 같은 세 가지 경우 중에 하나를 고려할 수 있다.

(1) ***x* < *a*[*middle*]**: 이 경우 x가 존재한다면 그것은 0과 *middle* -1 사이에 있으므로 *right*는 *middle* -1로 설정한다.

(2) ***x* == *a*[*middle*]**: 이 경우는 *middle*을 반환한다.

(3) ***x* > *a*[*middle*]**: 이 경우 x가 존재한다면 *middle* + 1과 $n-1$ 사이에 있으므로 *left*를 *middle* + 1로 설정한다.

x가 발견되지 않고 검사할 정수도 아직 남아 있다면 *middle*을 다시 계산하고 탐색을 계속한다. 알고리즘은 두 작업을 한다. (1) 검사할 정수가 아직 남아 있는지 결정하고 (2) x를 *a*[*middle*]과 비교한다.

여기서 몇 가지 숫자에 대해 이 방법을 시도해 보자. 이 방법을 이원 탐색(binary search)이라 한다. 각 단계에서 남아 있는 원소의 수가 약 반으로 어떻게 줄어드는지 알아보자. 또한 각 단계에서 x를 *a*[*middle*]과 비교하고 x > *a*[*middle*], x < *a*[*middle*], x == *a*[*middle*]이냐에 따라 상이한 작업을 한다. 의사 C++ 함수를 얻기 위해 이원 탐색에 대한 묘사를 더 자세하게 만들 수 있다. 결과로 나온 것이 프로그램 1.9이다.

```
int BinarySearch(int *a, const int x, const int n)
{// 정렬된 배열 a[0], …, a[n−1]에서 x를 탐색한다.
   left와 right를 초기화한다;
   while(원소가 더 있는 한 계속)
   {
      middle을 가운데 원소로 설정:
```

```
        if(x < a[middle]) right를 middle −1로 설정;
        else if(x > a[middle]) left를 middle + 1로 설정;
        else return middle;
    }
    Not found;
}
```

프로그램 1.9: 이원 탐색 알고리즘

또 다른 정제를 하면 프로그램 1.10과 같은 C++ 함수를 얻을 수 있다.

```
int BinarySearch(int *a, const int x, const int n)
{// 정렬된 배열 a[0], ⋯, a[n−1]에서 x를 탐색한다.
    int left = 0, right = n−1;
    while(left <= right)
    {// 원소가 더 있는 한
        int middle = (left + right) / 2;
        if(x < a[middle]) right = middle −1;
        else if(x > a[middle]) left = middle + 1;
        else return middle;
    } // while의 끝
    return −1; // 발견되지 않음
}
```

프로그램 1.10: 이원 탐색을 위한 C++ 함수

이 프로그램이 정확하다는 것을 증명하기 위해 **while** 루프의 반복 이전과 이후의 변수들 사이의 관계를 확인해야 한다. 이 루프에 진입할 때 정수 x가 a에 존재한다면 다음이 성립한다.

$$left \leq right \ \&\& \ a[left] \leq x \leq a[right] \ \&\& \ SORTED(a, n)$$

이제 제어가 **while** 루프 밖으로 빠져 나오면 **while** 루프의 조건이 거짓이 되므로 $left > right$임을 알 수 있다. 위에서 확인한 사실과 함께 고려하면, 이것은 x가 존재하지 않음을 말한다.

완벽한 증명은 이 책의 범위 밖이지만 프로그램 증명을 계속 수행해 보려면 이 장 끝에 있는 참고문헌을 보면 된다. □

1.5.2 순환 알고리즘

가독성과 정확성이라는 목표를 더 쉽게 달성하기 위해서 지금까지 프로그램을 구조화하는 필요성을 강조해 왔다. 이런 목표를 달성하기 위해 사용하는 유용한 구조 가운데 하나는 함수이다. 매우 복잡하거나

긴 작업같이 하나의 논리적 작업을 수행하는 명령어들을 하나의 함수로 집단화할 수 있다. 함수의 이름과 그 함수의 인자는 다른 프로그램에서 사용할 수 있는 새로운 명령어로 생각할 수 있다. 작업이 어떻게 이루어지는지 알 필요 없이 주어진 함수의 입력-출력 명세에 따라 그 함수를 사용할 수 있기만 하면 된다. 함수에 대한 이런 관점에는 함수를 호출하고 수행하고, 호출한 함수의 적절한 위치로 제어를 넘기는 것이 포함된다. 하지만 이 외에도 함수에 대한 또 다른 중요한 관점은 함수가 그 수행이 완료되기 전에 자기 자신을 다시 호출[직접 순환(direct recursion)]하거나 호출 함수를 다시 호출하게 되어 있는 다른 함수를 호출[간접 순환(indirect recursion)]할 수 있다는 것이다. 이러한 순환 기법(recursive mechanism)은 매우 강력할 뿐만 아니라, 더 중요한 것은 이 방법이 아니고서는 매우 복잡해질 과정들을 아주 간단하게 표현할 수 있도록 해 준다는 점이다. 이러한 이유 때문에 순환 기법들을 여기서 소개하는 것이다.

순환은 수학적 명령문을 증명하기 위해 사용하는 귀납법과 비슷하다. 수학적 귀납법에서 정수에 대한 명령문[예, 1부터 n까지의 합이 $n(n+1)/2$이다]은, 정수 $k-1$에 대해 성립한다는 것을 가정하고 정수 k에 대해 성립하는 것을 보임으로써 증명할 수 있다. 비슷하게 순환에서는 같은 함수가 입력 $n-1$에 대해 올바른 출력을 낼 수 있다는 사실을 가정하고 다른 입력(여기서는 n)에 대한 출력($n!$이라고 하자)을 생산하는 함수를 작성한다. 수학적 귀납법에서는 직접 증명할 수 있는 기저(basis)가 필요하다(즉 기저에 대한 증명에는 다른 가정이 필요하지 않다). 비슷하게 순환 함수에는 완료 조건이 필요하다. 함수의 입력이 이 완료 조건을 만족시킬 때 함수는 자신을 호출하지 않고 직접 출력을 계산한다.

순환으로 어떤 문제를 가장 잘 풀 수 있는가? 초보 프로그래머들은 일반적으로 순환을 특수한 부류의 문제[Ackermann 함수나 계승(factorial) 연산]에만 유용한 매우 특별한 기법으로만 생각하는데 이것은 옳지 않다. 왜냐하면 지정문, **if-else** 문, **while** 문으로 작성할 수 있는 어떤 프로그램도 지정문, **if-else** 문, 그리고 순환으로 작성할 수 있기 때문이다. 물론 이렇게 만든 프로그램이 항상 이해하기 쉬운 것은 아니다. 그렇지만 이해하기 쉬운 경우도 많이 있다. 어느 때 순환이 알고리즘 표현에서 적당한가? 한 가지 경우는 문제 자체가 순환적으로 정의되어 있을 때이다. 계승이 이 부류에 속하며 다음과 같은 이항 계수도

$$\binom{n}{m} = \frac{n!}{m!(n-m)!}$$

아래와 같은 식에 따라 순환적으로 계산될 수 있다.

$$\binom{n}{m} = \binom{n-1}{m} + \binom{n-1}{m-1}$$

두 가지 예를 통해 어떻게 순환 알고리즘을 기술하는지 보이겠다. 첫 번째 예로 예제 1.3의 이원 탐색 함수를 순환 함수로 변환시키는 것을 보이고, 두 번째 예로 문자 리스트에서 나올 수 있는 모든 가능한 순열을 순환 알고리즘을 통해 보이겠다. 순환 알고리즘을 이해하기 위해서는

(1) 주어진 입력에 대해 함수가 마땅히 수행해야 할 작업에 대한 명령문을 구성한다.

(2) 자신에 대한 순환적 호출이 제대로 이루어질 때 목적을 달성할 수 있는지 검증한다.
(3) 함수를 유한한 횟수로 순환 호출하면 완료 조건을 만족시키는지 확인한다(그렇지 않으면 함수가 계속 자신을 호출하고 멈추지 않는다).
(4) 완료 조건을 만족시켰을 때 함수가 올바른 계산을 하여야 한다.

예제 1.4 [순환 이원 탐색]: 프로그램 1.10은 이원 탐색의 반복 버전이다. 순환 버전에서 인자로 *left*와 *right*를 전달한다(프로그램 1.11). 프로그램 1.10의 **while** 루프는 프로그램 1.11에서 순환 호출로 대체된다. 순환 함수를 기동시키기 위해서 다음 명령문을 사용한다.

BinarySearch(*a*, *x*, 0, *n*−1);

*BinarySearch*가 위에서 말한 순환 함수의 네 가지 조건을 만족시키는지 검사해 보자. 반복 함수(프로그램 1.10)와 순환 함수(프로그램 1.11)가 같은 연산 결과를 보인다는 사실에 주목하자. □

```
int BinarySearch(int *a, const int x, const int left, const int right)
{// 정렬된 배열 a[left], ···, a[right]에서 x를 탐색한다.
    if(left <= right) {
        int middle = (left + right) / 2;
        if(x < a[middle]) return BinarySearch(a, x, left, middle−1);
        else if(x > a[middle]) return BinarySearch(a, x, middle+1,right);
        return middle;
    } // if의 끝
    return −1; // 발견되지 않음
}
```

프로그램 1.11: 이원 탐색의 순환적 구현

예제 1.5 [순열 생성기]: $n \geq 1$개의 원소를 가진 집합이 주어졌을 때 이 집합의 모든 가능한 순열을 출력해 보자. 예를 들어 주어진 집합이 $\{a, b, c\}$라면 순열의 집합은 $\{(a, b, c), (a, c, b), (b, a, c), (b, c, a), (c, a, b), (c, b, a)\}$이다. n개의 주어진 원소에 대해 $n!$개의 서로 다른 순열이 있다는 것은 쉽게 알 수 있다. 네 개의 원소 (a, b, c, d)로 된 집합을 살펴보면 간단한 알고리즘을 얻을 수 있을 것이다. 해답은 다음과 같이 출력해 보면 얻을 수 있다.

(1) a로 시작하는 (b, c, d)의 모든 순열
(2) b로 시작하는 (a, c, d)의 모든 순열
(3) c로 시작하는 (a, b, d)의 모든 순열
(4) d로 시작하는 (a, b, c)의 모든 순열

'~로 시작하는 ~의 모든 순열'이라는 표현이 바로 순환의 실마리이다. 이것은 $n-1$개의 원소에 동작하

는 알고리즘이 있다면, n개의 원소를 가진 집합에 대한 문제도 해결할 수 있다는 것을 의미한다. 이러한 생각으로부터 프로그램 1.12를 만들어 낼 수 있고 이 함수는 *Permutations*(a, 0, $n-1$)이라는 명령문으로 호출하게 된다.

이 알고리즘이 동작하는 방법을 얼마나 이해했는지 알아보기 위해 각각 하나, 둘, 세 개의 원소로 구성된 집합에 대해 알고리즘을 시험해 보자. □

순환이 유용한 또 다른 예는 알고리즘이 다루는 데이타 구조가 순환적으로 정의되어 있는 경우이다. 앞으로 이 책에서 그런 자료 구조의 중요한 예를 보여 줄 것이다.

```
void Permutations(char *a, const int k, const int m)
{// a[k], ···, a[m]에 대한 모든 순열을 생성한다.
    if (k == m) { // 순열을 출력
        for (int i = 0; i < = m; i++) cout << a[i] << " ";
        cout << endl;
    }
    else { // a[k:m]에는 하나 이상의 순열이 있다. 이 순열을 순환적으로 생성한다.
        for (i = k; i <= m; i++) {
            swap(a[k], a[i]);
            Permutations(a, k + 1, m);
            swap(a[k], a[i]);
        }
}
```

프로그램 1.12: 순환적 순열 생성기

연습문제

1. Horner의 법칙은 주어진 점 x_0에서 최소의 곱으로 다항식 $A(x) = a_n x^n + a_{n-1}x^{n-1} + \cdots + a_1 x^1 + a_0$를 계산하는 것으로 이 법칙은

$$A(x) = (\cdots (a_n x_0 + a_{n-1})x_0 + \cdots + a_1)x_0 + a_0$$

이다. Horner의 법칙을 사용하여 다항식을 계산하는 C++ 프로그램을 작성하라. 각 명령문이 몇 번씩 수행되는지 생각해 보라.

2. n개의 변수 $x_1, \cdots, x_n$이 주어졌을 때, 이 변수들이 가질 수 있는 가능한 모든 진리 값의 조합을 구하고자 한다. 예를 들어 $n = 2$이면 true, true; true, false; false, true; false, false와 같은 네 가지 경우가 존재한다. 이를 구하는 C++ 프로그램을 작성하고 몇 번을 수행하는지 계산하라.
3. 원소 2, 4, 6, 8, 10, 12, 14, 16, 18, 20에 대해 $x = 1, 3, 13$이나 21을 탐색할 때 다음 코드의 수

행 순서를 추적하라.

```
i = 0; j = n−1;
do {
    k = (i + j) / 2;
    if (a[k] <= x) i = k + 1;
    else j = k−1; }
while (i <= j);
```

4. 정수 값 x, y, z를 감소하지 않는 순서로 출력하는 C++ 프로그램을 작성하라. 사용한 방법의 연산 시간은 얼마인가?
5. 정렬되지 않은 배열 $a[0{:}n-1]$에서 원소 x를 탐색하는 C++ 함수를 작성하라. x가 존재하면 배열에서 x의 가장 왼쪽 위치의 것을 반환하고 그렇지 않으면 -1을 반환한다.
6. 계승 함수 $n!$은 $n \le 1$일 때 1의 값을 갖고 $n > 1$일 때 $n*(n-1)!$의 값을 갖는다. $n!$을 계산하는 반복 함수와 순환 함수를 C++로 작성하라.
7. 피보나치 수는 다음과 같이 정의된다: $i > 1$에 대해 $f_0 = 0, f_1 = 1, f_i = f_{i-1} + f_{i-2}$이다. f_i를 계산하는 반복 함수와 순환 함수를 C++로 작성하라.
8. 1.5.2절에서 정의한 것과 같이 이항 계수 $\binom{n}{m}$를 계산하는 순환 함수를 작성하라. 여기에서 $\binom{n}{0} = \binom{n}{n} = 1$이다. 작성한 알고리즘의 시간, 공간 요구사항을 분석하라.
9. 이항 계수를 계산하는 반복 함수를 작성하라. 그리고 그 함수와 동등한 순환 함수로 변환하라.
10. Ackermann 함수 $A(m,n)$은 아래와 같이 정의된다.

$$A(m,n) = \begin{cases} n+1 & , m = 0\text{일 경우} \\ A(m-1,\ 1) & , n=0\text{일 경우} \\ A(m-1,\ A(m,n-1)) & , \text{그 외 경우} \end{cases}$$

이 함수는 m,n의 값이 아주 작을 때에도 급속히 증가하는 성질이 있다. 이 함수를 계산하는 순환 함수를 작성하라. 그리고 이 함수를 계산하는 비순환 함수를 작성하라.
11. 비둘기 집 원칙(pigeonhole principle)이란 함수 f가 n개의 서로 다른 입력에 대해 n개보다 작은 서로 다른 출력이 나온다면 $a \ne b$이고 $f(a) = f(b)$인 두 개의 입력 a, b가 존재한다는 것이다. 이와 같이 입력 값이 서로 다르면서 함수 값이 같은 a, b를 찾는 C++ 프로그램을 작성하라. 입력은 1, 2, ..., n을 가정한다.
12. 어떤 양의 정수 n에 대해 n이 자신의 모든 제수들의 합인지를 알아 내는 C++ 프로그램을 작성하라. 즉 $1 \le t < n$이고 n의 제수가 되는 모든 t의 합이 n인지 검사하는 것이다.
13. 함수 $F(x)$를 다음과 같이 정의한다.

if (x가 짝수) $F = x / 2$;
else $F = F\ (F(3x + 1))$;

$F(x)$는 모든 정수 x에 대해 완료한다는 것을 증명하라.[힌트: $(2i + 1)2^k - 1$ 형태의 정수를 가정하고 귀납법을 사용하라.]

14. S가 n개의 원소로 이루어진 집합일 때 S의 멱집합(powerset)은 S의 모든 가능한 부분 집합이다. 즉 $S = (a,b,c)$이면 $powerset(S) = \{(), (a), (b), (c), (a,b), (a,c), (b,c), (a,b,c)\}$이다. $powerset(S)$를 구하는 순환 함수를 작성하라.
15. [**하노이의 탑**] 세 개의 탑이 있고 첫 번째 탑에는 반경이 서로 다른 64개의 원반들이 쌓여 있다. 각 원반은 반경이 큰 순서로 아래부터 쌓여 있다. 이제 수도승들이 다음 규칙에 따라 첫 번째 탑에서 세 번째 탑으로 원반을 옮기려 한다: (a) 한 번에 한 개의 원반만을 다른 탑으로 옮길 수 있다. (b) 쌓아 놓은 원반은 항상 위의 것이 아래의 것보다 작아야 한다. 이 작업을 수행하는 데 필요한 이동 순서를 출력하는 순환 함수를 만들라.

1.6 표준 템플릿 라이브러리

C++ 표준 템플릿 라이브러리(STL: standard templates library)는 컨테이너(container), 어댑터(adaptor), 반복자(iterator), 함수 객체(functor라고도 함), 그리고 알고리즘의 집합이다. STL의 원소를 잘 사용하면 응용 프로그래밍 작업은 상당히 간단해진다. 이 절에서는 이 원소들의 몇 개를 소개하겠다. 프로그램에서 이 STL의 원소를 사용하기 위해서는 프로그램에 다음 명령문을 첨가해야 한다.

```
#include<algorithm>
```

예제 1.6 [*accumulate* STL 알고리즘]: STL은 순차에 있는 원소들을 합산하는 데 사용되는 *accumulate* 알고리즘을 가지고 있다. 구문은

accumulate(start, end, initialValue)

여기서 *start*는 합산할 첫 번째 원소를 지시하고 *end*는 합산할 마지막 원소의 다음 위치를 지시한다. 따라서 [*start*, *end*) 범위에 있는 원소를 합산하게 된다. 예를 들어 1차원 배열 *a*에 대한 호출문

accumulate(a, a + n, initialValue)

는 다음과 같은 값을 반환한다.

$$initialValue + \sum_{i=0}^{n-1} a[i]$$

STL 알고리즘 *accumulate*는 합산할 순차의 연속적인 원소를 *start*에서부터 접근하여 ++ 연산을 적용해 가면서 포인터 값이 *end*가 될 때 종료한다. 따라서 이 알고리즘은 ++ 연산을 반복적으로 적용하여

얻을 수 있는 순차의 원소 값을 합산하는 데 사용될 수 있다. 1차원 배열과 STL 컨테이너 *vector*가 이런 방법으로 원소가 접근될 수 있는 순차의 두 예가 된다. 또 다른 예는 이 책의 후반에서 보게 될 것이다.

STL은 보다 일반적인 형식의 *accumulate* 알고리즘을 가지고 있는데 그 구문은 다음과 같다.

accumulate(start, end, initialValue, operator)

여기서 *operator*는 합산 과정에서 사용될 연산을 정의하는 함수이다. 두 정수를 곱셈하는 STL 함수 *multiplies*<int>를 사용한다면 프로그램 1.13의 코드를 사용하여 정수로 된 배열의 곱셈을 구할 수 있다. □

```
int Product(int *a, int n)
{// a[0:n−1]의 수의 곱셈을 반환한다.
    int initVal = 1;
    return accumulate(a, a + n, initVal, multiplies<int>());
}
```

프로그램 1.13: *a*[0:*n*−1] 원소들의 곱 계산

예제 1.7 [STL 알고리즘 *copy*와 *next_permutation*]: *copy* 알고리즘은 원소 순차를 한 장소에서 또 다른 장소로 복사한다. 이 구문은 다음과 같다.

copy(start, end, to)

여기서 *to*는 첫 번째 원소가 복사될 주소를 지시한다. 따라서 원소들은 *start*, *start* + 1, ..., *end*−1에서부터 *to*, *to* + 1, ..., *to* + *end*−*start*까지 복사된다.

next_permutation 알고리즘은 다음과 같은 구문을 가지고 있다.

next_permutation(start, end)

이 알고리즘은 [*start, end*) 범위에 있는 원소들의 다음으로 큰 사전식 순열을 생성한다. 그러한 다음 순열이 존재하면 이 알고리즘은 *true*를 반환한다. 서로 다른 원소로 된 순차의 가장 작은 사전식 순열에서 시작해서 *next_permutation*을 계속 호출함으로써 모든 순열을 얻을 수 있다. 프로그램 1.14는 바로 이것을 수행한다. 이 프로그램에서 *copy*를 호출해서 *a*[0:*m*] 원소들을 출력 스트림 **cout**로 복사하는데 복사된 각 원소 뒤에는 공백(" ")이 첨가된다. 프로그램 1.14는 처음의 순차보다 사전적으로 작은 순열은 출력하지 않지만 프로그램 1.12는 처음 순차에 관계없이 모든 순열을 출력한다는 것에 유의해야 한다. 연습문제에서 모든 순열을 얻을 수 있도록 프로그램 1.14를 수정하는 방법에 대해 살펴보겠다.

```
void Permutations(char *a, const int m)
{// a[0:m]의 모든 순열을 생성한다.
    // 모든 순열을 하나씩 출력
```

```
    do {
        copy(a, a + m + 1, ostream_iterator<char>(cout, " "));
        cout << endl;
    } while (next_permutation(a, a + m + 1));
}
```

프로그램 1.14: STL 알고리즘 *next_permutation*을 이용한 순열 생성

알고리즘 *next_permutation*의 보다 일반적인 형식은 다음과 같이 세 번째 인자 *compare*를 갖는다.

next_permutation(*start, end, compare*)

이 형식을 이용하면 함수 *compare*는 한 원소가 다른 원소보다 작은지 아닌지를 결정하는 데 사용된다. 인자가 두 개인 경우에 비교는 < 연산자를 이용해서 수행된다. □

STL은 앞에서 설명한 두 예 이외에도 많은 알고리즘을 포함하고 있다. 연습문제에서 좀더 STL 알고리즘들을 다뤄 보자.

연습문제

1. 상이한 원소의 모든 순열을 출력할 수 있도록 프로그램 1.14를 수정해 보라. 순열을 생성하기 전에 원소 리스트를 오름차순으로 정렬을 하고 수행하라. 정렬을 하기 위해서는 [*start, end*) 범위에 있는 원소를 오름차순으로 정렬하는 STL 알고리즘

   sort(*start, end*)

   를 이용하라. 코드를 테스트해 보라.
2. 상이한 원소의 모든 순열을 출력할 수 있도록 프로그램 1.14를 수정해 보라. 먼저 처음 순열보다 사전식으로 큰 순열을 생성하기 위해 *next_permutation*을 이용해서 수행하고 다음에는 처음 순열보다 사전식으로 작은 순열을 생성하기 위해 STL 알고리즘 *prev_permutation*을 이용해서 수행하라. 코드를 테스트해 보라.
3. 상이한 원소의 모든 순열을 출력할 수 있도록 프로그램 1.14를 수정해 보라. 이것을 수행할 때 *next_permutation*이 **false** 값을 반환하면 순차 [*start, end*)가 사전식으로 가장 작은 순차라는 사실을 이용하라. 그래서 그 다음 계속적인 *next_permutation* 호출은 필요한 순열을 모두 얻게 된다. 코드를 테스트해 보라.
4. STL 알고리즘 *count*는 다음과 같은 구문을 가지고 있다.

   count(*start, end, value*)

   이 함수는 [*start, end*) 범위에 있는 *value*의 출현 빈도를 반환한다. 이 알고리즘을 이용해서 정수

배열 $a[0{:}n-1]$에 있는 $a[0]$의 출현 빈도를 출력하는 프로그램을 작성하라. 코드를 테스트해 보라.

5. STL 알고리즘 *fill*은 다음과 같은 구문을 가지고 있다.

fill(*start, end, value*)

이 함수는 [*start, end*) 범위에 있는 모든 위치를 *value*로 설정한다. 명세된 크기의 정수 배열을 생성하고 이 배열의 모든 위치를 0으로 초기화하는 프로그램을 작성하라. 코드를 테스트해 보라.

1.7 성능 분석과 측정

이 책의 목적 중의 하나는 프로그램에 대한 평가 능력을 향상시키는 데 있다. 우리가 프로그램을 판단할 때에는 다음과 같은 몇 가지 기준을 바탕으로 한다.

(1) 프로그램이 우리가 원하는 작업을 하는가?
(2) 프로그램이 원래 작업의 명세에 부합해서 정확히 작동하는가?
(3) 프로그램을 어떻게 사용하고, 또 어떻게 수행하는지에 관하여 문서화가 되어 있는가?
(4) 논리적인 작업 단위를 수행하는 기준으로 함수가 생성되었는가?
(5) 프로그램의 코드가 읽기 쉬운가?

위의 기준들은 소프트웨어를 작성하는 데 필요불가결한 중요 요소이고 특히 대형 시스템에서 더욱 중요하다. 이러한 목적을 이루는 방법에 대해 언급하지는 않지만 이 책에서 작성한 프로그램을 통해 목적을 달성하려고 시도할 것이다. 이러한 접근 방법이 여러분의 프로그램 작성 방법에 서서히 변화를 주고 결국 자동적으로 이러한 목적을 이루기 위해 노력하기를 바란다.

성능과 직접적으로 관련이 있는 프로그램을 평가하는 데는 다른 범주를 사용한다. 이는 계산 시간과 저장소 요구와 관계가 있다.

정의: 프로그램의 공간 복잡도(space complexity)는 프로그램을 실행시켜 완료하는 데 필요한 메모리의 양이다. 프로그램의 시간 복잡도(time complexity)는 프로그램을 실행시켜 완료하는 데 필요한 컴퓨터 시간의 양을 의미한다. □

성능 평가(performance evaluation)는 (1) 사전 예측과 (2) 이후 검사의 두 가지로 크게 나누어 볼 수 있다. 이를 각각 성능 분석(performance analysis)과 성능 측정(performance measurement)이라고 한다.

1.7.1 성능 분석

1.7.1.1 공간 복잡도

함수 *Abc*(프로그램 1.16)는 $a+b+b*c+(a+b-c)/(a+b)+4.0$을 계산한다. 함수 *Sum*(프로그램 1.17)은 $\sum_{i=0}^{n-1} a[i]$를 반복적으로 계산한다. 여기에서 $a[i]$는 **float** 타입이다. 그리고 함수 *Rsum*(프로그램 1.18)은

$\sum_{i=0}^{n-1} a[i]$를 계산하는 순환 함수이다.

```
float Abc(float a, float b, float c)
{
    return a + b + b*c + (a + b−c)/(a + b) + 4.0;
}
```

프로그램 1.16: $a + b + b*c + (a + b - c)/(a + b) + 4.0$을 계산하는 함수

```
float Sum(float *a, const int n)
{
    float s = 0;
    for(int i = 0; i < n; i++)
        s += a[i];
    return s;
}
```

프로그램 1.17: 합산을 위한 반복 함수

```
float Rsum(float *a, const int n)
{
    if(n <= 0) return 0;
    else return (Rsum(a, n−1) + a[n−1]);
}
```

프로그램 1.18: 합산을 위한 순환 함수

각 프로그램에 필요한 공간은 다음과 같은 구성 요소의 합으로 이루어진다.

(1) 고정 부분은 프로그램의 입출력 특성(예, 횟수, 크기)과 관계가 없다. 이 부분은 보통 명령어 공간(예, 코드 저장을 위한 공간)과 단순 변수, 일정 크기의 요소 변수[집합체(aggregate)], 그리고 상수들을 위한 공간을 포함한다.

(2) 가변 부분은 풀려고 하는 특정 문제의 인스턴스에 의해 크기가 결정되는 요소 변수가 필요로 하는 공간과 참조된 변수가 필요로 하는 공간(인스턴스 특성에 의존하는 한도까지), 순환 스택 공간(인스턴스 특성에 의존하는 공간의 범위 내에서)으로 구성된다.

임의의 프로그램 P의 공간 요구 $S(P)$는 $S(P) = c + S_P$(인스턴스 특성)로 표현할 수 있다. 여기서 c는 상

수이다.

프로그램의 공간 복잡도를 분석할 때 S_P(인스턴스 특성)를 추측하는 데 집중한다. 주어진 문제에 대해 공간 요구를 측정하는 데 어떤 인스턴스 특성을 사용할 것인지를 먼저 결정한다. 이는 문제에 매우 의존적이므로 여러 가능성들이 보이는 예제를 사용할 것이다. 일반적으로 우리가 다루어 볼 여러 가능성은 프로그램의 입출력의 수와 양에 제한된다. 하지만 때때로 데이타 아이템 사이의 상호 관계가 더 복잡한 예를 사용할 것이다.

예제 1.8: 프로그램 1.16에서 문제 인스턴스는 *a*, *b*, *c*의 특정한 값으로 특징지을 수 있다. *a*, *b*, *c*의 값 각각을 저장하고, *Abc*에서 값을 반환하는 데 한 워드가 필요하다고 가정을 하면 함수 *Abc*에서 필요한 공간은 인스턴스 특성과 관계가 없다. 따라서 S_P(인스턴스 특성) = 0이다. □

예제 1.9: 프로그램 1.17의 문제 인스턴스는 합산할 원소의 수인 *n*으로 특징지을 수 있다. *n*이 값으로 넘어오므로 여기에 한 워드가 필요하다. *a*는 *a*[ ]에 있는 첫 번째 원소(즉 *a*[0])의 주소이므로 여기에 필요한 공간도 역시 한 워드이다. 그러므로 함수에 필요한 공간은 *n*과 무관하고 $S_{Sum}(n) = 0$이다. □

예제 1.10: 함수 *Rsum*에 대해 생각해 보자. *Sum*의 경우처럼 인스턴스는 *n*으로 특징지을 수 있다. 순환 스택 공간에는 형식 인자, 지역 변수, 반환 주소가 포함된다. *a*는 *a*[0]의 주소이기 때문에 이것을 위해 스택의 메모리에서 한 워드가 필요하다. 반환 주소는 단지 메모리의 한 워드만 필요로 한다고 가정하자. *Rsum*을 호출할 때마다 적어도 네 개의 워드(*n*과 *a* 값, 반환 값, 반환 주소에 필요한 공간을 포함해서)가 필요하다. 순환의 깊이가 $n + 1$이므로 순환 스택 공간에 $4(n + 1)$이 든다. $n = 1000$이면 순환 스택 공간은 4004가 된다. □

1.7.1.2 시간 복잡도

프로그램 *P*에 소요되는 시간 *T*(*P*)는 컴파일 시간과 실행 시간을 합한 것이다. 컴파일 시간은 인스턴스 특성과 무관하고 컴파일된 프로그램을 다시 컴파일하지 않고 여러 번 수행된다는 가정을 할 수 있으므로 프로그램의 실행 시간만 고려하면 된다. 이 실행 시간은 t_P(인스턴스 특성)로 표시한다.

t_P에 의존하는 요소의 대부분은 프로그램을 작성할 때 알 수 없으므로 t_P를 추산하는 것이 필요하다. 만일 사용될 컴파일러를 안다면 프로그램 *P*의 코드에 의해 만들어지는 덧셈, 뺄셈, 곱셈, 나눗셈, 비교, 적재, 저장 연산의 횟수를 결정할 수 있을 것이다. 그래서 $t_P(n)$은 다음과 같은 식으로 표현할 수 있다.

$$t_P(n) = c_a\text{ADD}(n) + c_s\text{SUB}(n) + c_m\text{MUL}(n) + c_d\text{DIV}(n) + \cdots$$

여기서 *n*은 인스턴스의 특성을 나타내고 c_a, c_s, c_m, c_d는 덧셈, 뺄셈, 곱셈, 나눗셈 등의 각 연산을 실행하기 위해 필요한 시간을 나타내는 상수이다. *ADD*, *SUB*, *MUL*, *DIV*는 특성 *n*인 인스턴스에서 프로그램을 실행하기 위해 덧셈, 뺄셈, 곱셈, 나눗셈이 실행되는 횟수를 값으로 갖는 함수이다.

덧셈, 뺄셈, 곱셈 등의 연산을 수행하는 데 필요한 시간은 그 연산에 실제로 사용되는 숫자에 관련되므로 그러한 정확한 식을 얻는 것은 본질적으로 불가능하다. 사실 주어진 *n*에 대한 $t_P(n)$의 값은 경험적으로만 얻을 수 있다. 프로그램은 특정 기계에서 타이핑되고 컴파일되고 실행되는데, 실행 시간은 물리적으로 시간을 재어서 $t_p(n)$이 얻어진다. 하지만 이런 경험적인 접근법으로도 어려움이 있다. 다중 사용자 시스템에서는 실행 시간이 시스템 부하, 프로그램 P가 실행될 때 그 컴퓨터에서 실행되고 있는 다른 프로그램의 수, 이런 다른 프로그램들의 특징 등과 같은 요소에도 의존하기 때문이다.

n이라고 하는 주어진 특성을 가진 문제가 있을 때, 이 문제를 해결하는 데 필요한 덧셈, 뺄셈과 같은 연산의 정확한 횟수를 결정할 수 있는 최소한의 유틸리티가 주어진다면 모든 연산을 한꺼번에 처리해서(각 연산에 요구되는 시간이 상대적으로 인스턴스 특성과 무관하다고 가정하면) 연산의 총 횟수를 얻는 것이 낫다. 한 단계 더 나아가 프로그램 단계 수만 셀 수도 있다.

프로그램 단계는 정확한 것은 아니지만 인스턴스 특성에 독립적인 실행 시간을 갖는 구문적으로나 의미적으로 합당한 프로그램의 세그먼트로 정의할 수 있다. 예를 들어 프로그램 1.16에서 다음 명령문 전체가 하나의 단계가 될 수 있다.

return $a + b + b * c (a + b - c) / (a + b) + 4.0$;

왜냐하면 실행 시간이 인스턴스 특성과 무관하기 때문이다.(곱셈, 나눗셈을 하는 시간은 일반적으로 그 연산에 포함된 실제 숫자에 의존하므로 이 명령문은 엄격하게 말하면 사실이 아니다.)

프로그램 명령문의 단계 수는 그 명령문의 특성에 의존한다. 다음은 C++ 프로그램에서 나타날 수 있는 다양한 명령문 타입을 고려해서 단계 수(number of steps)로 복잡도를 나타낸 것이다.

(1) 주석: 주석은 비실행 명령문으로서 단계 수는 0이다.

(2) 선언문: 이 범주에는 변수나 상수를 정의하는 모든 명령문(**int**, **long**, **short**, **char**, **float**, **double**, **const**, **enum**, **signed**, **unsigned**, **static**, **extern**), 사용자가 자신의 데이타 타입을 정의할 수 있도록 하는 모든 명령문(**class**, **struct**, **union**, **template**), 접근을 결정하는 모든 명령문(**private**, **public**, **protected**, **friend**), 함수의 타입을 결정하는 모든 명령문(**void**, **virtual**)이 포함된다. 이런 명령문은 비실행문이거나, 관련된 함수가 기동되는 비용에 그들의 비용이 포함되므로 단계 수는 0이다.

(3) 산술식 및 지정문: 대부분의 산술식은 단계 수가 1이다. 다만 함수 호출을 포함하는 산술식은 예외이다. 이 경우, 함수를 기동시키는 비용을 결정할 필요가 있다. 모든 실인자의 값이 형식 인자에 지정되어야 하므로 만일 함수가 많은 인자를 전달하게 되면 이 비용은 커질 수 있다. 함수와 함수 기동은 후에 언급한다. 산술식이 함수를 포함하면 단계 수는 각 함수 기동에 지정된 단계 수의 합이 된다.

지정문 <variable> = <expr>의 단계 수는 <variable>의 크기가 인스턴스 특성의 함수가 아니라면 <expr>의 단계 수와 같다. 그러나 인스턴스 특성의 함수라면, 단계 수는 <expr>의 단계 수에 <variable>의 크기를 더한 것이 된다. 예를 들어 a와 b가 *ElementList* 타입인 지정문 $a = b$는 *ElementList*의 크기와 같은 단계 수를 가진다.

(4) 반복문: 여기에는 **for**, **while**, **do** 명령문이 포함된다. 이런 명령문은 제어 부분에 대해서만 단계 수를 고려할 것이다. 이들은 다음과 같은 형식을 갖는다.

```
for(<init-stmt>;<expr1>;<expr2>)
while <expr> do
do ... while<expr>
```

while과 **do** 명령문의 제어 부분의 실행은 <expr>에 할당된 단계 수와 같은 단계 수가 주어질 것이다. **for** 명령문의 제어 부분에 대한 실행 단계 수는 <init-stmt>, <expr1>, 혹은 <expr2>의 카운트 애트리뷰트가 인스턴스 특성의 함수가 아닌 한 1이다. 인스턴스 특성의 함수라면, **for**의 제어 부분의 첫 번째 실행은 <init-stmt>와 <expr1>의 횟수의 합과 같은 단계 수를 갖는다. **for** 명령문의 그 다음 실행 단계 수는 <expr1>과 <expr2>의 단계 수의 합과 같다.

(5) 스위치 명령문: 이 명령문은 헤더 다음에 하나 이상의 조건-명령문의 쌍으로 구성된다. 이 명령문의 제어 부분에 대한 비용을 살펴보자.

```
switch(<expr>) {
    case cond1: <statement1>
    case cond2: <statement2>
        .
        .
        .
    default: <statement>
}
```

헤더 **switch**(<expr>)의 비용은 <expr>에 할당된 비용과 같다. 각 조건의 비용은 자기의 비용에다 앞서 나온 모든 조건의 비용을 합한 것이다.

(6) if-else 문: **if-else** 문은 다음 세 부분으로 구성된다.

```
if(<expr>) <statement1>;
else <statement2>;
```

각 부분은 <expr1>, <statement1>, <statement2>에 따라 각각 단계 수가 할당된다. 만약 **else** 절이 없다면 거기에 해당하는 비용도 없다. **arithmetic-if**에 대한 단계 수도 비슷한 방법으로 계산된다.

(7) 함수 호출: 호출이 인스턴스 특성에 의존하는 값에 의한 전달 인자를 포함하지 않는 한 함수의 모든 호출 단계 수는 1이다. 그런 인자를 포함한다면, 단계 수는 이런 값 인자의 크기의 합이 된다. 호출되는 함수가 순환적이라면 호출되는 함수에서 지역 변수도 고려해야 한다. 인스턴스 특성에 관련된 지역 변수의 크기는 단계 수에 합해져야 한다.

(8) 메모리 관리 명령문: **new** *object*, **delete** *object*, **sizeof**(*object*)를 포함한다. 각 명령문의 단계 수는 모두 1이다. **new**와 **delete** 명령문은 각각 객체에 대한 생성자와 파괴자를 묵시적으로 호출할 수 있다. 이 경우, 단계 수는 함수 호출과 같은 방법으로 계산된다.

(9) 함수 명령문 : 비용이 이미 호출문에 할당되었으므로 단계 수는 0이다.

(10) 분기 명령문: **continue**, **break**, **goto**, **return**, **return**<expr>을 포함한다. **return**<expr>을 제외하면 모두 단계 수가 1이다. **return**<expr>에서도 <expr>의 단계 수가 인스턴스 특성의 함수가 아니라면 역시 1이다. 인스턴스 특성의 함수라면 단계 수는 <expr>의 비용과 같다.

위에서 설명한 명령문의 단계 수를 할당하는 방법으로 이제 특정 문제를 해결하기 위한 프로그램의 단계 수를 결정할 수 있다. 두 방법이 있는데, 이 중에 하나를 선택해서 단계 수를 결정하면 된다. 첫 번째 방법은 프로그램에 *count*라는 새로운 변수를 생성하는 것이다. 이것은 초기 값이 0인 전역 변수이다. 적당한 수의 *count*를 증가시키는 명령문이 프로그램에 삽입되어서 원래 프로그램이 실행될 때마다 *count*가 그 명령문의 단계 수만큼 증가되게 한다.

예제 1.11: 프로그램 1.17에 *count*를 증가시키는 명령문을 첨가시키면 프로그램 1.19가 된다. 이 프로그램이 끝날 때 *count*의 값은 프로그램 1.17이 실행된 단계 수가 된다.

우리의 주요 관심사는 *count*의 값에 대한 변화만 결정하는 것이기 때문에 프로그램 1.19는 프로그램 1.20으로 단순화할 수 있다. *count*의 어떤 초기 값에 대해 프로그램 1.19와 프로그램 1.20에서 모두 *count*의 최종 값이 같게 되는 것을 알 수 있다. **for** 루프에서 *count* 값이 모두 $2n$만큼 증가된다. *count*의 초기 값이 0인 경우에 최종 값이 $2n + 3$이 될 것이다. 그래서 *Sum*(프로그램 1.17)을 호출할 때마다 총 $2n + 3$ 단계가 수행된다. □

```
float Sum(float *a, const int n)
{
    float s = 0;
    count++;    // count는 전역 변수
    for (int i = 0; i < n; i++) {
        count++; // for에 대한
        s += a[i];
        count++; // 지정문에 대한
    }
    count++; // for의 마지막 실행에 대한
    count++; // return에 대한
    return s;
}
```

프로그램 1.19: count 문이 첨가된 프로그램 1.17

```
void Sum(float *a, const int n)
{
```

```
    for (int i = 0; i < n; i++)
        count += 2;
    count += 3;
}
```

프로그램 1.20: 프로그램 1.19의 단순화된 버전

예제 1.12: 프로그램 1.18에 *count*를 첨가시키면 프로그램 1.21이 된다. $t_{Rsum}(n)$은 프로그램 1.21이 끝날 때 *count*의 증가량을 나타낸다고 하자. $t_{Rsum}(0) = 2$임을 알 수 있다. $n > 0$일 때, *count*는 2에다 **else** 절 내에서 *Rsum*의 호출로 인한 증가분을 합한 만큼 증가하게 된다. t_{Rsum}의 정의로부터 추가적인 증가량은 $t_{Rsum}(n-1)$이 된다. 그래서 *count*의 초기 값이 0이라면 프로그램이 끝날 때의 값은 $2 + t_{Rsum}(n-1)$, $n > 0$이 된다.

```
float Rsum(float a, const int n)
{
    count++; // if 조건문에 대한
    if (n <= 0) {
        count++; // return에 대한
        return 0;
    }
    else {
        count++; // return에 대한
        return (Rsum(a, n-1) + a[n-1]);
    }
}
```

프로그램 1.21: count 문이 첨가된 프로그램 1.18

단계 수를 알아보기 위해 순환 프로그램을 분석할 때, 우리는 종종 단계 수에 대한 순환식을 얻는다 [즉 $t_{Rsum}(n) = 2 + t_{Rsum}(n-1)$, $n > 0$과 $t_{Rsum}(0) = 2$]. 이런 순환식을 순환 관계(recurrence relation)라 한다. 이 순환은 아래와 같이 t_{Rsum}을 반복적으로 대체함으로써 해결할 수 있다.

$$
\begin{aligned}
t_{Rsum}(n) &= 2 + t_{Rsum}(n-1) \\
&= 2 + 2 + t_{Rsum}(n-2) \\
&= 2 \times 2 + t_{Rsum}(n-2) \\
&\cdot \\
&\cdot
\end{aligned}
$$

$$= 2n + t_{Rsum}(0)$$
$$= 2n + 2$$

그래서 함수 *Rsum*(프로그램 1.18)에 대한 단계 수는 $2n + 2$이다. □

프로그램 1.17의 단계 수와 프로그램 1.18의 단계 수를 비교해 보면 프로그램 1.18이 프로그램 1.17보다 적다는 것을 알 수 있다. 그러나 이것으로 우리는 프로그램 1.17이 프로그램 1.18보다 느리다고 결론지을 수는 없다. 이것은 한 단계가 하나의 명확한 시간 단위와 일치하지 않기 때문이다. *Rsum*의 각 단계는 *Sum*의 어떤 단계보다 시간이 더 걸릴지도 모른다. 그래서 *Rsum*이 *Sum*보다 아주 느릴지도 모른다.

단계 수는 프로그램의 실행 시간이 인스턴스 특성에 따라 얼마나 변화하는지를 나타낸다는 의미에서 유용하다. *Sum*의 단계 수로부터, 만약 n이 두 배가 된다면 실행 시간도 두 배가 된다는 것을 알 수 있다. n이 10배 커지면 실행 시간도 10배 늘어난다는 뜻이다. 그래서 실행 시간은 n에 선형적으로(linearly) 증가한다고 기대할 수 있다.

예제 1.13 [행렬 덧셈]: 프로그램 1.22는 두 개의 $m \times n$ 행렬 a와 b를 합산하는 프로그램이다. 여기서 인자 $**a$는 2차원 배열 a[ ][ ]를 참조하는 것에 유의하라. 프로그램 1.23은 *count*를 증가시키는 명령문이 첨가된 프로그램이다. 프로그램 1.24는 프로그램 1.23의 단순화 버전으로서 *count*의 값을 똑같이 계산한다. 프로그램 1.24를 보면 5번 행은 i의 각 값에 대해 n번 실행되어 총 mn번 실행되고 6번 행은 m번, 8번 행은 한 번 실행된다. 만약 *count*의 값을 0으로 시작하면 프로그램 1.24가 끝날 때 *count*는 $2mn + 2m + 1$이 된다.

이 분석에서 만약 $m > n$이면 프로그램 1.22에서 두 **for** 명령문을 서로 교환하는 것이 나을 것이다. 이렇게 되면 단계 수는 $2mn + 2n + 1$이 된다. 이 예제에서는 인스턴스 특성이 m과 n으로 주어진다는 것에 유의해야 한다. □

```
void Add(int **a, int **b, int **c, int m, int n)
{
  for (int i = 0; i < m; i++)
    for (int j = 0; j < n; j++)
      c[i][j] = a[i][j] + b[i][j];
}
```

프로그램 1.22: 행렬 덧셈

프로그램의 단계 수를 구하는 두 번째 방법은 각 명령문의 총 단계 수를 나열하는 테이블을 구성하는 것이다. 이 그림은 먼저 명령문의 실행당 단계 수(s/e: step per execution)를 결정하고, 명령문이 실행되는 총 횟수(빈도)를 계산함으로써 얻을 수 있다. 이 두 가지 수를 곱해서 각 명령문의 총 단계 수를 구하고, 모든 명령문의 총계를 합해서 프로그램의 단계 수를 얻을 수 있다.

명령문의 단계 수와 s/e 사이에 중요한 차이점이 있다. 단계 수가 반드시 명령문의 복잡도를 반영하는 것은 아니다. 예를 들어 다음 명령문은 단계 수가 1이다.

$$x = Sum(a, m);$$

반면, 이 명령문의 실행 결과로 *count*의 전체 변화는 사실상 1에 *Sum*의 호출의 결과로 인한 변화, 즉 $2m + 3$을 합한 것이 된다. 위 명령문의 s/e는 $1 + 2m + 3 = 2m + 4$이다. 명령문의 s/e는 그 명령문의 실행 결과로 count가 변화하는 양이다.

```
line void Add(int **a, int **b, int **c, int m, int n)
{
    for (int i = 0; i < m; i++)
    {
        count++; // for i에 대해
        for (int j = 0; j < n; j++)
        {
            count++; // for j에 대해
            c[i][j] = a[i][j] + b[i][j];
            count++; // 지정문에 대해
        }
        count++; // 마지막 for j에 대해
    }
    count++; // 마지막 for i에 대해
}
```

프로그램 1.23: count 문이 첨가된 행렬 덧셈

```
line void Add(int **a, int **b, int **c, int m, int n)
{
  for (int i = 0; i < m; i++)
  {
    for (int j = 0; j < n; j++)
      count += 2;
    count += 2;
  }
  count++;
}
```

프로그램 1.24: 단계 수만 계산하도록 단순화된 프로그램

표 1.1에 s/e의 수와 함수 *Sum*(프로그램 1.17)에서의 각 명령문의 빈도가 나열되어 있다. 프로그램이 요구하는 총 단계 수는 $2n + 3$으로 결정되었다. 3번 행의 빈도가 n이 아니라 $n + 1$이라는 것에 유의하는 것이 중요하다. 이것은 **for** 루프가 끝나기 전에 i가 n까지 증가해야 하기 때문이다.

행 번호	s/e	빈도	단계 수
1	0	0	0
2	1	1	1
3	1	$n + 1$	$n + 1$
4	1	n	n
5	1	1	1
6	0	1	0
		총 단계 수	$2n + 3$

표 1.1 프로그램 1.17에 대한 단계 수 테이블

표 1.2는 함수 *Rsum*(프로그램 1.18)에 대한 단계 수를 보여 준다. 2(a)번 행은 2번 행의 **if** 조건부를 말하며, 2(b)번 행은 **if** 절에 있는 명령문을 말한다. s/e 열에서 3번 행은 $1+t_{Rsum}(n-1)$의 단계 수로 주어졌다는 것을 주목하라. 이것은 실행될 때마다 나타나는 3번 행의 총 비용이다. 그것은 3번 행으로부터 *Rsum*의 호출의 결과로서 실행된 모든 단계를 포함한다. 빈도와 총 단계 수 열은 두 부분, 즉 $n = 0$인 경우와 $n > 0$인 경우로 나누어졌다. 이것은 어떤 명령문의 빈도(따라서 총 단계 수)가 이 두 경우에 서로 다르기 때문에 필요하다.

행 번호	s/e	빈도		단계 수	
		$n = 0$	$n > 0$	$n = 0$	$n > 0$
1	0	1	1	0	0
2(a)	1	1	1	1	1
2(b)	1	1	0	1	0
3	$1+t_{Rsum}(n-1)$	0	1	0	$1+t_{Rsum}(n-1)$
4	0	1	1	0	0
		총 단계 수		2	$2+t_{Rsum}(n-1)$

표 1.2 프로그램 1.18에 대한 단계 수 테이블

표 1.3은 함수 *Add*(프로그램 1.22)에 해당한다. 다시 한 번 2번 행의 빈도는 m이 아니라 $m + 1$이라

는 것에 주목하라. 이것은 루프가 끝나기 전에 i가 m까지 증가되어야 하기 때문이다. 마찬가지로 3번 행의 빈도는 $m(n + 1)$이다. 단계 수를 계산하는 데 충분한 경험을 얻었다면 빈도 테이블을 구성하지 않고 다음 예제에서처럼 단계 수를 구할 수 있을 것이다.

행 번호	s/e	빈도	단계 수
1	0	0	0
2	1	$m + 1$	$m + 1$
3	1	$m(n + 1)$	$mn + m$
4	1	mn	mn
5	0	1	0
		총 단계 수	$2mn + 2m + 1$

표 1.3 프로그램 1.22에 대한 단계 수 테이블

예제 1.14 [**피보나치 수**(Fibonacci number)]: 피보나치 수열은 다음과 같이 시작한다.

$$0, 1, 1, 2, 3, 5, 8, 13, 21, 34, 55, \ldots$$

새로운 항은 그 앞에 있는 두 항의 합으로 얻을 수 있다. 수열의 첫 항 F_0를 호출하면 $F_0 = 0$, $F_1 = 1$이고, 일반 항은 다음과 같다.

$$F_n = F_{n-1} + F_{n-2}, n \geq 2$$

프로그램 *Fibonacci*(프로그램 1.25)는 음수가 아닌 정수 n을 입력으로 받아서 F_n 값을 출력한다.

이 프로그램의 시간 복잡도를 분석하기 위해서 (1) $n = 0$ 또는 1 과 (2) $n > 1$인 경우를 고려해야 한다. 3번 행은 조건부인 3(a)와 **if** 절인 3(b)로 나누어 볼 수 있다. $n = 0$이거나 1일 때 3(a)와 3(b)는 각각 한 번 실행된다. 각 행은 s/e가 1이므로 이 경우에 총 단계 수는 2이다. $n > 1$일 때 3(a), 5, 12번 행은 각각 한 번 실행된다. 6번 행은 n번 실행되고 7∼11번 행은 각각 $n-1$번 실행된다(6번 행이 실행되는 마지막 번째는 i가 $n + 1$까지 증가되며 루프는 끝난다). 5번 행은 s/e가 2이다. 실행된 나머지 행들은 s/e가 1이다. 그래서 $n > 1$인 경우에 총 단계 수는 $4n + 1$이다. □

```
1  void Fibonacci(int n)
2  {// 피보나치 수 Fn을 계산한다.
3     if(n <= 1) cout << n << endl; //F0 = 0와 F1 = 1
4     else { // Fn을 계산한다
5        int fn; int fnm2 = 0; int fnm1 = 1;
```

```
        for(int i = 2; i <= n; i++)
        {
            fn = fnm1 + fnm2;
            fnm2 = fnm1;
            fnm1 = fn;
        } // for문의 끝
        cout << fn << endl;
    } // else의 끝
}
```

프로그램 1.25: 피보나치 수

요약

프로그램의 시간 복잡도는 그 프로그램의 기능을 수행하기 위해 프로그램이 취한 단계 수로 표현된다. 단계 수는 그 자체가 인스턴스 특성을 갖는 함수이다. 어느 특정 인스턴스는 여러 가지 특성(즉 입력의 수, 출력의 수, 입출력의 크기 등)을 가질 수 있는 반면 단계 수는 이들 가운데 어떤 부분 집합의 함수로 계산된다. 일반적으로 우리에게 중요한 특성만을 선택한다. 예를 들면 입력의 수가 증가할 때 연산(혹은 실행) 시간(즉 시간 복잡도)이 얼마나 증가하는지를 알려고 할 수도 있다. 이런 경우에 단계 수는 입력 수의 함수로만 계산될 것이다. 또 다른 경우로는 프로그램에서 입력 자료들 중 특정한 입력의 크기가 증가함에 따라 연산 시간이 얼마나 증가하는지를 결정할 필요가 있을 수 있다. 이런 경우에 단계 수는 이 입력 크기의 함수로만 계산될 것이다. 그래서 한 프로그램의 단계 수를 결정하기 전에 그 문제에 대한 어떤 특성이 사용될 것인가를 정확하게 알 필요가 있다. 이를 위해 프로그램 내에 단계 수를 계산하기 위한 변수를 정의한다. *Sum*의 예에서는 합산되는 원소의 수 n의 함수로 시간 복잡도를 측정하는 것을 선택했다. 함수 *Add*에서는 합산될 행렬의 행의 수, m과 열의 수, n이 특성으로 선택되었다.

일단 관련 특성들($n, m, p, q, r, \cdots$)이 선택되면 한 단계가 무엇인지 정의할 수 있다. 단계는 이 특성들($n, m, p, q, r, \cdots$)에 대해 독립적인 어떤 연산 단위이다. 10개의 덧셈이 한 단계로 될 수도 있고, 100개의 곱셈이 역시 한 단계로 될 수도 있다. 그러나 n개의 덧셈은 한 단계로 될 수 없다. $m/2$개의 덧셈, $p + q$개의 뺄셈 등도 한 단계로 취급될 수는 없다.

단계 수를 할당하는 체계적인 방법을 또한 설명하였다. 일단 이 방법을 쓰면 한 프로그램의 시간 복잡도는 앞에서 설명한 두 방법 중의 하나를 이용해서 얻어질 수 있다.

지금까지의 예제들은 아주 간단해서 시간 복잡도가 원소의 수 또는 행이나 열의 수와 같은 간단한 특성을 갖는 단순 함수들이었다. 그러나 대부분의 프로그램에서는 시간 복잡도가 입력의 수나 출력의 수, 또는 쉽게 명세되는 어떤 특성에만 의존하지 않는다. 함수 *BinarySearch*(프로그램 1.10)를 고려해 보자. 이 함수는 x에 대해 $a[0], ..., a[n-1]$을 탐색한다. 단계 수를 결정할 때 기본으로 하는 자연적인 매개변수는 탐색될 원소 수 n이다. 즉 원소의 수 n을 변화시킬 때 연산 시간이 얼마나 변하는지를 알려고 하는 것이다. 이런 경우, 매개변수 n은 부적절하다. 왜냐하면 같은 n에 대해서도 단계 수는 a에서 x의 위치에 따라 다르기 때문이다. 선택한 매개변수가 단계 수를 유일하게 결정하는 데 부적절한 경우에는 세 가지 경우의 단계 수[즉 최상의 경우(best case), 최악의 경우(worst case), 그리고 평균(average)]를 모두 정의함으로써 해결할 수 있다.

최상 단계 수는 주어진 매개변수에 대해 실행될 수 있는 단계 수가 최소인 경우이고 최악 단계 수는 주어진 매개변수에 대해 실행될 수 있는 단계 수가 최대일 경우이다. 또한 평균 단계 수는 주어진 매개변수로 인스턴스에 대해 실행되는 평균 단계 수를 의미한다.

1.7.1.3 점근 표기법(O, Ω, Θ)

단계 수를 결정하려는 동기는 같은 기능을 수행하는 두 프로그램의 시간 복잡도를 비교하거나 인스턴스 특성의 변화에 따라 실행 시간의 증가를 예측할 수 있게 하기 위한 것이다.

프로그램의 정확한 단계 수를 결정하는 작업(최악이건 평균이건)은 매우 어렵다. 단계 수를 정확하게 결정하는 데 드는 노력은 단계의 개념 자체가 부정확하기 때문에 낭비를 초래할 수 있다. 명령문 $x = y$와 $x = y+z+(x/y)+(x*y*z-x/z)$는 둘 다 모두 한 단계로 계산한다. 단계가 무엇을 의미하는지 부정확하기 때문에 정확한 단계 계산은 두 프로그램을 비교하려는 목적에는 유용하지 않다. 예외로 만약 두 프로그램의 단계 수의 차이가 $3n + 3$과 $100n + 10$처럼 매우 클 때에는 유용하다. 단계 수 $3n + 3$의 프로그램이 단계 수 $100n + 10$의 프로그램보다 수행 시간이 짧을 것이라는 예측이 가능할 수 있다. 그러나 이런 경우에서조차 정확한 단계 수가 $100n + 10$이라는 것을 알 필요는 없다. '대략 $80n$, $85n$, 혹은 $75n$'이라고 해도 같은 결과에 도달한다.

대부분의 경우에 c_1과 c_2가 음이 아닌 상수일 때 $c_1n^2 \le t_P(n) \le c_2n^2$ 또는 $t_Q(n,m) = c_1n + c_2m$ 같은 명령문을 쓸 수가 있다. 만약 두 프로그램의 시간 복잡도가 각각 $c_1n^2 + c_2n$과 c_3n일 때 n이 충분히 큰 값이면 c_3n의 시간 복잡도를 가진 프로그램이 $c_1n^2 + c_2n$의 시간 복잡도를 가진 프로그램보다 훨씬 빠르다는 것을 알 수 있다. 그러나 n이 작은 값일 때에는 $c_1, c_2,$ 그리고 c_3에 따라서 두 프로그램 중 어느 하나가 빠를 것이다. 만일 $c_1= 1$, $c_2 = 2$이고 $c_3 = 100$이면 $n \le 98$에 대해 $c_1n^2 + c_2n > c_3n$이 되고, $n > 98$에 대해 $c_1n^2 + c_2n > c_3n$이 된다. 만일 $c_1 = 1$, $c_2 = 2$이고 $c_3 = 1000$이면 $n \le 998$에 대해 $c_1n^2 + c_2n \le c_3n$이된다.

c_1, c_2, 그리고 c_3가 어떤 값이든, 복잡도가 c_3n인 프로그램이 $c_1n^2 + c_2n$의 복잡도를 가진 프로그램보다 빠를 수 있는 조건이 되는 n이 존재할 것이다. 이런 n의 값을 균형 분기점(break even point)이라 한다. 만약 이 균형 분기점이 0이라면 c_3n의 복잡도를 가진 프로그램이 항상 빠를 것이다(또는 적어도 빠를 것이다). 이 정확한 균형 분기점을 분석적으로 결정할 수는 없다. 균형 분기점을 결정하기 위해서는 프로그램을 컴퓨터 상에서 실행시켜 보아야 한다. 균형 분기점이 존재하는지를 아는 것은 어떤 상수 c_1, c_2, 그리고 c_3에 대해 어느 한 프로그램의 복잡도가 $c_1n^2 + c_2n$이고 다른 프로그램의 복잡도는 c_3n이라는 것을 아는 것과 같다. c_1, c_2, 그리고 c_3에 대한 정확한 값을 결정하는 것은 거의 이점이 없다.

동기는 앞에서 논의한 것과 같고 이제 한 프로그램의 시간과 공간 복잡도에 대한 의미 있는(그러나 정확하지 않은) 명령문을 만들 수 있게 해 주는 용어를 소개하겠다. 지금부터 나오는 함수 f와 g는 음수 값을 가지지 않는 함수들이다.

정의 [빅 오(big 'oh')]: 모든 n, $n \ge n_0$에 대해 $f(n) \le cg(n)$인 조건을 만족시키는 두 양의 상수 c와 n_0가

존재하기만 하면 $f(n) = O(g(n))$('f of n은 big-oh of g of n이라 읽음)이다. □

예제 1.15: $n \geq 2$일 때 $3n + 2 \leq 4n$이므로 $3n + 2 = O(n)$. $n \geq 3$일 때 $3n + 3 \leq 4n$이므로 $3n + 3 = O(n)$. $n \geq 10$일 때 $100n + 6 \leq 101n$이므로 $100n + 6 = O(n)$. $n \geq 5$일 때 $10n^2 + 4n + 2 \leq 11n^2$이므로 $10n^2 + 4n + 2 = O(n^2)$. $n \geq 100$일 때 $1000n^2 + 100n - 6 \leq 1001n^2$이므로 $1000n^2 + 100n - 6 = O(n^2)$. $n \geq 4$일 때 $6*2^n + n^2 \leq 7*2^n$이므로 $6*2^n + n^2 = O(2^n)$. $n \geq 2$일 때 $3n + 3 \leq 3n^2$이므로 $3n + 3 = O(n^2)$. $n \geq 2$일 때 $10n^2 + 4n + 2 \leq 10n^4$이므로 $10n^2 + 4n + 2 = O(n^4)$. $n \geq n_0$인 모든 n과 임의의 상수 c에 대해 $3n + 2$가 c보다 작거나 같지 않으면 $3n + 2 \neq O(1)$이다. $10n^2 + 4n + 2 \neq O(n)$. □

$O(1)$은 연산 시간이 상수인 것을 의미한다. $O(n)$은 선형이라 하고, $O(n^2)$은 평방형, $O(n^3)$은 입방형, 그리고 $O(2^n)$은 지수형이라 한다. 만일 한 알고리즘이 $O(\log n)$ 시간 걸리면 아주 큰 n에 대해 $O(n)$이 걸리는 알고리즘보다 더 빠르다. 마찬가지로 $O(n \log n)$은 $O(n^2)$보다는 좋지만 $O(n)$만큼은 좋지 않다. $O(1)$, $O(\log n)$, $O(n)$, $O(n \log n)$, $O(n^2)$, $O(n^3)$, 그리고 $O(2^n)$ 등 7개의 연산 시간들은 앞으로 가장 많이 보게 될 것이다.

앞의 예제에서 기술한 것처럼, 식 $f(n) = O(g(n))$은 $n \geq n_0$인 모든 n에 대해 $g(n)$ 값은 $f(n)$의 상한값이라는 것만 의미한다. 따라서 이 상한이 어느 정도로 좋은 것이냐에 대해서는 알 수 없다. $n = O(n^2)$, $n = O(n^{2.5})$, $n = O(n^3)$, $n = O(2^n)$ 등에 대하여 주의해 보자. $f(n) = O(g(n))$이 의미상으로 유익하기 위해서는 $g(n)$은 $f(n) = O(g(n))$이 되도록 가능한 한 작아야 한다. 그래서 $3n + 3 = O(n)$이라고 하겠지만 $3n + 3 = O(n^2)$이라고 하지는 않는다. 물론 이 후자가 틀린 것은 아니다.

O의 정의로부터 $f(n) = O(g(n))$과 $O(g(n)) = f(n)$이 동일하지 않다는 것은 명백하다. 사실$O(g(n)) = f(n)$이라고 말하는 것은 무의미하다. 기호 '=' 를 사용할 때 이것이 '동등' 관계를 나타내는 기호라고 이해하는 것은 옳지 않다. 이 기호의 사용에서 오는 몇 가지 혼란은 기호 '=' 를 "동등하다"가 아니라 '~이다' 라고 해석하면 피할 수 있다.

정리 1.2는 $f(n)$이 n의 다항식일 때 $f(n)$의 급수[즉 $f(n) = O(g(n))$에서의 $g(n)$]에 관해 매우 유용한 결과를 제공해 준다.

정리 1.2: 만약 $f(n) = a_m n^m + \cdots + a_1 n + a_0$ 이면 $f(n) = O(n^m)$이다.

증명: $f(n) \leq \sum_{i=0}^{m} |a_i| n^i$

$$\leq n^m \sum_{0}^{m} |a_i| n^{i-m}$$

$$\leq n^m \sum_{0}^{m} |a_i| \quad (n \geq 1\text{에 대해})$$

그러므로 $f(n) = O(n^m)$이다. □

정의 [오메가(omega)] : 모든 n, $n \geq n_0$,에 대해 $f(n) \geq cg(n)$을 만족시키는 두 양의 상수 c와 n_0가 존재하기만 하면 $f(n) = \Omega(g(n))$('f of n은 omega of g of n이라 읽음)이다. □

예제 1.16: $n \geq 1$일 때 $3n + 2 \geq 3n$이므로 $3n + 2 = \Omega(n)$. 실제로 이 부등식은 $n \geq 0$에 대해서도 성립하지만 Ω의 정의는 $n_0 > 0$을 요구하고 있다. $n \geq 1$일 때 $3n + 3 \geq 3n$이므로 $3n + 3 = \Omega(n)$. $n \geq 1$일 때 $100n + 6 \geq 100n$이므로 $100n + 6 = \Omega(n)$. $n \geq 1$일 때 $10n^2 + 4n + 2 \geq n^2$이므로 $10n^2 + 4n + 2 = \Omega(n^2)$. $n \geq 1$일 때 $6*2^n + n^2 \geq 2^n$이므로 $6*2^n + n^2 = \Omega(2^n)$. 또한 $3n + 3 = \Omega(1)$, $10n^2 + 4n + 2 = \Omega(n)$, $10n^2 + 4n + 2 = \Omega(1)$, $6*2^n + n^2 = \Omega(n^{100})$, $6*2^n + n^2 = \Omega(n^{50.2})$, $6*2^n + n^2 = \Omega(n^2)$, $6*2^n + n^2 = \Omega(n)$, $6*2^n + n^2 = \Omega(1)$ 등도 관찰해 보자. □

'빅오' 표기에서처럼, $f(n) = \Omega(g(n))$에 대해 여러 함수 $g(n)$이 존재하지만 $g(n)$은 오직 $f(n)$의 하한 값일 뿐이다. 명령문 $f(n) = \Omega(g(n))$이 의미상으로 유익하기 위해서는 $g(n)$은 $f(n) = \Omega(g(n))$이 참이 될 수 있는 한 커야 한다. 그래서 $3n + 3 = \Omega(n)$ 그리고 $6*2^n + n^2 = \Omega(2^n)$라고 하겠지만, $3n + 3 = \Omega(1)$ 또는 $6*2^n + n^2 = \Omega(1)$라고 말하지는 않을 것이다. 물론 후자의 두 명령문이 틀린 것은 아니다.

정리 1.3은 오메가 표기법에 대해 정리 1.2와 유사한 것이다.

정리 1.3: 만일 $f(n) = a_m n^m + \cdots + a_1 n + a_0$이고 $a_m > 0$이면 $f(n) = \Omega(n^m)$이다.

증명: 연습문제로 남긴다. □

정의 [세타(theta)]: 모든 n, $n \geq n_0$,에 대해 $c_1 g(n) \leq f(n) \leq c_2 g(n)$을 만족시키는 세 양의 상수 c_1, c_2와 n_0가 존재하기만 하면 $f(n) = \Theta(g(n))$ ('f of n은 theta of g of n' 이라 읽음)이다. □

예제 1.17: $n \geq 2$일 때 $3n + 2 \geq 3n$이고 $n \geq 2$일 때 $3n + 2 \leq 4n$이므로 $3n + 2 = \Theta(n)$이 된다. 여기서 $c_1 = 3$, $c_2 = 4$, 그리고 $n_0 = 2$이다. 또한 다음 명령문을 관찰해 보자. $3n + 3 = \Theta(n)$, $10n^2 + 4n + 2 = \Theta(n^2)$, $6*2^n + n^2 = \Theta(2^n)$, $10*\log n + 4 = \Theta(\log n)$, $3n + 2 \neq \Theta(1)$, $3n + 3 \neq \Theta(n^2)$, $10n^2 + 4n + 2 \neq \Theta(n)$, $10n^2 + 4n + 2 \neq \Theta(1)$, $6*2^n + n^2 \neq \Theta(n^2)$, $6*2^n + n^2 \neq \Theta(n^{100})$, $6*2^n + n^2 \neq \Theta(1)$. □

세타 표기법은 '빅오'나 오메가 표기법보다 더 정확하다. $g(n)$이 $f(n)$에 대해 상한 값과 하한 값을 모두 가지기만 하면 $f(n) = \Theta(g(n))$이다.

앞의 세 예제에서 $g(n)$의 계수가 모두 1이었다는 것에 주의하라. 이것은 연습을 위한 것이다. 다음 명령문 $3n + 3 = O(3n)$, $10 = O(100)$, $10n^2 + 4n + 2= \Omega(4n^2)$, $6*2^n + n^2 = \Omega(6*2^n)$, $6*2n + n^2 = \Theta(4*2^n)$ 등은 비록 참이지만 이렇게 사용하지는 않는다.

정리 1.4: 만일 $f(n) = a_m n^m + \cdots + a_1 n + a_0$이고 $a_m > 0$이면 $f(n) = \Theta(n^m)$이다.

증명: 연습문제로 남긴다. □

앞절에서의 시간 복잡도 분석들을 다시 한 번 생각해 보자. 프로그램 1.17의 함수 *Sum*에 대해서는 $t_{Sum}(n) = 2n + 3$이라고 결정했었다. 그래서 $t_{Sum}(n) = \Theta(n)$이다. $t_{Rsum}(n) = 2n + 2 = \Theta(n)$이고 $t_{Add}(m, n) = 2mn + 2n + 1 = \Theta(mn)$이다.

앞에서 O, Ω, 그리고 Θ 표기법이 정확하게 사용되는 것을 보았지만, 여전히 한 가지 의문점이 남아 있다. "만약 단계 수를 먼저 정확히 결정해야 한다면 이들 표기법이 무슨 소용이 있을까?" 이 질문에 대한 답은 점근적 복잡도(asymptotic complexity, 즉 O, Ω, 그리고 Θ 표기법의 복잡도)가 단계 수를 정확하게 결정하지 않고도 아주 쉽게 결정될 수 있다는 것이다. 이것은 보통 각 명령문(명령문그룹)의 점근적 복잡도를 먼저 결정하고 이 복잡도를 합산하여 결정한다. 표 1.4에서부터 표 1.6까지는 *Sum*, *Rsum*, *Add*(프로그램 1.17, 1.18, 1.22)에 대해 바로 이렇게 실행한 것이다.

*Add*에 대한 표(표 1.6)에서 3번과 4번 행은 이들의 빈도가 서로 다르더라도 한꺼번에 계산된다. 이렇게 두 행을 한꺼번에 계산하는 것은 이들의 빈도가 같은 복잡도를 가지기 때문에 가능하다.

행 번호	**s/e**	**빈도**	**단계 수**
1	0	−	$\Theta(0)$
2	1	1	$\Theta(1)$
3	1	$n+1$	$\Theta(n)$
4	1	n	$\Theta(n)$
5	1	1	$\Theta(1)$
6	0	−	$\Theta(0)$

$$t_{Sum}(n) = \Theta(\max_{1 \le i \le 6} \{g_i(n)\}) = \Theta(n)$$

표 1.4 *Sum*(프로그램 1.17)의 점근적 복잡도

행 번호	s/e	빈도		단계 수	
		$n=0$	$n>0$	$n=0$	$n>0$
1	0	−	−	0	$\Theta(0)$
2(a)	1	1	1	1	$\Theta(1)$
2(b)	1	1	0	1	$\Theta(0)$
3	$2+t_{Rsum}(n-1)$	0	1	0	$\Theta(2+t_{Rsum}(n-1))$
4	0	−	−	0	$\Theta(0)$
			$t_{Rsum}(n) =$	2	$\Theta(2+t_{Rsum}(n-1))$

표 1.5 *Rsum*(프로그램 1.18)의 점근적 복잡도

행 번호	s/e	빈도	단계 수
1	0	−	$\Theta(0$
2	1	$\Theta(m)$	$\Theta(m)$
3,4	1	$\Theta(mn)$	$\Theta(mn)$
5	0	−	$\Theta(0$
		$t_{Add}(m,n) =$	$\Theta(mn)$

표 1.6 *Add*(프로그램 1.22)의 점근적 복잡도

표 1.4에서부터 1.6까지의 분석이 실제로 단계 수로 계산되었지만 $t_p(n) = \Theta(g(n))$이나 $t_P(n) = O(g(n))$이나 $t_p(n) = \Omega(g(n))$을 프로그램 P의 계산 시간에 대한 명령문으로 해석하는 것이 옳다. 이것은 각 단계에서 실행을 위해 $\Theta(1)$만 걸리기 때문이다.

테이블 방법을 이용하는 경험을 쌓은 뒤에는 좀더 포괄적인 접근법으로 프로그램의 점근적 복잡도를 얻을 수 있게 될 것이다. 다음 예제들에서 이 방법을 좀더 자세히 살펴보겠다.

예제 1.18 [순열 생성기]: 프로그램 1.12의 함수 *Permutations*를 생각해보자. a는 크기가 n이라고 가정하자. $k = n-1$일 때 걸리는 시간은 $\Theta(n)$이다. $k < n-1$일 때에는 **else** 절이 수행된다. 이때 두 번째 **for** 루프는 $n-k$번 수행된다. 이 루프를 한 번 실행할 때마다 $\Theta(t_{Permutations}(k+1, n-1))$의 시간이 걸린다. 그래서 $k < n-1$일 때 $t_{Permutations}(k, n-1) = \Theta((n-k)(t_{Permutations}(k+1, n-1)))$이 된다. 이 순환을 풀면 $n \geq 1$에 대해 $t_{Permutations}(0, n-1) = \Theta(n(n!))$라는 결론을 얻는다. □

예제 1.19 [이원 탐색]: 프로그램 1.10의 이원 탐색 함수 *BinarySearch*에서 시간 복잡도를 구해 보자. 여기서 사용하려는 인스턴스 특성은 a에서의 원소의 수 n이다. **for** 루프에서 한 번의 반복은 $\Theta(1)$의 시간이 걸린다. **for** 루프는 기껏해야 $\lceil \log_2(n+1) \rceil$번 반복 실행된다는 것을 증명할 수 있다. 점근적 분석을 하려는 것이기 때문에, 최악의 경우에 있어서 정확한 반복 실행 횟수를 알 필요가 없다. 마지막을 제외하고는 매 반복 실행은 탐색되어야 할 a 세그먼트의 크기를 절반으로 감소시킨다. 그래서 이 루프는 최악의 경우에 $\Theta(\log n)$번 반복된다. 한 번 반복 실행하는 데 $\Theta(1)$의 시간이 걸리기 때문에 *BinarySearch*의 최악의 경우의 복잡도는 $\Theta(\log n)$이다. 만약 a가 값에 의해 전달된다면 *BinarySearch*를 이용한 복잡도는 함수를 호출하는 데만 $\Omega(n)$의 시간이 걸리므로 이것보다 더 클 것이다. □

예제 1.20 [매직 스퀘어(magic square)**]:** 마지막 예제는 오락적인 수학 문제이다. 이 매직 스퀘어는 1에서 n^2까지의 정수로 된 $n \times n$ 행렬로서 각 행의 합, 열의 합, 주대각선의 합이 모두 같다. 그림 1.3은 $n = 5$인 매직 스퀘어를 나타낸 것이다. 이 예제에서 공통된 합은 65이다.

H. Coxeter는 n이 홀수일 때 매직 스퀘어를 만들기 위해 다음과 같은 간단한 규칙을 제시했다.

15	8	1	24	17
16	14	7	5	23
22	20	13	6	4
3	21	19	12	10
9	2	25	18	11

그림 1.3 매직 스퀘어 예

> 첫 번째 행의 중앙에 1을 넣는 것부터 시작한다. 빈 정방형에 1씩 큰 수를 할당하면서 왼쪽 대각선 방향으로 올라간다. 만약 정방형 밖으로 벗어나면 정방형의 반대편 자리에서 계속한다. 즉 상단을 벗어나면 같은 열의 최하단으로, 왼쪽에서 벗어나면 같은 행의 제일 오른쪽으로 이동한다. 만약 정방형이 채워져 있으면 밑으로 움직여서 계속한다.

그림 1.3은 이 규칙을 이용해서 만들었다. 프로그램 1.26은 n이 홀수일 때, $n \times n$의 매직 스퀘어를 생성하는 C++ 프로그램이다. 이것은 Coxeter의 규칙을 적용하여 만들어졌다.

매직 스퀘어는 n개의 행과 n개의 열을 가진 2차원 배열로 표현된다. 이 응용에서는 행과 열을 1에서 n까지 번호를 붙이는 것보다 0에서 $n-1$까지 번호를 붙이는 것이 편하다. 그래서 프로그램이 '정방형을 벗어나면' i 그리고/혹은 j 값은 0이나 $n-1$로 되돌아간다.

while 루프는 초기 값이 2에서 시작되고 루프를 한 번 반복할 때마다 하나씩 증가하는 변수 *key*에 의해 제어된다. 그래서 **while** 루프 안의 각 명령문은 단지 n^2-1만큼 실행될 것이고, *Magic*의 계산 시간은 $O(n^2)$이다. 알고리즘에 숫자를 채워야 할 위치가 n^2개가 있으므로 $O(n^2)$은 매직 스퀘어 문제를 위한 알고리즘이 가질 수 있는 최상의 바운드가 된다는 것을 알 수 있다. □

```
void Magic(const int n)
{// 크기가 n이고 n은 홀수인 매직 스퀘어를 생성한다.
    const int MaxSize = 51; // 스퀘어의 최대 크기
    int square[MaxSize][MaxSize], k, l;

    // n이 올바른 값인지 검사
    if((n < MaxSize) || (n < 1))
        throw "Error! ... n out of range";
```

```
    else if(!(n%2)) throw "Error! ... n is even";

    // n이 홀수. Coxeter의 규칙 사용이 가능
    for(int i = 0; i < n; i++) // square를 0으로 초기화
        fill(square[i],square[i]+n,0); // STL 알고리즘
    square[0][(n−1)/2] = 1; // 첫 행의 중간

    // i와 j는 현재 위치
    int key = 2; i = 0; int j = (n−1)/2;
    while(key <= n * n) {
    // 왼쪽 위로 이동
        if(i−1 < 0) k = n−1; else k = i−1;
        if(j−1 < 0) l = n−1; else l = j−1;
        if(square[k][l]) i = (i + 1) % n; // square가 채워짐. 아래로 이동
        else { // square[k][l]은 채워지지 않음
            i = k; j = l;
        }
        square[i][j] = key;
        key++;
    } // while의 끝

    // 매직 스퀘어를 출력
    cout << "magic square of size" << n << endl;
    for(i = 0; i < n; i++) {
        copy(square[i],square[i] + n, ostream_iterator<int>( cout, " "));
        cout << endl;
    }
}
```

프로그램 1.26: 매직 스퀘어

1.7.1.4 실용적인 복잡도

우리는 프로그램의 시간 복잡도가 일반적으로 인스턴스 특성의 어떤 함수라는 것을 보았다. 이 함수는 그 인스턴스 특성의 변화에 따라 시간 요구가 얼마나 변하는지를 결정하는 데 매우 유용하다. 복잡도 함수는 같은 작업을 수행하는 두 개의 프로그램 P와 Q를 비교하는 데도 유용하게 사용될 수 있다. 프로그램 P의 복잡도가 $\Theta(n)$이고, 프로그램 Q의 복잡도가 $\Theta(n^2)$이라고 가정해 보자. 프로그램 P가 프로그램 Q보다 충분히 큰 n에 대해 더 빠르다고 단언할 수 있다. 이 단언의 타당성을 보기 위해서 P의 실제 연산

시간이 어떤 상수 c와 $n \geq n_1$인 모든 n에 대해 cn으로 상한이 되고 반면에 Q의 실제 연산 시간이 어떤 상수 d와 $n \geq n_2$인 모든 n에 대해 dn^2으로 하한이 된다는 것을 고찰하라. 그러면 $n \geq c/d$에 대해 $cn \leq dn^2$이므로 $n \geq \max\{n_1, n_2, c/d\}$이기만 하면 언제나 프로그램 P가 프로그램 Q보다 빠르다.

앞의 주장에서 '충분히 큰' 이라는 구절이 있다는 것에 주의하여야 한다. 사용하고자 하는 두 프로그램에서 성능을 결정하고자 할 때에는 사실 우리가 다루는 n이 충분히 큰지를 알아야 한다. 만약 프로그램 P가 10^6n 밀리세컨드에 수행되는 반면에 프로그램 Q가 n^2 밀리세컨드에 수행되고 또 만일 항상 $n \leq 10^6$이라면 다른 요인들이 같은 상황에서는 프로그램 Q를 사용할 것이다.

여러 함수들이 어떻게 n과 함께 증가하는가를 이해하기 위해서는 표 1.7과 그림 1.4를 아주 면밀히 고찰하는 것이 좋다. 표와 그림에서 볼 수 있는 것처럼, 함수 2^n은 n이 증가함에 따라 더욱 빠르게 증가한다. 사실 한 프로그램의 실행을 위해 2^n개의 단계가 필요하다면 $n = 40$일 때 요구되는 단계 수는 대략 $1.1*10^{12}$이다. 이것은 1초에 10억 개의 단계를 수행하는 컴퓨터라면 약 18.3분이 요구된다. 만약 $n = 50$이라면 같은 프로그램이 이 컴퓨터에서 약 13일 가량 수행될 것이다. $n = 60$이라면 이 프로그램을 실행시키기 위해서는 310.56년이 걸리고 $n = 100$인 경우에는 $4*10^{13}$년이 필요하다. 그래서 지수형 복잡도를 가진 프로그램의 유용도는 n이 극히 작을 때(전형적으로 $n \leq 40$)로 제한된다는 결론을 내릴 수 있다.

복잡도가 고차 다항식인 프로그램도 역시 활용에 있어서 제한된다. 예를 들어 만약 어떤 프로그램이 실행하는 데 n^{10}개의 단계가 필요하다면, 초당 10억 개의 단계를 수행하는 컴퓨터는 $n = 10$일 때 10초가 필요하고, $n = 100$일 때는 3171년이 필요하고, $n = 1000$일 때는 $3.17*10^{13}$년이 필요하다. 만약 프로그램의 복잡도가 n^3개의 단계를 가진다면 $n = 1000$일 때 1초가 필요하고, $n = 10{,}000$일 때는 110.67분이 필요하고, $n = 100{,}000$일 때는 11.57일이 필요하다.

표 1.8은 초당 10억 단계를 수행하는 컴퓨터에서 복잡도가 $f(n)$인 프로그램을 실행하기 위한 시간을 보여 준 것이다. 현실적인 견지에서, 적절히 큰 n에 대해(보통 $n > 100$) 작은 복잡도(보통 n, $n \log n$, n^2, n^3)를 가진 프로그램만이 유용하다는 것은 분명하다. 그리고 사람이 초당 10^{12}개의 명령문을 수행하는 컴퓨터를 만들더라도 위와 같은 사실은 명백하다. 이 경우 표 1.8의 연산 시간은 1000배씩 감소할 것이다. 이 컴퓨터에서 $n = 100$일 때 n^{10}개의 명령문을 수행하기 위해서는 3.17년이 걸리고 2^n개의 명령문을 수행하기 위해서는 $4*10^{10}$년이 소요될 것이다.

$\log n$	n	$n \log n$	n^2	n^3	2^n
0	1	0	1	1	2
1	2	2	4	8	4
2	4	8	16	64	16
3	8	24	64	512	256
4	16	64	256	4096	65,536
5	32	160	1024	32,768	4,294,967,296

표 1.7 함수 값

1.7.2 성능 측정

성능 측정(performance measurement)이란 프로그램의 공간 및 시간 요구량을 구하는 것을 말한다. 이

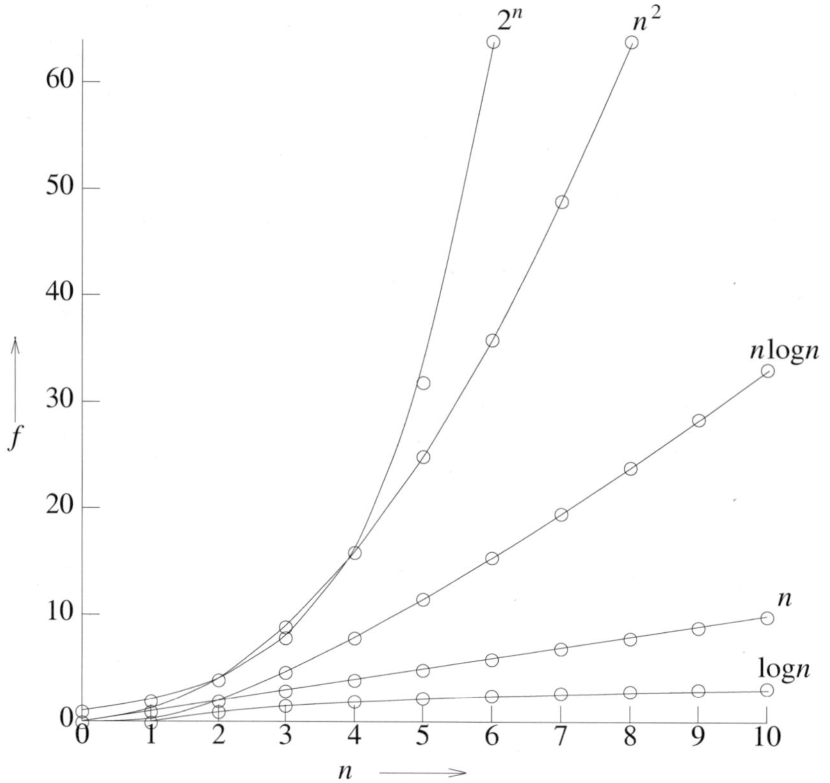

그림 1.4 함수 값의 그래프

	$f(n)$						
n	n	$n\log_2 n$	n^2	n^3	n^4	n^{10}	2^n
10	.01 μs	.03 μs	.1 μs	1 μs	10 μs	10 s	1 μs
20	.02 μs	.09 μs	.4 μs	8 μs	160 μs	2.84 h	1 ms
30	.03 μs	.15 μs	.9 μs	27 μs	810 μs	6.83 d	1 s
40	.04 μs	.21 μs	1.6 μs	64 μs	2.56 ms	121 d	18 m
50	.05 μs	.28 μs	2.5 μs	125 μs	6.25 ms	3.1 y	13 d
100	.10 μs	.66 μs	10 μs	1 ms	100 ms	3171 y	$4*10^{13}$ y
10^3	1 μs	9.96 μs	1 ms	1 s	16.67 m	$3.17*10^{13}$ y	$32*10^{283}$ y
10^4	10 μs	130 μs	100 ms	16.67 m	115.7 d	$3.17*10^{23}$ y	
10^5	100 μs	1.66 ms	10 s	11.57 d	3171 y	$3.17*10^{33}$ y	
10^6	1 ms	19.92 ms	16.67 m	31.71 y	$3.17*10^7$ y	$3.17*10^{43}$ y	

μs=microsecond=10^{-6} seconds; ms=milliseconds=10^{-3} seconds

s=seconds; m=minutes; h=hours; d=days; y=years

표 1.8 초당 10억 단계를 처리하는 컴퓨터에서의 시간

러한 양은 프로그램이 수행되는 특정 컴퓨터뿐만 아니라 특정 컴파일러나 사용되는 옵션에 따라서도 달라진다. 그래서 이 책에서 기술한 성능 실험을 반복해 보면 여러분이 얻는 실행 시간은 아주 다를 것이다. 사실상 컴퓨터는 계속 빨라지고 있기 때문에 여러분이 얻은 시간은 아마도 이 책에 있는 것보다 훨씬 작을 수 있다.

앞절에서 언급했던 것과 같이 컴파일하는 데 필요한 공간이나 시간은 고려하지 않기로 한다. 이것은 모든 프로그램이 (충분히 디버깅된 후에는) 한 번 컴파일되어 여러 번 수행된다는 가정하에서 볼 때 타당하다. 물론 컴파일에 필요한 공간 및 시간은 실제로 컴파일된 코드를 수행하는 것보다 프로그램을 테스트하는 데 시간이 더 많이 걸리는 경우라면 프로그램 테스트 단계에서 중요하다.

프로그램 실행 시 요구되는 공간의 양을 측정하는 것은 명시적으로 고려하지 않는다. 대신에 프로그램의 연산 시간을 측정하는 데 초점을 맞춘다. 프로그램의 연산(실행) 시간을 얻기 위해서는 시간 함수가 필요하다. 현재 시간을 변수 *hsec*에 100분의 1초 단위로 반환하는 함수 *time(hsec)*이 있다고 가정하자.

프로그램 1.27의 순차 탐색 함수에 대한 최악의 경우의 성능을 측정하고자 한다고 하자. 이를 위해서는 (1) 시간을 측정할 n의 값들을 결정해야 하고, (2) 이 n의 값들에 대해서 최악의 성질을 가진 데이타를 결정해야 한다.

```
int SequentialSearch (int *a, const int n, const int x)
{// a[0:n−1]에 대해 탐색한다.
    int i;
    for (i = 0; i < n && a[i] != x; i++);
    if(i==n) return −1;
    else return i;
}
```

프로그램 1.27: 순차 탐색

사용할 n의 값에 대한 결정은 수행하고자 하는 시간 측정 횟수와 일단 시간 측정이 이루어진 후에 그것으로 무엇을 할지에 따라 이루어져야 한다. 프로그램 1.27에 대하여 우리의 목적은 단지 최악의 경우, 주어진 a의 크기 n에서 x를 탐색하는 데 걸리는 시간을 예측하는 것이라고 가정하자. 점근적 해석에 따르면 이 시간은 $\Theta(n)$이 된다. 따라서 시간에 대한 그래프는 일직선이 될 것을 예상할 수 있다. 이론적으로는 임의의 두 n값에 대한 시간을 알면 직선을 결정할 수 있고, 이 직선으로부터 다른 모든 n 값에 대한 탐색 시간을 얻을 수 있다. 실제적으로는 다음과 같은 이유 때문에 두 개 이상의 n 값이 필요하다.

(1) 점근적 해석은 '충분히 큰' n의 값에 대한 행동을 보여 줄 뿐이다. 작은 n 값에 대해서는 실행 시간이 점근적 곡선을 따르지 않을 수도 있다. 점근적 곡선을 따르기 시작하는 지점을 알아 내기 위해서는 몇 개의 n 값에 대한 시간 측정이 필요하다.

(2) 점근적 행동을 나타내는 영역일지라도 점근적 해석에서 무시된 저차 항들의 영향으로 측정된 시

간이 정확하게 예상 곡선(프로그램 1.27의 경우 일직선) 위에 놓이지 않을 수도 있다. 예를 들어 점근적 복잡도가 $\Theta(n)$인 프로그램은 어떤 상수 $c_1(c_1 > 0)$에 대하여 최고차 항이 c_1n인 임의의 n의 함수(이를테면 $c_1n + c_2 \log n + c_3$)를 실제 복잡도로 가질 수 있다.

프로그램 1.27의 점근적 행동은 n이 100보다 작은 어떤 값에서 시작된다고 예상할 수 있다. 따라서 $n > 100$인 몇 개의 값에 대하여 실행 시간을 측정한다. 적절한 선택은 n = 200, 300, 400, ..., 1000이 된다. 이 값들을 선택한 어떤 특별한 이유는 없다. n = 500, 1000, 1500, ..., 10,000이나 n = 512, 1024, 2048, ..., 2^{15}를 사용할 수도 있다. 후자를 선택한 경우에는 계산 시간은 좀더 걸리지만, 아마도 프로그램 1.27의 수행 시간에 대한 더 좋은 정보를 얻지는 못할 것이다.

점근적 행동이 시작되는 정확한 지점을 알지 못하므로, [0,100] 구간의 n에 대하여 보다 세밀한 측정을 수행한다. 물론 측정 결과 선형성이 이 구간에서 시작되지 않는다는 것이 발견된다면, [100,200] 구간에 대해서도 세밀한 측정을 추가로 수행할 필요가 있다. [0,100] 구간에 대해서 $n = 0$에서 시작해서 10의 배수마다 시간을 측정한다.

프로그램 1.27의 최악의 경우는 x가 $a[i]$의 어떤 원소와도 일치하지 않도록 선택된 경우에 발생하는 것을 쉽게 알 수 있다. 정확히 말하면, $a[i] = i$, $1 \le i \le n$, $x = 0$인 경우이다.

이번에는 프로그램 1.28과 같은 프로그램에 대한 최악의 경우 실행 시간을 고려해 보자.

```
void TimeSearch() {
    int a[1001], n[20];
    for (int j = 1; j <= 1000; j++) // a를 초기화
        a[j] = j;
    for (j = 0; j < 10; j++) { // n의 값
        n[j] = 10 * j; n[j + 10] = 100 * (j + 1);
    }
    cout << " n time" << endl;
    for (j = 0; j < 20; j++) { // 계산 시간을 구함
        long start, stop;
        time(start); // 시계를 시작함
        int k = SequentialSearch (a, n[j], 0); // 탐색에 실패함
        time(stop); // 시계를 정지함
        long runTime = stop-start;
        cout << " " << n[j] << " " << runTime << endl;
    }
    cout << "Times are in hundredths of a second." << endl;
}
```

프로그램 1.28: 프로그램 1.27의 시간 측정 프로그램

n	time	n	time
0	0	100	0
10	0	200	0
20	0	300	0
30	0	400	0
40	0	500	0
50	0	600	0
60	0	700	0
70	0	800	0
80	0	900	0
90	0	1000	0

100분의 1초로 잰 시간

그림 1.5 프로그램 1.28의 출력

이 프로그램에서 얻어진 출력이 그림 1.5에 요약되어 있다. 모든 시간이 0이라는 것은 사용한 시계의 정밀도가 부적절하다는 것을 나타낸다.

짧은 사건에 대한 시간을 재기 위해서는 그 사건을 여러 번 반복하고, 전체 시간을 반복 횟수로 나누어야 한다.

100분의 1초의 정확도를 가지는 시계를 가지고 1초보다 작은 정도의 단일 사건에 대한 시간을 재려고 해서는 안 된다. 1초 미만의 사건에 대하여, 측정된 시간은 1%의 정확도를 기대할 수 있다.

프로그램 1.28은 프로그램 1.29와 같이 수정할 필요가 있다. 이 프로그램에서 $r[j]$는 배열의 원소 $n[j]$에 대하여 탐색이 반복된 횟수이다. 다음 프로그램들에서 시간 측정 구문의 배치에 주목해 보자. 프로그램 1.30이나 프로그램 1.31은 기대하는 결과를 가져오지 못한다. 예를 들어 프로그램 1.30의 구조로는 **for** 루프의 매 반복마다 0이 *total*에 더해지기 때문에 출력 값이 여전히 0이 될 것이라는 것을 그림 1.5의 데이타로부터 예상할 수 있다. 프로그램 1.31의 구조에서는 프로그램의 제어가 절대로 **for** 루프를 벗어날 수 없다. 또 다른 대안으로 첫 번째 *time* 호출을 프로그램 1.31의 **for** 루프 밖에서 수행하고, **for** 루프 안의 total에 대한 지정문을 다음과 같이 바꾸는 것이다.

long *total* = *stop* − *start*;

이 방법으로 만족스러운 결과를 기대할 수 있다. 이 방법은 시간을 재는 데 사용할 수 있는 함수가 최근의 *time* 호출로부터 경과된 시간만을 알려 주는 것밖에 없을 경우에는 사용할 수 없다. 또 다른 문제점은 측정된 시간에 시계를 읽는 데 필요한 시간까지 포함된다는 것이다. n이 작은 경우에는 이 시간이 *SequentialSearch*를 실행하는 시간보다 커질 수 있다. 이 문제점은 시간 함수가 사용한 시간을 계산하여 나중에 이 시간을 빼 주는 방법으로 해결할 수 있다. 앞으로의 논의에서 명시적 반복 요소 기법을 사용한다.

void *TimeSearch* () {

```
    int a[1001], n[20];
    const long r[20] = { 300000, 300000, 200000, 200000, 100000, 100000,
    100000, 80000, 80000, 50000, 50000, 25000, 15000, 15000, 10000, 7500, 7000,
    6000, 5000, 5000 };

    for (int j = 1; j <= 1000; j++) // a를 초기화
        a[j] = j;

    for (j = 0; j < 10; j++) { // n의 값
        n[j] = 10 * j; n[j + 10] = 100 * (j + 1);
    }

    cout << " n totalTime runTime" << endl;

    for (j = 0; j < 20; j++) { // 계산 시간을 구함
        long start, stop;
        time(start); // 시계를 시작함
        for (long b = 1; b <= r[j]; b++)
            int k = SequentialSearch(a, n[j], 0); // 탐색에 실패함
        time(stop); // 시계를 정지함
        long totalTime = stop-start;
        float runTime = (float)(totalTime)/(float)(r[j]);
        cout << " " << n[j] << " " << totalTime << " " << runTime << endl;
    }
    cout << "Times are in hundredths of a second." << endl;
}
```

프로그램 1.29: 시간 측정 프로그램

```
long total = 0;
for (long b = 1; b <= r[j]; b++)
{
    time(start);
    k = SequentialSearch(a, n[j], 0);
    time(stop);
    total += stop-start;
```

```
}
float runTime = (float)(total)/(float)(r[j]);
```

프로그램 1.30: 부적절한 시간 측정 구문

```
for (long total = 0, i = 0; total < DesiredTime; i++)
{
    time(start);
    k = SequentialSearch(a, n[j], 0);
    time(stop);
    total += stop−start;
}
float runTime = (float)(total)/(float)(i);
```

프로그램 1.31: 또 하나의 부적절한 시간 측정 구문

프로그램 1.29의 출력이 그림 1.6에 나와 있다. [0,100] 구간의 n에 대한 시간은 그림 1.7로 표현하였다. 나머지 값들에 대해서는 그래프를 생략하였다. 왜냐하면 [0,100] 구간이 지나치게 축소되기 때문이다. n 값에 따른 최악의 경우 시간의 선형성은 이 그래프로부터 명백하다.

그림 1.7의 그래프는 다른 n 값에 대한 실행 시간을 예측하는 데 사용될 수 있다. 예를 들어 $n = 24$일 때, 최악의 경우 탐색 시간은 0.0031 hsec가 될 것으로 예상할 수 있다. 한 걸음 더 나아가 직선에 대한 방정식을 구할 수 있다. 이 직선에 대한 방정식은 m을 기울기, c를 $n = 0$일 때의 값이라고 할 때 $t = c + mn$이 된다. 그래프에서 $c = 0.0008$임을 알 수 있다. $n = 60$, $t = 0.0066$인 점을 이용하면, $m = (t-c)/n = 0.0058/60 = 0.000096$을 얻을 수 있다. 따라서 그림 1.7의 직선의 방정식은 $t = 0.0008 + 0.000096n$이 되고, 이때 t는 100분의 1초로 나타낸 시간이 된다. 이것으로부터 $n = 1000$일 때 최악의 경우 탐색

n	*total*	*runTime*	*n*	*total*	*runTime*
0	241	0.0008	100	527	0.0105
10	533	0.0018	200	505	0.0202
20	582	0.0029	300	451	0.0301
30	736	0.0037	400	593	0.0395
40	467	0.0047	500	494	0.0494
50	565	0.0056	600	439	0.0585
60	659	0.0066	700	484	0.0691
70	604	0.0075	800	467	0.0778
80	681	0.0085	900	434	0.0868
90	472	0.0094	1000	484	0.0968

100분의 1초로 잰 시간

그림 1.6 프로그램 1.27에 대한 최악의 경우 수행 시간

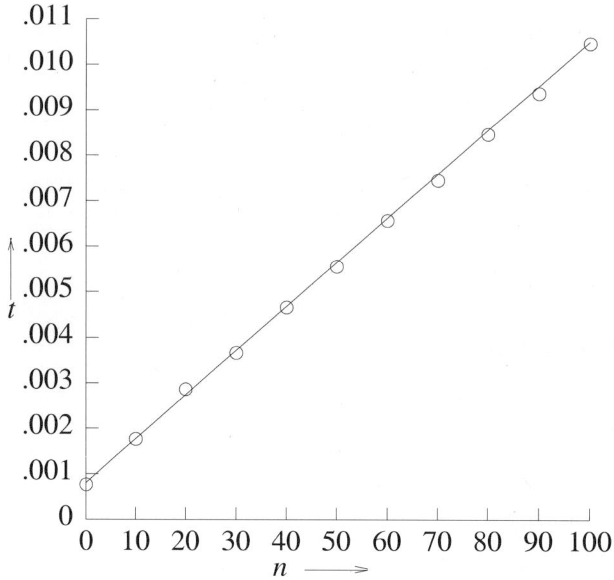

그림 1.7 그림 1.6의 데이타에 대한 그래프

시간이 0.0975 hsec, $n = 500$일 때 0.0491 hsec가 될 것임을 예상할 수 있다. 그림 1.6에 나와 있는 실제 측정 값과 비교해 볼 때, 계산 값이 매우 정확함을 알 수 있다.

그림 1.6의 데이타에 대한 보다 정확한 직선을 구하는 방법은 데이타에 대하여 최소 제곱 근사법을 적용하는 것이다. 그 결과는 $t = 0.00085454 + 0.00009564n$이다. 이 방정식에 따르면, $n = 1000$일 때 $t = 0.0966$이고, $n = 500$일 때는 $t = 0.0487$이다.

이쯤이면 일을 잘 마쳤다고 스스로 만족해할 것이다. 그러나 이제까지의 실험에는 몇 가지 결함이 있기 때문에 그런 안심은 좀 시기상조이다. 첫째로 측정된 시간에는 **for** 루프의 반복에 소요된 시간이 포함되어 있다. 따라서 그림 1.6에 나타난 시간은 과장된 것이다. 이 문제는 **for** 문의 매 반복에 대한 시간을 결정함으로써 교정될 수 있다. 시험적인 수행에서 300,000번의 실행에 단 50 hsec가 소요되었다. 따라서 **for** ($b = 1$; $b <= r[j]$; b++) 문에 대한 시간을 빼면 측정된 시간은 0.000016씩만 감소하게 된다. 보다 많이 반복하여 수행하면 각 탐색당 약 0.000016 hsec가 줄어들 것이므로, 이 차이는 무시할 수 있다.

요약

프로그램의 실행 시간을 계산하기 위해서는 먼저 실험 계획이 필요하다. 다음 논점들이 계획 수립 단계에서 고려되어야 한다.

(1) 시계의 정확도는 얼마인가? 측정 결과는 얼마나 정확해야 하는가? 일단 기대하는 정확도가 얻어지면, 시간이 측정되어야 하는 가장 짧은 사건의 길이를 결정할 수 있다.

(2) 각 인스턴스 크기마다 반복 횟수가 결정되어야 한다. 이것은 사건 시간이 적어도 원하는 정확도로

측정될 수 있는 최소 시간보다는 크도록 결정되어야 한다.

(3) 최악의 경우를 측정할 것인가 아니면 평균 성능을 측정할 것인가? 적절한 테스트 데이타가 이에 따라 생성되어야 한다.

(4) 실험의 목적은 무엇인가? 측정된 시간이 비교를 목적으로 사용될 것인가 아니면 실제 실행 시간을 예측하는 데 사용될 것인가? 후자의 경우라면 반복 루프나 데이타 생성 같은 원인들로 인한 실행 시간의 증가분이 빠져야 한다(단 이러한 시간이 측정된 시간에 포함된 경우). 전자의 경우라면 (비교되는 모든 프로그램에서 공통적인 경우) 이러한 시간을 뺄 필요가 없다.

(5) 측정된 시간이 실제 실행 시간을 예측하는 데 사용될 경우, 측정된 점들로부터 곡선의 방정식을 추출할 필요가 있다. 이를 위해서는 점근적 복잡도를 알아야 한다. 점근적 복잡도가 선형이라면, 최소 제곱 직선이 사용될 수 있다. 만약 2차식이라면 포물선이 사용된다(즉 $t = a_0 + a_1n + a_2n^2$). 만약 복잡도가 $\Theta(n\log n)$이라면, $t = a_0 + a_1n + a_2n\log_2 n$ 형태의 최소 제곱 곡선이 사용될 수 있다. 최소 제곱 점근법이 사용될 경우에는, 프로그램이 점근적 행동을 보이지 않는 '작은' 값의 n에 대한 데이타는 무시해야 한다.

1.7.3 테스트 데이타의 생성

최악의 프로그램 성능을 초래하는 데이타 세트를 생성하는 것은 항상 쉽지만은 않다. 최악의 경우의 데이타를 생성하기 위해 컴퓨터 프로그램을 사용해야만 할 때도 있다. 어떤 경우는 이것조차도 매우 어렵다. 이런 경우, 최악의 성능을 측정하기 위해서는 또 다른 접근법을 사용해야 한다. 관심이 있는 인스턴스 특성 값들에 대해 적당한 대규모의 무작위 테스트 데이타를 생성한다. 이 테스트 데이타 각각에 대해 실행 시간을 구한다. 이들 시간의 최대값을 그 인스턴스 특성 값에 대한 최악의 경우의 시간으로 사용한다.

평균인 경우의 시간을 측정하기 위해서 주어진 특성의 모든 가능한 인스턴스에 대한 평균을 내는 것은 쉽지 않다. 설사 순차와 이원 탐색에 대해서 가능할지라도 정렬 프로그램에 대해서는 가능하지 않다. 만약 모든 키 값들이 서로 다르다고 가정하면 어떤 주어진 n에 대해 $n!$의 서로 다른 순열이 평균 시간을 얻는 데 사용되어야 한다. 평균인 경우의 데이타를 얻는 것은 보통 최악의 경우의 데이타를 얻는 것보다 더 어렵다. 그래서 위에 언급된 기법을 가끔 사용해서 간단하게 평균 시간의 어림값을 얻는다.

최악의 경우를 평가하든 무작위의 데이타를 이용해서 평균 시간을 평가하든 간에 테스트하는 인스턴스의 수는 일반적으로 그런 인스턴스의 총수보다 훨씬 작다. 그래서 실험을 위해 생성되어야 할 데이타들을 결정하기 위해 사용되는 알고리즘을 분석하는 것이 바람직하다. 이것은 아주 전문적인 알고리즘 작업이므로 여기서는 다루지 않겠다.

연습문제

1. 두 개의 함수 n^2와 $2^n/4$를 여러 가지 n 값에 대하여 비교하라. 어느 때 두 번째 함수가 첫 번째 함수보다 커지는가?
2. 귀납법으로 증명하라.

(a) $\sum_{1\le i\le n} i = n(n+1)/2,\ n \ge 1$

(b) $\sum_{1\le i\le n} i^2 = n(n+1)(2n+1)/6,\ n \ge 1$

(c) $\sum_{0\le i\le n} x^i = (x^{n+1}-1)/(x-1),\ x \ne 1,\ n \ge 0$

3. 아래 두 프로그램 세그먼트에서 모든 명령문의 실행 횟수를 구하라.

```
for(i = 1; i <= n; i++)
  for (j = 1; j <= i; j++)
    for (k = 1; k <= j; k++)
      x++;
```

(a)

```
i = 1;
while (i ≤ n)
{
  x++;
  i++;
}
```

(b)

4. (a) 프로그램 1.32의 모든 적절한 위치에 *count*를 증가시키는 명령문을 추가하라.

```
void D(int *x, int n)
{
    int i = 1;
    do {
        x[i] += 2;
        i += 2;
    }
    while (i <= n);
    i = 1;
    while (i <= (n/2))
    {
        x[i] += x[i + 1];
        i++;
    }
}
```

프로그램 1.32: 예제 프로그램

(b) 명령문을 제거해서 이 결과 프로그램을 간소화하라. 간소화된 프로그램은 (a)의 프로그램으로 계산된 *count* 값과 같은 값을 가져야 한다.

(c) 프로그램이 종료했을 때 *count*의 정확한 값은 얼마인가? *count*의 초기 값은 0이라고 가정하라.

(d) 빈도를 이용하여 프로그램 1.32의 단계 수를 계산하라. 단계 수 테이블을 구체적으로 제시하라.

5. 연습문제 4의 문항들을 프로그램 1.33의 함수 *Transpose*에 대하여 수행하라.

```
void Transpose(int **a; int n)
{
    for (int i = 0; i < n-1; i++)
        for (int j = i + 1; j < n; j++)
            swap(a[i][j], a[j][i]);
}
```

프로그램 1.33: 행렬 전치

6. 연습문제 4의 문항들을 프로그램 1.34에 대하여 수행하라. 이 프로그램은 두 개의 $n \times n$ 행렬 a와 b를 곱하는 프로그램이다.

```
void Multiply(int **a, int **b, int **c, int n)
{
    for (int i = 0; i < n; i++)
        for (int j = 0; j < n; j++)
        {
            c[i][j] = 0;
            for (int k = 0; k < n; k++)
                c[i][j] += a[i][k] * b[k][j];
        }
}
```

프로그램 1.34: 행렬의 곱

7. (a) 연습문제 4의 문항들을 프로그램 1.35에 대하여 수행하라. 이 프로그램은 a가 $m \times n$ 행렬이고 b가 $n \times p$ 행렬일 때, 두 행렬 a와 b를 곱하는 프로그램이다.
   (b) 어떤 조건이 충족될 때 두 개의 제일 바깥쪽 **for** 루프를 교환하는 것이 유익한가?

```
void Multiply(int **a, int **b, int **c, int m, int n, int p)
{
    for (int i = 0; i < m; i++)
        for (int j = 0; j < p; j++)
        {
            c[i][j] = 0;
```

```
            for (int k = 0; k < n; k++)
              c[i][j] += a[i][k] * b[k][j];
        }
}
```

프로그램 1.35: 행렬의 곱

8. 다음 등식이 성립함을 보이라.
   (a) $5n^2 - 6n = \Theta(n^2)$
   (b) $n! = O(n^n)$
   (c) $2n^2 2^n + n\log n = \Theta(n^2 2^n)$
   (d) $\sum_{i=0}^{n} i^2 = \Theta(n^3)$
   (e) $\sum_{i=0}^{n} i^3 = \Theta(n^4)$
   (f) $n^{2^n} + 6*2^n = \Theta(2^{2^n})$
   (g) $n^3 + 10^6 n^2 = \Theta(n^3)$
   (h) $6n^3/(\log n + 1) = O(n^3)$
   (i) $n^{1.001} + n\log n = \Theta(n^{1.001})$
   (j) $n^{k+\varepsilon} + n^k \log n = \Theta(n^{k+\varepsilon})$, 모든 k와 ε에 대하여, $k \geq 0, \varepsilon > 0$
   (k) $10n^3 + 15n^4 + 100n^2 2^n = O(100n^2 2^n)$
   (l) $33n^3 + 4n^2 = \Omega(n^2)$
   (m) $33n^3 + 4n^2 = \Omega(n^3)$
9. 다음 등식이 잘못되었음을 보이라.
   (a) $10n^2 + 9 = O(n)$
   (b) $n^2 \log n = \Theta(n^2)$
   (c) $n^2/\log n = \Theta(n^2)$
   (d) $n^3 2n + 6n^2 3n = O(n^3 2^n)$
10. 프로그램 1.10의 함수 *BinarySearch*의 평균 수행 시간을 구하라. [0,100] 구간에서 n의 적절한 값에 대하여 실행하라. 실행 결과에는 측정된 시간뿐만 아니라, 실험 계획을 포함시키라. 측정된 시간을 표와 그래프 형태로 나타내라.
11. 프로그램 1.8의 함수 *SelectionSort*에 대한 연산 시간을 분석하라.
12. 프로그램 1.8의 함수 *SelectionSort*에 대한 최악의 경우 수행 시간을 구하라. [0,3000] 구간에서 n의 적절한 값에 대하여 실행하라. 실행 결과에는 측정된 시간뿐만 아니라, 실험 계획을 포함시키라. 측정된 시간을 표와 그래프 형태로 나타내라.
13. 프로그램 1.22의 함수 *Add*에 대하여 다음을 구하라.
    (a) n = 100, 200, ..., 3000에 대한 실행 시간을 구하라.

(b) (a)에서 얻어진 시간에 대한 그래프를 그리라.

14. 앞의 연습문제를 프로그램 1.35의 행렬의 곱 프로그램에 대하여 수행하라.

15. 복소수 행렬 X는 A와 B가 실수 값으로 이루어진 행렬이라고 할 때, 행렬 쌍 (A,B)로 표현할 수 있다. 두 복소수 행렬 (A,B)와 (C,D)의 곱을 계산하는 프로그램을 작성하라. 여기서 $(A,B) * (C,D) = (A + iB) * (C + iD) = (AC-BD) + i(AD + BC)$이다. 모든 행렬이 $n \times n$일 때, 덧셈과 곱셈의 횟수는 얼마인가?

16. 프로그램 1.26의 함수 *Magic*은 n의 값에 관계없이 51×51 배열 *square*를 사용하고 있다. $n < 51$이면 과도한 공간을 사용하고 $n > 51$이면 예외를 발생시킨다. 이 단점을 동적으로 할당된 $n \times n$ 2차원 배열을 사용해서 제거할 수 있다. 함수 *Magic*을 이렇게 수정해 보라. 코드를 검사하라.

1.8 참고문헌

C++ 프로그래밍에 대한 소개는 다음을 참고하라: *C++ Program Design: An Introduction to Programming and Object-Oriented Design* by J. Cohoon and J. Davidson, 3rd Edition, McGraw Hill, NY, 2002; C++ How to Program, 4th Edition, by H. Deitel and *P*. Deitel, Prentice Hall, Englewood Cliffs, NJ, 2002. 고급 C++ 프로그래밍 기법에 대해서는: Scott Meyers의 Effective C++, Third Edition, Addison-Wesley, Reading, MA, 2005. STL의 모든 구성 요소에 대해서는: 웹 사이트 *http://codeguru,earthweb.com/spp/stlguide* 또는 *The C++ Standard Library: A Tutorial and Reference*, by N. Josuttis, Addison-Wesley, New York, 1999. 객체 지향 패러다임에 대한 논의에 대해서는: Grady Booch의 *Object Oriented Analysis and Design with Applications*, Second Edition, Addison-Wesley, 1993.

소프트웨어 테스트와 디버깅 기법에 대해서는: G. Myers의 *The Art of Software Testing,* John Wiley, New York, NY, 1979, B. Beizer의 *Software Testing Techniques,* Second Edition, Van Nostrand Reinhold, New York, NY, 1990.

다음 책들은 여러 프로그램에 대한 점근적 분석을 설명하고 있다: *Fundamentals of Computer Algorithms* by E. Horowitz, S. Sahni, and S. Rajasekaran, W. H. Freeman and Co., New York, NY, 1998; *Introduction to Algorithms*, Second Edition, by T. Cormen, C. Leiserson, and R. Rivest, McGraw Hill, New York, NY 2002; *Compared to What: An Introduction to the Analysis of Algorithms* by G. Rawlins, W. H. Freeman and Co., NY, 1992.

2장
배열

2.1 추상 데이타 타입과 C++ 클래스

2.1.1 C++ 클래스 개요

C++는 명세와 구현을 구별하고 사용자로부터 ADT의 구현을 은닉하기 위한 목적으로 클래스(class)라고 하는 명시적인 기법을 제공한다. 그러나 클래스 기법을 사용하여 ADT를 표현하도록 하는 것에 대한 판단은 사실 사용자에게 맡겨진다. C++ 클래스는 네 부분으로 구성된다(프로그램 2.1).

(1) 클래스 이름: (예로 *Rectangle*)
(2) 데이타 멤버: 클래스를 만드는 데이타(예로 *xLow*, *yLow*, *height*, *width*)
(3) 멤버 함수: 클래스의 객체에 적용할 수 있는 연산의 집합[예로 *GetHeight*(), *GetWidth*()]
(4) 프로그램 접근 레벨: 이것은 클래스 외부의 프로그램 코드로부터 데이타 멤버와 멤버 함수에 대한 접근 레벨을 제어한다. 클래스 멤버에 대한 접근 레벨에는 public(공용), protected(보호), private(전용)의 세 가지가 있다.

public 데이타 멤버(멤버 함수)는 프로그램 어디에서도 접근(기동)될 수 있다. **private** 데이타 멤버(멤버 함수)는 같은 클래스 내이거나 **friend**로 선언된 함수나 클래스에 의해 접근(기동)될 수 있다. **protected** 데이타 멤버(멤버 함수)는 같은 클래스 내 또는 서브클래스나 **friend**에 의해서만 접근(기동)될 수 있다. 서브클래스에 대해서는 3장에서 상속(inheritance)을 공부할 때 설명하겠다.

```
#ifndef RECTANGLE_H
#define RECTANGLE_H
```

```
// Rectangle.h 헤더 화일 속에
class Rectangle {
public:                      // 다음 멤버들은 public이다
    // 다음 4개의 멤버들은 멤버 함수들이다
    Rectangle();             // 생성자
    ~Rectangle();            // 파괴자
    int GetHeight();         // 사각형의 높이를 제공
    int GetWidth();          // 사각형의 길이를 제공
private:   // 다음 멤버들은 private이다
    // 다음 4개의 멤버들은 데이타 멤버들이다
    int xLow, yLow, height, width;
    // (xLow, yLow)는 사각형의 왼쪽 하단 모서리 좌표이다
};
#endif
```

프로그램 2.1: C++ *Rectangle* 클래스의 정의

2.1.2 C++에서의 데이타 추상화와 캡슐화

C++에서는 한 클래스의 모든 데이타 멤버를 **private**(전용) 또는 **protected**(보호)로 선언함으로써 데이타 캡슐화가 실행된다. 외부에서 데이타 멤버에 접근할 필요가 있는 경우에는 데이타 멤버의 값을 검색하고 설정하는 멤버 함수를 정의하여야 한다. 프로그램 2.1에서 *GetHeight*()와 *GetWidth*()는 **private** 데이타 멤버로 선언된 *height*와 *width*의 값에 접근하는 데 사용된다. 외부에서 기동될 멤버 함수는 **public**으로 선언되어야 하고 나머지는 **private**나 **protected**로 선언된다.

이제 C++에서 클래스 연산에 대한 명세가 그것의 구현과 어떻게 분리되는지 알아보도록 하자. ADT의 클래스 정의에서 공용 부분 속에 포함되어야만 하는 명세는 모든 공용 멤버 함수의 이름, 그 인자들의 타입, 그리고 결과의 타입으로 구성된다[함수에 대한 이 정보를 함수 프로토타입(function prototype)이라고 한다]. 또한 그 함수에 대해 내부 표현이나 구현 세부 사항을 참조하지 않고 그 함수가 무슨 기능을 하는가에 대한 기술이 있어야만 한다. 이 요건은 추상 데이타 타입이 구현에 독립적(implementation-independent)이라는 것을 암시하기 때문에 매우 중요하다. C++에서 각 멤버 함수가 무슨 기능을 하는가는 주석(comment)을 이용하여 기술한다(1장에 기술한 DVD 사용 설명서와 같이). 끝으로 한 연산에 대한 명세는 적절히 이름이 붙여진 헤더 화일에 위치시킴으로써 그 구현과 물리적으로 분리된다(예를 들어 프로그램 2.1의 내용은 *Rectangle.h*에 있다). 함수들의 구현은 보통 같은 이름을 가진 소스 화일에 저장된다(예를 들어 프로그램 2.2의 내용은 *Rectangle.cpp*에 있다). C++ 구문은 멤버 함수의 구현을 클래스 정의 내에 포함시킬 수 있도록 한다는 점에 유의하라. 이 경우 그 함수는 인라인(inline) 함수로 처리된다.

```
// 소스 화일 Rectangle.cpp 속에
#include "Rectangle.h"

// 접두어로 사용되는 "Rectangle::"은 GetHeight()와 GetWidth()가
// Rectangle class의 멤버 함수라는 것을 나타낸다
// 이 접두어가 필요한 이유는 멤버 함수가 클래스 정의의 외부에서 구현되기
// 때문이다

int Rectangle::GetHeight() {return height;}
int Rectangle::GetWidth() {return width;}
```

프로그램 2.2: *Rectangle*에 대한 연산의 구현

2.1.3 클래스 객체의 선언과 멤버 함수의 기동

프로그램 2.3은 어떻게 클래스 객체가 선언되고 이 클래스 객체들에 동작하는 멤버 함수들이 어떻게 기동되는가를 예시하는 코드 부분을 보여 준다. 클래스 객체는 변수들이 선언되고 생성되는 방법과 똑같은 방법으로 선언되고 생성된다. 한 객체의 멤버들은 직접 구성 요소 선택을 위한 구성 요소 선택 연산자를 나타내는 점(·)과 포인터를 통한 간접 구성 요소 선택을 위한 화살표(->, 이 책에서는 →로 표현됨)를 사용하여 접근되거나 기동된다.

```
// 소스 화일 main.cpp 속에
#include <iostream>
#include "Rectangle.h"

main() {
    Rectangle r, s;          // r과 s는 Class Rectangle의 객체들이다
    Rectangle *t = &s;       // t는 클래스 객체 s에 대한 포인터이다
    .
    .
    // 클래스 객체의 멤버에 접근하기 위해 점(.)을 사용한다
    // 포인터를 통해 클래스 객체의 멤버에 접근하기 위해서 →를 사용한다
    if (r.GetHeight()*r.GetWidth() > t→GetHeight() * t→GetWidth())
        cout << " r ";
    else cout << " s ";
    cout << "has the greater area" << endl;
}
```

프로그램 2.3: 어떻게 *Rectangle* 객체가 선언되고 멤버 함수가 기동되는가를 예시하는 C++ 코드 부분

2.1.4 특수 클래스 연산

생성자(constructor)**와 파괴자**(destructor): 생성자와 파괴자는 클래스의 특수한 멤버 함수이다. 생성자는 한 객체의 데이타 멤버들을 초기화하는 멤버 함수이다. 생성자가 클래스에 정의되어 있는 경우에는 그 클래스 객체가 만들어질 때 자동적으로 실행된다. 그러나 생성자가 클래스에 정의되어 있지 않은 경우에는 그 클래스 객체가 만들어질 때 그것의 데이타 멤버를 위한 기억 장소는 할당되지만 데이타 멤버는 초기화되지 않는다. 클래스 생성자를 정의하는 데 따른 이점은 모든 클래스 객체들이 만들어지는 순간 그들이 정확히 정의된다는 것이다. 이것은 정의가 안 된 객체에 접근함으로써 발생하는 오류를 제거한다. 파괴자는 객체가 없어지기 직전에 데이타 멤버들을 삭제하는 멤버 함수이다. **class** *Rectangle*에 대한 생성자와 파괴자가 프로그램 2.1에 선언되어 있다.

생성자는 해당 클래스의 공용 멤버 함수로 선언되어야만 한다. 생성자의 이름은 그 자신이 속한 클래스의 이름과 같아야만 하고 반환 타입이나 반환 값의 타입을 명기해서는 안 된다. 프로그램 2.4는 **class** *Rectangle*을 위한 생성자 정의를 보여 주고 있다.

```
Rectangle::Rectangle(int x, int y, int h, int w)
{
    xLow = x; yLow = y;
    height = h; width = w;
}
```

프로그램 2.4: *Rectangle* 클래스의 생성자 정의

생성자는 다음과 같이 *Rectangle* 객체를 초기화할 때 사용할 수 있다.

```
Rectangle r(1, 3, 6, 6);
Rectangle *s = new Rectangle(0, 0, 3, 4);
```

이것은 한 변의 길이가 6이고 왼쪽 하단 모서리의 좌표가 (1, 3)인 정사각형 *r*을 생성한다. 또 높이가 3, 길이가 4이며 왼쪽 하단 모서리 좌표가 원점 (0, 0)인 *Rectangle* 객체에 대한 포인터 *s*를 생성한다. 그러나 다음과 같은 선언은 컴파일 시간 오류를 만든다는 것에 유의하라.

```
Rectangle t;
```

그 이유는 컴파일러가 *t*를 초기화하기 위해 기정 생성자(default constructor, 인자가 없는 생성자)를 필요로 하기 때문이다. 만일 프로그램 2.4에서 생성자가 정의되지 않았다면 컴파일러는 스스로 기정 생성자를 만들어 사용하였을 것이다. 그러나 생성자를 사용자가 정의하였기 때문에 위와 같은 정의를 사용하기 위해서는 기정 생성자를 제공할 책임이 사용자에 있다. 프로그램 2.5는 기정 생성자 기능도 함께 제공하는 *Rectangle* 생성자의 정의를 보여 준다. 이것은 인자 리스트의 각 인자에 기정 값을 제공함으로써 달성된다. 이 경우에 각 인자의 기정 값은 정수 0이다. 만일 이 생성자가 사용된다면 객체 *t*에 대한 위의 선언은 모든 데이타 멤버들이 0으로 초기화된 *Rectangle* 객체 하나가 만들어지게 한다.

```
Rectangle::Rectangle(int x = 0, int y = 0, int h = 0, int w = 0)
: xLow(x), yLow(y), height(h), w(width)
{}
```

프로그램 2.5: *Rectangle* 클래스의 세련된 생성자 정의

프로그램 2.5의 생성자는 프로그램 2.4의 것과 또 다른 면에서 차이점이 있다. 즉 몸체는 공백이고 데이타 멤버들은 멤버 초기화 리스트[콜론(:) 다음에 데이타 멤버의 리스트와 이들을 초기화할 인자들을 괄호 안에 넣어 구성]에 의해 초기화된다. 프로그램 2.4는 두 개의 별도 과정을 통하여 먼저 데이타 멤버를 초기화하고 그 다음 이들에 인자를 지정하는 반면에 프로그램 2.5는 하나의 과정으로 데이타 멤버를 대응되는 인자들로 직접 초기화하고 있다. 그러므로 후자의 방법이 보다 효율적인 생성자가 되는 것이다.

파괴자는 클래스 객체가 범위를 벗어나거나 삭제될 때 자동적으로 기동된다. 생성자와 마찬가지로 파괴자는 그 클래스의 공용 멤버로 선언되어야 한다. 그 이름은 클래스 이름과 똑같아야만 되는데 다만 그 앞에 틸데(~)가 붙는다. 파괴자는 반환 타입이나 반환 값을 명기해서도 안 되고 또한 인자를 받아서도 안 된다. 만약 클래스에 대한 파괴자가 선언되지 않은 경우에 그 클래스에 속한 객체의 삭제는 그 클래스의 데이타 멤버와 연관된 기억 장소들을 해방시키게 된다. 만일 한 데이타 멤버가 다른 객체에 대한 포인터라면 이 포인터에 할당된 기억 장소는 반환되지만 그것이 지시하던 객체는 삭제되지 않는다. 그러므로 이 객체마저 삭제하려면 이와 같은 작업을 명시적으로 수행하는 파괴자를 정의해야 한다.

연산자 다중화(operator overloading): 두 데이타 항목이 동등한지를 검사하는 연산자 ==를 생각해 보자. 연산자 ==는 두 개의 실수(**float**) 데이타 항목의 동등성을 검사할 수 있고 또 두 개의 정수(**int**) 데이타의 동등성을 검사할 수도 있다. 따라서 연산자 ==를 구현하는 하드웨어 알고리즘은 비교되는 두 피연산자의 타입에 따라 다르다. 즉 두 실수를 비교하는 알고리즘은 두 정수를 비교하는 것과 다르다. 이것이 연산자 다중화의 한 예이다. 그러나 연산자 ==를 두 개의 사각형(*Rectangle*) 객체의 동등성을 비교하는 데 사용한다면 컴파일러는 연산자 ==가 *Rectangle* 객체를 위해서는 정의되지 않았다고 불평할 것이다. C++는 프로그래머로 하여금 사용자가 정의한 데이타 타입에 대해 연산자를 다중화할 수 있도록 허용한다. 이것은 특정 데이타 타입을 위한 연산자를 구현하는 정의를 허용함으로써 제공된다. 이 정의는 연산자에 따라 클래스 멤버 함수나 보통의 함수 형식을 취한다. 사용될 함수 프로토타입은 특정 연산자의 명세와 일치해야만 한다. 다양한 연산자들의 명세에 대한 세부 사항은 앞장의 끝에 나열된 입문서를 참조하라.

프로그램 2.6은 연산자 ==를 **class** *Rectangle*을 위해 다중화한 것이다. 이 프로그램은 **this**라는 포인터를 사용하고 있다. 이 포인터를 간단히 설명하면 C++에서 키워드 **this**가 한 클래스의 멤버 함수 내에서 사용되면 그 함수를 기동시킨 특정 클래스 객체에 대한 포인터를 나타낸다. 따라서 그 클래스 객체 자체는 ***this**로 표현된다.

```
bool Rectangle::operator==(const Rectangle & s )
{
```

```
    if (this == &s) return true;
    if (xLow == s.xLow) && (yLow == s.yLow)
        && (height == s.height)  &&  (width == s.width) )return true;
    else return false;
}
```

프로그램 2.6: class *Rectangle*을 위한 == 연산자의 다중화

이제 사용자는 == 연산자를 두 개의 사각형이 동등한 것인지를 검사하는 데 사용할 수 있다. 위의 프로그램에서는 먼저 식 '**this** == &*s*' 를 실행한다. 이 식은 비교하는 두 객체가 동일한 객체인지를 검사한다. 이 것은 다음과 같은 경우에 적용된다.

```
if (r == r) …
```

```
Rectangle & u = r;
if (r == u) …
```

이 두 경우에 표현식 '**this** == &*s*' 는 두 피연산자가 모두 같은 객체를 나타내므로 두 사각형의 개개 데이타 멤버를 비교할 필요 없이 결과는 **true**가 된다. 이것은 특히 클래스가 많은 수의 데이타 멤버를 포함하고 있는 경우에 효과적이다. 이 식이 **false**가 되면 이 두 사각형은 동일한 객체가 아니므로 데이타 멤버를 개별적으로 비교해 보아야 한다. 프로그램 2.7은 *Rectangle* 객체가 **cout**를 이용하여 출력될 수 있도록 연산자 <<를 다중화한 것이다.

```
ostream& operator << (ostream& os, Rectangle & r)
{
    os << "Position is: " << r.xLow << " ";
    os << r.yLow << endl;
    os << "Height is: " << r.height << endl;
    os << "Width is: " << r.width << endl;
    return os;
}
```

프로그램 2.7: class *Rectangle*을 위한 << 연산자의 다중화

연산자 <<는 클래스 *Rectangle*의 전용 데이타 멤버에 접근하고 있는 것에 유의하라. 그러므로 이 연산자는 *Rectangle*의 **friend**로 만들어져야만 한다. 일반적으로 클래스에 있는 **friend** 선언의 수는 최소화하려고 하는데 그것은 **friend**가 데이타 캡슐화 원리에 대해 예외적이기 때문이다. 그러나 위와 같이 꼭 필요한 경우가 있다. 다음과 같은 문장은

cout << *r*;

여기서 *r*이 왼쪽 하단 좌표가 (1, 3)이고 한 변이 6인 정사각형으로 정의되었을 때 다음과 같이 출력될 것이다.

Position is: 1 3
Height is: 6
Width is: 6

2.1.5 기타 내용

C++에서 **struct**는 묵시적 접근 레벨이 공용인 점을 제외하고는 **class**와 같다. 즉 한 데이타 타입의 **struct** 정의에서 주어진 멤버(데이타 또는 함수)가 **public**, **private**, **protected**로 명세되지 않은 경우에는 **public**으로 정의된다. 그러나 **class**에서 기정 값은 **private**이다. 그러므로 C++의 **struct**는 C의 **struct** 에 대한 일반화인 것이다.

union은 데이타 멤버들 중에서 가장 큰 것을 저장할 수 있는 기억 장소를 할당하여 놓고 어느 한 순간에 오직 어느 한 데이타 멤버의 값만을 저장하는 구조이다. 이것은 서로 다른 타입을 가지는 여러 가지 데이타 항목 가운데 하나만 구조에 저장할 필요가 있을 때 유용하다. 그러나 실제로 실행할 때까지 그 데이타 타입이 무엇인지 알 수 있는 방법은 없다. **struct**나 **class** 구조는 그들의 모든 데이타 멤버를 위해 기억 장소를 할당한다. 따라서 이와 같은 경우에 **union**은 보다 효율적으로 기억 장소를 사용한다. 4장의 연결 리스트 부분에서 **union**을 사용하는데 이때 상속을 이용하여 **union**을 개선하는 기법에 대해서도 배울 것이다.

static(정적) 클래스 데이타 멤버는 그 클래스에 대한 전역 변수로 생각할 수 있다. 클래스 멤버 함수의 입장에서 볼 때 정적 데이타 멤버는 다른 데이타 멤버와 같다. 한 가지 다른 점은 각 클래스 객체는 자신만의 독자적인 사본을 가지고 있지 않다는 것이다. 정적 데이타 멤버는 오직 하나의 사본만이 있으며 모든 클래스 객체는 이를 공유해야만 한다. 두 번째 다른 점은 클래스에서 정적 데이타 멤버의 선언은 클래스 정의를 구성하지 않는다는 것이다. 결과적으로 이 데이타 멤버의 정의는 프로그램의 어느 다른 곳에 있어야 한다. 이 장의 뒷부분에서 *Polynomial* 데이타 타입을 구현할 때 정적 클래스 멤버의 예를 보게 될 것이다.

2.1.6 ADT와 C++ 클래스

예제 2.1 [**추상 데이타 타입 *NaturalNumber***]: ADT 2.1은 *NaturalNumber*의 클래스 정의를 포함하고 있다. ADT 2.1의 클래스 정의 *NaturalNumber*는 ADT 1.1의 ADT 정의와 매우 유사하다. 따라서 앞으로는 ADT를 정의할 때 ADT 1.1의 표기 대신에 C++ 클래스를 사용할 것이다. ADT 1.1의 형식이

C++ 클래스 형식과 한 가지 크게 다른 점이 있다는 것에 유의하라. 연산자 <<와 같이 C++의 어떤 연산자들은 사용자 정의 ADT를 위해 다중화될 때 해당 클래스의 멤버 함수로 존재하지 않는다는 것이다. 오히려 이 연산자들은 보통의 C++ 함수로 존재한다. 그래서 이 연산들은 실제로 ADT의 일부분이면서도 그 ADT의 C++ 클래스 정의 외부에서 선언된다.

---

class *NaturalNumber* {
// 컴퓨터에서 0부터 최대 정수(MAXINT)까지 순서가 있는 정수의 부분 범위
public:
    NaturalNumber Zero();
    // 0을 반환한다.

    bool *IsZero*();
    // ***this**가 0이면 **true**를, 아니면 **false**를 반환한다.

    NaturalNumber Add(*NaturalNumber y*);
    // ***this** + *y*와 MAXINT에서 작은 값을 반환한다.

    bool *Equal*(*NaturalNumber y*);
    // ***this** == *y*이면 **true**를, 아니면 **false**를 반환한다.

    NaturalNumber Successor();
    // ***this**가 MAXINT이면 MAXINT를 아니면 ***this** + 1을 반환한다.

    NaturalNumber Substract(*NaturalNumber y*);
    // ***this** < *y*이면 0을, 아니면 ***this**−*y*를 반환한다.
};

ADT 2.1: *NaturalNumber* 추상 데이타 타입

연습문제

1. **class** *Rectangle*에서 $r < s$이면 r의 면적이 s의 면적보다 작은 것이 되도록 연산자 <를 다중화하라.
2. **class** *Rectangle*(프로그램 2.1)을 확장한 **class** *MyRectangle*을 위한 C++ 코드를 작성하고 테스트하라. 프로그램 2.1에서 정의된 데이타 멤버 이외에 *MyRectangle*은 *color* 데이타 멤버를 가지고 있다. 코드는 각 데이타 멤버의 값을 변경하는 것뿐만 아니라 반환해 주는 함수와 사각형의 면적과 둘레를 반환하는 함수를 포함해야 한다. 연산자 <<와 >>는 사각형을 처리할 수 있도록 다중화되어야 한다

3. 화폐 객체를 표현하는 C++ **class** *Currency*를 위한 코드를 작성하고 테스트하라. 각 화폐 객체는 두 개의 데이타 멤버 $와 *cents*를 갖는데 *cents*는 0과 99 사이의 정수이다. 코드는 각 데이타 멤버를 설정하여 반환하고, 화폐 객체를 더하거나 빼고, 2, 2.5 등과 같은 숫자로 화폐 객체를 곱할 수 있는 함수를 포함해야 한다. 연산자 <<와 >>는 화폐 객체를 처리할 수 있도록 다중화되어야 한다.
4. 복소수 데이타 타입을 나타내는 클래스 *Complex*를 구현하라. 다음 연산들을 구현하라.
   (a) 생성자(복소수 0+0*i*를 기정 값으로 생성하는 기정 생성자를 포함한다).
   (b) 두 복소수를 더하는 연산자 +를 다중화하라.
   (c) 두 복소수를 곱하는 연산자 *를 다중화하라.
   (d) 복소수를 읽고 출력하는 연산자 <<와 >>를 다중화하라. 이것을 하기 전에 먼저 입력과 출력의 형식을 결정하여야 할 것이다.

   다음 명세에 따라 프로그램을 작성하라: 두 개의 복소수 3+2*i*와 0+0*i*를 생성자를 사용하여 정의하라. **cin**을 사용하여 두 개의 복소수 5+3*i*와 0+0*i*를 입력하라. 네 개의 복소수 전체에 대해 합과 곱셈을 연산자 +와 *를 사용하여 구하라. 그 결과를 **cout**를 사용하여 출력하라.
5. $ax^2 + bx + c$와 같이 차수가 2인 다항식을 표현하는 **class** *Quadratic*을 구현하라. 이 클래스는 *a*, *b*, *c*에 해당하는 세 개의 데이타 멤버를 필요로 하게 된다. 다음 연산자들을 구현하라.
   (a) 생성자(0을 가지는 다항식을 기정 값으로 생성하는 기정 생성자를 포함한다.)
   (b) 차수가 2인 두 개의 다항식을 더하는 연산자 +를 다중화하라.
   (c) 다항식을 입력하고 출력하는 <<와 >>를 다중화하라. 이것을 하기 위해서는 입력과 출력 형식의 모양을 먼저 결정해야 할 것이다.
   (d) *x*의 값이 주어지는 경우 다항식의 값을 계산하는 함수 *Eval*.
   (e) $ax^2 + bx + c=0$ 식의 두 해를 계산하는 함수[**힌트**: 앞의 **class** *Complex* 문제를 이용하라.]

2.2 추상 데이타 타입으로서의 배열

배열(array)을 추상 데이타 타입(ADT)의 관점에서 논의해 보자. 이러한 관점은 대부분의 프로그래머들이 배열을 단지 '일련의 연속적인 메모리 위치'로 보기 때문에 일반적인 것은 아니다. 이것은 배열을 단지 구현의 측면에서만 강조함으로써 생긴 것으로 올바르지 못하다. 물론 배열이 일련의 연속적인 메모리 위치로 구현되는 것이 보통이지만 반드시 그런 것도 아니다. 직설적으로 배열은 인덱스와 값 <*index*, *value*>의 쌍으로 구성된 집합으로서, 정의된 각 인덱스는 그 인덱스와 관련된 값을 갖는다. 수학 용어로 이것을 대응(correspondence) 또는 사상(mapping)이라 부른다. ADT 관점에서 보면 배열에서 수행 가능한 연산들이 더 중요하다. 새로운 배열의 생성을 제외하고 대부분의 프로그래밍 언어에서는 배열에 대해 두 가지 표준 연산, 즉 값을 추출하는 연산과 저장 연산만을 제공한다. ADT 2.2는 배열 ADT의 클래스 정의를 보여 주고 있다.

```
Class GeneralArray {
// IndexSet에 있는 각 index의 값에 대하여 float 타입의 value가 존재하는
// <index, value>쌍의 집합. IndexSet는 일차원 또는 다차원의 유한 순서 집합이다.
// 예를 들어 일차원의 경우 {0, …, n−1}, 이차원의 경우 { (0, 0), (0, 1), (0, 2),
// (1, 0), (1, 1), (1, 2), (2, 0), (2, 1), (2, 2)}이 된다.
public:
    GeneralArray(int j, RangeList list, float initValue = defaultValue);
    // 이 생성자는 j 차원의 실수 배열을 생성한다.
    // k번째 인덱스의 범위는 list의 k번째 원소로 정해진다.
    // 인덱스 집합의 인덱스 i에 대해 <i, initValue>를 배열에 삽입한다.
    float Retrieve(index i);
    // i가 배열의 index 집합에 있으면 배열에서 i와 쌍이 되는 float를 반환하고,
    // 그렇지 않으면 예외를 발생시킨다.
    void Store(index i, float x);
    // i가 배열의 index 집합에 있으면 배열에서 i와 쌍이 되는 값을 x로 대체하고,
    // 그렇지 않으면 예외를 발생시킨다.
}; //
```

ADT 2.2: *GeneralArray* 추상 데이타 타입

생성자 *GeneralArray*(**int** *j*, *RangeList list*, **float** *initValue* = defaultValue)는 적절한 크기와 타입의 새로운 배열을 생성한다. 초기에는 모든 항목이 실수 변수 *initValue*의 값으로 정해진다. *Retrieve* 함수는 *index*를 입력으로 받아, 만약 그 인덱스가 유효하다면 그 인덱스와 관련된 값을 반환하고 인덱스가 유효하지 않다면 오류를 반환한다. *Store* 함수는 *index*와 실수 타입의 값을 입력으로 받아, <*index*, *oldvalue*> 쌍의 값을 새로운 <*index*, *newvalue*> 쌍으로 대치시킨다.

*GeneralArray*는 인덱스 집합의 구성이 유연하기 때문에 C++의 배열보다 더 일반적이다. C++ 배열은 인덱스 집합이 0부터 시작하는 연속적인 정수들이어야 한다. 또한 C++는 배열의 인덱스가 그 배열이 정의된 범위에 속하는지 확인하는 테스트를 하지 않는다. 이런 단점으로 인하여 보다 일반적이고 견고한 배열 클래스를 정의하는 것이 필요하게 된다. 이와 같은 클래스를 구현하는 데 필요한 멤버 함수들에 대해서는 연습문제에서 다룬다. 일반적인 배열 클래스는 보통 내부적으로 C++ 배열을 이용하여 구현될 수 있다. 이를 위해서 일반 배열에서의 위치를 C++ 배열에서의 위치로 대응시키는 것이 필요하다. 이것은 2.5절에서 논의한다.

설명을 간단히 하기 위해 여기서는 C++ 배열을 사용할 것이다. 그러므로 간단히 C++ 배열을 복습해 보자. 0에서 $n-1$까지의 인덱스 집합을 갖는 **float** 타입의 C++ 배열 *floatArray*는 다음과 같이 정의한다.

float *floatArray*[*n*];

*floatArray*의 *i*번째 원소 값은 *floatArray*[*i*]와 *(*floatArray* + *i*)의 두 가지 방법으로 접근할 수 있

다. 후자의 방법에서 변수 *floatArray*는 실제로 그 배열의 0번째 원소를 가리키는 포인터이다. 식 *floatArray* + *i*는 *floatArray* 배열의 *i*번째 원소를 가리키는 포인터이다. 그러므로 *(*floatArray* + *i*)는 *floatArray* 배열의 *i*번째 원소가 된다.

연습문제

1. 다음 내용을 제외하고 1차원 C++ 배열(즉 인덱스 집합은 0에서 시작하는 연속적인 정수의 집합이다)과 동일한 **class** *CppArray*를 구현하라.
   (i) 영역 검사를 수행한다.
   (ii) 치환 연산자를 이용하여 한 배열을 다른 배열에 치환하는 것이 가능하다(예, *cp*1 = *cp*2).
   (iii) 배열의 크기를 반환하는 함수를 제공한다.
   (iv) **cout**와 **cin**을 사용하여 배열의 입력과 출력이 가능하다.

   이 구현을 위해 *CppArray*에 대해 다음과 같은 멤버 함수를 정의해야만 할 것이다.
   (a) 생성자 *CppArray* (**int** *size* = *defaultSize*, **float** *initvalue* = defaultValue). 이 생성자는 크기가 *size*이고 원소들이 모두 *initvalue*로 초기화된 배열을 생성한다.
   (b) 복사 생성자 *CppArray* (**const** *CppArray*& *cp*2). 이 함수는 배열 *cp*2와 동일한 배열을 생성한다. 복사 생성자는 다음과 같이 다른 클래스 객체를 이용하여 한 클래스 객체를 초기화하는데 사용한다.
   CppArray a = *b*;
   (c) 치환 연산자 *CppArray*& **operator** = (**const** *CppArray*& *cp*2). 이 함수는 원래의 배열을 *cp*2로 대체한다.
   (d) 파괴자 ~*CppArray*().
   (e) 첨자 연산자 **float& operator**[ ] (**int** *i*). 이 함수는 범위 검사를 할 수 있도록 구현되어야 한다.
   (f) 멤버 함수 **int** *GetSize*(). 이 함수는 배열의 크기를 반환한다.
   (g) *CppArray*의 원소들을 입력하고 출력하기 위해 연산자 <<와 >>를 다중화한 함수를 구현한다. 이 함수들은 *CppArray*의 **friend** 함수로 정의되어야 한다.

2.3 다항식 추상 데이타 타입

배열은 그 자체가 자료 구조인 동시에 다른 추상 데이타 타입의 구현에도 사용할 수 있다. 예를 들어 간단하고 보편적인 순서 리스트(ordered list)[또는 선형 리스트(linear list)]를 살펴보자. 다음과 같은 것들이 순서 리스트의 예이다.

· 한 주일의 요일들: (일요일, 월요일, 화요일, 수요일, 목요일, 금요일, 토요일)
· 카드 한 벌의 값: (에이스, 2, 3, 4, 5, 6, 7, 8, 9, 10, 잭, 퀸, 킹)

· 건물의 층: (지하실, 로비, 일층, 이층)
· 미국의 제2차 세계대전 참전 연도: (1941, 1942, 1943, 1944, 1945)
· 스위스의 제2차 세계대전 참전 연도: ()

'스위스의 제2차 세계대전 참전 연도'는 어떤 항목도 포함하고 있지 않기 때문에 다른 구조와는 다르다. 이것은 ()로 표시하는 공백 리스트의 예이다. 다른 리스트들은 모두 $(a_0, a_1, ..., a_{n-1})$의 형태로 표기된 항목들을 포함하고 있다.

리스트에 관련된 연산은 다음에 제시한 것들을 포함하여 여러 가지가 있다.

(1) 리스트의 길이 n을 계산
(2) 리스트의 항목을 왼쪽에서 오른쪽으로(오른쪽에서 왼쪽으로) 읽기
(3) 리스트로부터 i번째 항목을 검색, $0 \le i < n$
(4) 리스트의 i번째 항목을 대체, $0 \le i < n$
(5) 리스트의 i번째 위치에 새로운 항목을 삽입, $0 \le i < n$ 이것은 원래의 $i, i+1, ..., n-1$ 항목 번호를 $i+1, i+2, ..., n$으로 만듦
(6) 리스트의 i번째 항목을 제거, $0 \le i < n$ 이것은 $i+1, ..., n-1$ 항목 번호를 $i, i+1, ..., n-2$로 만듦

물론 이 모든 연산들을 항상 수행할 수 있어야만 하는 것은 아니다. 대부분 부분 집합만으로도 충분하다. 자료 구조를 공부하는 데 있어서는 이 연산들이 효율적으로 수행될 수 있는 순서 리스트의 표현 방식이 주요한 내용이 된다.

ADT 순서 리스트(ordered list)에 대한 공식적 명세를 기술하는 대신 구현에 대해 간단히 살펴보겠다. 순서 리스트의 가장 보편적인 구현 방법은 리스트 원소 a_i를 배열 인덱스 i와 대응시키는 배열로 표현하는 것이다. 이를 순차 사상(sequential mapping)이라 하는데 이것은 배열의 전통적인 구현에서 a_i, a_{i+1}을 배열의 i와 $i+1$ 위치에 연속적으로 저장하기 때문이다. 이것은 상수 시간 내에 리스트 내의 임의 원소의 값을 검색하거나 변경할 수 있게 하는데 그 이유는 컴퓨터가 그 메모리에 있는 워드에 대해 임의 접근을 하기 때문이다. 또한 단순히 첨자를 변경시킴으로써 리스트의 항목을 양쪽 어느 방향으로도 읽을 수 있다. 다만 연산 (5)와 (6)의 경우는 문제가 발생한다. 순차 할당을 사용하여 삽입과 삭제를 하면 순차 사상을 올바로 유지하기 위해서 나머지 항목의 이동이 필요하기 때문이다. 이런 오버헤드 때문에 4장에서는 순서 리스트의 비순차 사상에 대해 살펴보고자 한다.

이제 순서 리스트를 필요로 하는 문제를 1차원 배열로 해결하는 상황을 살펴보자. 이 문제는 하나의 변수(예, x)로 된 다항식의 표현과 조작을 위해 ADT를 구축해야 한다. 그런 두 다항식은 다음과 같다.

$$a(x) = 3x^2 + 2x - 4 \text{ , } b(x) = x^8 - 10x^5 - 3x^3 + 1$$

다항식 $a(x)$는 3 개의 항 $3x^2$, $2x$, -4를 가지고 있다. 이 항들의 계수(coefficient)는 각각 3, 2, −4이다. 이들의 지수(exponent)는 각각 2, 1, 0이다. 다항식의 항은 (계수, 지수) 쌍으로 표현할 수 있다. 예를 들어 (3, 2)는 항 $3x^2$를 나타낸다. 계수가 0이 아닌 항을 0이 아닌 항(nonzero term)이라 한다. 보통 계수가 0인 항은 표시하지 않는다. 지수가 0인 항[예, $a(x)$에서는 −4]은 변수를 표시하지 않는다. 왜냐하면 x의

0제곱은 1이기 때문이다. 다항식의 차수(degree)는 0이 아닌 항 중에서 제일 큰 지수를 말한다. 다항식의 덧셈과 곱셈에 대한 표준 수학적 정의가 있다. $a(x) = \sum a_i x^i$와 $b(x) = \sum b_i x^i$로 된 2개의 다항식이 있다고 가정하면;

$$a(x) + b(x) = \sum(a_i + b_i)x^i$$
$$a(x) \cdot b(x) = \sum(a_i x^i \cdot \sum(b_j x^j))$$

마찬가지로 다항식의 뺄셈과 나눗셈뿐만 아니라 다른 유형의 연산들도 정의할 수 있다. 그러면 다항식의 ADT 정의(ADT 2.3)에서부터 시작해 보자. ADT 2.3은 다항식에서 수행하려고 하는 함수의 일부만 보여 주고 있다. ADT 2.3은 뺄셈과 나눗셈, 입력과 출력 연산을 위한 함수를 포함할 수 있도록 확장할 수 있다.

---

class *Polynomial* {
// $P(x)=a_0x^{e_0} + \cdots + a_nx^{e_n}$; 순서쌍, <$e_i$, a_i>의 집합.
// 여기서 a_i는 0이 아닌 **float** 계수이고 e_i는 음이 아닌 정수 지수
public:

Polynomial();
// 다항식 $p(x) = 0$을 생성

Polynomial Add(*Polynomial poly*);
// 다항식 ***this**와 *poly*의 합을 반환

Polynomial Mult(*Polynomial poly*);
// 다항식 ***this**와 *poly*의 곱을 반환

float *Eval*(**float** *f*);
// 다항식 **this*에 *f*를 대입한 값을 계산하여 그 결과를 반환

};

ADT 2.3: *Polynomial* 추상 데이타 타입

2.3.1 다항식 표현

이제 표현상의 몇 가지 결정을 해 보자. 첫 번째 결정은 지수들의 내림차순으로 항들을 정돈한다는 것이다. 이렇게 하면 많은 연산들을 상당히 간단하게 만들 수 있다. 이제 이런 결정을 바탕으로 다항식의 세 가지 표현에 대해 고찰해 보자.

표현 1: C++ 언어에서 다항식을 표현하는 한 가지 방법은 *Polynomial*에 대한 전용 데이타 멤버를 다음과 같이 정의하는 것이다.

```
private:
    int degree;                    //degree ≤ MaxDegree
    float coef [MaxDegree + 1]; //계수 배열
```

여기서 *MaxDegree*는 표현할 다항식의 최대 차수를 나타내는 상수이다. 만약 *a*가 *Polynomial* 클래스 객체이고 $n \leq MaxDegree$이면, 위의 다항식 $a(x)$는 다음과 같이 표현된다.

$a.degree = n$
$a.coef\,[i] = a_{n-i},\ 0 \leq i \leq n$

한 가지 유의할 것은 $a.coef\,[i]$는 x^{n-i}의 계수가 되고 계수들은 지수의 내림차순으로 저장된다는 것이다. 이 표현은 대부분의 다항식에 대한 연산(덧셈, 뺄셈, 계산, 곱셈 등)을 위한 알고리즘을 간단하게 구성할 수 있게 한다.

표현 2: 표현 1의 방법은 처리하려는 다항식의 최대 차수를 알아야 하고 또 컴퓨터 메모리의 많은 낭비를 초래한다. 예를 들어 *a.degree*가 *MaxDegree*보다 매우 작은 경우에 *a.coef* [ ]의 대부분이 사용되지 않게 된다. 이런 결점들을 극복하기 위해서는 *coef*의 크기를 *a.degree* + 1이 되게 정의하면 된다. 이것은 다음과 같이 전용 데이타 멤버를 선언하면 된다.

```
private:
    int degree;
    float *coef ;
```

그리고 *Polynomial*에 다음과 같은 생성자를 추가한다.

```
Polynomial::Polynomial(int d)
{
    degree = d;
    coef = new float[degree + 1];
}
```

표현 3: 비록 표현 2가 앞에서 언급한 문제를 해결하고는 있지만 바람직한 표현 기법은 되지 못한다. 이것을 확인하기 위해 0인 항이 많은 다항식을 생각해 보자. 이와 같은 다항식을 희소(sparse) 다항식이라고 한다. 예를 들어 다항식 $x^{1000} + 1$은 2개의 0이 아닌 항과 999개의 0인 항으로 이루어져 있다. 표현 2를 사용하는 경우에는 결과적으로 *coef*에서 999개의 엔트리가 0이 될 것이다. 이 문제를 해결하기 위해서는 0이 아닌 항만 저장하면 된다. 이런 목적을 위해 클래스 *term*을 다음과 같이 정의한다.

```
class Polynomial; //전방 선언

class Term{
friend Polynomial;
private:
    float coef ; // 계수
    int exp;     // 지수
};
```

*Polynomial*의 전용 데이타 멤버는 다음과 같이 정의한다.

```
private:
    Term *termArray;    // 0이 아닌 항의 배열
    int capacity;       // termArray의 크기
    int terms;          // 0이 아닌 항의 수
```

앞으로 더 나가기 전에, 이 표현을 표현 2와 비교해 보자. 표현 3은 0인 항이 많은 경우에 분명히 우수하다. 예를 들어 $c(x)=2x^{1000}+1$은 표현 3을 사용하면 6개의 공간(*c.capacity*에 하나, *c.terms*에 하나, 계수에 둘, 지수에 둘)만 사용하지만 표현 2를 사용하면 1002개의 공간이 사용된다. 그러나 $a(x)$와 같이 모든 항이 0이 아닌 경우에 표현 3은 표현 2보다 거의 두 배의 공간을 사용하게 된다. 일반적으로 다항식에 0인 항이 거의 없다는 것을 미리 알고 있지 않는 한 표현 3이 오히려 더 낫다. 연습문제에서는 배열 대신 STL 클래스 *vector*를 사용하는 또 다른 표현을 살펴보겠다.

2.3.2 다항식 덧셈

이제 두 개의 다항식 a와 b를 더하여 $c = a + b$를 구하는 C++ 함수를 작성해 보자. a와 b를 저장하기 위해서는 표현 3의 방식을 사용한다고 하자. 함수 *Add*(프로그램 2.8)는 $a(x)$(***this**)와 $b(x)$를 항별로 더하여 $c(x)$를 만드는 함수이다. 이 알고리즘은 *Polynomial*의 기정 생성자가 *capacity*와 *terms*를 각각 0과 1로 초기화하고 *termArray*를 1(즉 *termArray*의 크기 또는 용량이 1)로 초기화하는 것을 가정하고 있다.

기본 루프는 지수를 비교한 결과에 따라 두 다항식의 항들을 하나로 합하는 과정으로 구성되어 있다. 이 명령문은 두 지수가 어떤 관계를 가지는지 검사하여 적당한 동작을 수행한다. **while** 문 내에서의 검사는 두 개의 항을 필요로 하므로 어느 한 다항식의 항들이 모두 처리되면 이 루프는 끝나야만 한다. 이때 다른 다항식의 나머지 항들은 결과 다항식으로 직접 복사된다. c의 항들은 *NewTerm* 함수(프로그램 2.9)를 호출하여 배열 *termArray*로 입력된다. 배열 *termArray*에 이 새로운 항들을 저장할 공간이 충분하지 않은 경우에는 그 크기를 두 배로 확장한다. 임시 배열 *temp*를 생성할 메모리가 충분하지 않으

면 **new**는 예외를 발생시킨다. *NewTerm*이나 *Add*는 이 예외를 처리하지 않기 때문에 **new**가 실패할 때마다 제어는 *Add*를 기동시킨 함수로 넘어간다. 발생된 예외가 프로그램의 어떤 부분에서도 처리되지 않으면 프로그램은 종료된다.

```
Polynomial Polynomial::Add(Polynomial b)
{// *this와 b를 더한 결과를 반환한다.
    Polynomial c;
    int aPos = 0, bPos = 0;
    while ((aPos < terms) && (bPos < b.terms))
      if ((termArray[aPos].exp == b.termArray[bPos].exp) {
          float t = termArray[aPos].coef + b.termArray[bPos].coef;
          if (t) c.NewTerm(t, termArray[aPos].exp);
          aPos++; bPos++;
      }
      else if ((termArray[aPos].exp < b.termArray[bPos].exp) {
          c.NewTerm(b.termArray[bPos].coef, b.termArray[bPos].exp);
          bPos++;
      }
      else {
          c.NewTerm(termArray[aPos].coef, termArray[aPos].exp);
          aPos++;
      }
    // *this의 나머지 항들을 추가한다
    for (; aPos < terms ; aPos++)
      c.NewTerm(termArray[aPos].coef, termArray[aPos].exp);
    // b(x)의 나머지 항들을 추가한다
    for (; bPos < b.terms; b++)
      c.NewTerm(b.termArray[bPos].coef, b.termArray[bPos].exp);
    return c;
}
```

프로그램 2.8: 두 다항식의 덧셈

```
void Polynomial::NewTerm(const float theCoeff, const int theExp)
{// 새로운 항을 termArray 끝에 첨가한다.
    if (terms == capacity)
```

```
    {// termArray의 크기를 두 배로 확장
        capacity *= 2;
        term *temp = new term[capacity];    // 새로운 배열
        copy(termArray, termArray + terms, temp);
        delete [ ] termArray;                // 그전 메모리를 반환
        termArray = temp;
    }
    termArray[terms].coef = theCoeff;
    termArray[terms++].exp = theExp;
}
```

프로그램 2.9: 새로운 항의 추가와 배열 크기를 두 배로 확장

Add의 분석: a(***this**)와 b에서 0이 아닌 항의 수로 분석을 수행한다. m과 n을 각각 a와 b에서의 0이 아닌 항의 수라 하자. 3번과 4번 행은 전체적으로 O(1)이 된다. **while** 루프를 반복할 때마다 *aPos*나 *bPos* 또는 둘 다 그 값이 1씩 증가된다. **while** 루프는 *aPos*가 *a.terms*와 같거나 *bPos*가 *b.terms*와 같을 때 종료되기 때문에 이 루프의 반복 횟수는 $m + n-1$이 된다. 최악의 경우는 예를 들어 $a(x) = \sum_{i=0}^{n} x^{2i}$와 $b(x) = \sum_{i=0}^{n} x^{2i+1}$일 때 발생한다. 왜냐하면 $a(x)$와 $b(x)$의 지수들이 모두 다르기 때문에 *termArray*[*aPos*].*exp* ≠ *termArray*[*bPos*].*exp*가 된다. 그 결과 순환마다 *aPos*나 *bPos* 중 어느 하나의 값만 1씩 증가한다. 잠시 *NewTerm*에서 *c.termArray*의 크기를 두 배로 확장하는 데 걸리는 시간은 무시하자. 이 시간을 제외하면 **while** 루프를 반복할 때마다 O(1) 시간이 걸린다. 그래서 이 루프의 전체 시간은 $O(m + n)$이 된다. 20과 23행의 **for** 루프도 전체적으로 $O(m + n)$ 시간이 걸린다. *Add*의 모든 요소들의 시간을 합하면 이 알고리즘의 점근적 연산 시간은 O($m + n$ + 배열 배가에 걸리는 시간)이 된다.

비록 *termArray*의 크기를 두 배로 늘리는 데 많은 시간이 걸리는 것같이 보이지만 실제로는 그렇지 않다. 크기가 s인 *Term* 타입의 배열을 생성하기 위해서는 s 항을 위한 충분한 공간을 할당해야하고 배열의 각 위치에 대한 생성자 *Term*을 호출해야 한다. 새로운 배열을 생성한 뒤에 전의 배열로부터 모든 원소를 복사해야 한다. 배열 두 배 확장을 분석해 보면 메모리를 할당하고 생성자를 호출하는 데 O(1) 시간이 걸리고 각 원소를 복사하는 데 O(1) 시간이 걸린다. 그래서 배열을 두 배 늘리는 데 걸리는 시간은 배열 크기에 선형적이다. 초기에 *c.capacity*는 1이다. 가령 *Add*가 종료할 때 *c.capacity*가 $2k$, $k > 0$라고 가정하자. 그러면 배열을 두 배 늘리는 데 걸리는 전체 시간은 $O(\sum_{i=1}^{k} 2^i) = O(2^{k+1}) = O(2^k)$이 된다. $c.terms > 2^{k-1}$(그렇지 않으면 배열 크기가 2^{k-1}에서 $2k$로 두 배 확장되지 않았을 것이다)이고 $m + n \geq c.terms$이기 때문에 배열을 두 배 늘리는 데 걸리는 전체 시간은 $O(c.terms) = O(m + n)$이 된다. 그래서 배열을 두 배 늘리는 데 걸리는 전체 시간을 추가한다 하더라도 *Add*의 전체 실행 시간은 $O(m + n)$이 된다.

배열을 두 배 늘리는 것은 *Add*의 전체 실행 시간에 대해 기껏해야 상수 승의 영향을 준다! 이러한

설명은 1보다 큰 어떤 상수 승 인수(배열 확장을 할 때 2배로 하지 않고)로 확장하더라도 사실이지만 상수 합 인수[예, 추가 공간이 필요할 때마다 $c(c \geq 1)$ 크기만큼 확장한다]로 확장할 때는 사실이 아니다. 실험은 배열 두 배 확장은 *Add*의 전체 실행 시간의 아주 작은 부분이 된다는 것을 보여 준다. □

Add가 종료할 때 결과 다항식에 대해 capacity ≥ terms가 되는 것에 유의하라. 배열 termArray에 있는 과도한 공간은 그 크기를 다항식의 항 수와 같도록 줄임으로써 회수할 수 있다. 배열 크기를 줄이는 코드는 배열 크기를 늘리기 위한 프로그램 2.9에서 사용된 것과 아주 비슷하다. 이 크기의 축소는 Add의 점근 복잡도를 변경시키지 않는다.

연습문제에서 다항식의 또 다른 배열 표현을 고찰하고, 4장에서는 이들에 대한 연결 표현을 개발하겠다.

연습문제

1. 이 절에서 정의된 순서 리스트에 대한 6개의 연산을 사용하여 ADT 명세를 작성하여 보라.
2. $a = (a_0, \cdots, a_{n-1})$와 $b = (b_0, \cdots, b_{m-1})$가 순서 리스트라고 하면 $0 \leq i < j$에 대해 $a_i = b_i$이고 $a_j < b_j$이거나 $0 \leq i < n$이고 $n < m$일 때 $a_i = b_i$이면 $a < b$이다. $a < b$, $a = b$, $a > b$에 따라 각각 -1, 0, 1을 반환하는 함수를 작성하라. a_i와 b_j는 정수라고 가정하라.
3. 함수 *Add*를 수정해서 실행을 끝내기 전에 *c.termArray*의 크기를 *c.terms*로 줄일 수 있도록 하라. 이 수정으로 데이타 멤버 *capacity*를 사용하지 않아도 되는가?
4. 이 절에서 표현한 방식의 다항식을 입력하고 출력하는 C++ 함수를 작성하라. 이 함수는 <<와 >> 연산자를 다중화해야 한다.
5. 이 절에서 표현한 방식의 두 다항식을 곱하는 C++ 함수를 작성하라. 이 함수의 연산 시간은 어떻게 되는가?
6. 이 절의 표현을 이용하여 주어진 값 x_0로 다항식을 계산하는 C++ 함수를 작성하라. 연산 횟수가 최소화되도록 해 보라.
7. 다항식 $a(x) = x^{2n} + x^{2n-2} + \cdots + x^2 + x^0$와 $b(x) = x^{2n+1} + x^{2n-1} + \cdots + x^3 + x$는 함수 *Add*의 수행을 매우 어렵게 한다. 이런 다항식에 대해 각 명령문이 실행되는 정확한 횟수를 계산해 보라.
8. 0이 아닌 항을 저장하는 배열 대신 STL *vector*를 사용하는 C++ 클래스 *Polynomial*을 개발하라. 다항식 덧셈, 뺄셈, 곱셈을 수행하는 함수가 포함되어야 한다. 또한 *Polynomial* 타입 객체를 처리할 수 있도록 입력, 출력 연산자 <<와 >>를 다중화하라. 이 클래스의 각 함수의 복잡도는 어떻게 되는가? 배열을 사용하는 것에 비해 *vector*를 사용하는 경우의 장점을 비교하라.
9. 다항식을 표현하는 또 다른 표현은 모든 다항식의 0이 아닌 항들을 하나의 배열 *termArray*에 저장하는 것이다. *termArray*의 각 원소는 이 절에서 정의한 *Term* 타입이다. 이 *termArray*는 모든 *Polynomial* 객체가 공용하기 때문에 *Polynomial* 클래스의 static 데이타 멤버로 선언한다. 이 *Polynomial* 클래스의 private 데이타 멤버는 다음과 같이 정의된다.

```
private:
    static Term *termArray;
    static int capacity;
    static int free ;
    int start, finish;
```

여기서 *capacity*는 배열 *termArray*의 크기이다. 클래스 정의 밖에 필요한 정적 클래스 멤버 정의들은 다음과 같다.

```
int Polynomial::capacity = 100;
Term Polynomial::termArray = new Term[100];
int Polynomial::free = 0; // termArray에서 다음 자유 공간의 위치
```

두 다항식 $a(x)=2x^{1000}+1$과 $b(x)=x^4+10x^3+3x^2+1$을 생각해 보자. 이것은 그림 2.1이 보여 주는 것과 같이 배열 *termArray*에 저장할 수 있다. *a*와 *b*의 첫 번째 항의 인덱스는 *a.start*와 *b.start*이고 마지막 항의 인덱스는 *a.finish*와 *b.finish*이다. 정적 클래스 멤버 *free*는 *termArray* 배열 내의 다음 자유 공간을 나타낸다. 이 예에서 *a.start* = 0, *a.finish* = 1, *b.start* = 2, *b.finish* = 5, 그리고 *free* = 6이다.

일반적으로 *n*개의 0이 아닌 항을 가진 다항식 *a*는 *a.finish* = *a.start* + $n-1$의 식을 만족시키는 *a.start*와 *a.finish*를 갖는다. *a*가 0이 아닌 항이 없을 경우(예로 0인 다항식)는 *a.finish* = *a.start*-1이 된다.

이런 방법으로 표현된 다항식의 입력, 출력, 덧셈, 곱셈, 그리고 계산하는 C++ 함수를 작성하고 테스트하라. 필요한 경우에 *termArray*의 크기를 확장할 때는 배열 두 배 확장 기법을 사용하라. 이 연습문제의 표현이 본문에서 사용된 표현보다 좋은가 아니면 나쁜가?

	a.start ↓	*a.finish* ↓	*b.start* ↓			*b.finish* ↓	*free* ↓
coef	2	1	1	10	3	1	
exp	1000	0	4	3	2	0	
	0	1	2	3	4	5	6

그림 2.1 두 다항식의 배열 표현

10. 크기가 10인 배열로 시작해서 추가로 공간이 필요할 때마다 상수 승 인수 $c(c > 1)$로 확장한다면 배열을 확장하는 데 걸리는 모든 시간은 배열의 마지막 크기에 선형이 된다는 것을 증명하

라.(새로운 배열의 크기는 c와 초기 배열 크기를 곱해서 정수가 되지 않으면 반올림하는 것으로 가정하라.)

11. 크기가 1인 배열로 시작해서 추가로 공간이 필요할 때마다 상수 합 인수 $c(c \geq 1)$로 확장한다면 배열을 확장하는 데 걸리는 모든 시간은 배열의 마지막 크기에 평방형이 된다는 것을 증명하라.

2.4 희소 행렬

2.4.1 개요

행렬은 많은 물리적 문제에서 일어나는 수학적 객체이다. 컴퓨터 과학자로서 관심이 있는 것은 행렬에 작동하는 연산들이 효율적으로 수행될 수 있는 행렬의 표현 방법이다. 일반적인 행렬은 그림 2.2와 같이 숫자가 m개의 행과 n개의 열로 구성된다. 첫 번째 행렬은 5개의 행과 3개의 열로 구성되어 있고, 두 번째 행렬은 6개의 행과 6개의 열을 가지고 있다. 일반적으로 m개의 행과 n개의 열로 된 행렬을 $m \times n$(‘m by n’ 이라고 읽음)으로 나타낸다. 이러한 행렬은 mn개의 원소를 갖는다. m과 n이 같은 행렬을 정방 행렬(square matrix)이라 한다.

	col 0	col 1	col 2
row 0	−27	3	4
row 1	6	82	−2
row 2	109	−64	11
row 3	12	8	9
row 4	48	27	47

(a)

	col 0	col 1	col 2	col 3	col 4	col 5
row 0	15	0	0	22	0	−15
row 1	0	11	3	0	0	0
row 2	0	0	0	−6	0	0
row 3	0	0	0	0	0	0
row 4	91	0	0	0	0	0
row 5	0	0	28	0	0	0

(b)

그림 2.2 두 행렬

행렬은 보통 2차원 배열, 예를 들어 $a[m][n]$으로 저장한다. 이렇게 하면 어떤 원소도 $a[i][j]$로 표기할 수 있고, 다음 절에서 보겠지만 이 원소를 아주 빨리 찾을 수 있다. 그림 2.2의 두 번째 행렬을 보면 많은 항들이 0이다. 이러한 행렬을 **희소 행렬**(sparse matrix)이라고 한다. 어떤 행렬이 희소 행렬이냐 아니냐를 판단하는 조건을 정확하게 정의할 수는 없지만 행렬을 보면 직감적으로 희소 행렬을 식별할 수는 있다. 위의 행렬은 36개의 원소 중에 8개만 0이 아니므로 희소 행렬이다. 희소 행렬은 보통 행렬과는 다른 표현 방법을 생각하게 한다. 그 이유는 실제로 우리가 다루는 대부분의 행렬은 예를 들어 5000×5000 정도로 매우 큰 반면에 2천5백만 개의 원소 중에 5000개만이 0이 아닌 원소를 가지는 경우와 같이 희소 행렬이기 때문이다. 이 행렬을 저장하기 위해 5000 × 5000 배열을 사용한다면 2천5백만 개의 메모리 공간이 필요하다. 또한 덧셈이나 곱셈과 같은 연산을 위해서는 2천5백만 단위 시간이 필요하다. 만일 0이 아닌 원소만 저장하는 다른 표현을 사용한다면 상당한 시간과 공간을 절약할 수 있다.

희소 행렬을 위한 특정 표현법을 개발하기 전에 이러한 행렬에서 필요한 연산들을 생각해 보자. 여기에는 최소한 행렬의 생성, 전치, 덧셈, 곱셈 연산들이 포함된다. ADT 2.4는 행렬 ADT의 명세를 보여 주고 있다.

---

class *SparseMatrix*
// 3원소 쌍 <행, 열, 값>의 집합이다. 여기서 행과 열은 음이 아닌 정수이고
// 이 조합은 유일하며, 값 또한 정수이다.
public:

SparseMatrix(**int** *r*, **int** *c*, **int** *t*);
// 이 생성자 함수는 *r* 행, *c* 열, *t*개의 0이 아닌 항을 가진
// *SparseMatrix*를 생성한다.

SparseMatrix Transpose();
// ***this**의 모든 3원소 쌍의 행과 열의 값을
// 서로 교환하여 얻은 *SparseMatrix*를 반환한다.

SparseMatrix Add(*SparseMatrix b*);
// 만일 ***this**와 *b*의 차원이 같으면
// 대응 항들을 더해서 만들어진 행렬, 즉 행과 열의 수가 같은
// 행렬을 반환하고, 아니면 예외를 발생시킨다.

SparseMatrix Multiply(*SparseMatrix b*);
// 만일 ***this**의 열의 수와 *b*의 행의 수가 같으면
// 다음 공식에 따라 ***this**와 *b*를 곱해서 생성된 행렬 *d*를 반환한다.
// 행렬 $d[i][j] = \sum(a[i][k] \cdot b[k][j])$,
// 여기서 $d[i][j]$는 (i, j)번째 요소이고, *k*는 0에서 ***this**의 열의 수보다
// 작은 값이 된다. 아니면 예외를 발생시킨다.
};

ADT 2.4: *SparseMatrix* 추상 데이타 타입

2.4.2 희소 행렬 표현

이러한 연산들을 구현하기 전에 먼저 행렬의 표현법을 설정해야 한다. 그림 2.2를 살펴보면 희소 행렬의 어떤 원소도 <행, 열, 값> 3원소 쌍으로 유일하게 식별할 수 있다. 이것은 희소 행렬을 3원소 쌍의 배

열로 표현할 수 있다는 것을 뜻한다. 다만 첫 번째 행의 3원소 쌍들을 행 순서로 저장한 다음 두 번째 행의 3원소 쌍을 순서대로 저장하는 식으로 모든 3원소 쌍을 저장하도록 한다. 한 행에서의 모든 3원소 쌍들은 열 인덱스가 오름차순으로 되도록 하여야 한다. 또한 연산의 종료를 보장하기 위해서는 행렬의 행과 열의 수와 0이 아닌 항의 수를 알아야 한다. 이러한 사항을 종합하면 다음과 같은 연산을 정의할 수 있다.

```
class SparseMatrix ; // 전방 선언

class MatrixTerm {
friend class SparseMatrix
private:
    int row, col, value;
};
```

그리고 클래스 *SparseMatrix* 안에는 다음과 같이 정의한다.

```
private:
    int rows, cols, terms, capacity;
    MatrixTerm *smArray;
```

여기서 *rows*는 행의 수를 나타내고, *cols*는 열의 수를 나타내며, *terms*는 0이 아닌 항의 총수를 나타낸다. 그리고 *capacity*는 *smArray*의 크기이다. 그림 2.3(a)는 그림 2.2(b)의 행렬을 *smArray*를 사용하여 표현한 것이다. *smArray*의 인덱스 0에서부터 7까지에는 0이 아닌 항을 나타내는 3원소 쌍을 저장한다. 3원소 쌍은 행 우선으로 정렬되며 행 내에서는 열 순서로 정렬된다.

(a)

	row	*col*	*value*
smArray[0]	0	0	15
[1]	0	3	22
[2]	0	5	−15
[3]	1	1	11
[4]	1	2	3
[5]	2	3	−6
[6]	4	0	91
[7]	5	2	28

(b)

	row	*col*	*value*
smArray[0]	0	0	15
[1]	0	4	91
[2]	1	1	11
[3]	2	1	3
[4]	2	5	28
[5]	3	0	22
[6]	3	2	−6
[7]	5	0	−15

그림 2.3 원소 쌍으로 저장된 희소 행렬과 전치 행렬

2.4.3 행렬의 전치

그림 2.3(b)는 그림 2.3(a) 행렬의 전치(transpose)를 보여 주고 있다. 행렬을 전치하기 위해서는 행과 열을 바꾸어야 하는데 이것은 원래 행렬의 [*i*][*j*]에 있는 각 원소를 전치 행렬에서 [*j*][*i*]의 원소로 만든다는 것을 의미한다. $i = j$인 경우는 대각선 위에 있는 모든 원소가 변하지 않는다. 원래의 행렬이 행 우선으로 구성되어 있기 때문에 행렬을 전치시키는 알고리즘으로 다음과 같이 기술할 수 있다.

for (각 행 *i*에 대해서)
  원소 (*i*, *j*, 값)을 전치 행렬의 원소 (*j*, *i*, 값)으로 저장

여기서의 문제점은 만약 원래 행렬을 행 인덱스별로 처리한다면 전치 행렬의 원소 (*j*, *i*, 값)을 저장할 때 이 원소 앞에 와야 될 원소를 전부 처리하기 전까지는 저장할 위치를 알 수 없다는 것이다. 예를 들어 그림 2.3(a)를 보면

(0, 0, 15)는 (0, 0, 15)가 된다
(0, 3, 22)는 (3, 0, 22)가 된다
(0, 5, −15)는 (5, 0, −15)가 된다
(1, 1, 11)은 (1, 1, 11)이 된다

만일 위의 3원소 쌍을 전치 행렬에서 연속적으로 저장한다면 새로운 3원소 쌍을 삽입할 때 올바른 순서 유지를 위해 기존 원소를 이동시켜야 되는 경우가 발생한다. 그러나 원하는 순서대로 원소를 찾아 내면 이러한 데이타 이동을 피할 수 있다. 이를 위해 다음과 같은 방법을 고려해 보자.

for (열 *j*에 있는 모든 원소에 대해)
  원소 (*i*, *j*, 값)을 전치 행렬의 원소 (*j*, *i*, 값)으로 저장

이것은 '열 0에 있는 모든 원소를 먼저 찾아 이를 전치 행렬의 행 0에 저장하고 다음 열 1에 있는 모든 원소를 찾아 이를 행 1에 저장하는 것' 이다. 원래 행들은 순서대로 정렬되어 있으므로 열 순서에 따라서도 정확하게 원소를 찾을 수 있다. 프로그램 2.10의 함수 *Transpose*는 배열 ***this**의 전치를 반환한다.

함수가 올바르게 동작하는지는 쉽게 알 수 있다. 변수 *currentB*는 항상 다음 전치될 항이 저장될 *b*의 위치를 알려 준다. *b.smArray*에 있는 항은 행 우선으로 생성된다. *b*의 행들은 ***this**의 열들이고 *b*의 행 *c*는 ***this**의 열 *c*에서 0이 아닌 원소를 수집하여 얻어진다. 이것이 바로 7번과 15번 사이의 행에서 수행되는 것이다. 7번에서부터 15번 행까지의 **for** 루프를 처음 반복할 때 ***this**의 열 0의 모든 원소들이 *b*로 이동된다. 다음 반복에서는 열 1의 모든 원소들이 이동된다. 이런 방식으로 **this*의 마지막 열의 모든 원소들이 이동될 때까지 반복된다.

```
1  SparseMatrix SparseMatrix::Transpose( )
2  {// *this의 전치 행렬을 반환한다.
3     SparseMatrix b(cols, rows, terms); // b.smArray의 크기는 terms이다
4     if (terms > 0)
```

```
5  {// 0이 아닌 행렬
6      int currentB = 0 ;
7      for (int c = 0; c < cols ; c++) // 열별로 전치
8        for (int i = 0 ; i < terms ; i++)
9        // 열 c로부터 원소를 찾아 이동시킨다
10         if (smArray[i].col == c)
11         {
12           b.smArray[currentB].row = c;
13           b.smArray[currentB].col = smArray[i].row;
14           b.smArray[currentB++].value = smArray[i].value;
15         }
16     } // if (Terms >0)의 끝
17     return b;
18 }
```

프로그램 2.10: 행렬의 전치

***Transpose*의 분석**: *cols*, *rows*와 *terms*가 각각 ***this**의 열의 수, 행의 수, 원소 수를 나타낸다고 하자. 7행에서부터 15행까지의 루프를 수행할 때마다 10번 행의 조건이 *terms*번 검사된다. 이 루프가 반복되는 수는 *cols*이므로 10번 행의 총 실행 횟수는 *terms* · *cols*가 된다. 12~14행의 지정문은 정확히 *terms* 번만큼 수행된다. 왜냐하면 희소 행렬 내에 이와 같은 수의 0이 아닌 원소가 생성되기 때문이다. 3~6행은 상수 시간을 필요로 한다. 그러므로 이 *Transpose* 함수의 총 실행 시간은 O(*terms* · *cols*)이다. 또한 ***this**와 *b*가 필요로 하는 공간 외에 이 함수는 변수 *c*, *i*, *currentB*를 위한 고정된 공간만을 추가로 필요로 한다. □

이제 정확하고 연산 시간이 O(*terms* · *cols*)인 행렬의 전치 알고리즘을 구성하였다. 이 연산 시간은 약간 혼란을 주는데 만일 행렬이 2차원 배열로 표현되는 경우 O(*rows* · *cols*) 시간 내에 *rows* × *cols* 크기 행렬의 전치를 얻을 수 있기 때문이다. 이러한 알고리즘은 다음과 같이 간단한 형태가 된다.

```
for (int j = 0; j < cols; j++)
    for (int i = 0; i < rows; i++)
        b[j][i] = a[i][j];
```

앞에서 기술한 전치 함수의 O(*terms* · *cols*)의 연산 시간은 *terms*(원소 수)가 *rows* · *cols*의 차수일 때 O(*rows* · $cols^2$)가 된다. 이것은 위의 간단한 알고리즘을 사용한 경우의 O(*rows* · *cols*)보다 나쁘다. 이것은 공간의 절약을 위해 시간을 희생한 결과이다. 실제로 메모리를 조금 더 사용하면 개선된 알고리즘을 만들 수 있다. 즉 O(*terms* + *cols*) 시간 안에 일련의 3원소 쌍으로 표현된 행렬을 전치시킬 수 있다. 새로운 알고리즘 *FastTranspose*(프로그램 2.11)는 먼저 행렬 ***this**의 각 열에 대한 원소 수를 구한

다. 이것은 전치 행렬 *b*의 각 행의 원소 수를 결정하는 것이 된다. 이 정보로부터 전치 행렬 *b*에서 각 행의 시작 위치가 쉽게 구해진다. 이제 원래 행렬 ***this**에 있는 원소를 하나씩 전치 행렬 *b*의 올바른 위치로 옮기면 된다.

```
SparseMatrix SparseMatrix::FastTranspose()
{// *this의 전치를 O(terms + cols) 시간에 반환한다.
  SparseMatrix b(cols, rows, terms);
  if (terms > 0)
  {// 0이 아닌 행렬
    int *rowSize = new int[cols];
    int *rowStart = new int[cols];
    // compute rowSize[i] = b의 행 i에 있는 항의 수를 계산
    fill(rowSize, rowSize + cols, 0);  // 초기화
    for (i = 0 ; i < terms ; i++) rowSize[smArray[i].col]++ ;

    // rowStart[i] = b의 행 i의 시작점
    rowStart[0] = 0 ;
    for (i = 1 ; i < cols ; i++) rowStart[i] = rowStart[i−1] + rowSize[i−1] ;

    for (i = 0 ; i < terms ; i++)
    {// *this를 b로 복사
      int j = rowStart[smArray[i].col];
      b.smArray[j].row = smArray[i].col;
      b.smArray[j].col = smArray[i].row;
      b.smArray[j].value = smArray[i].value;
      rowStart[smArray[i].col]++ ;
    } // for의 끝
    delete [ ] rowSize ;
    delete [ ] rowStart ;
  } // if의 끝
  return b ;
}
```

프로그램 2.11: 희소 행렬의 빠른 전치

함수 *FastTranspose*의 정확성은 앞에서 논의한 것과 전치 행렬 *b*의 행 $i(i > 0)$의 시작 위치 *rowStart*$[i]$가 *b*의 행 $i-1$에 있는 원소 수를 *rowSize*$[i-1]$이라고 할 때 *rowStart*$[i-1]$ + *rowSize*$[i-1]$

이라는 사실로부터 증명할 수 있다. *rowSize*와 *rowStart*의 계산은 9~13 행에서 수행된다. 14~21행에서는 ***this**의 원소가 하나씩 *b*의 올바른 위치로 이동된다. *rowStart*[*j*]는 *b*의 행 *j*의 다음 원소가 삽입될 *b*에서의 위치가 되도록 유지된다. 그림 2.3(a)의 희소 행렬에 이 알고리즘을 적용할 때 13번 행을 실행한 뒤의 *rowSize*의 값과 *rowStart*의 값은 다음과 같다.

	[0]	[1]	[2]	[3]	[4]	[5]
rowSize =	3	2	1	0	1	1
rowStart =	0	3	5	6	6	7

함수 *FastTranspose*에는 각각 *terms*, *cols*−1, 그리고 *terms*번 실행되는 3개의 루프가 있다. 각 루프를 한 번 반복하는 데는 상수 시간이 걸리므로 이 3개의 루프 전체에 대한 시간은 O(*cols* + *terms*)이다. 9번 행은 O(*cols*) 시간, 나머지 행들은 O(1) 시간이 걸린다. 따라서 전체 복잡도는 O(*cols* + *terms*)이다.

연산 시간 O(*cols* + *terms*)는 *terms*가 *rows* · *cols*의 차수가 될 때 O(*rows* · *cols*)가 된다. 이것은 2차원 배열을 사용할 경우에도 동일하다. 그러나 *FastTranspose*에 연관된 상수 인자들은 배열 알고리즘의 것보다 크다. 그렇지만 *terms*가 *rows* · *cols*의 최대 수와 비교해서 매우 작은 경우에는 *FastTranspose*가 훨씬 빠르다. 그러므로 이 표현 방법으로 시간과 공간을 절약하였다! 그러나 함수 *Transpose*에서는 *terms*가 {*rows*, *cols*}의 최대값보다 거의 항상 크고 그래서 *cols* · *terms*가 항상 최소한 *rows* · *cols*가 되므로 적용되지 않는다. 더욱이 *Transpose*의 상수 인자는 배열 알고리즘을 사용했을 때보다 더 크다. 끝으로 *FastTranspose*는 *Transpose*보다 더 많은 공간을 필요로 한다는 것을 알아야 한다. *FastTranspose*에서 필요로 하는 공간은 두 개의 배열 *rowSize*와 *rowStart*에 같은 공간을 활용함으로써 줄일 수 있다.

2.4.4 행렬 곱셈

정의 : $m \times n$ 행렬 a와 $n \times p$ 행렬 b가 주어졌을 때 곱셈 결과 행렬 d의 차원은 $m \times p$가 되고 $0 \le i < m$, $0 \le j < p$에 대해 각 원소 [*i*][*j*]는 다음과 같이 결정 된다.

$$d_{ij} = \sum_{k=0}^{n-1} a_{ik}\, b_{kj}$$ □

두 희소 행렬의 곱셈 결과는 그림 2.4에서 보여 주듯이 더 이상 희소 행렬이 아닐 수 있다.

$$\begin{bmatrix} 1 & 0 & 0 \\ 1 & 0 & 0 \\ 1 & 0 & 0 \end{bmatrix} \begin{bmatrix} 1 & 1 & 1 \\ 0 & 0 & 0 \\ 0 & 0 & 0 \end{bmatrix} = \begin{bmatrix} 1 & 1 & 1 \\ 1 & 1 & 1 \\ 1 & 1 & 1 \end{bmatrix}$$

그림 2.4 두 희소 행렬의 곱셈

그림 2.3과 같이 순서 리스트로 표현된 두 희소 행렬을 곱해 보자. 이를 위하여 *d*의 원소를 열별로

계산하면 이전에 계산된 원소를 이동하지 않고 적절한 위치에 저장할 수 있다. 이를 위해 행렬 *a*의 한 행을 선택하고 $j = 0, 1, ..., b.cols-1$에 대해, *b*의 *j*열에 있는 모든 원소를 찾는다. 여기서 *b*의 열 수는 *b.cols*이다. 보통 *b*의 *j*열에 있는 모든 원소를 찾기 위해서는 *b*를 전부 검사하여야 한다. 이를 피하기 위해서는, *b*의 전치 행렬을 먼저 계산하면 된다. 이 결과 모든 열의 원소는 연속적 순서가 된다. 일단 *a*의 *i* 행과 *b*의 *j*열의 원소들이 정해지면 2.3절의 다항식 덧셈에서 사용했던 것과 유사한 합병 연산을 수행한다. 다른 방법에 대해서는 연습문제에서 살펴보겠다.

행렬 곱셈 함수를 작성하기 전에, 먼저 행렬 항을 저장하는 프로그램 2.12와 같은 함수를 정의하는 것이 유용하다. 이 함수는 또 다른 함수 *ChangeSize 1D*(프로그램 2.13)를 사용한다. 이 함수는 1차원 배열의 크기를 변경하는 함수이다.

함수 *Multiply*(프로그램 2.14)는 위에서 개략적으로 기술한 방법을 사용하여 행렬 *a*(***this**)와 *b*를 곱하여 결과 행렬로 *d*를 얻는다. 함수 *Multiply*[*a.Multiply*(*b*)로 기동됨]는 변수로 *currRowIndex*, *currColIndex*, *currRowA*, *currColB*, *currRowBegin*을 사용한다. 변수 *currRowA*는 현재 *b*의 열들과 곱해지는 *a*의 행을 나타낸다. *currRowBegin*은 *a*에서 행 *currRowA*의 첫째 원소의 위치를 나타낸다. *currColB*는 *a*의 행 *currRowA*와 곱해지는 *b*의 열이다. *currRowIndex*와 *currColIndex*는 *a*와 *b*에 대한 각각의 행 *currRowA*와 열 *currColB*의 연속적인 원소를 검사하기 위해 사용된다. 만일 행렬 *a*와 *b*가 곱셈에 부합되지 않으면 *Multiply*는 3행에서 예외를 발생시킨다. 함수에서 10~14행은 *a*와 *bXpose*에 모조 항을 사용한다. 이들은 종료 조건을 멋지게 다루는 데 사용한다(예를 들어 *a*의 마지막 행이나 *b*의 마지막 열을 사용하는 연산의 경우). 함수 *StoreSum*의 배열 두 배 확장을 사용하기 때문에 *d.smArray*의 크기는 행렬의 항 수를 초과할 수도 있다는 것을 유의하라. 또한 ***this**에 모조 항을 추가하기 때문에 그 크기는 ***this**의 항 수보다 더 많게 될 것이다. 그래서 *ChangeSize 1D* 함수를 사용하여 이 두 행렬에 있는 불용 공간을 반환할 수 있다.

```
void SparseMatrix::StoreSum (const int sum, const int r, const int c)
{// 만일 sum ≠ 0이면 행과 열의 위치와 함께 *this의 마지막 항으로 저장된다.
    if (sum ≠ 0) {
        if (terms == capacity)
            ChangeSize 1 D(2 * capacity); // 두 배 크기
        smArray[terms].row = r ;
        smArray[terms].col = c ;
        smArray[terms++].value = sum;
    }
}
```

프로그램 2.12: 행렬 항의 저장

```
void ChangeSize1D(const int newSize)
{// smArray 크기를 newSize로 변경한다.
```

```
    if (newSize < terms) throw "New size must be >= number of terms";
    MatrixTerm *temp = new MatrixTerm[newSize]; // 새로운 배열
    copy(smArray, smArray + terms, temp);
    delete [ ] smArray; // 이전 메모리는 제거
    smArray = temp;
    capacity = newSize;
}
```

프로그램 2.13: 1차원 배열 크기를 변경

```
SparseMatrix SparseMatrix::Multiply(SparseMatrix b)
{// 두 개의 희소 행렬 *this와 b를 곱하여 반환한다.
  if (cols != b.rows) throw "Incompatible matrices";
  SparseMatrix bXpose = b.FastTranspose();
  SparseMatrix d(rows, b.cols, 0);
  int currRowIndex = 0,
     currRowBegin = 0,
     currRowA = smArray[0].row;
  // 경계 조건 설정
  if (terms == capacity) ChangeSize1D(terms + 1);
  bXpose.ChangeSize1D(bXpose.terms + 1);
  smArray[terms].row = rows;
  bXpose.smArray[b.terms].row = b.cols;
  bXpose.smArray[b.terms].col = -1 ;
  int sum = 0;
  while (currRowIndex < terms)
  {// d의 행 currRowA를 생성
     int currColB = bXpose.smArray[0].row;
     int currColIndex = 0;
     while (currColIndex <= b.terms)
     {// *this의 행 currRowA에 b의 열 currColB를 곱함
       if (smArray[currRowIndex].row != currRowA)
       {// currRowA 행의 끝
          d.StoreSum(sum, currRowA, currColB);
          sum = 0 ;  // sum을 재설정
          currRowIndex = currRowBegin;
```

```
         // 다음 열로 넘어감
         while (bXpose.smArray[currColIndex].row == currColB)
            currColIndex++;
         currColB = bXpose.smArray[currColIndex].row;
      }
      else if (bXpose.smArray[currColIndex].row != currColB)
      {// b의 열 currColB의 끝
       d.StoreSum(sum, currRowA, currColB);
       sum = 0 ;  // sum을 재설정
       // currRowA 행을 다음 열과 곱하도록 설정
       currRowIndex = currRowBegin;
       currColB = bXpose.smArray[currColIndex].row;
      }
      else
       if (smArray[currRowIndex].col <
            bXpose.smArray[currColIndex].col)
         currRowIndex++ ;  // 행의 다음 항으로 감
         else if (smArray[currRowIndex].col ==
            bXpose.smArray[currColIndex].col)
         {// sum에 더함
          sum += smArray[currRowIndex].value *
               bXpose.smArray[currColIndex].value;
          currRowIndex++; currColIndex++;
         }
       else currColIndex++; // 열 currColB의 다음 항으로 감
   } // while (currColIndex <= b.Terms)의 끝
     while (smArray[currRowIndex].row == currRowA) // 다음 행으로 감
      currRowIndex++;
     currRowBegin = currRowIndex;
     currRowA = smArray[currRowIndex].row;
   } // while (currRowIndex < Terms)의 끝
   return d;
}
```

프로그램 2.14: 희소 행렬의 곱셈

***Multiply*의 분석**: 이 알고리즘의 정확성에 대한 증명은 연습문제로 남겨 두고 연산 시간만을 생각해 보

자. a(***this**), b, d와 몇몇 단순 변수들을 위한 저장 공간뿐 아니라, 전치 행렬 *bXpose*를 위해서도 저장 공간이 필요하다. 알고리즘 *FastTranspose*도 약간의 추가적인 공간이 필요하다. 연습문제에서는 명시적으로 *bXpose*를 계산하지 않고 다만 *FastTranspose*가 필요로 하는 것과 같은 양의 추가 공간만 필요로 하는 *Multiply*에 대한 방법을 살펴보겠다. *Multiply*의 계산 시간에 대해 살펴보면 3~15행들은 오직 O(*b.cols* + *b.terms*)만의 시간이 필요하다. 16~57 행들의 **while** 루프는 기껏해야 *a.rows*번 수행된다(a의 각 행에 대해 한 번씩). 20~52행에 있는 **while** 루프는 매번 반복할 때마다 *currRowIndex*나 *currColIndex* 또는 둘 다 1씩 증가되거나, *currRowIndex*와 *currColIndex*가 재설정된다. 전체 루프에 대해 *currColIndex*의 최대 총 증가량은 *b.terms*이다. 만약 t_r이 a의 행 r에 있는 항의 총수라면 *currRowIndex*가 a의 다음 행으로 이동하기 전에 *currRowIndex*는 최대 t_r번만큼 증가할 수 있다. 이 경우 *currRowIndex*는 *currRowBegin*으로 26번 행에서 재설정된다. 동시에 *currColB*는 다음 열로 전진된다. 그러므로 이 재설정은 최대 *b.cols*번 일어난다. *currRowIndex*의 최대 총 증가량은 *b.cols* · t_r이 된다. 그러므로 20~52행에 있는 **while** 루프의 최대 반복 수는 *b.cols* + *b.cols* · t_r + *b.terms*이다. a의 행 r이 곱해지는 동안 이 루프에 소요되는 시간은 O(*b.cols* · t_r + *b.terms*)이다. 53~54 행은 O(t_r) 시간이 소요된다. 그러므로 16~57 행의 외부 **while** 루프가 a의 행 *currRowA*에 대해 한 번 반복하는 데 걸리는 시간은 O(*b.cols* · t_r + *b.terms*)이다. 따라서 이 루프의 전체 소요 시간은 O($\sum_r$(*b.cols* · t_r + *b.terms*)) = O(*b.cols* · *a.terms* + *a.rows* · *b.terms*)이 된다.

다시 한 번 배열 표현법을 사용한 행렬 곱셈에 걸리는 연산 시간과 이 알고리즘의 시간을 비교해 보자. 통상적인 곱셈 알고리즘은 다음과 같다.

```
for (int i = 0; i < a.rows; i++)
   for (int j = 0; j < b.cols; j++)
   {
      sum = 0;
      for (int k = 0; k < a.cols; k++)
         sum += (a[i][k] * b[k][j]);
      c[i][j] = sum;
   }
```

이 알고리즘의 시간은 O(*a.rows* · *a.cols* · *b.cols*)이다. 왜냐하면 *a.terms* ≤ *a.rows* · *a.cols*이고 *b.terms* ≤ *a.cols* · *b.rows*이기 때문에, *Multiply*에 소요되는 시간은 최대 O(*a.rows* · *a.cols* · *b.cols*)와 같다. 그러나 상수 인자는 배열을 사용한 행렬 곱셈 알고리즘의 상수보다 크다. 최악의 경우인 *a.terms* = *a.rows* · *a.cols*이거나 *b.terms* = *a.cols* · *b.rows*일 때, *Multiply*는 그 상수 배만큼 더 느려진다. 그러나 *a.terms*와 *b.terms*가 최대값보다 훨씬 작을 때, 즉 a, b가 희소 행렬이면 *Multiply*는 위의 배열 방식의 전통적 알고리즘보다 월등히 좋다.

위의 *Multiply*에 대한 분석은 간단하지 않다. 이 분석에서는 알고리즘 분석에서 사용되는 새로운 개념들을 도입하므로 분석을 확실히 이해하여야 한다. □

연습문제

1. 이 절에서 사용된 표현에서 임의의 원소 $A[i][j]$를 찾아 그 값을 변경하는 데 소요되는 시간은 얼마나 되는가?
2. *FastTranspose* 함수(프로그램 2.11)의 연산 시간과 저장 장소 요건을 주의 깊게 분석하라. 보다 빠른 알고리즘의 존재에 대해 어떻게 말할 수 있겠는가?
3. 희소 행렬을 읽고 출력하는 C++ 함수를 작성하라. 이것은 <<와 >>를 다중화해서 구현되어야 한다. 입출력 형식을 설계해야 하지만 내부 표현은 이 절에서 사용된 0이 아닌 원소들의 1차원 배열을 사용하여야 한다. 이 함수들의 연산 시간을 분석하라.
4. *RowSize*와 *RowStart*를 저장하기 위해 두 개의 배열을 사용하지 않고 단지 하나의 배열만을 사용하도록 *FastTranspose* 함수(프로그램 2.11)를 다시 작성하라.
5. *Multiply* 함수(프로그램 2.14)에 대한 정확성을 증명하라.
6. *FastTranspose*에서 사용하였던 행 포인터 개념을 사용하여 *Multiply* 함수(프로그램 2.14)를 2.4절에서와 같이 명시적으로 전치시키지 않고 두 희소 행렬을 곱할 수 있도록 다시 작성하라. 작성된 알고리즘의 연산 시간은 얼마인가?
7. 또 다른 희소 행렬 표현 방법은 기술한 순서대로 1차원 배열 v에 0이 아닌 항만을 유지하는 것이다. 추가로 $n \times m$ 비트 스트링과 2차원 행렬 $bits[n][m]$도 유지한다. $a[i][j] = 0$인 경우 $bits[i][j] = 0$이고 $a[i][j] \neq 0$이면 $bits[i][j] = 1$로 유지한다. 다음은 그림 2.2(b)의 희소 행렬을 이 방법으로 표현한 것이다.

$$\begin{bmatrix} 1 & 0 & 0 & 1 & 0 & 1 \\ 0 & 1 & 1 & 0 & 0 & 0 \\ 0 & 0 & 0 & 1 & 0 & 0 \\ 0 & 0 & 0 & 0 & 0 & 0 \\ 1 & 0 & 0 & 0 & 0 & 0 \\ 0 & 0 & 1 & 0 & 0 & 0 \end{bmatrix} \qquad \begin{bmatrix} 15 \\ 22 \\ -15 \\ 11 \\ 3 \\ -6 \\ 91 \\ 28 \end{bmatrix}$$

   (a) 한 워드가 w비트로 된 컴퓨터에서 t개의 0이 아닌 항을 가진 $n \times m$ 희소 행렬을 표현하기 위해 필요한 저장 공간은 얼마인가?
   (b) 위와 같은 방법으로 표현된 두 희소 행렬을 더하는 알고리즘을 작성하라. 작성한 알고리즘의 실행 시간은 얼마인가?
   (c) 2.4절의 표현법과 위의 표현법을 비교하여 각각의 장점을 논하라. 임의 접근, 덧셈, 곱셈, 그리고 전치와 같은 연산들을 수행했을 때 걸리는 시간과 저장 공간을 고려하라. 다른 배열 ra를 만들어 $ra[i]$ =가 0행에서 $i-1$행까지의 0이 아닌 항의 개수를 나타내게 하여 임의 접근 시간을 개선할 수 있음에 유의하라.

2.5 배열의 표현

다차원 배열은 보통 원소들을 1차원 배열에 저장하는 방식으로 구현된다. 이 절에서는 $a[i_1][i_2], ..., [i_n]$과 같은 임의의 배열 원소가 1차원 C++ 배열의 주소로 사상되어 효율적으로 검색될 수 있는 표현법에 대해 설명하겠다. 이것은 배열을 사용하는 프로그램이 일반적으로 배열의 원소를 임의의 순서로 사용하기 때문에 필요하다. 또한 배열 원소를 쉽게 검색하기 위한 것 외에도 특정한 배열이 필요한 메모리의 양을 결정하기 위해서도 필요하다. 각 배열의 원소는 메모리의 한 워드만을 사용하기 때문에 필요한 워드 수는 배열에 있는 원소 수와 같다고 가정하자. 만일 배열이 $a[u_1][u_2], ..., [u_n]$과 같이 선언되었다면, 여기서 0부터 u_{i-1}까지는 차원 i의 인덱스 값의 범위일 때, 원소의 수는 다음과 같이 간단하게 알 수 있다.

$$\prod_{i=1}^{n} u_i$$

배열을 표현하는 일반적인 방법의 하나는 행 우선(row major order)으로 저장하는 것이다(열 우선에 대해서는 연습문제 3을 참조하라). 다음과 같은 선언이 있는 경우, 총 원소 수는 2*3*2*2 = 24가 된다.

$$a[2][3][2][2]$$

이 원소들을 행 우선으로 저장하면 다음과 같이 된다.

$$a[0][0][0][0],\ a[0][0][0][1],\ a[0][0][1][0],\ a[0][0][1][1]$$
$$a[0][1][0][0],\ a[0][1][0][1],\ a[0][1][1][0],\ a[0][1][1][1]$$

.

.

.

$$a[1][2][0][0],\ a[1][2][0][1],\ a[1][2][1][0],\ a[1][2][1][1]$$

위의 예에서 오른쪽의 인덱스가 제일 빠르게 움직이는 것을 알 수 있다. 사실 인덱스를 숫자로 간주해 보면 이들이 다음과 같이 증가하는 것을 알 수 있다.

$$0000,\ 0001,\ \cdots,\ 1210,\ 1211$$

행 우선에 대한 동의어는 사전 순서(lexicographic order)이다.

문제는 $a[i_1][i_2], ..., [i_n]$을 1차원 배열의 올바른 위치로 어떻게 변환하는가이다. $a[0][0][0][0]$이 위치 0에 저장된다고 하자. 그러면 $a[0][0][0][1]$은 1번 위치가 되며 $a[1][2][1][1]$은 위치 23이 된다. 이 두 주소는 간단히 알 수 있다. 일반적으로 임의의 원소를 위한 주소 계산 공식을 만들 수 있어야 한다. 이 공식은 배열의 시작 주소와 선언된 차원만을 이용해야 한다.

n차원 배열에 대한 공식을 만들기 전에 먼저 1차원, 2차원 그리고 3차원 배열의 행 우선 표현에 대해 살펴보자. 먼저 a가 $a[u_1]$으로 선언되고 원소당 하나의 워드가 사용되는 경우에는 순차 메모리에 그림 2.5와 같이 표현된다. $a[0]$의 주소를 α라고 할 때 임의의 원소 $a[i]$의 주소는 바로 $\alpha + i$가 된다.

배열 원소:	$a[0]$	$a[1]$	$a[2]$	$\cdots$	$a[i]$	$\cdots$	$a[u_1-1]$
주소:	α	$\alpha+1$	$\alpha+2$	$\cdots$	$\alpha+i$	$\cdots$	$\alpha+u_1-1$

그림 2.5 $a[u_1]$의 순차 표현

2차원 배열 $a[u_1][u_2]$는 u_1개의 행인 $row_0, row_1, \ldots, row_{u_1-1}$로서 각 행은 u_2개의 원소로 되어 있다고 할 수 있다. 행 우선 표현에서 이 행들은 메모리에 그림 2.6과 같이 표현될 것이다.

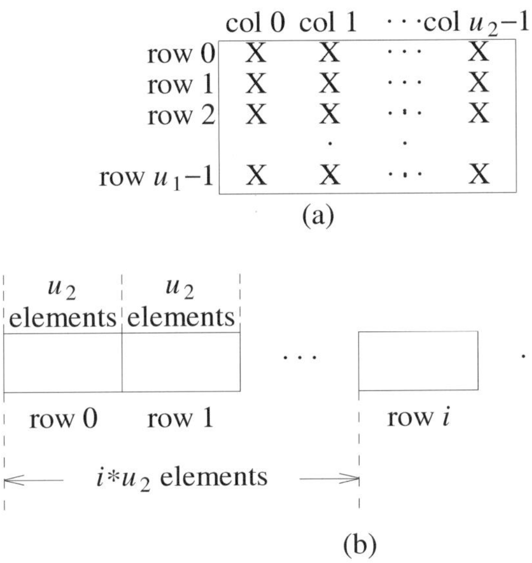

그림 2.6 $a[u_1][u_2]$의 순차 표현

마찬가지로 $a[0][0]$의 주소를 α라고 할 때 $a[i][0]$의 주소는 크기가 u_2인 i개의 행이 i번째 행이 시작하기 전에 저장되므로 $\alpha + i*u_2$가 된다. $a[i][0]$의 주소를 이용하면 $a[i][j]$의 주소는 간단히 $\alpha + i*u_2 + j$가 됨을 알 수 있다.

그림 2.7은 3차원 배열 $a[u_1][u_2][u_3]$를 보여 준다. 이 배열은 $u_2 \times u_3$인 2차원 배열이 u_1개 있는 것으로 해석할 수 있다. $a[i][j][k]$의 위치를 지정하기 위해서 $a[i][0][0]$의 주소를 계산하면 이 원소 이전에 $u_2 \times u_3$의 크기를 가진 2차원 배열이 i개 있으므로 $\alpha + iu_2u_3$가 된다. 2차원 배열 주소 공식을 이용하면 $a[i][j][k]$의 주소는 $\alpha+iu_2u_3 + ju_3 + k$가 된다.

지금까지의 설명을 일반화하여 $a[u_1][u_2], \ldots, [u_n]$으로 선언된 n차원 배열에서 임의의 원소 $a[i_1][i_2], \ldots, [i_n]$에 대한 주소를 계산하는 공식을 간단히 구할 수 있다. α를 $a[0][0], \ldots, [0]$의 주소라고 할 때 $a[i_1][0], \ldots, [0]$의 주소는 $\alpha + i_1u_2u_3 \ldots, u_n$이 되고 $a[i_1][i_2][0], \ldots, [0]$의 주소는 $\alpha + i_1u_2u_3 \ldots, u_n + i_2u_3u_4 \ldots, u_n$이 된다.

이 과정을 계속하면 $a[i_1][i_2], \ldots, [i_n]$의 주소는 다음과 같다.

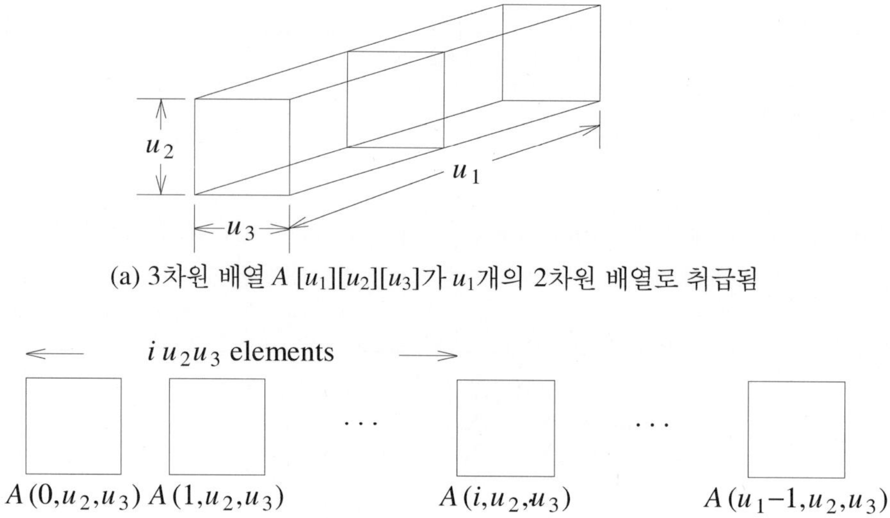

(a) 3차원 배열 $A\ [u_1][u_2][u_3]$가 u_1개의 2차원 배열로 취급됨

(b) 3차원 배열의 순차 행 우선 표현.
각 2차원 배열은 그림 2.6과 같이 표현됨

그림 2.7 $a[u_1][u_2][u_3]$의 순차 표현

$$
\begin{aligned}
&\alpha + i_1u_2u_3 \ldots, u_n \\
&\quad + i_2u_3u_4 \ldots, u_n \\
&\quad + i_3u_4u_5 \ldots, u_n \\
&\quad . \\
&\quad . \\
&\quad . \\
&\quad + i_{n-1}u_n \\
&\quad + i_n
\end{aligned}
$$

$$
= \alpha + \sum_{j=1}^{n} i_j a_j \quad \text{여기서} \quad \begin{cases} a_j = \prod_{k=j+1}^{n} u_k & 1 \le j < n \\ a_n = 1 \end{cases}
$$

a_j는 $a_{j+1}(1 \le j < n)$로부터 $a_j = u_{j+1}a_{j+1}$과 같이 한 번의 곱셈으로 계산된다는 점에 유의하라. 그러므로 컴파일러는 선언된 경계 값 $u_1, \ldots, u_n$들을 처음에 취하여 $n-2$번의 곱셈으로 상수 $a_1, \ldots, a_{n-1}$을 계산하는 데 이들을 이용한다. $a[i_1][i_2], \ldots, [i_n]$의 주소는 이 공식을 이용하여 $n-1$번 이상의 곱셈과 n번의 덧셈 그리고 n번의 뺄셈으로 계산할 수 있다.

연습문제

1. [**프로그래밍 과제**] 다차원 배열이 C++에서 표준 데이타 객체로 제공될지라도 때로는 다차원 배열을 위해 클래스를 정의할 필요가 있다. 이 정의는 다음과 같은 보다 견고한 클래스를 표현한다.

   (a) 범위 검사를 수행한다.
   (b) 각 차원의 인덱스 집합으로 0부터 시작하는 연속적인 정수들로 구성되는 것을 요구하지 않는다.
   (c) 배열 지정을 허용한다.
   (d) 배열의 초기화를 다른 배열을 사용하여 할 수 있다.
   (e) 실행 시에 배열의 각 차원의 범위를 선택한다.
   (f) 배열의 범위와 크기를 동적으로 변경할 수 있다.
   (g) 배열의 크기를 판단할 수 있는 방법을 제공한다.

   실수 원소를 저장하고 위에 명기된 기능들을 제공하는 클래스 *mdArray*를 구현하라. 이를 위해 동적으로 생성되는 1차원 배열인 원소들의 배열과 각 차원의 최소와 최대 범위를 저장하는 배열에 대응하는 두 개의 포인터 데이타 멤버를 정의하는 것이 필요할 것이다. 그 외의 데이타 멤버도 필요할 것이다. 클래스의 데이타 멤버는 차원 수와 각 차원의 범위를 입력으로 받는 생성자에 의해 초기화되어야만 한다. 또한 화일로부터 배열의 원소들을 입력하거나 화일로 출력하는 연산을 제공해야 된다.
2. 다음과 같은 배열 $a[n]$, $b[n][m]$, $c[n][2][3]$에 각각 저장될 수 있는 값들은 몇 개인가?
3. $a[u_1][u_2], \ldots, [u_n]$으로 선언된 배열에서 원소 $a[i_1][i_2], \ldots, [i_n]$의 주소를 계산하는 공식을 만들어 보라. 각 원소는 하나의 워드를 사용하고 $a[0][0], \ldots, [0]$의 주소가 α인 배열로 열 우선 표현을 가정하라. 열 우선 표현에서 2차원 배열은 행보다는 열에 의해 순차적으로 저장된다.

2.6 스트링 추상 데이타 타입

이 절에서는 구성 요소가 문자인 데이타 타입, 즉 스트링(string)에 관해 알아보겠다. ADT의 한 예로서 스트링이 $S = s_0, \ldots, s_{n-1}$의 형태를 갖는다고 정의할 때 s_i는 프로그래밍 언어의 문자 집합의 원소이고 n은 스트링의 길이가 된다. 만일 n이 0이면 S는 공백 또는 널 스트링이다.

스트링을 명기하는 데에는 몇 가지 유용한 연산들이 있는데, 그 중에는 새로운 공백 스트링의 생성, 스트링의 읽기 또는 출력, 두 스트링의 접합(concatenation), 스트링의 복사와 같이 다른 ADT에서 필요한 연산과 유사한 것들이 있다. 그러나 스트링의 비교, 서브스트링을 스트링에 삽입, 스트링에서 서브스트링의 삭제, 스트링에서 특정 패턴의 검색 등과 같이 스트링 ADT만이 지닌 독특한 연산들도 있다. ADT 2.5의 스트링 ADT 명세에는 기본적인 연산들이 열거되어 있다.

---

class *String*
{

public:

  String(*char* **init*, **int** *m*);
  // ***this**를 길이 *m*인 스트링 *init*로 초기화하는 생성자

  bool operator==(*String t*);
  // ***this**가 표현하는 스트링이 *t*와 동등하면 true를 반환
  // 아니면 false를 반환

  bool operator!();
  // ***this**가 공백이면 true를 반환; 아니면 false를 반환

  int *Length*();
  // ***this**의 문자 수를 반환

  String Concat(*String t*);
  // ***this**의 스트링 뒤에 *t*를 붙인 스트링을 반환

  String Substr(**int** *i*, **int** *j*);
  // ***this**에서 $i, i+1, ..., i+j-1$의 위치에 있는 *j*개의 스트링을 반환
  // 이 위치가 유효하지 않으면 예외를 발생

  int *Find*(*String pat*);
  // ***this**의 *i*에서 시작하는 서브스트링이 *pat*과 매치되는 경우에 인덱스 *i*를 반환
  // *pat*이 공백이거나 ***this**의 서브스트링이 아닌 경우에는 −1을 반환

};

ADT 2.5: *String* 추상 데이타 타입

C++는 이 ADT에서 정의한 것보다 훨씬 많은 함수를 제공하는 스트링 클래스를 가지고 있다. 여기서는 이 C++ 클래스에 대해 자세히 다루지는 않을 것이다. 대신 스트링 매치(즉 ADT 2.5에 명세된 함수 *Find*) 문제에 초점을 맞추겠다. 이 절의 나머지 부분에서는 스트링 클래스에 정의된 **char*** 타입의 전용 데이타 멤버 *str*이 스트링을 표현한다고 가정한다. 이 *str*의 *i*번째 문자는 *str*[*i*]나 *(*str* + *i*) 표기법으로 접근할 수 있고 *str* = "abc"와 같은 명령문으로 스트링을 *str*에 지정할 수 있다.

2.6.1 스트링 패턴 매치: 간단한 알고리즘

두 개의 스트링 *s*와 *pat*가 주어지고 *pat*가 *s*에서 탐색할 패턴이라고 가정하자. *s*에 *pat*가 있는가를 결정하기 위해 함수 *Find*를 사용한다. *s.Find*(*pat*)가 호출되면 *pat*와 *i*번째 위치에서 시작하는 *s*의 서브스트링이 매칭될 때 인덱스 *i*를 반환한다. *pat*가 공백이거나 *s*의 서브스트링이 아닌 경우에는 −1을 반환한다. 함수 *Find*가 어떻게 구현될 수 있는지 알아보자.

가장 간단하지만 효율적이지 못한 방법은 *s*의 각 위치를 순차적으로 조사하여 그 위치가 매칭의 시

작점인지를 결정하는 것이다. *lengthP*와 *lengthS*가 각각 패턴 *pat*와 스트링 *s*의 길이를 나타낸다고 하자. *s*에서 위치 *lengthS-lengthP*의 오른쪽에서는 *pat*와 매치가 될 문자가 충분하지 않으므로 고려하지 않아도 된다. 함수 *Find*(프로그램 2.15)는 이 방법을 구현한 것이다. 이 함수의 복잡도는 O(*lengthP* · *lengthS*)이다.

```
int String::Find(String pat)
{// pat가 *this에 나타나지 않는 경우에는 -1을 반환하고
// 그렇지 않은 경우에는 *this에서 pat가 시작하는 처음 위치를 반환한다.
   for (int start = 0; start <= Length() - pat.Length(); start++)
   {// str[start]에서 시작하여 매치를 검사
      int j;
      for (j = 0; j < pat.Length() && str[start + j] == pat.str[j]; j++)
      if (j == pat.Length()) return start; // 매치 발견
      // start 위치에서 매치되지 않음
   }
   return -1 ; // pat가 공백이거나 s에 나타나지 않음
}
```

프로그램 2.15: 간단한 패턴 매치

물론 어떤 *s*와 *pat*의 쌍에 대해서 성능을 향상시키도록 함수 *Find*에 휴리스틱을 도입할 수 있다. 예를 들어 함수 *Find*에서 고려하는 *s*의 각 위치 *start*에 대해 *pat*의 0번째에서부터 *lengthP*−2까지의 문자들이 매치되는지 검사하기 전에 *pat*의 마지막 문자와 *s*의 *start* + *lengthP*−1에 있는 문자를 검사할 수 있다. 그러나 이 패턴 매치 함수의 점근적 복잡도도 마찬가지로 O(*lengthP* · *lengthS*)이다.

2.6.2 스트링 패턴 매치: KMP 알고리즘

이상적으로는 알고리즘이 O(*lengthP* + *lengthS*) 시간에 동작하는 것이 좋다. 이것이 이 문제를 푸는 최적의 시간 복잡도이다. 왜냐하면 최악의 경우에는 패턴과 스트링의 문자들을 전부 적어도 한 번씩 검색해야 하기 때문이다. 패턴에 대한 스트링의 탐색은 스트링에서 뒤로 이동하는 일이 없어야 한다. 즉 매치되지 않은 경우 매치되지 않은 패턴 내의 문자와 패턴 내의 위치 정보를 이용하여 어디에서 탐색을 계속해야 할 것인가를 결정해야 한다. Knuth, Morris, Pratt는 이러한 방식으로 동작하면서 선형 시간 복잡도를 갖는 패턴 매치 알고리즘을 개발하였다. 예로서 우선 다음과 같은 스트링이 있다고 가정해 보자.

$$pat = a\ b\ c\ a\ b\ c\ a\ c\ a\ b$$

스트링 $s = s_0 s_1 \cdots s_{m-1}$이라 하고, s_i에서부터 매치되는지 여부를 결정해야 한다고 가정하자. $s_i \neq a$이면 당연히 $s_i + 1$과 a를 비교해야 한다. 마찬가지로 $s_i = a$이고 $s_i + 1 \neq \mathrm{b}$이면 $s_i + 1$과 a를 비교해야 한다. 만일 $s_i s_{i+1} = ab$이고, $s_{i+2} \neq c$이면 다음과 같은 상황이 발생한다.

$s =$	-	a	b	?	?	?	.	.	.	?
$pat =$		a	b	c	a	b	c	a	c	a	b

여기서 ?는 s 내 그 문자가 무엇인지 모른다는 것을 의미한다. S의 첫 번째 ?는 s_{i+2}에 해당하고 $s_{i+2} \neq c$이라고 하자. 이 시점에서 매치를 위한 탐색은 pat의 첫 문자와 s_{i+2}를 비교하는 것으로 계속해야 할 것이다. 이것은 이미 s_{i+1}이 pat의 두 번째 문자인 b와 같고, 그래서 $s_{i+1} \neq a$라는 것을 알기 때문에 pat의 첫 문자와 s_{i+1}을 비교할 필요가 없는 것이다. 이제 pat의 처음 네 문자가 매치되고 그 다음이 매치되지 않은 경우, 즉 $s_{i+4} \neq b$인 경우를 가정해 보면 다음과 같은 상황이 발생한다.

$s =$	-	a	b	c	a	?	?	.	.	.	?
$pat =$		a	b	c	a	b	c	a	c	a	b

매치를 위한 탐색은 s_{i+4}와 pat에 있는 두 번째 문자 b를 비교함으로써 계속될 수 있다. 이곳은 패턴 pat를 오른쪽으로 이동시켜서 부분 매치가 일어나는 첫 번째 위치이다. 이와 같이 패턴 내의 문자들을 알고 s 내의 문자와 매치되지 않는 패턴 내의 위치를 알아 냄으로써 s 안에서 후진하지 않고 패턴 내의 어느 위치에서부터 탐색을 계속할 것인지를 결정할 수 있다. 이를 정형화하기 위해서 패턴에 대한 실패 함수를 다음과 같이 정의한다.

정의: 임의의 패턴 $p = p_0p_1\cdots p_{n-1}$이 있을 때 이 패턴의 실패 함수(failure function) f는 아래와 같이 정의된다.

$$f(j) = \begin{cases} \text{제일 큰 } k(<j), \text{ 여기서 } p_0\cdots p_k = p_{j-k}\cdots p_j\text{인, } k(\geq 0)\text{가 존재하는 경우} \\ -1, \text{ 그 외의 경우} \end{cases}$$

예를 들어 위의 예제 패턴 $pat = abcabcacab$에 대해 f는 다음과 같다.

j	0	1	2	3	4	5	6	7	8	9
pat	a	b	c	a	b	c	a	c	a	b
f	−1	−1	−1	0	1	2	3	−1	0	1

이 실패 함수의 정의로부터 패턴 매치를 위한 다음과 같은 규칙을 구할 수 있다. 만약 $s_{i-j}\cdots s_{i-1} = p_0\cdots p_{j-1}$이고 $s_i \neq p_j$인 부분 매치가 일어난다면 $j \neq 0$일 때 s_i와 $p_{f(j-1)+1}$을 비교하는 것으로 매치를 재개할 수 있다. $j = 0$인 경우에는 $s_i + 1$과 p_0를 비교하는 것으로 매치를 계속할 수 있다. 이와 같은 패턴 매치의 규칙을 함수화한 것이 함수 *FastFind*(프로그램 2.16)이다. *FastFind*는 실패 함수를 표현하기 위하여 **int**의 배열을 사용한다. f는 *String* 클래스의 전용 데이타 멤버이다.

```
int String::FastFind(String pat)
{// pat가 s의 서브스트링인가를 결정한다.
  int posP = 0, posS = 0;
```

```
4  int lengthP = pat.Length(), lengthS = Length();
5  while ((posP < lengthP) && (posS < lengthS))
6     if (pat.str[posP] == str[posS]) { // 문자 매치
7        posP++ ; posS++ ;
8     }
9     else
10       if (posP == 0)
11          posS++;
12       else posP = pat.f[posP−1] + 1 ;
13    if (posP < lengthP) return−1;
14    else return posS−lengthP;
15 }
```

프로그램 2.16: 실패 함수를 사용하는 패턴 매치

***FastFind*의 분석:** *FastFind*의 정확성은 실패 함수의 정의에서 비롯된다. 연산 시간을 결정하기 위하여 살펴보면 알고리즘에서 한 번 반복할 때마다 *posS*가 1씩 증가하지만 결코 감소하지 않으므로 7행과 11행은 최대 *lengthS*번 실행된다는 것을 알 수 있다. 그 결과 *posP*는 *pat*에서 최대 *lengthS*번 이동할 수 있다(7행). 12행이 수행될 때마다 *posP*는 *pat*의 왼쪽으로 이동하는데 이 절은 최대 *lengthS*번 수행된다. 왜냐하면 그렇지 않은 경우 *posP*가 0보다 작아지기 때문이다. 결과적으로 **while** 루프의 최대 반복 횟수는 *lengthS*가 되고 *FastFind*의 연산 시간은 O(*lengthS*)이다. □

*FastFind*의 분석으로부터, 실패 함수를 O(*lengthP*) 시간 내에 계산할 수 있다면 전체 패턴 매치 과정은 스트링과 패턴 길이의 합에 비례하는 시간 내에 이루어질 수 있음을 알 수 있다. 다행히도 실패 함수를 빨리 계산하는 방법이 있다. 이것은 아래와 같이 재작성된 실패 함수에 근거한다.

$$f(j) = \begin{cases} -1 & j = 0\text{일 경우} \\ f^m(j-1)+1 & \text{이때 } m\text{은 } p_{f^k(j-1)+1} = p_j\text{를 만족시키는 } k \text{ 중 가장 작은 정수} \\ -1 & \text{위 식을 만족시키는 } k\text{가 없을 경우} \end{cases}$$

[$f^1(j) = f(j)$이고 $f^m(j) = f(f^{m-1}(j))$임에 주의하라.] 이 정의로 패턴의 실패 함수 f를 계산하는 프로그램 2.17의 함수가 생성된다.

```
void String::FailureFunction()
{// 패턴 *this에 대한 실패 함수를 계산한다.
 int lengthP = Length() ;
 f[0] = −1;
```

```
5  for (int j = 1 ; j < lengthP ; j++)  // f[j]의 계산
6  {
7     int i = f[j-1] ;
8     while ((*(str + j) != *(str + i + 1)) && (i >= 0)) i = f[i];
9     if (*(str + j) == *(str + i + 1))
10       f[j] = i + 1 ;
11    else f[j] = -1;
12 }
13 }
```

프로그램 2.17: 실패 함수의 계산

***FailureFunction*의 분석:** **while** 루프를 반복할 때마다 i의 값은 (f의 정의에 의해) 감소되며, 변수 i는 **for** 루프를 반복하는 시작 위치에서 재설정된다. 그러나 이것은 -1로 재설정되거나($j = 1$이거나 이전 반복에서 11행을 통과할 때), 이전 반복의 마지막 값보다 1이 더 큰 값으로 재설정된다(이전 반복에서 10행을 통과할 때). 7행은 $lengthP-1$번만 반복되기 때문에, i의 값은 최대 $lengthP-1$번 증가된다. 결과적으로 **while** 루프는 전체 알고리즘을 통해 최대 $lengthP-1$번 반복되고 *FailureFunction*의 연산 시간은 $O(lengthP)$가 된다. □

실패 함수를 미리 알 수 없는 경우에 함수 *FailureFunction*을 이용하여 실패 함수를 먼저 계산한 다음 함수 *FastFind*를 이용하여 패턴 매치를 수행하면 걸리는 시간은 $O(lengthP + lengthS)$가 된다.

연습문제

1. 입력으로 스트링을 받아들여서 스트링 내에 각기 다른 문자가 나타나는 횟수를 구하는 함수 *String*::*Frequency*를 작성하라. 적절한 데이타를 이용하여 이 함수를 테스트하라.
2. 스트링과 2개의 정수 *start*, *length*를 입력으로 받는 함수 *String*::*Delete*를 작성하라. 이 함수는 *start*에서 시작하여 *length*만큼의 문자를 원래 스트링에서 제거한 새로운 스트링을 반환하여야 한다.
3. 스트링과 하나의 문자 c를 입력으로 받는 함수 *String*::*CharDelete*를 작성하라. 이 함수는 스트링에서 문자 c가 나타나는 경우 모두 제거한 나머지 스트링을 반환한다.
4. 주어진 스트링에서 서브스트링 w를 스트링 x로 별도의 공간을 사용하지 않고 그 자리에서 대치시키는 함수를 작성하라. w는 x와 크기가 같지 않을 수 있음에 유의하라. 이 함수의 복잡도는 어떻게 되는가?
5. $x = (x_0, ..., x_{m-1})$과 $y = (y_0, ..., y_{n-1})$이 스트링이고 x_i와 y_i는 알파벳 문자인 경우 $x_i = y_i$ ($0 \le i <$

j)이고 $x_j < y_j$이거나 또는 $x_i = y_i(0 \leq i \leq m, m < n)$이면 x는 y보다 작다. 두 개의 스트링 x와 y를 입력으로 받아서 $x < y, x = y, x > y$ 각각의 경우에 대해 $-1, 0, +1$을 반환하는 알고리즘을 작성하라.

6. (a) 함수 *Find*(프로그램 2.15)가 *lengthP* · *lengthS*에 비례하는 시간에 실행하는 스트링과 패턴을 찾으라.
   (b) 함수 *Find*가 패턴의 마지막 문자와 먼저 매치하는가를 검사하도록 변경되었다고 가정하고 (a) 문제를 풀어 보라(이 방법에 대한 본문의 설명 부분을 참조하라).
7. 다음의 각 패턴에 대해 실패 함수를 계산하라.
   (a) $a\ a\ a\ a\ b$
   (b) $a\ b\ a\ b\ a\ a$
   (c) $a\ b\ a\ a\ b\ a\ a\ b\ b$
8. $p_0p_1 \cdots p_{n-1}$을 길이가 n인 패턴이라 하고 f는 그것의 실패 함수라고 하자. $0 \leq j < n$과 $m > 1$에 대해 $f^1(j)=f(j)$과 $f^m(j) = f(f^{m-1}(j))$를 정의하라. 함수 f의 정의를 이용하여 다음을 증명하라.

$$f(j) = \begin{cases} -1 & j = 0\text{일 경우} \\ f^m(j-1)+1 & \text{이때 } m\text{은 } p_{f^k(j-1)+1} = p_j\text{를 만족시키는 } k \text{ 중 가장 작은 정수} \\ -1 & \text{위 식을 만족하는 } k\text{가 없을 경우} \end{cases}$$

9. 실패 함수의 정의는 다음과 같이 강화될 수 있다.

$$f(j) = \begin{cases} \text{제일 큰 } i(<j) \text{ 여기서 } p_0 \cdots p_i = p_{j-i} \cdots p_j\text{이고 } p_{i+1} \neq p_{j+1}\text{을 만족시키는 경우} \\ -1 \quad \text{위의 조건을 만족시키는 } i(\geq 0)\text{가 없는 경우} \end{cases}$$

   (a) 패턴 *pat*에 대한 새로운 실패 함수를 작성하라.
   (b) 만일 f에 대한 이 정의를 사용하는 경우 알고리즘 *FastFind*(프로그램 2.16)가 계속 정확하게 수행되는 것을 증명하라.
   (c) 이 정의에서 f를 계산하도록 알고리즘 *FailureFunction*(프로그램 2.17)을 수정하라. 연산 시간은 계속 O(m)임을 증명하라.
   (d) *FastFind*의 실제 연산 시간이 f에 대한 이전의 정의보다 새 정의에서 더 많이 걸리는 패턴이 있는가? 또는 더 적은 시간이 걸리는 경우가 있는가? 예를 들어 보라.

2.7 참고문헌

Kunth, Morris, Pratt 패턴 매치 알고리즘은 "Fast pattern matching in strings", *SIAM Journal on Computing*, 6:2, 1977, pp. 323-350을 참고하라. 다른 스트링 매칭 알고리즘과 함께 KMP 패턴 매치 알고리즘에 대한 논의는 *Introduction to Algorithms*, Second Edition, by T. Cormen, C. Leiserson, R. Rivest and C. Stein, McGraw Hill, New York, 2002를 참고하라.

2.8 추가 연습문제

1. 배열 *list*의 원소의 순서를 제자리에서 역으로 만드는 C++ 함수를 작성하라. 즉 이 함수는 변환된 *list*의 *list*[*i*]는 원래 *list*의 $(n-i-1)$번째 원소를 포함하도록 변환하여야 한다. 여기서 n은 *list*의 총 원소 수이다. 이 함수에서 추가로 사용할 수 있는 공간은 단순 변수들을 위한 것뿐이다. 알고리즘의 입력은 *list*와 n이다. 작성된 함수가 이 순서를 역으로 하기 위한 연산 시간은 얼마인가?
2. $m \times n$ 행렬에서 어떤 원소 $a[i][j]$가 i행에서 가장 작은 값이고 j열에서 가장 큰 값일 때, 이 행렬은 안장점(saddle point)을 갖는다고 말한다. 안장점이 존재한다고 할 때 이 안장점의 위치를 결정하는 C++ 함수를 작성하라. 작성한 함수의 연산 시간은 얼마인가?
3. 정방 행렬의 대각선 위나 아래의 모든 원소들이 0일 때 그 행렬을 삼각 행렬(triangular matrix)이라 한다. 그림 2.8은 하삼각 행렬(lower triangular matrix)과 상삼각 행렬(upper triangular matrix)을 나타낸다. n개의 행을 가진 하삼각 행렬 a에서 i행의 0이 아닌 원소는 최대 $i + 1$개이다. 따라서 0이 아닌 항의 총계는 $\sum_{i=0}^{n-1}(i+1) = n(n+1)/2$가 된다. n이 큰 경우에는 기억 장소를 절약하기 위해서 하삼각 행렬 부분의 0이 아닌 원소들만을 저장하는 방법이 필요하다. 하삼각 행렬의 원소를 배열 $b[n(n+1)/2]$에 저장시키고 $a[0][0]$은 $b[0]$에, 다른 원소는 행 우선 순서로 저장시킨다고 할 때 하삼각 부분의 원소 a_{ij}의 주소를 계산하는 수식을 구하라. A에서 0인 원소들에 대해 i와 j 사이의 관계는 어떻게 되는가?

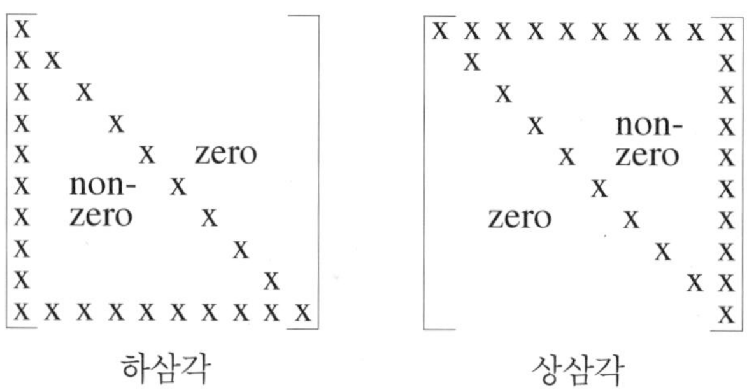

그림 2.8 상삼각 행렬과 하삼각 행렬

4. a와 b가 각각 n개의 행을 가진 두 하삼각 행렬이라 하자. 이 두 하삼각 행렬에 있는 모든 원소의 수는 $n(n+1)$이다. 배열 $c[n][n+1]$로 두 개의 삼각 행렬을 나타내는 방법을 기술하라.[힌트: c의 하삼각 행렬로서 a의 삼각 행렬을, c의 상삼각 행렬로서 b의 전치 행렬을 나타내라.] 배열 c에서 $a[i][j]$, $b[i][j]$ $(0 \le i, j < n)$의 값을 구하는 알고리즘을 작성하라.
5. 실제로 자주 사용되는 희소 행렬의 다른 예는 3원 대각 행렬(tridiagonal matrix)이 있다. 이 정방 행렬(square matrix)에는 주대각선(major diagonal)과 이 주대각선의 바로 위아래의 대각선에

있는 원소를 제외한 다른 모든 원소가 0이다(그림 2.9).

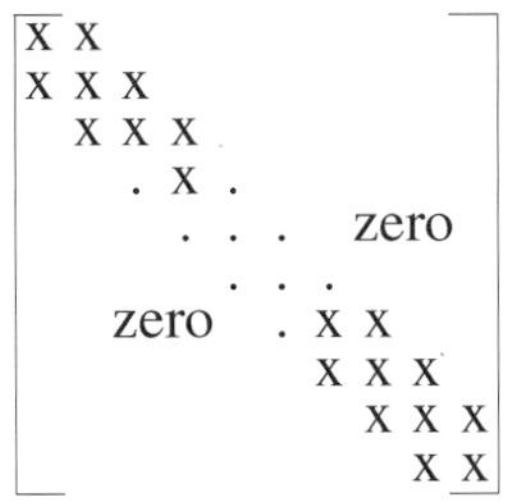

그림 2.9 3원 대각 행렬

이 3개의 대각선 위에 있는 원소들이 배열 b에, $a[0][0]$은 $b[0]$에 저장되는 경우 배열 b에서 $a[i][j](0 \le i, j < n)$의 원소 값을 구하는 알고리즘을 작성하라.

6. 정방 밴드 행렬(square band matrix) $a_{n,a}$란 0이 아닌 모든 항들이 주대각선을 중심으로 한 밴드에 있는 $n \times n$ 행렬이다. 밴드는 주대각선과 주대각선의 위와 아래에 $a-1$개의 대각선을 포함한다(그림 2.10).

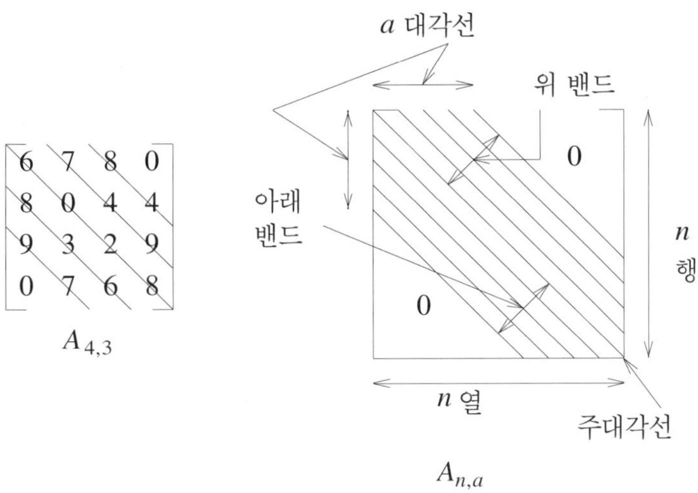

그림 2.10 정방 밴드 행렬

(a) $a_{n,a}$의 밴드 안에 있는 원소 수는 얼마인가?

(b) $a_{n,a}$의 밴드 안에 있는 원소 a_{ij}에서 i와 j는 어떤 관계인가?

(c) 최하위 대각선으로부터 시작해서 $a_{n,a}$의 밴드가 배열 b에 순차적으로 저장된다고 가정하자. 예를 들어 $a_{4,3}$은 아래와 같이 표현된다.

b[0]	b[1]	b[2]	b[3]	b[4]	b[5]	b[6]	b[7]	b[8]	b[9]	b[10]	b[11]	b[12]	b[13]
9	7	8	3	6	6	0	2	8	7	4	9	8	4
a_{20}	a_{31}	a_{10}	a_{21}	a_{32}	a_{00}	a_{11}	a_{22}	a_{33}	a_{01}	a_{12}	a_{23}	a_{02}	a_{13}

$a_{n,a}$의 하위 밴드에 있는 원소 a_{ij}의 위치에 대한 주소를 구하는 공식을 작성하라. 위의 경우 예를 들어 $LOC(a_{20}) = 0$, $LOC(a_{31}) = 1$이다.

7. 일반 밴드 행렬(generalized band matrix) $a_{n,a,b}$는 0이 아닌 모든 항이 주대각선 아래의 $a-1$개의 대각선, 주대각선, 주대각선 위의 $b-1$개의 대각선으로 구성되는 밴드 안에 있는 $n \times n$ 행렬이다 (그림 2.11).

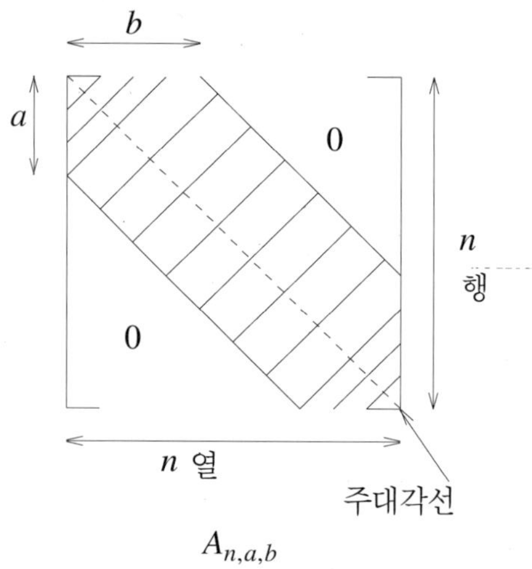

그림 2.11 일반 밴드 행렬

(a) $a_{n,a,b}$의 밴드 안에 있는 원소 수는 얼마인가?

(b) $a_{n,a,b}$의 밴드 안에 있는 원소 a_{ij}에 대해 i와 j는 어떤 관계인가?

(c) 1차원 배열 c에 $a_{n,a,b}$의 밴드를 순차적으로 표현하라. 이 표현에서 행렬 $a_{n,a,b}$에 있는 원소 a_{ij}의 값을 결정하는 C++ 함수 *value(n,a,b,i,j,c)*를 작성하라. $a_{n,a,b}$의 밴드는 배열 c에 표현되어 있다.

8. **[프로그래밍 과제]** 수학 분야에서 'random walk'라고 하는 오랫동안 관심의 대상이 되었던 문제들이 많이 있다. 이러한 문제 중 아주 간단한 것을 제외하고는 모두 해결하기 매우 어려우며 대부분 해결되지 못하고 남아 있다. 예로서 다음의 문제를 생각해 보자.

한 (술 취한) 바퀴벌레가 $n \times m$ 크기의 직사각형 방 중간의 한 타일 위에 있다. 바퀴벌레는 임의로 타일에서 타일로 걸어간다. 바퀴벌레가 현재 타일에서 그 주위 8개의 타일(벽 옆에 있지 않은 경우)로 같은 확률을 가지고 움직인다고 가정하자. 이때 적어도 한 번씩 방의 모든 타일을 지나가는 데 걸리는 시간은 얼마인가?

순수한 확률 이론 기법에 의해 이런 문제를 해결하는 것은 어렵지만, 컴퓨터를 이용하면 매우 쉽게 해결된다. 이러한 기법을 '시뮬레이션(simulation)' 이라고 한다. 이 기법은 교통 흐름, 재고 관리 등을 예측하는데 광범위하게 사용되고 있다. 위의 문제는 다음과 같은 방법을 이용하여 표현할 수 있다.

$n \times m$ 배열 *count*는 방에서 바퀴벌레가 각 타일을 방문하는 횟수를 나타내는 데 사용한다. 이 배열의 모든 원소의 초기 값은 0이다. 방에서 바퀴벌레의 위치는 좌표 (*ibug*, *jbug*)로 나타낸다. 바퀴벌레의 8가지 가능한 이동은 타일들의 위치, 즉 (*ibug* + *imove*[*k*], *jbug* + *jmove*[*k*])로 나타내며, 여기서 *k*는 $0 \le k \le 7$이고 *imove*와 *jmove*는 다음과 같다.

imove[0] =	−1	*jmove*[0] =	1
imove[1] =	0	*jmove*[1] =	1
imove[2] =	1	*jmove*[2] =	1
imove[3] =	1	*jmove*[3] =	0
imove[4] =	1	*jmove*[4] =	−1
imove[5] =	0	*jmove*[5] =	−1
imove[6] =	−1	*jmove*[6] =	−1
imove[7] =	−1	*jmove*[7] =	0

주어진 정방의 8개 타일 중 어느 하나로 임의로 움직이는 *random walk*는 0과 7 사이의 임의 값 *k*를 생성함으로써 시뮬레이션을 수행할 수 있다. 물론 바퀴벌레는 방 밖으로 벗어나 움직일 수 없으며, 벽 위로 움직이는 좌표는 무시되어야 하고 새로운 임의 조합에 의해 움직임이 형성된다. 한 타일에 들어갈 때마다 해당하는 배열 값이 증가되며 이것은 지금까지 바퀴벌레가 그 타일을 방문한 횟수를 나타내는 것이다. 모든 타일에 적어도 한 번은 들어갔을 때 이 실험은 종료된다.

이와 같은 시뮬레이션 실험을 수행하는 프로그램을 작성하라. 이 프로그램 *MUST*는 다음을 할 수 있어야 한다.

(a) *m*과 *n*의 값은 $2 < n \le 40$, $2 \le m \le 20$으로 조절한다.

(b) 다음과 같은 경우에 대하여 실험한다.

  (1) $n = 15$, $m = 15$, 시작점: (9,9)

  (2) $n = 39$, $m = 19$, 시작점: (0,0)

(c) 반복 실행의 한계를 가진다. 즉 실험중 바퀴벌레가 들어갈 수 있는 타일의 수의 최대값을 정하라. 이 가정은 프로그램이 종료될 수 있도록 하기 위한 목적이다. 최대 50,000으로 결정하는 것이 이 연습문제에 적당하다.

(d) 각 실험에 대해 다음 결과를 출력한다.

  (1) 적법한 바퀴벌레의 총 이동 수

  (2) 마지막 *count* 배열(이것은 움직임에 대한 밀도, 즉 방에서 움직임을 통해 각 타일에 닿게 되는 횟수를 나타낸다)

이 연습문제는 Olson이 제공한 것이다.

9. **[프로그래밍 과제]** 체스는 게임 자체에 독립적으로 매우 흥미있는 오락적인 면을 갖고 있다. 이 중 많은 것들은 기사(knight)의 L 형태의 움직임에 기본을 두고 있다. 대표적인 예가 18세기 초반부터 많은 수학자와 게임 분석가들의 흥미를 집중시켰던 기사의 여행(knight's tour)에 관한 문제이다. 간단히 말해서, 주어진 체스판의 임의의 위치에서 출발하여 각 위치를 오직 한 번만 방문하면서 모두 64개의 위치를 방문하는 문제이다. 방문하는 위치의 순서를 나타내기 위해서 체스판의 각 위치에 1, 2, ..., 64의 번호를 부여한다. 기사는 마지막에 한 번 더 움직여서 처음 위치로 돌아와야 할 필요는 없다. 이것이 가능한 경우의 기사 여행을 반복 가능이라고 한다. 기사 여행의 해결책 중 가장 천재적인 것은 1823년 J. C. Warnsdorff가 제시한 것이다. 그가 사용한 규칙은 기사는 항상 아직 방문되지 않은 위치로 나가는 출구가 가장 적은 위치 중의 하나로 이동하는 것이다. 더 이상 읽어 나가지 말고 먼저 Warnsdorff의 규칙을 사용하여 이 문제를 손으로 풀어 보라.

이와 같은 유형의 문제를 풀기 위해 결정해야 할 가장 중요한 사항은 데이타를 어떠한 방법으로 컴퓨터에 표현할 것인가 하는 점이다. 아마도 그림 2.12에서와 같이 체스판을 8 × 8 배열 *board*로 나타내는 것이 가장 자연스러운 것이다. 이 그림에서는 기사가 (4,2) 위치에서 이동 가능한 8가지 방향을 표시하였다. 일반적으로 (i,j) 위치에서 기사가 움직일 수 있는 위치는 $(i-2, j+1)$, $(i-1, j+2)$, $(i+1, j+2)$, $(i+2, j+1)$, $(i+2, j-1)$, $(i+1, j-2)$, $(i-1, j-2)$ 및 $(i-2, j-1)$ 등이다. 그러나 기사의 위치 (i,j)가 체스판의 경계에 근접해 있을 경우는 위의 가능 위치 중 체스판을 벗어나는 것은 허용되지 않는다. 위의 8가지 방향은 아래와 같이 2개의 배열 *ktmov1*과 *ktmov2*를 이용하여 효과적으로 나타낼 수 있다.

	0	1	2	3	4	5	6	7
0								
1								
2		8		1				
3	7				2			
4			K					
5	6				3			
6		5		4				
7								

그림 2.12 적법한 기사의 이동

ktmov1	*ktmov2*
−2	1
−1	2
1	2
2	1
2	−1
1	−2
−1	−2
−2	−1

이와 같은 표현법을 이용하여 (i,j) 위치에 있는 기사가 움직일 수 있는 위치는 $(i + ktmov1[\mathrm{k}], j + ktmov2[k])$이다. 단 이동된 위치가 체스판 위에 있어야 하고 k는 0과 7 사이의 값이어야 한다.

다음은 Warnsdorff의 규칙을 이용하여 기사 여행 문제의 해를 구하는 알고리즘을 기술한 것이다.

(a) [**체스판의 초기화**] $0 \le i,j \le 7$에 대하여, $board[i][j] = 0$으로 설정한다.

(b) [**시작점 설정**] (i,j)를 읽고 프린트한 다음 $board[i][j] = 1$로 설정한다.

(c) [**루프**] $2 \le m \le 64$에 대하여, (d)에서 (g)까지의 과정을 수행한다.

(d) [**다음으로 이동 가능한 위치 파악**] (i,j) 위에서 기사가 움직일 수 있는 방향 중에서 어느 위치로 이동할 수 있는가를 조사하여, 이동 가능한 위치에 대한 리스트 $(nexti[l], nextj[l])$을 작성한다. 변수 *npos*는 가능한 상태 수이다.[즉 이 단계를 수행하고 나면, 0과 7 사이의 값을 갖는 임의의 k에 대하여 $nexti[l] = i + ktmov1[k]$이고 $nextj[l] = j + ktmov2[k]$이 된다. 다음 이동 위치$(i + ktmov1[k],j + ktmov2[k])$ 중에는, 체스판의 경계를 벗어나거나 또는 이미 기사가 방문했던 위치, 즉 0이 아닌 값을 갖기 때문에 이동 가능한 위치에서 제외되는 경우가 있다. 또한 변수 *npos*는 0과 8 사이의 값을 갖는다.]

(e) [**특별한 경우의 검사**] 만약 $npos = 0$이면 기사의 여행은 즉시 종료된다. 실패를 보고한 다음, 단계 (h)로 간다. 만약 $npos = 1$이면 다음으로 움직일 수 있는 경우가 한 가지밖에 없다. 즉 $min = 0$으로 하고 단계 (g)로 간다.

(f) [**최소의 출구를 가진 다음 위치 탐색**] $1 \le l \le npos$를 만족하는 l에 대하여, $exits[l]$에 위치 $(nexti[l], nextj[l])$로부터 출구의 개수를 지정한다. 즉 모든 l에 대하여 다음 위치 $(nexti[l] + tmov1[k], nextj[l] + ktmov2[k])$가 $(nexti[l], nextj[l])$의 출구인가를 확인하고 $exits[l]$에 출구의 갯수를 저장한다(출구란 체스판 위에 있으면서 아직 기사에 의해 방문되지 않은 위치이다). 마지막으로 배열 *exits*에서 최소값을 갖는 원소의 인덱스를 변수 *min*에 할당한다.(배열 *exits*에서 최소값을 갖는 원소가 하나 이상 존재할 경우에는 첫 번째 값을 *min*에 할당한다. 이렇게 함으로써 해를 구한다는 보장은 없으나 해를 구할 확률이 상당히 높아지게 되며 이 연습문제의 목적에 충분하게 된다.)

(g) [**기사의 이동**] $i = nexti[min]$, $j = nextj[min]$, 그리고 $board[i][j] = m$을 할당한다. 즉 (i,j)는 기

사의 새로운 위치를 나타내며 *board*[*i*][*j*]는 적절한 순서로 이동하는 것을 기록한다.

(h) [**출력**] 기사 여행 결과를 보여 주는 *board*를 출력하고, 알고리즘을 종료한다.

위의 알고리즘을 C++ 프로그램으로 작성하라. 이 문제는 Legenhausen과 Rebman이 제공한 것이다.

3장
스택과 큐

3.1 C++의 템플릿

이 절에서는 템플릿(template)의 개념에 대하여 소개하겠다. 이것은 클래스와 함수들의 재사용성을 증대시키기 위하여 C++에서 제공하는 기법이다. 템플릿 함수와 템플릿 클래스 양자에 대하여 설명하겠다.

3.1.1 템플릿 함수

선택 정렬 기법을 이용하여 정수의 배열을 정렬하는 프로그램 1.6의 함수 *SelectionSort*를 고려해 보자. 이제 선택 정렬을 이용하여 부동 소수점 수의 배열을 정렬하려고 한다고 하자. 이를 위해서 함수 헤더의 **int** **a*를 **float** **a*로 변경하면 프로그램 1.6의 코드를 그대로 사용할 수 있다. 실제로 이러한 일은 텍스트 편집기를 사용하여 함수 *SelectionSort* 코드를 복사한 뒤에 위에 기술한 대로 변경하면 된다. 그리고 다음에 예컨대 문자의 배열을 정렬하려고 한다면 이러한 과정을 반복해야 할 것이다.

템플릿 또는 인수화 타입(parameterized type)을 사용하면 소프트웨어 개발 시간과 저장 공간을 상당히 절약할 수 있다. 템플릿은 기본적인 C++ 타입이든 사용자 정의 타입이든 간에 어떠한 타입으로도 인스턴스화될 수 있는 변수로 볼 수 있다. 템플릿 함수 *SelectionSort*(프로그램 3.1)는 인수화 타입 *T*를 이용하여 정의한 것이다.

```
template <class T>
void SelectionSort (T *a, const int n)
{// a[0]부터 a[n−1]까지를 비감소 순으로 정렬한다.
    for ( int i = 0; i < n ; i++ )
```

```
5      {
6          int j = i;
7          // a[i]와 a[n-1] 사이에서 가장 작은 T를 찾는다
8          for ( int k = i + 1 ; k < n ; k++ )
9              if (a[k] < a[j]) j = k ;
10         swap(a[i], a[j]);
11     }
12 }
```

프로그램 3.1: 템플릿을 이용한 선택 정렬

함수 *SelectionSort*는 이제 프로그램 3.2에서 볼 수 있는 것과 같이 **int**나 **float**의 배열을 정렬하는 데에 아주 쉽게 사용할 수 있다. 함수 *SelectionSort*는 자기에 전달된 배열 인자의 타입으로 인스턴스화된다. 예를 들어 *SelectionSort*에 대한 첫 번째 호출에서는 배열 *farray*가 부동 소수점 수의 배열이므로 부동 소수점 수의 배열을 정렬하는 것이라고 알게 된다.

```
float farray[100];
int intarray[250];
.
.
// 이 시점에서 배열들이 초기화된다고 가정한다
SelectionSort(farray, 100);
SelectionSort(intarray, 250);
```

프로그램 3.2: 템플릿 인스턴스화를 보여 주는 코드의 일부

함수 *SelectionSort*는 두 *T* 타입의 객체를 비교하기 위하여 연산자 '<'를 사용하고 있는 것에 유의하라. 이 연산자(*swap*에 의해 사용된 다른 것뿐만 아니라)가 *T* 데이타 타입을 위해 정의되어 있는 한 *T* 타입의 배열을 정렬하기 위해 프로그램 3.1을 사용할 수 있다.

가령 프로그램 3.1을 이용하여 *Rectangle*의 배열을 그 넓이의 비내림차순으로 정렬한다고 하자. 9번 행의 연산자 '<'가 *Rectangle*에 대해 정의되지 않았기 때문에 프로그램 3.2에서 **int**와 **float**에 대해서 했던 것처럼 *T*를 *Rectangle*로 인스턴스화할 수 없다. 이것은 첫 피연산자가 둘째 피연산자보다 넓이가 작을 경우 **true**를, 그렇지 않은 경우에는 **false**를 반환하도록 **operator** <를 다중화하면 쉽게 교정될 수 있다. *swap*이 사용하는 연산자도 이것에 대한 C++ 기정 값(만일 존재한다면)으로 충분하지 않는 한 *Rectangle*을 위해 정의해야 한다.

이 책에서 아주 유용하다고 알게 될 템플릿 함수는 1차원 배열의 크기를 변경하는 템플릿 함수이다. 이것에 대해서는 이미 배열 크기 조정을 위한 두 응용[다항식과 행렬 덧셈(프로그램 2.6과 2.13)]에서 보았다. 프로그램 3.3은 타입 *T*의 1차원 배열의 크기를 *oldSize*에서 *newSize*로 변경하는 템플릿 함

수를 제공하고 있다.

```
template <class T>
void ChangeSize1D(T*& a, const int oldSize, const int newSize)
{
    if (newSize < 0) throw "New length must be >= 0";

    T* temp = new T[newSize];              // 새로운 배열
    int number = min(oldSize, newSize);    // 복사할 원소 수
    copy(a, a + number, temp);
    delete [ ] a;                          // 이전 메모리를 제거
    a = temp;
}
```

프로그램 3.3: 1차원 배열의 크기를 변경하는 템플릿 함수

3.1.2 컨테이너 클래스 표현을 위한 템플릿 이용

컨테이너 클래스(container class)란 다수의 데이타 객체들을 수용 또는 저장하는 자료 구조를 표현하는 클래스이다. 컨테이너 클래스에서는 일반적으로 객체들을 삽입하거나 삭제할 수 있다. 배열은 다수의 객체들을 저장하는 데 사용하므로 컨테이너 클래스의 한 예가 된다. 우선 백(*Bag*)이라고 하는 컨테이너 클래스를 소개한다. 클래스 *Bag*에 대한 명세는 마치 식품점 가방처럼 객체들을 삽입하고 삭제할 수 있는 자료 구조이다. 백에서는 동일한 원소가 여러 번 나타날 수 있다. 그러나 원소의 위치라든가 삭제 시 어떤 원소가 제거되는가에 대해서는 관계하지 않는다. 여기서는 C++의 배열을 사용하여 객체들을 저장할 수 있는 백을 구현한다. 프로그램 3.4는 정수의 *Bag*에 대한 클래스 정의를 기술한 것이다. 백의 기정 초기 크기는 10이다. *Bag* 함수가 그 기능을 수행할 수 없을 때는 예외를 발생시킨다.

```
class Bag
{
public:
    Bag (int bagCapacity = 10);            // 생성자
    ~Bag();                                // 파괴자

    int Size() const;                      // 백에 있는 원소 수를 반환
    bool IsEmpty() const;                  // 백이 공백이면 true 아니면 false를 반환
    int Element() const;                   // 백에 있는 원소를 반환
```

```
    void Push(const int);              // 백에 정수를 삽입
    void Pop();                        // 백에서 정수를 제거

private:
    int *array;
    int capacity;                      // 배열의 크기
    int top;                           // 톱 원소의 배열 위치
};
```

프로그램 3.4: 정수를 수용할 수 있는 클래스 *Bag*의 정의

*Bag*에 대한 삽입은 해당 원소를 배열의 첫 번째 가용 위치에 저장하는 것으로 구현한다. 배열이 만원인 경우에는 그 크기를 두 배로 확장한다. 삭제는 배열 중앙 위치의 원소를 삭제하고 그 오른쪽에 있는 모든 원소들을 한 자리씩 왼쪽으로 이동시키는 것으로 구현한다. *Pop*이 수행되는 경우에 삭제될 원소를 반환하도록 함수 *Element*가 구현된다. *Element*에 의해 반환될 원소를 선정하는 것뿐만 아니라 원소의 삽입과 삭제 위치를 선정하는 데 대한 구현 의사 결정은 임의적이다. 원소를 배열의 중앙에 삽입하고 마지막 위치에서 삭제하고, *Element*가 배열의 첫 번째 위치에 있는 정수를 반환하도록 쉽게 만들 수도 있다. 프로그램 3.5는 *Bag* 연산들을 구현한 것이다.

```
Bag::Bag (int bagCapacity): capacity ( bagCapacity ) {
    if (capacity < 1) throw "Capacity must be > 0";
    array = new int[capacity];
    top = -1;
}

Bag::~Bag() { delete [ ] array;}

inline int Bag::Size() const {return top + 1;}

inline bool Bag::IsEmpty() const {return size == 0;}

inline int Bag::Element() const {
    if (IsEmpty()) throw "Bag is empty";
    return array[0];
}

void Bag::Push(const int x) {
```

```
    if (capacity == top + 1) ChangeSize1D(array, capacity, 2 * capacity);
    capacity *= 2;
    array[++top] = x;
}

void Bag::Pop() {
    if (IsEmpty()) throw "Bag is empty, cannot delete";
    int deletePos = top / 2;
    copy(array + deletePos + 1, array + top + 1, array + deletePos);
            // 배열 정리
    top--;
}
```

프로그램 3.5: *Bag* 연산들의 구현

*Bag*에 대한 연산 대부분은 설명이 필요 없다. 멤버 함수 *Size*(), *IsEmpty*(), *Element*()는 이들의 짧은 길이(이들은 모두 두 줄의 코드를 가지고 있음) 때문에 **inline**으로 선언되었다. 이것은 함수 호출의 오버헤드를 제거한다. 이 세 함수는 **const** 애트리뷰트를 가지고 있는데 그것은 이들이 작동하는 백 객체를 변경시키지 않기 때문이다.

앞에서 정의한 대로 *Bag*은 정수만 저장할 수 있다. 그러나 어떠한 데이타 타입의 객체들도 저장할 수 있도록 템플릿을 이용하여 *Bag*을 구현하려 한다고 하자. 컨테이너 클래스의 기본적인 연산들에 대한 알고리즘은 일반적으로 그것이 수용한 객체들의 타입에 독립적이므로 컨테이너 클래스는 템플릿을 이용하는 구현에 특히 적합하다. 예를 들어 *Bag*에 원소 하나를 삽입하는 알고리즘은 그 원소의 타입에 독립적이다. 프로그램 3.6은 *Bag*에 대한 템플릿 클래스 정의이고 프로그램 3.7은 그것의 연산 일부를 구현한 것이다. 이들은 각각 프로그램 3.4와 프로그램 3.5를 가지고 만들 수 있는데 *Bag*의 클래스 정의와 클래스 외부에 있는 모든 자기 멤버 함수의 정의(이 예에서는 모든 멤버 함수들이 클래스 정의 외부에 정의되었다) 앞에 다음과 같은 접두문을 붙이면 된다.

```
template <class T>
```

그 다음에, *Bag*에 저장되어 있는 객체를 참조할 때는 **int**를 *T*로 바꾼다. 끝으로 모든 멤버 함수 헤더에서 *Bag*::는 *Bag*<*T*>::로 바꾼다. 또한 *Push*에 대한 단일 입력 매개변수가 상수 참조로 되어 있음에 유의하라. 이렇게 한 것은 *T*가 대형 객체를 표현할 수 있게 되어 이것이 값으로 전달되면 상당한 부하가 걸리기 때문이다.

다음 두 문장은 템플릿 클래스 *Bag*을 각각 **int**와 *Rectangle*로 인스턴스화한다. 그래서 *a*는 정수 *Bag*이 되고 *r*은 *Rectangle Bag*이 된다.

```
Bag<int> a;
```

```
Bag<Rectangle> r;
```

```
template <class T>
class Bag
{
public:
    Bag (int bagCapacity = 10);
    ~Bag();

    int Size() const;
    bool IsEmpty() const;
    T& Element() const;

    void Push(const T&);
    void Pop();

private:
    T *array;
    int capacity;
    int top;
};
```

프로그램 3.6: 템플릿 클래스 *Bag*의 정의

```
template <class T>
Bag<T>::Bag (int bagCapacity): capacity ( bagCapacity ) {
    if (capacity < 1) throw "Capacity must be > 0";
    array = new T[capacity];
    top = -1;
}

template <class T>
Bag<T>::~Bag() {delete [ ] array; }

template <class T>
```

```
void Bag<T>::Push(const T& x) {
    if (capacity == top+1)
    {
        ChangeSize1D(array, capacity, 2 * capacity);
        capacity *=2;
    }
    array[++top] = x;
}

template <class T>
void Bag<T>::Pop() {
    if (IsEmpty()) throw "Bag is empty, cannot delete";
    int deletePos = top / 2;
    copy(array + deletePos + 1, array + top + 1, array + deletePos);
        // 배열 정리
    array[top--].~T();  // T에 대한 파괴자
}
```

프로그램 3.7: *Bag* 일부 연산들의 구현

3.2 스택 추상 데이타 타입

이제부터 컴퓨터 프로그램에서 자주 사용되는 두 가지 데이타 타입에 대하여 살펴보기로 한다. 이 데이타 타입들, 즉 스택(stack)과 큐(queue)는 2.3절에서 살펴본 순서 리스트의 특별한 경우로서 보다 일반적인 자료 구조이다. 이 절에서는 ADT *Stack*을 정의하는 것으로 시작하여 그 구현을 다룬다. 3.3절에서는 큐에 대해서 살펴보겠다.

스택은 톱(top)이라고 하는 한쪽 끝에서 모든 삽입(put이나 push라고도 함)과 삭제(removal이나 pop이라고도 함)가 일어나는 순서 리스트이다. 주어진 스택 S = (a_0, ..., a_{n-1})에서 a_0는 가장 아래쪽(bottom)에 있는 원소이고 a_{n-1}은 가장 위쪽(top)에 있는 원소이다. 그리고 원소 a_i는 원소 a_{i-1}($0 < i < n$)의 위에 있다고 말한다. 만일 원소 *A*, *B*, *C*, *D*, *E*를 순서대로 스택에 삽입하였다면 제일 먼저 삭제되는 원소는 *E*가 된다. 그림 3.1은 이러한 스택의 일련의 동작을 보여 준다. 스택에서는 제일 마지막으로 삽입된 원소가 제일 먼저 삭제되기 때문에 후입선출(LIFO: Last-In-First-Out) 리스트라고도 한다.

예제 3.1 [시스템 스택]: 스택 ADT를 살펴보기 전에 먼저 프로그램 실행 시 함수 호출을 처리하기 위한 시스템 스택(system stack)이라는 특별한 스택을 살펴보겠다. 함수가 호출될 때마다 프로그램은 활성 레코드(activation record) 또는 스택 프레임(stack frame)이라는 구조를 생성하고 이것을 시스템 스택의 톱에 둔다. 초기에 호출된 함수의 활성 레코드는 이전의 스택 프레임에 대한 포인터와 복귀 주소만 가지

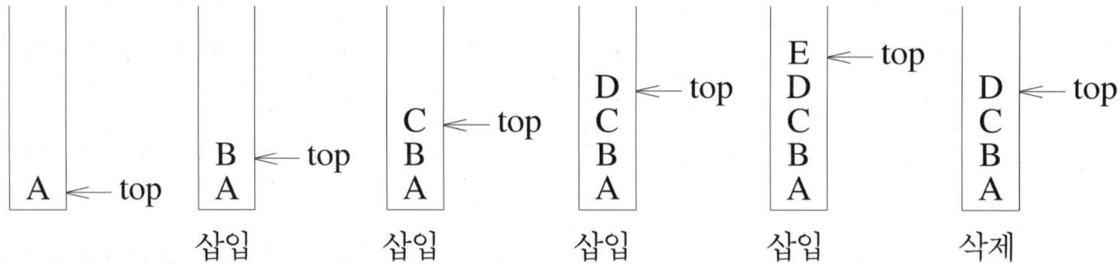

그림 3.1 스택에서의 원소 삽입과 삭제

고 있다. 이전의 스택 프레임 포인터는 호출한 함수의 스택 프레임을 가리키고, 복귀 주소는 함수의 실행이 종료된 후에 실행되어야 할 문장 위치를 가리키고 있다. 어느 한 순간에는 하나의 함수만 실행될 수 있으므로, 스택 프레임이 시스템 스택의 톱에 있는 함수가 실행된다. 만약 이 함수가 다시 다른 함수를 호출하면 호출한 함수의 지역 변수와 매개변수가 그것의 스택 프레임에 추가된다. 그리고 호출된 함수에 대한 새로운 스택 프레임이 생성되어 시스템 스택의 톱에 위치한다. 이 함수가 종료되면 시스템 스택에서 이것의 스택 프레임이 제거되고 톱에 있는 호출한 함수의 실행이 계속된다. 다음의 간단한 예제가 이 과정을 잘 설명해 주고 있다.

함수 $a1$을 호출하는 주함수가 있다고 가정하자. 그림 3.2(a)는 함수 $a1$이 호출되기 전의 시스템 스택을 보여 주고, 그림 3.2(b)는 함수 $a1$이 호출된 뒤의 시스템 스택을 보여 준다. 프레임 포인터 fp는 현재의 스택 프레임에 대한 포인터이다. 또한 시스템은 여기서는 보여 주고 있지 않지만 스택 포인터 sp를 별도로 유지한다.

모든 함수는 시스템 스택에 같은 방법으로 저장되므로, 함수가 자기 자신을 호출하여도 다를 바가 없다. 즉 순환 호출이라고 하여 특별한 처리 전략을 요구하지 않는다. 실행 시간 프로그램은 순환 호출을 할 때마다 단지 새로운 스택 프레임을 생성한다. 그러나 순환 호출은 시스템 스택에 할당된 메모리의 상당 부분을 사용하기 때문에 최악의 경우에는 가용 메모리를 전부 다 소모할 수도 있다. □

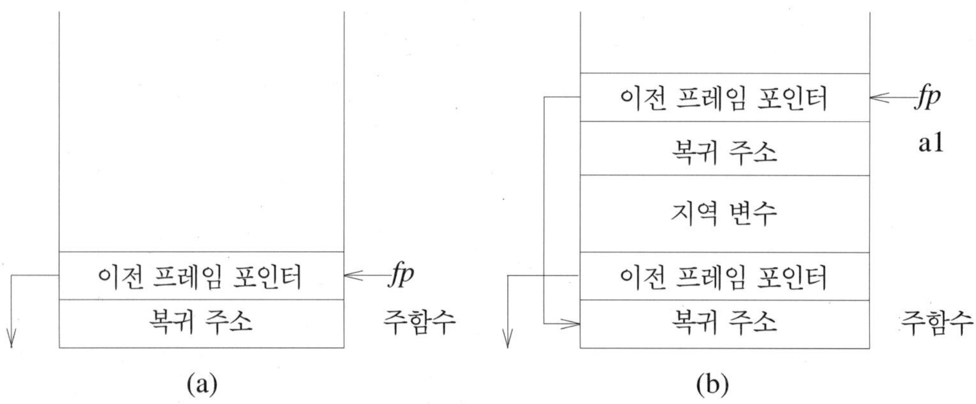

그림 3.2 함수 호출 뒤의 시스템 스택

이 시스템 스택에 대한 논의는 기본적인 몇 가지 연산들을 제시하고 있는데, 여기에는 원소 삽입, 원소 삭제 및 스택의 공백 검사가 포함된다. 이러한 것들이 ADT 명세(ADT 3.1)에 기술되어 있다. 만일 어느 한 ADT 함수가 그 기능을 수행할 수 없을 때는 예외를 발생시킨다.

```
template <class T>
class Stack
{ // 0개 이상의 원소를 가진 유한 순서 리스트.
public:
    Stack (int stackCapacity = 10);
    // 처음에 크기가 stackCapacity인 공백 스택을 생성

    bool IsEmpty() const;
    // 스택의 원소 수가 0이면 true, 아니면 false를 반환

    T& Top() const;
    // 스택의 톱 원소를 반환

    void Push (const T& item);
    // 스택의 톱에 item을 삽입

    void Pop();
    // 스택의 톱 원소를 삭제
};
```

ADT 3.1: *Stack* 추상 데이타 타입

이 스택 ADT를 구현하는 가장 쉬운 방법은 1차원 배열 *stack*[ ]을 사용하는 것이다. 스택의 첫 번째 또는 최하위 원소는 *stack*[0]에 저장되고, 두 번째 원소는 *stack*[1], 그리고 *i*번째 원소는 *stack*[*i*−1]에 저장된다. 이 배열과 연관되어 있는 변수 *top*은 스택의 최상위 원소를 가리킨다. 초기에 *top*은 −1 값을 갖고 공백 스택을 나타낸다. 이것은 다음과 같이 *Stack*의 데이타 멤버 선언과 생성자 정의를 하게 한다.

```
private:
    T *stack;          // 스택 원소를 위한 배열
    int top;           // 톱 원소의 위치
    int capacity;      // 스택 배열의 크기
```

```
template <class T>
Stack<T>::Stack (int stackCapacity) : capacity (stackCapacity)
{
    if (capacity < 1) throw "Stack capacity must be > 0";
    stack = new T[capacity];
    top = −1;
}
```

멤버 함수 *IsEmpty*()와 *Top*()은 다음과 같이 구현된다.

```
template <class T>
inline bool  Stack<T>::IsEmpty() const { return top == −1;}

template <class T>
inline T&  Stack<T>::Top() const
{
    if (IsEmpty()) throw "Stack is empty";
    return stack[top];
}
```

*Push*와 *Pop* 함수들은 각각 프로그램 3.8과 3.9에서 보여 주고 있다.

```
template <class T>
void Stack<T>::Push (const T& x)
{// 스택에 x를 삽입한다.
    if (top == capacity−1)
    {
        ChangeSize1D(stack, capacity, 2 * capacity);
        capacity *=2;
    }
    stack[++top] = x;
}
```

프로그램 3.8: 스택에 삽입

```
template <class T>
void Stack<T>::Pop()
```

```
{// 스택에서 원소를 삭제한다.
    if (IsEmpty()) throw "Stack is empty. Cannot delete.";
    stack[top--].~T();  // T에 대한 파괴자
}
```

프로그램 3.9: 스택으로부터 삭제

연습문제

1. 다음과 같은 함수를 첨가해서 스택 ADT를 확장하라: 스택을 출력하는 함수, 스택을 두 개의 스택으로 분할해서 하나는 밑으로부터 반을, 또 다른 하나는 나머지 원소를 포함하는 함수, 두 개의 함수를 하나로 합병하여 두 번째 스택에 있는 모든 원소를 첫 번째 스택의 톱에 설치하는 함수. 이 새로운 함수의 C++ 코드를 작성하라.
2. 그림 3.3과 같은 철도 교환망을 생각해 보자. 1, 2, 3, ..., n의 번호가 매겨진 열차는 처음에는 오른쪽에 있다. 각 차량은 어느 한쪽의 수평 궤도로부터 수직 궤도로 한 번에 하나씩 이동하였다가 어느 한쪽의 수평 궤도로 이동할 수 있다. 수평 궤도는 새로운 차량이 톱에 들어오고 톱에서 차들이 빠져 나가는 스택의 역할을 한다. 예를 들어 $n = 3$일 때 1을 움직여 수직 궤도에 넣고, 2를 넣고, 3을 넣은 후 차량들을 꺼내면 새로운 순서 3, 2, 1이 된다. n이 3과 4일 때 가능한 차량들의 순열은 무엇인가? 불가능한 순열이 있는가?

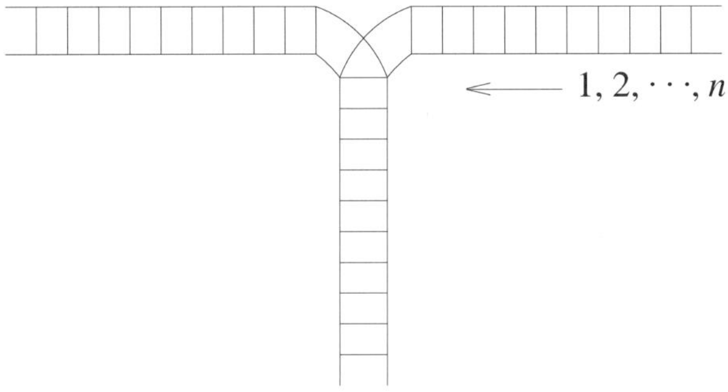

그림 3.3 철도 교환망

3.3 큐 추상 데이타 타입

큐(queue)는 한쪽 끝에서 삽입이 일어나고 그 반대쪽 끝에서 삭제가 일어나는 순서 리스트이다. 새로운 원소가 삽입되는 끝을 리어(rear)라 하고 원소가 삭제되는 끝을 프런트(front)라 한다. 큐에 대한 제약이 의미하는 바는, 만약 원소 A, B, C, D, E를 순서대로 큐에 삽입한다면 제일 먼저 삭제되는 원소는 A라는 것이다. 그림 3.4는 이러한 큐의 일련의 연산을 보여 준다. 이와 같이 큐에 제일 먼저 삽입된 원소가 제

일 먼저 삭제되기 때문에 이 큐를 선입선출(FIFO: First-In-First-Out) 리스트라고도 한다. 이 큐의 ADT 명세는 ADT 3.2에 기술되어 있다. 만일 어느 한 ADT 함수가 그 기능을 수행할 수 없을 때는 예외를 발생시킨다.

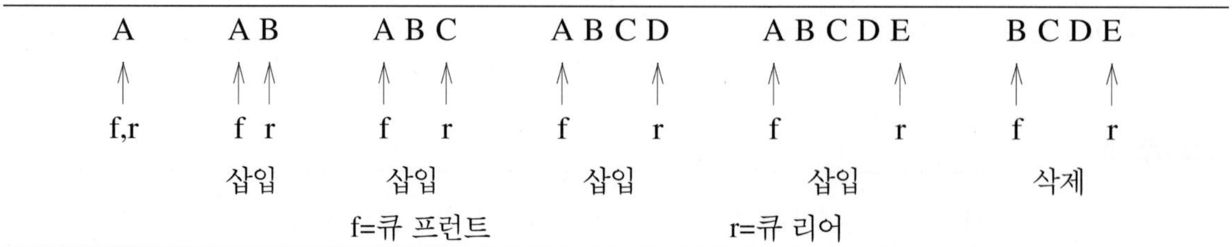

그림 3.4 큐에서 원소의 삽입과 삭제

```
template <class T>
class Queue
{ // 0개 이상의 원소를 가진 유한 순서 리스트.
public:
    Queue(int queueCapacity = 10);
    // 처음에 크기가 queueCapacity인 공백 큐를 생성

    bool IsEmpty( ) const;
    // 큐의 원소 수가 0이면 true, 아니면 false를 반환

    T& Front() const;
    // 큐의 앞에 있는 원소를 반환

    T& Rear() const;
    // 큐의 뒤에 있는 원소를 반환

    void Push (const T& item);
    // 큐의 뒤에 item을 삽입

    void Pop();
    // 큐의 앞 원소를 삭제
};
```

ADT 3.2: *Queue* 추상 데이타 타입

3.2절의 스택 표현과 마찬가지로 배열 *queue*[ ]로 큐의 첫 번째(front) 원소는 *queue*[0], 다음 원소는 *queue*[1]과 같은 식으로 표현할 수 있다. 그림 3.5(a)는 이 방법으로 표현된 3원소 큐를 보여 주고 그림 3.5(b)는 원소 하나를 삭제한 뒤의 상태를 보여 주고 있다. 그림 3.5(c)는 그림 3.5(b)의 큐에 원소 하나를 삽입한 결과를 보여 주고 있다. 삭제(pop)는 *queue*[0]에 있는 앞 원소를 제거하기 때문에 삭제를 할 때마다 나머지 원소들을 왼쪽으로 이동해야 한다. 그래서 이것은 n개의 원소를 가진 큐로부터 원소 하나를 삭제하는 데 $\Theta(n)$ 시간이 걸린다. 한편 삽입(push)은 배열 크기 조절 시간을 제외하면 $\Theta(1)$ 시간에 수행될 수 있다.

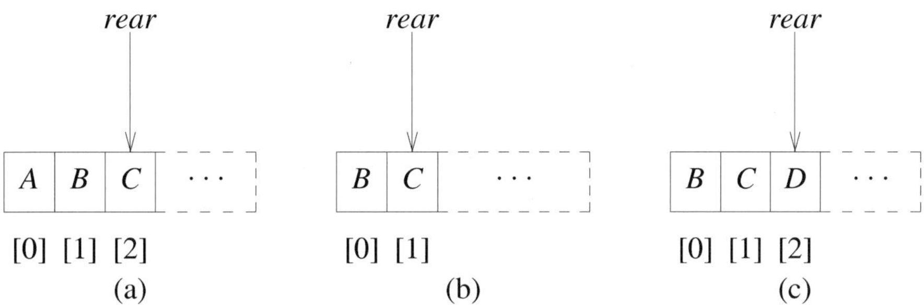

그림 3.5 큐의 첫 번째 원소를 *queue*[0]로 표현한 큐

원소의 삭제를 $\Theta(1)$ 시간에 수행하기 위해서는 *queue*[0]가 큐의 앞 원소를 포함한다는 제약을 해제해야 한다. 대신 큐의 첫 번째 원소의 위치를 항상 유지할 수 있도록 변수 *front*를 사용한다. 이렇게 하면 큐의 원소는 *queue*[*front*], ..., *queue*[*rear*]가 된다. 그림 3.6은 이 방식으로 표현된 세 큐를 보여 주고 있다. 그림 3.6(b)의 큐는 그림 3.6(a)의 큐의 첫 번째 원소를 삭제한 결과를 보여 주고 그림 3.6(c)는 그림 3.6(b)의 큐에 원소를 하나 삽입한 결과를 보여 주고 있다.

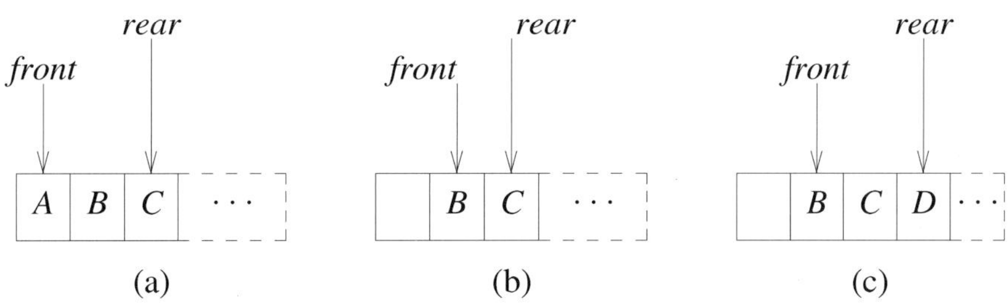

그림 3.6 큐의 첫 번째 원소를 *queue*[*front*]로 표현한 큐

배열 *queue*의 크기가 *capacity*라 하자. 그림 3.6의 표현은 그림 3.7(a)에서와 같이 *rear*가 $capacity-1$과 같게 되고 $front > 0$가 될 때 문제가 일어난다. 이 상황에서 배열의 크기를 확장하지 않고

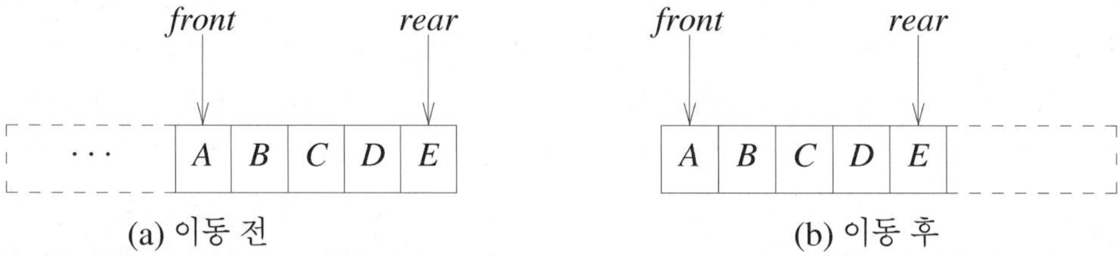

그림 3.7 큐의 원소를 왼쪽으로 이동

어떻게 원소를 삽입할 수 있겠는가? 한 가지 가능성은 모든 원소를 큐의 왼쪽 끝으로 이동[그림 3.7(b)와 같이]시켜 오른쪽 끝에 공간을 만드는 것이다. 이 이동 시간은 큐의 원소 수에 비례한다.

큐가 배열의 끝에서 되돌아오게 한다면 최악의 경우 삽입과 삭제 시간(배열 크기 조정이 필요 없다고 가정)은 $\Theta(1)$이 된다. 이렇게 되면 배열의 주소가 직선(그림 3.7)이 아니라 원형(그림 3.8)으로 생각하는 것이 편리하다. 그림 3.8에서는 변수 *front*가 가리키는 것이 변경되었다. 이 변수는 이제 큐에 있는 첫 원소로부터 시계 반대 방향으로 하나 앞 위치를 가리킨다. *rear*가 가리키는 것은 변동이 없다. 이 변경은 코드를 약간 간단하게 만든다.

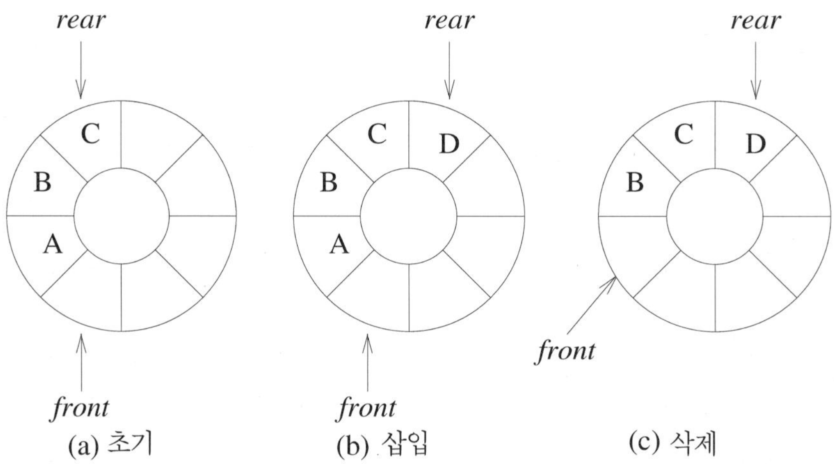

그림 3.8 원형 큐

배열을 원형으로 보면 모든 배열 위치는 직전 위치와 다음 위치를 가지고 있다. 그래서 *capacity*−1의 다음 위치는 0이 되고 0의 직전 위치는 *capacity*−1이 된다. 큐의 *rear*가 *capacity*−1에 있을 때 다음 원소는 위치 0에 저장된다. 원형 큐를 동작시키기 위해서는 변수 *front*와 *rear*를 현 위치에서부터 다음 위치(시계 방향으로)로 이동시킬 수 있어야 한다. 이것은 다음과 같은 코드면 된다.

```
if (rear == capacity-1) rear = 0;
else rear++;
```

나머지 값을 계산하는 모듈로(modulus) 연산자를 사용하면 위의 코드는 (*rear*+1) % *capacity*와 동등해진다. 변수 *front*와 *rear*의 성질에 따라, 큐의 첫 번째 원소는 *front*로부터 반시계 방향으로 한 위치 뒤에 있고 마지막 원소는 *rear*의 위치에 있다.

ADT *Queue*를 원형의 배열로 구현한다고 가정하자. 그러면 다음과 같은 데이타 멤버 선언과 생성자를 사용할 수 있다.

```
private:
    T *queue;          // 큐 원소를 위한 배열
    int front,         // 첫 번째 원소로부터 반시계 방향으로 한 위치 뒤
        rear,          // 마지막 원소의 위치
        capacity;      // 큐 배열의 크기

template <class T>
Queue<T>::Queue (int queueCapacity) : capacity (queueCapacity)
{
    if (capacity < 1) throw "Queue capacity must be > 0";
    queue = new T[capacity];
    front = rear = 0;
}
```

공백 큐에 대한 올바른 검사를 결정하기 위해서 그림 3.8의 큐로 시험을 해 보자. 원소를 삭제하기 위해서는 *front*를 시계 방향으로 한 위치 전진시키고, 원소를 삽입하기 위해서는 *rear*를 시계 방향으로 한 위치 전진시키고 새로운 원소를 삽입한다. 이 방법으로 그림 3.8(c)로부터 3번의 삭제를 수행하면 큐는 공백이 되어 *front* = *rear*가 된다. 만일 그림 3.8(b)에 5번의 삽입을 수행하면 큐는 만원이 되어 *front* = *rear*가 된다. 이렇게 되면 공백과 만원을 분간할 수 없다. 이런 혼동을 피하기 위해서는 만원이 되기 전에 큐의 크기를 증가해야 한다. 결과적으로 *front* == *rear*이면 큐는 항상 공백이다. 멤버 함수 *IsEmpty*(), *Front*(), *Rear*()는 다음과 같이 구현할 수 있다.

```
template <class T>
inline bool Queue<T>::IsEmpty() {return front == rear;}

template <class T>
inline T& Queue<T>::Front()
```

```
{
    if (IsEmpty()) throw "Queue is empty. No front element";
    return queue[(front + 1) % capacity ];
}

template <class T>
inline T& Queue<T>::Rear()
{
    if (IsEmpty()) throw "Queue is empty. No rear element";
    return queue[rear];
}
```

프로그램 3.10은 큐에 원소를 삽입하는 코드이다. 이 코드는 필요한 경우에 *queue*의 크기를 두 배로 확장하는 맞춤 코드를 가지고 있다. 크기를 두 배로 확장하는 맞춤 코드의 필요성을 확인하기 위하여 그림 3.9(a)의 만원 큐를 살펴보자. 이 그림은 크기가 8인 배열에 7개의 원소를 가진 큐를 보여 주고 있다. 원형 큐가 사용될 때 배열 두 배 확장을 시각화하기 위해 그림 3.9(b)와 같이 배열을 펼치는 것이 낫다. 그림 3.9(c)는 *ChangeSize1D*(프로그램 3.3)를 이용하여 배열을 두 배로 확장한 뒤의 배열을 보여 주고 있다.

```
template <class T>
void Queue<T>::Push(const& x)
{// 큐의 리어에 x를 삽입한다.
    if ((rear + 1) % capacity == front)
    {// 큐가 만원이면 크기를 두 배로
        // 큐를 두 배로 만드는 코드가 여기에 옴
    }

    rear = (rear + 1) % capacity;
    queue[rear] = x;
}
```

프로그램 3.10: 큐에 삽입

정확한 원형 큐 모양을 만들기 위해서는 그림 3.10(d)와 같이 오른편 부분의 원소(즉 원소 *A*와 *B*)를 배열의 오른쪽 끝으로 밀면 된다. 배열을 두 배로 만들고 원소를 오른편으로 미는 것을 다 합하면 최대 2**capacity*−2 원소를 복사하게 된다. 복사되는 원소 수는 배열 크기를 두 배 확장하는 코드를 그림 3.10(e)의 모양을 만들 수 있도록 잘 맞춤으로써 *capacity*−1까지 제한되게 할 수 있다. 이 모양은 다음

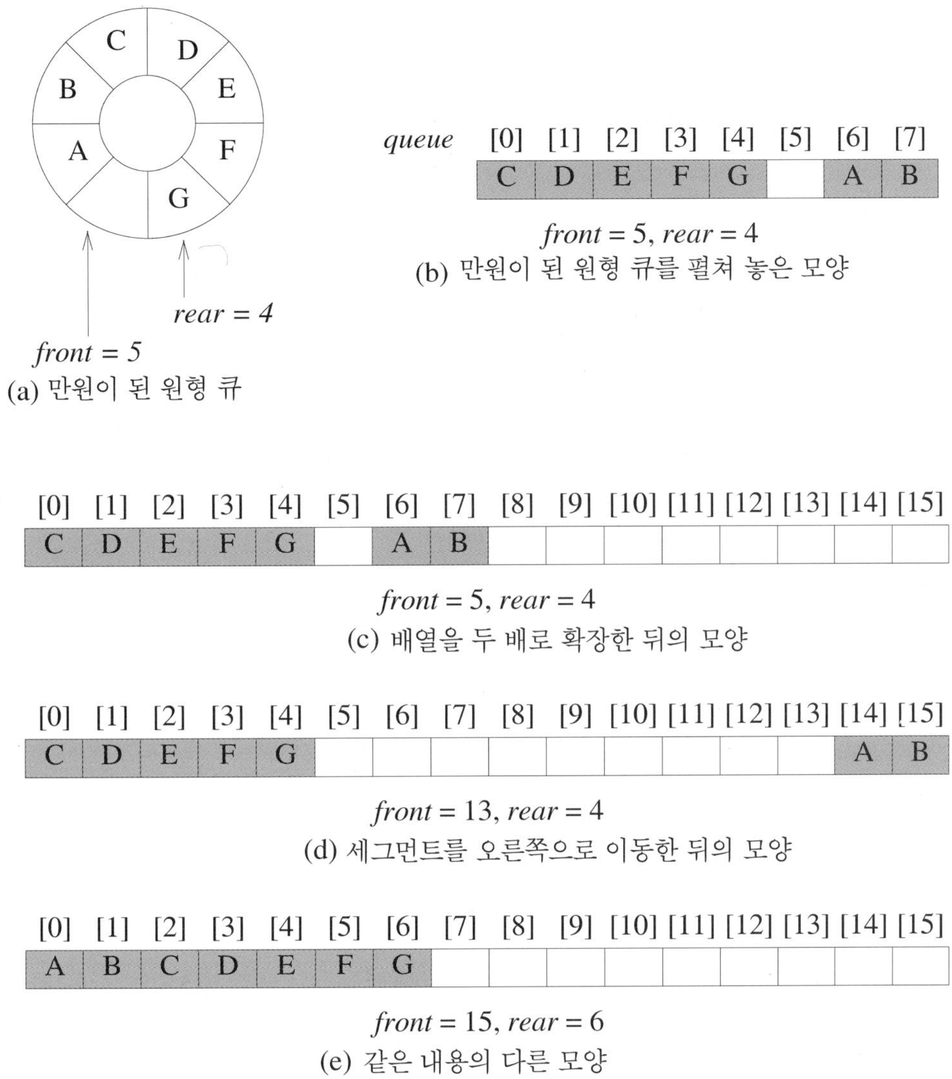

그림 3.9 큐의 크기를 두 배로 확장

과 같은 방법으로 얻을 수 있다.

(1) 크기가 두 배 되는 새로운 배열 *newQueue*를 생성한다.

(2) 두 번째 부분(즉 *queue*[*front* + 1]과 *queue*[*capacity*−1] 사이에 있는 원소들)을 *newQueue*의 0에서부터 복사해 넣는다.

(3) 첫 번째 부분(즉 *queue*[0]와 *queue*[*rear*] 사이에 있는 원소들)을 *newQueue*의 *capacity*-*front*−1에서부터 복사해 넣는다.

프로그램 3.11의 코드는 그림 3.9(e)의 모양을 만든다. 프로그램 3.12는 큐로부터 원소를 삭제하는 코드이고 그 연산 시간은 O(1)이다.

```
// 두 배 크기의 배열을 할당
T* newQueue = new T[2 * capacity ];

// queue를 newQueue로 복사
int start = (front +1) % capacity;
if (start < 2)
    // 둘러쌀 필요가 없음
    copy(queue + start, queue + start + capacity −1, newQueue);
else
{// 둘러싸서 큐를 만듦
    copy(queue + start, queue + capacity, newQueue);
    copy(queue, queue + rear + 1, newQueue + capacity-start);
}

// newQueue로 전환
front = 2 * capacity −1;
rear = capacity −2;
capacity *= 2;
delete [ ] queue;
queue = newQueue;
```

프로그램 3.11: 큐의 크기를 두 배로 확장

```
template <class T>
void Queue<T>::Pop()
{// 큐로부터 원소를 삭제한다.
    if (IsEmpty()) throw "Queue is empty. Cannot delete.";
    front = (front + 1) % capacity;
    queue[front].~T();  // T를 위한 파괴자
}
```

프로그램 3.12: 큐에서의 삭제

배열 *queue*의 공간 전부를 사용할 수 있는 한 가지 방법은 *lastOp*라고 하는 변수를 하나 더 사용하여 큐에서 수행된 마지막 연산을 기록해 두는 것이다. 이 변수는 *'Pop'* 로 초기화한다. 삽입이 수행된 뒤

에는 *'Push'* 로 설정되고 삭제가 수행된 뒤에는 *'Pop'* 으로 설정된다. 그래서 *front* == *rear*가 되면 *lastOp*의 값에 따라 큐가 공백인지 포화인지를 결정하면 된다. *lastOp*의 값이 *'Push'* 이면 포화된 것이고 *'Pop'* 이면 공백인 것이다. 그러나 이와 같이 변수 *lastOp*를 사용하게 되면 큐의 삽입 및 삭제 연산이 느려진다. 큐와 관련되는 문제는 *Push*와 *Pop* 함수를 여러 번 사용할 것이므로 차라리 큐의 공간 하나를 사용하지 않고 계산 시간을 줄이는 것이 낫다. 따라서 변수 *lastOp*를 사용하는 것보다 프로그램 3.10과 3.12의 구현 방법을 더 선호한다.

연습문제

1. 이 절에서 설명한 변수 *lastOp*를 사용하여 함수 *Push*와 *Pop*(프로그램 3.10과 3.12)을 작성하라. 큐는 *capacity*개의 원소를 저장할 수 있어야 한다. 각 함수들의 복잡도는 $\Theta(1)$(필요한 경우에 배열의 크기를 두 배로 확장하는 시간은 제외)이 되어야 한다.
2. 클래스 *Queue*에 큐의 크기와 원소 수를 반환하는 함수를 추가하라.
3. 클래스 *Queue*에 큐를 두 개의 큐로 분할하는 함수를 추가하라. 첫 번째 큐는 처음부터 시작해서 하나 건너 원소를 포함하고 두 번째 큐는 나머지 원소를 포함한다. 큐 원소의 상대적 순서는 변하지 않는다. 이 함수의 복잡도는 어떻게 되는가?
4. 클래스 *Queue*에 두 개의 큐로부터 원소를 번갈아 가며 취해서 하나의 큐로 합병하는 함수를 추가하라. 큐 원소의 상대적 순서는 변하지 않는다. 이 함수의 복잡도는 어떻게 되는가?
5. 데크(deque, double-ended queue)는 삽입과 삭제를 양쪽 끝 어디에서나 할 수 있는 선형 리스트이다. 이 데크를 1차원 배열로 사상시키는 데이타 표현을 기술하라. 데크의 양쪽 끝 어디에서도 원소를 삽입하고 삭제할 수 있으며 양쪽 어느 끝에 있는 원소도 반환할 수 있는 C++ 템플릿 함수를 작성하라.
6. 선형 리스트가 원형 큐를 위해 설정된 *front*와 *rear*를 가진 배열에서 원형으로 유지되고 있다.
   (a) 리스트에 있는 원소의 수를 배열의 크기, *front*, *rear*에 대한 수식으로 나타내라.
   (b) 리스트에서 *k*번째 원소를 삭제하는 C++ 템플릿 함수를 작성하라.
   (c) *k*번째 원소 바로 뒤에 원소 *y*를 삽입하는 C++ 템플릿 함수를 작성하라. 원소 배열의 크기를 증가시킬 필요가 있는 경우에는 배열 두 배 확장법을 사용하라.
   (d) 생성자와 파괴자뿐만 아니라 (b)와 (c)의 함수를 포함하는 완전한 템플릿 클래스 *List*를 작성하라. 리스트의 *i*번째 원소와 리스트의 원소 수를 반환하는 함수도 포함시키라. 또한 *IsEmpty* 함수도 포함해야 한다. 모든 함수를 테스트하라.

위 (b)와 (c)에서 작성한 함수의 시간 복잡도는 어떻게 되는가?

3.4 C++의 서브타입과 상속

상속(inheritance)은 ADT 간의 서브타입(subtype) 관계를 표현하는 데 사용된다. 이것을 또한 IS-A(~의 하나이다) 관계라고도 한다. 타입 *B*가 타입 *A*보다 세분화되었거나 *A*가 *B*보다 더 일반적인 경우 타입 *B*의 한 객체는 타입 *A*의 한 객체(IS-A)라고 말한다. 즉 모든 *B*는 *A*가 되지만 *A*라고 모두 *B*인 것은 아니다. 다시 말해서 타입 *B*의 모든 객체들의 집합은 타입 *A*의 모든 객체들의 집합의 부분 집합이다. 예를 들어 의자는 가구의 서브타입(IS-A)이고 사자는 포유류의 서브타입(IS-A)이며 직사각형은 다각형의 서브타입(IS-A)이다.

*Bag*과 *Stack* 간의 관계를 생각해 보자. 백은 단순히 원소들이 삽입과 삭제가 될 수 있는 자료 구조이다. 스택 역시 원소들이 삽입 및 삭제될 수 있는 자료 구조이다. 그러나 스택은 원소들이 후입선출 순서에 따라 삭제되어야 하기 때문에 더 세분화되어 있다. 따라서 스택은 백 대신 사용할 수 있어도 백은 스택을 필요로 하는 응용에 사용할 수 없다. 그러므로 *Stack*은 *Bag*의 하나(IS-A), 즉 *Stack*은 *Bag*의 서브타입이다. 이 IS-A 관계는 두 ADT 명세 간의 근본적이고 개념적인 관계이다. 이 관계는 어느 한 ADT의 구현에 영향을 받지 않는다. 따라서 *Stack*이 *Bag*의 하나이다(IS-A)라는 것은 이들 추상 데이타 타입의 명세가 충족되는 한, 그 구현이 변경되더라도 항상 참이 된다.

C++는 공용 상속(public inheritance)이라고 부르는 IS-A 관계를 표현할 수 있는 방법을 제공하고 있다. 프로그램 3.13은 공용 상속이 C++에서 어떻게 구현되는가를 보여 주고 있다. 클래스 이름 '*Stack*' 뒤에 첨가된 선언 ': **public** *Bag*' 은 *Stack*이 *Bag*으로부터 공용으로 상속받고 있음을 의미한다. 여기서 더 일반적인 ADT를 표현하는 *Bag*을 기본 클래스(base class)라고 하고 더 세분화된 ADT를 표현하는 *Stack*을 파생 클래스(derived class)라고 한다. 일부 멤버 함수에는 키워드 **virtual**이 앞에 붙어 있음을 볼 수 있다. 이것에 대해서는 다음 장에서 설명하겠다.

```
class Bag
{
public:
    Bag (int bagCapacity = 10);
    virtual ~Bag();

    virtual int Size() const;
    virtual bool IsEmpty() const;
    virtual int Element() const;

    virtual void Push(const int);
    virtual void Pop();
protected:
    int *array;
    int capacity;
    int top;
};
```

```
class Stack : public Bag
{
public:
    Stack (int stackCapacity = 10);
    ~Stack();
    int Top() const;
    void Pop();
};
```

프로그램 3.13: *Bag*과 *Stack*의 정의

상속의 중요한 결과 중의 하나는 파생 클래스(*Stack*)가 기본 클래스(*Bag*)의 모든 멤버(데이타와 함수)들을 상속받는다는 것이다. 그러나 기본 클래스의 비전용 멤버만 이 파생 클래스가 접근할 수 있다. 이것은 *Bag*에 있는 공용(public)이나 보호(protected) 멤버들은 모두 *Stack*이 접근할 수 있다는 것을 의미한다. 따라서 *array*, *capacity*, 그리고 *top*은 *Stack*의 클래스 정의 속에 명기되지 않았지만 *Stack*이 접근할 수 있다. 이와 마찬가지로 *Size*, *IsEmpty*, *Element*, 그리고 *Push*는 *Stack*에서 정의되지 않았지만 모두 *Stack*이 접근할 수 있다.

공용 상속의 또 다른 중요한 결과는 상속된 멤버들은 기본 클래스에서 가졌던 것과 똑같은 접근 레벨을 파생 클래스에서 갖는다는 것이다. 따라서 세 개의 데이타 멤버는 모두 *Stack*의 보호 멤버가 된다. 함수 *Size*, *IsEmpty*, *Element*, 그리고 *Push*는 모두 *Stack*의 공용 멤버인 것이다.

*Bag*으로부터 *Stack*이 상속받은 멤버 함수는 똑같은 프로토타입(prototype)을 갖는다. 이것이 기본 클래스 인터페이스(interface)의 재사용이다. 또한 *Bag*과 *Stack* 사이에 서로 다르게 구현된 연산은 *Pop* 뿐이라는 것에 유의하라. 다른 연산들은 모두 똑같은 구현을 가지고 있다. C++에서는 연산의 기본 클래스 구현을 파생 클래스에서 재사용할 수 있다. 파생 클래스 연산의 구현이 기본 클래스의 구현과 달라야만 할 경우에는 기본 클래스의 구현을 무시할 수 있다. 여기 예에서는 *Pop*만 파생 클래스에서 재구현되었다.(생성자와 파괴자는 상속될 수 없으므로 파생 클래스에서 다시 정의해 주어야 한다.) *Bag*의 모든 연산들의 구현은 프로그램 3.5와 같다고 가정하였다. 프로그램 3.14는 재구현이 필요한 *Stack*의 멤버 함수들을 보여 주고 있다. 다른 함수들에 대한 구현은 모두 *Bag*으로부터 상속받기 때문에 재구현될 필요가 없다.

```
Stack::Stack (int stackCapacity) : Bag(stackCapacity) { }
// Stack 생성자는 Bag 생성자를 호출한다.

Stack::~Stack() { }
// Stack이 파괴될 때 Bag 파괴자는 자동으로 호출된다.
// 이것이 array가 제거되는 것을 보장한다.
```

```
int Stack::Top() const
{
    if (IsEmpty()) throw "Stack is empty.";
    return array[top];
}

void Stack::Pop()
{
    if (IsEmpty()) throw "Stack is empty. Cannot delete.";
    top--;
}
```

프로그램 3.14: *Stack* 연산의 구현

다음의 부분 코드들은 어떻게 상속이 작동하는가를 예시해 주고 있다.

```
Bag b(3); // 크기 3의 배열을 생성하기 위하여 Bag 생성자를 이용한다.
Stack s(3); // 크기 3의 배열을 생성하기 위하여 Stack 생성자를 이용한다.

b.Push(1); b. Push(2); b. Push(3);
// Bag::Push를 사용한다.

s. Push(1); s. Push(2); s. Push(3);
// Stack::Push가 정의되지 않았으므로 Bag::Push를 사용한다.

b. Pop(); // Bag::Pop를 사용하는데, 이것은 Bag::IsEmpty를 호출한다
s. Pop();
// Stack::Pop를 사용하는데, 이것은 Bag::IsEmpty를 호출한다.
// 왜냐하면, IsEmpty가 Stack에서 재정의되지 않았기 때문이다.
```

기본 클래스 객체(이 예에서는 *b*와 같은)에 대한 모든 연산들은 상속이 없을 때 동작하는 방식과 똑같은 방식으로 작동한다. 그러나 파생 클래스 객체(이 예에서는 *s*와 같은)에 대한 연산들은 다르게 작동한다. 즉 한 연산이 *Stack*에서 정의되었으면 그 연산이 사용된다. 만일 그 연산이 *Stack*에서 정의되지 않았으면 *Stack*이 상속받고 있는 클래스(이 예에서는 *Bag*)에서 정의된 연산이 사용된다. 위의 코드를 수행하면 *b*는 1과 3을 갖는 반면 *s*는 1과 2를 갖게 된다.

다음도 역시 허용된다는 것에 유의하라.

s. Size(); // *Bag*::*Size*를 사용한다

s. Element(); // *Bag*::*Element*를 사용한다

만일 특정 기본 클래스 함수에 접근을 제공하기를 원하지 않는다면, 파생 클래스에서 이 함수들을 재정의해야 한다. 그래서 예를 들어 예외를 발생시키게 하기 위해서는 *Stack*에서 *Element*를 재정의하면 된다.

Queue ADT 역시 *Bag*의 서브타입이다. 이것은 선입선출 순서로 원소가 삭제되어야 하므로 *Bag*보다 더 세분화된 것이다. 따라서 *Queue*도 *Bag*의 한 파생 클래스로 표현할 수 있다. 그러나 *Bag*과 *Queue*의 구현 사이의 유사성은 *Bag*과 *Stack* 사이에 있었던 유사성보다 덜하다. *Bag*이나 *Stack*과 마찬가지로 *Queue*도 배열을 사용하지만 이들과 달리 *Queue*에는 데이타 멤버 *front*와 *rear*가 필요하다. 연산 *IsEmpty*, *Push*, *Pop*의 구현은 *Bag*의 구현과 다르다. 이것은 *Stack*에서보다 더 많은 연산들이 *Queue*에서 재정의되어야 함을 의미한다. 많은 구현을 재사용하지는 않지만 여전히 그 인터페이스들은 재사용하고 있는데 그 이유는 *Queue*에서 재정의된 함수들이 *Bag*에 있는 원래 함수들과 똑같은 프로토타입을 가지고 있기 때문이다. *Queue*를 *Bag*의 한 파생 클래스로 정의하는 것은 연습문제로 미룬다.

연습문제

1. 템플릿을 이용하여 *Stack*을 *Bag*의 공용 파생 클래스로 구현하라.
2. 템플릿을 이용하여 *Queue*를 *Bag*의 공용 파생 클래스로 구현하라.
3. 데크(deque: double-ended queue)는 삽입과 삭제를 양쪽 끝 어디에서나 할 수 있는 선형 리스트이다. 클래스 *Deque*를 *Queue*의 공용 파생 클래스로 구현하라. 클래스 *Deque*는 데크의 어떤 끝에서도 원소를 삽입하고 삭제할 수 있을 뿐만 아니라 어떤 끝에 있는 원소를 반환하는 공용 함수(*Queue*로부터 상속을 받거나 *Deque*에 직접 구현한)를 가지고 있어야 한다. 각 함수들(배열의 크기를 두 배로 확장하는 것은 제외)의 복잡도는 $\Theta(1)$이 되어야 한다.
4. 다음의 쌍 각각에 대하여 IS-A 관계로 연결되는지 여부를 말하고 그 이유를 밝히라.
   (a) 직사각형과 사다리꼴
   (b) 직사각형과 원
   (c) 사자와 호랑이
   (d) 스택과 순서 리스트
   (e) 큐와 순서 리스트

3.5 미로 문제

미로(maze) 속의 쥐 실험은 실험 심리학에 있어서 고전적인 것이다. 쥐(생쥐) 한 마리를 덮개가 없는 커다란 상자의 입구에 밀어 넣는다. 벽을 막아 대부분의 이동 방향을 막는다. 이 쥐가 미로를 통과하여 결

국 출구에 도착하는 과정을 과학자들이 관찰한다. 나갈 수 있는 길은 오직 하나이며 그 끝에는 맛있는 치즈 덩이가 있다. 이 실험의 아이디어는 쥐가 단 한 번도 잘못된 경로로 가지 않고 미로를 통과할 수 있을 때까지 반복하는 것이다. 그 과정 동안의 시행들로 쥐의 학습 곡선을 얻는다.

이 미로를 통과하는 컴퓨터 프로그램을 작성할 수 있는데, 쥐가 처음 통과할 때보다 나을 수는 없을 것이다. 이 프로그램은 올바른 경로를 찾을 때까지 잘못된 경로를 많이 취한다. 그러나 컴퓨터는 쥐보다 올바른 길을 훨씬 잘 기억할 수 있다. 두 번째 시도에서는 잘못된 경로 없이 바로 끝까지 갈 수 있으며, 따라서 프로그램을 재수행하는 것은 의미가 없다. 이 책의 해법을 읽어 보기 전에 여러분 스스로 이 프로그램을 작성해 보라. 얼마나 많이 되돌아가야 했으며 무엇을 교정해야 했는가를 따져 보자. 이렇게 함으로써 여러분 자신의 학습 곡선을 얻을 수 있을 것이다.

미로를 $1 \le i \le m$이고 $1 \le j \le p$인 2차원 배열 *maze*[*i*][*j*]로 표현하자. 값 1은 통로가 막힌 것을 의미하고, 0은 통과할 수 있음을 의미한다. 쥐는 *maze*[1][1]에서 출발하며 출구는 *maze*[*m*][*p*]에 있다고 가정한다. 예가 그림 3.11에 있다.

입구	0	1	0	0	0	1	1	0	0	0	1	1	1	1	1	
	1	0	0	0	1	1	0	1	1	1	0	0	1	1	1	
	0	1	1	0	0	0	0	1	1	1	1	0	0	1	1	
	1	1	0	1	1	1	1	0	1	1	0	1	1	0	0	
	1	1	0	1	0	0	1	0	1	1	1	1	1	1	1	
	0	0	1	1	0	1	1	1	0	1	0	0	1	0	1	
	0	0	1	1	0	1	1	1	0	1	0	0	1	0	1	
	0	1	1	1	1	0	0	1	1	1	1	1	1	1	1	
	0	0	1	1	0	1	1	0	1	1	1	1	1	0	1	
	1	1	0	0	0	1	1	0	1	1	0	0	0	0	0	
	0	0	1	1	1	1	1	0	0	0	1	1	1	1	0	
	0	1	0	0	1	1	1	1	1	0	1	1	1	1	0	출구

그림 3.11 예제 미로(경로를 찾을 수 있는가?)

2차원 배열로 표현된 미로에서 미로 속의 쥐는 행 *i*와 열 *j*로 언제든지 그 위치를 표현할 수 있다. 쥐가 미로 속의 점 [*i*][*j*]에서 취할 수 있는 이동에 대해서 생각해 보자. 그림 3.12에서는 어떤 점 [*i*][*j*]에서 가능한 이동들을 보여 주고 있다. 위치 [*i*][*j*]는 *X*로 표시되어 있다. 주위에 있는 모든 사각형에 0이 있다면 쥐는 다음의 위치로 이 여덟 개의 사각형 중 아무것이나 택할 수 있다. 이 여덟 방향을 나침반의 이름대로 북, 북동, 동, 남동, 남, 남서, 서 및 북서, 즉 N, NE, E, SE, S, SW, W, NW라고 부르기로 한다.

여기서 한 가지 유의할 점은 모든 위치가 여덟 개의 방향을 가지고 있는 것은 아니라는 것이다. 만일 [*i*][*j*]가 $i = 1$이거나 *m*, 또는 $j = 1$이거나 *p*인 경계선에 있게 되면 여덟 방향이 아니라 오직 세 방향만 있을 수도 있다. 이러한 경계 조건을 매번 검사하는 것을 피하기 위해서는 미로의 주위를 1로 둘러싼

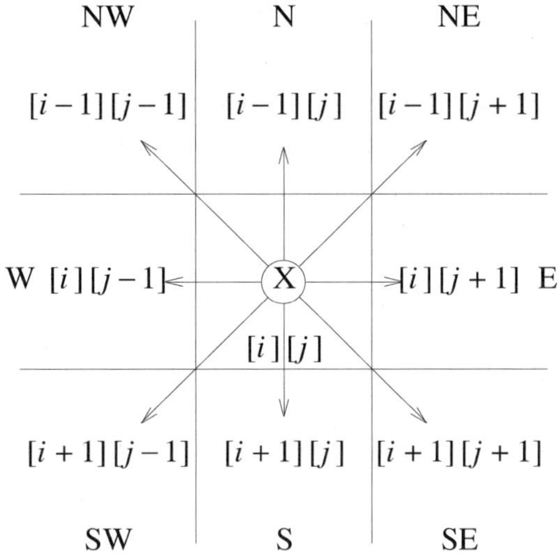

그림 3.12 가능한 이동

다. 그러면 배열은 *maze*[*m* + 2][*p* + 2]로 선언되어야 한다. 미로 문제를 단순화하는 또 다른 장치로는 이동할 수 있는 방향들을 그림 3.13과 같이 배열 *move*에 미리 정의하는 것이다. 여기에 필요한 데이타 타입들은 다음과 같다.

```
struct offsets
{
    int a, b;
};

enum directions { N, NE, E, SE, S, SW, W, NW };
offsets move[8];
```

q	*move* [*q*].*a*	*move* [*q*].*b*
N	−1	0
NE	−1	1
E	0	1
SE	1	1
S	1	0
SW	1	−1
W	0	−1
NW	−1	−1

그림 3.13 이동 테이블

만일 미로의 위치 [*i*][*j*]에서 남서쪽인 위치 [*g*][*h*]를 찾을 때에는 다음과 같이 하면 된다.

$g = i + move[\mathrm{SW}].a;\ h = j + move[\mathrm{SW}].b;$

예를 들어 위치 [3][4]에서 남서쪽 위치는 [3 + 1 = 4][4 + (−1) = 3]이 된다.

미로를 이동할 때에는 여러 방향의 선택이 있을 수 있다. 이때 어떤 방향이 최상의 선택일지 알 수 없으므로, 현재의 위치와 직전 이동 방향을 저장한 후 한 방향을 선택한다. 이렇게 현재의 위치를 저장하면 만약 잘못된 길을 갔을 때 되돌아와서 다른 방향을 시도할 수 있다. 여기서는 먼저 북쪽에서 시작하여 시계 방향 순서대로 가능한 방향을 검사한다. 마지막으로 한 번 시도해 본 길을 다시 시도하지 않게 하기 위해서 또 다른 2차원 배열 *mark*[*m* + 2][*p* + 2]를 사용하는데 처음에는 0으로 초기화해 놓는다. 일단 위치 [*i*][*j*]에 도달하면 *mark*[*i*][*j*]를 1로 만든다. 또 *maze*[*m*][*p*] = 0으로 가정하는데, 이렇게 하지 않으면 출구로 나갈 경로가 없기 때문이다. 프로그램 3.15는 알고리즘의 초안이다.

```
list를 미로 입구 위치와 동쪽으로 초기화;
while (list is not empty)
{
    (i,j,dir) = list 끝에 있는 위치와 방향;
    list의 마지막 원소를 삭제;
    while (there are more moves from (i,j))
    {
        (g,h) = 다음에 이동할 위치;
        if (( g == m ) && ( h == p )) success;
        if ( (!maze[g][h]) // 합법적인 이동
            && (!mark[g][h]) // 가 본 적이 없다면
        {
            mark[g][h] = 1;
            dir = next direction to try;
            add (i,j, dir) to end of list;
            (i,j,dir) = (g,h,N);
        }
    }
}
cout << "No path in maze." << endl;
```

프로그램 3.15: 미로 알고리즘 초안

이것은 C++ 프로그램이 아니지만 지나치게 상세한 것 없이 필수적인 처리 내용만을 기술한 것이다. 중요한 코드 블록을 묘사하기 위한 들여쓰기와 C++ 예약어를 사용함으로써 반복 및 조건 검사가 명

입구	0	0	0	0	0	0	0	0	1	
	1	1	1	1	1	1	1	1	0	
	1	0	0	0	0	0	0	0	1	
	0	1	1	1	1	1	1	1	1	
	1	0	0	0	0	0	0	0	1	
	1	1	1	1	1	1	1	1	0	
	1	0	0	0	0	0	0	0	1	
	0	1	1	1	1	1	1	1	1	
	1	0	0	0	0	0	0	0	0	출구

그림 3.14 긴 경로를 가진 미로

확해진다.

따져 보아야 할 것이 또 있는가? 세 배열 *maze*, *mark*, 그리고 *move*를 사용하게 되면 새로운 3원소 쌍 (*i*, *j*, *dir*)의 표현법만 명기하면 된다. 이 알고리즘에서는 가장 최근에 입력된 3원소 쌍을 먼저 제거하므로 이 리스트는 스택이 되어야 한다. 표현으로는 앞에서 살펴본 순차 표현을 사용할 수 있다. 이제 이 스택 크기의 최대값을 결정해야 한다. 미로의 각 위치는 기껏해야 한 번씩 방문하므로, 스택에는 최대 *mp*개의 원소가 들어갈 수 있다. 따라서 *mp*개의 위치는 충분한 것이지만 약간은 안일한 한계이다. 그림 3.14의 미로는 입구에서 출구까지 오직 하나의 경로만 가지고 있다. 이것은 $\lceil m/2 \rceil (p-2)+2$개의 위치로 구성되어 있다. 따라서 *mp*가 그렇게 거친 한계 값은 아니다. 이제 정확한 경로 생성 함수(프로그램 3.16)를 작성해 보자.

배열 *maze*, *mark*, *move*는 *Path*에서 전역이라고 가정한다. 또한 *stack*은 *Items*의 스택으로 정의되는데, struct *Items*는 다음과 같이 정의된다.

```
struct Items {
    int x, y, dir;
};
```

```
void Path(const int m, const int p)
{// 경로가 있으면 출력한다; maze[0][i] = maze[m + 1][i] =
// maze[j][0] = maze[j][p + 1] = 1, 0 <= i <= p + 1, 0 <= j <= m + 1.

    // (1, 1)에서 시작
    mark[1][1] = 1;
    Stack<Items> stack(m*p);
    Items temp(1, 1, E);
        // temp.x, temp.y, and temp.dir를 설정
```

```
    stack.Push(temp);

    while (!stack.IsEmpty())
    {// 스택이 공백이 아님
        temp = stack.Top();
        stack.Pop(); // 스택에서 삭제
        int i = temp.x; int j = temp.y; int d = temp.dir;
        while (d < 8) // 앞으로 이동
        {
            int g = i + move[d].a; int h = j + move[d].b;
            if ((g == m) && (h == p)) { // 출구 도착
                // 경로 출력
                cout << stack;
                cout << i << " " << j << endl; // 경로 상의 마지막 두 위치
                cout << m << " " << p << endl;
                return;
            }
            if ((!maze[g][h]) && (!mark[g][h])) { // 새로운 위치
                mark[g][h] = 1;
                temp.x = i;  temp.y = j; temp.dir = d + 1;
                stack.Push(temp); // 스택에 삽입
                i = g; j = h; d = N; // (g, h)로 이동
            }
            else d++; // 다음 방향으로 시도
        }
    }
    cout << "No path in maze." << endl;
}
```

프로그램 3.16: 미로의 경로 탐색 함수

struct *Items*는 *x*, *y*, *dir* 값을 초기화하는 생성자(보이지는 않지만)를 갖는다. 연산자 <<는 프로그램 3.17에서 볼 수 있는 바와 같이 *Stack*과 *Items*에 대해서 다중화된다. 연산자 <<는 **friend** 선언을 사용함으로써 *Stack*의 전용 데이타 멤버에 대한 접근이 가능하다고 가정한다.

***Path*의 분석:** 이제 함수의 계산 시간에 대하여 생각해 보자. 문제 자체는 파악하기 쉽더라도 그 계산 시간에 대해서 말하는 것이 어렵다는 것은 흥미롭다. 그 이유는 주 **while** 루프의 반복 횟수가 미로의 크기에 따라 달라지기 때문이다. 새로 방문하는 위치 [*i*][*j*]마다 표시를 해 두므로 같은 경로를 두 번 택하

는 일은 없다. 표시된 각 위치에 대해 내부 **while** 루프는 최대 여덟 번 반복된다. 내부 **while** 루프는 항상 고정된 시간, 즉 O(1) 동안 반복되며, *maze*에 있는 0의 수를 *z*라 할 때 최대 *z*개의 위치가 표시된다. *z*는 최대 *mp*이므로 계산 시간은 O(*mp*)가 된다.(그러나 실제의 실험에서 쥐는 관찰하는 심리학자의 재촉을 받고 출구에 있는 치즈의 냄새에 의하여 활력을 얻는다. 알고리즘 *Path*보다 경로 탐색을 훨씬 덜 하고도 목표물을 찾을 수 있다. 쥐는 연필도 없고 심적인 스택의 크기도 매우 제한되어 있음에도 이러한 일이 가능하다. 컴퓨터 알고리즘에 치즈 향과 심리학자의 응원과 같은 효과를 불어넣는 것은 어려운 일이다.) *mark*[*g*][*h*]를 1로 만드는 대신 아예 배열 *mark*를 사용하지 않고 *maze*[*g*][*h*]를 1로 만들 수도 있지만 이렇게 하면 원래의 미로가 파괴된다는 것에 유의하라. □

```
template <class T>
ostream& operator<<(ostream& os, Stack<T>& s)
{
    os << "top = " << s.top << endl;
    for (int i = 0 ; i <= s.top; i++)
        os << i << ":" << s.stack[i] << endl;
    return os;
}

ostream& operator<<(ostream& os, Items& item)
{
    return os << item.x << "," << item.y << ","  << item.dir;
}
```

프로그램 3.17: 연산자 <<의 다중화

연습문제

1. (a) 그림 3.11의 미로를 지나는 경로를 구하라.
   (b) 그림 3.11의 미로에서 함수 *Path*(프로그램 3.16)의 동작을 추적하라. 이것과 (a)에서 시도한 것을 비교하라.
2. $m \times p$ 차원의 어떤 미로에서 출발에서 도착까지의 최대 경로 길이는 얼마인가?
3. 함수 *Path*를 순환 버전으로 작성하고 테스트하라. 이 순환 버전의 시간 복잡도는 무엇인가?

3.6 수식의 계산

3.6.1 수식

선구적인 컴퓨터 과학자들이 고급 프로그래밍 언어를 생각해 냈을 때, 그들은 많은 장애물과 직면하였

다. 그 중의 하나가 산술식을 계산하는 기계어 명령들의 생성법이다. 다음과 같은 지정문은

$$X = A/B - C + D*E - A*C$$

여러 의미를 가질 수 있으며, 괄호를 사용한다든지 하여 그 의미가 명확해지더라도 정확한 명령 순서를 만들어 내는 것은 만만치 않은 일로 보인다. 다행히 오늘날의 해법은 세련되면서도 단순하다. 그뿐만 아니라 컴파일러를 작성할 때 이러한 문제는 중요한 것이 아닐 정도로까지 단순하다.

수식은 피연산자, 연산자, 그리고 분리자로 구성된다. 위의 수식에는 A, B, C, D, 그리고 E의 다섯 피연산자가 사용되고 있다. 이들은 모두 한 문자로 된 변수들이지만 프로그래밍 언어에서 허용되는 어떠한 변수 이름이나 상수도 피연산자가 될 수 있다. 수식 속의 변수 값들은 항상 수행되는 연산에 알맞아야 한다. 이러한 연산은 연산자로 기술된다. 대부분의 프로그래밍 언어에는 변수가 가질 수 있는 자료들의 여러 종류에 대응하여 몇 종류의 연산자가 존재한다. 우선 기본적인 산술 연산자인 가감승제(+, −, *, /)가 있다. 이 밖에도 산술 연산자에는 단항 −와 % 등이 있다. 두 번째 부류인 관계 연산자에는 <, <=, ==, <>, >=, 그리고 >가 있다. 이들은 대개 산술 피연산자를 가지고 동작하지만 문자열 자료에 대해서도 쉽게 동작할 수 있다.('CAT' 은 알파벳 순서상 'DOG' 에 선행하므로 이보다 작다.) 관계 연산자를 가진 수식의 결과는 **true**(참)와 **false**(거짓)의 두 상수 중 한 값을 갖는다. 이러한 수식을 불리언(Boolean)이라고 하는데 기호 논리학의 아버지인 수학자 조지 불(George Boole)의 이름을 딴 것이다. 이 밖에 &&, ||, 그리고 !과 같은 논리 연산자가 있다.

수식의 의미를 이해하는 데 있어서 첫 번째 문제는 연산의 수행 순서를 파악하는 것이다. 이것에 대해 각 언어는 이러한 순서를 정해 놓아야 함을 의미한다. 예를 들어 위의 지정문에서 $A = 4$, $B = C = 2$, $D = E = 3$이라고 가정하고 X의 값을 계산해 보자.

$$\begin{aligned} &((4/2)-2) + (3 * 3)-(4 * 2) \\ &= 0 + 9 - 8 \\ &= 1 \end{aligned}$$

그러나 프로그래머의 의도는 X에 다음과 같은 값을 지정하는 것이었을지도 모른다.

$$\begin{aligned} &(4/(2-2+3))*(3-4)*2 \\ &= (4/3)*(-1)*2 \\ &= -2.6666666 \end{aligned}$$

물론 프로그래머는 괄호를 사용하여 계산 순서를 후자로 명기할 수 있다.

$$X = (A/(B-C+D))*(E-A)*C$$

계산 순서를 고정시키기 위해서는 각 연산자에 우선순위를 지정하여야 한다. 그리고 괄호로 묶인 부분에서는 우선순위가 가장 높은 연산자가 먼저 계산된다는 것을 알 수 있다. 그림 3.15는 C++ 언어의 우선순위 일부를 보여 주고 있다. 가장 높은 우선순위는 1이다.

단항 마이너스(unary minus, −)와 !(논리적 not)는 가장 높은 우선순위를 가지며, 그 뒤에 *, /, 그

우선순위	연산자
1	마이너스 부호, !
2	*, /, %
3	+, −
4	<, <=, >=, >
5	==, !=
6	&&
7	||

그림 3.15 C++에서 연산자의 우선순위

리고 %가 있다. 한 수식에서 우선순위가 같은 연산자들이 인접해 있을 경우 어느 것을 먼저 수행할지를 알리는 규칙이 필요하다. 예를 들어 $A/B*C$의 값은 $(A/B)*C$인가 아니면 $A/(B*C)$인가? 여러분 스스로 $A = B = C = 2$일 때의 차이를 알아보자. C++에서는 동일한 우선순위의 연산자들은 항상 왼쪽부터 오른쪽으로 진행된다는 것이 규칙이다. 따라서 $A/B*C$는 $(A/B)*C$로 계산된다. 그리고 가장 안쪽의 괄호 수식이 항상 먼저 계산되므로 괄호를 사용하면 이 규칙을 대치할 수 있다.

이제 앞에서 설명한 우선순위 및 동일 우선순위 간의 순서에 따라 $X = A/B - C + D*E - A*C$가 어떻게 계산되는지를 알 수 있게 되었다. 즉

$$X = (((A/B) - C) + (D*E)) - (A*C)$$

3.6.2 후위 표기식

컴파일러는 어떻게 수식을 받아 정확한 코드를 만들어 낼까? 그 답은 수식을 후위 표기법(postfix notation)이라고 하는 형태로 바꾸어 작업한다는 것이다. e를 연산자와 피연산자들을 가진 수식이라고 할 때 e를 표기하는 표준 방식은 두 피연산자 사이에 이항(binary) 연산자가 위치하는 중위 표기법(infix notation)이다.(단항 연산자는 피연산자의 앞에 온다.) 후위 표기법에서는 연산자가 피연산자들 뒤에 온다. 예를 들어

중위 표기 $A*B/C$에 대한 후위 표기는 $AB*C/$이다

$A*B/C$에 대한 후위 표기를 살펴보면 곱셈(*)이 피연산자의 바로 뒤에 오는 것을 알 수 있다. 이제 $A*B$의 계산 값이 T에 저장된다고 하자. 그러면 나눗셈 연산자 /는 두 피연산자 T와 C의 바로 뒤에 나오게 된다.

앞의 예에 대한

중위 표기: $A/B - C + D*E - A*C$

후위 표기: $AB/C - DE* + AC* -$

를 살펴보고 후위 표기식의 의미를 추적해 보자.

연산	후위 표기식
$T_1 = A/B$	$T_1C-DE*+AC*-$
$T_2 = T_1-C$	$T_2DE*+AC*-$
$T_3 = D*E$	T_2T_3+AC*-
$T_4 = T_2+T_3$	T_4AC*-
$T_5 = A*C$	T_4T_5-
$T_6 = T_4-T_5$	T_6

그림 3.16 후위 표기식의 계산

값이 하나 계산될 때마다 임시 장소 $T_i(i \geq 1)$에 저장해 놓는다고 가정하자. 위의 후위 표기식을 왼쪽에서부터 훑어 나가면 첫 연산자는 나눗셈이며 이에 선행하는 두 피연산자는 A와 B이다. 따라서 A/B의 결과가 T_1에 저장되고 수식은 그림 3.16과 같이 바뀌게 된다. 이 그림은 나머지 연산 진행 과정을 보여 주고 있다. 전체 결과는 T_6에 저장된다. 괄호를 사용한 경우에는 정상적인 계산 순서가 바뀔 때에만 후위 표기가 바뀐다는 점에 유의하라. 따라서 $(A/B)-C+(D*E)-A*C$는 괄호가 없는 앞의 수식과 똑같은 후위 표기식을 갖는다. 그러나 $(A/B)-(C+D)*(E-A)*C$에 대한 후위 표기식은 $AB/CD+EA-*C*-$로 된다.

후위 표기식의 어떠한 점이 계산을 쉽도록 만드는가? 우선 괄호의 필요성이 없어진다. 둘째로 연산자의 우선순위가 의미가 없게 된다. 후위 표기식은 단지 왼쪽에서부터 훑어 나가면서 피연산자가 나오면 스택에 넣고 연산자가 나오면 적당한 수의 피연산자를 스택에서 끄집어 내어 연산을 하고, 그 결과를 다시 스택에 넣는 것으로 계산된다(프로그램 3.18). 이러한 계산 과정은 중위 표기식 그대로 계산하는 과정보다 훨씬 간단하다.

```
void Eval(Expression e)
{// 후위 표기식 e를 계산한다. e의 마지막 토큰(토큰은 연산자, 피연산자,
// 또는 '#' 가 될 수 있다)은 '#' 이다. 함수 NextToken은 e에서 다음 토큰을
// 가져오는 데에 사용된다. 이 함수는 스택 Stack을 사용한다.
   Stack<Token> stack;  // 스택 초기화
   for (Token x = NextToken(e) ; x != '#'; x = NextToken(e))
      if (x is an operand) stack.Push(x)  // 스택 삽입
      else {// 연산자
         remove the correct number of operands for operator x from stack;
         perform the operation x and store the result (if any) onto the stack;
      }
}
```

프로그램 3.18: 후위 표기식의 계산

3.6.3 중위 표기에서 후위 표기로의 변환

중위 표기식을 후위 표기식으로 변환하는 알고리즘을 만들기 위해서는 두 식의 연산자 순서가 동일하다는 것을 알아야 한다. 중위 표기식을 후위 표기식으로 변환하는 알고리즘은 다음과 같이 기술할 수 있다.

(1) 식을 전부 괄호로 묶는다.

(2) 이항 연산자들을 모두 그들의 오른쪽 괄호로 이동시킨다.

(3) 괄호를 전부 삭제한다.

예를 들어 수식 $A/B-C+D*E-A*C$를 전부 괄호로 묶으면 다음과 같다.

$$((((A/B)-C)+(D*E))-(A*C))$$

아크는 연산자와 이에 대응하는 오른편 괄호를 합한다. 2단계, 3단계를 실행하면 다음과 같다.

$$AB/C-ED*+AC*-$$

피연산자들의 순서는 중위 표기와 후위 표기가 모두 같기 때문에, 중위 표기식을 왼쪽에서 오른쪽으로 조사해 가면서 피연산자는 바로 출력에 전달하면서 후위 표기식을 생성한다. 연산자는 출력에 전달할 적절한 때가 될 때까지 스택에 저장해 둔다.

예를 들면 $A+B*C$로부터 $ABC*+$를 생성해야 되기 때문에 알고리즘은 다음과 같은 일련의 스택 연산을 수행해야 한다.(스택은 오른쪽으로 커진다).

다음 토큰	스택	출력
없음	공백	없음
A	공백	A
+	+	A
B	+	AB

이 시점에서 알고리즘은 *를 스택의 톱에 넣을 것인지 아니면 +를 꺼낼 것인지 결정하여야 한다. *가 더 높은 우선순위를 가졌으므로 이를 저장해서 다음과 같이 만든다.

*	+*	AB
C	+*	ABC

이제 입력 수식이 더 이상 없으므로 스택에 남아 있는 연산자들을 모두 출력하여 다음을 얻는다.

$$ABC*+$$

또 다른 예로서, $A*(B+C)*D$로부터 $ABC+*D*$를 생성해야 되기 때문에 알고리즘은 다음과 같이 동작하여야 한다.

다음 토큰	스택	출력
없음	공백	없음
A	공백	*A*
*	*	*A*
(	*(	*A*
B	*(	*AB*
+	*(+	*AB*
C	*(+	*ABC*

이 시점에서는 대응하는 왼쪽 괄호까지 스택에서 꺼내고 왼쪽 및 오른쪽 괄호는 제거한다. 따라서 다음과 같이 진행된다.

)	*	*ABC* +
*	*	*ABC* + *
D	*	*ABC* + *D
완료	공백	*ABC* + **D**

위의 두 예제의 분석은 연산자의 스태킹(stacking)과 언스태킹(unstacking)에 대해 우선순위를 기반으로 하는 기법을 제시해 주고 있다. 왼쪽 괄호는 스택 속에 있을 때는 낮은 우선순위의 연산자처럼 동작하고(오른쪽 괄호 이외의 어느 연산자도 이를 스택에서 나오게 할 수 없다), 그 외의 경우에는 높은 우선순위의 연산자처럼 동작하므로 문제를 복잡하게 한다. 이를 위해서 두 가지 종류의 우선순위, 즉 *isp*(in-stack priority)와 *icp*(in-coming priority)를 사용한다. 그림 3.15에 있는 모든 연산자들의 *isp*와 *icp*는 모두 변경이 없다. 여기에 더하여, *isp*('(')는 8, *icp*('(')는 0, 그리고 *isp*('#')는 8을 반환한다고 가정한다. 이러한 우선순위에 따라 다음의 규칙이 성립한다. 연산자는 자신의 *isp*가 새로운 연산자의 *icp*보다 산술적으로 작거나 같을 때 스택 밖으로 나온다. 중위 표기식을 후위 표기식으로 변환하는 알고리즘이 프로그램 3.19에 있다.

```
void Postfix (Expression e)
{// 중위 표기식 e의 후위 표기식을 출력한다. NextToken과 stack은
// 함수 Eval(프로그램 3.18)과 같다. e의 마지막 토큰은 '#' 으로 가정한다.
// '#' 는 스택의 바닥으로도 사용한다.
    Stack<Token> stack; // 스택 초기화
    stack.Push('#');
    for (Token x = NextToken(e); x != '#'; x = NextToken(e))
       if (x is an operand)  cout << x;
       else if (x == ')')
          {// '('까지 스택에서 꺼냄
```

```
            for (; stack.Top() != '('; stack.Pop())
                cout << stack.Top();
            stack.Pop(); // unstack '('
        }
        else { // x는 연산자
            for (; isp(stack.Top()) <= icp(x); stack.Pop())
                cout << stack.Top();
            stack.Push(x);
        }

    // 수식의 끝; 공백 스택
    for (; !stack.IsEmpty(); cout << stack.Top(), stack.Pop());
    cout << endl;
}
```

프로그램 3.19: 중위 표기식을 후위 표기식으로 변환

***Postfix* 알고리즘의 분석**: 이 함수는 입력을 왼쪽에서 오른쪽으로 훑어만 간다. 각 피연산자에 소요되는 시간은 O(1)이다. 각 연산자들은 한 번씩만 스택에 삽입 및 삭제된다. 따라서 각 연산자에 소요되는 시간도 O(1)이 된다. 그러므로 수식에서 토큰의 수를 n이라 할 때, 이 *Postfix* 함수의 복잡도는 $\Theta(n)$이다. □

연습문제

1. 다음 식들을 후위 표기 형태로 변환하라.
   (a) $A * B * C$
   (b) $-A + B - C + D$
   (c) $A * -B + C$
   (d) $(A + B) * D + E / (F + A * D) + C$
   (e) A && $B \| C \| !(E > F)$ (C++ 언어에서의 우선순위라고 가정한다)
   (f) $!(A$ && $!((B < C) \| (C > D))) \| (C < E)$
2. 그림 3.15와 '(' 및 '#'의 우선순위들을 사용하여 다음에 답하라.
   (a) 함수 *Postfix*(프로그램 3.19)에서, 입력 수식 e가 n개의 연산자와 분리자를 가졌다면 어느 한 시점에서 스택에 있을 수 있는 원소의 최대 수는 얼마인가?
   (b) e가 n개의 연산자와 최대 깊이 6의 중첩 괄호를 가졌다면, (a) 질문의 결과는 얼마인가?
3. 계산하기 쉽고 괄호가 없는 또 다른 표기법으로는 전위 표기법(prefix notation)이 있다. 전위 표기법에서는 연산자가 피연산자보다 앞에 위치한다. 예를 들면 다음과 같다.

중위 표기식	전위 표기식
$A*B/C$	$/*ABC$
$A/B-C+D*E-A*C$	$-+-/ABC*DE*AC$
$A*(B+C)/D-G$	$-/*A+BCDG$

피연산자의 순서는 중위 표기에서 전위 표기로 변형될 때 변하지 않는다는 사실에 주의하라.

(a) 연습문제 1의 수식들을 전위 표기식으로 변환하라.

(b) 전위 표기식 e를 계산하는 C++ 함수를 작성하라.[힌트: e를 오른쪽에서 왼쪽으로 조사하며, e의 왼쪽 끝 토큰을 '#'로 가정한다.]

(c) 중위 표기식 e를 전위 표기식으로 변환하는 C++ 함수를 작성하라. 입력 수식 e는 '#'로 시작하고 전위 표기식도 '#'로 시작한다고 가정한다.

(b)와 (c)에서 작성한 알고리즘의 시간 복잡도는 얼마인가? 각 함수들이 필요로 하는 공간은 얼마인가?

4. 전위 표기식을 후위 표기식으로 변환하는 C++ 함수를 작성하고, 입력에 대한 가정을 기술하라. 작성한 함수의 시간과 공간 복잡도는 얼마인가?
5. 앞의 연습문제를 다시 수행하는데, 이번에는 후위 표기식을 전위 표기식으로 변환하는 것으로 한다.
6. 후위 표기식을 완전히 괄호로 묶은 중위 표기식으로 변환하는 C++ 함수를 작성하라. 작성한 함수의 복잡도(시간과 공간)를 분석하라.
7. 앞의 문제를 전위 표기식으로부터 시작하는 것으로 해서 수행하라.

3.7 추가 연습문제

1. **[프로그래밍 과제]** [Landweber] 사람들이 솔리테르(solitaire) 카드 게임에 너무 많은 시간을 보내게 되니까 카지노들은 이런 사람들의 약점에 편승하고 있다. 아래에서 이 솔리테르의 한 형태를 설명하겠다. 이 카드놀이를 할 수 있는 C 프로그램을 작성하여 사람들이 좀더 유용한 일에 시간을 할애할 수 있도록 하자.

   게임은 28장의 카드를 7개의 파일(playing pile)로 만드는 것으로 시작한다. 제일 왼쪽에 있는 파일에 1장, 다음 파일에 2장, 이런 식으로 하여 가장 오른쪽의 파일에 7장의 카드를 놓는다. 7개 파일 각각에서 제일 위에 있는 카드들은 내용을 볼 수 있게 뒤집어(face-up) 놓는다. 파일의 카드들은 왼쪽에서 오른쪽으로, 각 파일에 대해 한 장의 카드만 처리되며, 각 라운드마다 한 장의 카드만 볼 수 있도록 뒤집어 놓을 수 있다. 각 파일에서 가장 위쪽에 뒤집어 놓은 카드에서부터 검정 위에 빨강, 혹은 빨강 위에 검정의 내림차순을 만들 수 있다. 예를 들어 스페이드 9나 클럽 9 위에 다이아몬드 8 또는 하트 8을 놓을 수 있다. 한 파일에서 뒤집어진 모든 카드들은 하나의 단위로 이동되며, 가장 아래쪽에 뒤집어진 카드에 따라 다른 파일 위에 옮겨 놓을 수 있다. 예를 들어 두 장의 뒤집어진 카드 하트 8 위의 클럽 7은 하나의 단위로서 클럽 9 또는 스페이드 9 위로 옮겨 놓을 수 있다.

파일의 맨 위 카드가 엎어져(face-down) 있을 때마다 그것을 뒤집어 놓는다. 만일 하나의 파일이 완전히 옮겨지게 되면, 다른 파일의 뒤집어져 있는 킹은 그 위의 카드들과 함께 있던 파일에서 이 빈 자리로 옮길 수 있다. 또한 폐물 파일(waste pile)의 맨 위 카드를 이 빈 자리로 옮길 수도 있다(폐물 파일은 아래에서 설명한다). 각 무늬마다 하나씩 모두 4개의 출력 파일(output pile)이 있으며, 이 게임의 목표는 가능한 한 많은 카드를 출력 파일로 옮기는 것이다. 에이스 카드가 파일(스택)의 맨 위에 나타날 때마다 이 카드는 적당한 출력 파일로 옮긴다. 나머지 카드들은 출력 파일의 맨 밑에 있는 에이스 카드의 무늬에 따라 순서대로 출력 파일에 첨가된다.

나머지 카드가 쌓여 있는 스톡(stock)으로부터 카드 한 장씩을 뒤집어서 폐물 파일 위에 놓는다. 게임은 폐물 파일의 카드를 이용해서 하며, 반드시 한 번에 한 장씩 이용한다. 스톡으로부터 폐물 파일 위로 한 장의 카드를 옮기는 것으로 게임을 시작하라. 만일 몇 개의 이동이 가능하다면 다음의 순서대로 하라.

(a) 파일이나 폐물 파일의 맨 위에서부터 출력 파일로 한 장의 카드를 옮기라. 만일 폐물 파일이 비어 있으면 한 장의 카드를 스톡으로부터 폐물 파일로 옮기라.
(b) 한 장의 카드를 폐물 파일에서 그것이 움직일 수 있는 가장 왼쪽의 파일로 옮기라. 만일 폐물 파일이 비어 있으면 한 장의 카드를 스톡으로부터 폐물 파일로 옮기라.
(c) 옮길 수 있는 가장 왼쪽 파일을 찾아서, 그것을 옮겨 놓을 수 있는 가장 왼쪽 파일의 위로 옮기라.
(d) (a), (b), (c)의 순서로 시행하라. 만일 어떤 이동이 수행되면 항상 (a)에서 다시 시작하라.
(e) 만일 (a)와 (d) 사이에 이동이 일어나지 않으면, 한 장의 카드를 스톡에서부터 폐물 파일로 옮기고 (a)를 다시 시작하라.

파일이나 폐물 파일의 맨 위에 있는 카드만이 출력 파일로 옮겨질 수 있다. 일단 출력 파일에 옮겨지게 되면, 그 카드는 다른 어느 장소로도 이동될 수 없다. 게임은 모든 카드가 출력 파일에 옮겨지거나, 스톡 파일의 카드가 모두 소모되고 더 이상 카드를 옮길 수 없을 때 끝난다.

돈으로 카드놀이를 할 때에는, 선수는 시작할 때 52달러를 내놓고, 출력 파일에 카드를 옮길 때마다 5달러를 벌어들인다. 여러 게임을 할 수 있고, 딴 돈을 결정할 수 있는 프로그램을 작성하라. 카드를 섞을 때는 난수 발생기를 사용하라. 쉽게 이해할 수 있는 형태로 두 게임에 대한 완전한 기록을 출력하라. 출력에는 수행한 게임의 수와 딴 돈(+ 혹은 −)을 포함시키라.

2. **[프로그래밍 과제]** [Landweber] 공항에서의 이착륙 방식을 모의 시험하고자 한다. 공항에는 세 개의 활주로(활주로 1, 활주로 2, 활주로 3)와 네 가지 착륙 순위 대기 선회로(처음 두 활주로에

각각 두 개 씩)가 있다. 도착 비행기는 어느 한 착륙 순위 대기 선회로 큐에 들어가며, 큐들은 가능한 한 크기에 있어서 비슷하다. 비행기가 착륙 순위 대기 선회로 큐에 들어가면 정수 식별자와, 착륙 전 큐에 남아 있을 수 있는 시간 단위를 나타내는 정수를 할당받는다. (연료가 부족하므로) 큐의 비행기는 반드시 제한 시간 내에 착륙해야 한다. 또한 세 개의 활주로 각각에 대한 이륙 큐도 있다. 이륙 큐에 들어가는 비행기도 정수 식별자를 할당받는다. 이륙 큐들도 거의 같은 크기로 유지되어야 한다.

각 단위 시간에 세 대의 비행기까지 착륙 큐에 도착할 수 있고, 세 대의 비행기까지 이륙 큐에 들어갈 수 있다. 각 활주로는 일정 시간마다 하나의 이륙이나 착륙만을 처리할 수 있다. 활주로 3은 비행기의 연료가 부족한 경우를 제외하고는 이륙에만 사용한다. 각 단위 시간 동안, 착륙 큐에 있는 비행기 중에 체공 가능 시간이 0에 도달한 비행기는 다른 이착륙 비행기들보다 높은 우선순위가 부여된다. 만일 어느 한 비행기에 이와 같은 상황이 발생하면 활주로 3번을 사용한다. 만일 두 대 이상이면 다른 활주로도 사용한다.

이륙(착륙) 큐에 도달하는 비행기의 식별자에는 연속적인 짝수(홀수)를 사용한다. 일정 단위 시간마다 이륙 또는 착륙을 하기 전에 비행기는 큐에 들어간다고 가정한다. 착륙 또는 이륙 큐가 과도하게 증가하지 않도록 알고리즘을 작성하라. 이때 비행기는 큐의 한쪽 끝으로 삽입되며, 큐는 재정렬될 수 없다.

출력에는 시간대별로 무엇이 발생하였는가를 명확히 하는 레이블을 사용하라. 주기적으로 다음과 같은 결과를 출력한다. (a) 각 큐의 내용, (b) 평균 이륙 대기 시간, (c) 평균 착륙 대기 시간, (d) 착륙에 걸리는 평균 비행 시간, (e) 예비 연료 없이 착륙한 비행기 수. (b)와 (c)는 이륙했거나 착륙한 비행기에 대한 것이다. 출력은 설명이 필요 없을 정도로 분명해야 하고 이해하기 쉬워야 한다.

입력은 단말기나 파일로부터 받거나 난수 발생기로부터 생성될 수 있다. 매 단위 시간에 대하여 입력은 이륙 큐에 도달한 비행기의 수, 착륙 큐에 도달한 비행기의 수, 그리고 착륙 큐에 도달한 각 비행기의 잔여 비행 시간으로 구성된다.

4장 연결 리스트

4.1 단순 연결 리스트와 체인

앞장에서 우리는 배열과 순차 사상을 이용하는 간단한 자료 구조를 표현하는 방법에 대하여 알아보았다. 이러한 표현 방법에서는 데이타 객체의 연속된 원소들이 일정한 거리만큼 떨어져서 저장된다는 특성을 가지고 있었다. 그래서 (1) 만일 테이블에서 a_{ij}라는 원소가 L_{ij}라는 위치에 저장되어 있다면, $a_{i,j+1}$이라는 원소는 $L_{ij}+1$이라는 위치에 있게 된다. (2) 만일 큐에서 i번째 요소가 L_i라는 위치에 있다면, $i+1$번째 원소는 원형 표현에서 (L_i+1) % n이라는 위치에 있게 된다. (3) 만일 스택에서 제일 위에 있는 원소가 L_T라는 위치에 있다면, 그 바로 아래에 있는 원소는 L_T-1이라는 위치에 있게 된다. 이와 같은 순차 저장 방법은 테이블에서 임의의 원소에 접근하거나 또는 스택이나 큐의 원소를 삽입하거나 삭제하는 것과 같은 종류의 작업을 수행하고자 하는 작업에 적합하였다. 그러나 순서 리스트에 이 순차 사상을 적용하면, 순서 리스트에서 임의의 원소에 대한 삽입이나 삭제와 같은 연산 비용은 매우 비싸게 된다. 예를 들어 다음과 같이 AT로 끝나는 3문자 영어 단어들의 순서 리스트를 생각해 보자.

(BAT, CAT, EAT, FAT, HAT, JAT, LAT, MAT, OAT, PAT, RAT, SAT, TAT, VAT, WAT)

이제 우리는 이 리스트를 완성하기 위하여, 권총이라는 의미를 가지고 있는 단어 GAT를 삽입하려고 한다. 만일 이 리스트를 배열 형태로 저장하고 있다면, GAT를 삽입하기 위하여 리스트에 있는 원소들을 한 자리씩 앞 또는 뒤로 이동하여야 한다. 즉 HAT, JAT, LAT, ..., WAT라는 원소를 하나씩 뒤로 이동시키거나 또는 BAT, CAT, EAT, FAT라는 원소를 하나씩 앞으로 이동시켜야 한다. 만일 우리가 이러한 삽입 작업을 리스트의 중간에서 여러 차례 반복하여야 한다면, 하나의 원소를 삽입하기 위하여 다른 원소들을 지나치게 많이 이동시켜야 하기 때문에 배열이나 순차 사상은 모두 좋은 방법이라고 할 수 없다.

마찬가지로 리스트에서 LAT라는 단어를 삭제한다고 가정하자. 이러한 경우 역시 순차 표현을 계속 유지하기 위해서는 많은 원소들을 이동시켜야 한다.

순차(sequential) 표현에서 제기된 데이타 이동의 문제점은 연결된(linked) 표현으로 잘 해결할 수 있다. 연속된 리스트의 원소들이 일정한 거리만큼 떨어져서 저장되는 순차 표현과는 달리, 연결된 표현에서는 각 원소들이 기억 장소 내의 어떤 곳에나 위치할 수 있다. 다시 말하면 순차 표현에서는 원소들의 저장 순서가 리스트에 표현된 순서와 동일하지만, 연결된 표현에서는 이 두 순서가 반드시 똑같을 필요가 없다. 리스트 원소에 정확한 순서로 접근하기 위해서는 각 원소와 함께 그 다음 원소의 주소 또는 위치를 그 리스트에 저장한다. 따라서 연결 표현 방법에서는 각 리스트 원소들에 대하여 다음 원소를 가리키는 포인터(pointer) 또는 링크(link)가 연관되어 있다. 일반적으로 연결 리스트는 노드들을 포함하는데 이 노드들은 0개 이상의 데이타 필드와 하나 이상의 링크 또는 포인터를 포함한다.

그림 4.1에서는 우리가 앞에서 살펴보았던 리스트의 노드들이 포인터를 이용하여 기억 장소에서 표현되는 방법을 보여 주고 있다. 리스트를 구성하는 원소들은 *data*라고 하는 1차원 배열에 저장되지만, 각 원소들은 더 이상 순차적 순서를 따르지 않게 된다. 즉 CAT가 EAT 앞에 존재하고 BAT가 CAT 앞에 존재하여야 한다는 것과 같은 순차적 순서가 더 이상 존재하지 않는다. 대신 이러한 제약점을 완화하고, 각 원소들이 배열의 어느 곳에나 존재할 수 있도록 허용한다. 실제 순서를 기억시키기 위해서는 *link*라는 이름을 가진 두 번째 배열이 추가된다. 이 배열에 있는 값들은 *data* 배열에 있는 원소들에 대한 포인터이다. 어떤 *i*에 대해서도 *data*[*i*]와 *link*[*i*]가 함께 노드를 구성한다. 리스트는 *data*[8] = BAT라는 것에서부터 시작되기 때문에, 변수 *first* = 8이라고 설정하자. *link*[8]은 3이라는 값을 가지고 있는데, 이것은 CAT를 포함하고 있는 *data*[3]에 대한 포인터를 의미한다. *link*[3]=4이므로 리스트의 다음 원소 EAT가 *data*[4]에 있다. EAT 다음 원소는 *data*[*link*[4]]가 된다. 이와 같은 방법을 반복함으로써,

	data	*link*
1	HAT	15
2		
3	CAT	4
4	EAT	9
5		
6		
7	WAT	0
8	BAT	3
9	FAT	1
10		
11	VAT	7
	.	.
	.	.
	.	.

그림 4.1 비순차 리스트 표현

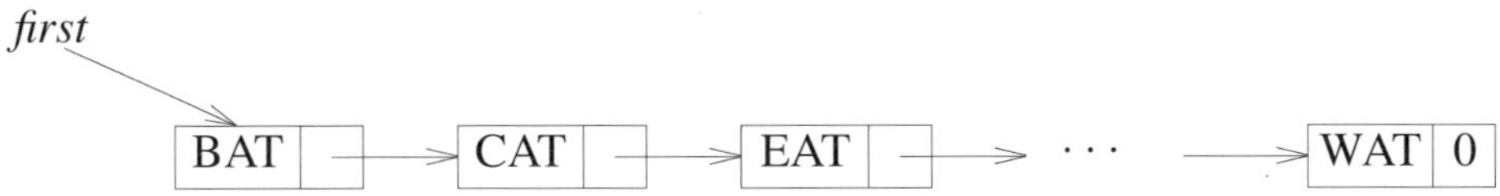

그림 4.2 연결 리스트를 그리는 일반적인 방법

리스트의 모든 단어들을 올바른 순서에 따라 열거할 수 있다. 우리는 *link*의 값이 0일 때, 리스트의 끝에 도달한다는 사실을 알 수 있다. 링크 0이 항상 리스트의 끝을 나타내게끔 보장하기 위해서 리스트의 원소를 저장하는 *data*의 위치 0을 사용하지 않는다.

연결 리스트는 그림 4.2와 같이 화살표로 표현하는 링크를 가진 노드들의 순차로 그리는 것이 관례로 되어 있다. 우리는 포인터에 분명한 값을 집어넣는 대신에, 값이 있는 곳을 가리키기 위해 단순히 화살표를 그려 주고 있다. 화살표는 우리들 마음 속에 다음과 같은 사실들을 한층 강력하게 알려 준다. (1) 노드들은 실제로 순차적 위치에 존재하지 않는다. (2) 노드들의 위치는 실행 시마다 바뀔 수 있다. 따라서 우리가 리스트를 사용하는 프로그램을 작성할 때, 0이라는 값을 검사하는 것 이외에는 절대로 특정한 주소를 찾지는 않는다. 그림 4.1과 4.2의 연결 구조를 단순 연결 리스트(singly linked list) 또는 체인(chain)이라 한다. 단순 연결 리스트에서는 각 노드가 정확히 하나의 포인터 필드를 가지고 있다. 체인은 0개 이상의 노드를 포함하는 단순 연결 리스트이다. 노드의 수가 0이면 체인은 공백이다. 공백이 아닌 체인의 노드들은 순서로 되어 있어서 처음 노드는 두 번째 노드를 연결하고, 두 번째는 세 번째, 이런 식으로 연결되어 있다. 체인의 마지막 노드는 0을 가지고 있다.

이제 연결 리스트에서 임의의 위치에서의 삽입과 삭제가 순차 리스트에서보다 더 용이한 이유를 살펴보자. GAT라는 원소를 FAT와 HAT 사이에 삽입하기 위해서는 다음과 같은 절차가 적절하다.

(1) 현재 사용하고 있지 않은 노드 *a*를 가져온다.
(2) 노드 *a*의 *data* 필드에 GAT를 설정한다.
(3) *a*의 *link* 필드가 FAT 다음 노드, 즉 HAT를 저장하고 있는 노드를 가리키도록 한다.
(4) FAT를 포함하고 있는 노드의 *link* 필드가 *a*를 가리키도록 한다.

그림 4.3(a)에서는 GAT라는 원소를 삽입한 이후에 배열 *data*와 *link*가 어떻게 변하게 되는가를 보여 주고 있다. 그림 4.3(b)에서는 화살표를 사용해서 어떻게 삽입 과정을 표현하는가를 보여 주고 있다. 여기서 주목해야 할 중요한 사실은 GAT를 삽입할 때 리스트에 있는 다른 원소들을 이동시킬 필요가 없다는 것이다. 즉 데이타를 이동시킬 필요가 없는 대신에 *link* 필드를 위한 저장 공간이 추가로 사용되었다. 보통 이런 불이익은 별로 심각한 것이 아니다. 각 리스트 원소가 클 때 삽입이나 삭제 시 데이타를 이동시킬 필요가 없다는 것은 상당한 시간을 절약하게 만든다.

이제 리스트에서 GAT를 삭제한다고 하자. 필요한 작업은 단지 GAT 바로 앞에 있는 원소 FAT를 찾아서, *link*[9]를 HAT의 위치, 즉 1로 설정하는 것이다. 노드를 삽입할 때와 마찬가지로, 노드를 삭제하는 과정에서 리스트에 있는 어떠한 데이타도 이동할 필요가 없다. 비록 GAT의 *link*가 여전히 HAT에

	data	*link*
1	HAT	15
2		
3	CAT	4
4	EAT	9
5	GAT	1
6		
7	WAT	0
8	BAT	3
9	FAT	5
10		
11	VAT	7

(a) *data* [5]에 GAT를 삽입

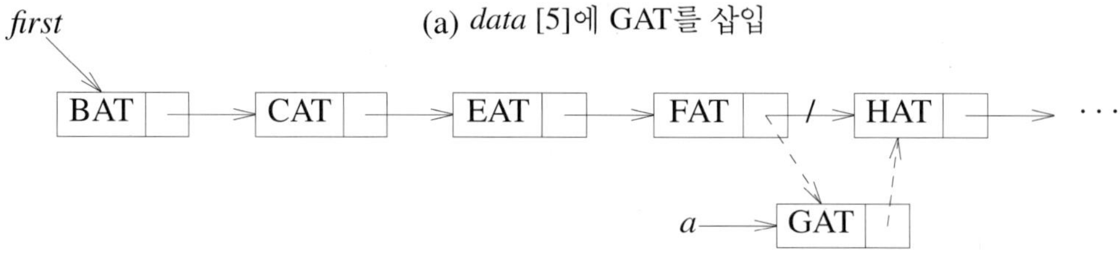

(b) 노드 GAT를 리스트에 삽입

그림 4.3 연결 리스트에 삽입

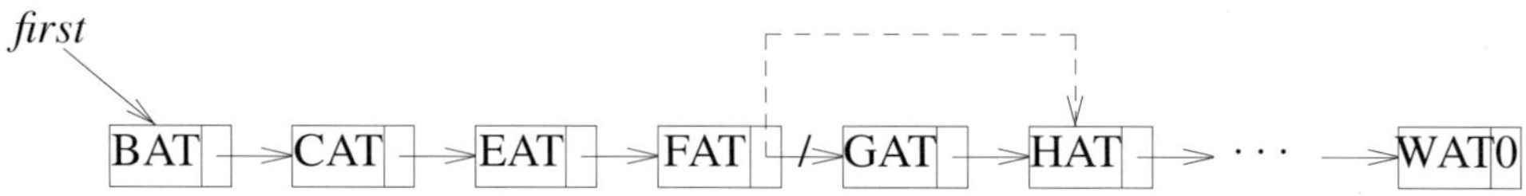

그림 4.4 GAT 삭제

대한 포인터를 가지고 있지만, GAT는 더 이상 리스트에 존재하지 않는다. 왜냐하면 리스트의 첫 번째 원소부터 시작하여 링크를 따라가도 도달할 수가 없기 때문이다(그림 4.4 참조).

4.2 C++에서의 체인 표현

이어지는 소절에서는 C++에서 체인을 구현하는 기본 기법을 살펴보겠다. 그리고 다음 절에서는 템플릿을 사용해서 표현을 일반화하겠다.

4.2.1 C++에서의 노드 정의

노드의 구조를 정의하기 위해서는 각 필드의 타입을 알아야 한다. 앞절의 예제에서 *data* 필드는 단순히 3문자 스트링이었고, *link* 필드는 다른 노드에 대한 포인터였다.

만일 앞 예제에서의 노드 타입을 *ThreeLetterNode*로 표현한다면, 데이타 타입 *ThreeLetterNode*는 다음과 같은 클래스로 정의될 수 있다.

```
class ThreeLetterNode {
private:
    char data[3];
    ThreeLetterNode *link;
};
```

예제 4.1은 복잡한 리스트 구조를 형성하기 위하여 서로 결합할 수 있는 두 개의 노드 구조를 정의하고 있다.

예제 4.1: 클래스 정의

```
class NodeA {
private:
    int data1;
    char data2;
    float data3;
    NodeA *linka;
    NodeB *linkb;
};

class NodeB {
private:
    int data;
    NodeB *link;
};
```

예제 4.1에서는 세 개의 데이타 필드와 두 개의 링크 필드로 구성된 *NodeA* 그리고 한 개의 데이타 필드와 한 개의 링크 필드로 구성되어 있는 *NodeB*를 정의하고 있다. *NodeA* 타입의 노드들의 *linkb* 데이타 멤버는 반드시 *NodeB* 타입의 노드를 가리켜야 한다는 사실에 주의하여야 한다. 그림 4.5에서는 각 타입의 노드 하나로 구성된 연결 리스트를 보여 주고 있다. □

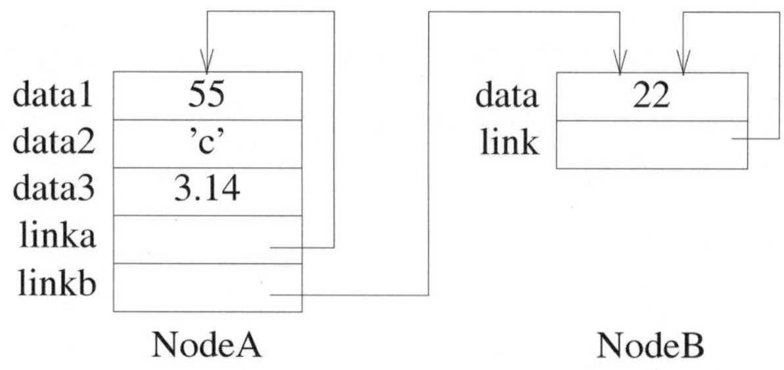

그림 4.5 노드 구조 *NodeA*와 *NodeB*에 대한 예

4.2.2 C++에서의 체인 클래스 설계

지금까지는 C++에서 하나의 노드를 표현하는 방법에 대하여 알아보았다. 다음에는 노드 체인에 대한 C++ 표현을 설계하려 한다. 설계에서는 기본 요소가 특히 중요하다. 왜냐하면 이러한 기본 요소는 단순히 체인에만 적용되는 것이 아니라, 앞으로 배우게 될 다른 종류의 연결 자료 구조에 대해서도 적용되기 때문이다. 다른 설계 과정에서도 그러하듯이, 상이한 대안들도 조사하게 되는데, 이들 중에 일부는 불가능하거나 바람직하지 않다는 사실이 밝혀지게 된다.

설계 시도 1: *ThreeLetterNode* 예제에서 변수 *first*를 다음과 같이 선언한다.

*ThreeLetterNode *first*;

*first*가 가리키는 노드의 데이타 멤버는 다음과 같은 방법으로 참조될 수 있다.

$first \rightarrow data$, $first \rightarrow link$

그리고 *data*의 요소들은 다음과 같은 방법으로 참조된다.

$first \rightarrow data[0]$, $first \rightarrow data[1]$, $first \rightarrow data[2]$

이러한 것들이 그림 4.6에 도식적으로 표현되어 있다.

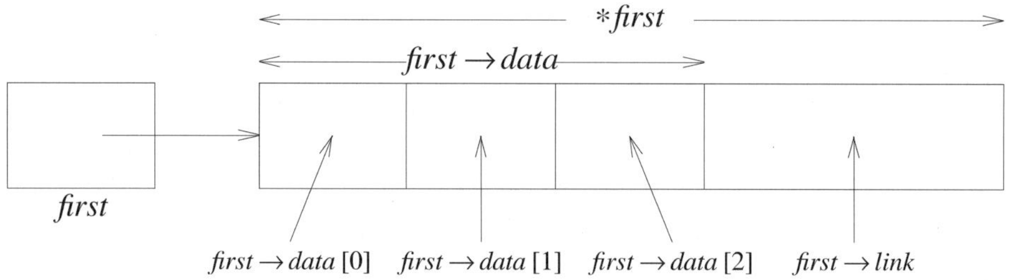

그림 4.6 노드의 데이타 멤버 참조

그러나 이러한 *ThreeLetterNode*의 구현에는 결점이 있다. 데이타 멤버 *data*와 *link*는 **private**로 선언되어 있다는 것을 주목하라. 이러한 것은 1장에서 설명한 데이타 캡슐화 원칙과 보조를 맞추기 위한 것이다. *data*와 *link*를 **private**로 선언한 결과로 *first* → *link*, *first* → *data*[0], *first* → *data*[1], *first* → *data*[2]라는 식은 전부 컴파일 과정에서 오류를 발생시킨다. 왜냐하면 **private**로 선언된 데이타 멤버는 그 클래스 밖에서 접근될 수 없기 때문이다.

설계 시도 2: 이와 같은 첫 번째 시도의 단점을 어떻게 극복할 것인가? 데이타 멤버를 **public**으로 선언하는 것이 하나의 방법이 될 수 있지만, 이러한 방법은 데이타 캡슐화를 위반하게 된다. 따라서 다른 하나의 해결 방법은 클래스 *ThreeLetterNode*에 대하여 데이타 멤버들에 간접적으로 접근하는 데 사용할 수 있는 *GetLink*(), *SetLink*(), *GetData*(), *SetData*()를 공용 멤버 함수로 정의하는 것이다. 그러나 이것은 좋은 해결 방법이 아니다. 왜냐하면 프로그램에 있는 어떤 함수에서도 이 멤버 함수들을 이용하여 클래스 *ThreeLetterNode*의 데이타 멤버에 접근할 수 있기 때문이다. 이상적인 해결 방법은 체인에서 노드의 삽입이나 삭제 등과 같이 리스트 조작 연산을 수행하는 함수에 대해서만 클래스 *ThreeLetterNode*의 데이타 멤버에 접근할 수 있도록 허용하는 것이다.

설계 시도 3: 이제 이러한 자료 구조 설계 문제를 보다 다른 관점에서 살펴보기로 하자. 우리가 설계하려는 자료 구조는 3문자 단어들에 대한 체인이다. 이러한 사실은 프로그램에서 전체 체인에 대응하는 클래스를 반드시 포함해야 한다는 것을 시사한다. 이 클래스를 *ThreeLetterChain*이라 하자. 이 클래스는 삽입이나 삭제와 같은 리스트 조작 연산을 수행하는 멤버 함수들을 포함하여야 한다. 따라서 체인을 구현하기 위하여, *ThreeLetterNode*와 *ThreeLetterChain*이라는 두 클래스를 조합하여 사용할 것이다. 이 두 클래스에 대한 개념적 관계성은 다음과 같은 문장으로 특징지어질 수 있다: 클래스 *ThreeLetterChain*의 객체는 클래스 *ThreeLetterNode*의 0개 이상의 객체들로 구성된다, 또는 *ThreeLetterChain* HAS-A *ThreeLetterNode*.

정의: 만일 *A*가 개념적으로 *B*를 포함하거나 또는 *B*가 *A*의 일부분이라면, 우리는 타입 *A*의 객체가 HAS-A 타입 *B*의 객체라고 한다. 예를 들어 컴퓨터 HAS-A 프로세서, 책 HAS-A 페이지 등과 같은 것이 있다. ADT 사이의 HAS-A 관계는 보통 포함되어 있는 클래스를 포함하는 클래스의 데이타 멤버로 만드는 것으로 표현한다. 이것은 타입 *A*의 객체가 일정한 수의 타입 *B*의 객체를 포함하고 있는 경우에 가능하다. □

그림 4.7은 두 클래스 사이의 개념적 관계성을 보여 주고 있다. 그림 4.7이 암시하는 바는 클래스 *ThreeLetterChain*의 한 객체가 클래스 *ThreeLetterNode*의 여러 객체들을 물리적으로 포함할 수 있다는 것이다. 즉 *ThreeLetterNode*의 객체들이 *ThreeLetterChain*의 데이타 멤버로 선언될 수 있다는 것이다. 그러나 체인에서 노드의 수는 일정하지 않다. 오히려 리스트에서 삽입과 삭제 연산이 진행됨에 따라 노드의 수가 변한다. 따라서 클래스 *ThreeLetterChain*에 포함될 클래스 *ThreeLetterNode*의 수를 미리 안다는 것은 불가능하다. 이러한 이유로 클래스 *ThreeLetterChain*은 리스트의 첫 번째 노드를 지시하

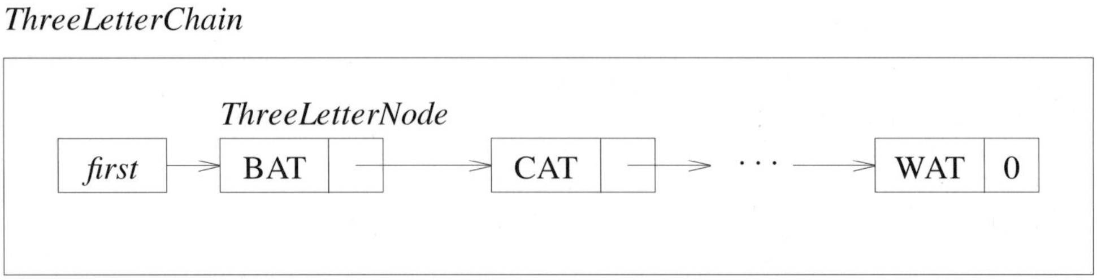

그림 4.7 *ThreeLetterChain*과 *ThreeLetterNode* 사이의 개념적 관계성

는 접근 포인터(access pointer) *first*만 포함하도록 정의되었다. 그림 4.8은 *ThreeLetterChain*과 *ThreeLetterNode* 객체들 사이의 실제적인 관계성을 보여 주고 있다. 이것은 *ThreeLetterNode* 객체들이 *ThreeLetterChain* 내부에 물리적으로 포함되는 것이 아니라는 것을 보여 준다. 단지 *ThreeLetterChain*에 포함되어 있는 유일한 데이타 멤버는 포인터 *first*이다.

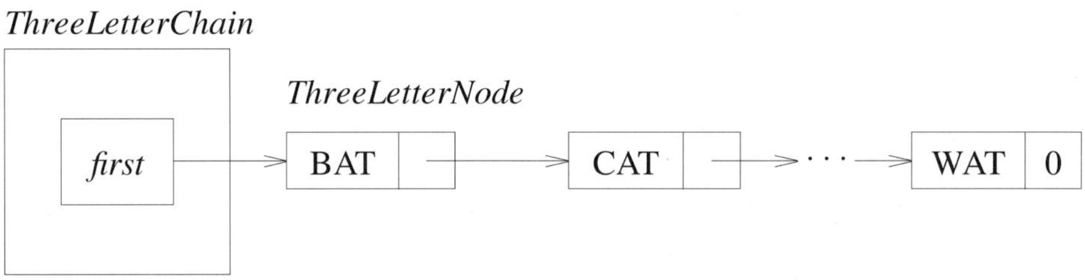

그림 4.8 *ThreeLetterChain*과 *ThreeLetterNode* 사이의 실제 관련성

이제 드디어 우리는 리스트 조작 연산만 리스트 노드의 데이타 멤버에 접근할 수 있도록, 클래스 *ThreeLetterNode*를 정의하는 방법을 제시할 준비가 되었다. 이것은 클래스 *ThreeLetterChain*을 클래스 *ThreeLetterNode*의 **friend**로 선언하면 된다. 이렇게 되면 오직 클래스 *ThreeLetterChain*과 *ThreeLetterNode*의 멤버 함수들만이 클래스 *ThreeLetterNode*의 **private** 데이타 멤버들에 접근할 수 있다. 클래스 *ThreeLetterNode*와 *ThreeLetterChain*의 클래스 정의는 프로그램 4.1에 기술되어 있다.

```
class ThreeLetterChain; // 전방 선언

class ThreeLetterNode {
friend class ThreeLetterChain;
private:
    char data[3];
    ThreeLetterNode *link;
```

```
};

class ThreeLetterChain {
public:
    // 리스트 조작 연산
  .
  .
private:
    ThreeLetterNode *first;
};
```

프로그램 4.1: 복합 클래스

중첩 클래스: C++에서 체인을 표현하는 또 다른 방법은 하나의 클래스가 다른 클래스 정의 안에서 정의되는 중첩 클래스를 이용하는 것이다. 프로그램 4.2에서는 클래스 *ThreeLetterNode*가 클래스 *ThreeLetterChain* 정의의 전용 영역에 정의되어 있다. 이러한 구조는 *ThreeLetterNode* 객체가 클래스 *ThreeLetterChain*의 외부로부터 접근될 수 없도록 보장한다. *ThreeLetterNode*의 데이타 멤버들은 공용이라는 것에 유의하라. 이렇게 함으로써 이들이 *ThreeLetterChain*의 멤버 함수에 의하여 접근될 수 있도록 보장한다. 이와 같이 중첩 클래스를 이용하면 우리가 앞에서 복합 클래스를 이용하여 얻을 수 있었던 것과 똑같은 효과를 얻을 수 있다. 이 책의 나머지 부분에서 우리는 복합 클래스 방법을 사용한다. 중첩 클래스보다 복합 클래스를 선호하는 이유 중에 하나는 하나의 노드 클래스가 여러 상이한 클래스(노드 클래스의 **friend**인 이상)에 의하여 사용될 수 있기 때문이다.

```
class ThreeLetterChain {
public:
    //리스트 조작 연산
  .
  .
private:
    class ThreeLetterNode { // 중첩 클래스
    public:
        char data[3];
        ThreeLetterNode *link;
    };
    ThreeLetterNode *first;
};
```

프로그램 4.2: 중첩 클래스

4.2.3 C++에서의 포인터 조작

사전에 미리 정의해 놓은 타입의 노드는 C++ 명령어 **new**를 사용하여 생성될 수 있다. 만일 *f*가 *ThreeLetterNode** 타입이라면, '*f* = **new** *ThreeLetterNode*' 라는 호출에 의하여 **f*는 클래스 *ThreeLetterNode* 타입으로 생성된 노드를 나타내게 된다. 마찬가지로 만일 *a*와 *b*가 각각 *NodeA**와 *NodeB** 타입이라면(예제 4.1), 다음과 같은 명령문을 실행함으로써

a = **new** *NodeA*;
b = **new** *NodeB*;

**a*와 **b*는 각각 *NodeA*와 *NodeB* 타입으로 생성된 노드를 나타내게 된다. 그리고 이렇게 생성된 노드들은 다음과 같이 삭제될 수 있다.

delete *f*; **delete** *a*; **delete** *b*;

또한 C++에서는 포인터 변수에 널 포인터 상수인 0(또는 **NULL**)을 지정할 수 있다. 이 상수는 아무런 노드도 가리키지 않고 있는 포인터[예를 들어 그림 4.3(b)의 마지막 노드에 있는 *link* 데이타 멤버] 또는 공백 리스트(*first* = 0과 같이)를 표현하기 위하여 사용된다. C++에서는 포인터 변수에 정수 덧셈이 허용되고 있다(그러나 일반적으로 배열과 함께 연계되어 사용되고 있다). 따라서 만일에 *x*가 포인터 변수라면 *x* + 1이라는 수식이 유효하지만, 논리적으로는 실제 아무런 의미도 가지지 못할 수 있다. 같은 타입의 두 포인터는 동일한 노드를 지시하고 있는지 검사하기 위하여 비교할 수 있다. 따라서 만일 *x*와 *y*가 같은 타입의 포인터 변수라면, *x* == *y*, *x*!= *y*, *x* == 0, *x*!= 0 등과 같은 수식이 모두 유효하다. 그림 4.9(a)의 초기 구조에 대한 지정문 *x* = *y*, **x* = **y*의 효과는 그림 4.9(b)와 (c)에 나타나 있다. 포인터가 **cout**를 사용하여 C++에서 출력되면 포인터가 가리키고 있는 메모리의 주소가 출력된다.

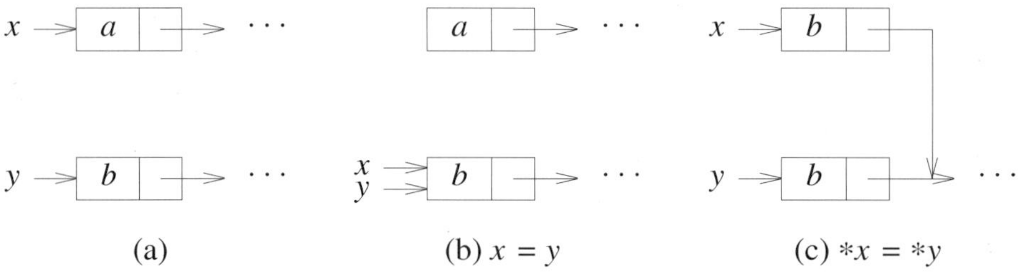

그림 4.9 포인터 지정문의 효과

4.2.4 체인 조작 연산

이 소절에서는 체인을 조작하는 세 함수를 살펴보겠다. 이 함수들은 클래스 *ChainNode*와 *Chain*을 사용하는데 *ChainNode*는 다음과 같이 정의된다.

```
class ChainNode {
friend class Chain;
public:
    ChainNode(int element = 0, ChainNode* next = 0)
        // element와 next의 기정 값은 0
        {data = element; link = next;}
private:
    int data;
    ChainNode *link;
};
```

체인의 첫 번째 노드를 지시하고 있는 접근 포인터 *first*는 *Chain*의 전용 데이타 멤버이다. 우리가 작성하려고 하는 세 함수는 *Chain* 클래스의 **public** 구역에 선언되어 있다고 가정한다.

예제 4.2: 함수 *Chain::Create2*(프로그램 4.3)는 두 개의 노드로 구성된 체인을 생성한다. 첫 번째 노드의 *data* 필드는 10, 두 번째 노드의 *data* 필드는 20이 설정된다. 함수 *Create2*는 새로 생성된 두 노드의 필드를 초기화하기 위하여, *ChainNode*의 생성자를 사용하고 있다. 그림 4.10은 이 결과 리스트 구조를 보여 주고 있다. □

```
void Chain::Create2()
{
    // 두 번째 노드를 생성하고 초기화
    ChainNode* second = new ChainNode(20,0);

    // 첫 번째 노드를 생성하고 초기화
    first = new ChainNode(10, second);
}
```

프로그램 4.3: 2-노드 리스트 생성

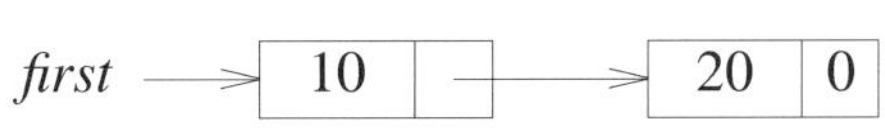

그림 4.10 2-노드 리스트

예제 4.3: 체인에서 첫 번째 노드를 *first*가 가리킨다고 하자. 만일 *first* == 0이기만 하면 공백 리스트(즉 노드가 하나도 없는 리스트)이다. *x*를 체인에 있는 임의의 노드에 대한 포인터라고 하자. 프로그램

4.4에서는 체인이 공백인 경우를 제외하고 *data* 필드에 50이라는 값을 가진 노드를 *x*가 가리키는 노드 다음에 삽입한다. 또다시 새 노드의 필드를 초기화하기 위하여, *ChainNode*의 생성자가 사용되었다. 그림 4.11은 *first* == 0인 경우와 *first* != 0인 두 가지 경우에 대해 수행한 결과로 만들어진 리스트의 구조를 보여 주고 있다. □

예제 4.4: *first*와 *x*를 예제 4.3에서와 같다고 하자. *y*를 *x* 앞에 있는 노드(만일 있다면)를 지시하는 포인터라 하자. 그리고 만일 *y* == 0이기만 하면, *x* == *first*라고 하자. 함수 *Chain*::*Delete*(프로그램 4.5)는 체인으로부터 노드 *x*를 삭제한다. □

```
void Chain::Insert50(ChainNode *x)
{
    if (first)
        // x 다음에 삽입
        x → link = new ChainNode(50, x → link);
    else
        // 공백 리스트에 삽입
        first = new ChainNode(50);
}
```

프로그램 4.4: 노드의 삽입

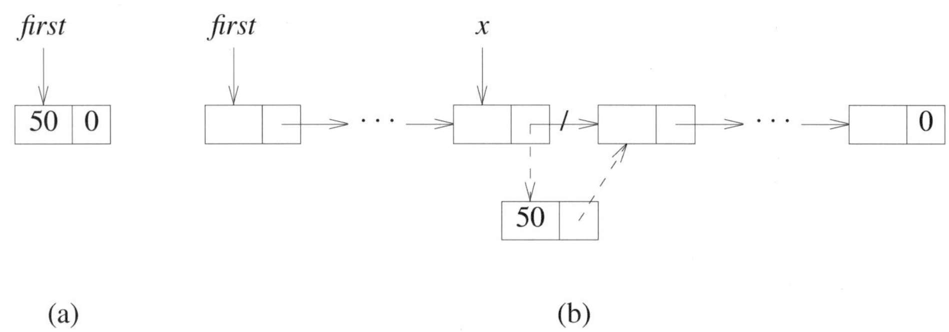

그림 4.11 공백 리스트와 공백이 아닌 리스트에서의 삽입

```
void Chain::Delete(ChainNode *x, ChainNode *y)
{
    if (x == first) first = first → link;
    else y → link = x → link;
    delete x;
```

```
}
```

프로그램 4.5: 노드 삭제

연습문제

다음 연습문제들은 모두 4.2.4절의 정의들을 기반으로 하고 있다. 모든 함수들은 클래스 *Chain*의 멤버 함수로 구현되는데, 그래서 이들은 *ChainNode*의 데이타 멤버들에 접근할 수 있다고 가정한다.

1. 체인에 있는 노드의 수를 계산하는 C++ 함수 *length*를 작성하라. 이 함수의 시간 복잡도는 얼마인가?
2. x를 체인에 있는 임의의 노드를 지시하는 포인터라고 하자. 체인으로부터 이것을 삭제하는 C++ 함수를 작성하라. 만일 $x == first$라고 하면, *first*는 체인에서 새로 첫 번째가 된 노드를 가리키도록 반드시 재설정되어야 한다. 이 함수의 시간 복잡도는 얼마인가?
3. *first*가 가리키는 노드부터 시작하여, 하나 건너 노드를 모두 삭제하는 C++ 함수를 작성하라(즉 함수는 체인의 첫 번째, 세 번째, 다섯 번째, 이런 순서로 계속되는 노드들을 삭제한다). 이 함수의 시간 복잡도는 얼마인가?
4. $x = (x_1, x_2, ..., x_n)$과 $y = (y_1, y_2, ..., y_m)$을 두 개의 체인이라고 하자. 이 두 체인을 합병해서 $m \le n$이면 $z = (x_1, y_1, x_2, y_2, ..., x_m, y_m, x_{m+1}, ..., x_n)$, $m > n$이면 $z = (x_1, y_1, x_2, y_2, ..., x_n, y_n, y_{n+1}, ..., y_m)$이 되는 체인을 만들 수 있는 C++ 함수를 작성하라. 합병된 뒤에 x와 y는 공백 체인을 가리키고 있어야 한다. 왜냐하면 처음에 x와 y에 있던 모든 노드들이 이제 z에 있기 때문이다. 다른 노드를 추가로 사용해서는 안 된다. 이 함수의 시간 복잡도는 얼마인가?
5. $x = (x_1, x_2, ..., x_n)$과 $y = (y_1, y_2, ..., y_m)$을 두 개의 체인이라고 하자. 각 체인에서 모든 노드들은 *data* 필드 값에 따라 오름차순으로 정렬되어 있다고 가정하자. 이 두 체인을 하나의 체인 z로 합병하는 C++ 함수를 작성하라. 체인 z 역시, 모든 노드들이 *data* 필드 값에 따라 오름차순으로 정렬되어 있어야 한다. 합병된 뒤에 x와 y는 공백 체인을 가리키고 있어야 한다. 왜냐하면 처음에 x와 y에 있던 모든 노드들이 이제 z에 있기 때문이다. 다른 노드를 추가로 사용해서는 안 된다. 이 함수의 시간 복잡도는 얼마인가?
6. 체인에서 왼쪽으로부터 오른쪽으로 순회하는 동안에 링크를 역으로 만들어 주면 체인을 양쪽 방향으로 순회하는 것이 가능하다(예를 들어 왼쪽에서부터 오른쪽으로 그리고 제한적이기는 하지만 오른쪽에서부터 왼쪽으로의 순회). 이러한 기법에서 만들어질 수 있는 구조가 그림 4.12에 주어져 있다. l과 r을 *Chain*의 데이타 멤버라고 가정한다.

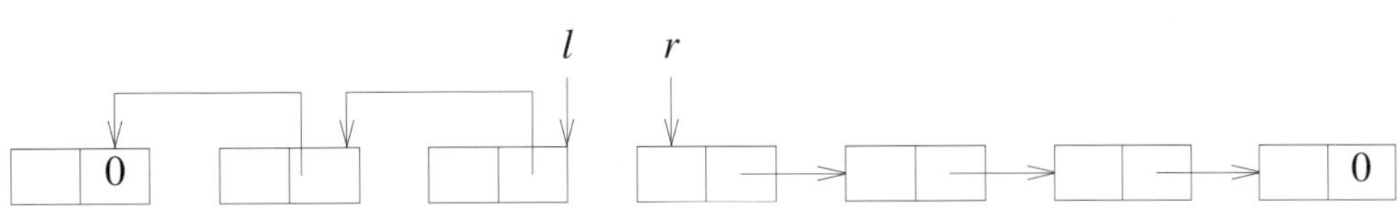

그림 4.12 양쪽 방향으로 순회할 때 만들어지는 한 구조

포인터 r은 현재 참조하고 있는 노드를 지시하고, 포인터 l은 r의 왼쪽에 있는 노드를 지시한다. r의 왼쪽에 있는 모든 노드들은 링크가 역으로 되어 있다는 것에 유의하라.

(a) 임의의 주어진 위치 (l, r)에서부터 n 노드 오른쪽으로 포인터 r을 이동시키는 C++ 함수를 작성하라. 만일 n이 포인터 오른쪽에 있는 노드의 수보다 크면, r은 0으로 설정되고 l은 체인의 가장 오른쪽에 있는 노드를 지시하도록 한다.

(b) 임의의 주어진 위치 (l, r)에서부터 n 노드 왼쪽으로 포인터 r을 이동시키는 C++ 함수를 작성하라. 만일 n이 포인터 왼쪽에 있는 노드의 수보다 크면, l은 0으로 설정되고 r은 체인의 가장 왼쪽에 있는 노드를 지시하도록 한다.

4.3 템플릿 클래스 체인

소프트웨어 시스템을 개발하는 비용은 중요하다. 소프트웨어를 개발, 검사, 유지하는 데 소요되는 연인원은 비용의 주요 요소이다. 따라서 소프트웨어의 질을 떨어뜨리지 않으면서 연인원을 감소시키는 개발 전략이 필요하다. 소프트웨어 재사용은 이런 방법의 하나이다. 소프트웨어 재사용 가능성의 기본 원리는, 소프트웨어를 처음 설계하고 개발할 때 차후 그것을 재사용할 수 있도록 해야만 한다는 것이다. 이렇게 하면 소프트웨어를 처음 개발할 때는 더 많은 시간이 투자되지만 소프트웨어가 재사용될 때 절약되는 시간을 생각한다면 이득이 된다.

이 절에서는 앞에서 기술한 체인 클래스를 좀더 재사용 가능하도록 보완할 것이다. 이렇게 하면 나중에 체인을 사용하는 응용을 개발해야만 할 때 이 확장된 체인 클래스를 재사용할 수 있을 것이다.

4.3.1 템플릿을 이용한 체인 구현

컨테이너 클래스를 더 재사용할 수 있게 만들기 위해서 템플릿 기법을 사용할 수 있다는 것은 이미 살펴보았다. 체인은 분명히 컨테이너 클래스이기 때문에 템플릿을 이용하여 구현하기에 좋은 대상이다. 프로그램 4.6은 확장된 체인의 템플릿 정의를 기술하고 있다. *Chain*<*T*>가 *ChainNode*<*T*>의 **friend**로 만들어진 것에 주의하라. 즉 *ChainNode*<**int**>의 멤버들에 *Chain*<**int**>의 멤버들은 접근할 수 있지만, *Chain*<**float**>의 멤버들은 접근할 수 없다는 것이다. 마찬가지로 *first*는 *ChainNode*<*T*> 객체에 대한 포인터로 선언된 것에 유의하라. 이것은 *Chain*<**int**> 타입의 객체는 *ChainNode*<**int**> 타입의 노드로만 구성된다는 것을 보장한다.

정수로 구성된 공백 체인 *intlist*는 다음과 같이 정의할 수 있다.

Chain<**int**> *intlist*;

```
template <class T> class Chain; // 전방 선언

template <class T>
class ChainNode {
```

```
friend class Chain<T>;
private:
    T data;
    ChainNode<T> *link;
};

template <class T>
class Chain {
public:
    Chain() {first = 0;}; // first를 0으로 초기화하는 생성자
    // 체인 조작 연산들
    .
    .
private:
    ChainNode<T> *first;
};
```

프로그램 4.6: 체인의 템플릿 정의

4.3.2 체인 반복자

반복자(iterator)는 컨테이너 클래스의 모든 원소를 순회하는 데 사용되는 객체이다. 컨테이너 클래스의 반복자가 필요하다는 것은 다음과 같은 논의를 통해 그 동기를 얻을 수 있다. 모든 원소가 정수인 컨테이너 클래스 *C*에 대해 다음과 같은 연산을 고려해 보자.

(1) *C*에 포함된 모든 정수를 출력하라.
(2) *C*에 포함된 모든 정수의 최대, 최소, 평균, 중간 값을 계산하라.
(3) *C*에 포함된 모든 정수의 합, 곱, 제곱의 합을 계산하라.
(4) *C*에 포함된 모든 정수 중에서 어떤 성질 *P*를 만족시키는 것을 검색하라(예를 들어 *P*는 양수인, 어떤 정수의 제곱이 되는 등이 될 수 있다).
(5) 어떤 함수 *f*(*x*)의 값이 최대가 되는 *C*의 원소 *x*를 찾으라.

이런 문제들에 대한 해답을 얻기 위해서는 컨테이너 클래스의 모든 원소를 순회해야 한다는 것에 주목하기 바란다. 이 문제들에 대한 의사 코드는 대략 다음과 같은 형태를 취한다.

```
초기화 단계;
for C의 각 원소에 대해
{
    currentItem = C의 현재 원소;
```

```
    currentItem으로 어떤 작업을 수행;
}
후처리 단계;
```

예를 들어 컨테이너 클래스의 원소 중 최대값을 찾기 위해 다음과 같은 의사 코드를 사용할 수 있을 것이다.

```
1 int x = std::numeric_limits<int>::min();     // 초기화는 <한계>를 포함해야 한다
2 for each item in C
3 {
4   currentItem = current item of C;
5   x = max(currentItem, x);                   // 연산
6 }
7 return x;                                    // 후처리 단계
```

프로그램 4.7: 최대값을 찾는 의사 코드

2행과 4행의 C++ 구현은 사용되는 컨테이너 클래스의 종류에 따라 다르게 할 수 있다. 예를 들어 크기가 *n*인 배열 *a*에 대해서는 다음과 같이 구현할 수 있다.

```
2 for(int i = 0; i < n; i++)
4 currentItem = a[i];
```

공백이 아닌 정수 체인에 대해서 2행과 4행은 다음과 같이 구현할 수 있다.

```
2 for(ChainNode<int> *ptr = first; ptr != 0; ptr = ptr → link)
4 currentItem = ptr → data;
```

최대값을 찾는 것과 같은 연산은 특정한 컨테이너 클래스의 멤버 함수로 구현되어야 한다. 왜냐하면 이 함수들은 그 컨테이너 클래스의 전용 데이타 멤버에 접근하기 때문이다. 그러나 이런 접근 방법에는 몇 가지 단점도 있다. 예를 들어 컨테이너 클래스 *Chain*<*T*>를 고려해 보자.

(1) *Chain*<*T*>는 템플릿 클래스이므로, 그것의 모든 연산은 *T*가 인스턴스화되는 객체의 타입과는 독립적이어야 한다. 그러나 *T*의 한 인스턴스화에 대해 의미가 있는 연산은 다른 인스턴스화에 대해서는 의미가 없다. 예를 들어 체인의 모든 객체의 합을 계산하는 것은 *T* = **int**일 때는 의미가 있어도 *T* = *Rectangle*일 때는 의미가 없다.

(2) *Chain*<*T*>의 멤버 함수의 수가 아주 많아지게 되어 클래스 정의가 다소 볼품 없어질 수 있다. 클래

스 정의는 사용자가 이해하기 쉽도록 될 수 있으면 간단해야 한다. 그뿐만 아니라 클래스들은 종종 프로그래머나 프로그래밍 팀이 설계한 클래스 라이브러리의 일부인 때가 많다. 특정 사용자가 요구하는 모든 연산을 클래스 설계자가 예측한다는 것은 가능하지 않다. 만약 어떤 클래스가 지원하지 않는 연산을 사용자가 원할 때는 어쩔 수 없이 그 연산을 컨테이너 클래스 정의에 첨가해야 한다. 그 결과로 생성되는 클래스가 클래스 설계 당시의 목적과 일관성을 유지하지 못할 수도 있기 때문에, 이것은 바람직하지 않은 일이다.

(3) 설사 사용자가 클래스에 멤버 함수를 첨가할 수 있다 하더라도, 컨테이너 클래스의 원소를 일정한 순서로 배열하는 방법을 배워야 한다. 그렇게 함으로써 컨테이너 클래스가 어떻게 구현 되었는지에 대해 자세히 배울 수 있다.

이런 논점들이 컨테이너 클래스가 객체의 원소들에 대한 체계적 접근을 제공하는 반복자를 가지고 있어야 한다는 것을 제시하고 있다. 사용자는 특정 응용에 따라 그들 자신의 함수를 구현하는 반복자를 가질 수 있다. 통상적으로 반복자는 컨테이너 클래스의 중첩 클래스로 구현된다.

C++ 반복자

C++에서 반복자는 객체의 원소에 대한 포인터(예를 들어 배열이나 체인의 원소에 대한 포인터)이다. 이 이름이 암시하는 것과 같이, 반복자는 객체의 원소를 하나씩 지나가게 한다. 프로그램 4.8은 배열 원소에 대한 포인터 *y*를 배열의 원소를 차례로 반복하여 통과하기 위해 어떻게 사용하는가를 보여 주고 있다. 포인터 *y*의 데이타 타입은 **int***인데 이것은 *y*가 **int** 타입의 원소를 가리킨다는 것을 의미한다. **for** 루프 헤더에서, *y*는 배열 *x*[ ]의 첫 번째 원소 *x*[0]를 가리키도록 초기화되었다(기술적으로 변수 *x*는 배열의 첫 번째 원소를 가리키는 포인터이다). 식 *y*++는 포인터를 1 증가시켜 배열의 다음 원소로 이동하게 한다. 마찬가지로 *x* + 3은 *x*로부터 3 위치, 즉 배열의 마지막 원소 *x*[2]를 지난 위치를 가리킨다. 그래서 프로그램 4.8의 **for** 루프의 *y*는 [*x*, *x* + 3) 범위에 있는 원소를 차례로 반복한다. 식 **y*는 *y*가 가리키는 위치의 원소에 접근하기 위해 내용을 참조한다는 것을 표현한다. 프로그램은 *x*[0:2]를 출력한다.

```
void main()
{
    int x[3] = {0, 1, 2};

    // 배열 x에서 반복을 하기 위해 포인터 y를 사용
    for (int* y = x; y != x + 3; y++)
        cout << *y << "  ";
    cout << endl;
}
```

프로그램 4.8: 배열 반복자 이용

다음 코드는 프로그램 4.8의 **for** 루프와 동등하다.

```
for (int i = 0; i != 3; i++)
    cout << x[i] << " ";
```

비록 이 코드가 프로그램 4.8의 코드보다 더 명확하게 보일지 모르지만 프로그램 4.8의 코드는 반복자가 정의된 어떤 객체의 원소들을 출력하기 위해 쉽게 일반화될 수 있다. 예를 들어 다음 코드는 [*start*, *end*) 범위에 있는 모든 원소를 출력한다.

```
for (Iterator i = start; i != end; i++)
    cout << *i << " ";
```

이 코드에서 *Iterator*는 반복자 데이타 타입이고 *start*는 그 범위에 있는 첫 번째 원소에 대한 반복자 값이고, *end*는 출력될 마지막 원소를 하나 지나도록 증가된 때 반복자가 갖는 값이다.

반복자 개념은 C++에서 일반 코드를 작성하기 위한 기본이 된다. 프로그램 4.9는 STL *copy* 함수로 사용할 수 있는 코드이다. 이 코드는 연산자가 내용 참조 연산자(*)뿐만 아니라 !=와 ++(사후 증가)가 정의된 반복자를 가진 객체의 원소를 복사하는 데 사용할 수 있다. 상이한 일반 코드를 위해서는 반복자가 상이한 기능을 가져야 한다. 예를 들어 STL *copy_backward* 함수는 반복자의 값을 감소시켜야 한다.

```
template <class Iterator>
void copy(Iterator start, Iterator end, Iterator to)
{// [start, end]에서 [to, to + end−start]까지 복사
    while (start != end)
        {*to = *start; start++; to++;}
}
```

프로그램 4.9: STL *copy* 함수에 대한 코드

반복자의 개발과 일반 반복자 기반 코드의 분류를 단순화하기 위해서 C++ STL은 반복자를 다섯 부류로 정의하고 있다: 입력, 출력, 전방, 양방, 그리고 임의 접근. 모든 반복자는 내용 참조 연산자 *뿐만 아니라 동등 연산자 ==와 !=도 지원한다. 입력 반복자는 추가로 지시된 원소에 대한 판독 접근을 제공하고 사전, 사후 증가 연산자 ++를 지원한다. 출력 반복자는 원소에 출력 접근을 제공할 뿐만 아니라 ++ 연산자를 통해 반복자가 전진하도록 하고 있다. 전방 반복자는 증가 연산자 ++를 사용해서 전진할 수 있는 반면에 양방 반복자는 증가뿐만 아니라 감소도 할 수 있다. 임의 접근 반복자는 가장 일반적이다. 이것은 포인터 산술 연산뿐만 아니라 임의의 양을 점프할 수 있다. 프로그램 4.8의 *y*와 같은 C++ 배열 반복자는 임의 접근 반복자이다.

Chain에 대한 전방 반복자

프로그램 4.10에서와 같이 *Chain*을 위한 전방 반복자 클래스를 구현해도 된다. 이 구현은 *ChainIterator*가 *Chain*의 공용 중첩 멤버 클래스가 되어야 한다.

추가적으로 다음과 같은 공용 멤버 함수들이 *Chain*에 첨가되었다.

```
ChainIterator begin(){return ChainIterator(first);}
ChainIterator end(){return ChainIterator(0);}
```

이들은 각각 리스트의 첫 번째 노드와 마지막 노드를 하나 지난 위치로 초기화된 반복자를 반환한다. 반복자 객체 *yi*를 다음 명령문을 사용해서 정수 체인 *y*의 시작점으로 초기화할 수 있다.

```
Chain<int>::ChainIterator yi = y.begin();
```

또한 STL 알고리즘 *accumulate*와 다음과 같은 명령문으로 체인에 있는 원소들의 합을 계산할 수 있다.

```
sum = accumulate(y.begin(), y.end(), 0);
```

```
class ChainIterator {
public:
    // 생략된 전방 반복자에 대해 C++은 타입 정의를 요구한다

    // 생성자
    ChainIterator(ChainNode <T>* startNode = 0)
        {current = startNode;}

    // 역참조 연산자
    T& operator*() const {return current → data;}
    T* operator -> () const {return &current → data;}

    // 증가
    ChainIterator& operator++()  // 사전 증가
        {current = current → link; return *this;}
    ChainIterator operator++(int) // 사후 증가
        {
            ChainIterator old = *this;
            current = current → link;
            return old;
        }
```

```
    // 동등 검사
    bool operator!=(const ChainIterator right) const
        {return current != right.current;}
    bool operator==(const ChainIterator right) const
        {return current == right.current;}
    private:
        ChainNode <T>* current;
};
```

프로그램 4.10: *Chain*을 위한 전방 반복자

4.3.3 체인 연산

재사용 가능한 클래스를 설계할 때 가장 중요한 것은 아마도 어떤 연산을 선택할 것인가를 결정하는 일일 것이다. 클래스가 많은 응용에서 사용될 수 있도록 연산을 충분히 제공하는 것이 중요하다. 하지만 지나치게 많은 연산을 포함시켜서 클래스가 커지게 되는 일도 피해야 한다. 대부분의 재사용 가능한 클래스에 포함되는 연산의 예로, 생성자(기정 및 복사 생성자), 파괴자, 지정 연산자(**operator=**), 동등 검사 연산자(**operator==**), 클래스 객체 입출력 연산자(**operator>>**와 **operator<<**를 각각 다중화하여 얻을 수 있다) 등을 들 수 있다. 다른 연산자들도 클래스에 따라 다중화할 수 있다.

체인 클래스는 원소를 삽입하고 삭제할 수 있는 함수들이 제공하여야 한다. 이런 부류에는 다양한 형태가 있을 수 있다. 예를 들어 삽입 연산에는 체인의 앞에 원소를 삽입하는 연산과 프로그램 4.11에서처럼 끝에 삽입하는 연산이 있을 수 있고 또 체인의 *i*번째 뒤에 삽입하는 연산이 있을 수 있다. 체인의 끝에 효율적으로 삽입하기 위해 클래스 *Chain<T>*에 전용 데이타 멤버 *last*를 첨가한다. 이 데이타 멤버는 체인의 마지막 노드를 가리킨다.

```
template <class T>
void Chain<T>::InsertBack(const T& e)
{
    if (first) {// 공백이 아닌 체인
        last → link = new ChainNode<T>(e);
        last = last → link;
    }
    else first = last = new ChainNode<T>(e);
}
```

프로그램 4.11: 리스트의 끝에 노드 삽입

프로그램 4.12는 두 체인을 접합한다. 함수 *InsertBack*과 같이 함수 *Concatenate*는 *Chain*에 **private** 데이타 멤버 *last*가 첨가되었다고 가정한다. 이 함수의 복잡도는 O(1)이다.

또 다른 유용한 함수는 체인에 있는 원소의 순서를 역순으로 변환하는 것이다(프로그램 4.13). 이 함수는 세 개의 포인터만 사용하면 '제자리에서' 연산을 수행할 수 있다는 점 때문에 특히 흥미롭다. 역순 과정 동안 어떤 원소도 이동되지 않고 포인터만 변경된다.

이 기법의 이해를 확신하려면 적어도 공백 리스트, 길이가 1과 2인 리스트 세 가지 예에 대해 프로그램 4.13을 수행해 보아야 한다. 노드 수 $m \geq 1$인 체인에 대해, **while** 루프가 m번 실행되고 루프를 한 번 실행하는 데는 O(1)이 걸린다. 따라서 계산 시간은 선형 또는 O(m)이 된다.

```
template <class T>
void Chain<T>::Concatenate(Chain<T>& b)
{// b는 *this 끝에 연결.
    if (first) (last → link = b.first; last = b.last;}
    else { first = b.first; last = b.last;}
    b.first = b.last = 0;
}
```

프로그램 4.12: 두 체인의 접합

```
template <class T>
void Chain<T>::Reverse()
{// 체인 (a1, ··· , an)이 (an, ···, a1)으로 역순으로 된다
    ChainNode<T> *current = first,
                 *previous = 0;   // previous는 current를 따라간다
    while (current) {
        ChainNode<T> *r = previous;
        previous = current;           // r은 previous를 따라간다
        current = current → link;     // current는 다음 노드로 이동
    previous → link = r;              // previous를 이전 노드와 연결
    }
    first = previous;
}
```

프로그램 4.13: 리스트의 역순서화

4.3.4 클래스의 재사용

체인에 대해 재사용할 수 있는 클래스들을 설계하고 개발했으면, 이제 체인을 요구하는 응용에서 이 클래스들을 사용해야 할 것이다. 4.7절에서는 체인 클래스를 재사용하여 어떻게 다항식(polynomial)이 구현되는지를 설명하겠다.

그렇지만 클래스를 재사용하려 하지 말고 새로 설계해야 되는 경우도 있다. 다음과 같은 두 가지 시나리오를 예로 들 수 있다.

(1) 클래스(C_1이라 하자)를 재사용하여 다른 클래스(C_2라 하자)를 구현하는 방법의 단점 중 하나는, C_2를 직접 구현하는 것보다 비효율적일 때가 있다는 것이다. 효율성이 매우 중요할 경우에는 후자의 방법을 택하는 것이 더 낫다. 4.6절에서는 체인을 이용하여 스택과 큐를 구현할 것이다. 이들은 응용에서 자주 사용되는 매우 중요한 자료 구조이기 때문에 가능한 한 효율성을 높이기 위하여 직접 구현한다.

(2) 응용에서 요구하는 연산이 복잡하고 특수한 것이어서 클래스에서 지원하지 못하는 경우에는 클래스를 재사용하면 안 된다. 이런 경우에는 기존의 클래스를 '무리하게' 재사용하지 말고 응용을 직접 개발하는 것이 더 낫다. 4.8절에서는 체인을 이용하여 동치 부류를 찾는 문제를 풀 것이다. 그 알고리즘에서 필요한 체인 연산은 매우 특별한 것이어서 재사용 가능한 체인 클래스로써 구현될 수 있을 것 같지 않다. 따라서 우리는 동치 부류를 직접 구현한다.

연습문제

다음 연습문제에서는 체인이 프로그램 4.6과 같이 정의되었다고 가정한다. 모든 함수들은 체인을 순회하기 위해 *ChainIterator*를 이용하여 구현된다.

1. 연산자 <<를 다중화하여 체인의 모든 원소를 출력하는 C++ 템플릿 함수를 작성하라. 연산자<<는 데이타 타입 *T*를 위해 다중화되었다고 가정하라.
2. 정수 체인의 모든 원소 중에서 최소값을 계산하는 C++ 함수를 작성하라.
3. 체인의 원소를 배열로 복사하는 C++ 함수를 작성하라. STL *copy* 함수를 배열과 체인 반복자와 함께 사용하라.
4. $x_1, x_2, ..., x_n$을 체인의 원소라 하자. 여기서 x_i는 정수이다. 수식 $\sum_{i=1}^{n-5}(x_i * x_{i+5})$를 계산하는 C++ 함수를 작성하라.[힌트: 체인을 동시에 순회하는 반복자 두 개를 사용하라.]
5. C++ 템플릿 클래스 *Chain<T>*를 완전히 코딩하고 테스트하라. 다음과 같은 함수가 포함되어야 한다. 초기에 공백 체인을 생성하는 생성자, 체인의 모든 원소를 삭제하는 파괴자, 체인의 양 끝에서 삽입하는 함수, 리스트의 첫 번째와 마지막 원소를 각각 반환하는 *Front*와 *Back* 함수, 리스트의 *i*번째 원소를 반환하는 함수 *Get*(*i*), 양 끝에서 삭제하는 함수, *i*번째 원소로 삽입하는 함수와 *i*번째 원소를 삭제하는 함수, 그리고 전방 반복자.

4.4 원형 리스트

체인을 변경하여 마지막 노드의 *link* 필드가 첫 번째 노드를 가리키게 하면 원형 리스트(circular list), 보다 정확하게는 단순 연결 원형 리스트(singly-linked circular list)가 된다. 그림 4.13은 그림 4.2의 체인

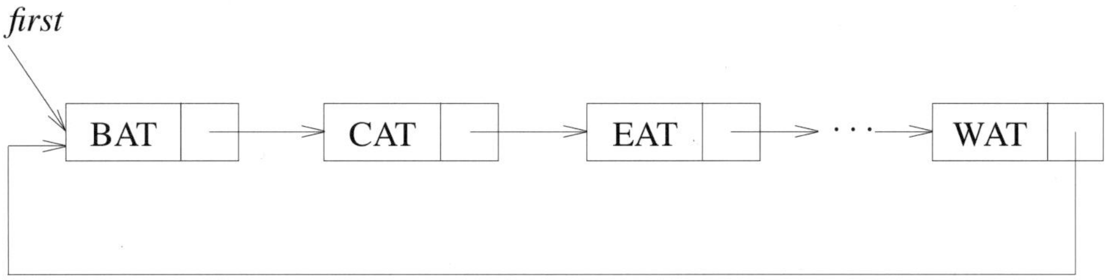

그림 4.13 원형 리스트

을 어떻게 원형 리스트로 변환하는가를 보여 주고 있다.

이 원형 리스트 구조는 체인에 비해 여러 가지 이점이 있다(나중에 설명하겠지만). 원형 리스트의 C++ 구현은 몇 가지 사소한 차이점만 제외한다면 체인의 구현과 유사하다. 먼저 포인터 *current*가 원형 리스트의 마지막 노드를 가리키는지 검사하려면 (*current* → *link* == 0)이 아니라 (*current* → *link* == *first*)를 검사해 보아야 한다. 둘째로, 원형 리스트에 대한 삽입, 삭제 함수에서는 마지막 노드의 *link* 필드가 첫 번째 노드를 가리키는지를 연산을 끝낼 때 반드시 확인해야 한다.

원형 리스트에 대한 연산을 살펴보자. 그림 4.14의 리스트 앞에 새 노드를 삽입한다고 하자. x_3를 포함하고 있는 노드의 *link*를 변경해야 하는데, 그렇게 하려면 마지막 노드를 찾을 때까지 *a*의 전체 길이만큼 이동해야 한다. 따라서 만약 원형 리스트에 대한 접근 포인터가 첫 번째 노드가 아니라 마지막 노드를 가리킨다면 더 편리하게 될 것이다(그림 4.15).

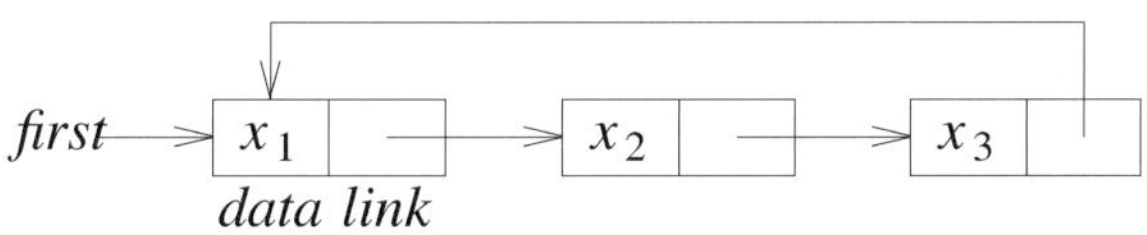

그림 4.14 원형 리스트 예

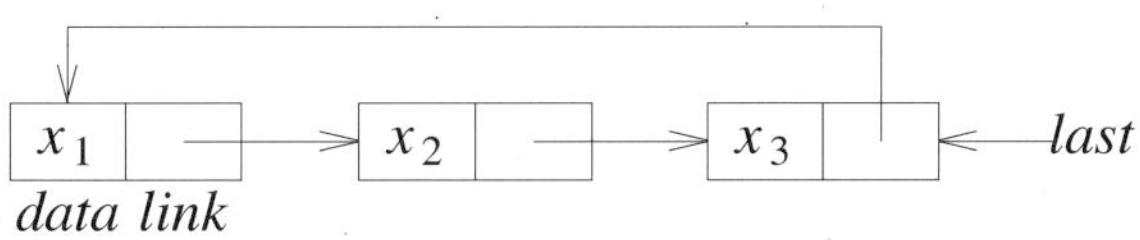

그림 4.15 원형 리스트의 마지막 노드를 가리킴

이제 O(1) 시간에 원형 리스트의 앞(프로그램 4.14)이나 뒤에 노드를 삽입하는 함수를 작성할 수 있다. *e*를 뒤에 삽입하려면 *InsertFront*의 **else** 절에 *last* = *newNode*라는 문만 첨가시키면 된다. 프로그

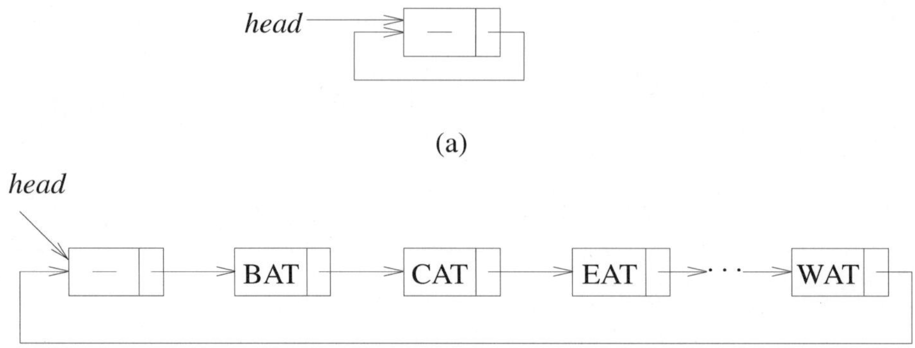

(a)

(b)

그림 4.16 헤더 노드가 있는 원형 리스트

램 4.14의 코드는 프로그램 4.6의 클래스 *Chain*과 비슷한 템플릿 클래스 *CircularList*가 있다고 가정하였다. *CircularList*는 리스트의 마지막 노드를 가리키는 전용 데이타 멤버 *last*를 포함하고 있고 *CircularList*는 *ChainNode*의 **friend**라고 가정하였다. 어떤 응용에서는 그림 4.13과 같은 구조를 사용하면 공백 리스트를 특별한 경우로 처리해야 하기 때문에 문제가 된다. 이런 특별한 경우를 피하기 위해서 헤더(header) 노드라고 하는 모조 노드를 각 원형 리스트에 도입하였다(즉 원형 리스트의 각 인스턴스는 노드를 하나씩 더 가질 것이다). 따라서 공백 리스트는 그림 4.16(a)와 같이 표현되고, 그림 4.13의 리스트는 그림 4.16(b)와 같이 표현된다.

```
template <class T>
void CircularList<T>::InsertFront(const T& e)
{// 원형 리스트 *this의 앞에 원소 e를 삽입,
// last는 이 리스트의 마지막 노드를 가리킨다.
    ChainNode<T> *newNode = new ChainNode<T>(e);
    if (last) { // 공백이 아닌 리스트
        newNode → link = last → link;
        last → link = newNode;
    }
    else { // 공백 리스트
        last = newNode;
        newNode → link = newNode;
    }
}
```

프로그램 4.14: 원형 리스트 앞에 삽입

연습문제

1. 원형 연결 리스트에 대해 4.2절의 연습문제 1을 풀라.
2. 원형 연결 리스트에 대해 4.2절의 연습문제 2를 풀라.
3. 원형 연결 리스트에 대해 4.2절의 연습문제 3을 풀라.
4. 원형 연결 리스트에 대해 4.2절의 연습문제 4를 풀라.
5. 원형 연결 리스트에 대해 4.2절의 연습문제 5를 풀라.
6. 원형 연결 리스트에 대해 4.2절의 연습문제 6을 풀라.
7. 원형 연결 리스트에 대해 4.3절의 연습문제 1을 풀라.
8. 원형 연결 리스트에 대해 4.3절의 연습문제 2를 풀라.
9. 원형 연결 리스트에 대해 4.3절의 연습문제 3을 풀라.
10. 원형 연결 리스트에 대해 4.3절의 연습문제 4를 풀라.
11. 헤더 노드를 가진 원형 연결 리스트에 대해 앞의 연습문제를 똑같이 풀라. 이번에는 클래스 *CircularListWithHeader*에 헤더 노드를 가리키는 *header*라는 전용 데이타 멤버를 포함하고 있다고 가정하라.

4.5 가용 공간 리스트

체인과 원형 리스트에 대한 파괴자는 노드를 하나씩 삭제하므로 체인이나 선형 리스트의 길이에 선형인 시간이 걸린다. 이 파괴자의 실행 시간은 만일 자유(삭제된) 노드의 체인을 유지한다면 O(1)로 감소시킬 수 있다. 새로운 노드가 필요할 때는 자유 노드 체인을 검사한다. 만일 이 체인이 공백이 아니면 이 노드 중에 하나를 사용할 수 있도록 만들면 된다. 이 체인이 공백일 때만 새로운 노드를 생성하기 위하여 **new**를 호출할 필요가 있다.

4.4절의 *CircularList* 클래스를 고려해 보자. '삭제'가 된 노드들의 체인의 첫 번째 노드를 가리키는 *av*가 *ChainNode<T>** 타입의 *CircularList<T>*의 정적 클래스 멤버라고 하자(효율성 때문에 *Chain<T>* 클래스를 재사용하지 않고 직접 삭제된 노드 체인을 구현한다고 하자). 그래서 이 삭제된 노드 체인을 가용 공간 리스트(available-space list) 또는 *av* 리스트라고 하겠다. 초기에 *av* = 0이다. 이제 **new**와 **delete** 함수를 사용하는 대신 *CircularList<T>::GetNode*(프로그램 4.15)와 *CircularList<T>::RetNode*(프로그램 4.16) 함수를 사용하겠다.

```
template <class T>
ChainNode<T>* CircularList<T>::GetNode()
{// 사용할 노드를 생성한다.
    ChainNode<T>* x;
    if (av) {x = av; av = av → link;}
    else x = new ChainNode<T>;
```

```
    return x;
}
```

프로그램 4.15: 노드 획득

```
template <class T>
void CircularList<T>::RetNode(ChainNode<T>*& x)
{// x가 가리키는 노드를 반환한다.
    x → link = av;
    av = x;
    x = 0;
}
```

프로그램 4.16: 노드 반환

함수 *CircularList<T>::~CircularList*(프로그램 4.17)가 보여 주는 것과 같이 원형 리스트는 리스트의 노드 수에 관계없이 일정 시간에 삭제할 수 있다. 그림 4.17은 원형 리스트의 삭제에 관련된 링크 변화를 도식으로 보여 주고 있다.

체인은 처음과 마지막 노드만 알면 O(1) 시간에 삭제할 수 있다. 다음 명령문이 이 작업을 수행할 수 있다.

```
last → link = av;
av = first;
```

만일 자신의 가용 공간 리스트를 가지고 있으면 다른 연산도 빨리 수행할 수 있다. 예를 들어 *GetNode* 함수를 일반화해서 *GetNode*(*n*)이 *n* 노드를 가진 체인이나 원형 리스트를 반환할 수 있도록 만들 수 있다. 이 가용 공간 리스트는 이미 대부분의 링크가 정확히 설정되어 있기 때문에 길이가 알려진 체인이나 원형 리스트를 생성할 때 링크를 설정하는 데 걸리는 시간을 축소시킬 수 있다.

```
template <class KeyT>
void CircularList<T>::~CircularList()
{// 원형 리스트를 삭제한다.
    if (last) {
            ChainNode<T>* first = last → link;
            last → link = av;   // 마지막 노드가 av에 연결
            av = first;         // 리스트의 첫 번째 노드가 av 리스트의 첫 번째 노드가 된다
            last = 0;
```

```
    }
}
```

프로그램 4.17: 원형 리스트의 삭제

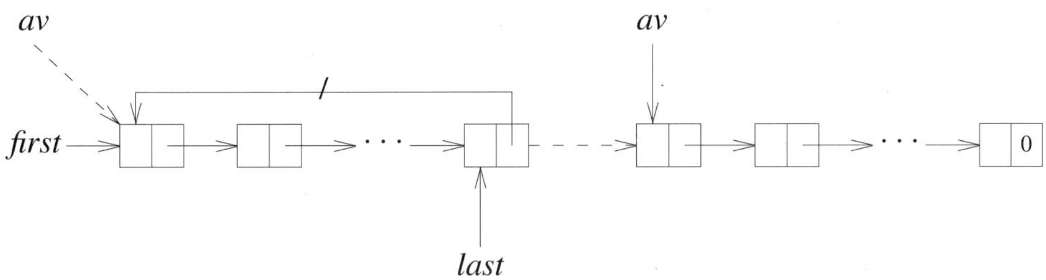

그림 4.17 점선 화살표가 원형 리스트 삭제에 관련된 변경을 표현

4.6 연결 스택과 큐

스택과 큐를 순차적으로 표현하는 방법에 대해서는 이미 살펴보았다. 이 절에서는 스택과 큐를 표현하기 위하여 연결 리스트를 이용하는 방법에 대해 살펴보겠다. 그림 4.18은 연결 스택과 연결 큐를 보여 주고 있다.

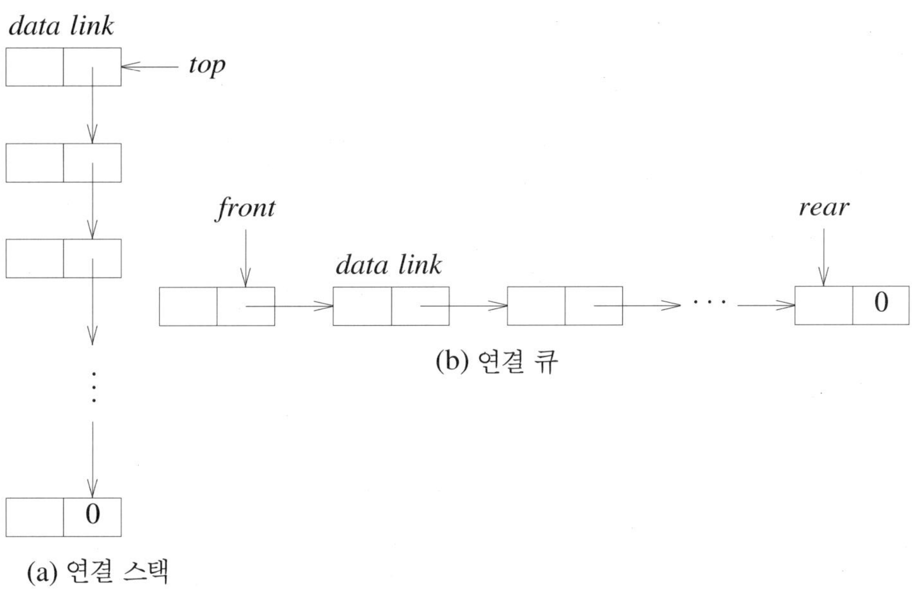

그림 4.18 연결 스택과 큐

스택과 큐의 링크 방향이 노드의 삽입, 삭제에 편리하도록 되어 있다는 점에 주의하라. 그림 4.18(a)에서는 톱에서 노드를 삽입하거나 삭제하기가 쉽다. 그림 4.18(b)에서는 리어에서 노드를 삽입하기 쉽고, 비록 큐의 프런트에 노드를 삽입하는 것은 원하는 것은 아니지만 프런트에서는 삽입이나 삭제가 쉽다. 연결 스택과 큐 클래스 *LinkedStack*과 *LinkedQueue*의 공용 멤버는 각각 스택과 큐 ADT, 즉 ADT 3.1과 ADT 3.2에 있는 것과 같다. *LinkedStack*은 스택의 톱 노드를 가리키는 하나의 전용 데이타 멤버 *top*을 가지고 있고, *LinkedQueue*는 두 개의 전용 데이타 멤버, 즉 큐의 처음과 마지막 노드를 가리키는 *front*와 *rear*를 가지고 있다. 이 두 클래스는 모두 *ChainNode<T>* 타입(4.3절)의 노드를 사용하고 있으며 모두 *ChainNode<T>*의 **friend**로 선언되었다. *LinkedStack*의 생성자는 *top*을 0(**NULL**)으로 설정하고 *LinkedQueue*의 생성자는 *front*와 *rear*를 0으로 설정한다. ADT 함수 *IsEmpty*, *Top*, *Front*, 그리고 *Rear*의 코드는 스택과 큐를 표현할 때 배열을 사용한 경우와 아주 비슷하다. 연결 스택과 큐에서의 삽입과 삭제 함수는 프로그램 4.19~4.22에 기술되어 있다.

```
template <class T>
void LinkedStack<T>::Push(const T& e) {
    top = new ChainNode<T>(e, top);
}
```

프로그램 4.19: 연결 스택에 삽입

```
template <class T>
void LinkedStack<T>::Pop()
{// 스택에서 톱 노드를 삭제한다.
    if (IsEmpty()) throw "Stack is empty. Cannot delete.";
    ChainNode<T> *delNode = top;
    top = top → link;     // 톱 노드를 제거
    delete delNode;       // 노드를 반환
}
```

프로그램 4.20: 연결 스택에서의 삭제

```
template <class T>
void LinkedQueue<T>::Push(const T& e)
{
    if (IsEmpty()) front = rear = new ChainNode(e, 0); // 공백 큐
    else rear = rear → link = new ChainNode(e, 0); // 노드를 첨가하고 rear를 갱신
}
```

프로그램 4.21: 연결 큐에 삽입

```
template <class T>
void LinkedQueue<T>::Pop()
{// 큐의 첫 번째 원소를 삭제한다.
    if (IsEmpty()) throw "Queue is empty. Cannot delete.";
    ChainNode<T> *delNode = front;
    front = front → link;     // 체인으로부터 첫 번째 원소 제거
    delete delNode;           // 노드 반환
}
```

프로그램 4.22: 연결 큐에서의 삭제

연습문제

1. 연결 스택을 위한 완전한 C++ 템플릿 클래스를 작성하고 테스트하라.
2. 연결 큐를 위한 완전한 C++ 템플릿 클래스를 작성하고 테스트하라.
3. *X*2라는 가상적인 데이타 객체가 있다. *X*2는 선형 리스트인데, 삽입은 양 끝에서 이루어질 수 있고, 삭제는 한쪽 끝에서만 가능하다는 제약이 있다. *X*2의 연결 리스트 표현을 설계하라. *X*2에 대한 완전한 C++ 템플릿 클래스를 작성하고 테스트하라.
4. 원형 연결 리스트를 이용하여 큐 ADT를 구현하는 C++ 템플릿 클래스를 작성하고 테스트하라.
5. 4.3절의 *List<T>* 클래스의 파생 클래스로서 스택 자료 구조를 구현하라. 코드를 테스트하라.
6. 4.3절의 *List<T>* 클래스의 파생 클래스로서 큐 자료 구조를 구현하라. 코드를 테스트하라.

4.7 다항식

4.7.1 다항식의 표현

이제 연결 리스트를 이용하여 적절한 크기의 문제를 다루어 보겠다. 이 문제는 심벌로 표시된 다항식을 다루는 문제로서, 리스트 처리의 전형적인 예이다. 일반적으로 다항식은 $a(x) = a_m x^{e_m} + \cdots + a_1 x^{e_1}$와 같이 표시된다. 여기서 a_i는 0이 아닌 계수이고 지수 e_i는 음수가 아닌 정수로서, $e_m > e_{m-1} > \cdots > e_2 > e_1 \geq 0$이다. 다항식을 구현하기 위해 클래스 *Polynomial*을 정의한다. 다항식은 리스트로 표현될 것이기 때문에, *Polynomial*은 *List*에 IS-IMPLEMENTED-BY 관계를 갖는다.

정의: 만약 타입 *B* 객체가 타입 *A* 객체의 구현에 중추적인 역할을 할 경우, 타입 *A*의 데이타 객체는 타입 *B*의 데이타 객체에 IS-IMPLEMENTED-IN-TERMS-OF 관계를 가진다고 말한다. 일반적으로 이 관계는 타입 *B* 객체를 타입 *A* 객체의 데이타 멤버로 선언하는 것으로 표현한다. □

그래서 체인 객체 *poly*를 *Polynomial*의 데이타 멤버로 만들겠다. 이를 위해 프로그램 4.6의 체인 템플

릿 클래스를 이용한다. 각 *ChainNode*는 다항식의 한 항을 표현할 것이다. 이를 위해 리스트 템플릿 *T*는 **struct** *Term*으로 인스턴스화 된다. 여기서 *Term*은 두 데이타 멤버 *coef*와 *exp*로 구성되어 있다. *Term*의 데이타 멤버가 공용이라는 것을 강조하기 위하여 **class** 대신 **struct**를 사용하여 *Term*을 정의한다. *Term*의 데이타 멤버를 공용으로 만들었기 때문에 *Term* 객체에 접근하는 함수는 모두 그 데이타 멤버에도 접근할 수 있다. 이것은 *Polynomial*에 대한 데이타 캡슐화에 위반되지 않는다. 왜냐하면 *Term* 객체를 포함하여 연결 리스트와 그 내용은 모두 전용이므로 다른 함수는 접근할 수가 없기 때문이다. 계수가 정수라는 가정하에 필요한 클래스 선언이 프로그램 4.23에 기술되어 있다.

```
struct Term
{// Term의 모든 멤버는 묵시적으로 public이다.
    int coef;      // 계수
    int exp;       // 지수
    Term Set(int c, int e) {coef = c; exp = e; return *this;};
};

class Polynomial {
public:
    // 정의된 공용 함수들
private:
    Chain<Term> poly;
};
```

프로그램 4.23: Polynomial 클래스 정의

*ChainNode*는 두 필드 *data*와 *link*를 포함하고 있는데 *data*가 *Term* 타입이기 때문에 *data*는 두 필드 *coef*와 *exp*로 구성된다는 것에 유의하라. 명확성을 위해 다항식의 항을 다음과 같이 표현할 수 있다.

coef	exp	link

그림 4.19는 다항식 $a = 3x^{14} + 2x^8 + 1$ 과 $b = 8x^{14} - 3x^{10} + 10x^6$에 대한 표현을 보여 주고 있다.

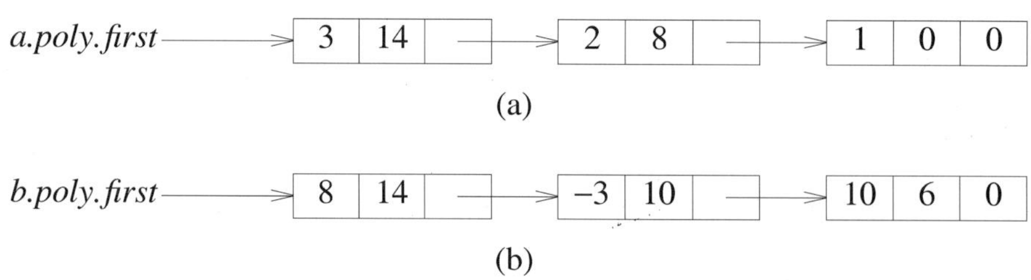

그림 4.19 $3x^{14} + 2x^8 + 1$과 $8x^{14} - 3x^{10} + 10x^6$의 표현

4.7.2 다항식의 덧셈

두 다항식 a, b를 더하기 위해, *a.first*와 *b.first*가 가리키는 노드에서 시작하여 항들을 검사하기 위해 리스트 반복자 *ai*와 *bi*를 사용한다. 만일 두 항의 지수가 같으면 계수를 더한다. 이 합이 0이 아니면 결과에 대한 새로운 항이 만들어진다. 만약 b의 현재 항의 지수보다 a의 현재 항의 지수가 작으면, b의 항과 똑같은 항을 만들어 *Polynomial* 객체 c에 첨가시킨다. 그리고 반복자 *bi*는 b의 다음 항으로 이동한다. 만일 $ai \rightarrow exp > bi \rightarrow exp$가 되면 a에 대해 앞에서와 같은 작업을 수행한다. 그림 4.20은 그림 4.19의 다항식 a, b에 대한 덧셈 과정을 보여 주고 있다.

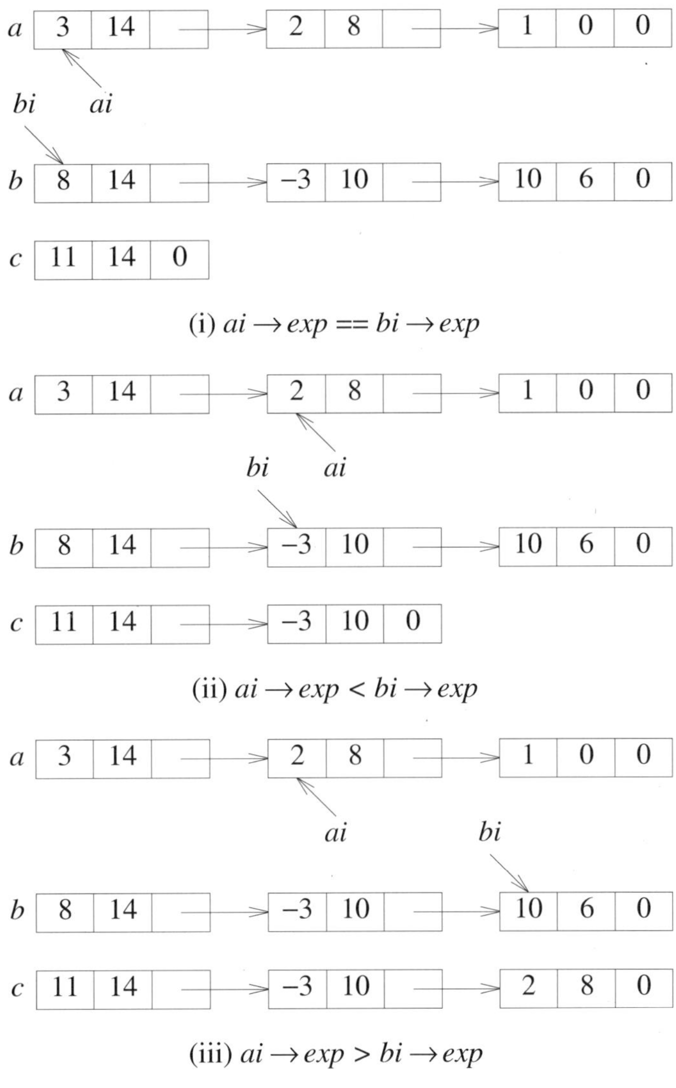

그림 4.20 $c = a + b$의 처음 세 항을 생성

새로운 노드가 만들어질 때마다, 그것의 *coef*와 *exp* 데이타 멤버를 설정하고 그것을 함수 *InsertBack*(프로그램 4.11)을 이용하여 *c*의 끝에 첨가한다. 다항식 덧셈의 완전한 코드는 함수 **operator + ()**(프로그램 4.24)에 나타나 있다.

이것은 리스트 처리를 완전히 수행한 첫 번째 예이므로 주의 깊게 살펴보아야 한다. 기초적인 알고리즘은 두 다항식을 따라가며 항들을 복사하거나 덧셈을 해서 결과를 만드는 합병 과정으로 간단히 이루어진다. 따라서 7~21행의 **while** 루프는 항들의 지수들이 ==, <, >이냐에 따라 세 가지 경우를 가지고 있다.

```
1  Polynomial Polynomial::operator+(const Polynomial& b) const
2  {// 다항식 *this (a)와 b를 더해서 그 합을 반환한다.
3      Term temp;
4      Chain<Term>::ChainIterator ai = poly.begin(),
5                                 bi = b.poly.begin();
6      Polynomial c;
7      while (ai && bi) { // 현재의 노드들은 널이 아님
8        if (ai → exp == bi → exp)) {
9          int sum = ai → coef + bi → coef;
10         if (sum) c.poly.InsertBack(temp.Set(sum, ai → exp));
11         ai++; bi++;  // 다음 항으로 이동
12       }
13       else if (ai → exp < bi → exp) {
14            c.poly.InsertBack(temp.Set(bi → coef, bi → exp));
15            bi++; // b의 다음 항
16       }
17       else {
18         c.poly.InsertBack(temp.Set(ai → coef, ai → exp));
19         ai++; // a의 다음 항
20       }
21     }
22     while (ai) {// a의 나머지를 복사
23       c.poly.InsertBack(temp.Set(ai → coef, ai → exp));
24       ai++;
25     }
26     while (bi) {// b의 나머지를 복사
27       c.poly.InsertBack(temp.Set(bi → coef, bi → exp));
```

```
            bi++;
        }
        return c;
}
```

프로그램 4.24: 두 다항식의 덧셈

operator+( )의 분석: 아래의 연산들이 총 연산 시간에 영향을 미친다.

(1) 계수 덧셈
(2) 지수 비교
(3) 체인 끝에 항의 삽입

위의 세 가지 연산 각각을 한 번 수행하는 데 하나의 단위 시간이 소요된다고 가정하자. 알고리즘 **operator+( )**를 수행하는 데 걸리는 전체 시간은 이 연산들의 수행 횟수에 의해서 결정되며, 이 수행 횟수는 다항식 *a*(***this**)와 *b*가 가지고 있는 항의 수에 의존한다. *a*와 *b*가 각각 *m*개와 *n*개의 항을 가지고 있다고 가정하자.

$$a(x) = a_m x^{e_m} + \cdots + a_1 x^{e_1},\ b(x) = b_n x^{f_n} + \cdots + b_1 x^{f_1}$$

여기서

$$a_i, b_i \neq 0\text{이고 } e_m > \cdots > e_1 \geq 0, f_n > \ldots > f_1 \geq 0$$

이다. 그러면 분명히 계수 덧셈의 횟수는 다음과 같은 범위를 갖는다.

$$0 \leq \text{계수 덧셈의 횟수} \leq \min\{m,n\}$$

덧셈 횟수가 최소인 경우는 두 다항식이 지수가 같은 항을 하나도 갖지 않을 때이며, 최대인 경우는 하나의 다항식 지수들이 다른 다항식 지수의 부분 집합일 때가 된다.

지수 비교는 첫 번째 **while** 루프가 한 번 반복될 때마다 한 번씩 이루어진다. 그리고 그때마다 *ai*나 *bi* 또는 둘 다 그들 각자의 다항식의 다음 항으로 이동하게 된다. 또한 항의 총수가 $m + n$이므로, **while** 루프의 수행 횟수, 즉 지수 비교 횟수는 $m + n$을 경계로 한다. 예를 들어 $m + n - 1$번의 비교가 필요한 경우는 쉽게 생각할 수 있을 것이다. 즉 $m = n$이고 다음 조건을 만족시키면 된다.

$$e_n > f_n > e_{n-1} > f_{n-1} > \cdots > e_2 > f_2 > e_1 > f_1$$

이때 *c*의 최대 항 수는 $m + n$이 되므로, 최대 $m + n$개의 0이 아닌 항이 *c*의 끝에 삽입된다. 따라서 **operator+( )**에서 명령문들의 최대 수행 횟수는 $m + n$이다. 그러므로 연산 시간은 $O(m + n)$이다. 다항식 덧셈을 하는 어떤 알고리즘도 0이 아닌 항은 적어도 한 번 검토해 보아야 하므로, **operator+( )**의 연산 시간은 어떤 상수 인수 내에서 최적이라고 할 수 있다. □

4.7.3 다항식의 원형 리스트 표현

그림 4.21은 다항식의 원형 리스트 표현을 보여 준다. 그러나 그림 4.21의 구조는 0인 다항식을 특수 경우로 처리해야 되기 때문에 덧셈이나 다른 다항식 연산 과정에서 문제를 일으킨다. 이런 특별한 경우를 피하기 위해서 각 다항식에 헤더(header) 노드를 도입하였다(즉 다항식은 0이거나 0이 아니거나 노드 하나를 더 가질 것이다). 이 노드의 *exp*와 *coef* 데이타 멤버는 관계가 없게 된다. 따라서 0(제로)인 다항식은 그림 4.22(a)와 같이 표현되고, $a = 3x^{14} + 2x^8 + 1$은 그림 4.22(b)와 같이 표현된다.

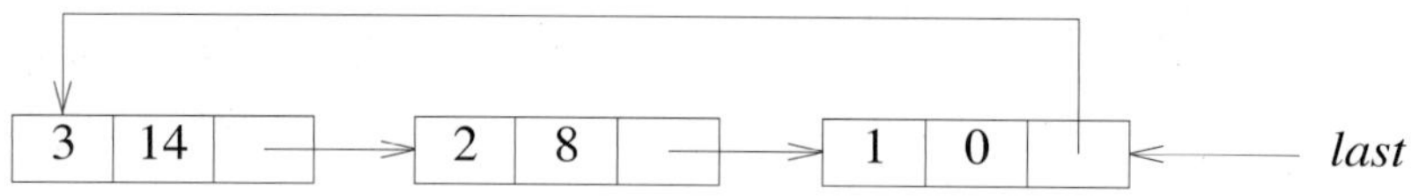

그림 4.21 $3x^{14} + 2x^8 + 1$의 원형 리스트 표현

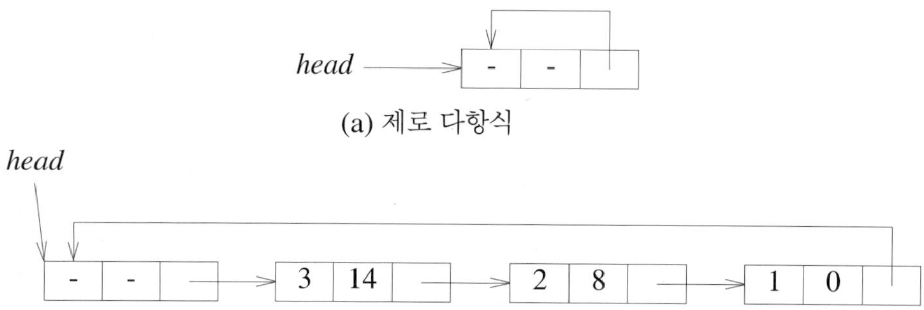

(a) 제로 다항식

(b) $3x^{14} + 2x^8 + 1$

그림 4.22 다항식의 예

헤더 표현을 가진 원형 리스트를 사용하면, 덧셈 알고리즘은 프로그램 4.25와 같은 형식을 취하게 된다. 이 알고리즘은 다항식의 헤더 노드에 있는 *exp* 필드가 −1이고 *CircularListWithHeader*에 대한 *begin*() 함수는 노드 *head* → *link*를 가리키는 반복자를 반환한다고 가정하였다. 이제 *a*(***this**)의 모든 항들의 검사가 완료되면 *ai*는 헤더에 있게 되고 *ai* → *exp* = −1이 된다. −1 ≤ *bi* → *exp*이므로 *b*의 나머지 항들은 **while** 루프를 더 실행시킴으로써 복사될 수 있다. 또 *b*의 모든 항들이 *a*의 항들보다 먼저 검사가 끝날 때도 똑같이 된다. 이것은 프로그램 4.24에서와 같이 나머지 항들을 복사하기 위한 다른 코드가 필요 없다는 것을 뜻한다.

```
Polynomial Polynomial::operator+(const Polynomial& b) const
{// 다항식 *this (a)와 b를 더해서 그 합을 반환한다.
```

```
    Term temp;
    CircularListWithHeader<Term>::Iterator ai = poly.begin(),
                                           bi = b.poly.begin();
    Polynomial c; // 생성자가 head → exp = −1로 설정한다고 가정
    while (1) {
      if (ai → exp == bi → exp)) {
        if (ai → exp == −1) return c;
        int sum = ai → coef + bi → coef;
        if (sum) c.poly.InsertBack(temp.Set(sum, ai → exp));
        ai++; bi++; // 다음 항으로 이동
      }
      else if (ai → exp < bi → exp) {
          c.poly.InsertBack(temp.Set(bi → coef, bi → exp));
          bi++; // b의 다음 항
      }
      else {
         c.poly.InsertBack(temp.Set(ai → coef, ai → exp));
         ai++; // a의 다음 항
      }
    }
}
```

프로그램 4.25: 헤더 노드를 가진 원형 리스트로 표현된 두 다항식의 덧셈

연습문제

1. 클래스 객체가 값으로 전달될 때, 그 값은 함수의 지역 저장소(local store)에 복사된다. 객체를 복사하는 알고리즘은 복사 생성자(copy constructor)에 의해 명기된다. 만약 객체의 클래스 정의가 복사 생성자를 정의하지 않았다면 기정 복사 생성자가 사용된다. 기정 복사 생성자는 그 객체의 데이타 멤버만 복사한다. 다항식 *p*의 모든 항들을 ***this**로 복사하는 생성자

   Polynomial(**const** *Polynomial*& *p*)

   를 정의하라. 복사 생성자를 호출하기 전에 ***this**에 있을지도 모르는 모든 항들을 삭제하는 것을 잊지 말라.
2. C++ 입력 연산자 <<를 다중화해서 *Polynomial* 타입의 객체가 이 연산자로 입력되게 하라. 이 코드는 일원(univariate) 다항식의 *n*개의 계수와 지수 쌍 $(c_i, e_i)(1 \le i \le n)$을 읽어들여 이 절에서 설명한 원형 연결 리스트 표현으로 변환하여야 한다. $e_i > e_{i+1}(1 \le i < n)$이고, $c_i \ne 0(1 \le i \le$

n)이라고 가정하라. 이 연산이 O(n) 시간에 수행될 수 있음을 보이라.

3. a와 b가 헤더 노드를 가진 원형 리스트로 표현된 두 다항식이라 하자. 다항식의 곱셈 $c = a*b$를 계산하는 C++ 함수를 작성하라. 이 코드는 a와 b를 변경시키지 않아야 된다. a와 b의 항 수가 각각 n과 m일 때 이 곱셈 연산이 O(mn^2) 또는 O(m^2n)에 수행될 수 있음을 보이라. 만약 a와 b가 조밀하면, 이 곱셈이 O(mn)에 수행됨을 보이라.
4. 어떤 실수 x에 대한 다항식의 값을 계산하는 C++ 함수를 작성하라. 다항식은 헤더 노드를 가진 원형 연결 리스트로 표현되었다고 가정하라.
5. [**프로그래밍 과제**] 정수 계수를 가진 일원 다항식들을 표현하는 C++ 클래스 *Polynomial*을 정의해 보라(헤더 노드를 가진 원형 연결 리스트를 사용하라). 다항식의 각 항은 노드로 표현된다. 그리고 이 시스템에서 노드는 다음과 같이 세 개의 데이타 멤버를 갖는다.

coef	exp	link

각 다항식은 헤더 노드를 가진 원형 연결 리스트로 표현된다. 다항식을 효과적으로 제거하기 위해 이 절에서 설명한 가용 공간 리스트와 4.5절에서 설명한 관련 함수들을 사용하라. 일원 다항식의 외부(즉 입력, 출력을 위한) 표현은 다음과 같이 연속된 정수의 형식을 갖는다고 가정한다: $n, c_1, e_1, c_2, e_2, c_3, e_3, \ldots, c_n, e_n,$ 여기서 e_i는 지수, c_i는 계수이며, n은 다항식의 항 수이다. 지수는 내림차순($e_1 > e_2 > \ldots > e_n$)으로 정렬되어 있다.

다음 함수들을 작성해서 시험해 보라.

(a) *istream*& **operator>>**(*istream*& *is*, *Polynomial*& *x*): 입력 다항식을 읽어들여 헤더 노드를 가진 원형 리스트로 변환한다.

(b) *ostream*& **operator<<**(*ostream*& *os*, *Polynomial*& *x*): 원형 연결 리스트로 표현된 x를 외부 표현으로 변환하고 출력한다.

(c) *Polynomial*::*Polynomial*(**const** *Polynomial*& *a*) [복사 생성자]: 다항식 ***this**를 다항식 a로 초기화한다.

(d) **const** *Polynomial*& *Polynomial*::**operator=**(**const** *Polynomial*& *a*) **const** [지정 연산자]: 다항식 a를 ***this**에 지정한다.

(e) *Polynomial*::~*Polynomial*() [파괴자]: 다항식 ***this**의 모든 노드를 가용 공간 리스트에 반환한다.

(f) *Polynomial* **operator+**(**const** *Polynomial*& *b*) **const** [덧셈]: 다항식 ***this** + b를 생성하여 반환한다.

(g) *Polynomial* **operator−**(**const** *Polynomial*& *b*) **const** [뺄셈]: 다항식 ***this**−b를 생성하여 반환한다.

(h) *Polynomial* **operator***(**const** *Polynomial*& *b*) **const** [곱셈]: 다항식 ***this***b를 생성하여 반환한다.

(i) **float** *Polynomial*::*Evaluate*(**float** *x*) **const**: 실수 x에 대해 다항식 ***this**를 계산하여 그 결과

를 반환한다.

4.8 동치 관계

지금까지 공부한 연결 표현과 순차 표현에 대한 개념들을 정리해서 대규모 집적(VLSI) 회로를 설계하고 제작할 때 일어나는 문제 해결에 적용해 보자. VLSI 회로의 제작 단계 중에는 일련의 마스크(mask)를 사용하여 실리콘 웨이퍼(silicon wafer)를 노출시키는 단계가 있다. 각 마스크는 몇 개의 다각형들로 구성되어 있는데, 겹쳐 있는 다각형들은 전기적으로 동치이다. 전기적인 동치 관계는 마스크 다각형 간의 관계를 나타낸다. 이러한 관계는 일반 수학적인 동치와 같이 다른 관계들과 공통되는 몇 가지 특성을 가지고 있다. 기호 ≡가 임의의 관계를 나타내고, 다음과 같은 특성을 가지고 있다고 가정하자.

(1) 어떠한 다각형 x에 대해서, $x \equiv x$가 성립한다. 즉 x는 자기 자신과 전기적으로 동치이다. 따라서 ≡는 반사적(reflexive)이다.
(2) 어떤 두 다각형 x, y에 대해서, $x \equiv y$이면 $y \equiv x$가 된다. 따라서 관계 ≡는 대칭적(symmetric)이다.
(3) 어떤 세 개의 다각형 x, y, z에 대해서, $x \equiv y$이고 $y \equiv z$이면 $x \equiv z$이다. 예를 들어 x와 y가 전기적으로 동치이고 y와 z가 또한 동치이면 x와 z도 전기적으로 동치이다. 따라서 관계 ≡는 이행적(transitive)이다.

정의: 집합 S에 대하여 관계 ≡가 대칭적, 반사적, 이행적이면, 관계 ≡를 집합 S에 대해 동치 관계(equivalence relation)라 한다. 그 역도 성립한다. □

동치 관계의 예는 아주 많다. 예를 들면 '동일'(=) 관계는 (1) $x = x$, (2) $x = y$이면 $y = x$, (3) $x = y$이고 $y = z$이면 $x = z$이므로 동치 관계이다. 동치 관계의 한 가지 특성은 집합 S를 다음과 같은 성질을 만족시키는 동치 부류(equivalence class)들로 분할한다는 것이다. 즉 S의 두 원소 x와 y에 대하여 $x \equiv y$이면 x와 y는 같은 동치 부류에 속하고, 그 역도 성립한다. 예를 들어 0~11까지 번호를 붙인 12개의 다각형이 다음과 같이 쌍으로 겹쳐지면

$$0 \equiv 4,\ 3 \equiv 1,\ 6 \equiv 10,\ 8 \equiv 9,\ 7 \equiv 4,\ 6 \equiv 8,\ 3 \equiv 5,\ 2 \equiv 11,\ 11 \equiv 0$$

동치 관계 ≡의 반사성, 대칭성, 이행성에 따라 이 12개의 다각형은 다음과 같은 3개의 동치 부류로 분할된다.

$$\{0, 2, 4, 7, 11\};\ \{1, 3, 5\};\ \{6, 8, 9, 10\}$$

각 동치 부류는 하나의 신호망(signal net)을 정의하므로 중요하다. 이러한 동치 부류들은 마스크의 정확성을 증명하는 데 사용될 수 있다.

동치를 결정하는 알고리즘은 다음과 같이 두 단계로 수행된다. 첫 번째 단계에서는 동치 쌍(equivalence pair) (i,j)를 읽어 기억한다. 두 번째 단계에서는 0에서부터 시작하여 0과 j가 같은 동치 부류라는 것을 나타내는 $(0,j)$ 형태의 모든 쌍을 찾는다. 이행성에 의하여 (j,k) 형태의 쌍이 있으면, k도 0

과 같은 동치 부류에 속하게 한다. 이러한 방식으로 0이 포함된 동치 부류의 모든 객체를 찾아 표시하고 출력한다. 그 다음 아직 출력되지 않은 객체를 찾는다. 이것은 새로운 동치 부류가 된다. 이 새로운 동치 부류의 객체들도 전과 같은 방법으로 찾아서 출력한다.

개략적인 알고리즘은 프로그램 4.26과 같다. *m*과 *n*은 각각 동치 쌍의 수와 객체의 수를 나타낸다. 먼저 이 쌍들을 저장하는 자료 구조를 결정해야 한다. 임의 접근을 쉽게 하기 위해서 *pairs*[*n*][*n*]과 같은 Boolean 배열을 생각할 수 있다. *i*와 *j*가 입력 쌍인 것은 *pairs*[*i*][*j*] = **true**로 된다. 그러나 이 방법은 배열의 극히 일부 원소만 사용하게 되므로 기억 장소의 낭비가 심하다. 이런 자료 구조를 사용하는 알고리즘은 배열의 초기화만을 위해서 $\Theta(n^2)$의 시간이 필요하다.

```
void Equivalence()
{
    초기화;
    while 나머지 쌍
    {
        다음 쌍 (i,j)를 읽음;
        이 쌍을 처리;
    }
    출력을 위해 초기화;
    for (출력이 안 된 객체에 대해)
        이 객체를 포함하고 있는 동치 부류를 출력;
}
```

프로그램 4.26: 1차 버전의 동치 알고리즘

이런 점들을 고려해서 앞서 설명한 배열 *pairs*의 각 행을 체인으로 표현하기로 하자. 체인의 각 노드는 *data* 필드와 *link* 필드만을 필요로 한다. 그러나 아직도 *i*번째 행에 대한 임의 접근이 필요하다. 이를 위해, *n*개의 리스트 헤더 노드를 저장하기 위한 1차원 배열 *first*[*n*]을 사용하는데 *first*[*i*]는 행 *i*에 대한 체인의 첫 번째 노드를 가리킨다.

알고리즘의 두 번째 단계에서는 어떤 객체 *i*가 이미 출력되었는지를 알려 주는 방법이 필요하다. Boolean 배열 *out*[*n*]을 이러한 목적으로 사용한다. 프로그램 4.27은 보다 자세한 동치 알고리즘을 기술하고 있다.

```
void Equivalence()
{
    read n;                // 객체의 수를 읽어들임
    first[0:n-1]를 0, out[0:n-1]를 false로 초기화;
    while more pairs // 입력 쌍
```

```
    {
        다음 쌍 (i, j)를 판독;
        j를 체인 first[i]에 삽입;
        i를 체인 first[j]에 삽입;
    }
    for (i = 0; i < n; i++)
        if (!out[i]) {
            out[i] = true;
            객체 i를 포함하고 있는 동치 부류를 출력;
        }
}
```

프로그램 4.27: 보다 자세한 동치 알고리즘

다음 입력 데이타를 가지고 이 알고리즘의 시뮬레이션을 수행해 보자.

$$0 \equiv 4,\ 3 \equiv 1,\ 6 \equiv 10,\ 8 \equiv 9,\ 7 \equiv 4,\ 6 \equiv 8,\ 3 \equiv 5,\ 2 \equiv 11,\ 11 \equiv 0$$

while 루프가 끝난 뒤의 체인은 그림 4.23과 같다. 각각의 동치 관계 $i \equiv j$에 대해 두 개의 노드를 사용한다. *first*[*i*]는 입력 시 *i*와 직접 동치 관계에 있는 모든 숫자를 포함하는 노드들의 체인을 가리킨다.

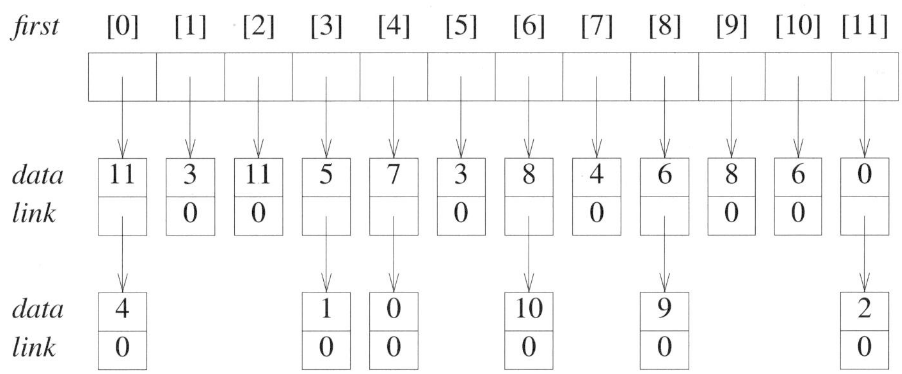

그림 4.23 쌍들이 입력된 뒤의 리스트

두 번째 단계에서는 배열 *first*를 $i(0 \leq i < n)$의 순서로 탐색한다. *out*[*i*]가 **false**인 모든 *i*에 대해 리스트 *first*[*i*]의 원소를 출력한다. 이행성에 따라, *i*와 같은 부류에 속하는 나머지 원소들을 처리하기 위해 연결 스택을 만든다. 그래서 노드는 초기에 *first*[ ]로 표현되는 체인의 하나가 되고 나중에 처리를 기다리는 원소의 연결 스택에 있게 된다. 이 전체적인 함수는 프로그램 4.28에 기술되어 있다.

```
class ENode {
friend void Equivalence();
public:
    ENode(int d = 0) // 생성자
        {data = d; link = 0;}
private:
    int data;
    ENode *link;
};

void Equivalence()
{// 동치 쌍을 입력받아 동치 부류를 출력한다.
    ifstream inFile( "equiv.in", ios::in); // 입력 화일은 equiv.in
    if (!inFile) throw "Cannot open input file.";
    int i, j, n;
    inFile >> n; // 객체의 수를 읽음
    // first와 out을 초기화
    ENode **first = new ENode*[n];
    bool *out = new bool [n];
    // 초기화를 위해 STL 함수 fill을 사용
    fill(first, first + n, 0);
    fill(out, out + n, false);

    // 단계 1: 동치 쌍 입력
    inFile >> i >> j;
    while (inFile.good()) { // 화일 끝인지를 검사
        first[i] = new ENode(j, first[i]);
        first[j] = new ENode(i, first[j]);
        inFile  >> i >> j;
    }

    // 단계 2: 동치 부류 출력
    for (i = 0; i < n; i++)
        if (!out[i]) { // 출력이 필요하다면
            cout << endl << "A new class: " << i;
            out[i] = true ;
```

```
            ENode *x = first[i]; ENode *top = 0; // 스택을 초기화
            while (1) { // 부류의 나머지를 탐색
               while (x) { // 리스트를 처리
                  j = x → data;
                  if (!out[j]) {
                  cout << ", " << j;
                  out[j] = true;
                  ENode *y = x → link;
                  x → link = top;
                  top = x;
                  x = y;
               }
               else x = x → link;
            } // while(x)의 끝
            if (!top) break;
            x = first[top → data];
            top = top → link; // 스택에서 삭제
         } // end of while(1)
      } // if (!out[i])의 끝
      for (i = 0; i < n; i++)
         while (first[i]) {
            ENode *delnode = first[i];
            first[i] = delnode → link;
            delete delnode;
         }
      delete [ ] first; delete [ ] out;
}
```

프로그램 4.28: 동치 부류를 찾는 C++ 함수

***Equivalence*의 분석**: *first*와 *out*의 초기화 작업은 $O(n)$ 시간이 걸린다. 단계 1에서 각 입력 쌍의 처리에 상수 시간이 걸린다. 따라서 입력 쌍의 수가 m이라고 하면, 단계 1의 전체 연산 시간은 $O(n + m)$이 된다. 단계 2에서 각 노드는 연결 스택에 기껏해야 한 번씩 들어간다. 그리고 단지 $2m$개의 노드만 있고 **for** 루프는 n번 실행되므로, 이 단계의 연산 시간은 $O(m + n)$이다. 따라서 전체 연산 시간은 $O(m + n)$이 된다. 동치 관계를 처리하는 모든 알고리즘은 m개의 모든 동치 쌍과 n개의 모든 객체들을 최소한 한 번씩은 조사해야 한다. 따라서 연산 시간이 $\Theta(m + n)$보다 작은 알고리즘은 없다. 이것은 함수 *Equivalence*가 상수 인수 내에서 최적이라는 것을 의미한다. 그러나 이 알고리즘은 $O(m + n)$의 공간을

요구한다. 5장에서 이 문제에 대해 O(n) 공간을 사용하는 해답을 살펴보겠다.

연습문제

1. *ENode** 타입의 배열을 사용하지 않고 *Chain*<**int**> 타입의 객체 배열을 사용해서 함수 *Equivalence*(프로그램 4.28)를 다시 작성하라. 또한 프로그램 4.28에서 사용된 연결 스택 대신 *Stack*<**int**> 타입(3.2절 참조)의 객체를 사용하라. 이 함수와 프로그램 4.28의 예상되는 상대적 성능은 어떻게 되는가? 어느 것이 공간을 더 요구하는가?
2. 체인 대신 동적 배열과 배열 두 배 확장(2.5절과 3.1.1절을 참조)을 사용해서 함수 *Equivalence*(프로그램 4.28)를 다시 작성하라. 이 두 버전의 *Equivalence*에 대해 최악의 경우의 시간과 공간 복잡도를 비교하라.

4.9 희소 행렬

4.9.1 희소 행렬의 표현

2장에서 우리는 행렬이 희소 행렬일 때(많은 항들이 0일 때), 0이 아닌 항만을 표현하면 연산 시간과 공간을 절약할 수 있음을 살펴보았다. 0이 아닌 항들이 삼각형이나 띠(밴드)와 같이 표현하기 '좋은' 형태를 갖지 않는 경우에는 세 개의 데이타 멤버: 행, 열, 값으로 표현되는 0이 아닌 항을 포함하는 순차적 기법을 사용하였다. 2장에서의 순차 표현은 행으로 행렬의 항에 쉽게 접근하게 한다. 그러나 행렬의 특정 열에 있는 모든 항들에 접근하는 것은 어렵다. 행이나 열 모두로 쉽게 접근할 수 있도록 하기 위해서 여기서는 희소 행렬에 대한 연결 표현 방법을 사용하겠다. 이 데이타 표현에서는 0이 아닌 각 항은 두 원형 리스트에 있게 되는데 하나는 행 리스트이고 또 하나는 열 리스트이다. 그래서 행렬의 각 행과 각 열에 대해 하나의 원형 리스트가 있게 된다. 모든 원형 리스트는 헤더 노드를 가지고 있다.

희소 행렬 표현은 *MatrixNode* 타입의 노드를 사용한다. 이 클래스는 *head*라는 Boolean 필드를 가지고 있는데 이것은 헤더 노드와 0이 아닌 요소를 표현하는 노드를 구별하기 위해 사용된다. 각 헤더 노드는 추가로 세 개의 필드 *down*, *right*, *next*를 가지고 있다. 헤더 노드들의 총수는 max{행의 수, 열의 수}이다. 행 i를 위한 헤더 노드는 또한 열 i의 헤더 노드이기도 하다. 헤더 노드의 *down* 필드는 열 리스트에 연결하는 데 사용되고, *right* 필드는 행 리스트에 연결하는 데 사용된다. *next* 필드는 헤더 노드들을 서로 연결한다.

다른 모든 노드들은 여섯 개의 필드 *head*, *row*, *col*, *value*, *down*, *right*를 갖는다(그림 4.24). *down* 필드는 같은 열에 있는 0이 아닌 다음 항을 연결하는 데 사용되고 *right* 필드는 같은 행에 있는 0이 아닌 다음 항을 연결한다. 그러므로 만약 $a_{ij} \neq 0$이면, *head* = **false**, *value* = a_{ij}, *row* = i, *col* = j인 노드가 있게 된다. 이 노드는 i행 j열을 위해 원형 연결 리스트에 연결된다. 그러므로 한 노드는 두 개의 다른 리스트에 동시에 존재하게 된다.

앞에서 언급한 바와 같이, 각 헤더 노드는 세 개의 리스트, 즉 행 리스트, 열 리스트, 그리고 헤더 노드 리스트 속에 있게 된다. 헤더 노드 리스트 자신도 헤더 노드 H를 가지고 있는데 이것은 0이 아닌 원

(a) 헤더 노드 (b) 원소 노드

head 필드는 표시하지 않음

그림 4.24 희소 행렬을 위한 노드 구조

소를 표현하는 데 사용하는 노드 구조와 같다. 이 노드의 *row* 필드와 *col* 필드는 행렬의 차수(dimension)를 저장하는 데 사용된다. 전체 행렬은 *H*를 가리키는 *headnode* 데이타 멤버를 가진 *Matrix* 클래스로 표현된다.

그림 4.25의 5×4 행렬 *a*에 대한 연결 구조가 그림 4.26에 나타나 있다. 그림 4.26에 *head* 필드의 값들은 표시되지 않았지만 이 값들은 표현된 노드 구조로부터 쉽게 결정된다. *a*의 0이 아닌 각 항에 대해, 우리는 필드가 여섯 개인 하나의 노드를 가지는데 이것은 정확히 하나의 열 리스트와 하나의 행 리스트 사이에 있다. 헤더 노드는 H0부터 H4까지로 표시되어 있는데, 그림을 단순화하기 위해서 두 번 그려져 있다. 그림에서 볼 수 있듯이 *headnode*의 *right* 필드는 헤더 노드들의 리스트로 연결하는 데 사용되었다. 전체 행렬은 헤더 노드 리스트의 헤더 노드인 *headnode*를 통해 참조될 수 있다는 것에 주목하라.

$$\begin{bmatrix} 2 & 0 & 0 & 0 \\ 4 & 0 & 0 & 3 \\ 0 & 0 & 0 & 0 \\ 8 & 0 & 0 & 1 \\ 0 & 0 & 6 & 0 \end{bmatrix}$$

그림 4.25 5×4 희소 행렬 *a*

*r*개의 0이 아닌 항을 가진 $n \times m$ 희소 행렬을 표현하려고 할 때, 필요한 노드 수는 $\max\{n,m\} + r + 1$개이다. 각 노드가 메모리의 몇 워드를 필요로 할 수도 있지만, 아주 작은 *r*에 대해서 총 저장 공간은 *nm*보다 작을 것이다.

필요한 노드 구조는 프로그램 4.29에서와 같이 C++로 무명의 **union**을 이용해서 정의할 수 있다. 모든 노드들은 *head*, *down*, 그리고 *right* 필드를 가지고 있기 때문에 이것들은 무명의 **union** 밖에 선언된다. 헤더 노드는 *next*를 포함하고 있는 반면 다른 노드들은 모두 *row*, *col*, *value*를 포함하고 있다. 이 필드들은 모두 **struct** *Triple*에 포함된다. 공간은 *next*와 *triple*(*Triple* 타입의 객체) 필드 중 큰 것으로 **union** 선언에 의해서 할당된다.

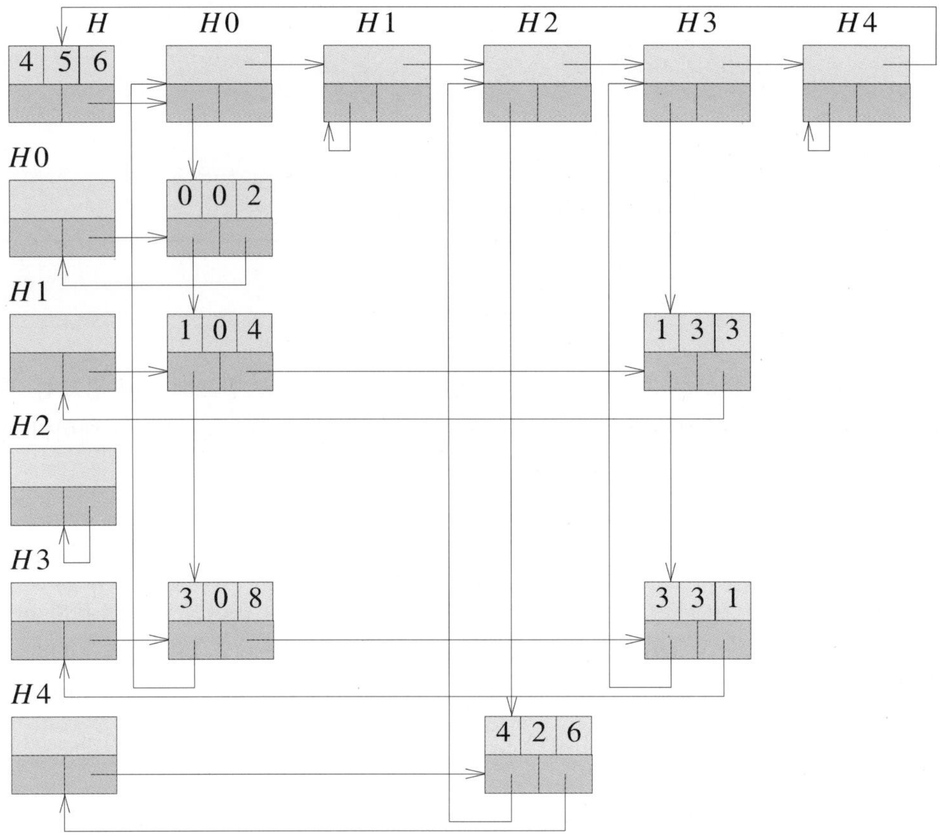

그림 4.26 그림 4.25의 희소 행렬의 연결 표현(노드의 *head* 필드는 표시되지 않았음)

```
struct Triple {int row, col, value;};
class Matrix; // 전방 선언
class MatrixNode {
friend class Matrix;
friend istream& operator>>(istream&, Matrix&); // 행렬의 판독
private:
    MatrixNode *down, *right;
    bool head;
    union {  // 이름이 없는 union
        MatrixNode *next;
        Triple triple;
    };
    MatrixNode(bool, Triple*); // 생성자
```

```
};

MatrixNode::MatrixNode(bool b, Triple* t) // 생성자
{
    head = b;
    if (b) {right = down = this;} // row/column 헤더 노드
    else triple = *t; // 헤더 노드 리스트를 위한 원소 노드 또는 헤더 노드
}

class Matrix {
friend istream& operator>>(istream&, Matrix&);
public:
    ~Matrix(); // 파괴자
private:
    MatrixNode *headnode;
};
```

프로그램 4.29: 희소 행렬의 클래스 정의

4.9.2 희소 행렬 입력

우리가 첫 번째로 고려할 연산은 희소 행렬을 읽어들여 그것의 연결 표현을 얻는 것이다. 첫 번째 입력 라인은 행렬에 있는 행의 수, 열의 수, 그리고 0이 아닌 항의 수라고 가정한다. 다음에 계속되는 입력 라인은 (i, j, a_{ij}) 형식의 3원소 쌍이다. 이 3원소 쌍은 행렬의 0이 아닌 항들의 *row*, *col*, *value* 데이타 멤버로 구성된다. 또한 이 3원소 쌍은 행으로 정렬되고 행 내에서는 열로 정열된다고 가정한다.

예를 들어 여섯 개의 0이 아닌 항을 가진 그림 4.25의 5×4 희소 행렬 입력은 다음과 같은 형식이 된다: 5, 4, 6; 0, 0, 2; 1, 0, 4; 1, 3, 3; 3, 0, 8; 3, 3, 1; 4, 2, 6. 입력 연산자 **>>**에 대한 코드(프로그램 4.30)는 크기가 *max*(*s.row*, *s.col*)인 보조 배열 *head*를 이용한다. *head*[*i*]는 열 *i*, 그리고 또한 행 *i*의 헤더 노드를 가리키는 포인터로서 입력 행렬이 설정되는 동안에 열에 대한 효율적인 임의 접근을 가능하게 한다. **operator>>** 함수는 먼저 헤더 노드들을 생성하고(그러나 이들을 함께 연결하지는 않는다) 행렬 원소들을 한 번에 하나씩 입력한다. 각 원소는 입력에 따라 그 행과 열에 첨가된다. 헤더 노드 *i*의 *next* 필드는 처음에 열 *i*의 마지막 노드를 계속 따라가기 위해서 사용된다. 결국은 31번 행에서 헤더 노드들은 이 필드를 통해서 서로 연결된다.

```
1 istream& operator>>(istream& is, Matrix& matrix)
2 {// 행렬을 읽고 연결 표현을 설정한다.
3 Triple  s;
4 is >> s.row >> s.col >> s.value;  // 행렬 차수
```

```
int p = max(s.row, s.col);
// 헤더 노드 리스트를 위해 헤더 노드를 설정
matrix.headnode = new MatrixNode(false, &s);
if (p == 0) { matrix.headnode → right = matrix.headnode; return is;}
// 적어도 하나의 행이나 하나의 열
MatrixNode **head = new MatrixNode*[p];
for (int i = 0; i < p; i++)
    head[i]  = new MatrixNode(true, 0);
int currentRow = 0;
int MatrixNode *last = head[0]; // 현재의 행에서의 마지막 노드

for (i = 0; i < s.value; i++)  // 3원소 쌍을 입력
{
    Triple t;
    is >> t.row >> t.col >> t.value;
    if (t.row > currentRow) {  // 현재 행을 마감
        last → right = head[currentRow];
        currentRow = t.row;
        last = head[currentRow];
    } // if의 끝
    last = last → right = new MatrixNode(false, &t);  // 새로운 노드를 행 리스트에 연결
    head[t.col] → next = head[t.col] → next → down = last; // 열 리스트에 연결
} // for의 끝

last → right = head[currentRow]; // 마지막 행을 마감
for (i = 0; i < s.col; i++) head[i] → next → down = head[i]; // 모든 열 리스트를 마감
// 헤더 노드들을 모두 연결
for (i = 0; i < p−1; i++) head[i] → next = head[i + 1];
head[p−1] → next = matrix.headnode;
matrix.headnode → right =  head[0];
delete [ ] head;
return is;
}
```

프로그램 4.30: 희소 행렬 읽어들이기

operator>>의 분석: **new**가 O(1) 시간에 실행한다고 하면 모든 헤더 노드들은 O(max{n,m}) 시간에

설정될 것이다. 여기서 *n*은 입력되는 행렬의 행의 수이고, *m*은 열의 수이다. 0이 아닌 항들은 각각 O(1) 시간에 설정된다. 왜냐하면 변수 *last*와 각 열 리스트에 있는 최하단 노드에 대한 임의 접근 기법을 이용하기 때문이다. 그러므로 15~26행의 **for** 루프는 O(*r*) 시간이 걸린다. 알고리즘의 나머지 부분은 O(max{*n*,*m*}) 시간이 걸린다. 그래서 총 시간은 O(max{*n*,*m*} + *r*) = O(*n* + *m* + *r*)이 된다. 이 시간은 2차원 배열을 사용하는 $n \times m$ 행렬의 O(*nm*) 입력 시간보다 점근적으로 낫고 2.3절의 순차적 희소 방법보다는 약간 나쁘다는 것에 주의하라. □

4.9.3 희소 행렬 삭제

희소 행렬의 모든 노드는 **delete**를 사용해서 한 번에 하나씩 반환할 수 있다. 노드를 보다 빠른 방법으로 반환하는 방법은 다항식에서처럼 가용 공간 리스트를 설정하는 것이다(4.5절). *av*가 이 리스트의 첫 번째 노드를 가리키고 이 리스트는 *right* 필드로 연결되었다고 가정한다. 함수 *Matrix::~Matrix*() (프로그램 4.31)는 희소 행렬을 효과적인 방법으로 삭제한다.

```
Matrix::~Matrix()
{// 모든 노드들을 av 리스트로 반환한다. 이 리스트는 right 필드로 연결된
// 체인이다. av는 av 리스트의 첫 번째 노드를 가리키는 정적 변수이다.
    if (!headnode) return; // 삭제할 노드
    MatrixNode *x = headnode → right;
    headnode → right = av; av = headnode; // return headnode
    while (x != headnode) { // 행별로 삭제
        MatrixNode *y = x → right;
        x → right = av;
        av = y;
        x = x → next; // 다음 행
    }
    headnode = 0;
}
```

프로그램 4.31: 희소 행렬 삭제

***~Matrix( )*의 분석**: 각 노드는 하나의 행 리스트에만 있기 때문에 행렬 *a*의 모든 행 리스트들을 반환하는 것으로 충분하다. 각 행 리스트는 *right* 필드를 통해서 원형으로 연결되어 있다. 그런데 원형 리스트는 O(1) 상수 시간에 삭제할 수 있으므로 노드들은 하나씩 반환될 필요가 없다. 프로그램 4.31에 대한 연산 시간은 O(*n* + *m*)이라는 것을 쉽게 알 수 있다. 만약 가용 공간 리스트가 *down* 필드를 통해서 연결되었다고 할지라도 삭제는 여전히 O(*n* + *m*) 시간 내에 이루어질 수 있다는 것에 주목하라. □

연습문제

연습문제 1에서 5까지는 이 절에서 설명한 희소 행렬 표현을 가정한 것이다.

1. 행렬 ***this** + b를 반환하는 C++ 함수 **operator+**(**const** *Matrix*& b)**const**를 작성하라. 만일 ***this**와 b가 r_a, r_b개의 0이 아닌 항을 가진 $n \times m$ 행렬일 때 이 덧셈이 $O(n + m + r_a + r_b)$ 시간에 실행된다는 것을 증명하라.
2. 행렬 ***this***b를 반환하는 C++ 함수 **operator***(**const** *Matrix*& b) **const**를 작성하라. a가 r_a개의 0이 아닌 항을 가진 $n \times m$ 행렬이고 ***this**가 r_a개의 0이 아닌 항을 가진 $n \times m$ 행렬이고 b가 r_b개의 0이 아닌 항을 가진 $m \times p$ 행렬이라면 이 곱셈은 $O(pr_a + nr_b)$ 시간에 실행될 수 있다. $O(min\{pr_a, nr_b\})$ 시간에 계산하는 방법을 생각해 낼 수 있는가?
3. 희소 행렬을 3원소 쌍 (i, j, a_{ij})로 출력하는 C++ 함수 **operator<<**()를 작성하라. 이 3원소 쌍들은 행으로 출력하고 행 내에서는 열로 출력한다. 행렬에는 r_a개의 0이 아닌 항들이 있고 n이 행렬의 행의 수라고 할 때 이 연산은 $O(n + r_a)$ 시간에 실행될 수 있다는 것을 증명하라.
4. 희소 행렬을 전치하는 C++ 함수 *Transpose*( )를 작성하라. 이 함수의 연산 시간은 어떻게 되는가?
5. 희소 행렬을 위한 복사 생성자를 구현하고 테스트하라. 그 복사 생성자의 연산 시간은 어떻게 되는가?
6. [**프로그래밍 과제**] 연산을 덧셈, 뺄셈, 곱셈에 한정시키면 더 간단하고 효율적인 희소 행렬 표현 방법을 얻을 수 있다. 이제 노드가 *rowLink*, *colLink*, *row*, *col*, *value* 데이타 멤버를 가지고 있다. 0이 아닌 항들은 모두 하나의 노드로 표현된다. 이 노드들은 서로 연결되어 있어서 두 개의 원형 리스트를 형성하고 있다. 첫 번째 리스트인 행 리스트는 노드들을 행으로 그리고 행 내에서는 열로 연결한다. 연결은 *right* 데이타 멤버를 통해서 이루어진다. 두 번째 리스트인 열 리스트는 *down* 데이타 멤버를 통해서 연결되어 있다. 이 리스트에서 노드들은 열로 연결되어 있고 열 내에서는 행으로 연결되어 있다. 이 두 개의 리스트는 하나의 공통 헤더 노드를 공유한다. 여기에 행렬의 차원을 포함시키기 위해 하나의 노드가 추가된다. 그림 4.25의 행렬에 대한 표현을 그려 보라.

   이 표현을 위한 C++ 클래스를 정의해 보라. 여기에는 다음과 같은 함수가 포함되어야 한다. 각 함수의 연산 시간은 어떻게 되는가? 이 시간들은 이 절의 표현법에 대한 대응 시간들과 비교해서 어떻게 되는가?

   (a) *istream*& **operator>>**(*istream*& *os*, *Matrix*& *m*):
   행렬을 읽어들인 후 이 절의 표현 방법에 따라 설정한다. 첫 입력 라인은 행렬 차원을 나타낸다. 그 다음 행들은 각각 하나의 3원소 쌍 (행, 열, 값)을 포함하고 있다. 마지막 3원소 쌍은 입력 화일의 끝을 나타낸다. 이 3원소 쌍들은 행의 오름차순으로 정렬되어 있고 행 내에서는 열의 오름차순으로 정렬되어 있다. 데이타는 한 번에 한 행씩 읽어들여서 내부 표현으로 변환된다.

   (b) *ostream*& **operator<<**(*ostream*& *os*, **const** *Matrix*& *m*):
   m 항들을 출력한다. 이것을 위해서 적당한 출력 형식을 설계해야 한다. 출력은 행으로 정렬되

고 행 내에서는 열로 정렬되어야 한다.

(c) *Matrix*::*Matrix*(**const** *Matrix*& *a*) [복사 생성자]:

희소 행렬 ***this**를 희소 행렬 *a*로 초기화한다.

(d) **const** *Matrix*& *Matrix*::**operator=**(**const** *Matrix*& *a*) **const** [지정 연산자]:

희소 행렬 *a*를 ***this**에 지정한다.

(e) *Matrix*::~*Matrix*() [파괴자]:

희소 행렬 ***this**의 모든 노드를 가용 공간 리스트에 반환한다.

(f) *Matrix Matrix*:: **operator+**(**const** *Matrix*& *b*) **const**:

희소 행렬 ***this** + *b*를 생성하고 반환한다.

(g) *Matrix Matrix*:: **operator−**(**const** *Matrix*& *b*) **const**:

희소 행렬 ***this**−*b*를 생성하고 반환한다.

(h) *Matrix Matrix*:: **operator***(**const** *Matrix*& *b*) **const**:

희소 행렬 ***this** * *b*를 생성하고 반환한다.

(i) *Matrix Matrix*::*Transpose*( ) ( ) **const**:

***this**의 전치를 생성하고 반환한다.

7. 연습문제 6의 희소 행렬 표현 방법과 이 절에서 살펴본 방법을 임의의 행이나 열의 원소를 출력하기 위해 걸리는 시간을 기준으로 비교해 보라.
8. [**프로그래밍 과제**] 이 절에서 설명한 표현법을 사용하는 희소 행렬에서 산술 연산을 수행하는 완전한 연결 리스트 시스템을 구현하라. 연습문제 6에 나열된 함수들이 모두 포함되어야 한다.

4.10 이중 연결 리스트

지금까지 우리는 체인과 단순 연결 선형 리스트에 대해서 공부했다. 그러나 어떤 문제들에 대해서 이들은 너무 제한적이다. 이런 리스트들에 대한 하나의 어려운 문제는, 현재 우리가 특정 노드, 예로 *p*에 있을 때, 단순히 연결(링크) 방향으로만 이동할 수 있다는 것이다. *p*의 전위 노드를 찾아 내려면 리스트의 처음부터 시작하는 수밖에 없다. 단순 연결 리스트에서 임의의 노드에 대한 삭제 연산을 수행할 때도 같은 문제가 발생한다. 예제 4.4에서 볼 수 있듯이 임의의 노드에 대한 삭제를 쉽게 하려면 전위 노드를 알아야만 한다. 그러므로 포인터를 양 방향으로 이동해야 할 필요가 있거나 임의의 노드를 삭제해야 되는 문제에 대해서는, 이중 연결 리스트(doubly linked list)를 사용하는 것이 편리하다. 이제 각 노드는 하나는 전방, 하나는 후방으로 연결하는 두 개의 링크 필드를 가지고 있다.

이중 연결 리스트의 노드는 적어도 두 개의 필드 *left*(왼쪽 링크), *right*(오른쪽 링크)를 갖는다. 보통 각 노드는 *data* 필드도 갖는다. 이중 연결 리스트는 원형일 수도 있고 아닐 수도 있고 헤더 노드를 가질 수도 있고 갖지 않을 수도 있다. 헤더 노드를 가진 이중 연결 리스트의 예가 그림 4.27에 나와 있다. 이 리스트는 헤더 노드에 세 개의 노드가 더 있다. 앞절에서 알 수 있듯이 헤더 노드는 알고리즘에 아주 편리한 것이다. 이제 *p*가 이중 연결 리스트의 임의의 노드를 가리킨다고 하자. 이렇게 되면 $p == p \rightarrow left \rightarrow right == p \rightarrow right \rightarrow left$가 된다. 이 공식은 이 구조의 핵심을 나타낸다. 즉 앞뒤로 똑같이 쉽게 이

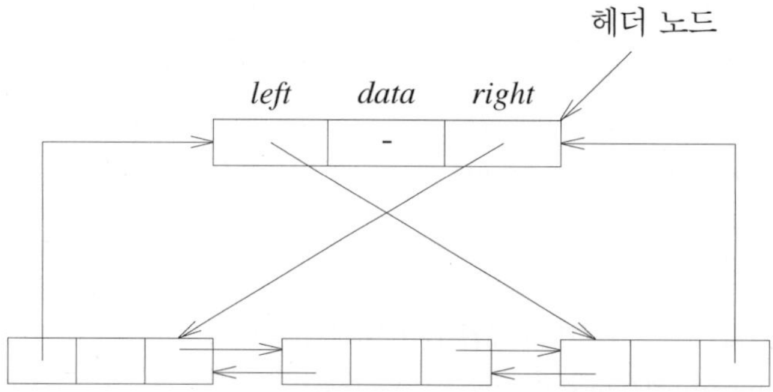

그림 4.27 헤더 노드가 있는 이중 연결 원형 리스트

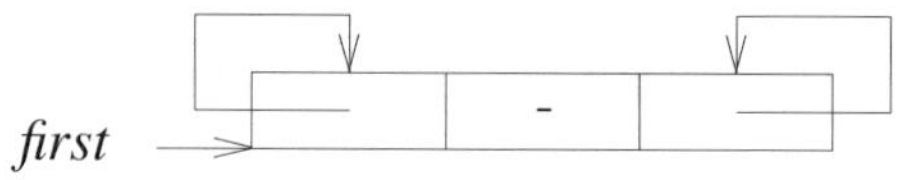

그림 4.28 헤더 노드를 가진 공백 이중 연결 원형 리스트

동할 수 있다. 헤더 노드가 사용되면 공백 리스트는 하나의 노드, 즉 헤더 노드(그림 4.28)만 갖게 된다. 프로그램 4.32는 정수의 이중 연결 리스트에 대한 클래스 정의를 포함하고 있다. 이 리스트로 작업하기 위해서는 노드를 삽입, 삭제할 수 있어야 한다. 함수 *DblList*::*Delete*(프로그램 4.33)는 리스트로부터 노드 *x*를 삭제한다. 삭제 뒤에 *x*는 더 이상 리스트의 한 부분이 아닌 노드를 가리키게 된다. 그림 4.29는 이 함수가 하나의 노드만을 가진 이중 연결 리스트에 어떻게 동작하는지를 보여 준다. 비록 노드 *x*의 *right*와 *left* 두 데이타 멤버가 헤더 노드를 가리키고 있다 하더라도 *first*를 통해 *x*에 접근할 수 없으므로 이 노드는 실제적으로 제거된 것이다. 삽입은 단지 조금 더 복잡하다(프로그램 4.34 참조).

```
class DblList;

class DblListNode {
friend class DblList;
private:
    int data;
    DblListNode *left, *right;
};

class DblList {
public:
```

```
    // 리스트 조작 연산들
    .
    .
private:
    DblListNode *first; // 헤더 노드를 가리킨다
};
```

프로그램 4.32: 이중 연결 리스트의 클래스 정의

```
void DblList::Delete(DblListNode *x)
{
    if (x == first) throw "Deletion of header node not permitted";
    else {
        x→left→right = x→right;
        x→right→left = x→left;
        delete x;
    }
}
```

프로그램 4.33: 이중 연결 원형 리스트로부터 삭제

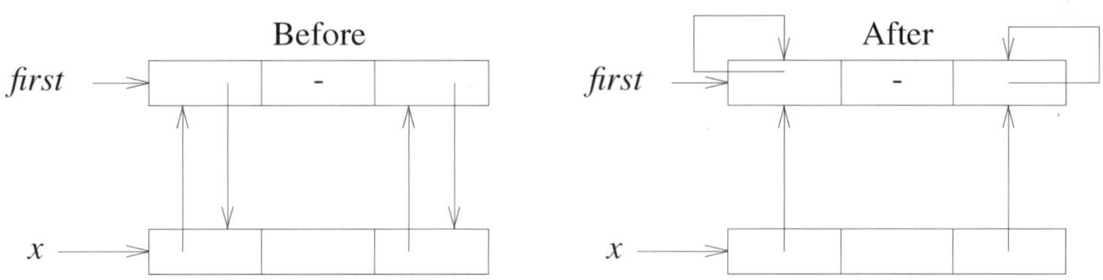

그림 4.29 이중 연결 원형 리스트로부터 삭제

```
void DblList::Insert(DblListNode *p, DblListNode *x)
{// 노드 x의 오른편에 노드 p를 삽입
    p→left = x; p→right = x→right;
    x→right→left = p; x→right = p;
}
```

프로그램 4.34: 이중 연결 원형 리스트에 삽입

연습문제

1. x를 단순 연결 원형 리스트의 노드라 하자. 이 노드에 있는 데이타를 삭제하는 C++ 함수를 작성하라. 삭제 뒤에는 이 리스트의 노드 수가 삭제 전보다 하나 작아야 한다. 함수는 O(1) 시간에 실행되어야 한다.[힌트: 노드 x를 삭제하는 대신, 만일 있다면 x 다음에 있는 노드의 데이타를 복사하고 이 노드를 대신 삭제하라.]
2. 두 리스트 ***this**와 m을 접합하는 함수 **void** *DblList*::*Concatenate*(*DblList m*)을 작성하라. 함수가 실행을 완료하면 결과 리스트는 ***this**에 저장되어 있어야 하고 m은 공백 리스트가 되어야 한다. 함수는 O(1) 시간에 실행되어야 한다.
3. 삽입과 삭제를 리스트의 양쪽 끝에서 O(1) 시간에 할 수 있는 리스트 표현 방법을 고안해 보라. 이러한 구조를 데크(deque)라고 한다. 리스트 양쪽 끝에 삽입과 삭제를 할 수 있는 함수를 작성하라.
4. 다음과 같이 정의된 XOR(exclusive OR, ⊕로 표기하기도 함) 연산을 고려하라(이진수 i, j에 대해).

$$i \oplus j = \begin{cases} 0 & i\text{와 } j\text{가 같을 경우} \\ 1 & \text{그렇지 않을 경우} \end{cases}$$

이 정의는 다음과 같이 정의된 통상적인 OR 논리와는 다르다.

$$i \text{ OR } j = \begin{cases} 0 & i = j = 0\text{일 경우} \\ 1 & \text{그렇지 않을 경우} \end{cases}$$

이 정의는 i와 j가 이진 스트링인 경우에 확대 적용할 수 있다(즉 i, j의 해당 비트끼리 XOR을 적용한다). 예를 들어 $i = 10110$이고 $j = 01100$이면, i XOR $j = i \oplus j = 11010$이다.

$$a \oplus (a \oplus b) = (a \oplus a) \oplus b = b$$
$$(a \oplus b) \oplus b = a \oplus (b \oplus b) = a$$

인 점에 주목하라. 이 표기법은 이중 연결 리스트의 오른쪽, 왼쪽 링크 저장을 위한 공간 절약 방법을 알려 준다. 이제 노드는 단지 두 개의 데이타 멤버 *data*와 *link*를 가지고 있다. 만약 l이 노드 x의 왼쪽이고 r이 오른쪽이라면, $x \rightarrow link = l \oplus r$이다. 만일 x가 원형이 아닌 리스트의 제일 왼쪽 노드라면 $l = 0$, 제일 오른쪽 노드라면 $r = 0$이다. 각 노드의 링크 필드가 그것의 왼편과 오른편 노드 주소의 배타적 OR인 새로운 이중 연결 리스트 클래스에 대해 다음 사항을 수행하라.

(a) 이중 연결 리스트를 왼쪽에서 오른쪽으로 순회하며 각 노드의 *data*의 내용을 출력하는 C++ 함수를 작성하라.

(b) 리스트를 오른쪽에서 왼쪽으로 순회하며 각 노드의 *data*의 내용을 출력하는 C++ 함수를 작성하라.

5. [**프로그래밍 과제**] 헤더 노드를 가진 이중 연결 원형 리스트에 대한 C++ 템플릿 클래스를 구현하라. 삽입과 삭제를 하는 함수뿐만 아니라 생성자, 복사 생성자, 파괴자를 포함해야 한다. 양방

반복자도 포함해야 한다.

4.11 범용 리스트

4.11.1 범용 리스트의 표현

2장에서 선형 리스트를 $n \geq 0$개의 원소, 즉 $a_0, ..., a_{n-1}$의 유한 수열로 정의하고, $(a_0, ..., a_{n-1})$이라고 표기하였다. 이 선형 리스트의 원소들은 원자(atom)들로 제한된다. 그래서 선형 리스트가 가진 유일한 구조적 특징은 위치이다(즉 a_i는 a_{i+1}에 선행한다, $0 \leq i < n-1$). 이러한 리스트의 원소에 대한 제약을 완화하고, 원소들이 그들 자신의 구조를 가지도록 하는 것이 범용 리스트의 개념이다. 이제 원소 $a_i(0 \leq i \leq n-1)$는 원자이거나 리스트가 될 수 있다.

정의: 범용 리스트(generalized list)는 $n \geq 0$개 원소의 유한 수열, 즉 $a_0, ..., a_{n-1}$이고, 여기서 a_i는 원자이거나 리스트이다. 원자가 아닌 원소 $a_i(0 \leq i \leq n-1)$는 서브리스트(sublist)라고 한다. □

리스트 $A = (a_0, ..., a_{n-1})$을 리스트라고 하자. A는 리스트 $(a_0, ..., a_{n-1})$의 이름이고, n은 리스트의 길이이다. 편의상 모든 리스트의 이름은 대문자로 표기한다. 소문자는 원자를 표현하기 위해서 사용한다. $n \geq 1$일 때, a_0는 A의 헤드(head)이고, $(a_1, ..., a_{n-1})$는 A의 테일(tail)이다. 범용 리스트에 대한 몇 가지 예를 보도록 하자.

(1) $A = ()$: 널 리스트 또는 공백 리스트·리스트의 길이는 0이다.
(2) $B = (a,(b,c))$: 길이가 2인 리스트·리스트의 첫 번째 원소는 원자 a이고, 두 번째 원소는 선형 리스트 (b,c)이다.
(3) $C = (B,B,())$: 길이가 3인 리스트·리스트의 처음 두 원소는 B이고, 세 번째 원소는 널 리스트이다.
(4) $D = (a,D)$: 길이가 2인 순환 리스트·D는 무한 리스트 $(a,(a,(a,...)$에 해당한다.

A는 공백 리스트이다. 리스트 B에서 $head(B)$ = 'a'이고, $tail(B) = ((b,c))$이다. $tail(B)$는 또 헤드와 테일을 갖는데 이것은 각각 (b,c)와 ()이다. 리스트 C에서 $head(C) = B$이고, $tail(C) = (B,())$이다. 또한 $head(tail(C)) = B$이고, $tail(tail(C)) = (())$인데 둘 다 리스트이다.

리스트에 대한 정의에서 두 가지 중요한 결과가 있는데, 첫째로 리스트는 예 (3)에서와 같이 다른 리스트에 의해 공유될 수 있다. 예 (3)에서 리스트 B는 C의 두 서브리스트를 구성하고 있다. 두 번째로 리스트는 예 (4)에서와 같이 순환적일 수 있다. 리스트를 표현해야 하는 자료 구조에서 이 두 가지 결과가 함축하는 것은 앞으로 명백해질 것이다.

먼저, 표현하려는 리스트가 공유되지도 않고 순환되지도 않는다고 하자. 이런 리스트 개념이 유용한 것인지 알아보기 위해 다변수 다항식을 표현하는 문제를 고려해 보자.

$$P(x,y,z) = x^{10}y^3z^2 + 2x^8y^3z^2 + 3x^8y^2z^2 + x^4y^4z + 6x^3y^4z + 2yz$$

P의 각 항은 네 개의 필드 *coef*, *expx*, *expy*, *expz*를 가진 구조로 표현할 수 있다. 그러나 이렇게 하

면 변수 하나인 다항식에 대한 구조, 변수 둘인 다항식에 대한 또 다른 구조등으로 해야 할 것이다. 그렇지 않으면, 많은 수의 지수 필드를 가진 구조를 정의해서 필요한 만큼 사용하는 것이다. 어떤 방법도 좋은 것이 아니다.

$P(x,y,z)$를 다음과 같이 다시 쓰면, $P(x,y,z)$를 범용 리스트로 볼 수 있다.

$$((x^{10} + 2x^8)y^3 + 3x^8y^2)z^2 + ((x^4 + 6x^3)y^4 + 2y)z$$

모든 다항식은 이와 같은 형식으로 쓸 수 있다. 즉 변수 z를 공통 인수로 하여 묶고, 그 다음은 y를 공통 인수로 하여 묶어 나가는 것이다. $P(x,y,z)$를 자세히 보면, 변수 z에 두 개의 항 Cz^2과 Dz가 있다는 것을 알 수 있는데 여기서 C와 D는 변수 x와 y에 대한 다항식 자체이다. $C(x,y)$를 더 자세히 보면, 그것은 $Ey^3 + Fy^2$의 형태로 되어 있고, E와 F는 x에 대한 다항식임을 알 수 있다. 이러한 방식으로 계속하면, 모든 다항식이 변수와 계수–지수의 쌍으로 되어 있음을 알 수 있다. 만약 하나의 숫자로 된 계수를 변수가 없는 다항식으로 간주한다면, 각 계수는 그 자체로 (변수가 하나 적은) 다항식이라고 할 수 있다.

다항식의 변수 수에 관계없이, 모든 다항식은 다음과 같이 정의된 *PolyNode* 타입의 노드를 이용하여 표현할 수 있다.

```
enum Triple {var, ptr, no};
class PolyNode
{
    PolyNode *next;          // 연결 필드
    int exp;
    Triple trio;
    union {
        char vble;
        PolyNode *down;      // 연결 필드
        int coef;
    };
};
```

이 표현에서는 *trio*의 값에 따라 세 가지 타입의 노드가 있다. 만약 *trio* == *var*이면, 노드는 리스트의 헤더 노드가 된다. 이 경우에 *vble* 필드는 리스트가 기반을 두고 있는 변수 이름을 가리키는 데 사용되고, *exp* 필드는 0으로 된다.(이때 만약 모든 변수들이 테이블에 유지되고 *vble*은 단지 해당 테이블의 인덱스를 가리킨다면, 데이타 멤버 *vble*의 타입은 **int**로 바뀔 수 있다는 것에 유의하라.) 만약 *trio* == *ptr*이면 계수는 그 자체가 리스트이고, *down* 필드가 지시하고 있을 것이다. 만약 *trio* == *no*이면 계수는 정수이고, *coef* 필드에 저장되어 있다. 이 마지막 두 경우에서 *exp*는 리스트가 기반을 둔 변수의 차수를 나타낸다.

그림 4.30은 다항식 $3x^2y$를 표현한 것이다. 여기서 *first*는 위쪽의 리스트가 y에 기반을 두었다는 것

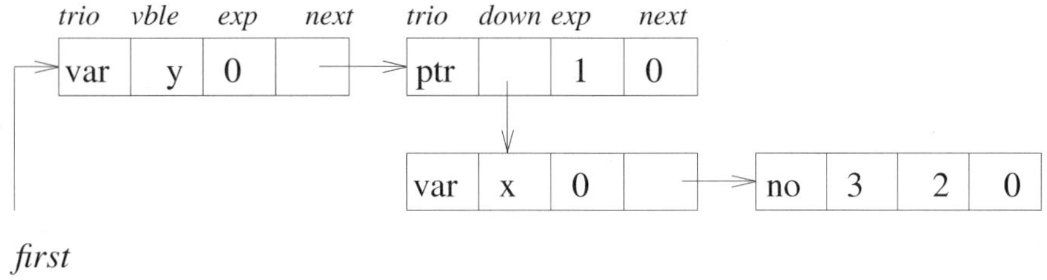

그림 4.30 $3x^2y$의 표현

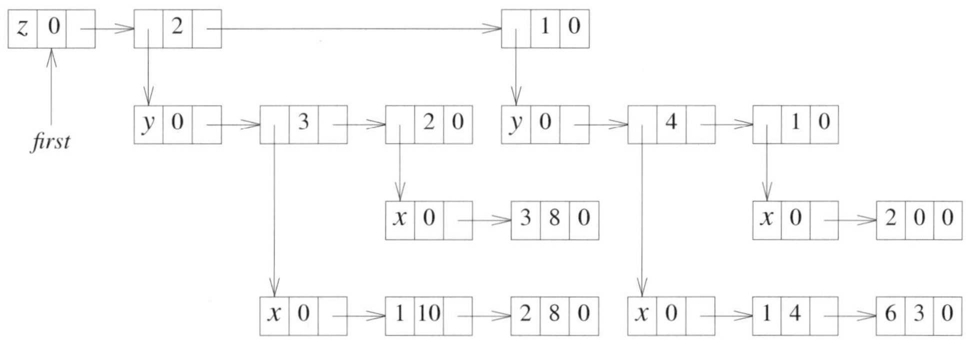

그림 4.31 $((x^{10} + 2x^8)y^3 + 3x^8y^2)z^2 + ((x^4 + 6x^3)y^4 + 2y)z$

을 지시하는 헤더 노드를 가리킨다. 그러므로 리스트의 다음 항은 $y^1 = y$를 말한다. 이 항의 계수는 아래쪽의 리스트에 의해 표현되는 다항식이다. 이 다항식은 $3x^2$이다. 그림 4.31은 앞에서 정의한 다항식 $P(x, y, z)$를 표현한 것이다. 간단히 하기 위해 *trio* 필드는 그림 4.31에서 생략되었다. 각 노드의 이 필드 값은 명백하다.

모든 범용 리스트는 다음 노드 구조를 이용해서 표현할 수 있다.

tag = **false**/**true**	*data*/*down*	*next*

이 자료 구조는 C++로 다음과 같이 정의할 수 있다.

```
template <class T> class GenList; // 전방 선언

template <class T>
class GenListNode {
friend class GenList<T>;
private:
```

```
    GenListNode<T> *next;
    bool tag;
    union {
        T data;
        GenListNode<T> *down;
    };
};

template <class T>
class GenList {
public:
    // 리스트 조작 연산

private:
    GenListNode<T> *first;
};
```

data/down 필드는 *head*(*A*)가 원자이면 원자를 유지하고, *head*(*A*)가 리스트이면 *head*(*A*)의 리스트 표현을 지시하는 포인터를 유지한다.(연습문제에서 어떻게 다변수 다항식이 이러한 구조로 저장될 수 있는지에 대해 다룬다.) 이러한 노드 구조를 사용하면, 예 리스트 (1)~(4)는 그림 4.32와 같이 표현될 수 있다.

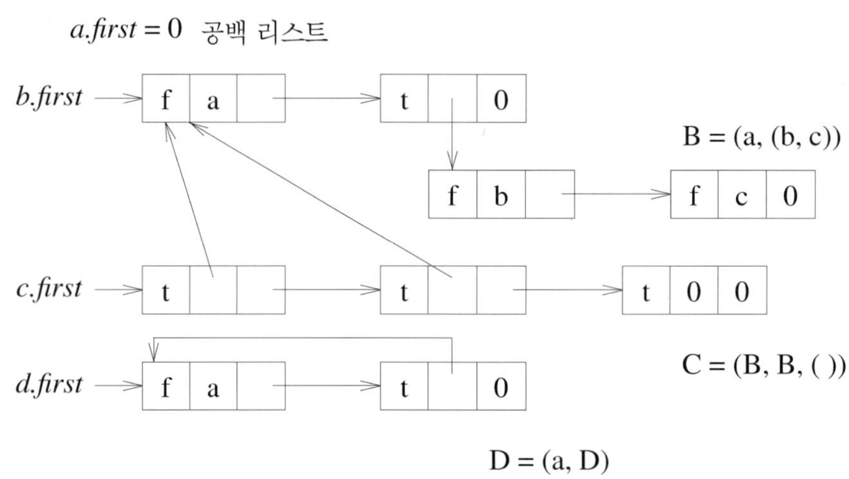

그림 4.32 리스트 (1)~(4)의 표현(*tag* 필드의 *f*는 false 값을, *t*는 true 값을 표현함)

4.11.2 리스트를 위한 순환 알고리즘

데이타 객체가 순환적으로 정의되면 이러한 객체에 순환적으로 동작하는 알고리즘을 기술하기가 쉽다. C++ 객체에 대한 순환 알고리즘은 보통 두 가지 요소로 구성된다. 하나는 순환 함수 자체(*workhorse*)이고, 또 하나는 톱 레벨에서 이 순환 함수를 호출하는 함수(*driver*)이다. 이 *driver*는 공용 멤버 함수로 선언되고, *workhorse*는 전용 멤버 함수로 선언된다.

4.11.2.1 리스트의 복사

순환이 어떻게 유용한지를 알아보기 위해, 어떤 서브리스트도 공유되지 않는 비순환 리스트 *l*을 똑같이 복사하는 함수(프로그램 4.35)를 작성해 보자.

```
// 드라이버
void GenList<T>::Copy(const GenList<T>& l) const
{// l을 복사한다.
    first = Copy(l.first);
}

// 작업 함수
GenListNode<T>* GenList<T>::Copy(GenListNode<T>* p)
{// 비공용 서브리스트 p를 가진 비순환 리스트를 복사한다.
    GenListNode<T> *q = 0;
    if (p) {
        q = new GenListNode<T>;
        q→tag = p→tag;
        if (p→tag) q→down = Copy(p→down);
        else q→data = p→data;
        q→next = Copy(p→next);
    }
    return q;
}
```

프로그램 4.35: 리스트의 복사

프로그램 4.35는 (범용) 리스트의 정의를 정확하게 반영하고 있다. 먼저 *Copy*는 공백 리스트의 경우 정확하게 동작한다는 것을 알 수 있다. 귀납적 방법을 이용한 간단한 증명으로 함수 전체의 정확성을 증명할 수 있다. 이 알고리즘의 연산 시간을 생각해 보자. 공백 리스트는 상수 시간이 걸린다. 그림 4.33과 같이 표현되는 리스트 $A = ((a,b),((c,d),e))$에 대해 p는 그림 4.34에 주어진 값을 취한다. 일련의 값들은 열을 따라 아래로 읽혀져야 하고, b, r, s, t, u, v, w, x는 리스트의 여덟 개 노드의 주소들이다. 이 예로부터, *tag* = **false**인 노드는 두 번 방문되고, *tag* = **true**인 노드는 세 번 방문됨을 알 수 있다. 그래서 만일 리스트가 총 *m*개의 노드를 가지고 있다면 어떤 명령문도 3*m*번 이하만 실행된다. 결국 이 알고리즘의 연산 시간은 O(*m*), 즉 선형적이 되어 우리가 얻으려는 최상인 것이다. 다른 흥미있는 요소는 순환의 최대 깊이, 다시 말해 얼마나 많은 위치가 순환 스택을 위해 필요한가이다. 다시 이전의 예에 있는 알고리즘을 주의 깊게 따라가 보면, 최대 깊이는 모든 서브리스트의 길이와 깊이의 조합임을 알 수 있다. 그러나 단순한 상한은 노드의 총수인 *m*이다. 많은 경우에 있어서 이러한 상한은 아주 클지 모르지만, 예를 들어 *A* = (((((*a*)))))인 경우에 별 문제가 없다.

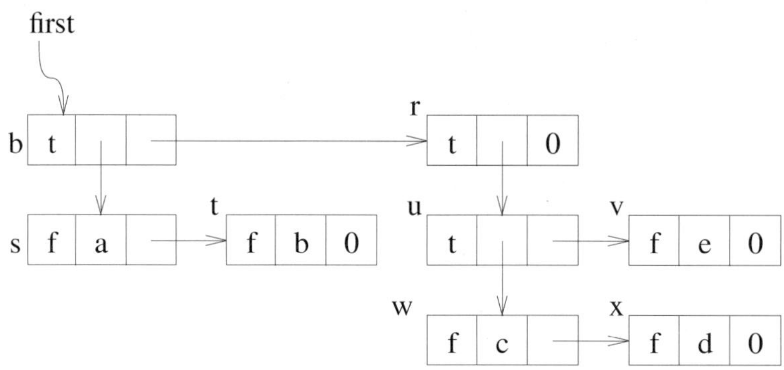

그림 4.33 *A*의 연결 표현

순환 레벨	*p*의 값	레벨 (계속)	*p*의 값	레벨 (계속)	*p*의 값
1	b	2	r	3	u
2	s	3	u	4	v
3	t	4	w	5	0
4	0	5	x	4	v
3	t	6	0	3	u
2	s	5	x	2	r
1	b	4	w	3	0
				2	r
				1	b

그림 4.34 *GenList*⟨*T*⟩::*Copy*(*A*)의 실행에 따른 인자들의 값

4.11.2.2 리스트의 동일성

또 다른 유용한 함수는 두 리스트가 동일한가를 결정하는 것이다. 두 리스트가 동일하기 위해서는 대응하는 데이타 멤버들이 같은 구조, 같은 데이타를 가져야 한다. 다시 리스트의 순환 정의를 이용하면, 이 연산을 위해 짧은 순환 함수(프로그램 4.36)를 작성할 수 있다.

```
// 드라이버
template <class T>
bool operator==(const GenList<T>& l) const
{// *this와 l은 비순환 리스트이다.
// 함수는 두 리스트가 똑같으면 true를 반환한다.
    return Equal(first,l.first);
}

// 작업 함수
bool Equal(GenListNode<T>* s, GenListNode<T> *t)
{
    if ((!s) && (!t)) return true;
    if (s && t && (s→tag == t→tag))
        if (s→tag)
            return Equal(s→down, t→down) && Equal(s→next, t→next);
        else return (s→data == t→data) && Equal(s→next, t→next);
    return false;
}
```

프로그램 4.36: 두 리스트의 동일성 결정

프로그램 4.36의 연산 시간은 서브리스트가 공용되지 않을 때 분명히 선형 이상은 되지 않는다. 왜냐하면 이것은 비교되는 두 리스트의 각 노드를 세 번 이하만 검사하기 때문이다. 동일하지 않은 리스트에 대해서 이 프로그램은 리스트들이 동일하지 않다는 것을 발견하자마자 실행을 끝낸다.

4.11.2.3 리스트 깊이

비순환 리스트에 대해 또 다른 유용한 연산은 리스트의 깊이를 계산하는 함수이다. 공백 리스트의 깊이를 0으로 정의하면, 일반적으로 리스트의 깊이는 다음과 같이 정의된다.

$$depth(s) = \begin{cases} 0 & s\text{가 원자인 경우} \\ 1 + \max\{depth(x_1), \ldots, depth(x_n)\} & s\text{가 리스트 } (x_1, \ldots, x_n)\text{이고, } n \geq 1 \end{cases}$$

함수 *Depth*(프로그램 4.37)는 그 자체가 순환적이어서 이 정의에 가장 가까운 변환이다.

```
// 드라이버
template <class T>
int GenList<T>::Depth()
{// 비순환 리스트의 깊이를 계산한다.
```

```
    return Depth(first);
}

// 작업 함수
template <class T>
int GenList<T>::Depth(GenListNode<T> *s)
{
    if (!s) return 0;  // 공백 리스트
    GenListNode<T> *current = s;
    int m = 0;
    while (current) {
        if (current→tag) m = max(m, Depth(current→down));
        current = current→next;
    }
    return m + 1;
}
```

프로그램 4.37: 리스트 깊이의 계산

4.11.3 참조 계수, 공유 순환 리스트

이 절에서는 리스트가 다른 리스트에 의해 공유될 수 있고, 순환 리스트가 허용될 때 발생하는 몇 가지 문제들에 대해 생각해 보기로 한다. 동일한 서브리스트가 같은 공간을 차지할 때, 서브리스트의 공유는 경우에 따라 저장 공간의 많은 절약을 가져올 수 있다. 공유 서브리스트의 명세를 용이하게 하기 위해서, 서브리스트에 이름을 붙일 수 있도록 리스트의 정의를 확장하도록 한다. 리스트의 정의 내에 나타나는 서브리스트는 그 리스트 바로 앞에 이름을 붙일 수 있다. 예를 들어 리스트 $A = (a,(b,c))$에서 서브리스트 (b,c)는 Z라는 이름을 붙여 $A = (a,Z(b,c))$라고 쓸 수 있다. 사실 일관성을 위해서는 위에서 정의한 리스트 A를 $A(a,Z(b,c))$와 같이 써야 한다.

그림 4.32에서의 리스트 B와 같이 다른 리스트에 의해 공유되는 리스트는 리스트의 맨 앞에 노드를 첨가하거나 삭제하려 할 때 문제가 생긴다. 만약 B의 첫 번째 노드가 삭제되면, 두 번째 노드를 가리키기 위해 리스트 C로부터의 포인터가 바뀌어야 한다. 만약 새로운 노드가 첨가되면, C로부터의 포인터는 새로운 첫 번째 노드를 가리키기 위해 바뀌어야 한다. 그러나 일반적으로 어느 한 특정 리스트를 참조하고 있는 포인터를 모두 알 수는 없다.(심지어 이러한 정보를 안다고 해도 노드의 삽입과 삭제는 아주 많은 시간을 요구한다.) 이러한 문제는 헤더 노드를 사용함으로써 쉽게 해결할 수 있다. 리스트의 앞쪽에 삽입과 삭제를 하고자 할 때, 각 리스트나 이름을 가진 서브리스트에 헤더 노드를 사용하면 특정 리스트에 대한 모든 포인터 리스트를 유지할 필요가 없어질 것이다. 만약 각 리스트가 헤더 노드를 갖는다면 리스트 (1)~(4)는 그림 4.35와 같이 나타낼 수 있다. 헤더 노드의 *data*/*down* 필드의 값은 그 해당 리스트의 참조 계수(reference count)이다(아래에서 정의). 심지어 리스트로부터 동적으로 노드를 첨가

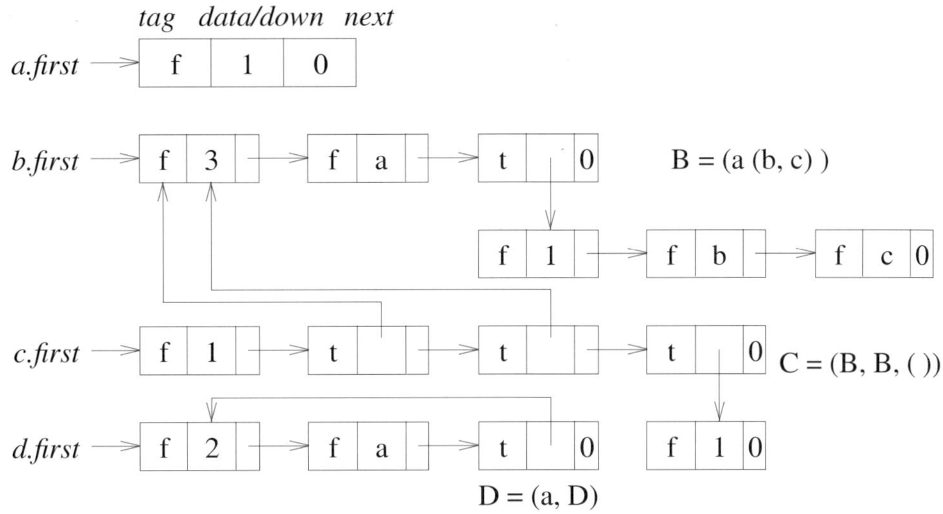

그림 4.35 리스트 (1)~(4)의 헤더 노드를 가진 구조

하거나 삭제하기를 원하지 않는다고 해도, 다변수 다항식의 경우에 헤더 노드는 특정 구조의 노드가 언제 저장 풀로 반환되는지를 결정하는 데 유용하다.

리스트가 다른 리스트에 의해 공유될 때는 리스트 노드들이 물리적으로 가용 공간 리스트에 반환될 수 있는지를 결정하는 것을 돕는 기법이 필요하다. 이 기법은 일반적으로 각 리스트의 헤더 노드에 유지되는 참조 계수를 이용한다. 헤더 노드의 *data* 필드는 비어 있기 때문에 참조 계수를 이 필드에 유지한다.(또 다른 방법으로, 세 번째 변형은 *tag*에 세 개의 가능한 값 0, 1, 2를 갖게 하는 것이다.) 리스트의 참조 계수는 그 리스트에 대한 포인터(프로그램 변수 또는 다른 리스트로부터의 포인터)의 수이다. 리스트의 이런 참조 계수는 다음과 같다.

(1) *a.first→ref* = 1 *a.first*를 통해서만 접근 가능
(2) *b.first→ref* = 3 *b.first*로부터 하나와 *c*로부터 두 개의 포인터
(3) *c.first→ref* = 1 *c.first*를 통해서만 접근 가능
(4) *d.first→ref* = 2 *d.first*를 통해 접근 가능한 하나와 그 자체로부터 하나의 포인터

이제 *t.~GenList<T>*( )(리스트 파괴자)의 호출은 단지 *t.first*의 참조 계수를 하나 감소시킨다. 참조 계수가 0이 될 때에만 *t*의 노드들이 삭제된다. *t*의 서브리스트도 똑같이 취급된다.

*GenListNode<T>*의 정의를 다음과 같이 변경한다고 가정하자.

```
template <class T>
class GenListNode<T>
{
```

```
friend class GenList<T>;
private:
    GenListNode<T> *next;
    int tag; // data는 0, down은 1, ref는 2
    union {
        T data;
        GenListNode<T> *down;
        int ref;
    };
};
```

리스트를 삭제하는 순환 알고리즘이 프로그램 4.38에 기술되어 있다. 이것은 참조 계수가 0인 리스트의 톱 레벨 노드들을 검사하는 것으로 진행된다. 서브리스트는 순환적으로 삭제되어 결국 톱 레벨 노드들이 가용 공간 리스트에 연결된다.

이제 *b.~GenList<T>*()를 호출하는 것은 단지 *b*의 참조 계수를 2로 감소시키는 효과를 가진다. 여기서 *b*는 그림 4.35의 리스트 (ii)이다. 이 호출 다음에 *c.~GenList<T>*()를 호출하면 다음과 같은 결과를 가져온다.

(1) *c*의 참조 계수가 0이 된다.
(2) *c*의 두 번째 톱 레벨 노드가 처리될 때 *b.first* → *ref*가 1이 된다.
(3) *c*의 두 번째 톱 레벨 노드가 처리될 때 *b.first* → *ref*가 0이 된다. 이제 리스트 *B*(*a*,(*b*,*c*))의 다섯 노드들은 가용 공간 리스트로 반환된다.
(4) *c*의 톱 레벨 노드들이 가용 공간 리스트에 연결된다.

참조 계수를 가진 헤더 노드의 사용은 공유 서브리스트의 경우에 있어서 노드들을 언제 물리적으로 해방할 것인지를 결정하는 문제를 해결한다. 그러나 순환 리스트의 경우에 참조 계수는 결코 0이 되지 않는다. *d.~GenList<T>*()는 *d.first*→*ref*를 1이 되게 한다. 이 참조 계수는 심지어 이 리스트가 더 이상 프로그램 변수나 다른 구조를 통해서 접근할 수 없음에도 0이 되지 않는다. 간접 순환(그림 4.36)의 경우에 있어서도 마찬가지이다. *r.~GenList<T>*()와 *s.~GenList<T>*()의 호출 뒤에, *r.first*→*ref* = 1이 되고 *s.first*→*ref* = 2가 되지만 *r*과 *s*로 구성된 구조는 더 이상 접근될 수가 없다. 그러므로 이것은 가용 공간 리스트에 반환되었어야 한다.

불행하게도, 그림 4.36의 리스트 구조를 보완해서 순환 리스트를 언제 물리적으로 삭제해야 될지를 결정할 수 있는 간단한 방법이 없다. 노드들이 사용되지 않을 때, 사용되지 않는 모든 노드들을 가용 공간 리스트에 반환하는 것은 더 이상 가능하지 않다. 순환 리스트가 사용될 때, 심지어 모든 노드가 다 사용되고 있지 않더라도 가용 공간이 다 떨어져 없게 될 수 있다.

```
// 드라이버
template <class T>
GenList<T>::~GenList()
{// 헤더 노드는 참조 계수를 가지고 있다.
    if (first)
    {
        Delete(first);
        first = 0;
    }
}

// 작업 함수
void GenList<T>::Delete(GenListNode<T>* x)
{
    x→ref--; // 헤더 노드의 참조 계수를 감소
    if (!x→ref)
    {
        GenListNode<T> *y = x; // y는 x의 톱 레벨을 순회
        while (y→next) { y = y→next; if (y→tag == 1) Delete(y→down);}
        y→next = av;  // 톱 레벨 노드들을 av 리스트에 첨가
        av = x;
    }
}
```

프로그램 4.38: 리스트의 순환적 삭제

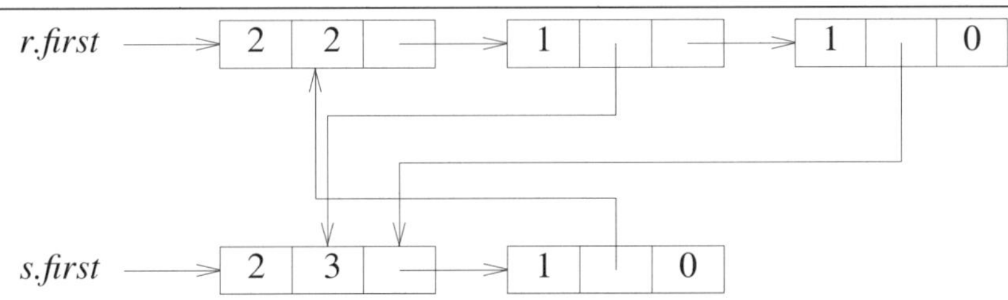

$r = A(B,B)$ and $s = B(A)$

그림 4.36 프로그램 변수 *r*과 *s*에 의해 지시되는 리스트 *A*와 *B*의 간접 순환

연습문제

1. 임의의 범용 리스트를 표현하는 데 사용할 수 있는 다음 노드 구조를 사용하여 다변수 다항식을 어떻게 표현할 수 있는지 설명하라.

tag = **false/true**	*data/down*	*next*

2. 비순환 버전의 *GenList<T>::~GenList<T>*()(프로그램 4.38)를 작성하라.
3. 비순환 버전의 **operator==**(프로그램 4.36)을 작성하라.
4. 비순환 버전의 *GenList<T>::Depth*(프로그램 4.37)를 작성하라.
5. 공유 서브리스트가 없는 임의의 비순환 리스트 *l*을 역으로 만드는 함수를 작성하라. *l*의 서브리스트도 거꾸로 된다. 예를 들어 *l* = (*a*,(*b*,*c*))이면, 역(*l*) = ((*c*,*b*),*a*)가 된다.
6. 원자, 콤마, 공백, 괄호로 된 스트링과 같이 선형 형태로 주어진 임의의 리스트에 대해 리스트 표현을 생성하는 함수를 기술하라. 예를 들면 입력 *l* = (*a*,(*b*,*c*))에 대해 함수는 그림 4.37과 같은 구조를 생성해야 한다.

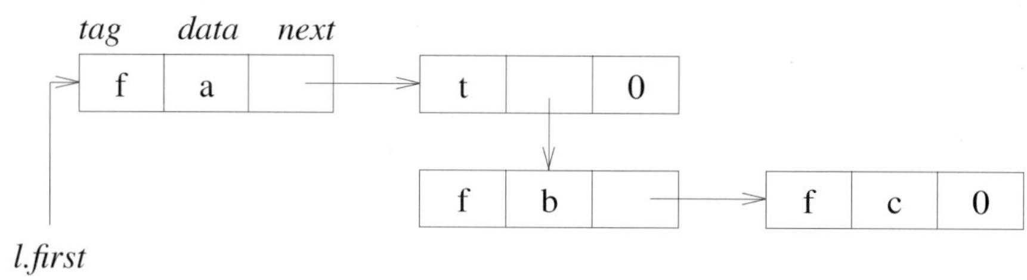

그림 4.37 연습문제 6을 위한 구조

7. 범용 리스트를 표현하는 한 가지 방법은 두 개의 필드와 모든 원자와 리스트 이름, 이 리스트들에 대한 포인터를 포함하는 테이블을 사용하는 것이다. 각 노드의 두 필드를 *alink*와 *blink*라 하자. *blink*는 같은 레벨의 다음 노드(만약 존재한다면)를 가리키거나, 아니면 0이다. *alink*는 하위 레벨의 노드를 가리키거나, 원자 또는 리스트 이름의 경우에는 심벌 테이블의 적절한 진입점을 가리킨다. 예를 들면 리스트 *B*(*A*,(*D*,*E*),(),*B*)는 그림 4.38과 같은 표현을 갖게 된다. 여기서 *d**는 리스트 *D*의 첫 번째 노드를 가리키는 포인터라는 의미이다.
(리스트 이름 *D*와 *E*는 리스트 *B*가 입력되었을 때 이미 테이블에 있었다. *A*는 테이블에 없었고 원자라고 가정한다.)

심벌 테이블은 각 엔트리의 타입 비트를 유지한다. 이 비트는 만약 엔트리가 리스트 이름이면 1이고, 원자이면 0이다. NIL 원자는 테이블에 있을 수 있다. 그렇지 않으면 NIL 원자를 표현하기 위해서 *alink*를 0으로 설정할 수 있다. 괄호 표기법으로 된 리스트를 입력하고 위와 같은 연결 표

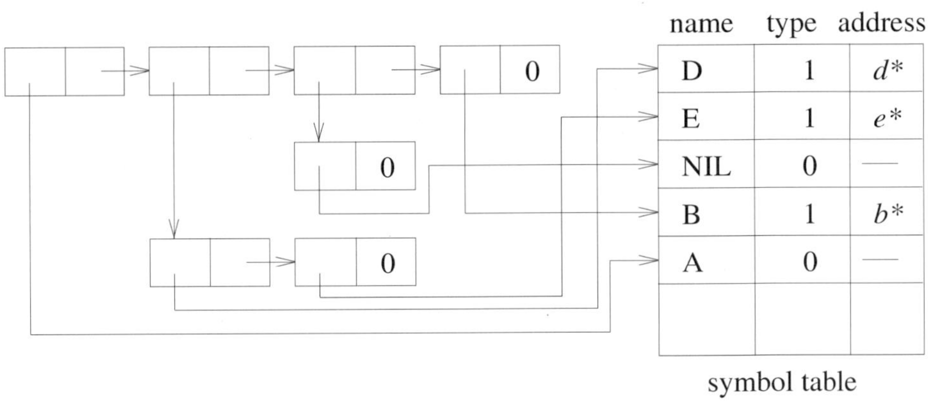

그림 4.38 연습문제 7의 표현

현을 만드는 C++ 함수 **operator>>**을 작성하라. 헤더 노드는 사용되지 않는다는 것에 주목하라. 함수 **operator>>**는 다음과 같은 함수를 사용할 수 있다.

(a) **int** *Get*(*a*)는 이름 *a*를 심벌 테이블에서 탐색한다. 만약 *a*를 테이블에서 찾지 못하면 −1이 반환되고, 그렇지 않으면 테이블에서의 *a*의 위치가 반환된다.

(b) *Put*(*n*,*t*,*a*)는 테이블에 3원소 쌍 (*n*,*t*,*a*)를 넣는다. 만일 이름 *n*이 이미 테이블에 존재하면 옛 엔트리의 타입과 주소 필드는 각각 *t*와 *a*로 변경된다.

(c) *NextToken*()은 입력 리스트에서 다음 토큰을 가져온다.(토큰은 리스트 이름, 원자, '(', ')', ','이 될 수 있다. 만약 더 이상의 토큰이 없으면 '#'이 반환된다.)

사용할 모든 함수들의 코드를 작성하라. 입력 리스트는 문법적으로 정확하다고 가정해도 된다. 만일 서브리스트가 리스트 *C*(*D*,*E*(*F*,*G*))와 같이 이름이 붙어 있으면, 구조는 *C*(*D*,(*F*,*G*))와 같이 설정되고, *E*는 적절한 시작 주소를 가진 리스트로서 심벌 테이블에 입력되어야 한다.

8. 공유하는 서브리스트를 가진 리스트를 복사하기 위해 프로그램 4.35를 사용하면 무엇이 잘못되는가?

9. 참조 계수를 가진 범용 리스트를 위한 C++ 템플릿 클래스를 작성하고 테스트하라. 이 클래스는 복사 생성자, 클래스에 대한 파괴자, 리스트의 깊이를 결정하는 함수, 두 리스트가 동등한가를 결정하는 함수를 포함해야 한다. 함수들의 시간 복잡도는 얼마인가?

5장 트리

5.1 개요

5.1.1 기본 용어

이 장에서는 매우 중요한 데이타 객체의 하나인 트리(tree)를 다루려고 한다. 직관적으로 트리 구조란 정보의 항목들이 가지(branch)로 연결될 수 있게 데이타가 조직되는 것을 말한다. 이런 구조를 가장 손쉽게 볼 수 있는 경우는 계보를 조사할 때이다. 계보 데이타를 다루는 두 가지 형태의 가계표는 혈통표(pedigree chart)와 계보표(lineal chart)이다. 그림 5.1에 그 예가 있다.

그림 5.1(a)의 혈통표에서는 어떤 사람의 조상을 보여 주는데 여기서는 Dusty의 조상들을 보여 주고 있다. 그의 부모는 Honey Bear와 Brandy이며 Brandy의 부모는 Coyote와 Nugget인데 이들은 Dusty의 친조부모이다. 이 혈통표는 한 세대 더 올라가 증조부모까지 계속된다. 근친 결혼에서는 예외이지만 대부분의 경우 혈통표는 항상 두 방향으로만 가지를 뻗는다는 것을 알 수 있다. 근친 결혼의 경우 각 혈통이 분리되어 나열되지 않으면 혈통표는 트리 구조가 되지 않는다. 근친 결혼은 꽃이나 동물의 계보에서 흔히 발생한다.

그림 5.1(b)에 나타난 계보표는 사람과는 아무런 관계가 없지만 이것 또한 가계표이다. 이 표는 현대 유럽 언어의 계통을 간결하게 보여 주고 있다. 이것은 선조들로 거슬러 올라가는 것이 아니고, 자손들을 보여 주는 표이므로 한 개체가 여러 개의 가지를 칠 수 있다. 예를 들면 라틴어는 스페인어, 프랑스어, 이탈리아어의 조상이다. 고대 인도-유럽어는 기원전 5천 년 경에 있었던 것으로 추정되는 선사시대 언어이다. 이 트리는 혈통표와 같이 규칙적이지는 않으나 역시 트리 구조인 것이다.

이 두 예로부터 시작하여 트리가 무엇을 의미하는지 공식적으로 정의해 보자.

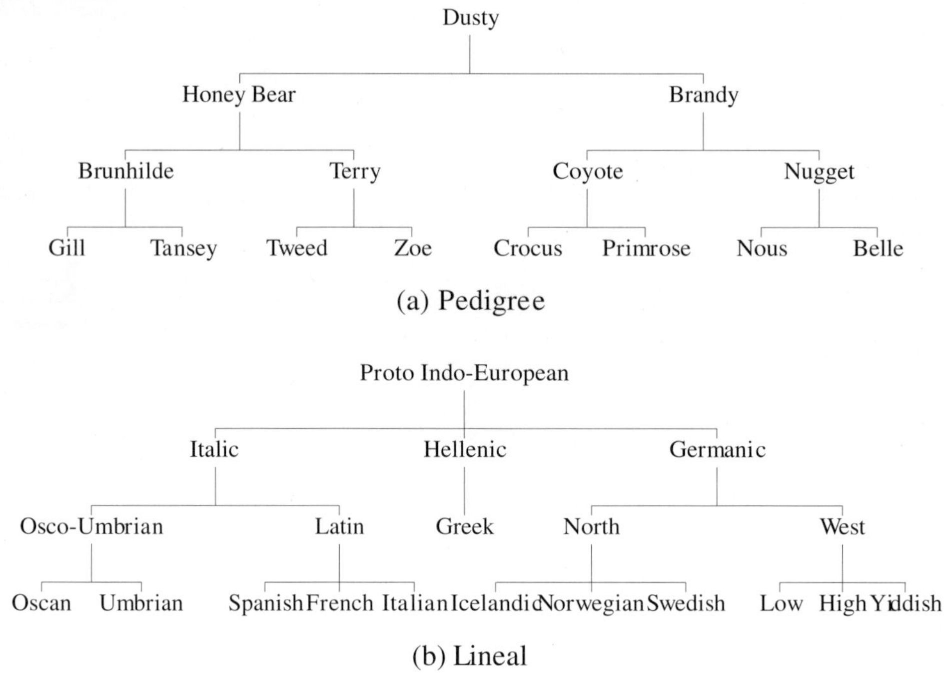

그림 5.1 가계표의 두 가지 형태

정의: 트리(tree)는 한 개 이상의 노드(node)로 이루어진 유한 집합으로서

(1) 노드 중에는 루트(root)라고 하는 노드가 하나 있고

(2) 나머지 노드들은 $n(\geq 0)$개의 분리 집합 $T_1, ..., T_n$으로 분할될 수 있다. 여기서 $T_1, ..., T_n$은 각각 하나의 트리이며 루트의 서브트리(subtree)라고 한다. □

이것은 순환적 정의라는 것에 유의하라. 그림 5.1을 보면 각 트리의 루트는 Dusty와 고대 인도-유럽어이다. 트리 (a)는 Honey Bear와 Brandy를 루트로 하는 두 개의 서브트리를 가지고 있으며 트리 (b)는 이탈리아어, 고대 그리스어, 게르만어를 루트로 하는 세 개의 서브트리를 가지고 있다. $T_1, ..., T_n$이 서로 분리 집합이라는 것은 서로 연결될 수 없음을 말한다. 이것은 트리의 각 원소들은 어떤 서브트리의 루트가 됨을 의미한다. 예를 들면 오스코움브리아어는 이탈리아어의 한 서브트리의 루트이고, 또 오스코움브리아어 자신은 두 개의 서브트리를 가지고 있는데 그들 각각의 루트는 오스코어와 움브리아어이다. 움브리아어는 서브트리가 없는 트리의 루트이다.

트리를 참조하는 데 사용되는 용어는 상당히 많이 있다. 노드(node)란 한 정보 아이템에다 이것으로부터 다른 노드로 뻗어진 가지를 합친 것이다. 그림 5.2를 살펴보면, 이 트리는 13개의 노드를 가지는데, 각 정보 아이템은 편의상 알파벳 한 글자로 나타내고 있다. 여기서 루트는 A인데, 보통 트리의 맨 꼭대기에 그린다.

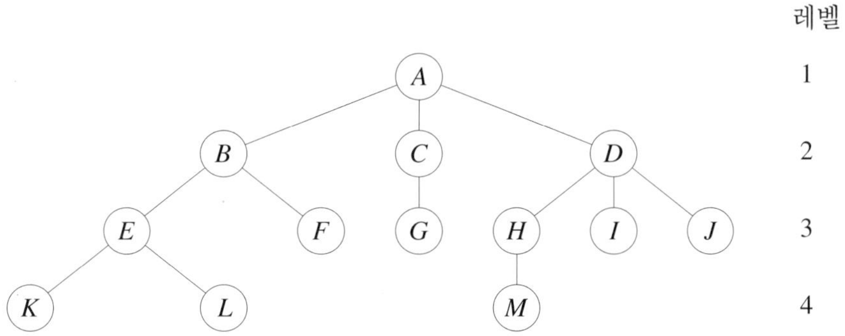

그림 5.2 샘플 트리

한 노드의 서브트리의 수를 그 노드의 차수(degree)라고 한다. A의 차수는 3이고, C의 차수는 1, F의 차수는 0이다. 차수가 0인 노드를 리프(leaf) 또는 단말 노드(terminal node)라 한다. $\{K, L, F, G, M, I, J\}$는 리프 노드들의 집합이다. 결과적으로 그 외의 나머지 노드들을 비단말 노드(nonterminal node)라고 한다. 노드 X의 서브트리의 루트들은 X의 자식(children)이고, X는 그 자식들의 부모(parent)이다. D의 자식은 H, I, J이며 D의 부모는 A이다. 부모가 같은 자식들을 형제(sibling)라 한다. H, I, J는 형제들이다. M의 조부는 D인데 이런 것을 요구할 수 있도록 용어를 확장할 수 있다. 트리의 차수(degree of a tree)란 그 트리에 있는 노드의 최대 차수이다. 그림 5.2의 트리는 차수가 3이다. 한 노드의 조상(ancestor)이라 하면 루트에서부터 그 노드에 이르는 경로 상에 있는 모든 노드들을 말한다. M의 조상들은 A, D, H이다.

노드의 레벨(level)은 루트의 레벨을 1로 정한 뒤에 정의된다.* 만일 한 노드의 레벨이 l이면 그 자식의 레벨은 $l + 1$이 된다. 그림 5.2는 트리의 모든 노드의 레벨을 보여 주고 있다. 트리의 높이(height) 또는 깊이(depth)란 그 트리에 속한 노드의 최대 레벨로 정의된다. 따라서 그림 5.2의 트리는 깊이가 4이다.

5.1.2 트리의 표현

5.1.2.1 리스트 표현

그림 5.2에 나타난 트리 외에도 트리를 나타내는 방법에는 여러 가지가 있다. 한 가지 유용한 방법은 리스트이다. 그림 5.2의 트리는 다음과 같은 리스트로 표현할 수 있다.

$$(A\ (B\ (E\ (K, L), F), C(G), D(H(M), I, J)))$$

이 방법에서는 루트 노드 정보가 제일 먼저 나오고 그 서브트리들의 리스트가 다음에 나온다. 트리를 나타내는 이 방법은 4장의 범용 리스트에서 사용된 것과 같은 트리의 메모리 표현을 할 수 있게 한다. 그

---
* 루트의 레벨을 0으로 정의하는 저자도 있다.

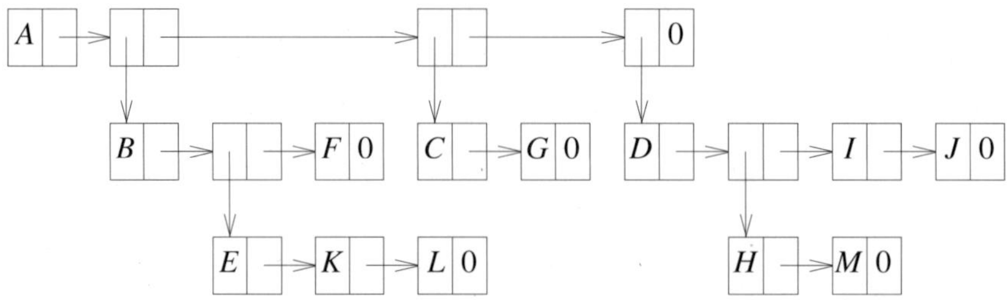

태그 필드는 생략

그림 5.3 그림 5.2 트리의 리스트 표현

림 5.2의 트리를 메모리 표현으로 보여 준 것이 그림 5.3이다. 이 표현 방법을 이용하면 리스트를 다루기 위해 작성한 많은 일반 함수를 이용할 수 있다.

여러 응용을 위해서 트리에만 적합한 표현 방법이 요구된다. 한 가지 방법은 트리 노드의 데이타와 그 노드의 자식들에 대한 포인터를 위한 필드를 가지고 있는 메모리 노드로 트리 노드를 표현하는 것이다. 각 트리 노드의 차수가 서로 다를 수 있으므로 포인터 필드의 수가 가변적인 메모리 노드를 사용하여야 할 것으로 여겨진다. 그러나 노드 크기가 고정되는 것이 데이타 표현에 대한 알고리즘을 작성하는 데 용이하므로 실제로 트리 노드들을 표현하기 위해서는 일정 크기의 노드들만 사용한다. 차수가 k인 트리를 위해서 그림 5.4와 같은 노드 구조를 사용할 수도 있을 것이다. 각 자식 필드는 서브트리를 가리키는 데 사용된다. 보조정리 5.1은 이러한 노드 구조가 공간의 낭비가 많다는 것을 보여 준다.

DATA	CHILD 1	CHILD 2	···	CHILD k

그림 5.4 차수가 k인 트리에 대한 노드 구조

보조정리 5.1: 만일 T가 k원 트리(차수가 k인 트리)로서 노드 수가 n이고 각 노드가 그림 5.4와 같은 고정 크기라면, nk개의 자식 필드 중 $n(k-1)+1$개의 필드($n \geq 1$)가 0이다.

증명: 0이 아닌 자식 필드는 한 노드를 가리키며 루트가 아닌 노드에 대해 정확히 하나의 포인터만 존재하므로 n개의 노드를 갖는 트리에서 0이 아닌 자식 필드의 수는 정확히 $n-1$이다. n개의 노드를 갖는 차수 k인 트리에서 자식 필드의 개수는 nk이다. 그러므로 0인 필드의 수는 $nk-(n-1)=n(k-1)+1$이다. □

트리 표현을 위해 노드 크기가 일정한 두 가지 표현 방법을 살펴보겠다. 이 두 표현 방법은 모두 각 노드마다 두 개의 링크 필드 또는 포인터 필드를 필요로 한다.

5.1.2.2 왼쪽 자식-오른쪽 형제 표현

그림 5.5는 왼쪽 자식-오른쪽 형제(left child-right sibling) 표현으로 된 노드 구조를 보여 주고 있다.

data	
left child	right sibling

그림 5.5 왼쪽 자식-오른쪽 형제 노드 구조

그림 5.2의 트리를 이러한 표현으로 바꾸기 위해서는 모든 노드가 하나의 가장 왼쪽 자식과 하나의 가장 가까운 오른쪽 형제를 가진다는 것에 주목해야 한다. 그림 5.2에서 *A*의 가장 왼쪽 자식은 *B*이며 *D*의 가장 왼쪽 자식은 *H*이다. 또한 *B*의 가장 가까운 오른쪽 형제는 *C*이며 *H*의 가장 가까운 오른쪽 형제는 *I*이다. 엄밀히 말해서 트리에서 자식의 순서는 중요하지 않으므로 자식들 중 어떤 것이든 가장 왼쪽에 올 수 있고 또 형제들 중 어떤 것이라도 가장 가까운 오른쪽 형제가 될 수 있다. 다만 명확성을 위해서 트리가 그려진 방법에 기초를 두었다. 각 노드의 왼쪽 자식(left child) 필드는 자식이 있는 경우 가장 왼쪽 자식을 가리키며 오른쪽 형제(right sibling) 필드는 오른쪽 형제가 있는 경우 가장 가까운 오른쪽 형제를 가리킨다. 편의상 트리가 구성된 대로 노드를 선택하기로 한다. 그림 5.6은 그림 5.2의 트리를 왼쪽 자식-오른쪽 형제 표현으로 다시 나타낸 것이다.

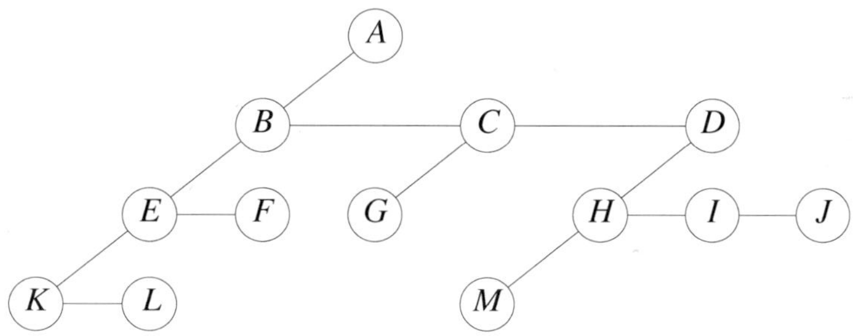

그림 5.6 그림 5.2 트리의 왼쪽 자식-오른쪽 형제 표현

5.1.2.3 차수가 2인 트리 표현

트리를 차수가 2인 트리로 만들기 위해서는 왼쪽 자식-오른쪽 형제 트리에 있는 오른쪽 형제 포인터를 45° 가량 시계 방향으로 돌리면 된다. 그림 5.7은 차수가 2인 트리를 보여 주고 있다. 각 노드의 두 자식을 왼쪽 자식과 오른쪽 자식이라 한다. 루트 노드의 오른쪽 자식은 공백이다. 루트는 형제를 가질 수 없기 때문에 항상 루트 노드의 오른쪽 자식은 공백이 된다. 그림 5.8은 왼쪽 자식-오른쪽 형제 트리와 왼쪽 자식-오른쪽 자식(또는 차수가 2) 트리의 예를 보여 주고 있다. 왼쪽 자식-오른쪽 자식 트리를 이진 트리(binary tree)라 한다.

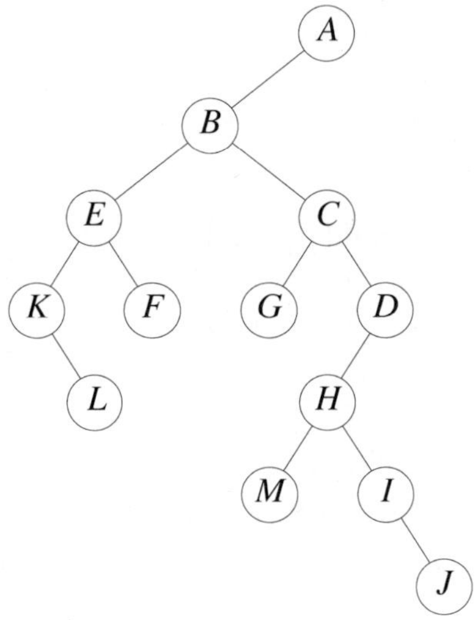

그림 5.7 그림 5.2 트리의 왼쪽 자식-오른쪽 자식 표현

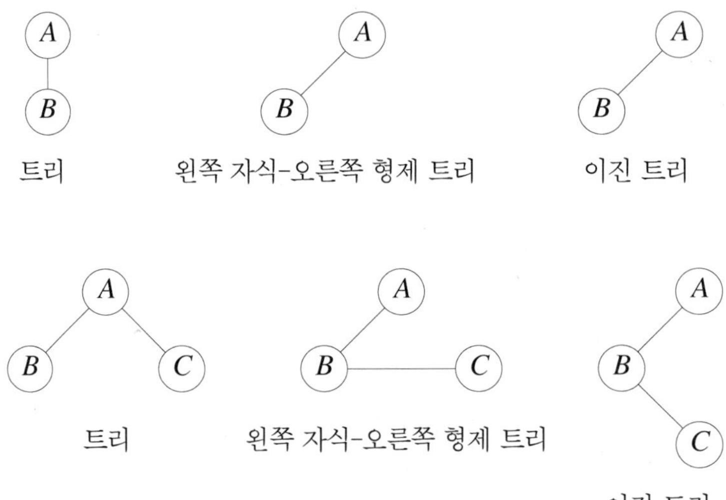

그림 5.8 트리 표현

연습문제

1. 범용 리스트로 표현된 트리[예로, (*A* (*B* (*E* (*K*, *L*), *F*), *C*(*G*), *D*(*H*(*M*), *I*, *J*)))]를 입력하여 세 개의 필드 *tag*, *data*, *link* 필드를 갖는 노드를 사용한 내부 표현을 생성하는 함수를 작성하라.

2. 연습문제 1의 과정을 역으로 하여 트리에 대한 포인터를 취해서 이것을 범용 리스트로 출력하는 함수를 작성하라.
3. [**프로그래밍 과제**] 이 절에서 설명한 리스트 표현을 이용하여 트리에 대한 C++ 클래스 정의를 작성하라. 또 다음의 C++ 함수를 작성하라.

   (a) [**operator>>()**]: 괄호가 있는 리스트를 입력하여 트리의 범용 리스트 표현을 생성한다(그림 5.3 참조).
   (b) [복사 생성자]: 트리를 범용 리스트로 표현된 다른 트리로 초기화한다.
   (c) [**operator==()**]: 범용 리스트로 표현된 두 트리가 동등한가를 검사한다.
   (d) [파괴자]: 범용 리스트로 표현된 트리를 삭제한다.
   (e) [**operator<<()**]: 괄호가 있는 리스트 표기법으로 표현된 트리를 출력한다.

   적절한 테스트 데이타로 작성된 함수의 정확성을 테스트하라.

5.2 이진 트리

5.2.1 추상 데이타 타입

우리는 어떠한 트리도 이진 트리로 표현할 수 있다는 것을 알았다. 실제로 이진 트리는 꽤 자주 볼 수 있는 중요한 트리 구조 중의 하나이다. 이진 트리의 특성은 한 노드가 최대 두 개의 가지만 갖는다는 것이다(즉 차수가 2보다 큰 노드가 없다). 트리에서는 서브트리의 순서가 별 관계가 없지만 이진 트리에서는 왼쪽 서브트리와 오른쪽 서브트리를 구별한다. 또한 이진 트리는 0개의 노드를 가질 수 있다. 그러므로 이진 트리는 트리와 아주 다른 객체인 것이다.

정의: 이진 트리(binary tree)는 공백이거나 루트와 왼쪽 서브트리, 오른쪽 서브트리라고 하는 두 개의 분리된 이진 트리로 구성된 노드의 유한 집합이다. □

ADT 5.1은 이진 트리 자료 구조에 대한 명세이다. 이 명세는 이진 트리에 대한 최소한의 연산들을 정의한 것이며 이들을 기반으로 하여 다른 연산들을 구성할 수 있다.

---

template <class *T*>
class *BinaryTree*
{// 공백이거나 루트 노드, 왼쪽 이진 트리, 오른쪽 이진 트리로 구성되는 노드들의
// 유한집합.
public:
    BinaryTree ();
    // 공백 이진 트리를 생성

bool *IsEmpty*();
// 이진 트리가 공백이면 **true**(1) 반환; 그렇지 않으면 **false**(0) 반환

BinaryTree(*BinaryTree*<*T*>& *bt*1, *T*& *item*, *BinaryTree*<*T*>& *bt*2);
// 왼쪽 서브트리가 *bt*1, 오른쪽 서브트리가 *bt*2, 루트 노드가 *item*을 갖는
// 이진 트리를 생성

BinaryTree<*T*> *LeftSubtree*();
// *IsEmpty*()이면 오류 반환; 그렇지 않으면 ***this**의 왼쪽 서브트리 반환

BinaryTree<*T*> *RightSubtree*();
// *IsEmpty*()이면 오류 반환; 그렇지 않으면 ***this**의 오른쪽 서브트리 반환

T RootData();
// *IsEmpty*()이면 오류 반환; 그렇지 않으면 ***this**의 루트 노드의 데이타 반환
};

ADT 5.1: *BinaryTree* 추상 데이타 타입

이진 트리와 일반 트리의 차이점을 자세히 살펴보자. 첫째, 일반 트리에서는 0개의 노드를 가진 트리는 없으나 공백 이진 트리는 있다. 둘째, 일반 트리에서는 자식의 순서를 구별하지 않으나 이진 트리에서는 자식의 순서를 구별한다. 그러므로 그림 5.9의 두 이진 트리는 서로 다른데 첫 번째 것은 오른쪽 공백 서브트리를 가지고 있는 반면 두 번째 것은 왼쪽 공백 서브트리를 가지고 있기 때문이다. 이들을 일반 트리로 취급하는 경우에는 비록 모양은 약간 다르게 그려졌지만 똑같은 트리로 본다.

그림 5.9 서로 다른 두 이진 트리

그림 5.10은 두 개의 특수한 이진 트리를 보여 주고 있다. 트리 (a)는 편향 트리(skewed tree)로서 왼쪽으로 편향된 왼쪽 편향 트리인데 이에 대응하는 오른쪽으로 편향된 오른쪽 편향 트리도 있다. 그림 5.10(b)의 트리는 완전 이진 트리(complete binary tree)라고 하는데 나중에 다시 공식적으로 정의하기로 한다. 주의할 점은 모든 리프 노드들이 모두 두 인접 레벨에 있다는 점이다. 트리에 사용했던 차수, 레벨, 깊이, 루트, 리프, 부모, 자식 등과 같은 용어는 이진 트리에서도 그대로 적용된다.

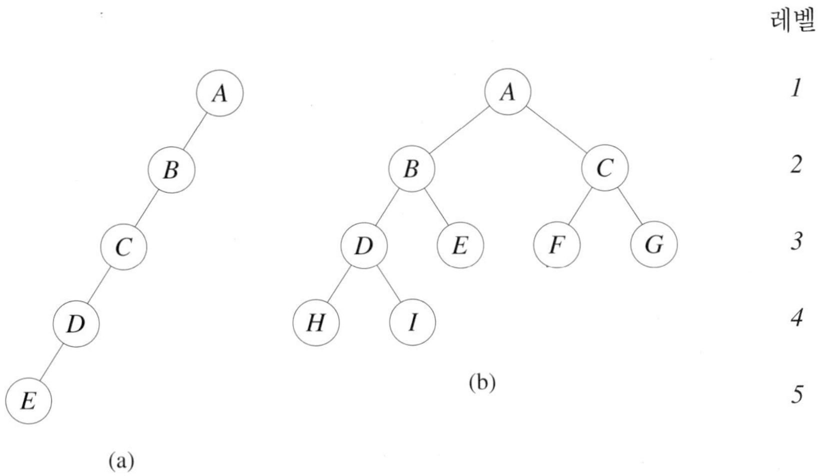

그림 5.10 편향 트리와 완전 이진 트리

5.2.2 이진 트리의 성질

이진 트리의 데이타 표현 방법을 살펴보기에 앞서 우선 몇 가지를 관찰해 보자. 특히 깊이가 k인 이진 트리에서 최대 노드 수와, 이진 트리에서 리프 노드 수와 차수가 2인 노드 수와의 관계를 알아보자.

보조정리 5.2 [최대 노드 수]:

(1) 이진 트리의 레벨 i에서의 최대 노드 수는 $2^{i-1}(i \geq 1)$이다.

(2) 깊이가 k인 이진 트리의 최대 노드 수는 $2^k-1(k \geq 1)$이다.

증명:

(1) 증명은 i에 대한 귀납법을 이용한다.

귀납 기초: 레벨 $i = 1$일 때는 루트만이 유일한 노드이다. 따라서 레벨 $i = 1$에서의 최대 노드 수는 $2^{i-1} = 2^0 = 1$이다.

귀납 가설: i를 1보다 큰 임의의 양의 정수라 하자. 레벨 $i-1$에서의 최대 노드 수는 2^{i-2}이라고 가정한다.

귀납 과정: 귀납 가설에 의해 레벨 $i-1$의 최대 노드 수는 2^{i-2}이다. 이진 트리에서 각 노드의 최대 차수는 2이므로, 레벨 i의 최대 노드 수는 레벨 $i-1$에서의 최대 노드 수의 두 배, 즉 2^{i-1}이다.

(2) 깊이가 k인 이진 트리의 최대 노드 수는 다음과 같다.

$$\sum_{i=1}^{k}(\text{레벨 } i\text{의 최대 노드 수}) = \sum_{i=1}^{k} 2^{i-1} = 2^k-1 \quad \square$$

보조정리 5.3 [리프 노드 수와 차수가 2인 노드 수와의 관계]: 공백이 아닌 모든 이진 트리 T에 대하여, n_0는 리프 노드 수, n_2는 차수가 2인 노드 수라고 하면 $n_0 = n_2 + 1$이다.

증명: n_1을 차수 1인 노드 수, n을 총 노드 수라고 하면, T에 있는 어떤 노드도 차수 2를 넘지 못하므로 다음 식이 성립한다.

$$n = n_0 + n_1 + n_2 \tag{5.1}$$

만일 이진 트리의 가지 수를 센다면 루트를 제외한 모든 노드들은 각기 자기에게 들어오는 가지가 하나씩 있다는 것을 알게 된다. 만일 총 가지 수를 B라 하면 $n = B + 1$이 성립되며, 모든 가지들은 차수가 2 또는 1인 노드에서부터 뻗어 나오므로 $B = n_1 + 2n_2$라는 식도 성립하게 된다. 그러므로 다음과 같은 식을 얻을 수 있다.

$$n = B + 1 = n_1 + 2n_2 + 1 \tag{5.2}$$

식 (5.1)에서 식 (5.2)를 빼고 항을 정리하면 다음 식을 얻을 수 있다.

$$n_0 = n_2 + 1 \quad \square$$

그림 5.10(a)에서는 $n_0 = 1$일 때 $n_2 = 0$, 그림 5.10(b)에서는 $n_0 = 5$일 때 $n_2 = 4$가 된다.
이제 포화 이진 트리와 완전 이진 트리를 정의하기로 하자.

정의: 깊이가 k인 포화 이진 트리(full binary tree)는 깊이가 k이고 노드 수가 $2^k - 1 (k \geq 0)$인 이진 트리이다. □

보조정리 5.2에 의하면 $2^k - 1$은 바로 깊이가 k인 이진 트리가 가질 수 있는 최대 노드 수가 된다. 그림 5.11은 깊이가 4인 포화 이진 트리의 예이다. 포화 이진 트리에서 레벨 1의 루트 노드부터 시작하여 점차 높은 레벨의 노드에 순차적으로 번호를 붙인다고 하자. 단 같은 레벨에서는 왼쪽에서 오른쪽으로 번호를 붙이도록 한다. 이러한 번호 할당 기법으로 완전 이진 트리의 정의를 내릴 수 있다.

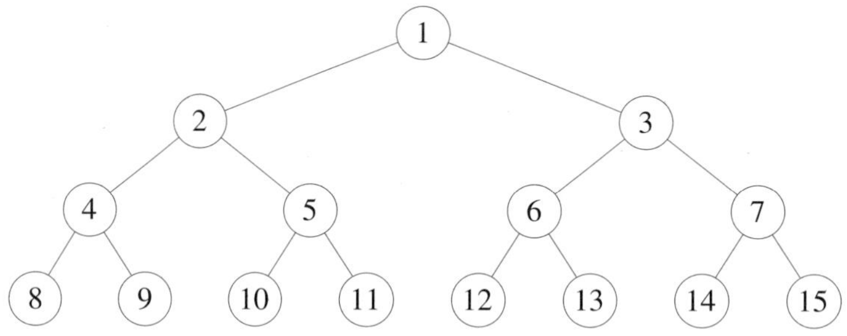

그림 5.11 순차적으로 노드 번호를 붙인 깊이 4의 포화 이진 트리

정의: 깊이가 k이고 노드 수가 n인 이진 트리의 각 노드들이 깊이 k인 포화 이진 트리에서 1부터 까지의 번호를 붙인 노드들과 1 대 1로 일치한다면, 이 트리는 완전 이진 트리(complete binary tree)이다. 또 그 역도 성립한다. □

보조정리 5.2로부터 n개의 노드를 갖는 완전 이진 트리의 높이는 $\lceil \log_2(n+1) \rceil$이 된다.(여기서 $\lceil x \rceil$는 x보다 작지 않은 정수이다.)

5.2.3 이진 트리의 표현

5.2.3.1 배열 표현

그림 5.11에 사용된 번호 할당 기법은 메모리에 이진 트리를 표현하는 방법을 제시한다. 노드에 1부터 n까지 번호가 할당되므로 1차원 배열에 노드를 저장할 수 있다.(C++의 배열이 트리 표현에 사용되면 0번째 위치는 공백으로 남게 된다.) 보조정리 5.4를 이용하면 이렇게 표현된 이진 트리에서 노드 i의 왼쪽 자식, 오른쪽 자식, 그리고 부모의 위치를 쉽게 결정할 수 있다.

보조정리 5.4: n개의 노드를 가진 완전 이진 트리가 순차적으로 표현된다면, 인덱스가 $i(1 \le i \le n)$인 노드의 성질은 다음과 같다.

(1) $i \neq 1$이면 $parent(i)$는 $\lfloor i/2 \rfloor$의 위치에 있다. 만일 $i = 1$이면 i는 루트이므로 부모가 없다.
(2) $2i \le n$이면 $leftChild(i)$는 $2i$의 위치에 있다. 만일 $2i > n$이면 i는 왼쪽 자식이 없다.
(3) $2i + 1 \le n$이면 $rightChild(i)$는 $2i + 1$의 위치에 있다. 만일 $2i + 1 > n$이면 i는 오른쪽 자식이 없다.

증명: (2)를 먼저 증명하기로 하자. (3)은 (2)의 사실과 노드의 번호 할당이 같은 레벨에서는 왼쪽에서 오른쪽으로 진행한다는 사실로부터 바로 나오는 결과이다. (1)은 (2)와 (3)에서부터 유도될 수 있다. (2)를 i에 대한 귀납법으로 증명하자. $i = 1$일 때 왼쪽 자식은 당연히 2의 위치에 있다. 물론 $2 > n$이면 왼쪽 자식은 있을 수 없다. 이제 $1 \le j \le i$인 모든 j에 대해 $leftChild(j)$는 $2j$에 있다고 가정하면, $leftChild(i+1)$ 앞에 있는 두 노드는 i의 오른쪽 자식과 왼쪽 자식일 것이다. i의 왼쪽 자식은 $2i$의 위치에 있으므로, $i + 1$의 왼쪽 자식은 $2i + 2 = 2(i + 1)$에 있다. 이때 물론 $2(i + 1) > n$이면 $i + 1$은 왼쪽 자식이 없다. □

위의 방법은 대부분의 경우 사용되지 않은 공간은 많을지 몰라도 어떤 이진 트리도 모두 나타낼 수 있다. 그림 5.12는 그림 5.10의 두 트리에 대한 배열 표현(array representation)을 보여 주고 있다. 그림 5.10(b)와 같은 완전 이진 트리의 경우에는 낭비되는 공간이 없으므로 매우 이상적이다. 그러나 그림 5.10(a)의 편향 트리에서는 배열의 절반도 사용이 안 되고 있다. 최악의 경우에 깊이 k인 편향 트리는 $2^k - 1$개의 공간을 필요로 하게 되는데 이 중에서 k개만을 사용하게 된다.

5.2.3.2 연결 표현

배열 표현 방법은 완전 이진 트리에 대해서는 상당히 좋지만, 다른 이진 트리에 대해서는 낭비가 매우

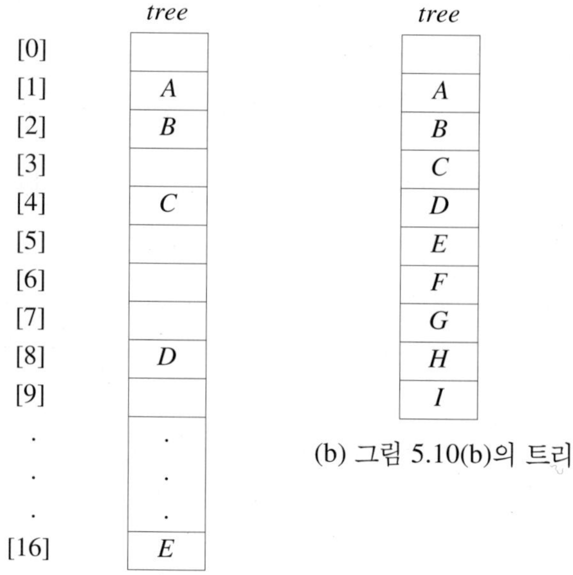

(a) 그림 5.10(a)의 트리

(b) 그림 5.10(b)의 트리

그림 5.12 그림 5.10의 이진 트리의 배열 표현

크다. 또한 배열 표현은 순차 표현의 부적절함을 가지고 있다. 즉 트리의 중간에 노드를 삽입하거나 제거하게 되면 노드 레벨의 변경에 따라 많은 노드의 위치가 변해야 한다. 이 문제는 연결 표현(linked representation)으로 쉽게 해결할 수 있다. 각 노드들은 *leftChild*, *data*, *rightChild*의 세 필드를 갖는다. 연결 리스트에서와 같이 연결 표현을 사용하는 트리를 정의하기 위해 두 클래스를 사용하겠다.

```
template <class T> class Tree;// 전방 선언
template <class T>
class TreeNode {
friend class Tree<T>;
private:
    T data;
    TreeNode<T> *leftChild;
    TreeNode<T> *rightChild;
};
template <class T>
class Tree {
public:
    // 트리 연산들
```

```
private:
    TreeNode<T> *root;
};
```

트리 노드는 그림 5.13의 표현 방법 중의 어느 하나로 그릴 수 있다.

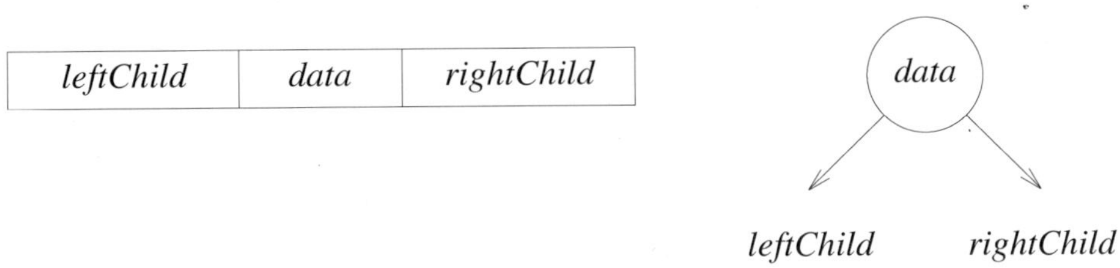

그림 5.13 노드 표현

이러한 노드 구조에서는 노드의 부모를 알기가 어렵다는 단점이 있지만, 대부분의 응용에 적합하다는 것을 보게 될 것이다. 임의의 어떤 노드의 부모를 알아야 할 경우 네 번째 필드로 *parent*를 하나 더 *TreeNode* 클래스에 포함시키면 된다. 그림 5.14는 이 노드 구조를 사용하여 그림 5.10의 트리들을 표현한 것이다. 트리의 루트는 *Tree* 클래스의 *root* 데이타 멤버에 저장된다. 이 데이타 멤버는 트리의 접근 포인터로 사용된다.

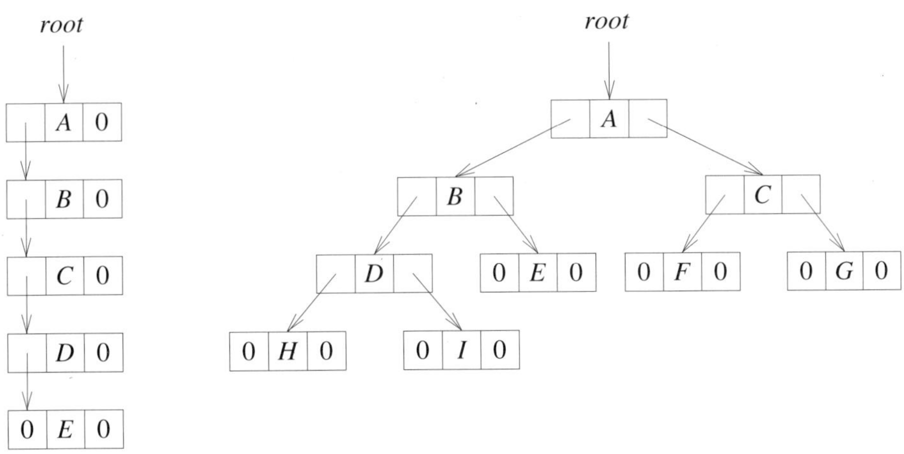

(a) (b)

그림 5.14 그림 5.10의 이진 트리에 대한 연결 표현

연습문제

1. 그림 5.15의 이진 트리에서 리프 노드와 비리프 노드 그리고 각 노드의 레벨을 구하라.
2. 높이가 h인 k원 트리의 최대 노드 수는 얼마인가? 답을 증명해 보라.
3. 그림 5.15의 이진 트리에 대한 내부 메모리 표현을 (a) 순차 표현과 (b) 연결 표현 방법을 이용하여 도시하라.
4. 완전 이진 트리의 배열 표현을 차수가 $d(d > 1)$인 완전 트리로 확장하라. 배열 i에 저장된 노드의 부모와 자식에 대한 공식을 유도해 보라.

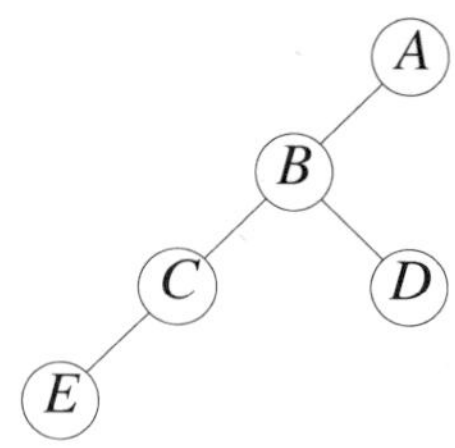

그림 5.15 연습문제 1을 위한 이진 트리

5.3 이진 트리 순회와 트리 반복자

5.3.1 개요

트리에서 수행하려고 하는 연산에는 여러 가지가 있는데 그 중에 하나는 트리 순회(tree traversal), 즉 트리에 있는 모든 노드를 한 번씩만 방문하는 것이다. 한 노드가 방문될 때 어떤 연산(데이타 필드의 계산과 같은)이 그 노드에 대해 수행된다. 완전한 순회는 트리에 있는 노드의 선형 순서를 생성한다. 각 노드를 방문하는 순서에 따라 생성된 이 선형 순서는 친숙하고 유용하다. 이진 트리를 순회할 때는 각 노드와 그 서브트리를 똑같은 방법으로 취급하는 것이 바람직하다. 만일 *L*, *V*, *R*이 한 노드에서 각각 왼쪽으로 이동, 노드 방문, 오른쪽으로 이동하는 것을 나타낸다면 *LVR*, *LRV*, *VLR*, *VRL*, *RVL*, 그리고 *RLV* 등 여섯 개의 순회 방법이 있을 수 있다. 만약 오른쪽보다 왼쪽을 항상 먼저 순회하기로 한다면 세 가지의 순회 방법, 즉 *LVR*, *LRV*, *VLR*이 가능하다. *L*과 *R*에 대한 *V*의 상대적 위치에 따라 이 세 가지를 각각 중위(inorder) 순회, 후위(postorder) 순회, 전위(preorder) 순회라 한다. 예를 들어 후위 순회에서는 왼쪽 서브트리와 오른쪽 서브트리를 먼저 순회한 다음에 노드를 방문한다. 한편 전위 순회에서는 서브트리를 순회하기 전에 노드를 방문한다.

트리의 이 순회 방법과 수식에서의 중위 표기(infix), 후위 표기(postfix), 전위 표기(prefix)는 자연스런 대응이 된다. 그림 5.16의 이진 트리를 살펴보자. 이 트리는 이항 연산자 더하기(+), 곱하기(*), 나누기(/)와 변수 *A*, *B*, *C*, *D*, *E*를 포함하는 산술식을 표현하고 있다. 연산자를 포함하고 있는 각 노드의 왼쪽 서브트리에는 왼쪽 피연산자, 오른쪽 서브트리에는 오른쪽 피연산자가 있다. 이 트리를 이용하여

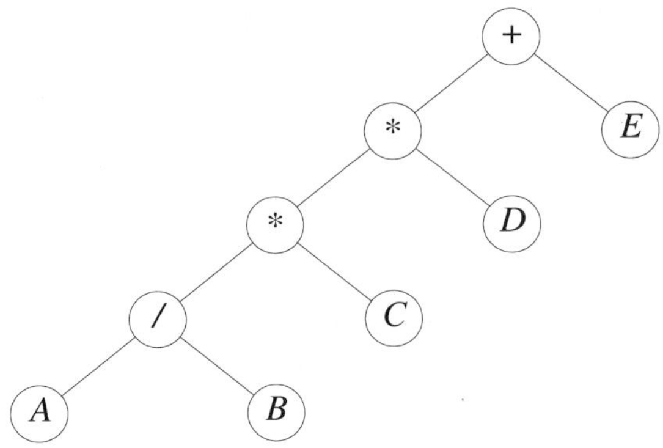

그림 5.16 산술식을 표현한 이진 트리

각 순회 방법을 알아보자.

5.3.2 중위 순회

비공식적으로 중위 순회(inorder traversal)는 먼저 더 이상 진행할 수 없을 때까지 왼쪽 방향으로 이동하여 내려간다. 그리고 그 노드를 '방문' 하고 오른쪽 자식 노드로 이동한 뒤 계속한다. 오른쪽으로 이동할 수 없을 때에는 한 노드 뒤로 되돌아간다. 이 중위 순회를 간결하게 표현하는 방법은 프로그램 5.1과 같이 순환을 이용하는 것이다.

```
template <class T>
void Tree<T>::Inorder()
{// 전체 트리를 순회하기 위해 Driver는 Workhorse를 호출하며
// Driver는 Tree 클래스의 공용 멤버 함수로 선언된다.
   Inorder(root);
}

template <class T>
void Tree<T>::Inorder(TreeNode<T> *currentNode)
{// Workhorse는 currentNode를 루트로 하는 서브
// 트리를 순회한다. 이 Workhorse는 Tree 클래스의 전용 멤버 함수로 선언된다.
   if (currentNode) {
      Inorder(currentNode→leftChild);
      Visit(currentNode);
      Inorder(currentNode→rightChild);
   }
```

```
}
```

프로그램 5.1: 이진 트리의 중위 순회

순환은 이 순회를 기술하기 위한 멋진 장치이다. 그림 5.17은 그림 5.16의 이진 트리에 대해 *Inorder(TreeNode<T>*)*(프로그램 5.1)가 어떻게 동작하는가를 추적한 것이다. 왼쪽 열을 먼저 읽어 내려간 뒤에 오른쪽 열을 읽는다. 그림 5.17은 *Visit* 함수가 다음과 같은 한 줄의 코드로 되어 있다고 가정하고 있다.

cout << *currentNode→data;*

원소는 다음과 같은 순서로 출력되는데 이것은 수식의 중위 표기에 대응된다.

$$A\,/\,B * C * D + E$$

호출	*currentNode*의 값	조치	호출	*currentNode*의 값	조치
Driver	+		10	*C*	
1	*		11	0	
2	*		10	*C*	**cout** << 'C'
3	/		12	0	
4	*A*		1	*	**cout** << '*'
5	0		13	*D*	
4	*A*	**cout** << 'A'	14	0	
6	0		13	*D*	**cout** << 'D'
3	/	**cout** << '/'	15	0	
7	*B*		Driver	+	**cout** << '+'
8	0		16	*E*	
7	*B*	**cout** << 'B'	17	0	
9	0		16	*E*	**cout** << 'E'
2	*	**cout** << '*'	18	0	

그림 5.17 프로그램 5.1의 추적

5.3.3 전위 순회

프로그램 5.2의 함수 *preorder*는 두 번째 유형의 전위 순회(preorder traversal)에 대한 C++ 코드이다. 간단히 말해서 이 순회에서는 '노드를 먼저 방문하고 왼쪽으로 가서 계속한다. 더 이상 계속할 수 없으면 오른쪽으로 이동하여 다시 시작하거나, 오른쪽으로 이동하여 순회를 계속할 수 있을 때까지 되돌아간다.' 전위 순회의 결과로 그림 5.16의 노드들은 다음과 같이 전위로 출력되는데 이것은 수식의 전위 표기에 대응한다.

$$+ * * / A\,B\,C\,D\,E$$

```
template <class T>
void Tree<T>::Preorder()
{// Driver.
      Preorder(root);
}

template <class T>
void Tree<T>::Preorder(TreeNode<T> *currentNode)
{// Workhorse.
   if (currentNode) {
      Visit(currentNode);
      Preorder(currentNode→leftChild);
      Preorder(currentNode→rightChild);
   }
}
```

프로그램 5.2: 이진 트리의 전위 순회

5.3.4 후위 순회

후위 순회(postorder traversal)에 대한 코드가 프로그램 5.3에 기술되어 있다. 그림 5.16의 트리에 대해 이 함수는 다음과 같이 출력하는데 이것은 수식의 후위 표기에 대응된다.

$$A\ B\ /\ C\ *\ D\ *\ E\ +$$

```
template <class T>
void Tree<T>::Postorder()
{// Driver.
   Postorder(root);
}

template <class T>
void Tree<T>::Postorder(TreeNode<T> *currentNode)
{// Workhorse.
   if (currentNode) {
      Postorder(currentNode→leftChild);
      Postorder(currentNode→rightChild);
      Visit(currentNode);
   }
```

```
14 }
```

프로그램 5.3: 이진 트리의 후위 순회

5.3.5 반복적 중위 순회

트리는 컨테이너 클래스이므로 *Tree* 클래스를 위한 반복자를 구현하려 한다. 이 반복자는 트리에 있는 원소들을 중위로 순서화한다고 가정하자. 이런 중위 반복자를 구현하기 위하여 순환을 사용하지 않는 중위 순회 방법을 구현하여야 한다. 중위 순회를 위한 비순환 프로그램이 프로그램 5.4에 있다. 이 프로그램에서는 ADT 3.1에서 정의한 것과 같은 스택을 사용하고 있다.

정의: 타입 *X*의 객체가 작업을 수행하기 위해 타입 *Y* 객체를 사용하면 타입 *X*의 데이타 객체와 타입 *Y*의 데이타 객체 간에는 USES-A 관계가 성립된다고 말한다. 이 관계는 통상적으로 타입 *X*의 멤버 함수에서 타입 *Y* 객체를 이용함으로써 이루어진다. 타입 *Y* 객체는 멤버 함수에 매개변수로 전달되거나 그 함수에서 지역 변수로 사용될 수 있다. USES-A 관계는 IS-IMPLEMENTED-IN-TERMS-OF 관계와 유사하다. 다른 점은 타입 *Y* 객체가 사용되는 그 정도가 USES-A 관계에 있어서는 더 작다는 것이다. □

여기에서는 ADT 3.1의 스택 템플릿이 *TreeNode<T>**로 구체화된다.

***NonrecInorder*의 분석:** 트리의 노드 수를 n이라고 하자. 프로그램 5.4를 살펴보면 트리의 모든 노드들은 스택에 한 번씩 삽입된다는 것을 알 수 있다. 그러므로 행 8, 9, 11에서 15가 n번 실행된다. 더욱이 *currentNode*는 트리의 각 0 링크에 대해 한 번씩 0이 되어 정확히

$$2n_0 + n_1 = n_0 + n_1 + n_2 + 1 = n + 1$$

이 된다. 모든 단계가 어떤 상수 n번 이하 실행되므로 시간 복잡도는 O(n)이다. 불필요한 스택 작업을 제거하면 수행 시간을 상수 배만큼 감소시킬 수 있다(연습문제 참조). 스택을 위한 공간은 트리의 깊이와 같으며 최대 n이다. □

이제 *NonrecInorder* 함수를 이용하여 트리의 중위 반복자를 작성해 보자. C++ 전방 반복자와 같이 복잡한 반복자를 작성하기보다는 중위 순서로 다음 원소에 대한 포인터를 반환하는 *Next* 함수만 있는 간단한 반복자를 생각해 보자. 이 간단한 반복자를 작성하는 데 필요한 중요한 관찰은 프로그램 5.4의 6~16행의 **while** 루프가 반복될 때마다 트리의 중위 순회의 다음 원소가 생성된다는 것이다. 먼저 *InorderIterator* 클래스를 정의하는 것에서 시작하는데 이 클래스는 *Tree* 클래스의 중첩 클래스(그리고 **friend**)가 된다. 이 클래스에 필요한 데이타 멤버는 프로그램 5.4에서 사용된 두 객체 *s*와 *currentNode*이다. 프로그램 5.5는 *InorderIterator* 클래스 정의를 포함하고 있다. 이 클래스의 생성자는 *currentNode*를 트리의 루트로 초기화한다. *Next*()를 구현하는 코드는 프로그램 5.4의 7~15행의 부분, 즉 **while** 루프를 한 번 반복하는 부분을 추출함으로써 얻을 수 있다. 이제 다음 원소를 방문하는 대신 이 원소를 반환할 수 있다. 프로그램 5.6은 이 결과 코드를 보여 주고 있다.

```
template <class T>
void Tree<T>::NonrecInorder()
{// 스택을 이용한 비순환 중위 순회.
 Stack<TreeNode<T>*> s; // 스택의 선언과 초기화
 TreeNode<T> *currentNode = root;
 while(1) {
     while (currentNode) { // 왼쪽 자식 필드로 이동
        s.Push(currentNode); // 스택에 삽입
        currentNode = currentNode→leftChild;
     }
     if (s.IsEmpty()) return;
     currentNode = s.Top();
     s.Pop(); // 스택에서의 삭제
     Visit(currentNode);
     currentNode = currentNode→rightChild;
 }
}
```

프로그램 5.4: 비순환 중위 순회

```
class InorderIterator {
public:
    InorderIterator(){currentNode = root;};
    T * Next();
private
    Stack<TreeNode<T>*> s;
    TreeNode<T> *currentNode;
};
```

프로그램 5.5: 간단한 중위 반복자 클래스의 정의

```
T *InorderIterator::Next()
{
    while (currentNode) {
        s.Push(currentNode);
        currentNode = currentNode→leftChild;
```

```
    }
    if (s.IsEmpty()) return 0;
    currentNode = s.Top();
    s.Pop();
    T& temp = currentNode→data;
    currentNode = currentNode→rightChild;
    return &temp;
}
```

프로그램 5.6: 다음 중위 원소를 가져오는 코드

5.3.6 레벨 순서 순회

반복적으로 작성되든지 순환적으로 작성되든지 간에 중위, 전위, 후위 순회는 모두 스택을 필요로 한다. 이에 반하여 큐를 필요로 하는 순회를 살펴보자. 레벨 순서 순회(level order traversal)라는 이 순회 방법은 그림 5.11에서의 번호 할당 기법에 따라 노드를 방문한다. 즉 루트를 먼저 방문하고 다음에 루트의 왼쪽 자식, 그리고 루트의 오른쪽 자식을 방문한다. 이러한 방법으로 새로운 각 레벨의 노드를 가장 왼쪽부터 가장 오른쪽까지 방문한다.

이 순회를 위한 코드는 프로그램 5.7에 있는데 ADT 3.2의 *Queue* 템플릿 클래스를 사용하고 있다.

```
template <class T>
void Tree<T>::LevelOrder()
{// 이진 트리의 레벨 순서 순회.
    Queue<TreeNode<T>*> q;
    TreeNode<T> *currentNode = root;
    while (currentNode) {
        Visit(currentNode);
        if (currentNode→leftChild) q.Push(currentNode→leftChild);
        if (currentNode→rightChild) q.Push(currentNode→rightChild);
        if (q.IsEmpty()) return;
        currentNode = q.Front();
        q.Pop();
    }
}
```

프로그램 5.7: 이진 트리의 레벨 순서 순회

순회는 루트를 방문하면서 그 자식들을 큐에 삽입하는 것으로 시작한다. 방문할 다음 노드는 큐의 앞에서 얻는다. 노드의 자식들은 바로 아래 레벨에 있고 왼쪽 자식을 오른쪽 자식보다 먼저 삽입하기 때

문에 그림 5.11의 순서화 기법에 따라 노드들이 출력된다. 그림 5.16의 트리를 레벨 순서로 순회한 결과는 다음과 같다.

$$+ * E * D / C A B$$

5.3.7 스택 없는 순회

트리 순회 문제를 끝내기 전에 마지막으로 스택을 위한 추가적인 공간을 사용하지 않고 이진 트리 순회가 가능한가를 고려해 보자.(순환 트리 순회 알고리즘 역시 묵시적으로 스택을 사용한다.) 간단한 해결책은 각 노드에 *parent*(부모) 필드를 추가하는 것이다. 이렇게 하면 트리의 한 노드에서 루트 노드로 올라가고 다시 밑으로 내려갈 수 있다. 또 다른 해결책은 각 노드마다 두 비트가 필요한데 이진 트리를 스레드 이진 트리로 표현하는 방법이다. 스레드 이진 트리는 5.5절에서 다룬다. 만일 이 추가적인 공간 할당이 너무 부담스러운 경우 *leftChild* 필드와 *rightChild* 필드를 루트로 돌아갈 수 있는 경로를 유지하도록 사용할 수 있다. 경로 상의 주소 스택은 리프 노드에 저장된다. 연습문제에서 이 문제를 보다 자세히 검토한다.

연습문제

1. 그림 5.10의 이진 트리에 대해 중위, 전위, 후위, 레벨 순서 순회의 결과를 기술해 보라.
2. 그림 5.11의 이진 트리에 대해 연습문제 1을 반복하라.
3. 그림 5.15의 이진 트리에 대해 연습문제 1을 반복하라.
4. *Tree*에 대한 전방 반복자를 구현하라. 이 반복자는 트리의 중위 순회를 수행해야 한다.
5. *Tree*에 대한 전방 반복자를 구현하라. 이 반복자는 트리의 레벨 순서 순회를 수행해야 한다.
6. 함수 *Preorder*(프로그램 5.2)를 비순환 버전으로 작성하라.
7. 앞의 연습문제 결과를 이용하여 트리를 전위 순회하는 전방 반복자 *PreorderIterator*를 구현하라.
8. 함수 *Postorder*(프로그램 5.3)를 비순환 버전으로 작성하라.
9. 앞의 연습문제 결과를 이용하여 트리를 후위 순회하는 전방 반복자 *PostorderIterator*를 구현하라.
10. [**프로그래밍 과제**] 이진 트리에 대한 완전한 C++ 템플릿 클래스를 개발하라. 여기에는 생성자, 복사 생성자, 파괴자, 이 절에서 설명한 네 가지 순회 방법(각자 전방 반복자를 가진)이 포함되어야 한다. 또한 ADT 5.1에 명기된 나머지 함수도 포함시키라.
11. *NonrecInorder*(프로그램 5.4)를 가능한 한 빠르게 재작성하라.[힌트: 루프 내에서의 스택 작업과 테스트를 최소화하라.]
12. 프로그램 5.8은 스택을 사용하지 않고 중위 순회를 수행한다. 모든 명령문을 적어도 한 번은 실행시키게 하는 여러 종류의 이진 트리에 이 코드를 실행시켜 이것이 정확하다는 것을 증명하라.
13. 일정 양의 공간만을 추가로 사용하는 비순환 버전의 *Postorder*(프로그램 5.3)를 작성하라.(앞의 연습문제 아이디어를 이용하라.)
14. *Preorder*(프로그램 5.2)에 대해 앞의 연습문제를 반복하라.

```
template <class T>
void Tree<T>::NoStackInorder()
{// 일정한 공간만 추가로 사용하면서 이진 트리를 중위 순회.
   if (!root) return; // 공백 이진 트리
   TreeNode<T> *top = 0, *lastRight = 0, *p, *q, *r, *r1;
   p = q = root;
   while (1) {
   while (1) {
      if ((!p→leftChild) && (!p→rightChild)) { // 리프 노드
         Visit(p); break;
      }
      if (!p→leftChild) { // p를 방문하고 p→rightChild로 이동
         Visit(p);
         r = p→rightChild; p→rightChild = q;
         q = p; p = r;
      }
      else { // p→leftChild로 이동
         r = p→leftChild; p→leftChild = q;
         q = p; p = r;
      }
   } // 안쪽 while의 끝
   // p는 리프 노드, 오른쪽 서브트리를 아직 검사하지 않은
   // 노드를 위해 위쪽으로 이동
   TreeNode<T> *av = p;
   while (1) {
      if (p == root) return;
      if (!q→leftChild) { // q는 rightChild를 통해 연결
         r = q→rightChild; q→rightChild = p;
         p = q; q = r;
      }
      else if (!q→rightChild) { // q는 leftChild를 통해 연결
         r = q→leftChild; q→leftChild = p;
         p = q; q = r;  Visit(p);
      }
      else // p가 q의 rightChild인지 검사
```

```
            if (q == lastRight) {
                r = top; lastRight = r→leftChild;
                top = r→rightChild; // 스택에서 제거
                r→leftChild = r→rightChild = 0;
                r = q→rightChild; q→rightChild = p;
                p = q; q = r;
            }
            else { // p가 q의 leftChild인지 검사
                Visit(q);
                av→leftChild = lastRight; av→rightChild = top;
                top = av; lastRight = q;
                r = q→leftChild; q→leftChild = p; // p로 가는 링크를 복구
                r1 = q→rightChild; q→rightChild = r;
                p = r1;
                    break;
                }
            } // 안쪽 while 루프의 끝
        } // 바깥쪽 while 루프의 끝
}
```

프로그램 5.8: O(1) 공간을 사용하는 중위 순회

5.4 이진 트리의 추가 연산

5.4.1 이진 트리의 복사

이진 트리의 정의와 순환적 순회 방법을 이용하면 이진 트리를 다루는 다른 함수를 쉽게 작성할 수 있다. 예를 들어 하나의 이진 트리를 이와 똑같은 다른 이진 트리로 복사하여 초기화하는 복사 생성자를 구현한다고 하면 후위 순회 함수 알고리즘을 약간 변경하여 프로그램 5.9와 같이 만들 수 있다. 이 프로그램은 *TreeNode*가 트리 노드의 세 데이타 멤버 모두를 설정하는 생성자를 가지고 있다고 가정한다.

```
template <class T>
Tree<T>::Tree(const Tree<T>& s)  // driver
{// Copy constructor
    root = Copy(s.root);
}


template <class T>
```

```
TreeNode<T>* Tree<T>::Copy(TreeNode<T> *origNode) // Workhorse
{// origNode를 루트로 하는 이진 트리의 복사본에 대한 포인터를 반환한다.
    if (!origNode) return 0;
    return new TreeNode<T>(origNode→data,
                           Copy(origNode→leftChild),
                           Copy(origNode→rightChild));
}
```

프로그램 5.9: 이진 트리의 복사

5.4.2 동일성 검사

순환을 이용하여 쉽게 해결할 수 있는 또 다른 문제는 두 이진 트리가 동일한가를 검사하는 것이다. 만약 두 이진 트리가 같은 구조를 가지고 있고 대응되는 노드들의 정보가 동일하면 두 트리는 동등하다. 구조가 같다는 것은 한 트리의 모든 가지들이 다른 트리의 가지들과 같은 순서로 대응한다는 뜻이다. 함수 **operator==()**는 보조 함수 *Equal*(프로그램 5.10)을 호출하는데 이것은 물론 다른 순회로도 가능하지만 이진 트리를 전위로 순회한다.

```
template <class T>
bool Tree<T>::operator==(const Tree& t) const
{
    return Equal(root, t.root);
}

template <class T>
bool Tree<T>::Equal(TreeNode<T>~ *a, TreeNode<T>~ *b)
{// Workhorse.
    if ((!a) && (!b)) return true; // a와 b가 0
    return (a && b                 // a와 b가 0이 아님
            && (a→data == b→data) // data가 동일
            && Equal(a→leftChild, b→leftChild) // 왼쪽 서브트리가 동등
            && Equal(a→rightChild, b→rightChild)); // 오른쪽 서브트리가 동등
}
```

프로그램 5.10: 이진 트리 동등성

5.4.3 만족성 문제

변수 $x_1, x_2, ..., x_n$과 연산자 ∧(**and**), ∨(**or**), ¬(**not**)으로 이루어지는 식들을 생각해 보자. 이 변수들은 *true*나 *false*, 두 개의 값만을 가질 수 있다. 이 변수와 연산자로 구성되는 식은 다음 규칙에 의해 정의

된다.

(1) 변수도 하나의 식이다.

(2) x, y가 식 일때 $\neg x$, $x \wedge y$, $x \vee y$도 식이다.

(3) 연산 순서는 ¬, ∧, ∨의 순이며, 괄호를 사용하여 이 순서를 바꿀 수 있다.

이 규칙은 명제 해석식(formula of propositional calculus)을 구성할 수 있다.[내포(→)와 같은 다른 연산도 ∧, ∨, ¬을 이용하여 나타낼 수 있다.] 다음 표현은 식이다.

$$x_1 \vee (x_2 \wedge \neg x_3)$$

('x_1 or x_2 and not x_3' 라 읽는다.) 여기서 x_1과 x_3는 *false*이고 x_2가 *true*이면, 이 식의 값은

$$\begin{aligned} & false \vee (true \wedge \neg false) \\ &= false \vee true \\ &= true \end{aligned}$$

이다. 명제 해석식에 대한 만족성 문제(satisfiability problem)는 식의 값이 *true*가 되도록 변수에 값을 지정할 수 있는 방법이 있는가를 묻는 것이다.

가령 식이 이미 이진 트리로 주어졌고 그림 5.18이 이 식을 포함하고 있다고 가정하자.

$$(x_1 \wedge \neg x_2) \vee (\neg x_1 \wedge x_3) \vee \neg x_3$$

이 트리의 중위 순회는 다음과 같이 수식의 중위 표기법과 같다.

$$x_1 \wedge \neg x_2 \vee \neg x_1 \wedge x_3 \vee \neg x_3$$

식의 만족성을 결정하기 위한 가장 명확한 알고리즘은 (x_1, x_2, x_3)에 가능한 모든 *true*(참)와 *false*(거짓)

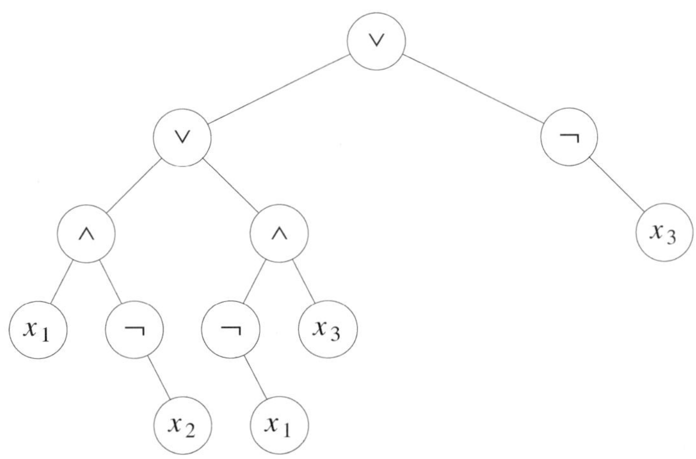

그림 5.18 이진 트리로 표현된 명제식

의 조합을 대입해서 그 결과를 조사해 보는 것이다. n개의 변수에 대해서 2^n개의 *true* = *t*와 *false* = *f*의 조합이 가능하다. 예를 들어 $n = 3$일 때 가능한 조합은 (t, t, t), (t, t, f), (t, f, t), (t, f, f), (f, t, t), (f, t, f), (f, f, t), (f, f, f) 등 여덟 가지이다. 이 알고리즘은 적어도 $O(g\ 2^n)$ 또는 지수승의 시간이 필요한데, 여기서 g는 $x_1, x_2, \ldots, x_n$에 값을 대입하고 이 식을 계산하는 데 필요한 시간을 뜻한다.

식을 계산하는 방법은 전체 식이 하나의 값이 될 때까지 서브트리를 계산하면서 트리를 후위 순회하는 것이다. 이것은 우리가 앞에서 본 산술 연산의 후위 표기 계산과 비슷하다. 이것을 트리의 표현 측면에서 보면, 우리가 도달한 노드에 대해서는 그것의 인자(자식)들의 값은 이미 계산한 것이 된다. 그러므로 레벨 2의 ∨ 노드에 도달할 때는 $x_1 \wedge \neg x_2$와 $\neg x_1 \wedge x_3$의 값들은 이미 계산되어 있어서 **or** 연산을 적용시킬 수 있다는 것이다. 단 ¬는 단항(unary) 연산자이므로 ¬을 포함하는 노드는 오른쪽 가지만 가지고 있다.

이 만족성 문제 응용을 위해, *Tree* 템플릿 클래스를 *T* = *pair*<*Operator*, **bool**>로 인스턴스화한다. 여기서 *pair*는 두 데이타 멤버 *first*와 *second*를 가진 시스템 정의 C++ 템플릿 구조이다. 이 두 데이타 멤버의 데이타 타입은 각각 *Operator*와 **bool**이다. *Operator* 데이타 타입은 다음과 같이 정의된다.

```
enum Operator {Not, And, Or, True, False};
```

엄밀히 말해서, *True*와 *False*는 연산자라기보다는 상수를 나타낸다. 만족성 문제를 위한 1차 버전의 알고리즘이 프로그램 5.11에 있다. 여기서 n은 식에 나오는 변수의 수이고 *formula*는 식을 표현하는 이진 트리이다.

프로그램 5.12는 식을 표현하는 트리의 노드를 방문할 때 수행되어야 하는 작업에 대한 코드이다. 간단히 하기 위하여, 프로그램 5.12는 모든 리프 노드에 대해 *data.first* 필드가 그 리프 노드에 대한 변수에 지정된 진리값에 따라 *True*나 *False*가 이미 설정되었다고 가정한다.

```
for n개 변수에 대한 2^n개의 가능한 참값 조합
{
    다음 조합을 생성;
    그들의 값을 변수에 대입;
    명제식을 나타내는 트리를 후위 순회로 계산;
    if (formula.Data().second()) { cout << current combination; return;}
}
cout << "no satisfiable combination";
```

프로그램 5.11: 만족성 알고리즘의 첫 번째 버전

```
// p가 가리키는 노드를 방문
switch (p→data.first) {
    case Not: p→data.second = !p→rightChild→data.second; break;
    case And: p→data.second =
```

```
            p→leftChild→data.second && p→rightChild→data.second;
            break;
    case Or: p→data.second =
            p→leftChild→data.second || p→rightChild→data.second;
            break;
    case True: p→data.second = true; break;
    case False: p→data.second = false;
}
```

프로그램 5.12: 식을 표현하는 트리의 노드 방문

연습문제

1. 이진 트리에서 리프 노드의 수를 계산하는 C++ 함수를 작성하라. 이 함수의 계산 시간은 얼마인가?
2. 이진 트리에 있는 모든 노드의 왼쪽 자식과 오른쪽 자식을 교환하는 C++ 함수 *SwapTree*()를 작성하라. 그림 5.19에 한 예가 있다.

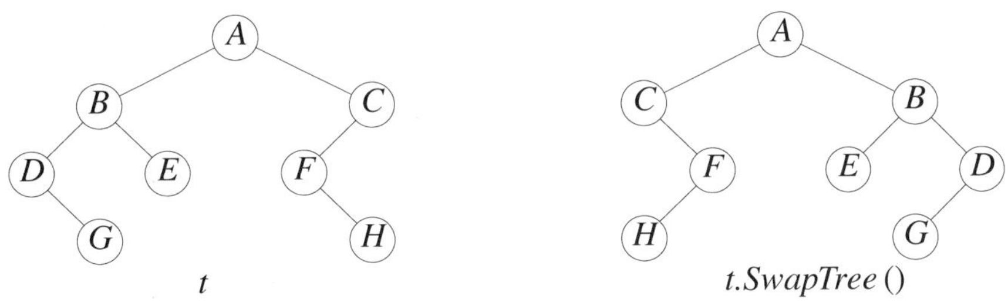

그림 5.19 *SwapTree* 예

3. 명제 해석식에 대한 외부 표현 방법을 고안해 보라. 그러한 식을 읽고 이진 트리 표현을 생성하는 C++ 함수를 작성하라. 이 함수의 복잡도는 무엇인가?
4. [**파괴자**] 이진 트리에서 모든 노드를 삭제하는 순환 함수를 작성하라. 이 함수의 복잡도는 무엇인가?
5. 한 트리를 다른 트리에 지정하는 [**operator=**] 순환 함수를 작성하라. 이 함수의 복잡도는 무엇인가?

5.5 스레드 이진 트리

5.5.1 스레드

이진 트리의 연결 표현을 주의 깊게 살펴보면 실제 포인터보다 더 많은 0 링크가 있음을 알 수 있다. 앞

에서 보았듯이 이진 트리에는 총 $2n$개의 링크 중에 $n + 1$개의 0 링크가 있다. 이런 0 링크를 이용하는 방법이 A. J. Perlis와 C.Thornton에 의해 고안되었다. 그들의 아이디어는 0 링크를 스레드(thread), 즉 다른 노드를 가리키는 포인터로 대치하는 것이었다. 스레드는 다음의 규칙에 따라 구성한다.

(1) 노드 *p*의 *rightChild*가 0이라면 중위 순회할 때 *p* 다음에 방문하는 노드에 대한 포인터로 *p*의 *rightChild*를 대치한다. 즉 이것은 0 링크를 *p*의 중위 후속자(inorder successor)에 대한 포인터로 대치하는 것이다.

(2) 노드 *p*에서 *leftChild*가 0이라면 중위 순회할 때 *p* 앞에 방문하는 노드에 대한 포인터로 *p*의 *leftChild*를 대치한다. 즉 이것은 0 링크를 *p*의 중위 선행자(inorder predecessor)에 대한 포인터로 대치하는 것이다.

그림 5.20은 그림 5.10(b)의 이진 트리를 스레드와 함께 나타낸 것인데, 점선이 스레드를 나타낸다. 이 트리는 9개의 노드와 스레드로 대치된 10개의 0 링크를 가지고 있다. 이 트리를 중위 순회하면 노드들은 *H, D, I, B, E, A, F, C, G* 순으로 방문된다. 예를 들어 노드 *E*는 *B*를 가리키는 선행자 스레드와 *A*를 가리키는 후속자 스레드를 가지고 있다.

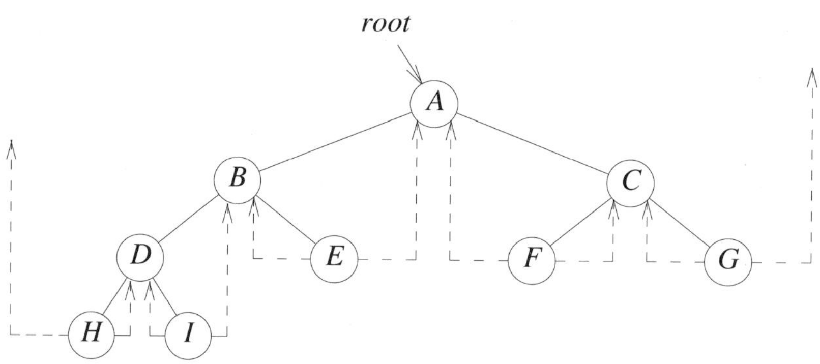

그림 5.20 그림 5.10(b)에 대응하는 스레드 트리

메모리 표현에서는 스레드와 정상적인 포인터를 구별할 수 있어야 한다. 이를 위해서는 *TreeNode*에 *leftThread*와 *rightThread*라는 두 개의 *Boolean* 필드를 첨가하면 된다. *t*를 트리 노드를 가리키는 포인터라 하자. 노드 *t*에서 *t*→*leftThread*==**true**이면 *t*→*leftChild*는 스레드를 포함하고 있으며, 그렇지 않으면 왼쪽 자식에 대한 포인터를 포함하고 있다. 마찬가지로 *t*→*rightThread*==**true**이면 *t*→*rightChild*는 스레드를 포함하고, 그렇지 않은 경우 오른쪽 자식에 대한 포인터를 포함한다. *ThreadedNode*를 이 노드 구조라 하자.

그림 5.20에서 보면 두 개의 스레드가 연결되지 않고 그냥 매달려 있다. 하나는 *H*의 *leftChild*에 있는 스레드이며 다른 하나는 *G*의 *rightChild*에 있는 스레드이다. 이와 같이 연결되지 않은 스레드를 제거하기 위해서 모든 스레드 이진 트리에는 하나의 헤더 노드가 있다고 가정하겠다. 이렇게 하면 원래의

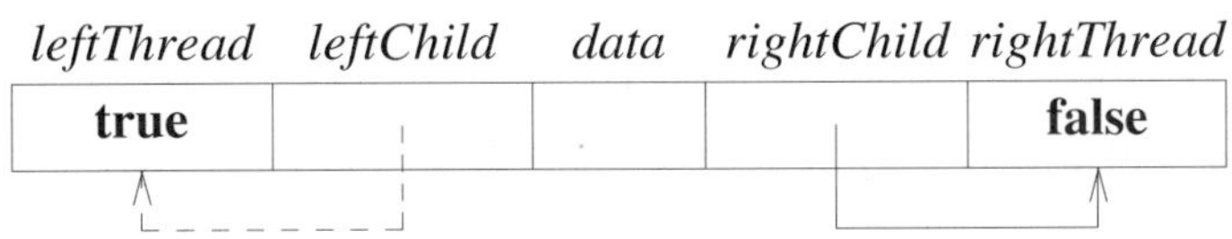

그림 5.21 공백 스레드 이진 트리

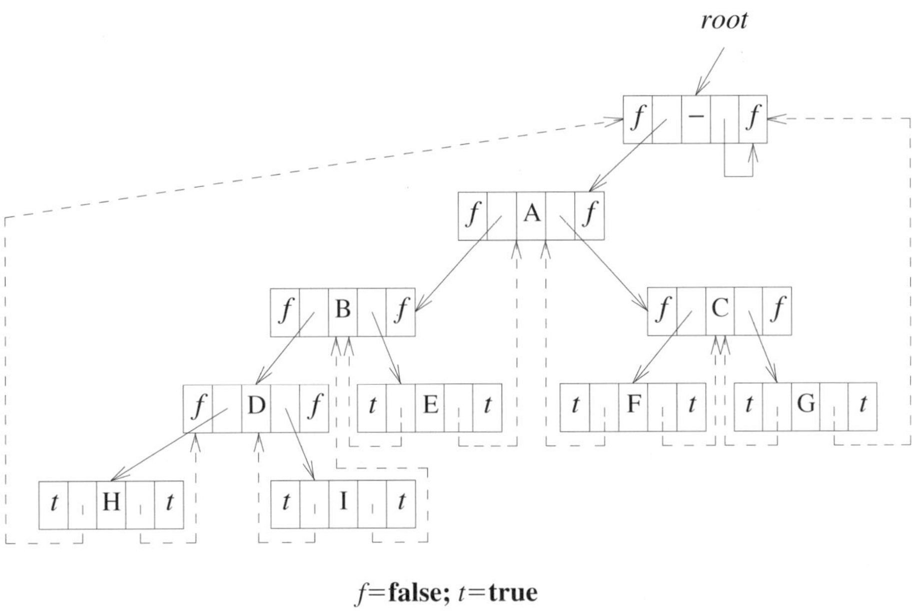

그림 5.22 스레드 이진 트리의 메모리 표현

트리는 헤더 노드의 왼쪽 서브트리가 된다. 공백 스레드 이진 트리는 그림 5.21과 같은 헤더 노드로 표현된다. 그림 5.20의 트리에 대한 완전한 메모리 표현은 그림 5.22에 나타나 있다.

5.5.2 스레드 이진 트리의 중위 순회

스레드를 사용하면 스택을 사용하지 않고 중위 순회를 수행할 수 있다. 먼저 스레드 트리의 어떤 노드 *x*에서 *x→rightThread*==**true**이면 *x*의 중위 후속자는 스레드 정의에 의해 *x→rightChild*가 된다는 것을 알 수 있다. 그렇지 않을 경우 *x*의 중위 후속자는 *x*의 오른쪽 자식으로부터 시작하여 왼쪽 자식 링크를 따라 *leftThread*==**true**인 노드에 도달할 때까지 찾아가면 얻게 된다. 함수 *Next*()(프로그램 5.13)는 스레드 이진 트리에서 노드 *currentNode*의 중위 후속자를 찾아 반환한다.(여기서 *ThreadedInorderTree*는 *ThreadedTree*의 중첩 클래스라고 가정한다.)

Next() 함수에 대해 흥미로운 사실은 스택을 추가로 사용하지 않고도 스레드 이진 트리에서 임의 노드의 중위 후속자를 찾을 수 있다는 것이다. 트리는 헤더 노드의 왼쪽 서브트리이고 헤더 노드에 대해

rightThread=**false**로 정했기 때문에 원래의 이진 트리에 대한 노드의 중위 순서는 트리 헤더를 가리키는 *currentNode*를 가지고 시작하여 함수 *Next*()를 반복적으로 호출함으로써 얻을 수 있다. *n*개의 노드를 가진 스레드 트리에 대해 순회를 위한 계산 시간은 O(*n*)임을 쉽게 알 수 있다.

```
T* ThreadedInorderIterator::Next()
{// 스레드 이진 트리에서 currentNode의 중위 후속자를 반환
    ThreadedNode<T> *temp = currentNode→rightChild;
    if (!currentNode→rightThread)
        while (!temp→leftThread) temp = temp→leftChild;
    currentNode = temp;
    if (currentNode == root) return 0;
    else return &currentNode→data;
}
```

프로그램 5.13: 스레드 이진 트리에서 중위 후속자의 탐색

5.5.3 스레드 이진 트리에서의 노드 삽입

이제 스레드 이진 트리에 삽입은 어떻게 하는지 알아보자. 삽입을 위해서는 스레드 트리의 크기를 증가시키는 함수가 필요하다. 여기서는 노드 *r*을 노드 *s*의 오른쪽 자식으로 삽입하는 경우에 대해서만 생각해 보기로 한다. 왼쪽 자식으로 삽입하는 것은 연습문제에서 하도록 한다. 오른쪽 자식으로 삽입할 때에는 두 경우가 있다.

(1) *s*가 공백 오른쪽 서브트리를 가진다면 삽입은 간단하며 그림 5.23(a)와 같다.

(2) *s*의 오른쪽 서브트리가 공백이 아니면 이 오른쪽 서브트리는 삽입 후 *r*의 오른쪽 서브트리가 된다. 이렇게 되면 *r*은 *leftThread*==**true**인 노드의 중위 선행자가 되며 그 스레드는 *r*을 가리키도록 수정되어야 한다. 이 스레드를 가진 노드는 삽입 전에는 *s*의 중위 후속자였다. 그림 5.23(b)가 이 경우의 삽입을 예시해 주고 있다.

이 두 경우에 모두 *s*는 *r*의 중위 선행자이다. 자세한 것은 함수 *InsertRight*(프로그램 5.14)에 있다. 함수 *InorderSucc*(*r*)은 함수 *Next*()에서 사용된 것과 유사한 알고리즘을 사용하여 *r*의 중위 후속자를 반환한다고 가정하였다.

```
template <class T>
void ThreadedTree<T>::InsertRight(ThreadedNode<T> *s,
                                  ThreadedNode<T> *r)
{// s의 오른쪽 자식으로 r을 삽입한다.
    r→rightChild = s→rightChild;
    r→rightThread = s→rightThread;
```

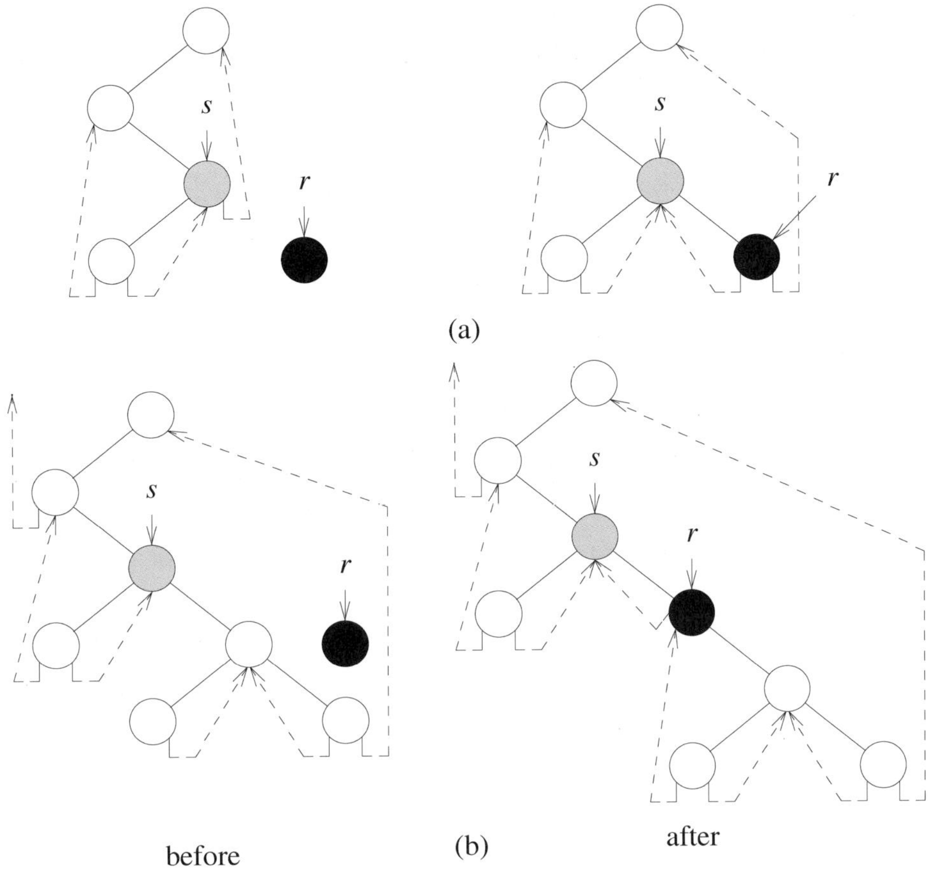

그림 5.23 스레드 이진 트리에서 *s*의 오른쪽 자식으로 *r*을 삽입

```
    r→leftChild = s;
    r→leftThread = true; // leftChild는 스레드
    s→rightChild = r;
    s→rightThread = false;
    if (! r→rightThread) {
        ThreadedNode<T> *temp = InorderSucc(r);
                                    // r의 중위 후속자를 반환
        temp→leftChild = r;
    }
}
```

프로그램 5.14: *s*의 오른쪽 자식으로 *r*을 삽입

연습문제

1. 스레드 이진 트리에서 노드 *s*의 왼쪽 자식으로 새로운 노드 *l*을 삽입하는 C++ 함수를 작성하라. *s*의 왼쪽 서브트리는 *l*의 왼쪽 서브트리가 된다.
2. 스레드 이진 트리에 대한 C++ 전방 반복자를 작성하라. 노드는 중위 순회 순으로 계속해야 된다.
3. 스레드 이진 트리를 후위 순회하는 함수를 작성하라. 이 함수가 필요로 하는 시간과 공간은 얼마인가?
4. 스레드 이진 트리를 전위 순회하는 함수를 작성하라. 이 기법이 필요로 하는 시간과 공간은 얼마인가?
5. 본문에서와 같은 중위 스레드가 아닌 전위 스레드를 사용하는 이진 트리의 스레드 기법을 생각해 보라. 어떠한 순회가 스택 없이 수행될 수 있는가? 스택 없이 수행할 수 있는 순회에 대해 C++ 함수를 작성하고 공간 복잡도를 분석하라.
6. 본문에서와 같은 중위 스레드가 아닌 후위 스레드를 사용하는 이진 트리의 스레드 기법을 생각해 보라. 어떠한 순회가 스택 없이 수행될 수 있는가? 스택 없이 수행할 수 있는 순회에 대해 알고리즘을 작성하고 공간 복잡도를 분석하라.

5.6 히프

5.6.1 우선순위 큐

히프는 우선순위 큐(priority queue)를 구현하는 데 자주 사용된다. 우선순위 큐에서는 우선순위가 가장 높은(또는 가장 낮은) 원소를 먼저 삭제한다. 또 언제든지 임의의 우선순위를 가진 원소를 우선순위 큐에 삽입할 수 있다. ADT 5.2는 C++ 추상 클래스로서 최대 우선순위 큐를 명기한 것이다.

```
template <class T>
class MaxPQ {
public:
    virtual ~MaxPQ() {}
        // 가상 파괴자
    virtual bool IsEmpty() const = 0;
        // 우선순위 큐가 공백이면 true를 반환
    virtual const T& Top() const = 0;
        // 최대 원소에 대한 참조를 반환
    virtual void Push(const T&) = 0;
        // 우선순위 큐에 원소를 삽입
    virtual void Pop() = 0;
        // 최대 우선순위를 가진 원소를 삭제
```

```
};
```

ADT 5.2: 최대 우선순위 큐

여기서는 C++ 관계 연산자(<, > 등)가 원소 우선순위를 비교하도록 타입 *T*가 정의된 것으로 가정한다. 또 *MaxPQ*는 순수 가상 함수(그래서 추상 클래스가 된다)를 사용하여 표현하였다. 왜냐하면 이것은 여러 상이한 종류의 자료 구조로 구현될 수 있기 때문이다. 어떤 자료 구조가 사용될 것인지를 알지 못하고 *MaxPQ* 연산을 구현하는 것은 불가능하다. 그러나 최대 우선순위 큐를 구현하는 자료 구조라면 그 자료 구조 *D*는 ADT 5.2에 명기된 연산들을 구현해야 된다는 것을 알고 있다. 이것은 *D*를 *MaxPQ*의 공용 파생 클래스로 구현하면 된다.

예제 5.1: 가령 어떤 기계의 서비스를 판매한다고 가정하자. 각 사용자는 사용할 때마다 일정량의 요금을 지불한다. 각 사용자마다 사용 시간은 다르다. 사용자가 있는 한 기계는 계속 작동한다고 가정할 때 이 기계의 수익을 최대화하려면 기계를 사용하기 위해 기다리는 모든 사람의 우선순위 큐를 유지하면 된다. 기계가 사용 가능하게 되면 최소 시간이 필요한 사용자를 선택한다. 따라서 이때는 최소 우선순위 큐가 필요하다. 새로운 사용자가 기계를 필요로 하면 그의 요구는 우선순위 큐에 삽입된다.

만일 사용자들이 기계에 대해 똑같은 시간을 필요로 하지만 서비스에 대해 서로 다른 요금을 지불할 경우에는 지불 액수를 기초로 한 우선순위 큐를 유지하여야 한다. 기계가 사용 가능하게 되면 가장 많은 액수를 지불하는 사용자를 선택한다. 따라서 이때에는 최대 우선순위 큐가 필요하다. □

예제 5.2: 큰 공장의 시뮬레이션을 수행한다고 하자. 그 공장에는 여러 기계가 있고 기계들에 의해 처리될 여러 작업이 있다. 한 기계가 한 작업을 완료하면 한 사건(event)이 발생한다고 하자. 한 사건이 발생하면 완료된 작업은 필요시 다음 기계에서 처리되기 위해 대기 큐를 옮겨야 한다. 만일 큐가 공백이면 이 작업은 즉시 기계에 배정될 수 있다. 새로운 작업은 현재 사용중이 아닌 기계에 배정되어 처리될 수 있다.

사건의 발생을 결정하기 위해 우선순위 큐가 사용된다. 이 큐에는 현재 처리중인 작업들의 종료시간이 유지된다. 다음 사건은 우선순위 큐에서 가장 작은 시간에 발생된다. 따라서 이 응용에서는 최소 우선순위 큐가 이용될 수 있다. □

우선순위 큐를 표현하는 가장 간단한 방법은 무순서 선형 리스트로 표현하는 것이다. 이 리스트가 순차적으로나 또는 체인으로 표현되는 것에 관계없이 *IsEmpty* 함수는 O(1) 시간이 걸리고, *Top*() 함수는 $\Theta(n)$ 시간이 걸린다. 여기서 n은 우선순위 큐에 있는 원소의 수이다. 삽입은 리스트의 어디에 새로운 원소가 삽입되든지 관계가 없으므로 *Push*(삽입)는 O(1) 시간이 걸린다. 삭제는 최대 우선순위를 가진 원소를 찾아야 되고 그것을 삭제해야 되기 때문에, *Pop*(삭제)은 $\Theta(n)$ 시간이 걸린다. 조금 뒤에 살펴보겠지만 최대 히프가 사용될 때 *IsEmpty*와 *Top*의 복잡도는 O(1)이고 *Push*와 *Pop*의 복잡도는 O(log n)이다.

5.6.2 최대 히프의 정의

5.2.2절에서 우리는 완전 이진 트리를 정의하였다. 이 절에서는 여러 응용에서 유용한 특수 형태의 완전 이진 트리를 소개하겠다.

정의: 최대(최소) 트리[max(min) tree]는 각 노드의 키 값이 (자식이 있다면) 그 자식의 키 값보다 작지(크지) 않은 트리이다. 최대 히프(max heap)는 최대 트리이면서 완전 이진 트리이다. 최소 히프(min heap)는 최소 트리이면서 완전 이진 트리이다. □

그림 5.24와 그림 5.25는 최대 히프들과 최소 히프들의 예를 각각 보여 주고 있다.

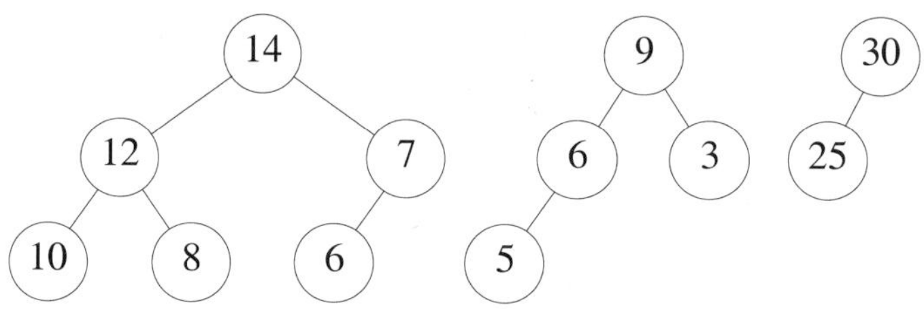

그림 5.24 최대 히프

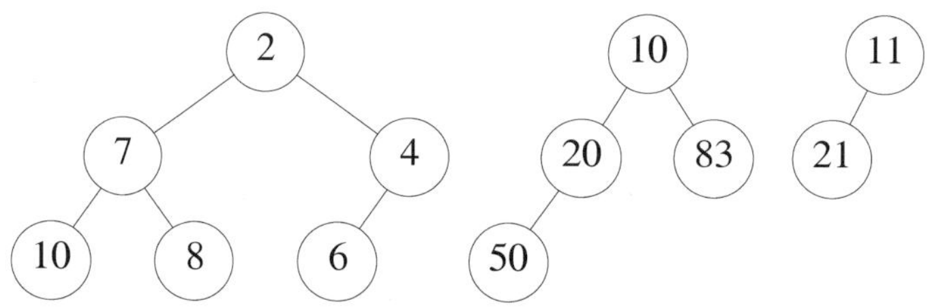

그림 5.25 최소 히프

히프의 정의에 따라 최소 트리의 루트는 그 트리에서 가장 작은 키 값이 되고 최대 트리의 루트는 그 트리에서 가장 큰 키 값이 된다. ADT의 관점에서 보면 최대 히프는 매우 간단하다. 특히 기본 연산들은 최대 우선순위 큐(ADT 5.2)의 것과 같다. 최대 히프는 완전 이진 트리이므로 여기서는 배열 *heap*를 이용하여 표현하겠다. *MaxPQ<T>*로부터 파생된 템플릿 클래스 *MaxHeap*의 전용 데이타 멤버는 다음과 같다.

```
private:
    T *heap;                    // 원소 배열
```

```
int heapSize;            // 히프에 있는 원소 수
int capacity;            // 배열 히프의 크기
```

프로그램 5.15는 *MaxHeap* 생성자를 정의한다. 최대 히프는 *heapSize*==0;이면 공백이고, 공백이 아닌 최대 히프의 최대 원소는 *heap*[1]에 있다. *IsEmpty*와 *Top*의 코드는 아주 간단하므로 생략하였다.

```
template <class T>
MaxHeap<T>::MaxHeap (int theCapacity = 10)
{
    if (theCapacity < 1) throw "Capacity must be >= 1.";
    capacity = theCapacity;
    heapSize = 0;
    heap = new T[capacity + 1]; // heap[0]는 사용되지 않음
}
```

프로그램 5.15: *MaxHeap* 생성자

5.6.3 최대 히프에서의 삽입

다섯 개의 원소를 가진 최대 히프가 그림 5.26(a)에 있다. 히프는 완전 이진 트리이므로 이 히프에 원소 하나를 삽입하면 여섯 개의 원소로 된 히프가 그림 5.26(b)의 구조로 되어야 한다. 삽입되는 원소의 정

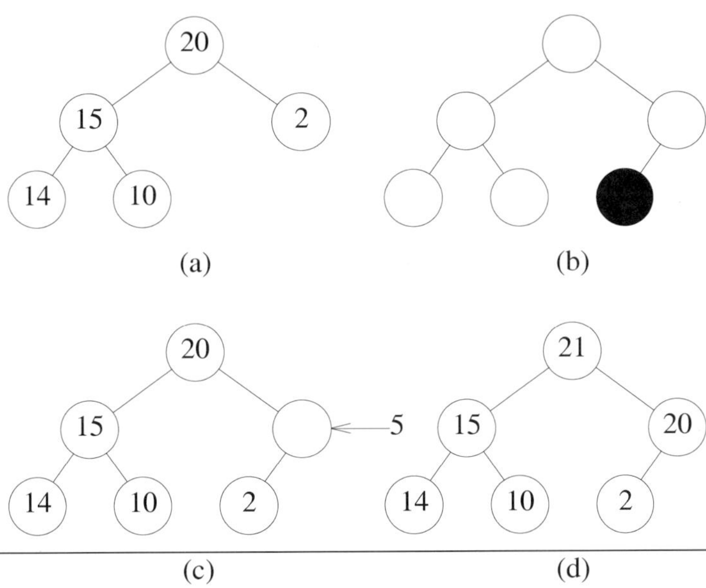

그림 5.26 최대 히프에 삽입

확한 위치를 결정하기 위해서는, 트리의 새 노드에서 시작해서 루트 쪽으로 올라가는(bubbling up) 방법을 사용해야 한다. 삽입되는 원소는 삽입이 완료된 뒤에 최대 히프가 되는 것이 확인될 때까지 위로 올라간다. 만일 삽입할 새 원소의 키 값이 1이라면 그 원소를 2의 왼쪽 자식(즉 이 새로운 노드)으로 삽입하면 된다. 그러나 새 원소의 키 값이 5이면 이 원소를 2의 왼쪽 자식으로 삽입할 수 없다. 왜냐하면 삽입 후 최대 히프가 되지 않기 때문이다. 그러므로 2를 왼쪽 자식의 위치로 이동시키고[그림 5.26(c)] 5를 2의 이전 위치에 놓은 후 최대 히프가 되는가를 살펴본다. 부모 원소(20)는 삽입되는 원소(5)보다 크므로 그림에 나타난 위치에 새로운 원소를 삽입하는 것은 타당하다. 만일 5 대신에 21을 새로운 원소로 삽입한다고 하자. 이 경우 2는 그림 5.26(c)에서와 같이 왼쪽 자식으로 이동한다. 그런데 21은 2의 이전 위치에 삽입될 수 없다. 왜냐하면 이 위치의 부모가 21보다 작기 때문이다. 그러므로 20은 그 오른쪽 자식으로 내려오고 21은 히프의 루트에 삽입된다[그림 5.26(d)].

위에서 기술한 삽입 전략을 구현하기 위해서는 한 원소에서 그 부모를 찾아갈 수 있어야 한다. 보조정리 5.4는 한 원소의 부모를 쉽게 찾을 수 있도록 한다. 프로그램 5.16은 최대 히프에서의 삽입을 수행한다.

```
template <class T>
void MaxHeap<T>::Push(const T& e)
{// 최대 히프에 e를 삽입한다.
    if (heapSize == capacity) {// 크기를 두 배로
        ChangeSize1D(heap, capacity, 2 * capacity);
        capacity *=2;
    }
    int currentNode = ++heapSize;
    while (currentNode != 1 && heap[currentNode / 2] < e)
    {// 루트로 올라감
        heap[currentNode] = heap[currentNode/2]; // 부모 노드로 이동
        currentNode /= 2;
    }
    heap[currentNode] = e;
}
```

프로그램 5.16: 최대 히프에 삽입

***Push*의 분석:** 삽입 함수는 완전 이진 트리의 리프 노드에서 시작하여 루트로 이동한다. 이 경로의 각 노드에 대해 O(1)만큼의 작업이 수행된다. n개의 원소를 가진 완전 이진 트리의 높이는 $\lceil \log_2(n+1) \rceil$이므로 삽입 함수의 **while** 루프는 O(log n)번 반복된다. 그러므로 *Push*의 복잡도는 O(log n)이다. 여기서 n은 히프에 있는 원소의 수이다. □

5.6.4 최대 히프에서의 삭제

최대 히프에서 원소를 삭제할 때는 히프의 루트에서 삭제한다. 예를 들어 그림 5.26(d)의 히프에서 원소를 삭제하면 원소 21이 삭제된다. 삭제된 히프에는 다섯 개의 원소만 남게 되므로 그림 5.26(d)의 이진 트리는 다섯 개의 원소로 된 완전 이진 트리가 될 수 있도록 재구성하여야 한다. 이를 위하여 여섯 번째 위치의 원소(즉 원소 2)를 제거한다. 이제 올바른 구조[그림 5.27(a)]는 되었지만 루트는 비어 있고 원소 2는 히프에 없다. 만일 2를 루트에 삽입하면 결과 이진 트리는 최대 히프가 아니다. 루트의 원소는 이 2와 루트의 왼쪽 자식, 오른쪽 자식 중에서 제일 큰 값이 되어야 한다. 여기서 최대 원소는 20이다. 이 20이 루트로 이동하면 세 번째 위치가 비게 되는데 자식이 없으므로 2가 이 위치에 삽입된다. 결과 히프는 그림 5.26(a)와 같다.

이제 또 다른 삭제를 수행해 보자. 20이 삭제될 것이고 이 삭제 뒤에 히프는 그림 5.27(b)와 같은 모양의 이진 트리 구조가 되어야 한다. 이 구조를 만들기 위해 다섯 번째 위치의 10을 제거한다. 이 10은 제일 크지 않으므로 히프의 루트에 삽입될 수 없다. 15를 루트로 이동시키고 10을 두 번째 위치에 삽입할 수 있는가를 본다. 그러나 10은 그 아래의 14보다 작다. 그래서 14가 두 번째 위치로 올라가고 10은 네 번째 위치에 삽입된다. 결과 히프는 그림 5.27(c)와 같다.

프로그램 5.17은 히프 삭제를 위한 흘러내리는(trickle down) 전략을 구현한 것이다.

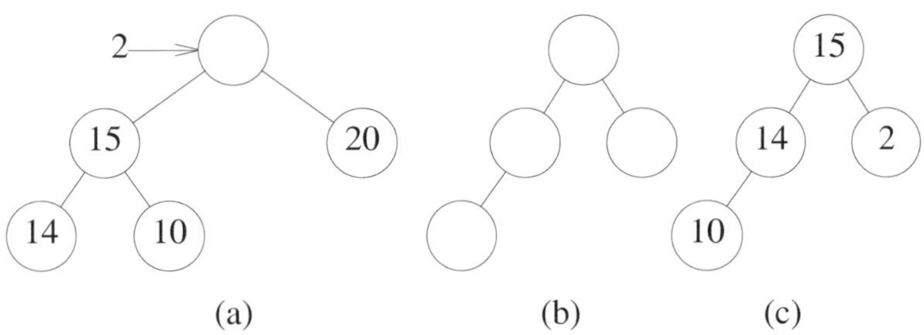

그림 5.27 최대 히프에서의 삭제

```
template <class T>
void MaxHeap<T>::Pop()
{// 최대 원소를 삭제한다.
    if (IsEmpty()) throw "Heap is empty. Cannot delete.";
    heap[1].~T(); // 최대 원소 삭제

    // 히프의 마지막 원소 제거
    T lastE = heap[heapSize--];

    // trickle down
```

```
    int currentNode = 1;   // 루트
    int child =2;          // currentNode의 자식
    while (child <= heapSize)
    {
        // child를 currentNode의 큰 자식으로 설정
        if (child < heapSize && heap[child] < heap[child + 1]) child++;

        // currentNode에 lastE를 삽입할 수 있는가?
        if (lastE >= heap[child]) break;   // yes

        // no
        heap[currentNode] = heap[child];          // 자식으로 이동
        currentNode = child; child *= 2;          // 한 레벨 내려감
    }
    heap[currentNode] = lastE;
}
```

프로그램 5.17: 최대 히프에서의 삭제

***Pop*의 분석**: n개의 원소를 가진 히프의 높이는 $\lceil \log_2(n + 1) \rceil$이므로 프로그램 5.17의 **while** 루프는 O(log n)번 반복된다. 한 번 반복하는 데는 O(1) 시간이 소요된다. 그러므로 *Pop*의 복잡도는 O(log n)이다. □

연습문제

1. 우선순위 큐의 표현 방법으로 무순서와 순서 선형 리스트로 표현된 최대 히프의 실행 시간 성능을 비교하라. 이를 위해 최대 히프의 삽입과 삭제 알고리즘, 1차원 배열의 순차 리스트로 유지되는 무순서와 순서 선형 리스트의 삽입과 삭제 알고리즘을 작성하라. n개의 임의의 값을 생성하여 우선순위 큐에 삽입하라. 이 n개의 원소를 가진 초기 큐에서부터, m번의 삽입과 삭제를 임의의 순서로 수행하라. 삽입과 삭제는 동일한 확률로 수행되도록 임의의 순서로 생성되어야 한다. 또한 이 순서는 어느 때고 우선순위 큐를 공백으로 만들지 않아야 한다. 최대 히프와 무순서 리스트에 대해 m번의 연산을 똑같이 수행하고 걸리는 시간을 측정하라. 총 시간을 m으로 나누고 n의 함수로 이 시간들을 그래프로 그리라. 이것을 n = 100, 500, 1000, 2000, 3000, 4000에 대해 수행하라. m을 1000으로 놓고 해 보라. 최대 우선순위 큐의 두 표현 방법에 대한 상대적 성능을 정성적으로 평가해 보라.
2. 최소 우선순위 큐를 정의하는 ADT *MinPQ*에 대한 C++ 추상 클래스를 ADT 5.2와 비슷하게 작성하라. 그리고 이 추상 클래스로부터 유도되고 *MinPQ*의 모든 가상 함수들을 구현하는 C++ 클

래스 *MinHeap*를 작성하라. 각 함수의 복잡도는 *MaxHeap*에서 대응되는 함수의 것과 같아야 한다.

3. 최대 히프에 삽입할 때 수행되는 최악의 비교 횟수는 새로운 리프 노드에서 루트까지의 경로 상에서 이원 탐색을 수행하면 O(log log *n*)으로 줄일 수 있다. 그러나 이것은 데이타의 이동에 영향을 주지는 않는다. 이러한 전략을 이용하는 삽입 알고리즘을 작성하라. 이 알고리즘을 이용하여 연습문제 1을 다시 풀어 보라. 경험에 비추어 볼 때 프로그램 5.16의 방법보다 이 전략의 우수한 가치는 무엇이라 할 수 있는가?

5.7 이원 탐색 트리

5.7.1 정의

사전(dictionary)은 쌍의 집합으로서 각 쌍은 키와 이에 연관된 원소로 구성된다. 일반적으로 사전은 같은 키를 가진 여러 개의 쌍이 있지만, 여기서는 같은 키를 가진 두 개의 쌍은 없다고 가정한다. 이 절에서 공부하려는 자료 구조, 이원 탐색 트리는 여러 쌍이 같은 키를 가진 사전을 수용할 수 있도록 쉽게 확장될 수 있다. ADT 5.3은 사전의 명세를 기술하고 있다. 키와 원소의 데이타 타입은 각각 *K*와 *E*이다.

```
template <class K, class E>
class Dictionary {
public:
    virtual bool IsEmpty() const = 0;
        // 공백이면 true를 반환
    virtual pair<K, E>* Get(const K&) const = 0;
        // 지시한 키 값을 가진 쌍에 대한 포인터를 반환, 쌍이 없으면 0을 반환
    virtual void Insert(const pair<K, E>&) = 0;
        // 쌍을 삽입, 키가 중복되면 관련 원소를 갱신
    virtual void Delete(const K&) = 0;
        // 지시된 키를 가진 쌍을 삭제
};
```

ADT 5.3: Dictionary의 명세

이원 탐색 트리는 탐색(즉 *get*), 삽입, 삭제, 연산에 있어서 지금까지 공부했던 어떤 자료 구조보다도 성능이 좋다. 사실 이원 탐색 트리에서 이러한 연산들은 키 값이나 순위(rank)에 따라 수행된다('키가 *k*인 원소를 탐색하라', '다섯 번째로 작은 원소를 탐색하라', '키가 *k*인 원소를 삭제하라', '다섯 번째로 작은 원소를 삭제하라', '원소를 삽입하고 그 순위를 결정하라' 등).

정의: 이원 탐색 트리(binary search tree)는 이진 트리로서 공백일 수 있다. 만약 공백이 아니라면 다음

성질을 만족시킨다.

(1) 모든 원소는 키를 가지며, 어떤 두 원소도 동일한 키를 갖지 않는다(즉 모든 키는 상이하다).
(2) 왼쪽 서브트리에 있는 키들은 (만약 있다면) 그 루트의 키보다 작다.
(3) 오른쪽 서브트리에 있는 키들은 (만약 있다면) 그 루트의 키보다 크다.
(4) 왼쪽과 오른쪽 서브트리도 모두 이원 탐색 트리이다. □

이 정의에는 약간의 중복이 포함되어 있다. 성질 (2), (3), (4)는 모두 키가 서로 달라야 된다는 의미를 포함하고 있다. 그래서 성질 (1)은 단순히 '루트는 키를 가지고 있다' 라고 변경할 수 있다.

그림 5.28은 서로 다른 키를 갖는 몇 개의 이진 트리 예를 보여 주고 있다. 이 그림에는 각 사전 쌍의 키 원소만 표현되어 있다. 그림 5.28(a)의 트리는 성질 (1), (2), (3)을 만족시키지만 이원 탐색 트리가 아니다. 오른쪽 서브트리가 성질 (4)를 만족시키지 못한다. 이 서브트리는 이원 탐색 트리가 아니다. 왜냐하면 이것의 오른쪽 서브트리의 키 값(22)이 이 서브트리의 루트(25)보다 작기 때문이다. 그림 5.28(b)와 5.28(c)의 이진 트리는 이원 탐색 트리이다.

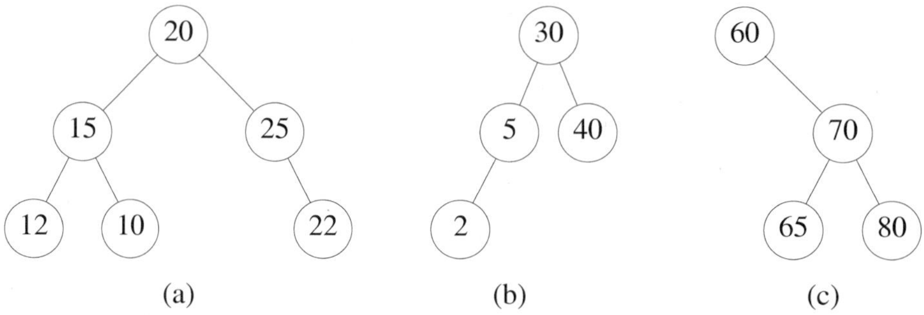

그림 5.28 이진 트리

5.7.2 이원 탐색 트리의 탐색

이원 탐색 트리의 정의가 순환적이기 때문에 순환 탐색 방법을 기술하는 것이 가장 쉽다. 키 값이 *k*인 원소를 탐색한다고 가정하자. 탐색은 루트에서부터 시작하는데 만약 루트가 0이면 탐색 트리는 원소를 갖지 않으므로 탐색은 실패로 끝난다. 그렇지 않으면 *k* 값을 루트의 키 값과 비교하여 만일 *k*가 루트의 키보다 작다면 루트의 왼쪽 서브트리만 탐색하면 된다. 만일 *k*가 루트의 키 값보다 크다면 루트의 오른쪽 서브트리만 탐색한다. 그렇지 않으면, *k*는 루트의 키 값과 같아서 탐색은 성공적으로 종료된다. 서브트리들은 프로그램 5.18에서처럼 순환적으로 탐색된다. 이 함수는 *BST* 클래스의 객체로 간주하는 탐색 트리에 대해 연결 표현을 가정하고 있다. BST는 클래스 *Tree* < *pair* < *K*, *E*>>로부터 유도된다. 프로그램 5.18의 순환은 프로그램 5.19에서와 같이 **while** 루프로 쉽게 대체될 수 있다.

```
template <class K, class E> // Driver
```

```
pair<K, E>* BST<K, E>::Get(const K& k)
{// 키 k를 가진 쌍을 이원 탐색 트리(*this)에서 탐색한다.
// 쌍을 발견하면 포인터를 반환, 아니면 0을 반환한다.
    return Get(root, k);
}

template <class K, class E> // Workhorse
pair<K, E>* BST<K, E>::Get(TreeNode < pair <K, E> >* p, const K& k)
{
    if (!p) return 0;
    if (k < p→data.first) return Get(p→leftChild,k);
    if (k > p→data.first) return Get(p→rightChild,k);
    return &p→data;
}
```

프로그램 5.18: 이원 탐색 트리의 순환적 탐색

```
template <class K, class E> // 반복적 탐색
pair<K, E>* BST<K, E>::Get(const K& k)
{
    TreeNode < pair <K, E> > *currentNode = root;
    while (currentNode)
        if (k < currentNode→data.first)
            currentNode = currentNode→leftChild;
        else if (k > currentNode→data.first)
            currentNode = currentNode→rightChild;
        else return &currentNode→data;
    }

    // 쌍이 없는 경우
    return 0;
}
```

프로그램 5.19: 이원 탐색 트리의 반복적 탐색

여기서는 노드의 순위(rank)를 중위 순서에서의 위치로 정의하였다. 중위 순서로 첫 번째로 방문하는 노드의 순위는 1이다. 만일 순위로 탐색을 하려면 각 노드는 *leftSize* 필드를 추가로 가져야 한다. 이

*leftSize*의 값은 그 노드의 왼쪽 서브트리에 있는 원소 수에다 1을 더한 값이 된다. 그림 5.28(b)의 탐색 트리에 대해 키 2, 5, 30, 40을 가진 노드의 *leftSize*는 각각 1, 2, 3, 1이 된다. 프로그램 5.20은 *r*번째 작은 원소를 탐색한다. 코드를 간단히 하기 위하여 *TreeNode*가 *leftSize* 필드를 추가로 가지고 있다고 가정한다. 보다시피 높이가 *h*인 이원 탐색 트리에서 키 값에 의한 탐색이나 순위에 의한 탐색은 O(*h*) 시간에 수행된다.

```
template <class K, class E> // 순위에 의한 탐색
pair<K, E>* BST<K, E>::RankGet(int r)
{// r번째 작은 쌍을 탐색한다.
TreeNode < pair <K, E> > *currentNode = root;
while (currentNode)
    if (r < currentNode→leftSize) currentNode = currentNode→leftChild;
    else if (r > currentNode→leftSize)
    {
        r −= currentNode→leftSize;
        currentNode = currentNode→rightChild;
    }
    else return &currentNode→data;
return 0;
}
```

프로그램 5.20: 순위에 의한 이원 탐색 트리의 탐색

5.7.3 이원 탐색 트리에서의 삽입

쌍 (*k*, *e*)로 된 원소를 삽입하기 위해서는 키 값이 기존의 원소들이 가지고 있는 키 값과 다른 가를 확인하여야 한다. 이를 위해 탐색이 수행된다. 만약 탐색이 실패하면 탐색이 종료된 그 지점에 쌍을 삽입한다. 예를 들어 키 값 80을 가진 쌍을 그림 5.28(b)의 트리에 삽입하기 위해서는 먼저 트리에서 80을 탐색해야 한다. 이 탐색은 실패하고 마지막으로 검사한 노드의 키 값이 40이다. 새로운 쌍은 이 노드의 오른쪽 자식으로 삽입하면 된다. 그 결과 탐색 트리는 그림 5.29(a)와 같다. 그림 5.29(b)는 그림 5.29(a)의 탐색 트리에 다시 키 35를 가진 쌍을 삽입한 결과를 보여 주고 있다. 사전이 이미 이 키를 가진 쌍을 포함하고 있으면 단순히 이 키에 연관된 원소를 *e*로 변경하면 된다.

프로그램 5.21은 이 삽입 과정을 구현한 것이다. 만일 노드가 *leftSize* 필드를 가지고 있으면 이 필드도 변경되어야 한다. *h*가 탐색 트리의 높이라 하면 삽입은 O(*h*) 시간에 수행될 수 있다.

```
template <class K, class E>
void BST<K, E>::Insert(const pair <K, E> & thePair)
{// thePair를 삽입한다.
```

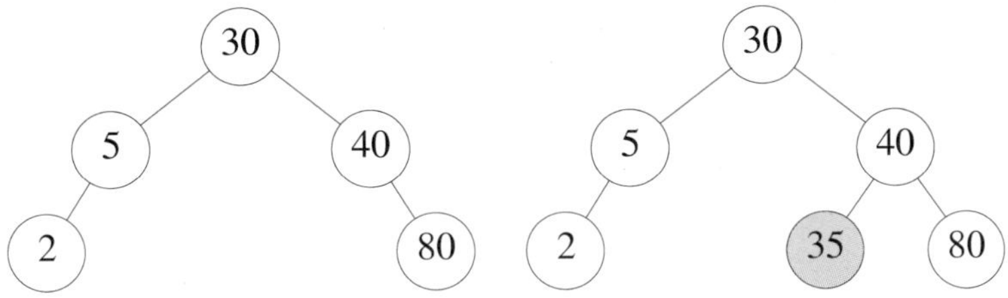

(a) (b)

그림 5.29 이원 탐색 트리에 삽입

```
    // Pair.first를 탐색, pp는 p의 부모
    TreeNode<pair <K, E> > *p = root, *pp = 0;
    while (p) {
        pp = p;
        if (thePair.first < p→data.first) p = p→leftChild;
        else if (thePair.first > p→data.first) p = p→rightChild;
        else // 관련 원소를 복사해서 갱신
            {p→data.second = thePair.second; return;}
    }

    // 삽입 수행
    p = new TreeNode<pair <K, E> > (thePair);
    if (root) // 트리는 공백이 아님
        if (thePair.first < pp→data.first) pp→leftChild = p;
        else pp→rightChild = p;
    else root = p;
}
```

프로그램 5.21: 이원 탐색 트리에 삽입

5.7.4 이원 탐색 트리에서의 삭제

이원 탐색 트리에서 리프 원소의 삭제는 간단하다. 예를 들어 그림 5.29(b)의 트리에서 35를 삭제하려면 그 노드 부모의 왼쪽 자식 필드를 0으로 만들고 삭제된 노드를 반환하면 된다. 그 결과는 그림 5.29(a)의 트리와 같다. 이 트리에서 80을 삭제하려면 40의 오른쪽 자식 필드를 0으로 만들면 된다. 이 결과는 그림 5.28(b)와 같다. 80을 포함했던 노드는 반환된다.

하나의 자식만 가지고 있는 비리프 노드의 삭제도 간단하다. 삭제될 원소를 포함하고 있는 노드는 반환되고 삭제된 노드의 독자 자식을 삭제된 노드의 자리에 위치시키면 된다. 그래서 그림 5.29(a)의 트리에서 5를 삭제할 경우 부모 노드(30을 포함하고 있는 노드)의 왼쪽 자식 포인터가 독자 자식 노드(2를 포함하고 있는 노드)를 가리키도록 변경하면 된다.

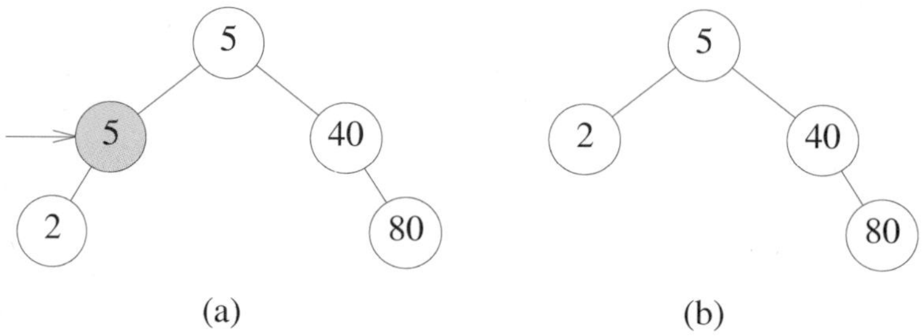

그림 5.30 이원 탐색 트리에서의 삭제

두 개의 자식을 가진 비리프 노드를 삭제할 때는 그 원소를 왼쪽 서브트리에서 가장 큰 원소 아니면 오른쪽 서브트리에서 가장 작은 원소로 대체한다. 그리고 대체된 서브트리에서 대체한 원소의 삭제 과정을 진행한다. 예로 그림 5.29(a) 트리에서 키 30을 가진 원소를 삭제한다면 이것을 왼쪽 서브트리에서 가장 큰 원소인 5 또는 오른쪽 서브트리에서 가장 작은 원소인 40 중 하나와 대체해야 한다. 왼쪽 서브트리에서 가장 큰 원소로 대체시킨다고 가정하면 5가 트리의 루트로 이동하여 그림 5.30(a)의 트리로 된다. 다음에는 두 번째 5를 삭제해야 하는데 이 노드는 하나의 자식만 가지고 있으므로 부모의 포인터가 이 노드의 자식을 가리키도록 변경하기만 하면 된다. 결과로 그림 5.30(b)의 트리가 얻어진다. 왼쪽 서브트리에서 가장 큰 원소와 오른쪽 서브트리에서 가장 작은 원소 중 어느 것으로 대체해도 대체되는 노드는 항상 차수가 1이거나 0인 노드라는 사실을 증명할 수 있다. 그러므로 대체된 노드를 삭제하는 것은 아주 쉽다. 삭제 함수를 작성하는 것은 연습문제로 남겨 놓기로 한다. 높이가 h인 탐색 트리에서 삭제가 $O(h)$ 시간 내에 수행된다는 것은 분명하다.

5.7.5 이원 탐색 트리의 조인과 분할

탐색, 삽입, 삭제가 이원 탐색 트리에서 가장 빈번하게 수행되지만 다음과 같은 추가적인 연산들도 어떤 응용에서는 유용하다.

(a) *ThreeWayJoin(small, mid, big)*: 이 연산은 이원 탐색 트리 *small*과 *big*에 있는 쌍들과 쌍 *mid*로 구성되는 하나의 이원 탐색 트리를 생성한다. *small*에 있는 키는 모두 *mid.first*보다 작고 *big*에 있는 키는 모두 *mid.first*보다 큰 것으로 가정한다. 이 조인 연산이 종료되면 *small*과 *big*은 공백이 된다.

(b) *TwoWayJoin(small, big)*: 이 연산은 두 이원 탐색 트리 *small*과 *big*을 조인하여 이 *small*과 *big*에 있는 모든 쌍들을 포함하는 하나의 이원 탐색 트리를 생성한다. *small*에 있는 모든 키들은 *big*에 있는 모든 키들보다 작고 이 조인 연산이 종료되면 *small*과 *big*은 공백이 된다고 가정한다.

(c) *Split*(*k*, *small*, *mid*, *big*): 이원 탐색 트리 ***this**를 세 부분으로 분할한다. *small*은 *k*보다 작은 키를 가지고 있는 ***this**의 모든 쌍을 포함하는 이원 탐색 트리이다. 만일 ***this**가 키 *k*를 가진 쌍을 포함하고 있으면 이 쌍은 참조 매개변수 *mid*에 반환된다. *big*은 *k*보다 큰 키를 가지고 있는 ***this**의 모든 쌍을 포함하는 이원 탐색 트리이다. 이 분할 연산이 종료되면 ***this**는 공백이 된다.

*ThreeWayJoin*은 수행하기가 특별히 쉽다. 새로운 노드를 하나 얻어 데이타 필드를 *mid*로, 왼쪽 자식 포인터는 *small.root*로, 오른쪽 자식 포인터는 *big.root*로 설정하면 된다. 이 새로운 노드는 ***this**의 루트가 된다. 이 연산에 필요한 시간은 O(1)이며 새로운 트리의 높이는 *max*{*height*(*small*), *height*(*big*)} + 1이 된다.

*TwoWayJoin*을 고려해 보자. 만일 *small* 또는 *big*이 공백이면 결과는 공백이 아닌 것이 바로 이원 탐색 트리가 된다. 어느 것도 공백이 아닌 경우 먼저 *small*에서 가장 큰 키 값을 가진 *mid* 쌍을 삭제한다. 이 이원 탐색 트리를 *small'*이라 하자. 연산을 완수하기 위해 *ThreeWayJoin*(*small'*, *mid*, *big*)을 수행한다. *TwoWayJoin*을 수행하는 데 필요한 총 시간은 O(*height*(*small*))이고, 결과 트리의 높이는 max{*height*(*small'*), *height*(*big*)} + 1이 된다. 만일 각 트리가 높이를 유지하는 경우에 실행 시간은 O(min{*height*(*small*), *height*(*big*)})이 될 수 있다. 즉 *small*의 높이가 *big*의 높이보다 작으면 *small*에서 제일 큰 키를 가진 쌍을 삭제하고 그렇지 않으면 *big*에서 제일 작은 키를 가진 쌍을 삭제한다. 그 뒤에 *ThreeWayJoin* 연산을 수행한다.

분할을 하기 위해, 먼저 루트에서 분할(즉 *k* = *root*→*data.first*일 때)할 때 다음과 같은 관찰을 할 수 있다. 이 경우 *small*은 ***this**의 왼쪽 서브트리이며, *mid*는 루트에 있는 쌍이고, *big*은 ***this**의 오른쪽 서브트리가 된다. 만일 *k*가 루트의 키보다 작으면 루트와 오른쪽 서브트리는 *big*에 속하게 된다. 만일 *k*가 루트의 키보다 크면 루트와 왼쪽 서브트리는 *small*에 속하게 된다. 이러한 관찰을 이용하여 키 *k*를 가진 쌍을 찾기 위해 탐색 트리 ***this**를 따라 밑으로 이동하면서 분할을 수행한다. 밑으로 이동을 하면서 두 개의 탐색 트리 *small*과 *big*을 구성한다. ***this**를 분할하는 함수가 프로그램 5.22에 있다. 코드를 간소화하기 위해, *small*과 *big*에 대한 각 헤더 노드 *sHead*와 *bHead*에서 시작한다. *small*은 *sHead*의 오른쪽 서브트리로 확장되고 *big*은 *bHead*의 왼쪽 서브트리로 확장된다. *s*(*b*)는 *sHead*(*bHead*)의 노드를 가리키는데, 이 노드는 *small*(*big*)의 일부분이 될 ***this**의 서브트리가 첨가되는 곳이다. 서브트리를 *small*(*big*)에 첨가하는 것은 *s*(*b*)의 오른쪽 자식(왼쪽 자식)으로 되는 것이다.

Split*의 분석:** **while** 루프는 *currentNode*를 루트로 갖는 서브트리의 모든 키들이 *sHead*를 루트로 하는 트리의 키들보다 크고 *bHead*를 루트로 하는 트리의 키들보다는 작다는 것을 보장하고 있다. 함수의 정확성은 쉽게 증명될 수 있으며 복잡도는 O(*height*(this**))이다. *small*이나 *big*의 높이가 ***this**의 높이보다 크지 않음을 증명할 수 있다. □

```
template <class K, class E>
void BST<K, E>::Split(const K& k, BST<K, E>& small,
                      pair<K, E>*& mid, BST<K, E>& big)
```

```
{// 키 k로 이원 탐색 트리를 분할한다.
    if (!root) {small.root = big.root = 0; return;} // 공백 트리
    // small과 big에 대한 헤더 노드를 생성
    TreeNode <pair<K, E> > *sHead = new TreeNode <pair<K, E> >,
                           *s = sHead,
                           *bHead = new TreeNode <pair<K, E> >,
                           *b = bHead,
                           *currentNode = root;
    while (currentNode)
        if (k < currentNode→data.first) {// big에 삽입
            b→leftChild = currentNode;
      b = currentNode; currentNode = currentNode→leftChild;
        }
        else if (k > currentNode→data.first) {// small에 삽입
            s→rightChild = currentNode;
            s = currentNode; currentNode = currentNode→rightChild;
        }
        else {// currentNode에서 분할
            s→rightChild = currentNode→leftChild;
            b→leftChild = currentNode→rightChild;
            small.root = sHead→rightChild; delete sHead;
            big.root = bHead→leftChild; delete bHead;
            mid = new pair<K, E>(currentNode→data.first,
                                 currentNode→data.second);
            delete currentNode;
            return;
        }
    // 키 k를 가진 쌍이 없는 경우
    s→rightChild = b→leftChild = 0;
    small.root = sHead→rightChild; delete sHead;
    big.root = bHead→leftChild; delete bHead;
    mid = 0;
    return;
}
```

프로그램 5.22: 이원 탐색 트리의 분할

5.7.6 이원 탐색 트리의 높이

주의를 하지 않으면, n개의 원소를 가진 이원 탐색 트리의 높이가 n만큼 커질 수 있다. 예를 들어 초기에 공백인 이원 탐색 트리에 프로그램 5.21을 사용하여 키 [1, 2, 3, ..., n]을 이 순서대로 삽입하면 바로 그런 경우가 된다. 그러나 삽입과 삭제가 여기에 주어진 함수들을 이용하여 무작위로 이루어질 때 이원 탐색 트리의 높이는 평균적으로 O(log n)이 될 수 있다.

최악의 경우에도 높이가 O(log n)이 되는 탐색 트리를 균형 탐색 트리(balanced search tree)라 한다. 탐색, 삽입, 삭제를 O(h) 시간에 할 수 있는 균형 탐색 트리도 있다. 이들 중 가장 널리 알려진 것들로는 AVL, 2-3, 2-3-4, 레드-블랙(red-black), B-트리, B^+- 트리 등이 있다. 이들은 10장과 11장에서 다루고 있다.

연습문제

1. 이원 탐색 트리에서 키 k를 가진 쌍을 삭제하는 C++ 함수를 작성하라. 이 함수의 시간 복잡도는 얼마인가?
2. 처음에 공백 이원 탐색 트리에서 시작하여 n번의 무작위 삽입을 수행하는 프로그램을 작성하라. 삽입될 값을 생성하기 위해 난수 생성기를 이용하라. 결과 이원 탐색 트리의 높이를 조사하고 높이를 $\log_2 n$으로 나누어 보라. 이것을 n = 100, 500, 1000, 2000, 3000, ..., 10000에 대해 수행하라. n에 대한 함수로서 높이(*height*)/$\log_2 n$의 비를 그래프로 그려 보라. 그 비는 대략 2의 상수 값이어야 한다. 이것이 그렇다는 것을 증명하라.
3. 이원 탐색 트리의 각 노드에 *leftSize* 필드가 있다고 가정하자. 이러한 이원 탐색 트리에 쌍을 삽입하는 함수를 작성하라. h를 이 탐색 트리의 높이라 할 때 함수의 복잡도는 O(h)이어야 한다. 이 경우에 그렇다는 것을 증명하라.
4. 이원 탐색 트리에서 k번째 작은 키를 가진 쌍을 삭제하는 함수에 대해 연습문제 3과 같이 하라.
5. *ThreeWayJoin* 연산을 O(1) 시간에 구현하는 C++ 함수를 작성하라.
6. 조인되는 두 트리 중 하나의 높이를 h라 할 때 *TwoWayJoin* 연산을 O(h)에 구현하는 C++ 함수를 작성하라.
7. 크기가 각각 n과 m인 두 정렬된 리스트를 합병하는 어떠한 알고리즘도 최악의 경우에는 최소한 $n + m - 1$번의 비교를 해야 한다. n과 m개의 쌍을 가진 두 이원 탐색 트리를 조인하는 모든 비교 기반 알고리즘의 시간 복잡도에 대해 이 결과가 갖는 의미는 무엇인가?
8. n개의 원소를 가진 리스트를 정렬하기 위한 비교 기반 알고리즘은 최악의 경우 O(nlog n)의 비교를 해야 한다는 것을 7장에서 볼 것이다. n개의 쌍을 가진 이원 탐색 트리의 초기화의 복잡도에 대해 이 결과가 갖는 의미는 무엇인가?
9. 이원 탐색 트리는 우선순위 큐를 구현하는 데도 이용될 수 있다는 것에 주목하라.
   (a) 우선순위 큐를 이원 탐색 트리로 표현하는 최대 우선순위 큐에 대한 C++ 클래스를 정의하라. 이 클래스는 *MaxPQ*의 공용 파생 클래스이어야 한다.
   (b) *MaxPQ*의 모든 가상 함수들에 대한 C++ 함수를 작성하라. h를 탐색 트리의 높이라 할 때

Top, *Pop*, *Push*에 대한 코드의 복잡도는 O(h)이어야 한다. 평균적으로 높이 h는 O(log n)이므로 우선순위 큐의 연산을 평균적으로 O(log n) 시간에 수행할 수 있다.

(c) 우선순위 큐에 대한 자료 구조로서 히프와 이원 탐색 트리의 실제 성능을 비교하라. 이 비교를 위하여 원소 삽입과 최대 원소의 삭제에 대한 임의 순서들을 생성하고 각 자료 구조에 대해 각 순서가 걸린 시간을 측정하라.

5.8 선택 트리

5.8.1 개요

하나의 순서 순차(ordered sequence)로 합병될 런(run)이라 부르는 k개의 순서 순차가 있다고 가정하자. 각 런은 *key*라고 하는 지정된 필드에 따라 비감소 순서로 정렬된 약간의 레코드들로 구성된다. n을 k개의 런에 있는 레코드의 총수라 하자. 합병 작업은 이 중에서 가장 작은 키의 레코드를 반복해서 출력하는 것이 된다. 가장 작은 레코드는 k개 중에서 찾아야 되는데 이것은 k개의 런 중에 가장 작은 레코드가 된다. k개의 런을 합병하는 가장 직접적인 방법은 다음에 출력할 레코드를 결정하기 위해 $k-1$번의 비교를 하는 것이다. 그러나 $k > 2$개의 런에 대해, 선택 트리(selection tree)의 개념을 이용하면 다음으로 가장 작은 레코드를 발견하는 데 필요한 비교 횟수를 줄일 수 있다. 선택 트리에는 승자 트리(winner tree)와 패자 트리(loser tree) 두 종류가 있다.

5.8.2 승자 트리

승자 트리(winner tree)는 각 노드가 두 개의 자식 노드 중 더 작은 노드를 나타내는 완전 이진 트리이다. 그러므로 루트 노드는 트리에서 가장 작은 노드를 나타낸다. 그림 5.31은 $k = 8$인 경우의 승자 트리를 보여 주고 있다.

이 승자 트리의 구성은 더 작은 키를 가진 레코드가 승자가 되는 토너먼트와 비교할 수 있다. 트리 내의 각 비리프 노드는 토너먼트의 승자를 나타내고 루트는 전체 승자 또는 가장 작은 키를 나타낸다. 여기서 리프 노드는 각 런의 첫 번째 레코드를 나타낸다. 일반적으로 합병될 레코드들은 크기가 크므로 각 노드는 그 노드가 표현하는 레코드에 대한 포인터만을 포함한다. 그러므로 루트 노드는 런 4의 첫 번째 레코드를 가리킨다.

승자 트리는 보조정리 5.4의 결과로 얻어진 이진 트리에 대한 순차 할당 기법을 이용하여 표현할 수 있다. 따라서 그림 5.31의 각 노드 번호는 이 순차 표현 방식에서의 그 노드 주소를 나타낸다. 루트가 가리키는 레코드는 가장 작은 키를 가지고 있으므로 제일 먼저 출력된다. 그러고 나면 런 4의 다음 레코드가 승자 트리에 들어간다. 이것은 키 값 15를 가지고 있다. 트리를 재구성하기 위해서는, 노드 11에서부터 루트까지의 경로만 따라 토너먼트가 재수행되어야 한다. 노드 10과 11의 승자는 노드 11이고($15 < 20$), 노드 4와 5의 승자는 노드 4이다($9 < 15$). 그리고 노드 2와 3의 승자는 노드 3이다($8 < 9$). 이 새 트리가 그림 5.32에 기술되어 있다. 토너먼트는 형제 노드 간에 시행되고 그 결과는 부모 노드로 들어간다. 보조정리 5.4를 이용하면 형제와 부모 노드의 주소를 효율적으로 계산할 수 있다. 매번 새로운 비교는 트리의 그 다음 하나 높은 레벨에서 일어난다.

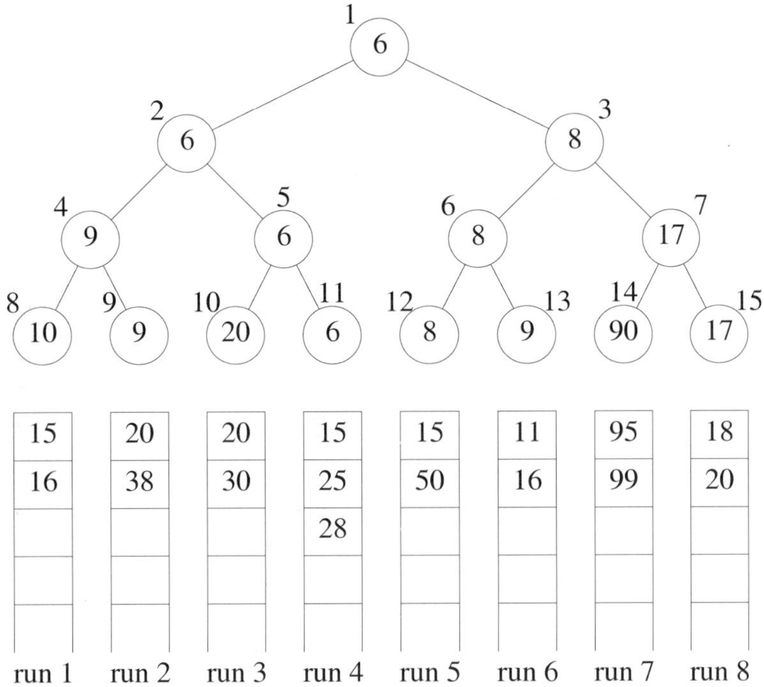

그림 5.31 k = 8인 경우의 승자 트리(각 런의 처음 세 레코드만 표현)

승자 트리를 이용한 런 합병의 분석: 트리의 레벨 수는 $\lceil \log_2(k+1) \rceil$이 되기 때문에 트리를 재구성하는 시간은 $O(\log_2 k)$가 된다. 트리는 레코드가 출력 화일에 합병될 때마다 재구성되어야 한다. 그래서 n개의 레코드를 모두 합병하는 데 필요한 시간은 $O(n\log_2 k)$이다. 처음에 승자 트리를 설정하는 데 필요한 시간은 $O(k)$이므로 k개의 런을 합병하는 전체 시간은 $O(n\log_2 k)$이다. □

5.8.3 패자 트리

최소 키를 가진 레코드가 출력되면 그림 5.31의 승자 트리는 재구성된다. 그런데 최소 키 값의 레코드가 런 4에 있었으므로 재구성은 이 런의 다음 레코드를 트리에 삽입하는 것이 된다. 이 다음 레코드는 키 값으로 15를 가지고 있다. 토너먼트는 노드 11에서부터 루트까지의 경로를 따라 형제 노드들 사이에서 일어난다. 여기서 형제 노드들은 전에 시행되었던 토너먼트의 패자들이므로 각 비리프 노드에 토너먼트의 승자 대신 패자 레코드에 대한 포인터를 위치시킴으로써 재구성 절차를 간단히 할 수 있다. 이와 같이 각 비리프 노드가 패자에 대한 포인터를 유지하는 선택 트리를 패자 트리(loser tree)라고 한다. 그림 5.33은 그림 5.31의 승자 트리에 대응되는 패자 트리를 보여 준다. 편의상 각 노드는 레코드에 대한 포인터 대신 레코드의 키 값을 포함하고 있으며 리프 노드는 각 런의 첫 번째 레코드를 표현하고 있다. 또 전체 토너먼트의 승자를 표현하기 위해 노드 0이 추가로 첨가되어 있다. 전체 승자를 출력한 다음에 트리는 노드 11에서부터 노드 1의 경로를 따라 토너먼트를 시행하면서 재구성된다. 이 토너먼트가 시행될

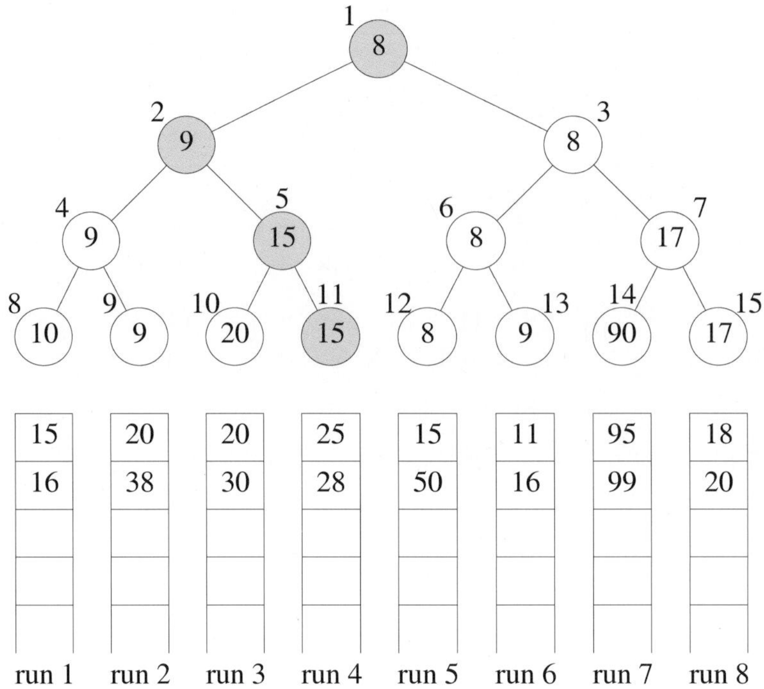

그림 5.32 레코드 하나가 출력되고 재구성된 다음 그림 5.31의 승자 트리(변경된 노드는 색칠되어 있음)

레코드들은 부모 노드들로부터 바로 나오게 된다. 결과적으로 11에서부터 1까지 경로 상의 형제는 접근되지 않는다.

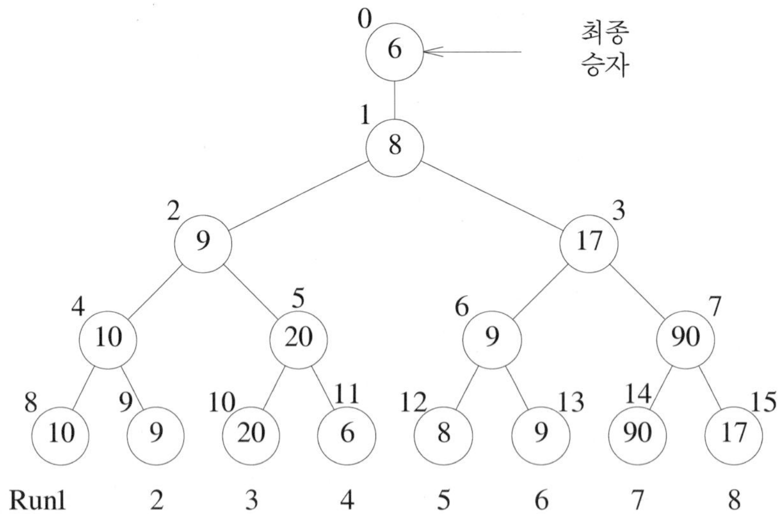

그림 5.33 그림 5.31의 승자 트리에 대응되는 패자 트리

연습문제

1. 승자 트리와 패자 트리에 대한 C++ 클래스 정의를 작성하라.
2. k 레코드에 대한 승자 트리를 구성하는 함수를 작성하라. k는 2의 지수승이라고 가정하라. 토너먼트가 수행되는 각 노드는 승자에 대한 포인터만 저장한다. 이 구성이 $O(k)$ 시간에 수행될 수 있다는 것을 증명하라..
3. k가 2의 지수승이라고 제한되지 않은 경우에 대해서 연습문제 2를 풀어 보라.
4. k 레코드에 대한 패자 트리를 구성하는 함수를 작성하라. 전체 승자에 대한 포인터를 저장하기 위해서는 패자 트리 배열의 위치 0을 사용하라. 이 구성이 $O(k)$ 시간에 수행될 수 있다는 것을 증명하라. k는 2의 지수승이라고 가정하라.
5. k가 2의 지수승이라고 제한되지 않은 경우에 대해서 연습문제 4를 풀어 보라.
6. $k(\geq 2)$개 런의 k원 합병을 패자 트리를 이용하여 수행하는 함수를 작성하라. 선형 시간에 패자 트리를 초기화하는 함수가 있다고 가정하라. k개의 런에 총 $n(> k)$개의 레코드가 있다면 수행 시간이 $O(n\log_2 k)$가 된다는 것을 증명하라.
7. 승자 트리의 경우에 대해 앞의 연습문제를 반복하라. 선형 시간에 승자 트리를 초기화하는 함수가 있다고 가정하라.
8. $k = 8$인 경우에 대해서 앞의 두 연습문제의 함수들의 성능을 비교하라. 각각 100개의 레코드로 된 8개의 데이타 런을 생성하라. 이를 위해 난수 생성기를 이용하라(난수 생성기에서 생성된 키들은 합병을 시작하기 전에 정렬되어야 할 것이다). 위의 두 방법을 사용해서 이 8개의 런을 합병하는 데 드는 시간을 측정하라.

5.9 포리스트

정의: 포리스트(forest)는 $n(\geq 0)$개의 분리(disjoint) 트리들의 집합이다. □

그림 5.34에서는 세 개의 트리로 구성된 포리스트를 보여 주고 있다. 포리스트의 개념은 트리의 개념과 매우 유사한데 그것은 트리에서 루트를 제거하면 포리스트가 되기 때문이다. 예를 들어 임의의 이진 트리의 루트를 제거하면 두 개의 트리로 구성된 포리스트가 된다. 이 절에서는 포리스트의 이진 트리 변환과 포리스트 순회 등을 포함한 포리스트에 대한 몇 가지 연산들을 간단히 고려하기로 한다. 다음 절에서는 분리 집합을 표현하기 위해 포리스트를 사용할 것이다.

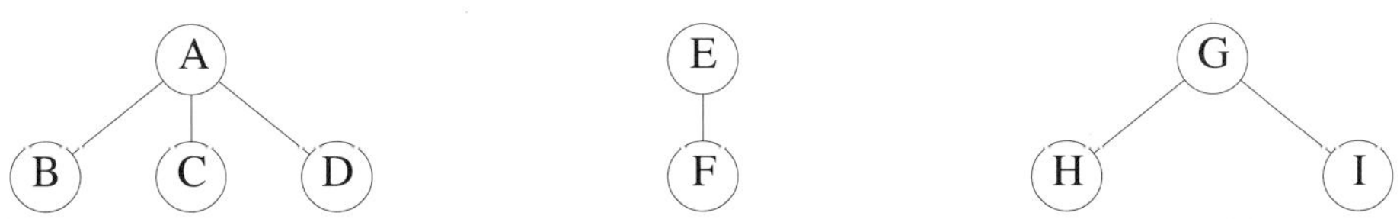

그림 5.34 세 개의 트리로 구성된 포리스트

5.9.1 포리스트를 이진 트리로 변환

포리스트를 하나의 이진 트리로 변환하기 위해서는 먼저 포리스트에 있는 각 트리를 이진 트리로 변환한다. 그 다음에 변환된 모든 이진 트리들을 루트 노드들의 *rightChild* 필드를 통해 연결한다. 이 변환 과정을 적용하면 그림 5.34의 포리스트는 그림 5.35의 이진 트리가 된다.

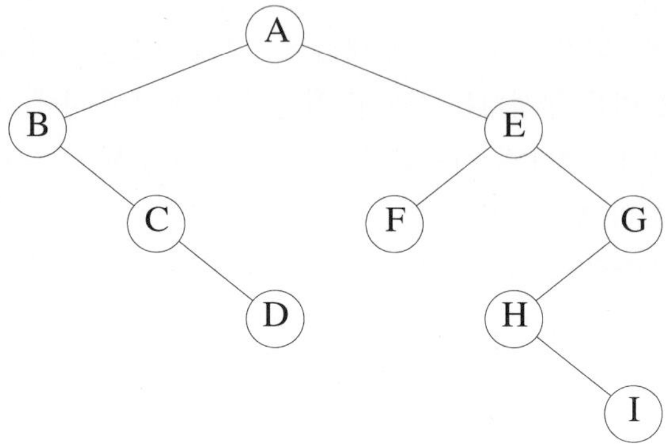

그림 5.35 그림 5.34의 이진 트리 표현

이 변환 과정은 다음과 같이 공식적으로 정의할 수 있다.

정의: 만일 $T_1, T_2, ..., T_n$이 트리로 된 포리스트라 하면 이 포리스트에 대응하는 이진 트리 $B(T_1, T_2, ..., T_n)$은

(1) $n = 0$이면 공백이다.

(2) T_1의 루트와 같은 루트를 가지며, 왼쪽 서브트리로 $B(T_{11}, T_{12}, .., T_{1m})$을 가지는데 여기서 $T_{11}, T_{12}, ..., T_{1m}$은 T_1의 루트의 서브트리들이다. 그리고 오른쪽 서브트리로 $B(T_2, ..., T_n)$을 갖는다. □

5.9.2 포리스트 순회

포리스트 F에 대응하는 이진 트리 T의 전위, 중위 순회는 F의 순회와 자연스런 대응 관계를 가진다. T의 전위 순회는 다음과 같이 정의된 포리스트 전위(forest preorder)로 F의 노드들을 순회하는 것과 동등하다.

(1) F가 공백이면 복귀한다.
(2) F의 첫 번째 트리의 루트를 방문한다.
(3) 첫 번째 트리의 서브트리들을 포리스트 전위로 순회한다.
(4) F의 나머지 트리들을 포리스트 전위로 순회한다.

T의 중위 순회는 다음과 같이 정의된 포리스트 중위(forest inorder)로 F의 노드들을 순회하는 것과 동등하다.

(1) F가 공백이면 복귀한다.
(2) F의 첫 번째 트리의 서브트리를 포리스트 중위로 순회한다.
(3) 첫 번째 트리의 루트를 방문한다.
(4) 나머지 트리를 포리스트 중위로 순회한다.

한 포리스트를 전위와 중위로 순회한 결과가 대응되는 이진 트리를 중위와 전위로 순회한 결과와 같다는 것을 증명하는 것은 연습문제로 남겨 둔다. 하나의 포리스트에 대응하는 이진 트리의 후위 순회에 대해서는 유사성이 없다. 그러나 다음과 같이 포리스트 후위(forest postorder) 순회를 정의할 수 있다.

(1) F가 공백이면 복귀한다.
(2) F의 첫 번째 트리의 서브트리를 포리스트 후위로 순회한다.
(3) 나머지 트리를 포리스트 후위로 순회한다.
(4) F의 첫 번째 트리의 루트를 방문한다.

포리스트의 레벨 순서 순회에서는 포리스트의 각 루트부터 시작하여 노드를 레벨 순으로 방문한다. 레벨 내에서는 왼쪽에서부터 오른쪽으로 차례로 방문한다. 포리스트의 레벨 순서 순회의 결과가 대응되는 이진 트리의 레벨 순서 순회의 결과와 반드시 같지는 않다는 것은 쉽게 증명할 수 있다.

연습문제

1. 이진 트리의 포리스트에 대한 C++ 템플릿 클래스 정의를 작성하라.
2. 포리스트로부터 이진 트리를 생성하는 변환의 역변환을 정의하라. 이 변환은 유일한가?
3. 포리스트의 전위 순회와 이에 대응되는 이진 트리의 전위 순회가 같은 결과를 생성한다는 것을 증명하라.
4. 포리스트의 중위 순회와 이에 대응되는 이진 트리의 중위 순회가 같은 결과를 생성한다는 것을 증명하라.
5. 포리스트의 후위 순회와 이에 대응되는 이진 트리의 후위 순회가 반드시 같은 결과만 생성하지는 않는다는 것을 증명하라.
6. 포리스트의 레벨 순서 순회가 이에 대응되는 이진 트리의 레벨 순서 순회가 반드시 같은 결과만 생성하지 않는다는 것을 증명하라.
7. 포리스트의 대응되는 이진 트리를 포리스트 후위로 순회하는 비순환 함수를 작성하라. 이 함수의 시간과 공간 복잡도는 얼마인가?
8. 포리스트 레벨 순서 순회에 대해 앞의 연습문제를 반복하라.

5.10 분리 집합의 표현

5.10.1 개요

이 절에서는 트리를 사용하여 집합을 표현하는 방법에 대해 살펴보기로 하자. 여기서 집합의 모든 원소는 수 0, 1, 2, ..., $n-1$이라고 가정한다. 이 수들은 실제 원소의 이름이 저장되어 있는 심벌 테이블의 인덱스를 의미할 수도 있다. 그리고 모든 집합들은 쌍별로 분리(disjoint)된다고 가정한다[즉 임의의 두 집합 S_i와 $S_j(i \neq j)$는 어떤 원소도 공통으로 가지고 있지 않다]. 가령, $n = 10$일 때 이 원소들은 세 개의 분리 집합 $S_1=\{0, 6, 7, 8\}$, $S_2=\{1, 4, 9\}$, $S_3=\{2, 3, 5\}$로 분할될 수 있다. 그림 5.36은 이러한 집합에 대해 가능한 하나의 표현을 보여 주고 있다. 각 집합에서 노드들은 부모로부터 자식으로 연결하는 일반적인 방법 대신, 자식에서부터 부모로 가는 링크로 연결되어 있음을 주목하라. 이러한 연결 방법을 사용하는 이유는 집합 연산의 구현을 논의할 때 분명해질 것이다.

이런 집합에 대하여 수행하고자 하는 연산은 다음과 같다.

(1) 분리 합집합(disjoint set union): S_i와 S_j가 분리 집합일 때 이들의 합집합은 $S_i \cup S_j = \{x | x$는 S_i 또는 S_j에 포함되는 모든 원소$\}$이므로 $S_1 \cup S_2 = \{0, 6, 7, 8, 1, 4, 9\}$이다. 우리는 모든 집합이 서로 분리되어 있다고 가정했기 때문에 S_i와 S_j의 합(union)에 따라 S_i와 S_j는 독립적으로 존재하지 않고, 대신 집합의 모임에서 $S_i \cup S_j$로 존재한다고 가정할 수 있다.

(2) 탐색(find): 원소 i를 포함하는 집합을 탐색한다. 그래서 3은 S_3에, 8은 S_1에 있다.

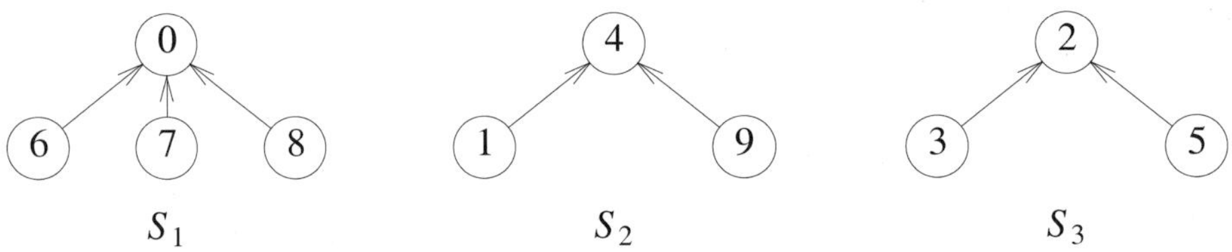

그림 5.36 집합의 트리 표현

5.10.2 합집합과 탐색 연산

먼저 합집합(union) 연산을 고려해 보자. 가령 S_1과 S_2(그림 5.36 참조)의 합집합을 만든다고 하자. 이를 위해서는 노드들이 자식에서 부모로 가는 링크로 연결되어 있으므로 간단히 두 트리 중의 하나를 다른 트리의 서브트리로 만들면 된다. 그러면 $S_1 \cup S_2$는 그림 5.37에 있는 표현 중의 하나가 될 것이다.

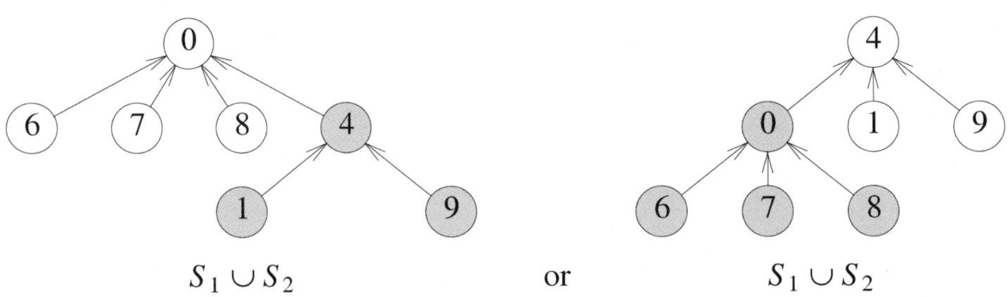

그림 5.37 $S_1 \cup S_2$의 한 가지 가능한 표현

두 집합의 합집합을 얻기 위해서는 한 루트의 부모 필드가 다른 트리의 루트를 가리키도록 하면 된다. 이것은 각 집합을 나타내는 트리의 루트를 가리키는 포인터를 이용하면 쉽다. 그리고 각 루트가 집합 이름을 가리키는 포인터를 가지고 있다면 한 원소가 어느 집합에 포함되어 있는지 결정하기 위해서는 그 트리의 루트로 연결된 부모 링크를 따라 올라가서 집합 이름을 가리키는 포인터를 이용하면 된다. S_1, S_2, S_3에 대한 데이타 표현은 그림 5.38과 같이 나타낼 수 있다.

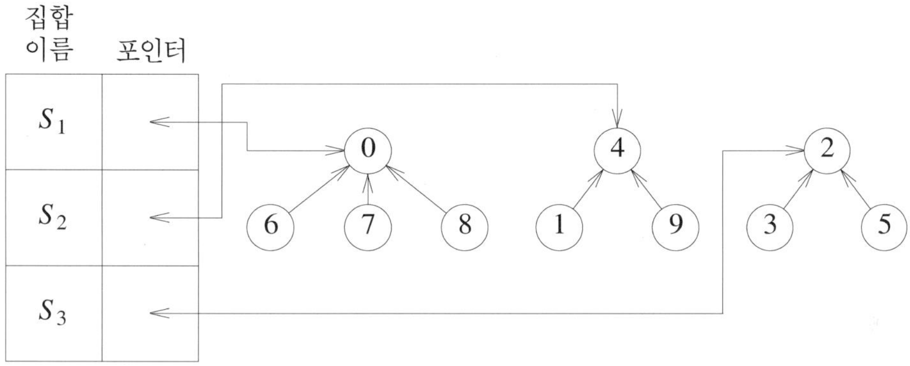

그림 5.38 S_1, S_2, S_3의 데이타 표현

합집합과 탐색 알고리즘을 설명할 때는 실제 집합 이름은 무시하고 그 집합을 표현하는 트리의 루트로 식별할 것이다. 이것은 설명을 간단하게 만든다. 집합 이름으로의 이동도 쉽다. 한 원소 i가 루트 j인 트리에 속하고 j가 집합 이름 테이블의 k번째 원소를 가리키는 포인터를 가진다면 그 집합의 이름은 *name*[*k*]이다. 만일 S_i와 S_j를 통합하려 하면 *FindPointer*(S_i)와 *FindPointer*(S_j)를 루트로 하는 트리를 통합하면 된다. 여기에서 *FindPointer*는 집합 이름을 취해서 그것이 나타내는 트리의 루트를 결정해 주는 함수이다. 이것은 [집합 이름, 포인터] 테이블의 탐색으로 이루어진다. 여러 응용에서 볼 수 있듯이 집합 이름은 바로 루트에 있는 원소이다. *Find*(*i*) 연산은 원소 i를 포함하는 트리의 루트를 결정하며, *Union*(*i*, *j*) 연산은 루트 i와 j를 가진 트리를 조인하게 한다. 단순화하기 위한 또 다른 가정은 집합 원소가 0부터 $n-1$까지의 수라고 하는 것이다.

집합의 원소들은 0에서 $n-1$까지 번호가 부여되어 있으므로 트리 노드들을 *parent*[*n*] 배열을 이용하여 표현할 수 있다. 이 배열의 i번째 원소는 원소 i를 포함하는 트리 노드를 나타낸다. 이 배열의 원소는 대응되는 트리 노드의 부모 포인터를 제공한다. 그림 5.39는 그림 5.36의 S_1, S_2, S_3를 이 방법으로 표현한 것이다. 루트 노드의 *parent* 값이 −1인 것에 주목하라.

i	[0]	[1]	[2]	[3]	[4]	[5]	[6]	[7]	[8]	[9]
parent	−1	4	−1	2	−1	2	0	0	0	4

그림 5.39 그림 5.36의 S_1, S_2, S_3에 대한 배열 표현

프로그램 5.23은 이 자료 구조를 위한 클래스 정의와 생성자를 포함한다. *Find*(*i*) 연산의 구현은 *i*에서 시작해서 부모 값이 −1인 노드를 만날 때까지 인덱스를 따라가도록 하면 된다. 예를 들면 *Find*(5)는 5부터 시작하여 5의 부모인 2로 이동하고 *parent*[2] = −1이므로 루트에 도달한 것이다. 마찬가지로 연산 *Union*(*i*, *j*)도 간단하다. 즉 루트가 *i*와 *j*인 두 트리를 합치면 된다. 만일 첫 번째 트리를 두 번째 트리의 서브트리로 만들기로 한다면, *parent*[*i*] = *j*라는 명령문 하나로 합집합 연산이 수행된다. 프로그램 5.24는 위에서 설명한 것과 같이 합집합과 탐색 연산을 구현하고 있다.

```
Class Sets {
public:
    // 기타 집합 연산
    .
    .
private:
    int *parent;
    int n; // 집합 원소의 개수
};

Sets::Sets(int numberOfElements)
{
    if (numberOfElements < 2) throw "Must have at least 2 elements.";
    n = numberOfElements;
    parent = new int[n];
    fill(parent, parent + n, −1);
}
```

프로그램 5.23: *Sets*에 대한 클래스 정의와 생성자

```
void Sets::SimpleUnion(int i, int j)
{// 루트가 i, j인 분리 집합을 합집합으로 대체한다.
    parent[i] = j;
}

int Sets::SimpleFind(int i)
{// 원소 i를 포함하는 트리의 루트를 탐색
{
    while(parent[i] >= 0) i = parent[i]);
```

```
    return i;
}
```

프로그램 5.24: 합집합과 탐색을 위한 간단한 함수

***SimpleUnion*과 *SimpleFind*의 분석:** 이 두 함수는 기술하기가 쉬운 반면, 성능은 매우 좋지 않다. 예를 들어 n개의 원소가 각각 n개의 집합에 하나씩 포함되어 있다면(즉 $S_i = \{i\}$ $(0 \le i < n)$이라면], 초기 상태는 n개의 노드들로 이루어진 포리스트이고 $parent[i] = -1$ $(0 \le i < n)$일 것이다. 이 집합들에 대해서 다음과 같은 순서의 연산을 수행해 보자.

$$Union(0, 1), Union(1, 2), Union(2, 3), Union(3, 4) \ldots, Union(n-2, n-1)$$
$$Find(0), Find(1), \ldots, Find(n-1)$$

위의 연산 결과 그림 5.40의 변질(degenerate) 트리가 만들어진다. 한 번의 합집합 연산을 위해 소요되는 시간은 상수이므로, $n-1$번의 합집합이 $O(n)$ 시간에 수행 될 수 있다. 그렇지만 각 탐색은 그 원소에서부터 루트까지의 *parent* 포인터를 따라가야 하므로 레벨 i에 있는 원소에 대한 *Find*의 수행 시간은 $O(i)$가 된다. 따라서 n번의 *Find*를 수행하기 위해 필요한 총 시간은 $O(\sum_{i=1}^{n} i) = O(n^2)$이다. □

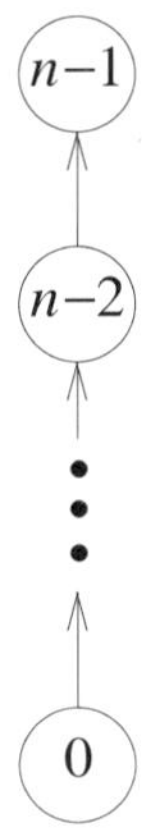

그림 5.40 변질 트리

변질 트리의 생성을 예방하기 위하여 *Union*과 *Find* 연산을 좀더 효율적으로 개선할 수 있다. 이를 위하여 $Union(i, j)$에 가중 규칙(weighting rule)을 적용한다.

정의 [*Union(i, j)*를 위한 가중 규칙]: 루트 i를 가진 트리의 노드 수가 루트 j를 가진 트리의 노드 수보다 적으면 j를 i의 부모로 만들고, 그렇지 않으면 i를 j의 부모로 만든다. □

이 규칙을 이용하여 앞에 주어진 집합의 합집합 연산을 수행하면 그림 5.41의 트리가 만들어진다.

이 그림에서 입력 매개변수 값이 조인될 트리의 루트와 대응되도록 *Union*들을 변경하였다.

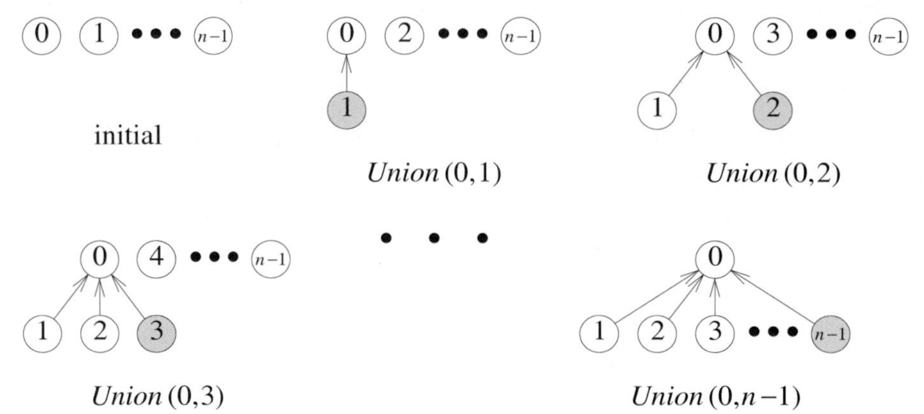

그림 5.41 가중 규칙을 적용하여 구한 트리

이 규칙을 구현하기 위해서는 어떤 트리에 얼마나 많은 노드가 있는지를 알아야 하는데 이것은 모든 트리의 루트에 *count*(계수) 필드를 유지하면 쉽게 해결할 수 있다. 가령 i가 어떤 트리의 루트 노드라면 *count*[i]는 그 트리의 노드 수가 된다. 그러나 루트 이외의 모든 노드는 음이 아닌 수를 *parent* 필드에 가지고 있으므로 루트의 *parent* 필드에 계수의 값으로 음의 수를 유지할 수 있다. 처음에 모든 노드의 *parent* 필드는 -1을 갖는다. 이 변환으로 프로그램 5.25의 합집합 함수가 작성된다.

```
void sets::WeightedUnion(int i, int j)
// 가중 규칙을 이용하여 루트가 i와 j(i ≠ j)인 집합의 합을 구한다.
// parent[i] = −count[i]이며 parent[j] = −count[j]이다.
{
    int temp = parent[i] + parent [j];
    if (parent[i] > parent[j]) { // i의 노드 수가 적으면
        parent[i] = j; // j를 새 루트로 만든다
        parent[j] = temp;
    }
    else ( // j의 노드 수가 적거나 같으면
        parent[j] = i; // i를 새 루트로 만든다
        parent[i] = temp;
    }
}
```

프로그램 5.25: 가중 규칙을 이용한 합집합

WeightedUnion과 WeightedFind의 분석: 가중 규칙을 적용한 합집합 연산을 수행하는 시간은 약간 증가하지만 상수에 의해 한정된다[즉 O(1)이다]. *Find* 함수는 변하지 않는다. *Find*를 한 번 수행하는 데 걸리는 최대 시간은 보조정리 5.5에 의해 결정된다.

보조정리 5.5: 하나의 노드를 가진 트리들로 된 포리스트에서 시작한다고 가정하자. *WeightedUnion* 함수를 이용하여 일련의 합집합의 결과가 m개의 노드를 가진 트리 T라고 하자. T의 높이는 $\lfloor \log_2 m \rfloor + 1$보다 크지 않다.

증명: $m = 1$일 때 보조정리는 명백하다. 그리고 $i(\leq m-1)$개의 노드를 가진 모든 트리가 이 정리를 만족시킨다고 가정하자. 그러면 $i = m$일 때도 역시 참이라는 것만 보여 주면 된다. 트리 T가 *WeightedUnion* 함수에 의해 만들어졌다는 가정하에 마지막으로 수행된 합집합 연산 *Union*(k, j)를 고려해 보자. a가 트리 j의 노드 수라면 k에는 $m-a$개의 노드가 있다. 일반성의 결여 없이 $1 \leq a \leq m/2$를 가정할 수 있다. 그러면 T의 높이는 k와 같거나 j보다 1이 크다. 전자의 경우라면 T의 높이$\leq \lfloor \log_2(m-a) \rfloor + 1 \leq \lfloor \log_2 m \rfloor +$ 1이 되고, 후자의 경우에는 T의 높이 $\leq \lfloor \log_2 a \rfloor + 2 \leq \lfloor \log_2 m/2 \rfloor +2 \leq \lfloor \log_2 m \rfloor + 1$이 되어 만족시킴을 알 수 있다. □

예제 5.3은 연속된 몇 개의 합집합 연산에 대해 보조정리 5.5의 범위가 적절하다는 것을 보여 준다.

예제 5.3: 초기 상태가 $parent[i] = -count[i] = -1,\ 0 \leq i < n = 8$인 집합들에서 시작하여 다음과 같은 일련의 합집합 연산에서 *WeightedUnion* 함수의 동작을 살펴보자.

$$Union(0, 1),\ Union(2, 3),\ Union(4, 5),\ Union(6, 7),$$
$$Union(0, 2),\ Union(4, 6),\ Union(0, 4)$$

그림 5.42의 트리들이 얻어진다. 분명히 m개의 노드를 가진 트리의 높이는 $\lfloor \log_2 m \rfloor + 1$이다. □

보조정리 5.5에 따라 m개의 원소를 가진 트리에서 *Find* 연산을 한 번 수행하는 데 걸리는 시간은 O(log m)이다. 그리고 $u-1$개의 합집합과 f개의 탐색을 혼합하여 연속으로 실행하기 위한 시간은 $O(u + f \log u)$인데 여기에서 트리는 u개 이하의 노드를 갖는다. 당연히 n개의 트리로 구성되는 포리스트를 초기화하는 데 $O(n)$의 시간이 추가로 걸린다. □

여기서 놀라운 것은 아직도 더 개선할 여지가 있다는 사실이다. 이번에는 붕괴 규칙(collapsing rule)을 사용하여 *Find* 알고리즘을 수정한다.

정의 [붕괴 규칙]: 만일 j가 i에서 루트로 가는 경로 상에 있으며 $parent[i] \neq root(i)$이면 $parent[j]$를 $root(i)$로 지정한다. □

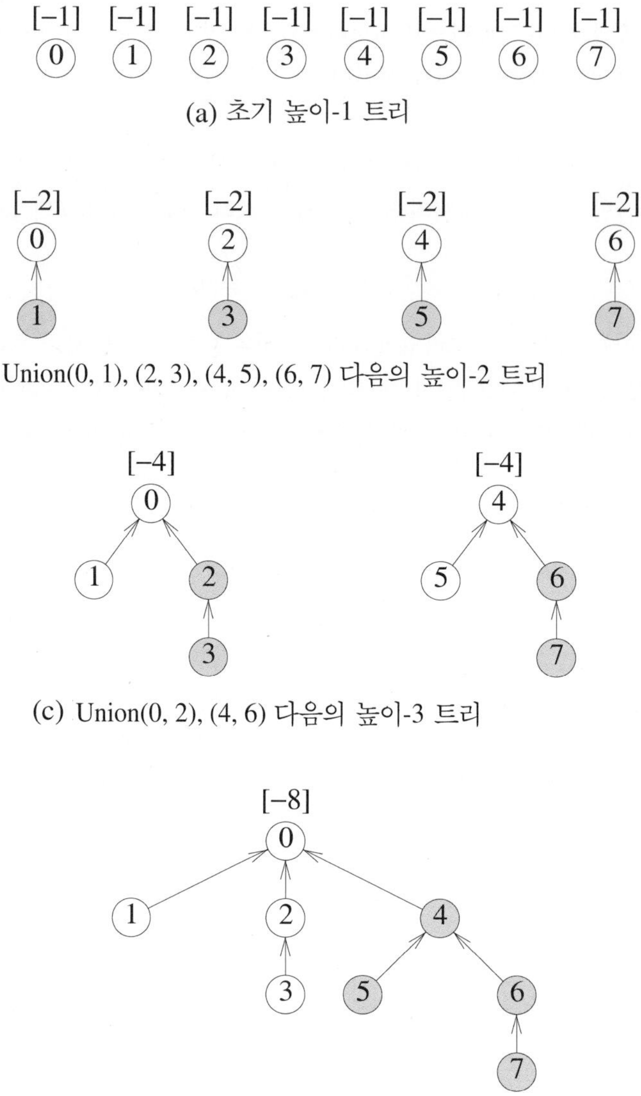

(a) 초기 높이-1 트리

(b) Union(0, 1), (2, 3), (4, 5), (6, 7) 다음의 높이-2 트리

(c) Union(0, 2), (4, 6) 다음의 높이-3 트리

(d) Union(0, 4) 다음의 높이-4 트리

그림 5.42 최악의 경우의 트리

함수 *CollapsingFind*(프로그램 5.26)는 붕괴 규칙을 적용한 것이다.

```
int Sets::CollapsingFind(int i)
{// 원소 i를 포함하는 루트를 찾는다.
 // 붕괴 규칙을 이용하여 i로부터 루트로 가는 모든 노드를 붕괴시킨다.
    for (int r = i; parent[r] >= 0; r = parent[r]); // 루트를 찾음
```

```
    while(i != r) {// 붕괴
        int s = parent[i];
        parent[i] = r;
        i = s;
    }
    return r;
}
```

프로그램 5.26: 붕괴 규칙을 이용한 *CollasingFind* 알고리즘

예제 5.4: *WeightedUnion*을 이용하여 예제 5.3의 연속된 합집합 연산 결과로 얻은 트리를 고려해 보자. 이제 다음 여덟 개의 *Find* 연산을 수행하고자 한다.

$$Find(7), Find(7), ..., Find(7)$$

만일 *SimpleFind*를 사용하면 각 *Find*(7)이 세 개의 *parent* 링크 필드를 올라가야 하므로 여덟 개의 *Find*를 수행하려면 총 24번의 이동이 필요하다. 만일 *CollapsingFind*를 사용하면 처음 *Find*(7)은 세 개의 링크를 거치고 두 개의 링크를 재설정한다. 유의할 것은 두 개의 *parent* 필드만 재설정하면 되지만 *CollapsingFind*는 실제적으로 세 개를 재설정한다(4의 *parent*가 0으로 재설정된다)는 것이다. 하지만 나머지 일곱 개의 *Find*에서는 단지 하나의 링크만 올라가면 된다. 따라서 총 비용은 13번의 이동이 된다. □

***WeightedUnion*과 *CollapsingFind*의 분석:** 붕괴 규칙은 개별적인 탐색 시간을 거의 두 배 걸리게 한다. 그러나 연속적인 탐색에 대해서는 최악의 시간을 감소시킨다. *WeightedUnion*과 *CollapsingFind*를 사용하는 일련의 합집합과 탐색을 실행하는 최악의 복잡도가 보조정리 5.6에 기술되어 있다. 이 보조정리는 Ackermann's 함수 $A(i, j)$의 역과 관계가 있는 함수 $\alpha(p, q)$를 사용한다. 이들 함수의 정의는 다음과 같다.

$$A(1, j) = 2^j \qquad j \geq 1\text{이면}$$
$$A(i, 1) = A(i-1, 2) \qquad i \geq 2\text{이면}$$
$$A(i, j) = A(i-1, A(i, j-1)) \quad i, j \geq 2\text{이면}$$

$$\alpha(p, q) = \min\{z \geq 1 \mid A(z, \lfloor p/q \rfloor) > \log_2 q\},\ p \geq q \geq 1$$

함수 $A(i, j)$는 급속 증가 함수이다. 결과적으로 α는 p와 q가 증가함에 따라 매우 느리게 증가한다. 실제로 $A(3, 1)$은 16이므로 $q < 2^{16} = 65{,}536$이고 $p \geq q$이면 $\alpha(p, q) \leq 3$이다. $A(4, 1)$은 매우 큰 수이고 응용에서 q는 집합의 원소 수 n이 되고, p는 $n + f$(여기서 f는 탐색의 수)가 되므로 실제로는 $\alpha(p, q) \leq 4$가 된다. □

보조정리 5.6 [Tarjan과 Leeuwen]: 하나의 노드만을 가진 트리들의 포리스트에서 시작한다고 가정하

자. f개의 *Find*와 u개의 *Union*들이 혼합된 일련의 연산을 위해 필요한 최대 시간을 $T(f, u)$라 하고 $u \geq n/2$라 가정하자. 그러면 어떤 양의 상수 k_1과 k_2에 대해 다음의 식이 충족된다.

$$k_1(n + f\,\alpha(f + n, n)) \leq T(f, u) \leq k_2\,(n + f\,\alpha(f + n, n))\ \square$$

$u < n/2$일 경우 어떤 원소는 합집합 연산에 포함되지 않으므로 보조정리 5.6의 조건 $u \geq n/2$는 중요한 것이 아니다. 이 원소는 일련의 합집합과 탐색이 수행되는 동안 한 원소의 집합으로 남아있게 된다. 이 경우 탐색 연산은 O(1)에 수행되므로 고려의 대상에서 제외할 수 있다. $\alpha(f, u)$가 완속 증가 함수일지라도 집합 표현 문제에 대한 해답의 복잡도는 합집합과 탐색의 수에 대하여 비선형적이다. 필요로 하는 공간은 각 원소에 노드 하나이다.

연습문제에서 보조정리 5.6의 시간 범위를 유지하는 가중 규칙과 붕괴 규칙에 대한 대안을 찾아보겠다.

5.10.3 동치 부류의 응용

4.8절의 동치 쌍(equivalence pair)의 처리 문제를 고려해 보자. 구해야 할 동치 부류(equivalence class)들은 집합으로 간주될 수 있다. 어떤 다각형도 두 개의 동치 부류에 속할 수 없기 때문에 이들 집합은 서로 분리된다. 초기에 n개의 모든 다각형이 자신의 동치 부류라고 하면 $parent[i] = -1(0 \leq i < n$이 된다. 만일 동치 쌍 $i \equiv j$를 처리해야 한다면 먼저 i와 j를 포함하고 있는 집합을 찾아야 한다. 이 집합들이 서로 다르면 두 집합은 합집합으로 대체되어야 한다. 만약 같다면 i와 j가 같은 동치 부류에 있으므로 아무런 작업도 수행할 필요가 없다. 하나의 동치 쌍을 처리하기 위해서는 두 개의 탐색과 최대 하나의 합집합이 필요하게 된다. 따라서 n개의 변수와 m개의 동치 쌍이 있다면 초기의 포리스트를 형성하는 데 $O(n)$의 시간이 소요된다. 그 후 $2m$개의 탐색과 최대 $\min\{n-1, m\}$개의 합집합을 수행하여야 한다.($n-1$개의 합집합 후 n개의 다각형은 모두 하나의 동치 부류에 있게 될 것이며 더 이상의 합집합이 수행될 필요가 없다.) 만일 *WeightedUnion*과 *CollapsingFind*를 사용하면 동치 관계를 처리하는 총 시간은 $O(n + m\alpha(2m, \min\{n-1, m\}))$이 될 것이다. 이것은 4.8절의 알고리즘보다 약간 나쁘지만 더 작은 공간을 필요로 하며 '온라인'이다. 온라인이라는 것은 각 동치가 처리될 때 각 다각형이 어느 동치 부류에 속하고 있는지를 말할 수 있다는 것을 뜻한다.

예제 5.5: 4장의 동치 쌍들의 집합을 처리해 보자. 처음에는 각각 하나의 변수를 가진 12개의 트리가 있다. $parent[i]=-1,\ 0 \leq i < 12$. 각 동치 쌍의 처리에 따른 포리스트의 구조 변화가 그림 5.43에 있으며 각 트리는 동치 부류를 나타내고 있다. 각 단계에서 두 번의 탐색을 수행함으로써 두 원소가 같은 동치 부류에 속하는지를 쉽게 알 수 있다. □

연습문제

1. 서로 다른 하나의 원소를 포함하고 있는 n개의 집합이 있다고 가정하자.
   (a) u번의 합집합이 수행되면 $u + 1$개보다 많은 원소를 갖는 집합이 없다는 것을 증명하라.

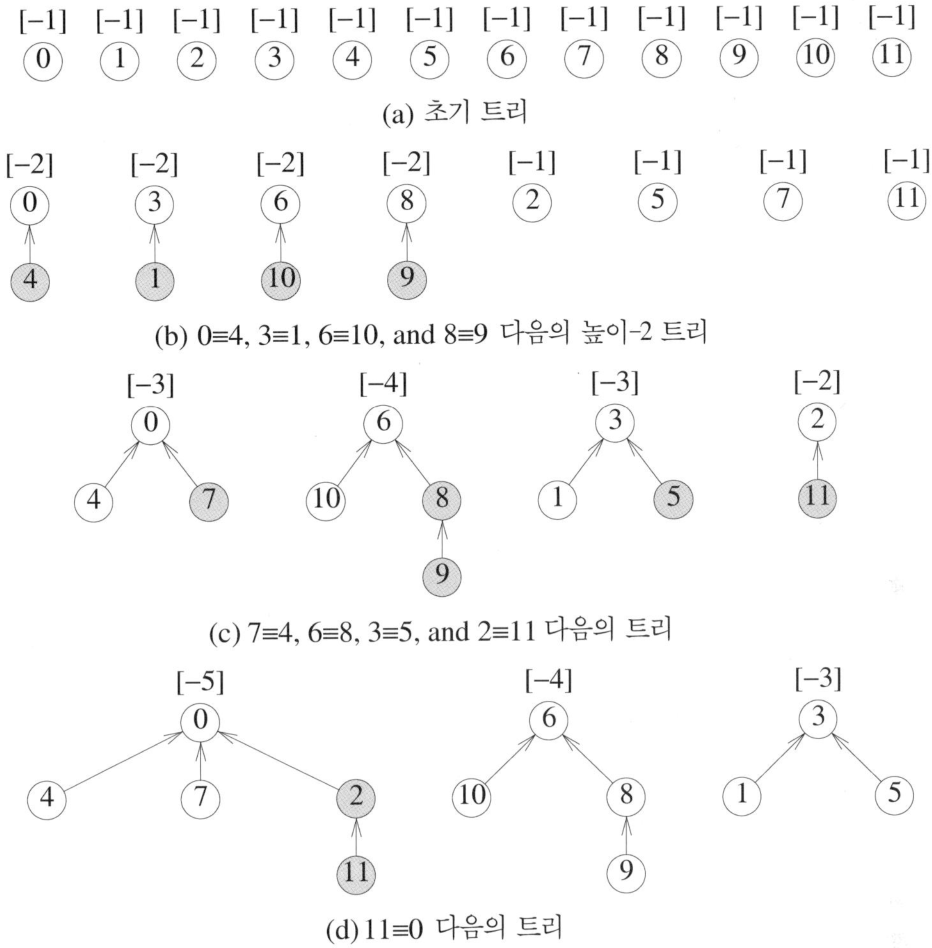

그림 5.43 예제 5.5를 위한 트리

(b) 집합의 수가 1이 되기 전까지 최대 $n-1$번의 합집합이 수행되어야 함을 증명하라.

(c) $\lceil n/2 \rceil$보다 작은 횟수의 합집합이 수행되면 단일 원소 집합이 적어도 하나가 있음을 증명하라.

(d) u번의 합집합이 수행되면 단일 원소 집합이 적어도 $\max\{n-2u, 0\}$개가 있음을 증명하라.

2. 예제 5.5의 결과를 이용하여 명령 *union*(11,9)를 실행한 뒤에 트리를 그리라.
3. 실험적으로 *SimpleUnion*, *SimpleFind*(프로그램 5.24)와 *WeightedUnion*(프로그램 5.25), *CollapsingFind*(프로그램 5.26)의 성능을 비교하라. 이를 위하여 합집합과 탐색 연산을 임의 순서로 생성하라.
4. (a) 가중 규칙 대신 높이 규칙(height rule)을 이용하는 *HeightUnion* 함수를 작성하라. 높이 규칙은 다음과 같다.

   정의 [높이 규칙]: 만일 트리 i의 높이가 트리 j의 높이보다 작으면 j를 i의 부모로 만든다. 그렇지 않으면 i를 j의 부모로 만든다. □

작성된 함수는 O(1) 시간에 수행되어야 하며 루트의 *parent* 필드에 음수로서 각 트리의 높이를 유지하여야 한다.

(b) 보조정리 5.5의 높이 범위가 높이 규칙을 사용하여 형성된 트리에 적용됨을 증명하라.

(c) 단일 원소 집합에서 시작하여 보조정리 5.5의 한도와 같은 높이의 트리를 생성하는 합집합 순서의 예를 보이라. 각 합집합은 높이 규칙을 사용한다고 가정하라.

(d) 함수 *WeightedUnion*(프로그램 5.25)과 *HeightUnion*을 *CollapsingFind*(프로그램 5.26) 함수와 조인하여 사용할 때 어느 것이 더 좋은 결과를 만드는지를 실험하라.

5. (a) 탐색 연산을 위해 경로 붕괴 대신 경로 분할(path splitting)을 이용하는 *SplittingFind* 함수를 작성하라. 경로 분할은 다음과 같다.

정의 [경로 분할]: 경로 분할에서는 노드 *i*에서 루트까지의 경로 상에 있는 각 노드(루트와 루트의 자식은 제외)의 부모 포인터가 조부모 노드를 가리키도록 변경한다. □

경로 분할이 수행될 때 *i*부터 루트까지의 한 번의 통과로 충분하다. Tarjan과 Leeuwen은 경로 분할이 합집합의 가중 규칙이나 높이 규칙 중 어느 것과 조인되어도 보조정리 5.6이 성립하는 것을 증명하였다.

(b) 함수 *CollapsingFind*(프로그램 5.26)와 *SplittingFind*를 *WeightedUnion*(프로그램 5.25)과 조인하여 사용할 때 어느 것이 더 좋은 결과를 만드는지를 실험하라.

6. (a) 경로 붕괴 대신 경로 이등분(path halving)을 탐색 연산에 이용하는 *HalvingFind* 함수를 작성하라. 경로 이등분은 다음과 같다.

정의 [경로 이등분]: 경로 이등분에서는 노드 *i*에서 루트까지의 경로 상에 있는 노드 중 한 노드씩 걸러(루트와 루트의 자식은 제외) 부모 포인터가 조부모 노드를 가리키도록 변경한다. □

경로 이등분은 경로 분할(연습문제 5)과 같이 *i*부터 루트까지의 한 번의 통과로 구현될 수 있다. 그러나 경로 이등분에서는 경로 분할의 절반만이 포인터가 변경된다. Tarjan과 Leeuwen은 경로 이등분이 합집합의 가중 규칙이나 높이 규칙 중 어느 것과 조인되어도 보조정리 5.6이 성립하는 것을 증명하였다.

(b) *CollapsingFind*와 *HalvingFind*를 *WeightedUnion*과 조인하여 사용할 때 어느 것이 더 좋은 결과를 만드는지를 실험하라.

5.11 이진 트리의 개수 계산

트리에 대한 이 장의 결론으로, 세 개의 상이한 문제가 놀랍게도 같은 해답을 가지는 경우를 살펴보자. 즉 n개의 노드를 가진 서로 다른 이진 트리의 수, 스택을 이용하여 얻을 수 있는 1에서 n까지의 서로 다른 순열의 수, $n+1$개의 행렬을 곱하는 방법의 수를 알아보기로 한다. 우선 이 문제들을 간단히 살펴보자.

5.11.1 상이한 이진 트리

$n = 0$이거나 $n = 1$이면 오직 하나의 트리만이 존재한다. $n = 2$라면 두 개의 서로 다른 트리가 있으며(그림 5.44), $n = 3$이라면 다섯 개의 이진 트리가 존재한다(그림 5.45). 그러면 n개의 노드를 가진 서로 다른 이진 트리는 과연 몇 개나 존재할까? 이 문제를 풀기 전에 나머지 두 문제를 알아보자. 더 읽기 전에 스스로 풀이를 시도해 보라.

그림 5.44 n = 2일 때의 서로 다른 이진 트리

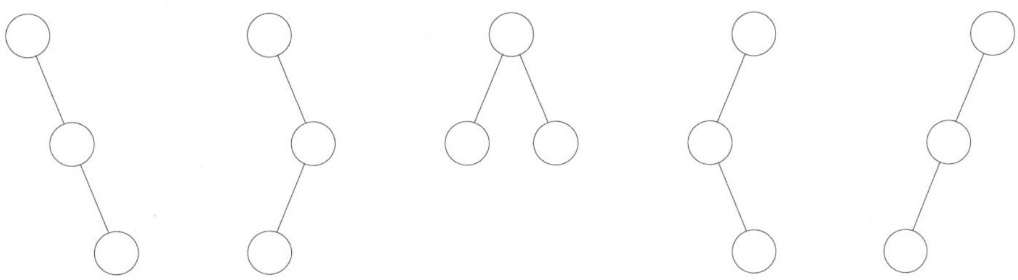

그림 5.45 n = 3일 때의 서로 다른 이진 트리

5.11.2 스택 순열

우리는 5.3절에서 전위, 중위, 후위 순회의 개념을 소개했으며, 각 순회는 스택을 필요로 한다는 것을 지적했다. 가령 한 이진 트리에 대해 전위 순서 *A B C D E F G H I*와 중위 순서 *B C A E D G H F I*가 있다고 가정하자. 그러면 이 한 쌍의 순서가 이진 트리를 유일하게 정의하는가? 바꾸어 말하면 이 한 쌍의 순서가 하나 이상의 다른 이진 트리로부터 만들어질 수 있는가?

이런 순서로부터 이진 트리를 구성하기 위해서 먼저 전위 순서의 첫 번째 문자 *A*를 보자. 이 문자는 전위 순회(*VLR*)의 정의에 의해 트리의 루트이어야 한다. 또한 중위 순회(*LVR*)의 정의에 따라 *A*를 선행하는 모든 노드(*B C*)는 *A*의 왼쪽 서브트리이고 나머지 노드(*E D G H F I*)는 *A*의 오른쪽 서브트리여야 한다는 사실을 알고 있다. 그림 5.46(a)는 정확한 트리에 대한 첫 번째 개략적인 모양을 보여 준다.

전위 순서에 따라 오른쪽으로 이동해 보면 *B*가 다음 번 루트임을 알 수 있다. 그리고 중위 순서에서 *B*를 선행하는 노드가 없으므로 *B*는 공백인 왼쪽 서브트리를 가지며 *C*는 오른쪽 서브트리가 된다는 것을 알 수 있다. 그림 5.46(b)는 좀더 정확한 모양을 보여 준다. 이 방법을 계속하면 그림 5.47(a)의 이진 트리를 구하게 된다. 이런 방법의 추리를 공식화함으로써(이 절의 연습문제를 보라) 모든 이진 트리는 유일한 전위-중위 순서 쌍을 갖는다는 것을 증명할 수 있다.

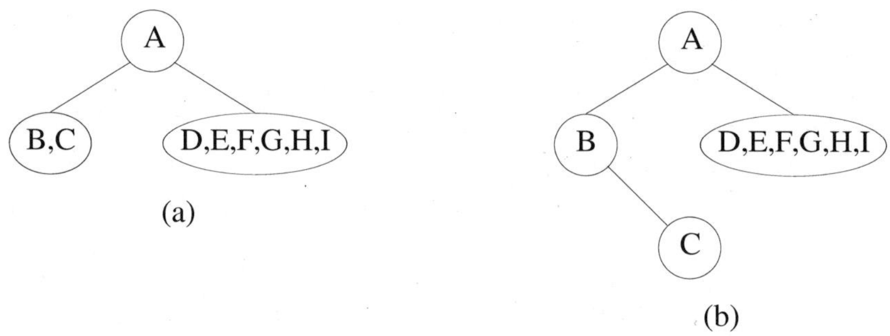

그림 5.46 중위와 전위 순서로부터 이진 트리를 구성

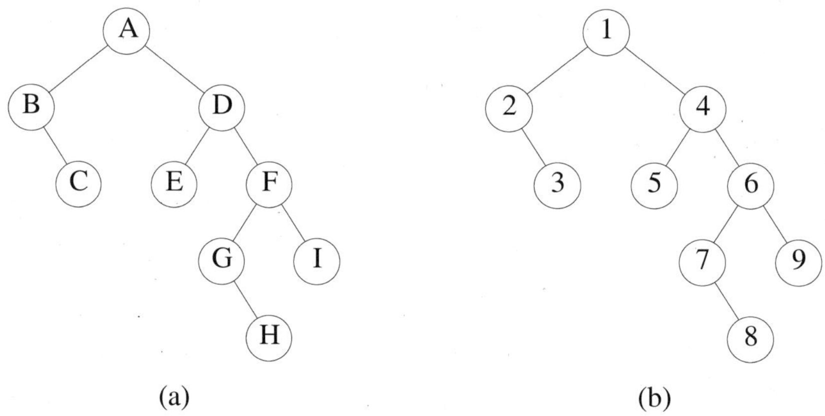

그림 5.47 중위와 전위 순서로부터 구성한 이진 트리

n 개의 노드로 된 이진 트리의 노드에 1부터 *n*까지 번호를 붙였다고 하자. 이러한 이진 트리의 중위 순열(inorder permutation)은 그 트리를 중위 순회에 따라 방문한 노드들의 순서로 정의된다. 전위 순열(preorder permutation)도 같은 방법으로 정의된다.

예를 들면 그림 5.47(a)에 정의된 이진 트리 노드에 그림 5.47(b)와 같이 번호를 붙여서 생각해 보자. 그러면 이진 트리의 전위 순열은 1, 2, ..., 9이고 중위 순열은 2, 3, 1, 5, 4, 7, 8, 6, 9이다.

어떤 트리의 노드에 번호가 부여되어 있고 그 트리의 전위 순열이 1, 2, ..., *n*이라면, 앞에서 논의한 바와 같이 서로 다른 이진 트리는 서로 다른 중위 순열을 정의하게 된다. 그러므로 서로 다른 이진 트리의 수는 1, 2, ..., *n*의 전위 순열을 가지는 이진 트리로부터 얻을 수 있는 중위 순열의 수와 같다.

이와 같은 중위 순열의 개념을 이용하면 1부터 *n*까지의 수를 스택에 넣었다가 가능한 모든 방법으로 삭제하여 만들 수 있는 상이한 순열의 수가 n개의 노드를 가진 상이한 이진 트리의 수와 같다는 것을 증명할 수 있다(연습문제를 보라). 가령 중위 순열 1, 2, 3을 가지고 스택을 이용하여 얻을 수 있는 순열은 다음과 같다.

$$(1, 2, 3)\ (1, 3, 2)\ (2, 1, 3)\ (2, 3, 1)\ (3, 2, 1)$$

여기서 (3, 1, 2)는 얻을 수 없다. 이 다섯 개의 순열들은 세 개의 노드를 가진 상이한 다섯 개의 이진 트리와 각각 대응한다(그림 5.48).

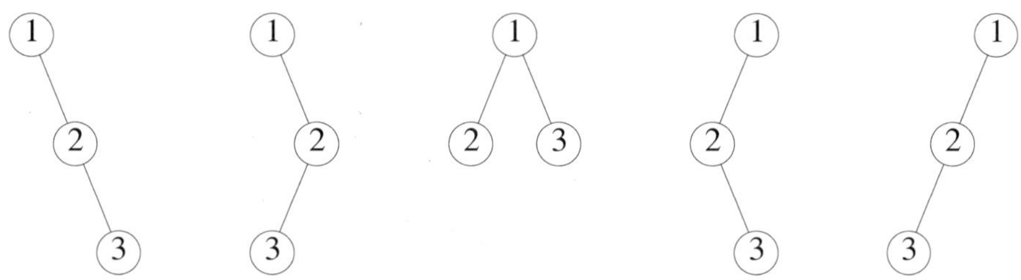

그림 5.48 다섯 개의 순열에 대응하는 이진 트리

5.11.3 행렬 곱셈

앞에서 논의한 두 문제와 유사한 또 다른 문제는 n개의 행렬을 곱하는 문제이다. 다음과 같이 n개의 행렬을 곱하려 한다고 하자.

$$M_1 * M_2 * M_3 * \cdots * M_n$$

행렬의 곱셈에는 결합 법칙이 성립하므로 이 연산은 어떤 순서로 행하여도 관계가 없다. 그렇다면 이 연산을 하기 위해서 몇 가지 방법이 있는지 알아보자. 가령 $n = 3$이라면 다음 두 가지 방법이 있다.

$$(M_1 * M_2) * M_3$$
$$M_1 * (M_2 * M_3)$$

그리고 $n = 4$라면 다음과 같은 다섯 가지의 방법이 있을 것이다.

$$((M_1 * M_2) * M_3) * M_4$$
$$(M_1 * (M_2 * M_3)) * M_4$$
$$M_1 * ((M_2 * M_3) * M_4)$$
$$(M_1 * (M_2 * (M_3 * M_4)))$$
$$((M_1 * M_2) * (M_3 * M_4))$$

n개의 행렬을 곱하는 방법의 수를 b_n이라 하면, $b_2 = 1$, $b_3 = 2$, $b_4 = 5$이다. 그리고 $M_{ij}(i \le j)$가 M_i *

$M_{i+1} * \cdots * M_j$를 나타낸다고 한다면 지금 계산하려고 하는 행렬의 곱은 M_{1n}이 된다. M_{1n}은 $M_{1i} * M_{i+1,n}(1 \le i \le n)$ 중의 하나를 계산함으로써 얻을 수 있다. M_{1i}와 $M_{i+1,n}$을 계산하는 방법의 수는 각각 b_i와 b_{n-i}이다. 그러므로 $b_1 = 1$이라 하면 다음 식을 얻을 수 있다.

$$b_n = \sum_{i=1}^{n-1} b_i \, b_{n-i}, \; n > 1$$

여기서 b_n을 n에 관한 식으로 표현한다면 문제는 해결될 것이다.

이제 b_n을 n개의 노드를 가진 서로 다른 이진 트리의 수라 하자. 그러면 b_n을 n으로 나타내는 식이 바로 우리가 원하는 것이 될 것이다. 그런데 b_n은 다음과 같이 구성된 모든 가능한 이진 트리들의 합이라는 것을 알 수 있다: 루트와 노드의 수가 b_i와 $b_{n-i-1}(0 \le i < n)$인 두 개의 서브트리(그림 5.49). 이것을 식으로 나타내면 다음과 같다.

$$b_n = \sum_{i=0}^{n-1} b_i \, b_{n-i-1}, \; n \ge 1 \text{ 그리고 } b_0 = 1 \tag{5.3}$$

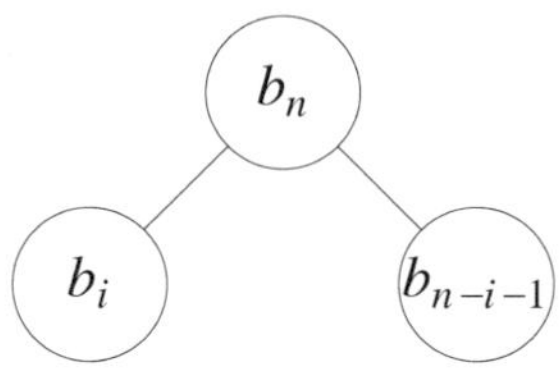

그림 5.49 b_n의 분해

이 식과 앞의 식은 근본적으로 같은 것이다. 따라서 n개의 노드를 가진 이진 트리의 수와, 스택을 이용하여 얻을 수 있는 1부터 n까지의 순열의 수, 그리고 $n + 1$개의 행렬을 곱하는 방법의 수는 모두 같다.

5.11.4 상이한 이진 트리의 수

n개의 노드를 가진 상이한 이진 트리의 수를 구하기 위해서는 식 (5.3)의 순환식을 풀어야 한다. 이를 위해서 먼저 다음과 같이 정하자.

$$B(x) = \sum_{i \ge 0} b_i \, x^i \tag{5.4}$$

여기서 $B(x)$는 이진 트리의 수를 구하는 생성 함수(generating function)라 한다. 다음에는 순환 관계에 의하여 다음의 등식을 얻을 수 있다.

$$xB^2(x) = B(x) - 1$$

$B(0) = b_0 = 1$을 이용하여 이차 방정식을 풀면 다음 식을 얻는다.

$$B(x) = \frac{1-\sqrt{1-4x}}{2x}$$

여기서 이항 정리를 이용하여 $(1-4x)^{1/2}$을 확장하면 다음과 같다.

$$B(x) = \frac{1}{2x}\left(1-\sum_{n\geq 0}\binom{1/2}{n}\ (-4x)^n\right) = \sum_{m\geq 0}\binom{1/2}{m+1}\ (-1)^m\ 2^{2m+1}\ x^m \tag{5.5}$$

식 (5.4)와 (5.5)를 비교해 보면 $B(x)$에서 x^n의 계수인 b_n은 아래와 같다.

$$\binom{1/2}{n+1}(-1)^n\ 2^{2n+1}$$

이것을 간단히 하면

$$b_n = \frac{1}{n+1}\binom{2n}{n}$$

이 되고, 이것은 대략 다음과 같이 된다.

$$b_n = O(4^n/n^{3/2})$$

연습문제

1. 모든 이진 트리는 그것의 전위 순서와 중위 순서에 의해 유일하게 정의된다는 것을 증명하라.
2. 한 이진 트리의 중위 순서와 후위 순서는 그 이진 트리를 유일하게 정의하는가? 답을 증명하라.
3. 한 이진 트리의 전위 순서와 후위 순서는 그 이진 트리를 유일하게 정의하는가? 답을 증명하라.
4. 이진 트리의 중위 순서와 레벨 순위 순서는 그 이진 트리를 유일하게 정의하는가? 답을 증명하라.
5. 주어진 한 쌍의 전위와 중위 순서로 이진 트리를 구성하는 알고리즘을 작성하라.
6. 중위와 후위 순서에 대해 연습문제 5를 반복하라.
7. 스택으로 얻을 수 있는 1, 2, ..., n의 상이한 순열의 수가 n개의 노드로 된 상이한 이진 트리의 수와 같다는 것을 증명하라.[힌트: 트리의 중위 순열 개념을 전위 순열 1, 2, ..., n과 함께 사용하라.]

5.12 참고문헌

트리에 대해 더 많은 정보는 *The Art of Computer Programming: Fundamental Algorithms*, Third Edition, by D. Knuth, Addison-Wesley, Reading, MA, 1998과 "Handbook of data structures and applications," edited by D. Mehta and S. Sahni, Chapman & Hall/CRC, Boca Raton, 2005를 참조하라.

6장 그래프

6.1 그래프 추상 데이타 타입

6.1.1 개요

그래프는 1736년에 Königsberg의 다리 문제를 해결하기 위해 오일러(Euler)가 사용한 것으로 기록되어 있다. Königsberg(현재는 Kaliningrad)의 Pregel(Pregolya) 강은 Kneiphof 섬 주위를 지나 두 개의 가지로 나뉘어 흘러간다. 따라서 이 강은 네 개의 지역과 접해 있다[그림 6.1(a)]. 이 지역은 $a \sim g$ 표시가 붙은 일곱 개의 다리로 연결되어 있고 지역 자체는 $A \sim D$로 표시되어 있다. Königsberg 다리 문제란, 임의의 지역에서 출발하여 모든 다리를 단 한 번씩만 지나 처음 출발한 지역으로 되돌아올 수 있는지의 여부를 결정하는 것이다. 한 가지 가능한 방법은

- 지역 B에서 출발하여
- 다리 a를 건너 섬 A로
- 다리 e를 건너 D로
- 다리 g를 건너 C로
- 다리 d를 건너 A로
- 다리 b를 건너 B로
- 다리 f를 건너 D 지역에 도달하는 것이다.

이 방법은 모든 다리를 건너지도 않으며 처음 출발한 B 지역으로 되돌아오지도 않는다. 오일러는 Königsberg의 사람이 모든 다리를 단 한 번씩만 건너서는 결코 출발한 지역으로 되돌아올 수 없다고 결론지었다. 오일러는 각 지역을 정점으로, 그리고 모든 다리를 간선으로 하는 그래프(사실은 다중 그래

프)를 이용하여 문제를 해결하였다[그림 6.1(b)]. 그의 해법은 훌륭했으며 모든 그래프에 적용이 된다. 정점에 연결된 간선의 수를 차수(degree)라고 정의하고, 오일러는 각 정점의 차수가 짝수인 경우에만 임의의 정점에서 출발하여 각 간선을 단 한 번씩만 거치고 출발한 정점으로 되돌아오는 길이 있음을 보였다. 이러한 길을 오일러 행로(Eulerian walk)라 부른다. Königsberg의 다리 문제에서는 모든 네 정점의 차수가 홀수이므로 오일러 행로는 존재하지 않는다.

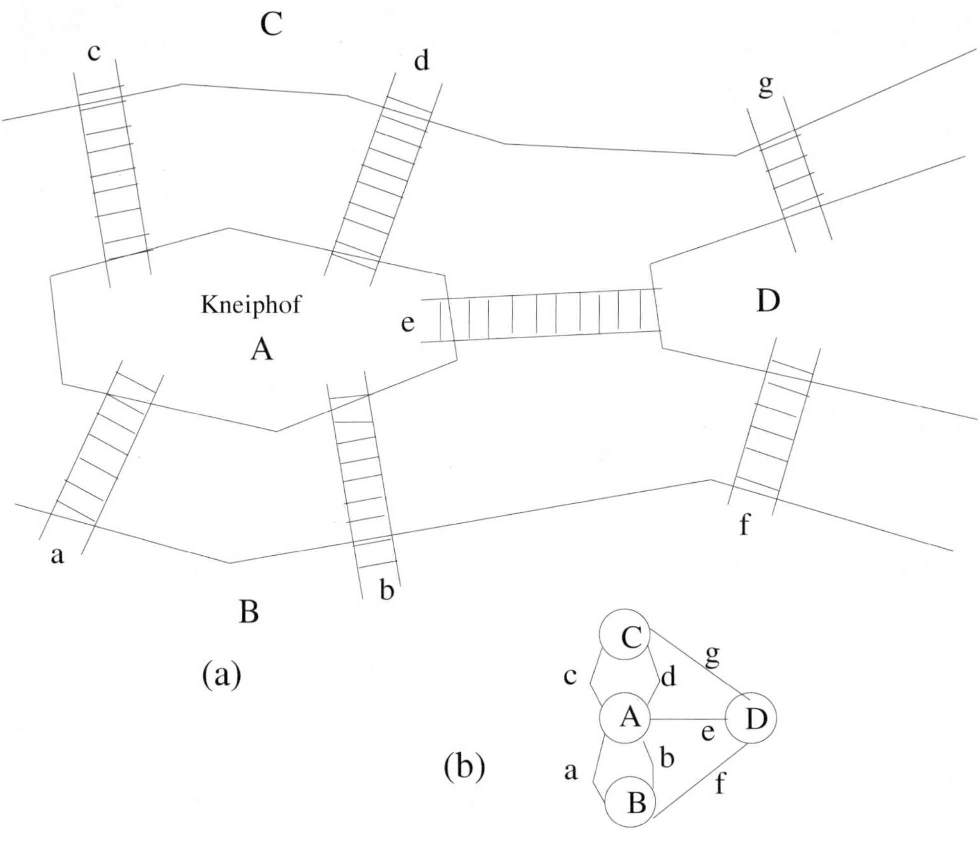

그림 6.1 (a) Königsberg의 Pregel 강의 일부, (b) 오일러 그래프

이러한 최초의 응용 이후부터 그래프는 광범위한 분야에 이용되어 왔다. 즉 전기 회로의 분석, 최단 경로 탐색, 연구 계획 설정, 화학 합성물들의 식별, 통계적 기계학, 유전공학, 인공두뇌학, 언어학, 사회과학 등 여러 분야에 응용되고 있다. 사실 모든 수학적 구조 중에서 그래프가 가장 광범위하게 사용된다고 해도 과언이 아니다.

6.1.2 정의

그래프 G는 두 개의 집합 V와 E로 구성된다. V는 공집합이 아닌 정점(vertex)의 유한 집합이다. E는 정

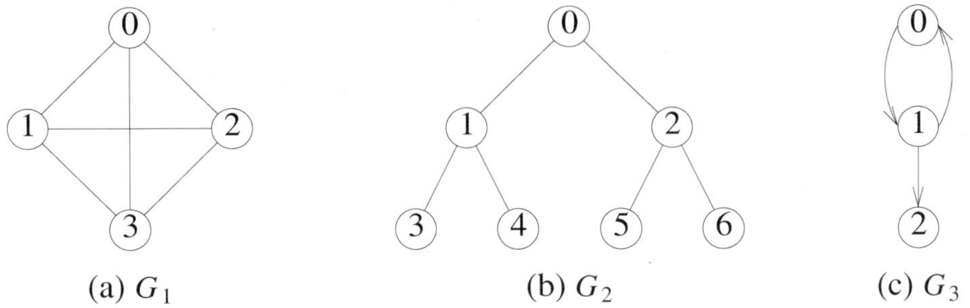

그림 6.2 세 개의 예제 그래프

점 쌍들의 집합으로, 이러한 쌍을 간선(edge)이라고 한다. $V(G)$와 $E(G)$는 각각 그래프 G의 정점들의 집합과 간선들의 집합을 나타낸다. 임의의 그래프는 $G = (V,E)$로 표기할 수 있다. 무방향 그래프(undirected graph)는 간선을 나타내는 정점의 쌍에 순서가 없다. 따라서 쌍 (u,v)와 (v,u)는 동일한 간선을 나타낸다. 방향 그래프(directed graph)에서는 각 간선을 방향을 가지는 정점의 쌍 $<u,v>$로 나타낸다. 여기에서 u는 꼬리(tail)이고 v는 머리(head)이다.* 따라서 $<v,u>$와 $<u,v>$는 서로 다른 간선이 된다. 그림 6.2는 세 개의 그래프 G_1, G_2, G_3를 보여 주고 있다. G_1과 G_2는 무방향 그래프이고 G_3는 방향 그래프이다.

이들 그래프를 집합으로 표현하면 다음과 같다.

$V(G_1)=\{0,1,2,3\}$ $E(G_1)=\{(0,1),(0,2),(0,3),(1,2),(1,3),(2,3)\}$
$V(G_2)=\{0,1,2,3,4,5,6\}$ $E(G_2)=\{(0,1),(0,2),(1,3),(1,4),(2,5),(2,6)\}$
$V(G_3)=\{0,1,2\}$ $E(G_3)=\{<0,1>,<1,0>,<1,2>\}$

방향 그래프의 간선은 꼬리에서 머리 쪽으로 그려진 화살표로 나타낸다. 그래프 G_1과 G_3는 트리가 아니지만 그래프 G_2는 트리도 된다.

그래프의 간선과 정점들을 집합으로 정의하였으므로 그래프는 다음과 같은 제약을 갖는다.

(1) 그래프는 임의의 정점 v에서 자신으로 이어지는 간선을 가질 수 없다. 즉 간선 (v,v)나 $<v,v>$는 허용되지 않는다. 이러한 간선들을 자기 간선(self edge) 또는 자기 루프(self loop)라 한다. 자기 간선을 허용하면 자기 간선을 가진 그래프를 얻게 된다. 이러한 예가 그림 6.3(a)에 있다.
(2) 그래프는 같은 간선을 중복해서 가질 수 없다. 그래프에 이러한 제한이 없을 때 만들어지는 자료 객체를 다중 그래프(multigraph)라 한다[그림 6.3(b) 참조].

n개의 정점을 가진 그래프에서 $u \neq v$인 서로 다른 무순서 정점 쌍 (u,v)의 수는 $n(n-1)/2$이다. 이

* 종종 무방향 간선 (i,j)와 방향 간선 $<i,j>$를 모두 (i,j)로 표기하기도 하는데 그 의미는 문맥으로 파악해야 한다. 이 책에서는 이런 표기를 따르지 않는다.

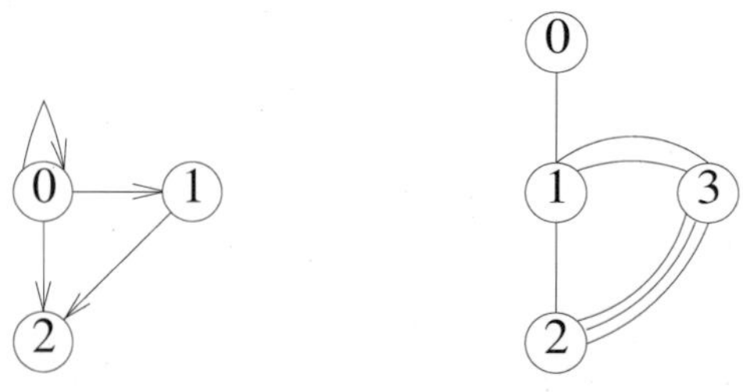

(a) 자기 간선을 가진 그래프 (b) 다중 그래프

그림 6.3 그래프 형태 구조의 예

수는 n개의 정점을 가진 무방향 그래프의 최다 간선 수가 된다. n개의 정점과 $n(n-1)/2$개의 간선을 가진 그래프를 완전 그래프(complete graph)라 한다. 그림 6.2(a)의 그래프 G_1은 네 개의 정점을 가진 완전 그래프이고, G_2와 G_3는 완전 그래프가 아니다. 정점의 수가 n인 방향 그래프에서 최대 간선 수는 $n(n-1)$이 된다.

(u,v)가 $E(G)$의 한 간선이라면, u와 v는 인접(adjacent)한다고 하며 간선 (u,v)는 정점 u와 v에 부속(incident)된다고 한다. 그래프 G_2에서 정점 3, 4, 0은 정점 1에 인접하고 간선 (0,2), (2,5), (2,6)은 정점 2에 부속된다. 방향을 가진 간선 $\langle u,v \rangle$의 경우는, 정점 u는 v에 인접(adjacent to)한다고 하고 정점 v는 u로부터 인접(adjacent from)한다고 한다. 간선 $\langle u,v \rangle$는 정점 u와 v에 부속된다. G_3에서 정점 1에 부속된 간선들은 $\langle 0,1 \rangle$, $\langle 1,0 \rangle$, $\langle 1,2 \rangle$이다.

$V(G') \subseteq V(G)$이고 $E(G') \subseteq E(G)$인 그래프 G'을 그래프 G의 부분 그래프(subgraph)라 한다. 그림 6.4는 G_1과 G_3의 부분 그래프를 보여 주고 있다.

그래프 G에서 (u,i_1), (i_1,i_2), ..., (i_k,v)를 $E(G)$에 속한 간선들이라 할 때, 정점 u로부터 정점 v까지의 경로(path)란 정점 순서 u, i_1, i_2, ..., i_k, v를 말한다. 만약 G'이 방향 그래프이면 경로는 $E(G')$에 속한 간선들 $\langle u,i_1 \rangle$, $\langle i_1,i_2 \rangle$, ..., $\langle i_k,v \rangle$로 구성된다. 한 경로의 길이(length)는 경로 상에 있는 간선의 수이다. 한 경로 상에서 처음과 마지막을 제외한 모든 정점들이 서로 다를 때, 그 경로를 단순 경로(simple path)라 한다. 경로 (0,1), (1,3), (3,2)는 0,1,3,2로도 쓸 수 있다. 그래프 G_1에서 경로 0,1,3,2와 경로 0,1,3,1은 모두 길이가 3인 경로이다. 여기서 0,1,3,2는 단순 경로지만 0,1,3,1은 아니다. 그래프 G_3에서 0,1,2는 단순 방향 경로(simple directed path)이다. G_3에서 0,1,2,1은 $E(G_3)$에 간선 $\langle 2,1 \rangle$이 없으므로 경로가 아니다.

사이클(cycle)은 처음과 마지막 정점이 같은 단순 경로이다. 예를 들어 0,1,2,0은 G_1에 있는 사이클이고, 0,1,0은 G_3에 있는 사이클이다. 방향 그래프의 경우에는 사이클과 경로라는 용어 앞에 '방향'(directed)이라는 접두사를 사용한다.

무방향 그래프 G에서 정점 u부터 v까지의 경로가 있으면, 두 정점 u와 v는 연결(connected)되었다고 한다. 이 경우, G가 무방향이므로 v에서 u까지의 경로도 또한 반드시 존재한다. $V(G)$의 서로 다른 정점 u, v의 모든 쌍에 대해서 u에서 v까지의 경로가 있으면, 그 무방향 그래프 G는 연결되었다고 한다.

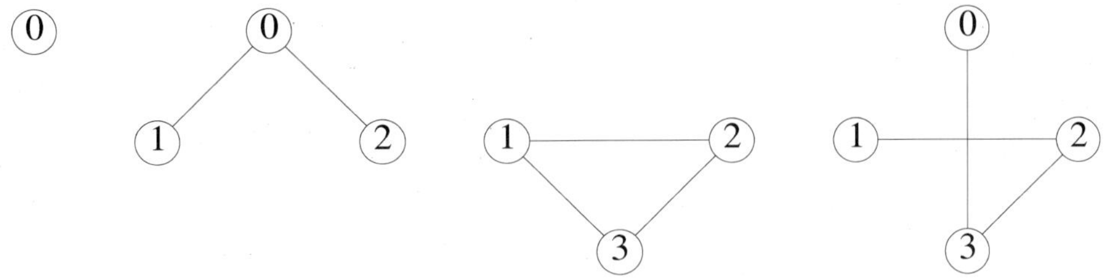

(i) (ii) (iii) (iv)

(a) G_1의 서브그래프

(i) (ii) (iii) (iv)

(b) G_3의 서브그래프

그림 6.4 부분 그래프

그래프 G_1과 G_2는 연결되었으나 그림 6.5의 G_4는 연결되지 않았다. 무방향 그래프에서 연결 요소(connected component) 또는 간단히 요소라고 하는 H는 최대 연결 부분 그래프(maximal connected subgraph)를 말한다. 여기서 최대라는 말은 연결이 되어 있으면서 H를 포함하는 또 다른 부분 그래프가 그래프 G에는 존재하지 않는다는 것을 의미한다. G_4는 H_1과 H_2의 두 요소를 가지고 있다(그림 6.5).

그래프 입장에서 트리는 사이클이 없는(acyclic) 연결 그래프이다.

방향 그래프에서 $V(G)$에 속한 서로 다른 두 정점 u, v의 모든 쌍에 대해서, u에서 v로, 또한 v에서 u

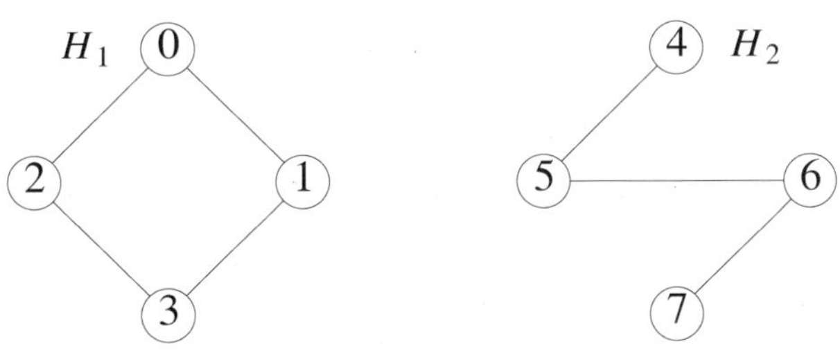

G_4

그림 6.5 두 개의 연결 요소를 가진 그래프

그림 6.6 G_3의 강력 연결 요소

로의 방향 경로(directed path)가 존재하면, 그 방향 그래프는 강력 연결(strongly connected)되었다고 한다. G_3는 정점 2에서 1로의 경로가 없으므로 강하게 연결되지 않았다. 강력 연결 요소(strongly connected component)란 강하게 연결된 최대 부분 그래프를 말한다. 그래프 G_3는 두 개의 강력 연결 요소를 가지고 있다(그림 6.6 참조).

한 정점의 차수(degree)는 그 정점에 부속한 간선들의 수를 말한다. G_1에서 정점 0의 차수는 3이다. 방향 그래프 G의 경우, 임의의 정점 v가 머리가 되는 간선들의 수를 정점 v의 진입 차수(in-degree)라 하고, v가 꼬리가 되는 간선들의 수를 정점 v의 진출 차수(out-degree)라 한다. G_3에서 정점 1의 진입 차수는 1, 진출 차수는 2, 그리고 차수는 3이다. n개의 정점과 e개의 간선을 가진 그래프 G에서 정점 i의 차수를 d_i라고 하면, 간선의 수는

$$e = (\sum_{i=0}^{n-1} d_i)/2$$

이다. 이제부터는 방향 그래프를 다이그래프(digraph)라고 부르기로 한다. 또 그래프라고 하면 무방향 그래프를 의미하는 것으로 가정하자. 필요한 모든 용어를 정의하였기 때문에 그래프를 ADT로 고려해 보자. 그래프 자료 구조가 ADT 6.1에 추상 클래스로 명기되어 있다. 그래프에 대한 여러 상이한 표현이 가능하기 때문에 여기서는 추상 클래스를 사용하였다. 특정 그래프 표현을 사용하는 그래프를 실제로 구현하는 클래스들은 추상 클래스 *Graph*로부터 공용으로 유도할 수 있다.

ADT 6.1의 연산들은 임의의 그래프를 생성하고 기본적인 테스트를 수행할 수 있도록 하는 기본 집합이다. 이 장의 뒤에서는 그래프를 순회하는 함수(깊이-우선 또는 너비-우선 탐색)와 그래프가 특정 성질을 지니고 있는지를 결정하는 함수(즉 연결, 이중 결합 등)를 살펴보겠다.

```
class Graph
{// objects: 공집합이 아닌 정점의 집합과 무방향 간선의 집합으로
// 각 간선은 정점의 쌍이다.
public:
    virtual ~Graph() {}
        // 가상 파괴자
    bool IsEmpty() const {return n == 0};
        // 그래프에 정점이 없으면 true를 반환
```

```
    int NumberOfVertices() const {return n};
        // 그래프의 정점의 수를 반환
    int NumberOfEdges() const {return e};
        // 그래프의 간선의 수를 반환
    virtual int Degree(int u) const = 0;
        // 정점 u에 인접한 간선의 수를 반환
    virtual bool ExistsEdge(int u, int v) const = 0;
        // 그래프에 간선 (u,v)가 있으면 true를 반환
    virtual void InsertVertex(int v) = 0;
        // 정점 v를 삽입; v는 인접한 간선이 없음
    virtual void InsertEdge(int u, int v) = 0;
        // 간선 (u, v)를 그래프에 삽입
    virtual void DeleteVertex(int v) = 0;
        // 정점 v와 이에 인접한 모든 간선을 삭제
    virtual void DeleteEdge(int u, int v) = 0;
        // 그래프에 간선 (u, v)를 삭제
    private:
        int n;      // 정점의 수
        int e;      // 간선의 수
};
```

ADT 6.1: 그래프 추상 데이타 타입

6.1.3 그래프 표현법

그래프는 여러 가지 방법으로 표현할 수 있는에 여기서는 가장 많이 사용되는 인접 행렬(adjacency matrix), 인접 리스트(adjacency list), 인접 다중 리스트(adjacency multilist)에 대해 공부하려 한다. 어떠한 표현법을 사용할 것인가 하는 것은 의도하고 있는 응용과 그래프 상에 적용하려는 함수에 의해 좌우된다.

6.1.3.1 인접 행렬

$G = (V,E)$를 정점의 수가 $n(n \geq 1)$인 그래프라 하자. G의 인접 행렬은 $n \times n$의 2차원 배열로서, 이를 a라고 할 때 간선 (i, j)(방향 그래프의 경우는 $<i, j>$)가 $E(G)$에 속하면 $a[i][j] = 1$이고 속하지 않으면 $a[i][j] = 0$인 성질을 가지고 있다. G_1, G_3, G_4에 대한 인접 행렬이 그림 6.7에 기술되어 있다. 무방향 그래프에서는 간선 (j, i)가 $E(G)$에 속하면 간선 (i, j)도 $E(G)$에 속하므로 인접 행렬이 대칭인 반면, 방향 그래프의 경우는 G_3와 같이 대칭이 아닐 수도 있다. 인접 행렬을 이용하여 그래프를 표현하는 데 필요한 공간은 n^2비트이다. 무방향 그래프의 경우, 행렬의 상위 또는 하위 삼각형만 저장하면 공간을 거의 반으로 줄일 수 있다.

(a) G_1

	0	1	2	3
0	0	1	1	1
1	1	0	1	1
2	1	1	0	1
3	1	1	1	0

(b) G_3

	0	1	2
0	0	1	0
1	1	0	1
2	0	0	0

(c) G_4

	0	1	2	3	4	5	6	7
0	0	1	1	0	0	0	0	0
1	1	0	0	1	0	0	0	0
2	1	0	0	1	0	0	0	0
3	0	1	1	0	0	0	0	0
4	0	0	0	0	0	1	0	0
5	0	0	0	0	1	0	1	0
6	0	0	0	0	0	1	0	1
7	0	0	0	0	0	0	1	0

그림 6.7 인접 행렬

인접 행렬을 이용하면 임의의 두 정점 i와 j를 연결하는 간선이 존재하는지를 바로 알 수 있다. 무방향 그래프의 경우, 어떤 정점 i의 차수는 그 행의 합인

$$\sum_{j=0}^{n-1} a[i][j]$$

이다. 방향 그래프의 경우, 행의 합은 진출 차수이고 열의 합은 진입 차수이다.

그래프 G에 있는 간선의 수를 알고자 하거나 또는 그래프 G가 연결되어 있는가를 알고자 할 경우, 인접 행렬에서는 n^2-n개의 항(대각 항들은 0)을 조사해 보아야 하므로 최소한 $O(n^2)$의 시간이 필요하다. 간선이 많지 않은 희소 그래프(sparse graph)의 경우는 인접 행렬 항들이 대부분 0이므로 훨씬 빠른 시간인 $O(e+n)$에 수행이 가능하다. 여기서 e는 G의 간선 수로서 $e << n^2/2$이다. 이러한 속도의 개선은 G에 있는 간선만을 저장하는 표현법을 사용해야 가능하다. 그래서 그래프에 대한 다음 표현인 인접리스트를 설명한다.

6.1.3.2 인접 리스트

인접 리스트에서는 인접 행렬의 n행들을 n개의 체인(순차 리스트도 사용될 수 있지만)으로 표현한다. 즉 그래프 G의 각 정점에 대해 한 개의 체인이 존재한다. 체인 i에 있는 노드들은 정점 i로부터 인접되어 있는 정점들을 나타낸다. 체인 노드의 *data* 필드는 인접한 정점의 인덱스를 저장한다. G_1, G_3, G_4에 대한 인접 리스트가 그림 6.8에 나와 있다. 각 체인에서 정점들은 순서를 요구하지 않는다. 임의의 정점에 대한 인접리스트를 O(1) 시간에 접근할 수 있도록 배열 *adjLists*가 사용되었다. 이 배열은 다음과 같이 선언할 수 있다.

Chain<**int**>**adjLists*;

여기서 *Chain*은 4장의 템플릿 체인 클래스이다. 만일 *LinkedGraph*가 그림 6.8과 같이 연결 인접 리스

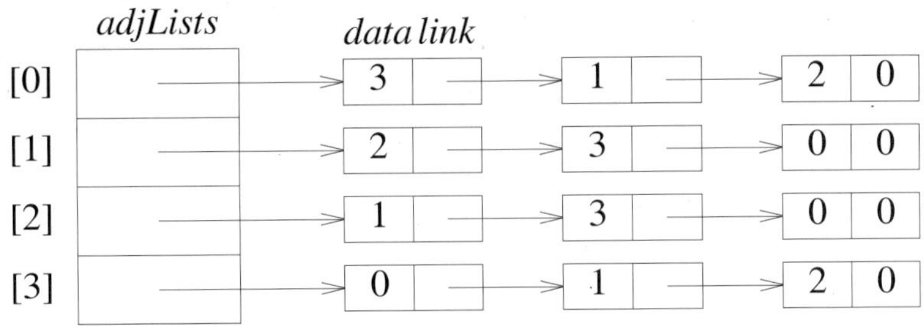

(a) G_1

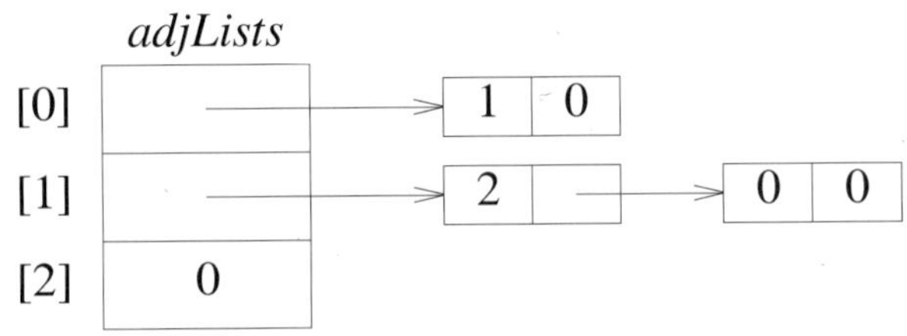

(b) G_3

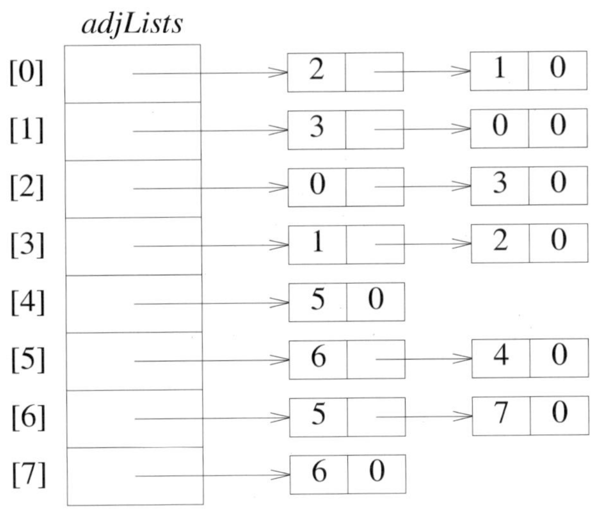

(c) G_4

그림 6.8 인접 리스트

트로 표현된 무방향 그래프에 대한 클래스라면, *adjLists*는 이 클래스의 전용 데이타 멤버이고 클래스 생성자는 다음과 같다.

LinkedGraph(**const int** *vertices* = 0) : *n*(*vertices*), *e*(0)
  {*adjLists* = **new** *Chain*<**int**>[*n*];}

int *nodes* [n + 2*e + 1];

0	1	2	3	4	5	6	7	8	9	10	11	12	13	14	15	16	17	18	19	20	21	22
9	11	13	15	17	18	20	22	23	2	1	3	0	0	3	1	2	5	6	4	5	7	6

그림 6.9 그래프 G_4의 순차 표현

n개의 정점과 e개의 간선을 갖는 무방향 그래프에 대해 연결 인접 리스트 표현은 크기가 n인 배열과 $2e$개의 체인 노드를 필요로 한다. 각 체인 노드는 두 개의 필드를 가진다. 필요한 공간의 비트 수를 구하려면, 배열의 경우 $\log n$을, 체인 노드의 경우 $\log n + \log e$를 노드 계수와 곱해야 한다. 왜냐하면 m이란 값을 표현하기 위해 $O(\log m)$비트가 필요하기 때문이다. 만일 체인 대신 순차 리스트를 사용한다면 인접 리스트는 정수 배열 $node[n + 2e + 1]$에 채워 저장될 수 있다. 한 가지 가능한 순차 사상에서, $node[i]$는 정점 $i(0 \le i < n)$에 대한 리스트의 시작 지점을 나타내고 $node[n]$은 $n + 2e + 1$로 설정하는 것이다. 정점 i와 인접한 정점들은 $node[i], ..., node[i + 1]-1(0 \le i < n)$에 저장된다. 그림 6.9는 그림 6.5의 그래프 G_4에 대한 이 표현을 보여 주고 있다.

무방향 그래프에서 각 정점의 차수는 그 정점에 대한 인접 리스트에 있는 노드의 수를 계산하면 된다.

방향 그래프의 경우 리스트 노드의 수는 e개뿐이다. 정점의 진출 차수는 그 정점에 대한 인접 리스트에 있는 노드의 수를 계산하면 된다. 그러나 정점의 진입 차수를 구하는 것은 조금 복잡하다. 다른 정점에 인접한 모든 정점들을 자주 찾아야 할 필요가 있을 경우에는 인접 리스트에다 별도의 리스트 집합을 유지하는 편이 낫다. 역인접 리스트(inverse adjacency list)라고 하는 리스트 집합은 각 정점에 대해 하나의 리스트를 가지고 있다. 각 리스트는 그것이 표현하고 있는 정점에 인접한 각 정점에 대해 하나의 노드를 포함한다(그림 6.10).

또 다른 방법으로, 4장의 희소 행렬 표현을 위한 리스트 구조를 단순화하여 사용할 수도 있다. 그림 6.11은 그림 6.2(c)의 그래프 G_3에 대한 이 구조를 보여 주고 있다. 여기서 헤드 노드는 순차적으로 저장된다. 각 노드의 처음 두 노드는 그 노드가 표현하는 머리와 꼬리를 표현하고 나머지 두 필드는 행과

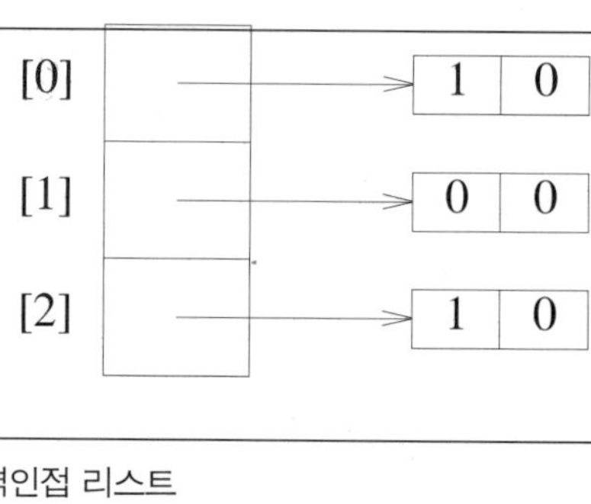

그림 6.10 G_3〔그림 6.2(c)〕의 역인접 리스트

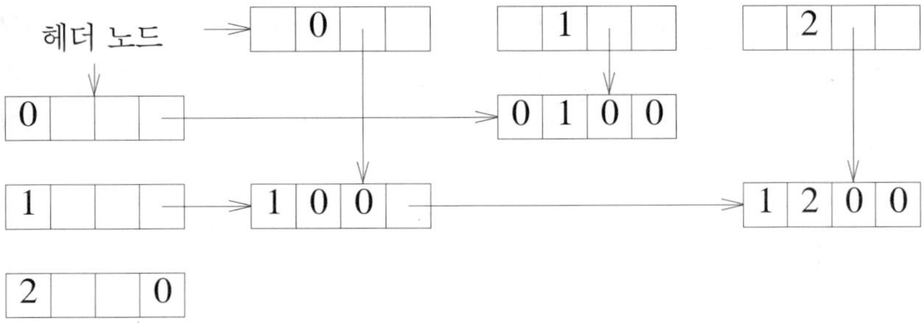

그림 6.11 그림 6.2(c)의 G_3에 대한 직교 리스트 표현

열의 체인을 위한 링크이다.

6.1.3.3 인접 다중 리스트

무방향 그래프에 대한 인접 리스트 표현에서 각 간선 (u,v)는 두 개의 엔트리로 표현되는데 하나는 u를 위한 리스트에, 또 하나는 v를 위한 리스트에 나타난다. 나중에 보게 되겠지만, 경우에 따라서는 특정 간선에 대한 두 번째 엔트리를 찾아가 검사를 수행했다는 표시를 하는 일이 필요하다. 이것은 인접 리스트가 실제로 다중 리스트(즉 노드들이 여러 리스트들에 의해 공유되는 리스트)로 유지되면 쉽다. 각 간선에 대해서는 오직 하나의 노드만이 존재하지만 이 노드는 두 리스트(즉 그 간선이 부속된 두 노드 각각에 대한 인접 리스트)에 있게 된다. 새로운 노드 구조는 다음과 같다.

m	*vertex*1	*vertex*2	*link*1	*link*2

여기서 m은 간선이 검사되었었는지의 여부를 표시하는 Boolean 마크 필드이다. 저장 공간 요구량은 마크 비트 m을 추가하는 것을 제외하고는 일반적인 인접 리스트와 동일하다. 그림 6.12는 그림 6.2(a)의 G_1에 대한 인접 다중 리스트를 보여 주고 있다.

6.1.3.4 가중치 간선

많은 응용에서는 그래프의 간선이 그것에 부여된 가중치(weight)를 가지고 있다. 이러한 가중치는 한 정점에서 다른 정점까지의 거리나 한 정점에서 인접한 정점으로 가는 비용 등을 표현할 수 있다. 이러한 응용에서는 인접 행렬 엔트리 $a[i][j]$가 이러한 정보도 유지하게 된다. 인접 리스트가 사용되면 *weight* 필드를 추가하여 리스트 노드에 이 가중치 정보를 저장한다. 가중치 간선을 가진 그래프를 네트워크(network)라고 한다.

6.1.3.5 C++ 그래프 클래스

그래프에는 방향과 무방향 두 타입이 있다. 각 타입의 그래프는 가중치이거나 가중치가 아닐 수도 있고,

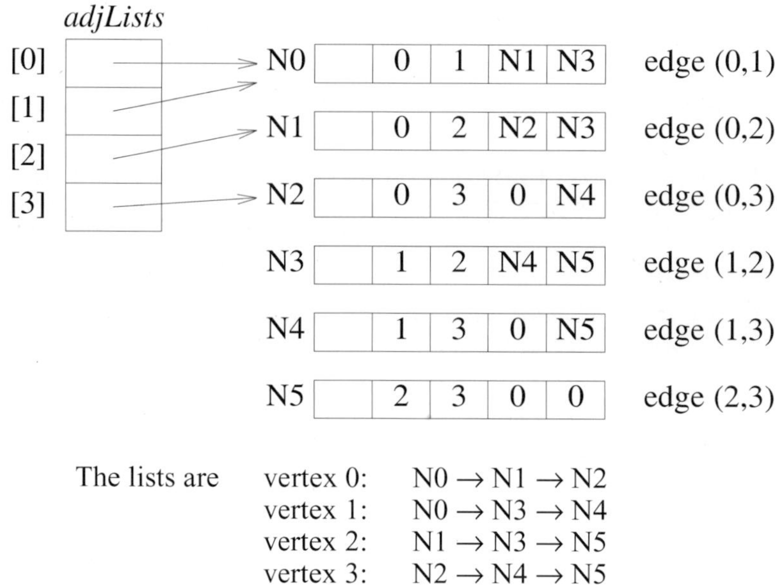

그림 6.12 그림 6.2(a)의 G_1에 대한 인접 다중 리스트

행렬, 연결 인접 리스트, 순차 인접 리스트, 인접 다중 리스트, 이 네 가지 중의 어떤 방법으로도 표현될 수 있다. 그래서 이런 모든 가능성을 수용하기 위해서는 16개의 그래프 클래스를 구현해야만 한다. 예를 들어 클래스 *LinkedGraph*는 가중치가 아닌 무방향 그래프로서 연결 인접 리스트를 사용하는 것이 될 수도 있고, 클래스 *MatrixWDigraph*는 행렬 표현을 사용하는 가중치 방향 그래프일 수도 있다. 그래프에 수행하는 많은 함수들(예로 정점과 간선 수를 반환하는)은 그래프 타입이나 표현에 독립적이므로 공통 코드에 대한 저장소로서 가상 클래스 *Graph*(ADT 6.1에서와 같이)를 정의함으로써 코딩 작업을 줄일 수 있다. 그래서 *LinkedGraph*와 *MatrixWDigraph*와 같은 클래스들은 *Graph*로부터 파생(직접 또는 간접적으로)될 수 있어서 공통 함수를 상속받을 수 있다. 네트워크(즉 가중치 간선을 가진 그래프)에 대한 클래스는 템플릿 클래스가 될 수도 있고, 간선의 가중치를 **double** 타입으로 제한할 수도 있다. 그림 6.13은 이 그래프 클래스들에 대한 파생 가능 계층을 보여 주고 있다. 이 그림은 행렬과 연결 인접 리스트 표현을 사용하는 클래스만 포함하고 있다. 다른 표현에 대한 클래스들도 이 계층에 추가될 수 있을 것이다.

이 장의 나머지 절에서는 그래프에서 정의되는 여러 흥미있는 문제들을 살펴보겠다. 편의상 해당 함수의 코드는, *Graph*로부터 유도하는 비가상 클래스 각각에 대한 반복자를 가지고 있는 한, 구현에 독립적으로 작성할 수 있다. 이러한 경우에, 구현 독립적 코드는 가상 클래스 *Graph*에 물리적으로 위치시켜 모든 구현이 사용할 수 있도록 해도 된다. 사실 어떤 구현을 위해서는 추가로 맞춤 코드를 작성해도 된다. 예를 들어 클래스 *MatrixGraph*에 있는 어떤 함수 *foo*에 대해 맞춤 코드를 작성할 수도 있고 클래

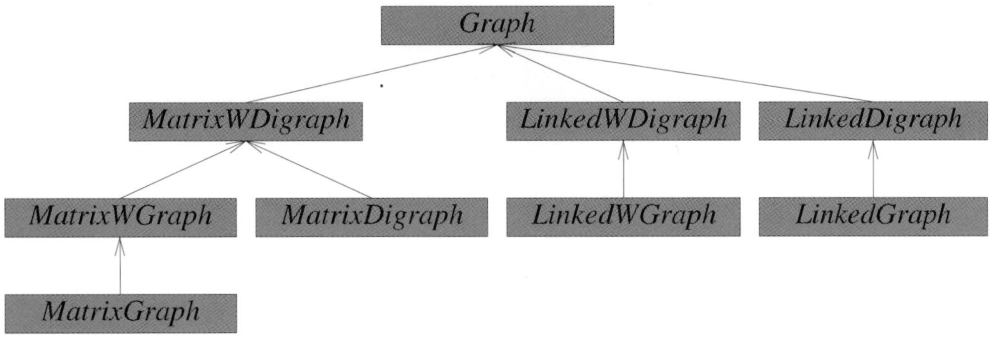

그림 6.13 그래프 클래스에 대해 파생 가능 계층

스 *Graph*에 있는 (반복자를 사용하는) *foo*에 대해 구현 독립적인 코드를 가질 수도 있다. *MatrixGraph* 타입의 그래프에서는 맞춤 코드가 사용되지만 맞춤 코드가 없는 그래프 타입에서는 *Graph*에 있는 범용 코드가 사용된다. 물론 *foo*에 대한 맞춤 구현은 구현 독립적인 코드에 비해 이 맞춤 구현이 이점(예로 실행이 더 빠르다)을 가지고 있다면 의미가 있다.

연습문제

1. 그림 6.14의 다중 그래프에 오일러 행로가 존재하는가? 존재한다면 찾아보라.

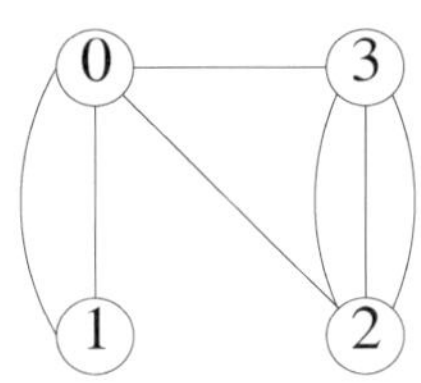

그림 6.14 다중 그래프

2. 그림 6.15의 다이그래프에 대해 다음을 구하라.
   (a) 각 정점의 진입 차수와 진출 차수
   (b) 인접 행렬
   (c) 인접 리스트 표현
   (d) 인접 다중 리스트 표현
   (e) 강력 연결 요소

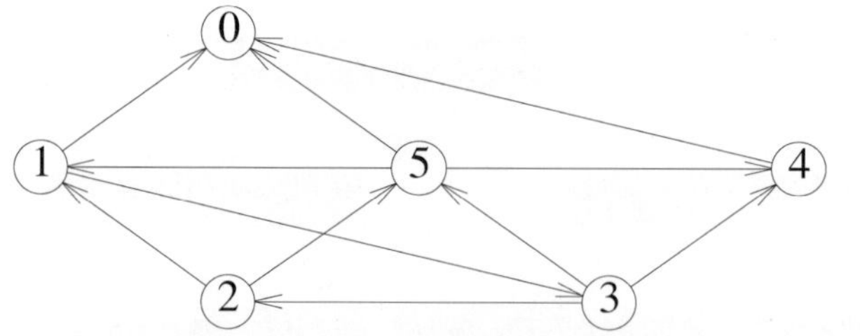

그림 6.15 다이그래프

3. 한 개, 두 개, 세 개, 네 개, 다섯 개의 정점으로 된 무방향 완전 그래프를 그리라. n개의 정점을 가진 완전 그래프의 간선 수가 $n(n-1)/2$임을 증명하라.
4. 그림 6.16의 방향 그래프가 강력 연결되었는가? 단순 경로를 모두 나열하라.

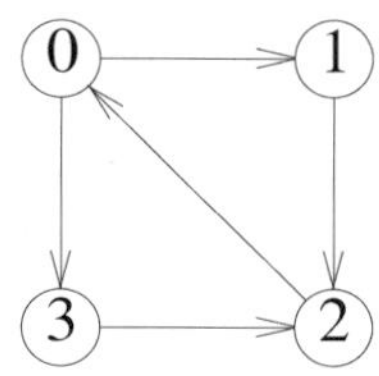

그림 6.16 방향 그래프

5. 그림 6.16의 그래프에 대한 인접 행렬, 인접 리스트, 인접 다중 리스트 표현을 구하라.
6. 무방향 그래프에서 정점의 차수의 합이 간선 수의 두 배가 됨을 증명하라.
7. (a) G를 n개의 정점을 가진 연결된 무방향 그래프라 하자. G는 최소한 $n-1$개의 간선을 가져야 한다는 것과 $n-1$개의 간선을 가진 연결된 무방향 그래프는 모두 트리임을 증명하라.
   (b) n개의 정점을 가진 강력 연결 방향 그래프의 최소 간선 수는 얼마인가? 그러한 그래프의 형태는 어떠한가?
8. n개의 정점을 가진 무방향 그래프 G에서 다음 사항들이 동치임을 증명하라.
   (a) G는 트리이다.
   (b) G는 연결되었으나 하나의 간선이라도 제거되면 연결되지 않게 된다.
   (c) 임의의 서로 다른 두 정점 $u \in V(G)$와 $v \in V(G)$에 대해 u에서부터 v까지 오직 하나의 단순 경로만 존재한다.
   (d) G는 사이클이 없고 $n-1$개의 간선을 가지고 있다.
9. 무방향 그래프를 위한 정점의 수와 간선들을 입력하는 C++ 함수를 작성하라. 다음에, 이 그래프에 대한 연결 인접 리스트 표현을 만들기 위하여 간선을 하나씩 입력하라. 두 번 입력되는 간선은 없다고 가정하라. 이 함수의 시간 복잡도를 정점의 수와 간선의 수에 대한 함수로 표현하라.

10. 앞의 문제를 다중 리스트 표현을 사용하여 반복하라.
11. *G*를 적어도 하나의 홀수 차수 정점을 가진 무방향 연결 그래프라고 하자. *G*에 오일러 행로가 존재하지 않음을 증명하라.
12. [**프로그래밍 과제**] 그림 6.13의 계층에 있는 각 클래스에 대한 C++ 코드를 작성하라. 각 클래스는 계층에 있는 그것의 부모 클래스로부터 공용으로 파생되어야 한다. *Graph*에 대한 코드는 ADT 6.1에 기술된 *Graph*를 기반으로 작성되어야 한다. 가중치 그래프에 대해서는 간선 가중치가 **double** 타입이라고 가정하라.

6.2 그래프의 기본 연산

5장에서 이진 트리를 논의할 때 트리의 순회가 가장 빈번하게 사용되는 트리 연산이라고 하였다. 그래서 전위, 중위, 후위, 레벨 순서 탐색 방법을 정의하고 구현하였다. 그래프의 경우에 있어서도 이와 유사하다. 그래프 $G = (V, E)$와 $V(G)$의 한 정점 v가 주어졌을 때, 이 v에서 도달할 수 있는 G의 모든 정점들(즉 v에 연결된 모든 정점들)을 방문해야 한다고 하자. 이를 수행하기 위한 두 가지 방법인 깊이-우선 탐색(depth-first search)과 너비-우선 탐색(breadth-first search)을 살펴보겠다. 이 방법들은 방향 그래프와 무방향 그래프에 대해 모두 적용되지만, 다음 논의에서는 무방향 그래프를 가정한다.

6.2.1 깊이-우선 탐색

깊이-우선 탐색(DFS: depth-first search)은 출발 정점 v를 방문함으로써 시작된다. 다음으로 v에 인접하면서 아직 방문하지 않은 한 정점 w를 선택하여 이 w에서 다시 깊이-우선 탐색을 시작한다. 인접 정점들을 이미 모두 방문한 정점 u에 도달하면, 마지막으로 방문한 정점 중 아직 방문하지 않은 인접 정점 w를 가지고 있는 정점까지 되돌아가서 정점 w로부터 깊이-우선 탐색을 다시 시작한다. 이러한 탐색은 방문을 한 정점들로부터 방문하지 않은 정점으로 더 이상 갈 수 없을 때 종료된다. 깊이-우선 탐색의 순환적 구현은 프로그램 6.1에 가장 잘 기술되어 있다.

```
virtual void Graph::DFS()  // Driver
{
    visited = new bool [n];
        // visited는 Graph의 bool* 데이타 멤버로 선언됨
    fill(visited, visited + n, false);
    DFS(0); // 정점 0에서 탐색 시작
    delete [ ] visited;
}

virtual void Graph::DFS(const int v) // Workhorse
{// 정점 v에서 도달할 수 있는 모든 미방문 정점들을 방문.
```

```
    visited[v] = true;
    for (each vertex w adjacent to v) // 실제 코드는 반복자를 사용
        if (!visited[w]) DFS(w);
}
```

프로그램 6.1: 깊이-우선 탐색

예제 6.1: 그림 6.17(a)의 그래프 *G*를 깊이-우선 탐색하는 경우를 보자. 그림 6.17(b)는 이 그래프의 인접 리스트를 나타내고 있다. 깊이-우선 탐색을 정점 0에서 시작한다면 그래프 *G*의 정점들은 0, 1, 3, 7, 4, 5, 2, 6 순으로 방문한다. *DFS*(0)은 0에서 도달 가능한 모든 정점들을 방문하므로, 방문한 모든 정점들과 이 정점들에 부속된 모든 간선들은 *G*의 한 연결 요소가 된다. □

***DFS*의 분석:** 그래프 *G*를 인접 리스트로 표현할 경우 *v*에 인접한 정점들 *w*는 링크 체인을 따라가 결정할 수 있다. *DFS* 알고리즘은 인접 리스트에 있는 노드들을 최대 한 번씩 조사하고, 리스트 노드의 수는

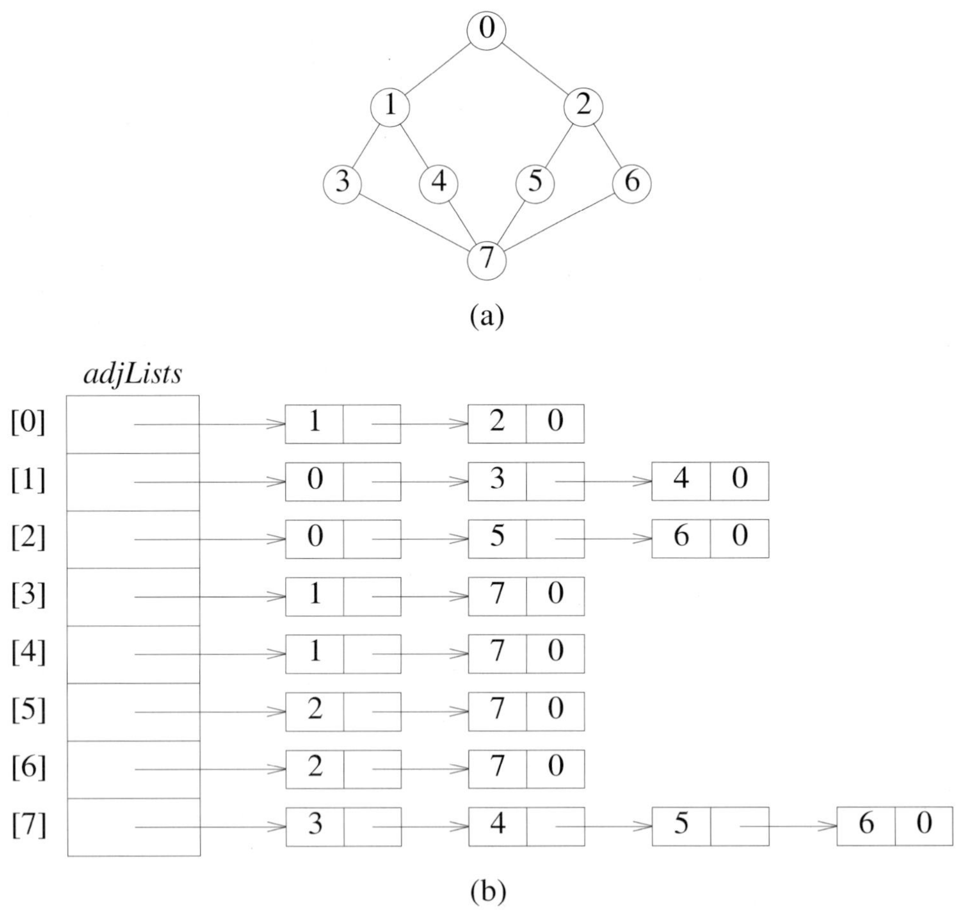

그림 6.17 그래프 *G*와 그 인접 리스트

$2e$개이므로, 탐색을 완료하는 시간은 $O(e)$가 된다. G를 인접 행렬로 표현했을 때 v에 인접한 모든 정점들을 결정하는 데는 $O(n)$의 시간이 걸린다. 최대 n개의 점을 방문해야 되므로 총 시간은 $O(n^2)$이다. □

6.2.2 너비-우선 탐색

너비-우선 탐색(BFS: breadth-first search)은 시작 정점 v를 방문하는 것으로 시작한다. 다음으로 v에 인접한 방문하지 않은 모든 정점들을 방문한다. 그리고 다시 이 새로 방문한 정점들에 인접하면서 아직 방문하지 않은 정점들을 방문하는 방식으로 계속한다. 알고리즘 *BFS*(프로그램 6.2)는 세부 내용을 보여 주고 있다.

예제 6.2: 그림 6.17(a)의 그래프를 고려해 보자. 정점 0에서 시작하여 너비-우선 탐색을 수행하는 경우, 먼저 정점 0을 방문한다. 다음으로, 정점 1과 2를 방문한다. 그런 뒤에 정점 3, 4, 5, 6, 그리고 최종적으로 7을 방문한다. □

```
virtual void Graph::BFS(int v)
{// 너비-우선 탐색은 정점 v에서부터 시작한다.
 // v를 방문하면 visited[i]는 true로 설정된다. 이 함수는 큐를 이용한다.
    visited = new bool [n];
    fill(visited, visited + n, false);
    visited[v] = true;
    Queue<int> q;
    q.Push(v);
    while (!q.IsEmpty()) {
        v = q.Front();
        q.Pop();
        for (all vertices w adjacent to v) // 실제 코드는 반복자를 사용
            if (!visited[w]) {
                q.Push(w);
                visited[w] = true;
            }
    } // while의 끝
    delete [ ] visited;
}
```

프로그램 6.2: 너비-우선 탐색

***BFS*의 분석**: 방문한 각 정점들은 큐에 오직 한 번만 들어가므로 **while** 루프는 최대 n번 반복된다. 인접 행렬이 사용되는 경우 방문하는 각 정점에 대해 루프는 $O(n)$ 시간이 걸리므로 전체 시간은 $O(n^2)$이

된다. 인접 리스트가 사용되면 이 루프의 전체 비용은 $d_0 + ... + d_{n-1} = O(e)$가 된다. 여기서 d_i는 정점 i의 차수이다. *DFS*의 경우에서와 마찬가지로 방문한 모든 정점과 그것에 부속한 모든 간선들은 G의 연결 요소가 된다. □

6.2.3 연결 요소

G가 무방향 그래프라면, 이 그래프의 연결 여부는 단순히 *DFS*나 *BFS*를 호출한 후 방문하지 못한 정점이 남아 있는지를 보면 결정할 수 있다. 주어진 그래프 G의 연결 요소(connected component)들은 방문하지 않은 정점 v에 대해 *DFS*(v) 또는 *BFS*(v)를 반복해서 호출함으로써 구할 수 있다. 함수 *Components*(프로그램 6.3)는 G의 연결 요소들을 결정한다. 이 알고리즘은 *DFS*를 사용하고 있다(원하면 *BFS*를 사용해도 된다). 계산 시간에는 영향을 주지 않는다. 함수 *Graph*::*OutputNewComponent*는 가장 최근에 호출된 *DFS*에서 방문한 모든 정점들과 이들에 부속된 모든 간선들을 출력한다.

```
virtual void Graph::Components()
{// 그래프의 연결 요소를 결정한다.
    // visited는 Graph의 bool* 데이타 멤버로 선언되었다고 가정
    visited = new bool [n];
    fill(visited, visited + n, false);
    for (i = 0; i < n; i++)
        if (!visited[i]) {
            DFS(i); // 연결 요소를 탐색
            OutputNewComponent();
        }
    delete [ ] visited;
}
```

프로그램 6.3: 연결 요소의 결정

***Components*의 분석**: G를 인접 리스트로 표현한다면 *DFS*에 걸리는 총 시간은 $O(e)$가 된다. *DFS*가 새로 방문한 모든 정점들을 리스트로 유지한다면 출력은 $O(e)$ 시간에 완료될 수 있다. **for** 루프에 $O(n)$ 시간이 소요되므로 모든 연결 요소들을 생성하는 데 필요한 시간은 $O(n + e)$가 된다. 인접 행렬이 사용된다면 요구되는 시간은 $O(n^2)$이다. □

6.2.4 신장 트리

그래프 G가 연결되었다면 임의의 정점에서 출발한 깊이-우선 또는 너비-우선 탐색은 G의 모든 정점들을 방문한다. 이 탐색은 그래프 G의 간선들을 두 개의 집합 T와 N으로 분할한다. 여기서 T는 트리 간선(tree edge)들로서 탐색중 사용된 간선들의 집합이고 N은 비트리 간선(nontree edge)들로서 나머지 간선들의 집합이다. 집합 T는 *DFS*나 *BFS*의 **if** 절에 문장 $T = T \cup \{(v,w)\}$를 추가함으로써 구할 수 있다.

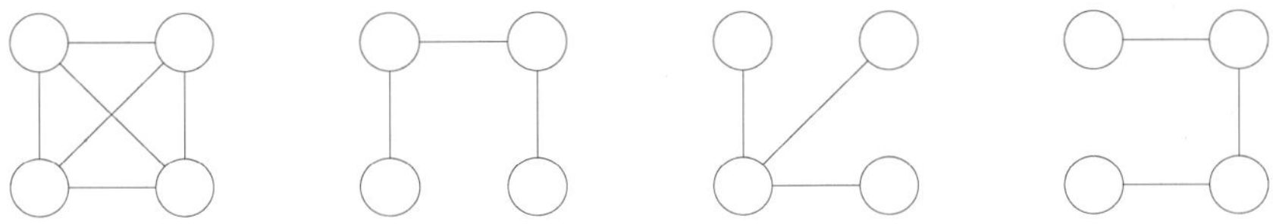

그림 6.18 완전 그래프와 그것의 세 신장 트리

*T*의 간선들은 *G*의 모든 정점들을 포함하는 트리를 구성하게 된다. 신장 트리(spanning tree)란 *G*의 간선들로만 구성되고 *G*의 모든 정점들이 포함된 트리를 말한다. 그림 6.18은 그래프와 이 그래프의 신장 트리 몇 개를 보여 주고 있다.

이미 앞에서 밝힌 것처럼, 신장 트리는 너비-우선 탐색이나 깊이-우선 탐색 중 어느 것을 이용해서도 구축될 수 있다. 깊이-우선 탐색을 이용하여 만들어진 신장 트리를 깊이-우선 신장 트리(depth-first spanning tree), 너비-우선 탐색을 이용하여 만들어진 신장 트리를 너비-우선 신장 트리(breadth- first spanning tree)라고 한다. 그림 6.19는 그림 6.17의 그래프에서 정점 0에서 시작한 경우의 깊이-우선과 너비-우선 탐색에 의해 구해진 신장 트리들을 보여 주고 있다.

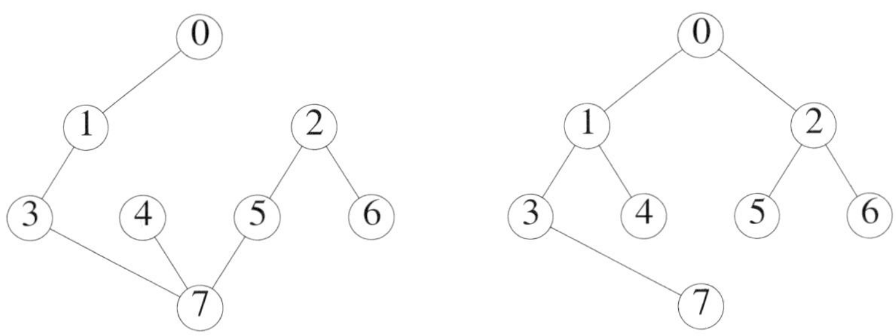

(a) *DFS*(0) 신장 트리 (b) *BFS*(0) 신장 트리

그림 6.19 그림 6.17의 그래프에 대한 깊이-우선 및 너비-우선 신장트리

비트리 간선 (*v*, *w*)를 임의의 신장 트리 *T*에 추가하면 사이클이 만들어진다. 이 사이클은 간선 (*v*, *w*)와 *w*에서 *v*까지의 경로 상에 있는 *T*의 간선들로 구성된다. 예를 들어 그림 6.19(a)의 *DFS* 신장 트리에 간선 (7,6)을 추가하면 사이클 7,6,2,5,7이 만들어진다. 우리는 이런 신장 트리의 특성을 전기 네트워크에서 회로 등식의 독립적인 집합을 구하는 데 활용할 수 있다.

예제 6.3 [회로 등식의 생성]: 회로 등식을 얻으려면 먼저 전기 네트워크에 대한 신장 트리를 구해야 한다. 그 뒤에 비트리 간선을 신장 트리에 하나씩 도입한다. 이러한 간선의 도입은 사이클을 형성한다.

그런 뒤에 이 사이클에 대한 Kirchhoff의 제2법칙을 이용하여 회로 등식을 얻는다. 이러한 방법으로 얻은 사이클들은 다른 사이클에는 포함되지 않은 비트리 간선을 포함하고 있으므로 독립적이다. 즉 각 사이클은 나머지 사이클들의 선형적인 조합에 의해서는 만들어질 수 없다. 그러므로 이렇게 얻어진 회로 등식도 독립적이다. 사실상 한 번에 하나씩 비트리 간선을 신장 트리에 도입해서 만들어진 사이클들은 사이클 기저(cycle basis)를 만든다는 것을 증명할 수 있다. 이는 기저에 있는 사이클들의 선형적인 조합으로 그래프 내의 모든 사이클들을 만들어 낼 수 있음을 의미한다. □

신장 트리의 두 번째 특성을 알아보자. 신장 트리는 G의 최소 부분 그래프(minimal subgraph) G'으로서 $V(G') = V(G)$이고 G'는 연결되어 있다. 최소 부분 그래프란 간선의 수가 가장 적은 부분 그래프로 정의할 수 있다. n개의 정점을 가진 연결 그래프는 최소한 $n-1$개의 간선을 가져야 하며 $n-1$개의 간선을 갖는 연결된 그래프는 모두 트리이다. 그러므로 신장 트리는 $n-1$개의 간선을 갖게 된다.(이 특성은 연습문제에서 자세히 다룬다.)

최소 부분 그래프의 구축은 통신 네트워크 설계에서 자주 응용되는 것을 볼 수 있다. 그래프 G의 정점이 도시를, 간선이 도시 간의 통신 링크를 나타낸다고 하자. n개의 도시를 연결하는 데 필요한 최소 링크 수는 $n-1$이다. G의 신장트리들은 결국 가능한 대안들을 표현하게 된다. 그러나 도시 간의 통신 링크 구축 비용은 일정하지가 않다. 그러므로 실제 응용에서는 각 간선들에 대해 가중치를 부여해야 한다. 이러한 가중치는 통신 링크의 구축 비용이나 통신 링크의 길이 등이 된다. 이렇게 가중치가 부여된 그래프에서는 총 비용이나 총 길이가 최소로 되는 신장 트리를 구하는 것이 의미가 있다. 신장 트리의 비용은 그 트리에 포함된 간선들의 비용의 합이라 가정한다. 최소 비용 신장 트리를 구하는 알고리즘은 6.3절에서 공부하겠다.

6.2.5 이중 결합 요소

이제까지 구현한 연산들은 깊이-우선 탐색과 너비-우선 탐색의 단순한 확장으로 볼 수 있다. 다음에 구현할 연산들은 다소 복잡하고 추가로 용어도 필요로 한다. 우선 그래프 G가 무방향 연결 그래프라고 가정한다.

정의: 단절점(articulation point)이란 그래프 G의 정점들 중에서 정점 v와 이 정점 v에 부속한 모든 간선들을 같이 삭제하면 최소한 두 개의 연결 요소를 만들게 하는 정점 v를 말한다. □

그림 6.20(a)의 연결 그래프에서 네 개의 정점 1, 3, 5, 7은 단절점들이다.

정의: 이중 결합 그래프(biconnected graph)란 단절점이 없는 연결 그래프이다. □

그림 6.20의 그래프는 이중 결합이 아니고 그림 6.17(a)의 그래프는 이중 결합이다. 단절점은 통신 네트워크를 표현하는 그래프에서는 바람직하지 못하다. 이러한 그래프에서 정점은 통신국이 되고 간선은 통신 링크가 될 것이다. 이때 단절점에 해당하는 통신국에 이상이 생기면, 그 결과는 하나의 통신국

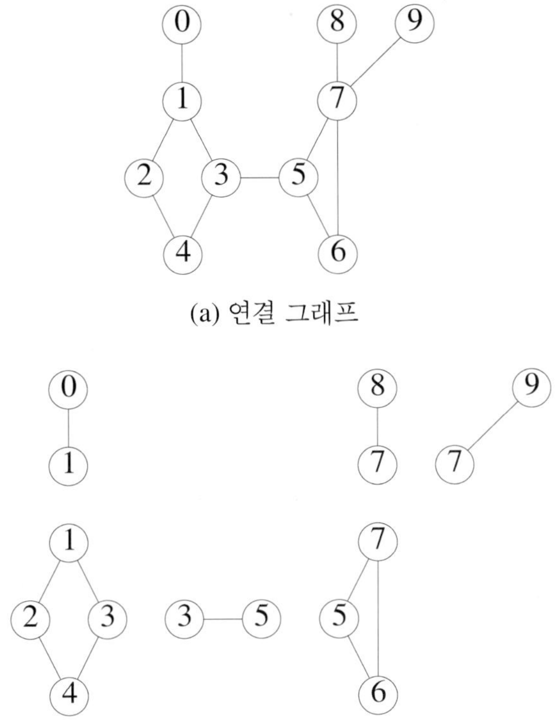

(a) 연결 그래프

(b) 이중 결합 요소

그림 6.20 연결 그래프와 그것의 이중 결합 요소들

만이 아닌 여러 통신국 간의 통신 단절을 초래하게 된다. 통신 그래프가 이중 결합이면 단일 통신국의 고장은 그 통신국에 대한 통신만을 두절시키게 된다.

정의: 연결 그래프 *G*에서 이중 결합 요소(biconnected component)란 최대 이중 결합 부분 그래프(maximal biconnected subgraph) *H*를 말한다. 여기서 '최대' 란 이중 결합이면서 *H*를 완전히 포함하는 부분 그래프가 그래프 *G*에 존재하지 않는다는 것을 의미한다. □

그림 6.20(a)의 그래프는 그림 6.20(b)가 보여 주는 것과 같이 여섯 개의 이중 결합 요소를 포함하고 있다. 이중 결합 그래프는 오직 하나의 이중 결합 요소만을 가지고 있는데 그것은 곧 전체 그래프이다. 동일한 그래프에 속하는 두 개의 이중 결합 요소는 많아야 하나의 정점을 공통으로 가질 수 있음을 쉽게 입증할 수 있다. 이는 한 그래프에서 하나의 간선은 두 개 이상의 이중 결합 요소에 포함될 수 없음을 의미한다. 그러므로 *G*의 이중 결합 요소는 *G*의 간선들을 분할하게 된다.

연결 무방향 그래프 *G*의 이중 결합 요소들은 *G*의 깊이-우선 신장 트리를 이용하여 구할 수 있다. 그림 6.20(a)의 그래프에 대해 루트를 3으로 하는 깊이-우선 신장 트리를 만든 것이 그림 6.21(a)이다. 트리 구조를 좀더 잘 나타내도록 이 신장 트리를 그림 6.21(b)에 다시 그렸다. 이 그림은 *G*의 비트리 간선을 점선으로 표시하고 있다. 정점 바깥의 번호는 깊이-우선 탐색의 순서를 나타낸다. 이 번호를 정점의 깊이-우선 번호(depth-first number) *dfn*이라고 하자. 그러면 $dfn(0) = 5$, $dfn(9) = 9$가 된다. 두 개의 정점 *u*, *v*에 대해 깊이-우선 신장 트리에서 *u*가 *v*의 조상이면 $dfn(u) < dfn(v)$이다.

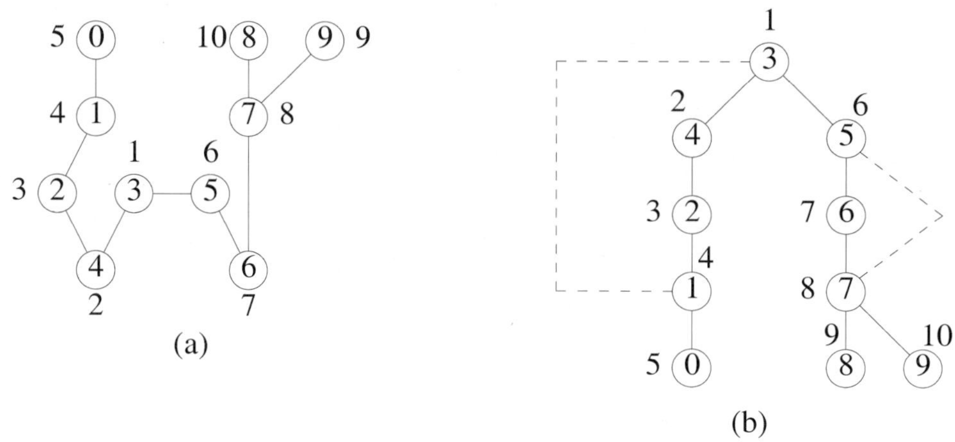

그림 6.21 그림 6.20(a)의 깊이-우선 신장 트리

그림 6.21(b)의 점선은 비트리 간선을 나타낸다. *u*가 *v*의 조상이거나 *v*가 *u*의 조상인 경우 비트리 간선 (u,v)는 백 간선(back edge)이다. 백 간선이 아닌 비트리 간선은 교차 간선(cross edge)이라고 한다. 비트리 간선 (3, 1)과 (5, 7)은 백 간선이다. 깊이-우선 탐색의 정의로부터 어떤 그래프도 그 그래프의 깊이-우선 신장 트리에 대해 교차 간선을 가질 수 없음을 증명할 수 있다. 이로부터 최소한 두 개의 자식을 가진 깊이-우선 신장 트리의 루트는 단절점이 되고, 또한 정점 *w*, *w*의 후손들, 그리고 단 하나의 백 간선으로만 구성된 경로를 이용해서는 *u*의 조상에 도달할 수 없는 그런 정점 *w*를 적어도 하나의 자식 정점으로 가지고 있는 정점 *u*도 단절점이 된다. 이러한 사실을 통해 *G*의 각 정점에 대해 *low* 값을 다음과 같이 정의할 수 있다. 즉 $low(w)$는 *w*의 후손들과 최대 하나의 백 간선으로 된 경로를 이용하여 *w*로부터 도달할 수 있는 가장 작은 깊이-우선 번호이다. $low(w)$는 다음 식으로 구한다.

$$low(w) = \min\{dfn(w), \min\{low(x) \mid x\text{는 } w\text{의 자식}\}, \min\{dfn(x) \mid (w, x)\text{는 백 간선}\}\}$$

그러므로 정점 *u*가 두 개 이상의 자식을 가진 신장 트리의 루트이거나, 루트가 아니면서 $low(w) \geq dfn(u)$를 만족시키는 자식 *w*를 갖게 되면 단절점이 된다. 그림 6.22는 그림 6.21(b)에 있는 신장 트리의 각 정점에 대한 *dfn* 값과 *low* 값을 보여 주고 있다.

함수 *DFS*를 연결 그래프의 각 정점에 대한 *dfn* 값과 *low* 값도 구할 수 있도록 쉽게 변경할 수 있다. 이렇게 변경된 것이 함수 *DfnLow*(프로그램 6.4)이다. 이 함수는 두 인자 중에 작은 값을 반환하는 함수 *min*을 사용한다.

vertex	0	1	2	3	4	5	6	7	8	9
dfn	5	4	3	1	2	6	7	8	10	9
low	5	1	1	1	1	6	6	6	10	9

그림 6.22 그림 6.21(b)의 신장 트리에 대한 *dfn* 값과 *low* 값

함수 *DfnLow*에 코드를 조금 추가하면 연결 그래프의 간선들을 이중 결합 요소로 분할할 수 있다. 먼저 *DfnLow*(*w*, *u*)에서 복귀하면 *low*[*w*]가 계산되어 있다는 것에 주목하라. 만일 *low*[*w*] ≥ *dfn*[*u*]이면 새로운 이중 결합 요소가 식별되어 있다. 간선을 처음 만날 때마다 스택에 보관해 두면 함수 *Biconnected*(프로그램 6.5)에서와 같이 이중 결합 요소의 모든 간선들을 출력할 수 있다.

함수 *Biconnected*의 정확성의 증명은 연습문제로 남겨 둔다. 이 함수의 복잡도는 $O(n + e)$이다. *Biconnected* 함수는 연결 그래프가 최소한 두 개의 정점을 가진 것으로 가정한다는 것에 유의하라. 하나의 정점만을 가진 연결 그래프는 간선을 포함하지 않는다. 관례상 이러한 그래프도 이중 결합이므로 적절한 이중 결합 요소 함수라면 이를 특수한 경우로 다루어 단일 이중 결합 요소를 출력하도록 할 수 있어야 할 것이다.

```
virtual void Graph::DfnLow(const int x) // 정점 x에서 DFS를 시작
{
    num = 1;              // Graph의 int 데이타 멤버
    dfn = new int[n];     // Graph의 int*로 선언
    low = new int[n];     // Graph의 int*로 선언
    fill(dfn, dfn + n, 0);
    fill(low, low + n, 0);
    DfnLow(x, -1); // 정점 x에서 시작
    delete [ ] dfn;
    delete [ ] low;
}

void Graph::DfnLow (const int u, const int v)
{// 정점 u에서 시작하여 DFS를 수행하면서 dfn과 low를 계산한다.
 // 결과 신장 트리에서 v는 u의 부모(만일 있다면)이다.
    dfn[u] = low[u] = num++;
    for (each vertex w adjacent from u) // 실제 코드는 반복자를 사용
        if (dfn[w] == 0) { // w는 방문하지 않은 정점
            DfnLow(w, u);
```

```
            low[u] = min(low[u], low[w]);
        }
        else if (w != v) low[u] = min(low[u], dfn[w]); // 백 간선
}
```

프로그램 6.4: *dfn*과 *low*의 계산

```
virtual void Graph::Biconnected()
{
    num = 1;                // Graph의 int 데이타 멤버
    dfn = new int[n];       // Graph의 int*로 선언
    low = new int[n];       // Graph의 int*로 선언
        fill(dfn, dfn + n, 0);
    fill(low, low + n, 0);
    Biconnected(0, −1); // 정점 0에서 시작
    delete [ ] dfn;
    delete [ ] low;
}

virtual void Graph::Biconnected (const int u, const int v)
{// 이중 결합 요소로 G의 dfn과 low를 계산하고 간선을 출력한다.
// 결과 신장 트리에서 v는 u의 부모(만일 있다면)이다.
// s는 Graph의 데이타 멤버로 선언된 스택으로 초기에 공백이다.
    dfn[u] = low[u] = num++;
    for ( each vertex w adjacent from u) { // 실제 코드는 반복자를 사용
        if ((v != w) && (dfn[w] < dfn[u])) add (u, w) to stack s;
        if (dfn[w] == 0) { // w는 방문하지 않은 정점
            Biconnected(w, u);
            low[u] = min(low[u], low[w]);
            if (low[w] >= dfn[u]) {
                cout << "New Biconnected Component: " << endl;
                do {
                    delete an edge from the stack s;
                    let this edge be (x, y);
                    cout << x << ", " << y << endl;
                } while ( (x, y) and (u, w) are not the same edge)
```

```
        }
    }
    else if (w != v) low[u] = min(low[u], dfn[w]); // back edge
}
```

프로그램 6.5: $n > 1$일 때 이중 결합 요소의 출력

연습문제

1. 네 개의 정점을 가진 완전 그래프에 깊이-우선과 너비-우선 탐색을 적용하라. 정점을 방문한 순서대로 나열하라.
2. 그래프가 인접 행렬로 표현되었다고 가정하고 깊이-우선 탐색을 위한 C++ 함수를 작성하라. 적절한 그래프를 사용하여 작성된 함수의 정확성을 검사하라.
3. 그래프가 인접 리스트로 표현되었다고 가정하고 깊이-우선 탐색을 위한 C++ 함수를 작성하라. 적절한 그래프를 사용하여 작성된 함수의 정확성을 검사하라.
4. 그래프가 인접 행렬로 표현되었다고 가정하고 너비-우선 탐색을 위한 C++ 함수를 작성하라. 적절한 그래프를 사용하여 작성된 함수의 정확성을 검사하라.
5. 그래프가 인접 리스트로 표현되었다고 가정하고 너비-우선 탐색을 위한 C++ 함수를 작성하라. 적절한 그래프를 사용하여 작성된 함수의 정확성을 검사하라.
6. 새로 방문한 모든 정점의 리스트를 생성하기 위해 *Components*(프로그램 6.3)가 사용될 때, 함수 *DFS*(프로그램 6.1)가 어떻게 수정되어야 하는가?
7. 함수 *DFS*(프로그램 6.1)를 연결 그래프에 적용하면 T의 간선들이 트리를 만든다는 것을 증명하라.
8. 함수 *BFS*(프로그램 6.2)를 연결 그래프에 적용하면 T의 간선들이 트리를 만든다는 것을 증명하라.
9. 만일 T가 무방향 그래프 G에 대한 신장 트리라고 할 때, T에 간선 $e[e \notin E(T)$이면서 $e \in E(G)]$를 추가하면 하나의 사이클이 생성된다는 것을 증명하라.
10. n개의 정점을 가진 완전 그래프의 신장 트리 수가 최소 $2^{n-1}-1$이라는 것을 증명하라.
11. G를 연결 그래프, T를 G의 임의의 깊이-우선 신장 트리라 하자. G가 상대적으로 T에 대해 교차 간선을 갖지 않음을 증명하라.
12. 함수 *Biconnected*(프로그램 6.5)가 연결 그래프의 간선들을 그래프의 이중 결합 요소들로 올바르게 분할함을 증명하라.
13. G를 연결 무방향 그래프라 하자. G의 어떤 간선도 두 개 이상의 이중 결합 요소에 포함될 수 없음을 증명하라.

6.3 최소 비용 신장 트리

가중치가 부여된 무방향 그래프의 신장 트리의 비용은 신장 트리에 있는 간선들의 비용(가중치)의 합이 된다. 최소 비용 신장 트리(minimum-cost spanning tree)란 최저의 비용을 갖는 신장 트리이다. 연결 무

방향 그래프에서 최소 비용 신장 트리를 구하기 위해서는 세 가지의 상이한 알고리즘을 사용할 수 있다. 이 세 가지 알고리즘은 모두 갈망법(greedy method)이라고 하는 설계 전략을 사용하고 있다. 이 세 알고리즘은 Kruskal, Prim, Sollin의 알고리즘이다.

갈망법에서는 최적의 해를 단계별로 구한다. 각 단계에서는 몇 개의 판단 기준에 따라 최상의 결정을 내린다. 한번 내려진 결정은 뒤에 번복이 불가능하므로 각각의 결정이 가능한 해를 도출해 낼 수 있는지 확인해야 한다. 이 갈망법은 광범위한 프로그래밍 문제에 적용될 수 있다. 전형적으로 각 단계에서 항목의 선택은 최저 비용 또는 최고 이윤을 기준으로 판단한다. 가능한 해란 문제에 의해 명시된 제한 조건 내에서 성립하는 해를 말한다.

최소-비용 신장 트리를 구성하기 위해서는 최저 비용을 기준으로 사용한다. 해는 다음의 제한 조건을 만족시켜야 한다.

(1) 그래프 내에 있는 간선들만을 사용해야 한다.
(2) 정확하게 $n-1$개의 간선만을 사용해야 한다.
(3) 사이클을 생성하는 간선을 사용해서는 안 된다.

6.3.1 Kruskal 알고리즘

Kruskal 알고리즘은 한 번에 하나씩 T에 간선을 추가해 가면서 최소 비용 신장 트리 T를 구축한다. 이 알고리즘은 T에 포함될 간선을 비용의 크기 순으로 선택해 간다. 이미 T에 포함된 간선들과 사이클을 형성하지 않는 간선만을 T에 추가한다. G는 연결되어 있고 $n > 0$개의 정점을 가지므로 정확하게 $n-1$개의 간선만이 T에 포함된다.

예제 6.4: 그림 6.23(a)의 그래프로부터 최소 비용 신장 트리를 구해 보자. 먼저 선택된 간선이 없는 상태에서 시작한다. 그림 6.23(b)는 간선이 선택되지 않은 현재 그래프를 나타낸다. 간선 (0,5)에 대한 포함 여부를 제일 먼저 고려한다. 이 간선은 트리에 추가된다. 그 결과로 그림 6.23(c)의 트리가 된다.

다음으로 간선 (2,3)이 다시 트리에 포함된다[그림 6.23(d)]. 다음으로 고려되는 간선은 (1,6)이다. 이 간선을 포함해도 사이클이 형성되지 않으므로 트리에 포함시켜 그림 6.23(e)를 얻는다. 간선 (1,2)도 마찬가지로 트리에 포함된다[그림 6.23(f)]. 아직 고려되지 않은 간선 중에서 최소 비용은 (6,3)이다. 이 간선을 트리에 포함시키면 사이클이 형성되므로 거부된다. 간선 (4,3)이 다음에 고려되고 트리에 추가되어 그림 6.23(g)가 된다. 다음으로 고려되는 간선은 (6,4)이다. 이 간선은 사이클을 형성하므로 거부된다. 최종적으로 간선 (5,4)가 트리에 포함된다. 이로써 신장 트리가 완성된다. 결과 트리[그림 6.23(h)]의 비용은 99이다. □

이러한 단순한 방법이 항상 최소 비용 신장 트리를 찾아 낸다는 사실은 조금 놀랍기도 하다. 이 사실은 곧 증명해 보일 것이다. 우선 알고리즘의 세부 사항을 살펴보기로 하자. 명확성을 위해 Kruskal 알고리즘을 보다 공식적으로 프로그램 6.6에 작성하였다. E는 초기에 G의 모든 간선의 집합이다. 이 집합에 대해 수행하려고 하는 연산은 다음과 같다.

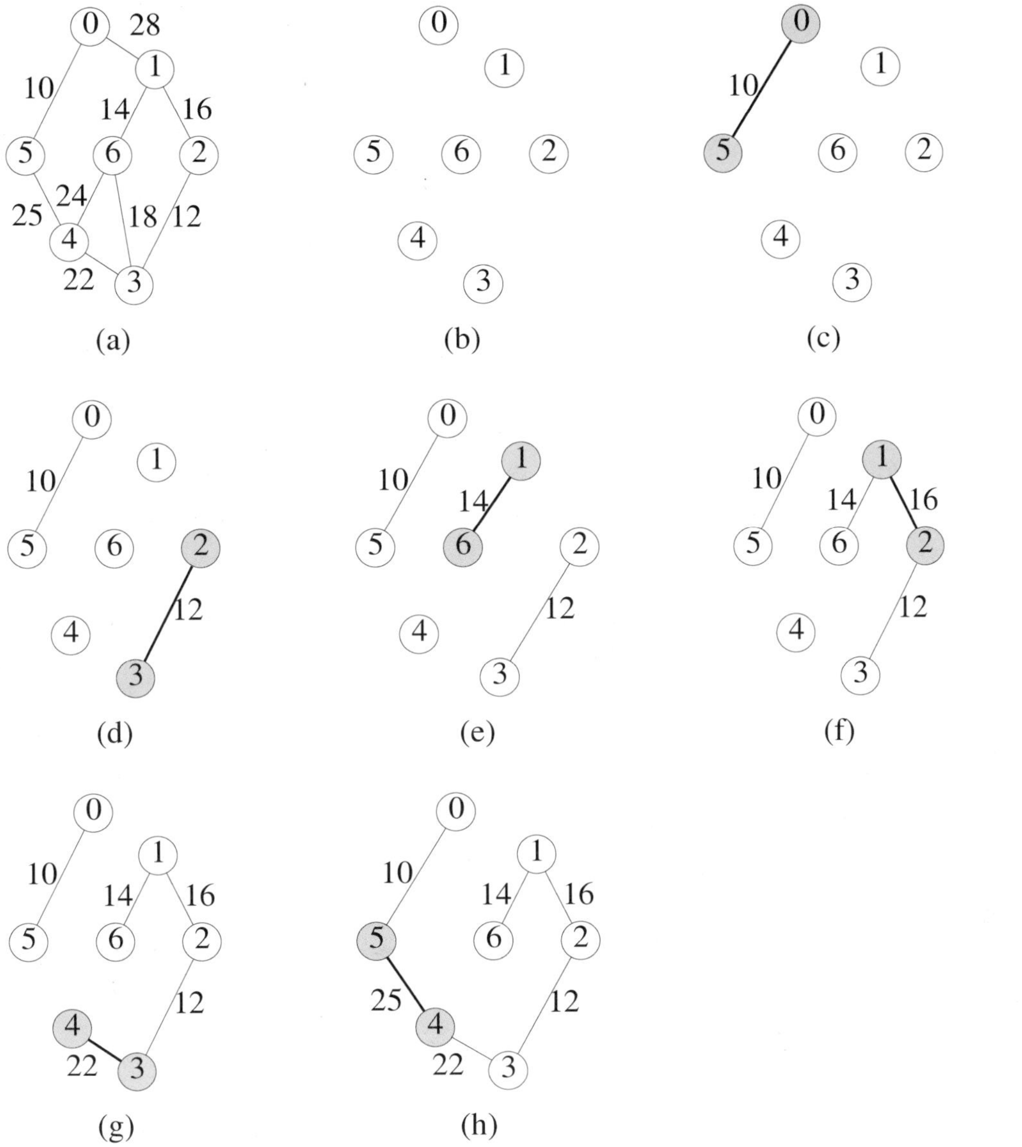

그림 6.23 Kruskal 알고리즘의 각 단계

(1) 최소 비용의 간선을 결정(3번 행)

(2) 이 간선을 삭제(4번 행)

E의 간선들을 정렬된 순차 리스트로 유지하면 이 두 연산들을 효율적으로 처리할 수 있다. 7장에서 이러한 간선들을 O(e log e) 시간에 비감소 순으로 정렬하는 방법을 공부하겠다. 여기서 e는 E의 간선 수이다. 최소 비용을 가진 다음 간선을 3번 행이 신속하게 결정할 수만 있다면 E의 모든 간선들을 꼭 정렬

할 필요는 없다. 이 경우에는 최소 히프(min heap)가 이상적인데 이것은 O(log e) 시간에 최소 비용을 가진 다음 간선을 결정하여 삭제할 수 있다. 히프 자체를 구성하는 데 소요되는 시간은 O(e)이다.

```
1 T = ∅;
2 while ((T가 n−1개 미만의 간선을 포함) && (E는 공백이 아님)) {
3   E에서 최소 비용 간선 (v,w)를 선택;
4   E에서 (v,w)를 삭제;
5   if (v,w)가 T에서 사이클을 만들지 않으면 T에 (v,w)를 추가;
6   else discard (v,w);
7 }
8 if (T가 n−1개 미만의 간선을 포함) cout << "no spanning tree" << endl;
```

프로그램 6.6: Kruskal 알고리즘

프로그램 6.6의 5번 행을 효율적으로 수행하기 위해, 정점 v와 w가 이전의 간선 선택 과정에서 이미 연결되어 있는지를 쉽게 결정할 수 있도록 G의 정점들을 그룹지어야 한다. 만약 연결되어 있다면, 간선 (v,w)는 무시된다. 그렇지 않다면, (v,w)는 T에 추가된다. 그룹을 만드는 한 가지 방법은 T의 같은 연결 요소에 속한 모든 정점들은 한 집합에 집어넣는 것이다(T의 연결 요소들은 모두 트리가 된다). 정점 v와 w는 같은 집합에 속하는 경우에만 T에서 연결된다. 예를 들어 간선 (3,6)을 고려할 때, 해당 집합은 {0,5}, {1,2,3,6}, {4}가 되는데 정점 3과 6은 이미 같은 집합에 속해 있으므로 간선 (3,6)은 무시된다. 다음으로 고려되는 간선은 (3,4)이다. 정점 3과 4가 상이한 집합에 속해 있으므로 이 간선은 선택된다. 이 간선은 두 요소 {1,2,3,6}과 {4}를 연결시키므로, 이 두 집합을 합하여 새로운 요소 집합을 얻게 된다. 5장의 집합 표현 방법을 이용하면 5번 행을 효율적으로 구현할 수 있다. 그러므로 이 알고리즘의 계산 시간은 최악의 경우 O(e log e)가 되는 3과 4번 행의 계산 시간에 좌우된다. 이 알고리즘의 작성은 연습문제로 남겨 두기로 한다. 정리 6.1은 프로그램 6.6에 의한 알고리즘이 G의 최소 비용 신장 트리를 생성함을 증명하고 있다.

정리 6.1: G를 임의의 무방향 연결 그래프라 하자. Kruskal 알고리즘은 최소 비용 신장트리를 생성한다.

증명: 여기서는
(a) 신장 트리가 존재하는 경우 Kruskal 방법이 신장 트리를 생성하고 (b) 생성된 신장 트리가 최소 비용임을 증명하기로 한다.

(a)의 경우를 보자. Kruskal 알고리즘은 사이클을 생성하는 간선만을 거부한다. 연결 그래프의 사이클에서 하나의 간선을 제거해도 그 그래프는 연결이 된다. 그러므로 G가 초기에 연결되었다면 T와 E에 있는 간선들의 집합은 항상 연결 그래프를 만든다. 그래서 G가 초기에 연결되었다면 이 알고리즘은 $E = \emptyset$이고 $|T| < n-1$ 인 상태로 종료할 수 없다.

이제 구축된 신장 트리 T가 최소 비용임을 보이기로 하자. G는 한정된 수의 신장 트리를 가지므로 최소 비용을 갖는 신장 트리가 적어도 하나 있어야 한다. U를 그런 트리라 하자. T와 U는 명확하게 $n-1$개의 간선을 갖는다. 만약 $T = U$라면 T는 최소 비용이므로 증명이 필요 없다. 그러므로 $T \neq U$로 가정한다. $k(k > 0)$를 U에 속하지 않고 T에만 속하는 간선의 수라 하자(k는 또한 T에 속하지 않고 U에만 속하는 간선의 수이기도 하다).

이제 U를 T로 변환시킴으로써 T와 U가 동일한 비용을 갖는다는 것을 보이겠다. 이 변환 작업은 k 단계를 거친다. 각 단계에서 U에 속하지 않는 T의 간선 수는 정확하게 1씩 감소한다. 더구나 U의 비용은 변환 뒤에도 변하지 않는다. 결과적으로 k번의 변환 단계 뒤에 U의 비용은 초기의 U와 동일한 비용을 갖게 되며 정확하게 T에 있는 간선들을 포함한다. 이는 T가 최소 비용임을 암시하는 것이다.

각 변환 단계에서 T의 한 간선 e를 U에 추가하고 U에서 한 간선 f를 제거한다. 간선 e와 f는 다음과 같은 방법으로 선택한다.

(1) e는 U에 속하지 않으면서 T의 최소 비용 간선이라 하자. $k > 0$이므로 그런 간선은 존재해야 한다.
(2) e를 U에 추가하면 유일한 사이클이 만들어진다. T에 속하지 않으면서 이 사이클 상에 있는 임의의 간선을 f라 하자. T에는 사이클이 없으므로 최소한 이 사이클 상의한 간선은 T에 속하지 않는다.

e와 f가 위와 같이 선택되면 $V = U + \{e\} - \{f\}$는 신장 트리가 되고 T는 V에 속하지 않는 간선을 정확하게 $k-1$개 갖는다. 이제 V의 비용이 U의 비용과 동일함을 보여야 한다. 명확히 V의 비용은 U의 비용에 간선 e의 비용을 더한 후 f의 비용을 뺀 것과 같다. e의 비용은 f의 비용보다 작을 수 없다. 그렇지 않다면 신장 트리 V가 U보다 적은 비용을 갖게 되므로 불가능하다. e가 f보다 높은 비용을 갖는다면, Kruskal 알고리즘에 의해 e보다 f가 먼저 고려되어야 한다. f가 T에 속하지 않으므로 Kruskal 알고리즘은 이미 이 간선을 거부했을 것이다. 그러므로 f와 이 f보다 작거나 같은 비용을 갖는 T의 간선들은 사이클을 형성한다. e를 선택함으로써 이 모든 간선들은 또한 U에도 속하게 된다. 그러므로 U도 사이클을 포함해야 한다. 그러나 U는 신장 트리이므로 사이클을 포함할 수 없다. 그러므로 e가 f보다 높은 비용을 갖는다는 가정은 모순이 된다. 이는 e와 f가 동일 비용임을 의미한다. 그러므로 V는 U와 같은 비용을 갖는다. □

6.3.2 Prim 알고리즘

Prim 알고리즘도 Kruskal의 경우처럼 한 번에 하나의 간선으로 최소 비용 신장 트리를 구축한다. 그러나 알고리즘의 각 단계에서 선택된 간선의 집합은 트리를 이룬다. 이에 반해, Kruskal 알고리즘에서 각 단계의 선택된 간선의 집합은 포리스트를 이룬다. Prim 알고리즘은 하나의 정점으로 된 트리 T에서 시작한다. 이 정점은 원래 그래프에서 어떤 것을 택해도 무방하다. 다음으로, 최소 비용 간선 (u,v)를 구해 $T \cup \{(u,v)\}$가 트리가 되면 T에 추가한다. T에 $n-1$개의 간선이 포함될 때까지 간선의 추가 단계를 반복한다. 추가된 간선이 사이클을 형성하지 않도록 각 단계에서 간선 (u,v)를 선택할 때 u 또는 v 중 오직 하나만 T에 속한 것을 고른다. 고급 단계의 Prim 알고리즘을 프로그램 6.7이 기술하고 있다. 이 알고리즘은 입력 그래프가 연결이 되지 않은 경우도 고려하고 있다. 이러한 경우에는 신장 트리가 없게 된다. 그림 6.24는 그림 6.23(a)의 그래프에 대한 Prim 알고리즘의 진행 과정을 보여 주고 있다.

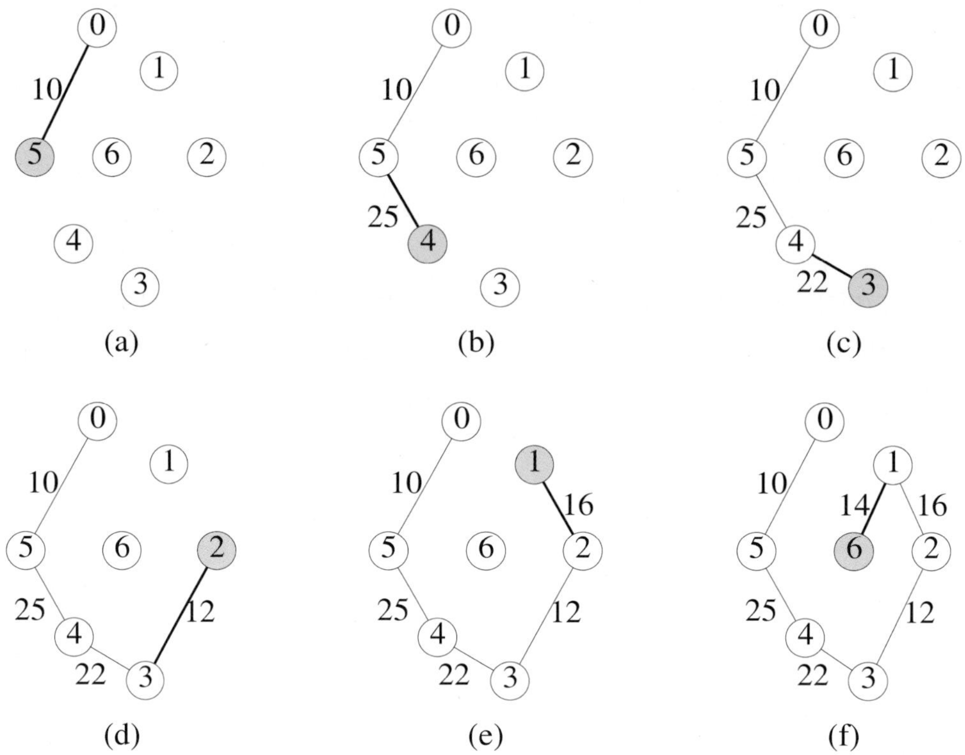

그림 6.24 Prim 알고리즘의 진행 단계

```
// G가 최소한 하나의 정점을 가진다고 가정한다.
TV = {0}; // 정점 0으로 시작. 간선은 비어 있음
for (T = ∅; T의 간선 수가 n−1보다 적음; (u,v)를 T에 추가)
{
    Let (u,v) be a least-cost edge such that u ∈ TV and v ∉ TV;
    if (그런 간선이 없음) break;
    v를 TV에 추가;
}
if (T의 간선 수가 n−1보다 적음) cout << "신장 트리 없음" << endl;
```

프로그램 6.7: Prim 알고리즘

*TV*에 속하지 않은 각 정점 *v*에 대해 정점 *near*(*v*)를 연관시키면 Prim 알고리즘을 $O(n^2)$ 시간에 구현할 수 있다. 정점 *near*(*v*)는 *near*(*v*) ∈ *TV*이고 모든 *near*(*v*) 중에서 *cost*(*near*(*v*),*v*)가 최소인 것이다 [(*v*,*w*) ∉ *E*이면 *cost*(*v*,*w*) = ∞로 가정한다]. *T*에 첨가될 다음 간선은 *cost*(*near*(*v*),*v*)가 최소이고 *v* ∉ *TV*인 정점 *v*가 된다. 이보다 점근적으로 보다 빠른 구현도 가능하다. 이 중에 하나가 피보나치 히프를

이용한 경우인데 9장에서 공부하겠다. Prim 알고리즘의 정확성 증명은 연습문제로 남긴다.

6.3.3 Sollin 알고리즘

Sollin 알고리즘은 각 단계에서 여러 개의 간선을 선택한다. 한 단계의 시작점에서 선택된 간선들은 n개의 모든 그래프 정점들을 포함한 신장 포리스트가 된다. 각 단계에서는 포리스트에 있는 각 트리에 대해 하나의 간선을 선택한다. 이 간선은 오직 하나의 정점만 그 트리에 속한 최소 비용 간선이다. 선택된 간선은 구축중인 신장 트리에 추가된다. 포리스트에 있는 두 개의 트리가 같은 간선을 선택할 수도 있음에 유의하라. 그래서 같은 간선의 복사본들이 제거된다. 또한 비용이 같은 간선이 그래프 내에 여러 개 존재할 경우, 두 개의 트리가 그들을 연결하는 두 개의 상이한 간선을 선택할 수도 있다. 이 간선들은 물론 동일한 비용을 갖는다. 이 중에 하나만 선택된다. 첫 번째 단계가 시작할 때는 선택된 간선의 집합이 공백이다. 이 알고리즘은 어느 한 단계의 끝에서 오직 하나의 트리만이 존재하게 되거나 더 이상 선택할 간선이 없을 때 종료한다.

그림 6.25는 그림 6.23(a)의 그래프에 적용된 Sollin의 알고리즘을 보여 주고 있다. 선택된 간선이 0인 초기 구조는 그림 6.23(b)와 같다. 이 신장 포리스트의 각 트리는 하나의 정점으로 되어 있다. 정점 0, 1, ..., 6에 대해 각각 선택된 간선들은 (0,5), (1,6), (2,3), (3,2), (4,3), (5,0), (6,1)이다. 이 중 서로 상이한 간선들은 (0,5), (1,6), (2,3), (4,3)이다. 이 간선들을 선택된 간선 집합에 추가하면 그림 6.25(a)의 포리스트가 만들어진다. 다음 단계에서, 정점 집합 {0,5}를 가지고 있는 트리는 간선 (5,4)를, 나머지 두 트리들은 간선 (1,2)를 선택하게 된다. 이 두 개의 간선을 추가한 뒤의 신장 트리는 그림 6.25(b)와 같이 되어 완성된다. Sollin 알고리즘을 C++ 함수로 작성하는 일과 정확성의 증명은 연습문제로 남긴다.

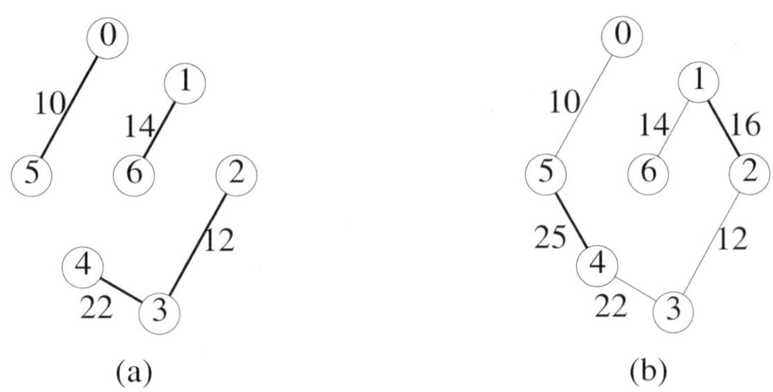

그림 6.25 Sollin 알고리즘의 단계들

연습문제

1. Kruskal의 최소 비용 신장 트리 알고리즘(프로그램 6.6)을 완전한 프로그램으로 작성하라. 알고리즘 *WeightedUnion*(프로그램 5.22)과 *CollapsingFind*(프로그램 5.23)를 함수로 사용해도 좋

다. 가중치의 비감소 순으로 간선들을 선택하기 위해 최소 히프(5장)를 사용하라.

2. Prim 알고리즘이 모든 무방향 연결 그래프에 대해 최소 비용 신장 트리를 발견할 수 있다는 것을 증명하라.
3. 프로그램 6.7을 최소 비용 신장 트리를 발견하는 C++ 함수로 만들라. 입력 그래프의 정점의 수를 n이라 할 때, 이 함수의 복잡도는 $O(n^2)$이어야 한다. 이 경우에도 복잡도가 그러한지를 증명하라.
4. Sollin 알고리즘이 모든 무방향 연결 그래프에 대해 최소 비용 신장 트리를 발견할 수 있다는 것을 증명하라.
5. Sollin 알고리즘에서 최대 단계 수는 얼마인가? 이를 그래프의 정점 수 n에 대한 함수로 제시하라.
6. Sollin 알고리즘을 이용하여 최소 비용 신장 트리를 발견하는 C++ 함수를 작성하라. 이 함수의 복잡도는 무엇인가?

6.4 최단 경로와 이행적 폐쇄

그래프가 어떤 도나 지방의 고속도로망을 나타낸다고 가정하자. 그러면 이 그래프의 정점은 도시를, 간선은 고속도로의 한 구간을 표현한다. 각 간선은 연결된 두 도시 간의 거리 또는 그 구간을 주행하는 데 필요한 평균 시간을 나타내는 가중치를 갖는다. 도시 A에서 도시 B로 가려는 운전자는 다음과 같은 사항들이 궁금할 것이다.

(1) A로부터 B로 가는 길이 있는가?

(2) A로부터 B로 가는 길이 두 개 이상이라면, 어느 길이 빠른가?

위의 (1)과 (2) 같은 문제들은 이 절에서 공부할 경로 문제의 특수한 경우이다. 간선의 가중치를 간선 길이 또는 간선 비용이라고도 한다. 여기서는 가중치, 비용, 길이라는 용어를 혼용하기로 한다. 경로의 길이(비용, 가중치)는 경로 상에 있는 간선의 수로 하지 않고 경로 상에 있는 간선들의 길이(비용, 가중치)의 합으로 정의한다. 경로의 시작 정점은 **시발점**(source)으로, 마지막 정점은 **종점**(destination)이라고 부른다. 일방 통행이 존재할 수 있으므로 그래프는 방향 그래프이다.

6.4.1 단일 시발점/모든 종점: 음이 아닌 간선 비용

이 문제에서는 방향 그래프 $G = (V,E)$와 G의 간선에 대한 길이 함수 $length(i,j)(length(i,j) \geq 0)$와 시발점 v가 주어진다. 문제는 v에서부터 G의 다른 모든 정점까지의 최단 경로를 구하는 것이다. 예를 들어 그림 6.26(a)의 그래프를 고려해 보자. 간선 위의 숫자는 간선 길이이다. 정점 0이 시발점이라면, 0에서 1까지의 최단 경로는 0,3,4,1이다. 이 경로의 길이는 10 + 15 + 20 = 45이다. 경로 상의 간선 수는 세 개나 되지만 길이 50이 되는 경로 0,1보다 짧다. 0에서부터 5까지의 경로는 존재하지 않는다. 그림 6.26(b)는 0에서부터 1,2,3,4까지의 최단 경로들을 경로 길이의 비감소 순으로 나열하고 있다. 갈망 알고리즘을 사용하면 이러한 순서대로 최단 경로를 생성하게 된다.

S를 이미 최단 경로가 발견된 정점의 집합(정점 v를 포함하여)이라 하자. S에 속하지 않은 w에 대

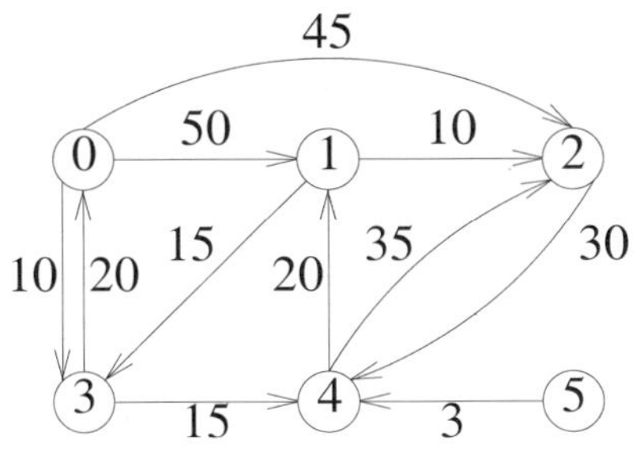

(a) 그래프

경로	길이
1) 0, 3	10
2) 0, 3, 4	25
3) 0, 3, 4, 1	45
4) 0, 2	45

(b) 0에서부터의 최단 경로

그림 6.26 그래프와 정점 0에서 모든 종점까지의 최단 경로

해, *dist*[*w*]를 *v*에서 시작하여 *S*에 있는 정점만을 거쳐 *w*까지 가는 최단 경로의 길이라 하자. 경로를 길이의 비감소 순으로 생성할 경우 다음과 같은 사실을 알 수 있다.

(1) 만일 다음으로 짧은 최단 경로가 정점 *u*까지의 경로라면 *v*에서 *u*로의 경로는 오직 *S*에 속한 정점들만을 통하게 된다. 이것을 증명하기 위해서는 *u*로의 최단 경로 상에 있는 중간 정점들이 모두 이미 *S*에 포함되고 있음을 보여야 한다. 만일 *S*에 속하지 않은 정점 *w*가 이 경로 상에 있다면, *v*에서 *u*로의 경로는 이 길이보다 짧은 *v*에서 *w*까지의 경로를 포함해야 한다. 최단 경로들은 경로 길이의 비감소 순으로 구해진다고 가정했으므로 *v*에서 *w*까지의 최단 경로는 이미 구해졌어야 한다. 그러므로 *S*에 속하지 않는 중간 정점이란 있을 수 없다.

(2) 다음에 생성되는 경로의 종점은 *S*에 없는 정점들 중에서 최단 거리 *dist*[*u*]를 가진 정점 *u*가 되어야 한다. 이는 *dist*의 정의와 전술한 (1)로부터 알 수 있다. *S*에 속하지 않으면서 거리가 같은 정점들이 여러 개 있을 경우, 임의로 하나의 정점을 선택할 수 있다.

(3) 일단 (2)에서 선택된 정점 *u*는 *S*의 원소가 된다. *v*에서 *u*로의 최단 경로는 (2)의 선택 과정을 통해 얻어진다. 이때 *v*에서 시작하여 *S*에 있는 정점만을 통해 현재 *S*에 속하지 않은 *w*까지의 최단 경로의 길이는 감소될 수 있다. 즉 *dist*[*w*]의 값이 변경될 수 있다. 거리가 바뀌는 때는 *v*에서 *u*를 거쳐 *w*까지 가는 경로가 현재보다 더 짧은 것이 발견된 경우이다. *v*에서 *u*까지, 또한 *u*에서 *w*까지의 경로 상에 있는 중간 정점들은 모두 *S*에 포함되어 있어야 한다. 또한 *v*에서 *u*까지의 경로는 최단 경로이어야 한다. 그렇지 않다면 *dist*[*w*]가 올바로 정의되지 않은 것이다. 또한 *u*로부터 *w*까지의 경로는 중간 정점을 갖지 않도록 선택할 수도 있다. 그러므로 *v*에서 *u*까지의 경로가 최단이고 *u*에서 *w*까지의 경로가 간선 <*u*,*w*>일 때, *dist*[*w*]의 변화(즉 감소)는 경로 *v*에서 *u*까지의 최단 경로와 *u*에서 *w*까지의 경로에 의한 것이라고 결론지을 수 있다. 이 경로의 길이는 *dist*[*u*] + *length*(<*u*,*w*>)가 된다.

함수 *ShortestPath*(프로그램 6.8)는 *v*에서 *G*의 다른 모든 정점까지의 최단 경로를 결정하기 위해 위의 사실들을 이용한다. 경로의 생성은 이 알고리즘을 조금만 확장하면 되는데 이것은 연습문제로 남긴다. *G*의 *n*개의 정점에는 0부터 *n*−1까지의 번호가 지정되었다고 가정한다. 집합 *S*는 Boolean 배열로 유지하는데, 정점 i가 S에 속하지 않으면 $s[i]$ = **false**이고, 속하면 $s[i]$ = **true**이다. 그래프 자체는 간선 <*i*, *j*>의 길이가 *length*[*i*][*j*]에 저장되는 길이 인접 행렬(length-adjacency matrix)로 표현된다고 가정한다. 간선 <*i*, *j*>가 G에 속하지 않고 $i \neq j$이면 *length*[*i*][*j*] 값은 아주 큰 어떤 수 *LARGE*로 표시한다. 이 수는 임의로 정해도 좋지만 다음의 두 조건을 만족시켜야 한다.

(1) 길이 행렬의 어떤 값보다 커야 한다.
(2) *dist*[*u*] + *length*[*u*][*w*]의 값이 오버플로가 되지 않도록 선택해야 한다.

조건 (2)에 의해 존재하지 않는 간선에 대해 *MAXDOUBLE*(간선 가중치가 **double** 타입인 경우)을 선택하는 것은 적절하지 않다. $i == j$인 경우 *length*[*i*][*j*]의 값은 음수가 아닌 어떤 수를 사용해도 함수의 결과에 영향을 주지 않는다. 배열 *length*, *dist*, *s*와 프로그램 6.8이 사용하는 함수 *Choose*는 클래스 *MatrixWDigraph*의 어딘가에 정의되고 프로그램 6.8이 접근할 수 있다고 가정하고 있다.

```
1 void MatrixWDigraph::ShortestPath(const int n, const int v)
2 {// dist[j],0 ≤ j < n는 v에서 j까지의 최단 경로의 길이이다.
3  // 간선의 길이는 length[i][j]로 주어진다 .
4    for (int i = 0; i < n; i++) {s[i] = false; dist[i] = length[v][i];} // 초기화
5    s[v] = true;
6    dist[v] = 0;

7    for (i = 0; i < n−2; i++) { // 정점 v에서부터의 n−1 경로를 결정
8       int u = Choose (n);   // choose는 s[w] = false이고
9                             // dist[u] = minimum dist[w]가 되는 u를 반환
10      s[u] = true;
11      for (int w = 0; w < n; w++)
12         if (! s[w] && dist[u] + length[u][w] < dist[w])
13            dist[w] = dist[u] + length[u][w];
14   } // for (i = 0; ...)의 끝
15 }
```

프로그램 6.8: 최단 경로의 길이를 결정

***ShortestPath*의 분석:** 전술한 논의로부터 이 알고리즘이 잘 작동한다는 것은 쉽게 알 수 있다. n개의 정점을 가진 그래프에 대한 이 알고리즘의 수행 시간은 $O(n^2)$이다. 4번 행의 **for** 루프는 $O(n)$ 시간이 걸린다. 7번 행의 **for** 루프는 $n-2$번 실행된다. 이 루프를 한 번 실행기 위해서는 8번 행에서 다음 정점을 선택하고 다시 11번에서부터 13번 행까지에서 *dist* 값을 갱신하는 데 $O(n)$ 시간이 필요하다. 그러므로 이 루프의 전체 시간은 $O(n^2)$이다. 현재 S에 속하지 않은 T개 정점의 리스트를 유지하면 이 리스트의 노드 수는 항상 $n-i$가 될 것이다. 이는 8번 행과 11에서부터 13번까지 행의 속도를 개선시키지만, 대략

적인 시간은 계속 O(n^2)이 된다. 알고리즘에 대한 이러한 변환과 다른 변환은 연습문제에서 살펴보기로 한다.

어떤 최단 경로 알고리즘도 그래프의 모든 간선을 최소한 한 번은 조사하게 되는데 그것은 어떤 간선이라도 최단 경로에 포함될 수 있기 때문이다. 그러므로 이러한 알고리즘이 달성할 수 있는 최소 시간은 O(e)이다. 그래프를 길이 인접 행렬로 표현했기 때문에 G에 있는 간선들을 결정하는 데만 O(n^2) 시간이 걸린다. 그러므로 이러한 표현을 사용하는 최단 경로 알고리즘은 O(n^2)의 시간 복잡도를 갖는다. 이러한 표현 방법에 대해 *ShortestPath* 알고리즘은 상수 배 내에서 최적이 된다. 인접 리스트를 변경하더라도 11에서 13번 행의 **for** 루프에 대한 전체 시간만이 O(e)로 감소된다(*dist*는 u로부터 인접한 정점들에 대해서만 변할 수 있으므로). 피보나치 히프(9장 참조)와 인접 리스트를 사용하면 하나의 시발점에서부터 모든 종점을 구하는 문제에 대한 갈망 알고리즘을 O($n \log n + e$) 복잡도로 구현할 수 있다. 희소 그래프의 경우 이 방법은 프로그램 6.8보다 우수하다. □

예제 6.5: 그림 6.27(a)의 여덟 개 정점을 가진 방향 그래프와 그림 6.27(b)의 길이 인접 행렬을 고려해 보자. 시발점을 Boston이라 하자. 그림 6.28은 7번에서부터 14번까지 행의 **for** 루프(프로그램 6.8)의 각 반복 단계에서 선택된 정점 u와 *dist* 값을 보여 주고 있다. 값 *LARGE*를 나타내기 위하여 ∞를 사용하였다. 이 알고리즘은 **for** 루프를 여섯 번만 반복한 뒤에 종료되는 것에 유의하라. *dist*의 정의에 의해 여기서는 Los Angeles인 마지막 정점의 *dist* 값은 올바르다. 왜냐하면 Boston에서 Los Angeles까지의 최단 경로는 오직 나머지 여섯 개의 정점을 거쳐야만 가능하기 때문이다. □

6.4.2 단일 시발점/모든 종점: 일반적 가중치

이제 방향 그래프 G의 일부 또는 모든 간선이 음의 길이를 가질 수도 있는 일반적인 경우를 고려해 보자. 이러한 그래프에 대해 함수 *ShortestPath*(프로그램 6.8)는 반드시 올바른 결과를 주지는 않는다는 것을 확인하기 위해 그림 6.29의 그래프를 고려해 보자. $v = 0$을 시발점이라고 하자. $n = 3$이므로 7번에서부터 14번까지 행의 루프는 오직 한 번 반복한다. 8번 행에서 $u = 2$이므로 *dist*의 값은 전혀 변하지 않는다. 그러므로 이 함수는 *dist*[1] = 7, *dist*[2] = 5로 끝나게 된다. 그런데 0에서 2까지의 최단 경로는 0,1,2이고 이 경로의 길이는 2이다. 이것은 알고리즘으로 계산한 *dist*[2]의 값보다 작다.

음수 길이 간선이 허용될 경우 그래프에는 음수 길이의 사이클이 존재하지 않아야 한다. 이러한 제약은 최단 경로가 한정된 수의 간선으로 구성되도록 하기 위해 필요하다. 예를 들어 그림 6.30의 그래프를 보자. 정점 0에서 정점 2로의 최단 경로의 길이는 $-\infty$가 된다. 왜냐하면 경로

$$0, 1, 0, 1, 0, 1, \ldots, 0, 1, 2$$

의 길이는 무한정으로 작아질 수 있기 때문이다. 이러한 상황은 길이 -1을 갖는 사이클 0,1,0 때문에 생기게 된다.

음의 길이 사이클이 존재하지 않으면 n개의 정점과 $n-1$개의 간선으로 된 그래프의 임의의 두 정점 사이에는 최단 경로가 존재한다. 그 이유는 다음과 같다. $n-1$개 이상의 간선을 갖는 경로에서는 최소한 한 개의 정점이 반복되므로 사이클을 포함하여야 한다. 경로에서 사이클을 제거하면 시발점과 종

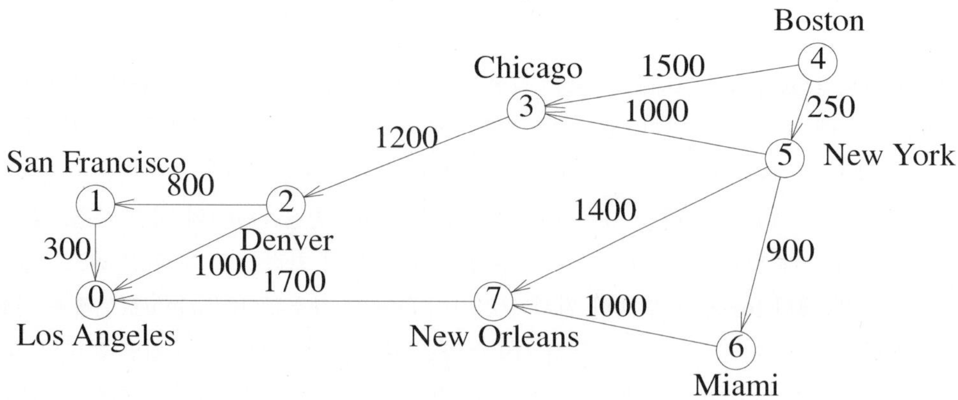

(a) 방향 그래프

	0	1	2	3	4	5	6	7
0	0							
1	300	0						
2	1000	800	0					
3			1200	0				
4				1500	0	250		
5				1000		0	900	1400
6							0	1000
7	1700							0

(b) 길이-인접 행렬

그림 6.27 예제 6.5에 대한 방향 그래프

반복	선택된 정점	거리							
		LA	SF	DEN	CHI	BOST	NY	MIA	NO
		[0]	[1]	[2]	[3]	[4]	[5]	[6]	[7]
초기	----	∞	∞	∞	1500	0	250	∞	∞
1	5	∞	∞	∞	1250	0	250	1150	1650
2	6	∞	∞	∞	1250	0	250	1150	1650
3	3	∞	∞	2450	1250	0	250	1150	1650
4	7	3350	∞	2450	1250	0	250	1150	1650
5	2	3350	3250	2450	1250	0	250	1150	1650
6	1	3350	3250	2450	1250	0	250	1150	1650

그림 6.28 그림 6.27의 방향 그래프에 대한 *ShortestPath*의 작동

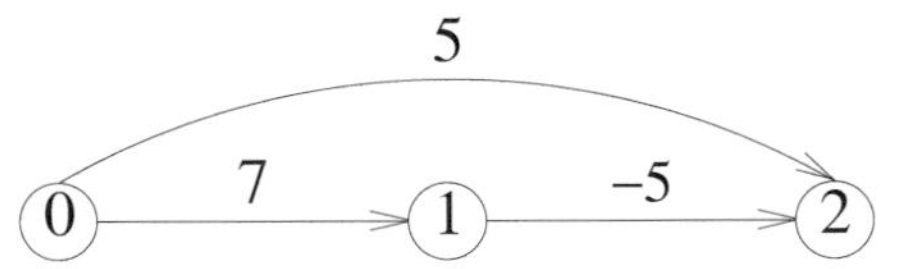

그림 6.29 음의 길이 간선을 가진 방향 그래프

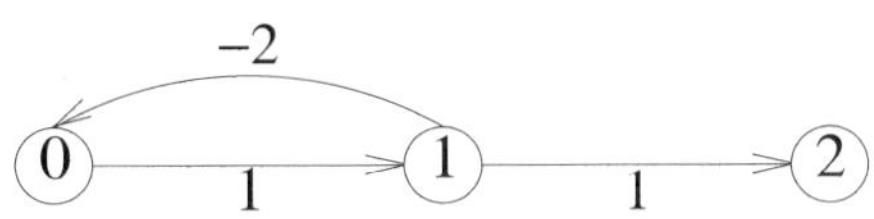

그림 6.30 음의 길이 사이클을 가진 방향 그래프

점이 동일한 다른 경로가 만들어진다. 이 경로는 사이클을 갖지 않으며, 제거된 사이클의 경로가 최소한 0이므로 원래 경로의 길이보다 크지 않은 길이를 갖게 된다. 사이클이 없는 최단 경로의 최대 간선 수에 대한 이러한 사실에서 그래프의 하나의 시발점에서 다른 모든 종점까지의 최단 경로를 결정하는 알고리즘을 구할 수 있다. 함수 *ShortestPath*(프로그램 6.8)의 경우처럼 시발점 v로부터 u까지의 최단 경로의 길이 $dist[u]$만을 계산하기로 한다. 최단 경로를 실제로 구축하기 위한 확장은 연습문제에서 다루겠다.

최단 경로가 최대 l개의 간선을 포함한다고 제약할 때, 시발점 v에서 정점 u까지의 최단 경로의 길이를 $distl[u]$라 하자. 그러면 $dist^l[u] = length[v][u] (0 \le u < n)$가 된다. 앞에서 기술한 대로, 음의 길이의 사이클이 존재하지 않으면 최단 경로에 대한 탐색을 최대 $n-1$개의 간선을 갖는 경로로 제한할 수 있다. 그러므로 $dist^{n-1}[u]$가 v에서 u까지의 제한되지 않은 최단 경로의 길이가 된다.

여기서의 목표는 모든 u에 대해 $dist^{n-1}[u]$를 구하는 것이다. 이것은 동적 프로그래밍 기법을 이용하여 달성할 수 있다. 먼저 다음과 같은 사실을 확인하자.

(1) 최대 $k(k > l)$개의 간선을 포함할 수 있는 v에서 u까지의 최단 경로가 $k-1$개 이하의 간선을 포함하고 있다면, $dist^k[u] = dist^{k-1}[u]$이다.

(2) 최대 $k(k > l)$개의 간선을 포함할 수 있는 v에서 u까지의 최단 경로가 정확히 k개의 간선을 포함하고 있다면, 이 경로는 v에서 어떤 정점 j까지의 최단 경로와 간선 $<j,u>$로 구성된다. v에서 j까지의 최단 경로는 $k-1$개의 간선을 포함하고 그 길이는 $dist^{k-1}[j]$가 된다. 여기서 그래프에 있는 간선 $<i,u>$와 같은 모든 정점 i는 j의 후보가 된다. 최단 경로를 구하는 관점에서 보면, $dist^{k-1}[i] + length[i][u]$의 값을 최소화하는 i가 j로 되어야 한다.

이러한 사실로부터 $dist$를 다음과 같은 식으로 표현할 수 있다.

$$dist^k[u] = \min\{dist^{k-1}[u], \min_i \{dist^{k-1}[i] + length[i][u]\}\}$$

이 식은 $dist^{k-1}$으로부터 $dist^k(k = 2, 3, ..., n-1)$를 계산하기 위해 사용할 수 있다.

예제 6.6: 그림 6.31은 일곱 개의 정점으로 된 그래프와 배열 $dist^k(k = 1, ..., 6)$를 보여 주고 있다. 이 배열은 위의 식을 이용하여 계산된 것이다. □

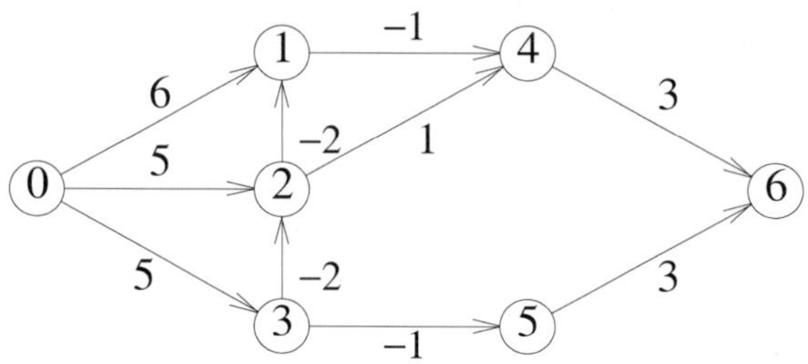

(a) 방향 그래프

k	$dist^k[7]$						
k	0	1	2	3	4	5	6
1	0	6	5	5	∞	∞	∞
2	0	3	3	5	5	4	∞
3	0	1	3	5	2	4	7
4	0	1	3	5	0	4	5
5	0	1	3	5	0	4	3
6	0	1	3	5	0	4	3

(b) $dist^k$

그림 6.31 음의 길이 간선을 가진 최단 경로

연습문제에서 $dist^k[u](k = 1, ..., n-1)$에 대해 같은 메모리 주소 $dist[u]$를 사용하면 $dist[u]$의 최종 값은 여전히 $dist^{n-1}[u]$가 된다는 것을 증명한다. 이 사실과 위의 $dist$를 위한 식을 사용해서, 정점 v에서 그래프의 다른 모든 정점까지의 최단 경로의 길이를 계산하는 프로그램 6.9의 알고리즘을 만들 수 있다. 이 알고리즘을 Bellman과 Ford 알고리즘이라고 한다.

```
1 void MatrixWDigraph::BellmanFord(const int n, const int v)
2 {// 음의 간선 길이가 허용된 단일 시발점/모든 종점까지의 최단 경로를 결정한다.
3    for (int i = 0; i < n; i++) dist[i] = length[v][i]; // dist를 초기화

4    for (int k = 2; k <= n-1; k++)
5       for (each u such that u != v and u has at least one incoming edge)
6          for (each <i, u> in the graph)
7             if (dist[u] > dist[i] + length[i][u]) dist[u] = dist[i] + length[i][u];
8 }
```

프로그램 6.9: 최단 경로를 계산하는 Bellman과 Ford 알고리즘

***BellmanFord*의 분석:** 4번에서부터 7번까지 행의 **for** 루프의 각 반복에는 인접 행렬을 사용할 경우 $O(n^2)$ 시간이, 인접 리스트를 사용할 경우 $O(e)$ 시간이 소요된다. 전체 복잡도는 인접 행렬의 경우

$O(n^3)$, 인접 리스트의 경우 $O(ne)$가 된다. 이 최단 경로 알고리즘의 복잡도는 4번에서부터 7번까지 행의 **for** 루프가 한 번 반복할 때 *dist*의 어떤 값도 변하지 않으면 이후의 반복에서도 변하지 않는다는 사실을 이용하여 감소시킬 수 있다. 그러므로 이 루프는 $n-1$번 반복한 뒤에, 또는 *dist* 값이 변하지 않은 첫 번째 반복 후에 종료하도록 다시 작성될 수 있다. 또 다른 방법은 **for** 루프의 이전 반복에서 *dist* 값이 변경된 정점 *i*의 큐를 유지하는 것이다. 다음 반복의 6번 행에서는 이 *i* 값들만 고려하면 된다. 이러한 값의 큐를 유지할 경우, 각 반복에서 정점 *i*를 제거하고 *i*에 인접한 모든 정점의 *dist* 값을 7번 행에서처럼 갱신하도록 4번에서부터 7번까지 행의 루프를 재작성할 수 있다. 이 결과 *dist* 값이 감소된 정점들은 이미 큐에 들어가 있지 않은 경우 큐의 끝에 추가된다. 루프는 큐가 공백이 될 때 종료한다. □

6.4.3 모든 쌍의 최단 경로

모든 쌍의 최단 경로 문제(all-pairs shortest-path problem)는 $u \neq v$인 모든 정점의 쌍 *u*와 *v* 사이의 최단 경로를 구하는 것이다. 이 문제는 *G*의 *n*개 정점을 시발점으로 하여 *n*개의 단일 시발점/모든 종점 문제로서 해결할 수도 있다. 비음수 간선으로 된 그래프에 대해 이 방법을 적용할 경우, 전체 시간은 $O(n^3)$[또는 피보나치 히프를 사용하면 $O(n^2\log n + ne)$]이 된다. 음의 간선을 갖는 그래프의 경우 수행 시간은 인접 행렬을 사용하면 $O(n^4)$, 인접 리스트를 사용하면 $O(n^2e)$가 된다.

동적 프로그래밍 기법을 사용하면 개념적으로 더욱 단순하면서 복잡도가 $O(n^3)$이고 *G*가 음의 길이 간선을 갖는 경우에도 동작하는 알고리즘을 얻을 수 있다. Bellman과 Ford 알고리즘에서처럼, 이 알고리즘도 *G*에는 음의 길이를 가진 사이클이 없다는 것을 가정한다. 이 알고리즘은 그래프가 어떤 적당한 상수 *c*에 대해 최소한 $c*n$개의 간선을 가지고 있는 한, 음의 간선을 가진 그래프에 대해 더 빠르다. 비음수 길이 간선을 갖는 밀집 그래프에 대해 관찰된 실행 시간은 더욱 빠르다. 그러나 비음수 길이 간선을 갖는 희소 그래프의 경우는 단일 시발점 알고리즘과 피보나치 히프를 사용하여 모든 쌍의 최단 경로 문제를 푸는 것이 빠르다.

그래프 *G*는 함수 *ShortestPath*(프로그램 6.8)에 대해 기술한 것과 같이 길이 인접 행렬로 표현된다. $A^k[i][j]$를 *k*보다 큰 인덱스를 가진 정점을 중간 정점으로 통과하지 않는 *i*에서 *j*까지의 최단 경로 길이라 정의하자. 그러면 *G*의 어떤 정점도 $n-1$보다 큰 인덱스를 갖지 않으므로 *i*에서 *j*로의 최단 경로의 길이는 $A^{n-1}[i][j]$가 된다. 또한 $A^{-1}[i][j] = length[i][j]$인데 왜냐하면 이 경로는 중간 정점이 없는 것을 표현하는데, (i, j) 간선만이 중간 정점들이 없기 때문이다.

모든 쌍의 알고리즘의 기본 착상은 연속적으로 행렬 $A^{-1}, A^0, A^1, A^2, ..., A^{n-1}$을 생성하는 것이다. 그래서 A^{k-1}을 이미 생성하였다면 임의의 정점 쌍 i, j에 대하여 다음의 두 규칙을 적용하여 A^k를 생성할 수 있다.

(1) 인덱스가 *k*보다 큰 정점을 통과하지 않는 *i*에서 *j*까지의 최단 경로가 인덱스가 *k*인 정점을 통과하지 않으면 그 길이는 $A^{k-1}[i][j]$가 된다.

(2) 최단 경로가 정점 *k*를 통과한다고 하면 경로는 *i*에서 *k*까지의 경로와 *k*에서 *j*까지의 경로로 구성된다. 이러한 *i*에서 *k*까지, 또 *k*에서 *j*까지의 부분 경로 둘 다 $k-1$보다 큰 인덱스를 가진 정점을 통과하지 않는다. 그러므로 이 경로들의 길이는 $A^{k-1}[i][k]$와 $A^{k-1}[k][j]$가 된다.

이 규칙들로부터 $A^k[i][j]$에 대해 다음과 같은 식이 만들어진다.

$$A^k[i][j] = \min\{A^{k-1}[i][j], A^{k-1}[i][k] + A^{k-1}[k][j]\}, k \geq 0$$
$$A^{-1}[i][j] = length[i][j]$$

함수 *AllLengths*(프로그램 6.10)는 $A^{n-1}[i][j]$를 계산한다. 이 계산은 여러 개의 배열을 사용하지 않고 배열 *a* 내에서 바로 이루어진다. 이러한 계산이 가능한 이유는 $A^k[i][k] = A^{k-1}[i][k]$이고 또 $A^k[k][j] = A^{k-1}[k][j]$이므로 이 배열 위에서 바로 계산해도 결과에 아무런 변경을 주지 않기 때문이다.

```
void MatrixWDigraph::AllLengths(const int n)
{// length[n][n]은 n개의 정점을 가진 인접 행렬이다.
 // a[i][j]는 i와 j 사이의 최단 경로 길이이다.
  for (int i = 0; i < n; i++)
      for (int j = 0; j < n; j++)
         a[i][j] = length[i][j];      // length의 값을 a로 복사
  for (int k = 0; k < n; k++)        // 제일 큰 정점 인덱스 k를 가진 경로에 대해
      for (i = 0; i < n; i++)         // 모든 가능한 정점 쌍에 대해
         for (int j = 0; j < n; j++)
            if ((a[i][k] + a[k][j]) < a[i][j]) a[i][j] = a[i][k] + a[k][j];
}
```

프로그램 6.10: 모든 쌍의 최단 경로

***AllLengths*의 분석:** 이 알고리즘은 루프 부분이 행렬 *a*의 데이타와는 독립적이기 때문에 분석이 아주 용이하다. 함수 *AllLengths*의 전체 시간은 $O(n^3)$이다. 이러한 길이의 (i, j) 경로들을 생성하기 위해 필요한 함수 확장은 연습문제에 나와 있다. $a[i][k]$가 *LARGE*보다 작을 때만 제일 안쪽의 **for** 루프가 수행된다는 사실을 이용하면 알고리즘의 속도를 더 개선할 수 있다. □

예제 6.7: 그림 6.32(a)의 방향 그래프에 대한 초기 행렬 A^{-1}과 세 번 반복 후의 행렬 A^0, A^1, A^2의 행렬 값이 그림 6.32에 같이 나와 있다. □

6.4.4 이행적 폐쇄

모든 쌍에 대한 최단 경로 문제와 밀접하게 관련된 또 다른 문제를 소개하고 이 절을 끝맺겠다. 가중치가 부여되지 않은 간선으로 된 방향 그래프 *G*를 가정하자. *i*와 *j*의 모든 값에 대해 *i*부터 *j*까지의 경로가 존재하는 지 결정해야 한다고 하자. 여기서 두 가지 경우를 생각할 수 있는데 하나는 양의 경로 길이가 되어야 하는 이행적 폐쇄(transitive closure)이고 다른 하나는 음이 아닌 경로 길이만을 요구하는 반사 이행적 폐쇄(reflexive transitive closure)이다. 이들은 다음과 같이 정의할 수 있다.

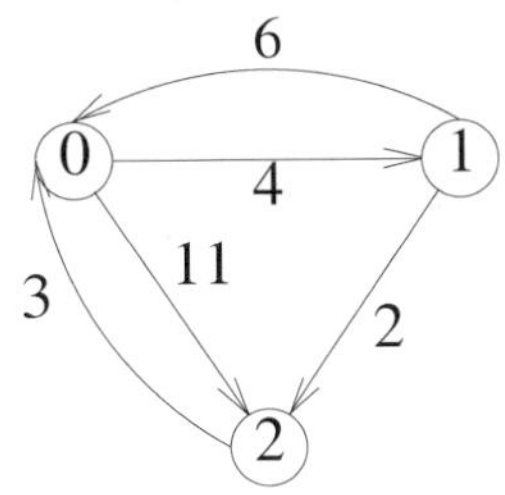

(a) 방향 그래프

A^{-1}	0	1	2
0	0	4	11
1	6	0	2
2	3	∞	0

(b) A^{-1}

A^{0}	0	1	2
0	0	4	11
1	6	0	2
2	3	7	0

(c) A^{0}

A^{1}	0	1	2
0	0	4	6
1	6	0	2
2	3	7	0

(d) A^{1}

A^{2}	0	1	2
0	0	4	6
1	5	0	2
2	3	7	0

(e) A^{2}

그림 6.32 모든 쌍의 최단 경로 문제의 예

정의: 방향그래프 G에서 A^+로 표기되는 이행적 폐쇄 행렬은 i에서 j까지의 경로 길이가 0보다 클 때 $A^+[i][j] = 1$이 되는 행렬이다. 그렇지 않으면 $A^+[i][j] = 0$이다. □

정의: 방향 그래프 G에서 A^*로 표기되는 반사 이행적 폐쇄 행렬은 i에서 j까지의 경로 길이가 0이거나 0보다 클 때 $A^*[i][j] = 1$이 되는 행렬이다. 그렇지 않으면 $A^*[i][j] = 0$이다. □

그림 6.33은 방향 그래프에 대한 A^+와 A^*를 보여 주고 있다. 분명히 A^+와 A^*는 대각선에서만 다르다. 그래서 정점 i를 포함하는 1보다 큰 길이의 사이클이 있기만 하면 $A^+[i][i] = 1$인 반면 $A^*[i][i]$는 i에서 i까지의 길이가 0인 경로가 항상 존재하므로 무조건 1이 된다.

A^+를 계산하기 위하여 함수 *AllLengths*(프로그램 6.10)를 이용한다. 간선 $\langle i, j\rangle$가 G에 속하면 $length[i][j] = 1$로 하고 속하지 않으면 $length[i][j] = LARGE$로 한다. *AllLengths*가 종료하면 $a[i][j] < LARGE$인 경우 $A^+[i][j] = 1$로 만들어 최종 행렬 a로부터 A^+를 구할 수 있다. A^*는 A^+의 대각선에 있는 원소를 모두 1로 설정하면 된다. 전체 시간은 $O(n^3)$이다.

함수 *AllLengths*를 약간 수정하면 알고리즘을 단순화할 수 있다. 이 경우 배열 *length*와 *a*를 **bool** 타입으로 만든다. 초기에 $\langle i, j\rangle$가 G의 간선이면 $length[i][j] =$ **true**로 한다. 즉 *length*는 그래프에 대한 인접 행렬이 된다. *AllLengths*의 10번 행을

$a[i][j] = a[i][j] \,||\, a[i][k]\ \&\&\ a[k][j]$

(a) 방향 그래프 G

	0	1	2	3	4
0	0	1	0	0	0
1	0	0	1	0	0
2	0	0	0	1	0
3	0	0	0	0	1
4	0	0	1	0	0

(b) 인접 행렬 A

	0	1	2	3	4
0	0	1	1	1	1
1	0	0	1	1	1
2	0	0	1	1	1
3	0	0	1	1	1
4	0	0	1	1	1

(c) A^+

	0	1	2	3	4
0	1	1	1	1	1
1	0	1	1	1	1
2	0	0	1	1	1
3	0	0	1	1	1
4	0	0	1	1	1

(d) A^*

그림 6.33 그래프 G와 인접 행렬 A, A^+, A^*

로 대체한다. *AllLengths*가 종료되면 최종 행렬 a는 A^+가 된다.

무방향 그래프 G의 이행적 폐쇄 행렬은 연결 요소로부터 쉽게 구할 수 있다. 연결 요소의 정의에 따르면, 요소의 모든 정점 쌍 사이에 경로가 존재하며, G의 상이한 요소에 속한 두 정점 사이에는 경로가 존재하지 않는다. 그러므로 A가 무방향 그래프(즉 A가 대칭)의 인접 행렬이라면 이행적 폐쇄 행렬 A^+는 먼저 그래프의 연결 요소를 결정함으로써 $O(n^2)$ 시간에 결정될 수 있다. 정점 i에서 j까지의 경로가 있기만 하면 $A^+[i][j] = 1$이 된다. 같은 요소에 속한 모든 상이한 정점들의 쌍에 대하여 $A^+[i][j] = 1$이 된다. 대각선의 경우는 i를 포함하고 있는 요소가 최소한 두 개의 정점을 가지고 있기만 하면 $A^+[i][i] = 1$이 된다.

연습문제

1. T를 루트가 v인 트리라고 하자. T의 간선들은 무방향이다. T의 각 간선은 비음수 길이를 가지고 있다. v에서 T의 나머지 정점들까지 최단 경로의 길이를 구하는 C++ 함수를 작성하라. n을 T의 정점 수라 할 때, 알고리즘의 복잡도는 $O(n)$이 되어야 한다. 이 사실을 증명하라.
2. G를 n개의 정점으로 된 사이클이 없는 방향 그래프라 하자. 모든 간선이 $<i, j>$(여기서 $i < j$)의 형태가 되도록 각 정점에 대해 0에서 $n-1$까지의 번호를 부여했다고 하자. 그래프는 인접 리스트의 집합 형태로 되어 있으며 각 간선에는 길이(음수 가능)가 부여되어 있다고 하자. 정점 0에서 다른 모든 정점들까지 최단 경로의 길이를 구하는 C++ 함수를 작성하라. e가 그래프의 간선

수일 때, 알고리즘의 복잡도는 $O(n + e)$가 되어야 한다. 이 사실을 증명하라.

3. (a) 앞의 연습문제를 반복하라. 단 최단 경로 대신 최장 경로의 길이를 구하라.
   (b) 정점 0에서 나머지 모든 정점들까지 최장 경로를 결정할 수 있도록 (a)의 알고리즘을 확장하라.
4. 함수 *ShortestPath*(프로그램 6.8)에서 적절한 *LARGE* 값은 무엇인가? 이것을 최대 간선 길이 *maxL*과 정점 수 n의 함수로 제시하라.
5. *ShortestPath* 알고리즘(프로그램 6.8)의 아이디어를 이용하여 최악의 경우 $O(n^2)$ 시간에 최소 비용 신장 트리를 찾는 C++ 함수를 작성하라.
6. *ShortestPath*(프로그램 6.8) 함수를 이용하여 그림 6.34의 방향 그래프에서 정점 0에서 다른 모든 정점까지의 최단 경로 길이를 비감소 순으로 구하라.

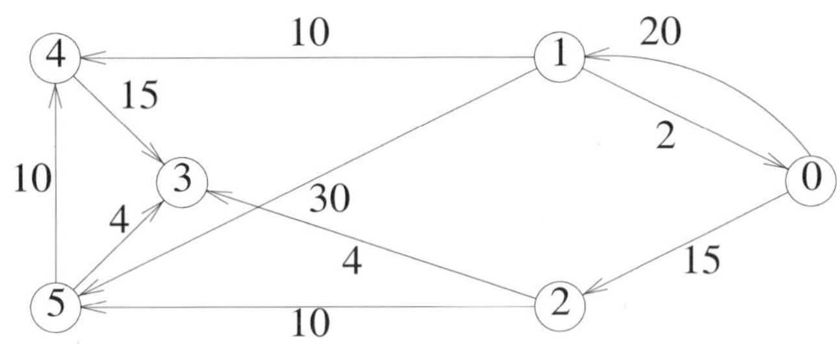

그림 6.34 방향 그래프

7. 다음과 같은 가정하에 *ShortestPath*(프로그램 6.8)를 재작성하라.
   (a) G는 인접 리스트로 표현된다. 각 리스트의 노드는 *vertex*, *length*, *link* 필드를 갖는다. *length*는 해당 간선의 길이를 나타내고 n은 그래프 G의 정점 수이다.
   (b) S(최단 경로가 이미 확정된 정점의 집합) 대신 연결 리스트로 표현되는 집합 $T = V(G)-S$를 사용한다.

   새로운 함수의 계산 시간은 *ShortestPath*에 비해 어떠한가?
8. *ShortestPath*(프로그램 6.8)가 각 최단 경로의 길이는 물론 최단 경로도 출력할 수 있도록 재작성하라. 수정한 함수의 연산 시간은 어떻게 되는가?
9. 그림 6.35의 방향 그래프를 사용하면 왜 *ShortestPath*가 적절히 동작하지 않겠는지 그 이유를 설명하라. 정점 0과 6 사이의 최단 경로는 무엇인가?
10. 함수 *BellmanFord*(프로그램 6.9)의 정확성을 증명하라. 이 함수가 $dist^k$의 반복적 계산을 제대로 구현하고 있지 않음에 유의하라. 사실상 $k < n-1$일 때, 4번에서 7번까지 행의 **for** 루프가 k번 반복한 뒤의 *dist* 값이 $dist^k$가 아닐 수 있다는 것에 유의하라.
11. *BellmanFord* 함수를 C++ 함수로 구현하라. 그래프는 각 노드에 간선의 길이를 나타내는 필드 *length*를 추가로 가지고 있는 인접 리스트로 표현되어 있다고 가정하라. 이 결과, 길이 인접 행

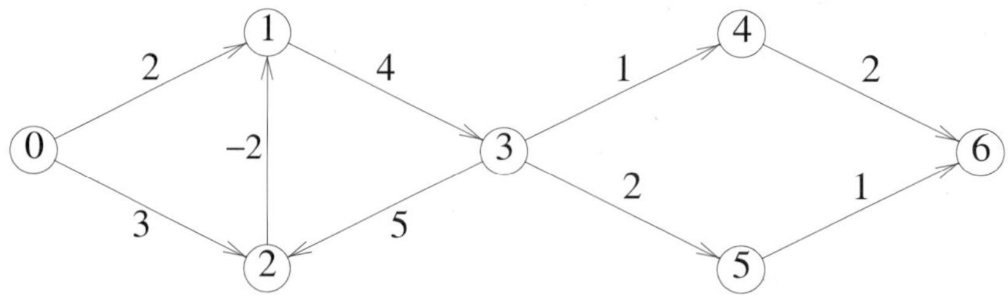

그림 6.35 *ShortestPath*가 적절히 실행되지 않는 방향 그래프

렬은 없게 된다. 몇 개의 테스트 그래프를 생성하여 함수의 정확성을 검사해 보라.

12. *BellmanFord* 함수를 4번에서 7번까지 행의 루프가 $n-1$번 반복한 뒤거나 *dist*의 값에 변화가 없는 첫 번째 반복 후에 종료하도록 재작성하라.
13. *BellmanFord* 함수를 4번에서 7번까지 행의 루프를 다른 *dist* 정점들을 감소시킬 수 있는 정점들의 큐를 사용하는 코드로 대체하여 재작성하라. 초기에 이 큐는 시발 정점 v에 인접한 모든 정점들을 포함한다. 새로운 루프의 각 반복 단계에서 정점 i는 큐에서 삭제되고(큐가 공백이 아닌 한), i에 인접한 정점들에 대한 *dist* 값은 프로그램 6.9의 7번 행에서처럼 갱신된다. 이 때문에 정점의 *dist* 값이 감소되면 이것이 큐에 이미 들어 있지 않는 한 큐에 삽입된다.
    (a) 새로운 함수가 원래의 함수와 동일한 결과를 생성함을 증명하라.
    (b) 새로운 함수의 복잡도가 원래의 함수의 것보다 크지 않음을 보이라.
14. 앞의 두 연습문제의 *BellmanFord* 함수와 프로그램 6.9의 실행 시간 성능을 비교하라. 이를 위해 이 세 함수의 상대적 성능을 보여 줄 수 있는 테스트 그래프들을 생성하라.
15. *BellmanFord* 함수를 수정하여 각 최단 경로의 길이는 물론 최단 경로도 출력할 수 있도록 재작성하라. 이 함수의 계산 시간은 무엇인가?
16. 함수 *AllLengths*(프로그램 6.10)에 적절한 *LARGE* 값은 무엇인가? 이것을 최대 간선 길이 *maxL*과 정점 수 n의 함수로 제시하라.
17. *AllLengths* 함수(프로그램 6.10)를 수정하여 모든 정점 쌍에 대한 최단 경로를 구할 수 있도록 하라. 새로운 함수의 계산 시간도 구하라.
18. *AllLengths* 함수를 사용하여 그림 6.34의 그래프에 있는 모든 정점의 쌍 사이의 최단 경로의 길이를 구하라. *AllLengths*가 올바른 결과를 만들어 내는가? 그 이유는 무엇인가?
19. n개의 정점으로 된 완전 그래프에서 두 정점 간의 단순 경로의 최대 수가 $O((n-1)!)$ 임을 증명하라.
20. $A^+ = A^* - A$임을 증명하라. 단 행렬 곱셈은 다음과 같이 정의된다.

$$a^+_{ij} = \vee_{k=1}^{n} a_{ik}{}^* \wedge a_{kj}$$

    ∨는 논리 **or** 연산이고, ∧는 논리 **and** 연산이다.
21. 그림 6.16의 방향 그래프에 대한 행렬 A^+와 A^*를 구하라.

22. 방향 그래프의 이행적 폐쇄를 계산하기 위해 *AllLengths*(프로그램 6.10)가 사용될 때 적절한 *LARGE* 값은 무엇인가? 이것을 정점 수 n의 함수로 제시하라.

6.5 작업 네트워크

6.5.1 AOV 네트워크

아주 간단한 것만 제외하고 모든 프로젝트는 작업(activity)이라고 하는 여러 개의 부분 프로젝트들로 나누어 수행될 수 있다. 이 경우에 각각의 작업이 모두 완료되어야만 전체 프로젝트가 성공적으로 완료된다. 예를 들어 컴퓨터 과학에서 학위를 취득하려는 학생은 여러 개의 과목을 성공적으로 이수해야만 한다. 이러한 경우에 프로젝트는 전공 수료가 되고 작업은 이수해야 할 과목이 된다. 그림 6.36은 가상의 대학에서 컴퓨터 과학 전공에 필요한 과목들을 나열하고 있다. 이들 과목 중 일부는 자유롭게 수강할 수 있고 일부는 선수과목을 필요로 한다. 자료 구조 과목은 특정 프로그래밍과 수학 과목을 수강 완료하기 전에는 시작할 수 없다. 그러므로 선수과목은 과목들 간의 선행 관계를 정의하게 된다. 정점은 과목을, 방향을 가진 간선은 선행 관계를 나타내도록 방향 그래프를 사용하면 이러한 관계를 명확하게 표현할 수 있다.

정의: 정점이 작업을 나타내고 간선이 작업 간의 선행 관계를 나타내는 방향 그래프 G를 AOV 네트워크(activity-on-vertex network)라 한다. □

그림 6.36(b)는 그림 6.36(a)의 과목들에 대한 AOV 네트워크이다. 간선 $<i, j>$는 과목 i가 과목 j에 선수과목이라는 것을 나타낸다.

정의: AOV 네트워크 G 상에서 정점 i로부터 정점 j로의 방향 경로가 존재하면 정점 i를 정점 j의 선행자(predecessor)라 한다. 그래프 G에 간선 $<i, j>$가 존재하면 정점 i를 정점 j의 직속 선행자(immediate predecessor)라 한다. i가 j의 선행자라면 j는 i의 후속자(successor)이다. i가 j의 직속 선행자라면 j는 i의 직속 후속자(immediate successor)이다. □

C3과 C6은 C7의 직속 선행자이고, C9, C10, C12, C13은 C7의 직속 후속자이다. C14는 C3의 후속자이지만 직속 후속자는 아니다.

정의: 모든 세 쌍 i,j,k에 대해 $i \cdot j$이고 $j \cdot k \Rightarrow i \cdot k$가 성립하면 관계 $\cdot$는 이행적(transitive)이다. S에 속한 모든 원소 x에 대해 $x \cdot x$가 성립하지 않으면 관계 $\cdot$는 집합 S 상에서 비반사적(irreflexive)이다. 이행적이면서 비반사적인 선행 관계를 부분 순서(partial order)라 한다. □

선수 과목에 따라 정의된 선행 관계는 이행적이다. 즉 i가 j의 선수과목일 때 과목 i는 과목 j를 수강하기 전에 이수하여야 하며, j를 k 이전에 이수하여야 한다면 i도 k 이전에 이수하여야 한다. 이러한 사

과목 번호	과목명	선수과목
C1	프로그래밍 I	없음
C2	이산 수학	없음
C3	자료 구조	C1, C2
C4	수학 I	없음
C5	수학 II	C4
C6	선형 대수	C5
C7	알고리즘 분석	C3, C6
C8	어셈블리어	C3
C9	운영 체제	C7, C8
C10	프로그래밍 언어론	C7
C11	컴파일러 설계	C10
C12	인공 지능	C7
C13	계산 이론	C7
C14	병렬 알고리즘	C13
C15	수치 해석	C5

(a) 가상적인 대학에서 컴퓨터 과학 학위에 필요한 과목들

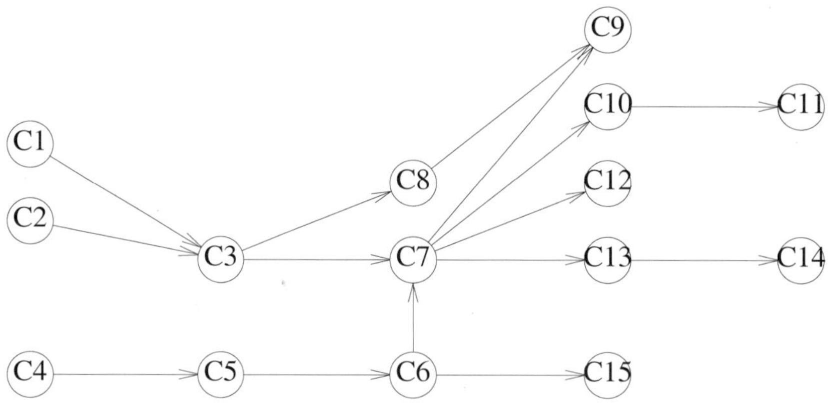

(b) 과목은 정점으로, 선수과목은 간선으로 표현한 AOV 네트워크

그림 6.36 AOV 네트워크

실은 AOV 네트워크 상에서는 명확하게 드러나지 않는다. 예를 들어 <C4,C5>와 <C5,C6>은 그림 6.36(b)의 AOV 네트워크의 간선들이지만 <C4,C6>이란 간선은 존재하지 않는다. 일반적으로 AOV 네트워크는 불완전하게 명시되며 선행 관계를 이행적으로 만들기 위해 필요한 간선들은 암시만 된다.

AOV 네트워크 간선들에 의해 정의된 선행 관계가 비반사적이 아니라면 그 자신의 선행자가 되는

작업이 존재하고 그래서 자기가 시작하기 전에 완료되어야 한다. 분명히 이것은 불가능하다. 이러한 유형의 모순이 없을 때에만 프로젝트 수행이 가능하다. AOV 네트워크가 주어졌을 때 하나의 관심사는 그 간선들에 의해 정의된 선행 관계가 비반사적인가를 결정하는 일이다. 이 문제는 주어진 네트워크가 방향 사이클을 포함하고 있는지의 여부를 결정하는 문제와 동일하다. 방향 사이클이 없는 방향 그래프를 비사이클 그래프(acyclic graph)라 한다. AOV 네트워크의 수행 가능성을 검사하는 알고리즘은 정점(작업)들의 선형 순서 $v_0, v_1, \ldots, v_{n-1}$도 생성한다. 네트워크에서 정점 i가 j의 선행자이면 이 선형 순서에서 i는 j 앞에 있게 된다. 이러한 특성을 갖는 선형 순서를 위상 순서라 한다.

정의: 위상 순서(topological order)란 임의의 두 정점 i, j에 대해 네트워크에서 i가 j의 선행자이면 선형 순서에서도 i가 j 앞에 나오는 그래프 정점의 선형 순서이다. □

그림 6.36(b)의 네트워크에 대한 위상 순서는 다양한데 다음은 그 중 두 개를 보여 주고 있다.

C1, C2, C4, C5, C3, C6, C8, C7, C10, C13, C12, C14, C15, C11, C9
C4, C5, C2, C1, C6, C3, C8, C15, C7, C9, C10, C11, C12, C13, C14

학기당 한 과목만을 수강하려는 학생은 위상 순서 순으로 과목을 수강하면 된다. AOV 네트워크가 자동차 조립 과정을 표현하고 있다면 이 작업들은 조립 라인 상에서 위상 순서로 진행되어야 한다. 작업들을 위상 순서로 정렬하는 알고리즘은 간단하다. 우선 네트워크에서 선행자가 없는 정점들을 정렬한다. 그 다음 이 정점들과 이들로부터 나오는 모든 간선들을 네트워크에서 삭제한다. 모든 정점들이 정렬되었거나, 남아 있는 정점들이 모두 선행자를 가지고 있어 어떤 정점도 제거할 수 없을 때까지 이 두 단계를 반복한다. 후자의 경우는 네트워크에 사이클이 존재하는 경우로 프로젝트의 완료가 불가능하다. 이 알고리즘은 프로그램 6.11에 더 공식적으로 기술되어 있다.

```
1 AOV 네트워크를 입력한다. n은 정점의 수이다.
2 for (int i = 0; i < n; i++) // 정점을 출력
3 {
4    if (모든 정점이 선행자를 가짐) return;
5       // 네트워크에 사이클이 있어 불가능.
6    선행자가 없는 정점 v를 선택;
7    cout << v;
8    정점 v와 v에 인접한 간선을 네트워크에서 삭제;
9 }
```

프로그램 6.11: 위상 정렬 알고리즘의 설계

예제 6.8: 그림 6.37(a)의 네트워크에서 위상 순서를 찾기 위해 위상 순서 정렬 알고리즘을 적용해 보자. 6번 행에서 제일 먼저 선택해야 할 정점은 0이다. 왜냐하면 정점 0만 선행자가 없기 때문이다. 다음

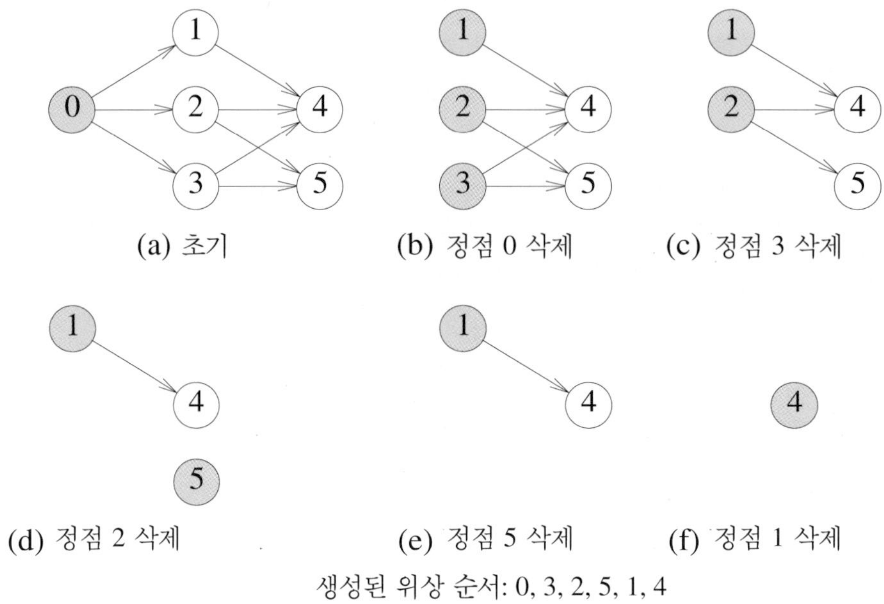

그림 6.37 AOV 네트워크에 대한 프로그램 6.11의 작동(색칠된 정점들은 삭제 후보를 표현)

에는 정점 0과 간선 <0,1>, <0,2>, <0,3>이 삭제된다. 그 결과 네트워크[그림 6.37(b)]에서는 정점 1, 2, 3이 선행자를 갖지 않게 된다. 이들 정점 중 어느 것이라도 위상 순서 상에 다음 정점으로 선택될 수 있다. 3을 선택하였다고 하자. 3과 간선 <3,5>, <3,4>를 삭제하면 그림 6.37(c)의 네트워크가 된다. 다음으로는 정점 1이나 2가 선택될 수 있다. 그림 6.37은 알고리즘의 진행 과정을 보여 주고 있다. □

컴퓨터 프로그램으로 변환이 가능한 완전한 알고리즘을 구하려면 AOV 네트워크를 표현하는 방법을 결정해야 한다. 이 표현 방법은 수행하려는 함수에 따라 선택하는 것이 바람직하다. 이 문제의 경우 필요한 함수는

(1) 임의의 정점이 선행자를 가지고 있는지를 결정하는 함수(4번 행)
(2) 하나의 정점과 그것에 부속한 간선들을 모두 삭제하는 함수(8번 행)

이다.

첫 번째 함수는 각 정점에 대한 직속 선행자의 수를 유지할 때 효율적으로 수행할 수 있다. 두 번째 함수는 네트워크를 인접 리스트로 표현하면 쉽게 실행할 수 있다. 정점 v에 부속한 간선의 삭제는 그 정점의 인접 리스트에 속한 모든 정점의 선행자 수를 감소시키면 된다. 정점의 계수가 0이 되면 그 정점을 계수가 0인 정점 리스트에 추가한다. 6번 행의 선택 과정에서는 이 리스트에서 정점 하나를 제거하면 된다.

앞의 분석에 따라 AOV 네트워크는 인접 리스트로 표현하기로 한다. 인접 표현은 데이타 멤버 *count*가 **int*** 타입이고 *count*[i]($0 \le i < n$)는 정점 i의 진입 차수로 초기화한 것으로 가정한다. 이것은 입력 시 쉽게 할 수 있다. 간선 <i, j>가 입력될 때 정점 j의 계수는 1 증가된다. 그림 6.38은 그림

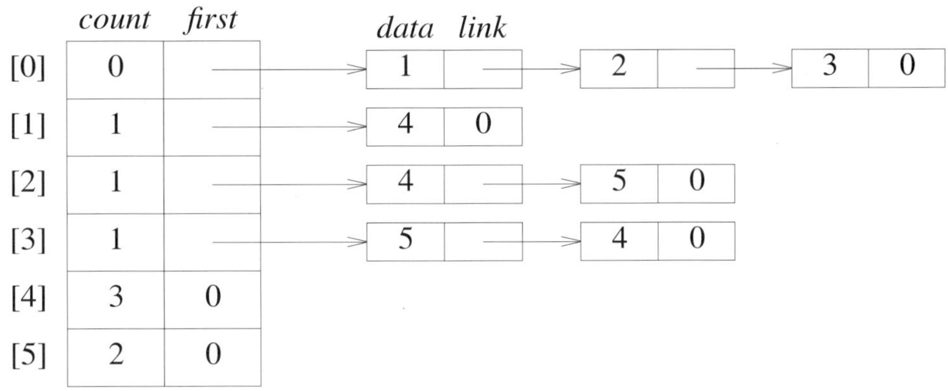

그림 6.38 위상 정렬 알고리즘에 의해 사용되는 내부 표현

6.37(a)의 네트워크를 내부적으로 표현한 것이다.

이러한 세부 사항들을 프로그램 6.11에 삽입한 것이 C++ 프로그램 *TopologicalOrder*(프로그램 6.12)이다. 계수가 0인 정점들의 리스트는 스택으로 유지한다. 물론 큐를 사용할 수도 있지만 구현하는 데는 스택이 약간 간단하다. 스택은 헤더 노드의 *count* 필드로 연결할 수 있는데, 왜냐하면 이 필드는 정점의 계수가 0이 된 뒤에는 쓸모가 없기 때문이다.

***TopologicalOrder*의 분석:** 자료 구조의 현명한 선택에 따라 이 알고리즘은 매우 효율적이다. n개의 정점과 e개의 간선을 가진 네트워크에서 4번과 5번 행의 루프는 $O(n)$ 시간이 필요하다. 6번에서 10번까지의 행은 전체 알고리즘에 대해 $O(n)$ 시간이 걸린다. 11번에서 15번까지 행의 **while** 루프는 정점 i의 진출 차수를 d_i라 할 때 $O(d_i)$ 시간이 걸린다. 이 루프는 출력되는 각 정점마다 한 번씩 적용되므로 이 부분의 전체 시간은 $O((\sum_{i=0}^{n-1} d_i) + n) = O(e + n)$가 된다. 그러므로 이 알고리즘의 점근적 계산 시간은 $O(e + n)$이다. 즉 계산 시간은 문제의 크기에 대해 선형적이다! □

```
1 void LinkedDigraph::TopologicalOrder ()
2 {// 네트워크의 n개 정점을 위상 순서로 나열한다.
3   int top = -1;
4   for (int i = 0; i < n; i++) // 선행자가 없는 정점들을 연결 스택으로
5       if (count[i] == 0) { count[i] = top; top = i;} // 생성

6   for (i = 0; i < n; i++)
7       if (top == -1) throw " Network has a cycle.";
8       int j = top; top = count[top]; // 정점을 스택에서 꺼냄
```

```
    cout << j << endl;
    Chain<int>::ChainIterator ji = adjLists[j].begin();
    while (ji) { // j의 후속자 수를 감소
        count[*ji]--;
        if (count[*ji] == 0) { count[*ji] = top; top = *ji;} // 스택에 *ji를 삽입
        ji++;
    }
}
```

프로그램 6.12: 위상 순서

6.5.2 AOE 네트워크

AOE 네트워크(activity-on-edge network)는 AOV 네트워크와 밀접한 관련을 가지고 있는 작업 네트워크이다. 이 네트워크에서 방향 간선은 프로젝트에서 수행되어야 할 작업을 나타내고 정점은 사건(event)을 나타낸다. 사건은 어떤 작업의 완료를 알린다. 정점에서 나오는 간선에 의해 표현되는 작업은 그 정점에서의 사건이 발생할 때까지 시작될 수 없다. 각 사건은 그 정점으로 들어오는 모든 작업이 완료될 때 발생한다. 그림 6.39(a)는 11개의 작업 a_1, ..., a_{11}으로 된 가상 프로젝트를 AOE 네트워크로 나타낸 것이다. 9개의 사건 0, 1, ..., 8이 있는데 사건 0과 8은 각각 '프로젝트의 시작'과 '프로젝트의 종료'라는 의미로 해석할 수 있다. 그림 6.39(b)는 9개의 사건 가운데 몇 개의 의미를 기술하고 있다. 각 작업에 부여된 숫자는 작업 수행에 필요한 작업 시간이다. 즉 작업 a_1은 6일을, 작업 a_{11}은 4일을 필요로 한다. 이 시간들은 대개 추정값이다. 프로젝트가 시작되면 a_1, a_2, a_3은 동시에 병행하여 진행할 수 있다. 그러나 a_4, a_5, a_6은 각각 사건 1, 2, 3이 발생할 때까지 시작할 수 없다. a_7과 a_8은 a_4와 a_5가 모두 끝나 사건 4가 발생할 때 수행할 수 있다. 작업들에 대한 제약 조건이 추가로 필요한 경우에는 수행 시간이 0인 모조 작업(dummy activity)을 사용할 수 있다. 예를 들어 작업 a_7과 a_8을 사건 4와 5가 모두 발생한 뒤에 시작하게 하려면 간선 <5,4>로 표현되는 모조 작업 a_{12}를 추가하면 된다.

AOE 타입의 네트워크는 다양한 유형의 프로젝트에 대한 성능 평가에 매우 유용하다는 것이 증명되었다. 이러한 평가 중에는 프로젝트 완료에 필요한 최소 시간의 결정(네트워크에 사이클이 없다고 가정), 프로젝트 기간을 단축하기 위해 속도를 내야 할 작업을 찾아 내는 일이 포함된다.

AOE 네트워크의 작업들은 병렬로 수행될 수 있기 때문에 프로젝트를 완료하는 데 필요한 최소 시간은 시작 정점에서 종료 정점까지의 최장 경로(longest path)의 길이가 된다.(경로의 길이는 경로 상에 있는 작업 시간의 합이다.) 이 최장 길이의 경로를 임계 경로(critical path)라 한다. 예를 들어 경로 0, 1, 4, 6, 8은 그림 6.39(a)의 네트워크에서의 임계 경로이다. 이 임계 경로의 길이는 18이다. 하나의 네트워크는 하나 이상의 임계 경로를 가질 수 있다(경로 0, 1, 4, 7, 8도 임계 경로이다).

사건 i가 일어날 수 있는 가장 이른 시간(earliest time)은 시작 정점 0에서 정점 i까지의 최장 경로 길이가 된다. 사건 v_4가 일어날 수 있는 가장 이른 시간은 7이다. 한 사건이 일어날 수 있는 가장 이른 시간은 그 정점에서 나오는 간선들이 표현하는 모든 작업들의 가장 이른 시작 시간(earliest start time)이 된다. 작업 a_i에 대한 이 시간을 $e(i)$로 표기하기로 한다. 예를 들어 $e(7) = e(8) = 7$이다.

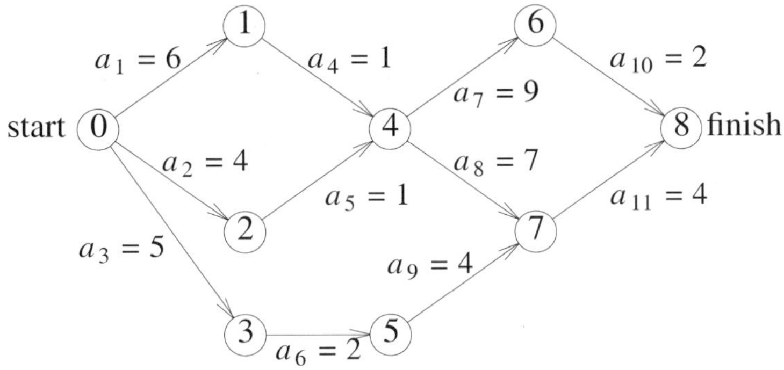

(a) 가상 프로젝트의 작업 네트워크

사건	의미
0	프로젝트의 시작
1	작업 a_1의 종료
4	작업 a_4와 a_5의 종료
7	작업 a_8과 a_9의 종료
8	프로젝트의 종료

(b) 네트워크 (a)의 몇몇 사건의 의미

그림 6.39 AOE 네트워크

작업 a_i의 가장 늦은 시간(latest time) $l(i)$는 프로젝트 기간(즉 시작에서 종료까지의 최장 경로의 길이)을 지연시키지 않으면서 가장 늦게 작업을 시작할 수 있는 시간이다. 예를 들어 그림 6.39(a)에서 $e(6) = 5$이고 $l(6) = 8$이며 $e(8) = 7$이고 $l(8) = 7$이다.

임계 작업(critical activity)이란 $e(i) = l(i)$인 작업을 말한다. $l(i)-e(i)$는 한 작업의 임계도(criticality)의 척도이다. 이 임계도는 전체 프로젝트의 완료 시간을 증가시키지 않고 한 작업을 지연 또는 감속할 수 있는 여유 시간이다. 예를 들어 작업 a_6을 감속하여 2일 더 걸리더라도 전체 프로젝트 완료 시간에는 영향을 주지 않는다. 분명히 임계 경로 상의 모든 작업들은 전략적이고, 비임계 작업들의 가속은 프로젝트 기간을 단축시키지 않을 것이다.

임계 경로 분석의 목적은 임계 작업들을 식별해 내어 가용 자원을 집중시킴으로써 프로젝트 완료 시간을 단축시킬 수 있게 하는 것이다. 하나의 임계 작업을 단축시킨다고 반드시 프로젝트 기간이 단축되지는 않는다. 그렇게 단축되기 위해서는 그 임계 작업이 모든 임계 경로 상에 있어야 한다. 그림 6.39(a)에서 작업 a_{11}은 임계 작업이지만 이 작업 시간을 4일에서 3일로 단축시켜도 완료 기간을 17일로 감소시키지 못한다. 그 이유는 또 다른 임계 경로(0, 1, 4, 6, 8)에 이 작업이 포함되어 있지 않기 때문이다. a_1을 2일로 단축시키면 임계 경로 길이는 16일로 단축된다. 임계 경로 방법은 프로젝트 성능 평가와 병목 지점 식별에 유용한 것으로 판명되었다.

AOV 네트워크에 대해서도 임계 경로 방법을 적용할 수 있다. 이때의 경로 길이는 경로 상에 있는 정점들의 작업 시간을 합한 것이 된다. 각 작업이나 정점에 대해서도 $e(i)$와 $l(i)$를 정의할 수 있을 것이다. 작업 시간은 추정값에 불과하므로 여러 완성 단계에서 보다 정확한 작업 시간을 추정할 수 있으면 프로젝트를 재평가해야 한다. 작업 시간의 이러한 변화들은 이전의 비임계 작업을 임계 작업으로 바꿀 수 있고 그 역도 가능하다.

작업 네트워크에 대한 설명을 끝내기 전에 AOE 네트워크의 모든 작업들에 대한 $e(i)$와 $l(i)$를 계산하는 알고리즘을 설계해 보자. 이 값들을 알기만 하면 임계 작업을 쉽게 식별할 수 있다. 임계 경로를 식별하기 위해서는, 단순히 모든 비임계 작업들을 AOE 네트워크에서 삭제한 후, 시작 정점에서 종료 정점까지의 모든 경로를 생성하면 된다(그러한 모든 경로는 임계 작업만을 포함하고 따라서 임계 경로이어야 하며, 또한 비임계 작업들은 임계 경로 상에 존재할 수 없기 때문에, 비임계 작업이 제거된 네트워크는 원래 네트워크에 있던 모든 임계 경로를 포함한다).

6.5.2.1 이른 작업 시간의 계산

이른 작업 시간과 늦은 작업 시간을 계산하기 위해서는, 먼저 네트워크의 모든 사건 j에 대한 가장 이른 사건 시간(earliest event time) $ee[j]$와 가장 늦은 사건 시간(latest event time) $le[j]$를 구하는 것이 가장 쉽다. 작업 a_i가 간선 $<k, l>$로 표현된다면 $e(i)$와 $l(i)$는 다음 식으로 구할 수 있다.

$$e(i) = ee[k]$$
$$l(i) = le[l] - \text{작업 } a_i\text{의 시간} \tag{6.1}$$

$ee[j]$와 $le[j]$는 전진 단계와 후진 단계의 두 단계로 계산한다. 전진 단계 동안 $ee[0] = 0$에서 출발하여 나머지 이른 시작 시간들을 다음 식으로 구한다.

$$ee[j] = \max_{i \in P(j)} \{ee[i] + <i, j>\text{의 시간}\} \tag{6.2}$$

여기서 $P(j)$는 j에 인접한(adjacent to j) 모든 정점의 집합이다. 이 계산을 위상 순서대로 수행하면 $ee[j]$ 계산 전에 j의 모든 선행자들의 이른 시작 시간이 이미 계산되어 있게 된다. 그래서 *TopologicalOrder*(프로그램 6.12)를 수정해서 정점들을 위상 순서로 반환하도록(이 순서로 출력하는 대신) 하면, 이 위상 순서와 식 (6.2)를 이른 사건 시간을 계산하는 데 사용할 수 있다. 그러나 식 (6.2)를 사용하기 위해서는 정점 집합 $P(j)$에 쉽게 접근할 수 있어야 한다. 인접 리스트 표현은 $P(j)$에 대한 쉬운 접근을 제공하지 않기 때문에, 프로그램 6.12를 보다 많이 수정해야 한다. 처음에 배열 *ee*를 0으로 초기화하고 12번 행과 13번 행 사이에 다음을 삽입한다.

$$ee[*ji] = max(ee[*ji], ee[j] + \text{duration of } <j, *ji>;$$

이 수정은 식 (6.2)를 위상 순서의 생성과 병행해서 계산하게 된다. $ee[j]$는 선행자들 중 하나의 $ee[i]$를 알게 될 때마다(즉 i가 출력 준비가 된 때) 갱신된다.

이 수정된 *TopologicalOrder* 알고리즘이 작동하는 것을 예시하기 위하여 그림 6.39(a)의 네트워크에 이것을 적용해 보자. 이 네트워크에 대한 인접 리스트가 그림 6.40(a)에 있다. 이 리스트의 노드 순서

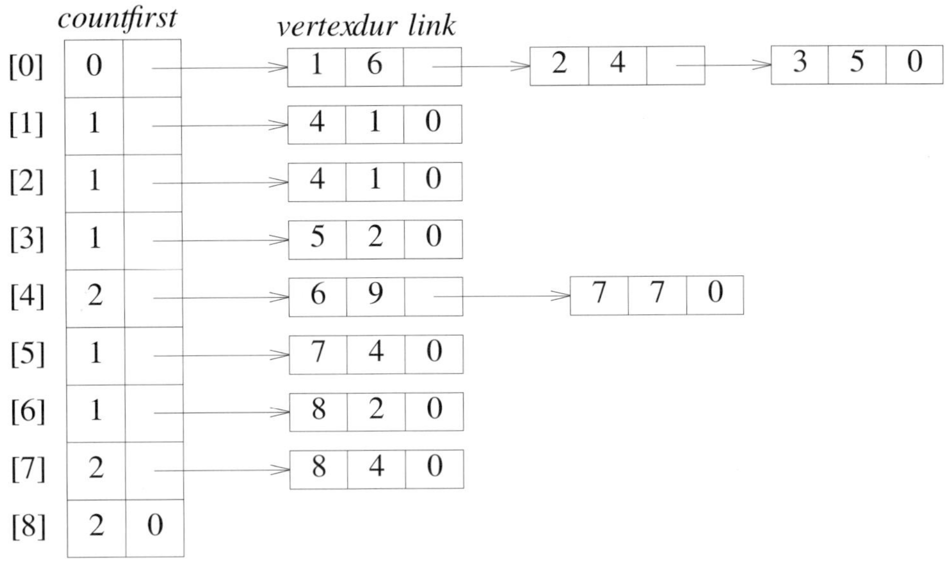

(a) 그림 6.39(a)에 대한 인접 리스트

ee	[0]	[1]	[2]	[3]	[4]	[5]	[6]	[7]	[8]	Stack
initial	0	0	0	0	0	0	0	0	0	[0]
output 0	0	6	4	5	0	0	0	0	0	[3, 2, 1]
output 3	0	6	4	5	0	7	0	0	0	[5, 2, 1]
output 5	0	6	4	5	0	7	0	11	0	[2, 1]
output 2	0	6	4	5	5	7	0	11	0	[1]
output 1	0	6	4	5	7	7	0	11	0	[4]
output 4	0	6	4	5	7	7	16	14	0	[7, 6]
output 7	0	6	4	5	7	7	16	14	18	[6]
output 6	0	6	4	5	7	7	16	14	18	[8]
output 8										

(b) *ee*의 계산

그림 6.40 수정된 *TopologicalOrder*(프로그램 6.12)를 이용한 *ee*의 계산

는 알고리즘이 처리하는 정점들의 순서가 된다. 초기에, 모든 정점들의 이른 시작 시간은 0이고 시작 정점만이 스택에 있다. 이 정점에 대한 인접 리스트가 처리될 때 0에서부터 인접한 모든 정점들의 이른 시작 시간은 갱신된다. 이제 스택에 정점 1, 2, 3이 있기 때문에 이들의 모든 선행자들이 이미 처리가 되었고, 이 세 정점에 대해 식 (6.2)도 수행이 되었다. *ee*[5]가 다음으로 결정된다. 정점 5를 처리할 때 *ee*[7]의 값은 11로 수정된다. 그러나 이것은 *ee*[7]의 최종 값이 아닌데 그 이유는 7의 모든 선행자에 대해 식 (6.2)가 수행된 것이 아니기 때문이다(v_4는 아직 조사되지 않았다). 7의 모든 선행자들을 처리하기 전에는 7을 스택에 넣을 수 없으므로 이는 문제가 되지 않는다. *ee*[4]가 다음에 5로 수정이 되고 최종적으로 7이 된다. 이 시점에서야 *ee*[4]가 결정이 되었는데 그것은 4의 모든 선행자들이 이때 검사가 완료되었기 때문이다. 다음으로 *ee*[6]과 *ee*[7]의 값을 얻는다. 최종적으로 *ee*[8]의 값이 18로 결정되는데 이것이

임계 경로의 길이이다. 어느 한 정점이 스택에 삽입되면 그것의 이른 시간은 정확히 계산을 완료하였다는 것을 쉽게 증명할 수 있다. 새로운 명령문을 삽입한 후에도 점근적인 수행 시간은 변하지 않고 계속 $O(e+n)$이 된다.

6.5.2.2 늦은 작업 시간의 계산

후진 단계에서는 전진 단계에서 사용된 것과 유사한 함수를 이용하여 $le[i]$의 값을 계산한다. 먼저 $le[n-1] = ee[n-1]$로 설정하면서 다음 식을 사용한다.

$$le[j] = \min_{i \in S(j)} \{le[i] - <j, i>\text{의 시간}\} \tag{6.3}$$

여기서 $S(j)$는 정점 j로부터 인접한(adjacent from j) 정점들의 집합, 즉 j의 직속 후속자들의 집합이 된다. $le[i]$의 초기 값은 $ee[n-1]$로 한다. 기본적으로 식 (6.3)은 $<j, i>$가 작업이고 사건 i에 대한 가장 늦은 시작 시간이 $le[i]$일 때 사건 j는 늦어도 '$le[i] - <j, i>$의 시간' 이전에 시작해야 됨을 나타낸다. 어떤 사건 j에 대해 $le[j]$를 계산하기 전에 모든 후속자 사건들(j로부터 인접한 사건들)에 대한 가장 늦은 시간을 먼저 구해야 한다. 일단 위상 순서와 프로그램 6.12의 수정된 버전으로부터 $ee[n-1]$을 얻으면, $S(j)$에 있는 정점들에 접근하는 정점 j의 인접 리스트를 사용하여 역위상 순서로 늦은 사건 시간을 계산할 수 있다. 그림 6.39(a)의 예에 대한 계산은 아래와 같다.

$le[8] = ee[8] = 18$
$le[6] = \min\{le[8] - 2\} = 16$
$le[7] = \min\{le[8] - 4\} = 14$
$le[4] = \min\{le[6] - 9, le[7] - 7\} = 7$
$le[1] = \min\{le[4] - 1\} = 6$
$le[2] = \min\{le[4] - 1\} = 6$
$le[5] = \min\{le[7] - 4\} = 10$
$le[3] = \min\{le[5] - 2\} = 8$
$le[0] = \min\{le[1] - 6, le[2] - 4, le[3] - 5\} = 0$

전진 단계의 수행이 완료되고 정점들의 위상 순서가 결정되면 식 (6.3)을 이용하여 위상 순서의 역순으로 $le[i]$의 값을 직접 계산할 수 있다. 그림 6.40(b)에서 생성된 위상 순서는 0, 3, 5, 2, 1, 4, 7, 6, 8이다. $le[i]$의 값은 8, 6, 7, 4, 1, 2, 5, 3, 0 순으로 계산할 수 있는데, 이는 한 사건의 모든 후속자가 이 순서대로 그 사건을 선행하기 때문이다. 실제로는 보통 ee와 le를 모두 계산한다. 즉 전진 단계에서 논의했던 수정된 *TopologicalOrder* 알고리즘을 이용하여 먼저 ee를 계산하고, 위상 순서의 역순으로 식 (6.3)을 이용하여 직접 le를 계산한다.

ee 값(그림 6.40)과 위의 le 값과 식 (6.1)을 사용하여 이른 시간 $e(i)$, 늦은 시간 $l(i)$, 그리고 각 작업의 임계도(slack이라고도 함)를 계산할 수 있다. 그림 6.41은 이 값들을 보여 주고 있다. 임계 작업들은 $a_1, a_4, a_7, a_8, a_{10}, a_{11}$이다. 네트워크에서 비임계 작업들을 삭제하면 그림 6.42의 방향 그래프, 즉 임계

작업	이른 시작 시간 e	가장 늦은 시간 l	임계도 $l-e$	임계성 $l-e=0$
a_1	0	0	0	Yes
a_2	0	2	2	No
a_3	0	3	3	No
a_4	6	6	0	Yes
a_5	4	6	2	No
a_6	5	8	3	No
a_7	7	7	0	Yes
a_8	7	7	0	Yes
a_9	7	10	3	No
a_{10}	16	16	0	Yes
a_{11}	14	14	0	Yes

그림 6.41 이른, 늦은 및 임계도 값

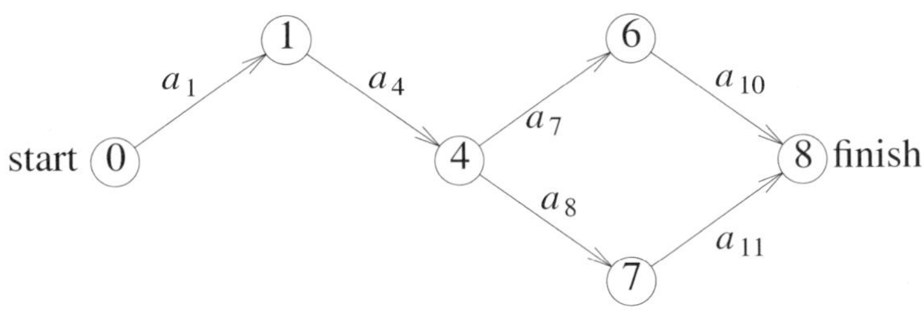

그림 6.42 모든 비임계 작업을 삭제한 후의 그래프

네트워크를 얻게 된다. 이 그래프에서 0부터 8까지의 모든 경로들은 임계 경로이고, 이 그래프의 경로가 아닌 임계 경로는 원래 네트워크에 존재하지 않는다.

작업 네트워크에 대해 마지막으로 주목할 점은 함수 *TopologicalOrder*는 네트워크에 있는 방향 사이클만 탐지한다는 것이다. 그러나 네트워크에는 시작 정점에서부터 도달할 수 없는 정점들이 포함되는 오류도 존재할 수 있다(그림 6.43). 이런 네트워크에 대해 임계 경로 분석을 수행하면 $ee[i]=0$이 되는

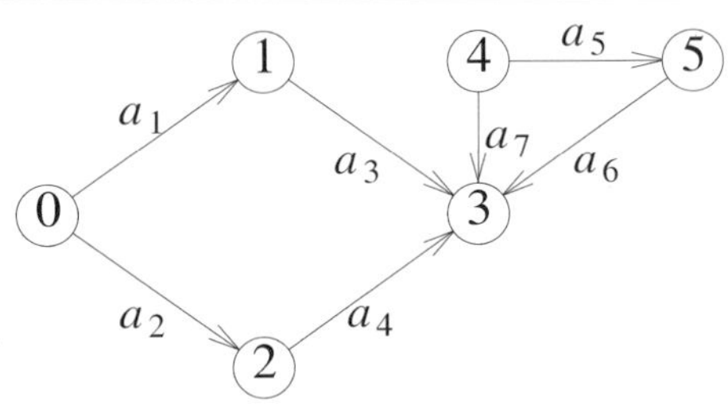

그림 6.43 도달 불가능한 작업을 가진 AOE 네트워크

정점들이 여러 개 존재하게 된다. 그러나 모든 작업 시간들은 0보다 큰 것으로 가정했으므로 시작 정점만 $ee[i] = 0$을 가질 수 있다. 그러므로 프로젝트 계획 과정에서 이런 종류의 오류를 찾아 내는 데도 임계 경로 분석을 사용할 수 있다.

연습문제

1. 다음에 주어진 선행 관계(<)의 집합이 원소 0부터 4까지의 부분 순서를 정의하는가? 그 이유는?

$$0 < 1;\ 1 < 3;\ 1 < 2;\ 2 < 3;\ 2 < 4;\ 4 < 0$$

2. (a) 그림 6.44의 *AOE* 네트워크에 대해 각 작업의 이른 시간 $e()$, 늦은 시간 $l()$ 값, 각 작업의 시작 시간을 구하라. 단 전진-후진 방법을 사용하라.
   (b) 프로젝트를 완료할 수 있는 가장 이른 시간은 언제인가?
   (c) 어떤 작업들이 임계 작업인가?
   (d) 작업의 가속이 프로젝트 완료 시간을 단축하는 단일 작업이 있는가?

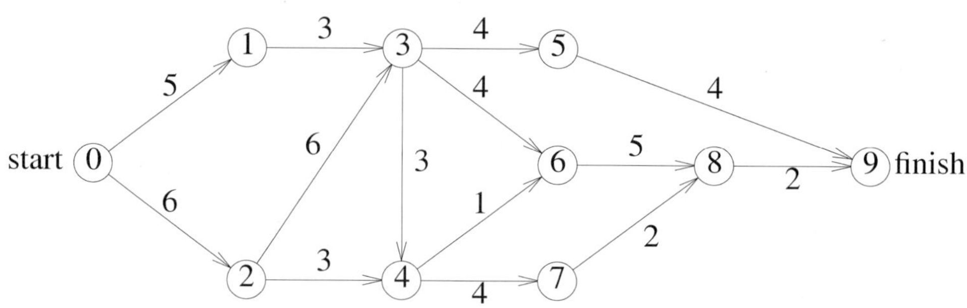

그림 6.44 AOE 네트워크

3. 모든 작업이 임계인 *AOE* 네트워크를 임계 *AOE* 네트워크라고 정의하자. 네트워크에서 모든 방향과 가중치를 제거한 무방향 그래프를 G라고 하자.
   (a) 시작 정점으로부터 종료 정점까지의 각 경로 상에 모두 포함되는 간선이 G에 존재하면 하나의 작업만을 단축시켜 프로젝트 길이를 단축시킬 수 있음을 보이라. 이러한 간선을 브리지(bridge)라고 한다. 연결 그래프에서 브리지를 삭제하면 그래프는 두 개의 연결 요소로 나누어진다.
   (b) 인접 리스트를 사용하여 연결 그래프 G가 브리지를 가지고 있는지를 결정하는 $O(n + e)$ 함수를 작성하라. G에 브리지가 존재하면, 이 함수는 그 브리지를 출력하여야 한다.
4. *AOE* 네트워크를 입력받아 다음 사항을 출력하는 C++ 프로그램을 작성하라.
   (a) 각 사건별로 가장 이른 시간과 가장 늦은 시간을 보여 주는 테이블.

(b) 각 작업별로 이른 시간과 늦은 시간을 보여주는 테이블. 이 테이블은 각 작업에 대한 임계도(slack)를 나열하고, 모든 임계 작업을 식별하여야 함(그림 6.41 참조).

(c) 임계 네트워크.

(d) 하나의 작업을 가속시켜 프로젝트 기간을 단축시킬 수 있는지의 여부. 만약 그렇다면, 얼마나 단축되는가?

5. 비사이클 방향 그래프의 정점들을 위상 순서로 반복하기 위한 반복 클래스 *TopoIterator*를 정의하라.

6.6 참고문헌

Königsberg 다리 문제에 관한 오일러의 원래 논문은 매우 흥미롭다. 이 논문은 *Scientific American*지(vol. 189, no. 1, 1953, pp. 66-70)에 "Leonhard Euler and the Königsberg bridges"란 제목으로 다시 실렸다.

이중 결합 요소 알고리즘은 Robert Tarjan이 고안하였다. 이 알고리즘과 방향 그래프의 강력 연결 요소를 발견하는 선형 시간 알고리즘이 *SIAM Journal of Computing*지(vol. 1, no. 2, 1972, pp. 146-159)에 "Depth-first search and linear graph algorithms"란 제목으로 실려 있다.

Prim의 최소 비용 신장 트리 알고리즘은 1930년에 Jarnik이 처음 제안하였고 1957년에 Prim이 재발견하였다. 이 알고리즘은 거의 Prim의 것으로 인용되어 왔으므로 Prim알고리즘이라 해도 무방한 것 같다. 마찬가지로 Sollin 알고리즘도 1926년에 Boruvka가 처음 제안하였고 몇 년 뒤에 Sollin이 재발견하였다. 최소 신장 트리 문제의 역사에 관한 흥미로운 논의는 Graham과 Hell이 *Annals of the History of Computing*지(vol. 7, no. 1, 1985, pp. 43-57)에 기고한 "On the history of the minimum spanning tree problem"에 잘 나타나 있다.

기타의 그래프 알고리즘은 다음 서적에서 찾을 수 있다. *Graphs: Theory* and *Applications,* by K. Thulasiraman and M. Swamy, Wiley Interscience, 1992.

6.7 추가 연습문제

1. 프로그램 6.13은 홀수 차수의 정점을 갖지 않는 연결 무방향 그래프에서 오일러 행로를 구하기 위한 것으로 Stephen Barnard에 의해 제안되었다.

```
virtual Path Graph::Euler(int v)
{
    Path path = { };
    for ((v에 인접한 모든 정점 w에 대해) && (간선 (v,w)는 아직 사용되지 않음)) {
        간선 (v, w)을 사용한 것으로 표시;
        path = {(v,w)} ∪ euler(w) ∪ path;
```

```
        }
        return path;
}
```

프로그램 6.13: 오일러 행로의 발견

(a) G가 인접 다중 리스트로 표현되고 *path*에 첨가하는 시간이 O(1)이 되면, 함수 *Euler*는 $O(n + e)$에 동작함을 증명하라.

(b) 이 알고리즘이 오일러 행로를 가진 모든 그래프 G에 대해 오일러 행로를 찾는다는 것을 G의 간선 수에 대한 귀납법으로 증명하라. 함수 *Euler*에 대한 초기 호출은 임의의 정점 v에서 할 수 있다.

(c) 종료 시, G가 오일러 행로를 가지고 있는지의 여부를 결정하기 위해 어떤 작업이 수행되어야 하는가?

2. 이분할 그래프(bipartite graph) $G = (V, E)$는 정점들을 두 개의 분리 집합 A와 $B = V-A$로 분할할 수 있는 무방향 그래프로 다음과 같은 특성을 가지고 있다: (1) A에 속해 있는 어떤 두 정점도 G에서 인접하지 않는다. (2) B에 속해 있는 어떤 두 정점도 G에서 인접하지 않는다. 그림 6.5의 그래프 G_4는 이분할되어 있다. V의 가능한 분할은 $A = \{0,3,4,6\}$, $B = \{1,2,5,7\}$이다. 주어진 그래프 G가 이분할 인지를 결정하는 알고리즘을 작성하라. 작성된 알고리즘은 이분할인 그래프에 대해 위에 기술한 특성 (1)과 (2)를 만족시키는 두 분리 집합 A와 B로 정점들을 삽입한 분할을 구해야 한다. G를 인접 리스트로 표현할 때, 이 알고리즘의 계산 시간이 $O(n + e)$임을 증명하라. 여기서 $n = |V|$, $e = |E|$이다.
3. 모든 트리는 이분할 그래프임을 증명하라.
4. 홀수 길이의 사이클을 갖지 않는 그래프는 이분할임을 증명하라.
5. 트리의 반지름(radius)이란 루트에서 리프까지의 최대 거리이다. 연결 무방향 그래프가 주어졌을 때, 최소 반지름을 갖는 신장 트리를 구하는 함수를 작성하라.[힌트: 너비-우선 탐색을 이용하라.] 작성된 함수의 정확성을 증명하라.
6. 트리의 지름(diameter)이란 임의의 두 정점 간의 최대 거리이다. 연결 무방향 그래프가 주어졌을 때, 최소 지름을 갖는 신장 트리를 구하는 알고리즘을 작성하라. 작성된 알고리즘의 정확성을 증명하라.
7. $G[n][n]$을 와이어링 격자라고 하자. $G[i][j] > 0$은 블록된 격자 위치를 나타내고, $G[i][j] = 0$은 블록되지 않은 위치를 나타낸다. 위치 $[a][b]$와 $[c][d]$가 블록된 위치라고 가정하자. $[a][b]$에서 $[b][c]$로의 경로는 다음과 같은 격자 위치의 순차를 나타낸다.

(a) $[a][b]$와 $[c][d]$는 각각 경로 상의 첫 번째와 마지막 위치이다.

(b) 순차의 연속적인 위치는 격자에서 수직 또는 수평적으로 인접하는 것이다.

(c) 순차의 첫 번째와 마지막을 제외한 모든 위치는 블록되지 않은 위치이다.

경로의 길이는 경로 상의 격자 위치의 수가 된다. 여기서 하고자 하는 일은 위치 $[a][b]$와 $[c][d]$

를 최단 길이의 철선으로 연결하는 것이다. 철선 경로는 이 두 정점 간의 최단 격자 경로이다. 이 작업에 대한 Lee 알고리즘은 다음 단계로 동작한다.

(a) [전진 단계] 위치 [*a*][*b*]로부터 너비-우선 탐색을 시작하라. 탐색중 블록되지 않은 위치는 [*a*][*b*]로부터의 최단 거리로 레이블을 붙인다. 기존 레이블과의 충돌을 피하기 위해 음수 레이블을 사용하라. 위치 [*c*][*d*]에 이르면 레이블 작업을 중단한다.

(b) [역추적] 철선에 대한 유일한 레이블 $w > 0$을 사용하여, [*a*][*b*]와 [*c*][*d*] 사이의 최단 경로에 레이블을 붙이기 위해 (a)의 레이블들을 사용하라. 이 작업은 [*c*][*d*]에서 시작하라.

(c) [뒷정리] 나머지 음수 레이블을 0으로 변경하라.

Lee 알고리즘의 세 단계 각각을 위한 알고리즘을 작성하라. 각 단계의 복잡도는 무엇인가?

8. 그래프를 표현하는 또 다른 방법은 부속 행렬(incidence matrix) INC를 이용하는 것이다. 이 표현에서는 그래프의 각 정점에 대해 하나의 행을, 각 간선에 대해 하나의 열을 사용한다. 간선 *j*가 정점 *i*에 부속되면 INC[*i*][*j*] = 1이 된다. 그림 6.17(a)의 그래프에 대한 부속 행렬이 그림 6.45이다.

	0	1	2	3	4	5	6	7	8	9
0	1	1	0	0	0	0	0	0	0	0
1	1	0	1	1	0	0	0	0	0	0
2	0	1	0	0	1	1	0	0	0	0
3	0	0	1	0	0	0	1	0	0	0
4	0	0	0	1	0	0	0	1	0	0
5	0	0	0	0	1	0	0	0	1	0
6	0	0	0	0	0	1	0	0	0	1
7	0	0	0	0	0	0	1	1	1	1

그림 6.45 그림 6.17(a)의 그래프에 대한 부속 행렬

그림 6.17(a)의 간선들은 좌에서 우로, 위에서 아래로 번호가 부여되었다. 부속 행렬로 표현된 그래프를 처리할 수 있도록 함수 *DFS*(프로그램 6.1)를 재작성하라.

9. ADJ가 그래프 $G = (V, E)$의 인접 행렬이고 INC가 부속 행렬이라면 어떤 조건에서 $\mathrm{ADJ} = \mathrm{INC}\times\mathrm{INC}^T - \mathrm{I}$가 성립하는가? 단 INC^T는 INC의 전치 행렬이다. I는 단위 행렬이고, 모든 행렬의 차원이 $n\times n$일 때 행렬 곱셈 $C = A\times B$는 $c_{ij} = \vee_{k=0}^{n-1} a_{ik} \wedge b_{kj}$로 정의된다. ∨는 || 연산이고, ∧는 && 연산이다.

10. 연결 그래프 *G*의 간선 중에서 그 삭제가 그래프를 분리시키는 간선 (*u*, *v*)를 브리지(bridge)라 한다. 그림 6.20의 그래프에서 간선 (0, 1), (3, 5), (7, 8), (7, 9)가 브리지이다. $O(n+e)$ 시간에 그래프 *G*에서 브리지를 찾아내는 알고리즘을 작성하라. 여기서 *n*과 *e*는 각각 정점과 간선의 수이다.[힌트: 함수 *Biconnected*(프로그램 6.5)의 아이디어를 이용하라.]

11. [**프로그래밍 과제**] 그래프를 처리하기 위한 C++ 클래스 집합을 작성하라. 이 클래스 집합은 임의의 그래프를 입출력하고, 연결 요소, 신장 트리, 최소 비용 신장 트리, 이중 연결 요소, 최단 경로 등을 결정할 수 있어야 한다. 이 클래스 집합은 최소한 그림 6.13의 클래스들을 포함해야 한다.

7장 정렬

7.1 동기

이 장에서는 리스트(list)란 용어를 하나 이상의 필드로 된 레코드의 집합이라는 의미로 사용한다. 레코드를 구별하기 위해서 사용되는 필드를 키(key)라 한다. 같은 리스트가 여러 가지 다른 응용에서 사용될 수 있기 때문에 레코드 식별을 위한 키 필드는 특정 응용에 따라 달라진다. 예를 들어 전화번호부를 리스트라 할 때, 각 레코드는 이름, 주소, 전화번호라는 세 필드를 갖는다. 이때 키는 일반적으로 사람의 이름이 된다. 그러나 주어진 전화번호에 해당되는 레코드를 찾고자 하는 경우에는 전화번호가 키가 되고, 특정 주소를 가지고 전화번호를 찾고자 할 경우에는 주소 필드도 키가 될 수 있다.

주어진 키로 레코드를 탐색하는 한 가지 방법은 레코드 리스트를 왼편에서 오른편으로 또는 오른편에서 왼편으로 검사하는 것이다. 이런 탐색을 순차 탐색(sequential search)이라 한다. 프로그램 7.1은 레코드들을 왼편에서 오른편으로 탐색하는 순차 탐색 함수를 보여 주고 있다. 여기서 관계 연산자(<, >, == 등)는 *E* 타입의 레코드와 *K* 타입의 키 *k*를 비교할 때 레코드 키를 *k*와 비교하면 될 수 있도록 다중화되었다고 가정한다.

```
template <class E, class K>
int SeqSearch (E *a, const int n, const K& k)
{// a[1:n]을 왼쪽에서 오른쪽으로 탐색한다.
 // a[i]의 키 값이 k와 같은 가장 작은 i를 반환한다. 그런 i가 없으면 0을 반환한다.
    int i;
    for (i = 1; i <= n && a[i] ! = k; i+ +);
```

```
    if (i > n) return 0;
    return i;
}
```

프로그램 7.1 : 순차 탐색

만일 $a[1:n]$ 속의 어떤 레코드도 키 값 k를 가지고 있지 않으면, 탐색은 성공하지 못한다. 프로그램 7.1은 탐색이 성공하지 못할 때 n번의 키 비교를 한다. 성공적인 탐색의 경우에 키 비교 횟수는 배열 a에서 탐색 키의 위치에 따라 다르다. 만일 모든 키들이 상이하고 $a[i]$의 키가 탐색된다면 i번의 키 비교를 하게 된다. 따라서 성공적인 탐색을 위한 평균 키 비교 횟수는 다음과 같다.

$$\left(\sum_{(1 \le i \le n)} i\right)/n = (n+1)/2$$

전화번호 탐색 시에는 이보다 훨씬 낫게 할 수가 있다. 리스트(즉 전화번호부)의 엔트리들이 사전 순서(이름 키)로 되어 있기 때문에 리스트의 아주 적은 엔트리만 검사해서 원하는 번호를 찾을 수 있다. 이원 탐색(1장 참조)은 정렬된 순차 리스트를 탐색하기 위해 잘 알려진 방법 중 하나이다. 이원 탐색은 n개의 레코드를 가진 리스트를 탐색하기 위해 단지 $O(\log n)$ 시간이 걸린다. 이것은 순차 탐색에 걸리는 $O(n)$에 비해 아주 빠른 시간이다. 그리고 순차 탐색을 정렬된 리스트에 대해 수행할 때, 함수 *SeqSearch*의 **for** 조건 부분을 $i <= n$ && $a[i] < k$로 변경할 수 있다. 이 변경과 동시에 조건 $i > n$을 $i > n \,||\, a[i]\, != k$로 변경해야 한다. 이러한 변경은 탐색이 실패할 때 프로그램 7.1의 성능을 향상시킨다.

다시 전화번호부 예제로 돌아가 보자. 순차나 이원 탐색 방법은 실제로 사람이 사용하는 탐색 방법과 대응되지 않는다. 만약에 글자 *W*로 시작하는 이름을 찾을 때 일반적으로 사람은 목록의 중간에서 시작하기보다는 목록의 끝에서부터 찾는다. 이러한 보간법(interpolation)에 의한 탐색 방법은 k를 $a[i]$와 비교하는 것으로 시작하는데, 여기서 $i = ((k - a[1].key)/(a[n].key - a[1].key)) * n$이고 $a[1].key$와 $a[n].key$는 리스트에서 가장 작은 키 값과 가장 큰 키 값이다. 보간 탐색은 리스트가 정렬되었을 때만 사용할 수 있고, 이런 탐색의 성질은 리스트에 있는 키의 분포에 달려 있다.

리스트를 반복해서 탐색할 때 리스트를 정렬된 상태로 유지하면 어떤 이점이 생기는지 알았다. 이제 정렬된 리스트의 사용이 연산을 많이 줄여 주는 다른 예제를 살펴보자. 이 예제는 데이타 내용은 같지만 두 개의 다른 출처로부터 얻어진 두 개의 레코드 리스트들을 비교하는 것이다. 예를 들어 이러한 문제는 미국 국세청(IRS)에서 고용주로부터 피고용자에게 얼마를 지급하였다는 신고서를 받고, 피고용자는 고용주로부터 얼마를 지급받았다고 신고하는 수백만 개의 신고서를 개별적으로 받는 경우에 발생한다. 이때 고용주와 피고용자에 관련된 두 개의 레코드 리스트가 생겨나고, 정보의 두 개의 집합, 즉 두 리스트 간에 모순점이 있는지를 검증할 수 있다. IRS에 도착되는 신고서는 임의 순서대로 접수되기 때문에 리스트의 레코드들 역시 임의 순서로 배열되어 있다고 가정한다. 여기서 키는 피고용자의 사회 보장 번호이다.

$l1$을 고용주 리스트, $l2$를 피고용자 리스트라 하자. $l1[i].key$와 $l2[i].key$가 각각 $l1$과 $l2$에 있는 i번째 레코드 키를 나타낸다고 하자. 검증을 위해서 다음과 같은 가정을 한다.

(1) 고용주 리스트에 있는 키와 대응되는 레코드가 피고용자 리스트에 없으면 메시지를 피고용자에게 보낸다.
(2) (1)과 반대인 경우 메시지를 고용주에게 보낸다.
(3) 같은 키를 가진 두 레코드 사이에 모순점이 없으면 이 결과에 대한 메시지를 출력한다.

함수 *Verify*1(프로그램 7.2)은 두 개의 비정렬 리스트를 직접 비교해서 검증 문제를 해결한다. 리스트의 레코드 데이타 타입은 *Element*이고, 관계 연산자는 레코드 간의 비교가 이들의 키 비교로 될 수 있도록 다중화되고, 출력 연산자(<<)도 레코드의 키들을 출력할 수 있도록 다중화되었다고 가정한다. 함수 *compare*는 만일 두 입력 레코드의 모든 필드들이 동일한 경우에 **true**를 반환한다. *Verify*1의 복잡도는 $O(mn)$이 되는데, 여기서 n과 m은 각각 고용주와 피고용자 리스트의 레코드 수이다. 반면에 두 리스트를 먼저 정렬시킨 다음 비교를 수행한다면, $O(t_{Sort}(n) + t_{Sort}(m) + n + m)$에 끝낼 수 있다. 여기서 $t_{Sort}(n)$은 n개의 레코드를 가진 리스트를 정렬하는 데 걸리는 시간이다. 앞으로 보겠지만 n개의 레코드를 $O(n\log n)$ 시간에 정렬할 수 있으므로 연산 시간은 $O(\max\{n\log n, m\log m\})$이 된다. 함수 *Verify*2(프로그램 7.3)는 이 시간에 실행된다.

```
void Verify1(Element *l1, Element *l2, const int n, const int m)
{// 길이가 n과 m인 비정렬 리스트 l1과 l2를 비교한다.
    bool *marked = new bool [m + 1];
    fill(marked + 1, marked + m + 1, false);

    for (i = 1; i <= n; i++)
    {
        int j = SeqSearch (l2, m, l1[i]);
        if (j == 0) cout << l1[i] << " not in l2 " << endl; // (1)을 만족
        else
        {
            if (!Compare(l1[i], l2[j]) // (3)을 만족
                cout << "Discrepancy in " << l1[i] << endl;
            marked[j] = true; // l2[j]를 검사한 것으로 표시
        }
    }
    for (i = 1; i <= m; i++)
        if (! marked[i]) cout << l2[i] << " not in l1. " << endl; // (2)를 만족
    delete [ ] marked ;
}
```

프로그램 7.2: 순차 탐색으로 두 리스트를 검증

```
void Verify2(Element *l1, Element *l2, const int n, const int m)
{// Verify1과 같은 작업을 수행한다. 그러나 여기서는 l1과 l2를 먼저 정렬한다.
   Sort(l1, n);  // 키를 오름차순으로 정렬
      Sort(l2, m);
   int i = 1, j = 1;
   while (( i <= n) && (j <= m))
      if (l[i] < l[j])
      {
         cout << l1[i] << " not in l2" << endl;
         i++;
      }
      else if (l[i] > l[j])
      {
         cout << l2[j] << " not in l1" << endl;
         j++;
      }
      else
      {// 키가 동일
         if (!Compare(l1[i], l2[j]))
            cout << "Discrepancy in " << l1[i] <<endl;
         i++; j++;
      }
   if (i <= n) OutputRest(l1, i, n, 1);          // l1의 레코드 i에서 n까지 출력
   else if (j <= m) OutputRest(l2, j, m, 2);     // l2의 레코드 j에서 m까지 출력
}
```

프로그램 7.3: 두 리스트의 빠른 검증

우리는 정렬의 두 가지 중요한 사용법을 보았다. (1) 탐색에서 보조로 사용하고, (2) 리스트의 엔트리를 비교하는 방법으로서 사용하는 것이다. 또한 정렬은 최적화, 그래프 이론이나 작업 스케줄링과 같은 복잡한 문제를 해결하는 응용에 사용할 수 있다. 결론적으로 정렬 문제는 계산을 공부하는 데 깊게 연관되어 있다. 그러나 불행히도 모든 응용에 최상이 되는 유일한 정렬 방법은 없다. 따라서 어떤 경우에 이 방법이 다른 방법보다 우수한지를 살펴보면서 여러 가지 정렬 방법을 공부할 것이다.

먼저 앞으로 살펴볼 문제를 공식적으로 기술해 보자. 주어진 레코드의 리스트(R_1, R_2, ..., R_n)가 있다. 각 레코드 R_i는 키 값 K_i를 갖는다. 그리고 키들 사이에는 순서 관계(<)가 있어서 두 키 값 x, y 사이에는 $x = y$, $x < y$, $x > y$의 관계가 성립된다고 가정한다. 또한 이 순서 관계(<)는 이행적(transitive)이다 (즉 세 키 값 x, y, z에서 $x < y$이고 $y < z$이면 $x < z$이다). 그러면 정렬 문제는 $K_{\sigma(i)} \le K_{\sigma(i+1)}$, $1 \le i \le$

$n-1$인 순열 σ를 찾는 문제가 된다. 원하는 순서는 $(R_{\sigma(1)}, R_{\sigma(2)}, ..., R_{\sigma(n)})$이다.

리스트는 똑 같은 키 값을 여러 개 가질 수 있으므로 순열 σ는 유일하지 않다는 것에 유의하라. 우리는 순열 σ_s를 다른 정렬된 리스트와 구별하려고 한다. 순열 σ_s가 다음과 같은 특성을 가진다고 하자.

(1) $K_{\sigma_s(i)} \le K_{\sigma(i+1)}, i \le i \le n-1$

(2) 만일 입력 리스트에서 $i < j$이고 $K_i == K_j$이면, 정렬된 리스트에서 R_i는 R_j에 선행한다.

이러한 순열 σ_s를 만드는 정렬 방법을 안정적(stable)이라고 한다.

정렬 방법은 크게 두 가지 범위로 구분한다: (1) 내부 방법(internal method)(즉 정렬할 리스트가 작아서 전체적인 정렬이 메인 메모리에서 실행될 수 있을 때 사용하는 정렬 방법)과 (2) 외부 방법(external method)(즉 큰 리스트에 사용하는 방법). 다음에 살펴볼 내부 정렬 방법은 삽입 정렬, 퀵 정렬, 합병 정렬, 히프 정렬, 기수 정렬이다. 이것들을 살펴본 뒤에 외부 정렬에 대해 기술할 것이다. 앞으로는 계속 레코드 비교를 그 키의 비교로 할 수 있게끔 관계 연산자가 다중화되었다고 가정한다.

7.2 삽입 정렬

이 방법의 가장 기본적인 단계는 새로운 레코드를 i개의 정렬된 레코드 리스트에 끼워 넣어 크기가 $i+1$인 정렬된 결과 레코드 리스트를 만드는 것이다. 함수 *Insert*(프로그램 7.4)는 이러한 삽입을 수행한다.

```
template <class T>
void Insert(const T& e, T *a, int i)
{// e를 정렬된 리스트 a[1:i]에 삽입하여
 // 결과 리스트 a[1:i + 1]도 정렬되게 한다.
 // 배열 a는 적어도 i + 2 원소를 포함할 공간을 가지고 있어야 한다.
    a[0] = e;
    while (e < a[i])
    {
        a[i + 1] = a[i];
        i--;
    }
    a[i + 1] = e;
}
```

프로그램 7.4: 정렬된 리스트로 삽입

$a[0]$을 사용함으로써 end-of-list 검사(즉 $i < 1$)를 생략할 수 있게 하여 **while** 루프를 간단하게 한다. 삽입 정렬은 순서 순차 $a[1]$에서부터 시작하여 $a[2], a[3], ..., a[n]$을 연속적으로 삽입한다. 매번 삽입의 결과가 정렬된 리스트가 되기 때문에 n개의 레코드를 가진 리스트는 $n-1$번 삽입을 함으로써 정

렬할 수 있다. 자세한 것은 함수 *InsertionSort*에 기술되어 있다(프로그램 7.5).

```
template <class T>
void InsertionSort(T *a, const int n)
{// a[1:n]을 비감소 순으로 정렬한다.
    for (int j = 2; j <= n; j++) {
        T temp = a[j];
        Insert(temp, a, j-1);
    }
}
```

프로그램 7.5: 삽입 정렬

***InsertionSort*의 분석**: *Insert(e,a,i)*는 최악의 경우 삽입 전에 $i + 1$번 비교를 해야 한다. 따라서 *Insert*의 복잡도는 $O(i)$이다. *InsertionSort*는 $i = j-1 = 1, 2, ..., n-1$일 때 *Insert*를 호출한다. 따라서 *InsertionSort*의 복잡도는 다음과 같다.

$$O(\sum_{i=1}^{n-1}(i+1)) = O(n^2)$$

*InsertionSort*의 연산 시간 추정은 입력 리스트의 상대적 무질서를 기초로 계산할 수도 있다. 만일 $R_i < \max\{R_j\}$이면 레코드 R_i는 무순서(LOO: *left* out of order)이다. 따라서 삽입 단계는 LOO인 레코드에 대해서만 수행되어야 한다. k를 LOO인 레코드 수라고 하면, 계산 시간은 $O((k + 1)n) = O(kn)$이다. *InsertionSort*에 대한 평균 시간이 $O(n^2)$라는 것도 증명할 수 있다. □

예제 7.1: $n = 5$이고 입력 키 순서가 5, 4, 3, 2, 1이라고 가정하자. 매번 삽입 단계 이후에는 다음과 같이 된다.

j	[1]	[2]	[3]	[4]	[5]
–	**5**	4	3	2	1
2	**4**	**5**	3	2	1
3	**3**	**4**	**5**	2	1
4	**2**	**3**	**4**	**5**	1
5	**1**	**2**	**3**	**4**	**5**

편의상 각 레코드의 키 필드만 표시되어 있고, 리스트의 정렬된 부분은 굵은 체로 표시되어 있다. 입력 리스트가 역순으로 되어 있기 때문에, 새로운 레코드가 정렬된 부분에 삽입될 때마다 전체 정렬된 부분이 오른쪽으로 한 자리씩 이동된다. 따라서 이 입력 순서는 삽입 정렬의 최악의 경우를 보여 주고 있다. □

예제 7.2: $n = 5$이고 입력 키 순서가 2, 3, 4, 5, 1이라고 가정하자. 각 단계를 반복하면 다음과 같이 된다.

j	[1]	[2]	[3]	[4]	[5]
–	**2**	3	4	5	1
2	**2**	**3**	4	5	1
3	**2**	**3**	**4**	5	1
4	**2**	**3**	**4**	**5**	1
5	**1**	**2**	**3**	**4**	**5**

이 예에서는 레코드 5만 LOO이다. 그래서 $j = 2, 3, 4$에 대한 시간은 O(1)이며, $j = 5$일 때는 $O(n)$이 된다. □

*InsertionSort*가 안정적이라는 것은 분명하다. 계산 시간이 $O(kn)$이기 때문에 이 방법은 아주 소수의 레코드($k << n$)만 LOO인 경우에 바람직한 알고리즘이다. 이 방법의 단순성 때문에 작은 n(예를 들어 $n \le 30$)에 대해 가장 빠른 정렬 방법이 된다.

변형

1. **이원 삽입 정렬:** *Insert*(프로그램 7.4)에서 사용된 순차 탐색 기법 대신 이원 탐색을 사용하면 삽입 정렬에서 수행하는 비교 횟수를 줄일 수 있다. 레코드 이동 횟수는 변하지 않는다.
2. **연결 삽입 정렬:** 리스트의 원소들을 배열이 아니라 연결 리스트로 표현한다. 링크 필드만 조정하면 되기 때문에 레코드 이동 횟수가 0이 된다. 그러나 *Insert*에서 사용한 순차 탐색은 그대로 사용해야 한다.

연습문제

1. *InsertionSort*(프로그램 7.5)의 **for** 루프의 매 반복 끝에서 리스트 (12, 2, 16, 30, 8, 28, 4, 10, 20, 6, 18)의 상태를 기술하라.
2. 이원 삽입 정렬을 구현한 C++ 함수를 작성하라. 구현한 정렬 함수에서 최악의 경우 비교 횟수는 얼마인가? 최악의 경우 이동하는 레코드의 수는? 프로그램 7.5의 수치와 비교하여 어떠한가?
3. 연결 삽입 정렬을 구현한 C++ 함수를 작성하라. 구현한 정렬 함수에서 최악의 경우 비교 횟수는 얼마인가? 최악의 경우 이동하는 레코드의 수는? 프로그램 7.5의 수치와 비교하여 어떠한가?

7.3 퀵 정렬

이제 평균 성능이 매우 좋은 정렬 방법을 살펴보기로 하자. 퀵 정렬(quick sort)은 C. A. R. Hoare가 개발한 정렬 방법으로 앞으로 살펴볼 정렬 방법 중에서 가장 좋은 평균 성능을 가지고 있다. 삽입 정렬에서는 정렬할 레코드 중에서 피벗(pivot, 중추) 레코드를 선택한다. 다음에는 정렬할 레코드들을 다시 정돈해서 피벗의 왼쪽에는 레코드 키들이 피벗의 키보다 작거나 같고, 피벗의 오른쪽에는 레코드 키들이 피벗의 키보다 크거나 같게 되도록 한다. 최종적으로는 피벗의 왼쪽에 있는 레코드들과 피벗의 오른쪽에 있는 레코드들이 서로 독립적으로 정렬된다(퀵 정렬 방법을 순환적으로 사용해서).

프로그램 7.6은 이렇게 생성된 퀵 정렬 함수이다. $a[1:n]$을 정렬하기 위해서, 함수가 호출되는 것은 *QuickSort*(a, 1, n)이다. 함수 *QuickSort*는 $a[n+1]$이 최소한 나머지 다른 키 값만큼은 큰 키로 설정되어 있다고 가정한다.

```
template <class T>
void QuickSort(T *a, const int left, const int right)
{// a[left:right]를 비감소 순으로 정렬한다.
// a[left]는 피벗으로 임의로 선정한다. 변수 i와 j는
// 서브리스트를 분할하는 데 사용되어 항상 a[m] ≤ pivot, m < i와
// a[m] ≥ pivot, m > j을 만족시킨다. a[left] ≤ a[right + 1]이라고 가정한다.
    if (left < right) {
        int i = left,
          j = right + 1,
          pivot = a[left];
        do {
          do i++; while (a[i] < pivot);
          do j--; while (a[j] > pivot);
          if (i < j) swap(a[i], a[j]);
        } while (i < j);
        swap(a[left], a[j]);

        QuickSort(a, left, j−1);
        QuickSort(a, j + 1, right);
    }
}
```

프로그램 7.6 : 퀵 정렬

예제 7.3: 키 (26, 5, 37, 1, 61, 11, 59, 15, 48, 19)를 가진 10개의 레코드로 된 리스트를 정렬한다고 하자. 그림 7.1은 *QuickSort*를 매번 호출할 때마다 나타나는 이 리스트의 상태를 보여 준다. 그림에서 대괄호는 계속해서 정렬할 서브리스트를 가리킨다. □

***QuickSort*의 분석:** 최악의 경우에 *QuickSort*의 성능은 연습문제 2에서 살펴본 바와 같이 $O(n^2)$이다. 그러나 정렬 시 운이 따른다면, 한 레코드의 위치가 정확히 정해질 때마다 그 레코드 왼쪽에 있는 서브리스트와 오른쪽에 있는 서브리스트의 크기가 같게 될 것이다. 이것은 크기가 대략 $n/2$인 두 개의 서브리스트를 정렬하는 작업으로 만든다. 크기가 n인 리스트에서 한 레코드를 위치시키는 데 필요한 시간은 $O(n)$이다. n개의 레코드로 된 리스트를 정렬하는 데 소요되는 시간을 $T(n)$이라 하면, 한 레코드가 정확

R_1	R_2	R_3	R_4	R_5	R_6	R_7	R_8	R_9	R_{10}	*left*	*right*
[26	5	37	1	61	11	59	15	48	19]	1	10
[11	5	19	1	15]	26	[59	61	48	37]	1	5
[1	5]	11	[19	15]	26	[59	61	48	37	1	2
1	5	11	[19	15]	26	[59	61	48	37]	4	5
1	5	11	15	19	26	[59	61	48	37]	7	10
1	5	11	15	19	26	[48	37]	59	[61]	7	8
1	5	11	15	19	26	37	48	59	[61]	10	10
1	5	11	15	19	26	37	48	59	61		

그림 7.1 퀵 정렬 예제

한 위치에 놓일 때마다 리스트가 거의 똑같은 크기의 두 부분으로 나누어지는데 이때 다음과 같은 식을 얻을 수 있다.

$$\begin{aligned} T(n) &\le cn + 2T(n/2), \quad \text{어떤 상수 } c\text{에 대해서} \\ &\le cn + 2(cn/2 + 2T(n/4)) \\ &\le 2cn + 4T(n/4) \\ &\quad \vdots \\ &\le cn \log_2 n + nT(1) = O(n \log n) \end{aligned}$$

보조정리 7.1은 함수 *QuickSort*에 대한 평균 연산 시간이 $O(n \log n)$임을 보여 주고 있다. 더욱이 실험 결과에 의하면, 평균 연산 시간에 관한 한 퀵 정렬은 우리가 공부할 내부 정렬 방법 중에서 가장 좋은 방법이다.

보조정리 7.1: $T_{avg}(n)$을 함수 *QuickSort*가 n개의 레코드를 가진 리스트를 정렬하는 데 필요한 예상 시간이라고 하자. 그러면 $n \ge 2$에 대해 $T_{avg}(n) \le kn \log_e n$를 만족시키는 상수 k가 존재한다.

증명: *QuickSort*(*list*, 1, n) 호출 시, 피벗이 j 위치에 놓이게 된다. 이것은 크기가 각각 $j-1$, $n-j$인 두 개의 서브리스트를 정렬하는 문제로 만든다. 이 문제에 대한 예상 시간은 $T_{avg}(j-1) + T_{avg}(n-j)$이다. 이 알고리즘의 나머지는 어떤 상수 c에 대해 최대 cn 시간이 걸린다. j는 1에서부터 n까지의 범위에서 똑같은 확률로 임의의 값을 취하기 때문에 다음과 같은 식을 얻을 수 있다.

$$T_{avg}(n) \le cn + \frac{1}{n}\sum_{j=1}^{n}(T_{avg}(j-1) + T_{avg}(n-j)) = cn + \frac{2}{n}\sum_{j=0}^{n-1} T_{avg}(j) \tag{7.1}$$

어떤 상수 b에 대하여 $T_{avg}(0) \le b$와 $T_{avg}(1) \le b$라고 가정할 수 있다. 이제 $n \ge 2$이고 $k = 2(b + c)$인

경우, $T_{avg}(n) \le kn \log_e n$임을 증명할 것이다. 증명은 n에 대한 귀납법을 사용한다.

귀납 기초: $n = 2$인 경우 (7.1)식에 의해 $T_{avg}(2) \le 2c + 2b \le kn \log_e 2$
귀납 가정: $1 \le n < m$에 대해 $T_{avg}(n) \le kn \log_e n$라고 가정한다.
귀납 단계: 식 (7.1)과 귀납 가정에 의해

$$T_{avg}(m) \le cm + \frac{4b}{m} + \frac{2}{m}\sum_{j=2}^{m-1} T_{avg}(j) \le cm + \frac{4b}{m} + \frac{2k}{m}\sum_{j=2}^{m-1} j \log_e j \tag{7.2}$$

$j \log_e j$가 j에 대한 증가 함수이기 때문에, 식 (7.2)는 다음과 같이 된다.

$$\begin{aligned} T_{avg}(m) &\le cm + \frac{4b}{m} + \frac{2k}{m}\int_2^m x \log_e x\, dx = cm + \frac{4b}{m} + \frac{2k}{m}\left[\frac{m^2 \log_e m}{2} - \frac{m^2}{4}\right] \\ &= cm + \frac{4b}{m} + km \log_e m - \frac{km}{2} \le km \log_e m,\ for\ m \ge 2 \end{aligned}$$

□

한 레코드에 대해 하나의 공간만 추가로 필요로 하는 삽입 정렬과는 달리, 퀵 정렬은 순환(recursion)을 구현하기 위하여 스택 공간이 필요하다. 앞에서의 분석에서처럼 리스트가 균등하게 나누어지는 경우, 최대 순환 깊이는 $\log n$이 되어 스택 공간으로 $O(\log n)$을 필요로 한다. 최악의 경우는 순환의 각 단계에서, 크기가 $n-1$인 왼쪽 서브리스트와 크기가 0인 오른쪽 서브리스트로 리스트가 나누어질 때이다. 이 경우에 순환 깊이는 n이 되어 $O(n)$ 스택 공간이 필요하다. 길이가 2보다 작은 크기의 오른쪽 서브리스트는 스택에 삽입할 필요가 없게 만듦으로써, 최악의 경우에 필요한 스택 공간을 네 배만큼 줄일 수 있다. 보다 작은 크기의 서브리스트를 먼저 정렬함으로써 스택 공간을 점근적으로 감소시킬 수 있다. 이 경우 추가적으로 필요한 스택 공간은 최대 $O(\log n)$이다.

변형—세 값의 메디안을 사용한 퀵 정렬: 앞에서 기술한 퀵 정렬은 항상 현재의 서브리스트의 첫 번째 레코드의 키를 피벗으로 선택한다. 이 피벗에 대한 보다 나은 선택은 현재 서브리스트에 있는 첫 번째, 중앙, 마지막 키 중에서 메디안을 사용하는 것이다. 즉 $pivot = median\{K_{left}, K_{(left+right)/2}, K_{right}\}$이다. 예를 들어 $median\{10, 5, 7\} = 7$이고 $median\{10, 7, 7\} = 7$이다.

연습문제

1. 리스트 (12, 2, 16, 30, 8, 28, 4, 10, 20, 6, 18)을 가지고 시작해서 그림 7.1과 비슷한 그림을 그려 보라.
2. (a) 입력 리스트가 이미 정렬되어 있을 때, *QuickSort*의 복잡도는 $O(n^2)$ 임을 증명하라.
   (b) *QuickSort*에서 최악의 경우 시간 복잡도가 $O(n^2)$임을 증명하라.
   (c) *QuickSort*에서 왜 $list[left] \le list[right + 1]$이 되어야 하는가?
3. (a) 피벗 키로 세 값의 메디안을 사용하는 *QuickSort*의 비순환 버전을 작성하라.

(b) 이미 정렬된 리스트에 대해서는 이 함수가 $O(n \log n)$ 시간이 걸림을 증명하라.

4. 보다 작은 서브리스트가 먼저 정렬되면 *QuickSort*의 순환을 깊이가 $O(\log n)$인 스택을 사용하여 시뮬레이션을 수행할 수 있음을 증명하라.
5. 퀵 정렬은 비안정적인 정렬 기법이다. 키 값이 같은 레코드들의 순서가 보존되지 않는 입력 리스트의 예를 보이라.

7.4 얼마나 빠르게 정렬할 수 있는가?

지금까지 논의한 두 가지 정렬 방법은 최악의 경우에 $O(n^2)$ 연산 시간을 갖는다. 이 시점에서 정렬을 위한 최선의 연산 시간은 얼마일까 하는 문제에 대해서 의문을 가져볼 만하다. 이 절에서는 키에 대한 비교와 교환 연산만이 허용된다는 제약하에 가장 좋은 정렬 시간은 $O(n\log n)$이라는 정리를 증명할 것이다.

증명 방법은 정렬 과정을 기술하는 트리를 이용하는 것이다. 트리에서 각 노드는 하나의 키 비교 연산을 나타내고 간선은 비교 결과를 나타낸다. 이러한 트리를 결정 트리(decision tree)라고 한다. 따라서 결정 트리에서의 한 경로는 알고리즘이 생성할 수 있는 일련의 연산들을 나타낸다.

예제 7.4: 세 개의 레코드로 구성된 리스트에 대해 동작하는 삽입 정렬을 위한 결정 트리(그림 7.2)를 살펴보자. 입력 순서는 R_1, R_2, R_3의 순이다. 따라서 트리의 루트는 [1, 2, 3]으로 표시된다. 키 K_1, K_2 간의 비교 결과에 따라서 이 순서는 바뀔 수도, 안 바뀔 수도 있는데, 만약 $K_2 < K_1$이라면 순서는 [2, 1, 3]이 되고 그렇지 않으면 [1, 2, 3] 그대로 유지된다. 이 비교 결과로 만들어진 전체 트리가 그림 7.2이다.

리프 노드들은 I~VI로 표시되어 있는데 이것은 알고리즘이 종료될 수 있는 위치들이다. 따라서 입

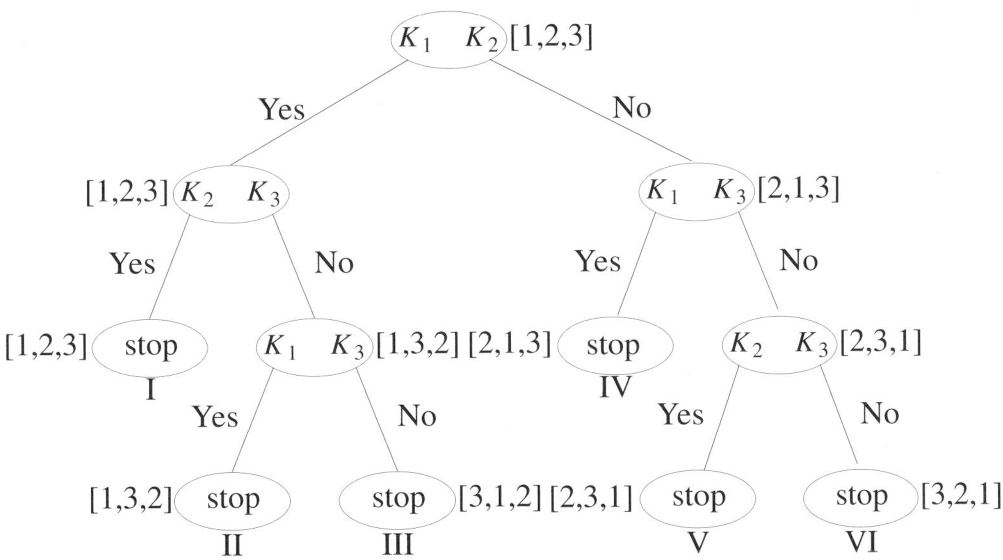

그림 7.2 삽입 정렬에 대한 결정 트리

리프	순열	순열을 생성하는 입력 키 값
I	1 2 3	[7, 9, 10]
II	1 3 2	[7, 10, 9]
III	3 1 2	[9, 10, 7]
IV	2 1 3	[9, 7, 10]
V	2 3 1	[10, 7, 9]
VI	3 2 1	[10, 9, 7]

그림 7.3 7, 9, 10의 여섯 가지 순열

력 순서의 여섯 가지 순열은 이 알고리즘의 결과로 얻어진다. 이들 여섯 가지 순열 모두는 서로 다르고, 3!=6이기 때문에 당연히 이 알고리즘은 세 개의 레코드 정렬을 위한 올바른 정렬 알고리즘이 되기에 충분한 리프 노드들을 가지고 있다. 이 트리의 최대 깊이는 3이다. 그림 7.3은 키 7, 9, 10에 대한 여섯 개의 서로 다른 순서들을 보여 주고 있다. 이 그림은 전부 여섯 가지 순열이 가능함을 보여 준다. □

정리 7.1: n개의 서로 다른 원소들을 정렬하는 결정 트리의 높이는 적어도 $\log_2(n!) + 1$이 된다.

증명: n개의 원소를 정렬할 때 $n!$개의 서로 다른 결과가 가능하다. 따라서 정렬을 위한 결정 트리는 적어도 $n!$개의 리프 노드를 가져야 한다. 결정 트리는 이진 트리이기 때문에 높이가 k일 때 최대 2^{k-1}개의 리프 노드를 가질 수 있다. 그러므로 결정 트리의 높이는 적어도 $\log_2(n!) + 1$이 되어야 한다. □

계: 단지 비교만으로 정렬하는 알고리즘은 최악의 경우 $\Omega(n \log n)$ 연산 시간을 갖는다.

증명: $n!$개의 리프 노드를 갖는 모든 결정 트리는 길이가 $cn \log_2 n$인 경로가 존재함을 보여야 한다. 여기서 c는 상수이다. 정리에 의해 결정 트리에는 길이가 $\log_2 n!$인 경로가 있다. $n!$은 다음과 같다.

$$n! = n(n-1)(n-2) \cdots (3)(2)(1) \geq (n/2)^{n/2}$$

따라서 $\log_2 n! \geq (n/2)\log_2(n/2) = \Omega(n\log n)$이다. □

이와 비슷한 논법과 2^n개의 리프를 가진 이진 트리는 평균 길이가 $\Omega(n\log n)$인 루트에서 리프까지의 경로를 가져야만 한다는 사실을 이용하여, 비교에 근거한 정렬 방법의 평균 복잡도는 $\Omega(n\log n)$임을 증명할 수 있다.

7.5 합병 정렬

7.5.1 합병

n개의 레코드를 정렬하기 위한 합병 정렬(merge sort) 방법을 살펴보기 전에 어떻게 두 개의 정렬된 리스트를 하나의 정렬된 리스트로 합병하는가를 알아보자. 프로그램 7.7은 가장 간단한 방법으로, $O(n)$만

큼의 공간을 추가로 사용한다. 정렬할 두 리스트는 *initList*[*l*:*m*]과 *initList*[*m* + 1:*n*]이다. 합병된 결과 리스트는 *mergedList*[*l*:*n*]이다.

```
template <class T>
void Merge(T *initList, T *mergedList, const int l, const int m, const int n)
{// initList[l:m]과 initList[m + 1:n]는 정렬된 리스트. 이들은 정렬된 리스트
 // mergedList[l:n]으로 합병된다.
    for (int i1 = l, iResult = l, i2 = m + 1; // i1, i2와 iResult는 리스트 위치
         i1 <= m && i2 <= n; // 어떤 입력 리스트도 소진되지 않음
         iResult++)
         if (initList[i1] <= initList[i2])
         {
            mergedList[iResult] = initList[i1];
            i1++;
         }
         else
         {
            mergedList[iResult] = initList[i2];
            i2++;
         }
    // 첫 번째 리스트의 나머지 레코드(있다면)를 복사
    copy(initList + i1, initList + m + 1, mergedList + iResult);

    // 두 번째 리스트의 나머지 레코드(있다면)를 복사
    copy(initList + i2, initList + n + 1, mergedList + iResult);
}
```

프로그램 7.7: 정렬된 두 리스트의 합병

***Merge*의 분석:** **for** 루프를 반복할 때마다 *iResult*는 1만큼 증가된다. *iResult*의 총 증가량은 $n-l+1$이다. 그래서 **for** 루프는 최대 $n-l+1$만큼 반복된다. *copy* 명령문은 최대 $n-l+1$ 레코드를 복사한다. 그래서 총 시간은 $O(n-l+1)$이다.

레코드 길이가 s이면, 연산 시간은 $O(s(n-i+1))$이다. s가 1보다 클 때 배열 대신 연결 리스트를 이용하면 이들 $n-l+1$ 레코드를 포함한 새로운 정렬된 연결 리스트를 얻을 수 있다. 이렇게 되면 *Merge* 함수에서 배열 *mergedList*가 필요한 $n-l+1$개의 레코드 공간이 필요 없게 된다. 대신 $n-l+1$개의 링크에 대한 공간이 필요하다. 합병 시간은 $O(n-l+1)$이 되며 s에 독립적이다. 여기서 $n-l+1$은 합병될 레코드 수라는 것에 유의하라. □

7.5.2 반복 합병 정렬

반복 합병 정렬(iterative merge sort)은 입력 리스트를 길이가 1인 *n*개의 정렬된 서브리스트로 간주하는 것으로 시작한다. 첫 번째 합병 단계에서는 이 리스트들을 쌍으로 합병하여 크기가 2인 *n*/2개의 리스트를 얻는다(*n*이 홀수이면 리스트 하나는 크기가 1이 된다). 두 번째 합병 단계에서는 이 *n*/2개의 리스트를 다시 쌍으로 합병하여 *n*/4개의 리스트를 얻는다. 한 번 합병할 때마다 서브리스트의 수는 반으로 줄어든다. 합병 단계는 하나의 서브리스트가 남을 때까지 계속된다. 아래의 예가 그 과정을 보여 준다.

예제 7.5: 입력 리스트가 (26, 5, 77, 1, 61, 11, 59, 15, 48, 19)일 때 그림 7.4는 각 단계에서 합병되는 서브리스트를 보여 주고 있다. □

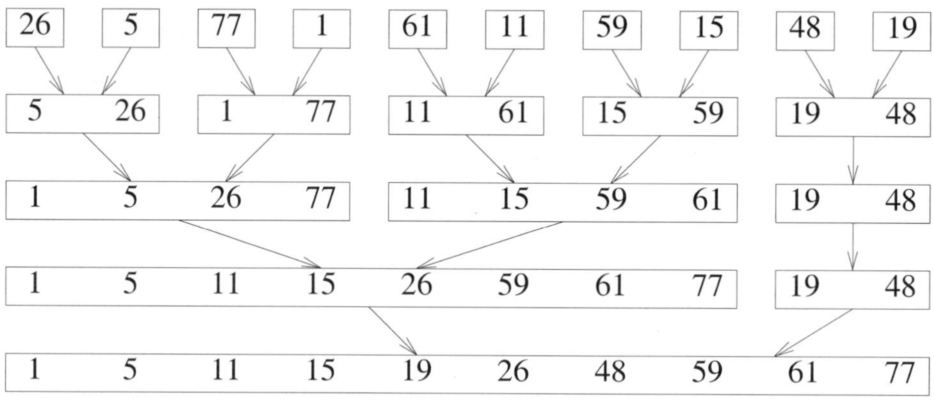

그림 7.4 합병 트리

합병 정렬은 여러 개의 합병 패스(pass)로 구현되기 때문에 합병 패스를 수행하는 함수(프로그램 7.8)를 먼저 작성하는 것이 편리하다. 이제 이 정렬은 프로그램 7.9에서처럼 합병 패스 함수를 반복적으로 호출함으로써 수행할 수 있다.

```
template <class T>
void MergePass(T *initList, T *resultList, const int n, const int s)
{// 길이가 s인 서브리스트의 인접 쌍들이
// initList에서부터 resultList로 합병된다. n은 initList에 있는 레코드 수이다.
   for (int i = 1; // i는 합병되는 첫 번째 리스트의 첫 번째 위치
        i <= n-2*s + 1; // 길이가 s인 두 서브리스트를 위해 원소들이 충분한지?
        i += 2*s)
      Merge(initList, resultList, i, i + s-1, i + 2 * s-1);
```

```
    // 2 * s보다 작은 나머지 리스트를 합병
    if ((i + s−1) < n) Merge(initList, resultList, i, i + s−1, n);
    else copy(initList + i, initList + n + 1, resultList + i);
}
```

프로그램 7.8: 합병 패스

```
template <class T>
void MergeSort(T *a, const int n)
{// a[1:n]을 비감소 순으로 정렬한다.
    T *tempList = new T[n + 1];
    // l은 현재 합병되고 있는 서브리스트의 길이이다
    for (int l = 1; l < n; l *= 2)
    {
        MergePass(a, tempList, n, l);
        l *= 2;
        MergePass(tempList, a, n, l); // list와 tempList의 역할을 교환
    }
    delete [ ] tempList;
}
```

프로그램 7.9: 합병 정렬

***MergeSort*의 분석**: 함수 *MergeSort*는 정렬될 레코드들에 대해 여러 패스의 합병 처리 과정을 거쳐야 한다. 첫 번째 패스에서는 크기가 1인 리스트들을 합병하고, 두 번째 패스에서는 크기가 2인 리스트들을 합병하며, *i*번째 패스에서는 크기가 2^{i-1}인 리스트를 합병한다. 결과적으로 총 $\lceil \log_2 n \rceil$패스가 데이타에 적용된다. 두 개의 리스트에 대한 합병은 선형 시간(함수 *Merge*)에 이루어질 수 있으므로 정렬 합병의 각 패스는 O(*n*) 시간이 걸린다. 따라서 총 연산 시간은 O(*n*log*n*)이 된다. □

이제 *MergeSort*가 안정된 정렬 함수라는 것을 검증할 수 있다.

7.5.3 순환 합병 정렬

순환적 방법에서는 정렬할 리스트를 거의 똑같이 두 개로 나누어 *left* 서브리스트와 *right* 서브리스트로 만든다. 이 서브리스트들은 순환적으로 정렬되고 정렬된 서브리스트들은 합병된다.

예제 7.6: 입력 리스트 (26, 5, 77, 1, 61, 11, 59, 15, 49, 19)가 합병 정렬의 순환적 방법에 의해 정렬될 리스트라고 하자. 만일 *left*로부터 *right*까지의 서브리스트를 정렬하려 한다면 우선 *left*로부터 $\lfloor (left +$

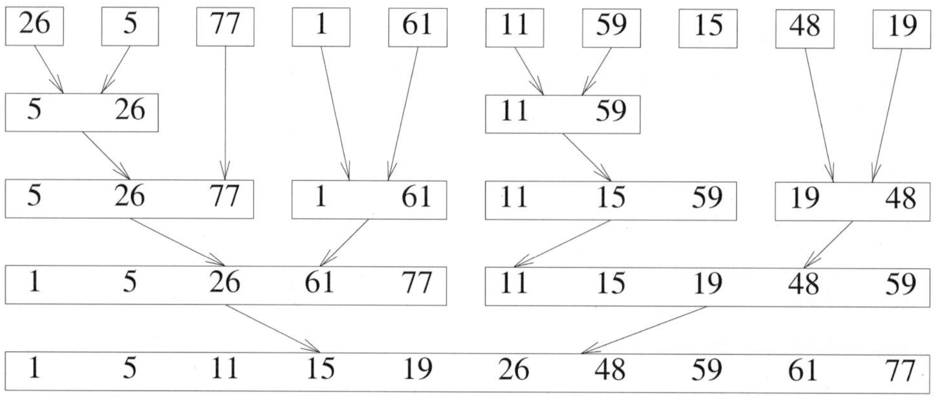

그림 7.5 순환적 합병 정렬의 서브리스트 분할

right)/2$\rfloor$까지, 그리고 $\lfloor$(*left* + *right*)/2$\rfloor$+1로부터 *right*까지 인덱싱된 두 개의 서브리스트를 만든다. 이 서브리스트 분할이 그림 7.5의 이진 트리로 표현되어 있다. 합병되는 서브리스트는 *MergeSort*로 합병되는 것과는 다르다는 것에 유의하라. □

정렬된 서브리스트를 합병하기 위해 함수 *Merge*(프로그램 7.7)가 사용될 때 일어나는 레코드 복사를 제거하기 위하여 정수 포인터를 각 레코드에 연관시킨다. 이 목적으로 정수 배열 *link*[1:*n*]을 사용하는데 여기서 *link*[*i*]는 정렬된 서브리스트에서 레코드 *i* 다음에 있는 레코드를 나타낸다. 그래서 *link*[*i*] = 0인 경우에는 다음 레코드가 없다. 이 배열을 추가로 사용함으로써 레코드 복사는 링크 변경으로 대체되고, 정렬 함수의 실행 시간은 레코드 크기 *s*에 독립적이 된다. 또한 필요한 추가 공간은 O(*n*)이다. 비교를 해보면, 앞에서 설명한 반복적 합병 정렬은 O(*sn* log *n*) 시간과 O(*sn*) 추가 공간이 필요하다. 링크 배열의 사용은 레코드의 정렬 체인이 생성되어 이 최종 체인이 결정하는 정렬 순서로 레코드들을 물리적으로 재정돈해야 하는 후처리가 있어야 한다. 이 물리적 재정돈을 위한 알고리즘은 7.8절에서 기술하고 있다.

초기에 *link*[*i*] = 0($1 \le i \le n$)이라고 가정한다. 그래서 각 레코드는 자신만 포함하고 있는 체인에 있게 된다. 이제 *start*1과 *start*2를 각각 두 레코드 체인이라고 하자. 각 체인에 있는 레코드들은 비감소 순으로 되어 있다. *ListMerge*(*a*, *link*, *start*1, *start*2)를 배열 *a*에 있는 두 체인 *start*1과 *start*2를 합병하여 키 값이 비감소 순으로 연결된 결과 체인의 첫 번째 위치를 반환하는 함수라고 하자. 합병 정렬의 순환 버전이 함수 *rMergeSort*(프로그램 7.10)이다. 배열 *a*[1:*n*]을 정렬하기 위해서는 이 함수를 *rMergeSort*(*a*, *link*, 1, *n*)과 같이 호출한다. 그러면 앞에서 설명한 순서로 된 체인의 시작점이 반환된다. 함수 *ListMerge*가 프로그램 7.11에 기술되어 있다.

```
template <class T>
int rMergeSort(T* a, int* link, const int left, const int right)
```

```
{// 정렬할 리스트는 a[left:right]. 초기에 link[i]는 모든 i에 대해 0이다.
// rMergeSort는 정렬된 체인의 첫 번째 원소의 인덱스를 반환한다.
    if (left >= right) return left;
    int mid = (left + right) / 2;
    return ListMerge(a, link,
                    rMergeSort(a, link, left, mid),        // 왼쪽 반을 정렬
                    rMergeSort(a, link, mid + 1, right)); // 오른쪽 반을 정렬
}
```

프로그램 7.10: 순환 합병 정렬

```
template <class T>
int ListMerge(T* a, int* link, const int start1, const int start2)
{// start1과 start2에서 시작하는 정렬된 체인이 합병된다.
// link[0]가 임시 헤더로 사용된다. 합병된 체인의 시작을 반환한다.
    int iResult = 0; // 결과 체인의 마지막 레코드
    for (int i1 = start1, i2 = start2; i1 && i2; )
        if (a[i1] <= a[i2]) {
            link[iResult] = i1;
            iResult = i1; i1 = link[i1];
        }
        else {
            link[iResult] = i2;
            iResult = i2; i2 = link[i2];
        }

    // 나머지 레코드들을 결과 체인에 첨가
    if (i1 == 0) link[iResult] = i2;
    else link[iResult] = i1;
    return link[0];
}
```

프로그램 7.11: 정렬된 체인의 합병

***rMergeSort*의 분석**: 순환 합병 정렬은 안정적이고 연산 시간은 $O(n\log n)$이라는 것을 쉽게 알 수 있다. □

변형— 자연 합병 정렬: 입력 리스트 내에 이미 존재하고 있는 순서를 고려할 수 있도록 *MergeSort*를

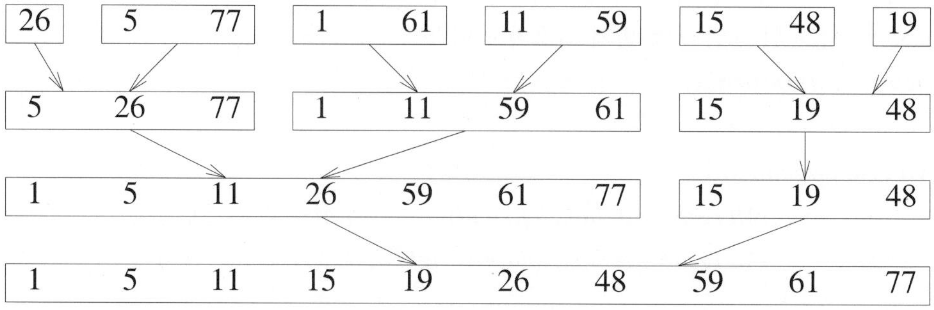

그림 7.6 자연 합병 정렬

수정할 수 있다. 이를 구현하기 위해서는 이미 정렬되어 있는 레코드의 서브리스트를 식별할 수 있게 데이타에 대한 초기 패스를 만들어야 한다. 이렇게 되면 *MergeSort* 알고리즘은 초기에 정렬된 이 서브리스트를 나머지 패스에서 이용할 수 있다. 그림 7.6은 예제 7.6의 입력 순차를 사용하는 자연 합병 정렬(natural merge sort)을 보여 주고 있다.

연습문제

1. *MergeSort*(프로그램 7.9)의 각 단계 끝에서 리스트 (12, 2, 16, 30, 8, 28, 4, 10, 20, 6, 18)의 상태를 보이라.
2. 합병 정렬 함수를 만들기 위하여 프로그램 7.11을 사용한다고 하자. 이 결과 함수는 안정적 정렬인가?
3. *MergeSort*가 안정적이라는 것을 증명하라.
4. 함수 *MergeSort*와 같이 배열을 사용하는 반복적 자연 합병 정렬 함수를 작성하라. 초기의 정렬된 리스트에 대해 이 함수는 얼마만큼 시간이 걸리는가? *MergeSort*는 이런 입력 리스트에 대해 O(*n*log*n*)이 걸린다는 것에 유의하라. 이 새로운 함수의 가장 최악의 연산 시간은 얼마인가? 얼마나 새로운 공간이 추가로 필요하게 되는가?
5. 체인을 이용하여 앞의 연습문제를 풀라.

7.6 히프 정렬

앞절에서 설명한 합병 정렬 방식은 비록 최악의 경우 연산 시간과 평균 연산 시간 모두 O(*n*log*n*)이지만, 정렬할 레코드 수에 비례하여 저장 공간이 추가로 필요하다. O(1) 공간 합병 알고리즘을 사용하면 저장 공간은 O(1)로 줄일 수 있다. 그러나 이러한 정렬 알고리즘은 원래의 것에 비하면 현저히 느리다. 이제 살펴보려는 히프 정렬(heap sort)은 일정한 양의 저장 공간만 추가로 필요하며, 동시에 최악의 경우 연산 시간과 평균 연산 시간이 O(*n*log*n*)이 되는 정렬 방법이다. 히프 정렬은 O(*n*)의 저장 공간을 추가로 사용하는 합병 정렬보다 약간 느리지만, O(1)의 추가 저장 공간을 사용하는 합병 정렬보다는 빠르다.

히프 정렬에서는 5장에서 소개한 최대 히프 구조를 이용한다. 최대 히프와 연관된 삭제와 삽입 함수는 O(*n*log*n*) 정렬 방법이 된다. 정렬은 먼저 *n*개의 레코드를 초기의 공백 최대 히프에 삽입하고, 다음에 레코드들을 한 번에 하나씩 히프에서 뽑아 낸다. *n*개의 레코드를 초기의 공백 히프에 한 번에 하나씩 삽입하는 것보다 *n*개 레코드의 최대 히프를 더 빠르게 생성할 수 있다. 이것을 위해서, 함수 *Adjust*(프로그램 7.13)를 이용한다. 이 함수는 왼쪽 및 오른쪽 서브트리 모두가 히프인 이진 트리에서 시작하여 이진 트리 전체가 최대 히프가 되도록 레코드를 재조정한다. 이 이진 트리는 일반 사상 방법을 사용해서 배열에 저장한다. 만일 트리의 깊이가 *d*이면 **for** 루프는 최대 *d*번 수행된다. 따라서 *Adjust*의 연산 시간은 O(*d*)가 된다.

```
template <class T>
void Adjust(T *a, const int root, const int n)
{// root를 루트 노드로 하는 이진 트리가 히프 성질을 만족하도록 조정.
// root의 왼쪽과 오른쪽 서브트리는 이미 히프 성질을 만족하고 있다. 노드 인덱스는 n보다 크지 않다.
    T e = a[root];
    // e에 대한 적절한 위치를 탐색
    for (int j = 2*root; j <= n; j *= 2) {
        if (j < n && a[j] < a[j + 1]) j++;  // j는 부모의 최대 자식
        if (e >= a[j]) break; // e는 j의 부모로 삽입
        a[j/2] = a[j]; // j번째 레코드를 트리 위로 이동
    }
    a[j/2] = e;
}
```

프로그램 7.13: 최대 히프의 조정

리스트를 정렬하려면 함수 *HeapSort*(프로그램 7.14)의 첫 **for** 루프에서와 같이 먼저 *Adjust*를 반복적으로 호출하여 최대 히프를 만든다. 그런 다음에, 히프의 첫 번째 레코드와 마지막 레코드를 교환한다. 첫 번째 레코드는 최대 키를 가지므로 교환은 이 최대 키를 가진 레코드를 정렬된 배열의 정확한 위치로 들어가게 한다. 다음에는 히프의 크기를 줄인 후 다시 히프를 조정한다. 이 교환, 히프 크기 축소, 히프 재조정 과정을 $n-1$번 반복하면 배열 $a[1:n]$ 전체를 정렬하게 된다. 이 과정의 각각의 반복을 패스라 한다. 예를 들어 첫 번째 패스에서는 가장 높은 키를 가진 레코드를 *n*번째 위치에 집어넣고, 두 번째 패스에서는 두 번째로 높은 키를 가진 레코드를 $n-1$번째 자리에 위치에 집어넣고, *i*번째 패스에서는 *i*번째로 높은 키를 가진 레코드를 $n-i+1$번째 위치에 집어넣는다. 호출은 *HeapSort*(*a*, *n*)으로 한다.

```
template <class T>
void HeapSort(T *a, const int n)
```

```
{// a[1:n]을 비감소 순으로 정렬한다.
    for (int i = n/2; i >= 1; i--) // 히프로 조정
        Adjust(a, i, n);

    for (i = n−1; i >= 1; i--)  // sort
    {
        swap(a[1], a[i + 1]);          // 현 히프의 처음과 마지막을 교환
        Adjust(a, 1, i);               // 히프로 조정
    }
}
```

프로그램 7.14: 히프 정렬

예제 7.7: 입력 리스트는 (26, 5, 77, 1, 61, 11, 59, 15, 48, 19)이다. 이 리스트를 이진 트리로 변환하면 그림 7.7(a)와 같다. 그림 7.7(b)는 *HeapSort*의 첫 번째 **for** 루프 후의 최대 히프를 나타낸 것이다. 그림 7.8은 두 번째 **for** 루프를 처음 일곱 번 반복하였을 때마다 나타나는 레코드 배열을 보여 준다. 최대 히프를 계속 나타내는 배열 부분은 이진 트리로 나타내고; 배열의 정렬된 부분은 배열로 보여 주고 있다. □

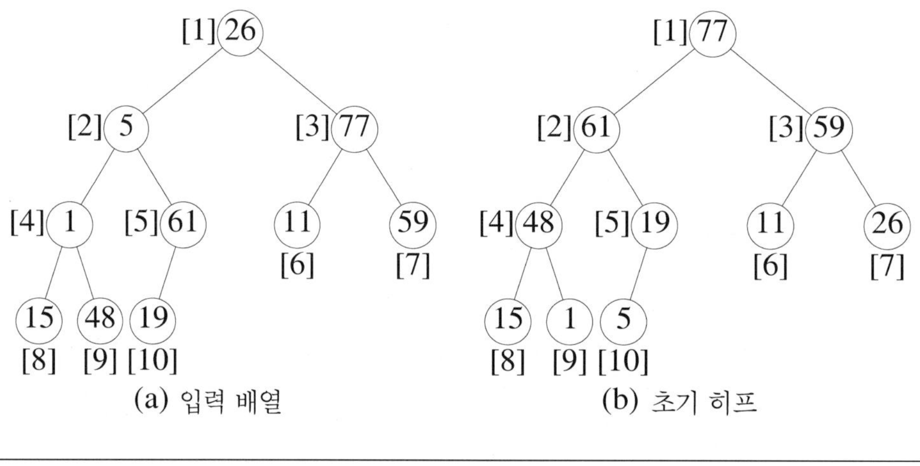

그림 7.7 이진 트리로 변환된 배열

***HeapSort*의 분석**: $2k^{-1} \leq n \leq 2^k$라고 가정하면, 이 트리는 k개의 레벨을 가지며, i번째 레벨의 노드 수는 2^{i-1}개이다. 첫 번째 **for** 루프에서 *HeapSort*는 자식을 가진 각 노드에 대하여 *Adjust*(프로그램 7.13)를 한 번씩 호출한다. 따라서 이 루프에 소요되는 시간은 각각의 레벨에 대하여 그 레벨의 노드 수와 노드가 움직일 수 있는 최대 거리를 곱한 결과들을 합한 것이 된다. 이것은 다음 값을 넘지 못한다.

$$\sum_{1 \le i \le k} 2^{i-1}(k-1) = \sum_{1 \le i \le k-1} 2^{k-i-1} i \le n = \sum_{1 \le i \le k-1} 1/2^i < 2n = O(n)$$

그 다음 **for** 루프에서는 최대 트리 깊이 $k = \lceil \log_2(n+1) \rceil$를 가지고 *Adjust*를 $n-1$번 호출하며, *swap*을 $n-1$번 호출한다. 따라서 이 루프에 대한 연산 시간은 $O(n \log n)$이다. 결과적으로 전체 연산 시간도 $O(n \log n)$이 된다. 변수와는 별개로 필요한 추가 공간은 두 번째 **for** 루프에서 교환을 수행하는 레코드에 대한 공간이다. □

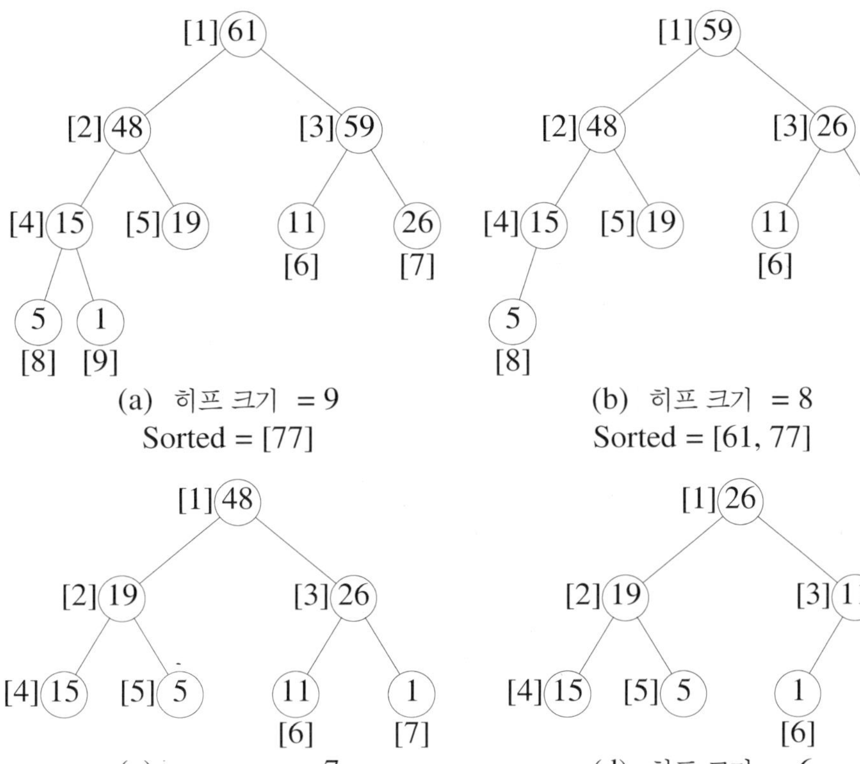

그림 7.8 히프 정렬 예제

연습문제

1. *HeapSort*(프로그램 7.14)의 두 번째 **for** 루프의 각 단계 끝에서뿐만 아니라 첫 번째 **for** 루프 끝에서 리스트 (12, 2, 16, 30, 8, 28, 4, 10, 20, 6, 18)의 상태를 기술하라.
2. Heap 정렬은 불안정하다. 같은 키 값을 갖는 레코드들의 순서가 보존되지 않는 경우의 입력 리

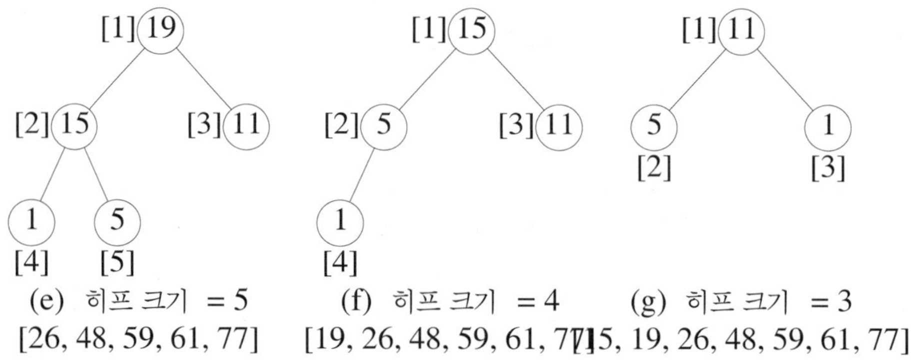

그림 7.8 히프 정렬 예제(계속)

스트를 예로 들어 보라.

7.7 여러 키에 의한 정렬

이제 몇 개의 키 $K^1, K^2, ..., K^r$(K^1은 최대 유효 키, K^r은 최소 유효 키)을 갖는 레코드들을 정렬하는 문제를 생각해 보자. 만일 모든 레코드의 쌍 i, j에 대하여 $i < j$이고 $(K_i^1, ..., K_i^r) \le (K_j^1, ..., K_j^r)$이 성립하기만 하면, 레코드 $R_1, ..., R_n$의 리스트는 키 $K^1, ..., K^r$으로 정렬되었다고 한다. 만일 $1 \le i < j$에 대해 $x_i = y_i$이고 어떤 $j < r$에 대하여 $x_{j+1} < y_{j+1}$이거나, 또는 $1 \le i \le r$에 대해 $x_i = y_i$이면, r-투플 $(x_1, ..., x_r)$은 r-투플 $(y_1, ..., y_r)$보다 작거나 같다고 한다.

예를 들어 카드 뭉치를 정렬하는 문제는 두 개의 키, 즉 무늬와 숫자에 대한 정렬로 볼 수 있다.

K^1[무늬] : ♣ < ♦ < ♥ < ♠
K^2[숫자] : 2 < 3 < 4 < ⋯ < 10 < J < Q < K < A

따라서 정렬된 카드 뭉치는 다음과 같은 순서를 갖는다.

2♣, ..., A♣, ..., 2♠, ..., A♠

다중 키에 대한 정렬에는 두 가지 방법이 있다. 먼저 최대 유효 키 K^1으로 정렬하면 K^1에 대해 같은 값을 가지는 여러 레코드 '파일(pile)' 들로 만들 수 있다. 그런 다음 각 파일에 대해 독립적으로 K^2로 정렬하면 K^1, K^2에 대해 같은 값을 가지는 '서브파일(subpile)' 들을 얻는다. 이 서브파일에 대해서는 K^3으로 정렬한다. 이렇게 해서 얻어진 파일들을 합친다. 카드 뭉치를 정렬하는 문제에 이 방법을 사용하면 처음 정렬에서 52장의 카드를 무늬별로 네 개의 파일로 만들 수 있다. 그 다음 각 무늬에 대해 숫자에 따라 정렬한다. 그러면 원하는 순서대로 카드를 정렬할 수 있다.

이러한 정렬 방식을 최대 유효 숫자 우선, 즉 MSD(most-significant-digit-first) 정렬이라고 한다. 당연히 두 번째 방법은 최소 유효 숫자 우선, 즉 LSD(least-significant-digit-first) 정렬이다. LSD 정렬

이란 카드 숫자 값(키 K^2)에 따라 13개의 파일을 만든다는 의미이다. 이제 3들을 2들 위에, 킹들을 퀸들 위에, 에이스들을 킹들 위에 올려놓는다. 카드 뭉치를 거꾸로 놓고 안정된 정렬 방법을 이용하여 무늬(K^1)에 따라 네 개의 파일로 만든다. 이 네 개의 파일들은 각각 키 K^2에 따라 정렬되게 한다. 마지막으로 카드 뭉치 전체에 대해 정렬하기 위해서는 네 개의 파일을 합친다.

MSD와 LSD 두 함수를 비교해 보면 LSD가 더 단순하다. 왜냐하면 생성된 파일과 서브파일을 독립적으로 정렬할 필요가 없기 때문이다[키 $K^i(1 \le i < r)$을 정렬하기 위해 사용된 정렬 방법이 안정적인 한]. 이것은 오버헤드가 적게 든다는 것을 의미한다.

LSD와 MSD란 용어는 어떤 순서로 키가 정렬되는가를 명기하는 것이지, 각 키가 어떻게 정렬되는가를 명기하지는 않는다. 카드 뭉치를 수작업으로 정렬할 때는 일반적으로 MSD 정렬을 많이 사용한다. 무늬에 의한 정렬은 빈 정렬(bin sort, 통 정렬)에 의해 수행된다(즉 무늬별로 네 개의 '빈'을 설정한 뒤 카드들을 그에 해당하는 빈에 넣는다). 그 다음, 각 빈에 있는 카드들은 삽입 정렬과 비슷한 알고리즘을 이용하여 정렬한다. 그러나 다른 방법도 있다. 먼저 숫자를 기준으로 빈 정렬을 한다. 이러한 빈 정렬에는 13개의 빈이 필요하다. 방금 기술한 바와 같이 카드를 숫자별로 모은 다음에, 각 무늬에 대응하는 네 개의 빈을 만들어 빈 정렬을 한다. 만일 키 값의 종류가 O(n)이면 빈 정렬은 단지 O(n)의 시간만 필요한 아주 빠른 정렬 방법이 된다.

LSD와 MSD 정렬은 하나의 키를 가진 레코드에도 적용할 수 있다. 이때는 키를 여러 개의 서브키의 집합으로 생각한다. 예를 들어 키가 정수일 때, 정수의 각 자리 수를 서브키로 생각한다. 만일 정수가 $0 \le K \le 999$인 범위에 있다면 세 개의 키(K^1, K^2, K^3)에 대하여 LSD나 MSD 방법으로 정렬할 수 있다. 여기서 K^1은 백 자리 수, K^2는 십 자리 수, K^3은 일 자리 수를 말한다. 모든 키들은 $0 \le K^i \le 9$의 범위에 있기 때문에, 각 키에 대해 정렬하기 위해서는 10개의 빈이 필요하다.

기수 정렬(radix sort)에서는 어떤 기수 r을 이용하여 정렬 키를 몇 개의 숫자로 분해한다. r이 10일 때는 위에서 설명한 것처럼 십진수로 분할하고, $r = 2$일 때는 키를 이진수로 분해한다. 기수-r 정렬에서는 r개의 빈이 필요하다.

정렬되어야 하는 레코드가 $R_1, ..., R_n$이라고 하자. 레코드 키는 기수 r을 이용하여 분할된다. 그 결과는 0과 $r-1$ 사이의 d개 숫자를 가진 키들로 된다. 그래서 r개의 빈이 필요하게 된다. 각 빈의 레코드는 빈 i의 첫 레코드를 가리키는 포인터 $f[i](0 \le i < r)$와 빈 i에 있는 마지막 레코드를 가리키는 포인터 $e[i]$를 통해 체인으로 연결된다. 이 체인은 큐처럼 동작한다. 함수 *RadixSort*(프로그램 7.15)는 LSD 기수-r 방법을 표현한다.

```
template <class T>
int RadixSort(T *a, int *link, const int d, const int r, const int n)
{// d 숫자 기수-r 정렬을 이용하여 a[1:n]을 정렬한다. digit(a[i],j,r)은
// a[i]의 키 중에서 j번째 기수-r 숫자(왼쪽에서부터)를 반환한다. 각 숫자는 [0,r) 범위에 있다.
// 숫자 안에서의 정렬은 빈 정렬을 이용해 수행된다.
    int e[r], f[r]; // 큐의 앞과 뒤의 포인터
    // first에서 시작하는 초기 레코드 체인을 생성
```

```
    int first = 1;
    for (int i = 1; i < n; i++) link[i] = i + 1; // 체인에 연결
    link[n] = 0;

    for (i = d−1; i >= 0; i--)
    {// 숫자 i에 대해 정렬
        fill(f, f + r, 0); // 빈들을 공백 큐로 초기화
        for ( int current = first; current; current = link[current])
        {// 레코드들을 큐/빈에 삽입
            int k = digit(a[current], i, r);
            if (f[k] == 0) f[k] = current;
            else link[e[k]] = current;
            e[k] = current;
        }
        for (j = 0; !f[j]; j++); // 첫 번째 공백이 아닌 큐/빈을 찾음
        first = f[j];
        int last = e[j];
        for (int k = j + 1; k < r; k++) // 나머지 큐들을 연결
            if (f[k]) {
                link[last] = f[k];
                last = e[k];
            }
        link[last] = 0;
    }
    return first;
}
```

프로그램 7.15: LSD 기수 정렬

***RadixSort*의 분석**: *RadixSort*는 주어진 데이타에 대하여 d 패스 처리를 하며 각 패스의 연산 시간은 $O(n + r)$이다. 따라서 전체 연산 시간은 $O(d(n + r))$이다. 숫자 데이타 정렬에서 d 값은 기수 r의 선택과 가장 큰 키에 의해 정해진다. r의 선택을 달리하면 연산 시간이 달라진다. □

예제 7.8: 범위가 [0, 999]인 십진수를 정렬한다고 하자. 키에 있는 각 자리 수는 서브키가 된다. 따라서 $d = 3$이고 $r = 10$이 된다(다른 선택도 가능하지만). 입력 리스트는 링크되고 그림 7.9(a)의 형태와 같다. 노드들은 $R_1, ..., R_{10}$으로 표기되었다. 그림 7.9는 각 자리 수에 대한 정렬 시 생성된 큐와 10개의 빈으로부터 큐들을 모은 후의 리스트를 보여 주고 있다. □

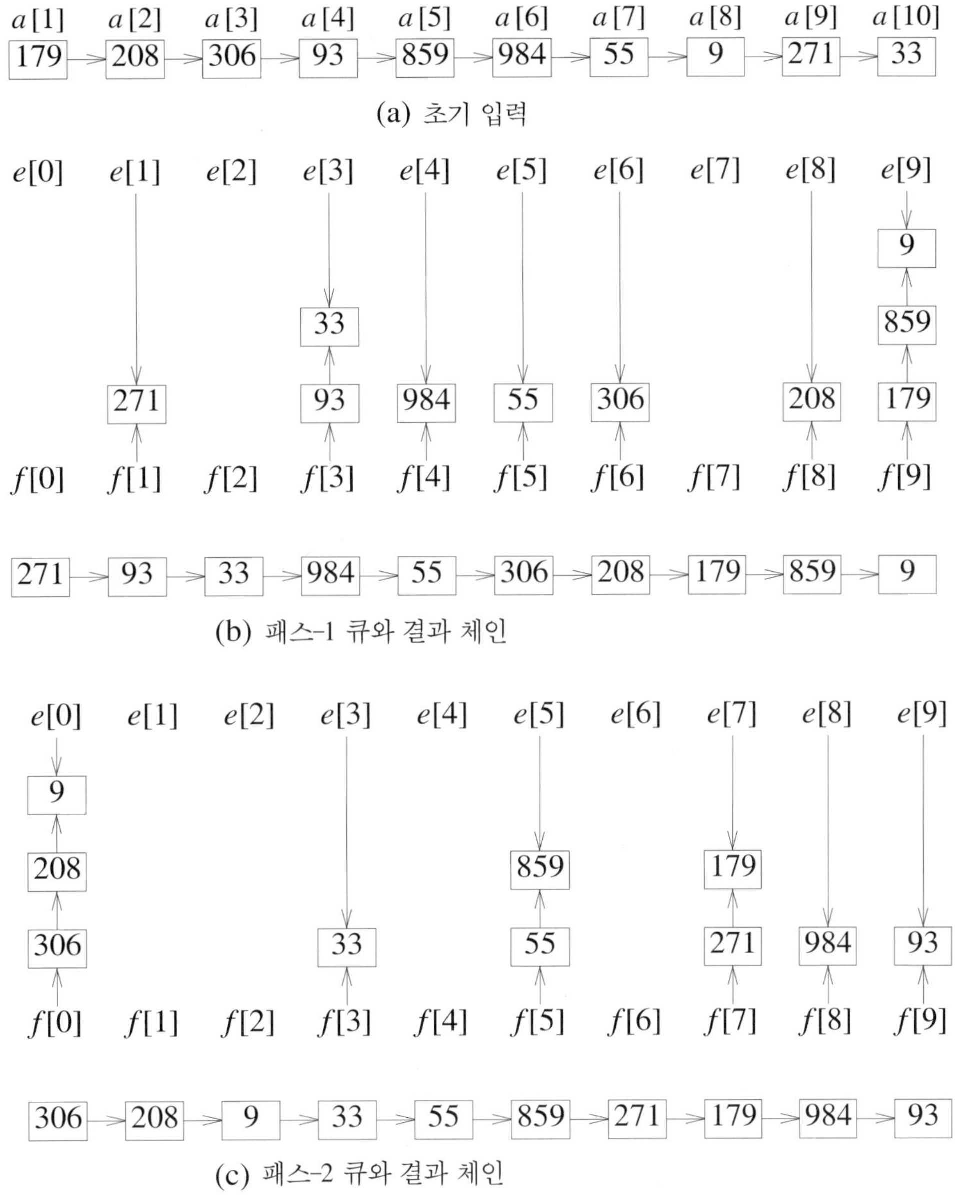

(a) 초기 입력

(b) 패스–1 큐와 결과 체인

(c) 패스–2 큐와 결과 체인

그림 7.9 기수 정렬 예제

연습문제

1. *RadixSort*(프로그램 7.15)의 각 패스 끝에서 리스트 (12, 2, 16, 30, 8, 28, 4, 10, 20, 6, 18)의 상태를 기술하라. 기수 $r = 10$을 사용하라.
2. 어떤 조건하에서 MSD 기수 정렬이 LSD 기수 정렬보다 효율적인가?

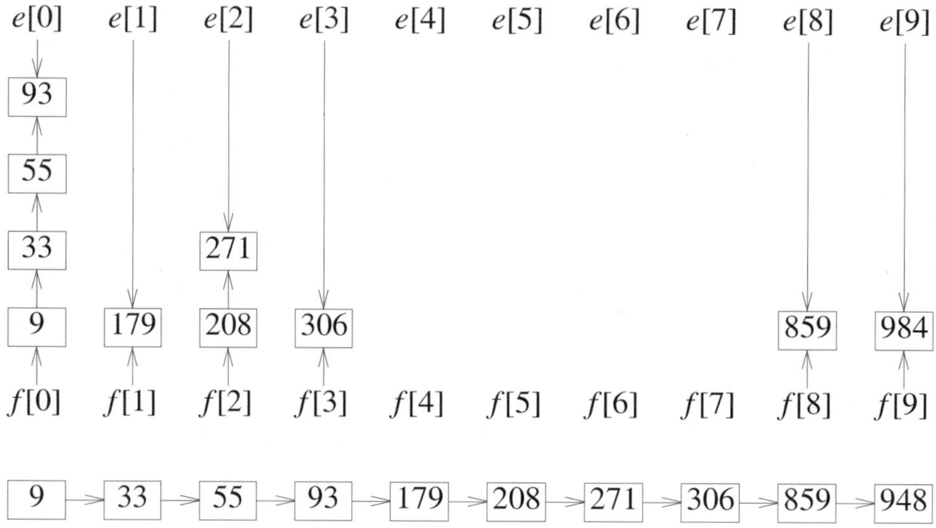

(d) 패스-3 큐와 결과 체인

그림 7.9 기수 정렬 예제(계속)

3. 예제 7.8과 같은 숫자 정렬을 할 때 *RadixSort*는 안정된 정렬로 되는가?
4. 각 키의 범위가 n보다 훨씬 클 때 레코드 $R_1, \ldots, R_n$을 키 $(K^1, \ldots, K^r)$에 대하여 사전식(lexical)으로 정렬하는 정렬 함수를 작성하라. 이 경우 각 키의 정렬을 위하여 *RadixSort*에서 사용한 빈 정렬 방법은 비효율적이다(왜?). 만일 (a) 최악의 경우에 좋고, (b) 평균 수행 시간이 좋고, (c) 작은 n, 예를 들어 $n < 15$에 대한 함수를 원한다면, 한 키 안에서 정렬을 위해 어떤 방법을 사용하겠는가?
5. $[0, n^2)$ 범위의 정수 키 값을 가진 n개의 레코드는 히프 정렬이나 합병 정렬을 사용하면 $O(n \log n)$의 시간이 걸린다. 또한 단일 키(예를 들어 $d = 1$, $r = n^2$)에 대한 *RadixSort*는 $O(n^2)$의 시간이 걸린다. n개의 레코드를 기수 정렬로 만들 때 $O(n)$ 시간이 걸리도록 키를 두 개의 서브키로 나누는 방법을 설명하라.[힌트: 각 키 K_i는 각각 $[0, n)$ 범위의 정수 K_i^1과 K_i^2를 이용하여 $K_i = K_i^1 n + K_i^2$로 나타낼 수 있다.]
6. 앞의 연습문제의 방법을 $(0, n^p)$의 범위에 있는 정수 키들의 경우에 대하여 $O(pn)$의 시간이 걸리는 정렬 방법으로 일반화하라.
7. 앞절에서 논의한 비교 기반 정렬 방법에 대해 *RadixSort*가 어떠한 성능을 보이는지 실험하라.

7.8 리스트와 테이블 정렬

기수 정렬과 순환 합병 정렬을 제외하고, 지금까지 살펴본 정렬 방법은 모두 과도한 데이타 이동이 필요하다. 즉 비교 결과로 레코드들이 물리적으로 이동되어야 한다. 이것은 만일 레코드들이 많다면 정렬을 느리게 만든다. 따라서 많은 레코드로 된 리스트를 정렬할 때는 데이타의 이동을 최소화하도록 정렬 방법을 수정할 필요가 있다. 합병 정렬과 삽입 정렬은 순차 리스트보다는 연결 리스트에 동작하도록 쉽게 변경할 수 있다. 이런 경우 추가적인 링크 필드가 필요하게 된다. 정렬 시 리스트를 물리적으로 재배치하는 대신, 단지 리스트에서의 변경된 레코드의 위치를 반영하기 위하여 링크 필드만을 수정하면 된다. 정렬이 끝나면 레코드들은 원하는 순서로 연결된다. 많은 응용에서 예를 들어 리스트를 정렬하여 바로 어떤 외부 매체에 정렬된 레코드 순서대로 출력하고자 할 때 이 방법이면 충분하다. 그러나 어떤 응용에서는 반드시 원하는 정렬 순서대로 레코드를 물리적으로 재배치해야 할 필요가 있다. 이런 경우에도 연결 리스트 정렬을 먼저 수행한 뒤에 리스트에 명기된 순서에 따라 레코드들을 물리적으로 재배치하는 것이 상당한 절약 효과를 얻을 수 있다. 이런 재배치는 어떤 추가 공간을 사용하여 선형 시간 내에 수행할 수 있다.

리스트가 정렬되어 포인터 *first*가 연결 리스트의 첫 번째 레코드를 가리킨다면, 리스트 속에 있는 각 레코드의 키는 선행 레코드의 키(만약 선행 레코드가 있다면)보다 크거나 같게 된다. 이런 레코드들을 리스트에 의해 정해진 순서대로 물리적으로 재배치하기 위해서는, 레코드 R_1과 R_{first}를 제일 먼저 교환한다. 이제 레코드 R_1 위치에 있는 레코드가 가장 작은 키 값을 갖는다. 이때 $first \neq 1$이면 *link* 필드가 1인 레코드가 리스트 어딘가에 있을 것이다. 이 링크 필드를 전에 1 위치에 있던 레코드를 가리키도록 변경해 주면 오름차순으로 연결된 $R_2, ..., R_n$ 레코드들만 남게 된다. 이와 같은 과정을 $n-1$번 반복하면 원하는 재배치 결과를 얻게 된다. 그러나 이 단순 연결 리스트의 문제점은 선행 노드를 알 수 없다는 것이다. 이 점을 해결하기 위해서, 첫 번째 재배치 함수 *List*1(프로그램 7.16)은 단순 연결 리스트 *first*를 이중 연결 리스트로 변환한 뒤에 각 레코드를 정확한 위치로 이동시킨다. 이 함수는 기수 정렬과 순환 합병 정렬 함수 경우에서와 같이 링크들이 정수 배열로 정렬된다고 가정한다.

```
template <class T>
void List1(T *a, int *linka, const int n, int first)
{// first에서 시작하는 정렬된 체인을 재배치해서 a[1:n]이
 // 정렬되도록 한다.
    int *linkb = new int [n]; // 후방 링크를 위한 배열
    int prev = 0;
    for (int current = first; current; current = linka[current])
    {// 체인을 이중 연결 리스트로 변환
        linkb[current] = prev;
        prev = current;
    }

    for (int i = 1; i < n ; i++) // 리스트로 유지하면서 a[first]를
    { // i 위치로 이동
        if (first != i) {
            if (linka[i]) linkb[linka[i]] = first;
```

```
            linka[linkb[i]] = first;
            swap(a[first], a[i]);
            swap(linka[first], linka[i]);
            swap(linkb[first], linkb[i]);
        }
        first = linka[i];
    }
}
```

프로그램 7.16: 이중 연결 리스트를 이용한 레코드 재배치

예제 7.9: 입력 리스트 (26, 5, 77, 1, 61, 11, 59, 15, 48, 19)에 대해 리스트 정렬을 하면 리스트는 그림 7.10(a)와 같이 연결된다(각 레코드의 키와 링크 필드만 보여 줌). R_{first}에서 시작하여 링크를 따라가면, 레코드의 논리적 순서 $R4$, $R2$, $R6$, $R8$, $R10$, $R1$, $R9$, R_7, R_5, R_3을 얻을 수 있다. 이 순서는 키의 순서 1, 5, 11, 15, 19, 26, 48, 59, 61, 33과 일치한다. 역방향 링크를 만들면 그림 7.10(b)와 같은 이중 연결 리스트를 얻을 수 있다. 그림 7.11은 *List*1의 두 번째 **for** 루프가 처음 네 번 반복한 뒤의 리스트를 보여 준다. 매 반복 때마다의 변화는 굵은 글씨로 나타내었다. □

i	R_1	R_2	R_3	R_4	R_5	R_6	R_7	R_8	R_9	R_{10}
key	26	5	77	1	61	11	59	15	48	19
linka	9	6	0	2	3	8	5	10	7	1

(a) 리스트 정렬 뒤의 연결 리스트, *first* = 4

i	R_1	R_2	R_3	R_4	R_5	R_6	R_7	R_8	R_9	R_{10}
key	26	5	77	1	61	11	59	15	48	19
linka	9	6	0	2	3	8	5	10	7	1
linkb	10	4	5	0	7	2	9	6	1	8

(b) 대응하는 이중 연결 리스트, *first* = 4

그림 7.10 정렬된 연결 리스트

***List*1의 분석:** 리스트에 n개의 레코드가 있을 때 체인 *first*를 이중 연결 리스트로 변환하려면 $O(n)$의 시간이 걸린다. 두 번째 **for** 루프는 $n-1$번 반복하고, 반복할 때마다 최대 두 개의 레코드가 교환된다. 이것은 세 개 레코드의 이동을 요구한다. 만일 각 레코드가 m 워드로 되어 있다면, 한 번 바꿀 때의 비용은 $O(m)$이 된다. 따라서 전체 연산 시간은 $O(nm)$이다.

최악의 경우 $3(n-1)$의 레코드 이동이 일어난다. 예를 들어 입력 키 순서가 $R_1, R_2, ..., R_n$(여기서 $R_2 < R_3 < \cdots < R_n$, $R_1 > R_n$)인 경우를 고려해 보면 알 수 있다. □

i	$\mathbf{R_1}$	R_2	R_3	$\mathbf{R_4}$	R_5	R_6	R_7	R_8	R_9	R_{10}
key	**1**	5	77	**26**	61	11	59	15	48	19
linka	**2**	6	0	**9**	3	8	5	10	7	4
linkb	**0**	4	5	**10**	7	2	9	6	4	8

(a) *List*1의 **for** 루프가 첫 번째 반복한 뒤의 모양, *first* = 2

i	R_1	R_2	R_3	R_4	R_5	R_6	R_7	R_9	R_9	R_{10}
key	1	5	77	26	61	11	59	15	48	19
linka	2	6	0	9	3	8	5	10	7	4
linkb	0	4	5	10	7	2	9	6	4	8

(b) 두 번째 반복 뒤의 모양, *first* = 6

i	R_1	R_2	$\mathbf{R_3}$	R_4	R_5	$\mathbf{R_6}$	R_7	R_8	R_9	R_{10}
key	1	5	**11**	26	61	**77**	59	15	48	19
linka	2	6	**8**	9	6	**0**	5	10	7	4
linkb	0	4	**2**	10	7	**5**	9	6	4	8

(c) 세 번째 반복 뒤의 모양, *first* = 8

i	R_1	R_2	R_3	$\mathbf{R_4}$	R_5	R_6	R_7	$\mathbf{R_8}$	R_9	R_{10}
key	1	5	11	**15**	61	77	59	**26**	48	19
linka	2	6	8	**10**	6	0	5	**9**	7	8
linkb	0	4	2	**6**	7	5	9	**10**	8	8

(d) 네 번째 반복 뒤의 모양, *first* = 10

그림 7.11 *List*1(프로그램 7.16)의 예제

*List*1은 여러 가지 방법으로 수정할 수 있지만, 그 중에서도 특히 M. D. MacLaren이 제시한 방법이 흥미롭다. 이 수정으로 만들어진 재배치 함수 *List*2는 링크 필드를 추가로 요구하지 않는다. 이 함수(프로그램 7.17)에서는 레코드 R_{first}와 R_i를 교환한 뒤, 새로운 R_i의 링크 필드에 *first*를 설정하여 원래 레코드가 이동되었음을 표시한다. 이것은 *first*가 항상 i보다 크거나 같아야 한다는 사실과 함께 레코드를 올바르게 재배치할 수 있게 한다.

```
template <class T>
void List2(T *a, int *link, const int n, int first)
{// 두번째 링크 필드 linkb가 없는 것만 빼고 list1과 똑같다.
   for (int i = 1; i < n; i++)
   {// i번째 위치에 놓을 정확한 레코드를 찾는다. 이 레코드의 인덱스는 ≥ i이고,
    // 위치 1, 2, ..., i−1인 레코드는 이미 정확하게 자리를 잡고 있다.
      while (first < i) first = link[first];
```

```
        int q = link[first]; // a[q]는 정렬된 순서에서 다음 레코드가 된다
        if (first != i)
        {// a[first]는 i번째 작은 키이다. 레코드를 i번째 위치로 이동한다.
         // 또한 a[i]의 새로운 위치로 링크를 설정한다.
           swap(a[i], a[first]);
           link[first] = link[i];
           link[i] = first;
        }
        first = q;
    }
}
```

프로그램 7.17: 하나의 링크 필드만 사용한 레코드 재배치

예제 7.10: 데이타는 예제 7.9와 같다. 리스트 정렬 후 그림 7.10(a)와 같은 배치를 얻을 수 있다. *List*2에 있는 **for** 루프를 처음 다섯 번 반복한 뒤의 상태가 그림 7.12이다. □

***List*2의 분석:** *List*2에서의 레코드 이동 순서는 *List*1과 동일하다. 그러므로 최악의 경우 $3(n-1)$의 레코드가 이동되고 총 비용은 $O(nm)$이다. **while** 루프에서 어떠한 노드도 두 번 이상 검사되지 않는다. 이 **while** 루프의 전체 연산 시간은 $O(n)$이다. □

*List*1과 *List*2는 같은 점근적 연산 시간을 가지며 이동되는 레코드 수도 같지만, 두 레코드를 교환할 때 *List*1은 *List*2보다 많은 일을 해야 하므로 *List*2가 *List*1보다 연산 시간이 조금 더 빠르다. *List*2가 공간과 시간적인 면에서 *List*1보다 우수하다.

리스트 정렬 기법은 퀵 정렬이나 히프 정렬에는 적당하지 않다. 히프 정렬에서는 히프를 순차적으로 표현하는 것이 핵심이다. 리스트 정렬에 적절한 방법뿐만 아니라 이러한 정렬 방법을 위해 한 레코드에 대응하는 한 엔트리로 구성된 보조 테이블 t를 유지할 수 있다. 이 테이블의 엔트리는 레코드의 간접 참조를 할 수 있게 한다.

정렬을 시작할 때 $t[i] = i,\ 1 \le i \le n$이다. 정렬 함수가 $a[i]$와 $a[j]$를 교환해야 된다면 테이블의 엔트리 $t[i]$와 $t[j]$만 교환되게 한다. 정렬이 다 끝나면 $a[t[1]]$은 키가 가장 작은 레코드가 되고, $a[t[n]]$은 키가 가장 큰 레코드가 된다. 정렬된 레코드의 순열은 $a[t[1]], a[t[2]], ..., a[t[n]]$이 된다(그림 7.13 참조). 이 테이블은 이진 탐색에서와 같이 순차적으로 정렬된 리스트가 필요한 경우에도 적합하다. 그러나 일부 응용에서는 t에 나타난 순열에 따라 레코드를 물리적으로 재배치해야 될 경우도 있다.

순열 $t[1], t[2], ..., t[n]$에 대응하는 레코드들을 재배치하는 함수는 수학에 근거한 정리의 재미있는 응용이다: 모든 순열은 분리된 사이클로 만들어진다. 어떤 원소 i에 대한 사이클은 $i, t[i], t^2[i], ..., t^k[i]$로 만들어지는데, 여기서 $t^j[i] = t[t^{j-1}[i]],\ t^0[i] = i,\ t^k[i] = i$이다. 그러므로 그림 7.13에서의 순열 t는 두 개의 사이클, 첫 번째는 R_1과 R_5를 포함하는 사이클과 두 번째는 R_4, R_3, R_2를 포함하는 사이클을 가진다.

i	$\mathbf{R_1}$	R_2	R_3	$\mathbf{R_4}$	R_5	R_6	R_7	R_8	R_9	R_{10}
key	**1**	5	77	**26**	61	11	59	15	48	19
link	**4**	6	0	**9**	3	8	5	10	7	1

(a) *List2*의 **for** 루프가 첫 번째 반복된 뒤의 모양, *first* = 2

i	R_1	R_2	R_3	R_4	R_5	R_6	R_7	R_8	R_9	R_{10}
key	1	5	77	26	61	11	59	15	48	19
link	4	6	0	9	3	8	5	10	7	1

(b) 두 번째 반복된 뒤의 모양, *first* = 6

i	R_1	R_2	$\mathbf{R_3}$	R_4	R_5	$\mathbf{R_6}$	R_7	R_8	R_9	R_{10}
key	1	5	**11**	26	61	**77**	59	15	48	19
link	4	6	**6**	9	3	**0**	5	10	7	1

(c) 세 번째 반복된 뒤의 모양, *first* = 8

i	R_1	R_2	R_3	$\mathbf{R_4}$	R_5	R_6	R_7	$\mathbf{R_8}$	R_9	R_{10}
key	1	5	11	**15**	61	77	59	**26**	48	19
link	4	6	6	**8**	3	0	5	**9**	7	1

(d) 네 번째 반복된 뒤의 모양, *first* = 10

i	R_1	R_2	R_3	R_4	$\mathbf{R_5}$	R_6	R_7	R_8	R_9	$\mathbf{R_{10}}$
key	1	5	11	15	**19**	77	59	26	48	**61**
link	4	6	6	8	**10**	0	5	9	7	**3**

(e) 다섯 번째 반복된 뒤의 모양, *first* = 1

그림 7.12 *List2*(프로그램 7.17)의 예제

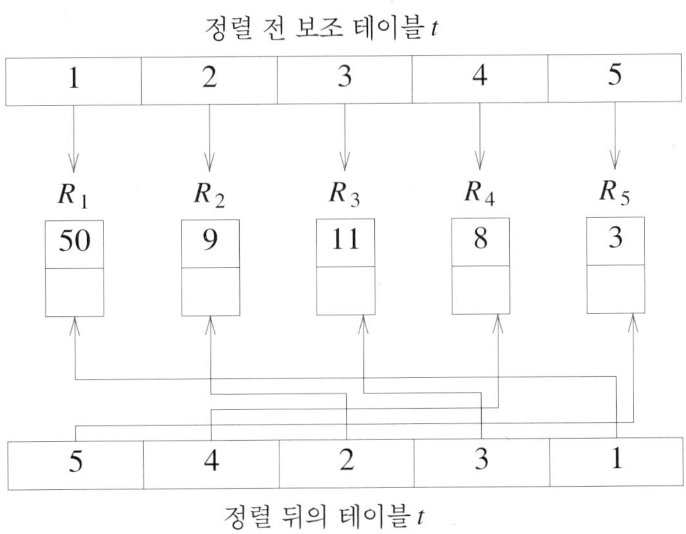

그림 7.13 테이블 정렬

함수 *Table*(프로그램 7.18)은 순열의 사이클 분해를 이용하고 있다. 제일 먼저 R_1을 포함하는 사이클을 따라가서 모든 레코드들을 그들의 정확한 위치로 이동시킨다. 그 다음 R_2가 포함된 사이클이 검사되지 않았다면 이 사이클을 검사한다. 다음에 $R_3, R_4, ..., R_{n-1}$에 대한 사이클을 차례로 검사한다. 이 결과는 물리적으로 정렬된 리스트가 된다.

```
template <class T>
void Table(T *a, const int n, int *t)
{// a[1:n]을 리스트 a[t[1]], ··· , a[t[n]], n ≥ 1에 대응되도록 재배치한다.
    for (int i = 1; i < n; i++)
        if (t[i] != i) {// i에서 시작하는 사이클이 있다
            T p = a[i];
            int j = i;
            do {
                int k = t[j]; a[j] = a[k]; t[j] = j;
                j = k;
            } while (t[j] != i);
            a[j] = p; // j는 레코드 p를 위한 위치
            t[j] = j;
        }
}
```

프로그램 7.18: 테이블 정렬

어떤 레코드 R_i에 대한 당연한 사이클(즉 $t[i] = i$)을 처리할 때, 조건 $t[i] = i$는 i번째로 작은 키를 가진 레코드가 R_i라는 것을 의미하므로 레코드 R_i가 관련된 어떠한 재배치도 필요 없게 된다. 그러나 레코드 R_i에 대해 비당연 사이클(즉 $t[i] \neq i$)을 처리할 때는, R_i를 임시 위치 p로 이동하고, $t[i]$에 있는 레코드를 i로 이동한다. 다음에 $t[t[i]]$의 레코드를 $t[i]$로 이동한다. 이런 식으로 계속해서 사이클의 끝인 $t^k[i]$까지 도달해서 p에 있는 레코드가 $t^{k-1}[i]$로 이동할 때까지 계속한다.

예제 7.11: 그림 7.14(a)의 테이블 t를 가지고 시작한다고 가정하자. 이 그림은 레코드 키도 보여 준다. 테이블 구성은 테이블 정렬에 따른다. t로 명기된 순열에는 두 개의 비당연 사이클이 존재한다. 첫 번째 사이클은 R_1, R_3, R_8, R_6, R_1이고, 두 번째 사이클은 R_4, R_5, R_7, R_4이다. 함수 *Table*(프로그램 7.18)의 **for** 루프의 첫 번째 반복($i = 1$)에는 사이클 $R_1, R_{t[1]}, R_{t^2[1]}, R_{t^3[1]}, R_1$ 순으로 수행된다. 즉 레코드 R_1은 임시 장소 p로, $R_{t[1]}$(즉 R_3)은 R_1의 위치로, $R_{t^2[1]}$(즉 R_8)은 R_3의 위치로, R_6은 R_8의 위치로, 그리고 마지막으로 p는 R_6의 위치로 이동된다. 그래서 첫 번째 반복이 끝나면 그림 7.14(b)와 같은 상태가 된다.

	R_1	R_2	R_3	R_4	R_5	R_6	R_7	R_8
key	35	14	12	42	26	50	31	18
t	3	2	8	5	7	1	4	6

(a) 초기 모양

key	12	14	18	42	26	35	31	50
t	1	2	3	5	7	6	4	8

(b) 첫 번째 사이클의 재배치 뒤의 모양

key	12	14	18	26	31	35	42	50
t	1	2	3	4	5	6	7	8

(c) 두 번째 사이클의 재배치 뒤의 모양

그림 7.14 테이블 정렬 예제

$i = 2$ 또는 3에 대해서는 $t[i] = i$가 되는데, 이것은 이 레코드들이 이미 자기 위치에 있다는 것을 의미한다. $i = 4$일 때, 다음 비당연 사이클을 발견하고, 이 사이클(R_4, R_5, R_7, R_4)에 있는 레코드들을 자기의 정확한 위치로 이동시킨다. 이렇게 처리한 뒤에는 그림 7.14(c)와 같이 된다.

i의 나머지($i = 5, 6, 7$)에 대해서는 $t[i] = i$이고 더 이상 비당연 사이클은 발견되지 않는다. □

***Table*의 분석**: 각 레코드가 m개 워드의 기억 장소를 사용한다면 추가로 필요한 기억 장소는 p를 위한 m개 워드와 i, j, k와 같은 변수를 위한 기억 장소뿐이다. 연산 시간을 알아보려면 우선 **for** 루프가 $n-1$번 반복됨을 알아야 한다. 만일 i의 어떤 값에 대하여 $t[i] \neq i$라면, $k > 1$개의 서로 다른 레코드 R_i, $R_{t[i]}$, ..., $R_{t^{k-1}[i]}$를 포함하는 비당연 사이클이 존재한다. 이 레코드들을 재배치하려면 $k + 1$개의 레코드를 이동시켜야 한다. 다음에 알고리즘 내에서 모든 레코드 R_j에 대해 $t[j] = j$일 때 이 사이클과 관계된 레코드는 다시 이동하지 않는다. 따라서 어떠한 레코드도 서로 다른 두 비당연 사이클에 있을 수 없다. **for** 루프에서 $i = l$일 때 R_l에서 시작하는 비당연 사이클의 레코드 수를 k_l이라 하고, 당연 사이클에 대해서는 $k_l = 0$이라 하자. 그러면 이동되는 레코드의 총수는 다음과 같다.

$$\sum_{l=0, k_l \neq 0}^{n-1} (k_l + 1)$$

비당연 사이클에 속하는 레코드들은 전부 서로 다르기 때문에 $\sum k_l \leq n$이 된다. 따라서 이동되는 레코드의 총수는 $\sum k_l \leq n$일 때 최대가 되며, 이때에는 $\lfloor n/2 \rfloor$개의 사이클이 존재한다. n이 짝수이면 각 사이클은 두 개의 레코드를 가지며, 그렇지 않으면 한 개의 사이클만 세 개의 레코드를 가지고 나머지 두 사이클은 두 개씩 가진다. 두 경우 모두 이동된 레코드의 수는 $\lfloor 3n/2 \rfloor$이다. 레코드 한 개를 움직일 때마다 O(m) 시간이 걸리므로 전체 연산 시간은 O(mn)이 된다. □

*List*2(프로그램 7.17)와 *Table*을 비교해 보면, 최악의 경우 *Table*에서는 단지 $\lfloor 3n/2 \rfloor$개의 레코드가 이동되지만 *List*2에서는 $3(n-1)$개의 레코드가 이동하는 것을 알 수 있다. m 값이 클 때에는 테이블 정렬에 대응되는 테이블 t를 만들기 위해 정렬된 레코드 리스트에 대하여 한 번의 패스를 수행하는 것이 충분한 가치가 있다. 이것은 $O(n)$ 시간이 걸린다. 그런 다음에는 t로 명기된 순서대로 레코드들을 재배치하기 위해 *Table*을 사용할 수도 있다.

연습문제

1. 예제 7.9를 완성하라.
2. 예제 7.10을 완성하라.
3. 레코드의 연결 체인에 대해 동작하는 선택 정렬(1장 참조) 버전을 만들라.
4. 퀵 정렬의 테이블 정렬 버전을 만들라. 정렬되는 동안 레코드들은 물리적으로 이동되지 않는 대신에 레코드들이 *QuickSort*(프로그램 7.6)처럼 물리적으로 이동되었을 때 있어야 할 위치 i의 레코드의 인덱스가 $t[i]$ 값이 되도록 한다. $t[i] = i(1 \le i \le n)$으로 시작한다. 정렬이 끝나면 $t[i]$는 정렬된 리스트의 i번째 위치에 있어야 하는 레코드의 인덱스를 가리킨다. 이제 함수 *Table*은 t로 명기된 정렬 순서대로 레코드를 재배치하는 데 사용될 수 있다. 대형 레코드의 경우에 *QuickSort*와 비교하여 데이타 이동 양이 감소된다는 것에 주의하라.
5. 삽입 정렬에 대하여 연습문제 4를 반복하라.
6. 합병 정렬에 대하여 연습문제 4를 반복하라.
7. 히프 정렬에 대하여 연습문제 4를 반복하라.

7.9 내부 정렬 요약

지금까지 살펴본 몇 가지 정렬 방법 중에서 어떤 것도 모든 경우에 최선이라고 말할 수는 없다. 어떤 방법은 n이 작을 때 좋고 어떤 것은 n이 클 때 좋다. 삽입 정렬은 리스트가 이미 부분적으로 정렬되어 있을 때 좋다. 또한 오버헤드가 낮아서 '작은' n에 대해서 가장 좋은 정렬 방법이 된다. 합병 정렬은 최악의 경우에 가장 좋은 방법이지만 히프 정렬에 비해서 더 많은 공간을 필요로 한다. 퀵 정렬은 평균 성능이 가장 좋은 방법이지만, 최악의 경우에는 $O(n^2)$이 된다. 기수 정렬의 성능은 키의 크기와 r의 선택에 영향을 받는다. 그림 7.15는 이러한 정렬 방법의 처음 네 가지에 대한 점근적 복잡도를 요약한 것이다.

그림 7.16은 그림 7.15의 네 정렬 방법에 대한 평균 실행 시간을 보여 주고 있다. 이 시간들은 512 MB RAM을 가진 1.7GHz Intel Pentium 4 PC와 Microsoft Visual Studio .NET 2003으로 얻은 것이다. 각 n에 대해서 최소 100개의 임의로 생성된 정수가 실행되었다. 임의 정수는 C++ 함수 *rand*를 반복적으로 호출함으로써 생성되었다. 이 수들을 정렬하는 데 걸린 시간이 1초 미만이면 전체 걸린 시간이 이만큼 될 때까지 추가로 정수들이 정렬되었다. 그림 7.16에 있는 시간은 임의 데이타를 설정하는 데 걸린 시간도 포함하고 있다. 그 결과로서, 그림 7.16은 비교 목적으로는 유용하다. 이 그림의 데이타는 그

방법	최악	평균
Insertion 정렬	n^2	n^2
Heap 정렬	$n\log n$	$n\log n$
Merge 정렬	$n\log n$	$n\log n$
Quick 정렬	n^2	$n\log n$

그림 7.15 정렬 방법들의 비교

n	*Insert*	*Heap*	*Merge*	*Quick*
0	0.000	0.000	0.000	0.000
50	0.004	0.009	0.008	0.006
100	0.011	0.019	0.017	0.013
200	0.033	0.042	0.037	0.029
300	0.067	0.066	0.059	0.045
400	0.117	0.090	0.079	0.061
500	0.179	0.116	0.100	0.079
1000	0.662	0.245	0.213	0.169
2000	2.439	0.519	0.459	0.358
3000	5.390	0.809	0.721	0.560
4000	9.530	1.105	0.972	0.761
5000	15.935	1.410	1.271	0.970

시간은 밀리세컨드

그림 7.16 정렬 방법들에 대한 평균 시간

림 7.17에 그래프로 표시되어 있다.

그림 7.17이 보여 주듯이, 퀵 정렬이 적절히 큰 n에 대해 다른 정렬 방법보다 성능이 우수하다. 50과 100 사이에 삽입과 퀵 정렬이 분리하는 점을 볼 수 있다. 정확한 분리점은 50과 100 사이의 n에 대한 실행 데이타를 얻음으로써 실험적으로 찾을 수 있다. 이 정확한 분리점을 *nBreak*라 하자. 평균 성능에 있어서 $n < nBreak$일 때 삽입 정렬이 가장 좋은 정렬 방법(검사한 방법 중에서)이고, $n > nBreak$일 때 퀵 정렬이 가장 좋다. 삽입과 퀵 정렬을 프로그램 7.19에 다음과 같은 명령문을 대체하여 하나의 정렬 함수로 조합을 하면 $n > nBreak$에 대한 퀵 정렬의 성능을 개선할 수 있다.

```
if(left < right) {
    분할과 순환 호출을 하는 코드
}
```

를 다음 코드로 대체한다.

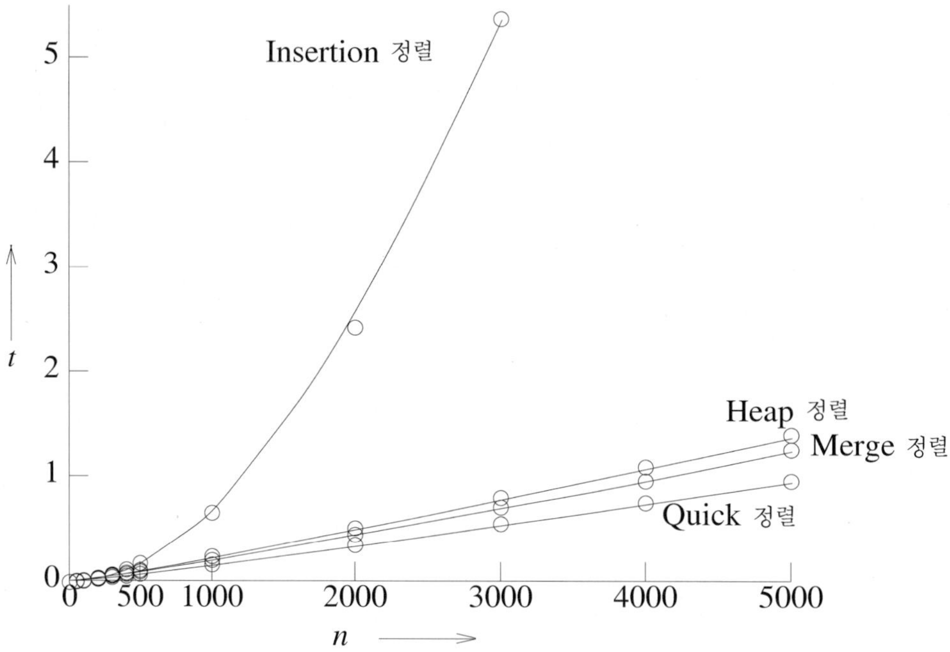

그림 7.17 평균 시간(밀리세컨드)의 그래프

```
if(left + nBreak < right) {
    분할과 순환 호출을 하는 코드
}
else{
        삽입 정렬로 a[left:right]을 정렬;
        return;
}
```

최악의 경우에, $n > c$에 대해 합병 정렬이 가장 좋게 보여 주고 있다. 여기서 c는 어떤 상수이다. $n \le c$에 대해서는, 삽입 정렬이 최악의 경우 가장 좋다. 삽입 정렬의 성능을 개선하기 위해서는 위에서 설명한 삽입 정렬과 퀵 정렬의 조합과 비슷한 방법으로 삽입 정렬과 합병 정렬을 조합하면 된다.

정렬 방법에 대한 실행 결과는 점근적 복잡도 분석의 한계를 드러내고 있다. 점근적 분석은 작은 수들에 대해서는 좋은 성능 지수가 되지 못한다. O(n^2) 복잡도를 가진 삽입 정렬이 모든 O($n \log n$) 방법보다 작은 수에 대해서는 더 좋다. 똑같은 점근적 복잡도를 가진 프로그램들이 자주 실제로 상이한 실행 시간을 갖는다.

C++의 정렬 방법

만일 여러분이 STL 정렬 함수 *sort*를 개발해야 했다면, 어떻게 했겠는가? 최악의 경우의 성능을 최적화하는 방법을 채택했겠는가 아니면 평균 성능을 최적화하는 방법을 채택했겠는가? 정렬 방법을 안정적인 것(즉 크기가 같은 원소의 상대적 순서를 변경하지 않는 방법)으로 한정했겠는가?

C++ 정렬 함수 개발자들은 평균 성능을 최적화하는 방법을 선택하였고, 분할 횟수가 어떤 상수 $\log_2 n$을 넘으면 히프 정렬로 되돌아가고, 세그먼트 크기가 작게 되면 삽입 정렬로 되돌아가는 수정된 퀵 정렬을 사용하였다. STL 함수 *stable_sort*는 세그먼트 크기가 작게 될 때 삽입 정렬로 되돌아가는 합병 정렬을 사용하고 있다. STL 함수 *partial_sort*는 히프 정렬을 기반으로 하고 있고, 처음 *k* 원소만 정렬해야 할 필요가 있을 때 중지할 수 있는 능력을 가지고 있다.

연습문제

1. [**카운트 정렬**] 정렬된 리스트에서 한 레코드의 위치는 보다 작은 키를 가진 레코드의 수에 영향을 받는다는 사실로부터 가장 단순한 방법으로 알려진 정렬 방법이 개발되었다. 각 레코드는 카운트 필드를 가지고 있고, 이것은 정렬된 리스트에서 자신보다 앞에 있어야 하는 레코드의 수를 결정한다. 정렬되지 않은 리스트에서 각 레코드의 카운트를 결정하는 함수를 작성하라. 리스트에 n개의 레코드가 있으면, 모든 카운트는 최대 $n(n-1)/2$번의 키 비교로 결정할 수 있다는 것을 증명하라.
2. 만일 각 레코드가 정렬된 리스트에서 자기 앞에 있어야 하는 레코드의 수를 나타내는 카운트를 가지고 있다고 할 때, 리스트의 레코드를 재정렬하는 함수를 *Table*(프로그램 7.18)과 비슷하게 작성하라(연습문제 1 참조).
3. 최악의 실행 시간에 대해 그림 7.18과 그림 7.19를 만들라.
4. [**프로그래밍 과제**] 이 과제의 목적은 최악의 시간 기준에서도 좋은 성능을 보이는 복합 정렬 함수를 개발하는 것이다. 후보 정렬 방법은 (a) 삽입 정렬, (b) 퀵 정렬, (c) 합병 정렬, (d) 히프 정렬이다.

먼저 C++로 이 정렬 방법들에 대한 프로그램을 작성한다. 각 경우에 대하여 n개의 정수를 정렬한다고 가정하라. 퀵 정렬에서는 세 값의 메디안 방법을 사용하라. 합병 정렬에서는 반복 알고리즘을 사용하라(원한다면 별도의 연습문제로 합병 정렬의 순환 버전과 반복 버전의 실행 시간을 비교해서 사용하는 언어와 컴파일러에서 순환의 오버헤드를 측정할 수 있을 것이다). 테스트 데이타를 이용하여 프로그램의 정확성을 검사하라. 이 책에는 매우 자세하게 동작하고 있는 함수가 나와 있으므로 이 부분은 쉽게 할 수 있을 것이다. 어떤 경우에도 이 단계가 끝날 때까지는 점수를 얻지 못할 것이다.

상당히 정확한 실행 시간을 얻기 위해서는 사용하는 시계 또는 타이머의 정확도를 알아야 한다. 이것은 해당 매뉴얼을 참고하여 결정하라. 이 시계 정확도를 δ라 하자. 이제 네 정렬 함수들의 대체적인 실행 시간을 알아보기 위해서 n이 500, 1000, 2000, 3000, 4000, 5000인 경우에 대해서 시험적으로 실행해 보자. n의 많은 값들에 대해서 실행 시간이 0이 되는 것을 알 것이다. 다른 시간도 시계의 정확도보다 그렇게 큰 값이 되지는 않을 것이다.

시계의 정확도에 가깝거나 보다 작은 사건 시간을 재기 위해서는 여러 번 반복해서 사건 시간을 측정하고 전체 시간을 반복 횟수로 나누어 주면 된다. 1% 이내의 정확도를 가진 시간을 구해야 한다.

네 정렬 방식 각각에 대하여 최악의 데이타가 필요하다. 삽입 정렬의 경우에는 최악의 데이타를 쉽게 만들 수 있다. 즉 n, $n-1$, $n-2$, ..., 1의 순차를 사용하면 된다. 합병 정렬에 대한 최악의 경우의 데이타는 후방으로 작업하면 얻을 수 있다. 함수가 실행해야 할 마지막 합병부터 시작하되 이 작업을 가장 열심히 하라. 그 다음에는 끝에서 두 번째의 합병을 처리하는 방식으로 계속한다. 위의 각 n 값에 대하여 합병 정렬을 위한 최악의 경우의 데이타를 생성할 프로그램을 얻기 위해 이 논리를 사용하라.

히프 정렬을 위한 최악의 데이타를 만드는 것이 가장 어렵다. 그래서 여기서는 임의 순열 생성기(프로그램 7.20에 하나가 있다)를 사용한다. 원하는 크기로 임의 순열들을 생성하여 이들 각각에 대하여 히프 정렬하는 시간을 측정하고, 이 중 최대 시간을 개략적인 최악의 시간 값으로 사용한다. 큰 값보다 작은 n 값에 대하여 더 많은 임의 순열을 사용할 수 있을 것이다. 어떤 n 값에 대해서도 10개 미만의 순열을 사용해서는 안 된다. 동일한 방법으로 퀵 정렬에 대한 최악의 시간을 얻는다.

```
template <class T>
void Permute(T *a, int n)
{// 임의 순열 생성기.
    for (int i = n; i >= 2; i--)
    {
        int j = rand() % i + 1; // j = random integer in the range [1, i]
        swap(a[j], a[i]);
    }
}
```

프로그램 7.20: 임의 순열 생성기

테스트 데이타가 결정되면 실험을 위한 준비가 끝난다. 이제 최악의 경우에 대한 시간을 구하라. 구한 시간으로부터 어떤 함수가 보다 우수하다는 개략적인 판단을 얻을 것이다. 이제 실험의 범위를 좁혀서 하나의 정렬 방법이 다른 것보다 우수해지는 정확한 n 값을 결정하라. 어떤 방법에 대해서는 이 값이 0이 될 것이다. 예를 들어 다른 세 방법이 n의 모든 값에 대해서 퀵 정렬보다 빠를 수 있다.

측정값을 하나의 그래프 용지에 표시하라. 삽입 정렬과 퀵 정렬에 대해서 n^2의 성능을 볼 수 있는가? 그리고 다른 두 알고리즘에 대해서 적당히 큰 n의 경우(약 $n > 20$) $n\log n$의 성능을 볼 수 있는가? 그렇지 않다면 테스트나 시계 혹은 양쪽 모두에 어떤 잘못이 있는 것이다. 각 n 값에 대해서 가장 빠른 정렬 함수를 결정하라(단지 그래프를 보면 된다). 모든 n값에 대해서 가장 좋은 성능을 가질 것으로 보이는 복합 함수를 작성하라. 이 함수의 수행 시간을 측정하여 위에서 사용한 그래프 용지에 표시하라.

제출물

다음 사항이 포함된 보고서를 제출해야 한다: 시계의 정확도, 히프 정렬에 사용한 임의 순열 개수,

합병 정렬에 사용한 최악의 데이타와 그것을 만든 방법, 위에 제시된 n 값들에 대한 수행 시간 테이블, 좁혀진 범위에 대한 수행 시간들, 그래프, 복합 함수에 대한 수행 시간 테이블. 이와 더불어 사용했던 완전한 프로그램 리스트도 함께 제출한다(여기에는 정렬 함수와 함께 시간을 측정하고 테스트 데이타를 생성하는 주 프로그램이 포함된다).

5. 앞의 연습문제를 평균 실행 시간에 대하여 반복하라. 평균적인 경우의 데이타를 생성하는 것은 매우 어렵다. 따라서 임의 순열을 이용하라. 그러나 이번에는 시계의 부정확도를 보완하기 위해서 하나의 순열에 대하여 여러 번 반복할 필요는 없다. 대신 각 순열을 한 번만 사용하고 (고정된 n에 대해서) 전체 수행 시간을 측정한다.
6. 다섯 문자로 된 영어 단어 리스트가 주어지고, 이 단어들을 순차로 나열해야 한다고 하자. 각 순차의 단어들은 철자 바꾸기(anagram) 단어들이다(즉 x와 y가 같은 순차의 단어들이면, 단어 x는 단어 y의 한 순열이다). 이러한 순차 수가 최소가 되게 리스트를 만들어 보라. 이러한 제약 조건하에서는 어떤 단어도 두 개 이상의 순차에 나타날 수 없음을 증명하라. 이 문제를 어떻게 풀 것인가?
7. 당신이 작은 도시의 인구조사 회사에서 일하고 있고, 3000개 정도의 레코드는 적은 양이어서 충분히 컴퓨터의 내부 메모리가 수용할 수 있다고 가정하자. 이 도시에 현재 살고 있는 사람들은 모두 미국에서 태어났다. 이 도시의 각 주민에 대해서 한 개의 레코드가 있다. 각 레코드는 (a) 주민이 태어난 주, (b) 태어난 군, 그리고 (c) 주민의 이름을 가지고 있다. 당신은 어떻게 이 도시에 사는 모든 사람들의 리스트를 만들 것인가? 이 리스트는 주별로 정렬되어야한다. 각 주에 대해서 주민은 군별로 정렬되고, 군은 알파벳 순으로 정렬되어야 한다. 각 군에 대해서는 주민 이름이 알파벳 순으로 정렬되어야 한다. 가정한 것이 있으면 설명하라.
8. [**버블 정렬**(bubble sort)] 버블 정렬에서는 정렬될 레코드의 배열에 대해서 여러 번 왼쪽-오른쪽 패스가 만들어진다. 각 패스에서 인접한 레코드의 쌍이 비교되고 필요하면 서로 교환된다. 어떤 레코드도 교환되지 않은 패스 다음에는 정렬이 끝난다.
   (a) 버블 정렬을 C++ 함수로 작성하라.
   (b) 이 함수에 대한 최악의 복잡도는?
   (c) 정렬된 레코드 배열에 대해서는 얼마만큼의 시간이 걸리는가?
   (d) 정렬할 순서의 정반대로 되어 있는 배열에 대해서는 얼마만큼의 시간이 걸리는가?
9. 앞의 연습문제를 정렬이 안 된 레코드의 체인에서 시작해서 정렬된 체인에서 끝나도록 반복해 보라.
10. [**프로그래밍 과제**] 이 연습문제의 목적은 배열 원소의 크기가 다양한 정렬 알고리즘 계산 시간에 어떻게 영향을 미치는가에 대해서 공부하는 것이다.
    (a) 삽입 정렬, 퀵 정렬, 합병 정렬, 그리고 히프 정렬 함수를 다음 배열을 정렬하는 데 사용해 보라. (*i*) 문자(**char**), (ii) 정수(**int**), (iii) 부동 소수점(**float**), 그리고 (iv) 사각형(사각형은 좌측 하단 점의 좌표와 가로 세로 길이로 표현한다고 가정하고, 이것들의 데이타 타입은 부동 소수점(**float**)이다. 또한 사각형들은 면적에 따라 오름차순으로 정렬된다).
    (b) 위에서 명기한 각 알고리즘-데이타 타입 쌍에 대해 실행 시간들을 구하라(16쌍이 있어야 한다). 한 알고리즘-데이타 타입 쌍에 대한 실행 시간들을 얻기 위해서는 적절한 데이타 타입의 원소들을 포함하는, 크기가 다른 최소한 네 개의 배열에 대해 알고리즘을 수행시켜 보아야 한

다. 배열의 원소는 난수 생성기를 이용하여 만들어야 한다.

(c) 실험 결과를 나타낼 수 있는 테이블과 그래프를 그리라. 이 실험으로 어떤 결론을 얻을 수 있는가?

7.10 외부 정렬

7.10.1 개요

이 절에서는 정렬하려는 리스트가 너무 커서 리스트 전체가 컴퓨터의 메인 메모리에 모두 올라갈 수 없다고 가정한다. 따라서 내부 정렬은 사용할 수 없다. 정렬해야 하는 리스트(또는 화일)는 디스크 상에 있다고 가정한다. 디스크 정렬에 대해 사용하는 모든 개념은 테이프를 사용할 때도 똑같이 적용할 수 있다. 블록(block)이란 용어는 한 번에 디스크로부터 읽거나 디스크에 쓸 수 있는 데이타의 단위를 말한다. 일반적으로 블록은 여러 개의 레코드들로 구성된다. 디스크에 대해서는 판독/기록 시간에 영향을 미치는 세 가지 요소가 있다.

(1) 탐구 시간(seek time): 판독/기록 헤드가 디스크 상의 원하는 실린더로 이동하는 데 걸리는 시간. 이것은 헤드가 가로질러야 하는 실린더 수에 따라 결정된다.
(2) 회전 지연 시간(latency time): 트랙의 해당 섹터가 판독/기록 헤드 밑으로 회전해 올 때까지 걸리는 시간.
(3) 전송 시간(transmission time): 디스크로 또는 디스크로부터 데이타 블록을 전송하는 데 걸리는 시간.

외부 저장 장치에서 정렬을 할 때, 가장 널리 알려진 방법은 합병 정렬(merge sort)이다. 이 방법은 두 단계로 되어 있다. 첫째로, 입력 리스트의 여러 세그먼트들을 좋은 내부 정렬 방법으로 정렬한다. 이 정렬된 세그먼트들을 런(run)이라 하는데 이 런이 생성되면 외부 저장 장치에 기록된다. 둘째로, 첫 단계에서 만들어진 런들은 하나의 런이 될 때까지 그림 7.4의 합병 트리 형식을 따라 합병한다. 간단한 합병 함수 *Merge*(프로그램 7.7)는 합병되는 두 런의 제일 앞에 있는 레코드만 동시에 메인 메모리에 있을 것을 요구하므로 큰 런들의 합병이 가능하다. 이 장에서 고찰한 다른 내부 정렬 방법들을 외부 정렬에 적용하기는 더 어렵다.

예제 7.12: 최대 750개의 레코드만 정렬할 수 있는 내부 메모리를 가지고 있는 컴퓨터를 이용하여 4500개의 레코드로 된 리스트를 정렬한다고 하자. 입력 리스트는 디스크에 저장되어 있고 250 레코드의 블록 길이를 가지고 있다. 또 작업 공간으로 사용할 또 다른 디스크를 갖고 있다. 입력 디스크에는 기록을 하지 않는다. 위에서 개략적으로 기술한 일반 함수를 이용하여 정렬하는 한 가지 방법은 다음과 같다.

(1) 내부적으로 한 번에 세 개의 블록(즉 750개의 레코드)을 정렬해서 여섯 개의 런 $R_1 \sim R_6$을 만든다. 히프 정렬, 합병 정렬, 또는 퀵 정렬 같은 방법을 사용할 수 있다. 이 여섯 개의 런을 작업 디스크에 수록한다(그림 7.20).

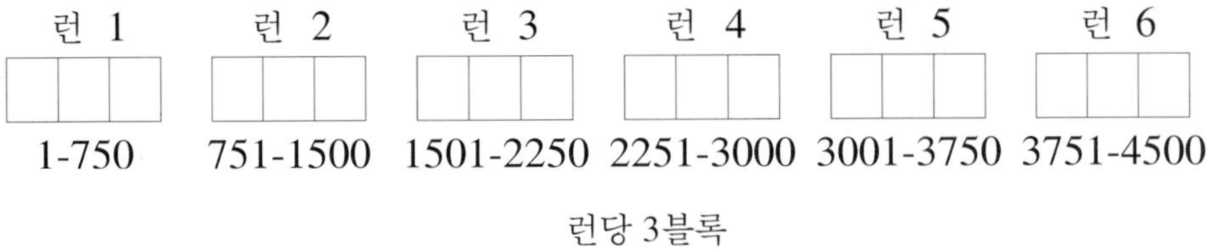

그림 7.20 내부 정렬 후 얻어진 블록화된 런

(2) 내부 메모리에 250개의 레코드를 수용할 수 있는 세 개의 블록을 마련해 둔다. 이 블록 중 두 개는 입력 버퍼로 쓰고 나머지 하나는 출력 버퍼로 쓴다. 런 R_1과 R_2를 합병한다. 먼저 입력 버퍼에 각 런으로부터 블록 하나씩을 읽어들인다. 런의 블록들은 입력 버퍼에서 출력 버퍼로 합병된다. 출력 버퍼가 다 차면 디스크에 기록한다. 입력 버퍼가 공백이 되면 같은 런에서 다음 블록을 읽어들여 다시 채운다. 런 R_1과 R_2를 합병한 뒤 R_3과 R_4 그리고 끝으로 R_5와 R_6을 합병한다. 이 패스가 끝나면 세 개의 런이 생성되고, 각 런은 여섯 개의 블록, 즉 1500개의 정렬된 레코드로 구성된다. 이 런들 중에서 두 개는 위와 같은 입출력 버퍼를 사용하여 3000개의 레코드를 가진 런으로 합병한다. 끝으로 이 런은 1500개의 레코드를 가진 나머지 런과 합병하여 전체 화일을 정렬한다(그림 7.21). □

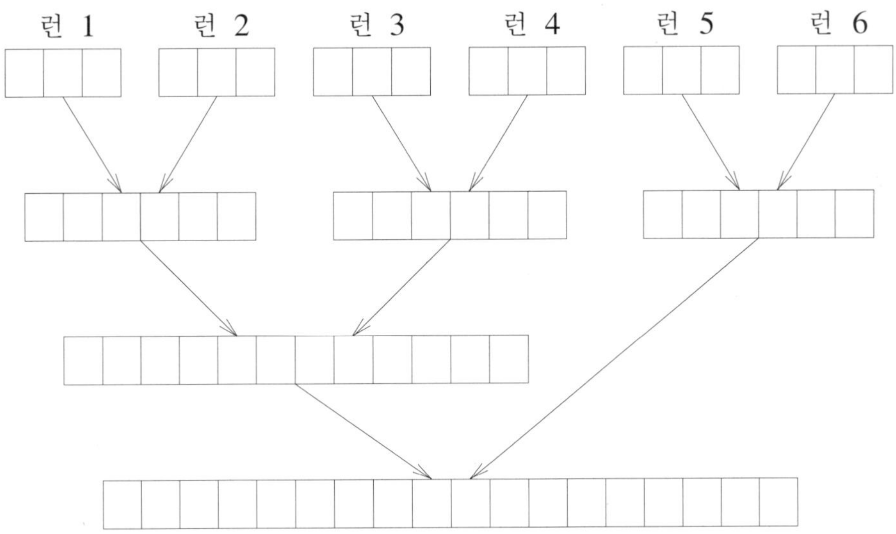

그림 7.21 여섯 개 런의 합병

외부 정렬의 복잡도를 분석하기 위해서 다음과 같은 표기법을 사용한다.

t_s = 최대 탐구 시간

t_l = 최대 회전 지연 시간

t_{rw} = 250개의 레코드로 구성된 한 블록을 읽거나 쓰는 데 걸리는 시간

t_{IO} = 한 블록을 입력 또는 출력하는 데 걸리는 시간

$= t_s + t_l + t_{rw}$

t_{IS} = 750개의 레코드를 내부적으로 정렬하는 시간

nt_m = 입력 버퍼에서 출력 버퍼로 n개의 레코드를 합병하는 데 걸리는 시간

디스크에 한 블록을 읽거나 쓸 때는 언제나 최대 탐구 시간과 최대 회전 지연 시간이 필요하다고 가정한다. 실제로는 꼭 이렇게 되는 것은 아니지만 이렇게 함으로써 분석이 간단해진다. 제시된 4500개의 레코드 예제의 각 연산에 대한 계산 시간은 그림 7.22와 같다.

연산	시간
(1) 18 블록의 입력 판독: $18t_{IO}$ 내부 정렬: $6t_{IS}$ 18 블록 기록: $18t_{IO}$	$36t_{IO} + 6t_{IS}$
(2) 1~6런을 쌍으로 합병	$36t_{IO} + 4500t_m$
(3) 두 개의 1500 레코드로 된 런을 합병(12 블록)	$24t_{IO} + 3000t_m$
(4) 3000 레코드의 런과 1500 레코드의 런을 합병	$36t_{IO} + 4500t_m$
전체 시간	$132t_{IO} + 12000t_m + 6t_{IS}$

그림 7.22 디스크 정렬 예제에 대한 계산 시간

같은 실린더나 인접한 실린더에 데이타 블록을 기록하면 탐구 시간을 줄일 수 있다. 최종 연산 시간을 자세히 살펴보면 주로 데이타를 처리하는 데 필요한 패스 수에 의존하고 있다는 것을 알 수 있다. 내부 정렬을 위하여 데이타를 처리하는 초기 입력 패스 이외에 런을 합병하는 데는 총 $2\frac{2}{3}$개의 패스가 필요하다.(길이가 750 레코드인 여섯 개의 런을 합병하는 데 1, 길이가 1500인 두 개의 런을 합병하는 데 $\frac{2}{3}$, 길이 3000인 런과 1500인 런을 처리하는 데 1개의 패스가 필요하다.) 한 패스에서는 18개의 블록을 처리할 수 있기 때문에 입력과 출력 시간은 $2\times(2\frac{2}{3} + 1)\times 18t_{IO} = 132t_{IO}$이다. 여기서 앞에 2를 곱한 것은 판독한 레코드는 다시 기록되기 때문이다. 합병 시간은 $2\frac{2}{3}\times 4500t_m = 12{,}000t_m$이 된다. 전체 연산 시간과 데이타를 처리하는 패스 수와는 밀접한 관계가 있기 때문에 다음의 분석은 주로 처리 패스 수가

얼마인가에 대해 관심을 둘 것이다. 위의 정렬에 대해 또 하나 주목해야 할 사항은 컴퓨터가 입출력과 CPU 명령을 병렬로 처리할 수 있다는 것을 고려하지 않았기 때문에 실행 시간이 좀더 많이 계산되었다는 점이다. 가장 이상적인 환경은 입출력 명령과 CPU 명령의 처리가 중첩되게 하여, 실제 시간이 대략 $132t_{IO} \approx 12{,}000t_m + 6t_{IS}$가 되는 것이다.

만약 두 개의 디스크가 있다면 기록을 하면서 다른 한쪽에서는 읽어들이고 이미 버퍼에 있는 것은 합병하는 동작을 병렬로 실행할 수 있을 것이다. 이 경우에 버퍼 길이와 버퍼 처리 방법을 잘 선택하면, 거의 $66t_{IO}$ 시간 내에 처리할 수 있을 것이다. 이러한 병렬 처리는 비다중 프로그래밍 환경에서 정렬이 수행될 경우 중요한 고려 사항이 된다. 이 경우에 입출력과 CPU 처리가 병렬로 수행되지 않는다면 CPU는 입출력 동작 중 아무 일도 할 수 없게 된다. 그러나 다중 프로그래밍 하에서는 정렬 프로그램에서 입출력과 CPU 처리를 병렬로 수행해야 될 필요성이 그렇게 절실한 것은 아니다. 왜냐하면 정렬 프로그램이 그것의 입출력 작업이 끝나기를 기다리는 동안 CPU는 다른 프로그램을 실행할 수 있기 때문이다(만약 시스템 내에 다른 프로그램이 있다면). 실제로 많은 다중 프로그래밍 환경 속에서 운영 체제의 제약 때문에 입력과 출력 그리고 내부 연산을 병렬로 처리하는 것이 가능하지 않을 수 있다.

2원 합병보다 높은 차수의 합병을 이용하면 런에 대해서 일어나는 합병 패스 수를 줄일 수 있다. 입력, 출력, 그리고 합병을 병렬적으로 처리하기 위해서는 적당한 버퍼 관리 방법이 필요하다. 위에서 제시한 방법에 의해 만들어지는 런보다 더 적은 수의(또는 길이가 더 긴) 런을 만들 수 있다면 실행 시에 또 다른 성능 향상을 얻을 수 있다. 이것은 패자 트리(loser-tree)를 이용함으로써 가능하다. 7.10.4절에서 논의될 패자 트리 방식을 이용하면 런의 길이가 위의 방법보다 평균적으로 거의 두 배나 길어진다. 그렇지만 생성된 런은 다양한 크기를 가지게 된다. 결국, 런을 합병하는 차수가 모든 런들을 하나로 합병하는 데 소요되는 시간에 영향을 미친다. 이제 이러한 영향을 고려해 보자.

7.10.2 *k*원 합병

2원 합병(2-way merge) 함수 *Merge*(프로그램 7.7)는 그림 7.21의 합병 함수와 거의 같다. 일반적으로 m개의 런이 있다면 그림 7.21에 대응하는 합병 트리는 $\lceil \log_2 m \rceil + 1$의 레벨을 가지고, 데이타 리스트 합병을 위하여 총 $\lceil \log_2 m \rceil$개의 패스가 필요하다. 데이타의 패스 수는 고차 합병(즉 k원 합병, $k \geq 2$)을 사용함으로써 줄일 수 있다. 이 경우에, 동시에 k개의 런을 합병하는 것이다. 그림 7.23은 16개의 런에 대한 4원 합병을 보여 주고 있다. 데이타 패스 수는 2원인 경우에 4였지만 이제는 2가 되었다. 일반적으로 m개의 런에 대한 k원 합병은 $\lceil \log_k m \rceil$ 패스가 필요하다. 따라서 입출력 시간은 고차 합병을 이용하면 감소시킬 수 있다.

그러나 고차 합병은 정렬에 다른 영향을 미친다. 첫째로, 크기가 각각 $s_1, s_2, s_3, \ldots, s_k$인 k개의 런들은 더 이상 $O(\sum_1^k s_i)$ 시간에 내부적으로 합병될 수가 없다. k원 합병에서도 2원 합병의 경우와 같이 다음에 출력될 레코드는 런들 중 가장 작은 키를 가지고 있는 레코드가 된다. 가장 작은 레코드는 k개의 런에서 맨 앞에 나오는 k개의 레코드 중 하나가 된다. k개의 런을 합병하는 가장 직접적인 방법은 출력할 다음 레코드를 결정하기 위해 $k-1$번의 비교를 하는 것이다. 이것을 위한 연산 시간은 $O((k-1)\sum_1^k s_i)$이다. 그리고 데이타 패스 수가 logk$m$번이므로, 키 비교의 전체 횟수는 $n(k-1)\log_k m = n(k-1)\log_2 m/\log_2 k$이다. 여기서 n은 그 리스트에 있는 레코드 수이다. 따라서 $(k-1)/\log_2 k$는 키 비교 횟수가 증가하는 인자

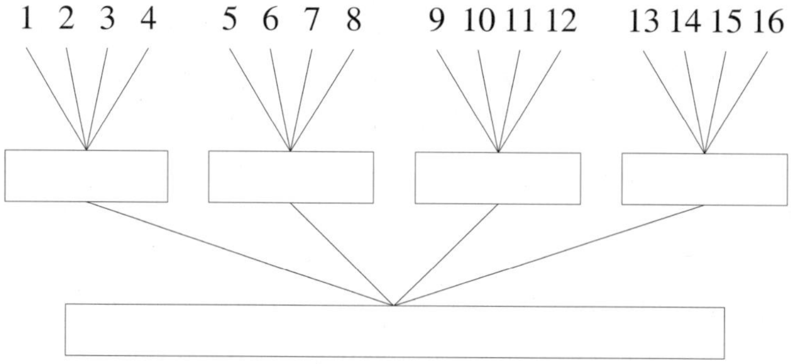

그림 7.23 16개 런에 대한 4원 합병

이다. k가 증가할 때 입출력 시간의 감소는 k원 합병을 수행하는 데 걸리는 CPU 시간의 증가분을 상쇄시킨다.

그러나 k 값이 클 경우(즉 $k \geq 6$), 다음 최소 레코드를 찾는 데 필요한 비교 횟수는 k개의 리프를 가진 패자 트리(5장 참조)를 사용함으로써 상당히 줄일 수 있다. 이 경우에 합병 트리의 레벨당 필요한 전체 시간은 $O(n \log_2 k)$이다. 이 트리의 레벨 수는 $O(\log_k m)$이므로, 근사값의 내부 처리 시간은 $O(n \log_2 k \log_k m) = O(n \log_2 m)$이다. 이것은 k와 무관하다.

고차 합병으로 가면 수행해야 될 데이타의 입출력 양을 줄일 수 있다. 또 내부 처리 속도에서도 큰 손실은 없다. 비록 내부 처리 시간은 합병의 차수에 비교적 민감하게 변하지 않지만 입출력에서의 시간 감소는 데이타 패스 수가 $\log_k m$으로 감소한 만큼은 되지 않는다. 이것은 k원 합병을 수행하는 데 필요한 입력 버퍼의 수가 k만큼 증가했기 때문이다. $k + 1$개의 버퍼면 충분하더라도, $2k + 2$개의 버퍼를 사용하면 더 효율적이라는 것을 다음 절에서 알게 될 것이다. 사용 가능한 내부 메모리는 한정되어 있고 k와는 독립적이므로 버퍼의 크기는 k가 증가함에 따라 감소해야 한다. 마찬가지로 디스크에 있는 블록의 크기도 작아져야 한다. 블록 크기가 작으면 전체 화일을 처리할 때마다 많은 수의 블록을 판독하거나 기록해야 하므로 데이타 블록을 읽을 때 발생하는 탐구 시간과 회전 지연 시간에 영향을 주어 입출력 시간이 증가하게 된다. 그러므로 k가 어떤 값을 넘어가게 되면 패스 수가 감소하였음에도 불구하고 입출력 시간은 증가하게 된다. k에 대한 최적의 값은 디스크 매개변수와 버퍼로 사용될 수 있는 내부 메모리의 크기에 달려 있다.

7.10.3 병렬 연산을 위한 버퍼 관리

만약 k개의 런이 k원 합병에 의해 한꺼번에 합병된다면 합병을 수행하기 위해서는 k개의 입력 버퍼와 한 개의 출력 버퍼가 필요할 것이다. 그러나 이것은 입출력과 내부 합병을 병렬로 처리하기에는 충분하지 않다. 예를 들어 출력 버퍼가 출력될 때 내부 합병은 합병된 레코드를 모아 놓을 곳이 없으므로 잠시 중단되어야 한다. 따라서 이것은 두 개의 출력 버퍼가 있으면 해결된다. 하나가 출력되는 동안 다른 하나에 레코드들이 합병되면 된다. 만약 버퍼의 크기를 정확하게만 선택한다면 하나의 버퍼를 출력하는 시간이 다음 버퍼를 채우는 데 필요한 CPU 시간과 똑같게 된다. k개의 입력 버퍼를 사용할 경우에 내부 합병은 이들 중 하나가 비게 되면 그 런에 해당하는 다음 블록을 읽어올 때까지 중단되어야 한다. 이 입력 지연 시간 또한 $2k$개의 입력 버퍼를 사용하면 해결할 수 있다. 이 $2k$개의 입력 버퍼는 어떠한 런에 대해서도 입력 레코드가 부족해서 합병이 중단되는 상황이 되지 않도록 잘 이용되어야 한다. 단순히 한 개의 런에 두 개의 버퍼를 배당하는 것으로 문제를 해결하는 것은 아니다.

예제 7.13: 2원 합병을 네 개의 입력 버퍼 $in[i](0 \le i \le 3)$와 두 개의 출력 버퍼 $ou[0]$, $ou[1]$을 이용해서 수행한다고 가정하자. 각각의 버퍼에는 두 개의 레코드를 담을 수 있다. 런 0의 처음 몇 개의 레코드 키는 1, 3, 5, 7, 8, 9이다. 그리고 런 1의 처음 몇 개의 레코드 키는 2, 4, 6, 15, 20, 25이다. 버퍼 $in[0]$과 $in[2]$는 런 0에 할당하며 남은 두 개의 버퍼는 런 1에 할당한다. 합병을 시작하면 먼저 두 개의 런으로부터 한 개의 버퍼만큼씩을 읽는다. 이때 버퍼들은 그림 7.24(a)와 같이 된다. 이제 런 0과 런 1을 $in[0]$과 $in[1]$의 레코드를 사용하여 합병한다. 이와 병행해서 런 0으로부터 다음 버퍼만큼의 레코드들을 입력한다. 만약 입력, 출력, 그리고 출력 버퍼를 만드는 시간이 모두 같아지도록 버퍼의 길이를 선택했다고 가정하면, $ou[0]$이 다 찼을 때의 상황은 그림 7.24(b)와 같게 될 것이다. 다음에 $ou[1]$이 출력되고 런 1로부터 $in[3]$으로 입력되며 $ou[1]$에 합병되는 일들을 동시에 실행하게 된다. $ou[1]$이 다 찼을 때는 그림 7.24(c)와 같이 된다. 이런 식으로 계속하면 그림 7.24(e)와 같이 된다. 이제는 $ou[1]$을 출력하고 런 0으로부터 $in[2]$로 입력하며 $ou[0]$에 합병한다. 합병하는 동안 런 0에 있는 모든 레코드는 $ou[0]$이 다 차기 전에 소모되고 만다. 그러므로 합병은 런 0으로부터 또 다른 버퍼에 레코드 입력이 완료될 때까지 지연되어야만 한다. □

예제 7.13은 $2k$개의 입력 버퍼가 충분하게 되려면 각 런에 버퍼 두 개씩을 균등하게 할당해서는 안 된다는 것을 보여 주고 있다. 대신에 버퍼들을 필요에 따라 어떤 런에도 할당할 수 있도록 해야 한다. 여기서 제시할 버퍼 할당 방법에서는 각 런의 레코드를 가지고 있는 입력 버퍼가 적어도 하나는 언제든지 존재한다. 그리고 남아 있는 버퍼는 우선순위에 따라 할당하여 채워지게 한다(즉 k원 합병 알고리즘에 의해 입력 버퍼에 있는 레코드들이 가장 먼저 소모되는 런이 다음 버퍼로 채워지게 되는 런이다). 어떤 런의 입력 버퍼가 가장 먼저 소모될지는, k개의 런 각각에서부터 읽혀진 제일 마지막 레코드의 키를 비교해 보면 쉽게 예견할 수 있다. 즉 가장 작은 키를 가진 런의 버퍼가 먼저 소모된다. 그리고 키가 똑같을 때는 가장 작은 인덱스를 가진 런에 있는 레코드를 먼저 합병한다고 가정한다. 이것은 만약 런 i에서 읽혀진 마지막 레코드의 키가 런 j에서 읽혀진 것과 같고 $i < j$가 성립하면 i에서 읽혀진 레코드가 j보다 먼저 소모되는 것을 의미한다. 그래서 어떤 런은 두 개 이상의 버퍼를 가지며 어떤 런은 단지 일부만 채워진 한 개의 버퍼만을 가질 수 있다. 같은 런으로부터 입력되는 모든 버퍼 레코드는 큐로 처리된다. 버퍼를 활용하는 완전한 알고리즘을 기술하기 전에, 먼저 사용할 수 있는 컴퓨터의 병렬 처리 능력에 대해 다음과 같은 가정을 한다.

(1) 디스크 드라이브는 두 개이며, 입출력 채널은 동시에 한 개의 디스크는 판독하고 다른 디스크에는 기록할 수 있다.

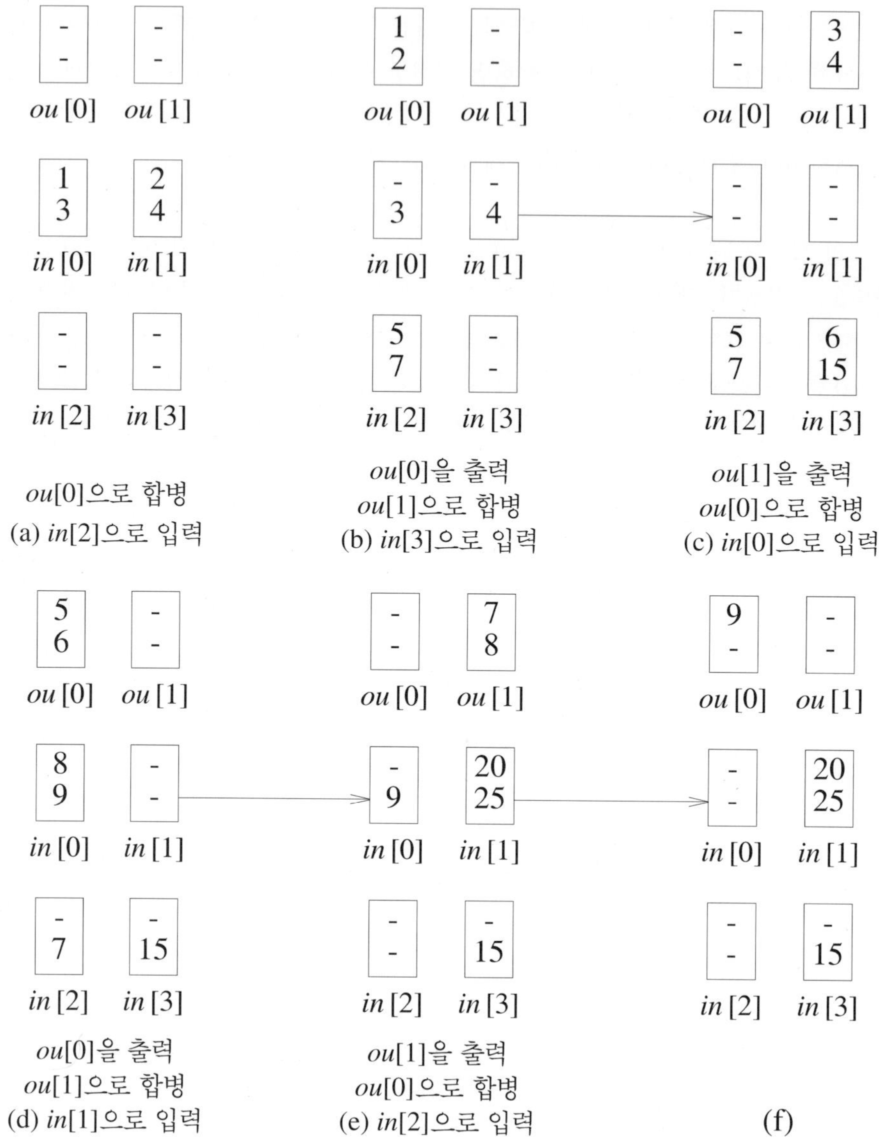

그림 7.24 런당 두 고정 버퍼 할당이 연속적 병렬 연산에 불충분함을 보여 주는 예

(2) 입출력 장치와 메모리 블록 사이에 데이타 전송이 행해지고 있는 동안 CPU는 동일한 구역의 메모리 블록을 참조할 수 없다. 그러므로 출력 버퍼가 디스크로 출력될 동안 그 출력 버퍼의 앞에다 채울 수 없다. 만약 이것이 가능하다면 전송 속도와 합병 속도를 적절히 조절해서 한 개의 출력 버퍼만 사용할 수도 있을 것이다. 새로운 출력 버퍼의 첫 레코드가 결정될 때까지 그 전 출력 버퍼의 첫 레코드는 이미 출력되었어야 한다.

(3) 설명을 간단히 하기 위해서 입출력 버퍼는 모두 같은 크기라고 가정한다.

이러한 가정들을 염두에 두고 먼저 앞에서 개략적으로 설명한 방법에 대한 알고리즘을 구체적으로 작성하고 예를 들어 그 동작을 설명하도록 하자. 프로그램 7.21에 나타낸 알고리즘은 $k \geq 2$인 k원 합병을 사용하여 k개의 런을 합병한다. $2k$개의 입력 버퍼와 두 개의 출력 버퍼를 사용한다. 각 버퍼는 메모리에서 서로 인접하는 블록들이다. 입력 버퍼는 k개의 큐로 되어 있고 각 런은 한 개의 큐에 대응한다. 각 입출력 버퍼는 한 블록의 레코드를 담을 수 있을 만큼 크다고 가정한다. 비어 있는 버퍼들은 연결 스택에 있다. 각 런의 끝에는 매우 큰 키 값, 예를 들어 $+\infty$를 가진 끝 표시 레코드가 있다고 가정한다. 다른 모든 레코드의 키는 끝 표시 레코드의 키 값보다 작다고 가정한다. 하나의 출력 버퍼를 합병하는 시간이 블록 하나를 읽는 시간과 같아지도록 블록의 크기(버퍼의 크기)를 선택한다면 거의 모든 입력, 출력, 계산이 병렬적으로 수행될 수 있다. 키 값이 같은 경우, k원 합병 알고리즘은 인덱스가 가장 작은 런으로부터 레코드를 출력한다고 가정한다.

{버퍼링 알고리즘의 단계}

단계 1: k개의 런 각각으로부터 첫 번째 블록을 입력하여 하나의 데이타 블록으로 된 k개의 연결 큐를 설정한다. 나머지 k개의 입력 블록들을 자유 입력 블록들의 연결 스택에 넣는다. *ou*를 0으로 설정한다.

단계 2: *lastKey*[*i*]를 런 *i*로부터 마지막 입력 키라고 하자. *lastKey*가 최소값인 런을 *nextRun*이라고 하자. 만일 *lastKey*[*nextRun*] $\neq +\infty$이면 *nextRun* 런으로부터 다음 블록을 입력하기 시작한다.

단계 3: 함수 *Kwaymerge*를 사용하여 k개의 입력 큐로부터 출력 버퍼 *ou*로 레코드를 합병한다. 출력 버퍼가 가득 차거나 키 값이 $+\infty$인 레코드가 *ou*에 나타날 때까지 합병을 계속한다. 합병을 수행하는 동안, 출력 버퍼가 가득 차기 전이나 $+\infty$가 *ou*에 합병되기 전에 입력 버퍼가 비게 되면, *Kwaymerge*는 같은 큐의 다음 버퍼로 진행하고 빈 버퍼는 빈 버퍼 스택에 반환한다. 그러나 만약 출력 버퍼가 가득 차는 것과 동시에 입력 버퍼가 비게 되거나 혹은 $+\infty$가 *ou*에 합병되는 것과 동시에 입력 버퍼가 비게 되면, 빈 버퍼는 큐에 남게 되고 *Kwaymerge*는 큐의 다음 버퍼로 진행하지 않는다. 대신에 합병은 중단된다.

단계 4: 디스크 입출력이 진행중이면 완료되기를 기다린다.

단계 5: 입력 버퍼가 읽혀졌으면 해당 런의 큐에 넣는다. *lastKey*[*nextRun*]이 최소로 되는 *nextRun*을 결정하여 다음에 읽어야 하는 런을 결정한다.

단계 6: *lastKey*[*nextRun*] $\neq +\infty$이면 *nextRun* 런으로부터 자유 입력 버퍼로 읽기 시작한다.

단계 7: 출력 버퍼 *ou*의 쓰기를 시작한다. *ou*를 $1-ou$로 설정한다.

단계 8: 키 값이 $+\infty$인 레코드가 출력 버퍼로 합병되지 않았으면 단계 3으로 간다. 그렇지 않으면 진행중인 쓰기 작업이 완료되기를 기다린 후 끝낸다.

프로그램 7.21: 부동 버퍼를 이용한 k-원 합병

프로그램 7.21로부터 다음과 같은 사실을 고찰할 수 있다.

(1) k가 클 경우, 먼저 소모되는 큐를 결정하는 데는 하나의 버퍼가 읽혀질 때마다 $k-1$번의 비교를

하는 대신, *last*[*i*]($1 \leq i < k$)에 대해 패자 트리를 만듦으로써 $\log_2 k$번의 비교가 가능하다. 그러나 계산 시간의 변화는 그렇게 중요하지는 않다. 왜냐하면 큐 선택을 위해 필요한 시간은 이 알고리즘의 총 수행 시간에 아주 작은 부분을 차지하기 때문이다.

(2) *k*가 클 경우, 함수 *Kwaymerge*는 패자 트리를 사용한다(5장 참조).

(3) 처음 *k*개 블록의 입력과 마지막 블록의 출력을 제외하고는 모든 입출력이 연산과 동시에 행해진다. *k*개의 런이 합병된 다음에는 또 다른 *k*개의 런들에 대해 합병을 시작할 수 있다. 이 다음 런들의 입력은 현재 실행중인 런들의 마지막 합병 단계에서 시작될 수 있다. 즉 단계 6에서 *lastKey*[*nextRun*] = +∞일 때 다음 합병될 *k*개의 런에서 각각 첫 번째 블록을 하나씩 읽어들이기 시작한다. 따라서 한 화일의 전체 정렬 과정 중에서 내부 합병과 병렬 수행되지 않는 시간은 처음 *k*개의 블록이 입력될 때와 마지막 블록이 출력될 때뿐이다.

(4) 알고리즘은 모든 블록의 크기가 같다고 가정하고 있다. 이것을 보장하기 위해서 각 런들의 마지막 블록에 몇 개의 모조 레코드를 키 +∞를 가진 특수 레코드 다음에 첨가해야 할 필요가 있을 수도 있다.

예제 7.14: 프로그램 7.21의 알고리즘을 살펴보기 위해서 그림 7.25의 세 개의 런으로 3원 합병을 수행하는 과정을 보자. 각 런은 두 개의 레코드로 된 네 개의 블록으로 구성되어 있다. 모든 런에서 네 번째 블록의 마지막 레코드의 키는 +∞이다. 그리고 여섯 개의 입력 버퍼와 두 개의 출력 버퍼가 있다. 그림 7.26은 입력 버퍼 큐의 상태, 다음 블록이 읽혀지고 있는 런, 버퍼링 알고리즘의 단계 3에서부터 단계 8까지 루프의 반복이 시작될 때마다 출력되고 있는 출력 버퍼의 상태를 보여 준다.

런 0	20 25	26 28	29 30	33 +∞
런 1	23 29	34 36	38 60	70 +∞
런 2	24 28	31 33	40 43	50 +∞

그림 7.25 세 개의 런

그림 7.26의 5행에서부터, *k*원 합병중에 "출력 버퍼가 만원인가?"를 검사하는 것이 "입력 버퍼가 공백인가?"를 검사하는 것보다 먼저 수행되어야 함이 명백하다. 왜냐하면 그 런을 위한 다음 입력 버퍼가 아직 읽혀지지 않았고 그래서 그 큐에는 다음 버퍼가 없을 수 있기 때문이다. 3행과 4행에서 여섯 개의 모든 입력 버퍼가 사용되고 있고 자유 버퍼의 스택은 공백이다. □

프로그램 7.21이 옳다는 것을 증명함으로써 버퍼 관리에 관한 논의를 마치겠다.

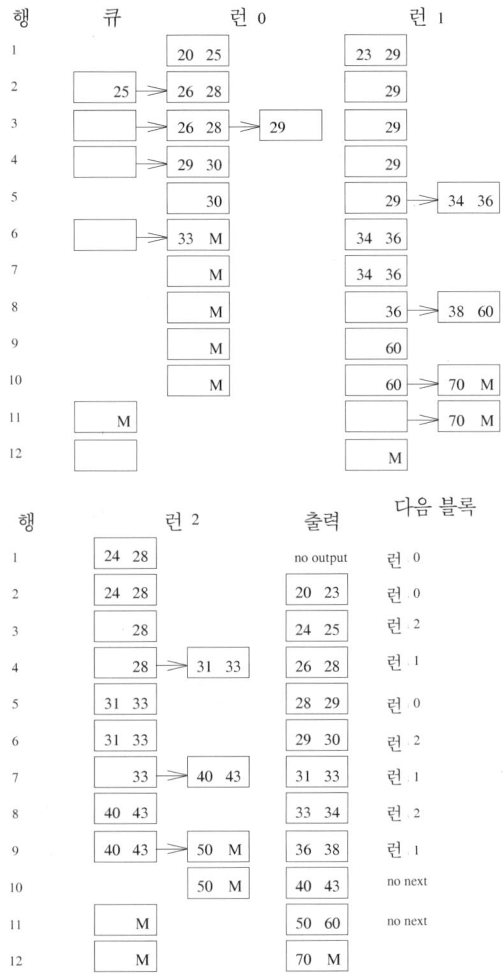

그림 7.26 버퍼링 예

정리 7.2: 프로그램 7.21에 대하여 다음 사항은 참이다.

(1) 단계 6에서 다음 블록을 읽기 시작할 때는 사용 가능한 버퍼가 항상 존재한다.

(2) 단계 3에서 k원 합병을 할 동안 큐에 있는 다음 블록은 그것이 필요할 때까지 이미 읽혀져 있다.

증명: (1) 알고리즘의 단계 6에 도달할 때마다 메모리에는 많아야 $k + 1$개의 버퍼 데이타가 있으며 이 중 한 블록의 데이타는 출력 버퍼에 있다. 각각의 큐에 대해 일부만 차 있는 버퍼는 많아야 한 개가 있을 수 있다. 따라서 만약 다음 판독 때 사용 가능한 버퍼가 없다면 나머지 k개의 버퍼가 꽉 차 있음에 틀림없다. 이것은 일부만 차 있는 k개의 버퍼들이 모두 비어 있다는 것을 의미한다(그렇지 않으면 메모리에는 $k + 1$개의 버퍼 데이타보다 더 많은 버퍼 데이타가 있어야만 한다). 이 합병 방법에 의하면 비어 있으면서 사용할 수 없는 버퍼는 단지 한 개만 있을 수 있다. 이런 일은 하나의 입력 버퍼가 비게 되는

바로 그 순간에 출력 버퍼가 가득 차는 경우에만 일어날 것이다. 그러나 $k > 1$은 이것과 모순 된다. 그래서 단계 6이 실행될 때는 적어도 한 개의 사용 가능한 버퍼가 있다.

(2) 이것이 거짓이라고 가정하자. 런 R_i가 *Kwaymerge* 동안 R_i의 큐가 비게 되는 런이라 하자. 합병된 마지막 키는 끝 표시 키인 $+\infty$가 아니라고 가정할 수 있다. 그렇지 않으면 *Kwaymerge*는 R_i를 위한 또 다른 버퍼를 얻지 못하고 검색을 끝냈을 것이기 때문이다. 이것은 입력 화일의 런 R_i에 $lastKey[i] \neq +\infty$인 레코드 블록들이 더 많이 있다는 것을 의미한다. 결과적으로 이 시점까지 어떤 블록이 출력될 때는 언제나 다른 하나의 블록을 동시에 읽어들이게 된다. 그래서 입출력은 같은 비율로 진행되었고 사용할 수 있는 데이타 블록의 수는 언제나 k이었다. 또 추가 블록이 읽혀지지만 단계 5까지는 큐에 저장될 수 없다. R_i에 대한 큐가 먼저 비게 되므로 다음으로 읽을 런의 선택 규칙에 따라 남아 있는 $k-1$개의 런에 대해서 각각 많아야 한 블록의 레코드가 있을 것이 확실하다. 더욱이 이때 출력 버퍼는 모두 차 있을 수가 없다. 왜냐하면 입력 버퍼가 비어 있다는 조건에 앞서 이 조건이 먼저 검사되기 때문이다. 그러므로 메모리에는 실제로 k 블록보다 적은 데이타가 있다. 이것은 정확히 k 블록의 데이타가 있다고 한 가정과 모순이 된다. □

7.10.4 런의 생성

이 장에서 이미 설명한 전형적인 내부 정렬 기법을 사용하면 한꺼번에 내부 메모리에 저장할 수 있는 레코드 개수만큼의 크기를 갖는 런 생성이 가능하다. 패자 트리를 사용하면 이것보다 더 긴 런의 생성이 가능하다. 지금부터 논의할 알고리즘은 전형적 기법에 의해 얻을 수 있는 것보다 평균적으로 길이가 두 배인 런을 생성한다. 이 알고리즘은 Walters, Painter와 Zalk에 의해 고안되었으며 보다 긴 런의 생성뿐만 아니라 병렬적인 입출력 및 내부 처리도 가능하게 한다.

입력, 출력, 그리고 내부 처리가 최대한 병렬적으로 수행되기 위해서 입출력 버퍼가 적절히 준비되어 있다고 가정하자. 런 생성 알고리즘에서 입출력 명령을 할 때마다, 이 명령은 입출력 버퍼를 통해 수행된다고 가정한다. 런 생성 알고리즘은 패자 트리를 사용한다. k개의 레코드, $r[i](0 \le i < k)$를 위한 트리를 구성하기 위한 충분한 공간이 있다고 가정하자. 이 트리의 각 노드 i는 $l[i]$라는 하나의 필드를 가진다. $l[i](1 \le i < k)$는 노드 i에서 일어나는 토너먼트에서 패자를 나타낸다. k개의 레코드 위치를 나타내는 $r[i]$는 각각 런 번호 $rn[i](0 \le i < k)$를 가진다. 이 필드는 현재 생성되고 있는 런의 일부분으로서 $r[i]$가 출력될 수 있는지 없는지를 결정하여 준다. 토너먼트의 승자가 출력될 때마다, 새로운 레코드(만약 존재한다면)가 입력되고, 5장에서 설명한 것처럼 토너먼트가 다시 시작된다.

함수 *Runs*(프로그램 7.22)는 지금까지 설명한 패자 트리 방식을 구현한 것이다. 이 함수에 사용된 변수들은 다음과 같은 의미를 가진다.

$r[i],\ 0 \le i < k$ ... 토너먼트 트리에 있는 k개의 레코드

$l[i],\ 1 \le i < k$ ... 노드 i에서 일어난 토너먼트의 패자

$l[0]$ ... 토너먼트의 승자

$rn[i],\ 0 \le i < k$ ... $r[i]$가 속한 런 번호

rc ... 현재 런의 런 번호

q ... 전체 토너먼트의 승자

rq ... *r*[*q*]의 런 번호

rmax ... 생성될 런의 개수

lastRec ... 출력되는 마지막 레코드의 키 값

MAXREC ... 허용된 최대 키 값을 가진 레코드

```
template <class T>
void Runs(T *r)
{
  r = new T[k];
  int *rn = new int[k], *l = new int[k];
  for (int i = 0; i < k; i++) {// 입력 레코드
    InputRecord(r[i]); rn[i] = 1;
  }
  InitializeLoserTree();
  T q = l[0]; // 토너먼트 승자
  int rq = 1, rc = 1, rmax = 1; T lastRec = MAXREC;
  while(1) {// 런을 출력
    if (rq != rc) {// 런의 끝
      output end of run marker;
      if (rq > rmax) return;
      else rc = rq;
    }
    WriteRecord(r[q]); lastRec = r[q]; // 레코드 r[q]를 출력
    // 트리에 새로운 레코드를 입력
    if (end of input) rn[q] = rmax + 1;
    else {
      ReadRecord(r[q]);
      if (r[q] < lastRec) // 새로운 레코드는 다음 런에 소속
        rn[q] = rmax = rq + 1;
      else rn[q] = rc;
    }
    rq = rn[q];
    // 패자 조정
    for (t = (k + q)/2; t; t /= 2;) // t가 q의 부모가 되도록 초기화
      if ((rn[l[t]] < rq) || ((rn[l[t]] == rq) && (r[l[t]] < r[q])))
```

```
30          {// t는 승자
31              swap(q, l[t]);
32              rq = rn[q];
33          }
34      }
35      delete [ ] r ; delete [ ] rn ; delete [ ] l;
36 }
```

프로그램 7.22: 패자 트리를 이용한 런 생성

이 함수는 관계 연산자가 오버로드되어 템플릿 타입 *T*의 두 레코드가 비교될 때 그들의 키들이 비교될 수 있다고 가정하고 있다.

행 11부터 34까지의 루프는 레코드를 출력하는 토너먼트를 반복하여 수행한다. 22행에서 사용되고 있는 변수 *lastKey*는 새로운 입력 레코드 *r*[*q*]가 현재 런의 출력이 될 수 있는지 없는지를 결정한다. *key*[*q*] < *lastKey*라는 조건이 성립하면, *r*[*q*]는 현재 런 *rc*의 일부로서 출력될 수 없다. 왜냐하면 더 큰 키 값을 가진 레코드가 이미 이 런에 출력되었기 때문이다. 트리가 다시 조정될 때(행 27부터 33까지), 보다 낮은 런 번호를 가지고 있는 레코드가 높은 런 번호를 가지고 있는 레코드에 대해 승자가 된다. 런 번호가 같을 때는, 더 작은 키 값을 가진 레코드가 승자이다. 이것은 런 번호의 오름차순으로 레코드들이 트리로부터 출력될 수 있게 보장한다. 같은 런 내에서는, 레코드 키 값의 증가 순으로 레코드들이 트리로부터 출력된다. *rmax*는 함수를 끝마치는 데 사용된다. 행 19에서 입력이 떨어지면, 런 번호가 *rmax* + 1인 레코드가 생성된다. 이 레코드가 출력으로 나갈 준비가 되면, 함수가 행 14에서 끝난다.

***Runs*의 분석**: 입력 리스트가 미리 정렬되어 있으면, 오직 하나의 런만 생성된다. 평균적으로 런의 크기는 거의 2*k*이다. *n*개의 런 리스트를 만들기 위해 모든 런을 생성하는 데 걸리는 시간은 O(*n* log *k*), 레코드가 출력될 때마다 패자 트리를 조정하는 데 걸리는 시간은 O(log *k*)이다. □

7.10.5 런의 최적 합병

함수 *Runs*가 생성하는 런은 크기가 서로 다를 수도 있다. 여러 런들이 상이한 크기를 갖는 경우 지금까지의 런 합병 전략(즉 모든 런들에 대해 완전한 패스들을 만드는 전략)에서 실행 시간이 최소가 되지는 않는다. 예를 들어 길이가 각각 2, 4, 5, 15인 네 개의 런이 있는 경우를 생각해 보자. 그림 7.27에서는 일련의 2원 합병 기법을 사용하여 이 런들을 합병하는 두 가지 방법을 보여 주고 있다. 여기서 원형으로 표현한 노드는 자식 노드의 데이타를 입력으로 사용하는 2원 합병을 나타낸다. 사각형 노드는 초기 런을 나타낸다. 원형 노드는 내부 노드(internal node), 사각형 노드는 외부 노드(external node)라 한다. 각 그림은 하나의 합병 트리(merge tree)를 나타낸다.

첫 번째 합병 트리에서는 크기 2와 4의 런을 합병하여 크기 6의 런을 얻는다. 이 결과를 크기 5의 런과 합병하여 크기 11의 런을 얻는다. 마지막으로 크기 11의 런과 크기 15의 런을 합병하여 크기 26의 정렬된 최종 런을 얻게 된다. 첫 번째 합병 트리를 사용하는 경우 어떤 레코드는 한 번만의 합병 대상이

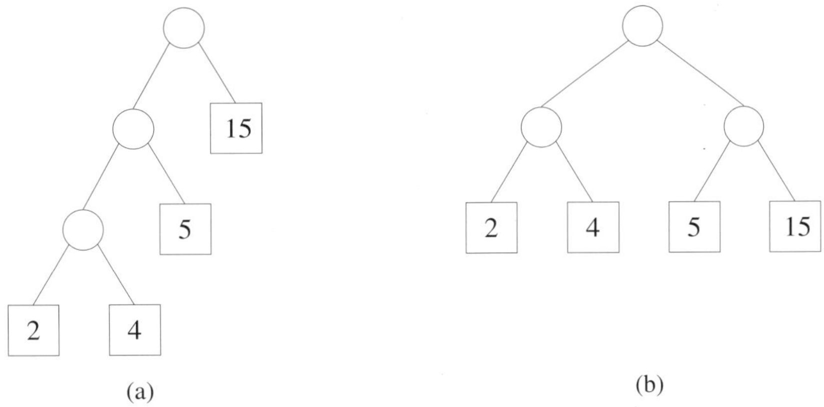

그림 7.27 2원 합병 방법

고 어떤 레코드는 최대 세 번까지 합병 작업을 거치게 된다. 그러나 두 번째 합병 트리의 경우 각 레코드는 정확히 두 번씩 합병된다. 이것은 완전 합병 패스들을 모든 데이타에 대해 반복적으로 수행하는 전략에 해당된다.

각 레코드에 대한 합병 횟수는 루트로부터 해당 외부 노드까지의 거리에 의해 결정된다. 따라서 15개의 레코드로 된 런의 레코드는 그림 7.27의 첫 번째 트리에서는 오직 한 번 합병되며 두 번째 트리에서는 두 번 합병된다. 합병 시간은 합병되는 레코드 수에 선형적으로 비례하므로 런 길이와 루트로부터 해당 외부 노드까지의 거리를 곱한 결과를 모두 합산하여 총 합병 시간을 구할 수 있다. 이 합산 결과를 가중 외부 경로 길이(weighted external path length)라 한다. 그림 7.27의 두 트리에 대해 가중 외부 경로 길이를 구해 보면 각각 다음과 같다.

$$2 \cdot 3 + 4 \cdot 3 + 5 \cdot 2 + 15 \cdot 1 = 43$$
$$2 \cdot 2 + 4 \cdot 2 + 5 \cdot 2 + 15 \cdot 2 = 52$$

길이 $q_i(1 \le i \le n)$인 n개의 런에 대한 k원 합병의 비용은 최소 가중 외부 경로 길이를 갖는 차수 k인 합병 트리를 사용하면 최소화할 수 있다. 여기서는 $k = 2$인 경우에 대해서만 살펴보겠다. $k > 2$인 경우에도 쉽게 일반화할 수 있다(연습문제 참조).

최소 가중 외부 경로 길이를 가진 이진 트리를 활용하는 또 다른 방법에 대해서 간단하게 설명하겠다. 메시지 $M_1, ..., M_{n+1}$을 위한 최적의 코드 집합을 구한다고 가정하자. 각 코드는 이진 스트링으로서 해당 메시지를 전달하는 데 사용된다. 받는 쪽에서는 해독 트리(decode tree)를 이용하여 코드를 해독한다. 해독 트리는 이진 트리로서 외부 노드는 메시지를 나타낸다. 메시지를 위한 코드 단어의 이진 비트는 정확한 외부 노드에 도착하기 위해 해독 트리의 각 단계에서 필요로 하는 분기를 결정한다. 예를 들어 왼쪽 분기를 0으로, 오른쪽 분기를 1로 정하면, 그림 7.28의 해독 트리의 메시지 M_1, M_2, M_3, 그리고 M_4에 해당하는 코드는 각각 000, 001, 01과 1이 된다. 이런 코드를 Huffman 코드라고 한다. 코드 단어를 해독하는 비용은 코드의 비트 수에 비례한다. 이 비트 수는 루트 노드에서부터 해당 외부 노드까지의

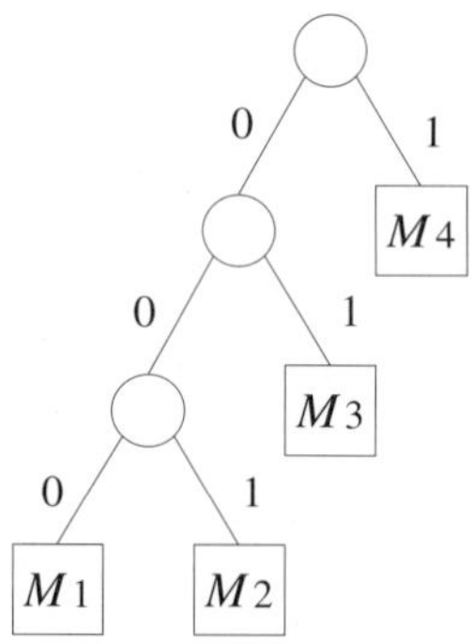

그림 7.28 해독 트리

거리에 해당한다. 메시지 M_i가 전송되는 상대적 빈도를 q_i라 할 때, 예상 해독 시간은

$$\sum_{1 \le i \le n+1} q_i d_i$$

이다. 여기서 d_i는 루트 노드로부터 메시지 M_i에 대한 외부 노드까지의 거리이다. 예상 해독 시간은 코드 단어를 최소 가중 외부 경로 길이를 가진 해독 트리가 되도록 선정하면 최소화된다.

최소 가중 외부 경로 길이의 이진 트리를 찾아 내는 문제에 대한 아주 좋은 해답은 D. Huffman이 제시하였다. 다음과 같은 클래스 정의를 가정한다. 이 해답은 n개의 단일 노드 트리로 된 최소 히프에서 시작한다. 이 트리의 단일 노드는 q_i 중의 하나를 나타내고 그 가중치는 q_i이다. Huffman 알고리즘은 최소 히프로부터 두 최소 가중치 트리 a와 b를 반복적으로 추출해서 이들을 하나의 이진 트리 c로 결합시킨다. 이 트리의 루트는 a와 b를 각각 왼쪽 서브트리, 오른쪽 서브트리로 갖고 그 가중치는 a와 b의 가중치의 합이 된다. c는 최소 히프에 삽입된다. 이 추출, 결합, 삽입이 $n-1$번 수행된 뒤에, 그 최소 히프는 최소 가중 외부 경로 길이를 갖는 이진 트리라 할 수 있는 하나의 이진 트리로 남게 된다. 프로그램 7.23은 Huffman 알고리즘을 C++ 함수로 보여 주고 있다. 템플릿 클래스 *TreeNode*는 5장에서 정의된 것이다. 노드의 *data* 필드는 그 노드를 루트로 하는 이진 트리의 가중치를 저장하기 위해 사용한다. 함수 *Huffman*은 *MinHeap*뿐만 아니라 *TreeNode*의 **friend**라고 가정하였다.

```
template <class T>
void Huffman(MinHeap <TreeNode<T>*> heap, int n)
{// heap는 위에서 설명한 대로 초기에 n개의 단일 정점 이진 트리로 구성된 최소 히프이다.
    for (int i = 0; i < n−1; i++)
    {// 두 최소 가중 트리를 결합
        TreeNode<T> *first = heap.Pop();
        TreeNode<T> *second = heap.Pop();
        TreeNode<T> *bt = new BinaryTreeNode<T>(first, second,
```

```
        first.data + second.data);
        heap.Push(bt);
    }
}
```

프로그램 7.23: 최소 가중 외부 경로 길이를 가진 이진 트리 찾기

예제 7.15: 가중치 $q_1 = 2$, $q_2 = 3$, $q_3 = 5$, $q_4 = 7$, $q_5 = 9$, 그리고 $q_6 = 13$이 있다고 가정하자. 만들어지는 트리의 순서는 그림 7.29(원형 노드의 숫자는 소속된 서브트리에 존재하는 외부 노드의 가중치의 합을 나타낸다)와 같다.

이 트리의 가중 외부 경로 길이는 다음과 같다.

$$2 \cdot 4 + 3 \cdot 4 + 5 \cdot 3 + 13 \cdot 2 + 7 \cdot 2 + 9 \cdot 2 = 93$$

비교를 해 보면, 최선의 완전 이진 트리의 가중치 경로 길이는 95이다. □

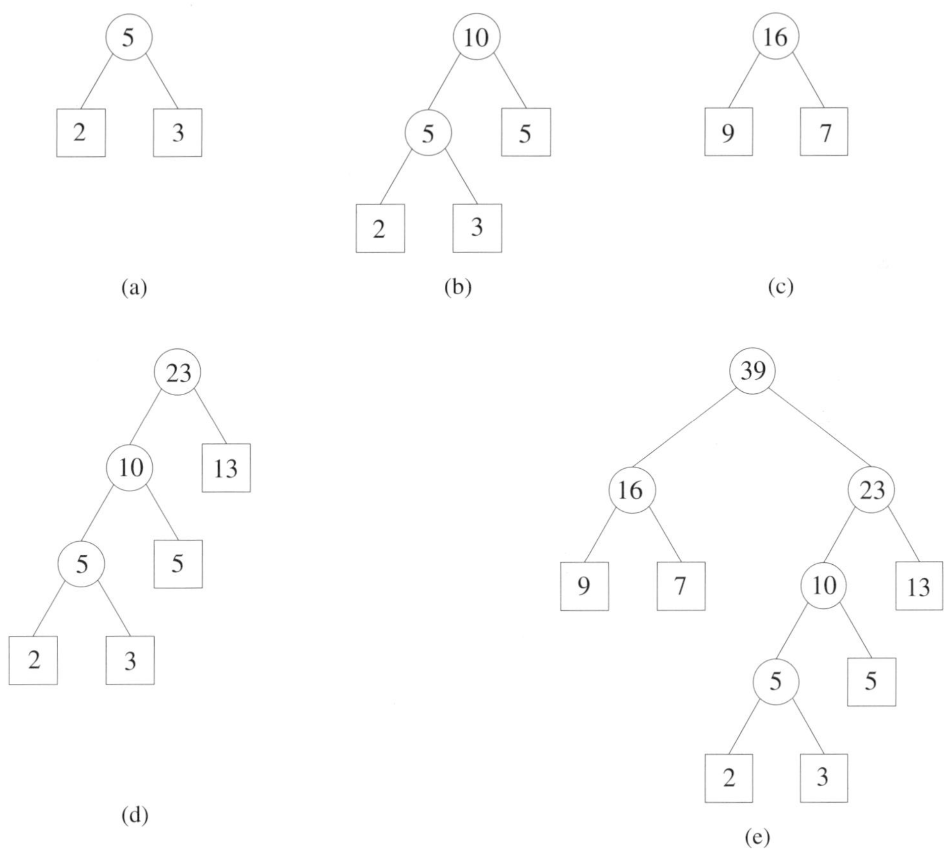

그림 7.29 Huffman 트리의 구축

***Huffman*의 분석**: 주된 루프는 $n-1$번 실행된다. *Pop*과 *Push*에 대한 호출은 O(log$n$)이 걸린다. 따라서 점근적 연산 시간은 O(n log n)이다. 정확한 증명은 연습문제로 남기겠다. □

연습문제

1. (a) 메모리 용량이 S개 레코드인 컴퓨터에서 n개($S << n$)의 레코드를 정렬시키려 한다. S개 레코드 용량 전체를 입출력 버퍼로 사용할 수 있다고 가정하자. 입력은 디스크에 있으며 m개의 런으로 구성되어 있다. 디스크에 접근하기 위한 탐구 시간은 t_s이고 회전 지연 시간은 t_l이라 가정한다. 또한 레코드당 전송 시간은 t_t이다. *Buffering*(프로그램 7.21)에서와 같이 입력, 출력 및 CPU 처리가 병렬 수행되도록 내부 메모리를 I/O 버퍼로 분할하고 k원 합병을 이용한다면 외부 정렬의 단계 2에서의 총 입력 시간은 어떻게 되는가?

   (b) 모든 런을 합병하는 데 필요한 CPU 시간을 t_{CPU}라 하자(이는 k와 무관한 상수로 가정). t_s = 80ms, t_l = 20 ms, n = 200,000, m = 64, $t_t = 10^{-3}$초/레코드, 그리고 S = 2000으로 가정하자. 총 입력 시간 t_{input}과 k 간의 관계를 개략적인 그래프로 보이라. $t_{CPU} \approx t_{input}$인 k 값이 항상 존재하는가?

2. (a) 함수 *Huffman*(프로그램 7.23)이 최소 가중 외부 경로 길이를 가진 이진 트리를 정확히 생성함을 증명하라.

   (b) m원 합병을 사용하여 n개의 레코드를 합병할 때 *Huffman* 방법은 다음의 규칙으로 일반화할 수 있다: "우선 런 집합에 길이가 0인 $(1-n)$ mod $(m-1)$개의 런을 첨가한다. 이후 오직 하나의 런이 남을 때까지 반복해서 남아 있는 런 중 가장 짧은 길이를 가진 m개의 런을 합병시킨다." 이 규칙이 m원 합병에 대한 최적 합병 패턴이 됨을 증명하라.

7.11 참고문헌

정렬과 탐색에 대한 종합적인 논의는 D. Knuth의 *The Art of Computer Programming: Sorting and Searching*, Vol. 3, Second Edition, Addison-Wesley, Reading, MA, 1998에 나와 있다.

8장 해싱

8.1 개요

이 장에서는 5장(ADT 5.3)에서 소개되었던 ADT 사전(dictionary)에 대해 논하겠다. 사전의 예는 여러 응용에서 쉽게 발견할 수 있는데, 예를 들면 철자 검사기, 시소러스(thesaurus), 데이타베이스를 위한 인덱스나 로더, 어셈블러, 컴파일러에 의해 생성되는 심벌 테이블 등을 들 수 있다. n개의 엔트리가 있는 사전이 5장에서와 같이 이원 탐색 트리로서 표현될 때 사전 연산인 *Get*, *Insert*, *Delete*는 O(n) 시간이 걸린다. 이 연산들은 균형 이원 탐색 트리(10장)를 이용하면 O(log n) 시간 내에 수행될 수 있다. 이 장에서는 사전 연산인 *Get*, *Insert*, *Delete*를 O(1) 기대 시간에 수행할 수 있도록 하는 기법인 해싱(hashing)에 대해 살펴보겠다. 해싱에 관한 논의는 정적 해싱(static hashing)과 동적 해싱(dynamic hashing)으로 나누어 설명하겠다.

8.2 정적 해싱

8.2.1 해시 테이블

정적 해싱(static hashing)에서는 사전 쌍들이 해시 테이블(hash table)이라는 ht 테이블에 저장된다. 해시 테이블은 $ht[0]$, ..., $ht[b-1]$과 같이 b개의 버킷(bucket)으로 분할된다. 각 버킷은 s개의 사전 쌍들(또는 사전 쌍들에 대한 포인터들)을 포함한다. 한 버킷은 s개의 슬롯(slot)으로 구성되며 한 슬롯에는 하나의 사전 쌍을 저장할 수 있다. 보통은 $s = 1$이기 때문에 각 버킷은 정확히 하나의 쌍을 포함할 수 있다. 키 값이 k인 한 쌍의 주소 또는 위치는 해시 함수(hash function) h에 의해 결정되는데 이 해시 함수는 키 값을 버킷으로 사상시킨다. 즉 어떤 키 값 k에 대해서 $h(k)$는 0과 $b-1$ 사이의 정수가 된다. $h(k)$를 k의 해시(hash) 또는 홈 주소(home address)라고 한다. 이상적인 조건하에서는 사전 쌍들이 모두 해당 홈 버킷(home bucket)에 저장된다.

정의: 해시 테이블의 키 밀도(key density)는 n/T이며 여기서 n은 테이블에 있는 쌍의 수이고 T는 가능한 키의 총 개수이다. 해시 테이블의 적재 밀도(loading density) 또는 적재 인수(loading factor)는 $\alpha = n/(sb)$이다. □

만일 키의 길이를 최대 여섯 문자, 첫 문자는 알파벳 문자이고 나머지 문자는 알파벳 또는 숫자로 제한하면 가능한 키 값의 개수는 $T = \sum_{0 \le i \le 5} 26 \times 36^i > 1.6 \times 10^9$가 된다. 그러나 실제 응용에서는 이중 극히 일부만을 사용한다. 즉 키 밀도 n/T는 대개 매우 작다. 키의 개수와 비슷한 해시 테이블의 버킷 수 b도 T보다 훨씬 작게 된다. 그렇기 때문에 해시 함수 h는 여러 상이한 키들을 같은 버킷에 사상시켜야만 한다. 두 키 k_1과 k_2에 대해 $h(k_1) = h(k_2)$인 경우에 k_1과 k_2를 h에 대한 **동거자**(synonym)라 한다.

앞서 언급했지만 이상적인 조건하에서는 사전 쌍들이 모두 해당 홈 버킷에 저장된다. 많은 키들이 대개 같은 홈 버킷에 저장되기 때문에 새로운 사전 쌍을 삽입하려고 할 때 해당 홈 버킷이 이미 꽉 차 있는 상태일 수도 있다. 이럴 경우 **오버플로**(overflow)가 발생했다고 한다. **충돌**(collision)은 새로운 쌍의 삽입 시 홈 버킷에 비어 있는 자리가 없을 경우에 일어난다. 각 버킷에 하나의 슬롯만 있다면(즉 $s = 1$) 충돌과 오버플로는 동시에 발생하게 된다.

예제 8.1: $b = 26$개의 버킷과 $s = 2$인 해시 테이블을 생각해 보자. 문자로 시작하는 $n = 10$개의 상이한 키를 고려할 때 이 해시 테이블의 적재 인수 α는 $10/52 = 0.19$가 된다. 해시 함수 h는 가능한 각 키를 0부터 25까지의 숫자로 사상시켜야 한다. 만일 문자 $A \sim Z$에 대한 내부 이진 표현이 각각 숫자 0~25와 대응된다면 $h(k) = k$의 첫 번째 문자로 정의된 해시 함수 h는 모든 키들을 해시 테이블로 해시할 것이다. GA, D, A, G, L, A2, A1, A3, A4, E에 대한 홈 버킷은 각각 6, 3, 0, 6, 11, 0, 0, 0, 0, 4이다. 키 A, A1, A2, A3 A4는 동거자이며 G와 GA도 동거자이다. 그림 8.1은 해시 테이블에 저장된 키 GA, D, A, G, A2를 보여 주고 있다. 그림에는 표시되어 있지 않지만 L은 11번 버킷의 1번 슬롯에 있다.

GA와 G가 같은 버킷에 있으며 각 버킷은 두 개의 슬롯을 가지고 있음에 유의하라. 마찬가지로 동거자 A와 A2도 동일 버킷에 있다. 다음 키 A1은 0번 버킷에 해시되는데 이 버킷은 가득 차 있으며 이 버킷을 탐색하면 A1이 존재하지 않는다고 나온다. 즉 오버플로가 발생한 것이다. 필요할 때 검색할 수 있도록 하려면 A1을 테이블의 어디에 위치시켜야만 하는가? □

오버플로가 발생하지 않는다고 하면 해싱을 사용하여 키를 삽입, 삭제, 탐색하기 위한 시간은 단지 해시 함수의 계산 시간과 한 버킷을 탐색하는 데 소요되는 시간에만 좌우된다. 즉 삽입, 삭제, 탐색 시간은 사전의 엔트리 수인 n에 무관하다. 버킷 크기 s는 대부분의 경우 작기 때문에(내부 메모리 테이블의 경우 대부분 s는 1임) 버킷 내에서 탐색을 하기 위해서는 순차 탐색 기법을 사용할 수 있다.

예제 8.1의 해시 함수는 충돌 및 오버플로가 빈번하게 발생할 수 있으므로 대부분의 실제 응용에는 적합하지 않다. 왜냐하면 대부분의 키 값들이 동일한 문자로 시작하는 사전들도 많기 때문이다. 이상적

	슬롯 1	슬롯 2
0	A	A2
1		
2		
3	D	
4		
5		
6	GA	G
⋮	⋮	⋮
25		

그림 8.1 26개의 버킷과 버킷당 두 개의 슬롯으로 구성된 해시 테이블

으로는 거의 충돌을 발생시키지 않고 계산이 용이한 해시 함수를 선택하면 좋을 것이나, b/T가 보통 매우 작으므로 충돌을 완전히 피할 수는 없다.

요약을 하면, 해싱 기법은 해시 함수 h를 사용하여 키를 해시 테이블 버킷에 사상시킨다. 여기서 해시 함수는 계산이 용이하고 충돌 수를 최소화하도록 선택하는 것이 바람직하다. 그러나 키 공간 T는 일반적으로 버킷의 수보다 매우 크고 한 버킷의 슬롯 수는 적으므로 오버플로는 필연적으로 발생하게 되어 오버플로를 처리하는 기법이 필요하게 된다.

8.2.2 해시 함수

해시 함수(hash function)는 키를 해시 테이블 내의 버킷으로 사상시킨다. 앞에서 설명했듯이 이런 함수는 계산이 쉽고 충돌이 적어야 한다. 더욱이 해시 함수는 임의의 입력에 대해 해시 테이블을 편중되게 사용하지 않아야 한다. 즉 k가 키 공간에서 임의로 선택된 키라면 $h(k) = i$가 될 확률은 모든 버킷 i에 대해 $1/b$이 되면 좋다. 이와 같은 조건에서는 b개의 버킷 각각에 임의의 k가 대응될 확률은 모두 같게 된다. 이런 특성을 만족하는 해시 함수를 균일 해시 함수(uniform hash function)라 한다.

실제로는 다양한 종류의 균일 해시 함수가 사용되는데 그 중 일부는 곱셈과 나눗셈 같은 산술적인 연산을 통해 홈 버킷을 계산한다. 많은 응용에서는 키의 데이타 타입이 스트링과 같이 산술적인 연산을 할 수 없는 것들도 있다. 그렇기 때문에 먼저 키를 정수와 같이 산술적인 연산이 가능한 데이타 타입으로 변환한 뒤에 연산을 수행한다. 다음 소절들에서는 스트링을 정수로 바꾸는 방법과 함께 가장 많이 쓰이는 네 가지 해시 함수에 대해 설명하겠다.

8.2.2.1 제산 함수

제산(division) 함수는 실제로 가장 많이 쓰이는 해시 함수로서 키 값이 음이 아닌 정수라고 가정한다. 홈 버킷은 모드(%) 연산자에 의해 결정된다. 즉 키 k를 어떤 정해진 수 D로 나눈 나머지를 k의 홈 버킷

으로 사용하는 것이다. 이를 공식으로 나타내면 다음과 같다.

$$h(k) = k \% D$$

이 때 버킷 주소의 범위는 $0 \sim (D-1)$이고 해시 테이블에는 적어도 $b = D$개의 버킷이 있어야 된다. 대부분의 키 공간에 대해서는 어떤 D를 선택하든 해시 함수 h를 균일 해시 함수로 만들겠지만 실제 사전들에서는 D의 선택이 오버플로 발생 수에 큰 영향을 미친다. 만일 D가 2로 나누어지는 값이면 홀수 값을 가진 키들은 나머지가 홀수이므로 홀수 버킷으로 사상될 것이다. 또한 짝수 값을 가진 키들은 짝수 버킷으로 사상될 것이다. 실생활의 사전들은 홀수나 짝수 중 어느 한쪽으로 편중되는 경향이 있기 때문에 제수 D를 짝수로 한다면 홈 버킷들이 어느 한쪽으로만 편중될 것이다. 실제로 실생활의 사전들에서 D가 2, 3, 5, 7 등과 같이 작은 소인수를 약수로 가질 때 홈 버킷들이 한쪽으로 편중된다는 것이 관찰되었다. 그러나 D의 최소 소인수의 크기가 증가함에 따라 편중 정도는 감소한다. 따라서 여러 다양한 사전들이 모두 최상의 성능을 내게 하기 위해서는 소수인 D를 선택하여야 한다. 즉 D의 최소 소인수가 D 자체가 되어야 하는 것이다. 대부분의 응용에서는 D가 20보다 작은 소인수를 갖지 않게 함으로써 키들이 고르게 분포되도록 한다.

일반적인 목적으로 C++ 해시 테이블 클래스를 프로그래밍할 때 해시 테이블에서의 사전 크기는 알 수 없다. 그렇기 때문에 앞서 언급한 방법들로 D를 선택하는 것은 비현실적이다. 따라서 D를 선택할 때의 조건을 완화하여 D가 홀수가 되도록만 제한한다. 또한 b를 제수 D와 같도록 한다. 사전의 크기가 증가하면 해시 테이블 ht의 크기도 동적으로 증가해야 할 것이다. D에 대한 이 완화된 조건을 만족시키기 위하여, 배열의 크기를 두 배로 만들면 버킷의 수(그래서 제수 D도)가 b에서 $2b + 1$로 증가된다.

8.2.2.2 중간 제곱 함수

중간 제곱(mid-square) 함수는 키를 제곱한 후에 버킷 주소를 얻기 위해 그 결과의 중간에 있는 적절한 수의 비트를 취해서 홈 버킷을 정한다. 이때 키는 정수라고 가정한다. 제곱수의 중간 비트는 대개 그 키의 모든 비트에 의존하기 때문에 서로 다른 키들은 그 중 몇 개의 숫자가 동일할지라도 서로 다른 해시 주소를 갖게 될 확률이 높게 된다. 버킷 주소를 얻기 위해 사용되는 비트의 수는 테이블 크기에 달려 있다. 만일 r개의 비트가 사용된다면 각 값들의 범위는 0에서 $2r-1$까지가 된다. 그래서 이 중간 제곱 함수가 사용될 때 해시 테이블의 크기는 2의 제곱이 되게 선정된다.

8.2.2.3 접지 함수

이 접지(folding) 방법에서는 숫자로 된 키 k를 몇 부분으로 나누는데, 마지막 부분을 제외하고는 모두 길이가 같다. 그 다음 각 부분들을 서로 더하여 k에 대한 해시 주소를 만드는 것이다. 이런 덧셈을 하는 방식에는 두 가지가 있다. 첫 번째 방식에서는 마지막을 제외한 모든 부분들을 이동시켜 최하위 비트가 마지막 부분의 자리와 일치하도록 맞춘 뒤, 서로 다른 부분들을 더하여 $h(k)$를 얻는다. 이 방법을 이동 접지(shift folding)라 한다. 두 번째 방식은 경계 접지(folding at the boundaries)라 하는데 키의 각 부분들을 종이 접듯이 경계에서 겹치게 한 다음, 같은 자리에 위치한 수들을 더하여 $h(k)$를 얻는다. 이것은 각 부분들을 하나씩 건너 반대로 만든 다음 더하는 것과 같다.

예제 8.2: $k = 12320324111220$이라면 이것을 각각 길이가 세 자리인 부분들로 나눈다. 각 부분은 $P_1 = 123$, $P_2 = 203$, $P_3 = 241$, $P_4 = 112$, $P_5 = 20$이다. 이동 접지 방법을 사용하면 다음과 같다.

$$h(k) = \sum_{i=1}^{5} P_i = 123 + 203 + 241 + 112 + 20 = 699$$

경계 접지 방법을 사용하는 경우, 먼저 P_2와 P_4를 역순으로 하여 302와 211을 각각 구한 후 다섯 개의 부분을 더하여 $h(k) = 123 + 302 + 241 + 211 + 20 = 897$을 구하게 된다. □

8.2.2.4 숫자 분석 함수

이 숫자 분석(digit analysis) 방법은 테이블에 있는 모든 키를 미리 알고 있는 정적 화일(static file)과 같은 경우에 특별히 유용하다. 이 방법에서는 먼저, 각 키를 어떤 기수(radix) r을 이용하여 하나의 숫자로 바꾼다. 그런 다음, 이 기수를 이용하여 각 키의 숫자들을 검사한다. 그리고 가장 편향된(skewed) 분산을 가진 숫자는 생략한다. 이렇게 여러 개의 숫자를 생략해서 남은 숫자만으로 해시 테이블의 주소를 결정할 수 있도록 한다.

8.2.2.5 키를 정수로 변환

위에서 설명한 해시 함수들을 이용하려면 키를 먼저 음이 아닌 정수로 변환해야 한다. 모든 해시 함수들은 동일한 홈 버킷에 여러 키들을 해싱시키기 때문에 키들을 음이 아닌 정수 가운데 유일한 것으로 변환시킬 필요는 없다. *data*나 *structures*, *algorithms*와 같이 여러 스트링들을 동일한 정수로 변환시키기만 하면 된다(예를 들어 199). 이 절에서는 스트링을 음이 아닌 정수로 변환하는 방법에 대해서만 논하겠다. 다른 데이타 타입을 변환할 때에도 비슷한 방법을 사용하여 음이 아닌 정수로 바꾼 후 해시 함수들을 적용하면 된다.

예제 8.3: [**스트링을 정수로 변환하기**] 스트링을 음이 아닌 유일한 정수로 변환시킬 필요는 없으므로 모든 스트링을 그 길이에 상관없이 16비트 정수로 사상시킬 수 있다. 프로그램 8.1은 이것을 할 수 있는 한 가지 방법을 보여 주고 있다.

```
unsigned int StringToInt(string s)
{// s를 s의 모든 문자에 의존하는 음이 아닌 int로 변환한다.
    int length = (int) s.length();  // s에 있는 문자 수
    unsigned int answer = 0;
    if (length % 2 == 1)
    {// 길이는 홀수
        answer = s.at(length−1);
        length--;
    }
```

```
    // 길이는 짝수
    for (int i = 0; i < length; i += 2)
    {// 한 번에 두 문자씩
        answer += s.at(i);
        answer += ((int) s.at(i + 1)) << 8;
    }
    return answer;
}
```

프로그램 8.1: 하나의 스트링을 음이 아닌 정수로 변환하는 방법

프로그램 8.1에서는 문자들의 쌍들을 어떤 유일한 정수로 변환시킨 후 이 유일한 정수들을 모두 더한다. 비록 모든 문자들을 (8비트씩 건너뛰어 이동시키지 않고) 단순히 그냥 더하는 것이 더 쉬워 보이지만 이렇게 하면 길이가 8비트 이하인 정수를 생성하게 된다. 예를 들어 여덟 개의 문자로 이루어진 스트링은 최대 11비트의 정수로 표현될 것이다. 8비트를 이동시키면 두 개의 문자를 가진 스트링으로도 정수 전체를 다룰 수 있다. □

C++ STL은 *T* 타입의 어떤 개체를 음이 아닌 정수 *size_t*로 변환시키는 *hash*<*T*>라는 STL 템플릿 클래스를 특별히 제공한다. 프로그램 8.2는 *T*가 STL 스트링 클래스 타입일 때 음이 아닌 정수로 변환하는 hash<*T*> 템플릿 클래스를 나타내고 있다. 이 템플릿을 프로그램 8.1 대신 사용할 수 있을 것이다.

```
template<>
class hash<string> {
public:
    size_t operator()(const string theKey) const
    {// theKey를 음이 아닌 정수로 변환한다.
        unsigned long hashValue = 0;
        int length = (int) theKey.length();
        for (int i = 0; i < length; i++)
            hashValue = 5 * hashValue + theKey.at(i);

        return size_t(hashValue);
    }
};
```

프로그램 8.2: 특수 *hash*<*string*> 클래스

8.2.3 안전 해시 함수

추가적인 특성을 지닌 해시 함수들은 컴퓨터 보안 분야의 여러 응용에 사용된다. 메시지 인증(message authentication)이 그런 응용 중 하나이다. 메시지 M이 보안이 되어 있지 않은 채널을 통해 A에서 B로 전송된다고 하자. B에서 받은 메시지가 위조된 것이 아니라 A에서 전송된 원본 메시지라고 신뢰할 수 있는 방법을 생각해 보자. M보다 짧은 메시지들을 안전하게 전송하는 방법이 있다고 가정한다. 예를 들어 짧은 메시지들을 암호화하거나 긴 메시지가 아닌 짧은 메시지들을 비싸지만 훨씬 더 보안이 잘 되어 있는 채널을 통해 전송하는 방법 등이 있을 것이다. B에서 받은 메시지를 신뢰하도록 하기 위한 한 가지 방법은 해시 함수 h를 이용하여 메시지 M의 해시 값 $h(M)$을 더 안전한 경로로 보내는 것이다. 즉 메시지 M은 이전과 같이 보안이 되어 있지 않은 채널로 전송된다. 만약 M이 그 채널을 통해 전송되는 동안 변경되어 B에서는 M과 다른 메시지인 M'을 받았다고 하자. 이제 B는 $h(M')$을 계산해서 미리 받았던 $h(M)$과 같은지 비교할 것이다. $h(M)$과 $h(M')$이 서로 다르면 B는 올바른 메시지를 받은 것이 아니라는 것을 알 것이다. 하지만 M과 M'이 서로 다르더라도 동거자인 경우에는 $h(M) = h(M')$이기 때문에 B는 올바른 메시지를 받았다고 잘못된 결론을 내릴 수 있다는 것에 유의하라. 따라서 조금 전의 예에서처럼 M과 h에 대해 잘 숙지하고 있는 악의 있는 사용자가 M의 동거자를 쉽게 찾지 못하게 하는 해시 함수를 사용해야 할 것이다. 이런 특성을 약한 충돌 저항(weak collision resistance)이라고 한다.

보안 해시 함수에 필요한 특성 중 또 다른 시나리오에서 유용하게 쓰일 수 있는 것은 두 가지가 있다. 먼저 단방향 특성(one-way property)이 있다. 이 특성은 $h(k) = c$를 만족시키는 c가 주어졌을 때 k를 찾는 것을 계산적으로 어렵게 만드는 것을 의미한다. 또 다른 특성은 강한 충돌 저항(strong collision resistance)으로 $h(x) = h(y)$를 만족시키는 (x, y) 쌍을 계산적으로 찾기 어렵게 만드는 것을 뜻한다.

이와 같은 특성들을 지닌 여러 암호화 해시 함수들이 개발되어 왔다. 이 해시 함수들은 보안과 관련된 특성뿐만 아니라 실용적으로 사용될 수 있도록 다음과 같은 추가적인 특성들도 지니고 있다. (1) h는 데이타 블록 크기에 상관없이 적용될 수 있어야 한다. (2) h는 고정 길이의 해시 코드를 만들어야 한다. (3) $h(k)$는 어떤 k가 주어져도 계산이 비교적 쉬워서 하드웨어와 소프트웨어의 구현이 실용적이어야 한다. 보안 해시 알고리즘(SHA: Secure Hash Algorithm)은 미국 국립표준기술연구소(NIST)에서 처음 개발되었다. 그러면 SHA-1 함수에 대해 설명하겠다. SHA에서의 입력은 2^{64}비트보다 길이가 짧은 메시지면 어떤 것이든 가능하고 출력은 160비트 길이의 코드이다. 이 알고리즘의 개요가 프로그램 8.3에 나와 있다.

1단계: 어떤 정수 q에 대해 메시지의 길이가 q*512비트가 되도록 전처리(preprocess)한다. 이때 메시지의 뒤에 0으로 채워 넣을 수도 있다.

2단계: 160비트의 출력 버퍼 OB를 초기화한다. 이 버퍼는 5개의 32비트 레지스터 A, B, C, D, E로 구성되는데, 여기서 A = 67452301, B = efcdab89, C = 98badcfe, D = 10325476, E = c3d2e1f0 이다(이 값들은 16진수이다).

3단계:

```
for(int i = 1; i <= q; i++){
   B_i = 메시지의 512비트로 이루어진 i번째 블록
```

$OB = F(OB, B_i)$;

}

4단계: *OB*를 출력한다.

프로그램 8.3: SHA 알고리즘

단계 3에서 함수 *F*는 그 안에 네 번의 루프로 이루어져 있고 그 루프는 다시 20단계를 거친다. 그림 8.2는 이 80단계의 한 형태를 보여 주고 있다.

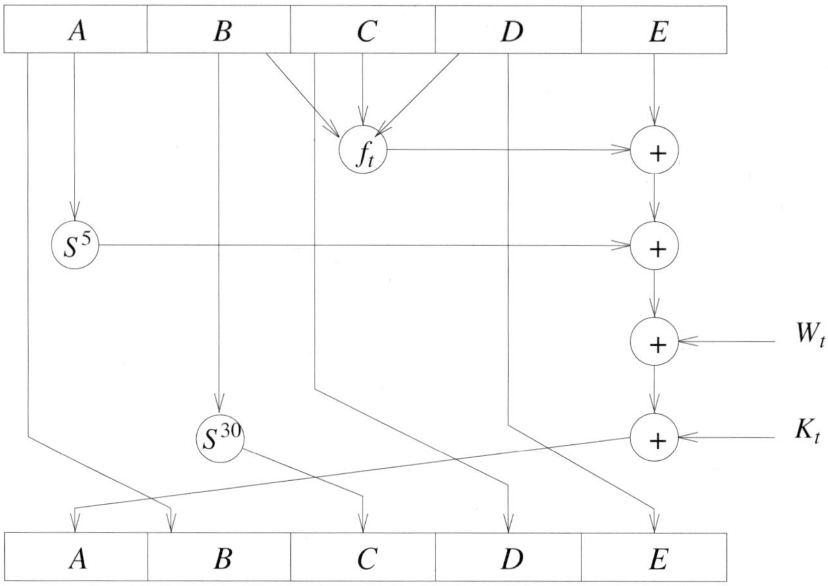

t	=	단계 번호; $0 \le t \le 79$
$f_t(B,C,D)$	=	단계 t에 대한 기본(비트별) 논리 함수; e.g., $(B \wedge C) \vee (B \wedge D)$
S^k	=	32비트 레지스터 왼쪽 원형으로 k비트 이동 ts
W_t	=	B_i로부터 유도한 32비트 값
K_t	=	상수

그림 8.2 원자 SHA 연산

예제 8.4: 레지스터 *A*부터 *E*까지에 들어 있는 값이 위와 같고 *f*는 $(B \oplus C \oplus D)$, K_0 = 5a827999, W_0 = 0000000이라고 하자. ⊕는 XOR 연산이다. 이제 레지스터 *A*부터 *E*까지에 들어 있는 값들을 갱신시켜 보자.

B = 67452301(원래 *A*에 있던 값), *D* = 98badcfe(원래 *C*에 있던 값), *E* = 10325476(원래 *D*에 있던 값)이다. *C*는 *B*를 30비트 원형 왼쪽 이동으로 얻는다(2비트 원형 오른쪽 이동과 동일하다). *B* =

1110 1111 1100 1101 1010 1011 1000 1001이므로 갱신된 C의 값은 0111 1011 1111 0011 0110 1010 1110 0010 = 7bf36ae2이다.

이제 마지막으로 다음과 같은 다섯 개의 값을 모두 더해서 A에 들어갈 새로운 값을 계산해 보자. E, W_t, K_t는 주어지고 $f(B, C, D) = B \oplus C \oplus D$ = 67452301이며 $S^5(A)$ = e8a4602c이다. 이것을 모두 더한 후 2^{32}로 모드 연산을 수행하면 6e 3e de b6이 된다. □

예제 8.5: 1KB 메시지에 대해 원자 SHA 연산이 수행되는 횟수는 다음과 같이 결정된다. 1KB = 1024 바이트 = 16*512비트이므로 프로그램 8.3의 전처리 단계 중 단계 1에서는 메시지에 비트를 추가할 필요가 없으며 q = 16이 된다. 따라서 단계 3의 **for** 순환문은 16번 반복하게 된다. 각 반복 시 원자 SHA 연산이 80번 수행되므로 최종적인 원자 연산 횟수는 16*80 = 1280번이다. □

8.2.4 오버플로 처리

8.2.4.1 개방 주소법

오버플로를 처리하는 방법에는 개방 주소법(open addressing)과 체인법(chaining)이 있다. 이 절에서는 개방 주소법 중 선형 조사법(linear probing), 이차 조사법(quadratic probing), 재해싱(rehashing), 임의 조사법(random probing) 등 네 가지에 대해 설명한다. 이 중 선형 조사법은 선형 개방 주소법(linear open addressing)이라고도 한다. 선형 조사법에서는 키 값이 k인 새로운 쌍 하나를 삽입할 때 $ht[h(k) + i]\%b$의 순서에 따라 해시 테이블 버킷을 검색한다. 여기서 h는 해시 함수이고 b는 버킷의 수이며 $0 \leq i \leq b-1$이다. 다 채워지지 않은 버킷을 만나면 검색이 끝나고 새로운 쌍이 그 버킷으로 삽입된다. 빈 자리가 있는 버킷이 없다면 해시 테이블이 만원이라는 뜻이므로 테이블 크기를 늘려야 한다. 실제로는 해시 테이블이 다 차고 난 후에야 테이블 크기를 늘리는 것이 아니라, 성능을 좋게 하기 위해 적재 밀도가 0.75와 같이 미리 명기된 경계 값을 넘을 때 테이블 크기를 늘린다. 해시 테이블의 크기를 다시 정할 때 해시 함수 역시 바꿔야 한다. 예를 들어 제산 함수를 해시 함수로 사용하였다면 제수를 버킷의 수와 동일하게 바꿔야 한다. 해시 함수의 이런 변경은 해시 테이블에서의 각 키가 들어갈 홈 버킷을 잠정적으로 바꾸는 것이다. 따라서 모든 사전 엔트리들은 새로 커진 테이블에 다시 사상되어야 한다.

예제 8.6: 버킷당 하나의 슬롯을 가지고 있는 26개 버킷의 테이블과 키 GA, D, A, G, L, A2, A1, A3, A4, Z, ZA, E를 고려해 보자. $h(k)$는 단순히 k의 첫 번째 문자로 정의되는 함수를 선택하기로 한다. 초기에 테이블의 모든 엔트리는 널이 된다. h(GA) = 6이고 ht[6]은 공백이므로 GA는 ht[6]에 들어간다. D와 A는 각각 버킷 ht[3]과 ht[0]에 들어간다. 다음 키인 G도 h(G) = 6이지만 이 버킷은 이미 GA가 차지하고 있다. 비어 있는 다음 슬롯이 ht[7]이므로 G는 이곳에 저장된다. L은 ht[11]에 들어간다. A2는 ht[0]의 A와 충돌하여 오버플로가 발생하므로 A2는 비어있는 다음 슬롯인 ht[1]에 들어간다. A1, A3, A4는 각각 ht[2], ht[4], ht[5]에 들어간다. Z는 ht[25]에, ZA는 ht[8]에 들어가고(해시 테이블은 원형적으로 사용된다) E는 ht[4]의 A3와 충돌하여 ht[9]에 들어간다. 그림 8.3은 결과 테이블을 보여 주고 있다. □

0	A
1	A2
2	A1
3	D
4	A3
5	A4
6	GA
7	G
8	ZA
9	E
10	
11	L
12	
13	
⋮	⋮
24	
25	Z

그림 8.3 선형 조사법에 의한 해시 테이블(26개의 버킷, 버킷당 하나의 슬롯)

$s = 1$이고 선형 조사법으로 오버플로를 처리하는 경우에 키 k를 해시 테이블에서 탐색하는 과정은 다음과 같다.

(1) $h(x)$를 계산한다.

(2) 다음과 같은 경우 중 어느 하나가 발생할 때까지 $ht[h(k)]$, $ht[(h(k) + 1)\%b]$, ..., $ht[(h(k) + j)\%b]$의 순서로 해시 테이블 버킷을 조사한다.

(a) 버킷 $ht[(h(k) + j)\%b]$에 값이 k인 키 쌍이 있는 경우. 이 경우 원하는 쌍이 발견되었음.

(b) $ht[h(k) + j]$가 비어 있는 경우. k는 테이블에 없음.

(c) 시작 위치 $ht[h(k)]$로 돌아온 경우. 테이블은 만원이고 k는 테이블에 없음.

프로그램 8.4는 결과 탐색 함수로서 해시 테이블 ht가 사전 상에 대한 포인터를 저장하고 있다고 가정한다.

```
template <class K, class E>
pair<K, E>* LinearProbing <K, E>::Get(const K& k)
{// 선형 조사법 해시 테이블 ht(각 버킷은 한 슬롯만 가짐)에서 k를 탐색한다.
 // 이 키를 가진 쌍을 발견하면, 그 쌍을 가리키는 포인터를 반환한다.
 // 그렇지 않으면 0을 반환한다.
```

```
    int i = h(k); //홈 버킷
    int j;
    for (j = i; ht[j] && ht[j]→first != k;) {
        j = (j + 1) % b;          // 테이블을 원형으로 간주
        if (j == i) return 0;    // 시작점으로 복귀
    }
    if (ht[j]→first == k) return ht[j];
    return 0;
}
```

프로그램 8.4: 선형 조사법

예제 8.6에서 선형 조사법으로 오버플로를 해결하는 경우 키들이 클러스터링되는 경향이 있으며 더구나 인접한 클러스터(cluster)들이 서로 통합까지 되는 경향이 있어서 탐색 시간을 증가시킨다는 것을 알 수 있었다. 그림 8.3의 테이블에서 키 ZA를 찾아 내기 위해서는 *ht*[25], *ht*[0], ..., *ht*[8] 등 총 10번의 비교가 필요하다. 이것은 10장에서 소개할 트리 테이블의 최악의 경우보다 훨씬 나쁜 것이다. 그림 8.3의 테이블에서 각 키들이 한 번씩만 검색된다면 조사되는 버킷의 수는 A의 경우는 1번, A2는 2번, A1은 3번, D는 1번, A3는 5번, A4는 6번, GA는 1번, G는 2번, ZA는 10번, E는 6번, L은 1번, Z는 1번 등 총 39개의 버킷이 조사된다. 검색이 성공적인 경우 조사되는 평균 버킷의 수는 3.25이다.

균등 해시 함수와 함께 선형 조사법을 사용한다면, α가 적재 밀도일 때 키를 찾기 위한 평균 키 비교 횟수의 기대값은 약 $(2-\alpha)/(2-2\alpha)$이다. 이것은 주어진 적재 밀도를 따르고 균일 함수 h를 사용하는 키들의 모든 가능한 집합의 평균이다. 예제 8.6에서는 $\alpha = 12/26 = .47$이고 평균 키 비교 횟수는 1.5이다. 비록 평균 비교 횟수는 적지만, 최악의 경우에는 비교 횟수가 매우 클 것이다.

클러스터의 크기, 즉 검색에 필요한 탐색의 평균 횟수를 줄이기 위해서는 이차 조사법(quadratic probing)을 이용할 수도 있다. 선형 조사법에서는 b가 테이블에 있는 버킷의 수라고 할 때 $(h(k) + i)\%b(1 \le i \le b-1)$인 버킷을 찾는 반면, 이차 조사법에서는 i의 이차 함수가 증분으로 사용된다. 특히, $0 \le i \le (b-1)/2$에 대해 $h(k)$, $(h(k) + i^2)\%b$, $(h(k)-i^2)\%b$를 검사하는 방법으로 탐색을 수행한다. b가 $4j + 3$(j는 정수)인 형태의 소수라면 앞서 언급한 이차 조사법에서는 테이블의 모든 버킷을 조사하면 된다. 그림 8.4는 형태가 $4j + 3$인 소수들을 몇 개 열거해 놓은 것이다.

클러스터 확대를 줄이기 위한 다른 방법으로서는 여러 개의 해시 함수 $h_1, h_2, ..., h_m$을 사용하는 것이 있다. 이 방법은 재해싱(rehashing)이라고 하며 버킷 $h_i(k)(1 \le i \le m)$를 순서대로 검사한다. 또 다른 방법으로 임의 조사법(random probing)도 있는데, 이것은 연습문제에서 다루기로 한다.

8.2.4.2 체인법

선형 조사법이나 그와 유사한 방법들의 효율이 좋지 않은 이유는 키를 탐색할 때 서로 다른 해시 값을 가진 키와 비교를 해야 하기 때문이다. 예를 들어 그림 8.3의 해시 테이블에서 키 ZA를 탐색할 때 *ht*[0]에서 *ht*[7]까지 비교를 해야 한다. 이것은 비록 이 버킷들에 있는 키들 중 어느 것도 *ht*[25]와 충돌하지

소수	j	소수	j
3	0	43	10
7	1	59	14
11	2	127	31
19	4	251	62
23	5	503	125
31	7	1019	254

그림 8.4 형태가 $4j + 3$인 몇 가지 소수들

않지만 어쩔 수가 없는 것이다. 만약 각 버킷에 대해 그 버킷에 대한 동거자(synonym)들을 키 리스트로 구성한다면, 위와 같은 불필요한 비교들은 하지 않아도 될 것이다. 이렇게 되면 탐색할 때 해시 주소 $h(k)$를 계산하여 $h(k)$에 대한 리스트만을 검사하면 된다. 이때 $h(k)$에 대한 리스트는 검색, 삽입, 삭제 연산이 지원되는 어떤 자료 구조(즉 배열, 체인, 검색 트리)로도 유지할 수 있겠지만 그 중 체인이 제일 많이 사용된다. 보통 체인을 사용할 때 *ChainNode <pair <K, E>>** 타입의 배열 $ht[0:b-1]$을 이용하는데 $ht[i]$는 버킷 i에 연결된 체인 중 첫 번째 노드를 가리킨다. 프로그램 8.5는 체인 해시 테이블에서의 검색 알고리즘을 보여 주고 있다.

```
template <class K, class E>
pair <K, E>* Chaining <K, E>::Get(const K& k)
{// 체인으로 연결된 해시 테이블 ht에서 k를 탐색한다.
 // 이 키를 가진 쌍을 발견하면, 그 쌍을 가리키는 포인터를 반환한다.
 // 그렇지 않으면 0을 반환한다.
    int i = h(k) // 홈 버킷
    // ht[j]에서 시작하는 체인을 탐색
    for(ChainNode <pair <K, E>>* current = ht[i]; current;
                                              current = current→link)
       if(current→data.first == k) return &current→data;
    return 0;
}
```

프로그램 8.5: 체인 검색

예제 8.6의 데이타에 대해 체인법을 사용한다면 그림 8.5의 해시 체인이 만들어진다. 체인에 새로운 키 k를 삽입하기 위해서는 먼저 그 키가 체인에 없다는 것을 확인해야 한다. 그런 다음 k는 체인의

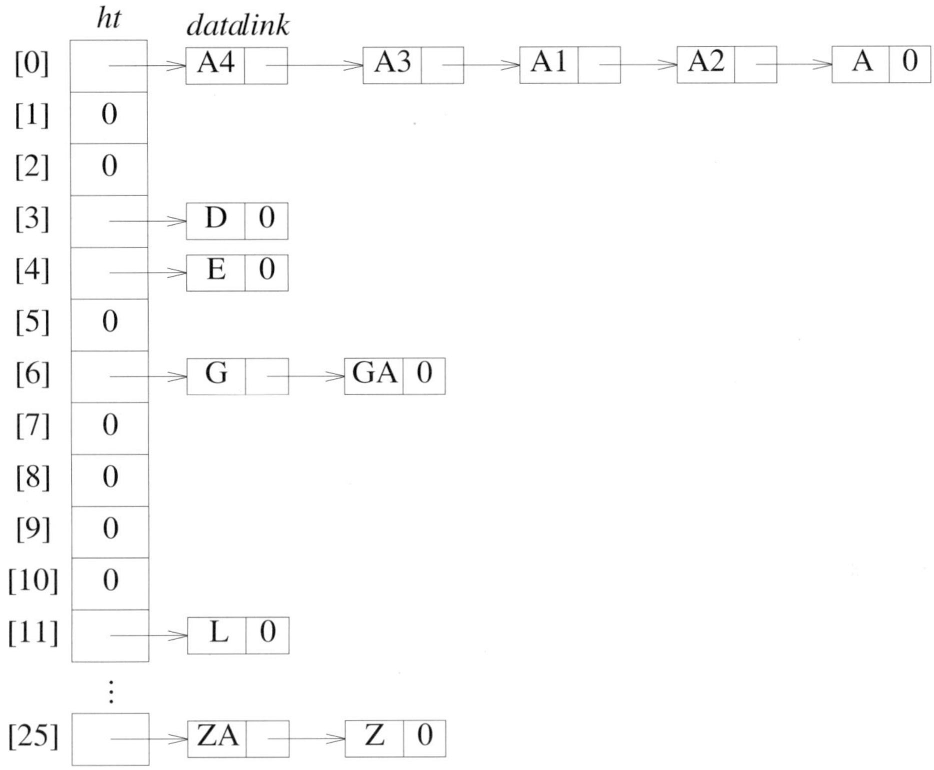

26버킷으로 된 해시 테이블.

그림 8.5 그림 8.3에 해당하는 해시 체인

임의의 위치에 삽입될 것이다. 그림 8.5의 예에서는 새로운 키가 체인의 맨 앞에 삽입되었다. 체인으로 이어진 해시 테이블에서의 삭제는 삭제할 노드를 체인에서 제거함으로써 수행된다.

그림 8.5의 체인으로 이어진 해시 테이블에서 키를 탐색하는 데 필요한 비교 횟수는 A4, D, E, G, L, ZA등이 1번이고 A3, GA, Z는 2번, A1은 3번, A2는 4번, A는 5번 등 총 24회이다. 평균은 2회이고, 이는 선형 조사법에 비해 상당히 감소한 것이다.

체인법을 균일 해시 함수와 함께 사용한다면 검색이 성공했을 경우 키의 비교 횟수 기대값은 α가 적재 밀도이고 n/b(b는 버킷의 수)일 때 평균적으로 약 $1 + \alpha/2$이다. $\alpha = 0.5$에 대해 이 수치는 1.25이고 $\alpha = 1$에 대해선 1.5가 된다. 선형 조사법을 쓴다면 키의 비교 횟수 기대값은 $\alpha = 0.5$일 때는 1.5, $\alpha = 1$일 때는 테이블 크기인 b가 된다.

이 절에서 열거한 성능 결과에 따르면, 균일 해시 함수를 사용한다면 해시 테이블의 성능은 오버플로를 처리하는 방식에만 좌우된다는 것을 알 수 있다. 비록 이것은 키가 키 공간에서 임의로 선택될 때는 사실이지만 실제로는 그렇지 않다. 실제로는 키가 편중적으로 선택되는 경향이 있다. 따라서 해시 함수에 따라 해시 테이블의 성능도 달라진다. 일반적으로 체인법과 함께 제산 함수를 사용하면 가장 좋은 성능을 갖게 된다.

성공적인 탐색을 위해 필요한 최악의 경우에 비교 횟수는 개방 주소법을 사용하든 체인법을 사용하든 관계없이 O(n)이다. 최악의 경우에 비교 횟수는 만일 동거자를 체인이 아니라 균형 탐색 트리(10장 참조)에 저장하면 O(log n)으로 줄일 수 있다.

8.2.5 오버플로 기법의 이론적 평가

해싱 기법의 실험 평가에 따르면 해싱 기법은 균형 트리와 같은 상용 기법보다 성능이 우수하다. 그러나 최악의 경우에 해싱의 성능은 아주 좋지 않다. 최악의 경우에는 n개의 키를 가진 해시 테이블에서의 삽입이나 탐색에 O(n) 시간이 걸릴 수도 있다. 이절에서는 체인 방법의 예상 성능에 대해 확률적 분석을 하고, 다른 오버플로 처리법에 대해서도 비슷한 분석을 한 결과를 증명 없이 논술하겠다.

먼저 예상 성능이 의미하는 바를 수식화해 보자. $ht[0:b-1]$을 한 개의 슬롯으로 된 버킷 b개를 가진 해시 테이블이라 하고, h를 치역이 $[0,b-1]$인 균일 해시 함수라 하자. n개의 키 $k_1, k_2, ..., k_n$이 해시 테이블에 저장된다면 $h(k_1), h(k_2), ..., h(k_n)$과 같은 b^n가지의 서로 다른 해시 순서가 있을 것이다. 이들 각각은 균등한 발생 확률을 가진다고 가정하자. 임의로 선택된 $k_i(1 \le i \le n)$의 주소 확인에 필요한 예상 키 비교 횟수를 S_n이라 하자. 그러면 S_n은 j번째 키인 k_j를 찾는 데 필요한 평균 비교 횟수이고, 이것은 균등한 확률로 선택되는 $j(1 \le j \le n)$와 b^n가지 해시 순서에 따른 비교 횟수를 평균한 값이 된다. U_n이 해시 테이블에 없는 키를 찾는 데 필요한 예상 비교 횟수라 하고, 이 표에 n개의 키가 있다면, U_n의 크기는 S_n에 적용된 방법과 유사하게 정의될 수 있다.

정리 8.1: $\alpha = n/b$가 균일 해시 함수를 사용한 해시 테이블의 적재 밀도라 하자.

(1) 선형 개방 주소법에 대해서는

$$U_n \approx 1/2[1 + 1/(1-\alpha)^2]$$
$$S_n \approx 1/2[1 + 1/(1-\alpha)]$$

(2) 재해싱 및 임의 조사법과 이차 조사법에 대해서는

$$U_n \approx 1/(1-\alpha)$$
$$S_n \approx -[1/\alpha]\log_e(1-\alpha)$$

(3) 체인법에 대해서는

$$U_n \approx \alpha$$
$$S_n \approx 1 + \alpha/2$$

증명: U_n과 S_n의 정확한 유도는 Knuth의 *The Art of Computer Programming: Sorting and Searching*(참고문헌 참조)에 나타나 있다. 여기서는 체인에 대한 근사식만을 다루겠다. 우선 U_n과 S_n에 대한 설명을 정확히 해야 한다. 검색하고자 하는 키 k가 $h(k) = i$이고 체인 i가 q개의 노드를 가졌을 경우, k가 체인에 없으면 q번의 비교가 필요하다. k가 그 체인에서 j번 째 노드에 있다면($1 \le j \le q$), j번의

비교가 필요하다.

n개의 키가 b개의 체인에 일정하게 분산되어 있을 경우, 각 체인에 있는 키 개수의 기대값은 $n/b = \alpha$이다. U_n은 체인에서의 예상 키 수이므로 $U_n = \alpha$이다.

i번째의 키 k_i가 테이블에 들어갈 때 체인에서의 예상 키 수는 $(i-1)/b$이다. 따라서 n개의 모든 키가 저장된 후에 k_i를 탐색하는 데 필요한 예상 비교 횟수는 $1 + (i-1)/b$가 된다(이것은 새로운 원소를 체인의 끝에 첨가한다고 가정한다). 따라서 다음과 같은 결과를 얻게 된다.

$$S_n = \frac{1}{n}\sum_{i=1}^{n}\{1+(j-1)/b\} = 1+\frac{n-1}{2b} \approx 1+\frac{\alpha}{2} \quad \square$$

연습문제

1. 해시 함수 $h(k) = k\%17$은 단방향 특성, 약한 충돌 저항, 또는 강한 충돌 저항을 만족시키지 않는다는 것을 증명하라.
2. 해시 함수 $h(k) = k\%D$에서 D가 주어지지 않았다고 하자. 어떤 값을 D로 사용해야 하는지 설명하라. k로 표현할 수 있는 함수와 $h(k)$를 이용하되 될 수 있는 한 간략하게 기술하라. 다음과 같은 두 가지 경우에는 그 방법이 어떻게 만족할 수 있는지 설명하라.
   (a) D는 [10, 20] 범위에 있는 소수라고 한다.
   (b) D는 2^k 형태로 k는 [1, 5] 범위에 있는 정수이다.
3. 해시 함수 h와 선형 조사법을 사용하는 해시 테이블에서 키 k를 삭제하는 C++ 함수를 작성하라. k가 들어 있는 슬롯을 단순히 비게 만드는 것으로는 이 문제를 해결할 수 없다는 것을 증명하라. 삭제가 허용되는 경우에도 올바른 탐색을 할 수 있도록 하려면 *Get*(프로그램 8.4)은 어떻게 수정되어야 하는가? 새로운 키는 어디에 삽입될 수 있는가?
4. (a) $q = (b-1)/2$일 때 $(h(k) + q^2), (h(k) + (q-1)^2), \ldots, (h(k) + 1), h(k), (h(k)-1), \ldots, (h(k)-q^2)$에 대해 이차 조사를 하면, 검색된 버킷 사이의 주소 차이 % b는 다음과 같음을 증명하라.

   $$b-2, b-4, b-6, \ldots, 5, 3, 1, 1, 3, 5, \ldots, b-6, b-4, b-2$$

   (b) 크기가 b인 해시 테이블 ht에서 키 k를 찾는 C++ 함수를 작성하라. 해시 함수 h를 사용하고 오버플로를 해결하기 위해 본문에서 살펴본 이차 조사법을 사용하라. 비교 횟수의 감소를 위해 문제 (a)의 결과를 이용하라.
5. [**Morris 1968**] b개의 버킷을 가진 해시 테이블에서 임의 조사법으로 키 k를 찾는 것은 버킷 $h(k)$와 $(h(k) + s(i))\%b[1 \le i \le b-1$, ($s(i)$는 준난수(pseudorandom number))]를 검사함으로써 이루어진다. 난수 발생기는 1에서 $b-1$까지의 모든 수를 1번만 생성해야 한다는 특성을 만족해야 한다.
   (a) 크기가 2^r인 테이블에 대해 아래의 계산 순서는 이러한 특성을 가진 숫자를 생성한다는 것을 증명하라.

조사 루틴이 호출될 때마다 q는 1이라는 초기 값을 갖는다. 임의의 수에 대한 연속적인 호출은 아래와 같이 이루어진다.

q *= 5
q = 낮은 자리의 $r + q$의 2비트
$s(i) = q/4$

(b) 임의 조사법과 중간 제곱 함수를 사용하고 위에서 나온 난수 생성기(random generator)를 이용하여 해시 테이블에 대한 탐색과 삽입 알고리즘을 작성하라.

이 방법에서 테이블의 크기가 클 때 사전 쌍을 찾는 데 필요한 평균 비교 횟수의 예상 값은 $-(1/\alpha)\log(1-\alpha)$임을 알 수 있다(단 α는 적재 인수).

6. 이원 탐색 트리를 사용하여 오버플로를 해결할 수 있는 C++ 해시 테이블 클래스를 작성하라. 제산 함수를 사용하되 D는 홀수로 하라. 또한 적재 밀도가 미리 명시된 값을 초과할 경우 배열을 두 배로 만들라. 이 절에서 배운 바와 같이 배열을 두 배로 만들 때에는 현재 테이블 크기인 $b = D$를 $2b + 1$로 늘린다는 것을 상기해야 한다.
7. 해시 테이블의 모든 키들을 사전식으로 나열하는 C++ 함수를 작성하라. 선형 조사법을 사용한다고 가정할 때, 이 함수의 연산 시간은 얼마인가?
8. 키 k의 이진수 표현은 k_1k_2이다. $|t|$는 k에 있는 비트 수이고 k_1의 첫 비트는 1이라고 하자. $|k_1| = \lceil |k|/2 \rceil$, $|k_2| = \lfloor |k|/2 \rfloor$라 할 때 아래의 해시 함수를 생각해 보자.

$$h(k) = (k_1 \oplus k_2)\text{의 가운데 } q\text{개의 비트}$$

$\oplus$는 XOR 연산을 의미한다. 이때 키들을 정수 범위에서 임의로 선택한다고 하면 이것은 균등 해시 함수인가? 실제 사전 용도에서 이 해시 함수의 성질은 어떠한가?

9. **[T. Gonzalez]** 키 k에 대한 탐색, 삽입, 삭제에 O(1) 시간이 걸리는 사전의 형태를 설계하라. 키는 모두 [0, m) 범위에 있는 정수이고 그 공간에서 $m + n$개의 단위가 사용 가능하다고 가정하라. 여기서 n은 삽입 횟수이다.[힌트: $a[n]$과 $b[m]$이라는 두 개의 배열을 사용하라. $a[i]$는 테이블에 삽입되는 $i + 1$번째 쌍이고 k가 삽입된 i번째 키이면 $b[k] = i$이다.] 키를 탐색, 삽입, 삭제하기 위한 C++ 함수를 작성하라. 배열 a, b를 초기화하면 $O(n + m)$ 시간이 걸리기 때문에 초기화하지 말아야 한다.
10. **[T. Gonzalez]** 두 집합 $s = \{s_1, s_2, ..., s_n\}$과 $t = \{t_1, t_2, ..., t_r\}$이 주어졌을 때 $1 \le s_i \le m$, $1 \le i \le n$이고, $1 \le t_i \le m$, $1 \le i \le r$이라고 가정하자. 연습문제 9번의 결과를 이용하여 $s \subseteq t$ 인지 결정하는 함수를 작성하라. 작성된 함수는 $O(r + n)$의 시간 안에 수행되어야 한다. $s \subseteq t$ and $t \subseteq s$와 $s \equiv t$가 서로 필요 충분 조건임을 이용하면 주어진 두 집합이 동치(equivalent)임을 선형 시간 내에 결정할 수 있다. 작성된 함수가 필요로 하는 공간은 어느 정도인가?
11. **[T. Gonzalez]** 연습문제 9번의 결과를 이용하여 함수 *Verify*2(프로그램 7.3)의 기능을 $O(n + m)$ 시간에 수행하는 함수를 작성하라. 작성된 함수의 공간 복잡도는 얼마인가?

12. 8.2.4절의 표기법을 이용하여 선형 조사법을 사용할 때

$$S_n = \frac{1}{n}\sum_{i=0}^{n-1} U_i$$

임을 증명하라. 위의 등식과 아래의 근사식

$$U_n \approx \frac{1}{2}\left(1+\frac{1}{(1-\alpha)^2}\right) \quad \text{여기서} \quad \alpha = \frac{n}{b}$$

을 이용하여

$$S_n \approx \frac{1}{2}\left(1+\frac{1}{(1-\alpha)}\right)$$

임을 증명하라.

8.3 동적 해싱

8.3.1 동적 해싱의 배경

좋은 성능을 보장하기 위해서는 적재 밀도가 미리 명기된 경계 값을 넘을 때마다 해시 테이블의 크기를 증가시켜야 한다. 예를 들어 해시 테이블에 b개의 버킷이 있고 제수가 $D = b$인 제산 함수를 사용한다고 하자. 삽입으로 인해 이 해시 테이블의 크기가 미리 명기된 경계 값을 넘게 되면 배열을 두 배로 증가시킴으로써 버킷의 수를 $2b + 1$로 늘릴 수 있다. 물론 이와 동시에 제수도 $2b + 1$의 값을 갖도록 변경해야 한다. 이렇게 변경을 할 경우 원래의 해시 테이블에서 모든 사전 쌍들을 가져와 새로 만든 큰 해시 테이블에 다시 삽입하여 재조정하여야 한다. 이때 각 엔트리에 해당하는 홈 버킷들이 바뀌었을 수도 있으므로 원래의 해시 테이블에 있던 사전 엔트리들을 새 큰 테이블에 있는 같은 버킷으로 단순히 복사해서는 안 된다. 항상 접근 가능해야 하는 매우 큰 사전들은 이런 재조정을 하게 되면 굉장히 오랜 시간 동안 연산을 중지해야 한다. 확장성 해싱(extendible hashing)이라고도 알려진 동적 해싱(dynamic hashing)은 재조정을 한 번 할 때마다 오직 하나의 버킷 안에 있는 엔트리들에 대해서만 홈 버킷을 변경하게 하여 재조정 시간을 줄이는 방법이다. 즉 테이블의 크기를 두 배로 증가시키는 것은 일련의 사전 연산 n개에 대해 총 시간이 단지 $O(n)$만큼만 늘어나게 만들지만, 하나의 연산이 매우 빠르게 수행되어야 하는 큰 사전이라는 점에서 보면 크기를 조정하게 만든 삽입을 모두 완료하는 데 필요한 시간은 엄청나게 크다. 동적 해싱의 목적은 하나의 연산에 대해 좋은 성능을 유지할 수 있는 해시 테이블을 제공하는 데에 있다.

이 절에서는 디렉터리(directory)의 사용 여부에 따라 동적 해싱을 두 가지 형태로 나누어 살펴볼 것이다. 두 형태 모두 키를 음이 아닌 정수로 사상시키는 해시 함수 h를 사용한다. h의 범위는 충분히 크고 $h(k, p)$는 $h(k)$의 최하위 비트 p에 의해 표현되는 정수라고 가정한다.

이 절의 예제들에서는 키를 6비트의 음이 아닌 정수로 변환하는 해시 함수 $h(k)$를 사용한다. 각 키

k	$h(k)$
A0	100 000
A1	100 001
B0	101 000
B1	101 001
C1	110 001
C2	110 010
C3	110 011
C5	110 101

그림 8.6 해시 함수 예

들은 각각 두 개의 문자로 구성되며 h는 A, B, C와 같은 문자들을 각각 100, 101, 110과 같이 비트 열로 변환한다. 0에서 7까지의 숫자는 세 개의 비트로 표현된다. 그림 8.6은 두 개의 문자로 이루어진 키 여덟 개를 $h(k)$의 이진 표현과 함께 보여 주고 있다. 이 예에 앞에서 언급한 해시 함수를 사용하면 $h(\text{A0}, 1) = 0$, $h(\text{A1}, 3) = 1$, $h(\text{B1}, 4) = 1001 = 9$, $h(\text{C1}, 6) = 110\,001 = 49$이다.

8.3.2 디렉터리를 이용한 동적 해싱

디렉터리(directory)를 이용한 동적 해싱은 버킷들에 대한 포인터를 저장하고 있는 디렉터리 d를 이용한다. 디렉터리의 크기는 $h(k)$의 비트 수에 좌우되는데 이 비트는 디렉터리로 키를 인덱싱할 때 사용된다. $h(k, 2)$를 사용하여 인덱싱을 하면 디렉터리의 크기는 $2^2 = 4$가 된다. $h(k, 5)$일 때 디렉터리의 크기는 32이다. 이와 같이 디렉터리를 인덱싱하는 $h(k)$의 비트 수를 디렉터리 깊이(directory depth)라고 한다. t가 디렉터리 깊이일 때 디렉터리의 크기는 2^t이고 버킷 수는 디렉터리 크기를 넘지 않는다. 그림 8.7(a)는 키 A0, B0, A1, B1, C2, C3을 포함하고 있는 동적 해시 테이블을 나타내고 있다. 이 해시 테이블은 깊이가 2인 디렉터리를 사용하며 각 버킷에는 두 개의 슬롯이 있다. 그림 8.7에서 색칠된 것이 디렉터리이고 그렇지 않은 것은 버킷들이다. 실제 버킷의 크기는 저장 장치의 물리적 특성과 맞게 정해진다. 예를 들어 디렉터리 쌍들이 디스크에 상주할 경우 버킷 하나는 디스크 트랙 하나 또는 섹터 하나와 일치할 수 있다.

키 k를 탐색하려면, t가 디렉터리 깊이일 때 $d[h(k, t)]$가 가리키는 버킷을 탐색해 보기만 하면 된다.

C5를 그림 8.7(a)의 해시 테이블에 삽입하여 보자. $h(\text{C5}, 2) = 01$이므로 디렉터리의 01 자리에 있는 포인터 $d[01]$을 따라간다. 그러면 A1과 B1이 있는 버킷이 나온다. 이 버킷은 꽉 차 있으므로 오버플로가 발생한다. 오버플로를 해결하기 위해서는 오버플로가 된 버킷의 모든 키에 대해 $h(k, u)$가 같지 않게 하는 최하위 비트 u를 정해야 한다. u가 디렉터리 깊이보다 크면 u의 값만큼 디렉터리 깊이를 증가시킨다. 이렇게 하는 것은 디렉터리의 크기를 증가시키기 위한 것일 뿐 버킷의 개수는 증가하지 않는다. 디렉터리의 크기가 두 배가 되면 원래 디렉터리에 있던 포인터들을 복사하여 새로운 디렉터리의 반을 차지하게 된 포인터들이 원래 디렉터리와 같도록 만든다. 디렉터리의 크기를 네 배 증가시키는 것도 마찬가지이며 계속해서 이런 식으로 크기를 늘려 간다. 앞의 예에서 C5가 A1, B1과 다른 $h(k, u)$를 갖도

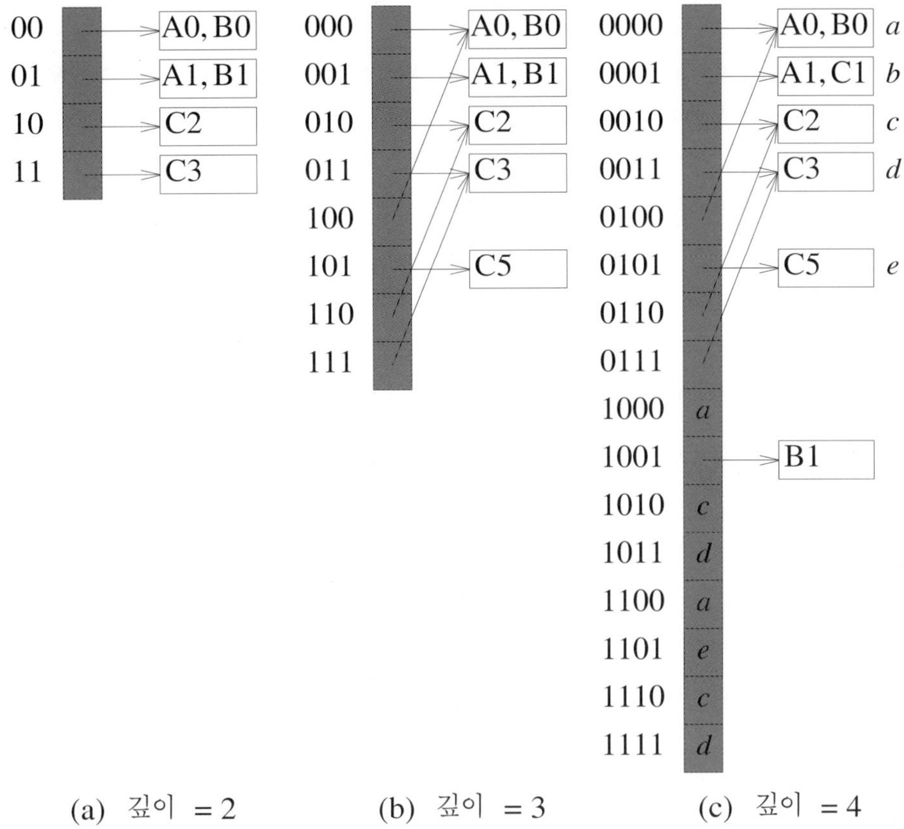

그림 8.7 디렉터리를 이용한 동적 해시 테이블

록 만드는 u의 값은 3이다. 따라서 디렉터리는 깊이가 3이 되고 크기는 8이 된다. 이렇게 디렉터리가 확장된 후에는 $d[i] = d[i+4] (0 \le i < 4)$이다.

디렉터리의 크기를 재조정한 후에는 $h(k, u)$를 사용하여 오버플로가 된 버킷을 분할한다. 여기서는 $h(k, 3)$을 이용한다. A1과 B1에 대해서는 $h(k, 3) = 001$이고 C5에 대해서는 $h(k, 3) = 101$이다. 그러므로 C5를 갖는 새 버킷을 생성하고 이 버킷에 대한 포인터를 $d[101]$에 저장한다. 그림 8.7(b)는 결과 그림을 보여 준다. 각 사전 엔트리들은 $h(k, 3)$으로 정해진 디렉터리 포인터가 가리키고 있는 버킷에 있지만, 어떤 경우에는 그 버킷을 다른 디렉터리 포인터가 가리키고 있을 수도 있다. 예를 들어 $h(A0, 3) = h(B0, 3) \ne 000$이지만 버킷 100은 A0과 B0을 가리키고 있다.

C5 대신 C1을 넣는다고 해 보자. 그림 8.7(a)를 보면 디렉터리의 $h(C1, 2) = 01$ 자리에 있는 포인터는 C5를 삽입할 때와 같이 동일한 버킷을 가리킨다. 이 버킷은 오버플로가 된다. A1, B1의 최하위 비트와 C1의 최하위 비트가 다르게 하는 u는 4이다. 따라서 새로운 디렉터리 깊이는 4이고 디렉터리의 크기는 16이 된다. 디렉터리의 크기는 네 배가 되고 $d[0:3]$ 포인터들은 새로운 디렉터리를 채우기 위해 세 번 복사된다. 오버플로가 된 버킷이 분할될 때 A1과 C1은 $d[0001]$이 가리키는 버킷에 저장되고 B1은

$d[1001]$이 가리키는 버킷에 저장된다.

현재 디렉터리 깊이가 u와 같거나 클 때 분할된 버킷을 가리키는 다른 포인터들 역시 새로운 버킷을 가리키도록 갱신되어야 한다. 특히 새로운 버킷의 u 비트와 일치하는 위치에 있는 포인터들은 갱신되어야 한다. 다음 예를 보자. A4(h(A4) = 100 100)을 그림 8.7(b)에 삽입한다고 해 보자. 버킷 $d[100]$은 오버플로가 된다. 최하위 비트 u는 3으로 디렉터리 깊이와 같다. 따라서 디렉터리의 크기는 변하지 않는다. $h(k, 3)$을 이용하면 A0과 B0은 000으로 해싱되지만 A4는 100으로 해싱된다. 따라서 A4를 저장하기 위한 새로운 버킷을 생성하고 $d[100]$이 이 새로운 버킷을 가리키도록 한다.

삽입의 마지막 예로 C1을 그림 8.7(b)에 삽입한다고 하자. h(C1, 3) = 001이다. 이때 버킷 $d[001]$은 오버플로가 된다. u의 최소값은 4이므로 디렉터리의 크기를 두 배로 늘려 디렉터리 깊이를 4로 만들어야 한다. 디렉터리가 두 배로 되면 디렉터리의 절반 중 첫 번째에 있는 포인터들을 두 번째 절반으로 복사한다. 다음에는 $h(k, 4)$를 이용하여 오버플로가 된 버킷을 분할한다. A1과 C1에 대한 $h(k, 4)$ = 0001이고 B1에 대한 $h(k, 4)$ = 1001이므로 B1을 저장하는 새로운 버킷 하나를 생성하고 C1을 B1이 있던 슬롯에 삽입한다. 새로운 버킷을 가리키는 포인터는 $d[1001]$에 저장된다. 그림 8.7(c)에 그 결과가 나와 있다. 결과를 정확하게 보여 주기 위해 여러 버킷 포인터가 가리키고 있는 버킷이 어떤 것이었는지를 소문자로 치환하여 표현하고 있다.

디렉터리를 사용하는 동적 해시 테이블에서의 삭제도 삽입과 비슷하다. 동적 해싱은 배열을 두 배로 만드는 방법을 사용하지만 정적 해싱에서 배열을 두 배로 만드는 것보다 시간이 훨씬 적게 걸린다. 동적 해싱에서는 테이블에 있는 모든 엔트리들을 모두 재해싱하는 것이 아니라 오버플로가 된 버킷에 있는 엔트리들만 재해싱하면 되기 때문이다. 특히 디렉터리가 메모리에 있고 버킷들은 디스크에 있을 때 그 효과가 더욱 좋다. 탐색은 단지 한 번의 디스크 접근을 필요로 하고 삽입은 한 번의 읽기와 두 번의 쓰기 접근을 필요로 하며 배열을 두 배로 늘리는 것은 디스크 접근이 전혀 필요 없다.

8.3.3 디렉터리 없는 동적 해싱

이름에서 알 수 있듯이 이 방법은 8.3.2절의 방법에서 사용했던 버킷 포인터의 디렉터리 d를 사용하지 않는다. 대신 버킷의 배열인 ht를 사용한다. 이 배열은 가능한 한 매우 커서 크기를 동적으로 늘릴 필요가 없다고 가정한다. 이렇게 큰 배열을 초기화하지 않기 위해 q와 r이라는 변수($0 \le q < 2^r$)를 두어 활성화된 버킷(active bucket)에 대한 정보를 얻어 낸다. 항상 0부터 $2^r + q-1$까지의 버킷만 활성화된다. 각 활성 버킷은 버킷 체인의 시작이 된다. 체인의 나머지 버킷들은 오버플로 버킷(overflow bucket)이라 한다. 2^r부터 $2^r + q-1$까지의 활성 버킷뿐만 아니라 0부터 $q-1$까지의 활성 버킷은 $h(k, r+1)$을 이용하여 인덱싱되고 나머지 활성 버킷들은 $h(k, r)$을 이용해 인덱싱된다. 각 사전 쌍들은 활성 버킷이거나 오버플로 버킷이다.

그림 8.8(a)는 $r = 2$이고 $q = 0$일 때 디렉터리가 없는 해시 테이블 ht를 보여 준다. 해시 함수로는 그림 8.6의 해시 함수가 사용되고 h(B4) = 101 100, h(B5) = 101 101이다. 활성 버킷의 개수는 4이다(인덱싱된 00, 01, 10, 11). 활성 버킷의 인덱스는 체인을 식별한다. 각 활성 버킷에는 두 개의 슬롯이 있으며 버킷 00에는 B4와 A0이 있다. 네 개의 버킷 체인이 있는데 각 체인은 네 개의 활성 버킷 중 하나에서 시작하고 그 활성 버킷으로만 구성된다(즉 오버플로 버킷은 없다). 그림 8.8(a)에서는 모든 키들이

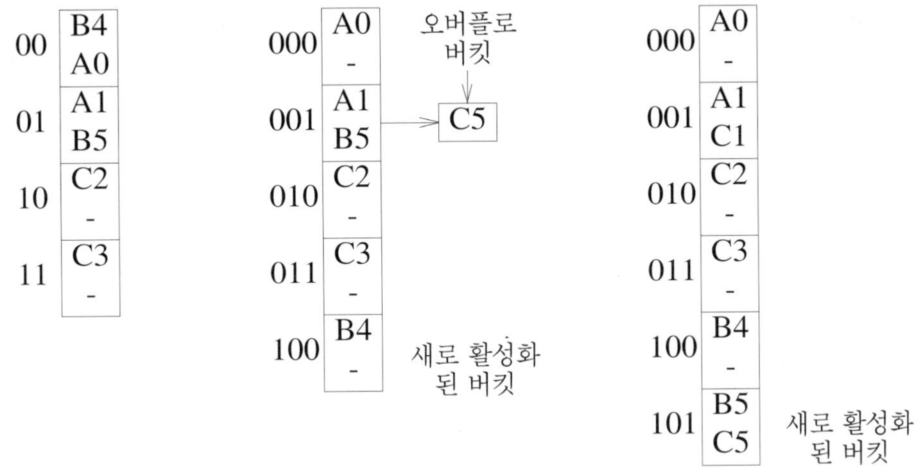

(a) $r = 2, q = 0$ (b) 삽입 C5, $r = 2, q = 1$ (c) 삽입 C1, $r = 2, q = 2$

그림 8.8 디렉터리가 없는 동적 해시 테이블에서의 삽입

$h(k, 2)$를 이용하여 체인들에 사상되었다. 그림 8.8(b)에서는 $r = 2$이고 $q = 1$일 때 체인 000과 100에 대해 $h(k, 3)$이 사용되었으며 체인 001, 010, 011에 대해서는 $h(k, 2)$가 사용되었다. 체인 001은 오버플로 버킷을 가지고 있다. 오버플로 버킷은 활성 버킷과 같은 수만큼 슬롯을 수용할 수도 있고 그렇지 않을 수도 있다.

k를 탐색하기 위해서 먼저 $h(k, r)$을 계산한다. $h(k, r) < q$이면 k는 $h(k, r + 1)$을 이용하여 인덱싱된 체인에 존재한다. 그렇지 않으면 살펴볼 체인은 $h(k, r)$로 찾는다. 프로그램 8.6은 디렉터리가 없는 동적 해시 테이블에서 탐색하는 알고리즘이다.

if ($h(k,r) < q$)이면 버킷 $h(k,r + 1)$에서 시작하는 체인을 탐색;
else 버킷 $h(k,r)$에서 시작하는 체인을 탐색;

프로그램 8.6: 디렉터리가 없는 동적 해시 테이블에서의 탐색

C5를 그림 8.8(a)의 테이블에 삽입하려면 프로그램 8.6 탐색 알고리즘을 이용하여 C5가 테이블에 이미 존재하는지 아닌지를 알아야 한다. 체인 01을 먼저 조사하여 C5가 존재하지 않는다는 것을 확인한다. 탐색한 체인의 활성 버킷이 꽉 차 있으므로 오버플로가 발생한다. 오버플로는 버킷 2r+q를 활성화하여 해결한다. 즉 q와 새로 생긴 활성 버킷(또는 체인) $2^r + q$ 사이에 체인 q에 있던 엔트리들을 위치시켜 재조정하고 q를 1만큼 증가시킨다. 이제 q가 2^r이 되면 r을 1만큼 증가시키고 q를 0으로 재설정한다. 위치 재설정에는 $h(k, r + 1)$을 사용한다. 마지막으로 r과 q의 새로운 값과 프로그램 8.6을 이용하여

탐색된 체인에 새로운 쌍이 삽입된다.

앞의 예에서는 버킷 4 = 100이 활성화되고 체인 00($q = 0$)에 있는 엔트리들이 $r + 1$=3비트로 인해 재해싱된다. B4는 새로운 버킷 100으로 해싱되고 A0은 버킷 000으로 해싱된다. 이후 $q = 1$, $r = 2$가 된다. C5를 탐색할 때는 체인 1을 조사하고 결국 C5는 오버플로 버킷을 이용하여 이 체인에 삽입된다[그림 8.8(b)참조]. 이때 버킷 001, 010, 011에 있는 키들은 $h(k, 2)$로 인해 해싱되지만 버킷 000, 100에 있는 키들은 $h(k, 3)$을 이용해 해싱되는 것에 유의해야 한다.

그림 8.8(b)의 테이블에 C1을 삽입하여 보자. h(C1, 2) = 01 = q이므로 탐색 알고리즘(프로그램 8.6)으로 체인 01 = 1을 조사한다. 탐색 결과 C1이 사전에 없다는 것이 확인된다. 활성 버킷 01이 꽉 차 있으므로 오버플로가 발생한다. 버킷 $2^r + q = 5 = 101$을 활성화하고 체인 q에 있는 키 A1, B5, C5를 재해싱한다. 이때 재해싱은 3비트를 사용하여 수행한다. A1은 버킷 001로 해싱되고 B5와 C5는 버킷 101로 해싱된다. q는 1만큼 증가하고 새로운 키 C1은 버킷 001로 삽입된다. 그림 8.8(c)를 보면 그 결과가 나와 있다.

연습문제

1. 디렉터리를 사용하는 동적 해시 테이블에서 사전 쌍 하나를 삽입하는 알고리즘을 작성하라.
2. 디렉터리를 사용하는 동적 해시 테이블에서 사전 쌍 하나를 삭제하는 알고리즘을 작성하라.
3. 디렉터리가 없는 동적 해시 테이블에서 사전 쌍 하나를 삽입하는 알고리즘을 작성하라.
4. 디렉터리가 없는 동적 해시 테이블에서 사전 쌍 하나를 삭제하는 알고리즘을 작성하라.

8.4 블룸 필터

8.4.1 응용—차등 화일

인덱싱된 화일(indexed file)을 관리하는 응용을 고려해 보자. 간단히, 하나의 인덱스와 하나의 키가 있다고 하자. 이것을 밀집 인덱스(dense index)라 가정하고(즉 화일의 각 레코드에 대해 하나의 엔트리를 가지고 있는 인덱스) 화일의 갱신(기존 레코드에 대한 삽입, 삭제 및 변경)이 허용된다고 하자. 작업 사본(working copy)의 장애나 우연한 손실로부터 회복하기 위해서는 인덱스와 화일의 백업 사본(back-up copy)을 유지하는 것이 필요하다. 이러한 장애나 손실은 하드웨어나 소프트웨어의 오동작으로 인한 작업 사본의 파괴 등 다양한 원인 때문에 발생한다. 인덱스와 화일의 작업 사본을 각각 **마스터 인덱스**(master index), **마스터 화일**(master file)이라고 하자.

화일과 인덱스의 갱신이 허용되기 때문에 일반적으로 장애 시점에서는 백업 사본과 작업 사본 사이에는 차이가 있을 것이다. 장애 회복을 위해서는, 백업 사본과 이 백업 사본이 생성된 이후에 만들어진 모든 갱신 로그를 가지고 있어야 한다. 이 로그를 **트랜잭션 로그**(transaction log)라 한다. 장애로부터 회복하기 위해서는 백업 사본과 트랜잭션 로그를 처리하여 장애 당시 작업 사본의 인덱스와 화일을 재생해야 한다. 이것은 회복 시간이 백업 인덱스와 화일의 크기 그리고 트랜잭션 로그 크기의 함수가 된다는 것을 의미한다. 백업을 자주 하면 복구 시간을 줄일 수 있다. 이렇게 되면 트랜잭션 로그는 점점 작아지게 된다. 그러나 인덱스와 화일이 매우 크거나 갱신율이 매우 높을 때 마스터 인덱스와 화일을 너무 자주 백업하는 것은 실용적이지 못하다.

인덱스가 아니라 화일만 매우 클 경우, 차등 화일(differential file)이라고 하는 별도의 화일에 갱신된 레코드들을 저장함으로써 복구 시간을 줄일 수 있다. 마스터 화일은 변경되지 않더라도, 주어진 키를 가진 레코드의 가장 최근 버전의 위치를 반영하도록 마스터 인덱스를 바꾼다. 차등 화일 레코드들과 마스터 화일 레코드들이 서로 다른 주소를 가지고 있다고 하자. 이것은 찾고자 하는 레코드의 가장 최근 버전이 마스터 화일에 있는지 혹은 차등 화일에 있는지를 마스터 인덱스에 대한 검색을 통해 얻어지는 주소만으로 알 수 있음을 의미한다. 프로그램 8.7(b)는 주어진 키를 가진 레코드에 접근할 때 필요한 단계를 보여준다. 프로그램 8.7(a)는 차등 화일을 사용하지 않을 때 취해지는 단계를 보여 주고 있다.

단계 1: 레코드 주소를 얻기 위해 마스터 인덱스를 탐색한다.
단계 2: 이 마스터 화일 주소를 통해 레코드에 접근한다.
단계 3: 만약 갱신이 이루어지면, 마스터 인덱스, 마스터 화일, 트랜잭션 로그를 갱신한다.

(a) 차등 화일이 아닐 때

단계 1: 레코드 주소를 얻기 위해 마스터 인덱스를 탐색한다.
단계 2: 단계 1에서 구한 주소에 따라 마스터나 차등 화일로부터 레코드에 접근한다.
단계 3: 만약 갱신이 이루어지면, 마스터 인덱스, 차등 화일, 트랜잭션 로그를 갱신한다.

(b) 차등 화일 사용

단계 1: 차등 인덱스에서 레코드 주소를 탐색하여 만약 그 탐색이 실패하면, 마스터 인덱스를 탐색한다.
단계 2: 단계 1에서 얻은 주소에 따라 마스터나 차등 화일로부터 레코드에 접근한다.
단계 3: 만약 갱신이 이루어지면, 차등 인덱스, 차등 화일, 트랜잭션 로그를 갱신한다.

(c) 차등 인덱스와 차등 화일 사용

단계 1: 블룸(Bloom) 필터를 질의한다. 만약 그 응답이 'maybe' 이면, 차등 인덱스에서 레코드 주소를 탐색한다. 블룸 필터의 응답이 'no' 이거나, 차등 인덱스 탐색이 실패이면 마스터 인덱스를 탐색한다.
단계 2: 단계 1에서 얻은 주소에 따라 마스터나 차등 화일로부터 레코드에 접근한다.
단계 3: 만약 갱신이 이루어지면, 블룸 필터, 차등 인덱스, 차등 화일, 트랜잭션 로그를 갱신한다.

(d) 차등 인덱스와 차등 화일 그리고 블룸 필터 사용

프로그램 8.7: 접근 단계

차등 화일을 사용할 때, 백업 화일은 마스터 화일의 정확한 복사본이라는 것에 주목하라. 그러므로 마스터 인덱스와 차등 화일만을 자주 백업하면 된다. 이들은 상대적으로 작기 때문에 빈번한 백업이 가

능하다. 마스터 인덱스나 차등 화일을 장애로부터 복구시키기 위해서는 마스터 화일과 마스터 인덱스 및 차등 화일의 백업 사본을 사용하여 트랜잭션 로그에 있는 트랜잭션들을 처리하면 된다. 백업이 훨씬 자주 이루어지기 때문에 트랜잭션 로그는 보통 상대적으로 작다. 마스터 화일의 장애로부터 회복하기 위해서는, 단순히 마스터 화일의 새로운 백업 사본만 만들면 된다. 차등 화일이 너무 커지면, 구 마스터 화일과 차등 화일을 합병하여 새 버전의 마스터 화일을 생성할 필요가 있다. 이것은 또한 새로운 인덱스와 공백의 차등 화일을 생성하게 된다. 이러한 차등 화일을 사용하더라도 한 화일 연산을 수행할 때 필요한 디스크 접근 횟수에는 영향을 주지 않는다는 사실이 흥미롭다(프로그램 8.7 참조).

인덱스와 화일이 모두 매우 크다고 가정하자. 이 경우에는 위에서 언급한 차등 화일 기법이 제대로 작동하지 않는다. 왜냐하면 이런 상황에서는 트랜잭션 로그를 충분히 작게 유지하기 위해 필요한 만큼 빈번하게 마스터 인덱스를 백업하는 것이 어렵기 때문이다. 이러한 문제는 차등 화일과 차등 인덱스(differential index)를 사용함으로써 해결할 수 있다. 여기서는 마스터 인덱스와 마스터 화일은 갱신이 이루어져도 변경되지 않은 채로 남아 있다. 대신 차등 화일이 새로 삽입된 모든 레코드들과 변경된 모든 레코드들의 최근 버전들을 포함하고 있다. 이 차등 인덱스는 차등 화일에 대한 인덱스이며 삭제된 레코드들에 대한 널(null) 주소 엔트리들도 가지고 있다. 프로그램 8.7(c)는 차등 인덱스와 차등 화일이 모두 사용될 때 화일 연산을 수행하는 데 필요한 단계를 보여주는 것이다. 프로그램 8.7(a)에 비해 프로그램 8.7(c)는 추가적인 디스크 접근을 빈번하게 요구하고 있는데 이는 차등 인덱스에 대해 먼저 질의하고 그 다음 마스터 인덱스를 질의하기 때문이다. 차등 화일은 마스터 화일보다 훨씬 더 작고, 따라서 대부분의 요청은 마스터 화일 접근으로 충족되는 것에 주목하라.

차등 인덱스와 차등 화일을 모두 사용할 때, 아주 빈번히 이들을 백업하여야 하는데 이것은 이들이 상대적으로 작기 때문에 가능하다. 차등 인덱스나 차등 화일의 손실로부터 복구하기 위해서는 유효한 백업 사본들을 사용하여 트랜잭션 로그에 있는 트랜잭션을 처리하여야 한다. 마스터 인덱스와 마스터 화일의 손실로부터 복구하기 위해서는 단지 적절한 하나의 백업 사본만 필요하다. 차등 인덱스와(혹은) 차등 화일이 너무 커지면, 마스터 인덱스와(혹은) 마스터 화일을 재구성하고 차등 인덱스와(혹은) 차등 화일은 공백으로 되게 한다.

8.4.2 블룸 필터 설계

차등 인덱스를 사용함으로써 야기되는 성능 저하는 블룸 필터(Bloom filter)를 이용하면 상당히 줄일 수 있다. 블룸 필터는 내부 메모리에 상주하여 "차등 인덱스에 키가 있는가?" 와 같은 유형의 질의를 허용하는 장치이다. 만약 이런 유형의 질의들에 정확히 응답할 수 있다면, 레코드 주소를 찾기 위해 차등 인덱스와 마스터 인덱스 모두를 결코 탐색할 필요가 없다. 분명히 이러한 유형의 질의에 정확하게 응답하기 위한 유일한 방법은 차등 인덱스 안에 모든 키의 리스트를 유지하는 것이다. 그러나 이것은 상당한 크기의 차등 인덱스들에 대해서는 불가능한 것이다.

블룸 필터는 위와 같은 유형의 질의에 정확하게 응답하지 않는다. 'yes' 와 'no' 의 응답 대신에 'maybe' 와 'no' 중에 하나로 응답한다. 그 응답이 'no' 이면, 탐색 키가 차등 인덱스에 있지 않다는 것을 보장한다. 이런 경우에는 마스터 인덱스만을 탐색하면 되기 때문에 디스크 접근 횟수는 차등 인덱스가 사용되지 않을 때와 같다. 그러나 만약 응답이 'maybe' 이면, 차등 인덱스를 탐색한다. 마스터 인덱스는 차등 인덱스에서 키를 찾지 못할 때만 탐색된다. 프로그램 8.7(d)는 블룸 필터가 차등 인덱스와 결합하여 사용될 때의 단계들을 보여 주는 것이다.

블룸 필터 질의에 대한 응답이 'maybe'이고 키가 차등 인덱스에 없을 때마다 필터 오류(filter error)가 발생한다. 차등 인덱스와 마스터 인덱스들은 필터 오류가 발생할 때만 모두 탐색된다. 차등 인덱스가 사용되지 않을 때와 비슷한 성능을 얻기 위해서는 필터 오류의 확률이 0에 가깝도록 보장해야 한다.

블룸 필터에 대해 좀더 자세히 살펴보자. 전형적으로 블룸 필터는 m비트의 메모리와 h개의 균일하고 독립적인 해시 함수 $f_1, ..., f_h$들로 구성된다. 각각의 f_i는 $[1, m]$ 범위에서 키 k를 정수로 해싱한다. 초기 값으로 모든 m개의 필터 비트는 0이고 차등 인덱스와 차등 화일은 공백이다. 차등 인덱스에 하나의 키 k를 추가할 때, 필터의 비트 $f_1(k), ..., f_h(k)$들은 1로 된다. "차등 인덱스에 k가 있는가?"라는 질의가 있을 때 비트 $f_1(k), ..., f_h(k)$를 검사한다. 이 질의의 응답은 이러한 비트들이 모두 1이면 'maybe'이고 그렇지 않으면 'no'이다. 응답이 'no'일 때는 그 키가 차등 인덱스에 있을 수 없으며 응답이 'maybe'일 때는 키가 차등 인덱스에 있거나 없을 수 있다는 것을 검증할 수 있다.

필터 오류의 확률은 다음과 같은 방법으로 계산한다. 초기 값으로 n개의 레코드들과 u개의 갱신이 만들어진다고 하자. 이러한 갱신 중에 어느 것도 삽입이나 삭제인 것이 없다고 하자. 따라서 레코드들의 수는 변경되지 않은 채로 유지된다. 그 밖에 레코드 키들이 키 공간 상에 균등하게 분포되어 있고 레코드 i에 대한 갱신 요청의 확률이 $1/n(1 \le i \le n)$이라고 하자. 이러한 가정으로부터 특정 갱신이 레코드 i를 수정하지 않을 확률은 $1-1/n$이 된다. 따라서 u개의 갱신들 중에 어느 것도 레코드 i를 수정하지 않을 확률은 $(1-1/n)^u$이다. 그러므로 수정되지 않을 레코드의 기대 수는 $n(1-1/n)u$이고 $(u+1)$번째 갱신이 수정되지 않은 레코드에 대한 갱신일 확률은 $(1-1/n)^u$이다.

다음으로, 블룸 필터의 비트 i와 해시 함수 $f_j(1 \le j \le h)$를 생각해 보자. k를 u개의 갱신 중 하나에 해당하는 키라 하자. f_j는 균일 해시 함수(uniform hash function)이기 때문에, $f_j(k) \neq i$일 확률은 $1-1/m$이다. h 해시 함수들은 독립적이기 때문에, 모든 해시 함수 h에 대해 $f_j(k) \neq i$일 확률은 $(1-1/m)^h$이다. 만약 이것이 유일한 갱신이라면 필터의 비트 i가 0일 확률은 $(1-1/m)^h$이다. 갱신 요청에 대한 가정으로부터, u개의 갱신이 이루어진 후 비트 i가 0일 확률은 $(1-1/m)^{uh}$이다. 이것으로부터 $(u+1)$번째 갱신이 수정되지 않은 레코드에 대한 것이라면 필터의 오류 확률은 $(1-(1-1/m)^{uh})^h$라는 결론을 내릴 수 있다. $(u+1)$번째 갱신이 필터 오류가 될 확률 $P(u)$는 $(u+1)$번째 갱신이 수정되지 않은 레코드에 대한 것일 확률에 이 수치를 곱한 것이다. 그러므로

$$P(u) = (1-1/n)^u(1-(1-1/m)^{uh})^h$$

근사값을 사용하면

$$(1-1/x)^q \sim e^{-q/x}$$

큰 값 x에 대해, 다음과 같이 된다.

$$P(u) \sim e^{-u/n}(1-e^{-uh/m})^h$$

이때 n과 m은 큰 값이다.

필터 오류의 확률을 최소화하는 블룸 필터를 설계하려 한다고 하자. 이 확률은 마스터 인덱스가 재구성되고 그 차등 인덱스가 공백이 되기 전에 가장 최고이다. 그 시간까지 행해진 갱신의 수를 u라고 하자. 대부분의 응용에서 m은 가용 메모리의 크기로 결정되고 n은 고정되어 있다. 따라서 설계 대상이 되는 유일한 변수는 h뿐이다. h에 대해서 $P(u)$를 미분하고 결과를 0으로 지정하면 다음을 얻는다.

$$h = (\log_e 2)m/u \sim 0.693m/u$$

이 h는 $P(u)$의 최소값을 얻게 한다는 것을 증명할 수 있다. 실제로 h는 정수이어야 하기 때문에, 사용할 해시 함수의 수는 어느 것이 더 작은 $P(u)$를 얻을 수 있느냐에 따라 $\lfloor 0.693\ m/u \rfloor$나 $\lceil 0.693\ m/u \rceil$가 된다.

연습문제

1. $P(u)$를 h에 대해 미분함으로써 P(u)가 $h = (\log_e 2)m/u$일 때 최소가 됨을 증명하라.
2. 최소값 $P(u)$를 가지는 블룸 필터를 설계하고자 하고 그때 n = 100,000, m = 5000, u = 1000이라고 하자.
   (a) 이 책에서 구한 결과들 중 임의의 것을 이용해서 사용하려는 해시 함수의 수 h를 계산하고 계산 과정을 보이라.
   (b) h가 위에서 계산한 값을 가질 때 필터 오류의 확률 $P(u)$는 얼마인가?

8.5 참고문헌

해싱에 대해 더 자세한 내용은 D. Knuth의 *The Art of Computer Programming: Sorting and Searching*(Vol. 3, Second Edition, Addison-Wesley, Reading, MA, 1998)과 P. Morin이 쓰고 D. Mehta와 S. Sahni가 편집한 *Handbook of data structures and algorithms*에 있는 Hash tables(Chapman & Hall/CRC, Boca Raton, 2005) 편을 보기 바란다.

이 책에서 소개한 차등 화일과 블룸 필터에 대한 설명은 Severence와 Lohman이 "Differential files: Their application to the maintenance of large databases"(D. Severence, G. Lohman, *ACM Transactions. on Database Systems*, Vol. 1, No 3, 1976, pp. 256-267)에서 기술한 논의와 유사하다. 이 논문에서는 또한 차등 화일을 사용할 때 가질 수 있는 몇 가지 장점을 보여 주고 있다. 필터 오류에 대한 분석 시 가정했던 균일성에 대한 가정은 비현실적이다. 그 이유는 미래의 접근은 이전에 접근했던 레코드에 대한 것일 가능성이 높기 때문이다. 몇몇 저자들은 이러한 것에 대한 고려를 시도하려고 했다. 이에 대한 두 개의 참고문헌으로는, "A practical guide to the design of differential file architectures"(H. Aghili, D. Severance, *ACM Transactions on Database Systems*, Vol. 7, No. 2, 1982, pp. 540-565)와 "A regression approach to performance analysis for the differential file architecture"(T. Hill, A. Srinivasan, *Proceedings of the Third IEEE International Conference on Data Engineering*, 1987, pp. 157-164)가 있다.

블룸 필터는 다양한 도메인에서의 문제 해결을 위한 응용에서 찾아볼 수 있다. 네트워크에 관련된 응용들은 "Space-code Bloom filter for efficient traffic flow measurement"(A. Kumar, J. Xu, L, Li, J. Wang, *ACM Internet Measurement Conference*, 2003)와 "Hash-based paging and location update using Bloom filters"(P. Mutaf, C. Castelluccia, *Mobile Networks and Applications*, Kluwer Academic, 9, 627-631, 2004) 및 "Approximate caches for packet classification"(F. Chang, W. Feng, K. Li, *IEEE INFOCOM*, 2004)에서 찾아보면 된다.

9장 우선순위 큐

9.1 한쪽 끝과 양쪽 끝 우선순위 큐

우선순위 큐(priority queue)는 각 원소가 연관된 우선순위(priority)를 갖고 있는 원소들의 모임이다. 이 장에서는 두 가지 상이한 우선순위 큐인 한쪽 끝 우선순위 큐와 양쪽 끝 우선순위 큐에 대해 공부할 것이다. 5.6절에서 이미 다루었던 한쪽 끝 우선순위 큐는 최소와 최대 우선순위 큐로 세분될 수도 있다. 5.6.1절에서 언급했듯이 최소 우선순위 큐에 의해 지원되는 연산은 다음과 같다.

SP1: 최소 우선순위를 가진 원소의 반환
SP2: 임의의 우선순위를 가진 원소의 삽입
SP3: 최소 우선순위를 가진 원소의 삭제

최대 우선순위 큐에 의해 지원되는 연산은 최소 우선순위 큐에 의해 지원되는 연산과 동일하다. 단 SP1과 SP3에서 최소를 최대로 대체시켜야 한다. 5.6절에서의 히프 구조는 우선순위 큐를 표현하기 위한 고전적인 자료 구조이다. 최소(최대) 히프를 사용함으로써 최소(최대) 원소는 O(1) 시간에 찾을 수 있고 한쪽 끝 우선순위 큐 연산 중 나머지 두 개는 각각 O(log*n*) 시간에 수행될 수 있다. 여기서 *n*은 우선순위 큐에 있는 원소의 수이다. 이 장에서는 여러 개의 확장된 한쪽 끝 우선순위 큐에 대해 살펴본다. 첫 번째 확장인 합병성(한쪽 끝) 우선순위 큐[meldable(single-ended) priority queue]는 두 개의 우선순위 큐를 합병시키는 합병 연산을 사용해 SP1 ~ SP3의 연산을 확장한다. 합병 연산을 적용할 수 있을 때는 하나의 우선순위 큐를 가진 서버가 꺼졌을 때이다. 이때 작동이 되는 서버의 우선순위 큐와 작동이 멈춘 서버의 우선순위 큐를 합병하는 것이 필요하다. 합병성 우선순위 큐를 위한 두 자료 구조인 좌향 트리(leftist tree)와 이항 히프(binomial heap)를 이 장에서 살펴볼 것이다.

합병성 우선순위 큐의 확장은 임의 원소(자료 구조에서 위치는 주어짐)를 삭제하는 연산과 임의 원소의 키/우선순위를 감소시키는(최대 우선순위 큐인 경우에는 증가시키는) 연산을 포함한다. 두 자료 구조, 즉 피보나치 히프(Fibonacci heap)와 페어링 히프(pairing heap)는 이 확장을 위해 제안되었다. 피보나치 히프에 대한 절에서는 6.4.1절에 있는 Dijkstra의 최단 경로 알고리즘의 실행 시간을 향상시키는 데 피보나치 히프가 어떻게 사용될 수 있는지를 설명한다.

양쪽 끝 우선순위 큐(DEPQ: double-ended priority queue)는 원소 모임에 대해 다음과 같은 연산을 지원하는 자료 구조이다.

DP1: 최소 우선순위를 가진 원소의 반환
DP2: 최대 우선순위를 가진 원소의 반환
DP3: 임의의 우선순위를 가진 원소의 삽입
DP4: 최소 우선순위를 가진 원소의 삭제
DP5: 최대 우순순위를 가진 원소의 삭제

따라서 양쪽 끝 우선순위 큐는 최소 우선순위 큐와 최대 우선순위 큐가 하나의 구조로 합해진 최소최대 우선순위 큐이다.

예제 9.1: 양쪽 끝 우선순위 큐는 네트워크 버퍼를 구현하는 데 사용될 수도 있다. 이 버퍼는 네트워크 링크를 통해 전송되기를 기다리는 패킷들을 가지고 있다. 각 패킷은 연관된 우선순위를 가지고 있다. 네트워크 링크가 이용 가능하게 될 때 가장 높은 우선순위를 가진 패킷이 전송된다. 이것은 최대 삭제(*DeleteMax*) 연산에 해당된다. 패킷이 네트워크 내의 다른 곳으로부터 버퍼에 도착했을 때 그 패킷은 이 버퍼에 추가된다. 이것은 삽입 연산에 해당한다. 그러나 버퍼가 가득 찼을 때는 패킷을 삽입시키기 전에 최소 우선순위를 가진 패킷을 지워야 한다. 이것은 최소 삭제(*DeleteMin*) 연산을 수행하여 달성될 수 있다. □

예제 9.2: 7.10절에서 합병 정렬을 어떻게 외부 정렬 환경에 적용하는지 살펴보았다. 이제 알려진 모든 내부 정렬 방법 중 실행 기대 시간이 가장 빠른 퀵 정렬을 유사하게 적용하도록 해 보자. 퀵 정렬(7.3절)의 기본 개념은 원소들을 L, M, R의 세 그룹으로 분할하여 정렬하는 것임을 기억하라. 중간 그룹 M은 피벗(pivot)이라 불리는 단 하나의 원소를 포함한다. 왼쪽 그룹 L에 있는 모든 원소는 피벗 이하(≤)이고 오른쪽 그룹 R에 있는 모든 원소는 피벗 이상(≥)이다. 이 분할 후에 왼쪽과 오른쪽 그룹의 원소들은 순환적으로 정렬된다.

외부 정렬(7.10절)에서는 컴퓨터의 메모리에 유지할 수 있는 수보다 더 많은 원소를 가지고 있다. 정렬될 원소들은 처음에는 디스크에 있다. 정렬된 원소들 역시 디스크에 저장될 것이다. 앞에서 언급한 내부 퀵 정렬 방법이 외부 퀵 정렬로 확장될 때 중간 그룹 M은 양쪽 끝 우선순위 큐(이제부터 DEPQ라 약칭한다)를 사용하여 가능한 한 크게 만든다. 외부 퀵 정렬의 전략은 다음과 같다.

(1) 내부 DEPQ에 가득 찰 만큼 많은 원소들을 메모리로 읽어들인다. DEPQ에 있는 원소들은 결국

중간 그룹의 원소들이 될 것이다.

(2) 나머지 원소를 한 번에 하나씩 처리하라. 만약 다음 원소가 DEPQ에서의 가장 작은 원소보다 작거나 같으면(≤) 이 원소를 왼쪽 그룹의 일부로 출력한다. 만약 다음 원소가 DEPQ에서의 가장 큰 원소보다 크거나 같으면(≥) 오른쪽 그룹의 일부로 이 원소를 출력한다. 그렇지 않으면 DEPQ에서 최대 또는 최소 원소를 제거한다(선택은 임의로 하거나 번갈아 가며 하면 된다). 최대 원소가 제거되었다면 이 최대 원소를 오른쪽 그룹의 일부로 출력한다. 그렇지 않을 경우에는 왼쪽 그룹의 일부로 제거된 원소를 출력하라. 그리고 새로운 입력 원소를 DEPQ에 삽입한다.

(3) 중간 그룹으로서 DEPQ에 있는 원소들을 정렬된 순서로 출력한다.

(4) 왼쪽과 오른쪽 그룹에 대해 순환적으로 정렬한다. □

프로그램 9.1은 *DEPQ* 추상 기본 클래스를 정의한 것으로 양쪽 끝 우선순위 큐 연산을 위한 순수 가상 멤버 함수들로 구성되어 있다. DEPQ를 표현하기 위해 히프로부터 얻어진 많은 자료 구조들이 있다. 이 장에서는 이들 중 두 가지인 대칭 최소-최대 히프와 인터벌 히프(interval heap)에 대해서만 설명하겠다.

```
template <class T>
class DEPQ {
public:
    virtual const T& GetMin() const = 0;
    virtual const T& GetMax() const = 0;
    virtual void Insert(const T&) = 0;
    virtual void DeleteMin() = 0;
    virtual void DeleteMax() = 0;
};
```

프로그램 9.1: 양쪽 끝 우선순위 큐의 클래스 정의

이 장을 통해서 우선순위 큐 원소는 관계 연산(==, <=, < 등)을 지원하는 데이타 타입 *T*이고 이런 연산자는 원소의 우선순위를 비교한다고 가정한다. 예를 들어 어떤 원소가 다른 원소보다 더 작은 우선순위를 가지면 그 원소는 다른 원소보다 작다.

9.2 좌향 트리

9.2.1 높이 편향 좌향 트리

좌향 트리(leftist tree)는 합병성 우선순위 큐의 효율적인 구현을 제공한다. 합병 연산에 대해 살펴보자. 합병될 두 개의 우선순위 큐(앞으로 이 장에서 우선순위 큐는 한쪽 끝 우선순위 큐를 의미하는 용어로 쓰임)에 있는 모든 원소의 수를 n이라 하자. 합병성 우선순위 큐를 표현하는 데 히프가 사용된다면 합병

연산의 수행 시간은 O(n)이 된다(예를 들어 7.6절의 히프 초기화 알고리즘을 사용하여 달성할 수 있다). 좌향 트리를 사용하면 삽입, 최소 삭제(또는 최대 삭제) 연산뿐만 아니라 합병 연산도 로그 함수 시간에 수행된다. 최소(최대) 원소는 O(1) 시간에 찾을 수 있다.

좌향 트리는 확장 이진 트리(extended binary tree)의 개념을 이용하여 정의된다. 확장 이진 트리는 이진 트리의 일종으로 모든 공백 이진 서브트리를 정사각형 노드로 대체한 것이다. 그림 9.1은 두 개의 이진 트리의 예인데 이것에 대응되는 확장 이진 트리는 그림 9.2에 나와 있다. 확장 이진 트리에 있는 정사각형 노드를 외부 노드(external node)라고 하며, 원래의 (원형) 노드를 내부 노드(internal node)라고 한다.

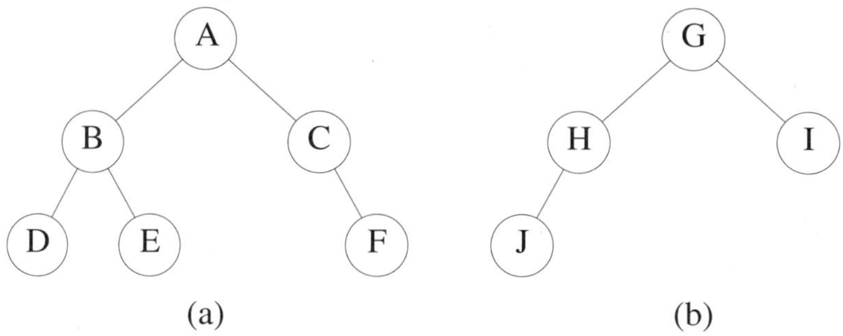

그림 9.1 두 개의 이진 트리

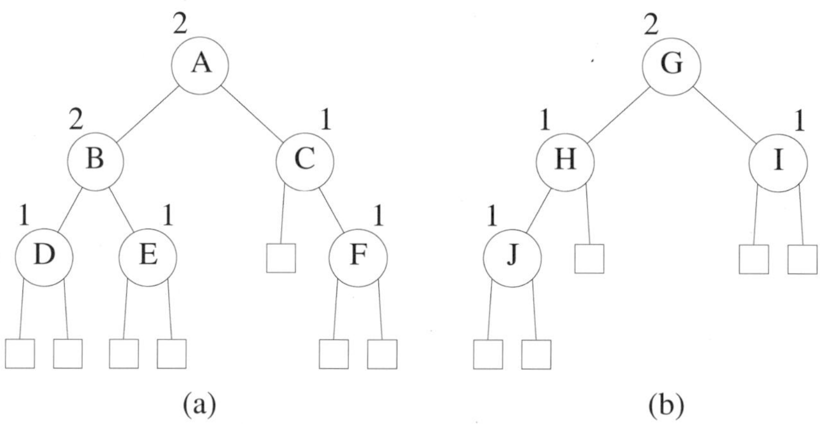

그림 9.2 그림 9.1에 대응하는 확장 이진 트리

좌향 트리에는 두 가지 종류가 있는데 하나는 높이 편향 좌향 트리(HBLT: height biased leftist tree)이고 다른 하나는 가중치 편향 좌향 트리(WBLT: weight biased leftist tree)이다. 이 절에서는

HBLT에 대해 배우고 WBLT는 다음 절에서 배우기로 한다. HBLT가 먼저 만들어졌으므로 일반적으로 HBLT를 간단하게 좌향 트리라고 하기도 한다. 이 절에서는 이 관례에 따라 HBLT를 간단하게 좌향 트리라고 부르기로 한다.

x를 확장 이진 트리에 있는 임의의 노드라 하고 *LeftChild*(x)와 *RightChild*(x)를 각각 내부 노드 x의 왼쪽과 오른쪽 자식이라고 하자. 또한 *shortest*(x)를 x로부터 외부 노드까지의 최단 경로의 길이라고 하자. 그러면 *shortest*(x)는 다음과 같은 순환식을 만족시킨다는 것을 알 수 있다.

$$shortest(x) = \begin{cases} 0 \ (x\text{가 외부 노드인 경우}) \\ 1 + \min\{shortest(LeftChild(x)), shortest(RightChild(x))\} \ (\text{그 밖의 경우}) \end{cases}$$

그림 9.2에서 각 내부 노드 x의 외부에 있는 숫자는 *shortest*(x)의 값을 나타낸다.

정의: 좌향 트리(leftist tree)는 이진 트리로서 트리가 공백이 아닌 경우 모든 내부 노드 x에 대해 다음 식을 만족시킨다.

$$shortest(LeftChild(x)) \geq shortest(RightChild(x)) \ \square$$

그림 9.2(a)의 확장 이진 트리에 대응되는 그림 9.1(a)의 이진 트리는 *shortest*(*LeftChild*(C)) = 0인데 *shortest*(*RightChild*(C)) = 1이므로 좌향 트리가 아니다. 그림 9.1(b)의 이진 트리는 좌향 트리이다.

보조정리 9.1: n개의 (내부) 노드를 가진 좌향 트리의 루트를 r이라고 하면 다음을 만족시킨다.

(a) $n \geq 2^{shortest(r)} - 1$

(b) 루트로부터 외부 노드까지의 최단 경로는 루트로부터 외부 노드까지의 가장 오른쪽 경로가 되며, 그 길이는 $shortest(r) \leq \log_2(n+1)$이다.

증명: (a) *shortest*(r)의 정의에 따라 좌향 트리의 최초 *shortest*(r) 레벨에는 외부 노드가 없다. 따라서 좌향 트리는 최소한 다음과 같은 수의 내부 노드를 가지고 있다.

$$\sum_{i=1}^{shortest(r)} 2^{i-1} = 2^{shortest(r)} - 1$$

(b) 이것은 좌향 트리의 정의로부터 바로 알 수 있다. □

좌향 트리는 *leftChild*, *rightChild*, *shortest*, *data*의 데이타 멤버를 갖는 노드를 사용해서 표현한다. *data*는 T라는 데이타 타입으로서 원소의 우선순위 비교 시 관계 연산(<, >, == 등)에 대해 다중화한다고 가정한다. 이제 명확한 정의를 위해 외부 노드의 개념을 설명할 때가 되었다. 외부 노드는 좌향 트리를 표현할 때 물리적으로는 나타나지 않으며, 부모 노드의 자식 데이타 멤버(*leftChild* 또는 *rightChild*) 중 외부 노드에 해당되는 노드 값은 **NULL**(또는 0)로 설정된다. 프로그램 9.2는 *LeftistNode*와 *MinLeftistTree* 클래스의 정의를 보인 것이다.

```
template <class T> class MinLeftistTree; // 전향 참조 선언

template <class T>
class LeftistNode {
friend class MinLeftistTree<T>;
private:
    T data;
    LeftistNode *LeftChild, *RightChild;
    int shortest;
};

template <class T>
class MinLeftistTree : public MinPQ<T> {
public:
    // 생성자
    MinLeftistTree(LeftistNode<T> *init = 0) root(init) {};

    // 네 가지의 최소 좌향 트리 연산
    const T& GentMin() const;
    void Insert(const T&);
    T& DeleteMin();
    void Meld(MinLeftistTree<T>*);
private:
    LeftistNode<T>* Meld(LeftistNode<T>*, LeftistNode<T>*);
    LeftistNode<T> *root;
};
```

프로그램 9.2: 좌향 트리의 클래스 정의

정의: 최소 좌향 트리(최대 좌향 트리)는 각 노드의 키 값이 그 노드의 자식(만약 존재하면)들의 키 값보다 크지(작지) 않은 좌향 트리이다. 다시 말해서, 최소(최대) 좌향 트리는 좌향 트리이면서 또한 최소(최대) 트리인 것이다. □

그림 9.3은 두 개의 최소 좌향 트리를 나타내고 있다. 노드 x의 내부에 있는 숫자는 x에 있는 원소의 우선순위 값이고 x의 외부에 있는 숫자는 *shortest*(x)이다. 편의상 이 장의 모든 우선순위 큐에서는 완전한 원소를 표현하기보다 원소의 우선순위만을 나타내기로 한다. 최소(최대) 좌향 트리를 사용하면 삽입, 최소(최대) 삭제, 합병 연산을 로그 함수 시간에 수행할 수 있다. 최소 좌향 트리를 이용하여 이에 대해

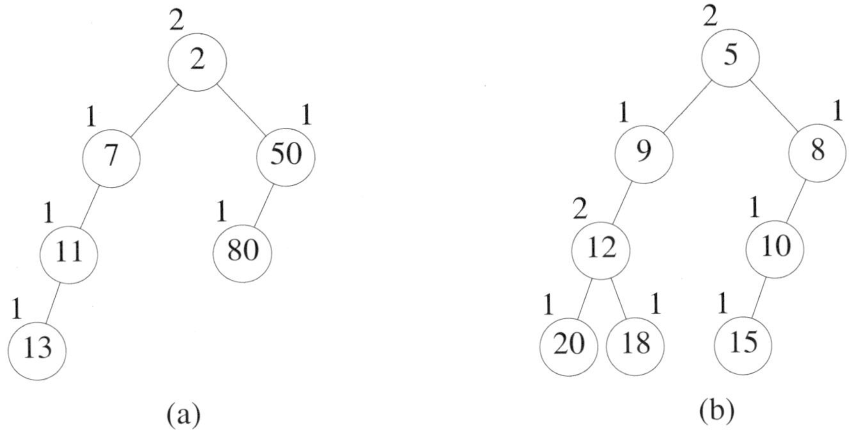

그림 9.3 최소 좌향 트리의 예

좀더 고찰해 보자.

삽입과 최소 삭제 연산은 합병 연산을 사용하여 수행할 수 있다. *x*라는 원소를 최소 좌향 트리에 삽입하려면 먼저 하나의 원소 *x*만을 갖는 최소 좌향 트리를 생성한 다음 이 두 최소 좌향 트리를 합병한다. 공백이 아닌 최소 좌향 트리로부터 최소 원소를 삭제하려면 최소 좌향 트리 *root→leftChild*와 *root→rightChild*를 합병하고 노드 *root*를 삭제한다.

합병 연산은 매우 간단하다. 두 개의 최소 좌향 트리를 합병하려면, 먼저 하나 또는 두 트리의 가장 오른쪽 경로를 따라 모든 원소를 포함하는 새로운 이진 트리를 만들어야 한다. 이 이진 트리는 각 노드의 키 값이 그 자식(만약 존재하면)들의 키 값보다 크지 않다는 성질을 갖는다. 다음에 이 이진 트리를 좌향 트리로 변환해야 하는데, 필요하다면 노드들의 왼쪽과 오른쪽 서브트리를 서로 교환한다.

예를 들어 그림 9.3의 두 최소 좌향 트리를 합병하는 과정을 보자. 부모와 자식의 키 사이에 요구되는 관련성을 만족시키고 두 트리의 모든 원소를 포함하는 이진 트리를 얻기 위해서 먼저 루트의 키인 2와 5를 비교한다. 2 < 5이므로 새로운 이진 트리의 루트는 2가 된다. 루트가 2인 트리의 왼쪽 서브트리는 그대로 두고, 2의 오른쪽 서브트리와 루트가 5인 전체 이진 트리를 합병한다. 이렇게 만들어진 이진 트리는 2의 새로운 오른쪽 서브트리가 된다. 2의 오른쪽 서브트리와 루트가 5인 이진 트리를 합병할 때, 5 < 50이므로 5는 합병된 트리의 루트가 된다. 이제 루트가 8과 50인 서브트리를 합병한다. 8 < 50이고 8의 오른쪽 서브트리는 없으므로 50을 루트로 하는 서브트리를 8의 오른쪽 서브트리로 만든다. 루트가 8과 50인 서브트리의 합병으로 그림 9.4(a)의 이진 트리를 얻을 수 있다. 또한 2의 오른쪽 서브트리와 루트가 5인 트리를 합병하면 그림 9.4(b)와 같은 트리가 만들어진다. 이것은 2의 오른쪽 서브트리가 되기 때문에 그림 9.4(c)의 트리를 얻게 된다. 이것을 좌향 트리로 변환하려면, 가장 나중에 변경된 루트(즉 8)로부터 시작해서 역으로 전체 루트까지 순회하면서 부등식 *shortest*(*LeftChild*()) ≥ *shortest*(*RightChild*())가 충족되도록 한다. 이 부등식은 8에서는 충족되지만 5와 2에서는 충족되지 않는다. 이러한 노드에 대해서는 단순히 왼쪽과 오른쪽 서브트리를 교환하면 부등식을 만족시키게 된다.

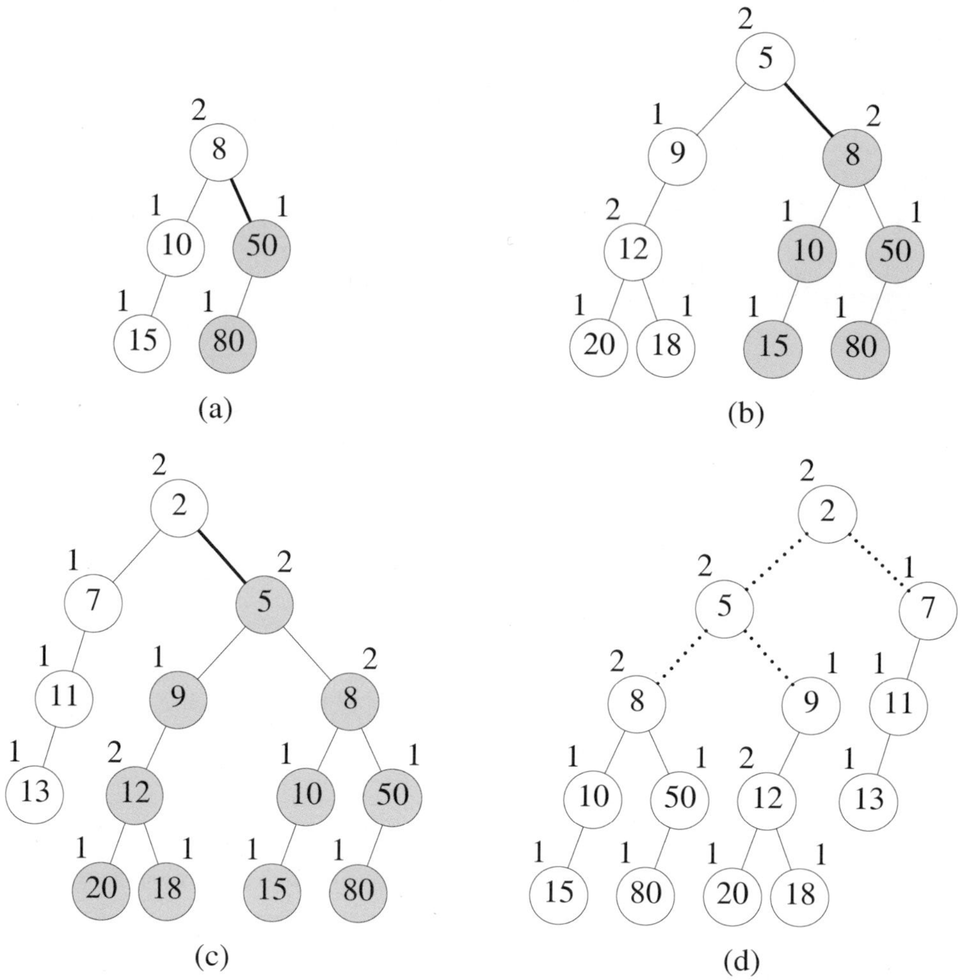

그림 9.4 그림 9.3의 최소 좌향 트리의 합병

결과적으로 그림 9.4(d)와 같은 좌향 트리가 만들어진다. 그림에서 서로 교환된 포인터는 점선으로 표시하였다.

프로그램 9.3은 두 좌향 트리를 합병하는 함수이다. 이 함수는 두 개의 공백이 아닌 좌향 트리를 합병하는 순환 함수인 *Meld*(*a*, *b*)를 사용한다. 순환 함수는 다음 두 단계로 수행된다.

(1) 모든 원소를 포함하는 최소 트리를 생성한다.
(2) 각 노드의 왼쪽 서브트리의 *shortest* 값이 오른쪽 서브트리의 값보다 크거나 같도록 한다.

```
template <class T>
void MinLeftistTree<T>::Meld(MinLeftistTree<T> *b)
```

```
{// 주어진 최소 좌향 트리와 최소 좌향 트리 b를 합병한다.
 // b는 공백인 최소 좌향 트리로 설정한다.
    if (!root) root = b→root;
    else if (b→root) root = Meld(root, b→root);
    b→root = 0;
}

template<class T>
LeftistNode<T>* MinLeftistTree<T>::Meld(LeftistNode<T> *a,
                                        LeftistNode<T> *b)
{// 루트가 a와 b인 두 개의 공백이 아닌 최소 좌향 트리를 합병하는 순환 함수.
 // 결과로 얻어진 최소 좌향 트리의 루트가 반환된다.
    // a를 더 작은 루트의 최소 좌향 트리로 지정
    if (a→data > b→data)swap(a, b);

    // 각 부분 트리의 최소 키가 루트에 있는 이진 트리를 생성
    if (!a→rightChild) a→rightChild = b;
    else a→rightChild = Meld(a→rightChild, b);

    // 좌향 트리의 성질
    if (!a→leftChild|| a→leftChild→shortest < a→rightChild→shortest)
        // 부분 트리를 교환
        swap(a→leftChild, a→rightChild);

    // shortest 데이타 멤버 값을 지정
    if (!a→rightChild) a→shortest = 1;
    else a→shortest = a→RightChild→Shortest + 1;
    return a;
}
```

프로그램 9.3: 두 최소 좌향 트리의 합병

***Meld(<LeftistNode<T>*, LeftistNode<T>*)*의 분석**: *Meld*는 합병되는 두 좌향 트리의 가장 오른쪽 경로들을 따라 내려가고 이 경로들의 길이는 기껏해야 각 트리에 있는 원소 수에 대한 로그 함수이기 때문에(보조정리 9.1), 총 n개의 원소를 가지는 두 좌향 트리를 합병하는 데 걸리는 시간은 $O(\log n)$이다. □

9.2.2 가중치 편향 좌향 트리

루트에서 외부 노드까지의 가장 짧은 경로의 길이보다는 서브트리에 있는 노드의 수를 기준으로 하여 또 다른 종류의 좌향 트리를 고려해 볼 수 있다. 루트가 x인 서브트리에 있는 내부 노드의 수를 노드 x의 가중치 $w(x)$로 정의하자. 만약 x가 외부 노드라면 x의 가중치는 0이고, x가 내부 노드라면 x의 가중치는 그 자식들의 가중치 합계보다 1만큼 크다는 것에 유의하라. 그림 9.2의 이진 트리 노드들의 가중치는 그림 9.5에 나와 있다.

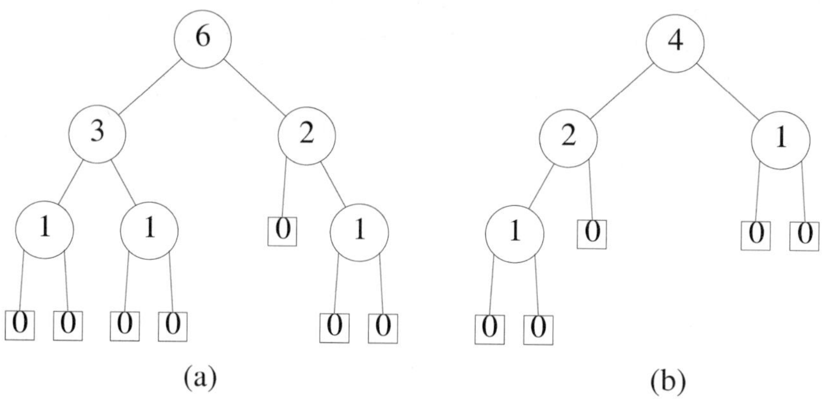

그림 9.5 가중치를 표시한 그림 9.2의 확장 이진 트리

정의: 모든 내부 노드에서 왼쪽 자식의 w 값이 오른쪽 자식의 w 값보다 크거나 같다면 그 이진 트리는 가중치 편향 좌향 트리(WBLT: weight-biased leftist tree)이고, 그 역도 성립한다. 최대 가중치 편향 좌향 트리는 가중치 편향 좌향 트리이면서 또한 최대 트리인 것이다. □

그림 9.5(a)의 이진 트리는 WBLT가 아니지만 그림 9.5(b)의 이진 트리는 WBLT임을 주목하라(이제부터 가중치 편향 좌향 트리를 WBLT라고 부르기로 한다).

보조정리 9.2: x를 WBLT의 내부 노드라고 하자. x에서 외부 노드까지의 가장 오른쪽 경로의 길이 $rightmost(x)$는 다음 식을 만족시킨다.

$$rightmost(x) \le \log_2(w(x) + 1)$$

증명: $w(x)$에 대해 귀납법으로 증명한다. $w(x) = 1$이면 $rightmost(x) = 1$이고 $\log_2(w(x) + 1) = \log_2(2) = 1$이다. 귀납적 가정에서 $w(x) < n$이면 항상 $rightmost(x) \le \log_2(w(x) + 1)$임을 가정하자. $RightChild(x)$를 x의 오른쪽 자식(오른쪽 자식은 외부 노드일 수도 있음을 주의하라)이라고 하자. $w(x) = n$이면 $w(RihgtChild(x)) \le (n-1)/2$이고

$$\begin{aligned} rightmost(x) &= 1 + rightmost(RightChild(x)) \\ &\le 1 + \log_2((n-1)/2 + 1) \\ &= 1 + \log_2(n+1) - 1 \\ &= \log_2(n+1) \end{aligned}$$

이다. □

삽입, 최대 삭제, 초기화 연산은 상응하는 최대 HBLT 연산과 유사하다. 그러나 합병 연산은 한 번의 하향식 과정으로 수행될 수 있다(HBLT의 합병 연산은 순환 함수 호출로 한 번의 하향식 과정을 수행한 후 한 번의 상향식 과정을 수행하는데, 이 상향식 과정에서는 서브트리가 서로 교환될 수도 있고 *shortest* 값이 변경될 수도 있음을 상기하라). 한 번의 과정으로 수행되는 합병은 WBLT에서 가능한데, 그 이유는 아래로 내려가는 중에 w 값을 결정할 수 있기 때문에 필요하다면 w 값을 바로 갱신하거나 서브트리를 교환할 수 있기 때문이다. HBLT에서는 트리 아래로 내려가는 중에 노드의 새로운 *shortest* 값을 결정할 수 없다.

실험적으로, HBLT보다 WBLT를 사용할 때 합병성 한쪽 끝 우선순위 큐의 연산들이 상수 계수 크기만큼 더 빠르게 나타났다.

연습문제

1. 이진 트리가 좌향 트리가 아닌 예를 보이고, 그 이진 트리의 노드에 *shortest* 값을 할당해 보라.
2. t를 좌향 트리를 위한 노드 구조로 표현된 임의의 이진 트리라고 하자.
   (a) t에 있는 각 노드의 *shortest* 필드를 초기화하는 함수를 작성하라.
   (b) t를 좌향 트리로 변환하는 함수를 작성하라.
   (c) 이 함수들의 복잡도는 각각 얼마인가?
3. (a) 공백인 최소 좌향 트리에 우선순위 20, 10, 5, 18, 6, 12, 14, 4, 22를 가진 원소들을 이 순서대로 삽입하라. 각 삽입 후 최소 좌향 트리를 보이라.
   (b) 문제 (a)의 최종 최소 좌향 트리에서 최소 원소를 삭제하라. 그 결과 나타나는 최소 좌향 트리를 보이라.
4. 삽입과 최소 삭제 연산만을 수행한다는 가정하에 좌향 트리와 최소 히프의 성능을 비교하라. 이를 위해 다음을 수행하라.
   (a) n개의 원소를 가진 임의 리스트와 삽입 연산 및 최소 삭제 연산들로 구성된 m개의 임의 연산 순차를 생성하라. 연산 순서는 삽입과 최소 삭제 연산의 확률이 각각 0.5가 되도록 한다. 임의 리스트에 n개의 원소를 갖도록 최소 좌향 트리와 최소 히프를 초기화하라. 이제 이 최소 좌향 트리와 최소 히프에 m개의 연산을 수행한 시간을 측정하고 이 시간을 m으로 나누어 각 연산마다 평균 시간을 구하라. 이 과정을 n = 100, 500, 1000, 2000, ..., 5000에 대해 실행하고 계산 시간을 도표로 작성하라.
   (b) 실험 결과를 근거로 두 종류의 우선순위 큐 방법에 대한 상대적인 장점들을 기술하라.

5. n개의 원소로 구성된 최소 좌향 트리를 초기화하는 함수를 작성하라. 노드는 이 교재에서 사용한 것과 동일한 구조를 가지고 있다고 가정한다. 작성한 함수는 반드시 $\Theta(n)$ 시간에 수행되도록 하고 그것을 증명하라. 이 초기화를 $\Theta(n)$ 시간에 수행하여 그 결과로 만들어진 최소 좌향 트리가 완전 이진 트리라고 생각할 수 있는가?
6. 프로그램 9.2의 *MinLeftistTree* 클래스를 완전한 프로그램으로 작성하고 테스트해 보라.
7. 최소 좌향 트리의 노드 x에 있는 원소를 삭제하는 함수를 작성하라. 각 노드는 데이타 멤버로 *leftChild*, *rightChild*, *parent*, *shortest*, *data*를 가진다고 가정하자. 노드의 *parent* 데이타 멤버는 좌향 트리에서 그 노드의 부모를 가리킨다. 작성한 알고리즘의 복잡도는 얼마인가?
8. [**지연 삭제**] 좌향 트리로부터 임의의 원소를 삭제하는 또 다른 방법은 앞의 연습문제에서 사용된 *parent* 데이타 멤버 대신에 **bool** 데이타 멤버인 *deleted* 필드를 사용하는 것이다. 하나의 원소를 삭제할 때는 *deleted* 데이타 멤버의 값만 **true**로 만들고 물리적으로 그 노드를 삭제하지는 않는다. 그러나 최소 삭제 연산을 수행할 때는 먼저 제한된 범위의 전위 우선 탐색을 수행하여 삭제되지 않은 최소 원소를 찾는다. 이러한 전위 우선 탐색은 최소 원소를 식별하기 위해 필요한 만큼만 트리의 상위 부분을 순회한다. 이때 만나게 되는 삭제된 모든 원소들은 물리적으로 삭제되며 그것들의 서브트리는 새로운 최소 좌향 트리를 얻기 위해 합병된다.
   (a) 최소 좌향 트리의 노드 x에 있는 원소를 삭제하는 함수를 작성하라.
   (b) 이 함수를 이용하여 몇 개의 원소가 삭제된 최소 좌향 트리로부터 최소 원소를 삭제하는 함수를 작성하라.
   (c) (b)에서 작성한 최소 원소 삭제 함수의 복잡도는 얼마인가? 순회중 만나게 된 삭제된 원소 수와 트리 전체에 있는 원소 수의 함수로 복잡도를 표현하라.
9. [**편향 히프**] 편향 히프(skew heap)는 최소 트리로서 최소 좌향 트리 연산인 삽입, 최소 삭제, 합병을 연산당 상환 시간(amortized time, 상환 시간에 대한 정의는 9.4절을 참조) $O(\log n)$에 수행한다. 최소 좌향 트리의 경우와 같이 삽입과 삭제는 합병되는 두 히프의 가장 오른쪽 경로를 따라가며 수행되는 합병 연산을 이용하여 수행된다. 그러나 최소 좌향 트리와는 달리, 결과로 나오는 히프에서는 가장 오른쪽 경로 상의 모든 노드(마지막은 제외)의 왼쪽과 오른쪽 서브트리를 서로 교환한다.
   (a) 편향 히프를 위한 삽입, 최소 삭제, 합병 함수를 작성하라.
   (b) 이 연산들의 수행 시간을 최소 좌향 트리에서의 수행 시간과 비교하라. 삽입, 최소 삭제, 합병 연산은 임의의 순서로 하라.
10. [**WBLT**] 가중치 편향 좌향 트리를 이용하여 *MinWblt* 클래스를 만들라. 최소 원소의 삭제 반환, 임의 원소 삽입, 두 개의 최소 가중치 편향 좌향 트리 합병 함수를 포함해야 한다. 합병 함수는 합병될 가중치 편향 좌향 트리에서 하향식 과정으로만 수행해야 한다. 이 세 개 함수의 복잡도가 $O(n)$임을 증명하라. 테스트 데이타를 사용해서 모든 함수를 테스트하라.
11. WBLT이면서 HBLT가 아닌 예와 HBLT이면서 WBLT가 아닌 예를 들어 보라.

9.3 이항 히프

9.3.1 비용 상환

이항 히프(binomial heap)는 좌향 트리에서 지원되는 것과 같은 기능(즉 삽입, 최소 혹은 최대 삭제, 합병)을 지원하는 자료 구조이다. 각 연산이 O(log n) 시간에 수행될 수 있는 좌향 트리와는 달리 이항 히프에서의 어떤 연산은 O(n) 시간에 수행되기도 한다. 그러나 만일 비용이 많이 드는 연산의 일부를 비용이 적은 것과 상환하면(분담하면) 개별적인 연산의 상환된 복잡도는 연산의 성격에 따라 O(1)이나 O(log n) 둘 중의 하나가 된다.

그러면 비용 상환(cost amortization)(여기서는 비용과 복잡도를 동일한 의미로 사용)의 개념에 대해 좀더 자세히 알아보자. 삽입과 최소 삭제 연산이 수행되는 일련의 연산 순서 I1, I2, D1, I3, I4, I5, I6, D2, I7이 있고 일곱 개의 삽입 연산의 각각에 대한 실제 비용이 1이라고 가정하자. 이는 삽입 연산이 1 단위 시간(time unit)에 수행된다는 의미이다. 또한 최소 삭제 연산인 D1과 D2는 실제로 각각 8과 10의 비용이 든다고 가정할 때, 위에 나열한 순서로 수행되는 연산의 총 비용은 25가 된다.

상환 기법에서는 어떤 연산의 실제 비용을 다른 연산에 부과시킨다. 즉 어느 한 연산에 부과된 비용은 감소시키고 다른 연산의 비용을 증가시키는 것이다. 한 연산의 상환 비용은 그 연산에 부과된 총 비용이 된다. 비용 이전(상환) 기법은 연산들의 상환 비용이 그 연산들의 실제 비용의 합계보다 크거나 같을 것을 요구한다. 만일 한 최소 삭제 연산의 비용을 마지막 최소 삭제 이후의 각 삽입 연산에 부과한다고 하면, 위의 연산 순서에서 D1의 비용 중 두 개의 단위가 I1과 I2(부과된 비용이 각각 1씩 증가)로 이전되고, D2의 비용 중 네 개의 단위가 I3에서 I6으로 이전된다. 따라서 I1에서 I6으로의 상환 비용은 각각 2가 되고, I7은 실제 비용(즉 1)과 같으며, D1과 D2는 각각 6이 된다. 상환된 비용의 합계는 실제 비용의 합계와 같은 25가 된다.

삽입과 최소 삭제 연산이 어떠한 순서로 수행되든지 상관없이 삽입 연산의 상환된 비용은 2를 넘지 않고, 최소 삭제의 경우는 6이 넘지 않게 비용을 부과할 수 있다는 것을 증명할 수 있다고 가정하자. 그러면 어떠한 삽입/최소 삭제 순서의 실제 비용도 $2i + 6d$를 넘지 않는다고 할 수 있다. 여기서 i와 d는 각각 삽입과 최소-삭제 연산의 수를 나타낸다. 최소 삭제의 실제 비용이 10을 넘지 않고 삽입은 1을 넘지 않는다고 가정할 때, 실제 비용을 사용하면 이때의 순차 비용은 $i + 10d$를 넘지 않는다. 이러한 두 가지 제한을 종합하면 순차 비용의 한계가 $\min\{2i + 6d, i + 10d\}$가 된다. 비용 상환의 개념을 사용하면 연산 순서의 복잡도에 있어 보다 엄격한 한계 값을 얻을 수 있다. 이것은 아주 유용하다. 왜냐하면 많은 응용에서, 개별적인 연산을 수행하는 데 걸리는 시간보다는 우선순위 큐의 순차를 수행하는 데 걸리는 시간에 더 관심이 있기 때문이다. 예를 들어 히프 정렬 방법으로 정렬할 때, 우리는 정렬 전체를 완료하는 데 걸리는 시간에 관심이 있지, 히프로부터 다음 원소를 삭제하는 데 걸리는 시간에 관심이 있는 것은 아니다. 정렬과 같이 개별 연산 시간보다는 전체 시간에만 관심이 있는 응용에서는, 각 연산에 대한 좋은 상환 복잡도를 가진 자료 구조를 사용하는 것이 적당하다.

이항 히프에 대한 개별적인 삭제 연산의 비용은 높지만 순서를 가진 이항 히프 연산의 순차 비용은 실제로 아주 적다는 것을 증명하기 위해 비용 상환 개념을 이용하겠다.

9.3.2 이항 히프의 정의

히프나 좌향 트리의 경우와 같이, 이항 히프(binomial heap)도 최소와 최대의 두 가지 변형을 가지고 있다. 최소 이항 히프(min-binomial heap)는 최소 트리의 집합이고 최대 이항 히프(max binomial heap)는 최대 트리의 집합이다. 여기서는 최소 이항 히프만을 다루겠는데, 이것을 B-히프라고 부르기로 하자. 그림 9.6은 세 개의 최소 트리로 이루어진 B-히프의 예를 보여 준다.

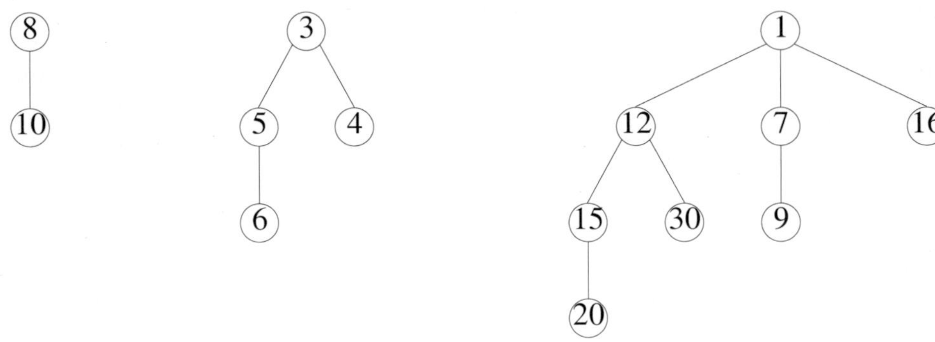

그림 9.6 세 개의 최소 트리를 가진 B-히프

B-히프를 사용하면 삽입과 합병 연산의 실제 시간과 상환된 시간은 O(1)이 되고, 최소 삭제 연산의 상환된 시간은 O(log n)이 된다. B-히프는 데이타 멤버로 *degree*, *child*, *link*, *data*를 가진 노드로 표현된다. 노드의 *degree*는 자식의 수를 나타내고, *child*는 자식(만약 존재하면) 중의 하나를 가리키며, *link*는 형제 사이의 단순 연결 원형 리스트를 유지하는 데 사용된다. 노드의 모든 자식들은 단순 연결 원형 리스트를 구성하며 노드는 이러한 자식 중의 하나를 가리키게 된다. 또한 B-히프를 구성하는 최소 트리들의 루트도 단순 연결 원형 리스트를 구성하기 위해 연결되어 있다. 따라서 B-히프는 최소 트리 가운데 최소값을 갖는 트리를 가리키는 하나의 포인터가 가리키게 된다. 프로그램 9.4는 *BinomialNode*와 *BinomialHeap*의 클래스 정의를 포함하고 있다.

```
template <class T> class BinomialHeap; // 전방 선언

template <class T>
class BinomialNode {
friend class BinomialTree<T>;
private:
    T data;
    BinomialNode<T>*child, *link;
    int degree;
```

```
};

template <class T>
class BinomialHeap : public MinPQ<T> {
public:
    BinomialHeap(BinomialNode<T>*init = 0) min(init) {};

    // 네 가지의 이항 히프 연산
    const T & 최소 반환() const;
    void Insert(const T&);
    T& DeleteMin();
    void Meld(BinomialHeap<T>*);

private:
    BinomialNode<T> *min;
};
```

프로그램 9.4: 이항 히프의 클래스 정의

그림 9.7은 그림 9.6의 예에 대한 표현이다. 이 그림을 좀더 보기 쉽게 하기 위해 같은 원형 리스트에 있는 노드 사이는 양방향 화살표를 사용하여 나타냈다. 만일 이러한 리스트에 포함된 노드가 하나뿐이라면 화살표를 그릴 필요가 없다. 각각의 키 집합인 {10}, {6}, {5, 4}, {20}, {15, 30}, {9}, {12, 7, 16}, {8, 3, 1}은 그림 9.7의 원형 리스트 중의 어느 한 키를 나타낸다. *min*은 B-히프에 대한 포인터이다. 공백 B-히프는 0 포인터를 갖는 것에 유의하라.

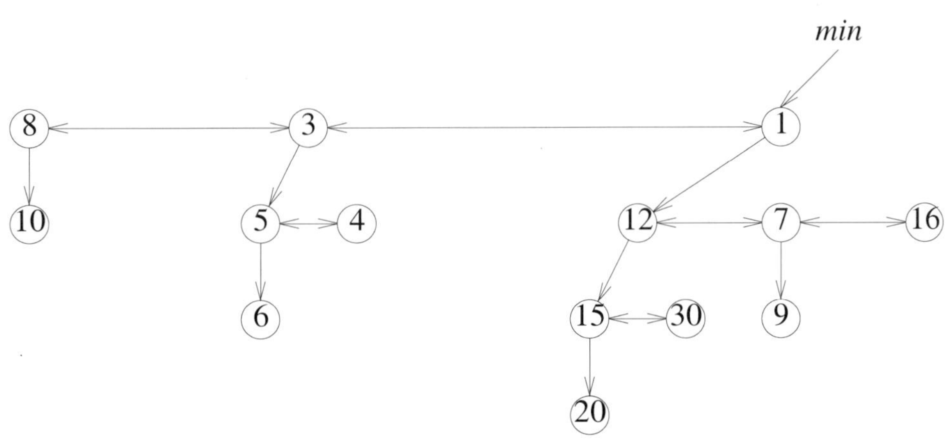

그림 9.7 자식 포인터와 형제 리스트를 표시한 그림 9.6의 B-히프

9.3.3 이항 히프에서의 삽입

B-히프에 원소 *x*를 삽입하려면 먼저 새로운 노드에 *x*를 넣은 다음 *min*이 가리키는 원형 리스트에 이 노드를 위치시킨다. 만일 *min*이 0 또는 *min*이 가리키는 노드에 있는 키보다 *x*의 키가 작으면 *min*이 이 새로운 노드를 가리키도록 변경한다. 이러한 삽입 단계가 O(1) 시간에 수행될 수 있다는 것은 명백하다.

9.3.4 두 이항 히프의 합병

공백이 아닌 두 개의 B-히프를 합병하려면, 각각의 최상위 원형 리스트를 하나의 원형 리스트로 합병한다. 새로운 B-히프 포인터는 두 트리의 *min* 포인터 중 키 값이 작은 것을 가리키게 되는데 이것은 단 한 번의 비교로 결정할 수 있다. 두 개의 원형 리스트가 O(1) 시간에 하나로 합병될 수 있기 때문에 합병에 걸리는 시간은 O(1)이면 된다.

9.3.5 최소 원소의 삭제

만일 *min*이 0이라면 B-히프는 비어 있기 때문에 삭제가 수행될 수 없다. *min*이 0이 아니라고 가정하자. 그러면 *min*은 최소 원소를 포함하고 있는 노드를 가리키고 있으므로 이 노드가 그것의 원형 리스트로부터 삭제된다. 새로운 B-히프는 나머지 최소 트리와 삭제된 루트의 서브 최소 트리로 구성된다. 그림 9.8은 그림 9.6의 예에 대하여 이 상황을 나타낸 것이다.

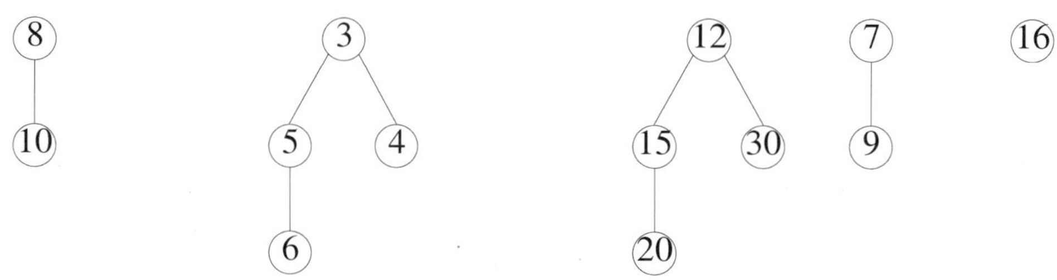

그림 9.8 그림 9.6의 B-히프에서 최소 원소를 삭제한 뒤의 B-히프

최소 트리 루트를 원형 리스트로 만들기 위해서는 먼저 같은 차수(degree, 공백이 아닌 최소 트리의 차수는 그 루트의 차수임)를 가진 최소 트리의 쌍을 반복해서 하나로 조인(join)한다. 이러한 최소 트리 조인(min-tree joining)은 키 값이 큰 루트를 가진 최소 트리를 상대 트리의 서브트리로 만드는 것인데, 키 값이 같으면 임의로 조인한다. 두 개의 최소 트리를 조인해서 만들어진 최소 트리의 차수는 각 최소 트리의 원래 차수보다 1이 커지고, 최소 트리의 수는 1이 줄어들게 된다. 예를 들어 루트 8과 7을 가진 최소 트리를 조인하든지 혹은 3과 12를 가진 최소 트리를 조인할 수 있다. 만일 첫 번째 쌍이 조인되면 루트 8을 가진 최소 트리는 루트 7을 가진 최소 트리의 서브트리가 되므로 그림 9.9와 같은 최소 트리의 집합이 된다. 이 집합에는 차수가 2인 최소 트리가 세 개 있다. 다음으로 루트 7과 3을 골라 조인했다면 최소 트리 집합은 그림 9.10과 같다. 그림 9.9와 그림 9.10에서 진하게 칠해진 노드는 이전 단계에서 서브

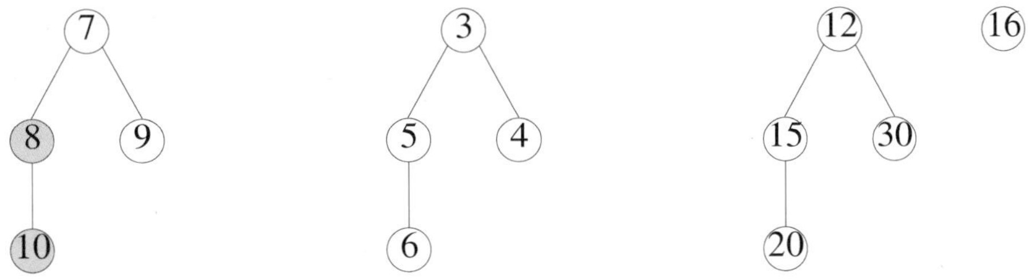

그림 9.9 그림 9.8의 B-히프에서 차수가 1인 두 최소 트리를 조인한 뒤의 B-히프

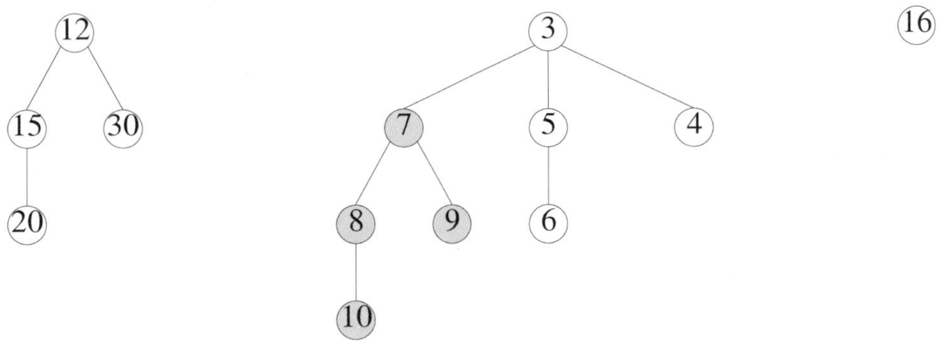

그림 9.10 그림 9.9의 B-히프에서 차수가 2인 두 최소 트리를 조인한 뒤의 B-히프

트리를 만든 최소 트리를 나타낸다. 이 집합에 있는 최소 트리는 모두 다른 차수를 가지고 있으므로 최소 트리 조인은 끝나게 된다.

최소 트리를 전부 조인한 뒤에는 최소 트리의 루트들을 연결하여 원형 리스트를 만들고 B-히프의 포인터가 제일 작은 키 값을 가진 최소 트리의 루트를 가리키도록 조정한다. 최소 삭제 연산에 관련된 각 단계는 프로그램 9.5에 요약되어 있다.

단계 1: [공백 B-히프의 처리] **if(!***min***) throw** *QueueEmpty***();**

단계 2: [공백이 아닌 B-히프에서의 삭제] $x = min \rightarrow data$; $y = min \rightarrow$child; 원형 리스트에서 *min*을 삭제한다; *min*은 결과 리스트에 남아 있는 임의의 노드를 가리키게 된다; 그런 노드가 없으면 $min = 0$;

단계 3: [최소 트리 조인] 리스트 *min*과 *y*의 최소 트리들에 대해, 이 최소 트리가 모두 서로 다른 차수를 가질 때까지 차수가 같은 최소 트리들을 둘씩 서로 조인한다;

단계 4: [최소 트리 루트 리스트의 구성] 최소 트리의 루트들을 전부 연결하여 원형 리스트로 구성한다; *min*이 가장 작은 키를 가진 루트를 가리키도록 한다; *x*를 반환;

프로그램 9.5: 최소 삭제 연산의 단계

단계 1은 O(1) 시간이 걸린다. 단계 2는 원형 리스트 내의 다음 노드(만약 존재하면)로부터 데이타를 복사해 오고 대신 그 노드를 물리적으로 삭제하면 O(1) 시간에 할 수 있다. 그러나 단계 3에서는 루트들의 원형 리스트에 있는 모든 노드들을 방문해야 하므로 *min*을 삭제할 필요도 없고 원형 리스트 뒤에 남겨 놓을 필요도 없다. 단계 3에서 루트 레벨 원형 리스트의 *min*을 제외한 모든 노드를 간단히 검사할 수 있다.

단계 3은 0에서부터 최소 트리의 예상 최고 차수인 *maxDegree*까지 인덱싱된 배열 *tree*를 사용하여 구현할 수 있다. 초기에 이 배열에 있는 모든 항목은 0으로 설정된다. *s*를 *min*과 *y*에 있는 최소 트리의 수라고 하자. 단계 2에서 생성된 리스트 *min*과 *y*가 조사된다. 단계 2에서 생성된 리스트 *min*과 *y*에 있는 각각의 최소 트리 *p*에 대해 프로그램 9.6의 코드가 수행된다. 함수 *JoinMinTrees*는 큰 루트를 가진 입력 트리를 다른 트리의 서브트리로 만든다. 그 결과로 생긴 트리는 첫 번째 인자로 반환된다. 마지막으로 배열 *tree*는 단계 4에서 서로 연결될 최소 트리를 가리키는 포인터를 포함하게 된다. 최소 트리의 쌍이 조인될 때마다 최소 트리의 총수는 1이 줄어들고, 조인 횟수는 최대 $s-1$이 된다. 그러므로 단계 3의 복잡도는 O(*maxDegree* + *s*)가 된다.

```
for (d = p→degree; tree[d]; d++)
{
    JoinMinTrees(p, tree[d]);
    tree[d] = 0;
}
tree[d] = p;
```

프로그램 9.6: 리스트 *min*과 *y*를 조사할 때 최소 트리 *p*를 처리하는 코드

단계 4는 *tree*[0], ..., *tree*[*maxDegree*]를 조사하여 발견된 최소 트리를 서로 연결하는 것인데, 이 조사 과정에서 가장 작은 키 값을 가진 최소 트리가 결정된다. 단계 4의 복잡도는 O(*maxDegree*)이다.

9.3.6 분석

정의: 차수가 k인 이항 트리(binomial tree) B_k는 $k = 0$이면 하나의 노드만 가지고 있고, $k > 0$이면 서브트리 $B_0, B_1, ..., B_{k-1}$을 갖는 차수 k인 루트로 구성된 트리이다. □

그림 9.6의 최소 트리는 각각 B_1, B_2, B_3이다. 일반적으로 B_k가 정확히 2^k개의 노드를 갖는다는 것은 증명할 수 있다. 공백 B-히프들의 집합에서 시작하여 삽입, 합병, 최소 삭제 연산만 한다면 각 B-히프의 최소 트리는 이항 트리가 된다. 이러한 사실로 삽입, 합병, 최소 삭제만 한다면 각 삽입과 합병 연산의 상환 비용은 O(1), 최소 삭제 연산의 상환 비용은 O(log *n*)이 되도록 비용을 상환할 수 있다는 것을 증명할 수 있다.

보조정리 9.3: *a*는 처음에 공백인 B-히프에서 시작하여 삽입, 합병, 최소 삭제 연산을 통해 얻어진 *n*개의

원소를 가진 B-히프라고 하자. a의 각 최소 트리는 차수가 $\log_2 n$보다 작거나 같다. 따라서 $maxDegree \le \lfloor \log_2 n \rfloor$이며, 최소 삭제의 실제 비용은 $O(\log n + s)$이다.

증명: a의 각 최소 트리는 최대 n개의 노드를 갖는 이항 트리이므로 차수가 $\lfloor \log_2 n \rfloor$보다 큰 최소 트리는 없다. □

정리 9.1: 최초에 빈 B-히프에 대해 총 n개의 삽입, 합병, 최소 삭제 연산을 하면 각 삽입과 합병 연산의 상환된 시간 복잡도는 $O(1)$이 되고 최소 삭제 연산의 상환된 시간 복잡도는 $O(\log n)$이 되도록 비용을 상환할 수 있다.

증명: 각 B-히프에 대해 *#insert*와 *LastSize*의 값을 다음과 같이 정의한다. 빈 B-히프가 생성되거나 B-히프에 최소-삭제 연산이 수행되면 그 *#insert* 값은 0으로 설정된다. B-히프에 대해 삽입 연산이 수행될 때마다 *#insert* 값은 하나씩 증가한다. 두 B-히프가 합병되면, 합병된 두 B-히프의 *#insert* 값들을 합한 것이 결과 B-히프의 *#insert* 값이 된다. 따라서 *#insert*는 마지막 최소 삭제 연산 이후에 B-히프나 그것을 구성하는 B-히프들에 수행된 삽입 연산의 횟수를 셈하게 된다. 최초에 빈 B-히프가 생성될 때 그 *LastSize* 값은 0이다. B-히프에 대해 최소 삭제 연산이 수행될 때, *LastSize*는 이 연산 이후에 B-히프에 포함되는 최소 트리의 수가 된다. 두 B-히프가 합병될 때는 합병되는 두 B-히프의 *LastSize* 값을 합한 것이 결과 B-히프의 *LastSize* 값이 된다. B-히프에서 최소 트리의 수는 항상 *#insert* + *LastSize*라는 것을 증명할 수 있다.

일련의 연산 중에서 임의의 최소 삭제 연산을 생각해 보자. 이것은 B-히프 a에 대한 연산이라고 가정하자. 삽입만이 원소를 증가시키며, n개의 연산 중에는 최대 n번의 삽입이 있을 수 있기 때문에, 모든 B-히프의 총 원소 수는 n 이하가 된다. $u = a.min \rightarrow degree \le \log_2 n$이라 하자.

보조정리 9.3으로부터 이 최소 삭제 연산의 실제 비용은 $O(\log n + s)$이다. $\log n$ 항은 *maxDegree*에 기인하는데, 배열 *tree*의 초기화에 걸리는 시간과 단계 4를 위한 시간을 나타낸다. s 항은 리스트 *min*과 y를 조사해서 최대로 $s-1$회의 최소 트리 합병을 하는 데 걸리는 시간을 나타낸다. 따라서 $s = \#insert + LastSize + u - 1$이라는 것을 알 수 있다. *#insert*를 증가시키는 삽입 연산에 *#insert* 단위의 비용을 부과하고 *LastSize*를 증가시키는 최소-삭제 연산에 *LastSize* 단위의 비용을 부과하면(각 최소 삭제 연산은 이 연산 뒤에 남는 최소 트리의 수와 같은 단위 비용이 부과됨), s 가운데 $u-1$만큼의 단위 비용이 남게 된다. $u \le \log_2 n$이고 최소 삭제 직후에 B-히프의 최소 트리 개수는 $\log_2 n$ 이하이기 때문에 최소 삭제의 상환 비용은 $O(\log_2 n)$이 된다.

이상의 부과 방식에 의하면 임의의 삽입 비용에 대해 최대 한 단위만 추가할 것이기 때문에 삽입 연산의 상환 비용은 $O(1)$이 된다. 여기서 사용한 상환 방식에서 합병 연산에 대해 추가로 더 부과하는 것은 어떤 것도 없다. 따라서 합병의 실제 비용과 상환 비용은 모두 $O(1)$이다. □

위의 정리와 비용 상환의 정의에 따르면, 임의의 순서로 행해지는 i회 삽입, c회 합병, dm회 최소 삭제 연산의 실제 비용은 $O(i + c + dm \log i)$가 된다.

연습문제

1. S를 빈 스택이라 하자. S에 대해 두 종류의 연산 *Add*(x)와 *DeleteUntil*(x)를 수행하려 한다. 이 연산들은 다음과 같이 정의된다.
   (a) *Add*(x): 스택 S의 상단에 원소 x를 삽입한다. 이 연산은 한 번 호출될 때마다 O(1)만큼의 시간이 걸린다.
   (b) *DeleteUntil*(x): 스택 S의 상단에서부터 첫 번째 x 원소까지 삭제한다. p개의 원소가 삭제된다면 O(p) 시간이 걸린다.

   n번의 임의의 스택 연산(*Add*와 *DeleteUntil* 연산)에 대해 어떻게 하면 *Add*와 *DeleteUntil* 연산의 비용을 상환하여 각 연산의 상환 비용이 O(1)이 되게 할 수 있는지 생각해 보라. 또 이것으로부터 임의의 연산들을 수행하는 데 걸리는 시간이 O(n)이라는 것을 증명하라.
2. x가 n개의 원소로 된 정렬되지 않은 배열이라 하자. 함수 *Search*(x, n, i, y)는 x에서 y를 검색하는 함수이며, 이때 $x[i]$, $x[i + 1]$, ... 순으로 검색하여 $x[j] = y$인 최소의 j 값을 찾는다. 이런 j가 없으면 j는 $n + 1$이 된다. 끝날 때 *Search*는 i를 j로 설정한다. x의 한 원소를 검사하는 데 걸리는 시간은 O(1)이라고 가정하라.
   (a) *Search*의 최악의 경우 복잡도는 얼마인가?
   (b) $i = 1$에서 시작하여 검색 연산을 m번 수행한다고 하자. 또 원소와 탐색 연산 모두에 비용을 부과하는 비용 상환 방식을 사용한다고 하자. 각 원소의 상환 비용이 O(1)이 되고 각 탐색의 상환 비용도 O(1)이 되도록 항상 비용을 상환할 수 있다는 것을 보이라. 이것으로부터 m회의 검색 연산에 대한 비용이 O($m + n$)임을 보이라.
3. (a) 공백 B-히프에 20, 10, 5, 18, 6, 12, 14, 4, 22 우선순위를 가진 원소를 순서대로 삽입하라. 마지막에 생성되는 B-히프를 보이라.
   (b) (a)에서 생성된 B-히프로부터 최소 원소를 삭제하라. 결과 B-히프를 보이라. 어떻게 이 B-히프가 만들어지는지 보이라.
4. 최소 이항 히프를 구현하고 있는 *BHeap* 클래스를 완전한 프로그램으로 작성하고 테스트해 보라. 클래스에는 *GetMin*, *Insert*, *DeleteMin*, *Meld* 함수가 포함되어야 한다.
5. 이항 트리 B_k가 2^k개($k \geq 0$)의 노드를 갖는다는 것을 증명하라.
6. 삽입과 최소 삭제 연산만 할 수 있다고 가정하고, 좌향 트리와 B-히프의 성능 비교를 위해 다음을 수행하라.
   (a) 원소 n개를 가진 임의 리스트를 만들고 삽입과 최소 삭제 연산을 임의로 m개 만들라. 이때 최소 삭제와 삽입 횟수는 거의 같아야 한다. 최소 좌향 트리와 B-히프가 이 n개의 원소들을 포함하도록 초기화하라. 이 최소 좌향 트리와 B-히프에 대해 m개의 연산을 순차적으로 수행했을 때 걸리는 시간을 측정하라. 각 연산당 평균 시간을 얻기 위해 이 시간을 m으로 나누라. 이것을 n = 100, 500, 1000, 2000, ..., 5000에 대해 측정해 보라. m은 5000이라 하자. 계산 시간을 도표로 작성하라.

(b) 두 자료 구조의 장점이 각각 무엇인지에 대해 이 실험을 근거로 서술하라.

7. n개의 원소를 가진 이항 히프에서 모든 트리의 높이가 O(log n)인가? 그렇지 않다면 최악의 경우 높이를 n에 대한 함수로 표현해 보라.

9.4 피보나치 히프

9.4.1 정의

피보나치 히프(Fibonacci heap)에는 최소와 최대 두 가지 변형이 있다. 최소 피보나치 히프는 최소 트리의 집합이고 최대 피보나치 히프는 최대 트리의 집합이다. 여기서는 최소 피보나치 히프에 대해서만 살펴보기로 한다. 최소 피보나치 히프를 F-히프라고 하겠다. B-히프는 F-히프의 특수한 경우이다. 따라서 앞절의 B-히프의 모든 예는 F-히프의 예가 되므로 이 절에서 그것들을 F-히프의 예로 사용하겠다.

F-히프는 네 개의 B-히프 연산인 *GetMin*, *Insert*, *DeleteMin*, *Meld*뿐만 아니라 다음의 두 연산도 지원하는 자료 구조이다.

(1) *Delete*(임의 삭제): 명기된 노드에서 원소를 삭제한다. 이 삭제를 임의 삭제(arbitrary delete)라 하겠다.

(2) *DecreaseKey*(키 감소): 명기된 노드에서 주어진 양수만큼 키/우선순위를 감소시킨다.

F-히프가 사용될 때 *Delete* 연산은 O(log n)의 상환 시간이, *DecreaseKey*는 O(1)의 상환 시간이 걸린다. B-히프 연산은 B-히프에서 사용한 것처럼 F-히프를 사용하면 같은 점근적 시간에 수행될 수 있다.

F-히프를 표현하기 위해 B-히프의 각 노드에 *parent*와 *childCut* 데이타 멤버를 추가한다. *parent* 데이타 멤버는 그 노드의 부모를 가리킨다. *childCut* 데이타 멤버에 대해서는 나중에 설명할 것이다. 또한 단순 연결 원형 리스트는 이중 연결 원형 리스트로 바뀌는데 이에 따라 *link* 대신 *leftLink*와 *rightLink* 데이타 멤버를 사용한다.

F-히프에서는 B-히프 연산인 *GetMin*, *Insert*, *DeleteMin*, *Meld*는 정확히 B-히프의 경우와 같이 수행된다. 따라서 남은 두 연산 *Delete*와 *DecreaseKey*에 대해서만 설명할 것이다.

9.4.2 F-히프에서의 삭제

F-히프에서 임의의 노드 b를 삭제하려면 다음과 같이 하면 된다.

(1) $min = b$이면 최소 삭제를 한다. 그렇지 않으면 다음 단계 2, 3, 4를 수행한다.

(2) b가 속한 이중 연결 리스트에서 b를 삭제한다.

(3) b의 자식의 이중 연결 리스트와 min이 가리키는 이중 연결 리스트를 합병하여 하나의 이중 연결 리스트를 만든다. 최소-삭제에서처럼 차수가 같은 트리는 조인하지 않는다.

(4) 노드 b를 없앤다.

예를 들어 그림 9.6의 F-히프에서 12가 들어 있는 노드를 삭제하면 그림 9.11과 같이 된다. 최소 원

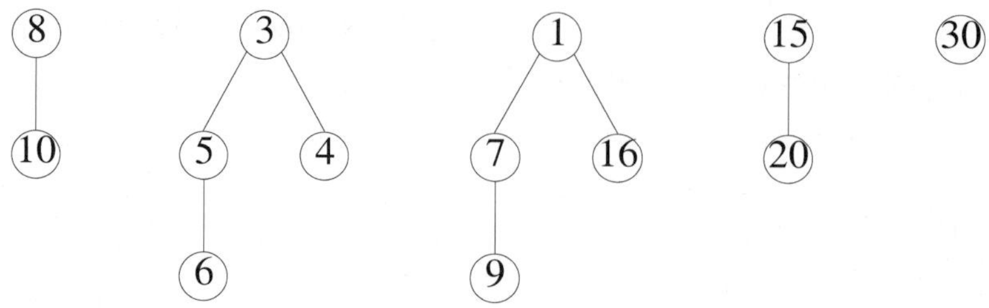

그림 9.11 12를 삭제한 뒤의 그림 9.6의 F-히프

소가 삭제되지 않는 한, 임의 삭제에 대한 실제 비용은 O(1)이다. 이 경우에 삭제 시간은 최소 삭제 연산 시간이 된다.

9.4.3 키 감소

노드 *b*의 키를 감소시키려면 다음과 같이 한다.

(1) *b*의 키 값을 감소시킨다.

(2) *b*가 최소 트리 루트가 아니고 그 키가 부모의 키보다 작으면 *b*를 이중 연결 리스트에서 삭제하고 최소 트리 루트의 이중 연결 리스트에 삽입한다.

(3) *b*의 키가 *min*의 키보다 작으면 *min*이 *b*를 가리키도록 변경한다.

가령 그림 9.6의 F-히프에서 키 15를 4만큼 감소한다고 하면 그 결과는 그림 9.12와 같이 된다. 키 감소의 실행 비용은 O(1)이다.

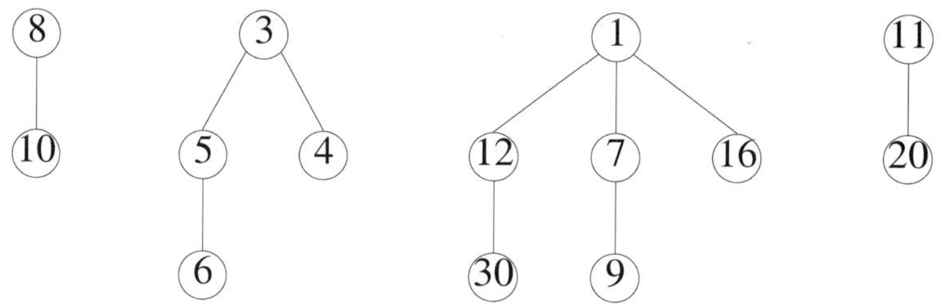

그림 9.12 그림 9.6의 F-히프에서 키 15를 4만큼 감소시킨 결과

9.4.4 연쇄 분리

삭제와 키 감소 연산의 추가로, F-히프의 최소 트리가 반드시 이항 트리가 될 필요는 없다. 사실 $k+1$개의 노드를 가진 차수 k인 최소 트리도 있을 수 있다. 결국 정리 9.1의 분석이 더 이상 유효하지 않다. 정

리 9.1의 분석에서는 차수가 k인 각 최소 트리의 노드 수를 k의 지수 함수로 나타낸다고 하였다. 위에서와 같이 키 감소와 삭제 연산을 수행한다면 이것은 맞지 않게 된다. 임의의 $c(c > 1)$에 대해 차수 k인 각 최소 트리가 적어도 c^k개의 노드를 가지려면 각 삭제 및 키 감소 연산 다음에 반드시 연쇄 분리(cascading cut) 단계가 있어야 한다. 이를 위해 각 노드에 **bool** 데이타 멤버 *childCut*이 추가되었다. 이 데이타 멤버의 값은 최소 트리 루트가 아닌 노드에서 유용하다. 이 경우에, 노드 x의 *childCut* 데이타 멤버가 **true** 값을 가지기 위한 필요 충분 조건은 x가 가장 최근에 현재 부모의 자식으로 된 이후 x의 자식 중 하나가 삭제되는 것이다. 이것은 최소 삭제 연산에서 두 최소 트리가 조인될 때마다 더 큰 키를 가진 루트의 *childCut* 데이타 멤버가 **false**로 설정되어야 한다는 것을 의미한다. 그리고 삭제나 키 감소 연산에서 최소 트리 루트가 아닌 노드 q를 이중 연결 리스트에서 삭제할 때마다(삭제와 키 감소에서 두 번째 단계), 연쇄 분리 단계가 호출된다. 이때 삭제된 노드 q의 부모 p에서부터 시작하여 *childCut* = **false**인 가장 가까운 조상에 이르는 경로에 대해 검사한다. 그런 조상이 없으면 경로는 p에서부터 p가 속한 최소 트리의 루트까지가 된다. 이 경로 상에 있는 *childCut* 데이타 멤버가 **true**이면서 루트가 아닌 모든 노드들은 각각의 이중 연결 리스트에서 삭제되고 F-히프의 최소 트리 루트 노드의 이중 연결 리스트에 삽입된다. 이 경로 상에서 *childCut* 데이타 멤버가 **false**인 노드는 그 값을 **true**로 바꾼다.

그림 9.13은 연쇄 분리의 예를 보여 주고 있다. 그림 9.13(a)는 키 14를 가진 최소 트리로서, 키 값을 4만큼 감소하기 이전 상태이다. 14의 부모에서 *childCut* = **false**인 가장 가까운 조상에 이르는 경로 상에 있는 노드들에 대해서만 *childCut* 데이타 멤버를 표시하였다. *childCut* = **true**인 노드는 어둡게 칠해진 노드로 나타냈고 그렇지 않은 노드는 모두 *childCut* = **false**인 노드이다. 키-감소 연산을 하면서 14를 루트로 하는 최소 트리가 그림 9.13(a)의 최소 트리에서 삭제되고 F-히프의 최소 트리가 된다. 이 루트는 이제 키 값이 10이 된다. 이것이 바로 그림 9.13(b)의 첫 번째 최소 트리이다. 연쇄 분리가 수행되면서 12, 10, 8, 6을 루트로 하는 최소 트리들이 2를 루트로 하는 최소 트리에서 분리되어 나온다. 따라서 그림 9.13(a)에 있는 하나의 최소 트리가 여섯 개의 최소 트리로 구성된 F-히프로 된다. 4의 *childCut* 값은 **true**가 된다. 다른 모든 *childCut* 값은 바뀌지 않는다.

9.4.5 분석

보조정리 9.4: 처음에 공백인 F-히프에 대해 일련의 삽입, 합병, 최소 삭제, 삭제, 키 감소 연산을 수행하여 n개의 원소를 가진 F-히프 a가 되었다고 하자.

(a) b는 a의 한 최소 트리에 있는 임의의 노드라고 하자. b의 차수는 $\log_\phi m$ 이하이다. 여기서 $\phi = (1 + \sqrt{5})/2$이고 m은 b를 루트로 하는 서브트리의 원소의 개수이다.

(b) $maxDegree \le \lfloor \log_\phi n \rfloor$이며 최소-삭제의 실제 비용은 $O(\log n + s)$이다.

증명: (a)는 b의 차수에 대해 귀납적으로 증명할 수 있다. b의 차수가 i일 때 b를 루트로 하는 서브트리의 원소 개수의 최소값을 N_i라 하자. $N_0 = 1$이고 $N_1 = 2$이다. 따라서 차수 0과 1에 대해서 (a)의 부등식이 성립한다. $i > 1$일 때 $c_1, ..., c_i$를 b의 i개의 자식이라 하자. $c_j + 1 (j < i)$ 이전에 c_j가 b의 자식이 되었다고 가정한다. 그러면 $c_k (k \le i)$가 b의 자식이 될 때 b의 차수는 적어도 $k-1$이다. 한 노드를 다른 노드의 자식으로 만드는 유일한 F-히프 연산은 최소 삭제이다. 여기서 최소 트리 조인 단계 동안에 한 최소

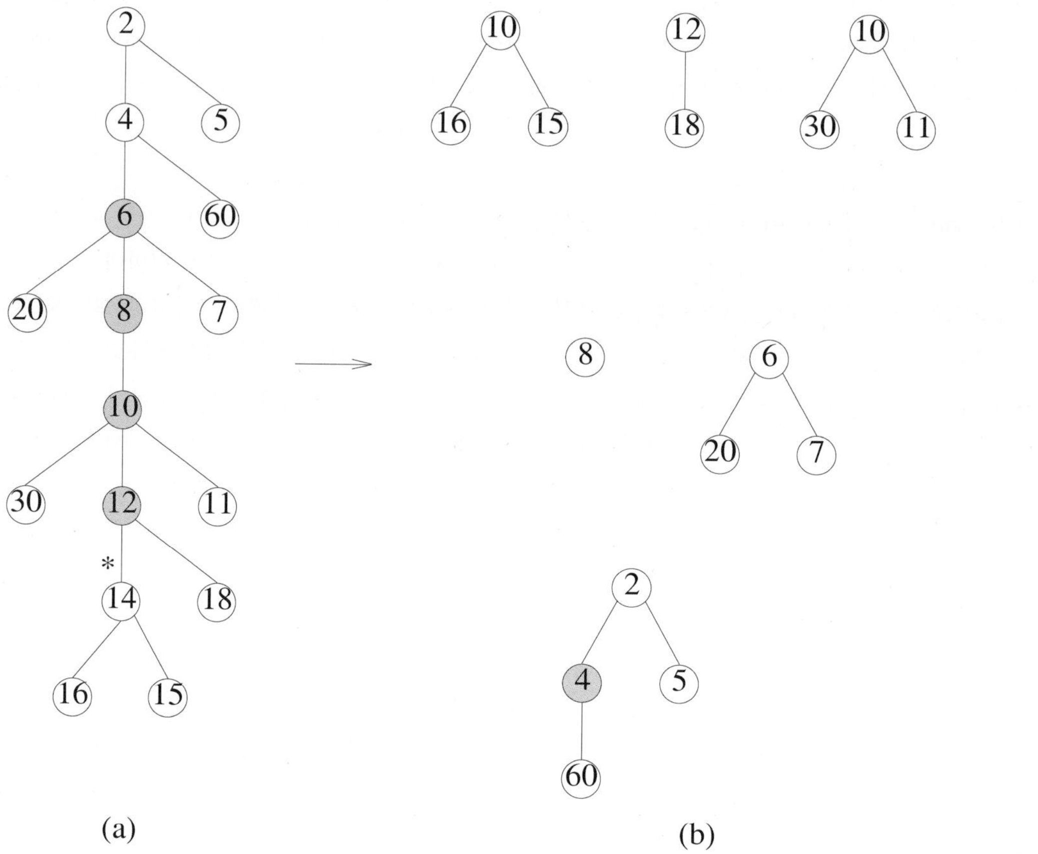

그림 9.13 키 14를 4 감소시킨 후 연쇄 분리가 일어나는 모습

트리는 같은 차수를 가진 다른 최소 트리의 서브트리가 된다. 따라서 조인 시에 c_k의 차수는 b의 차수와 같아야 할 것이다. 조인 이후에는 삭제나 키 감소 연산에 의해 차수가 감소할 수 있다. 그러나 c_k의 두 번째 자식을 분리하려면 c_k에서 연쇄 분리가 일어나게 되므로 그런 조인 이후에는 c_k의 차수가 최대 하나만 감소할 수 있다. 그런 분리로 인해 c_k가 F-히프의 최소 트리의 루트가 된다. 따라서 c_k의 차수 d_k는 적어도 $\max\{0, k-2\}$이며, c_k의 원소 수는 적어도 N_{dk}이다. 이것은 다음을 의미한다.

$$N_i = N_0 + \sum_{k=0}^{i-2} N_k + 1 = \sum_{k=0}^{i-2} N_k + 2$$

피보나치 수는 다음 등식을 만족시킴을 증명할 수 있다(연습문제 참조).

$$F_h = \sum_{k=0}^{h-2} F_k + 1,\ h > 1,\ F_0 = 0,\ F_1 = 1$$

이에 따라 등식 $N_i = F_{i+2} (i \geq 0)$을 얻을 수 있다. 또한 $F_{i+2} \geq \phi^i$이므로 $N_i \geq \phi^i$이다. 따라서 $i \leq \log_\phi m$이다. (b)는 (a)의 직접적인 결과이다. □

정리 9.2: 처음에 공백인 F-히프에 대해 n번의 삽입, 합병, 최소-삭제, 삭제, 키 감소 연산을 수행하면 각 삽입, 합병, 키 감소 연산의 상환 시간 복잡도가 O(1)이 되고, 각 최소 삭제와 삭제 연산의 상환 시간 복잡도는 O(log n)이 되도록 비용을 상환할 수 있다. 전체 연산의 총 시간 복잡도는 개별 연산의 상환 시간 복잡도의 합이다.

증명: 정리 9.1과 유사한 방법으로 증명할 수 있다. *#insert*는 똑같이 정의된다. 그러나 *LastSize*의 정의는 조금 수정하여 각 삭제와 최소 삭제 이후에 F-히프의 최소 트리 수의 실제 변화만큼 *LastSize*가 변경되도록 한다(그림 9.13의 예에서 *LastSize*는 5 증가한다). 이렇게 수정하면 최소 삭제 연산 시에 s = *#insert* + *LastSize* + $u-1$이 된다는 것을 알 수 있다. 여기에 영향을 미치는 삽입 연산에는 *#insert* 단위 비용이 부과되며 최소 삭제, 삭제, 키 감소 연산에는 *LastSize* 단위 비용이 부과된다. 이로 인해 해당 최소 삭제 및 삭제 연산에 대해 최대 $\log_\phi n$이 더 부과되고, 해당 키 감소 연산에는 1이 더 부과된다. 결국 최소 삭제의 상환 비용은 O(log n)이 된다.

총 연쇄 분리 수는 총 삭제 및 키 감소 연산(이 연산들만 *childCut*을 **true**로 설정한다) 수에 의해 한정되므로 삭제와 키 감소 연산에 대해 그 상환 비용에 1을 더함으로써 분리 비용을 상환할 수 있다. 최소 원소 이외의 원소를 삭제하는 상환 비용은 실제 비용이 O(1)이기 때문에 O(log n)이 된다(이때 수행될지도 모르는 연쇄 분리 비용은 제외한다). 여기에는 모든 연쇄 분리의 상환으로부터 최대 한 단위 비용이 부과되고 최소 삭제로부터 최대 $\log_\phi n$ 단위 비용이 부과된다.

키 감소 연산의 상환 비용은 실제 비용이 O(1)이기 때문에 O(1)이 된다(뒤따르는 연쇄 분리 비용은 제외한다). 여기에는 모든 연쇄 분리의 상환으로부터 최대 한 단위 비용이 부과되고, 최소 삭제로부터 최대 한 단위 비용이 부과된다.

삽입의 상환 비용은 그 실제 비용이 1이기 때문에 O(1)이다. 그리고 여기에는 최소 삭제로부터 최대 한 단위 비용이 부과된다. 상환 방법은 합병에 대해서는 비용을 부과하지 않기 때문에 합병의 실제 비용과 상환 비용은 모두 같고 그 비용은 O(1)이 된다. □

앞의 정리에서 임의의 일련의 F-히프 연산 복잡도는 $O(i + c + dk + (dm + d)\log i)$이다. 여기서 i, c, dk, dm, d는 각각 삽입, 합병, 키 감소, 최소 삭제, 삭제 연산의 횟수이다.

9.4.6 최단 경로 문제에 응용

6장에서 배운 하나의 출발점과 모든 목표점에 대한 최단 경로 알고리즘에 이 F-히프를 응용하는 것을 생각해 보고 이 절을 마무리하고자 한다. 최단 경로가 찾아진 정점들의 집합을 S라 하고, 출발 정점으로부터 S에 있는 정점들만을 통해서 정점 $i(i \in \overline{S})$로 가는 최단 경로의 길이를 *dist*(i)라 하자. 최단-경로 알고리즘을 매번 반복하면서 *dist*(i)가 최소가 되는 $i(i \in \overline{S})$를 선정하여 S에 첨가해야 한다. 이것은 $\overline{S}$에 대한 최소 삭제 연산에 해당한다. 또한 $\overline{S}$에 남아 있는 정점의 *dist* 값이 작아질 수 있는데, 이것은 해당 정점에 대한 키 감소 연산에 해당한다. 총 키 감소 연산 횟수는 그래프의 간선 수로 한정되며, 최소 삭제 연산 수는 $n-2$이다. $\overline{S}$는 $n-1$개의 정점에서 시작한다. *dist*를 키로 하는 F-히프로 $\overline{S}$를 구현한다면, F-히프를 초기화하기 위해 $n-1$번의 삽입이 필요하다. 그리고 $n-2$번의 최소 삭제 연산과 최대 e번의 키 감소 연산이 필요하다. 이 연산들의 총 시간은 각각에 대한 상환 비용의 합과 같다. 즉 O(*n*log*n* + *e*)이다. 알고리즘의 나머지 부분은 O(*n*) 시간이 걸린다. 따라서 F-히프로 $\overline{S}$를 표현한다면 최단 경로 알고리즘의 복잡도는 O(*n*log*n* + *e*)가 된다. 그래프가 $\Omega(n^2)$개의 간선을 갖지 않는 한, 이것은 6장의 구현을 점근적으로 개선한 것이 된다. 이 하나의 출발점 알고리즘이 *n*번 사용된다면(그래프의 *n*개의 정점 각각을 하나의 출발지로 사용한다) 각 정점 간의 최단 경로를 $O(n^2\log n + ne)$ 시간에 찾을 수 있다. 이것 역시 $\Omega(n^2)$개의 간선을 갖지 않는 그래프에 대해 6장의 $O(n^3)$ 시간이 걸리는 동적 프로그래밍 알고리즘을 근사적으로 개선한 것이다. O(*n*log*n* + *e*)는 6장의 하나의 출발점 알고리즘에 대한 가장 좋은 구현 시간이라는 사실에 주목할 필요가 있다. 이 알고리즘은 각 간선을 검사해야 하고, *n*개의 숫자를 정렬하는 데 사용될 수도 있기 때문이다[O(*n*log *n*) 시간이 걸린다].

연습문제

1. 최소 피보나치 히프를 구현하는 *FHeap* 클래스를 완전한 프로그램으로 작성하고 테스트해 보라. 클래스에는 *GetMin*, *Insert*, *DeleteMin*, *Meld*, *Delete*, *DecreaseKey*가 포함되어야 한다. *Insert* 함수는 새로 삽입된 원소의 노드가 반환되어야 하며 반환된 정보는 나중에 *Delete*와 *DecreaseKey* 함수의 입력으로 사용될 수도 있다.
2. 공백 F-히프에서 시작하여 삽입, 합병, 최소 삭제 연산만을 수행한다면 F-히프의 모든 최소 트리가 이항 트리가 됨을 증명하라.
3. 이중 연결 원형 리스트 대신 단일 연결 원형 리스트를 사용할 때도 F-히프에 대한 모든 함수들이 같은 시간에 수행될 수 있는가(단일 연결 원형 리스트의 임의의 노드 *x*에서 삭제할 때, 다음 노드에 데이타를 복사한 후 *x* 대신 다음 노드를 삭제할 수도 있다는 것에 유의하라)?
4. 공백 F-히프에서 시작하여 연쇄 분리를 하지 않고 일련의 F-히프 연산으로 $k + 1(k \geq 1)$개의 노드만을 갖는 차수 *k*인 최소 트리들을 얻을 수 있음을 증명하라.
5. *n*개의 원소를 가진 피보나치 히프에서 모든 트리의 높이가 O(log *n*)인가? 그렇지 않다면 최악의 경우 높이를 *n*에 대한 함수로 표현해 보라.
6. 연쇄 분리 규칙을 수정하여 두 번째 자식이 아니라 세 번째 자식이 삭제되는 노드에 대해서만 그런 분리가 일어난다고 가정하자. *childCut* 데이타 멤버의 값은 0, 1, 2가 될 수 있다. 어떤 노드가 새로운 부모를 얻을 때 그 *childCut* 데이타 멤버는 1로 설정된다. 노드의 자식이 분리될 때마다 그 *childCut* 데이타 멤버는 하나 증가한다(이미 2가 아닌 이상). *childCut* 데이타 멤버의 값이 2라면 연쇄 분리가 수행된다.
   (a) 차수가 *i*인 최소 트리의 노드 수의 최소값 N_i에 대한 순환식을 세우라. 공백인 F-히프에서 시작하여 이 책에 설명된 모든 연산(연쇄 분리는 제외)을 수행한다고 가정한다. 연쇄 분리는 위의 설명과 같이 수행한다.
   (b) (a)의 순환식을 풀어서 N_i의 하한을 구하라.
   (c) 여기서 사용되는 연쇄 분리 규칙에 따르면 차수가 *i*인 임의의 최소 트리가 가지는 노드 수의 최소값이 반드시 *i*의 지수함수가 되는가?

(d) 새로운 연쇄 분리 규칙에 대해 원래의 규칙과 같은 상환 복잡도를 얻을 수 있는가? 그 답의 타당성을 증명하라.

(e) 노드의 k 자식이 분리된 뒤에라야 연쇄 분리가 수행된다고 가정하고 (c)와 (d)에 대해 답하라. 여기서 k는 상수이다(본문에서 사용된 규칙에서는 $k = 2$이고, 이 연습문제 앞부분에 사용된 규칙에서는 $k = 3$이다).

(f) k 값이 커짐에 따라[(e)를 보라] F-히프의 성능이 어떻게 될 것 같은가?

7. 보조정리 9.4의 피보나치 수 F_k와 N_i에 대해 다음을 증명하라.

(a) $F_h = \sum_{k=0}^{h-2} F_k + 1, h > 1$.

(b) (a)를 사용하여 $N_i = F_{i+2} (i \geq 0)$임을 증명하라.

(c) 부등식

$$F_k = \frac{1}{\sqrt{5}}\left(\frac{1+\sqrt{5}}{2}\right)^k - \frac{1}{\sqrt{5}}\left(\frac{1-\sqrt{5}}{2}\right)^k,\ k \geq 0$$

을 이용하여 $F_{k+2} \geq \phi^k (k \geq 0)$임을 증명하라. 이때 $\phi = (1 + \sqrt{5})/2$이다.

8. 6장의 하나의 출발점 최단 경로 알고리즘을 6장에서 배운 자료 구조와 F-히프를 사용하여 구현해 보라. 단 인접 행렬 대신 인접 리스트를 사용하라. n = 100, 200, ..., 500인 경우 각각에 대해 서로 다른 간선 밀도(즉 10%, 20%, ..., 최대 100%)를 가진 무방향 연결 그래프를 10개 생성하라. 각 간선에 임의의 비용을 할당하라([1, 1000] 범위에서 균일 난수 발생기를 사용하라). 최단 경로 알고리즘의 두 가지 구현에 대해 실행 시간을 측정하고 각 n에 대해 평균 시간을 도시하라.

9.5 페어링 히프

9.5.1 정의

페어링 히프(pairing heap)는 피보나치 히프에서의 연산과 똑같은 연산을 지원한다. 페어링 히프에는 최소 페어링 히프, 최대 페어링 히프 두 가지 종류가 있다. 최소 페어링 히프는 최소 우선순위 큐를 표현하고자 할 때 사용되고, 최대 페어링 히프는 최대 우선순위 큐를 표현하고자 할 때 사용된다. 피보나치 히프에 대해서도 계속 설명하면서, 최소 페어링 히프에 대해서만 논의할 것이다. 최대 페어링 히프도 유사한 개념이다. 그림 9.14는 피보나치 히프와 페어링 히프 연산의 실제 복잡도와 상환 복잡도를 비교한 것이다.

그림 9.14의 페어링 히프 연산에서 주어진 상환 복잡도가 정확하게 알려지지는 않았지만(즉 키 감소 연산의 횟수와 관련하여 일련의 연산의 실제 실행 시간이 로그 함수를 따라 증가하는지는 알 수 없다) 키 감소 연산의 상환 복잡도가 $\Omega(\log\log n)$이라고는 알려져 있다(이 장 끝의 참고문헌 참조).

상환 복잡도는 페어링 히프보다 피보나치 히프를 사용할 때 더 우수하지만, 이 두 구조를 이용하여 Dijkstra의 최단 경로 알고리즘(6.4.1절)과 Prim의 최소 비용 신장 트리 알고리즘(6.3.2절)을 구현한 종합적 실험 연구에서는 페어링 히프가 피보나치 히프보다 실제로 더 우수한 것으로 나타났다.

연산	피보나치 히프		페어링 히프	
	실제	상환	실제	상환
GetMin	O(1)	O(1)	O(1)	O(1)
Insert	O(1)	O(1)	O(1)	O(1)
DeleteMin	O(n)	O(log n)	O(n)	O(log n)
Meld	O(1)	O(1)	O(1)	O(log n)
Delete	O(n)	O(log n)	O(n)	O(log n)
DecreaseKey	O(n)	O(1)	O(1)	O(log n)

그림 9.14 피보나치 히프와 페어링 히프 연산들의 복잡도

정의: 최소 페어링 히프(min pairing heap)는 조금 뒤에 설명되는 방법으로 연산이 수행되는 최소 트리이다.

그림 9.15는 네 개의 최소 페어링 히프 예를 보여 준다. 여기서 페어링 히프는 반드시 이진 트리일 필요가 없는 하나의 트리임을 유의하라. 최소 원소는 이 트리의 루트에 있으므로 이 원소는 O(1) 시간에 찾을 수 있다.

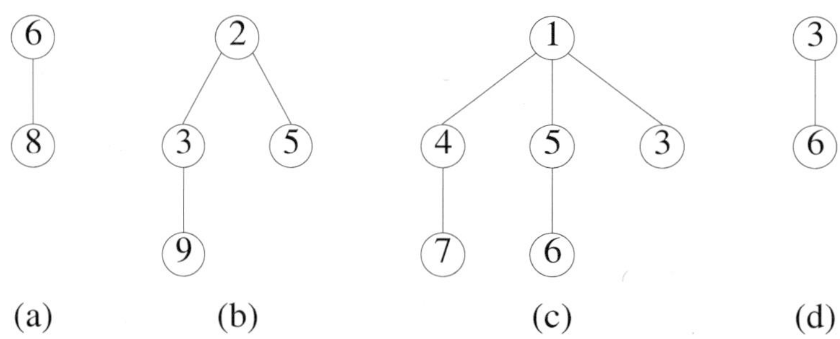

그림 9.15 최소 페어링 히프 예

9.5.2 합병과 삽입

두 개의 최소 페어링 히프는 비교 링크(compare-link) 연산을 수행함으로써 한 개의 최소 페이링 히프로 합병할 수 있다. 비교 링크 연산에서는 두 최소 트리의 루트를 비교하여 더 큰 루트를 가진 최소 트리가 다른 트리의 가장 왼쪽 서브트리로 만들어진다(연결은 임의로 한다).

그림 9.15(a)와 (b)의 최소 트리를 합병하기 위해 두 개의 루트를 비교한다. (a)의 트리가 더 큰 루트를 가지고 있기 때문에 이 트리는 (b)의 트리의 가장 왼쪽 서브트리가 된다. 그림 9.16(a)는 결과 페어링 히프를 보여 주고 있다. 그림 9.16(b)는 그림 9.15(c)와 (d)의 페어링 히프 합병 결과를 보여 준다. 그

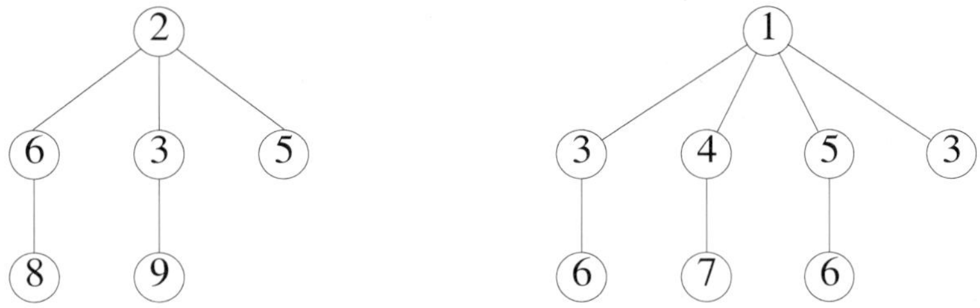

(a) 그림 9.15(a)와 (b)의 합병　　(b) 그림 9.15(c)와 (d)의 합병

그림 9.16 페어링 히프의 합병

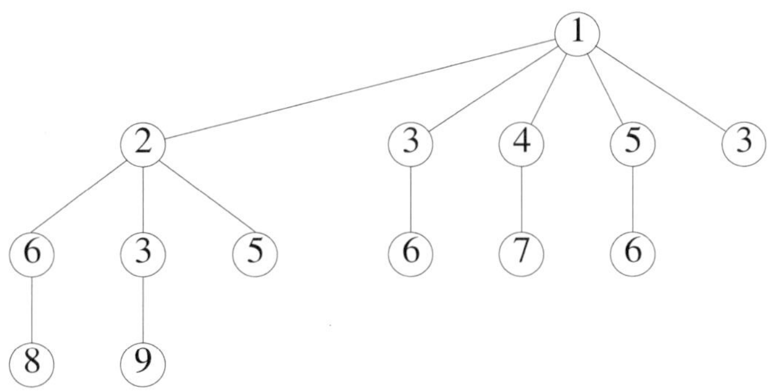

그림 9.17 그림 9.16(a)와 (b)의 합병

림 9.16(a)와 (b)의 페어링 히프를 합병한 결과는 그림 9.17의 페어링 히프이다.

원소 x를 페어링 히프 p에 삽입하려면 먼저 원소 x를 가진 페어링 히프 q를 만든 후 두 페어링 히프 p와 q를 합병시키면 된다.

9.5.3 키 감소

노드 N에서 원소의 키/우선순위를 감소시켜 보자. N이 루트이거나 N의 감소시킨 키가 부모 노드의 키보다 크거나 같다면 추가적인 작업이 필요하지 않다. 하지만 변경된 키가 부모 노드의 키보다 작다면 최소 트리의 성질에 위배되고 이를 맞게 수정해야 한다. 예를 들어 그림 9.15(c)에서 루트의 키가 1에서 0으로 감소하거나, 루트의 가장 왼쪽 자식의 키가 4에서 2로 감소할 때는 추가적인 작업이 필요하지 않다. 그림 9.15(c)에서 루트의 가장 왼쪽 자식의 키가 4에서 0으로 감소할 때는 이 변경된 값이 루트의 키 값보다 작게 되므로[그림 9.18(a)를 참조] 수정 작업이 필요하다.

페어링 히프는 일반적으로 부모에 대한 포인터 없이 구현되므로 키 감소에 따라 수정 작업이 필요한지 아닌지를 결정하기 어렵다. 따라서 N이 트리의 루트인 경우를 제외하면 수정 작업은 필요 여부에

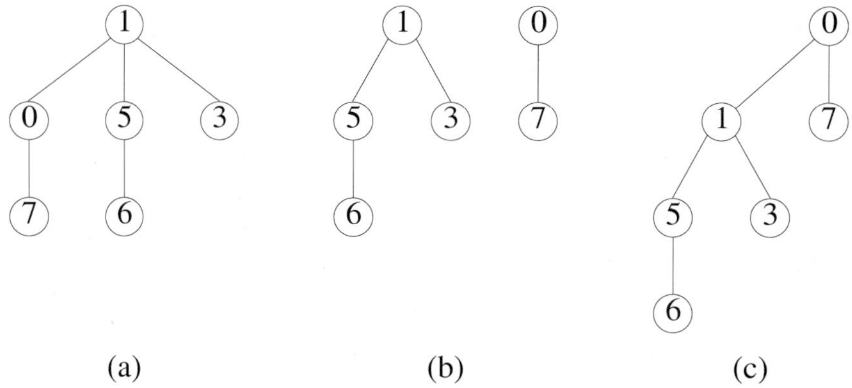

그림 9.18 키의 감소

관계없이 발생한다. 수정 작업은 다음 단계를 따른다.

단계 1: 트리에서 루트가 *N*인 서브트리를 떼어 낸다. 그 결과 최소 트리가 두 개 생긴다.
단계 2: 두 최소 트리를 합병한다.

그림 9.18(b)는 단계 1을 실행한 뒤에 생긴 두 최소 트리이고 그림 9.18(c)는 단계 2를 실행한 뒤의 결과이다.

9.5.4 최소 삭제

최소 원소는 트리의 루트에 있다. 따라서 최소 원소를 삭제하기 위해서는 먼저 루트 노드를 삭제해야 한다. 루트를 삭제하고 나면 0개 이상의 최소 트리(삭제된 루트의 서브트리)들이 남는다. 남겨진 최소 트리의 수가 둘 이상일 때 이 최소 트리들을 하나의 최소 트리로 합병해야 한다. 2단계 페어링 히프(two pass pairing heap)에서 이 합병은 다음과 같이 수행된다.

단계 1: 왼쪽에서 오른쪽으로 진행하면서 트리 쌍들을 합병한다.
단계 2: 가장 오른쪽 트리에서 시작하여 한 번에 하나씩 남아 있는 트리를 이 트리에 합병한다(오른쪽에서 왼쪽으로).

그림 9.19(a)의 최소 페어링 히프를 생각해 보자. 루트가 제거되었을 때, 그림 9.19(b)에서와 같이 여섯 개의 최소 트리를 얻을 수 있다.

단계 1의 왼쪽에서 오른쪽으로 가는 과정에서 먼저 루트가 4와 0인 두 트리를 합병한다. 다음에 루트가 3과 5인 트리를 합병시킨다. 마지막으로 루트 1과 6을 가진 트리를 합병시킨다. 그림 9.20은 결과로 나온 세 개의 최소 트리를 보여 준다.

단계 2(오른쪽에서 왼쪽으로 가는 과정)에서는 우선 그림 9.20의 가장 오른쪽에 있는 두 트리를 합병하여 그림 9.21(a)의 트리를 얻는다.

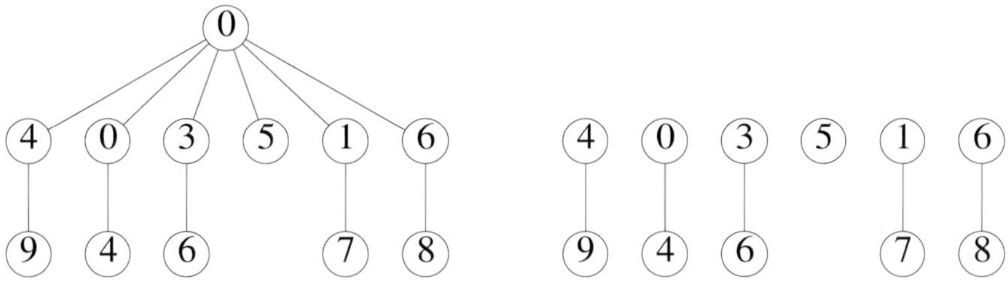

(a) 최소 페어링 히프 (b) 루트 삭제 뒤

그림 9.19 최소 원소 삭제

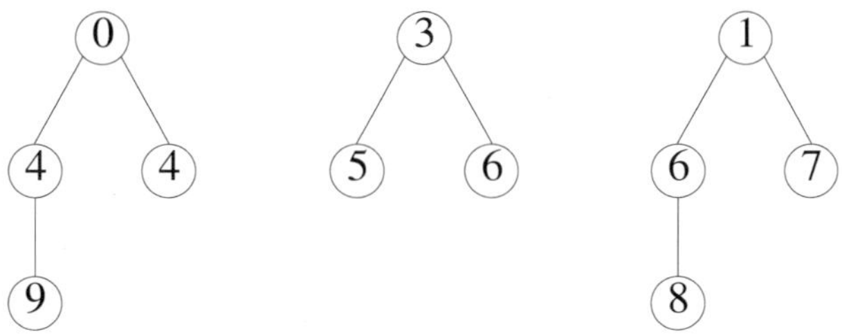

그림 9.20 단계 1을 거친 트리

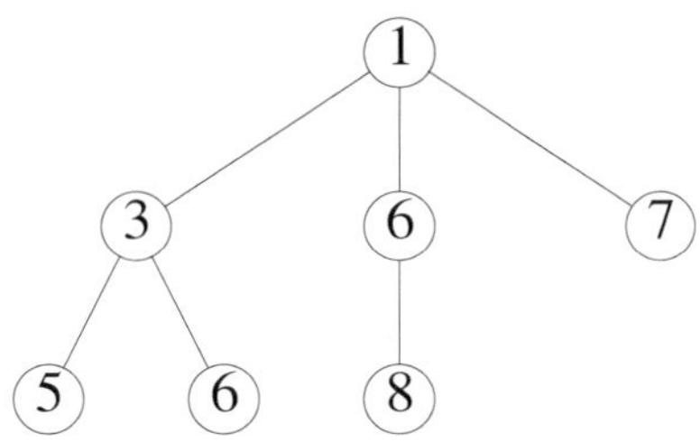

그림 9.21 단계 2의 첫 번째 과정

그러고 나서 루트가 0인 그림 9.20의 트리는 최종적인 최소 트리를 얻기 위해 그림 9.21의 트리와 합병한다. 그 결과는 그림 9.22와 같다.

만약 원래 페어링 히프가 여덟 개의 서브트리를 가지고 있었다면, 왼쪽에서 오른쪽으로 가는 과정을 거친 후에는 네 개의 최소 트리가 남겨졌을 것이다. 오른쪽에서 왼쪽으로 가는 과정에서는 먼저 트리 3과 4를 합병하여 트리 5를 얻은 후, 트리 2와 5를 합병하여 트리 6을 얻을 것이고, 마지막으로 트리 1

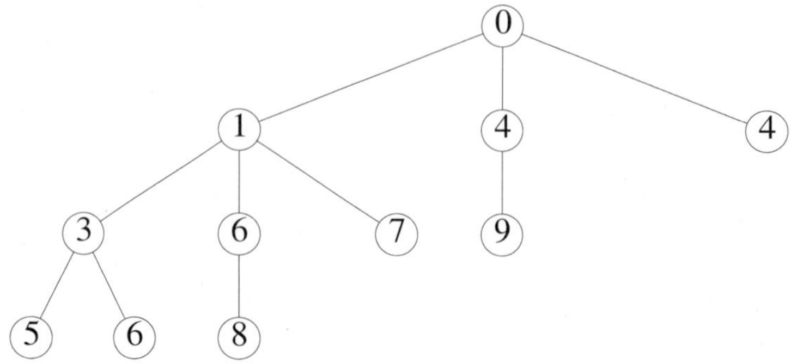

그림 9.22 최소 삭제 후 최종적인 최소 페어링 히프

과 6을 합병할 것이다.

다단계 페어링 히프(multi pass pairing heap)에서 루트 삭제 후 남아 있는 최소 트리들은 다음과 같이 하나의 최소 트리로 합병된다.

단계 1: FIFO 큐에 최소 트리들을 삽입한다.

단계 2: 큐 앞쪽 끝에서부터 두 개의 트리를 뽑아 합병하고 큐 뒤쪽 끝에 합병된 트리를 삽입한다. 단 하나의 트리가 남을 때까지 이 단계를 반복한다.

그림 9.19(a)의 루트가 삭제되었을 때 그 결과로 나온 그림 9.19(b)의 여섯 개 트리를 생각해 보자. 첫 번째로 루트가 4와 0인 트리들을 합병하고 그 결과 최소 트리를 큐의 뒤쪽 끝에 삽입한다. 다음으로 루트가 3과 5인 트리를 합병하고 결과 최소 트리를 큐 뒤쪽 끝에 삽입한다. 그런 뒤에 루트 1과 6을 가진 트리를 합병하고 결과 최소 트리를 큐 뒤쪽 끝에 추가한다. 큐는 이제 그림 9.20에서처럼 세 개의 최소 트리를 포함하고 있다. 다음으로 루트 0과 3을 가진 최소 트리를 합병하고 결과를 큐 뒤쪽 끝에 삽입한다. 이제 그림 9.23에서 보여 주는 것과 같이 두 개의 최소 트리가 남겨진다.

마지막으로 그림 9.23의 두 개의 최소 트리를 합병하여 그림 9.24의 최소 트리가 얻어진다.

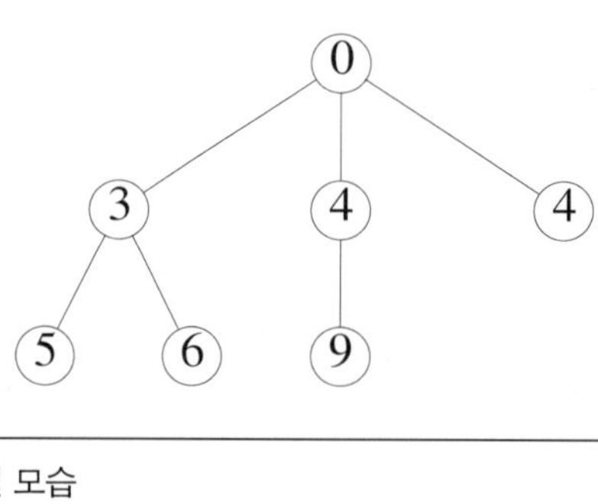

그림 9.23 다단계 삭제에서의 마지막 상태 바로 직전 모습

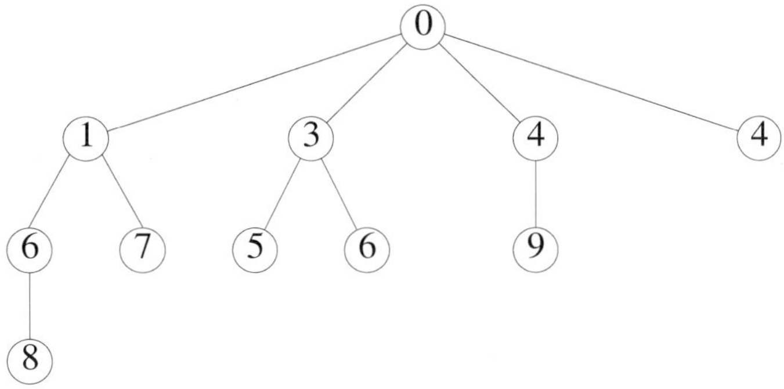

그림 9.24 다단계 최소-삭제의 결과

9.5.5 임의 삭제

임의의 노드 N으로부터의 삭제는 N이 페어링 히프의 루트일 때는 최소 삭제 연산으로 처리된다. N이 트리의 루트가 아닐 때는 다음과 같이 삭제한다.

단계 1: 트리에서 루트가 N인 서브트리를 분리한다.

단계 2: 노드 N을 삭제하고 그 서브트리들을, 2단계 페어링 히프를 구현하였다면 2단계 기법을 사용하여 하나의 최소 트리로 합병하고, 다단계 페어링 히프를 구현하였다면 다단계 기법을 사용하여 하나의 최소 트리로 합병한다.

단계 3: 단계 1과 2로부터 나온 최소 트리들을 하나의 최소 트리로 합병한다.

9.5.6 구현 고려사항

다양한 수의 자식 필드를 가진 노드들을 이용하여 페어링 히프를 구현할 수도 있지만, 그러한 구현은 자식 필드의 수를 필요할 때마다 동적으로 증가시켜야 하기 때문에 비용이 많이 든다. 효과적으로 구현하는 방법은 트리를 이진 트리로 표현하는 것이다(5.1.2.2절). 원래 최소 트리에서의 형제 노드들은 이중 연결 리스트로 연결되어 있다. 각 노드는 *data* 필드뿐만 아니라 세 개의 포인터 필드 *previous*, *next*, *child*를 가지고 있다. 형제 노드들의 이중 연결 리스트에서 가장 왼쪽에 있는 노드는 *previous* 포인터를 사용하여 그 부모 노드를 가리킨다. 가장 왼쪽 자식은 $x \rightarrow previous \rightarrow child = x$라는 성질을 만족시킨다. 이중 연결 리스트는 임의 원소(*Delete* 및 *DecreaseKey* 연산에서와 같이)를 O(1) 시간에 삭제할 수 있도록 한다.

9.5.7 복잡도

위에서 기술한 이진 트리 표현을 사용하여 모든 페어링 히프 연산들(삭제와 최소 삭제는 제외하고)이 O(1) 시간에 이루어질 수 있다는 것을 확인할 수 있다. 삭제, 최소 삭제 연산의 복잡도는 O(n)인데 그 이유는 노드 삭제 후 합병되어야 하는 서브트리의 수가 O(n)이기 때문이다.

페어링 히프 연산의 상환 복잡도는 참고문헌에 인용한 Fredman의 논문에서 확증되었다. Stasko와 Vitter(참고문헌 참조)는 연구 실험에서 2단계 페어링 히프가 다단계 페어링 히프보다 성능이 좋다는 것을 입증하였다.

연습문제

1. (a) 공백인 2단계 최소 페어링 히프에 20, 10, 5, 18, 6, 12, 14, 9, 8, 22 우선순위를 가진 원소를 삽입하라(이 순서대로). 각 삽입 후 최소 페어링 히프를 보이라.
   (b) (a)의 최종적인 최소 페어링 히프에서 최소 원소를 삭제하고 결과 페어링 히프를 보이라.
2. (a) 공백인 다단계 최소 페어링 히프에 20, 10, 5, 18, 6, 12, 14, 9, 8, 22 우선순위를 가진 원소를 삽입하라(이 순서대로). 각 삽입 후 최소 페어링 히프를 보이라.
   (b) (a)의 최종적인 최소 페어링 히프에서 최소 원소를 삭제하고 결과 페어링 히프를 보이라.
3. 다단계 최소 페어링 히프를 구현하는 *MultiPassPairingHeap* 클래스를 완전한 프로그램으로 작성하고 테스트하라. 클래스는 *GetMin*, *Insert*, *DeleteMin*, *Meld*, *Delete*, *DecreaseKey* 함수를 포함해야 한다. *Insert* 함수는 새 원소가 삽입된 노드를 반환해야 한다. 이 반환된 정보는 나중에 *Delete*와 *DecreaseKey*의 입력으로 사용될 수 있다.
4. n개의 원소를 가진 페어링 히프의 최악의 경우 높이와 차수는 어떻게 되는가? 어떻게 답을 찾았는지를 보이라.
5. 단계 1(왼쪽에서 오른쪽으로 이동하며 트리 쌍들을 합병하는)을 제거한 2단계 페어링 히프를 이용하여 1단계 페어링 히프를 정의하라. 삽입 또는 최소 삭제의 상환 비용이 $\Theta(n)$이 됨을 증명하라.

9.6 대칭 최소-최대 히프

9.6.1 정의와 성질

양쪽 끝 우선순위 큐(DEPQ)는 대칭 최소-최대 히프(SMMH: symmetric min-max heap)를 사용하여 표현할 수 있다. 대칭 최소-최대 히프는 루트를 제외한 각 노드들이 정확히 하나의 원소만 갖는 완전 이진 트리이다. SMMH(이후부터 대칭 최소-최대 히프를 SMMH로 표기한다)의 루트는 공백이고, n은 원소들의 수일 때 SMMH에 있는 노드들의 총수는 $n + 1$이다. N을 SMMH의 임의의 노드라고 하자. N에 있는 원소(존재한다면)를 제외하고 N을 루트로 하는 서브트리에 있는 원소들을 *elements*(N)이라 하자. *elements*(N) $\neq \emptyset$라고 가정했을 때 N은 다음 성질들을 만족시킨다.

Q1: N의 왼쪽 자식은 *elements*(N)에 있는 최소 원소를 갖는다.

Q2: N의 오른쪽 자식(존재한다면)은 *elements*(N)에 있는 최대 원소를 갖는다.

그림 9.25는 12개의 원소를 갖는 SMMH의 예를 보여•준다. N이 80을 가진 노드를 나타낼 때, *elements*(N) = {6, 14, 30, 40}이다. N의 왼쪽 자식은 *elements*(N)의 최소 원소 6을 가지며, N의 오른쪽 자식은 *elements*(N)의 최대 원소 40을 갖는다. 이 SMMH의 모든 노드 N은 Q1과 Q2 성질을 만족시킴

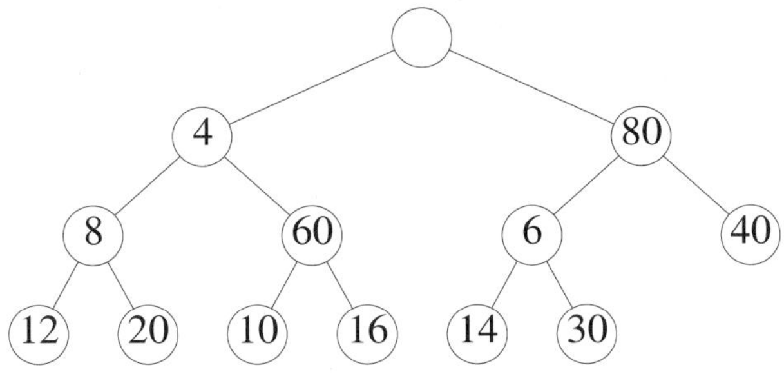

그림 9.25 대칭 최소-최대 히프

을 검증할 수 있을 것이다.

다음 사항들이 참이면 루트가 공백이고 다른 모든 노드들에는 하나의 원소만 있으며 노드 수가 n + 1개인 완전 이진 트리는 SMMH이며, 그 역도 성립한다는 것을 쉽게 알 수 있다.

P1: 각 노드의 원소는 오른쪽 형제(존재한다면)에 있는 원소보다 작거나 같다.

P2: 조부모를 가진 모든 노드 N에 대하여 조부모의 왼쪽 자식에 있는 원소는 N에 있는 원소보다 작거나 같다.

P3: 조부모를 가진 모든 노드 N에 대하여 조부모의 오른쪽 자식에 있는 원소는 N에 있는 원소보다 크거나 같다.

성질 P2와 P3은 각각 각 노드 M의 손자들에 있는 원소들이 M의 왼쪽 자식에 있는 원소보다 크거나 같고, M의 오른쪽 자식에 있는 원소보다 작거나 같다는 것을 설명한 것이다. 그러므로 P2와 P3은 각각 Q1과 Q2로부터 나온 것이다. 성질 P1이 충족되면 P2와 P3 중 하나가 임의의 노드 N에서 위배될 수도 있다는 사실에 주목하라. 성질 P1부터 P3까지를 이용하여, 원소를 삽입하고 삭제하는 간단한 알고리즘을 도출할 수 있다. 이 알고리즘들은 히프에서의 해당 알고리즘들을 간단히 적용시킨 것이다.

프로그램 9.1의 표준 DEPQ 연산들은 SMMH를 사용하여 효율적으로 이루어질 수 있음을 알 수 있다.

9.6.2 SMMH 표현

SMMH는 완전 이진 트리이므로 완전 이진 트리를 배열로 표준 사상하는 방법을 이용하여(5.2.3.1절) 1차원 배열(h라 부르자)로 효율적으로 표현할 수 있다. h의 위치 0은 사용되지 않고, 완전 이진 트리의 루트를 표현하는 위치 1은 비어 있다. SMMH의 원소를 저장하기 위해 사용된 배열 h의 제일 오른쪽 위치를 나타내기 위해 변수 *last*를 사용한다. 그러므로 SMMH의 크기(즉 원소들의 수)는 $last-1$이다. 변수 *arrayLength*는 배열 h에 있는 위치들의 현재 수를 저장한다.

$n = 1$일 때 최소와 최대 원소는 동일하고, 이 둘은 SMMH의 루트의 왼쪽 자식에 있다. $n > 1$일 때 최소 원소는 루트의 왼쪽 자식에 있고 최대 원소는 루트의 오른쪽 자식에 있다. 그러므로 최소 반환과

최대 반환 연산은 각각 O(1) 시간이 걸린다. 프로그램 9.7은 대칭 최소-최대 히프를 구현한 클래스 *SMMH*를 정의하고 있다. 프로그램 9.8은 공백인 SMMH를 생성하는 생성자를 보여 준다.

```
template <class T>
class SMMH : public DEPQ {
public:
    SMMH(int initialCapacity = 10);
    ~SMMH(){delete[ ] h;}

    const T& GetMin() const
    {// 최소 원소 반환
        if(last == 1) throw QueueEmpty();
        return h[2];
    }

    const T& GetMax() const
    {// 최대 원소 반환
        if(last == 1) throw QueueEmpty();
        if(last == 2) return h[2];
        else return h[3];
    }

    void Insert(const T&);
    void DeleteMin();
    void DeleteMax();

private:
    int last;              // 큐에 있는 마지막 원소의 위치
    int arrayLength;       // 큐의 용량 + 2
    T*h;                   // 원소 배열
};
```

프로그램 9.7: 대칭 최소-최대 히프의 클래스 정의

```
template <class T>
SMMH<T>::SMMH(int initialCapacity)
{// 생성자
```

```
    if(initialCapacity < 1)
    {
        ostingstream s;
        s << "Initial capacity = " << initialCapacity << " Must be > 0";
        throw IllegalParameterValue(s.str());
    }
    arrayLength = initialCapacity + 2;
    h = new T[arrayLength];
    last = 1;
}
```

프로그램 9.8: *SMMH*를 위한 생성자

9.6.3 SMMH로의 삽입

SMMH에 삽입하는 알고리즘은 세 단계로 구성된다.

단계 1: 완전 이진 트리의 크기를 1만큼 확장하고, 삽입될 원소 x를 위하여 새로운 노드 E를 생성한다. 완전 이진 트리에서 새로이 생성된 이 노드는 새로운 원소 x를 삽입할 후보 노드가 된다.

단계 2: E에 x를 삽입한 결과가 성질 P1에 위배되는지를 검증한다. E가 그 부모의 오른쪽 자식이고 x가 E의 형제에 있는 원소보다 클 경우에 한하여 위배된다는 것을 유의하라. 성질 P1에 위배되는 경우에, E의 형제에 있는 원소는 E로 이동되고 E는 이제 공백인 형제 노드를 가지도록 갱신된다.

단계 3: E로부터 트리 위쪽으로 성질 P2와 P3을 검증하면서 버블업 패스(bubble-up pass)를 수행한다. 버블업 패스를 할 때마다 E는 한 레벨씩 트리 위로 이동한다. x를 E에 삽입해도 P2와 P3을 위배하지 않게 되는 곳에 E가 위치했을 때 x를 E에 삽입한다.

그림 9.25의 SMMH에 2를 삽입하여 보자. SMMH는 완전 이진 트리이므로, SMMH에서 그림 9.26에 나와 있는 위치에 새로운 노드를 추가해야만 한다. 새로운 노드를 E라고 하자. 이 예에서 E는 공백 노드를 나타낼 것이다.

새로운 원소 2가 노드 E에 위치한다면 E의 조부모의 왼쪽 자식이 6을 가지게 되므로 성질 P2에 위배된다. 그러므로 그림 9.27의 형태를 얻기 위해 6을 아래로 이동시켜 E에 저장하고 E는 한 단계 위로 이동시킨다.

이제 노드 E에 2를 삽입해도 괜찮은지를 결정한다. 우선 이전의 노드 E에 있던 원소가 2보다 컸으므로 이러한 삽입이 성질 P1에 위배되지 않는다는 것에 주목한다. 성질 P2와 P3을 위해 $N = E$라 하자. N의 값에 대해 이 노드의 이전 원소가 2보다 컸으므로 P3은 위배되지 않는다. 그러므로 오직 P2만이 위배될 수 있다. $N = E$라 하고 P2를 검사하면, E의 조부모의 왼쪽 자식이 원소 4를 가지므로 E에 $x = 2$를 삽입한다면 P2에 위배될 것이라는 사실을 알게 된다. 따라서 4를 아래로 이동시켜 E에 저장하고 E를 한 레벨 위로 이동시켜 이전에 4를 포함하고 있던 노드에 저장한다. 그림 9.28은 이 결과 형태를 보

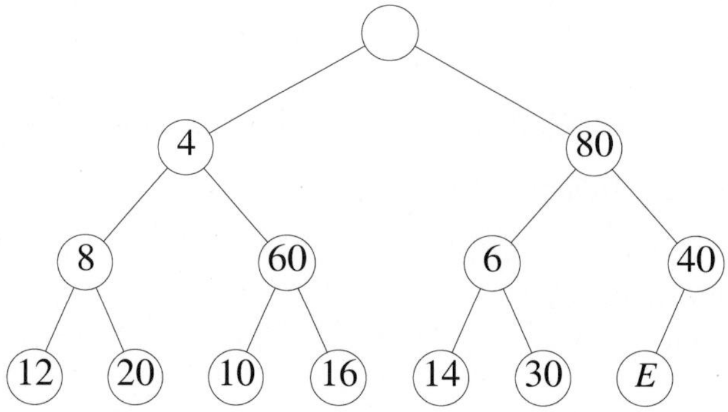

그림 9.26 노드 하나가 추가된 그림 9.25의 SMMH

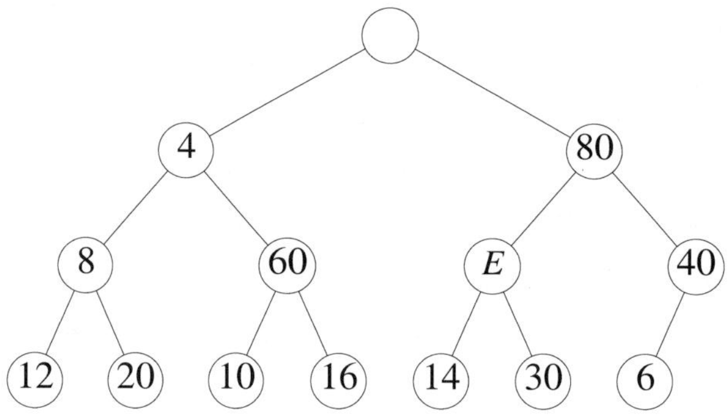

그림 9.27 6을 아래로 이동시킨 그림 9.26의 SMMH

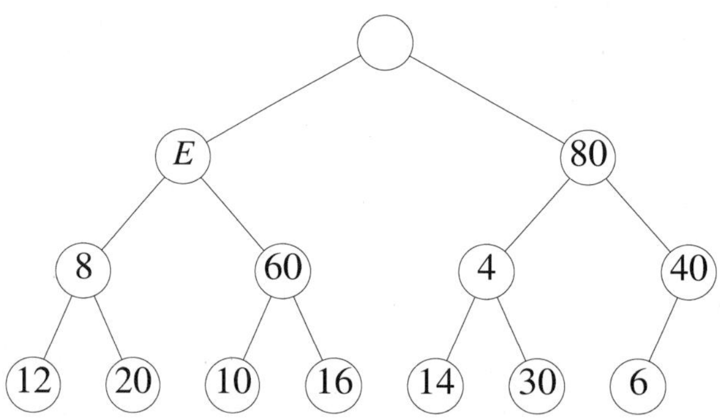

그림 9.28 4를 아래로 이동시킨 그림 9.27의 SMMH

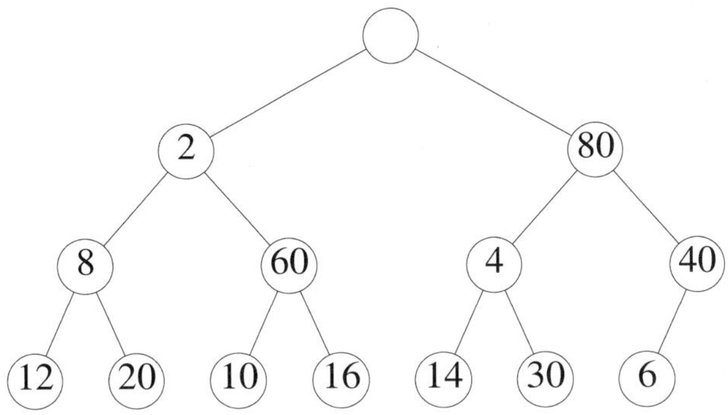

그림 9.29 2를 삽입한 그림 9.28의 SMMH

여 준다.

그림 9.28에서 2를 노드 *E*에 저장하는 것은 노드 *E*의 이전 원소가 2보다 컸기 때문에 성질 P1이 위배되지 않는다. 또한 노드 *E*는 조부모를 갖고 있지 않으므로 성질 P2와 P3은 위배되지 않는다. 그러므로 노드 *E*에 2를 삽입하면 그 결과는 그림 9.29와 같이 된다.

이제 그림 9.29의 SMMH에 50을 삽입하자. SMMH는 완전 이진 트리이므로 그림 9.30에서와 같이 새로운 노드가 반드시 위치해야 한다.

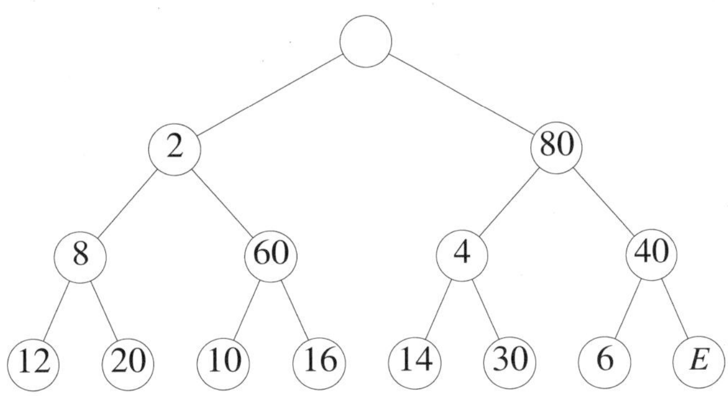

그림 9.30 노드를 하나 추가시킨 그림 9.29의 SMMH

*E*가 그 부모의 오른쪽 자식이므로 우선 노드 *E*에서 P1을 검사한다. 새로운 원소(이 경우 50)가 *E*의 왼쪽 형제 원소보다 작다면 새로운 원소와 왼쪽 형제에 있는 원소를 교환한다. 이 경우에는 아무런 교환도 이루어지지 않는다. 그 다음 P2와 P3을 검사한다. 50을 *E*에 위치시키는 것이 P3에 위배되는 것을 알 수 있다. 그러므로 *E*의 조부모의 오른쪽 자식에 있는 원소 40을 아래로 이동시켜 노드 *E*에 위치시킨다. 그림 9.31은 이 결과를 보여 준다. 그림 9.31의 노드 *E*에 50을 위치시키는 것은 노드 *E*의 이전

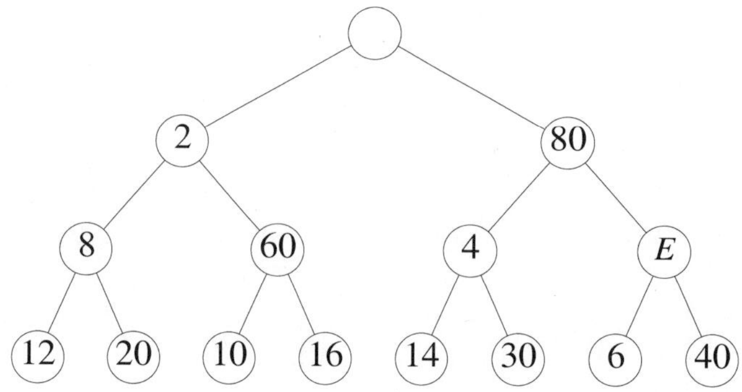

그림 9.31 40을 아래로 이동시킨 그림 9.30의 SMMH

원소가 더 작았기 때문에 P1에 위배되지 않는다. 또한 P2에도 위배되지 않는다. 따라서 *E*에서 오직 P3만 검사된다. *E*에서 P3에 위배되지 않으므로 50은 *E*에 위치하게 된다.

프로그램 9.9는 삽입 연산에 대한 C++ 프로그램을 보여 주고 있다. 변수 *currentNode*는 위 예의 공백 노드 *E*를 나타낸다. 완전 이진 트리의 높이는 O(log *n*)이다. 프로그램 9.9는 SMMH의 각 레벨에서 O(1) 시간에 작업을 수행하므로 삽입 함수의 복잡도는 O(log *n*)이다.

```
template<class T>
void SMMH<T>::Insert(const T& x)
{// SMMH에 x를 삽입한다.
    // 필요하면 배열 길이를 증가
    if (last == arrayLength-1)
    {// 배열 길이를 두 배로
        ChangeSize1D(h, arrayLength, 2* arrayLength);
        arrayLength *= 2;
    }
    // x에 대한 장소 탐색
    // currentNode는 새로운 리프에서 시작하여 트리 위로 이동
    int currentNode =++last;
    if (last %2 == 1 && x < h[last-1])
    {// 왼쪽 형제는 더 작아야 함, P1
        h[last] = h[last-1] ;
        currentNode--;
    }
    bool done = false;
```

```
    while (!done && currentNode >= 4)
    {// currentNode has a grandparent
        int gp = currentNode /4;  // grandparent
        int lcgp = 2*gp;          // gp의 왼쪽 자식
        int rcpg = lcgp + 1;      // gp의 오른쪽 자식
        if (x < h[lcgp])
        {// P2에 위배
            h[currentNode] = h[lcgp];
            currentNode = lcgp;
        }
        else if (x > h[rcgp])
            {// P3에 위배
                h[currentNode] = h[rcgp];
                currentNode = rcgp;
            }
            else done = true;     // P2나 P3 어느 것에도 위배되지 않음
    }
    h[currentNode] = x;
}
```

프로그램 9.9: 대칭 최소-최대 히프로의 삽입

9.6.4 SMMH에서의 삭제

최소 또는 최대 원소를 삭제하는 알고리즘은 최소 또는 최대 히프에서 원소를 삭제하는 트리클다운(trickle-down) 알고리즘을 적용시킨 것이다. 여기서는 최소 원소를 삭제하는 경우만 생각한다. 만약 SMMH가 공백이면 삭제는 수행될 수가 없다. 따라서 공백이 아닌 SMMH를 가정한다. 최소 원소는 $h[2]$에 있다. 만약 $last = 2$이면 삭제한 뒤 SMMH는 공백이 된다. $last \neq 2$라고 가정한다. $x = h[last]$라 하고 $last$를 1만큼 감소시킨다. 삭제를 완료하려면 $h[2]$ 노드가 공백인 SMMH에 x를 재삽입해야 한다. E를 공백 노드라고 하자. 최소 또는 최대 히프의 삭제 알고리즘과 같이 P1과 P2 성질들을 확인하면서 x를 삽입할 수 있는 적당한 노드에 도달할 때까지 E부터 트리 아래쪽으로 경로를 따라간다. 최소 삭제 연산인 경우 트리클다운 프로세스는 P3에 위배될 수 없다. 따라서 P3을 명시적으로 확인하지는 않는다.

그림 9.31의 SMMH에서 E라고 표시되어 있는 노드의 원소가 50인 경우를 살펴보자. 최소 삭제는 SMMH에서 루트의 왼쪽 자식(즉 $h[2]$)으로부터 2를 삭제하고 마지막 노드(즉 원소가 40인 노드)를 삭제하도록 한다. 따라서 $x = 40$이고 그림 9.32와 같은 구조를 얻는다. $h[3]$이 최대 원소를 갖고 있으므로 E에서 P1은 위배되지 않는다. 더욱이 E는 그 부모의 왼쪽 자식이므로 E에 x를 삽입하는 것은 P3에 위배되지 않는다. 따라서 P2에 위배되는지만 고려하면 된다. 이를 알아보기 위해서 E의 왼쪽 자식과 E의 오른쪽 형제 노드의 왼쪽 자식에서 각각 가장 작은 원소를 찾아본다. 이 예에서는 8과 4가 가장 작은 원

소로 결정된다. 이 중 더 작은 원소인 4는 SMMH의 정의에 따라 SMMH에서의 가장 작은 원소이다. $4 < x = 40$이므로 E에 x를 삽입하는 것이 P2에 위배될 수 있다. 이를 피하기 위하여 4를 노드 E로 이동시키고 나면 4가 있었던 노드가 E가 된다(그림 9.33을 보라). $4 \geq x$이면 E에 x를 삽입한 결과 제대로 된 구조의 SMMH이 만들어진다.

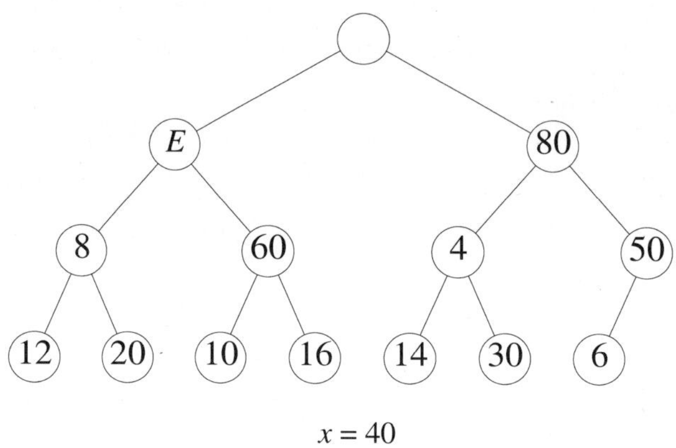

그림 9.32 2를 삭제한 그림 9.31의 SMMH

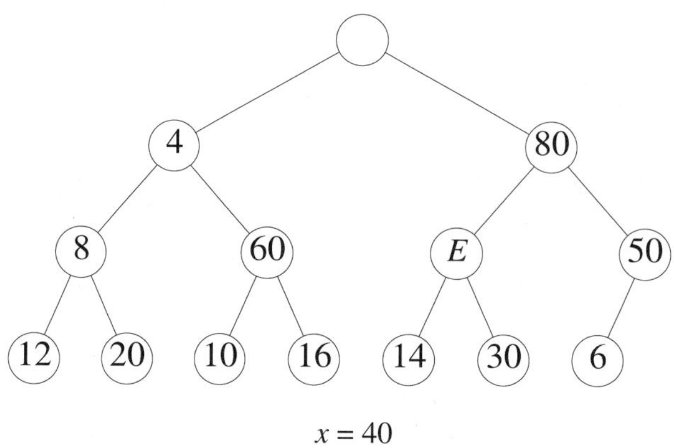

그림 9.33 *E*와 4가 서로 교환된 그림 9.32의 SMMH

이제 새로운 E는 x를 삽입하기 위한 후보 노드가 된다. 먼저 이러한 삽입으로 인해 P1에 위배가 될 수 있는지 검사한다. $x = 40 < 50$이므로 P1에 위배되지 않는다. 이제 P2에 대해서 검사한다. E의 왼쪽 자식과 그 형제 노드는 14와 6이다. 더 작은 자식인 6은 x보다 작다. 따라서 x는 E에 삽입될 수 없다. 대신에 E와 6을 교환하면 그림 9.34가 된다.

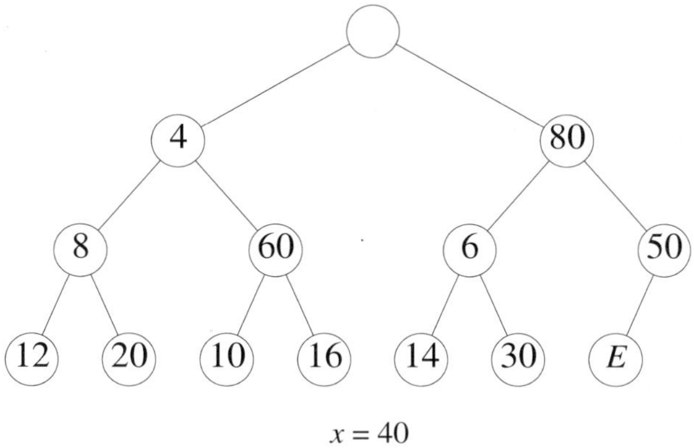

그림 9.34 E와 6이 서로 교환된 그림 9.33의 SMMH

그러면 이제 새로운 E에서 P1에 대해 검사한다. E가 오른쪽 형제 노드를 갖고 있지 않으므로 P1에 위배되지 않는다. P2에 대한 검사를 계속한다. E가 자식을 갖고 있지 않으므로 P2에 위배되지도 않는다. 따라서 E에 x가 삽입된다. 또 다른 최소 삭제 연산을 살펴보자. 이번에는 그림 9.34의 SMMH에서 최소인 원소를 삭제한다(E로 표시된 노드는 40을 갖고 있다는 것을 상기하라). 최소 원소 4는 $h[2]$에서 삭제되고 마지막 원소 40은 SMMH에서 삭제되고 x에 저장된다. 그림 9.35는 그 결과를 나타내고 있다.

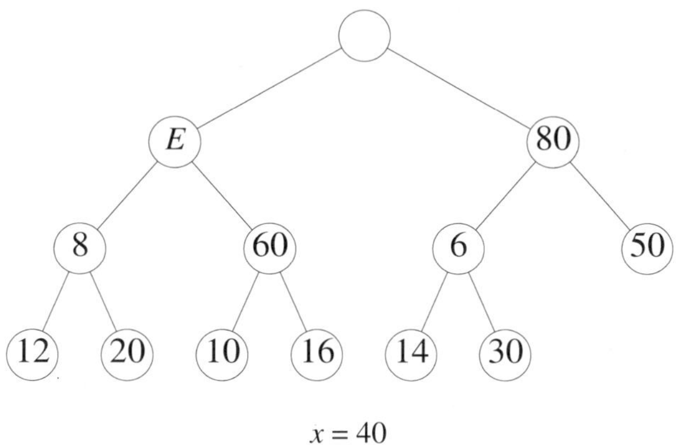

그림 9.35 또다른 최소-삭제의 첫 단계

앞에서와 마찬가지로 $h[2]$에서는 P1에 위배되지 않는다. E의 왼쪽 자식과 형제 노드 중에서 작은 원소는 6이다. $6 < x = 40$이므로 6과 E를 서로 교환해서 그림 9.36을 얻는다.

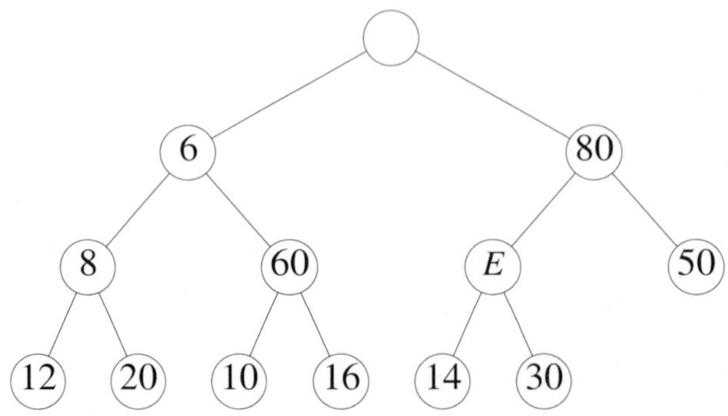

x = 40

그림 9.36 *E*와 6이 서로 교환된 그림 9.35의 SMMH

다음으로 새로운 *E*에서 일어날 수 있는 P1의 위배 여부를 검사한다. *E*의 형제 노드가 50이고 $x = 40 \leq 50$이므로 P1에 위배되지 않는다. *E*의 가장 작은 왼쪽 자식과 형제 노드는 *x*보다 작은 14이다(실제로 형제 노드는 왼쪽 자식을 갖고 있지 않다. 따라서 *E*의 왼쪽 자식만 사용한다). 그러므로 *E*와 14를 교환해서 그림 9.37을 얻는다.

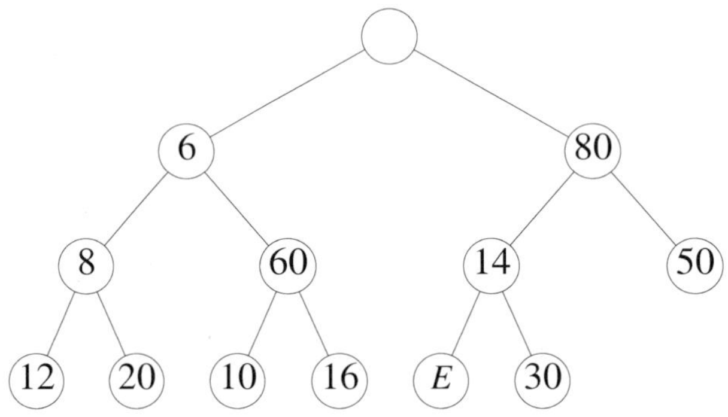

x = 40

그림 9.37 *E*와 14가 서로 교환된 그림 9.36의 SMMH

새로운 *E*에서는 P1에 위배되므로 *x*와 30을 교환해서 그림 9.38을 얻고 새로운 *E*에서 P2 위배 여부를 검사한다. 여기서는 P2에 위배되지 않으므로 *E*에 $x = 30$이 삽입된다.

삭제 연산 프로그램 작성은 연습문제로 남겨 둔다. 그렇지만 이 연산들이 트리클다운 패스(trickle-down pass)에서 레벨당 O(1)의 시간이 걸린다는 것에 주의해야 한다. 따라서 복잡도는 O(log *n*)이다.

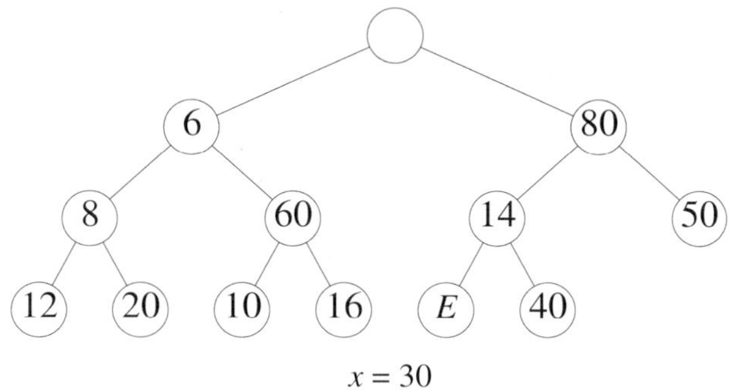

그림 9.38 x와 30이 서로 교환된 그림 9.37의 SMMH

연습문제

1. 만약 P1에서 P3까지 참이면 공백인 루트와 다른 모든 노드에 한 개의 원소를 가진 모든 완전 이진 트리가 SMMH이고, 그 역도 성립함을 증명하라.
2. 공백인 SMMH에 이 절에서 설명한 삽입 알고리즘을 이용해서 20, 10, 40, 3, 2, 7, 60, 1, 80인 원소들을 삽입하라(이 순서대로). 삽입할 때마다 SMMH를 그리라.
3. 그림 9.38의 노드 E가 30인 SMMH에서 세 번의 최소 삭제 연산을 수행하라. 이 절에서 설명한 최소 삭제 방법을 이용하라. 각 최소 삭제 후에 SMMH를 그리라.
4. 그림 9.38의 노드 E가 30인 SMMH에서 네 번의 최대 삭제 연산을 수행하라. 이 절에서 설명한 최소 삭제 방법을 최대 삭제 연산에 적용하라. 각 최대 삭제 연산 후에 나타나는 SMMH를 그리라.
5. *SMMH* 클래스(프로그램 9.7)의 모든 함수들에 대해 프로그램을 작성하라. 자신의 테스트 데이타를 이용해서 모든 함수들을 테스트해 보라.

9.7 구간 히프

9.7.1 정의와 성질

SMMH(대칭 최소-최대 히프)처럼 구간 히프(interval heap)는 DEPQ를 표현하기 위해 사용될 수 있는 자료 구조에서 영감을 얻은 히프이다. 구간 히프는, 마지막 노드(완전 이진 트리의 노드들을 레벨 순서 순회를 사용하여 순서화했을 때)는 제외될 수 있지만, 각 노드가 두 개의 원소를 포함하고 있는 완전 이진 트리이다. 노드에 있는 두 개의 원소를 a와 b라고 하자. 이때 $a \le b$이다. 이 노드는 닫힌 구간 $[a, b]$를 표현한다고 말한다. a는 노드 구간의 왼쪽 끝점이고 b는 오른쪽 끝점이다.

$a \le c \le d \le b$이면 구간 $[c, d]$는 구간 $[a, b]$에 포함된다고 하고 그 역도 성립한다. 구간 히프에서 각 노드 P의 왼쪽과 오른쪽 자식(존재한다면)이 표시하고 있는 구간들은 P가 표시하고 있는 구간에 포함된다. 마지막 노드가 단일 원소 c를 포함한다면, $[a, b]$가 마지막 노드의 부모(존재한다면)의 구간일 때 $a \le c \le b$이다.

그림 9.39는 26개의 원소를 가지고 있는 구간 히프를 나타낸다. 노드 *P*의 자식들이 표시하고 있는 구간들은 *P*의 구간에 포함된다는 것을 확인할 수 있다.

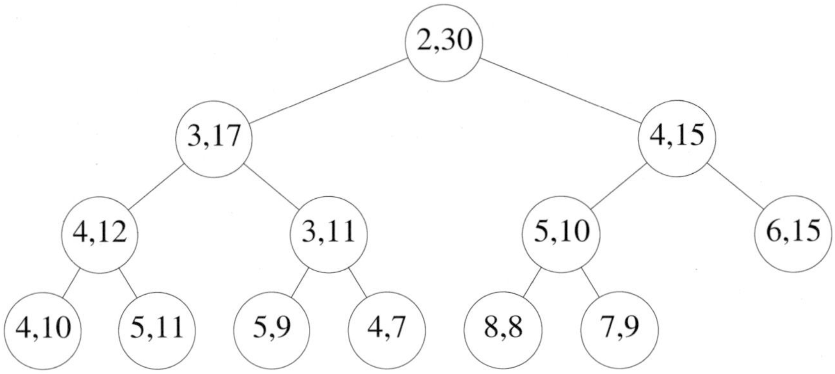

그림 9.39 구간 히프

다음의 사실들을 바로 알 수 있을 것이다.

(1) 노드 구간의 왼쪽 끝점들은 최소 히프를 정의하고 오른쪽 끝점들은 최대 히프를 정의한다. 원소의 수가 홀수인 경우, 마지막 노드는 최소 또는 최대 히프의 구성 원소라고 생각될 수 있는 단일 원소를 갖는다. 그림 9.40은 그림 9.39의 구간 히프에 의해 정의된 최소와 최대 히프를 보여 준다.
(2) 루트가 두 개의 원소를 가질 때 루트의 왼쪽 끝점은 구간 히프에서 최소 원소이고 오른쪽 끝점은 최대 원소이다. 루트가 오직 하나의 원소를 가질 때는 구간 히프가 단지 하나의 원소를 포함한다. 이 원소는 최소이자 최대 원소이다.
(3) 구간 히프는 일반적인 히프에서처럼 배열에 사상시키는 방식으로 간결하게 표현될 수 있다. 그러

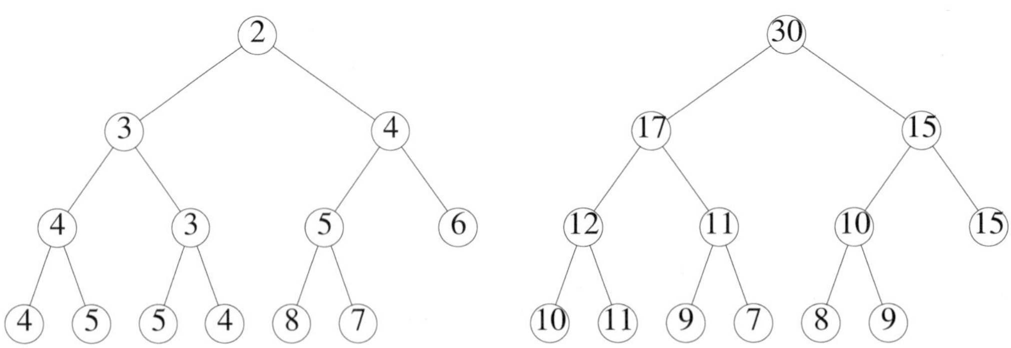

(a) 최소 히프 (b) 최대 히프

그림 9.40 그림 9.39에 삽입되어 있는 최소와 최대 히프

나 각 배열 요소는 두 개의 원소를 위한 공간이 있어야 한다.

(4) n개의 원소를 가지는 구간 히프의 높이는 $\Theta(\log n)$이다.

9.7.2 구간 히프로의 삽입

그림 9.39의 구간 히프에 원소를 삽입한다고 가정하자. 이 히프는 현재 짝수 개의 원소를 가지고 있으므로 삽입 후의 히프는 그림 9.41에서와 같이 추가적인 노드 *A*를 가질 것이다.

새로운 노드 *A*의 부모를 위한 구간은 [6, 15]이다. 그러므로 새로운 원소가 6과 15 사이에 있다면 새로운 원소는 노드 *A*에 삽입될 것이다. 새로운 원소가 부모 구간의 왼쪽 끝점인 6보다 작다면 그 새로운 원소는 구간 히프에 포함되어 있는 최소 히프에 삽입된다. 이 삽입은 노드 *A*에서 시작하는 최소 히프 삽입 과정을 사용하여 이루어진다. 새로운 원소가 부모 구간의 오른쪽 끝점인 15보다 크다면, 그 새로운 원소는 구간 히프에 포함되어 있는 최대 히프에 삽입된다. 이 삽입은 노드 *A*에서 시작하는 최대 히프 삽입 과정을 사용하여 이루어진다.

만약 그림 9.39의 구간 히프에 원소 10을 삽입한다면 이 원소는 그림 9.41의 노드 *A*에 들어간다. 원소 3을 삽입하기 위해, 노드 *A*에서 루트로 향하는 경로를 따라가면서 루트를 통과하거나 또는 왼쪽 끝점이 3보다 작거나 같은 노드에 도달할 때까지 왼쪽 끝점을 아래로 이동시킨다. 새로운 원소는 이제 왼쪽 끝점이 없는 노드에 삽입된다. 그림 9.42는 이 구간 히프의 결과를 보여 준다.

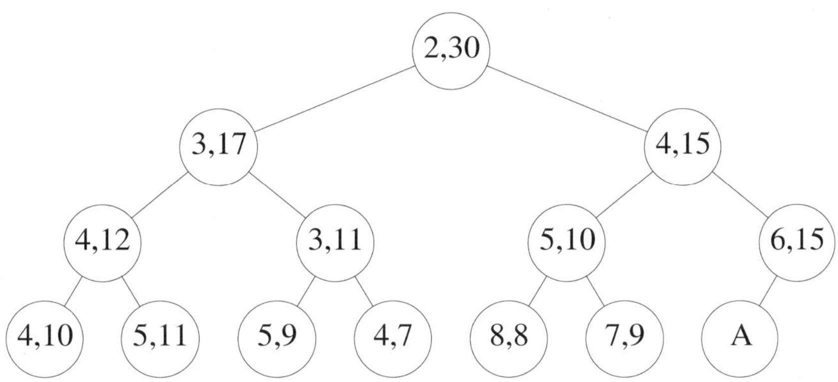

그림 9.41 노드가 하나 추가된 후의 그림 9.39의 구간 히프

그림 9.39의 구간 히프에 원소 40을 삽입하기 위해서, 노드 *A*(그림 9.41 참조)로부터 루트로 향하는 경로를 따라가면서 루트를 통과하거나 또는 오른쪽 끝점이 40보다 크거나 같은 노드에 도달할 때까지 오른쪽 끝점을 아래로 이동시킨다. 새로운 원소는 이제 오른쪽 끝점이 없는 노드에 삽입된다. 그림 9.43은 이 구간 히프의 결과를 보여 준다.

이제 9.43의 구간 히프에 원소를 삽입한다고 하자. 이 구간 히프는 홀수의 원소를 가지므로 새로운 원소의 삽입은 노드 수를 증가시키지 않는다. 삽입 과정은 초기에 짝수의 원소를 가졌을 때의 경우와 동

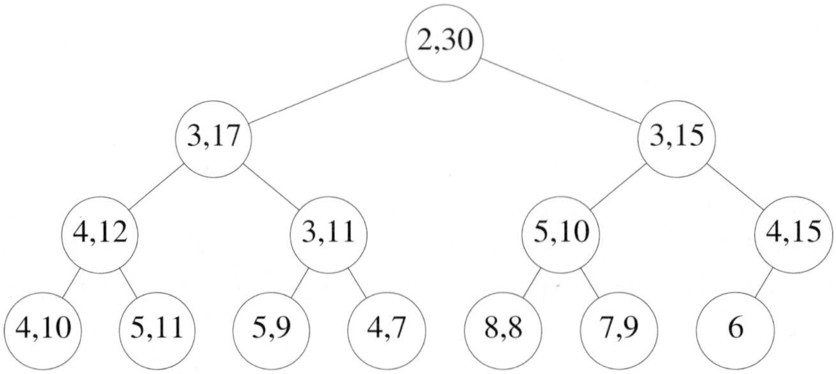

그림 9.42 3을 삽입한 그림 9.39의 구간 히프

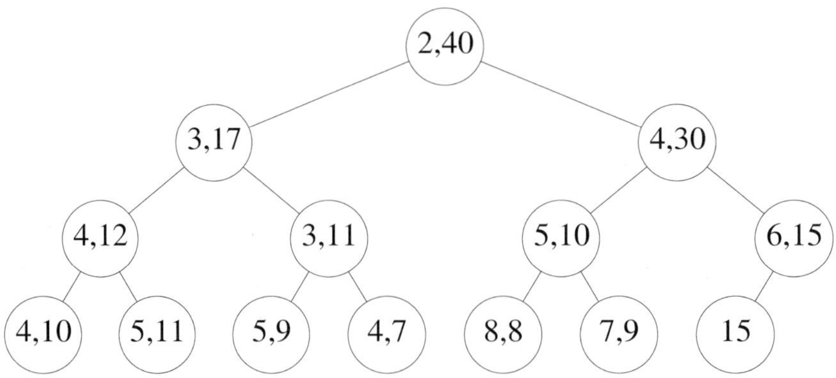

그림 9.43 40을 삽입한 그림 9.39의 구간 히프

일하다. *A*가 히프에서 마지막 노드를 나타낸다고 하자. 만일 이 새로운 원소가 *A*의 부모의 구간 [6, 15]에 있으면, 이 새로운 원소는 노드 *A*에 삽입된다(새로운 원소는 그것이 현재 *A*에 있는 원소보다 작다면 *A*의 왼쪽 끝점이 된다). 만약 새로운 원소가 *A*의 부모의 왼쪽 끝점인 6보다 작다면 새로운 원소는 삽입되어 있는 최소 히프에 삽입된다. 그렇지 않다면 새로운 원소는 삽입되어 있는 최대 히프에 삽입된다. 그림 9.44는 그림 9.43의 구간 히프에 원소 32를 삽입한 결과를 보여 준다.

9.7.3 최소 원소 삭제

최소 원소의 삭제는 다음과 같이 경우에 따라 다르게 처리한다.

(1) 구간 히프가 비어 있으면 *DeleteMin* 연산은 실패한다.

(2) 구간 히프가 오직 하나의 원소를 가질 때, 이 원소는 반환되는 원소이다. 이후 공백 구간 히프가

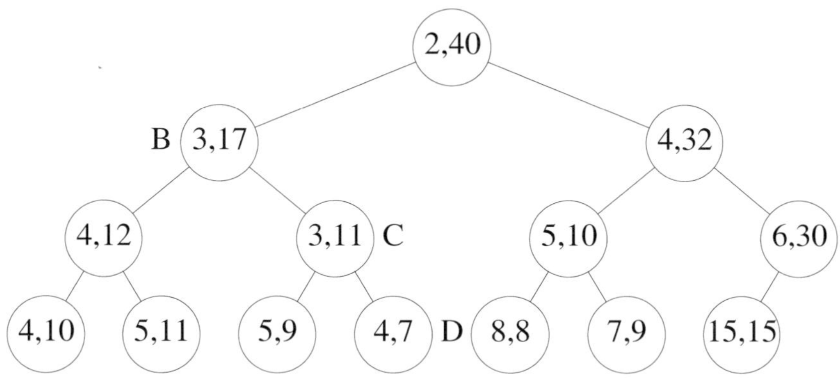

그림 9.44 32를 삽입한 그림 9.43의 구간 히프

남는다.

(3) 둘 이상의 원소가 있다면 루트의 왼쪽 끝점이 반환된다. 이 점은 루트로부터 제거된다. 루트가 구간 히프의 마지막 노드라면 더 이상 할 일은 없다. 마지막 노드가 루트 노드가 아닐 때는 마지막 노드로부터 왼쪽 점 p를 제거한다. 이로 인해 마지막 노드가 공백이 된다면 마지막 노드는 더 이상 히프의 부분이 아니다. 마지막 노드로부터 제거된 점 p는 루트에서 시작하여 삽입되어 있는 최소 히프에 재삽입된다. 아래로 이동할 때, $p \le r$을 확인하기 위해 현재의 p와 검사되고 있는 노드의 오른쪽 끝점 r을 교환해야 할 수도 있다. 재삽입은 일반적인 히프에 재삽입하기 위해 사용되었던 방식으로 이루어진다.

그림 9.44의 구간 히프로부터 최소 원소를 제거해 보자. 우선 루트로부터 원소 2가 제거된다. 다음으로 마지막 노드로부터 왼쪽 끝점 15가 제거되고 루트에서 재삽입 과정을 시작한다. 루트의 자식들인 최소 히프 원소들 중 가장 작은 것은 3이다. 이 원소는 15보다 작기 때문에 3을 루트로 이동시키고(3이 루트의 왼쪽 끝점이 된다) 루트의 왼쪽 자식 B를 살펴본다. $15 \le 17$이므로 B의 오른쪽 끝점과 현재 $p = 15$를 교환하지 않는다. B의 자식들의 왼쪽 끝점들 중 가장 작은 것은 3이다. 그 3은 그 왼쪽 끝점으로서 노드 C로부터 노드 B로 이동되고 이제 노드 C를 살펴본다. $p = 15 > 11$이므로 이 둘을 교환하여 15가 노드 C의 오른쪽 끝점이 된다. C의 자식들의 왼쪽 끝점 중 가장 작은 것은 4이다. 이것은 현재의 $p = 11$보다 더 작기 때문에 노드의 왼쪽 끝점으로써 노드 C로 이동된다. 이제 노드 D를 살펴보자. 먼저 $p = 11$과 D의 오른쪽 끝점을 교환하자. 이제 D는 자식이 없으므로 현재 $p = 7$은 노드 D의 왼쪽 끝점으로서 노드 D에 삽입된다. 그림 9.45는 그 결과를 보여 준다.

최대 원소도 이와 유사한 과정으로 삭제될 수 있다.

9.7.4 구간 히프의 초기화

구간 히프는 일반적인 히프를 초기화할 때 사용되는 비슷한 방법을 이용하여 초기화될 수 있다. 각 서브

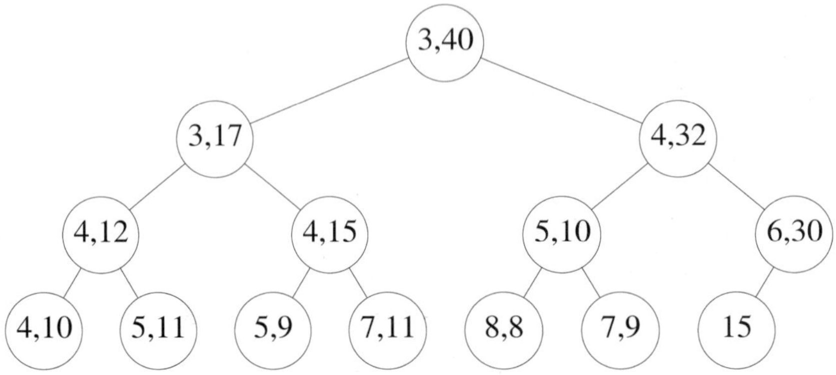

그림 9.45 최소 원소가 제거된 그림 9.44의 구간 히프

트리가 구간 히프인지 확인하면서 히프의 제일 밑에서부터 루트까지 살펴본다. 각 서브트리에 대해, 먼저 루트에 있는 원소들을 순서화한다. 그 후 *DeleteMin* 연산을 위해 사용되었던 재삽입 방법을 이용하여 이 서브트리의 루트의 왼쪽 끝점을 재삽입한다. 그런 뒤에 *DeleteMax* 연산을 위해 사용되었던 방법을 이용하여 이 서브트리의 루트의 오른쪽 끝점을 재삽입한다.

9.7.5 구간 히프 연산의 복잡도

GetMin()과 *GetMax*() 연산은 각각 O(1) 시간이 걸린다. *Insert*(), *DeleteMin*(), *DeleteMax*() 연산은 각각 O(log *n*) 시간이 걸린다. 그리고 *n*개의 원소를 갖는 구간 히프를 초기화하는 데에는 $\Theta(n)$ 시간이 걸린다.

9.7.6 보완적 범위 탐색 문제

보완적 범위 탐색(complementary range search) 문제에서, 1차원 점들의 동적인 모임이 주어졌을 때(즉 점들은 시간이 흐르는 동안 모임에 추가되고 모임으로부터 삭제된다) 다음과 같은 질의에 답해 보자. 구간 [*a*, *b*]의 밖에 있는 점들은 무엇인가? 예를 들어 점들의 집합이 3, 4, 5, 6, 8, 12라고 할 때 범위 [5, 7]의 밖에 있는 점들은 3, 4, 8, 12이다.

구간 히프가 점들의 모임을 표현하기 위해 사용되고 모임에 속한 점들의 수가 *n*개일 때, O(log *n*) 시간 안에 새로운 점이 삽입되기도 하고 기존의 점이 삭제되기도 한다. 구간 히프에서 임의의 원소의 위치가 주어졌을 때 이 원소는 히프로부터 임의의 원소를 삭제하기 위해 사용된 것과 비슷한 알고리즘을 이용하여 O(log *n*) 시간 안에 구간 히프로부터 삭제될 수 있음을 유념하라.

보완적 범위 질의는 $\Theta(k)$ 시간 안에 답을 얻을 수 있다. 여기서 *k*는 범위 [*a*, *b*]의 밖에 있는 점들의 수이다. 이것은 다음의 순환적인 과정을 이용하여 이루어진다.

단계 1: 구간 히프가 비어 있다면 반환한다.

단계 2: 루트 구간이 $[a, b]$에 포함된다면, 모든 점들은 범위 안에 있고(그러므로 답이 되는 점들은 없다), 반환한다.

단계 3: 범위 $[a, b]$에 없는 루트 구간의 끝점들이 답이 된다.

단계 4: 범위 $[a, b]$에 없는 추가적인 점들을 위해 루트의 왼쪽 서브트리를 순환적으로 탐색한다.

단계 5: 범위 $[a, b]$에 없는 추가적인 점들을 위해 루트의 오른쪽 서브트리를 순환적으로 탐색한다.

단계 6: 반환한다.

이 과정을 그림 9.44의 구간 히프에서 시도해 보자. 질의 구간은 [4, 32]이다. 루트에서 시작한다. 루트 구간이 질의 구간에 포함되지 않으므로 단계 3으로 간다. 단계 3으로 갈 때에는 반드시 루트 구간의 끝점들 중 최소 하나는 질의 구간의 밖에 존재한다는 것이 보장된 것이다. 그러므로 단계 3에 갈 때마다 최소 하나의 점이 답이 된다. 이 예제에서 점 2와 40 모두 질의 구간의 밖에 있어서 둘 다 답이 된다. 그 후 추가적인 점들을 위해 루트의 왼쪽과 오른쪽 서브트리를 탐색한다. 왼쪽 서브트리가 탐색될 때, 다시 그 루트 구간이 질의 구간에 포함되지 않는지를 결정한다. 여기서는 루트 구간 점들 중 오직 하나(즉 3)가 질의 구간의 밖에 있다. 이 점은 보고되고 질의 구간의 바깥에 있는 추가적인 점들을 위해 B의 왼쪽과 오른쪽 서브트리에 대한 탐색을 진행한다. B의 왼쪽 자식의 구간이 질의 구간에 포함되므로, B의 왼쪽 서브트리는 질의 구간 밖의 점을 포함하지 않는다. 더 이상 B의 왼쪽 서브트리를 탐색하지 않는다. B의 오른쪽 서브트리가 탐색될 때, 노드 C의 왼쪽 끝점 3을 보고하고 C의 왼쪽과 오른쪽 서브트리에 대한 탐색을 진행한다. 이들 서브트리의 각 루트들의 구간이 질의 구간에 포함되므로, 이들 서브트리는 더 이상 탐색하지 않는다. 마지막으로 전체 트리 루트의 오른쪽 서브트리의 루트가 구간 [4, 32]에 있는 노드인지를 검사한다. 이 노드의 구간이 질의 구간에 포함되므로 전체 트리의 오른쪽 서브트리는 더 이상 탐색하지 않는다.

단계 2에서 노드의 구간이 검사된다면 그 노드를 방문했다고 한다. 이 정의에 의해, 위의 여섯 단계 과정의 복잡도가 Θ(방문된 노드의 수)임을 알 수 있다. 앞의 예에서 방문된 노드는 루트와 루트의 두 자식들, 노드 B의 두 자식들, 그리고 노드 C의 두 자식들이다. 그러므로 7개의 노드가 방문되었고 총 4개의 점들이 답이 된다.

방문된 구간 히프 노드들의 총수는 최대 $3k + 1$임을 알 수 있다. 이때 k는 답이 되는 점들의 수이다. 방문된 노드가 하나나 두 개의 점들을 답으로 한다면, 그 노드의 계수에 1을 더하라. 방문된 노드가 아무런 점들도 답으로 내지 않는다면, 그 노드의 계수는 0으로 하고 그 부모의 계수에 1을 더하라(그 노드가 루트여서 부모가 없는 경우가 아니라면). 계수가 0이 아닌 노드의 수는 최대 k이다. 계수가 4 이상인 노드는 없으므로 계수들의 합은 최대 $3k$이다. 루트가 아무런 노드도 답으로 하지 않을 수도 있는데 이를 확인하기 위해 방문된 노드들의 수는 최대 $3k + 1$이 됨을 알 수 있다. 그러므로 탐색의 복잡도는 $\Theta(k)$이다. k개의 점들을 답으로 내는 모든 알고리즘은 반드시 답이 되는 점마다 최소 $\Theta(1)$ 시간을 소요하므로 복잡도는 점근적으로 최적이다.

위 예의 탐색에서는 루트가 2의 계수를 얻었고(1은 그것이 방문되며 최소 하나의 점을 답으로 냈기 때문이고, 다른 1은 어떤 점도 답으로 내지는 않았지만 그것의 오른쪽 자식이 방문되었기 때문이다), 노드 B는 2의 계수를 얻었으며(1은 그것이 방문되며 최소 하나의 점을 답으로 냈기 때문이고, 다른 1은 어떤 점도 답이 되지는 않았지만 그것의 왼쪽 자식이 방문되었기 때문이다), 노드 *C*는 3의 계수를 얻었다(1은 그것이 방문되며 최소 하나의 점을 답으로 냈기 때문이고, 다른 2는 둘 다 어떤 점도 답이 되지는 않았지만 그것의 왼쪽과 오른쪽 자식들이 방문되었기 때문이다). 구간 히프에 있는 나머지 노드들 각각의 계수는 0이다.

연습문제

1. 공백 구간 히프에서 시작하여 이 절에 나온 삽입 알고리즘을 사용하여 원소 20, 10, 40, 3, 2, 7, 60, 1, 80을 이 순서대로 삽입하라. 각 삽입 후의 구간 히프를 그리라.
2. 그림 9.45의 구간 히프에서 세 번의 최소 삭제 연산을 수행하라. 이 절에서 기술한 최소 삭제 방법을 사용하라. 각 최소 삭제 연산 후의 구간 히프를 그리라.
3. 그림 9.45의 구간 히프에서 네 번의 최대 삭제 연산을 수행하라. 최대 삭제 연산을 위해 이 절에서 기술한 최소 삭제 방법을 응용하라. 각 최대 삭제 연산 후의 구간 히프를 그리라.
4. *DEPQ* 가상 클래스로부터 파생되고 구간 히프 자료 구조를 구현한 *IntervalHeap* 클래스의 모든 함수를 프로그램으로 작성하라. *DEPQ*에 특별히 적용된 함수 이외에도 초기화 함수와 보완적 범위 탐색 연산을 위한 함수도 작성해야 한다. 테스트 데이타를 사용하여 모든 함수를 테스트하라.
5. 최소-최대 히프는 *DEPQ*의 표현을 위한 자료 구조에서 영감을 얻은 또 다른 히프이다. 최소-최대 히프는 각 노드가 정확히 하나의 원소를 갖는 완전 이진 트리이다. 이 트리의 레벨을 교대로 바꾼다는 것은 최소 레벨(min level)과 최대 레벨(max level)이 각각 번갈아 나타난다는 뜻이다. 루트는 최소 레벨 상에 있다. *x*를 최소-최대 히프에 있는 임의의 노드라 하자. *x*가 최소(최대) 레벨에 있을 때 *x*의 원소는 루트 *x*가 있는 서브트리의 모든 원소들 사이에서 최소(최대) 우선순위를 가진다. 최소(최대) 레벨 상의 노드를 최소(최대) 노드라고 한다. 그림 9.46은 1두 개의 원소를 가진 최소-최대 히프의 예를 보여 주고 있다. 최대 노드는 어둡게 칠해진 원으로, 최소 노드는 칠해지지 않은 원으로 나타난다.

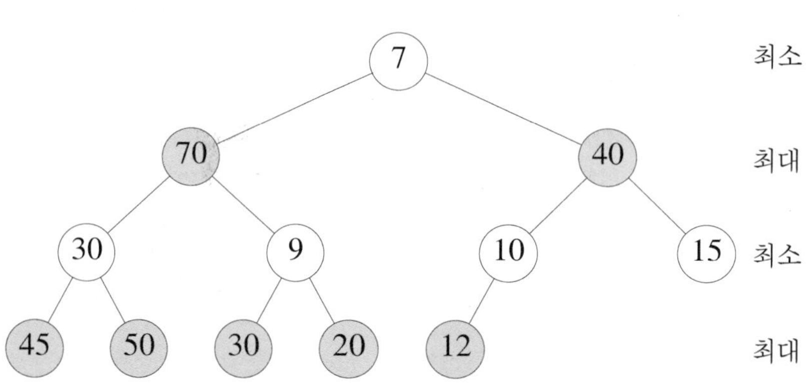

그림 9.46 12개의 원소를 가진 최소-최대 히프

완전 이진 트리를 위해 1차원 배열을 사용하여 최소-최대 히프를 구현한 *MinMaxHeap* 클래스의 완전한 프로그램을 작성하고 테스트하라. 반드시 모든 DEPQ 함수들을 위한 구현을 제공해야 한다. *GetMin*과 *GetMax*의 복잡도가 O(1)이 되어야 하고 나머지 DEPQ 함수들의 복잡도는 O(log n)이 되어야 한다.

9.8 참고문헌

높이 편향 좌향 트리는 C. Crane에 의해 창안되었다. *Linear Lists and Priority Queues as Balanced Binary Trees*(Technical report CS-72-259, Computer Science Dept., Stanford University, Palo Alto, CA, 1972)를 참고하라. 가중치 편향 좌향 트리는 "Weight biased leftist trees and modified skip lists"(S. Cho와 S. Sahni, *ACM Jr. on Experimental Algorithms*, Article 2, 1998)에 제안되어 있다.

지연 삭제에 대한 연습문제는 "Finding minimum spanning trees"(D. Cheriton and R. Tarjan, *SIAM Journal on Computing*, 5, 1976, pp. 724-742)에서 찾아볼 수 있다.

B-히프와 F-히프는 M. Fredman과 R. Tarjan이 개발하였다. "Fibonacci heaps and their uses in improved network optimization algorithms"(*JACM*, 34, 3, 1987, pp. 596-615)에서 이들에 대해 설명하였다. 이 논문에서는 여기서 설명한 기본적인 F-히프의 몇 가지 변형들에 대해서도 기술하고 있으며, 할당 문제와 최소 비용 신장 트리를 찾는 문제에 F-히프를 응용한 예를 보여 준다. F-히프를 사용하면 $\beta(e, n) \le \log^* n (e \ge n)$일 때 $O(e\beta(e, n))$ 시간 내에 최소 비용 신장 트리를 찾을 수 있다고 한다. 이때 $\log^* n = \min\{i \mid \log^{(i)} n \le 1\}$이고 $\log^{(0)} n = n$, $\log^{(i)} n = \log(\log^{(i-1)} n)$이다. 최소 비용 신장 트리를 찾는 복잡도는 $O(e\log\beta(e, n))$까지 줄일 수 있다. "Efficient algorithms for finding minimum spanning trees in undirected and directed graphs"(H. Gabow, Z. Galil, T. Spencer, and R. Tarjan, Combinatorica, 6, 2, 1986, pp. 109-122)를 참조하라.

페어링 히프는 논문 "The pairing heap: A new form of self-adjusting heap"에서 M. Fredman, R. Sedgewick, R. Sleator와 R. Tarjan에 의해 제안되었다(Algorithmica, 1, 1986, pp. 111-129). 이 논문은 "New upper bounds for pairing heaps"(J. Iacono, *Scandinavian Workshop on Algorithm Theory*, LNCS 1851, 2000, pp. 35-42)와 함께 페어링 히프 연산의 상환 복잡도를 도출하고 있다. 논문 "On the efficiency of pairing heaps and related data structures"(M. Fredman, *Jr. of the ACM*, 46, 1999, pp. 473-501)는 페어링 히프를 위한 감소 키 연산의 상환 복잡도의 하한선이 $\Omega(\log \log n)$이라는 것의 이론적인 증명을 제공한다.

Stasko와 Vitter의 실험적인 연구는 그들의 논문 "Pairing heaps: Experiments and analysis" (*Communications of the ACM*, 30, 3, 1987, 234-249)에서 다단계 페어링 히프보다 2단계 페어링 히프가 더 우수하다는 것을 확인하였다. 이 논문은 또한 2단계 페어링 히프보다 더 나은 성능을 보이는 다양한 페어링 히프(보조 2단계 페어링 히프라고 불리는)를 제안한다. Moret과 Shapiro는 "An empirical analysis of algorithms for constructing a minimum cost spanning tree"(*Second Workshop on Algorithms and Data Structures*, 1991, pp. 400-411)에서 페어링 히프가 Prim의 최소 신장 트리 알고리즘을 구현할 때 피보나치 히프보다 우수하다는 것을 보였다.

5.6절의 기초적인 히프에 의해 영감을 받은 많은 수의 자료 구조들이 DEPQ의 표현을 위해 개발되어 왔다. 대칭 최소-최대 히프는 "Symmetric min-max heap: A simpler data structure for double-ended priority queue"(A. Arvind and C. Pandu Rangan, *Information Processing Letters*, 69, 1999, 197−199)에서 제안되었다.

Williams의 트윈 히프(twin heap), Olariu et al.의 최소-최대 페어 히프(min-max pair heap), Ding과 Weiss, van Leeuwen et al.의 구간 히프, Chang과 Du의 다이아몬드 데크(diamond deque)는 실질적으로 거의 동일한 자료 구조이다. 관련된 논문은 다음과 같다: "Diamond deque: A simple data structure for priority deques"(S. Chang and M. Du, *Information Processing Letters*, 46, 231-237, 1993), "On the Complexity of Building an Interval Heap"(Y. Ding and M. Weiss, *Information Processing Letters*, 50, 143−144, 1994), "Interval heaps"(J. van Leeuwen and D. Wood, *The Computer Journal*, 36, 3, 209-216, 1993), "A mergeable double-ended priority queue"(S. Olariu, C. Overstreet, and Z. Wen, *The Computer Journal*, 34, 5, 423-427, 1991), "Algorithm 232"(J. Williams, *Communications of the ACM*, 7, 347-348, 1964).

최소-최대 히프와 디프는 DEPQ를 위해 추가적으로 영감을 받은 구조이다. 이들 자료 구조는 "Min-max-heaps and generalized priority queues"(M. Atkinson, J. Sack, N. Santoro, and T. Strothotte, *Communications of the ACM*, 29:10, 1986, pp. 996-1000)와 "The deap: A double-ended heap to implement double-ended priority queues"(S. Carlsson, *Information Processing Letters*, 26, 1987, pp. 33-36)에서 각각 제안되었다.

합병성 DEPQ를 위한 자료 구조들은 "The relaxed min-max heap: A mergeable double-ended priority queue"(Y. Ding and M. Weiss, *Acta Informatica*, 30, 215-231, 1993)와 "Fast meldable priority queues"(G. Brodal, *Workshop on Algorithms and Data Structures*, 1995)와 "Mergeable double ended priority queue"(S. Cho and S. Sahni, *International Journal on Foundation of Computer Sciences*, 10, 1, 1999, 1-18)에서 제안되었다.

한쪽 끝 우선순위 큐에 대해 하나로부터 DEPQ를 위한 자료 구조들에 도달하기 위한 일반적인 기술들은 "Correspondence based data structures for double ended priority queues"(K. Chong and S. Sahni, *ACM Jr. on Experimental Algorithmics*, Volume 5, 2000, Article 2)에서 제안되었다.

우선순위 큐에 대해 더 많은 정보를 얻고 싶다면 D. Mehta와 S. Sahni가 쓴 "Handbook of data structures and applications"(Chapman & Hall/CRC, Boca Raton, 2005)의 5~8장을 참조하라.

10장

효율적 이원 탐색 트리

10.1 최적 이원 탐색 트리

이원 탐색 트리는 5장에서 소개하였다. 이 절에서는 정적 원소들의 집합에 대한 이원 탐색 트리(binary search tree)의 구조에 대해 살펴보겠다. 즉 이 원소들의 집합에 대해 삽입이나 삭제는 하지 않고 탐색만을 수행한다.

정렬된 리스트는 이원 탐색을 이용하여 탐색할 수 있다. 이러한 탐색을 위해 이원 탐색 트리를 구성할 수 있는데 함수 *Get*(프로그램 5.19)을 이용하여 이 트리를 탐색하는 것은 정렬된 리스트를 이원 탐색하는 것과 같다. 예를 들어 원소들이 정렬된 리스트 (5, 10, 15)에 대한 이원 탐색은 그림 10.1의 이원 탐색 트리에 대해 *Get* 알고리즘을 적용하는 것에 해당된다[편의상 이 장에 나오는 모든 예제에서는 하나의 완전한 원소(complete element)보다는 원소의 키(element's key)만 표시한다]. 이 트리가 포화 이진 트리이기는 하지만 만약 서로 다른 원소들이 탐색되는 확률이 같지 않을 경우 최적의 이원 탐색 트리는 아닐 수도 있다.

주어진 원소들에 대한 최적 이원 탐색 트리를 찾기 위해서는 먼저 탐색 트리의 비용 측정 방법을

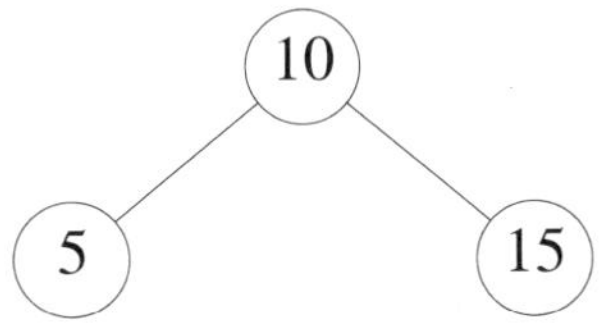

그림 10.1 리스트 (5, 10, 15)에서의 이원 탐색에 해당되는 이원 탐색 트리

정해야 한다. 이원 탐색 트리의 l 레벨에 있는 원소를 탐색할 때 *Get* 함수를 사용하여 **for** 루프를 l번 반복한다. 이 **for** 루프가 탐색의 비용을 결정하므로 노드의 레벨 수를 그 노드의 비용으로 이용하는 것이 적절할 것이다.

예제 10.1: 그림 10.2의 두 탐색 트리를 생각해 보자. 두 번째 트리에서는 찾고자 하는 원소가 트리에 있는지를 결정하기 위해서 최대 세 번의 비교가 필요하다. 첫 번째 이진 트리에서는 $10 < k < 20$ 범위 내의 키 k를 탐색하는 경우 네 개의 노드를 검사해야 되므로 네 번의 비교가 필요할 것이다. 그러므로 최악의 경우 탐색 시간을 따진다면 두 번째 이진 트리가 첫 번째 트리보다 좋다. 첫 번째 트리에서 원소를 탐색하려면, 10을 탐색하기 위해서는 한 번, 5와 25를 탐색하기 위해서는 각각 두 번, 20을 탐색하려면 세 번, 15를 탐색하려면 네 번의 비교가 필요하다. 만약 모든 노드가 똑같은 확률로 탐색된다고 가정하면 성공적인 탐색에 필요한 평균 비교 횟수는 2.4번이 된다. 반면에 두 번째 트리의 평균 비교 횟수는 2.2번이 되므로 평균 성능 역시 두 번째 트리가 더 좋다.

5, 10, 15, 20, 25가 각각 0.3, 0.3, 0.05, 0.05, 0.3의 확률로 탐색된다고 가정하면 그림 10.2의 (a)와 (b)의 트리에서 성공적인 탐색을 하기 위한 평균 비교 횟수는 각각 1.85, 2.05이다. 따라서 이때는 첫 번째 트리가 두 번째 트리보다 평균 성능이 더 좋다. □

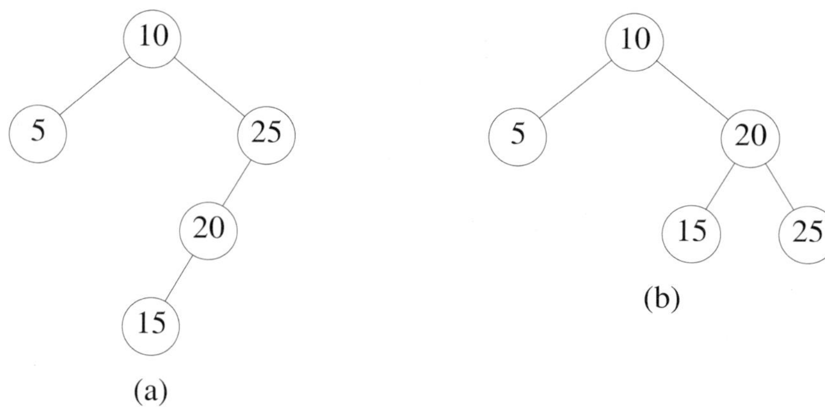

그림 10.2 두 이원 탐색 트리

이원 탐색 트리를 평가할 때 널 링크가 있는 곳에 특별한 '사각형 노드(square node)'를 추가하면 유용하다. 그림 10.2의 트리에 사각형 노드를 붙이면 그림 10.3의 트리가 생성된다. n개의 노드를 가진 이진 트리는 $n + 1$개의 널 링크를 가지므로 $n + 1$개의 사각형 노드가 필요하게 된다. 이러한 노드들은 원래 트리의 일부가 아니기 때문에 외부 노드(external node)라 하고 원래부터 있는 노드들은 내부 노드(internal node)라고 한다. 이원 탐색 트리에 없는 식별자를 탐색할 경우에는 외부 노드에서 탐색이 끝나게 된다. 이러한 탐색은 성공하지 못한 탐색이므로 외부 노드를 실패 노드(failure node)라고도 한다. 외부 노드를 가진 이진 트리를 확장 이진 트리(extended binary tree)라고 부른다. 확장 이진 트리의 개

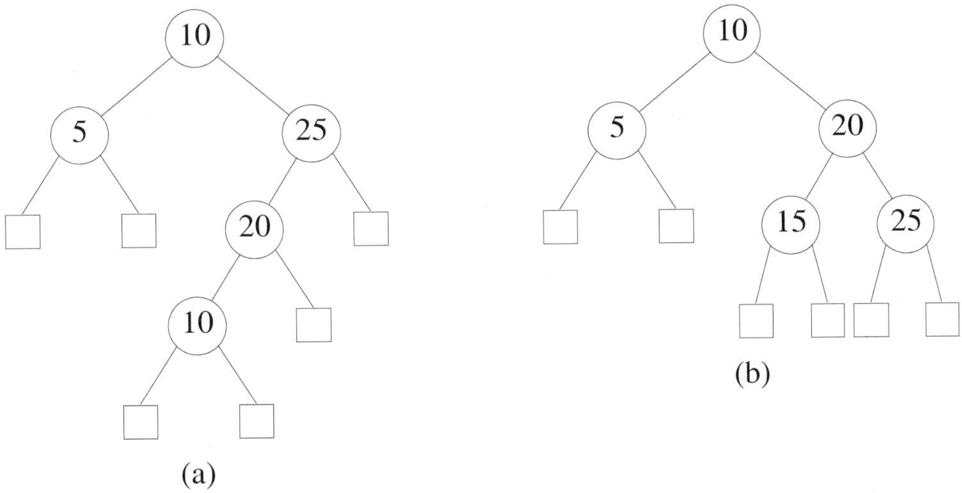

그림 10.3 그림 10.2의 탐색 트리에 해당하는 확장 이진 트리

념은 9장에서 좌향 트리와 관련하여 정의한 바와 같다. 그림 10.3은 그림 10.2의 탐색 트리에 해당하는 확장 이진 트리이다.

이진 트리의 외부 경로 길이(external path length)는 모든 외부 노드에 대해서 루트로부터 각 외부 노드까지의 경로 길이를 모두 합한 것이다. 마찬가지로 내부 경로 길이(internal path length)는 루트로부터 각 내부 노드까지의 경로 길이를 모두 합한 것이다. 예를 들어 그림 10.3(a)의 트리에서 내부 경로 길이 I는

$$I = 0 + 1 + 1 + 2 + 3 = 7$$

이고, 외부 경로 길이 E는

$$E = 2 + 2 + 4 + 4 + 3 + 2 = 17$$

이다.

이 절의 연습문제 1은 n개의 내부 노드를 가진 이진 트리의 내부 및 외부 경로 길이 사이에 $E = I + 2n$의 관계가 있음을 보여 주고 있다. 그러므로 E가 최대인 이진 트리에서는 I도 최대가 된다. 이진 트리가 n개의 내부 노드를 가질 때 I의 최대값과 최소값은 어떻게 되겠는가? 분명히 최악의 경우는 트리가 편향될 때, 즉 트리의 깊이가 n일 경우이다. 이때는

$$I = \sum_{i=0}^{n-1} i = n(n-1)/2$$

가 된다.

I가 최소가 되는 트리를 얻기 위해서는 가능한 한 많은 내부 노드들이 루트에 근접해 있어야 한다. 그러나 거리 1을 갖는 노드는 많아야 두 개, 거리 2를 갖는 노드는 네 개이므로 일반적으로 I의 최소값은

$$0 + 2*1 + 4*2 + 8*3 + \cdots +$$

이다.

내부 경로 길이가 최소인 트리는 5.2절에서 정의된 완전 이진 트리이다. 만약 5.2절에서처럼 완전 이진 트리의 노드에 번호를 매긴다면 루트로부터 노드 i까지의 거리는 $\lfloor \log_2 i \rfloor$가 된다. 그러므로 I의 최소값은

$$\sum_{1 \le i \le n} \lfloor \log_2 i \rfloor = O(n\log_2 n)$$

이다.

이제 본래 문제로 돌아가 정적 원소 집합을 이원 탐색 트리로 표현하는 문제를 생각해 보자. 만약 이원 탐색 트리가 $a_1 < a_2 < \cdots < a_n$을 만족시키는 원소 $a_1, a_2, \cdots, a_n$을 포함하고 각 a_i를 탐색할 확률이 p_i라고 하면, 임의의 이원 탐색 트리의 총 비용은

$$\sum_{1 \le i \le n} p_i \cdot \text{level}(a_i)$$

이 된다. 단 이것은 탐색이 성공적일 때에만 해당한다. 성공하지 못한 탐색(즉 테이블 내에 있지 않은 원소에 대한 탐색)도 이루어지기 때문에 이에 대한 비용도 총 비용에 포함시켜야 한다. 이러한 탐색은 *Get* 알고리즘에서 0 포인터를 반환하면서 끝나게 된다(프로그램 5.19). 공백 서브트리를 지닌 모든 노드에서 이러한 종료가 일어날 수 있다. 만약 모든 공백 서브트리를 실패 노드로 대체한다면 이원 탐색 트리에 있지 않은 원소를 $n + 1$개의 부류 $E_i(0 \le i \le n)$로 분류할 수 있다. E_0는 $X < a_1$인 모든 원소 X를 포함한다. E_i는 $a_i < X < a_{i+1}(1 \le i < n)$인 모든 원소 X를 포함하며, E_n은 $X > a_n$을 만족시키는 모든 원소 X를 포함한다. 임의의 부류 E_i에 있는 모든 원소에 대한 탐색은 같은 실패 노드에서 종료함을 쉽게 알 수 있다. 즉 상이한 부류에 있는 원소는 상이한 실패 노드에서 종료한다. 실패 노드에 대해 0부터 n까지의 번호를 붙인다면 부류 $E_i(0 \le i \le n)$의 실패 노드에 대해 번호 i를 붙일 수 있다. 탐색중인 원소가 E_i에 있을 확률이 q_i라면 실패 노드의 비용은

$$\sum_{0 \le i \le n} q_i \cdot (\text{level}(\text{실패 노드 } i) - 1)$$

이 된다. 그러므로 이원 탐색 트리의 총 비용은

$$\sum_{1 \le i \le n} p_i \cdot \text{level}(a_i) + \sum_{0 \le i \le n} q_i \cdot (\text{level}(\text{실패 노드 } i) - 1) \tag{10.1}$$

이 된다. $a_1, ..., a_n$에 대한 최적 이원 탐색 트리(optimal binary search tree)는 이 키 집합에 대해 가능한 모든 이원 탐색 트리 중에서 식 (10.1)의 값이 최소가 되는 것이다. 모든 탐색은 성공이나 실패로 종료되어야 하기 때문에 다음과 같은 식이 성립한다.

$$\sum_{1 \le i \le n} p_i + \sum_{0 \le i \le n} q_i = 1$$

예제 10.2: 그림 10.4는 키 집합 $(a_1, a_2, a_3) = (5, 10, 15)$의 이원 탐색 트리를 보여 주고 있다. 만약 모든 i와 j에 대해 똑같은 확률 $p_i = q_j = 1/7$로 키를 탐색한다면 다음과 같은 식이 성립한다.

$$\text{cost(tree } a) = 15/7; \text{ cost(tree } b) = 13/7$$
$$\text{cost(tree } c) = 15/7; \text{ cost(tree } d) = 15/7$$
$$\text{cost(tree } e) = 15/7$$

예상했던 것처럼 트리 b가 최적이다. 하지만 $p_1 = 0.5$, $p_2 = 0.1$, $p_3 = 0.05$, $q_0 = 0.15$, $q_1 = 0.1$, $q_2 = 0.05$, $q_3 = 0.05$라고 하면 다음과 같이 된다.

$$\text{cost(tree } a) = 2.65; \text{ cost(tree } b) = 1.9$$
$$\text{cost(tree } c) = 1.5; \text{ cost(tree } d) = 2.05$$
$$\text{cost(tree } e) = 1.6$$

따라서 이 p와 q의 값들에 대해서는 트리 c가 최적이다. □

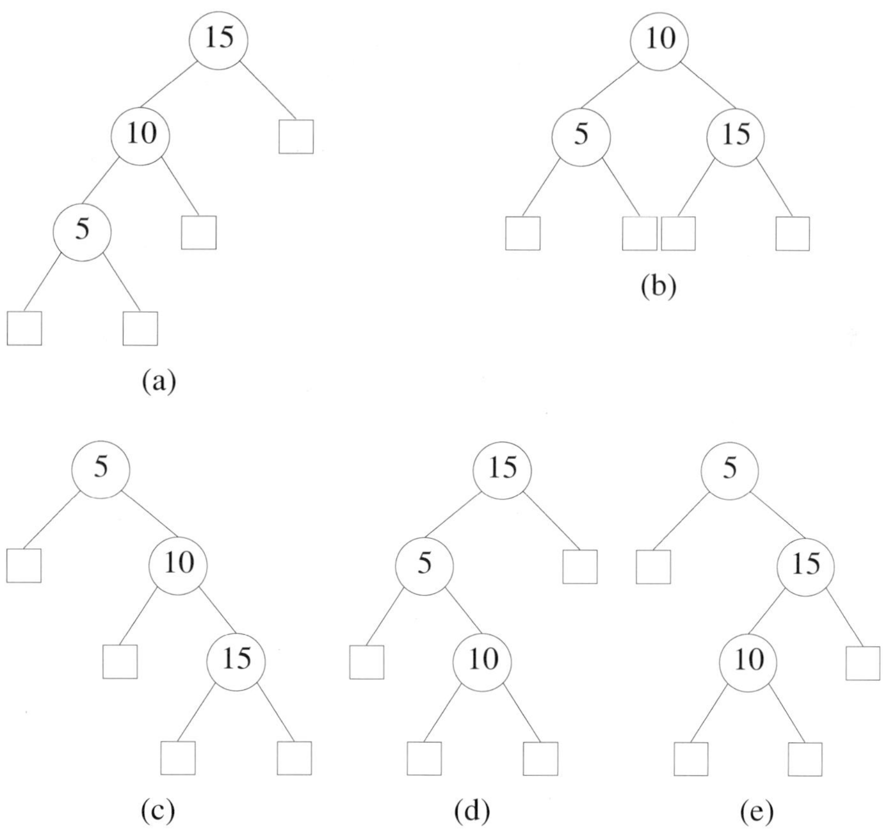

그림 10.4 세 개의 원소를 가진 이원 탐색 트리들

그러면 어떻게 최적 이원 탐색 트리를 결정할 수 있을까? 예제 10.2에서처럼 모든 가능한 이원 탐색 트리를 생성하고 각 트리의 비용을 계산하여 최소 비용을 갖는 트리를 최적 이원 탐색 트리로 결정할 수도 있을 것이다. n개의 노드를 가진 이원 탐색 트리에 대해 $O(n)$ 시간에 이원 탐색 트리의 비용을 결정할 수 있다. 따라서 n개의 원소를 가진 상이한 이원 탐색 트리의 총수가 $N(n)$이라면, 최적 이원 탐색 트리 알고리즘의 복잡도는 $O(nN(n))$이다. 5.11절로부터 $N(n) = O(4^n/n^{3/2})$이라는 것을 알 수 있으므로 이 비상식적인 알고리즘은 n의 값이 클 때 실현 불가능하다는 것을 알 수 있다. 하지만 최적 이원 탐색 트리의 성질에 대해 살펴본다면 상당히 효율적인 알고리즘을 발견할 수 있다.

$a_1 < a_2 < \cdots < a_n$을 이원 탐색 트리에 표현된 n개의 키라고 하고 T_{ij}가 $a_{i+1}, ..., a_j$, $i < j$를 만족시키는 최적 이원 탐색 트리라고 하자. 관습적으로 T_{ii}는 $0 \le i \le n$에 대해 공백 트리이며 T_{ij}는 $i > j$에 대해서는 정의되지 않는다. c_{ij}는 탐색 트리 T_{ij}의 비용을 의미한다고 하자. 정의에 의해 c_{ii}는 0이다. r_{ij}가 T_{ij}의 루트라고 하고

$$w_{ij} = q_i + \sum_{k=i+1}^{j} (q_k + p_k)$$

는 T_{ij}의 가중치라고 하자. 정의에 의해 $r_{ii} = 0$이고 $w_{ii} = q_i$, $0 \le i \le n$이다. T_{0n}은 $a_1, ..., a_n$에 대한 최적 이원 탐색 트리이다. 이것의 비용은 c_{0n}이고, 가중치는 w_{0n}이며 루트는 r_{0n}이다.

만약 T_{ij}가 $a_{i+1}, ..., a_j$와 $r_{ij} = k$에 대한 최적 이원 탐색 트리라면 k는 부등식 $i < k \le j$를 만족시킨다. T_{ij}는 두 개의 서브트리 L과 R을 가진다. L은 왼쪽 서브트리로서 키 $a_{i+1}, ..., a_{k-1}$을 포함하고 R은 오른쪽 서브트리로서 원소 $a_{k+1}, ..., a_j$를 포함한다(그림 10.5). T_{ij}의 비용 c_{ij}는

$$c_{ij} = p_k + \text{cost}(L) + \text{cost}(R) + \text{weight}(L) + \text{weight}(R) \tag{10.2}$$

이다. 여기서 $\text{weight}(L) = \text{weight}(T_{i,k-1}) = w_{i,k-1}$이고 $\text{weight}(R) = \text{weight}(T_{kj}) = w_{kj}$이다.

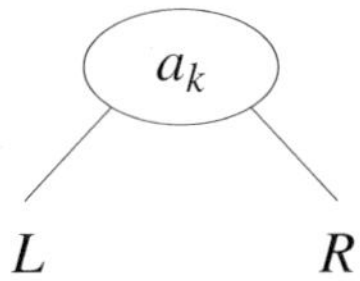

그림 10.5 최적 이원 탐색 트리 T_{ij}

식 (10.2)로부터 c_{ij}가 최소값을 가질 때 $\text{cost}(L) = c_{i,k-1}$이고 $\text{cost}(R) = c_{kj}$임은 명백하다. 그렇지 않다면 L이나 R을 더 낮은 비용의 서브트리로 대체할 수 있으므로 c_{ij}보다 더 적은 비용을 가진 $a_{i+1}, ..., a_j$의 이원 탐색 트리를 얻을 수 있을 것이고, 이것은 T_{ij}가 최적이라는 가정에 위배된다. 따라서 식 (10.2)는

$$\begin{aligned} c_{ij} &= p_k + c_{i,k-1} + c_{kj} + w_{i,k-1} + w_{kj} \\ &= w_{ij} + c_{i,k-1} + c_{kj} \end{aligned} \tag{10.3}$$

가 된다. T_{ij}는 최적이기 때문에 $r_{ij} = k$일 때 식 (10.3)으로부터 다음과 같은 식을 얻을 수 있다.

$$w_{ij} + c_{i,k-1} + c_{kj} = \min_{i < l \leq j}\{ w_{ij} + c_{i,l-1} + c_{lj} \}$$

또는

$$c_{i,k-1} + c_{kj} = \min_{i < l \leq j}\{ c_{i,l-1} + c_{lj} \} \tag{10.4}$$

식 (10.4)는 $T_{ii} = \phi$와 $c_{ii} = 0$이라는 사실로부터 T_{0n}과 c_{0n}을 어떻게 구할 수 있는지 보여 준다.

예제 10.3: $n = 4$이고 $(a_1, a_2, a_3, a_4) = (10, 15, 20, 25)$라고 하자. $(p_1, p_2, p_3, p_4) = (3, 3, 1, 1)$이고 $(q_0, q_1, q_2, q_3, q_4) = (2, 3, 1, 1, 1)$이라고 하자. 편의상 원래의 p와 q 값에 16을 곱했다. 먼저 $w_{ii} = q_i$, $c_{ii} = 0$, $r_{ii} = 0$, $0 \leq i \leq 4$이다. 식 (10.3)과 (10.4)를 사용하여 다음을 구할 수 있다.

$$\begin{aligned}
w_{01} &= p_1 + w_{00} + w_{11} = p_1 + q_1 + w_{00} = 8 \\
c_{01} &= w_{01} + \min\{c_{00} + c_{11}\} = 8 \\
r_{01} &= 1 \\
w_{12} &= p_2 + w_{11} + w_{22} = p_2 + q_2 + w_{11} = 7 \\
c_{12} &= w_{12} + \min\{c_{11} + c_{22}\} = 7 \\
r_{12} &= 2 \\
w_{23} &= p_3 + w_{22} + w_{33} = p_3 + q_3 + w_{22} = 3 \\
c_{23} &= w_{23} + \min\{c_{22} + c_{33}\} = 3 \\
r_{23} &= 3 \\
w_{34} &= p_4 + w_{33} + w_{44} = p_4 + q_4 + w_{33} = 3 \\
c_{34} &= w_{34} + \min\{c_{33} + c_{44}\} = 3 \\
r_{34} &= 4
\end{aligned}$$

$w_{i,i+1}$과 $c_{i,i+1}(0 \leq i < 4)$을 알 수 있으므로 $w_{i,i+2}$와 $c_{i,i+2}$, $r_{i,i+2}(0 \leq i < 3)$를 구하기 위해 식 (10.3)과 (10.4)를 다시 적용할 수 있다. w_{04}, c_{04}, r_{04}를 얻을 때까지 이러한 과정을 반복할 것이다. 그림 10.6의 테이블은 이러한 계산 결과를 보여 준다. 테이블로부터 $c_{04} = 32$가 a_1에서 a_4까지의 이원 탐색 트리의 최소 비용임을 알 수 있다. 트리 T_{04}의 루트는 a_2이다. 그러므로 왼쪽 서브트리는 T_{01}이고 오른쪽 서브트리는 T_{24}이다. T_{01}은 루트 a_1을 가지며 서브트리 T_{00}과 T_{11}을 갖는다. T_{24}는 루트 a_3를 갖고, 따라서 왼쪽 서브트리는 T_{22}이며 오른쪽 서브트리는 T_{34}이다. 테이블에 있는 데이타로부터 그림 10.7과 같이 T_{04}를 재구성할 수 있다. □

예제 10.3은 c와 r을 구하기 위해 식 (10.4)를 이용하는 방법과 r에 대한 정보가 있을 때 T_{0n}을 재구성하는 방법을 보여 준다. c와 r의 값을 구하는 함수의 복잡도를 계산해 보자. 예제 10.3에서 기술한 계산 함수에서 c_{ij}는 $(j-i) = 1, 2, ..., n$에 대해 이 순서대로 계산되어야 한다. $j-i = m$일 때 $n-m+1$개의 c_{ij}를 계산해야 한다. 이러한 c_{ij}를 각각 계산하기 위해서는 m개 중에서 최소값을 찾아야 한다[식 (10.4) 참조]. 따라서 $O(m)$ 시간에 c_{ij}를 계산할 수 있다. 그러므로 $j-i = m$인 모든 c_{ij}의 총 연산 시간은 $O(nm-m^2)$이다. 또한 c_{ij}와 r_{ij}를 계산하기 위한 총 연산 시간은

	0	1	2	3	4
0	$w_{00}=2$ $c_{00}=0$ $r_{00}=0$	$w_{11}=3$ $c_{11}=0$ $r_{11}=0$	$w_{22}=1$ $c_{22}=0$ $r_{22}=0$	$w_{33}=1$ $c_{33}=0$ $r_{33}=0$	$w_{44}=1$ $c_{44}=0$ $r_{44}=0$
1	$w_{01}=8$ $c_{01}=8$ $r_{01}=1$	$w_{12}=7$ $c_{12}=7$ $r_{12}=2$	$w_{23}=3$ $c_{23}=3$ $r_{23}=3$	$w_{34}=3$ $c_{34}=3$ $r_{34}=4$	
2	$w_{02}=12$ $c_{02}=19$ $r_{02}=1$	$w_{13}=9$ $c_{13}=12$ $r_{13}=2$	$w_{24}=5$ $c_{24}=8$ $r_{24}=3$		
3	$w_{03}=14$ $c_{03}=25$ $r_{03}=2$	$w_{14}=11$ $c_{14}=19$ $r_{14}=2$			
4	$w_{04}=16$ $c_{04}=32$ $r_{04}=2$				

그림 10.6 c_{04}와 r_{04}의 계산. 계산은 0행부터 4행까지 행 순서로 수행됨

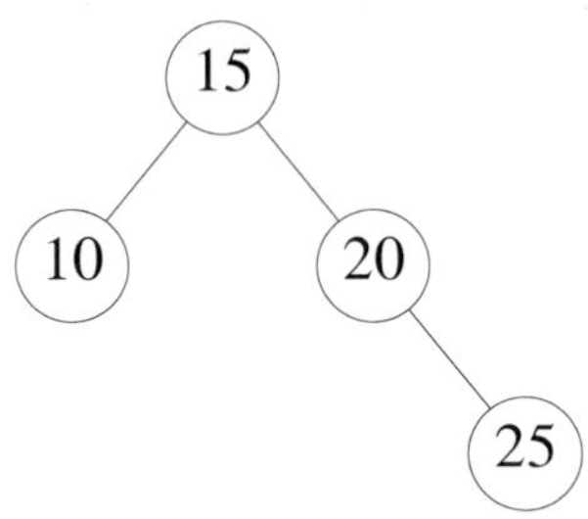

그림 10.7 예제 10.3에 대한 최적 이원 탐색 트리

$$\sum_{1 \le m \le n} (nm - m^2) = O(n^3)$$

이 된다.

실제로는 D. E. Knuth에 의해 구해진 결과를 이용하면 이보다 더 좋은 결과를 얻을 수 있다. 그에 의하면 탐색 범위를 $r_{i,j-1} \le l \le r_{i+1,j}$로 제한함으로써 식 (10.4)에서 최적 값 l을 찾을 수 있다고 한다. 이 경우 계산 시간은 $O(n^2)$이 된다(연습문제 3 참조). 프로그램 10.1의 함수 *Obst*는 이 결과를 이용하여 $O(n^2)$ 시간에 w_{ij}, r_{ij}와 $c_{ij}(0 \le i \le j \le n)$의 값을 구한다. $O(n)$ 시간에 r_{ij}의 값으로부터 실제 트리 T_{0n}을 구성할 수 있으며 이것은 연습문제로 남겨 둔다.

함수 *Obst*(프로그램 10.2)는 키 $a_{i+1}, ..., a_j$에 대한 최적 이원 탐색 트리 T_{ij}의 비용 $c[i][j] = c_{ij}$를 계산한다. 또한 T_{ij}의 루트인 $r[i][j] = r_{ij}$와 T_{ij}의 가중치인 $w[i][j] = w_{ij}$도 계산한다. 2차원 배열 c, r, w는 정수 타입의 전역 배열이다. 함수의 입력으로는 성공과 실패 확률 배열인 $p[\ ]$와 $q[\ ]$, 그리고 키의 수를 나타내는 n이 주어진다. 배열 원소 $p[0]$, $a[0]$는 사용되지 않는다.

```
void Obst(double *p, double *q, int n)
{
    for(int i = 0; i < n; i++) {
        w[i][i] = q[1];  r[i][i] = c[i][i] = 0;          // 초기화
        w[i][i + 1] = q[i] + q[i + 1] + p[i + 1];     // 한 노드를 갖는 최적 트리
        r[i][i + 1] = i + 1;
        c[i][i + 1] = w[i][i + 1];
    }
    w[n][n] = q[n];  r[n][n] = c[n][n] = 0;
    for(int m = 2; m <= n; m++)       // m개의 노드를 갖는 최적 트리 탐색
        for(i = 0; i <=n-m; i++)
        {
            int j = i + m;
            w[i][j] = w[i][j−1] + p[j] + q[j];
            int k = KnuthMin(i, j);
            // KnuthMin은 범위 [r[i, j−1], r[i + 1, j]] 사이의 값 k를 반환
            // 이때 c[i, k−1] + c[k, j]는 최소가 됨
            c[i][j] = w[i][j] + c[i][k−1] + c[k][j]; // 식 (10.3)
            r[i][j] = k;
        }
} // Obst의 끝
```

프로그램 10.1: 최적 이원 탐색 트리를 찾는 함수

연습문제

1. (a) T가 n개의 내부 노드를 가진 이진 트리일 때 내부 경로의 길이가 I이고 외부 경로의 길이가 E이면 $E = I + 2n(n \geq 0)$이라는 것을 귀납적 방법으로 증명하라.
   (b) (a)의 결과를 이용하여 성공적인 탐색 시 평균 비교 횟수 s와 실패한 탐색의 평균 비교 횟수 u 사이에는 다음 관계가 성립함을 증명하라.

$$s = (1 + 1/n)u - 1, n \geq 1$$

2. 알고리즘 *Obst*(프로그램 10.1)를 이용하여 키 집합이 $(a_1, a_2, a_3, a_4) = (5, 10, 15, 20)$이고 $p_1 = 1/20$, $p_2 = 1/5$, $p_3 = 1/10$, $p_4 = 1/20$, $q_0 = 1/5$, $q_1 = 1/10$, $q_2 = 1/5$, $q_3 = 1/20$, $q_4 = 1/20$일 때 w_{ij}, r_{ij} 및 $c_{ij}(0 \le i < j \le 4)$를 구하라. r_{ij}를 이용하여 최적 이원 탐색 트리를 구성하라.
3. (a) 함수 *KnuthMin*의 코드를 작성하여 함수 *Obst*를 완성하라.
   (b) *Obst*의 연산 시간 복잡도가 $O(n^2)$임을 보이라.
   (c) 루트 $r_{ij}(0 \le i < j \le n)$가 주어졌을 때 최적 이원 탐색 트리 T_{0n}을 구성하기 위한 함수 *BST*::*Construct*를 C++로 작성하라. 이것은 $O(n)$ 시간에 수행될 수 있음을 보이라.
4. 주어진 성공과 실패 확률 배열 *p*[ ]와 *q*[ ], 키 배열 *a*[ ], 그리고 원소 수 *n*을 가지고 최적 이원 탐색 트리를 생성하는 BST 생성자를 C++로 구현하라.
5. *p*와 *q*의 근사값만 아는 경우가 많으므로 최적에 가까운 이원 탐색 트리, 즉 주어진 *p*와 *q*들에 대해 그 비용[식 (10.1)]이 거의 최소가 되는 이원 탐색 트리를 찾는 것은 의미 있는 일이다. 이 연습문제는 거의 최적에 가까운 이원 탐색 트리를 $O(n\log n)$ 시간에 찾는 알고리즘에 대해 살펴보는 것이다. 탐색 트리에 대한 휴리스틱(heuristic)은 다음과 같다.

   $|w_{0,k-1} - w_{k,n}|$이 가능한 한 작도록 루트 a_k를 선택하라. 이 과정을 반복하여 a_k의 왼쪽 서브트리와 오른쪽 서브트리를 찾으라.

   (a) 이 휴리스틱을 이용하여 연습문제 2의 데이타에 대한 이원 탐색 트리 결과를 구하라. 그 비용은 얼마인가?
   (b) 이 휴리스틱을 구현하는 C++ 함수를 작성하라. 함수의 시간 복잡도는 $O(n\log n)$이어야 한다.

   이 휴리스틱의 성능 분석은 Mehlhorn의 논문(참고문헌 참조)에서 찾아볼 수 있다.

10.2 AVL 트리

동적 원소들의 집합도 이원 탐색 트리로 관리할 수 있다. 5장에서는 이원 탐색 트리에 원소를 삽입하고 삭제하는 방법에 대하여 살펴보았다. 그림 10.8은 프로그램 5.21의 *Insert* 함수를 사용하여 공백 이원 탐색 트리에 JAN(1월)부터 DEC(12월)까지를 순서대로 삽입하여 얻어진 이원 탐색 트리를 나타낸다.

그림 10.8의 트리에서 어떤 원소를 찾기 위해 필요한 최대 비교 횟수는 NOV의 경우 여섯 번이다. 평균 비교 횟수는 (JAN에 1번 + FEB와 MAR에 각각 2번 + APR, JUNE과 MAY에 3번 + ⋯ + NOV에 6번)/12 = 42/12 = 3.5번이다. 만약 JULY, FEB, MAY, AUG, DEC, MAR, OCT, APR, JAN, JUNE, SEPT, NOV의 순으로 달을 삽입한다면 그림 10.9의 트리가 만들어진다.

그림 10.9의 트리는 균형을 잘 이루고 있으며 리프 노드까지의 경로 길이들이 비슷한 반면 그림 10.8의 트리에서는 루트에서 NOV까지의 경로에 여섯 개의 노드가 있지만 루트에서 APR까지의 경로에는 세 개의 노드만이 있다. 또한 그림 10.9의 트리가 구성되는 동안 만들어진 모든 중간 결과 트리도 균형을 이룬다. 어떤 원소를 찾는 데 필요한 최대 비교 횟수는 네 번이고 평균 비교 횟수는 37/12 ≈ 3.1번이 된다. 공백 트리에 12달을 사전 순서로 삽입한다면 그림 10.10과 같이 체인 모양의 성능이 저하된

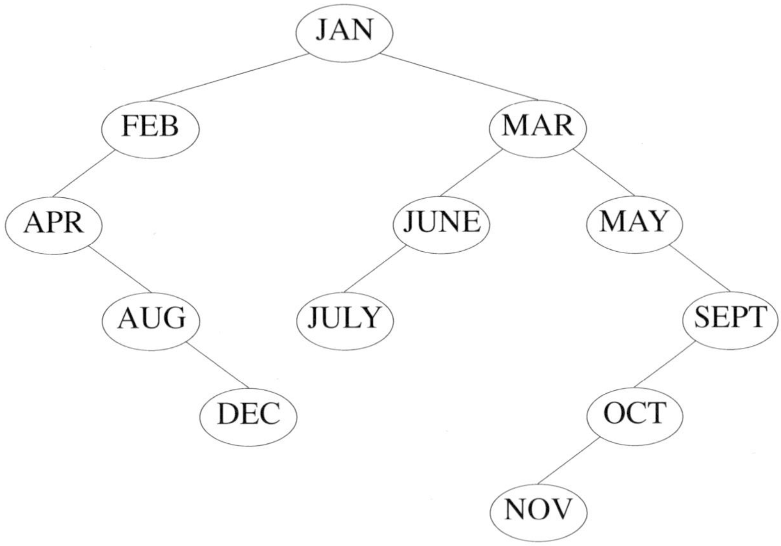

그림 10.8 1년 12달에 대한 이원 탐색 트리

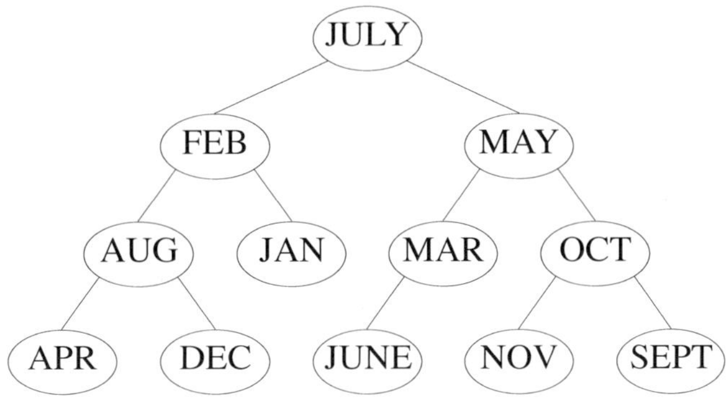

그림 10.9 1년 12달에 대한 균형 트리

트리가 만들어진다. 이 경우 최대 탐색 시간에는 12번의 원소 비교가 필요하며 평균 탐색 시간에는 6.5번의 비교가 필요하다. 따라서 최악의 경우, 이원 탐색 트리는 정렬된 선형 리스트에서 순차 탐색하는 것과 같게 된다. 그러나 원소를 무작위로 삽입하는 경우 트리는 그림 10.9처럼 균형을 이루기 쉽다. 만약 모든 순열의 확률이 같다면 n개 노드를 가진 이원 탐색 트리에 대해 평균 탐색 시간과 삽입 시간은 O(log n)이 된다.

이진 트리에 대해 앞에서 살펴본 바에 의하면, 이원 탐색 트리가 항상 완전 이진 트리로 유지되면

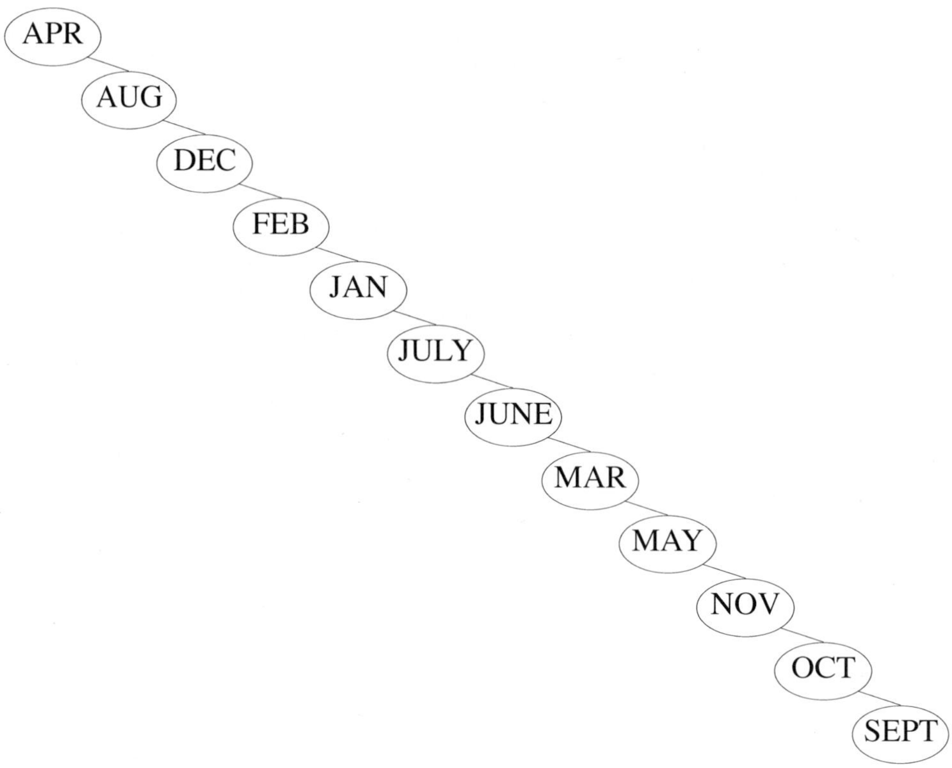

그림 10.10 성능이 저하된 이원 탐색 트리

평균 탐색 시간과 최대 탐색 시간이 최소로 된다. 그러나 동적인 환경을 취급해야 되므로 새로운 원소를 삽입하는 데 많은 시간이 걸리는 것을 감수하지 않고서는 완전 이진 트리를 유지하기가 어렵다. 왜냐하면 새로운 엔트리를 삽입하면서 완전 이진 트리를 유지하기 위해서 때로는 트리 전체를 재구성해야 되기 때문이다. 그러나 n개의 노드에 대해 평균과 최악의 경우에서의 탐색 시간을 O(log n)으로 하면서 균형 트리를 유지할 수는 있다. 이 절에서는 균형 이진 트리를 확장시키는 방법에 대해 살펴보겠는데, 이 방법은 만족할 만한 탐색, 삽입, 삭제 시간을 제공한다. 균형 탐색 트리를 유지하는 다른 방법은 다음 절에서 살펴보기로 한다.

1962년에 Adelson-Velskii와 Landis는 서브트리들의 높이가 균형을 이루는 이진 트리 구조를 제안하였다. 이 균형 트리로 인해 n개의 노드를 가진 트리에 대해 동적 검색을 O(log n) 시간 안에 할 수 있다. 또한 새로운 키를 O(log n) 시간 안에 삽입하거나 삭제할 수 있다. 이렇게 해서 만들어진 트리의 높이 역시 균형을 이룬다. 이러한 구조의 트리를 AVL 트리(AVL tree)라고 한다. 이진 트리의 경우와 같이 AVL 트리도 순환적으로 정의할 수 있다.

정의: 공백 트리는 높이 균형을 이룬다. T가 왼쪽과 오른쪽 서브트리인 T_L과 T_R을 가진 공백이 아닌 이

진 트리라고 할 때 아래 조건을 만족시키면 T는 높이 균형을 이루며 그 역도 성립한다.

(1) T_L과 T_R이 높이 균형을 이룬다.

(2) $|h_L - h_R| \le 1$ (h_L과 h_R은 각각 T_L과 T_R의 높이)이다. □

높이 균형 이진 트리(height-balanced binary tree)의 정의로부터 모든 서브트리도 높이 균형이 이루어져야 된다는 것을 알 수 있다. 그림 10.8의 이진 트리에서는 APR 노드를 루트로 하는 왼쪽 서브트리의 높이는 0인 반면 오른쪽 서브트리의 높이는 2이기 때문에 높이 균형을 이루지 못하고 있다. 그림 10.9의 트리는 높이 균형을 이루는 반면 그림 10.10에서는 그렇지 않다. 높이 균형 이원 탐색 트리를 유지하는 과정을 보기 위해 12달의 이름을 포함한 트리를 만들어 보자. 여기서 삽입은 MAR, MAY, NOV, AUG, APR, JAN, DEC, JULY, FEB, JUNE, OCT, SEPT의 순으로 진행한다. 그림 10.11은 트리가 확장되는 과정과 트리의 균형이 유지될 수 있도록 재구성하는 과정을 보여 준다. 각 노드의 숫자는 그 노드의 왼쪽과 오른쪽 서브트리 사이의 높이 차를 나타내는데 이 숫자를 그 노드의 균형 인수(balance factor)라고 한다.

정의: 이진 트리에서 노드 T의 균형 인수 $BF(T)$는 $h_L - h_R$로서 정의한다. h_L과 h_R은 각각 노드 T의 왼쪽과 오른쪽 서브트리의 높이이다. AVL 트리의 어떠한 노드 T에 대해서도 $BF(T) = -1, 0,$ 또는 1이 된다. □

MAR와 MAY를 삽입하면 그림 10.11의 (a)와 (b)가 된다. NOV를 삽입할 경우 MAR의 오른쪽 서브트리는 높이가 2가 되고 왼쪽 서브트리의 높이는 0이 되므로 트리가 균형을 이루지 못한다. 균형을 이루기 위해서는 한 번의 회전(rotation)이 수행된다. MAR는 MAY의 왼쪽 자식으로 되고 MAY는 루트 노드가 된다[그림 10.11(c)]. AUG를 삽입해도 트리는 균형을 이룬다[그림 10.11(d)].

다음에 APR의 삽입으로 트리는 다시 균형을 잃게 된다. 균형을 이루기 위해서 또 다른 회전을 수행해야 한다. 이번에는 시계 방향으로 회전시킨다. MAR는 AUG의 오른쪽 자식이 되고 AUG는 그 서브트리의 루트가 된다[그림 10.11(e)]. 위의 두 회전은 새로 삽입된 노드로부터 균형 인수 ±2를 가지면서 가장 가까이 있는 조상 노드에 대해 수행되었음에 유의하라. JAN의 삽입으로 트리는 균형을 잃게 되는데 이번에는 이전의 경우보다 회전이 다소 복잡해진다. 하지만 여전히 이 경우도 균형 인수 ±2를 가지면서 JAN에서 가장 가까이 있는 조상 노드에 대해 회전이 수행된다. 즉 MAR는 새로운 루트가 되고 AUG와 그 왼쪽 서브트리는 MAR의 왼쪽 서브트리가 된다. MAR의 기존 왼쪽 트리는 AUG의 오른쪽 트리가 된다. MAR보다 더 큰 원소를 가지는 MAY와 그 오른쪽 서브트리는 MAR의 오른쪽 서브트리가 된다.(만일 MAR의 오른쪽 서브트리가 공백이 아니라면 그 서브트리에 있는 모든 원소들은 MAY보다 작기 때문에 MAY의 왼쪽 서브트리가 될 것이다.)

DEC와 JULY을 삽입할 때는 재균형 과정이 필요 없다. 하지만 FEB가 삽입될 때 트리는 다시 균형을 잃게 된다. 재균형 과정은 JAN이 삽입된 후의 회전 과정과 유사하다. 균형 인수 ±2를 가지면서 가장 가까이 있는 조상 노드는 AUG이다. DEC는 그 서브트리의 새로운 루트가 되고 AUG는 그것의 왼쪽 서브트리와 함께 DEC의 왼쪽 서브트리가 된다. JAN과 그것의 오른쪽 서브트리는 DEC의 오른쪽

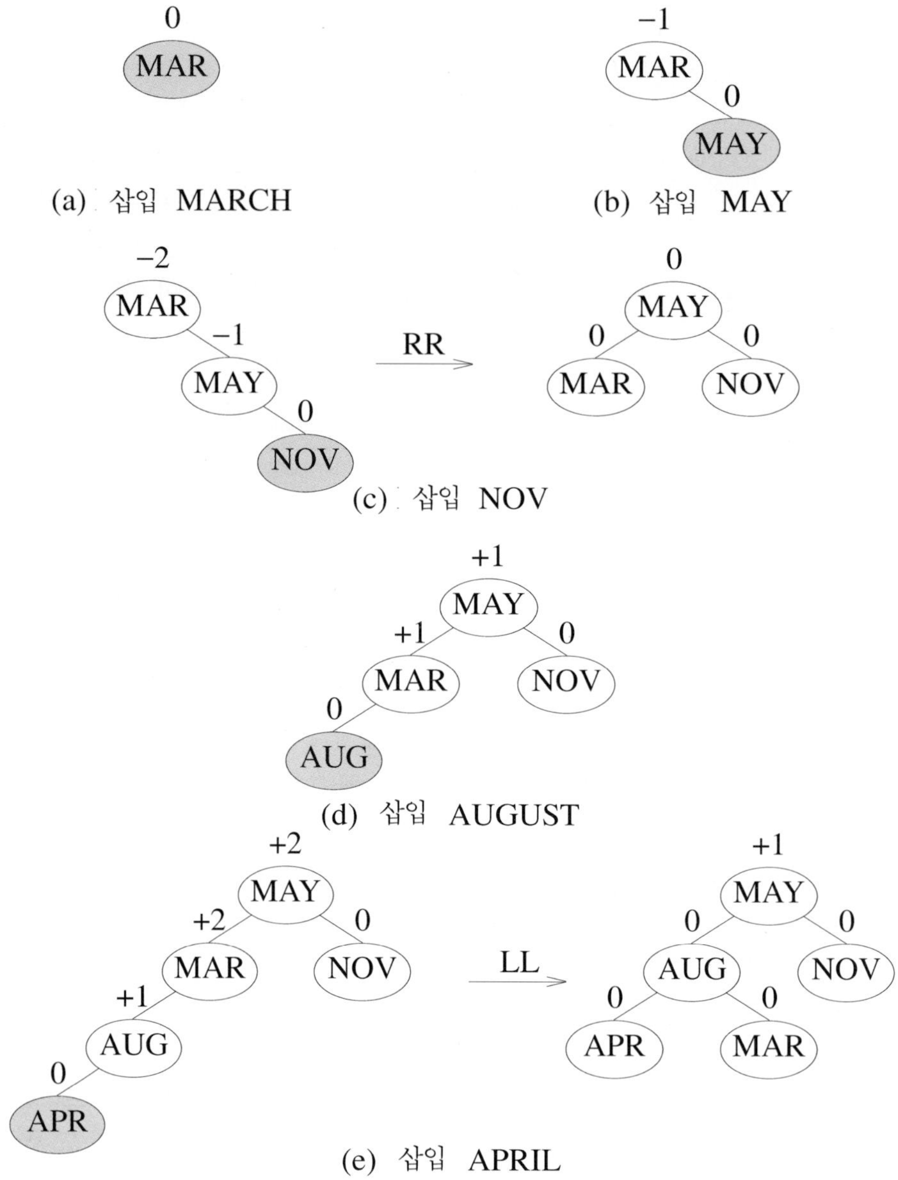

그림 10.11 1년 12달을 삽입하여 얻어진 균형 트리

서브트리가 되고 FEB는 JAN의 왼쪽 서브트리가 된다. 만약 DEC가 왼쪽 서브트리를 가지고 있었다면 그 트리는 AUG의 오른쪽 서브트리가 되었을 것이다. JUNE을 삽입하면 그림 10.11(f)의 경우와 똑같은 재균형 과정이 필요하다. OCT를 삽입할 때도 재균형이 필요한데 트리에 NOV를 삽입한 뒤에 사용했던 회전과 똑같은 회전이 수행되어야 한다. SEPT의 삽입은 균형에 영향을 주지 않는다.

앞의 예에서 균형을 이룬 이원 탐색 트리에 노드를 삽입하면 그 트리의 균형이 깨질 수도 있다는

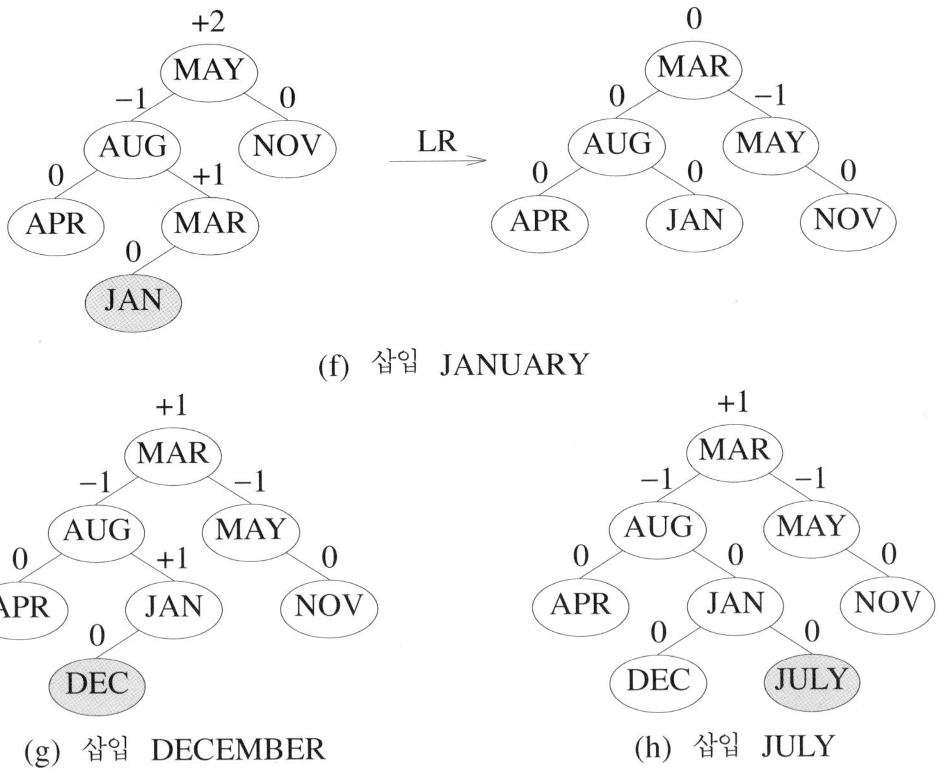

그림 10.11 1년 12달을 삽입하여 얻어진 균형 트리(계속)

것을 알았다. 그리고 재균형 시 그림 10.11의 (e), (c), (f), (i)와 같이 LL, RR, LR, RL과 같은 네가지 종류의 회전 방법이 사용되었다. LL과 RR 그리고 LR과 RL은 서로 대칭이다. 이러한 회전들은 삽입된 노드 *Y*에 가장 가까우면서 균형 인수가 ±2인 조상 노드 *A*에 의해 결정된다. 각 회전의 성질은 아래와 같다.

LL: 새 노드 *Y*는 *A*의 왼쪽 서브트리의 왼쪽 서브트리에 삽입된다.
LR: *Y*는 *A*의 왼쪽 서브트리의 오른쪽 서브트리에 삽입된다.
RR: *Y*는 *A*의 오른쪽 서브트리의 오른쪽 서브트리에 삽입된다.
RL: *Y*는 *A*의 오른쪽 서브트리의 왼쪽 서브트리에 삽입된다.

높이 균형 이진 트리가 삽입으로 인해 균형이 깨질 경우 재균형을 위해 네 가지 종류의 가능한 회전 방법이 있음을 쉽게 알 수 있다. 그림 10.12와 그림 10.13은 LL, LR 회전들을 추상적인 이진 트리를 사용하여 나타내고 있다. RR과 RL 회전들은 이와 대칭적이다. 그림에서 각 트리의 루트 노드는 삽입한 결과 균형 인수가 ±2가 된 가장 가까운 조상 노드를 나타낸다. 그림 10.11의 예와 그림 10.12, 그림 10.13의 회전들을 보면 회전에 포함된 서브트리의 높이는 재균형 후의 높이와 같을 뿐만 아니라 삽입이

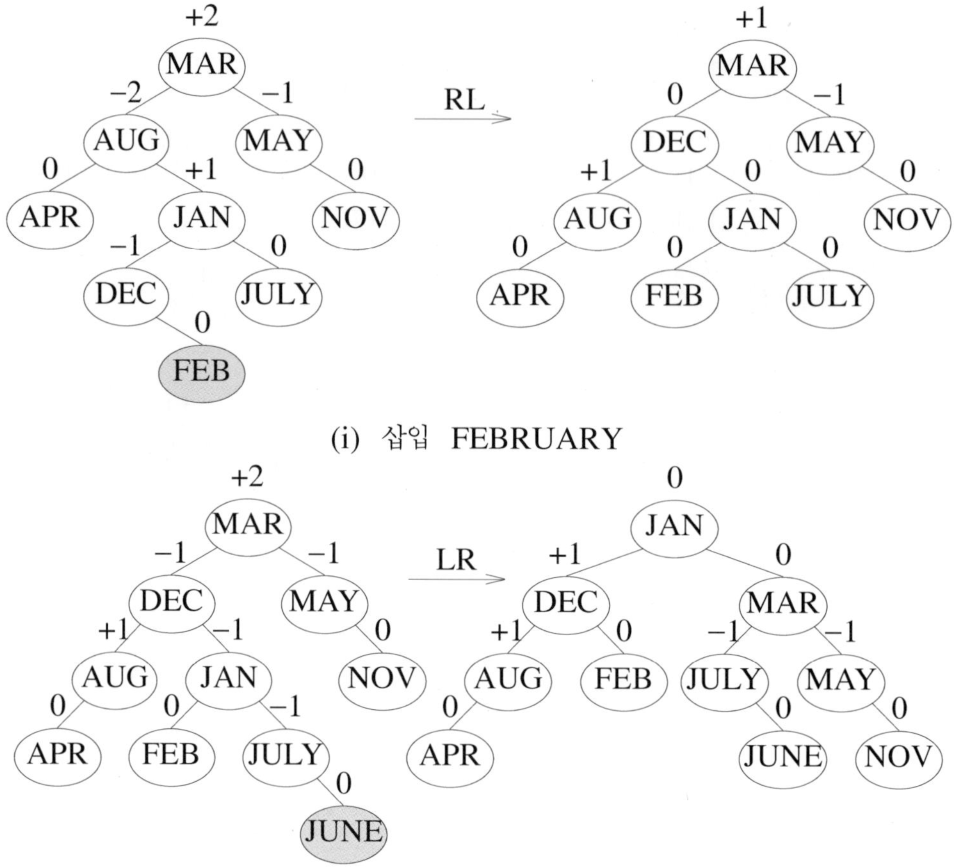

(i) 삽입 FEBRUARY

(j) 삽입 JUNE

그림 10.11 1년 12달을 삽입하여 얻어진 균형 트리(계속)

일어나기 전의 높이와도 같다. 이는 균형을 잃은 서브트리가 일단 재균형을 이룬 후에는 나머지 트리를 검사해 볼 필요가 없다는 의미가 된다. 균형 인수가 변하는 노드들은 회전되는 서브트리에 포함된 노드들뿐이다.

LL과 RR 불균형을 바로잡는 변환을 단일 회전(single rotation)이라고도 하며 LR과 RL 불균형을 바로잡는 변환을 이중 회전(double rotation)이라고도 한다. LR 불균형을 바로잡기 위한 변환은 RR 회전 후에 LL 회전을 시키는 것으로 볼 수 있으며 RL 불균형을 바로잡기 위한 변환은 LL 회전 후에 RR 회전을 시키는 것으로 볼 수 있다.

그림 10.12와 그림 10.13의 회전을 수행하기 위해서는 회전이 수행되어야 할 노드 A를 찾아야 한다. 이것은 앞서 언급한 것과 같이 균형 인수가 ±2이면서 새로 삽입된 노드에 가장 가까운 조상 노드이다. 한 노드의 균형 인수가 ±2가 되려면 이 노드가 삽입되기 전에 그 노드의 균형 인수가 ±1이어야 한다. 따라서 삽입이 있기 전에 노드 A로부터 새 삽입 위치로 가는 모든 노드들의 균형 인수는 0이어야 한

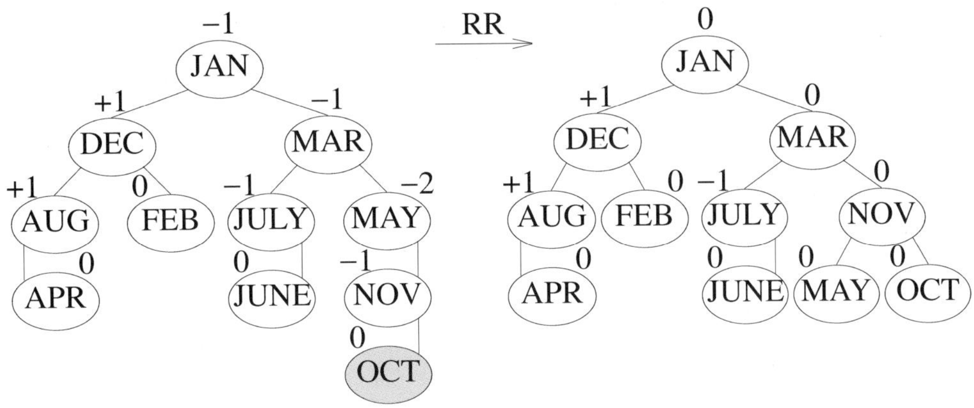

(k) 삽입 OCTOBER

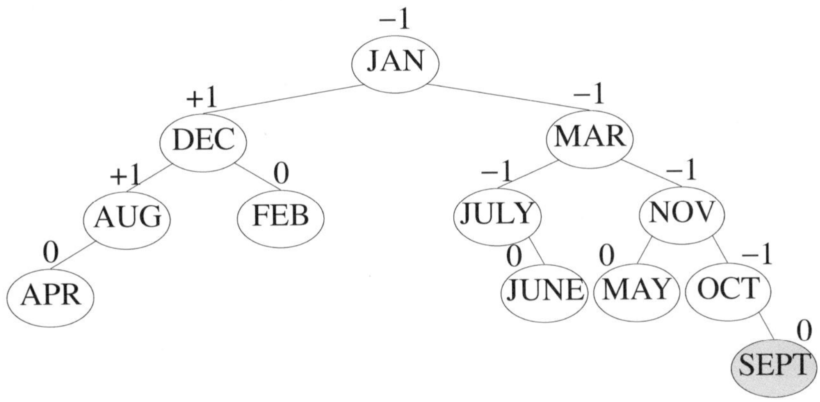

(l) 삽입 SEPTEMBER

그림 10.11 1년 12달을 삽입하여 얻어진 균형 트리(계속)

다. 이 정보로 인하여, 삽입이 있기 전에 노드 A는 균형 인수 ± 1을 가지고 있으면서 새 노드의 가장 가까운 조상으로 바로 결정된다. 회전을 완성하기 위해 A의 부모, F의 주소도 필요하다. 관련 노드들의 균형 인수의 변화는 그림 10.12와 그림 10.13이 보여 주고 있다. F와 A를 알고 있음으로써 이 변화는 쉽게 이루어진다.

하나의 노드를 삽입했을 때 트리가 불균형[그림 10.11의 (a), (b), (d), (g), (*h*), (l) 참조]을 이룬다면 어떻게 되는가? 비록 트리의 재구성은 필요하지 않겠지만 여러 노드의 균형 인수가 변하게 된다. 노드 A는 삽입하기 전 균형 인수가 ± 1이면서 새 노드에 가장 가까운 조상 노드라고 하자. 노드의 삽입 후 설사 어떤 경로 길이가 1씩 증가되더라도 트리의 균형이 깨지지 않았다면, A의 새로운 균형 인수는 0이어야 한다. 그림 10.11의 (a), (b), (d), (g), (l)과 같이 균형 인수가 ± 1인 조상 노드 A가 없는 경우에 A를 루트로 정하자. 그러면 A와 새로운 노드의 부모 사이에 있는 노드들의 균형 인수는 ± 1로 변한다.[그림 10.11(*h*)에서 A = JAN인 것을 참조.] 두 경우 모두 A를 결정하는 과정은 재균형이 필요한 때와 똑같다.

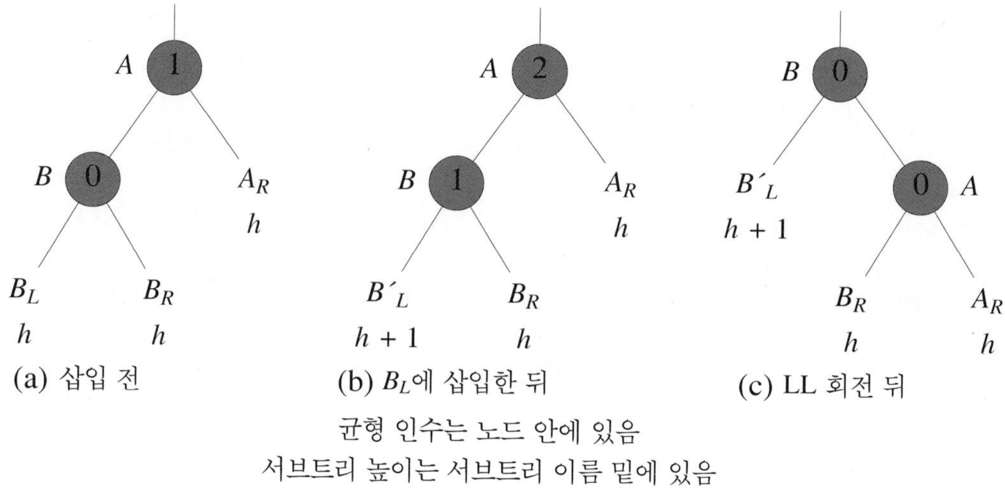

그림 10.12 LL 회전

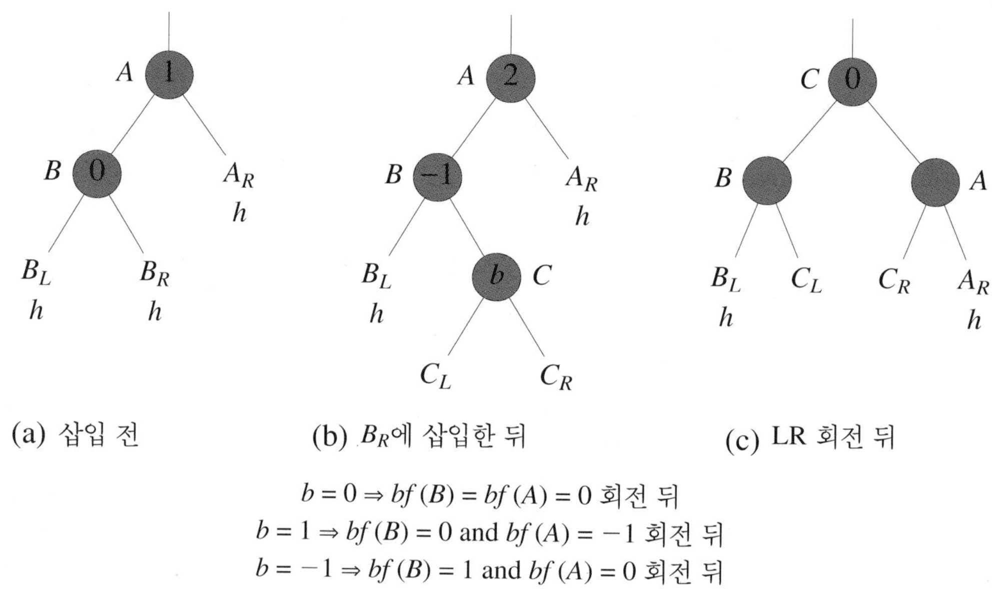

그림 10.13 LR 회전

자세한 삽입-재균형 과정은 함수 *Avl::Insert*(프로그램 10.3)에 기술되어 있다. 사용된 클래스 정의는 다음과 같다.

```
template<class K, class E> class AVL;
```

```
template<class K, class E>
class AvlNode {
friend class AVL<K, E>;
public AvlNode(const K& k, const E& e)
    {key = k; element = e; bf = 0; leftChild = rightChild = 0;}
private:
    K key;
    E lement;
    int bf;
    AvlNode<K, E> *leftChild, *rightChild;
};

template<class K, class E>
class AVL {
public:
    AVL() : root(0) {};
    E& Search(const K&) const;
    void Insert(const K&, const E&);
    void Delete(const K&);
private:
    AvlNode<K, E> *root;
};
```

여기서 E는 AVL 트리의 원소 데이타 타입을 의미하며 K는 키의 데이타 타입을 의미한다.

```
template<class K, class E>
void AVL<K, E>::Insert(const K& k, const E& e)
{
    if (!root) { // 특별한 경우: 공백 트리
        root = new AvlNode<K, E>(k, e);
        return;
    }
    // 단계 1: e를 삽입할 위치를 찾는다.
    AvlNode<K, E> *a = 0, // 균형 인수 ±1을 가진 가장 최근 노드
        *pa = 0,           // a의 부모
        *p = root,         // p는 트리 안에서 이동
```

```
    *pp = 0;                    // p의 부모
while(p){
    if(p→bf) {a = p; pa = pp;}
    if(k < p→key){pp = p; p = p→leftChild;} // 왼쪽 서브트리를 취한다
    else if (k > p→key){pp = p; p = p→rightChild;}
      else {p→element = e; return;} // k가 이미 트리 안에 존재한다
} // while 문의 끝

// 단계 2: 삽입과 재균형. k는 트리에 있지 않고,
// pp의 적절한 자식으로서 삽입될 것이다.
AvlNode<K, E> *y = new Avlnode<T>(k, e);
if(k < pp→key) pp→leftChild = y;    // 왼쪽 자식으로 삽입
else pp→rightChild = y;              // 오른쪽 자식으로 삽입

// 노드 a에서 pp의 균형 인수를 조정. a의 정의에 의해, 이 경로 내에
// 있는 모든 노드들은 균형 인수 0이 되어야 하며 후에 ±1로 변경
// 될 것이다. d = +1은 x가 a의 왼쪽 서브트리에 삽입된 것을 의미
// 하며 d =−1은 k가 a의 오른쪽 서브트리에 삽입된 것을 의미한다.
int d;
AvlNode<K, E> *b,     // a의 자식
          *c;         // b의 자식
if (k > a→key) {b = p = a→rightChild; d = −1;}
else {b = p = a→leftChild; d = 1;}
while(p !=y)
    if(k > p→key) { //오른쪽 높이가 1만큼 증가
      p→bf = −1; p = p→rightChild;
    }
    else { // 왼쪽 높이가 1만큼 증가
      p→bf = 1; p = p→leftChild;
    }

// 트리가 불균형인가?
if(!(a→bf)|| !(a→bf + d)) { // 트리가 계속 균형을 유지
    a→bf += d; return;
}
// 트리가 불균형이 되어 회전 타입을 결정
```

```
        if(d == 1) { // 왼쪽 불균형
            if(b→bf == 1) { // LL 회전
                a→leftChild = b→rightChild;
                b→rightChild = a; a→bf = 0; b→bf = 0;
        }
        else { // LR 회전
            c = b→rightChild;
            b→rightChild = c→leftChild;
            a→leftChild = c→rightChild;
            c→leftChild = b;
            c→rightChild = a;
            switch(c→bf) {
                case 1:
                    a→bf = −1; b→bf = 0;
                    break;
                case −1:
                    b→bf = 1; a→bf = 0;
                    break;
                case 0;
                    b→bf = 0; a→bf = 0;
                    break;
            }
            c→bf = 0; b = c;   // b가 새 루트
        } // LR의 끝
    } // 왼쪽 불균형의 끝
    else { // 오른쪽 불균형: 왼쪽 불균형과 대칭
    }

    // b를 루트로 갖는 서브트리가 다시 균형을 잡아 새 서브트리로 됨
    if(!pa)root = b;
    else if(a == pa→leftChild)pa→leftChild = b;
        else pa→rightChild = b;
    return;
} // AVL::Insert의 끝
```

프로그램 10.3: AVL 트리로의 삽입

삽입 알고리즘을 확실히 이해하기 위해서는 그림 10.11의 예에 이를 적용할 수 있어야 한다. 알고리즘을 분석해 보면, 삽입하기 전 트리의 높이가 h라고 할 때, 새로운 원소를 삽입하는 데 걸리는 시간은 $O(h)$임을 알 수 있다. 이것은 알고리즘의 부하가 커졌음에도 불구하고 불균형 이원 탐색 트리의 경우와 같은 것이다. 그렇지만 이원 탐색 트리의 경우 트리에 n개의 노드가 있을 때 최악의 경우 그림 10.10과 같이 h는 n이 되고 삽입 시간은 $O(n)$이 된다. AVL 트리의 경우에 있어서 h는 최대 $O(\log n)$이므로 최악의 삽입 시간은 $O(\log n)$이 된다. 이 사실을 알아보기 위해서 N_h를 높이 h인 높이 균형 트리에 있는 최소 노드 수라고 하자. 최악의 경우에, 서브트리 중 하나는 높이가 $h-1$이며 다른 서브트리의 높이는 $h-2$가 될 것이다. 이 두 서브트리 역시 높이 균형을 이루므로 $N_h = N_{h-1} + N_{h-2} + 1$이며 $N_0 = 0$, $N_1 = 1$, $N_2 = 2$가 된다. N_h의 순환적인 정의나 피보나치 수의 정의, 즉 $F_n = F_{n-1} + F_{n-2}(F_0 = 0, F_1 = 1)$ 사이에는 유사한 점이 있다. 사실 연습문제 3번과 같이 $N_h = F_{h+2} - 1(h \geq 0)$이 됨을 증명할 수 있다. 피보나치 수의 이론에 따르면 $\phi = (1 + \sqrt{5}/2)$일 때 $F_h \approx \phi^h/\sqrt{5}$이므로 $N_h \approx \phi^{h+2}/\sqrt{5}-1$이 된다. 이것은 n개의 노드가 트리에 있다면, 그 트리의 높이 h의 최대 값은 $\log_\phi(\sqrt{5}(n + 1))-2 \sim 1.44\log(n + 1)-0.33$이라는 것을 의미한다. 따라서 n개의 노드를 가진 높이 균형 트리의 최대 삽입 시간은 $O(\log n)$이다.

연습문제에서 높이 균형 트리의 경우 원소 X를 가진 노드를 찾아 삭제하거나, k번째 노드를 찾아서 삭제하는 데 걸리는 시간이 $O(\log n)$임을 보여 주고 있다. Karlton 등의 논문에서는 높이 균형 트리에서 삭제에 대한 실험적인 연구 결과를 보여 주고 있는데(참고문헌 참조), 임의의 삽입 시 재균형이 필요하지 않을 확률과 LL 타입과 RR 타입의 재균형 회전이 필요할 확률, 그리고 LR 타입과 RL 타입의 재균형 회전이 필요할 확률은 각각 0.5349, 0.2327, 0.2324이다. 그림 10.14는 순서대로 정렬된 순차 리스트와 정렬된 연결 리스트 그리고 AVL 트리에 대해 최악의 연산 시간을 비교한 것이다.

연산	순차 리스트	연결 리스트	AVL 트리
키가 k인 원소 탐색	$O(\log n)$	$O(n)$	$O(\log n)$
j번째 원소 탐색	$O(1)$	$O(j)$	$O(\log n)$
키가 k인 원소 삭제	$O(n)$	$O(1)$[1]	$O(\log n)$
j번째 원소 삭제	$O(n-j)$	$O(j)$	$O(\log n)$
삽입	$O(n)$	$O(1)$[2]	$O(\log n)$
순서대로 출력	$O(n)$	$O(n)$	$O(n)$

1. k의 위치가 알려진 이중 연결 리스트
2. 삽입할 위치가 알려진 경우

그림 10.14 여러 구조들의 비교

연습문제

1. (a) 높이 균형 이진 트리에 새로운 노드를 삽입한 결과로 일어날 수 있는 가능한 모든 불균형의 상황이 그림 10.12와 그림 10.13, 그리고 이와 대칭적인 회전인 RR과 RL 회전에서 모두 고

려되었음을 확인해 보라. 만일 그렇지 않다면 이 그림으로 충족되지 않는 예를 보이라.

(b) RR과 RL 타입 회전의 변환을 그려 보라.

2. 그림 10.13의 LR 회전이 RR 회전 후 LL 회전을 하는 것과 동일하다는 것과 RL 회전이 LL 회전 후 RR 회전을 하는 것과 동일하다는 것을 증명하라.
3. 귀납적 방법으로 높이 h인 AVL 트리에서 최소 노드 수 $N_h = F_{h+2} - 1 (h \geq 0)$임을 증명하라.
4. 트리가 오른쪽 불균형이 되었을 때, 트리의 재구성에 필요한 과정을 추가하여 알고리즘 *Avl::Insert*(프로그램 10.3)를 완성하라.
5. 공백 AVL 트리에서 시작하여 아래와 같은 순서로 삽입할 때 *Avl::Insert* 알고리즘을 이용하여 각 삽입에 따른 AVL 트리를 그리고, 삽입에 의해 회전이 발생할 경우 회전의 유형을 표시하라.

DEC, JAN, APR, MAR, JULY, AUG, OCT, FEB, NOV, MAY, JUNE

6. AVL 트리에 있는 각 노드에 *lsize* 필드가 있다고 가정하자. 임의의 노드 a에 대해 $a \rightarrow lsize$는 왼쪽 서브트리에 있는 노드의 수 +1이다. 트리에서 k번째로 작은 키를 찾는 함수 *Avl::Find*(k)를 C++ 함수로 작성하라. 트리에 n개의 노드가 있다면 이 탐색 작업은 O(log n) 시간 내에 수행될 수 있음을 증명하라.
7. 연습문제 6과 같이 각 노드에 *lsize* 필드가 있다고 가정할 때 *Avl::Insert*를 다시 작성해 보라. 삽입 시간은 전과 마찬가지로 O(log n)임을 증명하라.
8. AVL 트리의 노드들을 키 값에 따라 오름차순으로 나열하는 함수를 C++로 작성하라. 트리에 n개의 노드가 있을 때 이 알고리즘의 수행 시간은 O(n) 이내임을 증명하라.
9. AVL 트리에서 키가 k인 원소를 가진 노드를 삭제하는 알고리즘을 작성하라. 필요하면 삭제 후 트리를 재구성하여야 한다. 트리에 n개의 노드가 있을 때 O(log n) 시간이 필요함을 증명하라.[힌트: 만약 k가 리프에 있지 않다면, k를 왼쪽 서브트리에서 가장 큰 값이나, 오른쪽 서브트리에서 가장 작은 값으로 대체한다. 삭제가 리프 노드에까지 전달되도록 계속한다. 리프로부터의 삭제는 삽입 시에 사용된 변환의 역과정을 이용하여 처리될 수 있다.]
10. 각 노드에 *lsize* 데이타 멤버가 있고, k번째로 작은 원소를 삭제하려 할 때 연습문제 9번을 다시 풀어 보라.
11. 해싱에 대한 열을 추가시켜 그림 10.14를 완성하라.
12. 고정된 $k(k \geq 1)$에 대해 높이 균형 트리 $HB(k)$는 아래와 같이 정의한다.

정의: 공백 이진 트리(empty binary tree)는 $HB(k)$ 트리이다. T가 T_L과 T_R을 왼쪽과 오른쪽 서브트리로 갖는 공백이 아닌 트리일 때 다음 두 조건을 만족시키면 T는 $HB(k)$이다. 그리고 그 역도 성립한다.

(1) T_L과 T_R는 $HB(k)$이다.

(2) $|h_L - h_R| \leq k$(h_L과 h_R은 각각 T_L과 T_R의 높이)이다. □

(a) $HB(2)$ 트리의 경우 재균형 과정을 기술하라.

(b) $HB(2)$ 트리에 대한 삽입 알고리즘을 작성하라.

10.3 레드-블랙 트리

10.3.1 정의

레드-블랙 트리(red-black tree)는 모든 노드의 컬러(color)가 레드 또는 블랙인 이원 탐색 트리이다. 레드-블랙 트리는 확장 이진 트리의 기존 성질들을 만족시킨다. 9.2절에서 일반적인 이진 트리의 모든 널 포인터를 외부 노드로 대체한 것을 확장 이진 트리라고 하였다. 추가적인 성질은 다음과 같다.

RB1: 루트와 모든 외부 노드들은 컬러가 블랙이다.
RB2: 루트에서 외부 노드로의 경로는 두 개의 연속적인 레드 노드를 가질 수 없다.
RB3: 루트에서 외부 노드로의 모든 경로들에 있는 블랙 노드의 수는 동일하다.

노드와 그 자식 사이의 포인터에 컬러를 할당함으로써 동일한 정의를 얻을 수 있다. 부모에서 블랙인 자식을 가리키는 포인터는 블랙 포인터가 되고 레드인 자식을 가리키는 포인터는 레드 포인터가 된다. 성질을 더 추가하면 다음과 같다.

RB1′: 내부 노드로부터 외부 노드로의 포인터는 블랙이다.
RB2′: 루트에서 외부 노드로의 경로는 두 개의 연속적인 레드 포인터를 가질 수 없다.
RB3′: 루트에서 외부 노드로의 모든 경로들에 있는 블랙 포인터의 수는 동일하다.

포인터의 컬러를 안다면 노드의 컬러도 추론할 수 있으며 그 역도 가능하다. 그림 10.15의 레드-블랙 트리에서 외부 노드는 회색 사각형으로, 블랙 노드는 회색 원으로, 레드 노드는 흰색 원으로, 블랙 포인터는 굵은 선으로, 레드 포인터는 가는 선으로 표현되어 있다. 루트로부터 외부 노드로의 모든 경로는 정확히 두 개의 블랙 포인터와 세 개의 블랙 노드(루트와 외부 노드를 포함하여)를 갖는다는 것을 알 수 있다. 두 개의 연속적인 레드 노드와 포인터를 갖는 경로는 없다.

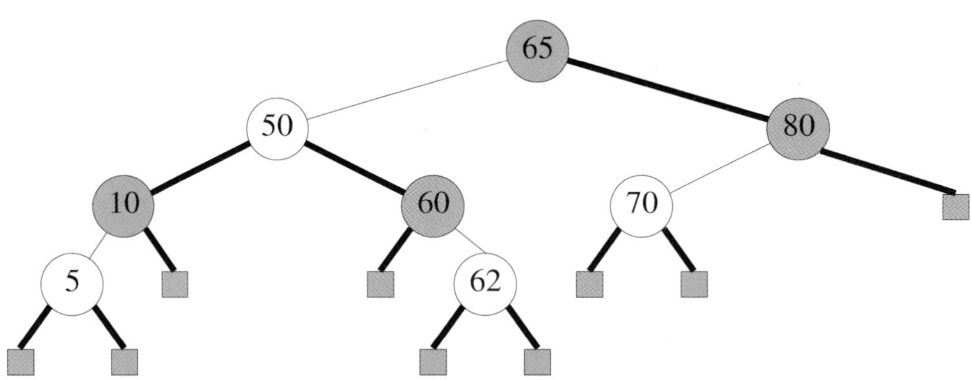

그림 10.15 레드-블랙 트리

레드-블랙 트리에서 한 노드로부터 서브트리에 있는 어떠한 외부 노드 사이의 경로 상에 있는 블랙 포인터의 수(블랙 노드의 수에서 하나를 뺀 것과 동일)를 그 노드의 랭크(rank)라고 하자. 외부 노드의 랭크는 0이다. 그림 10.15에서 루트의 랭크는 2이고 왼쪽 자식의 랭크는 2, 오른쪽 자식의 랭크는 1이다.

보조정리 10.1: 루트로부터 외부 노드로의 경로의 길이를 경로 상의 포인터의 수로 정하자. 레드-블랙 트리에서 루트로부터 외부 노드로의 두 개의 경로 P, Q가 있을 때, $length(P) \le 2length(Q)$이다.

증명: 임의의 레드-블랙 트리에서 루트의 랭크를 r이라고 하자. RB1′으로부터 루트에서 외부 노드로의 경로 상에 있는 마지막 포인터는 블랙이다. RB2′으로부터 두 개의 연속적인 레드 포인터를 갖는 경로는 존재하지 않는다. 그러므로 각 레드 포인터의 뒤에는 블랙 포인터가 오게 된다. 결과적으로 루트에서 외부 노드로의 각 경로는 r과 $2r$ 사이의 포인터를 갖게 되므로 $length(P) \le 2length(Q)$이다. 상한선이 존재할 수 있는지 알아보기 위해 그림 10.15의 레드-블랙 트리를 보자. 루트로부터 5의 왼쪽 자식까지의 경로는 길이가 4인 반면 80의 오른쪽 자식까지의 경로의 길이는 2이다. □

보조정리 10.2: 레드-블랙 트리(외부 노드를 포함하지 않는)의 높이를 h라고 하자. 트리의 내부 노드의 수를 n이라 하고 루트의 랭크를 r이라 하면 다음이 성립한다.

(a) $h \le 2r$

(b) $n \ge 2^r - 1$

(c) $h \le 2\log_2(n + 1)$

증명: 보조정리 10.1의 증명으로부터 $length > 2r$을 만족시키는 루트에서 외부 노드로의 경로가 존재하지 않는다는 것을 알 수 있다. 그러므로 $h \le 2r$이다.(제거된 외부 노드들과 함께 그림 10.15의 레드-블랙 트리의 높이는 $2r = 4$이다.)

루트의 랭크는 r이므로 레벨 1에서 r까지에는 외부 노드가 없고 이러한 레벨들에는 $2^r - 1$개의 내부 노드들이 있다. 따라서 이것은 내부 노드 총수의 최소한의 수가 된다.(그림 10.15의 레드-블랙 트리에서 레벨 1과 2는 $3 = 2^2 - 1$의 내부 노드를 가진다. 레벨 3과 4에는 내부 노드들이 더 있다.)

(b)로부터 $r \le \log_2(n + 1)$이다. 이 부등식과 (a)로부터 (c)가 산출된다. □

레드-블랙 트리의 높이는 최대 $2\log_2(n + 1)$이므로 $O(h)$ 시간 내에 수행되는 탐색, 삽입, 삭제 알고리즘은 $O(\log n)$의 복잡도를 가진다.

레드-블랙 트리의 최악의 경우 높이는 동일한 (내부) 노드 수를 갖는 AVL 트리의 최악의 경우 높이[대략 $1.44\log_2(n + 2)$] 이상이라는 것에 주목하라.

10.3.2 레드-블랙 트리의 표현

레드-블랙 트리를 정의할 때는 외부 노드들을 포함시키는 것이 더 편하지만 구현에 있어서는 외부 노드를 표현하기 위해 물리적인 노드보다는 널 포인터를 이용한다. 또한 포인터와 노드의 컬러는 밀접한 연관이 있으므로 각 노드와 함께 그 노드의 컬러만을 저장하거나 그 자식을 가리키는 두 포인터의 컬러를 저장할 필요가 있다. 노드의 컬러를 저장하기 위해서는 노드당 추가적인 한 비트가 필요하며, 포인터의 컬러를 저장하기 위해서는 노드당 두 비트가 필요하다. 두 전략 모두 거의 비슷한 양의 공간이 요구되므로, 레드-블랙 트리 알고리즘을 실행시킨 결과로 나온 실제 실행 시간을 기반으로 둘 중 하나를 선택하면 된다.

여기서는 삽입과 삭제 연산에 관해 노드에 대해서만 컬러가 어떻게 변하는지를 명백하게 언급할 것이다. 해당되는 포인터의 컬러가 어떻게 변하는지는 추론할 수 있다.

10.3.3 레드-블랙 트리에서의 탐색

레드-블랙 트리는 일반적인 이원 탐색 트리의 탐색에서 사용하는 알고리즘을 이용하여 탐색할 수 있다(프로그램 5.19). 이 알고리즘은 O(h)의 복잡도를 가지므로 레드-블랙 트리에서는 O(log$n$)의 복잡도를 가진다. 일반적인 이원 탐색 트리와 AVL 트리, 그리고 레드-블랙 트리에 동일한 탐색 알고리즘을 사용하고 AVL 트리의 최악의 경우 높이가 최소이므로, 탐색이 주가 되는 응용 프로그램에서는 AVL 트리가 최악의 경우에 최고의 성능을 보일 것이라고 기대한다.

10.3.4 레드-블랙 트리로의 삽입

원소들은 일반적인 이진 트리에서 사용된 방법을 이용하여 삽입이 될 수 있다(프로그램 5.21). 레드-블랙 트리에 새로운 노드가 붙었을 때 그 노드에 컬러를 지정해 줄 필요가 있다. 삽입 전에 트리가 비어 있었다면 새로운 노드는 루트가 되고 그 컬러는 블랙이 될 것이다(성질 RB1 참조). 삽입 전에 트리가 비어 있지 않았다고 하자. 새로운 노드의 컬러가 블랙으로 주어진다면, 루트에서 새로운 노드의 자식인 외부 노드까지의 경로 상에 별도의 블랙 노드를 갖게 될 것이다. 반면에 새로운 노드의 컬러가 레드로 지정된다면 두 개의 연속적인 레드 노드를 가지게 될지도 모른다. 새로운 노드를 블랙으로 만드는 것은 성질 RB3을 위배하지만 새로운 노드를 레드로 만드는 것은 성질 RB2에 위배될 수도 있고 위배되지 않을 수도 있다. 여기서는 새로운 노드를 레드로 만들 것이다.

새로운 노드를 레드로 만드는 것이 성질 RB2에 대해 위배될 경우 그 트리는 불균형하게 된 것이다. 새로운 노드 u, 그 노드의 부모 pu, 그리고 u의 조부모인 gu를 검사하여 불균형의 특징을 분류한다. 성질 RB2가 위배되었으므로 두 개의 연속적인 레드 노드가 있다는 것을 주목하라. 이러한 레드 노드들 중 하나는 u이고 다른 하나는 반드시 그 부모가 될 것이므로 pu는 존재한다. pu는 레드이므로 루트가 될 수 없다(성질 RB1에 의해 루트는 블랙이어야 하므로). 그러므로 u는 반드시 블랙인 조부모 gu를 가져야 한다(성질 RB2). pu가 gu의 왼쪽 자식일 때, u가 pu의 왼쪽 자식이고 gu의 다른 자식은 블랙인 경우(이 경우는 gu의 다른 자식이 외부 노드일 경우도 포함한다), 이런 불균형의 타입을 LLb라 한다. 다른 불균형 타입들에는 LLr(pu가 gu의 왼쪽 자식이고 u는 pu의 왼쪽 자식이며 gu의 다른 자식이 레드인 경우), LRb(pu는 gu의 왼쪽 자식이고 u는 pu의 오른쪽 자식이며 gu의 다른 자식이 블랙인 경우), LRr, RRb, RRr, RLb, 그리고 RLr이 있다.

불균형 타입 XYr(X와 Y는 L 또는 R이 된다)은 컬러의 변경에 의해 처리되지만, XYb 타입의 불균형은 회전이 필요하다. 컬러를 변경시킬 때, RB2 위배가 트리의 두 단계 위까지 전파될 수도 있다. 이 경우 기존의 *gu*를 새로운 *u*로 하여 다시 변환을 적용함으로써 새로운 레벨에서 재분류가 필요하게 된다. 회전이 끝나고 나면 RB2 위배는 해결되며 더 이상 해야 할 일은 없다.

그림 10.16은 LLr과 LRr 불균형을 해결하기 위해 컬러를 변경하는 것을 보여 준다. 이러한 컬러 변경은 모두 동일하다. 블랙 노드들은 회색으로 표현되었고 레드 노드들은 흰색으로 표현되어 있다. 예를 들어 그림 10.16(a)에서 *gu*는 블랙이고 *pu*와 *u*는 레드이다. 또 *gu*로부터 왼쪽과 오른쪽 자식으로 가는 포인터는 레드이다. gu_R은 *gu*의 오른쪽 서브트리이고, pu_R은 *pu*의 오른쪽 서브트리이다. LLr과 LRr 컬러 변경 모두 *pu*의 컬러와 *gu*의 오른쪽 자식의 컬러를 레드에서 블랙으로 변경해야 한다. 또한 *gu*가 루트가 아니라면 *gu*의 컬러를 블랙에서 레드로 바꾼다. *gu*가 루트일 경우 이러한 컬러 변경은 할 수 없으므로, *gu*가 레드-블랙 트리의 루트일 때는 루트에서 외부 노드까지의 모든 경로 상에 있는 블랙 노드의 수를 하나씩 증가시킨다.

만약 *gu*의 컬러를 레드로 변경시킨 것이 불균형을 초래한다면, *gu*는 새로운 노드 *u*가 되고 그 부모는 새로운 *pu*가 되며 그 조부모는 새로운 *gu*가 되어 재균형 작업을 계속한다. *gu*가 루트이거나 또는 컬

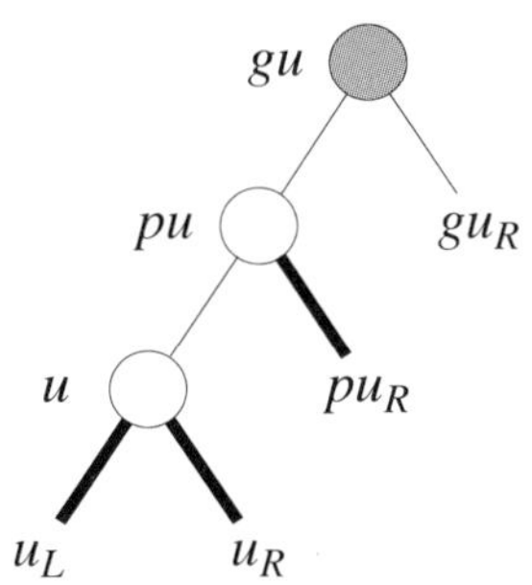

(a) LLr 불균형

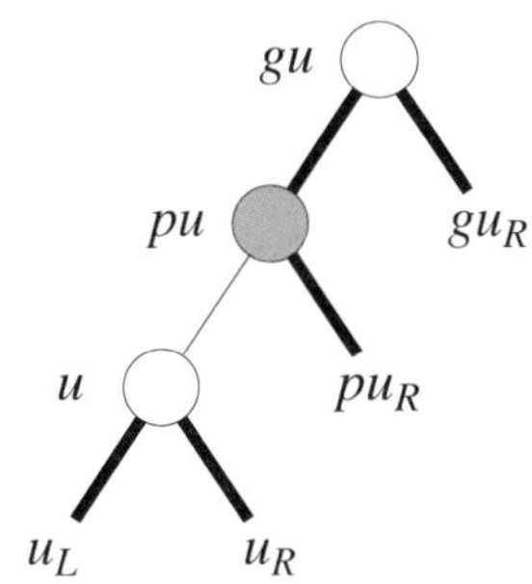

(b) LLr 컬러 변경 뒤

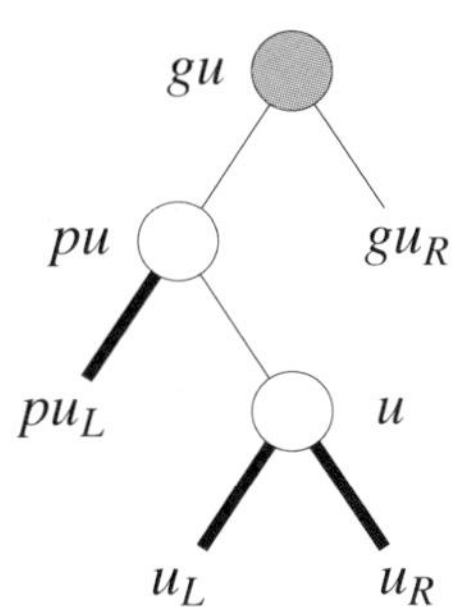

(c) LRr 불균형

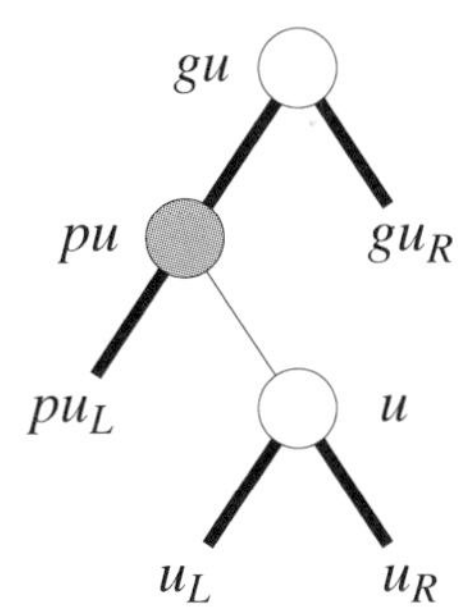

(d) LRr 컬러 변경 뒤

그림 10.16 LLr과 LRr 컬러 변경

러 변경이 *gu*에서 RB2 위배를 일으키지 않는다면, 재균형 작업이 다 끝난 것이다.

그림 10.17은 LLb와 LRb 불균형을 처리하는 회전을 보여 주고 있다. 그림 10.17(a)와 (b)에서 *u*는 pu_L의 루트이다. AVL 트리에서 삽입 후 발생하는 불균형을 처리하기 위해 사용된 LL(그림 10.12 참조), LR(그림 10.13 참조) 회전들과 이 회전들 사이의 유사점에 주목하라. 포인터 변경은 동일하다. 예를 들어 LLb 회전의 경우에, 포인터 변경과 더불어 *gu*의 컬러를 블랙에서 레드로 바꾸고 *pu*의 컬러를 레드에서 블랙으로 바꾸는 것이 필요하다.

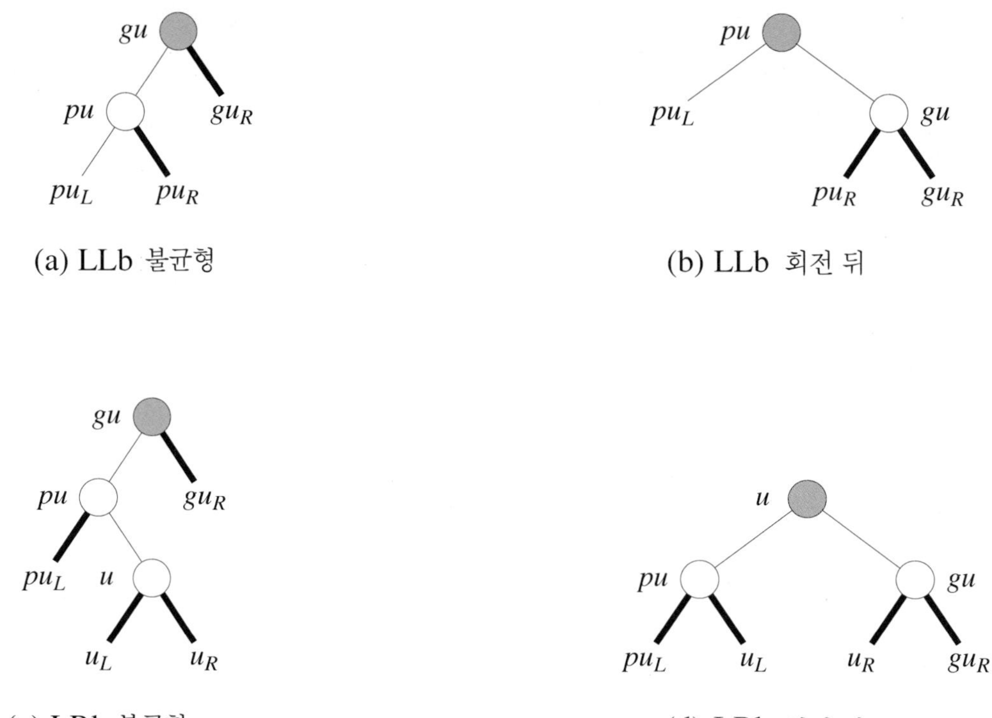

(a) LLb 불균형 (b) LLb 회전 뒤

(c) LRb 불균형 (d) LRb 회전 뒤

그림 10.17 레드-블랙 삽입에 대한 LLb과 LRb 회전

그림 10.17의 회전 후에 노드(또는 포인터)의 컬러를 검사함으로써 루트에서 외부 노드로 가는 모든 경로 상에 있는 블랙 노드(또는 포인터)의 수가 변하지 않았음을 알 수 있다. 또한 연관된 서브트리의 루트(회전 전의 *gu*와 회전 후의 *pu*)가 회전 후에 블랙이다. 그러므로 트리의 루트에서 새로운 *pu*까지의 경로 상에 두 개의 연속적인 레드 노드가 존재할 수 없다. 결과적으로, 추가적인 재균형 작업은 없게 된다. 단일 회전(single rotation)[O(log *n*) 컬러 변경이 선행될 수 있는]으로 충분히 삽입 후에 균형을 회복시킬 수 있다!

예제 10.4: 그림 10.18(a)의 레드-블랙 트리를 생각해 보자. 편의상 외부 노드를 나타내었다. 실제 구

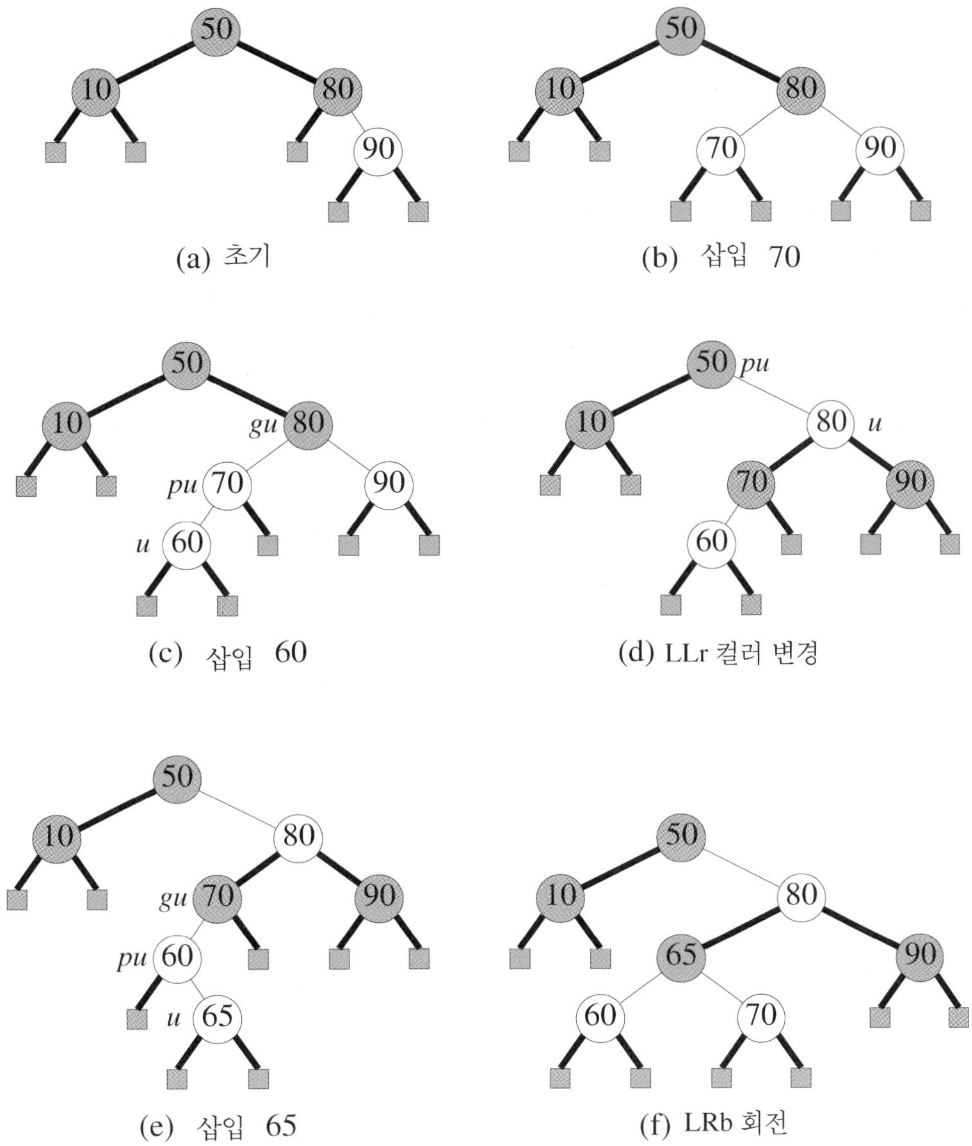

그림 10.18 레드-블랙 트리로의 삽입

현에서는 외부 노드로의 블랙 포인터는 단순히 널 포인터이고 외부 노드는 표현하지 않는다. 루트에서 외부 노드로의 모든 경로들은 세 개의 블랙 노드(외부 노드를 포함하여)와 두 개의 블랙 포인터를 가진다는 것을 유의하라.

이 레드-블랙 트리에 70을 삽입하기 위해서, 프로그램 10.4의 알고리즘을 사용한다. 새로운 노드는 80의 왼쪽 자식으로 삽입된다. 비어 있지 않은 트리에 삽입되었으므로 새로운 노드에는 레드 컬러를 할당한다. 또 그 부모(80)에서 그 노드로의 포인터 역시 레드이다. 이 삽입이 성질 RB2에 위배되지 않는

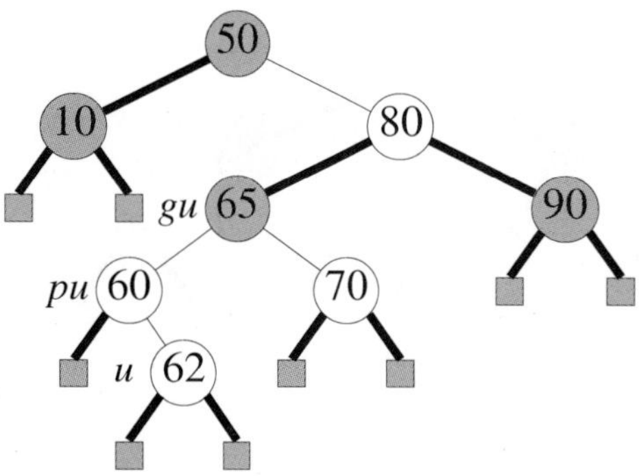

(g) 삽입 62

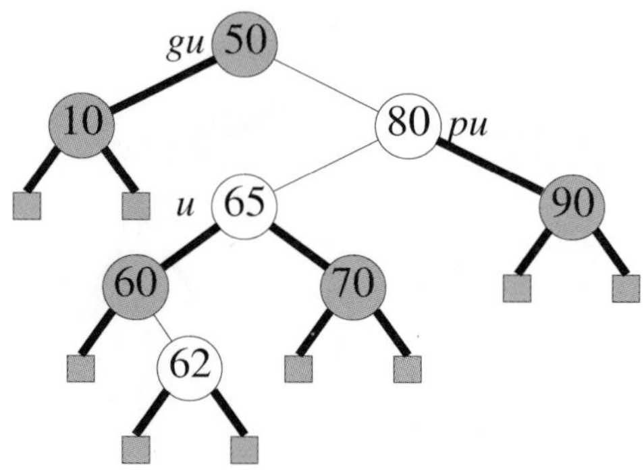

(h) LRr 컬러 변경

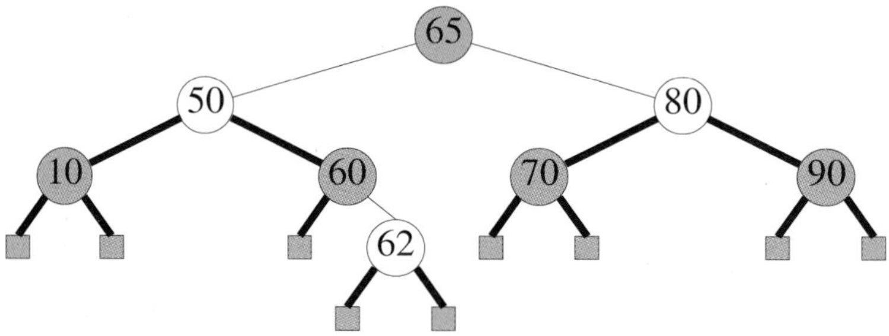

(i) RLb 회전

그림 10.18 레드-블랙 트리로의 삽입(계속)

다면 더 이상의 보충 작업은 필요 없다. 루트에서 외부 노드로의 모든 경로 상에 있는 블랙 포인터 수가 삽입 전과 동일함을 주목하라.

다음으로 그림 10.18(b)의 트리에 60을 삽입한다. 프로그램 5.23의 알고리즘은 새로운 노드를 70의 왼쪽 자식으로 붙이는데, 이것은 그림 10.18(c)에 나타난다. 새로운 노드는 레드이고, 그 노드로의 포인터 역시 레드이다. 새로운 노드는 *u* 노드이고 그 부모(70)는 *pu*, 그 노드의 조부모(80)는 *gu*이다. *pu*와 *u*가 레드이므로 불균형하게 된다. 이 불균형은 LLr 불균형(*pu*는 *gu*의 왼쪽 자식이고, *u*는 *pu*의 왼쪽 자식이며 *gu*의 다른 자식은 레드이므로)으로 분류된다. 그림 10.16(a)와 (b)의 LLr 컬러 변경이 수행되면 그림 10.18(d)의 트리가 얻어진다. 이제 *u*, *pu*, 그리고 *gu*는 각각 트리에서 두 레벨 위로 이동된다. 80을 가진 노드가 새로운 *u* 노드가 되며 루트는 *pu*가 되고 *gu*는 **NULL**이 된다. *gu* 노드가 없기 때문에 이 회전에서 RB2 불균형이 성립할 수 없어 완료된다. 루트에서 외부 노드로의 모든 경로는 정확히 두 개의 블랙 포인터를 가진다.

이제 그림 10.18(d)의 트리에 65를 삽입해 보자. 결과는 그림 10.18(e)에 나타난다. 새로운 노드는 *u* 노드이다. 그 부모와 조부모는 각각 *pu*와 *gu* 노드이다. 그림 10.17(c)와 (d)의 회전을 수행해야 하는 LRb 불균형이 발생한다. 회전 결과 그림 10.18(f)의 트리를 얻게 된다.

마지막으로 그림 10.18(g)의 트리를 얻기 위해 62를 삽입한다. 컬러 변경이 요구되는 LRr 불균형이 발생한다. 그 결과 트리와 새로운 *u*, *pu*, *gu* 노드들은 그림 10.18(*h*)에 나와 있다. 수행된 컬러 변경은 두 레벨 위까지 RLb 불균형을 초래하므로 이제 RLb 회전을 해야 한다. 그 회전 결과는 그림 10.18(*i*)의 트리에 나타나 있다. 회전 후에는 더 이상 추가 작업 없이 완료된다. □

10.3.5 레드-블랙 트리에서의 삭제

삭제 변환은 연습문제로 남겨 두었다.

10.3.6 레드-블랙 트리의 조인

5.7.5절에서 3원 조인(*ThreeWayJoin*), 2원 조인(*TwoWayJoin*), 분할(*Split*)과 같은 이원 탐색 트리의 연산을 정의하였다. 이 연산들은 레드-블랙 트리에서 로그 시간 내에 수행될 수 있다. 연산 *C.ThreeWayJoin*(*A*, *x*, *B*)는 다음과 같이 수행될 수 있다. 2원 조인도 비슷한 방식으로 수행된다.

경우 1: *A*와 *B*가 같은 랭크를 갖는다면 *x*, *leftChild A*, *rightChild B*의 쌍을 갖는 새로운 루트를 생성함으로써 *C*가 만들어진다고 하자. *C*의 랭크는 *A*와 *B*의 랭크보다 하나 높다.

경우 2: 만일 *rank*(*A*) > *rank*(*B*)이면, *A*에서부터 *B*와 같은 랭크를 갖는 첫 번째 노드 *Y*까지 *rightChild* 포인터를 따라간다. 성질 RB1에서 RB3을 통해 이 노드가 존재함을 보장할 수 있다. *p*(*Y*)가 *Y*의 부모라고 하자. *Y*의 정의로부터 *rank*(*p*(*Y*)) = *rank*(*Y*) + 1이 된다. 그 결과, *p*(*Y*)에서 *Y*로의 포인터는 블랙 포인터이다. *x*, *leftChild Y*, *rightChild B*의 쌍을 갖는 새로운 노드 *Z*를 생성한다(즉 노드 *Y*와 *Y*의 서브트리는 *Z*의 왼쪽 서브트리가 된다). *Z*는 *p*(*Y*)의 오른쪽 자식으로 만들어지고, *p*(*Y*)에서 *Z*로의 링크는 레드이다. 이 변환은 루트에서 외부 노드까지의 경로 상에 있는 블랙 포인터의 수를 변화시키지 않음에 주목하라. 그러나 이 변환은 루트에서 *Z*까지의 경로 내에 두 개의 연속적인 레드 포인터를 포함시키도록 할 수는 있다. 이러한 경우, 상향식 삽입에서 사용되었던 변환을 사용한다. 이런 변환들은 트리의 랭크를 하나씩 증가시킬 수 있다.

경우 3: 만일 *rank*(*A*) < *rank*(*B*)이면, 경우 2와 비슷하다.

3원 조인 연산의 분석: 기술된 함수가 정확한지에 대해서는 쉽게 알 수 있다. 경우 1은 O(1)의 시간이 걸리고, 나머지 두 가지 경우는 각 레드-블랙 트리의 랭크가 앞선다는 가정하에서 조인을 수행하는 데 $O(|rank(A) - rank(B)|)$가 걸린다. 따라서 3원 조인은 $O(\log n)$의 시간에 수행될 수 있는데, 이때 *n*은 조인되고 있는 두 트리의 노드 수를 의미한다. 2원 조인도 비슷한 방법으로 수행될 수 있다. 조인에 필요한 부모들은 루트에서 노드 *Y*까지 움직이는 만큼 스택에 저장될 수 있기 때문에 조인을 수행하는 데 있어 노드에 부모 데이타 멤버를 추가할 필요는 없다. □

10.3.7 레드-블랙 트리의 분할

이제 분할(split) 연산에 대해 알아보자. 간단히 설명하기 위해서 분할하는 키 *i*는 실제로 레드-블랙 트리 *A*에 있다고 가정하자. 이 가정하에 분할 연산 *A.Split*(*i*, *B*, *x*, *C*)는 프로그램 10.5에서와 같이 수행될 수 있다.

단계 1: 키 값이 i인 원소를 포함하고 있는 노드 P를 찾기 위해 A를 탐색한다. 그 원소를 참조 인자 (parameter) x에 복사한다. B와 C를 P의 왼쪽과 오른쪽 서브트리가 되도록 각각 초기화한다.

단계 2:

```
for (Q = parent(P); Q; P = Q, Q = parent(Q)) {
    if(P == Q→leftChild)
        C.ThreeWayJoin(C, Q→data, Q→rightChild)
    else B.ThreeWayJoin(Q→leftChild, Q→data, B);
}
```

프로그램 10.5: 레드-블랙 트리의 분할

먼저 레드-블랙 트리에서 분할하는 원소 x를 찾는다. P가 이 원소를 포함하는 노드라고 하자. P의 왼쪽 서브트리는 i보다 작은 키 값의 원소들을 포함하고 있다. B는 이 서브트리가 되도록 초기화된다. P의 오른쪽 서브트리에 있는 모든 원소들은 i보다 큰 키 값을 갖는다. 그리고 C는 이 서브트리가 되도록 초기화된다. 단계 2에서는 P에서부터 레드-블랙 트리 A의 루트까지 경로를 추적한다. 추적하는 동안에 두 종류의 서브트리를 만나게 되는데 그 중 하나는 C에 있는 모든 키뿐만 아니라 i보다 더 큰 키를 가진 원소들을 포함한 서브트리이다. 이는 노드의 왼쪽 자식으로부터 그 부모로 추적할 때 일어난다. 다른 종류의 서브트리는 B에 있는 모든 키보다 더 작은 키뿐만 아니라 i보다 더 작은 키를 가진 원소들을 포함한 서브트리이다. 이것은 오른쪽 자식으로부터 부모로 이동할 때 일어난다. 전자의 경우에는 C와 3원 조인이 수행되고 후자의 경우에는 B와 3원 조인이 수행된다. 여기에 기술한 두 단계 과정은 i가 트리 A에 있는 한 레코드의 키 값일 때 분할 연산을 확실히 이행하고 있음을 검증할 수 있다. 이것은 트리 A가 키 i를 가진 레코드를 포함하지 않을 때의 경우를 처리할 수 있도록 쉽게 확장될 수 있다.

분할 연산의 분석: 부모로부터 노드에 대한 포인터가 레드라면 그 노드를 레드라고 하자. 그 부모로부터 블랙 포인터를 갖는 루트와 모든 노드들은 블랙이다. 분할되지 않은 트리에서 노드 X의 랭크를 $r(X)$라고 하자. 먼저, 분할하는 동안에 P가 분할되지 않은 트리에서 블랙 노드이고 $Q \neq 0$이라면, 다음과 같다.

$$r(Q) \geq \max\{r(B), r(C)\}$$

여기에서 P, Q, B, C는 단계 2에서 **for** 루프의 시작 부분에 정의되어 있다.

랭크의 정의로부터 **for** 루프의 첫 번째 반복이 시작될 때 P의 컬러와는 상관없이 부등식은 성립된다. P가 초기에 레드였다면 그 부모 Q는 존재하고 블랙이다. q'이 Q의 부모라고 하자. $q' = 0$이라면 부등식이 위반된 곳에서 Q는 존재하지 않는다. 그렇다면 $q' \neq 0$이라고 가정하자. 랭크의 정의와 Q가 블랙이라는 정의로부터 $r(q') = r(Q) + 1$이 된다. 단계 2의 3원 조인 후의 트리 B와 C가 B'와 C'라고 하자. $r(B') \leq r(B) + 1$이고 $r(C') \leq r(C) + 1$이므로 $r(q') = r(Q) + 1 \geq \max\{r(B), r(C)\} + 1 \geq \max\{r(B'), r(C')\}$이 된다. 따라서 부등식은 처음으로 Q가 블랙 자식 P를 가진 노드를 가리킬 때(즉 Q

$= q'$일 때 **for** 루프의 두 번째 반복 시작점에서) 성립한다.

이렇게 귀납적 가정을 세운 후 Q가 블랙 자식 P를 가진 노드를 가리킬 때 차후의 모든 반복에 대해서 부등식은 계속 성립된다는 것을 증명할 수 있다. Q가 현재 블랙 자식 $P = p$를 가진 노드 q를 가리키고 있다고 가정하자. 또한 부등식이 성립한다고 가정하자. Q가 블랙 P를 가진 노드에 있을 때 이 부등식이 다시 성립한다는 것을 증명해야 한다. 그런 경우에 대해서는 q의 부모인 q'이 반드시 존재해야만 한다. q가 블랙이라면 그 증명은 귀납법에 의해 블랙 Q와 레드 P에 대해 증명했던 것과 비슷하다.

q가 레드라면 q'은 블랙이다. 다음 번 Q가 블랙 P를 가진 노드에 있는 경우에 q가 조부모 q''을 가져야만 한다. 왜냐하면 Q가 q'로 이동하고 P가 q로 이동할 때 $Q = q'$은 레드 자식 $P = q$를 갖기 때문이다. B'과 C'은 $P = p$와 $Q = q$에서 시작하여 반복하는 B와 C 트리를 나타낸다고 하자. 이와 유사하게 B''와 C''은 $P = q$와 $Q = q'$에서 시작하여 반복하는 이 트리를 나타낸다고 하자.

C가 C'을 생성하기 위해 q와 그 오른쪽 서브트리 R과 결합된다고 가정하자. $r(C) = r(R)$이면 $r(C') = r(C) + 1$이고 C'은 두 개의 블랙 자식을 갖는다(랭크가 하나씩 증가할 때 루트는 두 블랙 자식을 갖는다는 것을 생각해 보라). $C'' = C'$이라면 $B = B'$은 B''을 생성하기 위해 q'과 그 왼쪽 서브트리 L'와 결합된다. $r(L') \le r(q')$, $r(B'') \le \max\{r(B), r(L')\} + 1$이고 $r(q'') = r(q') + 1 = r(q) + 1$이므로 $r(B'') \le r(q'')$이다. 또한 $r(C'') = r(C') = r(C) + 1 \le r(q) + 1 \le r(q'')$이다. 그러므로 $Q = q''$일 때 부등식이 성립된다. $C'' \ne C'$이라면 C'은 q'과 그것의 오른쪽 서브트리 R'와 조인하여 C''이 된다. 만약 $r(R') \ge r(C')$라면 $r(C'') \le r(R') + 1 \le r\{q') + 1 = r(q'')$이다. $r(R') < r(C')$라면 $r(C'') = r(C')$이고 C'은 두 블랙 자식을 갖는다. 또한 C', q', R'의 조인은 랭크를 증가시키지 않는다. 다시 말하면 $r(C'') \le r(q'')$이고 $Q = q''$일 때 부등식이 성립한다.

만약 $r(C) > r(R)$이고 $r(C') = r(C)$라면 $r(q'') = r(q) + 1 \ge \max\{r(B), r(C)\} + 1 \ge \max\{r(B''), r(C'')\}$이다. $r(C') = r(C) + 1$이면 C'은 두 블랙 자식을 가지며 $r(C'') \le r(q) + 1 = r(q'')$이다. 또한 $r(B'') \le r(q'')$이다. 따라서 $Q = q''$일 때 부등식이 성립한다. $r(C) < r(R)$의 경우도 비슷하다.

B가 q와 그 왼쪽 서브트리 L과 함께 조인되는 경우는 위와 대칭적이다.

방금 만든 랭크 부등식을 이용하면, Q가 블랙 자식을 가진 한 노드를 가리킬 때마다 시작부터 Q가 이 노드에 도달할 때까지 분할 알고리즘의 단계 2에서 수행되는 모든 작업이 $O(r(B) + r(C) + r(Q))$라는 것을 보일 수 있다. 여기에서 B와 C는 각각 분할하는 값보다 작거나 큰 값을 가진 현재의 레드-블랙 트리이다. $r(Q) \ge \max\{r(B), r(C)\}$이기 때문에 단계 2에서 이루어진 모든 작업은 $O(r(Q))$이다. 이로부터 분할을 수행하는 데 요구되는 시간은 $O(\log n)$임을 알 수 있다. 여기서 n은 분할되는 트리의 노드 수를 의미한다. □

연습문제

1. 공백 레드-블랙 트리에서 시작하여 아래와 같은 순서로 키들을 삽입하라.

15, 14, 13, 12, 11, 10, 9, 8, 7, 6, 5, 4, 3, 2, 1

각 삽입이 일어난 직후의 트리를 그림 10.18과 비슷한 방식으로 그려 보고, 삽입에 의해 재균 형을 위한 회전이 발생하거나 컬러에 변화가 생긴 경우 이를 나타내라. 모든 노드에 컬러를 표시하고 수행된 회전(회전이 발생한다면)의 유형을 밝히라.

2. 트리에 삽입될 키들의 순서가 다음과 같을 때 연습문제 1을 풀어 보라.

1, 2, 3, 4, 5, 6, 7, 8, 9, 10, 11, 12, 13, 14, 15

3. 트리에 삽입될 키들의 순서가 다음과 같을 때 연습문제 1을 풀어 보라.

20, 10, 5, 30, 40, 57, 3, 2, 4, 35, 25, 18, 22, 21

4. 트리에 삽입될 키들의 순서가 다음과 같을 때 연습문제 1을 풀어 보라.

40, 50, 70, 30, 42, 15, 20, 25, 27, 26, 60, 55

5. 그림 10.16의 LLr과 LRr의 변경에 대응하는 RRr과 RLr 컬러 변경을 그리라.
6. 그림 10.17의 LLb와 LRb의 변화에 대응하는 RRb와 RLb 회전을 그리라.
7. *T*를 랭크가 *r*인 레드–블랙 트리라 하자. 트리에 있는 각 노드의 랭크를 계산하는 함수를 작성하라. 이 함수의 시간 복잡도는 그 트리에 있는 노드 수에 선형적이어야 하는데 그렇다는 것을 보이라.
8. *n*-노드를 가진 레드–블랙 트리와 같은 수의 노드를 가진 AVL 트리에 대해 최악의 경우 높이를 비교하라.
9. 레드–블랙 트리에서의 삭제 변환을 나타내 보라. 레드–블랙 트리에서 삭제는 최대 한 번의 회전이 필요함을 보이라.
10. (a) 이 절에서 기술된 전략을 이용하여 3원 조인 연산을 위한 C++ 함수를 작성하라. 노드 *X*로의 트리 포인터가 연속적인 두 레드 포인터 중 두 번째 것이라면 필요한 변환을 수행하는 함수 *rebalance*(*X*)가 존재한다고 가정하라. 이 함수의 복잡도는 O(*level*(*X*))가 될 것이다.
    (b) 함수의 정확성을 증명하라.
    (c) 함수의 시간 복잡도는 얼마인가?
11. 레드–블랙 트리에서 2원 조인을 수행하는 함수를 작성하라. 탐색, 삽입, 삭제, 3원 조인을 수행하는 함수가 있다고 가정하는 것이 좋다. 작성한 2원 조인 함수의 시간 복잡도는 얼마인가?
12. 프로그램 10.5에서 제시된 방법을 사용하여 레드–블랙 트리 *T*에서 분할 연산을 수행하는 C++ 함수를 작성하라. 알고리즘의 복잡도는 O(*height*(*T*))일 것이다. 작성한 함수는 분할하는 키 *i*가 *T*에 있을 때나 없을 때나 모두 동작해야만 한다.
13. *Q*가 블랙 자식을 가질 때마다 시작부터 *Q*가 현재 노드에 도달하는 시간까지 분할 알고리즘의 단계 2에서 수행된 모든 작업이 O(*r*(*Q*))라는 것을 보임으로써 분할 연산에 대한 복잡도 증명을 완성하라.
14. AVL 트리와 레드–블랙 트리에 대한 탐색, 삽입, 삭제 연산을 프로그램으로 작성하라.
    (a) 작성된 프로그램의 정확성을 테스트하라.
    (b) 삽입할 *n*개의 서로 다른 값들을 임의의 순서로 만들라. 각 자료 구조를 초기화하는 데 이 순

서를 사용하라. 그 다음 탐색, 삽입, 삭제 연산을 임의 순서로 만들라. 이 순서에서 탐색 확률은 0.5, 삽입은 0.25, 삭제는 0.25의 확률이어야 한다. 순서의 길이는 m이다. 위의 자료 구조를 이용해서 이 순서에 m번의 연산을 수행하는 데 필요한 시간을 계산하라.

(c) n = 100, 1000, 10,000, 100,000, 그리고 $m = n$, $2n$, $4n$에 대해 (b) 부분을 반복하라.

(d) 이 자료 구조의 상대적인 성능에 대해 무엇을 설명할 수 있는가?

10.4 스플레이 트리

지금까지 살펴본 이원 탐색 트리는 삽입, 삭제, 탐색, 조인, 분할과 같은 연산들을 최악의 경우 O(log$n$) 시간으로 수행할 수 있다. 우선순위 큐의 경우에서 최악의 복잡도보다 상환 복잡도(amortized complexity)가 더 중요할 때는 보다 간단한 구조가 사용될 수 있음을 알았다. 이것은 탐색 트리의 경우에도 마찬가지이다. 스플레이 트리(splay tree)를 사용하면 각 연산은 O(log$n$)의 상환 시간에 수행할 수 있다. 이 절에서는 두 종류의 스플레이 트리, 즉 상향식 스플레이 트리와 하향식 스플레이 트리에 대해서 알아본다. 두 스플레이 트리 모두 각 연산의 상환 복잡도가 O(log$n$)이지만 실험적으로 상수 인수 내에서 하향식 스플레이 트리가 상향식 스플레이 트리보다 빠른 것으로 나타난다.

10.4.1 상향식 스플레이 트리

상향식 스플레이 트리(bottom-up splay tree)는 이원 탐색 트리로서 보통의 이원 탐색 트리(5장 참조)에서와 같은 방식으로 탐색, 삽입, 삭제, 그리고 조인 연산이 이루어지는데, 다만 각 연산이 수행된 후에는 스플레이(splay)가 실행된다는 점이 다르다. 그러나 분할에서는 먼저 스플레이를 수행한다. 이것은 분할을 매우 쉽게 수행할 수 있게 한다. 스플레이는 일련의 회전으로 구성된다. 설명을 간단히 하기 위해 각각의 연산들은 항상 성공적이라고 가정하자. 실패는 별개의 성공적 연산으로 모델링할 수 있다. 예를 들면 성공하지 못한 탐색의 경우 탐색 시 마지막으로 방문한 노드 내의 원소에 대한 탐색으로 모델링하고, 성공하지 못한 삽입은 성공적인 탐색으로 모델링할 수 있다. 이러한 가정하에서 스플레이를 위한 시작 노드는 다음과 같이 결정할 수 있다.

(1) *Search*: 스플레이는 찾고자 하는 원소를 포함하고 있는 노드에서 시작한다.
(2) *Insert*: 스플레이에 대한 시작 노드는 새로 삽입된 노드이다.
(3) *Delete*: 물리적으로 삭제된 노드의 부모 노드가 스플레이의 시작 노드로 된다. 만일 이 노드가 루트이면 스플레이가 발생하지 않는다.
(4) *ThreeWayJoin*: 어떤 스플레이도 발생하지 않는다.
(5) *Split*: 가령 실제 트리에 있는 키 i에 대해 분할을 한다고 가정하자. 그러면 키 i를 포함하고 있는 노드에 대해 먼저 스플레이를 수행한 뒤에 트리를 분할한다. 스플레이 후에 분할시키는 것은 매우 단순하다.

스플레이 회전은 이원 탐색 트리의 시작 노드부터 루트까지의 경로를 따라 수행된다. 이러한 회전은 AVL 트리와 레드-블랙 트리에 대해 수행한 회전과 비슷하다. q를 스플레이가 수행되고 있는 노드라 가정하자. 초기에 q는 스플레이가 시작하는 노드이다. 스플레이는 다음 단계들로 정의된다.

(1) 만일 q가 0이거나 루트이면 스플레이는 종료된다.

(2) 만일 q가 부모 p는 있지만 조부모는 없는 경우, 그림 10.19의 회전이 수행되고 스플레이가 종료된다.

(3) 만일 q가 부모 p와 조부모 gp를 갖고 있다면, 회전은 LL(p는 gp의 왼쪽 자식이고, q는 p의 왼쪽 자식이다), LR(p는 gp의 왼쪽 자식이고 q는 p의 오른쪽 자식이다), RR, 또는 RL로 분류된다. 그림 10.20은 RR과 RL 회전을 나타내고 있으며 LL과 LR 회전은 이와 대칭이 된다. 스플레이는 q의 새로운 위치에서 반복된다.

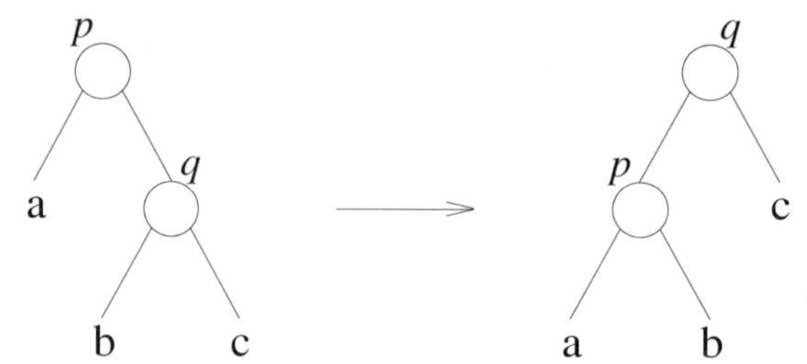

a, b, c는 서브트리

그림 10.19 *q*가 오른쪽 자식이고 조부모가 없을 때의 회전

모든 회전은 q를 트리 위쪽으로 이동시키고 스플레이 다음에는 q가 탐색 트리의 새로운 루트가 되는 것에 유의하라. 결과적으로 키 i에 대한 트리의 분할은 i에서 스플레이를 수행하고 난 다음에 루트에서 분할이 일어남으로써 간단히 이루어진다. 그림 10.21은 회색 노드에서 스플레이를 수행하기 전, 수행하는 중, 수행한 이후의 이원 탐색 트리 예를 보여 주고 있다.

피보나치 히프(Fibonacci heap)의 경우에는 상호 부담 부과 기법을 통해 연산에 대한 상환 복잡도를 계산하였다. 스플레이 트리에 대한 분석에서는 전위(potential) 기법을 사용한다. P_0를 탐색 트리의 초기 전위라 하고 P_i를 일련의 m개 연산들 가운데 i 번째 연산을 수행한 후의 전위라 하자. i 번째 연산에 대한 상환 시간은 다음과 같이 정의할 수 있다.

$$(i\text{번째 연산에 대한 실제 시간}) + P_i - P_{i-1}$$

즉 상환 시간은 실제 시간에 전위에서의 변경을 합한 값이다. 식을 다시 정리하면 i번째 연산에 대한 실제 시간은 다음과 같음을 알 수 있다.

$$(i\text{번째 연산에 대한 상환 시간}) + P_{i-1} - P_i$$

따라서 일련의 m개 연산을 수행하는 데 필요한 실제 시간은 다음과 같다.

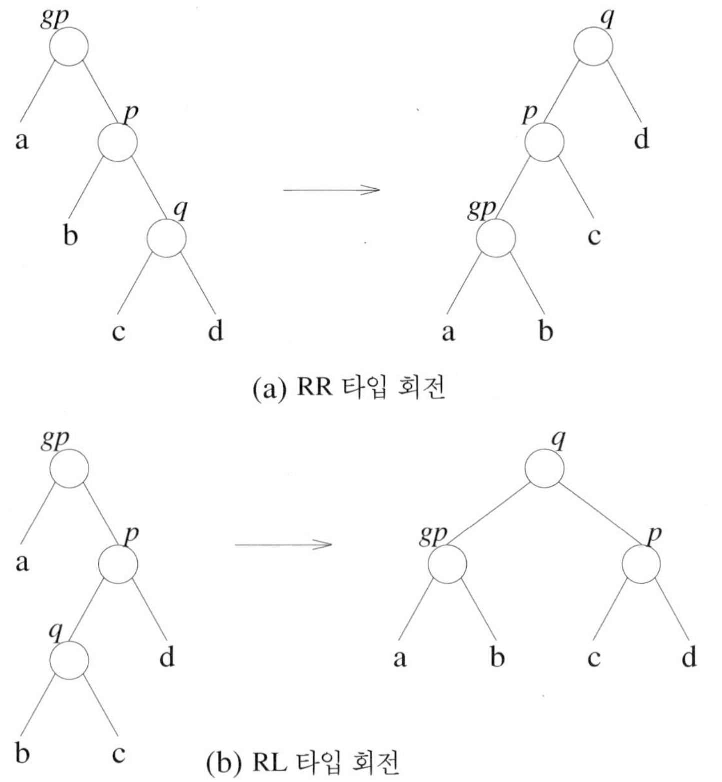

그림 10.20 RR과 RL 회전

$$\sum_i (i \text{ 번째 연산에 대한 상환 시간}) + P_0 - P_m$$

조인 연산을 제외한 각 연산의 실제 복잡도는 전체 연산의 복잡도 차수와 같고 조인 연산도 O(1)의 시간 복잡도를 갖기 때문에 스플레이를 실행하는 데 소요되는 시간만을 고려하면 충분하다.

각 스플레이는 여러 개의 회전으로 구성된다. 각 회전에 대한 비용을 일정한 단위 시간 하나로 할당한다. 전위 함수는 어느 정도 임의로 선택할 수 있다. 그 목적은 가능한 한 시간 복잡도의 한계를 작게 만드는 전위 함수를 사용하는 것이다. 여기서 사용하려는 전위 함수는 다음과 같이 정의한다. 루트가 i인 서브트리의 크기 $s(i)$는 서브트리의 총 노드 수라 하자. 노드 i의 랭크 $r(i)$는 $\lfloor \log_2 s(i) \rfloor$이고 트리의 전위는 $\sum_i r(i)$이다. 공백 트리의 전위는 0으로 정의된다.

그림 10.21(a)의 트리에서 서브트리 a, b, ..., j는 모두 공백이라 가정하자. 그러면 $(s(1), \ldots, s(9)) = (9, 6, 3, 2, 1, 4, 5, 7, 8)$이고 $r(3) = r(4) = 1$, $r(5) = 0$, $r(9) = 3$이다. 다음의 보조정리 10.3에서 r과 r'은 각각 회전의 전과 후의 랭크를 나타낸다.

보조정리 10.3: 노드당 n개의 원소를 갖는 이원 탐색 트리를 고려해 보자. 노드 q에서 시작하는 스플레

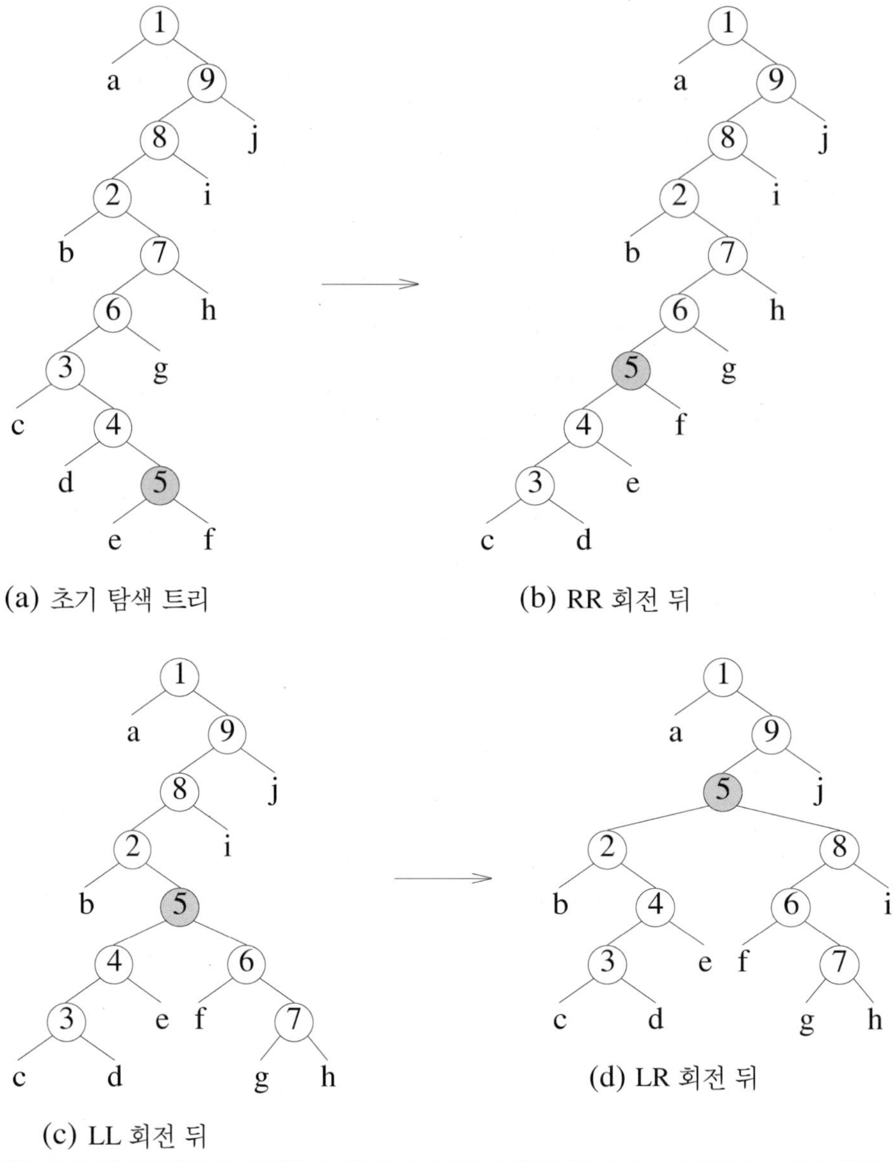

그림 10.21 회색 노드에서 시작하는 스플레이의 회전

이 연산의 상환 비용은 최대 $3(\lfloor \log_2 n \rfloor - r(q)) + 1$이다.

증명: 스플레이 정의에 있는 세 단계를 고려한다.

(1) 이 경우에 q는 0이거나 루트이다. 이 단계는 트리의 전위를 바꾸지 않으므로 상환 비용과 실제 비용은 같다. 이 비용은 1이다.

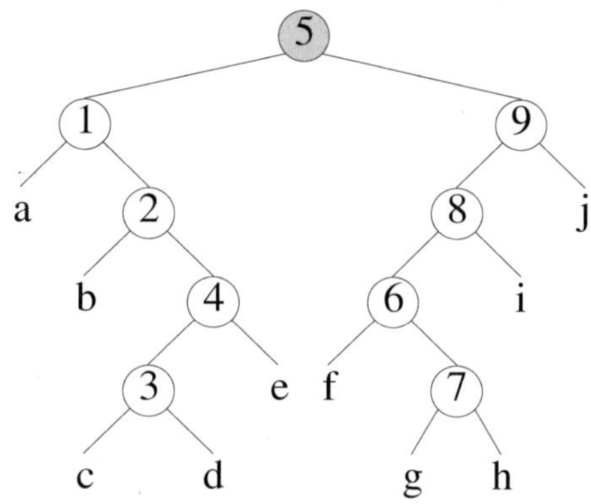

(e) RL 회전 뒤

그림 10.21 회색 노드에서 시작하는 스플레이의 회전(계속)

(2) 이 단계에서는 그림 10.19의 회전(또는 q가 p의 왼쪽 자식인 경우에 대한 대칭 회전)이 수행된다. p와 q의 랭크만이 영향을 받기 때문에 전위 변경 ΔP는 $r'(p) + r'(q) - r(p) - r(q)$이다. 또한 $r'(p) \le r(p)$이므로 $\Delta P \le r'(q) - r(q)$이다. 그러므로 이 단계의 상환 비용(실제 비용 + 전위 변경)은 $r'(q) - r(q) + 1$ 이하이다.

(3) 이 단계에서는 q, p, gp의 랭크만이 변경된다. 따라서 $\Delta P = r'(q) + r'(p) + r'(gp) - r(q) - r(p) - r(gp)$이다. $r(gp) = r'(q)$이므로 다음과 같은 식을 얻는다.

$$\Delta P = r'(p) + r'(gp) - r(q) - r(p) \qquad (1)$$

RR 회전을 고려해 보자. 그림 10.20(a)에서 $r'(p) \le r'(q)$, $r'(gp) \le r'(q)$, $r(q) \le r(p)$임을 알 수 있다. 따라서 $\Delta P \le 2(r'(q) - r(q))$이다. 만약 $r'(q) > r(q)$라면 $\Delta P \le 3(r'(q) - r(q)) - 1$이고, $r'(q) = r(q)$라면 $r'(q) = r(q) = r(p) = r(gp)$이다. 또한 $s'(q) > s(q) + s'(gp)$이다. 따라서 $r'(gp) < r'(q)$이다. 이를 확인하기 위해 $r'(gp) = r'(q)$라면 $s'(q) > 2^{r(q)} + 2^{r'(gp)} = 2^{r(q)+1}$임을 주목해야 한다. 이는 랭크의 정의를 어기는 것이다. 따라서 (1)로부터 $\Delta P \le 2(r'(q) - r(q)) - 1 = 3(r'(q) - r(q)) - 1$임을 알 수 있다. 그러므로 RR 회전의 상환 비용은 최대 $1 + 3(r'(q) - r(q)) - 1 = 3(r'(q) - r(q))$이 된다.

이러한 한계는 LL, LR, 그리고 RL 회전에 대해서도 유사한 방법으로 얻어질 수 있다.

위의 보조정리는 단계 1과 2가 상호 배제적이고 최대 한 번 발생할 때 성립된다. 단계 3은 0번 또는 그 이상 발생한다. 단계 1 또는 단계 2의 발생 한 번, 그리고 단계 3의 모든 발생 횟수의 상환 비용을 합하면 이 보조정리의 한계를 얻을 수 있다. □

정리 10.1: 초기의 공백 스플레이 트리에 대해 m번의 탐색, 삽입, 삭제, 조인, 분할 연산을 순차적으로 수행시키는 데 필요한 총 시간은 O($m$log$n$)이다. 여기서 $n(n > 0)$은 일련의 연산들 중 삽입 연산의 횟수이다.

증명: 어떤 스플레이 트리도 n개 이상의 노드를 가질 수 없기 때문에 어떠한 노드도 $\lfloor \log_2 n \rfloor$보다 큰 랭크를 가질 수 없다. 탐색(스플레이를 제외한)은 어떤 노드의 랭크도 변경시키지 않으므로 관련 스플레이 트리의 전위에 영향을 주지 않는다. 삽입(스플레이를 제외한)은 루트로부터 최근에 삽입된 노드까지의 경로 상에 있는 모든 노드의 크기를 하나씩 증가시킨다. 이것은 크기 2^k-1을 가진 노드의 랭크를 변경시키게 한다. 그러므로 삽입 경로 상에는 기껏해야 $\lfloor \log_2 n \rfloor + 1$개의 노드들이 있다. 즉 각 삽입(스플레이를 제외한)은 전위를 기껏해야 이 정도 증가시킨다. 각 조인은 모든 스플레이 트리들의 총 전위를 최대 $\lfloor \log_2 n \rfloor$만큼 증가시킨다. 삭제는 스플레이 단계에서 발생하는 것을 제외하면 관련 스플레이 트리의 전위를 증가시키지 않는다. 분할 연산(스플레이 단계를 제외한)은 분할하기 바로 직전의 트리의 랭크만큼 전체 전위를 감소시킨다(그러나 스플레이 후에는 초과한다). 따라서 m개 연산에 해당하는 전위 증가량 PI(스플레이 단계에 해당하는 것은 제외)는 O($m$log$n$)이다.

스플레이 연산에 대한 상환 비용의 정의로부터 일련의 연산을 위한 시간은 스플레이들의 상환 비용들, 전위 변경 P_0-P_m, PI의 합이라는 것이 성립된다. 보조정리 10.3에서 상환 비용의 합은 O($m$log$n$)이다. 초기 전위 P_0는 0이고 최종 전위 P_m은 0보다 크거나 같다. 따라서 전체 시간은 O($m$log$n$)이다. □

10.4.2 하향식 스플레이 트리

상향식 스플레이 트리의 경우에서처럼 하향식 스플레이 트리(top-down splay tree)에서도 3원 조인 연산은 5.7.5절과 동일하게 구현된다. 나머지 연산들에 대하여, 스플레이 노드를 상향식 스플레이 트리에서 정의된 것과 같이 정하자. 5.7.5절에서와 같이 각 연산에 대해서는 루트에서 스플레이 노드까지의 경로를 따른다. 그러나 이 경로를 따르면 이진 트리가 세 개의 구성 요소, 즉 스플레이 노드에 있는 원소의 키보다 더 작은 값의 키를 가진 원소들로 이루어진 이원 탐색 트리 *small*, 스플레이 노드에 있는 원소의 키보다 더 큰 값의 키를 가진 원소들로 이루어진 이원 탐색 트리 *big*, 스플레이 노드로 분할된다. 루트에서 스플레이 노드로 가는 경로를 아래쪽으로 순회할 때 스플레이 노드에 도달하기 전까지는 어떤 노드가 스플레이 노드인지를 알지 못한다는 것에 주의하라. 그러므로 아래쪽으로의 순회는 현재 수행되고 있는 연산과 관련된 키 k를 사용하여 수행된다.

분할을 위해, 두 개의 공백 이원 탐색 트리인 *small*과 *big*으로 시작해 보자. 편의를 위해 마지막에 제거되는 헤더 노드를 이들 트리에 첨가하도록 하자. s와 b는 각각 *small*과 *big*의 헤더 노드로 초기화한다. 스플레이 노드를 향한 아래 방향 순회는 루트에서 시작된다. x가 현재 노드를 나타내도록 하고 트리 루트인 x에서 시작한다. 다음의 일곱 가지 경우를 고려해야 한다.

경우 0: x가 스플레이 노드인 경우.
분할 과정을 종료한다.

경우 L: 스플레이 노드가 x의 왼쪽 자식인 경우.
이 경우, x와 그 오른쪽 서브트리는 스플레이 노드의 키보다 더 큰 키를 포함한다. 그러므로 x를 b의 왼쪽 자식으로 만들고($b\rightarrow leftChild = x$), $b = x$, $x = x\rightarrow leftChild$로 설정한다. x의 오

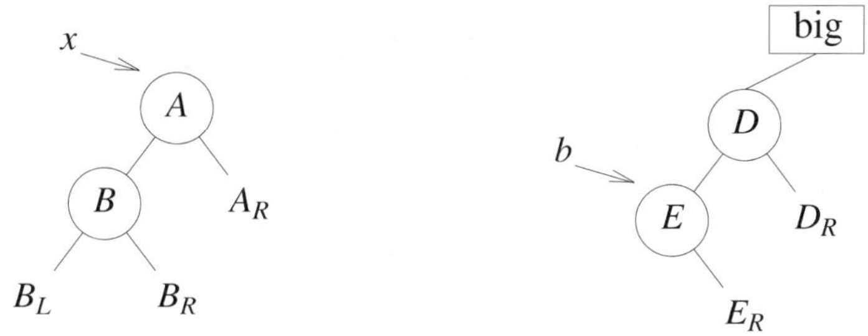

(a) L 변환 전

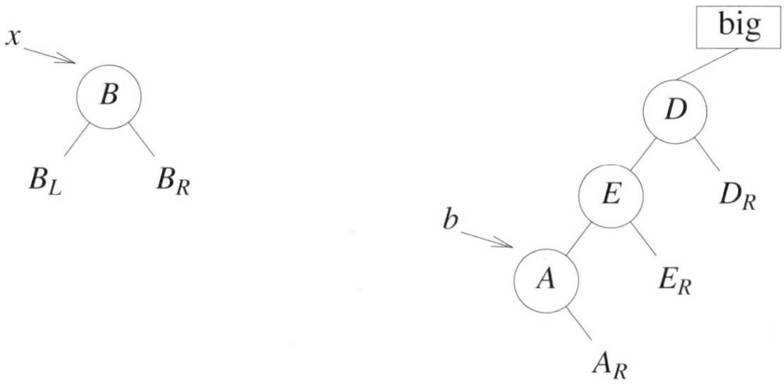

(b) L 변환 뒤

그림 10.22 하향식 스플레이 트리에서의 경우 L

른쪽 서브트리에 *big*이 자동적으로 위치함을 잘 보기 바란다. 그림 10.22는 이런 경우를 도식적으로 나타낸 것이다.

경우 R: 스플레이 노드가 x의 오른쪽 자식인 경우.

이 경우는 경우 L과 대칭적이다. 이제 x와 그 왼쪽 서브트리는 스플레이 노드의 키보다 더 작은 키를 포함한다. 그러므로 x를 s의 오른쪽 자식으로 만들고($s \rightarrow rightChild = x$), $s = x$, $x = x \rightarrow rightChild$로 설정한다. x의 왼쪽 서브트리에 *small*이 자동적으로 위치함을 주목하라.

경우 LR: 스플레이 노드가 x의 왼쪽 자식의 오른쪽 서브트리에 있는 경우.

이 경우는 경우 L을 처리한 후 경우 R을 처리하는 것과 같이 처리한다.

경우 RL: 스플레이 노드가 x의 오른쪽 자식의 왼쪽 서브트리에 있는 경우.

이 경우는 경우 R을 처리한 후 경우 L을 처리하는 것과 같이 처리한다.

경우 LL: 스플레이 노드가 x의 왼쪽 자식의 왼쪽 서브트리에 있는 경우.

이 경우는 경우 L을 두 번 적용하는 것처럼 처리하면 안 된다. 대신 x 주변으로 LL 회전을 수행한다. 그림 10.23은 이런 경우를 도식적으로 나타내고 있다. 이러한 변환은 다음과 같은 코드로 처리된다.

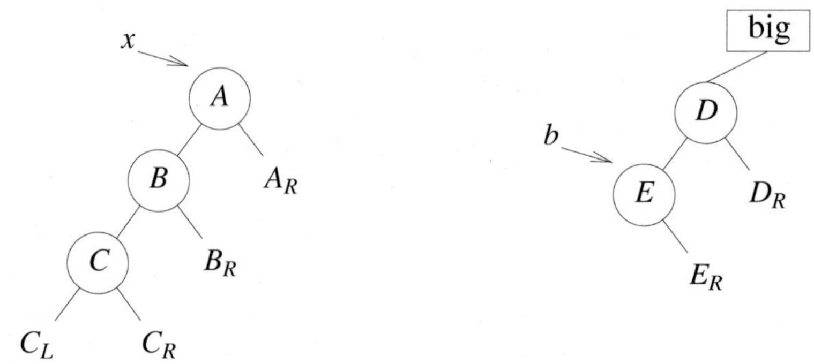

(a) LL 변환 전

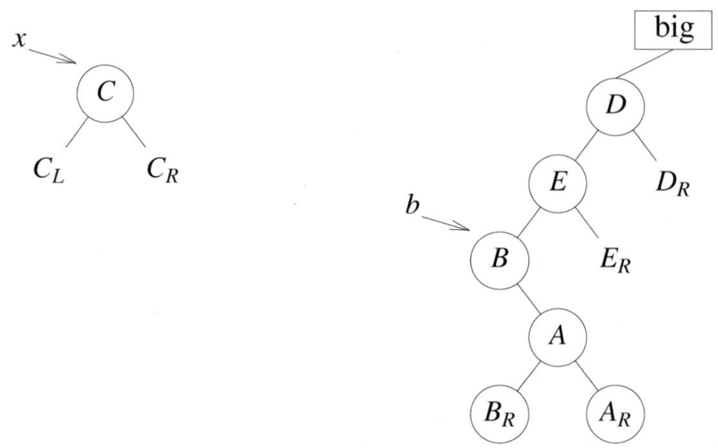

(b) LL 변환 뒤

그림 10.23 하향식 스플레이 트리에서의 경우 LL

b→*leftChild* = *x*→*leftChild*;
b = *b*→*leftChild*;
x→*leftChild* = *b*→*rightChild*;
b→*rightChild* = *x*;
x = *b*→*leftChild*;

경우 RR: 스플레이 노드가 *x*의 오른쪽 자식의 오른쪽 서브트리에 있는 경우.
이 경우는 경우 LL과 대칭적이다.

위의 변환들은 경우 0을 적용하여 종료될 때까지 반복해서 적용된다. 종료 후 *x*는 스플레이 노드가 된다. 이제 *x*의 왼쪽 서브트리는 *s*의 오른쪽 서브트리로 만들고 *x*의 오른쪽 서브트리는 *b*의 왼쪽 서브트리로 만든다. 마지막으로 *small*과 *big* 트리의 헤더 노드는 삭제된다.

분할 연산을 수행할 때 x가 분할 키를 포함할 경우 분할의 결과로 *small*, $x \rightarrow$*data*, *big*을 반환한다. 탐색, 삽입, 삭제 연산을 위해 *small*과 *big*을 각각 x의 왼쪽과 오른쪽 서브트리로 하고 x를 루트로 갖는 새로운 이원 탐색 트리를 만든다(스플레이 노드에 대한 아래 방향으로 수행하는 탐색에 있어서 탐색, 삽입, 삭제 연산과 관련하여 남아 있는 작업들은 완료되었다고 가정한다).

예제 10.5: 그림 10.21(a)의 하향식 스플레이 트리에서 키 5를 찾는다고 가정하자. 지금은 이것을 알 수 없지만 스플레이 노드는 회색 노드이다. 루트로부터 스플레이 노드로의 경로는 탐색 키 5와 현재 노드의 키를 비교함으로써 결정된다. 루트에 있는 현재 노드 포인터 x와 두 개의 공백 스플레이 트리인 *small*과 *big*을 가지고 시작한다. 이들 공백 스플레이 트리들은 헤더 노드를 갖는다. 변수 s와 b는 각각 이들 헤더 노드들을 가리킨다. 스플레이 노드는 x의 오른쪽 자식의 왼쪽 서브트리에 있으므로 RL 변환이 필요하다. 그림 10.24(a)에는 RL 변환 후의 *small*과 *big* 트리뿐만 아니라 탐색 트리도 나타나 있다.

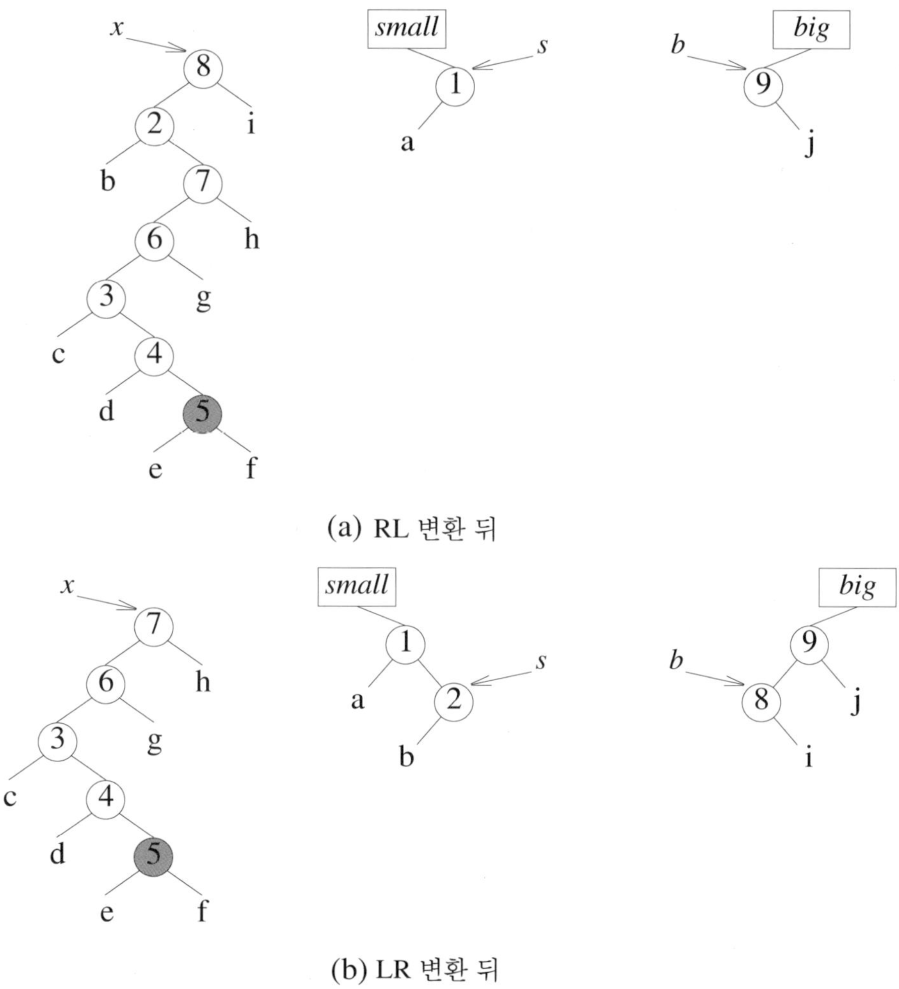

그림 10.24 하향식 스플레이 트리의 예

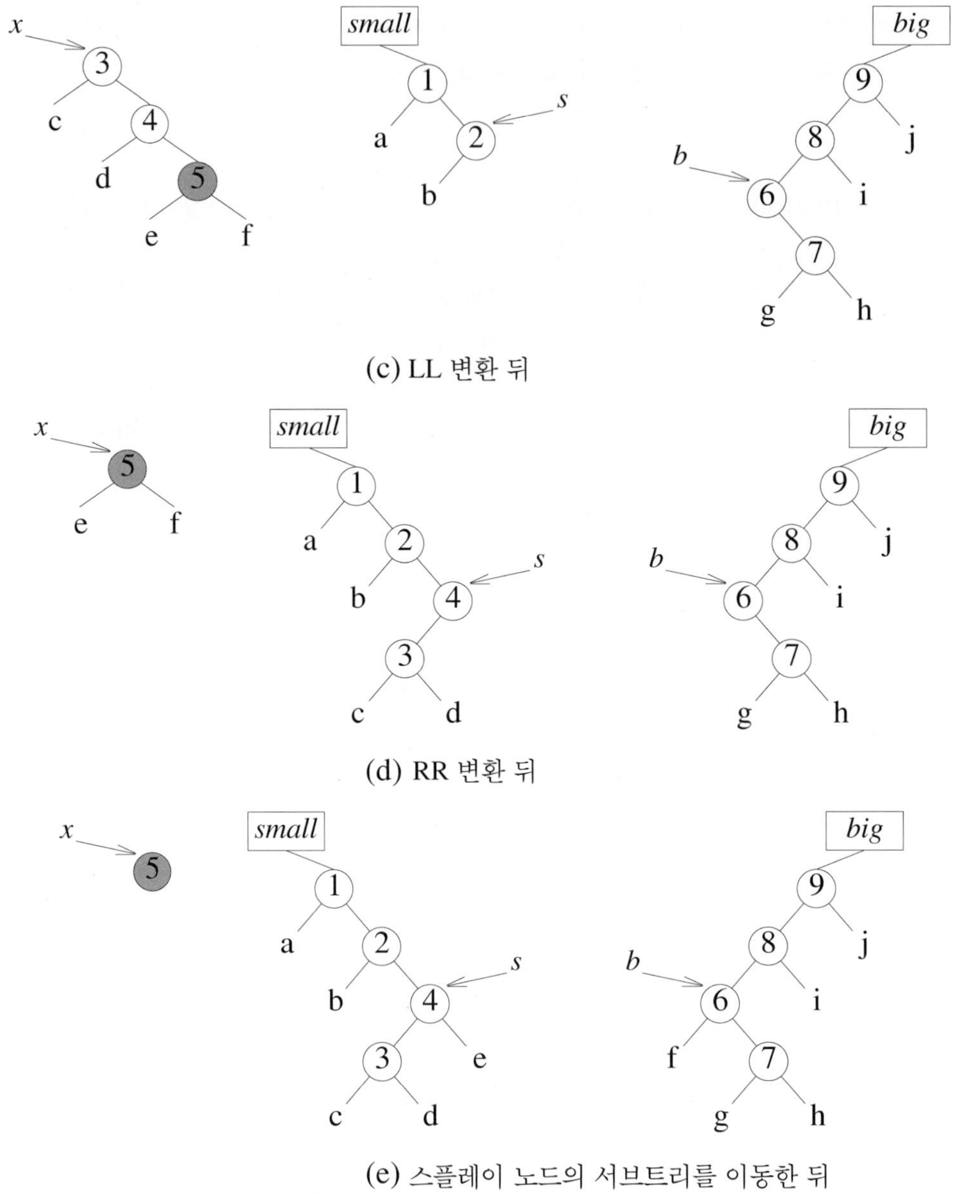

그림 10.24 하향식 스플레이 트리의 예(계속)

이제 스플레이 노드가 새로운 *x*의 왼쪽 자식의 오른쪽 서브트리에 있으므로 LR 변환이 이루어져 그림 10.24(b)의 형태를 얻는다. 다음으로 LL 변환[그림 10.24(c)]과 RR 변환[그림 10.24(d)]을 수행한다. 이제 *x*는 스플레이 노드에 있다. *x*의 왼쪽 서브트리를 *s*의 오른쪽 서브트리로 만들고 *x*의 오른쪽 서브트리는 *b*의 왼쪽 서브트리로 만든다[그림 10.24(e)]. 마지막으로 그림 10.24(f)에 나타나 있는 것처럼 헤더 노드들을 삭제하고 *small*과 *big* 트리를 *x*의 서브트리로 만든다.

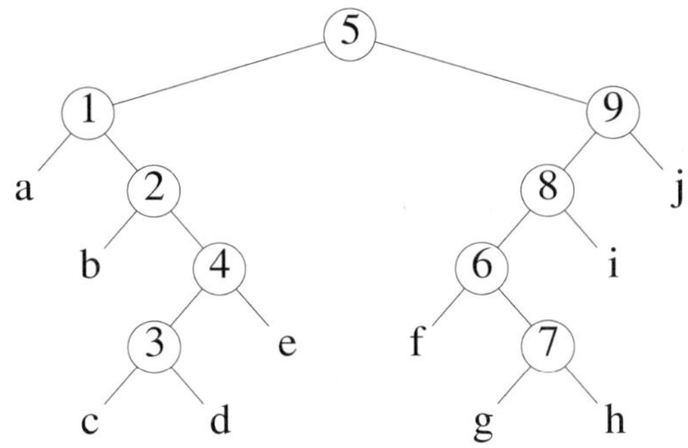

(f) 최종 탐색 트리

그림 10.24 하향식 스플레이 트리의 예(계속)

연습문제

1. 대칭적인 상향식 스플레이 트리 회전에 대해 그림 10.19와 10.20에 대응하는 그림을 그리라.
2. 초기에 공백인 스플레이 트리에 대해 n번의 삽입으로 생성되는 상향식 스플레이 트리의 최대 높이는 얼마인가? 이러한 높이의 스플레이 트리를 생성하는 일련의 삽입 예를 보이라.
3. RL 회전에 대한 증명을 제시하는 것으로 보조정리 10.3의 증명을 완성하라. 회전은 대칭적이므로 LL과 LR 회전에 대한 증명이 각각 RR과 RL 회전의 증명과 유사함에 유의하라.
4. 각 스플레이 트리 연산에 대한 상환 비용이 $O(\log n)$이 되기 위해 상향식 스플레이 트리에서 실행되어야 할 2원 조인 방법을 설명하라.
5. 키 i가 스플레이 트리에 존재하지 않을 때 키 i에 대한 분할을 수행하기 위한 방법을 설명하라. 각 상향식 스플레이 트리 연산에 대한 상환 비용은 $O(\log n)$이 되어야 한다.
6. 상향식 스플레이 트리 자료 구조를 C++ 클래스로 구현하라. 또한 테스트 데이타를 사용하여 모든 함수를 테스트해 보라.
7. [**Sleator 와 Tarjan**] 상향식 스플레이 트리의 복잡도 분석과 관련하여 사용된 $s(i)$의 정의를 변경한다고 가정하자. 각 노드 i는 양수의 가중치 $p(i)$를 갖는다고 하자. $s(i)$는 루트가 i인 서브트리 내 모든 노드의 가중치의 합이다. 이 서브트리의 랭크는 $\log_2 s(i)$이다.
   (a) t를 스플레이 트리의 루트라 하자. 노드 q에서 시작하는 스플레이의 상환 비용은 최대 $3(r(t)-r(q))+1$임을 보이라. 여기서 r은 스플레이 바로 직전의 랭크이다.
   (b) S를 n번의 삽입과 m번의 탐색으로 된 일련의 연산이라 하자. n번의 삽입은 각각 스플레이 트리에 하나의 새로운 원소를 더하는 것이고, 모든 탐색은 성공적이라고 가정하라. $p(i)(p(i) > 0)$를 원소 i를 탐색한 횟수라 하자. $p(i)$는 다음 등식을 만족시킨다.

$$\sum_{i=1}^{n} p(i) = m$$

이때 m번 탐색에 소요되는 전체 시간이 다음과 같음을 보이라.

$$O(m + \sum_{i=1}^{n} p(i)\log(m/p(i)))$$

여기에서 $\Omega(m + \sum_{i=1}^{n} p(i)\log(m/p(i)))$는 10.1절의 최적 이원 탐색 트리와 같은 정적 탐색 트리에서 탐색 시간에 대한 정보 이론적인 한계 값이기 때문에, 스플레이 트리는 원소를 정적 집합으로 표현하는 데 있어 상수 인수를 갖는 최적 트리이다.

8. 하향식 스플레이 트리를 위한 변환 R, RR, RL, 그리고 LR에 대하여 그림 10.22와 10.23에 대응하는 그림을 그리라.
9. 초기에 공백인 스플레이 트리에 대해 n번의 삽입으로 생성되는 하향식 스플레이 트리의 최대 높이는 얼마인가? 이러한 높이의 스플레이 트리를 생성하는 일련의 삽입 예를 보이라.
10. 하향식 스플레이 트리 자료 구조를 C++ 클래스로 구현하라. 또한 테스트 데이타를 사용하여 모든 함수를 검사해 보라.

10.5 참고문헌

복잡도가 $O(n^2)$인 최적 이원 탐색 트리 알고리즘은 논문 "Optimum binary search trees"(D. Knuth, *Acta Informatica*, 1, 1, 1971, pp. 14-25)에서 찾아볼 수 있다. 복잡도가 $O(n \log n)$인 시간 내에 거의 최적인 이원 탐색 트리 알고리즘을 얻는 경험적 방법을 살펴보기 위해서는 논문 "Nearly optimal binary search trees"(K. Mehlhorn, *Acta Informatica*, 5, 1975, pp. 287-295)와 "binary search trees and file organization"(J. Nievergelt, *ACM Computing Surveys*, Vol. 6, No. 3, 1974, pp. 195-207)을 참조하라.

G. M. Adelson-Velskii와 E. M. Landis가 제안한 AVL 트리에 대한 원전 논문은 *Dokl. Acad. Nauk.*(SSR Soviet Math, 3, 1962, pp. 1259−1263)에 나와 있다. AVL 트리를 다루는 또 다른 알고리즘은 두 개의 논문 "Linear lists and priority queues as balanced binary trees"(C. Crane, Technical Report STAN-CS-72-259, Computer Science Department, Stanford University, Palo Alto, CA, 1972)와 *The Art of Computer Programming: Sorting and Searching*(D. Knuth, Addison-Wesley, Reading, MA, 1973)(6.2.3절)에 있다.

높이 균형 트리를 실험한 연구 결과는 "Performance of height-balanced trees"(P. L. Karlton, S. H. Fuller, R. E. Scroggs, E. B. Koehler, *CACM*, 19, 1, 1976, pp. 23-28)에 있다.

스플레이 트리는 D. Sleator와 R. Tarjan에 의해 제안된 것으로 그들의 논문 "Self-adjusting binary search trees"(*JACM*, 32, 3, 1985, pp. 652-686)는 이 책에서 논의한 다양한 형태의 기본적인 스플레이 기술뿐만 아니라 스플레이 트리에 대한 몇 개의 분석 자료도 보여 주고 있다. 우리의 분석은 *Data Structures and Network Algorithms*(R. Tarjan, SIAM Publications, Philadelphia, PA, 1983)를 모델로 하였다.

이 밖의 이원 탐색 트리에 관해서는 "Handbook of data structures and applications"(D. Mehta and S. Sahni, Chapman & Hall/CRC, Boca Raton, 2005)의 10장부터 14장까지를 참조하라.

11장 다원 탐색 트리

11.1 *m*원 탐색 트리

11.1.1 정의와 성질

AVL 트리나 레드-블랙 트리와 같은 균형 이원 탐색 트리는 원소의 개수가 n이라 할 때, O(log n) 시간 안에 탐색, 삽입, 삭제가 가능하다. 이것은 주목할 만한 성과라고 할 수도 있지만, 현대 컴퓨터에서의 메모리 접근(메인 메모리나 디스크)이 산술이나 논리 연산을 수행하는 것보다 훨씬 더 많은 시간이 걸린다는 점을 이용하면 탐색 구조의 성능을 향상시킬 수 있다. 메인 메모리 접근은 산술 연산보다 대략 100배 정도 시간이 더 걸리고, 디스크 접근은 산술 연산보다 대략 10,000배 더 걸린다. 프로세서 속도와 메모리 접근 시간 간의 이러한 큰 차이 때문에 데이타는 메인 메모리에서 캐시라는 빠른 저장 장치로 캐시 라인 크기 단위(약 수백 바이트 정도)로 옮겨지며, 또한 디스크에서 메인 메모리로는 블록 단위(수 킬로바이트 정도)로 옮겨진다. 디스크의 균일성을 위해, 메인 메모리는 하나의 캐시 라인과 크기가 같은 블록들로 구성된다. AVL 트리와 레드-블랙 트리에서는 노드 크기가 일반적으로 몇 바이트밖에 되지 않기 때문에 메인 메모리나 디스크와 같이 느린 저장 장치에서 캐시나 메인 메모리와 같이 더 빠른 저장 장치로 데이타를 옮길 때처럼 블록과 같은 큰 단위를 이용할 수 없다. 1,000,000개의 원소를 가진 AVL 트리를 생각해 보자. 트리의 높이는 $\lfloor 1.44\log_2(n+2) \rfloor = 28$ 정도가 될 것이다. 이 트리에서 특정 키를 가진 원소를 찾으려면, 루트에서부터 원하는 원소가 있는 노드까지의 탐색 경로에 있는 노드들에 접근해야 한다. 이 경로는 28개의 노드를 포함할 수도 있고, 28개의 노드가 각각 다른 메모리 블록에 위치해 있다면, 최악의 경우 총 28번의 메모리 접근과 28번의 비교가 이루어질 것이다. 탐색 시간의 대부분이 메모리 접근에 쓰이는 것이다! 성능을 향상시키려면, 메모리 접근 횟수를 줄여야 한다. 메모리 접근 횟수를 반으로 줄이면 비교 횟수는 두 배가 되지만 총 탐색 시간은 여전히 감소한다는 점을 주목해야 한다. 탐색 트리의 높이와 메모리 접근 횟수는 밀접한 상관 관계가 있으므로 탐색 트리의 높이를 줄여야 한다. 이원 탐색 트리를 이용하면 트리 높이가 $\log_2(n+1)$로 커지기 때문에 이를 개선하기 위해서 차수(degree)가 2보다 큰 탐색 트리를 이용해야 한다. 실제로는, 트리 노드들이 하나의 캐시 라인이나 디스크 블록을 채울 수 있는 가장 큰 차수를 사용하고 있다.

정의: *m*원 탐색 트리(*m*-way search tree)는 공백이거나 다음의 성질들을 만족시킨다.

(1) 루트는 최대 *m*개의 서브트리를 가지며 다음의 구조로 이루어진다.

$$n, A_0, (E_1, A_1), (E_2, A_2), \ldots, (E_n, A_n)$$

여기서 $0 \le i \le n < m$에 대하여 A_i는 서브트리에 대한 포인터이고, $1 \le i \le n < m$에 대하여 E_i는 원소를 의미한다. 각 원소 E_i는 $E_i.K$ 키를 가지고 있다.

(2) $1 \le i < n$에 대하여, $E_i.K < E_{i+1}.K$이다.

(3) $E_0.K = -\infty$이고 $E_{n+1}.K = \infty$이다. $0 \le i \le n$에 대하여 서브트리 A_i의 모든 키는 $E_{i+1}.K$보다 작고 $E_i.K$보다 크다.

(4) $0 \le i \le n$에 대하여 서브트리 A_i 역시 *m*원 탐색 트리이다. □

이원 탐색 트리가 2원 탐색 트리인 것을 증명할 수도 있다. 3원 탐색 트리는 그림 11.1 에 나와 있다. 편의를 위해, 이 그림에서와 마찬가지로 이 장의 다른 그림에서도 키만 표시하기로 한다.

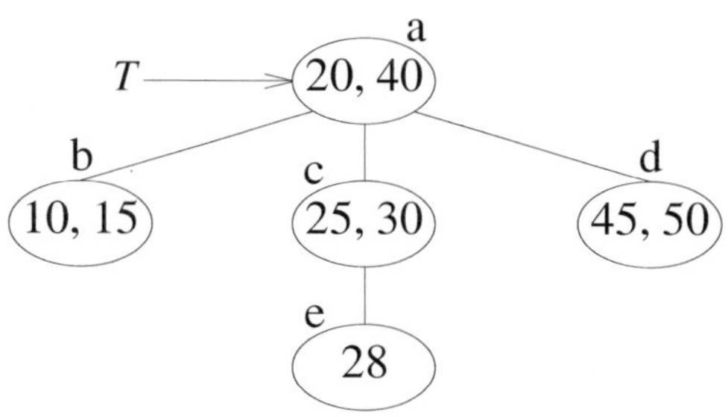

노드	기술 형식
a	2, b, (20, c), (40, d)
b	2, 0, (10, 0), (15, 0)
c	2, 0, (25, e), (30, 0)
d	2, 0, (45, 0), (50, 0)
e	1, 0, (28, 0)

그림 11.1 3원 탐색 트리의 예

차수가 *m*이고 높이가 *h*인 트리에서, 최대 노드 수는 다음과 같다.

$$\sum_{0 \le i \le h-1} m^i = (m^h - 1)/(m-1)$$

각 노드가 최대 $m-1$개의 원소를 가지고 있으므로 높이가 *h*인 *m*원 트리에서 최대 원소의 수는 $m^h - 1$이다. $h = 3$인 이진 트리에서는 이 값이 7이다. $h = 3$인 200원 트리에서는 최대 원소 수가 $m^h - 1 = 8 * 10^6 - 1$이다.

주어진 원소의 수가 n개일 때 최적의 m원 탐색 트리에 가까운 성능을 얻으려면, 탐색 트리가 반드시 균형이어야 한다. 여기서 다룰 균형 m원 탐색 트리의 특별한 변형은 B-트리와 B^+-트리이다.

11.1.2 *m*원 탐색 트리에서의 탐색

m원 탐색 트리에서 키 x를 가진 원소를 찾으려고 한다. 탐색은 트리의 루트부터 시작한다. 이 루트 노드는 m원 탐색 트리의 정의에 따른 구조를 가지고 있다고 하자. 편의상 $E_0.K = -\infty$이고 $E_{n+1}.K = +\infty$라고 가정한다. 루트에 있는 키들을 검색하면서 $E_i.K \le x < E_{i+1}.K$를 만족시키는 i를 찾는다. $x = E_i.K$인 경우 탐색이 완료된다. $x \ne E_i.K$인 경우에는, x가 트리에 있다고 하면 m원 탐색 트리 정의에 따라 서브트리 A_i에 있을 것이다. 그러므로 이 서브트리의 루트로 가서 탐색을 시작한다. 이 작업은 x를 찾거나 탐색이 공백 서브트리에서 종료되어 x가 트리에 없다는 것이 증명될 때까지 계속된다. 탐색 노드의 원소 수가 적으면, 순차적인 탐색을 사용한다. 원소 수가 많으면, 이원 탐색을 이용하기도 한다. m원 탐색 트리에 대한 알고리즘은 프로그램 11.1에 기술되어 있다.

```
// m원 탐색 트리에서 키가 x인 원소를 찾는다.
// 원소를 찾으면 그 원소를 반환한다. 그렇지 않으면 NULL을 반환한다.
E0.K =-MAXKEY;
for (*p = root; p; p = Ai)
{
    p의 형식이 n, A0, (E1, A1), ..., (En, An)이라 하자;
    En+1.K = MAXKEY;
    Ei.K ≤ x < Ei+1.K와 같은 i를 결정;
    if(x == Ei.K) return Ei;
}
// x는 트리에 없다
return NULL;
```

프로그램 11.1: *m*원 탐색 트리에서의 탐색

연습문제

1. 5원 탐색 트리를 예를 들어 그려 보라.
2. 높이가 h인 m원 탐색 트리에서 최소의 원소 수는 얼마인가?
3. m원 탐색 트리에서 키가 x인 원소를 삽입하는 알고리즘을 작성해 보라. 알고리즘의 복잡도는 어떻게 되는가?
4. m원 탐색 트리에서 키가 x인 원소를 삭제하는 알고리즘을 작성해 보라. 알고리즘의 복잡도는 어떻게 되는가?

11.2 B-트리

11.2.1 정의와 성질

B-트리를 정의할 때, 외부 노드(external node)를 추가하여 *m*원 트리를 확장하는 것으로 이해하면 쉽다. **NULL** 포인터가 있을 때마다 외부 노드가 추가되거나 검색 실패가 된다. 외부 노드는 탐색중에 트리에서 찾고자 하는 원소를 검색하지 못했을 때만 도달할 수 있는 노드를 의미한다. 외부 노드가 아닌 노드는 내부 노드(internal node)라고 부른다.

정의: 차수가 *m*인 B-트리(B-tree of order *m*)는 공백이거나 다음 성질들을 만족시키는 *m*원 탐색 트리이다.

(1) 루트 노드는 적어도 두 개의 자식을 갖는다.
(2) 루트 노드와 외부 노드를 제외한 모든 노드는 적어도 $\lceil m/2 \rceil$개의 자식을 갖는다.
(3) 모든 외부 노드들은 같은 레벨에 있다. □

유의할 것은, $m = 3$일 때 B-트리의 모든 내부 노드들은 차수가 2 또는 3이고, $m = 4$ 일 때 내부 노드들이 가질 수 있는 차수는 2, 3, 4라는 것이다. 그러므로 차수가 3인 B-트리는 2-3 트리(2-3 tree)라고도 하고 차수가 4인 B-트리는 2-3-4 트리(2-3-4 tree)라고 부르기도 한다. 차수가 5인 B-트리는 루트를 제외하면 차수가 2인 노드를 가질 수가 없으므로 2-3-4-5 트리가 아니다. 또한 차수가 2인 모든 B-트리는 포화 이진 트리인 것이다. 따라서 차수가 2인 B-트리는 키 값의 수가 어떤 k 값에 대해서 2^k-1일 때만 존재한다. 그렇지만 모든 $n \geq 0$과 $m > 2$에 대해서 키가 n개이고 차수가 m인 B-트리는 항상 존재한다.

그림 11.2는 2-3 트리(즉 차수가 3인 B-트리)를 보여 주고 있고 그림 11.3은 2-3-4 트리(즉 차수가 4인 B-트리)를 보여 주고 있다. 2-3 트리에서 내부 노드를 포함한 각 노드는 두 개의 원소를 가질 수 있는 반면에 2-3-4 트리에서는 각 노드가 세 개의 원소를 가질 수 있다는 점에 주의해야 한다. 그림 상으로는 키만 나타내기로 한다. 그림 11.2와 11.3에서는 외부 노드도 표현하고 있지만, 외부 노드는 B-트리를 쉽게 정의하고 설명할 수 있도록 도입했을 뿐이다. 외부 노드들은 컴퓨터 내부에서 물리적으로 표현되지 않는다. 정확히 말하면, 각 외부 노드의 부모 노드가 가지고 있는 자식 포인터는 **NULL**로 설정되

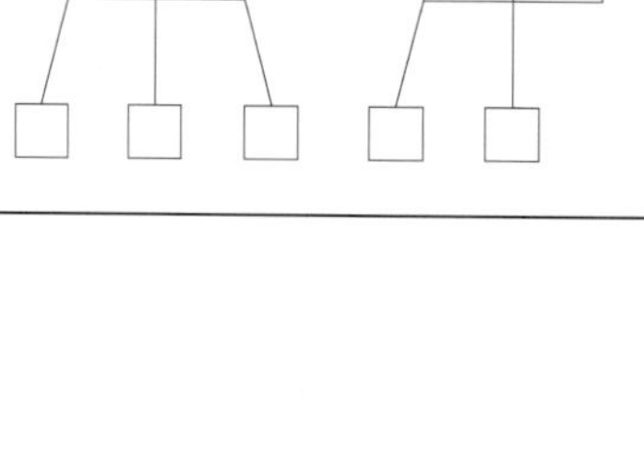

그림 11.2 2-3 트리의 예

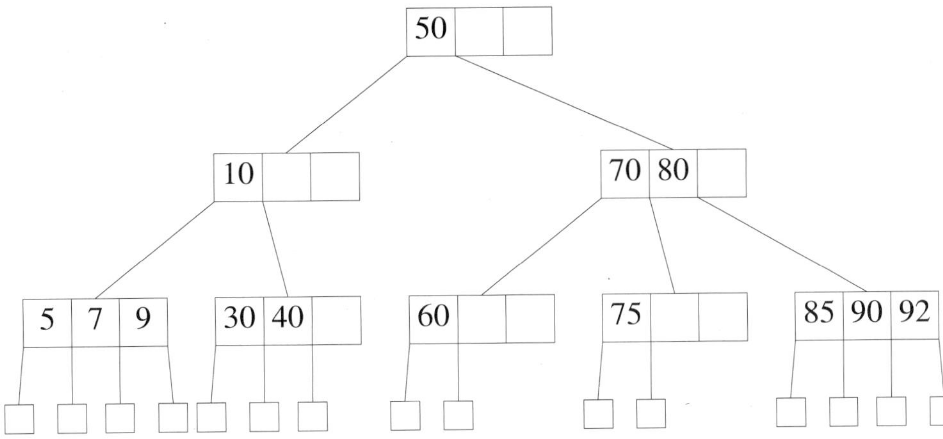

그림 11.3 2-3-4 트리의 예

어 있다.

11.2.2 B-트리의 원소 수

모든 외부 노드의 레벨이 $l + 1$인 차수가 m인 B-트리는 최대 $m^l - 1$개의 키를 갖는다. 이러한 B-트리에서 최소 원소 수 N은 얼마인가? B-트리의 정의로부터 $l > 1$이면 루트 노드는 적어도 두 개의 자식을 갖게 된다. 그러므로 레벨 2에서는 적어도 두 개의 노드가 있다. 이 노드들은 최소 $\lceil m/2 \rceil$개의 자식을 갖는다. 마찬가지로 레벨 3에서는 적어도 $2\lceil m/2 \rceil$개의 노드가 있다. 레벨 4에서도 적어도 $2\lceil m/2 \rceil^2$개의 노드가 있고 이런 식으로 계속해 나가면, $l > 1$일 때, 레벨 l에서의 노드 수는 적어도 $2\lceil m/2 \rceil^{l-2}$개가 됨을 알 수 있다. 이러한 노드들은 모두 내부 노드들이다. $K_i < K_{i+1}(1 \le i < N)$일 때 만약 트리에 있는 키들을 $K_1, K_2, \ldots, K_N$이라 하면, 외부 노드의 수는 $N + 1$이다. 검색 실패는 $K_i < x < K_i + 1(0 \le i \le N, K_0 = -\infty, K_{N+1} = +\infty)$일 때만 발생하기 때문이다. 이것은 B-트리에 없는 키 x를 찾고자 할 때 도달할 수 있는 서로 다른 $N + 1$개의 노드를 의미한다. 그러므로

$$
\begin{aligned}
N + 1 &= \text{외부 노드의 수} \\
&= (l + 1)\ \text{레벨에서의 노드 수} \\
&\ge 2\lceil m/2 \rceil^{l-1}
\end{aligned}
$$

이고 따라서 $N \ge 2\lceil m/2 \rceil^{l-1} - 1$, $l \ge 1$이다.

이것은 차수가 m인 B-트리에서 N개의 원소(키)가 있을 때, 모든 내부 노드들이 $l \le \log_{\lceil m/2 \rceil}\{(N + 1)/2\} + 1$을 만족시키는 l보다 작거나 같은 레벨에 있다는 것을 의미한다. B-트리의 한 노드를 한 번의 메모리 접근으로 검사한다면, 탐색을 하기 위한 최대 접근 횟수는 l이다. 실제로 디스크에 상주하는 차수가 $m = 200$인 B-트리를 이용하면 원소 수가 $N \le 2 \times 10^6 - 2$일 때 $l \le \log_{100}\{(N + 1)/2\} + 1$이 될 것이다. l은 정수이므로 $l \le 3$이 되고 $N \le 2 \times 10^8 - 2$ 일 경우, $l \le 4$이다.

B-트리의 높이와 동일한 횟수의 메모리 접근을 통하여 B-트리를 탐색하려면, B-트리의 한 노드를 한 번의 메모리 접근으로 검사할 수 있어야 한다. 이는 노드 하나의 크기가 메모리 블록 크기(즉 캐시 라인이나 디스크 블록의 크기)를 넘으면 안 된다는 것을 의미한다. 메인 메모리에 상주하는 B-트리일 경우 실질적인 m의 값은 수십 정도이고 디스크 상주 B-트리일 경우에는 수백 정도가 현실적이다.

11.2.3 B-트리로의 삽입

B-트리에 새로운 키를 삽입하는 알고리즘은 우선 새로운 키가 삽입될 리프 노드 p를 결정하기 위해 탐색을 한다. 만약 새로운 키의 삽입으로 p가 m개의 키를 가지게 되었다면 p를 분할해야 한다. 그렇지 않으면 새로운 p가 디스크에 기록되고 삽입은 종료된다. 노드를 분할하기 위해서는 새로운 원소의 삽입 후 p가 다음과 같은 형식을 갖는다고 가정한다.

$$m, A_0, (E_1, A_1), \ldots, (E_m, A_m), \text{단}, E_i < E_{i+1}, 1 \le i < m$$

분할될 노드는 두 개의 노드 p, q로 분할되고, 다음의 형식을 가진다.

$$\begin{aligned} \text{노드 } p&: \lceil m/2 \rceil - 1, A_0, (E_1 A_1), \ldots, (E_{\lceil m/2 \rceil - 1}, A_{\lceil m/2 \rceil - 1}) \\ \text{노드 } q&: m - \lceil m/2 \rceil, A_{\lceil m/2 \rceil}, (E_{\lceil m/2 \rceil + 1}, A_{\lceil m/2 \rceil + 1}), \ldots, (E_m, A_m) \end{aligned} \quad (11.5)$$

나머지 원소인 $E_{\lceil m/2 \rceil}$와 새로운 노드에 대한 포인터 q는 하나의 투플 $(E_{\lceil m/2 \rceil}, q)$를 형성한다. 이것을 p의 부모에 삽입하게 된다.

부모에 삽입하게 되면 부모가 또다시 분할을 해야만 할 수도 있다. 이러한 분할 과정은 루트에 도달할 때까지 계속 발생할 수 있다. 루트가 분할되면 한 개의 원소를 가진 새로운 루트가 생성되고 *B*-트리의 높이는 하나 증가한다. 디스크 상주 B-트리의 삽입 알고리즘은 프로그램 11.2에 기술되어 있다.

```
// 디스크 상주 B-트리에 원소 x를 삽입한다.
x인 키를 가진 원소 E의 B-트리를 탐색한다.
if 이러한 E를 찾으면, E를 x로 바꾸고 return;
그렇지 않으면, p가 x를 삽입할 리프가 됨;
q = NULL;
for (e = x; p; p = p → parent())
{// ( p 에 (e, q)가 삽입됨
   노드 p의 적당한 위치에 (e, q)를 삽입한다;
   결과 노드의 형식은 다음과 같다: n, A0, (E1, A1), ..., (En, An);
   if(n <= m−1) { // 결과 노드가 매우 크지 않다
      write node p to disk; return;
   }
   // 노드 p가 분할되어야 한다
   p와 q 는 식 (11.5)와 같이 정의한다;
```

```
    e = E[⌈m/2⌉];
    write nodes p and q to the disk;
}
// 새로운 노드가 생성된다
1, 루트, (e, q) 형식을 가진 새로운 노드 r을 생성한다;
root = r;
write root to disk;
```

프로그램 11.2: B-트리로의 삽입

예제 11.1: 그림 11.2의 2-3 트리에 키 70을 가진 원소를 삽입해 보자. 먼저 이 키를 탐색한다. 트리에 이미 키가 존재한다면, 이 키를 가진 원소는 새로운 원소로 대체된다. 그림 11.2의 2-3 트리에서는 70이 존재하지 않으므로 새로운 원소가 삽입되고 총 원소의 수는 하나 증가한다. 이때 70을 탐색하는 동안에 도달한 리프 노드를 알고 있어야 한다. 2-3 트리에 존재하지 않는 키를 찾고자 할 때마다 탐색은 유일한 리프 노드에서 종료된다. 70을 탐색하는 동안에 도달한 리프 노드는 키 80을 가진 노드 C이다. 이 노드는 한 개의 원소만 가지고 있으므로 새로운 원소는 여기에 삽입된다. 그림 11.4(a)는 삽입 후의 2-3 트리를 보여 주고 있다.

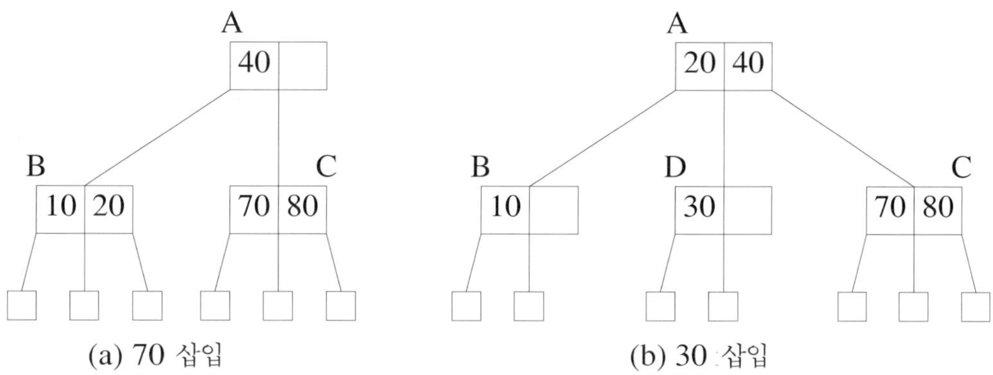

그림 11.4 그림 11.2의 2-3 트리로의 삽입

다음에는 키 30을 가진 원소를 삽입해 보자. 이번에는 탐색이 리프 노드 B에서 종료된다. B는 완전히 찼기 때문에 B를 분할해야 한다. 순차적으로 10, 20, 30이 되게 하기 위해 상징적으로 B에 새로운 원소를 삽입한다. 이제 완전히 찬 노드는 식 (11.5)에 따라 분할된다. 분할 후 B에는 순차적으로 키 10이 있게 되고 새로운 노드 D에는 30이 있게 된다. 키 값이 20이고 새로운 노드 D에 대한 포인터를 갖고 있는 중간 원소는 B의 부모 A에 삽입된다. 그림 11.4(b)는 2-3 트리에서의 삽입 결과를 보여 준다.

마지막으로 그림 11.4(b)의 2-3 트리에 키 60인 원소를 삽입해 보자. 60을 탐색하는 동안에 도달한 리프 노드는 노드 C이다. C가 완전히 차 있으므로 새로운 노드 E를 생성한다. 노드 E에는 제일 큰 키

(80)를 가진 원소가 있다. 노드 C에는 제일 작은 키(60)를 가진 원소가 있게 된다. 중간 값인 키 70을 가진 원소와 새로운 노드 E에 대한 포인터는 C의 부모인 A에 삽입된다. 또다시 A가 완전히 차게 되므로, {20, 40, 70} 중에 제일 큰 키를 가진 원소를 포함한 새로운 노드 F가 생성된다. 앞에서와 같이 A는 제일 작은 키를 가진 원소를 포함한다. B와 D는 각각 A의 왼쪽 자식 노드와 중간 자식 노드로 남게 되고, C와 E는 각각 F의 왼쪽 자식 노드와 중간 자식 노드가 된다. A가 부모를 가지고 있었다면 중간 값인 키 40을 포함하는 원소와 새로운 노드 F에 대한 포인터는 A의 부모 노드에 삽입되었을 것이다. 그러나 A가 부모 노드를 가지고 있지 않으므로 2-3 트리에 새로운 루트 G를 생성한다. 노드 G는 키가 40인 원소와 자식 A와 F에 대한 포인터를 포함하고 있다. 새로운 2-3 트리는 그림 11.5에 나와 있다. □

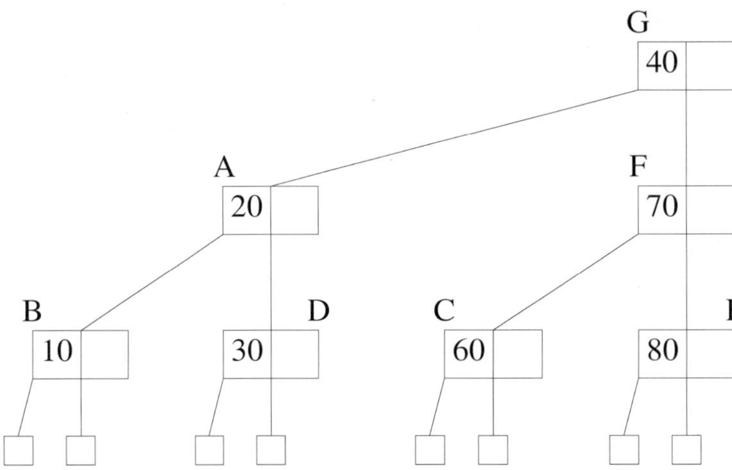

그림 11.5 그림 11.4(b)의 2-3 트리에 60을 삽입

B-트리 삽입의 분석: 편의상 B-트리가 디스크에 상주한다고 가정한다. B-트리의 높이를 h라 하면, 하향 탐색 동안에는 h번의 디스크 접근이 필요하다. 최악의 경우에는 접근된 모든 h개의 노드들이 상향 분할 과정 동안 계속 분할할 수도 있다. 분할되는 노드가 루트가 아니라면 두 개의 노드를 디스크에 기록해야 한다. 루트가 분할되면 세 개의 노드를 디스크에 기록해야 한다. 만약 하향 탐색 과정 동안 읽은 h개의 노드들이 메모리에 저장되어 상향 과정 동안 디스크에서 다시 가져올 필요가 없다고 가정하면 삽입을 위한 디스크 접근 횟수는 최대 h(하향 과정) + $2(h-1)$(루트가 아닌 노드 분할) + 3(루트 분할) = $3h+1$이 된다.

그러나 m이 매우 큰 값일 때 평균 디스크 접근 횟수는 대략 $h+1$이다. 이것을 확인하기 위하여 공백 B-트리에서 시작하여 N개의 값을 삽입한다고 가정하자. 전체 노드 분할 횟수는 최대 $p-2$가 되는데 여기서 p는 N개의 엔트리를 가진 최종 B-트리에 있는 내부 노드의 수이다. 이 $p-2$라는 상한은 하나의 노드 분할 때마다 적어도 하나의 추가적인 노드가 생성된다는 사실로부터 나온다. 루트가 분할될 때는 두 개의 노드가 추가로 생성된다. 첫 번째 생성된 노드는 분할 없이 생기는데, B-트리가 둘 이상의 노드를 가지고 있다면 루트는 적어도 한 번은 분할된다. 그림 11.6은 $p > 2$일 때($p = 2$인 B-트리는 없다는 사실에 유의하라), p개의 노드를 가진 B-트리를 만드는 데 필요한 노드 분할 횟수의 가장 타당한 상한이 $p-2$라는 것을 보여 준다. p개의 노드를 가진 차수가 m인 B-트리는, 루트가 적어도 하나의 키를 가지고 나머지 노드가 각각 적어도 $\lceil m/2 \rceil - 1$개의 키를 가지므로 적어도 $1 + (\lceil m/2 \rceil - 1)(p-1)$개의 키 값을 갖는다. 평균 분할 횟수 s_{avg}는 이제 아래와 같이 결정된다.

$$
\begin{aligned}
s_{avg} &= (\text{총 분할 횟수})/N \\
&\le (p-2)/\{1 + (\lceil m/2 \rceil - 1)(p-1)\} \\
&< 1/(\lceil m/2 \rceil - 1)
\end{aligned}
$$

$m = 200$에 대해서, 이것은 삽입된 키 하나에 평균 노드 분할 수가 1/99보다 작다는 것을 의미한다. s를 삽입 동안에 분할되는 노드의 수라고 하면, 삽입 과정에 디스크 접근 수는 $h + 2s - 1$이 된다. 그러므로 평균 디스크 접근 수는 $h + 2s_{avg} + 1 < h + 101/99 \approx h + 1$이 된다. □

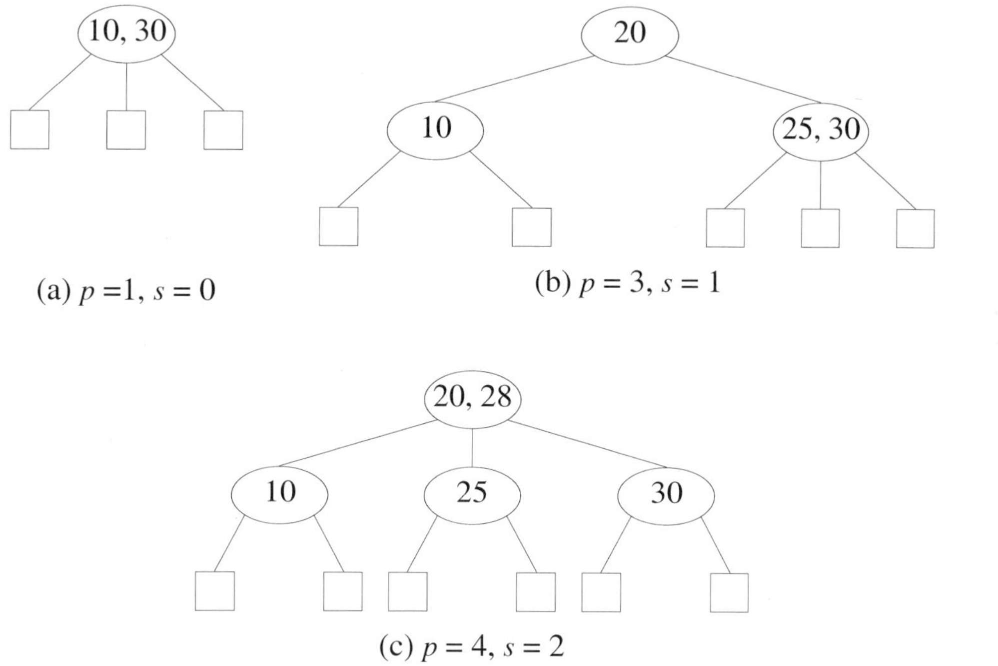

그림 11.6 차수 3인 B-트리

11.2.4 B-트리에서의 삭제

편의상 디스크 상주 B-트리에서 삭제를 수행한다고 가정하자. 이제 키가 x인 원소를 삭제하려고 한다. 먼저 이 키에 대해 탐색한다. x를 찾지 못하면, 삭제할 원소가 없는 것이다. x가 리프가 아닌 노드 z에서 발견되면 z에서 x가 차지하던 자리는 B-트리의 리프 노드로부터 적당한 키로 채워진다. x가 z의 i번째 키라고 하자(즉 $x = E_i.K$). 그러면 E_i는 서브트리 A_i 내의 가장 작은 키 또는 서브트리 A_{i-1} 내의 가장 큰 키로 대체될 수 있다. 이 두 원소는 모두 리프 노드에 위치하고 있다. 이런 방법으로 리프가 아닌 노드로부터의 삭제는 리프 노드로부터의 삭제로 변환된다. 예를 들면 그림 11.6(c)에서의 루트에 위치한 키 20인 원소를 삭제하려고 하면 이 원소는 키 10인 원소나 키 25인 원소로 대체될 수 있다. 두 원소 모두 리프 노드에 위치하고 있다. 대체가 완료되면 리프 노드에서 10을 삭제하거나 25를 삭제하는 문제가 된다.

리프 노드 p에서의 삭제에는 네 가지 경우가 있다. 첫 번째는 p 또한 루트인 경우이다. 삭제 후 루트에 적어도 하나의 원소가 남아 있다면, 변경된 루트가 디스크에 기록되고 작업이 완료된다. 그렇지 않으면 삭제 후 B-트리는 공백이 된다. 나머지 세 가지는 p가 루트가 아닌 경우이다. 두 번째 경우는 삭제 후 p가 적어도 $\lceil m/2 \rceil - 1$개의 원소를 가지고 있는 경우로서 수정된 리프 노드가 디스크에 기록되고 작업은 완료된다.

세 번째 경우(회전)는 p가 $\lceil m/2 \rceil - 2$개의 원소를 가지며 인접한 형제 노드 q가 적어도 $\lceil m/2 \rceil$개의 원소를 가진 경우이다. 이것을 알아 내기 위해서는 p가 가질 수 있는 두 개의 가장 가깝게 인접한 형제 노드 중 하나만을 검사한다. p에는 노드가 유지해야 될 최소한의 원소 개수보다 하나가 적은 수의 원소가 있으며 q에는 최소한의 수보다 많은 원소가 있다. 이제 회전이 수행된다. 이 회전은 q가 가진 원소 수를 하나 감소시키고 p의 원소 수를 하나 증가시킨다. 결과적으로 회전 후에 p와 q 어느 쪽에도 원소의 수가 부족하지 않게 된다. 회전의 결과로 B-트리는 유효하게 된다. r을 p와 q의 부모라 하자. 만약 q가 p의 가장 가까운 오른쪽 형제 노드라 하고 E_i를 r 내의 i번째 원소라고 하면, p의 모든 키는 $E_i.K$보다 작고 q의 모든 키는 $E_i.K$보다 크다. 회전에 의해 E_i는 q의 첫 번째(즉 가장 작은) 원소로 대체되며 p에서는 가장 오른쪽 원소가 된다. 또 q의 가장 왼쪽 서브트리는 p의 가장 오른쪽 서브트리가 된다. 변경된 p, q, 그리고 r은 디스크에 기록되고 삭제는 완료된다. q가 p의 가장 가까운 왼쪽 형제 노드인 경우에도 유사하다.

그림 11.7은 2-3 트리에서 회전하는 경우들을 보여 준다. '?'는 원소의 존재 유무가 중요하지 않은 경우를 표시한다. a, b, c, d는 노드의 자식(즉 서브트리의 루트)을 가리킨다.

삭제의 네 번째 경우(결합)는 p가 $\lceil m/2 \rceil - 2$개의 원소를 가지고 있고 가장 가까운 형제 노드 q가 $\lceil m/2 \rceil - 1$개의 원소를 가지고 있는 경우이다. 즉 p는 원소가 부족한 상태이며 q는 루트가 아닌 노드가 가지고 있어야 될 최소한의 원소만을 가지고 있다. 이제 노드 p와 q 그리고 부모 노드 중간에 있는 원소 E_i를 하나의 노드로 결합시킨다. 결합된 노드는 $(\lceil m/2 \rceil - 2) + (\lceil m/2 \rceil - 1) + 1 = 2\lceil m/2 \rceil - 2 \le m - 1$개의 원소를 갖게 되며 이것은 기껏해야 그 노드를 가득 채우는 정도이다. 이 결합된 노드는 디스크에 기록된다. 이 결합 작업은 부모 노드 r의 키 수를 하나 감소시킨다. 만약 부모 노드의 원소가 부족하지 않게 되면(즉 루트 노드일 경우에는 적어도 한 개의 원소를, 루트가 아닌 경우에는 적어도 $\lceil m/2 \rceil - 1$개의 원소를 가지고 있다), 변경된 부모 노드는 디스크에 기록되고 삭제는 완료된다. 그렇지 않고 부모 노드의 원소가 부족하게 되면, 부모 노드가 루트일 경우 원소가 없으므로 버려진다. 원소가 부족하게 된 부모 노드가 루트가 아닐 경우에는 정확히 $\lceil m/2 \rceil - 2$개의 원소를 갖는다. 이러한 원소의 부족 현상을 없애기 위해, 먼저 r의 가장 가까운 형제 노드 중의 하나로 회전을 시도한다. 만약 이것이 불가능하면 결합은 완료된 것이다. 이 결합 과정은 루트의 자식이 결합될 때까지만 B-트리를 따라 계속할 수 있다.

그림 11.8은 2-3 트리에서 p가 r의 왼쪽 자식일 경우 결합할 때의 두 가지 경우를 보여 준다. p가 r의 중간 자식이거나 오른쪽 자식일 경우는 연습문제로 남겨 둔다.

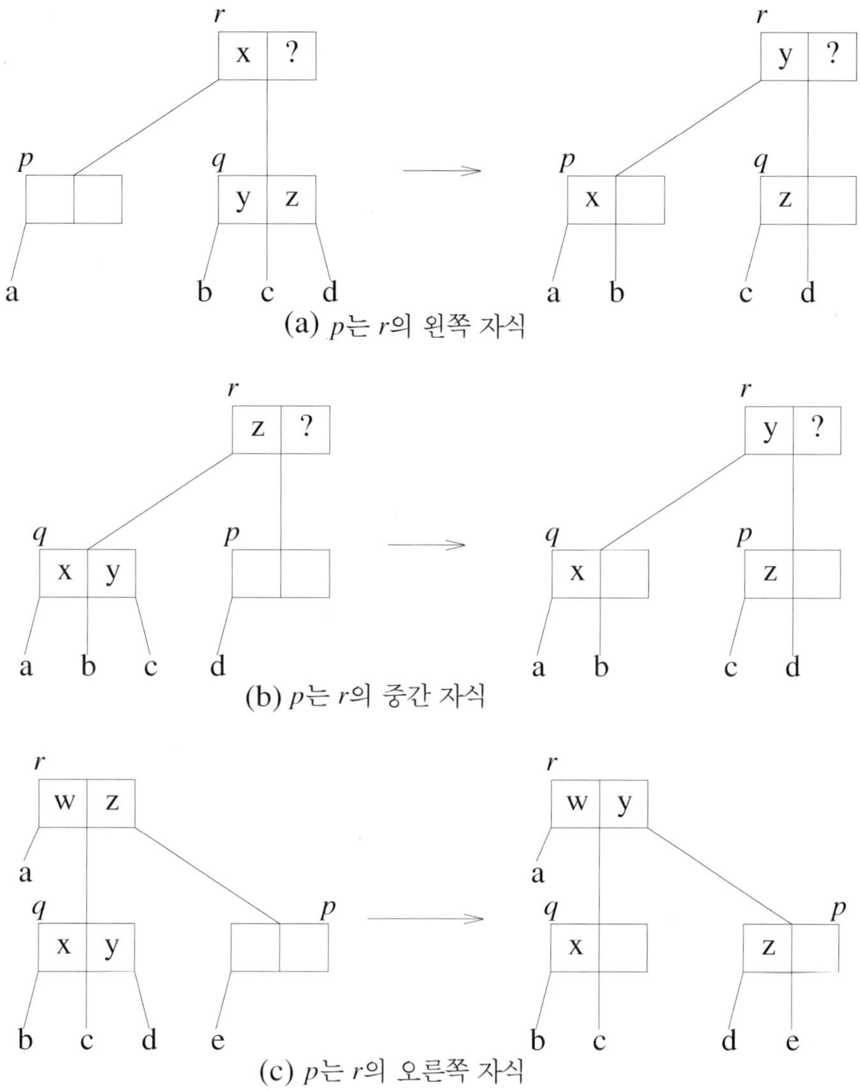

그림 11.7 2-3 트리 회전의 세 가지 경우

상세한 내용의 삭제 알고리즘은 프로그램 11.3에 있다.

// 키가 x인 원소를 삭제한다.
키가 x인 원소를 포함하는 노드 p를 B-트리에서 탐색한다;
if p가 없으면 **return;** // 삭제할 원소가 없다
p가 다음과 같은 형식을 갖는다: $n, A_0, (E_1, A_1), \ldots, (E_n, A_n)$와 $E_i.K = x$**;**
if p가 리프가 아니면 **{**
    서브트리 A_i에서 제일 작은 키를 가진 원소와 E_i를 바꾼다;

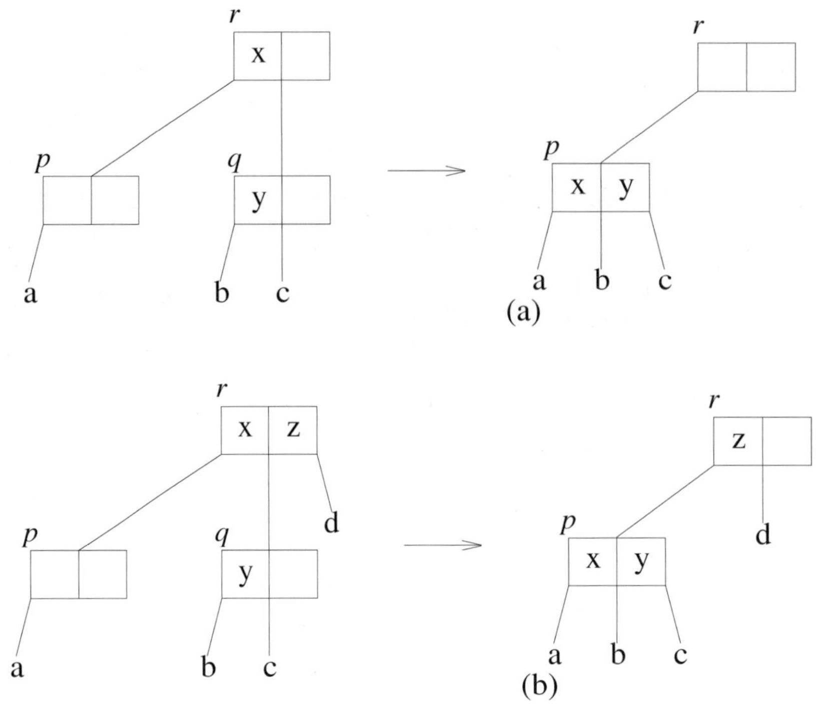

그림 11.8 2-3 트리에서 *p*가 *r*의 왼쪽 자식일 경우의 결합

    제일 작은 원소를 뺀 p가 A_i의 리프라고 가정한다;
    p가 다음과 같은 형식을 갖는다: $n, A_0, (E_1, A_1), ..., (E_n, A_n)$;
    $i = 1$;
}
// 리프인 노드 p에서 E_i를 삭제한다
p에서 (E_i, A_i)를 삭제; n--;
while $((n < \lceil m/2 \rceil - 1)$ && p != $root)$
    if p와 가장 가까운 오른쪽 형제 노드 q가 있다면 {
        q는 $n_q, A_0^q, (E_1^q, A_1^q), ..., (E_{n_q}^q, A_{n_q}^q)$의 형태로 가정;
        r은 $n_r, A_0^r, (E_1^r, A_1^r), ..., (E_{n_r}^r, A_{n_r}^r)$의 형태로 가정;
        $A_j^r = q$와 $A_{j-1}^r = p$라고 가정;
        if$(n_q >= \lceil m/2 \rceil)${ // 회전
            $((E_{n+1}, A_{n+1}) = (E_j^r, A_0^q); n = n + 1$**;** // 노드 p 업데이트
            $E_j^r = E_1^q$; // 노드 r 업데이트
            $(n_q, A_0^q, (E_1^q, A_1^q), ...) = (n_q - 1, A_1^q, (E_2^q, E_2^q), ...)$**;**
                        // 노드 q 업데이트

```
            write nodes p, q and r to disk; return;
        } // 회전 종료
        // p, E^r_j 와 q 결합
        s = 2* ⌈m/2⌉-2;
        write s, A_i, (E_1, A_1), ... , (E_n, A_n), (E^r_j, A^q_0), (E^q_1, A^q_1),..., (E^q_{n_q}, A^q_{n_q})
        to disk as node p;
        // 다음 회전을 위해 업데이트
        (n, A_0...) = (n_r-1, A^r_0, ... , (E^r_{j-1}, A^r_{j-1}), (E^r_{j+1}, A^r_{j+1})...)
        p = r;
    } // 가장 가까운 오른쪽 형제 노드가 있으면 if의 종료
    else { // 노드 p는 왼쪽 형제 노드를 갖고 있어야 한다
        // p 가 오른쪽 형제 노드가 있는 경우와 대칭적이다
        // 연습문제로 남겨 두었다.
    } // if-else와 while의 종료
if (n) write p: (n, A_0, ... , (E_n, A_n))
else root = A_0; //새로운 루트
```

프로그램 11.3: 디스크에 상주하고 있는 B-트리에서의 삭제

예제 11.2: 그림 11.9(a)의 2-3 트리를 보자. 2-3 트리의 한 노드에 있는 두 원소 필드를 *dataL*과 *dataR*이라고 하자. 키 70인 원소를 삭제하려면 노드 C에서 이 원소를 삭제해야 한다. 결과는 그림 11.9(b)에 표현되어 있다. 그림 11.9(b)의 2-3 트리에서 키 10인 원소를 삭제하려면 노드 B에서 *dataR*을 *dataL*로 이동시켜야 한다. 결과는 그림 11.9(c)의 2-3 트리에 표현되어 있다.

다음에는 키 60인 원소를 삭제하려고 한다. 이 경우 노드 C의 원소가 부족하게 된다. C의 오른쪽 형제 노드 D가 세 개의 원소를 가지고 있으므로, 위의 네 가지 삭제 경우 중 세 번째 경우에 해당되므로 회전을 시킨다. 이 회전에서는 C와 D의 부모인 A의 중간에 있는 원소(즉 키 80인 원소)를 C의 *dataL* 위치로 옮기고 D의 제일 작은 원소(즉 키 20인 원소)를 C와 D의 부모인 A의 중간 위치로 옮긴다(즉 A의 *dataR* 위치). 삭제 후의 2-3 트리는 그림 11.9(d)에 나타나 있다. 키 95인 원소가 삭제되면 노드 D의 원소가 부족하게 된다. 왼쪽 형제 노드 C는 차수 3인 B-트리에서 한 노드가 필요로 하는 최소한의 원소만 가지고 있으므로 60이 삭제되었을 때 했던 회전은 더 이상 할 수 없다. 이 경우는 위의 네 가지 삭제 경우 중 네 번째 경우이고 노드 C와 D, 그리고 C와 D의 부모 A에서 중간 원소(90)를 결합해야 한다. 이를 위해, 90을 왼쪽 형제 노드 C로 옮기고 노드 D를 삭제한다. 회전 시에는 노드가 삭제되지 않지만 결합 시에는 노드 하나가 삭제됨에 유의하라. 95를 삭제한 결과는 그림 11.9(e)의 2-3 트리에 표현되어 있고 이 트리에서 90을 삭제한 결과는 그림 11.9(f)의 2-3 트리에 나와 있다. 그러면 이제 키 20을 가진 원소를 삭제해 보자. 노드 B의 원소가 부족하게 된다. 이때 B의 오른쪽 형제 노드 C를 살펴보자. C가 여분의 원소를 가지고 있다면 60을 삭제할 때와 마찬가지로 비슷한 회전을 수행하면 된다. 그렇지 않으면 결합을 수행한다. C가 여분의 원소를 가지고 있지 않기 때문에 95를 삭제했을 때와 비슷한 방법으로

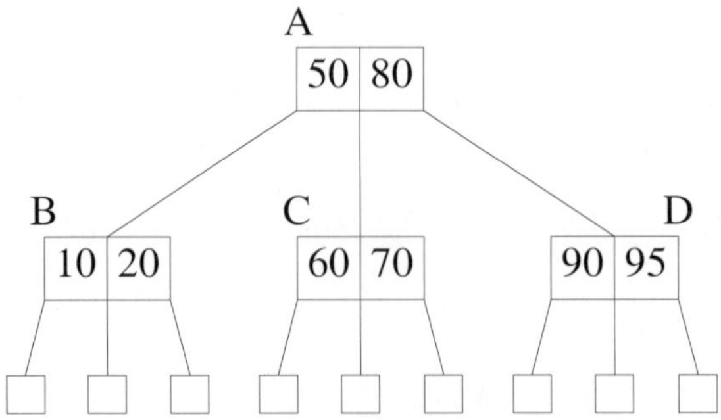

(a) 초기 2-3 트리

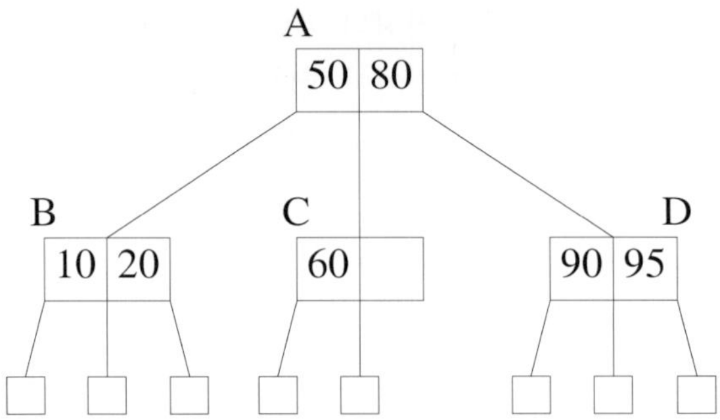

(b) 70 삭제

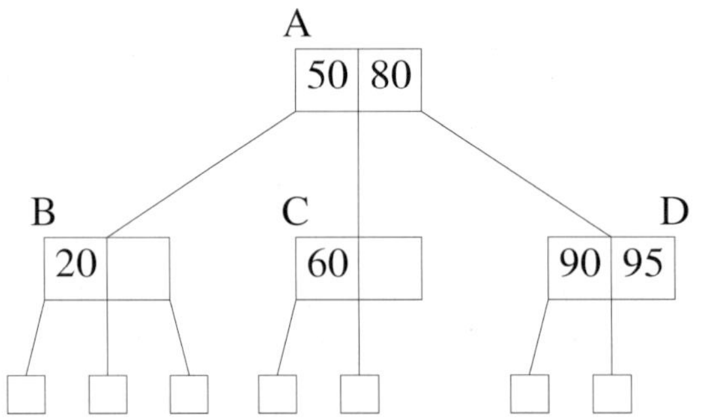

(c) 10 삭제

그림 11.9 2-3 트리에서의 삭제

삭제하고 결합한다. 이번 경우에는 키 50과 80을 가진 원소를 B로 옮기고 노드 C를 삭제한다. 그렇지만 이것은 부모 노드 A의 원소가 부족하게 만든다. 부모가 루트가 아니었으면, 노드 C(60을 삭제)와 D(95를 삭제)가 공백이 되었을 때처럼 왼쪽 또는 오른쪽 형제 노드를 살펴보았을 것이다. A는 루트이므로 단순히 삭제되고 B가 새로운 루트가 된다[그림 11.9(g)]. 루트의 원소가 부족하다는 것은 루트가 원소를 가지고 있지 않다는 것임을 상기하자. □

B-트리 삭제의 분석: B-트리는 디스크에 상주하고, 하향 탐색 패스 동안에 접근되는 노드는 메인 메모

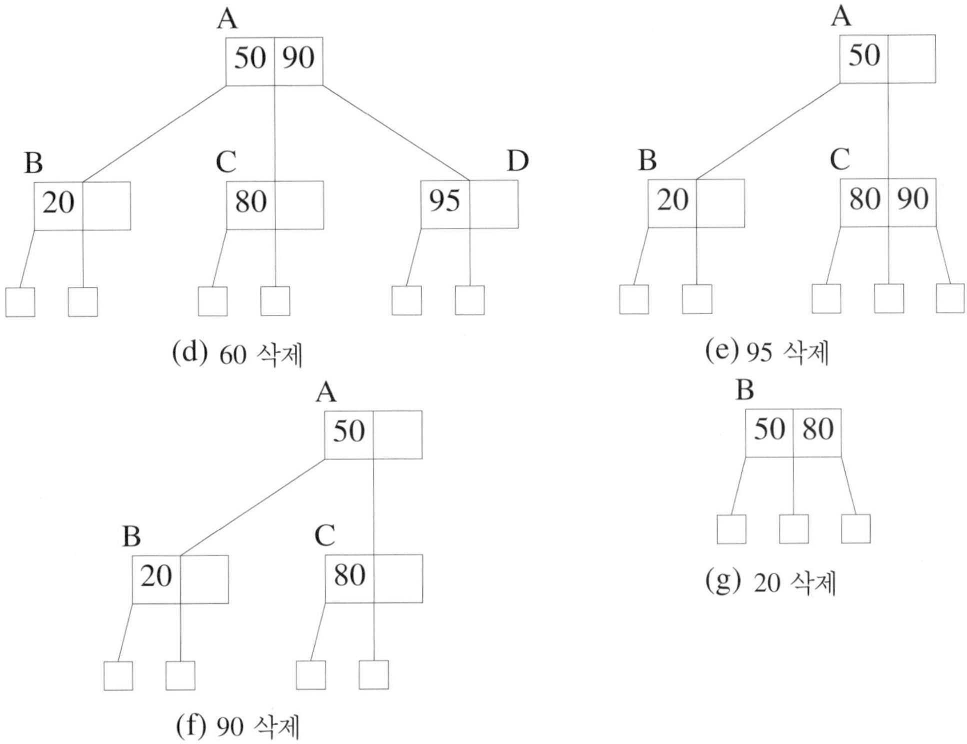

그림 11.9 2-3 트리에서의 삭제(계속)

리의 스택에 저장될 수 있어서 상향 경로 재구성 시에는 디스크로부터 재접근할 필요가 없다고 가정한다. 높이가 h인 B-트리에서, 키가 삭제될 노드를 찾고 그 삭제를 리프 노드에서의 삭제로 변환하기 위해서는 h번의 디스크 접근이 필요하다. 최악의 경우, 결합은 루트에서 리프 노드에 이르는 경로 중 마지막 $h-2$ 노드들에서 각각 일어나고 회전은 이 경로의 두 번째 노드에서 일어난다. $h-2$번의 결합은 각 노드에 대해 가장 가까운 형제 노드들을 읽기 위해 그만큼의 디스크 접근을 필요로 하고 결합된 노드를 기록하기 위해 또 $h-2$번을 필요로 한다. 회전은 가장 가까운 형제 노드를 읽기 위해 한 번의 접근이 필요하고 변경된 세 개의 노드를 기록하기 위해 세 번의 접근이 필요하다. 따라서 삭제를 위해서는 총 $3h$번의 디스크 접근이 필요하다.

디스크의 공간을 좀더 사용하고 노드의 각 원소 E_i에 삭제 비트 F_i를 포함시켜 노드 크기를 조금 확장시킴으로써 삭제 시간을 감소시킬 수 있다. 키 E_i가 삭제되지 않았으면 $F_i = 1$, 삭제되었으면 $F_i = 0$으로 설정할 수 있다. 물리적으로 삭제를 하지는 않는다. 이 경우 삭제 작업은 최대 $h+1$번의 디스크 접근을 필요로 한다(삭제할 원소가 있는 노드를 찾기 위해 h번, 삭제 비트를 0으로 한 후 이 노드를 디스크에 기록하기 위해 한 번의 접근이 필요하다). 이 방법을 따르면, 트리를 구성하는 노드의 수는 절대 감소하지 않는다. 그러나 삭제된 키가 사용했던 공간은 차후의 삽입 때 재사용할 수 있다(연습문제 참조). 결과적으로 이 방법은 (m이 클 때 레벨 수는 상당히 느리게 증가하므로) 탐색과 삽입 시간에 거의 영향을 미치지 않는다. 삽입 시간은 삭제된 키의 영역을 재사용할 수 있기 때문에 오히려 조금 줄어들 수도 있다. 이러한 재사용은 노드를 분할할 필요가 없게 만든다. □

연습문제

1. 차수가 2인 B-트리는 모두 포화 이진 트리라는 것을 보이라.
2. 프로그램 11.2의 삽입 알고리즘을 이용하여 그림 11.9(a)의 2-3 트리에 키 40인 원소를 삽입하라. 결과로 나오는 2-3 트리를 그려 보라.
3. 프로그램 11.2의 삽입 알고리즘을 이용하여 그림 11.3의 2-3-4 트리에 키 45, 95, 96, 97인 원소들을 순서대로 삽입하라. 원소를 하나씩 삽입할 때마다 결과로 나오는 2-3-4 트리를 그려 보라.
4. 프로그램 11.3의 삭제 알고리즘을 이용하여 그림 11.9(a)의 2-3 트리에서 키 90, 95, 80, 70, 60, 50인 원소들을 순서대로 삭제하라. 원소를 하나씩 삭제할 때마다 결과로 나오는 2-3 트리를 그려 보라.
5. 프로그램 11.3의 삭제 알고리즘을 이용하여 그림 11.3의 2-3-4 트리에서 키 85, 90, 92, 75, 60, 70인 원소들을 순서대로 삭제하라. 원소를 하나씩 삭제할 때마다 결과로 나오는 2-3-4 트리를 그려 보라.
6. (a) 그림 11.10의 차수 5인 B-트리에 키 62, 5, 85, 75인 원소를 하나씩 삽입하라. 원소를 하나씩 삽입할 때마다 만들어지는 새로운 트리를 보이라. 책에 나오는 삽입 과정대로 삽입을 수행하라.

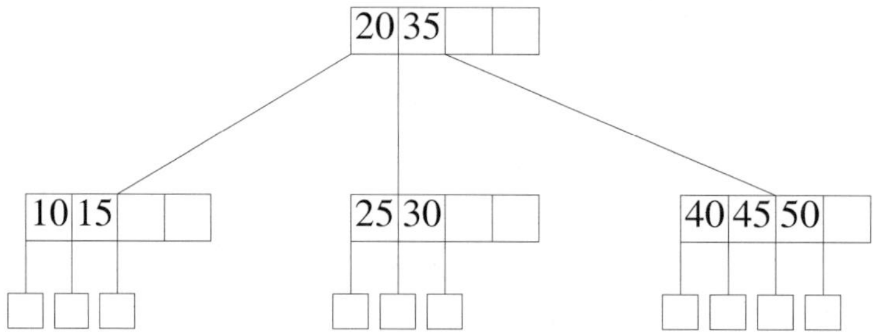

그림 11.10 차수 5인 B-트리

   (b) 트리가 디스크에 저장되어 있고 한 번에 한 노드씩 검색된다고 가정했을 때 각 삽입마다 필요한 디스크 접근 횟수는 얼마인가? 가정이 필요하다면 기술하라.
   (c) 그림 11.10의 차수 5인 트리에서 키 45, 40, 10, 25인 원소를 삭제하라. 원소를 하나씩 삭제한 후의 트리를 그려 보라. 본문에 나오는 삭제 과정대로 삭제를 수행하라.
   (d) 한 번 삭제할 때마다 필요한 디스크 접근 횟수는 얼마인가?
7. p가 부모의 중간, 오른쪽 자식일 경우의 그림을 추가하면서 그림 11.8을 완성해 보라.
8. 프로그램 11.3의 대칭인 경우를 완성해 보라.

9. 2-3 트리를 구현하는 *TwoThreeTree* C++ 클래스를 개발하라. 탐색, 삽입, 삭제 함수가 포함되어야 한다. 자신의 테스트 데이타로 클래스를 테스트해 보라.
10. 2-3-4 트리를 구현하는 *TwoThreeFourTree* C++ 클래스를 개발하라. 탐색, 삽입, 삭제 함수가 포함되어야 한다. 자신의 테스트 데이타로 클래스를 테스트해 보라.
11. B-트리에서의 삽입과 삭제 알고리즘을 작성하라. 각 원소는 추가적인 데이타 정보로 *deleted*를 갖고 있고 상응하는 원소가 삭제되지 않았다면 *deleted* = **false**이다. 삭제는 *deleted* = **false**로 설정함으로써 수행해야 하고 삽입은 트리를 재구성하지 않고 삭제된 공간을 최대한 사용해야 한다.
12. B-트리에서 위치로 키를 탐색하고 삭제하는 알고리즘을 작성하라. 즉 *Get*(k)는 k번째 작은 키를 탐색하고 *Delete*(k)는 트리 내에서 k번째 작은 키를 삭제한다.[힌트: 이를 효율적으로 수행하려면 각 노드에 추가적인 정보가 있어야 한다. 각 (E_i, A_i) 쌍마다 서브트리 $A_j + 1$의 원소 수인 $N_i = \sum_{j=0}^{i-1}$ 을 저장하라.] 작성한 알고리즘들의 최악의 경우 계산 시간은 얼마인가?
13. 본문에서는 노드 구조가 순차적이라고 가정했다. 그렇지만 B-트리 노드에 대한 탐색, 삽입, 삭제, 조인, 분할과 같은 함수들을 수행해야 한다.
    (a) B-트리에서 탐색, 삽입, 삭제 연산을 수행할 때 각각의 함수들이 중요한 이유를 설명하라.
    (b) 각 노드를 표현하기 위해서 어떻게 레드-블랙 트리를 사용할 수 있을지 설명하라. 정수 타입의 포인터가 필요할 것이며 배열에 각 레드-블랙 트리를 끼워 놓은 것처럼 여겨야 할 것이다.
    (c) 각 노드에 대해 순차적인 구조 대신 레드-블랙 트리를 사용하면 어떠한 종류의 이익/손실을 예상할 수 있는가?
14. 프로그램 11.2를 다음과 같이 변경하라. 노드 p가 m개의 원소를 가지고 있을 때, p의 가장 가까운 왼쪽 형제 노드나 가장 가까운 오른쪽 형제 노드가 $m-1$개의 원소보다 더 적은 원소의 수를 가지고 있는지 검사한다. 만약 그렇다면, p는 분할되지 않는다. 그 대신, p의 제일 작거나 제일 큰 원소를 부모로 옮기면서 회전이 수행된다. 부모 노드에 있는 상응되는 원소는 서브트리와 함께 빈 공간이 있는 p의 형제 노드로 옮겨지게 된다.
15. [**Bayer와 McCreight**] 삽입 후에 노드 p가 꽉 차 버렸다고 가정하자(즉 현재 m개의 원소를 포함하고 있다). 또한 p에 가장 가까운 오른쪽 형제 노드 q도 이미 만원인 상태라고 가정하자(즉 $m-1$개의 원소를 포함하고 있다). 그래서 p와 q의 원소들과 함께 p와 q의 부모에 있는 중간 원소들을 합치면 $2m$개의 원소가 된다. 이러한 $2m$개의 원소는 두 개의 중간 원소(하나는 p와 q에 대한 것이고 또 다른 하나는 q와 r에 대한 것임)와 함께 각각 $\lfloor(2m-2)/3\rfloor$, $\lfloor(2m-1)/3\rfloor$, $\lfloor 2m/3\rfloor$개의 원소를 갖는 p, q, r 세 개의 노드로 분배될 수 있다. 그러므로 p와 q를 거의 2/3가 채워진 p, q, r 세 개의 노드로 분할하고 p와 q의 중간 원소를 새로운 것으로 교체한 후 q와 r의 중간 원소를 새로운 노드 r에 대한 포인터와 함께 p와 q의 부모에 삽입한다. q가 p의 가장 가까운 왼쪽 형제 노드일 경우에도 유사하다.

    프로그램 11.2를 재작성하여 여기에서 언급한 대로 노드 분할이 일어나도록 만들라.

16. 차수가 m인 B*-트리(B*-tree)는 공백이거나 다음의 조건들을 만족시키는 탐색 트리이다.
    (a) 루트 노드는 최소 두 개, 최대 $2\lfloor(2m-2)/3\rfloor + 1$개의 자식 노드를 갖는다.
    (b) 나머지 내부 노드들은 각각 최대 m개, 최소 $\lceil(2m-1)/3\rceil$개의 자식 노드를 갖는다.
    (c) 모든 리프 노드는 같은 레벨에 있다.
    N개의 원소를 갖는 차수가 m인 B*-트리에 대하여 $x = \lceil(2m-1)/3\rceil$이라고 가정할 때 다음을 증명하라.
    (a) B*-트리의 높이 h는 $h \leq 1 + \log_x\{(N+1)/2\}$를 만족시킨다.
    (b) B*-트리의 노드의 수 p는 $p \leq 1 + (N-1)/(x-1)$을 만족시킨다.
    만일 B*-트리가 공백 B*-트리에서부터 구축된다고 가정할 때 매 삽입마다 필요한 B*-트리의 평균 분할 횟수는 얼마인가?
17. 연습문제 15번에서의 분할 방법을 이용하여 차수가 m인 B*-트리에 새로운 원소 x를 삽입하는 알고리즘을 작성하라. 최악의 경우 디스크 접근 횟수와 평균 디스크 접근 횟수는 얼마인가? 이 B*-트리는 처음에 깊이가 l이고 디스크에 저장되어 있다고 가정하라. 접근할 때마다 하나의 노드가 읽혀지거나 기록된다.
18. 차수가 m인 B*-트리에서 키 x를 가진 원소를 삭제하는 알고리즘을 작성하라. 깊이 l의 B*-트리에서 원소를 삭제하기 위해 필요한 최대 접근 횟수는 얼마인가? 연습문제 17번과 똑같은 가정을 하라.

11.3 B$^+$-트리

11.3.1 정의

B$^+$-트리(B$^+$-tree)는 B-트리와 비슷한 계통의 트리이다. 근본적인 차이는 다음과 같다.

(1) B$^+$-트리에는 두 가지 종류의 노드가 있는데 바로 인덱스(index) 노드와 데이타(data) 노드이다. B$^+$-트리의 인덱스 노드는 B-트리의 내부 노드와 일치하고 데이타 노드는 외부 노드와 일치한다. 인덱스 노드는 키(원소는 저장 안 함)와 포인터를 저장하고 데이타 노드는 키와 함께 원소를 저장한다(그러나 포인터는 저장 안 함).
(2) 데이타 노드는 왼쪽부터 오른쪽 순서대로 서로 링크되어 있고 이중 연결 리스트를 형성한다.

그림 11.11은 차수 3인 B$^+$-트리의 예를 보여 주고 있다. 그림에서 데이타 노드는 회색으로 칠해져 있고 인덱스 노드는 아무 색도 칠해져 있지 않다. 인덱스 노드들은 높이 2인 2-3 트리를 형성하고 있다는 사실에 주목하라. 데이타 노드 하나의 크기는 인덱스 노드 하나의 크기와 똑같지 않아도 된다. 그림 11.11에서 각 데이타 노드는 세 개의 원소를 포함할 수 있는 반면에 인덱스 노드는 두 개의 키를 포함할 수 있다.

정의: 차수 m인 B$^+$-트리(B$^+$-tree of order m)는 공백이거나 다음의 성질들을 만족시키는 트리이다.

(1) 모든 데이타 노드는 같은 레벨에 위치해 있고 리프 노드이다. 데이타 노드는 원소만 포함한다.

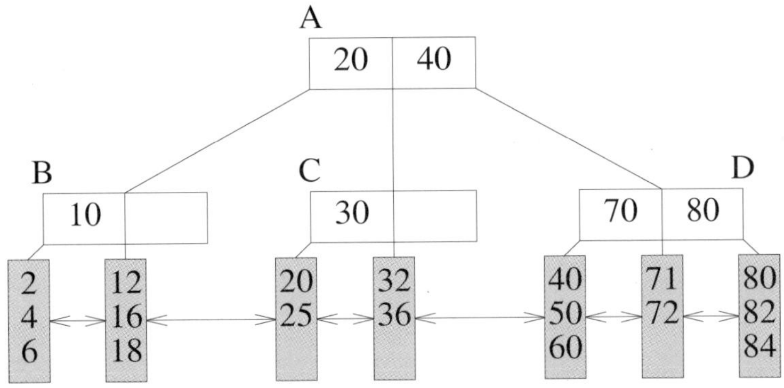

그림 11.11 차수 3인 B⁺-트리

(2) 인덱스 노드는 차수 m인 B-트리를 정의한다. 각 인덱스 노드는 키를 갖고 있지만 원소를 갖고 있지는 않다.

(3) $A_i(0 \le i \le n < m)$가 서브트리에 대한 포인터이고, $K_i(1 \le i \le n < m)$가 키일 때

$$n, A_0, (K_1, A_1), (K_2, A_2), ..., (K_n, A_n)$$

는 인덱스 노드의 형식이다. $K_0 = -\infty$, $K_{n+1} = \infty$이다. 서브트리 A_i의 모든 원소는 $0 \le i \le n$일 때 $K_i + 1$보다 작고 K_i보다 크거나 같은 키를 가지고 있다. □

11.3.2 B⁺-트리에서의 탐색

B⁺-트리는 두 가지 종류의 탐색을 지원한다. 즉 정확히 일치하는 값에 대한 검색과 범위 검색이 가능하다. 그림 11.11의 트리에서 키 32를 가진 원소를 탐색하려면 인덱스 노드인 루트 A부터 시작한다. B⁺-트리의 정의에 의해 A의 왼쪽 서브트리(즉 B가 루트인 서브트리)에 있는 모든 원소는 20보다 작은 키를 가지고 있고 루트가 C인 서브트리에 있는 원소들은 20보다 크거나 같고 40보다 작은 키를 가지고 있다. 그리고 루트가 D인 서브트리에 있는 원소들은 40보다 크거나 같은 키를 가지고 있다. 그러므로 인덱스 노드 C로 이동한다. 탐색 키가 30보다 크거나 같으므로 C에서 키 32와 36을 포함하는 데이타 노드로 이동한다. 이 데이타 노드가 탐색되고 찾고자 했던 원소가 검색된다. 프로그램 11.4에 B⁺-트리에서의 탐색 알고리즘이 상세히 설명되어 있다.

```
// B+-트리에서 x 키를 갖고 있는 원소를 탐색한다.
// 찾으면 원소를 반환한다. 그렇지 않으면 NULL을 반환한다.
if the tree is empty return NULL;
K0 = -MAXKEY;
for (*p = root; p is an index node; p = Ai)
{
```

```
    p가 다음과 같은 형식을 갖고 있다: n, A0, (K1, A1), ..., (Kn, An);
    Kn+1 = MAXKEY;
    Ki ≤ x < Ki+1;
}
// p 데이타 노드를 탐색한다
x인 키를 가지고 있는 원소 E에 대한 p를 탐색한다;
if 이러한 원소를 찾으면 E를 return
else return NULL;
```

프로그램 11.4: B⁺-트리에서의 탐색

범위 [16, 70]에 있는 모든 키에 대한 원소를 찾으려면 범위 시작점인 16과 정확히 일치하는 값을 찾는 것과 같은 탐색을 시작한다. 즉 그림 11.11의 두 번째 데이타 노드로 이동한다. 여기서부터 탐색 범위의 끝점인 70보다 큰 키를 가진 원소의 데이타 노드에 도달할 때까지(아니면 리스트의 끝에 도달할 때까지) 오른쪽 아래 방향으로 데이타 노드들의 이중 연결 리스트를 지나면서 탐색한다. 이 예에서는 네 개의 추가적인 데이타 노드가 검사된다. 첫 번째와 마지막을 제외한 검사된 데이타 노드들은 탐색 범위 안에 있는 원소를 적어도 하나 이상 포함하고 있다.

11.3.3 B⁺-트리에서의 삽입

B-트리로의 삽입과 B⁺-트리로의 삽입은 분할된 데이타 노드를 어떻게 처리하는가에 중요한 차이점이 있다. 데이타 노드가 완전히 차게 되면 원소의 절반(가장 큰 키들을 가지고 있는 원소들)을 새로운 노드로 옮기고 이 중에 가장 작은 원소의 키를 새로 생성된 데이타 노드에 대한 포인터와 같이 B-트리 삽입 과정을 따라서 부모 인덱스 노드에 삽입한다. 인덱스 노드 분할은 B-트리에서의 내부 노드 분할과 같다.

27인 키를 가진 원소를 그림 11.11의 B⁺-트리에 삽입해 보자. 우선 이 키를 탐색한다. 탐색 결과 C의 왼쪽 자식인 데이타 노드에 도달하게 된다. 이 데이타 노드가 키 27인 원소를 갖고 있지 않고 꽉 차 있지도 않으므로 이 데이타 노드에서 세 번째 원소로 새로운 원소를 삽입한다. 다음에는 키 14인 원소를 삽입하여 보자. 14를 탐색한 결과 꽉 찬 두 번째 데이타 노드에 도달하게 된다. 이 꽉 찬 노드에 상징적으로 새로운 원소를 삽입한다고 하면 이 노드는 오버플로가 되고 그 키 순서는 12, 14, 16, 18이 된다. 오버플로가 된 노드에서 값이 제일 큰 절반의 원소들(키가 16, 18인 원소들)을 새로운 데이타 노드로 옮겨 두 개의 노드로 분할하고 이 새로운 데이타 노드를 이중 연결 리스트에 삽입한다. 그리고 이 데이타 노드에 있는 제일 작은 키 16은 새로운 데이타 노드에 대한 포인터와 함께 부모 인덱스 노드 B에 삽입되어 그림 11.12(a)와 같은 구조를 갖게 된다.

마지막으로 그림 11.12(a)의 B⁺-트리에 키 86을 가진 원소를 삽입하여 보자. 86을 탐색한 결과 꽉 찬 가장 오른쪽 데이타 노드에 도달한다. 상징적으로 이 노드에 새로운 원소를 삽입한다고 하면 결과로 80, 82, 84, 86의 키 순서를 가진 노드가 된다. 오버플로가 된 데이타 노드를 분할하면 키가 84, 86인 원소를 가진 새로운 데이타 노드가 생성된다. 그리고 키 84와 이 새로운 노드에 대한 포인터를 부모 인덱스 노드 D에 삽입하게 되는데 이번에는 D가 오버플로가 된다. 오버플로가 된 D는 식 (11.5)에 따라 분

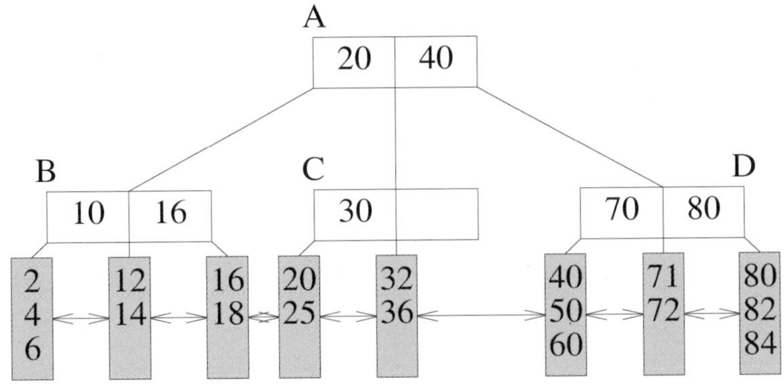

(a) 14 삽입

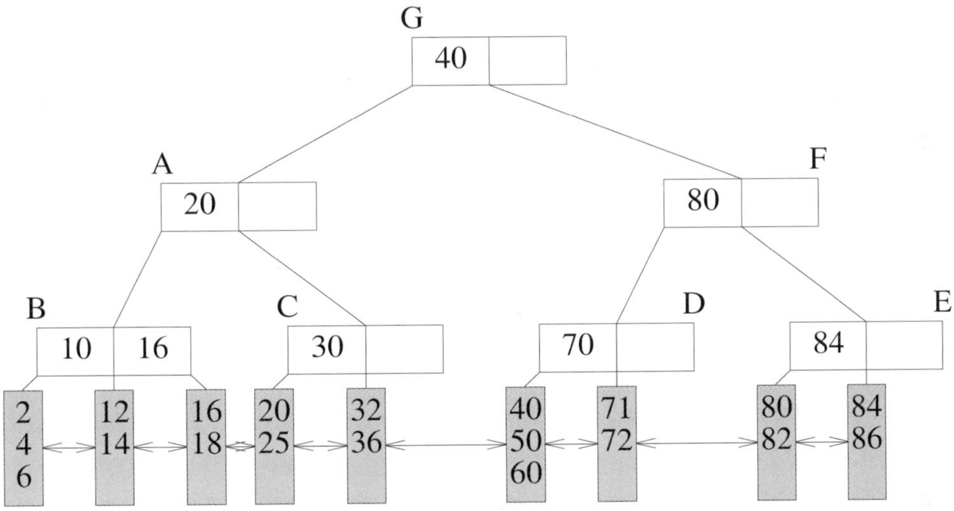

(b) 86 삽입

그림 11.12 그림 11.11의 B⁺-트리로의 삽입

할한다. 84와 오버플로가 된 D의 네 개의 서브트리 중에서 두 개는 새로운 인덱스 노드 E로 옮겨지고 80과 E에 대한 포인터는 D의 부모인 A에 삽입된다. 이제 A가 오버플로가 된다. 오버플로가 된 A는 다시 식 11.5에 따라 분할하고 키 80과 오버플로가 된 A의 네 개의 서브트리 중에 두 개를 가지고 있는 새로운 인덱스 노드 F를 생성한다. 키 40은 A와 F에 대한 포인터들과 함께 B⁺-트리의 새로운 루트를 형성한다[그림 11.12(b) 참조].

11.3.4 B⁺-트리에서의 삭제

원소들은 B⁺-트리 리프에만 저장되므로 리프에서의 삭제만 주의하면 된다(B-트리에서 삭제할 경우 리프가 아닌 노드에서의 삭제에서 리프 노드에서의 삭제로 변경시켜 수행한다는 것을 상기하라. B⁺-트리에서는 그렇지 않다). B⁺-트리의 인덱스 노드들은 B-트리를 형성하므로 루트가 아닌 인덱스 노드는

$\lceil m/2 \rceil - 1$개보다 키가 적으면 최소 원소 수가 부족하게 되고 루트 인덱스 노드는 키를 갖고 있지 않으면 최소 원소 수가 부족하게 된다. 데이타 노드는 언제 최소 원소 수가 부족하게 되는가? B^+-트리를 정의할 때 데이타 노드에 대한 최소 원소 수는 명시하지 않는다. 그렇지만 원소의 삽입 알고리즘에서 알 수 있듯이 주의를 해야 한다. 오버플로가 된 데이타 노드가 분할한 뒤에는 원래의 데이타 노드와 새로운 노드는 각각 적어도 $\lceil c/2 \rceil$개의 원소를 갖게 된다. 여기서 c는 데이타 노드가 가질 수 있는 원소 수이다. 따라서 데이타 노드가 B^+-트리의 루트인 경우를 제외하면 데이타 노드가 가질 수 있는 원소 수는 적어도 $\lceil c/2 \rceil$이다. 루트가 아닌 데이타 노드는 원소 수가 $\lceil c/2 \rceil$보다 적으면 최소 원소 수가 부족하다고 하고 루트 노드는 공백이면 최소 원소 수가 부족하다고 한다.

예를 통해 삭제 과정을 살펴보도록 하자. 그림 11.11의 B^+-트리를 살펴보자. 데이타 노드 하나가 가질 수 있는 원소 수 c는 3이다. 따라서 원소 수가 두 개보다 적으면 루트가 아닌 데이타 노드는 최소 원소 수가 부족하다. 키가 40인 원소를 삭제하려면 일단 삭제할 원소를 탐색해야 한다. 이 원소는 인덱스 노드 D의 왼쪽 자식인 데이타 노드에 있다. 키가 40인 원소를 삭제한 후 이 데이타 노드의 원소 수는 2가 된다. 그러므로 이 데이타 노드는 삭제 후에도 원소가 부족하지 않게 된다. 이제 변경된 데이타 노드를 디스크에 기록한다(B^+-트리가 디스크에 상주한다고 가정한다). 원소를 삭제한 후 데이타 노드의 최소 원소 수가 부족하지 않으면 인덱스 노드는 변경되지 않는다는 점을 유의하라.

다음으로 그림 11.11의 B^+-트리에서 키 71인 원소를 삭제해 보자. 이 원소는 D의 중간 자식에서 찾을 수 있다. 삭제를 한 후에는 D의 중간 자식 노드는 최소 원소 수가 부족해진다. 가장 가까운 오른쪽 또는 왼쪽 형제 노드를 검사하여 이 형제 노드가 최소 원소 수($\lceil c/2 \rceil$)보다 많은 원소를 갖고 있는지 알아본다. 가장 가까운 오른쪽 형제 노드를 검사한다고 가정한다. 여기서 키 순서는 80, 82, 84이다. 이 노드가 충분한 수의 원소를 가지고 있으므로 제일 작은 것을 빌려 오고 부모 D의 중간 키 80을 오른쪽 형제 노드에 남은 가장 작은 원소로 변경한다. 그림 11.13(a)가 이 결과를 보여 주고 있다. B^+-트리가 디스크에 상주하는 경우 이 삭제로 인해 변경된 인덱스 노드 하나(D)와 변경된 데이타 노드 두 개를 기록해야 한다. 더 큰 용량을 가진 데이타 노드들인 경우에는 데이타 노드의 원소가 부족하면 원소의 수가 충분한 가장 가까운 형제 노드로부터 원소를 여러 개 빌릴 수도 있다. 예를 들어 $c = 10$일 때 원소가 부족한 데이타 노드에는 네 개의 원소가 있고 가장 가까운 형제 노드는 10개의 원소를 가지고 있다고 하자. 가장 가까운 형제 노드로부터 세 개의 원소를 빌려서 양쪽의 데이타 노드의 점유율을 7로 하여 균형을 맞출 수 있다. 이렇게 균형을 맞추면 성능 향상을 기대할 수 있다.

그림 11.13(a)의 B^+-트리에서 키 80인 원소를 삭제하면 D의 중간 자식 노드는 원소가 부족해진다. 가장 가까운 오른쪽 형제 노드를 검사해도 이 형제 노드에는 원소가 $\lceil c/2 \rceil$개 밖에 없다. 따라서 두 개의 데이타 노드들이 하나로 결합되고 부모 인덱스 노드인 D에 있는 중간 키 82는 삭제된다. 그림 11.13(b)에 결과 B^+-트리가 나와 있다. 두 개의 데이타 노드가 결합할 경우 이중 연결 리스트에 있는 하나의 데이타 노드가 삭제되어야 하는 것에 유의하라. 또한 디스크 상주 B^+-트리일 경우에는 방금 수행한 삭제로 인해 변경된 데이타 노드 하나(D의 중간 자식 노드)와 변경된 인덱스 노드 하나(D)를 기록해야 한다는 점도 유의하라.

또 다른 예로 그림 11.12(b)의 B^+-트리에서 키 32인 원소를 삭제하여 보자. 이 원소는 C의 중간 자

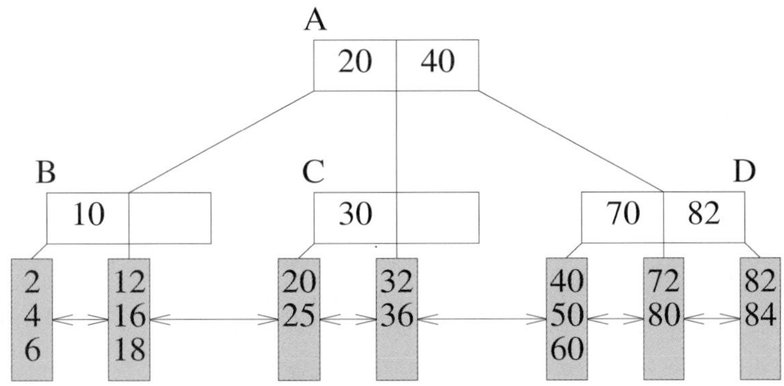

(a) 그림 11.11에서 71 삭제

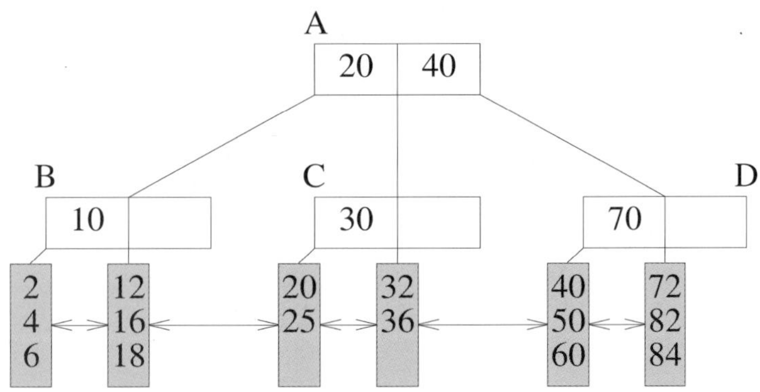

(b) (a)에서 80 삭제

그림 11.13 B^+-트리에서의 삭제

식에 위치해 있다. 삭제를 하게 되면 중간 자식의 원소는 부족해진다. 가장 가까운 형제 노드도 $\lceil c/2 \rceil$개의 원소밖에 갖고 있지 않아서 원소를 빌릴 수 없다. 그 대신 두 개의 데이타 노드를 결합시키고 이중 연결 리스트에서 한 개의 데이타 노드를 삭제한 후 부모에 있는 중간 키(30)를 삭제한다. 그림 11.14(a)에 그 결과가 나와 있다. 여기서 볼 수 있듯이 이제 인덱스 노드 C의 원소가 부족해졌다. 인덱스 노드의 원소가 부족해지면 가장 가까운 형제 노드를 살펴본다. 가장 가까운 형제 노드의 키의 수가 충분하면 두 인덱스 노드의 원소 수의 균형을 맞춘다. 이 작업은 부모에서 중간 키를 바꾸는 작업뿐만 아니라 여러 개의 키를 그와 관련된 서브트리와 함께 이동시키는 작업을 포함한다. 이 예에서 중간 키 20은 A에서부터 C로 옮겨지고 B의 가장 오른쪽에 위치한 키 16은 A로 옮겨지며 B의 오른쪽 서브트리는 C로 옮겨진다. 그림 11.14(b)가 이 결과 B^+-트리를 보여 준다.

마지막 예로서 그림 11.12(b)의 B^+-트리에서 키 86인 원소를 삭제해 보자. E의 중간 자식 노드는 원소가 부족해지므로 형제 노드와 결합된다. 데이타 노드들의 이중 연결 리스트에서 데이타 노드가 하나 삭제되고 부모에 있는 중간 키 84 역시 삭제된다. 그 결과 인덱스 노드 E의 원소가 부족해져서 그림

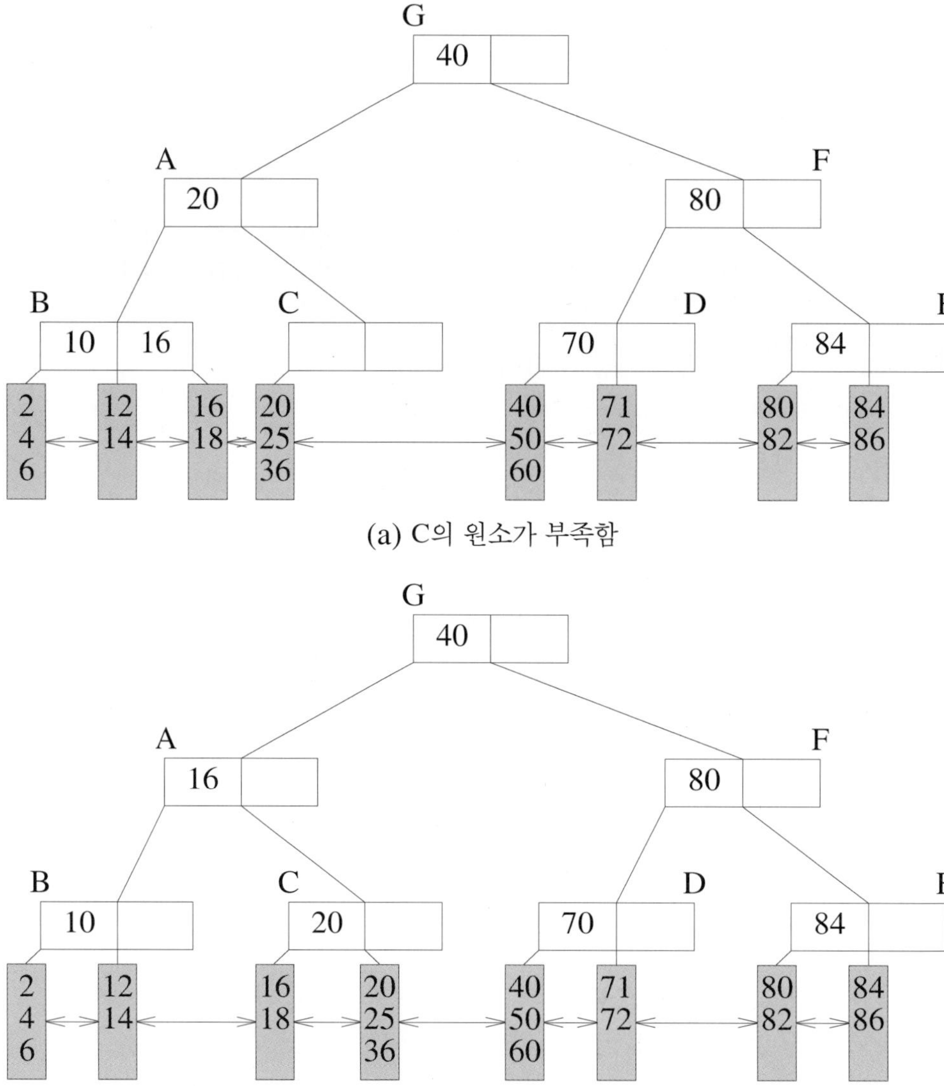

(a) C의 원소가 부족함

(b) B에서 빌려온 뒤

그림 11.14 그림 11.12(b)의 B^+-트리에서 32를 삭제하는 단계

11.15(a)와 같은 구조가 된다. 원소가 부족한 인덱스 노드 E는 형제 인덱스 노드 D 및 중간 키 80과 결합되어 그림 11.15(b)와 같은 구조가 된다. 마지막으로 원소가 부족한 인덱스 노드 F는 형제 노드 A와 부모 G의 중간 키 40과 결합한다. 이로 인해 루트인 부모 G의 원소가 부족하게 된다. 원소가 부족한 루트는 삭제되어 그림 11.12(a)와 같은 B^+-트리가 된다. 디스크 상주 B^+-트리일 경우 86을 삭제하면 변경된 데이타 노드 하나와 변경된 인덱스 노드 두 개(A와 D)를 기록해야 한다.

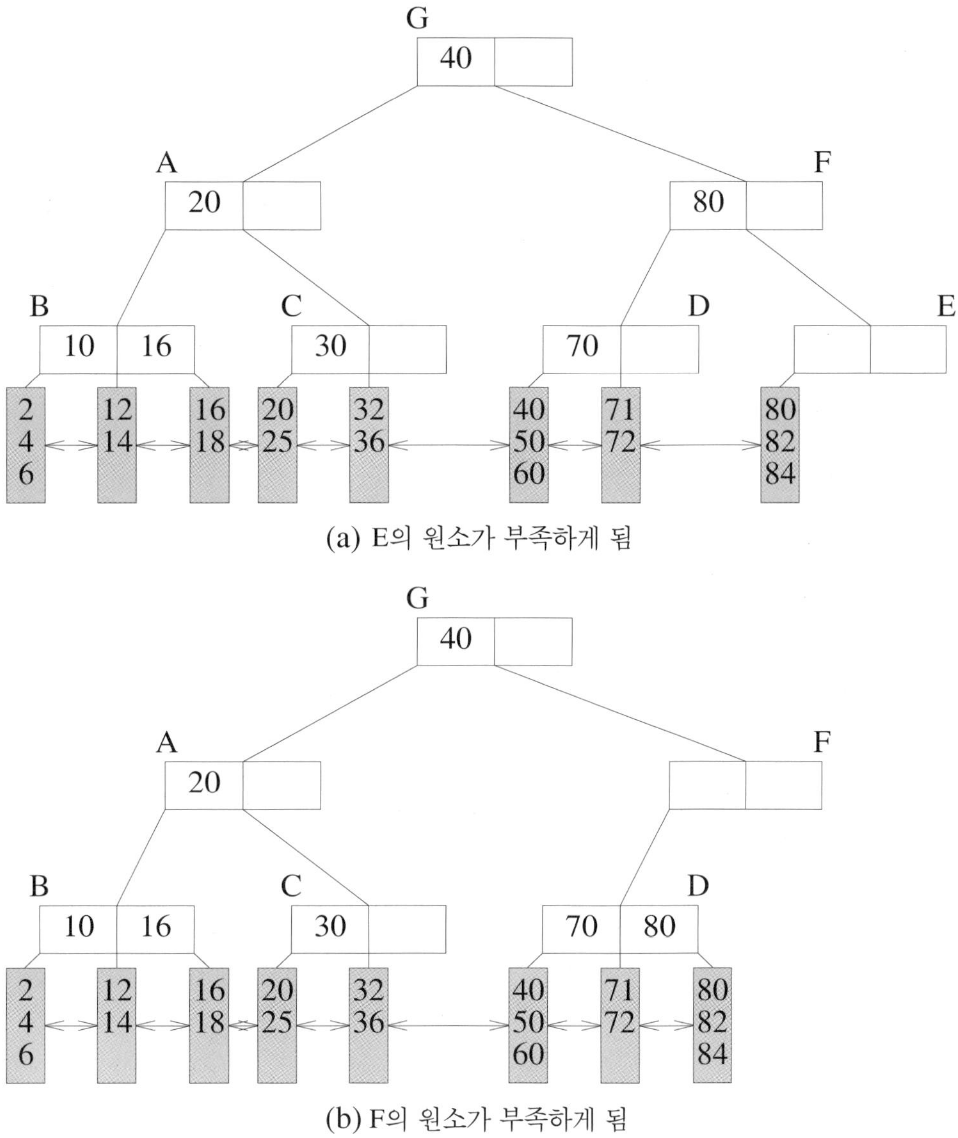

(a) E의 원소가 부족하게 됨

(b) F의 원소가 부족하게 됨

그림 11.15 그림 11.12(b)의 B^+-트리에서 86을 삭제하는 단계

연습문제

1. 그림 11.11의 B^+-트리에 키 5, 38, 45, 11, 81인 원소들을 순서대로 삽입하라. 본문에서 설명한 삽입 방법을 사용하라. 한 번 삽입할 때마다 B^+-트리를 그려 보라.
2. B^+-트리에 삽입하는 알고리즘을 프로그램 11.4와 유사하게 기술하라.
3. 높이가 *h*인 B^+-트리가 디스크에 상주한다고 가정하라. 최악의 경우 새로운 원소를 삽입하기 위

해 디스크 접근 횟수가 몇 번 필요한가? 각 노드를 한 번의 접근으로 읽거나 기록하고 탐색하는 과정에서 접근한 *h*개의 노드를 저장할 메모리가 충분해서 상향 노드 분할하는 단계에서 다시 읽을 필요가 없다는 것을 가정하라.

4. 그림 11.12(b)의 B⁺-트리에서 키 6, 71, 14, 18, 16, 2인 원소들을 순서대로 삭제하라. 본문에서 설명한 삭제 방법을 사용하라. 한 번 삭제할 때마다 B⁺-트리를 그려 보라.
5. B⁺-트리에서 삭제하는 알고리즘을 프로그램 11.4와 유사하게 기술하라.
6. 높이가 *h*인 B⁺-트리가 디스크에 상주한다고 가정하라. 최악의 경우 한 개의 원소를 삭제하기 위해 디스크 접근 횟수가 몇 번 필요한가? 각 노드를 한 번의 접근으로 읽거나 기록하고 탐색 과정에서 접근한 *h*개의 노드를 저장할 메모리가 충분해서 이러한 노드들을 상향 분할하고 결합하는 단계에서 다시 읽을 필요가 없다는 것을 가정하라.
7. B⁺-트리에서 데이타 노드들의 이중 연결 리스트를 단일 연결 리스트로 바꿀 경우 장점과 단점에 대해 논해 보라.
8. B⁺-트리를 구현하는 *BPlusTree*라는 C++ 클래스를 작성하라. 삽입과 삭제뿐만 아니라 정확히 일치하는 값의 탐색과 범위 탐색을 위한 함수들이 이 클래스에 포함되어야 한다. 자신의 테스트 데이타로 모든 함수들을 테스트해 보라.

11.4 참고문헌

B-트리는 Bayer와 McCreight에 의해 개발되었다. B-트리와 다른 변형들에 대한 더 많은 정보를 찾고 싶으면 다음과 같은 저서들을 참고하라. "Organization and maintenance of large ordered indices"(R. Bayer and E. McCreight, *Acta Informatica*, 1972), *The art of computer programming*(Vol. 3, *Sorting and Searching*, Second Edition, by D. Knuth, Addison Wesley, 1997), "The ubiquitous B-tree"(D. Comer, *ACM Computing Surveys*, 1979), "B trees"(D. Zhang, *Handbook of data structures and applications*, D. Mehta, S. Sahni editors, Chapman & Hall/CRC, 2005).

12장 디지털 탐색 구조

12.1 디지털 탐색 트리

12.1.1 정의

디지털 탐색 트리(digital search tree)는 각 노드가 하나의 원소만을 갖는 이진 트리이다. 각 원소를 노드에 지정하는 것은 원소 키의 이진 표현에 의해 결정된다. 가령 키의 이진 표현에서 각 비트에 왼쪽에서 오른쪽으로 1부터 번호를 부여한다고 가정하자. 그러면 1000의 처음 비트는 1이고 두 번째, 세 번째, 네 번째 비트는 0이다. 레벨 i에서 노드의 왼쪽 서브트리에 있는 모든 키들은 i번째 비트가 0인 반면에 오른쪽 서브트리에 있는 모든 키들은 i번째 비트가 1이다. 그림 12.1(a)는 디지털 탐색 트리의 예를 보여주고 있다. 이 트리는 키 1000, 0010, 1001, 0001, 1100, 0000을 포함하고 있다.

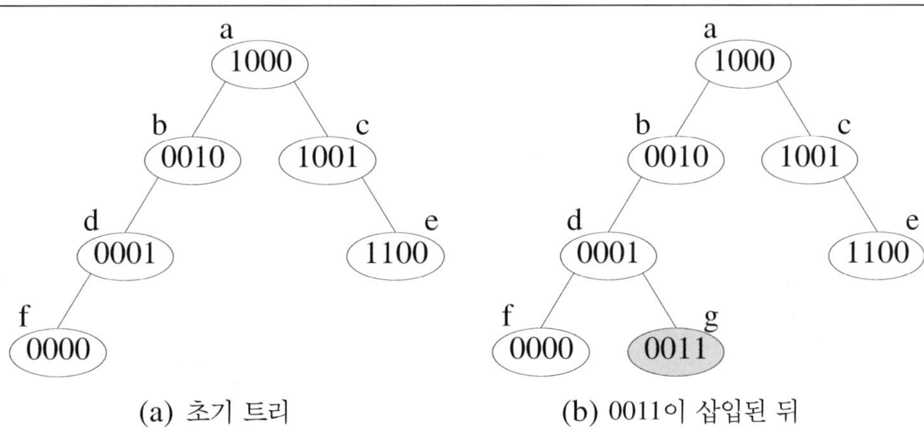

그림 12.1 디지털 탐색 트리

12.1.2 탐색, 삽입, 삭제

그림 12.1(a)의 트리에서 키 $k = 0011$에 대한 탐색을 고려해 보자. 우선 k를 루트의 키와 비교한다. k는 루트의 키와 다르고 k의 처음 비트가 0이기 때문에 루트의 왼쪽 자식 b로 이동한다. k는 노드 b의 키와 다르고 k의 두 번째 비트가 0이기 때문에 b의 왼쪽 자식 d로 이동한다. k는 노드 d의 키와 다르고 k의 세 번째 비트가 1이므로 d의 오른쪽 자식으로 이동한다. 이때 d의 오른쪽 자식이 없다. 그러므로 $k = 0011$은 탐색 트리 내에 없다는 결론을 얻는다. 만일 이 트리에 k를 삽입하려고 한다면 d의 오른쪽 자식으로 삽입이 될 것이다. 이렇게 하면 그림 12.1(b)와 같은 디지털 탐색 트리가 만들어진다.

탐색과 삽입을 위한 디지털 탐색 트리 함수들은 이원 탐색 트리에 대한 함수들과 매우 유사하다. 근본적인 차이는 이동할 서브트리가 현재 노드의 키와 탐색 키를 비교한 결과에 의해서라기보다는 오히려 탐색 키의 비트에 의해 결정된다는 것이다. 리프 노드에 있는 한 항목을 삭제하는 것은 리프 노드를 제거하는 것이 된다. 리프가 아닌 다른 노드로부터 삭제하기 위해서는, 삭제할 항목을 서브트리에 있는 임의의 리프 노드 값으로 대체하고 그 리프 노드를 제거한다.

이러한 각각의 연산은 $O(h)$ 시간 내에 수행된다. 여기서 h는 디지털 탐색 트리의 높이이다. 디지털 탐색 트리에서 각 키가 *keySize* 비트를 갖는다면, 디지털 탐색 트리의 높이는 최대 *keySize* +1이 된다.

연습문제

1. 그림 12.1(a)와 같은 키의 집합을 가진 다른 형태의 디지털 탐색 트리를 그려 보라.
2. 탐색, 삽입, 삭제 연산을 하기 위한 디지털 탐색 트리 함수를 기술하라. 각 키는 *keySize* 비트이고 함수 $bit(k, i)$는 키 k에서 i번째(왼쪽부터) 비트를 반환한다고 가정하라. 각 함수가 $O(h)$의 복잡도를 가진다는 것을 증명하라. 단 h는 디지털 탐색 트리의 높이이다.

12.2 이진 트라이와 패트리샤

키의 길이가 아주 길 경우에는 키를 비교하는 데에 많은 비용이 든다. 디지털 탐색 트리에서 탐색은 키에 대한 비교가 많이 요구되므로, 디지털 탐색 트리(이진과 다원 탐색 트리도)는 키가 아주 긴 경우에 비효율적인 탐색 구조(search structure)이다. 만일 패트리샤(Patricia: *P*ractical *a*lgorithm *t*o *r*etrieve *i*nformation *c*oded *i*n *a*lphanumeric)라고 하는 구조를 사용하면 키 비교의 횟수를 한 번으로 줄일 수 있다. 이 구조는 다음과 같은 세 단계로 생성할 수 있다. 첫째, 이진 트라이(binary trie)라는 구조를 도입한다. 둘째, 이진 트라이를 압축 이진 트라이(compressed binary trie)로 변환한다. 마지막으로 압축 이진 트라이로부터 패트리샤(Patricia)를 얻는다. 이진 트라이와 압축 이진 트라이는 단지 패트리샤를 유도하기 위한 수단으로 도입되었기 때문에, 이러한 구조들의 조작 방법에 관해서는 자세히 설명하지 않겠다. 이진 트라이보다 일반적인 버전인 트라이에 대해서는 다음 절에서 논의하겠다.

12.2.1 이진 트라이

이진 트라이(binary trie)는 두 종류의 노드, 즉 분기 노드(branch node)와 원소 노드(element node)를 갖

는 이진 트리이다. 분기 노드는 *leftChild*와 *rightChild*의 두 개의 데이타 멤버를 가지고 있다. *data* 데이타 멤버는 가지고 있지 않다. 원소 노드는 하나의 *data* 데이타 멤버만을 가지고 있다. 분기 노드는 디지털 탐색 트리 구조와 유사한 이진 트리 탐색 구조를 만들기 위해 사용된다. 이러한 탐색 구조는 원소 노드로 연결된다.

그림 12.2는 여섯 개의 원소로 구성된 이진 트라이를 보여 주고 있다. 원소 노드는 회색으로 표현되어 있다. 키 *k*를 가진 원소를 탐색하기 위해 *k*의 비트들로 결정되는 분기 패턴을 사용한다. *k*의 *i*번째 비트는 레벨 *i*에서 사용한다. 그것이 만일 0이면 탐색은 왼쪽 서브트리로 이동하고 그렇지 않으면 오른쪽 서브트리로 이동한다. 0010을 탐색하려면 먼저 왼쪽 자식을 따라가고 다시 왼쪽 자식을 따라가서 마지막에는 오른쪽 자식을 따라간다.

이진 트라이에서의 성공적인 탐색은 항상 원소 노드에서 끝난다. 일단 원소 노드에 이르면 이 노드의 키를 찾고자 하는 키와 비교한다. 키 비교는 단지 이것뿐이다. 성공적이지 못한 탐색은 원소 노드 또는 0 포인터에서 종료된다.

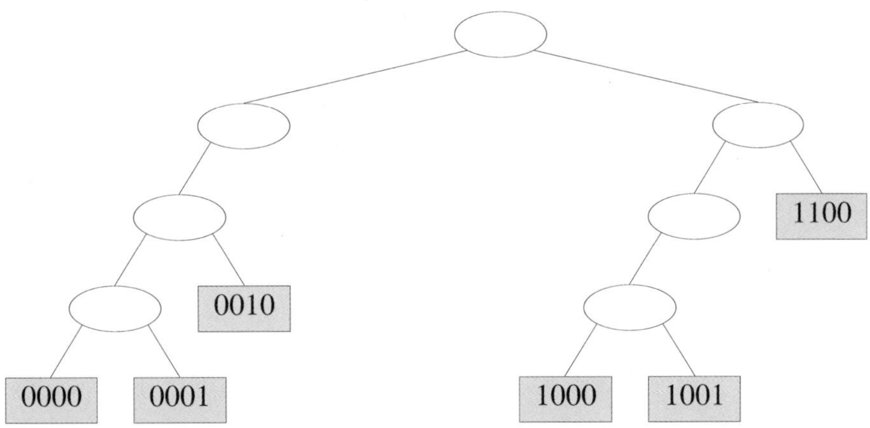

그림 12.2 이진 트라이 예

12.2.2 압축 이진 트라이

그림 12.2의 이진 트라이는 차수가 1인 분기 노드를 포함하고 있다. 만일 각 분기 노드에 또 다른 데이타 멤버 *bitNumber*를 추가시키면 차수 1인 모든 분기 노드를 트라이로부터 제거할 수 있다. 분기 노드의 *bitNumber* 데이타 멤버는 이 노드에서 사용되는 키의 비트 번호를 나타낸다. 그림 12.3은 그림 12.2의 이진 트라이로부터 차수 1인 분기 노드를 제거했을 때 만들어지는 이진 트라이이다. 노드 밖에 있는 번호는 *bitNumber*를 나타낸다. 차수 1인 분기 노드를 포함하지 않기 위해 이런 방식으로 수정된 이진 트라이를 압축 이진 트라이(compressed binary trie)라 한다.

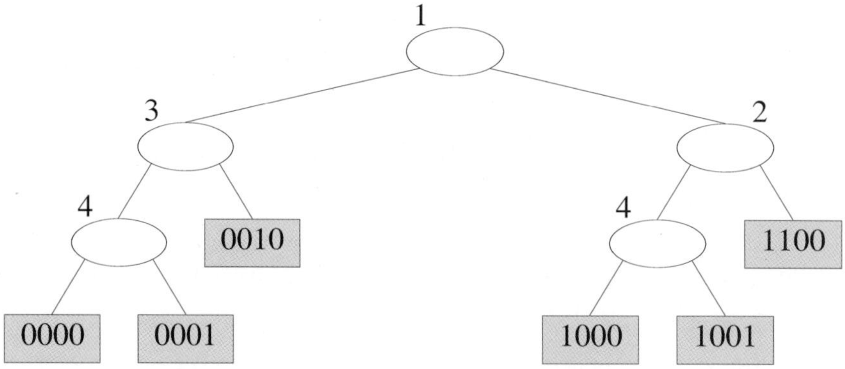

그림 12.3 그림 12.2의 이진 트라이에서 차수가 1인 노드를 제거한 압축 이진 트라이

12.2.3 패트리샤

압축 이진 트라이는 한 가지 타입의 노드들로 표현될 수 있다. 부가 분기 노드(augmented branch node)라는 이 새로운 노드는 원래의 분기 노드에 *data*라는 데이타 멤버를 추가한 노드이다. 이렇게 만들어진 구조를 패트리샤(Patricia)라 하는데, 압축 이진 트라이로부터 다음과 같은 방법으로 얻을 수 있다.

(1) 각 분기 노드를 부가 분기 노드로 대체한다.

(2) 원소 노드들을 제거한다.

(3) 이전에 원소 노드에 있었던 데이타를 부가 분기 노드의 *data* 데이타 멤버에 저장한다. 공백이 아닌 모든 압축 이진 트라이는 원소 노드보다 하나 적은 분기 노드를 갖기 때문에 부가 분기 노드 하나를 추가시켜야 한다. 이러한 노드를 헤더 노드(header node)라 한다. 나머지 구조는 헤더 노드의 왼쪽 서브트리이다. 헤더 노드의 *bitNumber*는 0이다. 그것의 오른쪽 자식 데이타 멤버는 사용되지 않는다. 부가 분기 노드 내에 데이타를 할당하는 것은, 부가 분기 노드의 *bitNumber*가 이 데이타를 포함하고 있던 원소 노드의 부모 노드에 있는 *bitNumber*와 같거나 더 작게 하는 방식으로 행해진다.

(4) 원소 노드에 대한 원래 포인터를 해당되는 부가 분기 노드에 대한 포인터로 대체시킨다.

위의 변환을 그림 12.3의 압축 트라이에 대해 수행하면 그림 12.4의 구조가 된다. *root*를 패트리샤의 루트라 하자. 패트리샤가 공백이면 *root*는 0이다. 하나의 원소를 갖는 패트리샤는 왼쪽 자식 데이타 멤버가 그 자신을 가리키는 헤더 노드로 표현된다[그림 12.5(a)]. 패트리샤에서는 원래 분기 노드를 가리키는 포인터와 원소 노드를 가리키는 포인터를 구별할 수 있는데, 전자는 원래 포인터가 시작된 노드의 *bitNumber*보다 더 큰 값을 가진 노드를 가리키게 하고 후자는 *bitNumber*가 같거나 작은 값을 가진 노드를 가리키게 한다.

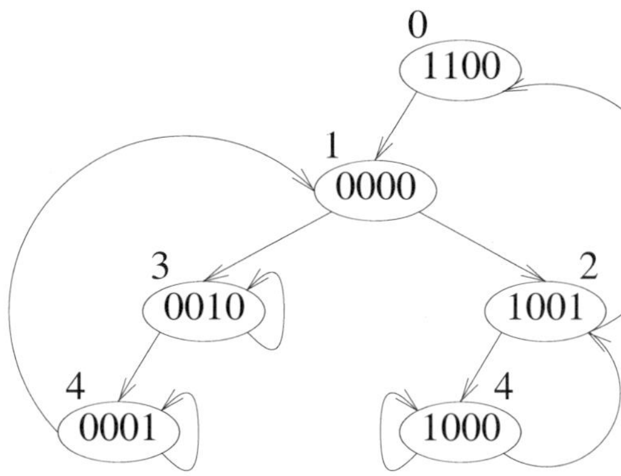

그림 12.4 패트리샤의 예

12.2.3.1 패트리샤에서의 탐색

키 *k*를 가진 원소를 탐색하기 위해서는 헤더 노드에서 시작하여 *k*가 가지고 있는 비트들에 의해 결정되는 경로를 따라간다. 원소 포인터를 따라가서 만나게 된 그 노드의 키와 *k*를 비교한다. 키 비교는 단지 이것뿐이다. 더 이상의 비교 연산은 필요 없다. 예를 들어 $k = 0000$을 그림 12.4의 패트리샤 인스턴스에서 찾는다고 가정하자. 헤더 노드에서 시작하여 0000을 가진 노드를 가리키는 왼쪽 자식 포인터를 따라간다. 이 노드의 비트 번호 데이타 멤버는 1이다. *k*의 첫 번째 비트는 0이므로 왼쪽 자식 포인터를 따라 0010을 가진 노드로 이동한다. 이제 *k*의 세 번째 비트가 사용된다. 이 비트가 0이기 때문에 탐색은 0001을 가진 노드로 이동한다. 이 노드의 비트 번호 데이타 멤버는 4이고 *k*의 네 번째 비트는 0이므로, 왼쪽 자식 포인터를 따라간다. 이것은 이동하기 전 노드의 비트 번호 데이타 멤버보다 더 작은 비트 번호 값을 가진 노드로 오게 된다. 이렇게 되면 원소 포인터가 사용된다. 이 노드의 키와 *k*를 비교해 보면 일치하므로 탐색은 성공하게 된다.

다음으로, $k = 1011$을 찾는다고 가정하자. 헤더 노드에서 시작하여 0000, 1001, 1000, 1001을 가진 노드로 차례로 이동한다. *k*와 1001을 비교해 보면 서로 다르기 때문에 이 키를 가진 원소가 없다고 결론짓는다. 패트리샤 인스턴스를 탐색하는 함수가 프로그램 12.1에 나와 있다. 이 함수에서 *PatNode*는 트리의 노드들의 데이타 종류이고 *bit(i, j)* 함수는 *i*의 *j*번째 비트(가장 왼쪽 비트가 첫 번째 비트임)를 반환한다.

```
template <class K, class E>
E* Patricia<K, E>::Search(const K& k) const
{ // 패트리샤 탐색. 키가 k인 원소에 대한 포인터를 반환한다.
 // 그런 원소가 없으면 NULL을 반환한다
```

```
    if(!root) return NULL; // 패트리샤는 공백이다
    PatNode<K, E> *y = root→leftChild; // 헤더 노드의 왼쪽 자식으로 이동한다
    for (PatNode<K, E> *p = root; y→bitNumber > p→bitNumber;)
    { // 분기 포인터를 따라간다
        p = y;
        if (!bit(x, y→bitNumber)) y = y→leftChild;
        else y = y→rightChild;
    }
    // y에 있는 키를 검사
    if(y→key == k) return &y→element;
    return NULL;
}
```

프로그램 12.1: 패트리샤에서의 탐색

12.2.3.2 패트리샤로의 삽입

이제 새로운 원소를 어떻게 삽입하는가에 대해 알아보자. 처음에 공백 인스턴스로 시작하여 키 1000을 가진 원소를 삽입한다고 하자. 결과는 키 1000을 가진 헤더 노드만으로 된 인스턴스가 된다[그림 12.5(a)]. 다음에 키 k = 0010을 가진 원소의 삽입을 생각해 보자. 먼저 함수 *Patricia*::*Search*(프로그램 12.1)를 사용하여 이 키를 찾는다. 탐색은 헤더 노드에서 종결된다. 키 0010은 이 노드의 키 q = 1000과 같지 않기 때문에 0010은 현재 패트리샤 인스턴스 내에 없다. 따라서 이 원소가 삽입될 수 있음을 알 수 있다. 이를 위해 키 k와 q를 비교하여 이들이 처음으로 달라지는 첫 번째(즉 제일 왼쪽) 비트를 찾는다. 이것은 1번 비트이다. 키가 k인 원소를 가진 새로운 노드는 헤더 노드의 왼쪽 자식으로 삽입된다. k의 1번 비트가 0이기 때문에 새로운 노드의 왼쪽 자식 데이타 멤버는 그 자신을 가리키고 그것의 오른쪽 자식 데이타 멤버는 헤더 노드를 가리킨다. 비트 번호 데이타 멤버는 1로 설정된다. 이 결과 패트리샤 인스턴스는 그림 12.5(b)와 같다.

다음에 삽입될 원소가 k = 1001을 가지고 있다고 하자. 이 키의 탐색은 q = 1000을 가진 노드에서 끝난다. k와 q가 서로 다른 첫 번째 비트는 비트 번호 j = 4이다. 이제 단지 k의 처음 $j-1$ = 3비트를 이용하여 그림 12.5(b)의 인스턴스를 탐색한다. 마지막으로 이동하는 것은 0010을 가진 노드에서 1000을 가진 노드로 이동하는 것이다. 이것은 오른쪽 자식으로 이동하는 것이기 때문에 키 k를 가진 원소를 가진 새로운 노드는 0010의 오른쪽 자식으로 삽입된다. 이 노드의 비트 번호 데이타 멤버는 j = 4로 설정된다. k의 네 번째 비트가 1이므로, 새로운 노드의 오른쪽 자식 데이타 멤버는 그 자신을 가리키고 그것의 왼쪽 자식 데이타 멤버는 q를 가진 노드를 가리키게 된다. 그림 12.5(c)는 이 결과 구조를 보여 주고 있다.

그림 12.5(c)에 k = 1100을 삽입하기 위해서는 먼저 이 키를 찾는다. 다시 한 번 q = 1000이며 k와 q가 달라지는 첫 번째 비트는 j = 2이다. 처음 $j-1$ 비트만을 사용한 탐색은 1001을 가진 노드에서 끝난

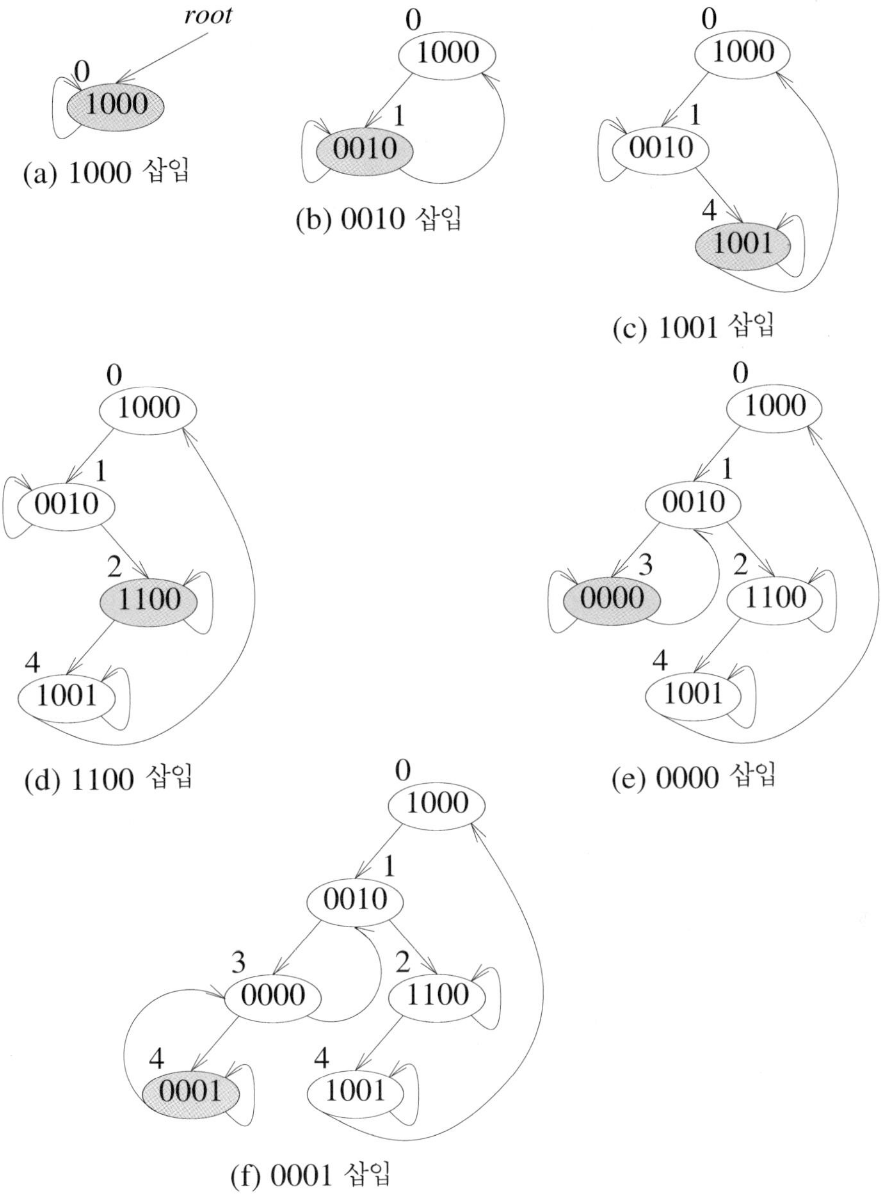

그림 12.5 패트리샤로의 삽입

다. 마지막 이동은 0010으로부터 오른쪽 자식으로 이동하는 것이다. 키 k와 비트 번호 데이타 멤버 $j = 2$를 가진 원소를 가진 새로운 노드는 0010의 오른쪽 자식으로 삽입된다. k의 j 비트가 1이기 때문에 이 새로운 노드의 오른쪽 자식 데이타 멤버는 그 자신을 가리킨다. 그것의 왼쪽 자식 데이타 멤버는 1001(이것은 전에 0010의 오른쪽 자식이었음)을 갖는 노드를 가리킨다. 이 새로운 패트리샤 인스턴스를 표현한 것이 그림 12.5(d)이다. 그림 12.5(e)는 키 0000을 삽입한 결과를 보여 주고 그림 12.5(f)는

0001을 삽입한 후의 패트리샤 인스턴스를 보여 주고 있다.

이제까지의 설명을 정리한 것이 프로그램 12.2의 삽입 함수 *Patricia::Insert*이다. 이것의 복잡도는 O(h)인데 여기서 h는 패트리샤의 높이이다. h는 min{*keySize* + 1, *n*}만큼 클 수 있는데 여기서 *keySize*는 키의 비트 수이고 n은 원소 수이다. 키들이 균등하게 분포되어 있을 때 높이는 O(log$n$)이다. 삭제 함수의 작성은 연습문제로 미루겠다.

```
template <class K, class E>
void Patricia<K, E>::Insert(const K& k, const E& e)
{// e를 패트리샤 트리에 삽입. k가 키이다.
    if (!root) { // 패트리샤는 공백
        root = new PatNode<K, E>;(0, k, e);
                // PatNode를 생성하고 bitNumber, key, element 필드를 세트한다
        root→leftChild = root; return;
    }
    PatNode<K, E> *y = NSearch(k);
        // NSearch는 k를 탐색할 때 마지막 노드에 대한 포인터를 반환한다
    if (y→key == k) { y→element = e; return;}
        // 오래 된 원소를 업데이트한다

    // 새로운 원소. 새로운 노드와 e를 삽입한다
    // k와 y→key가 다른 첫 번째 비트를 찾음
    for (int j = 1; bit(k, j) == bit(y→key, j); j++);

    // k의 처음 j−1비트를 사용하여 패트리샤를 탐색
    PatNode<K, E> *s = root→leftChild, *p = root;
    while ((s→bitNumber > p→bitNumber) && (s→bitNumber < j)) {
        p = s;
        if (!(bit(k, s→bitNumber))) s = s→leftChild;
        else s = s→rightChild;
    }

    // x를 p의 자식으로 삽입
    PatNode<K, E> *z = new PatNode<K, E>(j, k, e);
    if (bit(k, j)) {z→leftChild = s; z→rightChild = z;}
    else {z→leftChild = z; z→rightChild = s;}

    if (s == p→leftChild) p→leftChild = z;
```

```
    else p→rightChild = z;
    return;
}
```

프로그램 12.2: 패트리샤로의 삽입

연습문제

1. 탐색, 삽입, 삭제 연산에 대한 이진 트라이 함수들을 작성해 보라. 각 키는 *keySize* 비트를 가지고 있고 함수 *bit*(*k*, *i*)는 키 *k*의 (왼쪽으로부터) *i*번째 비트를 반환한다. 작성된 각 함수의 복잡도가 O(*h*)임을 보이라. 여기서 *h*는 디지털 탐색 트리의 높이이다.
2. 탐색, 삽입, 삭제 연산에 대한 압축 이진 트라이 함수들을 작성해 보라. 각 키는 *keySize* 비트를 가지고 있고 함수 *bit*(*k*, *i*)는 키 *k*의 (왼쪽으로부터) *i*번째 비트를 반환한다. 작성된 각 함수의 복잡도가 O(*h*)임을 보이라. 여기서 *h*는 이진 트라이의 높이이다.
3. 패트리샤로부터 키 *k*를 가진 원소를 삭제하는 함수를 작성해 보라. 이 함수의 복잡도는 O(*h*)가 되어야 한다. 여기서 *h*는 패트리샤의 높이이다. 이 함수의 복잡도가 O(*h*)라는 것을 증명하라.

12.3 다원 트라이

12.3.1 정의

다원 트라이(multiway trie)[또는 단순히 트라이(trie)라고 한다]는 키 값이 가변 길이일 때 특히 유용한 구조이다. 이 자료 구조는 앞절에서 논의했던 이진 트라이를 일반화한 것이다.

트라이는 모든 레벨의 분기가 키 값 전체에 의해서가 아니라 그 일부에 의해서 결정되는 차수 $m \geq 2$인 트리이다. 예를 들어 키가 영어 알파벳의 소문자들로 구성된 그림 12.6의 트라이를 생각해 보자. 트라이는 두 종류의 노드 타입을 갖는데 하나는 원소(element)이고 다른 하나는 분기(branch)이다. 그림 12.6에서 원소 노드는 어둡게 칠해져 있고 분기 노드는 칠해져 있지 않다. 원소 노드는 하나의 *data* 필드만을 가지고 있으며, 분기 노드는 서브트리에 대한 포인터들을 포함하고 있다. 그림 12.6에서 각 분기 노드는 27개의 포인터 필드를 가지고 있다. 여분의 포인터 필드는 공백 문자(*b̸*로 표시)를 위해 사용된다. 트라이는 어떤 키도 다른 키의 접두사가 되는 것을 허용하지 않기 때문에 이 공백 문자는 모든 키들을 종료시키는 데 사용된다(그림 12.7 참조).

첫 번째 레벨에서 모든 키 값들은 그 첫 번째 문자에 따라 서로 다른 부류로 나뉜다. 따라서 *root*→*child*[*i*]는 *i*번째 문자로 시작하는 모든 키 값들을 포함하는 서브트라이(subtrie)를 가리킨다. *j*번째 레벨에서의 분기는 *j*번째 문자에 의해 결정된다. 서브트라이가 단 하나의 키 값만을 가질 경우, 이 서브트라이는 원소 타입의 노드로 대체된다. 이 노드는 키 값과 이 키 값을 가진 레코드의 주소 같은 기타 관련 정보를 포함한다.

트라이의 다른 예로 학생 이름, 전공, 생일, 사회보장번호(SS#) 등의 필드를 갖는 학생 레코드들이 있다고 가정해 보자. 키 필드는 아홉 자리의 십진수로 표현된 사회보장번호이다. 이 예를 쉽게 설명하기

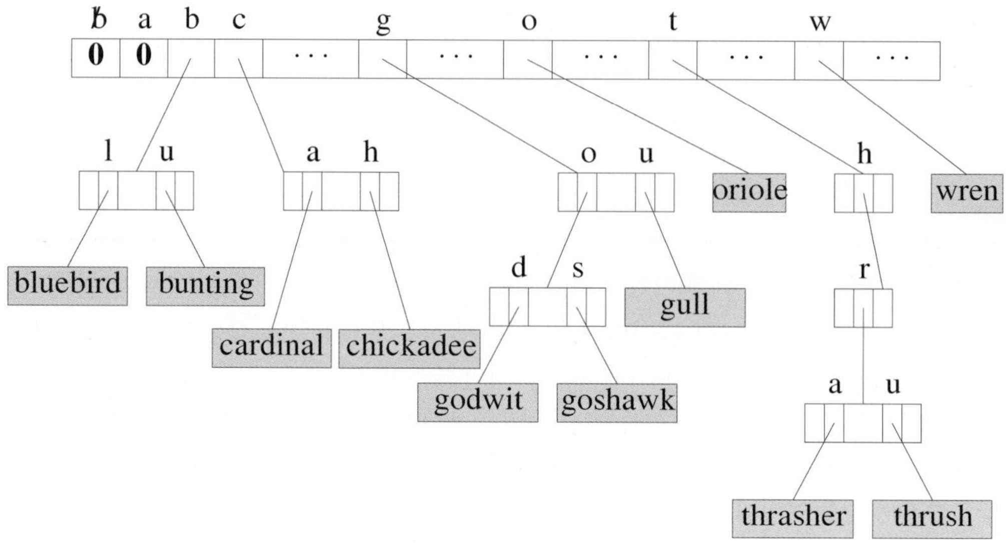

그림 12.6 왼쪽에서 오른쪽으로 한 번에 하나씩 키 값의 문자를 이용하여 생성한 트라이

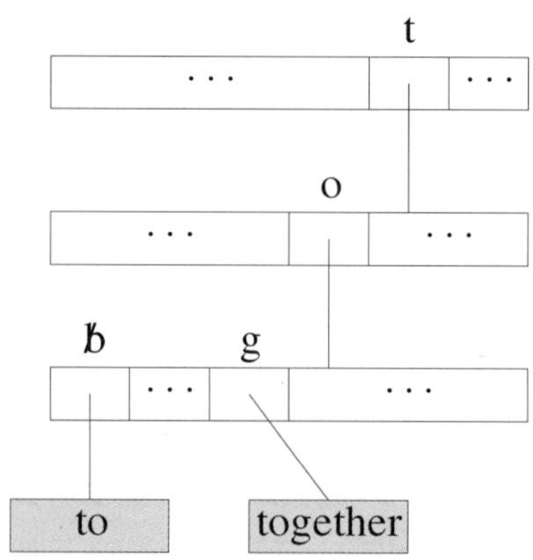

그림 12.7 종료 문자(이 경우에는 공백 문자)의 필요성을 보여 주는 트라이

위해서, 총 다섯 개의 원소를 갖고 있다고 생각해 보자. 그림 12.8은 이 다섯 개 원소의 이름과 SS# 필드를 나타낸다.

이 다섯 개 원소를 트라이로 표현하기 위해서는 우선 각 키를 한 숫자씩 분해하는 데 사용될 기수(radix)를 선택한다. 만약 십진수를 사용한다면, 분해된 숫자는 그림 12.8에 나타난 십진수이다. 키 필드의 숫자를 왼쪽에서 오른쪽으로 검사할 것이다. SS#의 첫 번째 숫자를 사용해서 SS#가 2로 시작하는 원소(Bill과 Kathy), 5로 시작하는 원소(Jill), 9로 시작하는 원소(April과 Jack)처럼 원소를 세 개 그룹

이름	SS#
Jack	951-94-1654
Jill	562-44-2169
Bill	271-16-3624
Kathy	278-49-1515
April	951-23-7625

그림 12.8 다섯 개의 원소(학생 레코드)

으로 나눈다. 둘 이상의 원소를 가진 그룹은 키에서의 그 다음 숫자에 따라 분할된다. 이 분할 과정은 모든 그룹이 정확히 한 원소만 가질 때까지 계속된다.

위에 묘사된 분할 과정의 결과는 그림 12.9와 같이 10개로 분기되는 트리 구조가 된다. 이 트리에는 두 종류의 노드, 즉 분기 노드와 원소 노드가 있다. 각 분기 노드는 10개의 자식(또는 포인터) 필드를 갖는다. 이 필드들 *child*[0:9]는 그림 12.9의 루트 노드에 0, 1, ..., 9로 표시되어 있다. *root.child*[*i*]는 첫 숫자가 *i*인 모든 원소들을 포함하고 있는 서브트라이의 루트를 가리킨다. 그림 12.9에서 노드 *A*, *B*, *D*, *E*, *F*, *I*는 분기 노드이다. 나머지 노드들 *C*, *G*, *H*, *J*, *K*는 원소 노드이다. 각 원소 노드는 정확히 하나의

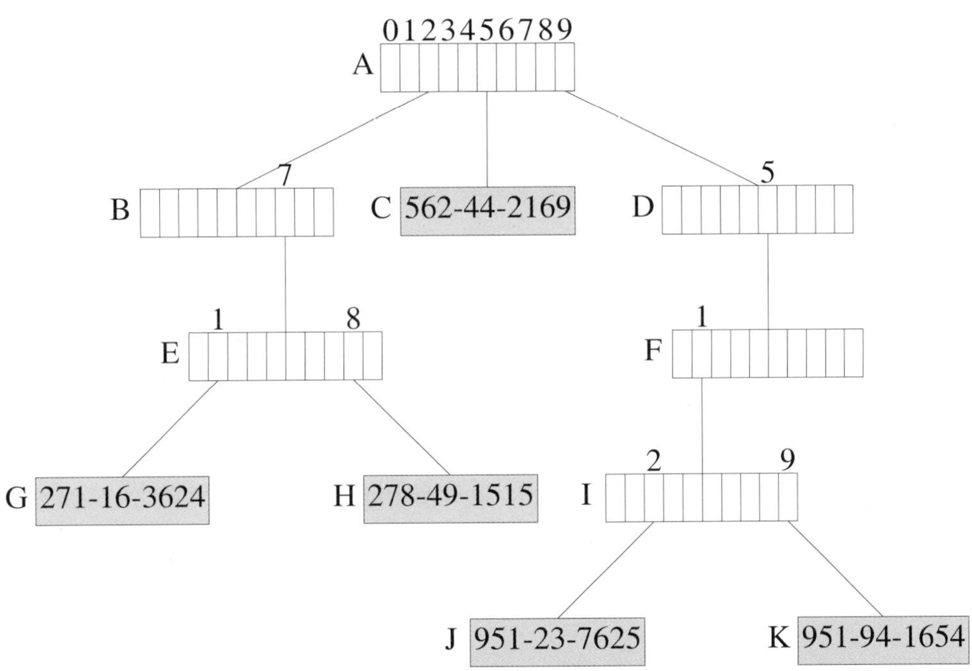

그림 12.9 그림 12.8의 원소들에 대한 트라이

원소를 포함하고 있다. 그림 12.9에서 원소 노드는 각 원소의 키 필드만 나타내고 있다.

12.3.2 트라이에서의 탐색

어떤 키 값 *k*를 트라이에서 탐색하려면 *k*를 구성 문자/숫자들로 분해하고 이 문자들에 의해 결정되는 분기를 따라가야 된다. 프로그램 12.3에 있는 함수 *Trie*::*Search*는 *p* = **NULL**이면 분기 노드가 아니고 *digit*(*k*, *i*) 함수는 *k*의 *i*번째 문자를 반환한다고 가정한 것이다.

```
template <class K, E>
E* Trie<K, E>::Search (const K& k) const
{//트라이를 탐색. 키가 k인 원소의 포인터를 반환한다.
 //키가 k인 원소가 없으면 NULL을 반환
    TrieNode<K, E> *p = root;
    for (int i = 1 ; p는 분기 노드; i++)
        p = p→child[digit(k, i)];
    if (p == NULL || p→key != k) return NULL;
    else return &p→element;
}
```

프로그램 12.3: 트라이에서의 탐색

***Trie*::*Search*의 분석**: 트라이에 대한 탐색 알고리즘은 매우 간단하다. 트라이의 레벨을 *l*이라고 할 때 (분기 노드와 원소 노드를 모두 포함하여) 탐색 시간은 최악의 경우에 O(*l*)임을 쉽게 증명할 수 있다.

인덱스의 경우에 모든 트라이 노드들은 디스크에 저장되므로 탐색을 하는 동안 최대 *l*번의 디스크 접근이 필요하다. 노드가 디스크에 있을 때 C++는 포인터의 입출력을 허용하지 않기 때문에 C++ 포인터 타입은 사용될 수 없다. 그래서 링크 데이타 멤버는 정수로 구현될 것이다. □

12.3.3 샘플링 전략

인덱스로 표현할 키 값들이 주어졌을 때 트라이가 가지는 레벨 수는, 각 레벨에서 분기 방식을 결정하는 데 사용되는 전략 또는 키 샘플링 방식에 따라 달라진다. 키 샘플링 방식은 샘플링 함수 *sample*(*x*, *i*)를 통해 정의할 수 있는데, 이 함수는 *i*번째 레벨에서의 분기를 위해 키 *x*를 적절히 샘플링한다. 그림 12.6의 트라이와 탐색 알고리즘 *Trie*::*Search*(프로그램 12.3)에서 이 함수는 *x*의 *i*번째 문자를 반환한다 [*sample*(*x*, *i*) = *x*의 *i*번째 문자]. 이 함수에 대한 또 다른 함수는 다음과 같다. 여기서 $x = x_1x_2 \cdots x_3$이다.

(1) $sample(x,i) = x_{n-i+1}$

(2) $sample(x,i) = x_{r(x,i)}$ 단 $r(x,i)$는 난수 함수

(3) $sample(x,i) = \begin{cases} x_{i/2} & (i\text{가 짝수일 때}) \\ x_{n-(i-1)/2} & (i\text{가 홀수일 때}) \end{cases}$

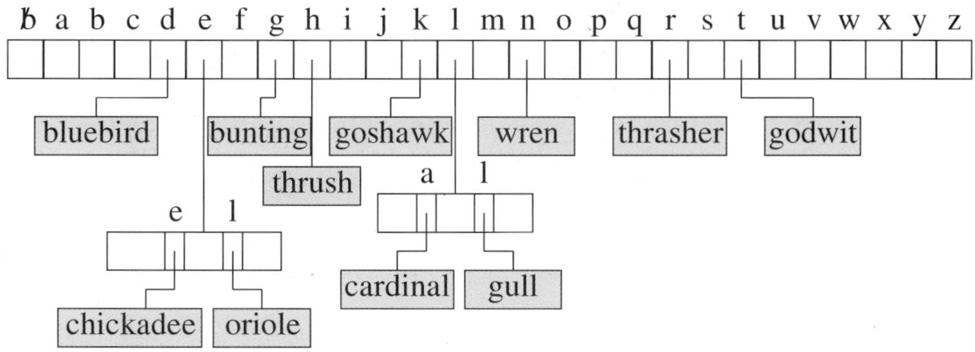

그림 12.10 그림 12.6의 데이타에 대해서 오른쪽에서 왼쪽으로 한 번에 한 문자씩 샘플링하여 구성한 트라이

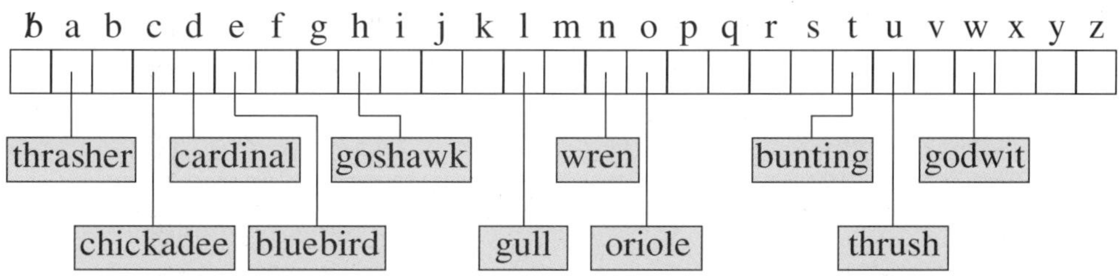

그림 12.11 그림 12.6의 데이타에 대해 키 값의 네 번째 문자를 사용하여 첫 레벨에서 샘플링한 최적 트라이

이러한 함수 각각에 대해 최적의 함수가 될 수 있는 키 집합, 즉 가장 작은 레벨 수를 갖는 트라이를 생성시킬 수 있는 키 집합을 쉽게 생성할 수 있다. 그림 12.6의 트라이는 레벨이 5이다. 같은 키 값들에 대해 함수 (1)을 사용한다면 세 개의 레벨만을 갖는 그림 12.10과 같은 트라이를 얻을 수 있다. 이 데이타 집합에 대한 최적의 샘플링 함수는 그림 12.11과 같이 두 개의 레벨만을 갖는 트라이를 생성하는 것이다. 그러나 어떤 특정 키 값들이 주어질 때마다 그것들에 대한 최적 샘플링 함수를 찾기란 매우 어렵다. 삽입과 삭제가 일어나는 동적 상황에서는 평균 성능을 최적화해야 한다. 키 값에 대한 정보가 더 이상 없는 경우 최적 샘플링 함수는 아마 함수 (2)가 될 것이다.

지금까지의 샘플링 예들은 단일 문자 샘플링에 대해서만 취급하였지만, 샘플링을 이렇게 한 문자로 국한시킬 필요는 없다. 키 값은 임의의 기수(radix)를 사용한 숫자로 해석할 수 있다. 즉 27^2을 기수로 하여 사용하면 두 문자 샘플링이 된다. 기수가 다르면 샘플링의 결과도 달라진다.

원소 노드들에 대해 상이한 전략을 취하면 트라이의 최대 레벨 수를 줄일 수 있다. 이런 노드들은 하나 이상의 키 값을 유지하도록 설계될 수 있다. 만약 최대 레벨 수를 l로 하면, 레벨 $l-1$까지의 동거자인 키 값들은 모두 같은 원소 노드에 저장된다. 이때 샘플링 함수를 올바로 선택하면 각 원소 노드에

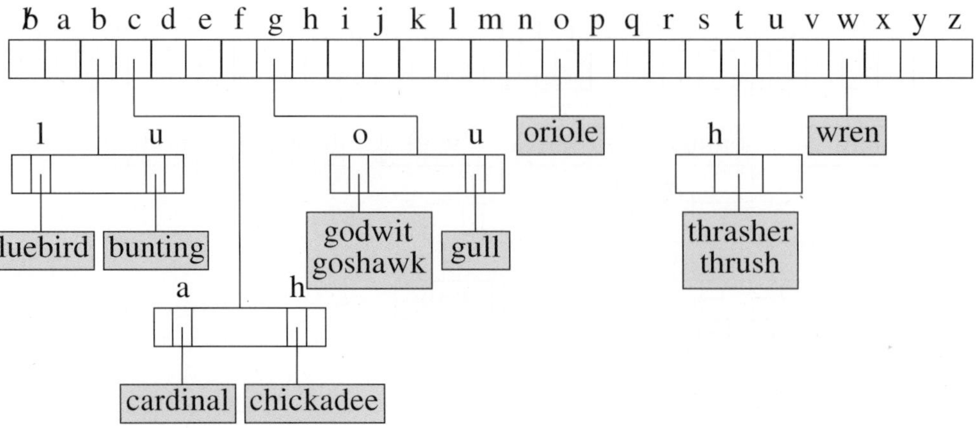

그림 12.12 레벨 수가 3으로 제한되어 있을 때, 그림 12.6의 데이타에 대해 키를 왼쪽에서 오른쪽으로 한 번에 한 문자씩 샘플링하여 얻어진 트라이

는 적은 수의 동거자만 있게 된다. 그래서 원소 노드는 작아지게 되고 메모리 안에서 처리될 수 있다. 그림 12.12는 그림 12.6의 트라이에 $l = 3$으로 해서 이 방식을 적용한 결과를 나타낸 것이다. 앞으로의 논의에서는 사용하는 키 샘플링 함수는 $sample(x,i) = x$의 i번째 문자이며 트라이의 레벨 수에는 제한이 없다고 가정한다.

12.3.4 트라이로의 삽입

트라이에 삽입하는 동작은 간단하므로 두 예를 사용하여 그 과정을 보이고 구체적인 알고리즘은 연습문제로 미루겠다. 그림 12.6의 트라이에 bobwhite와 bluejay를 삽입한다고 생각해 보자. 먼저 x = bobwhite로 하고 bobwhite에 대한 트라이 탐색을 시도하면 $\sigma.link$['o'] = 0이 되는 노드 σ에 도달하게 된다. 따라서 x는 트라이에 없으므로 여기에 삽입할 수 있다(그림 12.13 참조). 그 다음 x = bluejay로 하고 탐색하면 bluebird를 포함하는 원소 노드에 도달하게 된다. 이때 두 개의 키가 서로 다를 때까지 bluebird와 bluejay를 샘플링하는데 이것은 두 키의 다섯 번째 문자를 비교할 때 일어난다. 그림 12.13은 두 개의 키가 삽입된 후의 트라이를 보여 주고 있다.

12.3.5 트라이에서의 삭제

삭제에 관해서도 자세한 알고리즘은 기술하지 않고 두 가지 예를 보임으로써 트라이에서 엔트리를 제거할 때 고려해야 할 몇 가지 개념을 살펴보겠다. 그림 12.13에서 우선 bobwhite를 삭제해 보자. $\sigma.link$['o'] = 0으로 지정하면 다른 변경은 필요하지 않다. 다음으로 bluejay를 삭제해 보자. 이 삭제는 서브트라이 δ_3에 단 하나의 키 값만을 남긴다. 이것은 노드 δ_3를 제거하여 ρ를 한 레벨 위로 올릴 수 있다는 것을 의미한다. 노드 δ_1이나 δ_2에 대해서도 같은 작업을 수행할 수 있다. 결국 노드 σ에 도달하게 된다. σ를 루트로 하는 서브트라이는 하나 이상의 키 값을 가지므로 ρ는 더 이상 올라가지 못하고

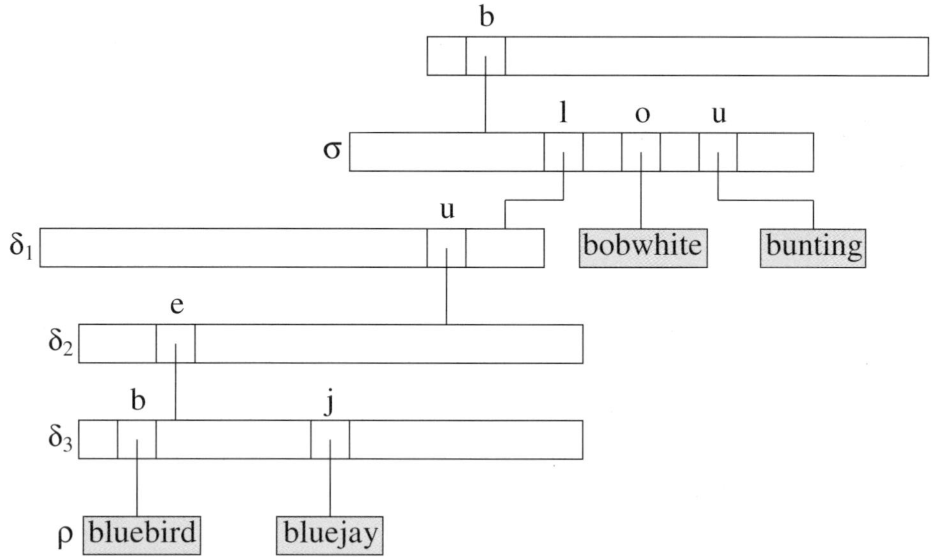

그림 12.13 bobwhite와 bluejay를 삽입한 후 변경된 그림 12.6의 트라이 일부

σ.*link*['l'] = ρ로 지정한다. 트라이에 대한 삭제를 용이하게 하기 위하여 각 분기 노드에 계수(count) 데이타 멤버를 만들어 주면 효과적이다. 이 데이타 멤버는 그 노드가 가지고 있는 자식 노드 수를 나타낸다.

이진 트리의 경우에서처럼, 각 분기 노드가 적어도 두 개의 자식 노드를 갖는 압축 트라이를 정의할 수 있다. 이 경우에, 각 분기 노드는 *skip* 데이타 멤버를 추가하여 제거된 분기의 레벨 수를 가지도록 확장된다(또 다른 방법은, 사용할 샘플링 레벨을 가리키는 *sample* 데이타 멤버를 추가하는 것이다).

12.3.6 상이한 길이의 키

앞에서 언급한 대로 트라이에서는 어떤 키도 다른 키의 접두사이면 안 된다. 그림 12.9의 SS#처럼 모든 키들의 길이가 같을 때 이 특성은 보장된다. 그러나 그림 12.6의 키들처럼 키들의 길이가 다를 때 한 키가 다른 키의 접두사일 가능성도 있다. 그런 키들을 다루는 쉬운 방법은 어떤 키에서도 나타나지 않는 공백이나 # 같은 특수 문자를 각 키의 끝에 첨가하는 것이다. (뒤에 특수 문자가 첨가된) 수정된 키는 다른 키의 접두사가 아니어야 한다는 특성을 만족시킨다.

각 키의 끝에 특수 문자를 첨가하는 방법 대신에 그 키가 모두 끝나는 노드마다 원소를 저장하기 위한 *data* 필드를 두는 방법을 쓸 수 있다. 예를 들면 키가 27인 원소는 그림 12.9의 노드 *E*에 저장할 수 있다. 이 방법을 사용하면 탐색 키의 마지막 숫자까지 탐색했을 때 도달한 노드의 *data* 필드를 검사하도록 탐색 전략이 변경된다. 만약 이 *data* 필드가 비어 있다면 탐색 키와 같은 키를 가진 원소가 없다는 의미이다. 그렇지 않으면 원하는 원소는 이 *data* 필드 안에 있을 것이다.

유념할 것은 어떤 키도 다른 키의 접두사가 아니라는 특성을 가지면서 키의 길이가 다른 응용에서는 지금 언급한 전략들이 모두 불필요하다는 것이다.

12.3.7 트라이의 높이

최악의 경우는 루트 노드에서 원소 노드까지의 경로가 키의 각 숫자마다 분기 노드를 갖는 것이다. 이렇게 되면 트라이의 높이는 최대 *numberofdigits* + 1이 된다.

사회보장번호를 저장하는 트라이의 높이는 최대 10이다. 트라이의 한 레벨을 내려가는 데 이원 탐색 트리의 한 레벨을 내려가는 것과 같은 시간이 걸린다고 하면, 최대 10번 이동해서 사회보장번호를 찾을 수 있다. 10번 이동해서는 최대 $2^{10}-1 = 1023$개의 원소를 가진 이원 탐색 트리를 탐색할 수 있다. 즉 학생 레코드의 수가 1023개 이상일 때는 이원 탐색 트리보다 트라이에서 검색하는 것이 더 빠르다는 것이다. 대개 실생활에서의 원소들로는 포화 이진 트리나 완전 이진 트리를 만들 수 없기 때문에 실제 손익 분기점은 1023보다 적다.

SS#이 아홉 숫자이기 때문에 사회보장번호를 위한 트라이는 10^9개의 원소를 가질 수 있다. 10^9개의 원소를 갖는 AVL 트리의 높이는 약 $1.44\log_2(10^9 + 2) = 44$가 된다. 그러므로 학생 레코드 집합에서 원소를 찾을 때 AVL 트리를 사용하면 트라이를 사용한 것보다 네 배의 시간이 더 걸릴 수 있다.

12.3.8 필요 공간과 또 다른 노드 구조

분기 노드에 기수만큼(키들의 길이가 다를 때는 기수 + 1) 자식 필드를 두면 빠르게 탐색할 수 있다. 그러나 많은 자식 필드들이 **NULL**이기 때문에 이 노드 구조는 공간을 낭비하게 된다. *n*이 트라이에 들어있는 원소의 수라고 할 때, *d* 숫자(digit) 키를 위한 기수가 *r*인 트라이는 O(*rdn*)개의 자식 필드를 필요로 한다. *n*개의 원소 노드가 있는 *d* 숫자 트라이에서 각 원소 노드는 분기 노드인 조상 노드를 최대 *d*개 가질 것이다. 그러므로 분기 노드는 최대 *dn*개가 된다.(실제로는 원소 노드가 루트 노드처럼 조상을 공유하기 때문에 이렇게 많은 분기 노드가 있지는 않다.)

노드 구조를 변경함으로써 탐색 시간을 늘리는 대신에 필요 공간을 줄일 수 있다. 트라이의 분기 노드를 위한 가능한 대안 구조는 아래에 나와 있다.

노드의 체인

체인의 각 노드는 *digitValue*, *child*, *next*의 세 필드로 구성된다. 예를 들면 그림 12.9의 노드 *E*는 그림 12.14와 같은 체인으로 대체될 수 있다.

한 분기 노드가 필요로 하는 공간은 *r*개의 자식/포인터 필드를 위한 공간에서 2*p*개의 포인터 필드와 *p* 숫자 값 필드를 위한 공간으로 바뀐다. 여기서 *p*는 분기 노드에 있는 **NULL**이 아닌 자식 필드의 수이다. 포인터 필드와 숫자 값 필드의 길이가 같다고 하면, 분기 노드에 있는 2/3 이상의 자식 필드가 **NULL**일 때 공간이 줄어든다는 것을 알 수 있다. 거의 모든 분기 노드가 **NULL**이 아닌 필드를 하나씩만 갖고 있는 최악의 경우에는 공간을 약 $(1-3/r)*100\%$ 줄일 수 있다.

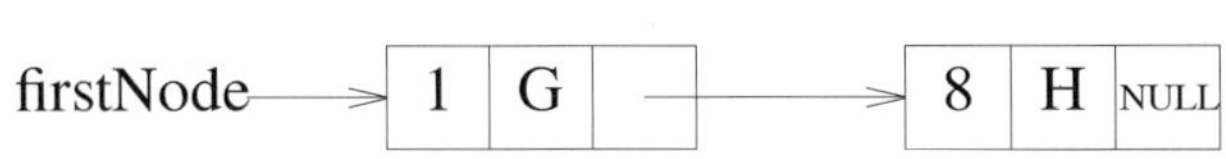

그림 12.14 그림 12.9의 노드 *E*에 대한 체인

(균형) 이원 탐색 트리

이원 탐색 트리의 각 노드는 숫자 값과 그 숫자 값을 위한 서브트라이를 가리키는 포인터를 갖는다. 그림 12.15는 그림 12.9의 노드 *E*에 대한 이원 탐색 트리를 나타내고 있다.

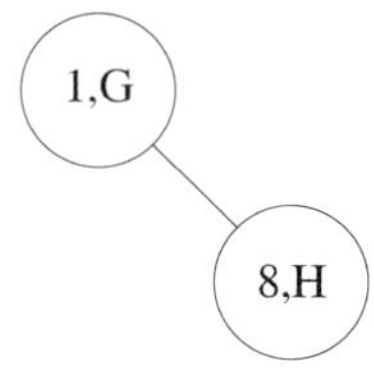

그림 12.15 그림 12.9의 노드 *E*에 대한 이원 탐색 트리

숫자 값과 포인터가 똑같은 크기의 공간을 차지한다고 할 때 이원 탐색 트리 표현은 각 분기 노드마다 $4p$개의 필드를 위한 공간이 필요하다. 왜냐하면 각 탐색 트리 노드는 숫자 값, 서브트라이에 대한 포인터, 왼쪽 자식 포인터, 오른쪽 자식 포인터를 가지고 있기 때문이다. 분기 노드에 있는 자식 필드 중 3/4개 이상이 **NULL**일 때 분기 노드를 이원 탐색 트리로 표현하면 공간을 절약할 수 있다. 그러나 r이 클 때는 이 체인보다 이원 탐색 트리의 탐색 속도가 더 빠르다는 것에 유의해야 한다.

이진 트라이

그림 12.16은 그림 12.9의 노드 *E*를 이진 트라이로 나타낸 것이다. 이진 트라이로 표현된 분기 노드에 필요한 공간은 최대 $(2*\lceil \log_2 r \rceil + 1)p$이다.

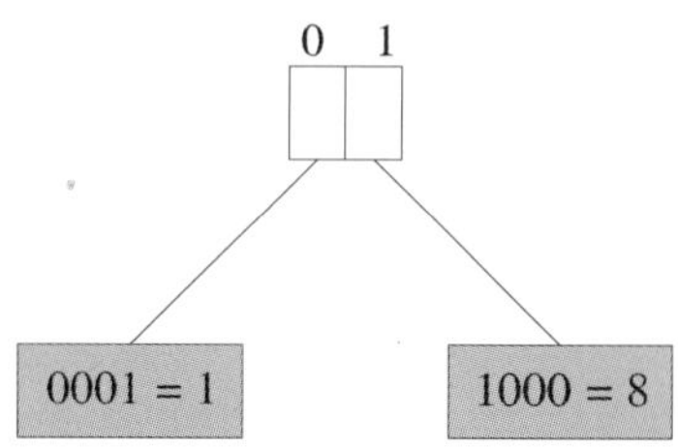

그림 12.16 그림 12.9의 노드 E에 대한 이진 트라이

해시 테이블

해시 테이블의 적재 밀도가 충분히 작을 때, 기대되는 시간 성능은 그림 12.9에 사용된 노드 구조를 사용했을 때와 같다. 분기 노드에서 자식 필드가 **NULL**인 부분은 노드마다 다양하고, 트라이에서 아래로 내려갈수록 늘어날 것이므로 모든 분기 노드를 하나의 해시 테이블로 통합하면 공간 효율을 최대화할 수 있다. 최대의 공간 효율을 얻기 위해서 트라이에 있는 각 노드에 번호를 매기고, 부모에서 자식으로

가는 포인터들은 3원소 쌍(*currentNode, digitValue, childNode*)로 대체한다. 노드에 번호를 매기는 방식은 분기 노드와 원소 노드를 쉽게 구별할 수 있는 것으로 선정한다. 예를 들어 트라이에 어느 때고 최대 100개의 원소를 예상하면 0~99는 원소 노드에 예비하고, 100 이상은 분기 노드에 사용한다. 원소 노드들은 배열 *element*[100]에 표현된다.(또 다른 방법은, 자식이 분기 노드일 때만 *childNodeIsBranchNode* = **true**가 되는 투플 (*currentNode, digitValue, childNode, childNodeIsBranchNode*)로 포인터를 표현하는 것이다.)

그림 12.9의 트라이의 노드가 그림 12.17과 같이 번호를 부여받았다고 하자. 그림 12.17은 트라이가 10개 이상의 원소를 갖지 않는다고 가정하고 번호를 부여한 것이다.

노드	A	B	C	D	E	F	G	H	I	J	K
번호	10	11	0	12	13	14	1	2	15	3	4

그림 12.17 그림 12.9의 트라이의 노드에 부여한 번호

노드 *A*에 있는 포인터들은 (10,2,11), (10,5,0), (10,9,12)로 표현된다. 노드 *E*에 있는 포인터들은 (13,1,1), (13,8,2)로 표현된다.

이러한 포인터 3원소 쌍은 처음 두 필드(즉 *currentNode*, *digitValue*)를 사용해서 해시 테이블에 저장된다. 이를 위해서, 식 *currentNode***r* + *digitValue*를 사용하여 두 포인터를 정수로 변환할 수 있다. 여기서 *r*은 트라이의 기수이고, 이 정수 키를 홈 버킷(home bucket)으로 해싱하기 위해서는 제산 함수 방식을 사용한다. 현재 원소 노드 *i*에 있는 데이타는 *element*[*i*]에 저장된다.

그림 12.9의 트라이를 해시 테이블 방식을 이용해서 만든다고 가정하자. 키가 278-49-1515인 원소를 찾는다고 생각해 보자. 우선 루트 노드에는 10이 할당되어 있다고 하자. 탐색 키의 첫 숫자가 2이므로 테이블에서 키가 (10,2)인 3원소 쌍을 찾으면 (10,2,11)이 나온다. 이 3원소 쌍의 *childNode*는 11인데, 모든 원소 노드는 9보다 작거나 같은 번호를 갖고 있으므로 이 자식 노드는 분기 노드이다. 분기 노드 11로 이동한다. 트라이의 다음 레벨로 가기 위해서는 키의 두 번째 숫자 7을 이용해서 (11,7)을 가지고 해시 테이블을 탐색한다. 그러면 (11,7,13)을 찾을 수 있을 것이다. 그 다음에 해시 테이블에서 (13,8)을 탐색하고 (13,8,2)를 얻는다. *childNode* = 2 < 10이므로 이 포인터는 원소 노드라는 것을 알 수 있다. *element*[2]의 키와 탐색 키를 비교한다. 키가 같으므로 원하는 원소를 찾은 것이다.

키가 322-16-8976인 원소를 찾을 때 첫 번째 질의는 키 (10,3)을 가진 3원소 쌍을 찾는 것이다. 해시 테이블에는 이런 키를 가진 포인터 3원소 쌍이 없으므로, 탐색 키와 같은 키를 가진 원소가 트라이에 없다는 결론에 이르게 된다.

각 3원소 쌍에 필요한 공간은 3원소 쌍 노드를 체인으로 표현했을 때 각 노드에 필요한 공간과 거의 같다. 그러므로 적재 밀도가 α인 선형 개방 주소 해시 테이블(linear open addressed hash table)을 사용한다면 해시 테이블은 체인 방식을 사용했을 때보다 약 (1/α−1)*100%의 공간이 더 필요하다. 그러나 체인 방식으로는 O(*r*) 시간 안에 포인터를 찾지만 해시 테이블 방식을 사용하면 O(1) 시간 안에

찾을 수 있다. (균형) 이원 탐색 트리나 이진 트라이 방식이 사용되면 포인터를 찾는 데 O(log*r*)의 시간이 걸린다. 기수가 클 때, 해시 테이블 방식은 그림 12.9의 방식보다 탐색을 수행하는 데 필요한 시간은 약간 더 걸리나, 상당히 많은 공간을 절약하게 해 준다.

그림 12.9의 노드 구조가 사용되었을 때는 각각 새로운 분기 노드를 초기화하는 데 O(*r*)의 시간을 소비해야 하기 때문에(삽입 연산 아래쪽에 있는 설명 참조), 해시 테이블 방식은 실제로 트라이에 원소를 삽입하는 데 걸리는 기대 시간을 줄여 준다. 그러나 해시 테이블이 사용되면 삽입 시간은 트라이의 기수와는 상관없다.

해시 테이블로 표현한 트라이에서 원소를 삭제하기 위해서는 원소 노드를 재사용해야만 한다. 현재 사용되고 있지 않은 원소 노드들의 사용 가능한 리스트들을 설정해 줌으로써 재사용이 가능하다.

12.3.9 접두 탐색과 응용

트라이를 탐색하기 위해 키 전부가 필요한 것은 아니다. 대부분의 경우 키의 처음 몇 개 숫자만이 필요하다. 예를 들어 그림 12.9의 트라이에서 키가 951-23-7625인 원소를 찾을 때 키의 첫 네 숫자만이 사용되었다. 트라이를 접두 탐색(prefix search)할 수 있도록 하는 기능은 키의 접두사만 알려져 있거나 사용자에게 접두사만 제공하기를 원하는 곳에서 사용될 수 있다. 이런 응용들의 몇 가지가 아래에 나와 있다.

범죄학: 만약 당신이 범죄 현장에 있고, 도주하는 차의 번호판에서 처음의 *CRX*라는 문자밖에 보지 못했다고 해 보자. 만약 자동차 번호판에 대한 트라이가 있다면 *CRX*로 시작하는 자동차 번호를 포함한 서브트라이에 도달할 수 있다. 그러면 이 서브트리에 있는 원소들을 가지고 이 중 어떤 차가 목격된 다른 특성들과 일치하는 면이 있는지를 확인할 수 있다.

명령어 자동 완성(automatic command completion): Unix나 Windows(명령어 프롬프트) 같은 운영 체제를 사용할 때, 어떤 작업을 수행하기 위해 시스템에 명령어를 친다. 예를 들어 Unix와 DOS 명령어 *cd*는 현재 디렉터리를 변경하는 데 사용될 것이다. 그림 12.18은 접두사로 *ps*를 가진 명령어들의 목록이다(이 리스트는 Unix 시스템에서 ls/usr/local/bin/ps* 명령을 수행해서 얻은 것이다).

ps2ascii	ps2pdf	psbook	psmandup	psselect
ps2epsi	ps2pk	pscal	psmerge	pstopnm
ps2frag	ps2ps	psidtopgm	psnup	pstops
ps2gif	psbb	pslatex	psresize	pstruct

그림 12.18 'ps'로 시작하는 명령어들

사용자가 명령어를 유일하게 식별할 수 있는 길이의 접두사를 입력하면 명령어의 뒷부분이 자동으로 입력되는 명령어 완성 기능을 제공함으로써 명령어 입력 작업을 단순화할 수 있다. 예를 들어 일단 *psi*가 입력되면, *psi*로 시작하는 명령어가 오직 하나뿐이므로, 입력하려는 명령어는 *psidtopgm*이 되리라는 것을 알 수 있다. 이 경우, 아홉 글자를 모두 입력하지 않고 앞의 세 글자만 입력하면 된다.

명령어 자동 완성 시스템은 명령어들이 ASCII 문자를 숫자로 사용해서 트라이에 저장되었다면 쉽게 구현될 수 있다. 사용자가 왼쪽에서 오른쪽으로 명령어의 문자를 입력할 때마다 트라이를 따라 내려가면 된다. 명령은 원소 노드에 도착하자마자 끝날 것이다. 만약 수행 도중에 트라이를 벗어난다면 사용자가 입력한 접두사로 시작한 명령어가 없다는 것을 알려 줄 수 있다.

비록 운영 체제의 관점에서 명령어 완성을 설명했지만, 이 기능은 다음과 같은 여러 다른 환경에서도 유용하게 사용된다.

(1) 웹 브라우저는 방문했던 사이트의 URL의 기록을 유지한다. 이 기록들을 트라이로 구성함으로써, 사용자가 이전에 사용했던 URL의 앞부분만 입력하면 브라우저가 URL을 완성할 수 있다.
(2) 워드 프로세서는 단어들의 모음을 유지하고 사용자가 본문을 입력할 때 단어를 완성할 수 있다. 사용자가 단어를 유일하게 식별하기 위한 길이만큼 접두사를 입력하자마자 단어가 완성될 수 있다.
(3) 자동 다이얼 장치(automatic phone dialler)는 자주 거는 전화 번호 목록을 트라이에 유지할 수 있다. 일단 유일하게 식별하기 위한 길이만큼 전화 번호를 누르면 자동 다이얼 장치가 전화를 걸 수 있다.

12.3.10 압축 트라이

그림 12.9의 트라이를 자세하게 살펴보자. 이 트라이에는 노드 *B*, *D*, *F*처럼 원소를 두 개 이상의 서브트라이로 나누지 않는 몇 개의 분기 노드가 있다. 단 하나의 자식만 가진 모든 분기 노드들을 제거함으로써 트라이의 시간, 공간 성능을 향상시킬 수 있다. 이런 트라이를 압축 트라이(compressed trie)라고 한다.

하나의 자식을 가진 분기 노드를 트라이에서 삭제할 때, 트라이 연산이 올바로 수행되게 하기 위해서 추가 정보를 유지해야 한다. 세 가지 압축 트라이 구조에 저장되는 추가 정보는 다음과 같다.

12.3.10.1 숫자 번호를 가진 압축 트라이

숫자 번호를 가진 압축 트라이(compressed trie with digit number)에서 각 분기 노드는 키의 숫자 번호(digit number)가 그 노드에서 분기하는 데 사용되는 *digitNumber* 필드를 추가로 갖고 있다. 그림 12.19는 그림 12.9의 트라이에 해당하는 숫자 번호를 가진 압축 트라이를 나타낸 것이다. 그림 12.19에서 각 분기 노드의 가장 왼쪽 필드는 *digitNumber* 필드이다.

12.3.10.2 숫자 번호를 가진 압축 트라이에서의 탐색

숫자 번호가 있는 압축 트라이는 루트에서부터 경로를 따라서 탐색될 것이다. 각 분기 노드에서 *digitNumber* 필드에 주어진 숫자 번호와 탐색 키의 숫자로 어떤 서브트라이로 이동해야 하는지를 결정한다. 예를 들어 그림 12.19에서 키가 951-23-7625인 원소를 찾는다고 할 때 트라이의 루트에서부터 시작한다. 루트 노드는 *digitNumber* = 1인 분기 노드이므로 어떤 서브트라이로 이동할지 정하기 위해 키의 첫 번째 숫자인 9를 사용한다. 노드 *A.child*[9] = *I*로 이동한다. *I.digitNumber* = 4이므로 탐색 키의 네 번째 숫자인 2가 어느 서브트라이로 가야 할지를 알려 준다. 이제는 노드 *I.child*[2] = *J*로 이동한

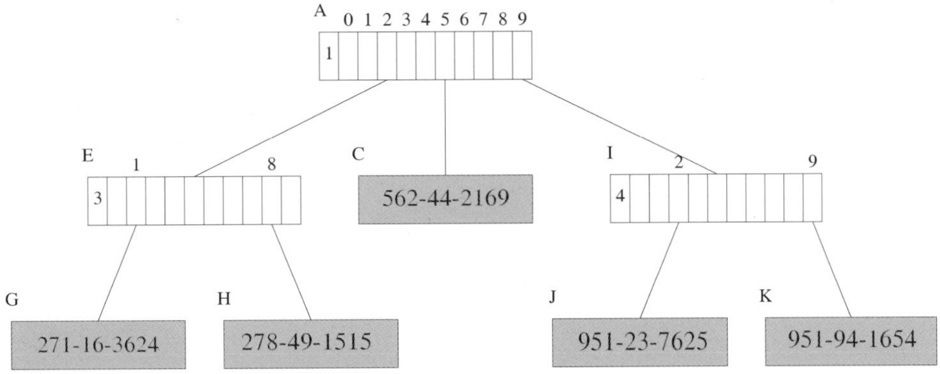

그림 12.19 숫자 번호를 가진 압축 트라이

다. 이제 원소 노드에 도달했으므로 노드 *J*에 있는 원소의 키와 탐색 키를 비교한다. 이 두 키가 같으므로 원하던 원소를 찾은 것이다.

키가 913-23-7625인 원소를 찾을 때에도 노드 *J*에서 끝나지만 탐색 키와 노드 *J*에 있는 원소의 키가 같지 않으므로 트라이에 키가 913-23-7625인 원소는 없다는 결론을 얻는다.

12.3.10.3 숫자 번호를 가진 압축 트라이에서의 삽입

그림 12.19의 트라이에 키가 987-26-1615인 원소를 넣기 위해 우선 이 키를 가지고 원소를 탐색한다. 탐색은 노드 *J*에서 끝난다. 탐색 키와 이 노드에 들어 있는 원소의 키 951-23-7625는 같지 않으므로 탐색 키와 같은 키를 가진 원소가 없다는 결론을 내릴 수 있다. 새로운 원소를 삽입하기 위해 탐색 키가 노드 *J*에 있는 키와 달라지는 첫 번째 숫자 번호를 찾고 이 숫자 번호를 위한 분기 노드를 만든다. 탐색 키 987-26-1615와 원소의 키 951-23-7625가 달라지는 첫 번째 숫자는 두 번째 숫자이므로 분기 노드를 만들고 *digitNumber* = 2로 설정한다. 트라이에서 아래로 내려갈수록 숫자 번호는 증가하므로, 새 분기 노드를 삽입할 적당한 장소는 루트에서 노드 *J*까지의 경로를 다시 따라가다가 2보다 큰 숫자 번호를 가진 노드 또는 노드 *J*에 도달했을 때 결정된다. 그림 12.19의 트라이에서 이 경로 재추적은 노드 *I*에서 멈춘다. 새로운 분기 노드는 노드 *I*의 부모가 되고 그림 12.20의 트라이가 된다.

키가 958-36-4194인 원소를 그림 12.19의 트라이에 삽입한다고 해 보자. 이 키를 가진 원소를 찾기 위한 탐색은 포인터 *I.child*[3] = **NULL**을 따라가서 트라이를 벗어나게 될 때 끝난다. 삽입을 마치기 위해서 우선 노드 *I*를 루트로 하는 서브트라이에서 한 원소를 찾아야 한다. 이 원소는 노드 *I*에서부터 경로를 따라 내려가면서 만나게 되는 각 분기 노드에서 처음으로 **NULL**이 아닌 링크를 따라감으로써 발견할 수 있다. 이렇게 하면 그림 12.19의 압축 트라이에서 노드 *J*에 도달하게 된다. 원소 노드에 도착하면, 원소의 키와 탐색 키가 처음으로 달라지는 숫자 번호를 찾고 앞의 예에서 한 것처럼 삽입을 마친다. 그림 12.21은 이러한 삽입 결과를 나타낸 압축 트라이이다.

각 분기 노드마다 **NULL**이 아닌 첫 자식 포인터를 찾아야 할 수도 있기 때문에 숫자 번호를 가진 압축 트라이에 하나의 원소를 삽입하는 데는 O(*rd*)의 시간이 걸린다(*r*은 트라이의 기수, *d*는 키에 있는

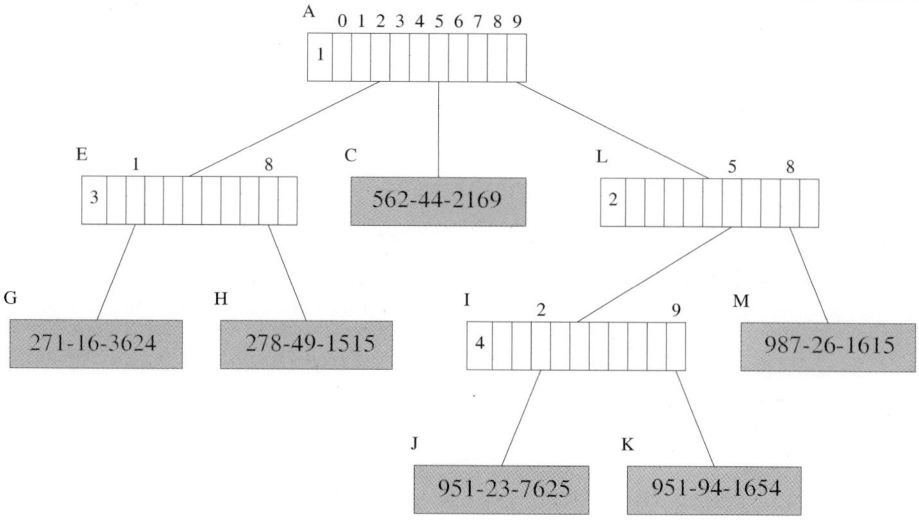

그림 12.20 그림 12.19의 압축 트라이에 987-26-1615를 삽입한 후의 압축 트라이

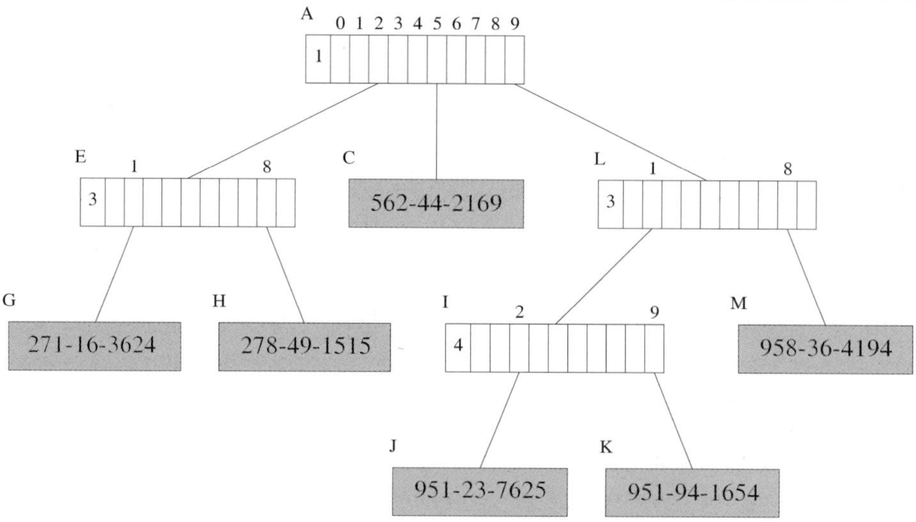

그림 12.21 그림 12.19의 압축 트라이에 958-36-4194를 삽입한 후의 압축 트라이

가장 많은 숫자 번호).

12.3.10.4 숫자 번호를 가진 압축 트라이에서의 삭제

키가 k인 원소를 삭제하는 방법은 다음과 같다

(1) 키가 k인 원소를 포함한 원소 노드 X를 찾는다.

(2) 노드 X를 제거한다.

(3) X의 부모가 하나의 자식만 가지게 된다면 부모 노드도 제거한다. X의 부모가 제거될 때 X의 부모의 단 하나 남은 자식은 X의 조부모(만약 있다면)의 자식이 된다.

그림 12.21에서 키가 951-94-1654인 원소를 삭제하기 위해서는 우선 삭제할 원소를 포함하고 있는 노드 K를 찾는다. 이 노드가 삭제되면 K의 부모인 I는 하나의 자식만을 갖게 된다. 결과적으로 노드 I도 제거되고, 노드 I의 유일한 자식인 J는 K의 조부모의 자식이 된다. 그림 12.22는 이 결과를 나타낸 압축 트라이이다.

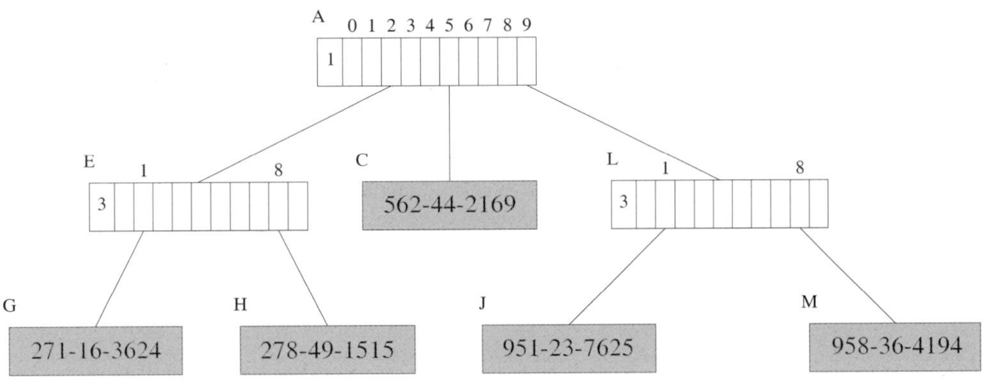

그림 12.22 그림 12.21의 압축 트라이에서 951-94-1654를 삭제한 후의 압축 트라이

삭제 시에는 분기 노드가 둘 이상의 자식을 가지고 있는지 아닌지를 결정할 필요가 있기 때문에 기수가 r인 트라이에서 d 숫자를 삭제하는 데는 $O(d + r)$의 시간이 걸린다.

12.3.11 생략 필드를 가진 압축 트라이

생략 필드를 가진 압축 트라이(compressed trie with skip field)에서의 각 분기 노드는 현재 분기 노드와 그 부모 사이에 원래 존재했던 분기 노드의 수를 나타내는 *skip*이라는 필드를 추가로 가지고 있다. 그림 12.23에 그림 12.9의 트라이에 해당하는 생략 필드를 가진 압축 트라이가 있다. 그림 12.23의 각 분기 노드의 가장 왼쪽에 있는 필드는 생략 필드이다.

탐색, 삽입, 삭제를 위한 알고리즘은 숫자 번호를 가진 압축 트라이와 매우 유사하다.

12.3.12 레이블 간선을 가진 압축 트라이

레이블 간선을 가진 압축 트라이(compressed trie with labeled edges)에서의 각 분기 노드는 다음과 같은 두 가지 추가적인 정보를 담고 있다. 하나는 서브트라이의 한 원소(혹은 원소 노드)를 가리키는 포인터/참조 변수인 *element*이고 다른 하나는 이 분기 노드와 부모 노드 사이에서 제거된 분기 노드의 수를 나타내는 정수 *skip*이다. 그림 12.24는 그림 12.9의 트라이를 레이블 간선을 가진 압축 트라이로 나타낸

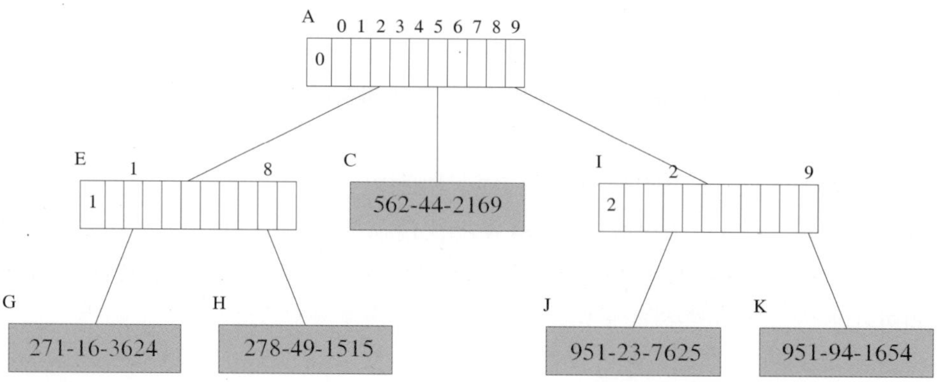

그림 12.23 생략 필드를 가진 압축 트라이

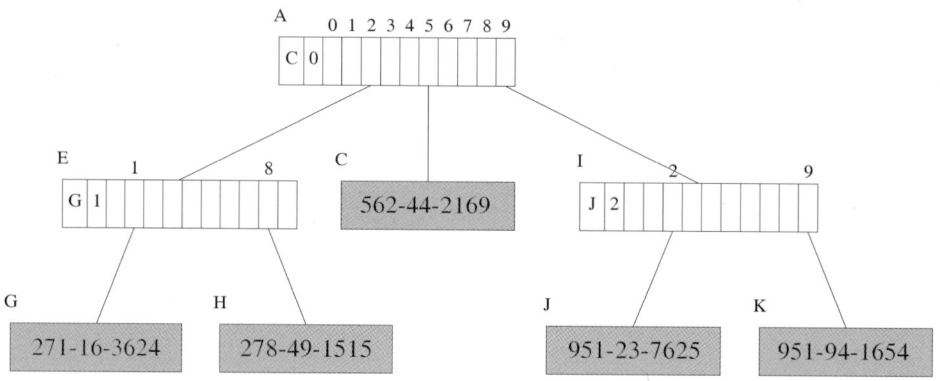

그림 12.24 레이블 간선을 가진 압축 트라이

것이다. 각 분기 노드의 첫 번째 필드는 *element* 필드이고 두 번째 필드는 *skip* 필드이다.

비록 '레이블(label)'을 분기 노드들과 함께 저장하지만 이 정보를 부모에서 분기 노드로 들어오는 간선과 관련된 것으로 생각하면 편리하다(분기 노드가 루트가 아닐 때). 트라이를 따라 내려갈 때 간선이 있으면 간선을 따라간다. 간선 정보의 *skip* 필드를 통해 주어진 숫자의 수만큼 생략한다. 생략된 숫자의 값은 *element* 필드를 이용해서 알 수 있다.

그림 12.24의 레이블 간선을 가진 압축 트라이에서 노드 *A*부터 노드 *I*로 이동할 때, *A*의 자식 노드를 결정하기 위해서 키의 첫 번째 숫자를 이용한다. *I*를 루트로 하는 서브트라이에서 원소의 키의 다음 두 숫자, 즉 두 번째와 세 번째 숫자를 생략한다. 서브트라이 *I*에 있는 모든 원소는 생략된 숫자에 대해 똑같은 값을 갖고 있으므로 서브트라이에 있는 원소로부터 생략된 숫자들의 값을 결정할 수 있다. 간선 레이블의 *element* 필드를 사용해서 원소 노드 *J*에 접근하고 생략된 숫자들이 5와 1이라는 것을 결정한다.

12.3.12.1 레이블 간선을 가진 압축 트라이에서의 탐색

레이블 간선을 가진 압축 트라이를 탐색할 때, 원소 노드에 도달하거나 트라이를 벗어나기 전에, 실패 탐색을 종료하기 위해 간선 레이블을 사용할 수 있다. 다른 압축 트라이들처럼 루트부터 경로를 따라가면서 탐색한다. 그림 12.24의 압축 트라이에서 921-23-1234를 가진 원소를 탐색한다고 하자. 루트 노드의 *skip* 값이 0이므로 어느 서브트라이로 이동해야 할지를 결정하기 위해 탐색 키의 첫 자리인 9를 사용한다. 노드 *A.child*[9] = *I*로 이동한다. 노드 *I*에 저장된 간선 레이블을 보고 노드 *A*에서 노드 *I*로 이동할 때 5와 1이 생략되었다는 것을 결정한다. 이 두 숫자는 탐색 키의 다음 두 숫자와 같지 않으므로 트라이에는 탐색 키와 동일한 키를 가진 원소가 없다는 결론을 내리고 종료한다.

12.3.12.2 레이블 간선을 가진 압축 트라이로의 삽입

그림 12.24의 압축 트라이에 키가 987-26-1615인 원소를 삽입하기 위해서는 우선 이 키를 가지고 탐색을 한다. 노드 *A*에서 *I*로 이동할 때 생략된 숫자와 탐색 키의 해당 숫자가 일치하지 않기 때문에 탐색은 실패로 끝난다. 처음으로 달라지는 숫자는 생략된 숫자 중의 첫 번째 숫자이다. 그러므로 분기 노드 *L*을 노드 *A*와 *I* 사이에 삽입한다. 이 분기 노드의 *skip* 값은 0이고, *element* 필드는 새로 삽입된 원소의 원소 노드를 가리키게 한다. 또 *I*의 *skip* 값을 1로 바꾸어야 한다. 그림 12.25는 삽입된 후의 압축 트라이를 나타내고 있다.

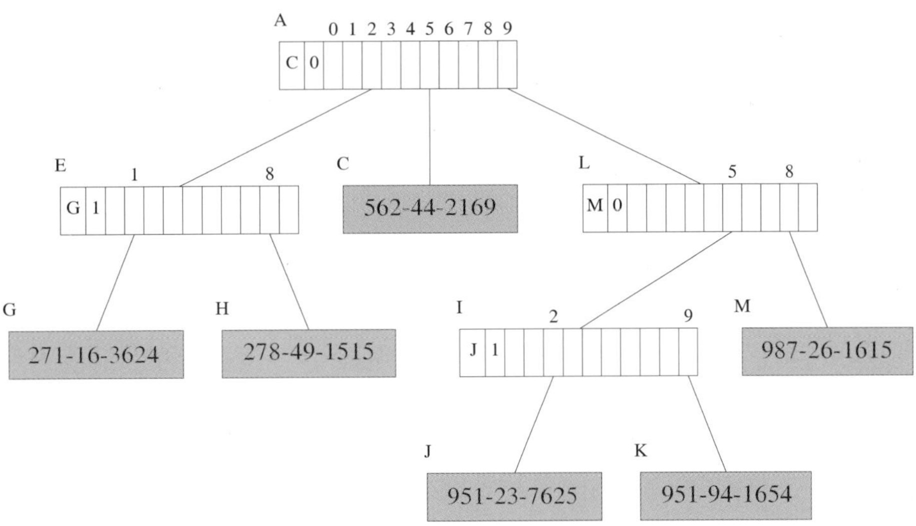

그림 12.25 그림 12.24의 압축 트라이에 987-26-1615를 삽입한 후의 압축 트라이

그림 12.24의 압축 트라이에 키가 958-36-4194인 원소를 삽입한다고 하자. 이 키를 가진 원소에 대한 탐색은, 생략된 숫자의 값과 탐색 키의 해당 숫자가 다르므로 노드 *I*로 이동할 때 종료된다. 새로운 분기 노드가 노드 *A*와 *I* 사이에 삽입되고 그림 12.26과 같은 압축 트라이가 된다.

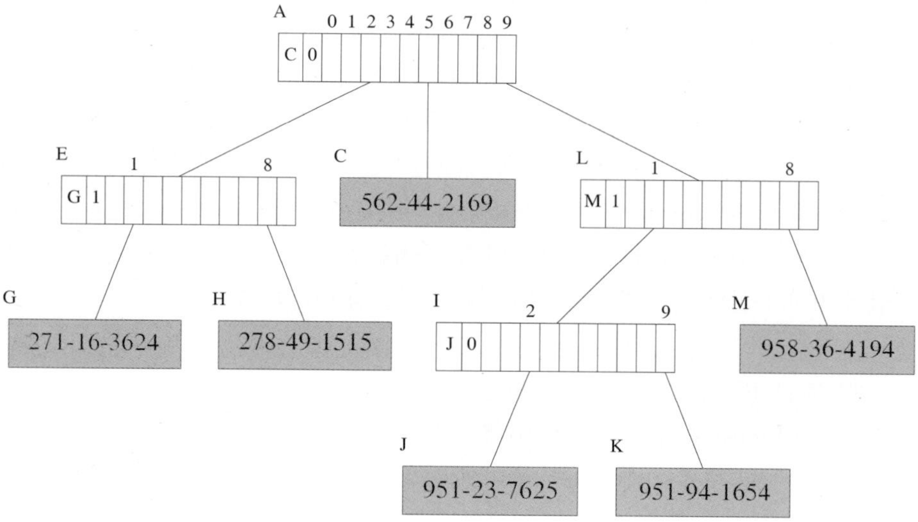

그림 12.26 그림 12.24의 압축 트라이에 958-36-4194를 삽입한 후의 압축 트라이

기수가 r인 레이블 간선을 가진 압축 트라이에 d 숫자 원소를 삽입하는 데는 $O(r + d)$의 시간이 걸린다.

12.3.12.3 레이블 간선을 가진 압축 트라이에서의 삭제

레이블 간선을 가진 압축 트라이에서의 삭제는, *element* 필드가 삭제된 원소를 가리키는 분기 노드의 *element* 필드를 갱신해야 한다는 것을 제외하고는 숫자 번호를 가진 압축 트라이에서의 삭제와 같다.

12.3.13 압축 트라이의 필요 공간

각 분기 노드는 서브트라이에 있는 원소들을 두 개 이상의 비어 있지 않은 그룹으로 나누므로 n개의 원소를 가진 압축 트라이는 최대 $n-1$개의 분기 노드를 갖는다. 그러므로 다양한 압축 트라이들에 의해 요구되는 공간은 각각 $O(nr)$이 된다. 여기서 r은 트라이의 기수이다.

압축 트라이가 해시 테이블로 표현될 때에는 분기 노드의 포인터가 아닌 필드들을 저장하기 위한 자료 구조가 추가로 필요하다. 이를 위해서 배열을 사용할 수도 있다.

연습문제

1. (a) 다음 데이타로 얻어지는 트라이를 그리라.

AMIOT, AVENGER, AVRO, HEINKEL, HELLDIVER, MACCHI,
MARAUDER, MUSTANG, SPITFIRE, SYKHOI

키는 왼쪽에서 오른쪽으로 한 번에 한 글자씩 샘플링한다.

(b) 위의 데이타에 대해 단일 문자 샘플링을 이용하여 가장 적은 수의 레벨을 갖는 트라이를 구하라.

2. 맞춤법 검사기를 구현하기 위해서 트라이가 어떻게 사용될 수 있는가를 설명하라.
3. 자동 명령어 완성 프로그램을 구현하기 위해 트라이가 어떻게 사용될 수 있는가를 설명하라. 그런 프로그램은 유효 명령어들의 라이브러리를 유지할 것이다. 프로그램은 키보드로부터 한 글자씩 사용자 명령을 받아들인다. 명령을 유일하게 식별할 수 있는 충분한 수의 문자가 받아들여졌을 때 컴퓨터 모니터에 완전한 명령을 표시할 것이다.
4. 키가 왼쪽에서 오른쪽으로 한 번에 한 문자씩 샘플링된 트라이에 키 값 *x*를 삽입하는 알고리즘을 작성하라.
5. 트라이의 레벨은 6 이하라고 가정하고 연습문제 4번을 풀라. 동의어들은 같은 원소 노드에 삽입된다.
6. 연습문제 4번의 가정하에 트라이에서 *x*를 삭제하는 알고리즘을 작성하라. 각 분기 노드는 자기가 루트인 서브트라이에 있는 원소 노드의 수를 유지하는 *count* 데이타 멤버를 가지고 있다고 가정한다.
7. 연습문제 5번의 트라이에 대해 연습문제 6번을 다시 풀어 보라.
8. 그림 12.13의 트라이에서 노드 δ_1과 δ_2는 각각 하나의 자식 노드만을 가지고 있다. 각 노드에 *skip* 데이타 멤버를 두면 하나의 자식 노드만을 가진 분기 노드를 트라이로부터 제거할 수 있다. 이 데이타 멤버의 값은 샘플링될 다음 문자를 얻기까지 건너뛰어야 하는 문자의 수가 된다. 따라서 이 경우 $skip[\delta_3] = 2$로 함으로써 δ_1과 δ_2를 삭제할 수 있다. 분기 노드가 이와 같은 *skip* 데이타 멤버를 가질 때의 탐색, 삽입 및 삭제 알고리즘을 작성하라.
9. 압축 트라이의 분기 노드는 각 노드마다 해시 테이블을 사용하여 표현된다고 가정하자. 각각의 해시 테이블은 위에서 설명한 것처럼 *count*와 *skip* 값이 추가된다. 이런 노드 구조의 변경이 트라이 자료 구조의 시간과 공간 복잡도에 얼마나 영향을 미치는지 설명하라.
10. 각 분기 노드가 두 개의 데이타 멤버, 즉 *pointer*와 *link*를 가진 체인으로 표현되었을 경우에 대해 위의 연습문제를 반복하라. 여기서 *pointer*는 서브트라이를 가리키고 *link*는 체인에서 다음 노드를 가리킨다. 임의의 분기 노드에서 체인의 노드 수는 그 노드에 있는 0이 아닌 포인터 수와 같다. 각 체인에는 *skip* 값이 추가된다. 그림 12.6의 트라이의 압축된 형태에 대한 체인 표현을 그려 보라.

12.4 접미 트리

12.4.1 이 스트링을 본 적이 있는가?

기존의 서브스트링 탐색(substring search) 문제에서는 스트링 *S*와 패턴 *P*가 주어지면 *P*가 *S* 안에 있는지 아닌지를 보고한다. 예를 들면 패턴 *P* = *cat*는 스트링 *S1* = *The big cat ate the small catfish* 내에 (두 번) 나타나지만 스트링 *S2* = *Dogs for sale*에는 나타나지 않는다.

또 다른 예를 들면 인간 게놈 프로젝트에 참여하고 있는 연구원들은 계속해서 수만 개의 유전자를 갖고 있는 유전자 데이타 뱅크에서 서브스트링/패턴을 찾고 있다. 각 유전자는 알파벳 *A*, *C*, *G*, *T*로 구성된 스트링으로 표현된다. 데이타 뱅크에 있는 대부분의 스트링은 약 2000 문자 길이이지만, 일부는 수만 문자 길이가 되기도 한다. 유전자 데이타 뱅크의 크기와 서브스트링을 검색하는 빈도 때문에 데이타 뱅크에서 주어진 서브스트링을 포함한 스트링을 찾기 위해서 가능한 한 빠른 알고리즘은 필수적이다.

프로그램 2.16을 사용해서 스트링 *S*에 있는 패턴 *P*를 찾을 수 있다. 이런 탐색의 복잡도는 $O(|P| + |S|)$이다. 여기서 $|P|$는 *P*의 문자 수(숫자도 포함)와 같은 길이를 나타낸다. 패턴 *P*가 스트링 *S*에서 어디든지 나타날 수 있는 경우를 고려한다면 이 복잡도는 꽤 좋은 것 같다. 따라서 스트링에 탐색 패턴이 나타나지 않는다는 결론을 내리려면 스트링의 모든 문자를 검사해야 한다. 게다가 스트링에 탐색 패턴이 나타난다는 결론을 내리려면 패턴의 모든 문자를 검사해야 한다. 그러므로 모든 패턴 검색 알고리즘은 패턴과 탐색되는 스트링의 길이에 선형적인 시간이 걸린다.

기존의 패턴 매치 알고리즘을 사용하면 P_i를 찾는 데는 $O(|P_i| + |S|)$가 걸리므로 스트링 *S*에서 패턴 $P_1, P_2, ..., P_k$를 찾을 때는 $O(|P_1| + |P_2| + \cdots + |P_k| + k|S|)$의 시간이 걸린다. 앞으로 배울 접미 트리 자료 구조는 이 복잡도를 $O(|P_1| + |P_2| + \cdots + |P_k| + |S|)$로 줄인다. 여기서 스트링 *S*의 접미 트리를 만드는 데 쓰이는 시간은 $O(|S|)$이고, *S*의 접미 트리가 만들어진 후에 각 패턴들을 탐색하는 데는 단지 $O(|P_i|)$가 걸린다. 그러므로 일단 *S*의 접미 트리를 만들어 두면 패턴을 탐색하는 데 걸리는 시간은 패턴의 길이에만 좌우 된다.

12.4.2 접미 트리 자료 구조

*S*의 접미 트리(suffix tree)는 스트링 *S*의 공백이 아닌 접두사에 대한 압축 트라이이다. 접미 트리는 압축 트라이이므로 종종 이 트리를 트라이, 서브트리를 서브트라이라고 하기도 한다.

스트링 *S* = *peeper*의 공백이 아닌 접미사는 *peeper*, *eeper*, *eper*, *per*, *er*, *r*이다. 그러므로 스트링 *peeper*의 접미 트리는 원소 *peeper*, *eeper*, *eper*, *per*, *er*, *r*을 포함한 압축 트라이이다. 스트링 *peeper*의 알파벳은 *e*, *p*, *r*이다. 그러므로 압축 트라이의 기수는 3이다. 필요하다면 스트링의 문자를 숫자로 바꾸기 위해 $e \to 0$, $p \to 1$, $r \to 2$로 사상할 수도 있다. 이러한 변환은 각 노드가 자식 포인터의 배열을 갖고 있는 노드 구조를 사용할 때만 필요하다. 그림 12.27은 *peeper*의 접미사에 대한 압축 트라이(레이블 간선을 가진)를 나타낸다. 이 압축 트라이는 스트링 *peeper*를 위한 접미 트리이기도 하다.

원소 노드 *D*~*I*에 있는 데이타는 *peeper*의 접미사이므로 각각의 원소 노드는 그 원소 노드가 포함한 접미사의 시작 인덱스만 유지하면 된다. *peeper* 안에 있는 문자들에 대해 왼쪽에서 오른쪽으로 1부터 인덱스가 붙을 때 원소 노드 *D*~*I*는 각각 인덱스 6, 2, 3, 5, 1, 4만 유지하면 된다. 원소 노드에 저장된 인덱스를 사용해서 스트링 *S*의 접미사에 접근할 수 있다. 그림 12.28은 그림 12.27의 각 원소 노드가 접미 인덱스를 포함하는 접미 트리를 나타낸다.

각 분기 노드의 첫 구성 요소는 그 서브트라이에 있는 원소에 대한 참조 변수이다. 원소에 대한 참조 변수를 참조된 원소의 첫 숫자의 인덱스로 대체할 수도 있다. 그림 12.29는 그러한 압축 트라이를 나타낸다. 이 변경된 형식을 접미 트리를 나타내는 데 사용하도록 하자.

접미 트리의 탐색과 생성 알고리즘을 설명하는 데에 있어, 분기 노드에서 자식 노드로 이동할 때 사

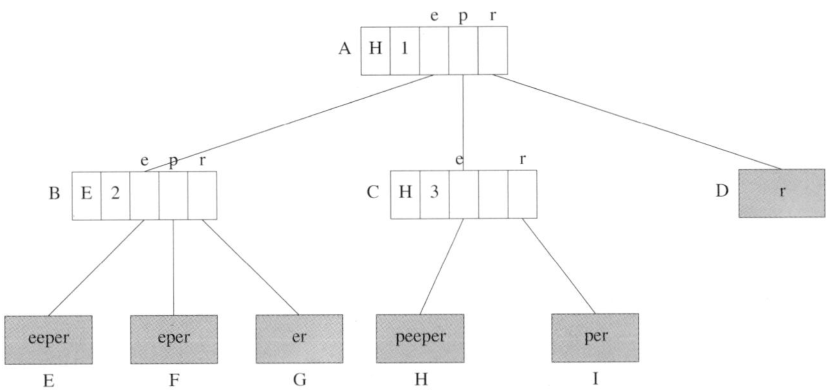

그림 12.27 *peeper*의 접미사에 대한 압축 트라이

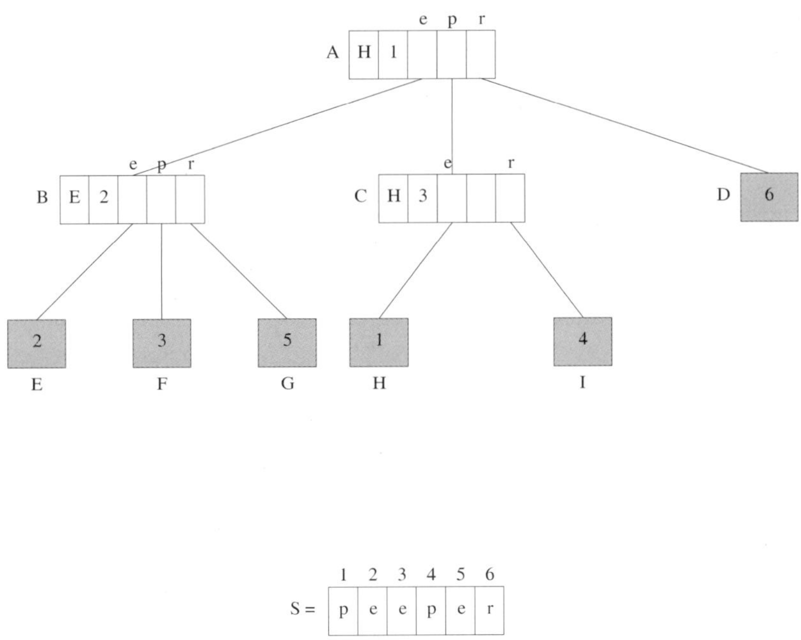

그림 12.28 *peeper*의 접미사에 대한 변경된 압축 트라이

용되는 숫자를 간선의 레이블로 표시하는 접미 트리를 그려 보는 것이 더 쉽다. 레이블의 첫 번째 숫자는 어느 자식으로 이동할지 정하는 데 사용되는 숫자이고, 레이블의 나머지 숫자들은 생략되는 숫자를 나타낸다. 그림 12.30은 그림 12.29를 이런 방식으로 나타낸 것이다.

친인간적 접미 트리를 그릴 때 어떤 루트에서 원소 노드로 가는 경로의 간선에 붙은 레이블은 원소 노드에 의해 표현된 접미사를 구별하여 철자를 쓴다. 루트의 숫자 번호가 1이 아닐 때 친인간적 접미 트

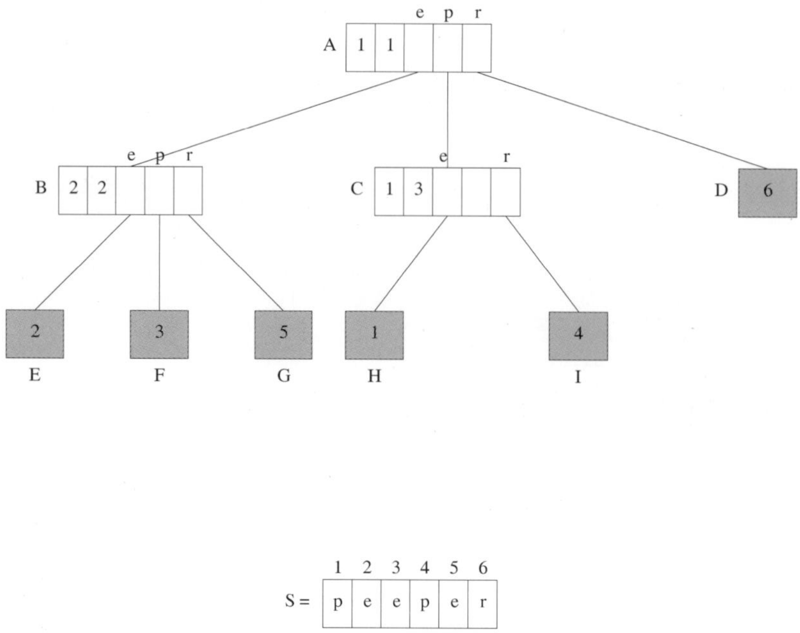

그림 12.29 *peeper*에 대한 접미 트리

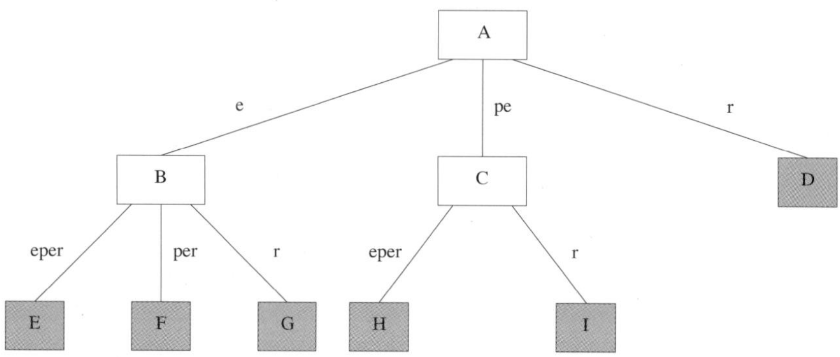

그림 12.30 친인간적 접미 트리

리는 이전 루트로의 간선을 가진 헤더 노드를 포함한다. 이 간선은 생략된 문자들로 레이블이 붙여진다.

접미 트리의 노드로 표현된 스트링은 루트에서 그 노드로 가는 경로에 있는 레이블로 만들어지는 스트링이다. 그림 12.30의 노드 *A*는 공백 스트링 ε을 나타내고 노드 *C*는 스트링 *pe*, 노드 *F*는 스트링 *eper*를 나타낸다.

접미 트리에서 키의 길이는 상이하므로 어떤 키도 다른 키의 접미사가 아님을 보장해야 한다. 스트링 *S*의 마지막 숫자가 *S*에서 단 한 번만 나타날 때에는 언제나 *S*의 어떤 접미사도 *S*의 또 다른 접미사의 적합한 접두사가 될 수 없다. 스트링 *peeper*에서 마지막 숫자는 *r*이고 이 숫자는 단 한 번만 나타나므로 *peeper*의 어떤 접미사도 또 다른 접미사의 접두사가 될 수 없다. *data*의 마지막 숫자는 *a*인데, 이 숫자는 *data*에서 두 번 나타난다. 그러므로 *data*는 *a*로 시작하는 *ata*와 *a*의 두 접미사를 갖고 있다. 접미사 *a*는 접미사 *ata*의 적합한 접두사가 된다.

스트링 *S*의 마지막 숫자가 *S*에서 두 번 이상 나타나는 경우 어떤 접미사도 다른 접미사의 접두사가 되지 않게 하기 위해 *S*의 접미사에 새로운 숫자(예로 #)를 첨가해야 한다. *S*에 새로운 문자를 붙여서 *S*#을 얻은 후에 *S*#의 접미 트리를 만들 수도 있다. 이 방법이 사용되면 *S*의 접미사에 #를 첨가해서 얻은 트리보다 접미사(#)가 하나 더 많다.

12.4.3 서브스트링 탐색(접미 트리 탐색)

용어

$n = |S|$는 접미 트리를 만들려는 스트링의 길이를 나타낸다. 숫자 1부터 시작해서 왼쪽에서 오른쪽으로 *S*의 각 숫자에 번호를 매긴다. $S[i]$는 *S*의 i번째 숫자를 나타내고, $suffix(i)$는 $1 \le i \le n$일 때 i번째 숫자에서 시작하는 접미사 $S[i] \cdots S[n]$을 나타낸다.

탐색

스트링 *S*에서 패턴 *P*를 찾을 때 사용되는 기본 지식은, *P*가 *S*에 있으면(즉 *P*가 *S*의 서브스트링이면) *P*가 *S*의 어떤 접미사의 접두사이고 그 역도 성립한다는 것이다.

$P = P[1] \cdots P[k] = S[i] \cdots S[i+k-1]$이라고 하면 *P*는 $suffix(i)$의 접두사이다. $suffix(i)$는 압축 트라이에 있으므로 압축 트라이에서 키의 접두사를 찾는 방법을 사용해서 *P*를 찾을 수 있다.

스트링 $S = peeper$에서 패턴 $P = per$를 찾아보자. 그림 12.30처럼 *peeper*를 위한 접미 트리는 이미 만들어져 있다고 가정한다. 루트 노드 *A*에서부터 탐색을 시작한다. $P[1] = p$이므로 *p*로 시작하는 레이블을 가진 간선을 따라간다. 이 간선을 따라갈 때, *P*의 다음 숫자와 간선 레이블의 나머지 숫자를 비교한다. 이 나머지 레이블 숫자와 패턴의 숫자가 같으므로 노드 *C*에 도달하게 된다. 노드 *C*에 도달할 때 패턴의 첫 두 숫자를 사용한 것이 된다. 패턴의 세 번째 숫자는 *r*이므로 노드 *C*에서 레이블이 *r*로 시작하는 간선을 따라간다. 이 간선은 레이블에 숫자가 더 없으므로 추가로 숫자 비교는 하지 않고 원소 노드 *I*에 도달하게 된다. 이때 패턴에 있는 숫자는 소진되고 패턴이 스트링 안에 있다는 결론에 이르게 된다. 원소 노드에 도달했으므로 패턴이 실제로 스트링 *peeper*의 접미사라는 결론을 얻는다. 친인간적이 아닌 실제 접미 트리 표현에서 원소 노드 *I*는 패턴 $P = per$이 *peeper*의 네 번째 숫자에서 시작한다는 것을 알려 주는 인덱스 4를 포함하고 있다. 게다가 한 번 이상 나타나는 패턴을 찾을 때는 원소 노드가 아니라 분기 노드에서 탐색이 끝나므로 *peeper*에는 *per*가 단 한 번만 나온다는 것도 알 수 있다.

이번에는 패턴 $P = eeee$를 찾아보자. 다시 루트에서 시작한다. 패턴의 첫 숫자가 *e*이므로 레이블이 *e*로 시작하는 간선을 따라가서 노드 *B*에 도달하게 된다. 패턴의 다음 숫자도 *e*이므로 노드 *B*에서 *e*로 시작하는 레이블을 가진 간선을 따라간다. 이 간선을 따라갈 때, 간선 레이블의 나머지 숫자 *per*와 패턴의 나머지 숫자 *ee*를 비교해야 한다. 첫 번째 쌍 (p, e)를 비교할 때 다르다는 것을 발견하고 그 패턴은

*peeper*에 나타나지 않는다는 결론을 내릴 수 있다.

패턴 $P = p$를 찾는다고 하자. 루트에서 레이블이 *p*로 시작하는 간선을 따라간다. 이 간선을 따라가면서 간선 레이블에 남아 있는 숫자 *e*와 패턴의 다음 숫자를 비교한다. 이 간선을 따라가는 동안 모든 숫자가 소진되었으므로 이 패턴은 노드 *C*를 루트로 하는 서브트라이에 있는 모든 키의 접두사라는 것을 알 수 있다. *C*를 루트로 하는 서브트라이를 순회하고 이 서브트라이의 정보 노드들을 방문해서 모든 패턴을 찾을 수 있다. 만약 패턴이 발생하는 단 하나의 지점만을 원한다면 분기 노드 *C*의 첫 구성 요소에 저장된 인덱스를 사용할 수 있다(그림 12.29 참조). 노드 *X*로의 간선을 따라가는 동안 패턴이 소진되면 노드 *X*에 도달한 것으로 하고 노드 *X*에서 탐색이 끝난다.

패턴 $P = rope$를 탐색하려면 *P*의 첫 숫자 *r*을 사용해서 원소 노드 *D*에 도달한다. 패턴이 소진되지 않았으므로 패턴의 나머지 숫자들과 *D*에 있는 키를 확인해야 한다. 그러면 그 패턴은 *D*에 있는 키의 접미사가·아니라는 것이 나타나고 패턴이 *peeper*에 없다는 것을 알 수 있다.

마지막으로 패턴 $P = pepe$에 대한 탐색을 해 보자. 그림 12.30의 루트에서 시작해서 레이블이 *p*로 시작하는 간선으로 이동하고 *C*에 도달한다. 탐색 패턴 중에 검사하지 않은 다음 숫자는 *p*이므로 노드 *C*에서 *p*로 시작하는 레이블을 가진 간선을 따라가야 할 것이다. 그러나 이런 요구 사항을 만족시키는 간선이 없으므로 *pepe*는 *peeper*에 나타나지 않는다는 결론에 이르게 된다.

12.4.4 접미 트리의 응용

일단 스트링 *S*의 접미 트리를 만들어 두면 스트링 *S*가 패턴 *P*를 포함하고 있는지 아닌지를 O(|*P*|) 시간에 알 수 있다. 셰익스피어의 희곡 '로미오와 줄리엣'의 본문에 대한 접미 트리를 갖고 있다면 *wherefore art thou*라는 어구가 이 희곡 안에 나타나는지 아닌지를 빠르게 결정할 수 있다. 실제로 18 문자/숫자(탐색 패턴의 길이)를 비교하는 데 필요한 시간만 걸릴 것이다. 탐색 시간은 희곡의 길이와는 상관없다.

빠른 속도로 할 수 있는 다른 재미있는 응용들이 아래에 기술되어 있다.

패턴 *P*의 출현을 모두 탐색

이것은 *P*의 접미 트리를 탐색함으로써 수행할 수 있다. 만약 *P*가 최소 한 번 나타난다면 탐색은 원소 노드에서든지 분기 노드에서든지 성공적으로 끝난다. 탐색이 원소 노드에서 끝나면 패턴은 단 한 번만 나타나는 것이다. 분기 노드 *X*에서 끝나면 패턴이 발생하는 모든 곳은 *X*를 루트로 하는 서브트라이에 있는 원소 노드를 방문함으로써 찾을 수 있다. 이 방문은 다음과 같은 경우 패턴 출현 수의 선형 시간에 수행될 수 있다.

(a) 접미 트리에 있는 모든 원소 노드를 체인으로 연결하는데, 표현된 접두사의 사전 순서, 즉 원소 노드를 왼쪽에서 오른쪽으로 훑을 때 만나는 원소 노드의 순서로 연결한다. 그림 12.30의 원소 노드는 *E*, *F*, *G*, *H*, *I*, *D*의 순서로 연결될 것이다.

(b) 각 분기 노드에서 그 분기 노드를 루트로 하는 서브트라이에 있는 처음과 마지막 원소 노드에 대

한 참조 정보를 유지한다. 그림 12.30의 노드 *A*, *B*, *C*는 각각 (*E*, *D*), (*E*, *G*), (*H*, *I*)를 유지한다. *firstInformationNode*로 시작하고 *lastInformationNode*로 끝나는 원소 노드 체인을 순회하는 데 (*firstInformationNode*, *lastInformationNode*) 쌍을 사용한다. 이 순회는 루트에서 분기 노드로 가는 간선 레이블에 쓰여 있는 스트링으로 시작하는 모든 패턴이 출현하게 한다. (*firstInformationNode*, *lastInformationNode*) 쌍이 분기 노드에 유지될 때는 서브트라이에 있는 원소에 대한 참조 정보를 유지하는 필드, 즉 *element* 필드를 분기 노드에서 제거할 수 있다.

패턴 *P*를 포함하는 모든 스트링 탐색

스트링 *S*1, *S*2, ⋯, *Sk*가 있고 질의 패턴 *P*를 포함하는 모든 스트링을 찾고 싶다고 하자. 예를 들어 유전자 데이타 뱅크가 수만 개의 스트링을 포함하고 있고 연구원이 질의 스트링을 제출했을 때 우리는 이 질의 스트링을 포함한 모든 데이타 뱅크 스트링을 찾을 것이다. 이런 유형의 질의를 효율적으로 수행하기 위해서 스트링 *S*1$*S*2$⋯$*Sk*#의 접미사를 포함하는 압축 트라이[다중 스트링 접미 트리(multiple string suffix tree)]를 만든다. 여기서 $와 #는 *S*1, *S*2, ..., *Sk*에서 나타나지 않는 두 개의 다른 숫자이다. 접미 트리의 각 노드에는 모든 스트링 *Si*의 리스트를 유지하는데, 각 *Si*는 서브트라이에 있는 원소 노드로 표현된 접미사의 시작점이다.

최소 $m > 1$번 나타나는 *S*의 가장 긴 서브스트링 탐색

이 질의는 다음과 같은 방법으로 O(|*S*|) 시간 안에 수행될 수 있다.

(a) 루트에서부터 레이블 길이의 합과 서브트라이에 있는 정보 노드의 숫자를 분기 노드에 표시하면서 접미 트리를 순회한다.

(b) 원소 노드의 계수 $\geq m$인 분기 노드를 방문하면서 접미 트리를 순회한다. 방문한 분기 노드를 가장 긴 레이블 길이로 정한다.

단계 (a)는 한 번만 수행되면 된다는 것에 유의하라. 다음에 원하는 *m*의 값만큼 단계 (b)를 수행할 수 있다. 또한 $m = 2$이면 서브트라이에 있는 원소 노드의 수를 결정하지 않아도 된다는 것을 유의하라. 압축 트라이에서 분기 노드를 루트로 하는 모든 서브트라이는 최소 두 개의 원소 노드를 가지고 있다.

스트링 *S*와 *T*의 가장 긴 공통 서브스트링 탐색

이것은 아래와 같이 O(|*S*| + |*T*|) 시간 안에 수행될 수 있다.

(a) *S*와 *T*를 위한 다중 스트링 접미 트리, 즉 *S*$*T*#을 위한 접미 트리를 만든다.

(b) 루트에서부터의 경로에 있는 레이블의 길이의 합이 가장 크고, *S*와 *T*에서 시작하는 접미사를 표현하는 정보 노드를 서브트라이가 각각 최소 하나씩 가지고 있는 분기 노드를 식별하기 위해 접미 트리를 순회한다.

연습문제

1. S = *ababab*#인 접미 트리를 그려 보라.
2. S = *aaaaaa*#인 접미 트리를 그려 보라.
3. $S1$ = *abba*, $S2$ = *bbbb*, $S3$ = *aaaa*인 다중 스트링 접미 트리를 그려 보라.

12.5 트라이와 인터넷 패킷 전송

12.5.1 IP 라우팅

인터넷에서 데이타 패킷(data packet)은 여러 라우터(router)들을 거쳐 송신지에서 수신지까지 전송된다. 예를 들어 뉴욕에서 만들어져서 로스앤젤레스로 가는 패킷은 먼저 뉴욕에 있는 라우터에 의해 처리될 것이다. 이 라우터는 그 패킷을 시카고에 있는 라우터로 보낼 것이고, 다음에는 덴버에 있는 라우터로 보낼 것이다. 마침내 덴버에 있는 라우터는 로스앤젤레스로 패킷을 보낼 것이다. 각 라우터는 패킷을 수신지와 가까운 장소로 한 단계씩 옮긴다. 라우터는 경로를 정할 패킷의 헤더에 있는 수신지 주소를 검사함으로써 이 작업을 수행한다. 수신지 주소와 라우터에 저장된 전송 규칙들을 이용해서 라우터는 패킷을 어디로 보낼지 결정한다.

인터넷 라우터 테이블은 (P, NH) 형식의 규칙의 모임이다. 여기서 P는 접두사이고 NH는 다음 홉(hop)을 의미한다. NH는 수신지 주소에 접두사 P를 가진 패킷의 다음 홉이다. 예를 들면 규칙 (01*, a)는 수신지 주소가 01로 시작하는 패킷의 다음 홉은 a라는 것을 나타낸다. IPv4(인터넷 프로토콜 버전 4)에서 수신지 주소는 32비트이다. 그러므로 P는 32비트까지 될 수 있다. IPv6에서는 수신지 주소가 128비트이므로 P의 길이는 128비트까지 될 수 있다.

상용 라우터 테이블에서 수신지 주소가 둘 이상의 규칙에 정확히 일치하는 경우는 보기 드물다. 이런 경우, 다음 홉은 일치하는 가장 긴 접두사에 의해 결정된다. 예를 들면 수신지 주소가 비트 순서로 0100으로 시작하는 패킷과 일치하는 라우터 테이블의 규칙이 (01*, a)와 (0100*, b)뿐이라고 할 때 이 패킷의 다음 홉은 b이다. 즉 인터넷에서의 패킷 전송은 일치되는 가장 긴 접두사를 결정함으로써 수행된다.

비록 실제로는 인터넷 라우터 테이블이 동적일지라도(라우터가 연결되고 끊김에 따라 규칙이 추가되고 삭제되는 등 규칙이 계속 변한다), 인터넷 라우터 테이블의 자료 구조는 수신지 주소가 주어졌을 때 일치되는 가장 긴 접두사를 위한 다음 홉을 결정하는 탐색 연산에 대해 최적화되어 있다.

12.5.2 1비트 트라이

1비트 트라이는 이진 트라이와 매우 비슷하다. 각 노드가 왼쪽 자식, 왼쪽 데이타, 오른쪽 자식, 오른쪽 데이타 필드를 가지고 있다. 트라이의 레벨 l에 있는 노드는 길이가 l인 접두사를 저장한다. 길이가 l인 접두사의 가장 오른쪽 비트가 0이면 그 접두사는 레벨 l에 있는 노드의 왼쪽 데이타 필드에 저장된다. 1인 경우에는 접두사가 레벨 l 에 있는 노드의 오른쪽 데이타 필드에 저장된다. 트라이의 레벨 i에서는 접두사나 수신지 주소의 비트 i(비트들은 왼쪽에서 오른쪽으로 1부터 시작해서 비트 번호가 매겨진다)를

P1=10*
P2=111*
P3=11001*
P4=1*
P5=0*
P6=1000*
P7=100000*
P8=1000000*

(a) 여덟 개의 접두사

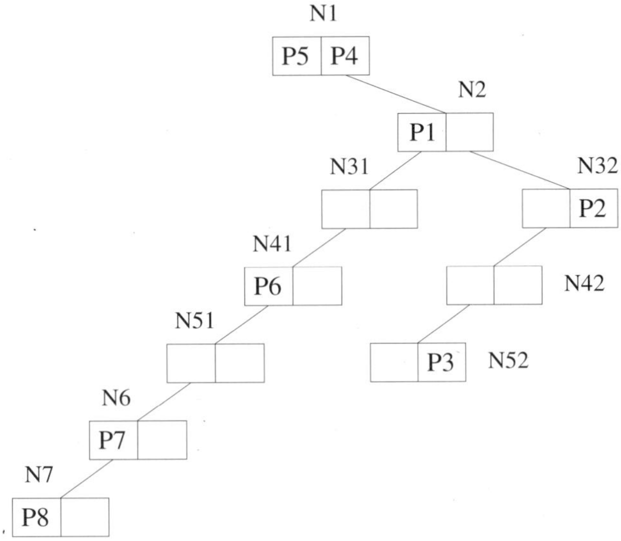

(b) 그에 해당하는 1비트 트라이

그림 12.31 접두사와 그에 해당하는 1비트 트라이

검사해서 분기를 한다. 비트 i가 0이면 왼쪽 서브트리로 이동하고 비트가 1이면 오른쪽 서브트리로 이동한다. 그림 12.31(a)는 여덟 개의 접두사 집합을 나타내고, 그림 12.31(b)는 그에 해당하는 1비트 트라이를 나타낸다.

1비트 트라이의 높이는 $O(W)$인데, 여기서 W는 라우터 테이블에서 가장 긴 접두사의 길이이다. IPv4 테이블에서 $W \le 32$이고 IPv6 테이블에서는 $W \le 128$이다. 1비트 트라이에서는 길이가 0인 접두사 *를 저장하는 장소가 없다는 것에 유의하라. 이렇게 해도 이 접두사는 모든 수신지 주소와 일치하므로 어렵지 않게 된다. 1비트 트라이 탐색이 일치된 접두사를 찾는 데 실패하는 경우, *와 연관된 다음 홉이 사용된다.

어떤 수신지 주소 d에 대해 d와 일치하는 모든 접두사들은 d의 비트에 의해 결정되는 탐색 경로 위에 있다. 이 탐색 경로를 따라감으로써 $O(W)$ 시간에 일치하는 가장 긴 접두사를 정할 수 있을 것이다. 게다가 접두사는 $O(W)$ 시간에 삽입/삭제될 것이다. 1비트 트라이에 필요한 메모리는 $O(nW)$인데 n은 라우터 테이블에 있는 규칙의 수이다.

비록 1비트 트라이에서의 탐색, 삽입, 삭제 알고리즘은 단순하고 겉으로 보기에 복잡도가 $O(W)$로 낮지만, 1비트 트라이로 인터넷 수요를 만족시키는 것은 비현실적이다. 트리 같은 구조를 사용해서 다음 홉을 찾는 데 걸리는 대부분의 시간은 메모리 접근이다. 그러므로 라우터 테이블을 위한 트라이 자료구조의 복잡도를 분석할 때 메모리 접근의 횟수에 주목해야 한다. 1비트 트라이가 사용되면 패킷의 다음 홉을 결정하기 위해 최대 W번 메모리에 접근할 것이다. IPv4에서는 $W \le 32$이고 IPv6에서는 $W \le 128$인 점을 상기하라. 인터넷 연산을 원활히 수행하기 위해서는 W보다 적은 수의 메모리 접근으로 각 패킷의 다음 홉을 결정하여야 한다. 실제로는 최대 (말하자면) 여섯 번의 메모리 접근으로 다음 홉을 정해야 한다.

12.5.3 고정 스트라이드 트라이

그림 12.31(b)의 트라이는 높이가 7이므로, 이 트라이에 대한 탐색에는, 루트에서 레벨 7에 있는 노드까지의 경로에 있는 각 노드마다 한 번씩 최대 일곱 번의 메모리 접근이 발생할 것이다. 그림 12.31(b)의 1비트 트라이에는 총 20개의 메모리 유닛이 필요하다[각 노드에 두 개, (*child*, *data*) 필드마다 한 개]. 각 노드에서의 분기 인자(branching factor)를 늘림으로써, 즉 다원 트라이(multiway trie)를 사용함으로써 필요한 메모리는 늘리되 라우터 테이블 트라이의 높이는 줄일 수 있다. 노드의 스트라이드(stride)는 어느 쪽으로 분기할지를 결정하기 위해 그 노드에서 사용된 비트의 수로 정의된다. 스트라이드가 s인 노드는 s비트로 가능한 값의 수인 2^s개의 자식 필드와 2^s개의 데이타 필드를 갖는다. 그런 노드는 2^s개의 메모리 유닛을 요구한다. 고정 스트라이드 트라이(FST: fixed-stride trie)에서 같은 레벨에 있는 모든 노드들은 같은 스트라이드를 가지고 있고 서로 다른 레벨에 있는 노드들은 서로 다른 스트라이드를 가지고 있다.

그림 12.31(a)의 접두사들은 레벨이 3인 FST로 표현한다고 하자. 스트라이드는 2, 3, 2라고 가정한다. 트라이의 루트는 길이가 2인 접두사를 저장하고 레벨 2의 노드들은 길이가 5(2 + 3)인 노드들을 저장하며 레벨 3의 노드들은 길이가 7(2 + 3 + 2)인 노드들을 저장한다. 그림 12.31(a)의 예에서 P5가 1인 것처럼 일부 접두사들의 길이가 저장할 수 있는 길이와 다르기 때문에 이 방법에는 문제가 있다. 이 문제를 해결하기 위해서 허용될 수 없는 길이를 가진 접두사는 그 다음으로 허용되는 길이로 확장된다. 예를 들어 P5 = 0*은 P5a = 00*와 P5b = 01*로 확장된다. 만약 새로 생성된 접두사가 중복된다면 하나만 남기고 모두 제거한다. 예를 들어 P4 =1*이 P4a = 10*과 P4b = 11*로 확장되지만 P4보다 P1 = 10*이 더 길기 때문에 P4a = 10*보다는 P1 = 10*을 남기고 P4a는 제거한다. 확장된 접두사 집합에서 중복된 접두사를 제거하기 때문에 모든 접두사들은 유일하다. 그림 12.32(a)는 그림 12.31의 접두사를 길이 2, 5, 7로 확장한 결과이다. 그림 12.32(b)는 높이가 3이고 스트라이드가 2, 3, 2인 FST를 나타낸다.

그림 12.32(b)의 트라이는 최대 세 번의 메모리 접근으로 탐색될 수 있으므로 최대 일곱 번 메모리에 접근하는 그림 12.31(b)의 1비트 트라이보다 시간 면에서 향상된 성능을 보인다. 그러나 그림 12.32(b)의 FST에 필요한 공간은 1비트 트라이보다 많다. FST의 루트에는 여덟 개의 필드 또는 네 개의 유닛이 필요하고 레벨 2의 노드 두 개에는 각각 여덟 개의 유닛이 필요하며 레벨 3의 노드는 네 개의 유닛이 필요하므로 총 24개의 메모리 유닛이 필요하다.

루트의 스트라이드가 7인 1-레벨 트라이를 사용해서 그림 12.31(a)의 접두사를 표현할 수 있다. 이런 트라이를 사용하면 한 번의 메모리 접근으로 탐색을 수행할 수 있다. 하지만 이 트라이는 2^7 = 128개의 메모리 유닛을 필요로 할 것이다.

고정 스트라이드 트라이 최적화 문제(FSTO)에서는 접두사 집합 P와 정수 k가 주어진다. 주어진 접두사들을 가지고 가장 적은 양의 메모리를 사용하는 k-레벨 FST의 스트라이드를 정하려면 다음과 같은 방법으로 한다.

P1=10*
P2a=11100*
P2b=11101*
P2c=11110*
P2d=11111*
P3=11001*
P4=11*
P5a=00*
P5b=01*
P6a=10000*
P6b=10001*
P7=100000*
P8=1000000*

(a) 확장된 접두사

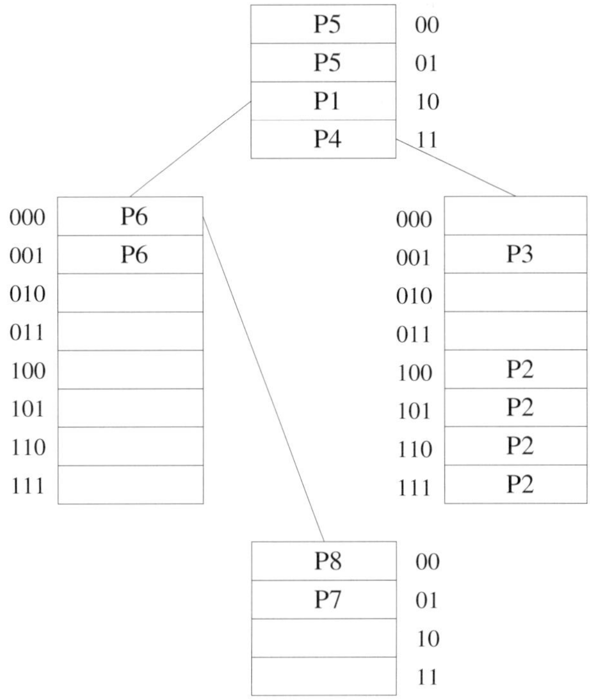

(b) 그에 해당하는 고정 스트라이드 트라이

그림 12.32 접두사 확장과 고정 스트라이드 트라이

어떤 P에 대해서 k-레벨 FST는 $(k-1)$-레벨 FST보다 많은 공간을 요구할 수도 있다. 예를 들어 P = {00*, 01*, 10*, 11*}일 때 P에 대한 유일한 1-레벨 FST는 메모리 유닛 네 개를 필요로 하는 반면에, 유일한 2-레벨 FST는 메모리 유닛 여섯 개를 필요로 한다. $(k-1)$-레벨 FST의 탐색 시간이 k-레벨 트리의 탐색 시간보다 적기 때문에 k-레벨 FST보다 적거나 같은 메모리를 요구하는 $(k-1)$-레벨 FST가 더 좋을 것이다. 그러므로 실제로는 정확히 k 레벨이기보다는 최대 k 레벨을 사용하는 최적 FST를 결정하는 것이 좋다. 수정된 FSTO 문제(MFSTO)는 접두사 집합 P가 주어졌을 때 최대 k 레벨을 사용하는 최적 FST를 결정하는 것이다.

O는 주어진 접두사 집합에 대한 1비트 트라이이고 F는 이 접두사 집합에 대한 어떤 k-레벨 FST라고 하자. $s_1, ..., s_k$는 F의 스트라이드라고 하자. $a = \sum_1^{j-1} s_q + 1$이고 $b = \sum_1^{j} s_q$일 때 F의 레벨 $j(1 \le j \le k)$는 O의 레벨 $a, ..., b$를 덮는다(cover)라고 하자. 그러므로 그림 12.32(b)의 FST의 레벨 1은 그림 12.31(b)의 1비트 트라이의 레벨 1과 2를 덮고, 이 FST의 레벨 2는 그림 12.31(b)의 1비트 트라이의 레벨 3, 4, 5를 덮으며, 이 FST의 레벨 3은 1비트 트라이의 레벨 6과 7을 덮는다. 레벨 $e_u = \sum_1^{u} s_q(1 \le u \le k)$를 O의 확장 레벨(expansion level)이라 하자. 그림 12.32(b)에 정의된 확장 레벨은 1, 3, 6이다.

nodes(*i*)는 1비트 트라이 *O*의 레벨 *i*에 있는 노드 수라고 하자. 그림 12.31(a)의 1비트 트라이에 대해 *nodes*(1:7) = [1, 1, 2, 2, 2, 1, 1]이다. *F*에 필요한 메모리는 $\sum_{1}^{k} nodes(e_q)*2^{s_q}$이다. 예를 들어 그림 12.32(b)의 FST에 필요한 메모리는 $nodes(1)*2^2 + nodes(3)*2^3 + nodes(6)*2^2 = 24$이다.

T(*j*, *r*)이 최대 *r* 확장 레벨을 사용하고 1비트 트라이 *O*의 1~*j* 레벨을 덮는 최적 FST라고 하자. *C*(*j*, *r*)은 *T*(*j*, *r*)의 메모리 비용이라 하자. 그러면 *T*(*W*, *k*)는 최대 *k* 확장 레벨을 사용하는 *O*의 최적 FST이고 *C*(*W*, *k*)는 이 FST의 비용이 된다. *T*(*j*, *r*)에서 마지막 확장 레벨이 0~*j*−1에 있는 어떤 *m*에 대해서 *O*의 *m* + 1~*j* 레벨을 덮는다는 것과 이 최적 FST의 남은 레벨들이 *T*(*m*, *r*−1)을 정의한다는 것을 발견할 수 있다. 따라서

$$C(j, r) = \min_{0 \le m < j} \{C(m, r-1) + nodes(m+1)*2^{j-m+1}\}, j \ge 1, r > 1 \tag{12.1}$$

$$C(0, r) = 0 \text{ and } C(j, 1) = 2^j, j \ge 1 \tag{12.2}$$

이다.

$M(j, r)(r > 1)$이 식 (12.1)에서

$$C(m, r-1) + nodes(m+1)*2^{j-m+1}$$

을 최소화하는 가장 작은 *m*이라 하자. 식 (12.1)과 (12.2)는 *C*(*W*, *k*)를 계산하는 알고리즘이 $O(kW^2)$가 되게 한다. *M*(*j*, *r*)은 *C*(*j*, *r*)을 계산하는 것과 같은 시간이 걸릴 것이다. 계산된 *M* 값을 사용하면 최대 *k* 확장 레벨을 사용하는 최적 FST의 스트라이드는 추가적으로 O(*k*) 시간에 결정될 것이다.

12.5.4 가변 스트라이드 트라이

가변 스트라이드 트라이(VST: variable-stride trie)에서는 같은 레벨에 있는 노드들이 다른 스트라이드를 가질 수도 있다. 그림 12.33은 그림 12.31의 1비트 트라이에 대한 2-레벨 VST를 나타내고 있다. 루트의 스트라이드는 2이고 루트의 왼쪽 자식의 스트라이드는 5, 오른쪽 자식의 스트라이드는 3이다. 이 VST에 필요한 메모리는 4(루트) + 32(루트의 왼쪽 자식) + 8(루트의 오른쪽 자식) = 44이다.

FST는 VST의 특수한 경우이므로 주어진 접두사 집합 *P*에 대한 최적 VST에 필요한 메모리와 확장 레벨 *k*의 수는 같은 *P*와 *k*에 대한 최적 FST에 필요한 것보다 작거나 같다.

r-VST를 최대 *r* 레벨을 갖는 VST라고 하고, *Opt*(*N*, *r*)을 루트가 *N*인 1비트 트라이의 최적 *r*-VST의 메모리 비용이라고 하자. 이 최적 VST의 루트는 1~*height*(*N*)에 있는 어떤 *s*에 대해 *O*의 1~*s* 레벨을 덮는다. 그리고 이 루트의 서브트라이는 *N*을 루트로 하는 서브트리의 레벨 *s* + 1에 있는 *N*의 자손들에 대한 최적 (*r*−1)-VST이어야 한다. 따라서 $D_s(N)$이 *N*의 레벨 *s*에 있는 모든 *N*의 자손들의 집합이라고 할 때

$$Opt(N, r) = \min_{1 \le s \le height(N)} \{2^s + \sum_{M \in D_{s+1}(N)} Opt(M, r-1)\}, r > 1 \tag{12.3}$$

이다. 예를 들어 $D_2(N)$은 *N*의 자식들의 집합이고 $D_3(N)$은 *N*의 손자들의 집합이다. *height*(*N*)은 *N*을 루트로 하는 트라이가 노드를 가진 최대 레벨이다. 예를 들어 그림 12.31(b)에서 N1을 루트로 하는 트라이의 높이는 7이다. *r* = 1일 때

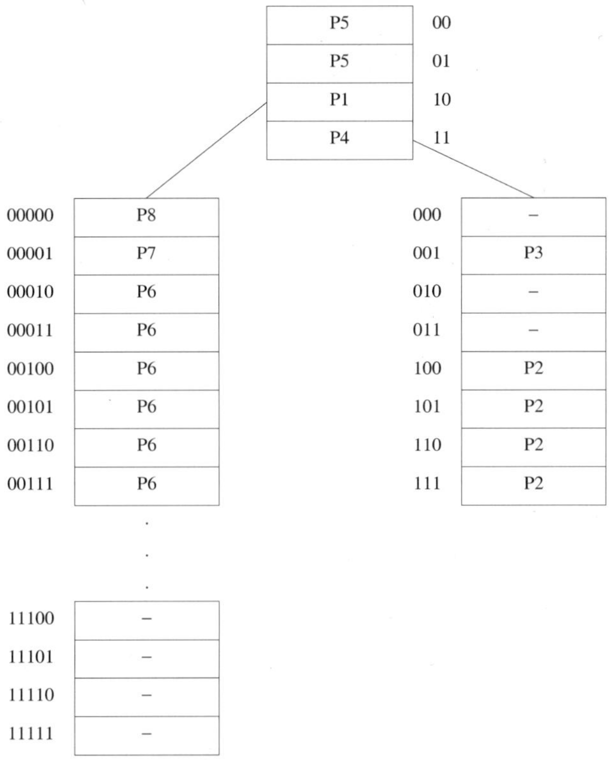

그림 12.33 그림 12.31(a)의 접두사에 대한 2-레벨 VST

$$Opt(N, 1) = 2^{height(N)} \tag{12.4}$$

이 된다.

$$Opt(N, s, r) = \sum_{M \in D_s(N)} Opt(M, r), \; s > 1, r > 1$$

이라 하고 $Opt(N, 1, r) = Opt(N, r)$이라 하자. 식 (12.3)과 (12.4)로부터

$$Opt(N, 1, r) = \min_{1 \le s \le height(N)} \{2^s + Opt(N, s+1, r-1)\}, \; r > 1 \tag{12.5}$$

$$Opt(N, 1, 1) = 2^{height(N)} \tag{12.6}$$

을 얻을 수 있다.

$s > 1$과 $r > 1$에 대해

$$\begin{aligned} Opt(N, s, r) &= \sum_{M \in D_s(N)} Opt(M, r) \\ &= Opt(leftChild(N), s-1, r) + Opt(rightChild(N), s-1, r) \end{aligned} \tag{12.7}$$

을 얻을 수 있다.

식 (12.7)에 대해 다음과 같은 초기 조건이 필요하다.

$$Opt(null,*,*) = 0 \tag{12.8}$$

n개의 규칙이 있는 라우터 테이블에 대해 1비트 트라이 O는 $O(nW)$의 노드를 가지고 있다. 따라서 $Opt(*, *, *)$ 값의 수는 $O(nW^2k)$이다. 각 $Opt(*, s, *)(s > 1)$의 값은, Opt 값이 후위 순으로 계산이 되기만 하면, 식 (12.7)과 (12.8)을 사용해서 O(1) 시간에 계산될 수 있다. 그러면 $Opt(*, 1, *)$ 값은 각각 식 (12.5)와 (12.6)을 사용해서 $O(W)$ 시간에 계산된다. 그러므로 R이 O의 루트일 때 $Opt(R, k) = Opt(R, 1, k)$를 $O(nW^2k)$ 시간에 계산할 수 있다. 만일 각 (N, r)마다 식 (12.5)의 오른쪽을 최소화하는 s를 유지한다면 최적 k-VST에서의 모든 노드의 스트라이드는 추가로 $O(nW)$ 시간이라고 할 수 있다.

연습문제

1. (a) 식 (12.1)과 (12.2)를 사용해서 $0 \le j \le W$와 $1 \le r \le k$에 대한 $C(j, r)$을 계산하는 C++ 함수를 작성하라. 이 함수는 $M(j, r)$도 계산해야 한다. 함수의 복잡도는 $O(kW^2)$이어야 한다.
   (b) 최대 k 레벨을 갖는 최적 FST에서 모든 레벨의 스트라이드를 결정하는 C++ 함수를 작성하라. 이 함수는 연습문제 1(a)에서 계산된 M 값을 사용해야 한다. 함수의 복잡도는 $O(k)$이어야 한다.
2. (a) $1 \le s \le W$이고 $1 \le r \le k$일 때 $Opt(N, s, r)$과 1비트 트라이 O의 모든 노드 N을 계산하는 C++ 함수를 작성하라. 식 (12.5)~(12.8)을 사용해야 한다. 이 함수는 $S(N, r)$을 계산해야 하고, 식 (12.5)의 오른쪽을 최소화하는 s 값도 계산해야 한다. 이 함수의 복잡도는 n이 라우터 테이블에 있는 규칙의 수일 때 $O(nW^2k)$이어야 한다.
   (b) O의 최적 k-VST에 있는 모든 노드의 스트라이드를 결정하는 C++ 함수를 작성하라. 이 함수는 연습문제 2(a)에서 계산된 S 값을 사용해야 한다. 이 함수의 복잡도는 $O(nW)$이어야 한다.

12.6 참고문헌

디지털 탐색 트리는 E. Coffman과 J. Eve에 의해 *CACM*(13, 1970, pp. 427-432)에 처음으로 제안되었다. 패트리샤 구조는 D. Morrison에 의해 제안되었다. 디지털 탐색 트리, 트라이, 패트리샤는 *The art of Computer Programming: Sorting and Searching*, Second Edition(D. Knuth, Addison-Wesley, Reading, MA, 1998)에 분석되어 있다.

다음 웹 사이트들에서 게놈 프로젝트와 패턴 매칭의 게놈 응용에 대해 배울 수 있다: http://www.nhgri.nih.gov/HGP/(인간 게놈 프로젝트를 위한 NIH의 웹 사이트), http://www.ornl.gov/TechResources/Human_Genome/home.html(인간 게놈 프로젝트를 위한 환경부의 웹 사이트), http://merlin.mbcr.bcm.tmc.edu:8001/bcd/Curric/welcome.html(바이오컴퓨팅 하이퍼텍스트 교과서).

주어진 스트링에서 한 패턴을 찾는 선형 시간 알고리즘은 대부분의 알고리즘 책에서 볼 수 있다. 예를 들어 *Computer Algorithms*(E. Horowitz, S. Sahni, S. Rajasekeran, Computer Science Press, New

York, 1998)와 *Introduction to Algorithms*(T. Cormen, C. Leiserson, R. Rivest, McGraw-Hill Book Company, New York, 1992)에서 찾아볼 수 있다.

접미 트리 구조에 대한 자료는 "A space economical suffix tree construction algorithm"(E. McCreight, *Journal of the ACM*, 23, 2, 1976, 262-272)과 "Fast string searching with suffix trees"(M. Nelson, *Dr. Dobb's Journal*, August 1996)와 "Suffix trees and suffix arrays"(S. Aluru, *Handbook of data structures and applications*, D. Mehta and S. Sahni, editors, Chpman & Hall/CRC, 2005)에서 찾아볼 수 있다.

http://www.ddj.com/ftp/1996/1996.08/suffix.zip에서 접미 트리를 생성하는 C++ 코드를 내려받을 수 있다.

IP 라우터 테이블을 위한 고정 스트라이드 트라이와 가변 스트라이드 트라이의 사용은 "Faster IP lookups using controlled prefix expansion"(V. Srinivasan and G. Varghese, *ACM Transactions on Computer Systems*, Feb., 1999)에서 처음 제안되었다. 고정 스트라이드 트라이와 가변 스트라이드 트라이를 위한 동적 프로그래밍 공식은 "Efficient construction of multibit tries for IP lookup"(S. Sahni and K. Kim, *IEEE/ACM Transactions on Networking*, 2003)에 나와 있다. IP 라우터 테이블과 패킷 분류를 위한 자료 구조에 대한 정보는 "IP router tables"(S. Sahni, K. Kim and H. Lu)와 "Multi-dimensional packet classification"(P. Gupta, *Handbook of data structures and applications*, D. Mehta and S. Sahni, editors, Chapman & Hall/CRC, 2005)에서 찾아볼 수 있다.

찾아보기

[나]

[다]

[라]

[마]

[바]

[사]

[아]

[자]

[파]

[하]

역자소개:

-이석호-

1960~1964 연세대학교 정외과 졸업(학사)
1971~1975 텍사스 오스틴 주립대학교 대학원 졸업(전산학 석사)
1975~1979 텍사스 오스틴 주립대학교 대학원 졸업(전산학 박사)
1979~1982 한국과학원 전산학과 교수
1988~1989 IBM 왓슨연구소 객원교수
1989~1991 서울대학교 중앙교육연구전산원 원장
1994 한국정보과학회 회장
1997~1999 첨단 학술정보센터 초대 원장
1999~2001 서울대학교 중앙도서관 관장
1999~2001 서울대학교 학술정보원장
1982~현재 서울대학교 컴퓨터공학부 교수

전문 연구분야: 데이타베이스, 화일구조, 정보검색시스템, 자료구조

C++ 자료구조론 2nd edition

저 자 : Ellis Horowitz, Sartaj Sahni, Dinesh Mehta
역 자 : 이석호

인지

인쇄일 : 2007년 8월 15일
발행일 : 2007년 8월 30일
발행인 : 채희만
발행처 : INFINITYBOOKS
주 소 : 서울시 은평구 증산동 248번지 중앙하이츠 Apt 상가 B101호

전 화 : (02)302-8441
팩 스 : (02)6085-0777
E-mail: infinitybook@naver.com
ISBN: 978-89-92649-02-5
등록번호: 제311-2006-26호

판매정가: 30,000원